Thomas Bernauer | Detlef Jahn | Patrick M. Kuhn
Stefanie Walter

Einführung in die Politikwissenschaft

4., durchgesehene Auflage

Nomos

Die Deutsche Nationalbibliothek verzeichnet diese Publikation in der Deutschen Nationalbibliografie; detaillierte bibliografische Daten sind im Internet über http://dnb.d-nb.de abrufbar.

ISBN 978-3-8487-4872-3 (Print)

ISBN 978-3-8452-8972-4 (ePDF)

4. Auflage 2018

Vorwort

Dieses Buch vermittelt die wichtigsten Konzepte, Methoden und Forschungsinhalte der Politikwissenschaft. Es soll Ihnen, liebe Leserinnen und Leser, dabei helfen, innovative politikwissenschaftliche Fragen zu formulieren und diese auf Grundlage gegenwärtiger Forschungskenntnisse der Politikwissenschaft systematisch zu beantworten.

Die Politikwissenschaft untersucht mit wissenschaftlichen Theorien und Methoden politische Strukturen und Prozesse sowie das politische Verhalten von Individuen und Organisationen. Der Forschungsgegenstand der Politikwissenschaft lässt sich im Sinne von Strukturen und Prozessen zur Herstellung und Durchsetzung allgemein verbindlicher Entscheidungen und Regeln begreifen. Der Begriff Politik umfasst somit ein großes Spektrum von Phänomenen, wie z. B. Wahlen und Abstimmungen, Demokratisierungsprozesse, das Verhältnis zwischen Regierung und Parlament, die europäische Integration, Kriege, die Auswirkungen der Globalisierung auf die nationale und internationale Politik und vieles mehr. Dementsprechend vielfältig ist auch die politikwissenschaftliche Forschung.

Ansatz und Ziele dieses Buches

Dieses Buch ist konzipiert für Leserinnen und Leser, die ohne spezifische Vorkenntnisse mit dem Studium der Politikwissenschaft beginnen. Wir haben uns bemüht, dieses Buch forschungsnah und damit anspruchsvoll, gleichzeitig aber auch gut lesbar zu gestalten. Insbesondere haben wir versucht, eine enge Verbindung zwischen Theorie und realer Welt (Empirie) herzustellen. Dazu dienen vor allem zahlreiche Beispiele, die theoretische Argumente und Erklärungsmodelle mit realen politischen Phänomenen verknüpfen. Wir legen großen Wert darauf, wie theoretische Konzepte empirisch erfasst und aus der Theorie hergeleitete Zusammenhänge (Hypothesen) systematisch überprüft werden können. Dieses Lehrbuch steht somit in der Tradition der sogenannten empirisch-analytischen Politikwissenschaft. Diese hat sich im Verlauf der letzten fünfzig Jahre, insbesondere im angelsächsischen und deutschsprachigen Raum, zur dominanten Form der wissenschaftlichen Analyse politischer Phänomene entwickelt. Sie strebt eine möglichst objektive, also werturteilsfreie Beschreibung und Erklärung der politischen Wirklichkeit an.

Darüber hinaus zeichnet sich unser Buch durch einige weitere besondere Merkmale aus:

Das politische System des eigenen Staates ist Studierenden der Politikwissenschaft zu Beginn des Studiums am besten bekannt. Deshalb konzentrieren wir uns zur Veranschaulichung von Konzepten und Theorien vorrangig auf die politischen Systeme der drei deutschsprachigen Länder Deutschland, Österreich und der Schweiz. Diese drei Nachbarländer weisen bedeutende kulturelle, sprachliche und wirtschaftliche Ähnlichkeiten auf. Ihre politischen Systeme unterscheiden sich jedoch in erheblichem Maße, was interessante Vergleiche ermöglicht. Viele politikwissenschaftlich aufschlussreiche Fragen lassen sich durch einen Vergleich der drei deutschsprachigen Staaten allerdings nur in sehr begrenzter Weise untersuchen. Aus diesem Grund beziehen wir häufig auch andere politische Systeme in die Betrachtung ein, so u. a. auch die Europäische Union (EU). Im Gegensatz zu anderen Lehrbüchern behandeln wir die EU jedoch nicht in einem separaten Kapitel, sondern im Kontext einzelner Themengebiete (z. B. Parlament, Regierung, Justiz). So wird deutlich, dass auch ein so komplexes und neuartiges politisches System wie die EU mit Hilfe bestehender Theorien und Analyseverfahren untersucht werden kann.

Um Ihnen eine möglichst große Flexibilität bei der Lektüre zu geben, enthalten die meisten Kapitel einige Passagen, die Sie je nach Zeitbudget und Interessenlage überspringen können, ohne dass Sie bei der Lektüre nachfolgender Kapitel Verständnisschwierigkeiten haben werden. Diese Passagen sind in Kästen gesetzt und bieten entweder zusätzliche empirische Beispiele oder weiterführende Informationen theoretischer oder methodischer Natur. Dozierende haben damit auch die Möglichkeit, das jeweilige Themengebiet anhand der Kästen in der Vorlesung oder im Seminar zu vertiefen.

- Um Ihnen den tiefer gehenden Einstieg in einzelne Themengebiete zu vereinfachen, endet jedes Kapitel mit Informationen zu weiterführender Literatur. Das Lehrbuch wird durch eine Internetseite mit weiterführenden Informationen und Lernhilfen ergänzt. Unter *http://www.ib.ethz.ch/teaching/pwgrundlagen* finden Sie ein Glossar, welches wichtige politikwissenschaftliche Konzepte und Begriffe definiert, Testfragen, anhand derer Sie Ihr erworbenes Wissen überprüfen können, sowie weitere Informationen, die beim Studium dieses Buches nützlich sind oder zur Vertiefung einzelner Themen im Unterricht eingesetzt werden können.

Aufbau des Buches

Das vorliegende Lehrbuch ist in drei Teile gegliedert: Der erste Teil liefert einen generellen Überblick über die Politikwissenschaft und konzentriert sich dann auf theoretische und empirische Arbeitsmethoden. Ausgestattet mit diesen Werkzeugen wenden wir uns anschließend dem nationalen politischen System und seinen Bestandteilen zu. Um interessante Fragen formulieren und sinnvoll beantworten zu können, sind neben guten methodischen Fähigkeiten solide Kenntnisse der bisherigen Forschungsfragen und -resultate im betreffenden Bereich notwendig. Aus einzelnen Forschungsbeiträgen wird so der bestehende Wissensbestand erweitert und damit eine Basis für zukünftige Forschung geschaffen. Um Ihnen eine erste Übersicht des Forschungsstandes zu geben, stellen der zweite und dritte Teil des Buches daher drei Hauptforschungsbereiche der Politikwissenschaft vor: die Innenpolitik und Vergleichende Politikwissenschaft sowie die Internationalen Beziehungen.

Teil I: Ablauf empirisch-analytischer Forschung

Der erste Teil des Buches konzentriert sich auf konzeptionelle und methodische Fragen. Da sich die Politikwissenschaft nicht nur durch ihr Studienobjekt, die Politik, sondern auch durch wissenschaftliche Analyseverfahren definiert, legt dieser Teil das Fundament für den Rest des Buches. Dieser Buchabschnitt befasst sich damit, was Politik ist, wie die Politikwissenschaft entstanden ist und wie die empirisch-analytische Forschung politische Phänomene untersucht. In Kapitel 1 werfen wir auch einen kurzen Blick auf den politikwissenschaftlichen Teilbereich der politischen Philosophie, der in diesem Buch jedoch aus Platzgründen nicht tiefgründig behandelt werden kann. Die empirisch-analytische Politikwissenschaft und die politische Philosophie arbeiten mit sehr unterschiedlichen Methoden. Wir möchten jedoch betonen, dass ein politikwissenschaftliches Studium unbedingt auch Kurse in politischer Philosophie umfassen sollte, da die politische Philosophie die Grundlage der heutigen Politikwissenschaft darstellt. In den Kapiteln 2 und 3 stellen wir Ihnen den theoretischen und empirischen

Forschungsprozess in der empirisch-analytischen Politikwissenschaft vor. Hier lernen Sie beispielsweise, wie Sie politikwissenschaftliche Fragestellungen erarbeiten, wie Sie Hypothesen aus Ihren theoretischen Argumenten ableiten und wie Sie diese Hypothesen in der realen Welt mit Hilfe der Methoden der empirischen Sozialforschung überprüfen können.

Teil II: Grundformen politischer Systeme

Der zweite Teil des Buches befasst sich mit den Bausteinen politischer Systeme. Im Mittelpunkt stehen die wichtigsten Akteure des politischen Systems und die Beschaffenheit und Wirkung politischer Institutionen. Die Grundstruktur dieses Teils folgt der Form einer Pyramide, die das politische System eines Staates darstellt (Abbildung 1). Das Fundament dieser Pyramide sind die Bürger des Staates. In der Mitte der Pyramide befinden sich die politischen Intermediäre, z. B. Parteien und Interessengruppen, die als Schnittstellen zwischen den Bürgern und den Institutionen des zentralen politischen Entscheidungssystems fungieren. An der Spitze der Pyramide sind die Institutionen des zentralen politischen Entscheidungssystems – die Exekutive (Regierung, Verwaltung), Legislative (Parlament) und Judikative (Justiz) – angesiedelt.

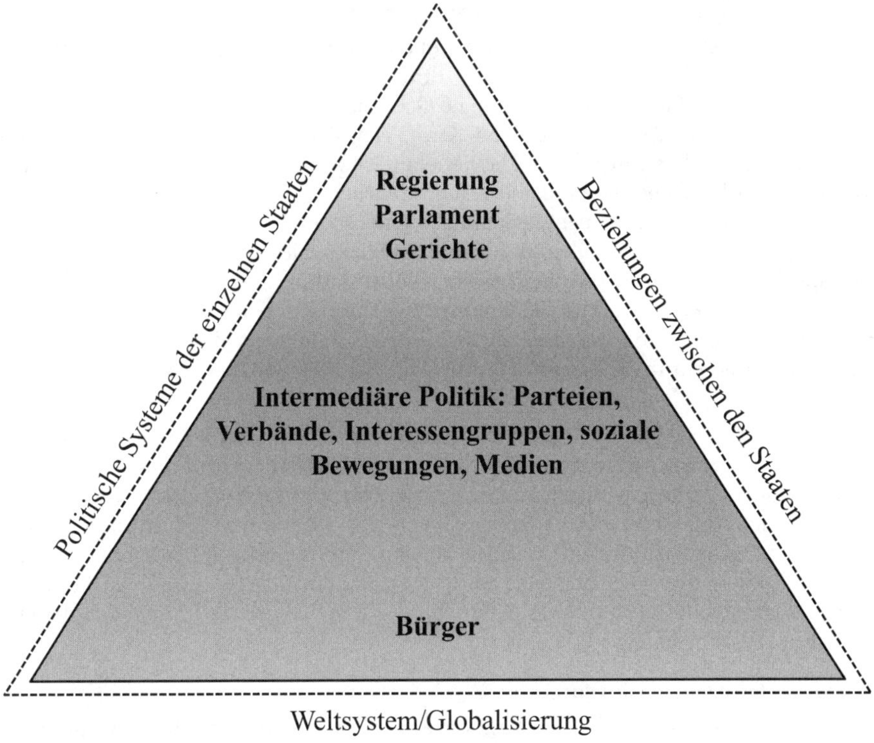

Abbildung 1: Grundstruktur politischer Systeme

Dieser Teil des Buches beginnt mit einem grundlegenden Unterscheidungsmerkmal politischer Systeme – dem Unterschied zwischen demokratischen und nicht-demokratischen Staaten (Kapitel 4). Kapitel 5 stellt dann die wichtigsten Elemente demokratischer Regierungssysteme vor und zeigt auf, wie sich demokratische Systeme voneinander unterscheiden. Im Anschluss an diese einführenden Kapitel arbeiten wir uns systematisch durch alle Ebenen der Pyramide und befassen uns mit den Akteuren und Institutionen demokratischer Regierungssysteme. Kapitel 6 und 7 beginnen auf der elementarsten Ebene politischer Systeme und konzentrieren sich auf die politische Partizipation der Bürger. In diesen Kapiteln beleuchten wir, wie Bürger durch Wahlen und Abstimmungen die Politik beeinflussen können, und wie sich institutionelle Unterschiede, beispielsweise der Unterschied zwischen Mehrheits- und Verhältniswahlrecht, auswirken. Parteien, Interessengruppen, soziale Bewegungen und Medien, die wichtigsten Akteure der sogenannten intermediären Politik, werden in den Kapiteln 8 bis 10 näher dargestellt. Diese Kapitel befassen sich damit, welche Rolle diese Akteure als Schnittstelle zwischen dem zentralen politischen Entscheidungssystem und den Bürgern spielen. Gleichzeitig beleuchten wir aber auch, wie diese Akteure eigene Interessen verfolgen und die Politik beeinflussen. Die Kapitel 11 bis 13 behandeln schließlich die drei Staatsgewalten: Die rechtsetzende Gewalt (Legislative) in Gestalt des Parlaments, die ausführende Gewalt (Exekutive) in Form von Regierung und Verwaltung und die rechtsprechende Gewalt (Judikative).

Teil III: Internationale Beziehungen und Globalisierung

Einzelne politische Systeme sollten nicht isoliert betrachtet werden, denn sie interagieren in vielfältiger Weise miteinander. Der dritte Teil des Buches beschäftigt sich daher mit politischen Phänomenen, die nationale Grenzen überschreiten, z. B. mit internationaler Kooperation, den Ursachen von Krieg, den Triebkräften von Protektionismus und der europäischen Integration. Die Beziehungen zwischen Staaten sind Gegenstand von Kapitel 14, welches Ihnen damit eine Einführung in den politikwissenschaftlichen Teilbereich der Internationalen Beziehungen gibt. Kapitel 15 widmet sich schließlich einem der wichtigsten grenzüberschreitenden Trends der letzten Jahrzehnte und behandelt die Ursachen und Konsequenzen der Globalisierung. Insbesondere beim Thema Globalisierung zeigt sich, dass die Grenzen zwischen den Teilbereichen Vergleichende Politikwissenschaft und Internationale Beziehungen in jüngerer Zeit immer durchlässiger werden und ein integriertes Studium beider Bereiche der Politikwissenschaft sinnvoll ist.

Wir hoffen, dass Sie basierend auf dem Studium der genannten 15 Kapitel interessante politikwissenschaftliche Fragen stellen und fundierte Antworten auf diese Fragen erarbeiten können. Natürlich wissen Sie nach der Lektüre des Buches noch nicht alles, was es im Bereich der Politikwissenschaft zu lernen gibt. Wir denken jedoch, dass Sie sich hiermit das Grundlagenwissen aneignen können, um in weiterführende bzw. spezialisierte politikwissenschaftliche Kurse einsteigen zu können, vor allem in den Bereichen Vergleichende Politikwissenschaft, Internationale Beziehungen und Methoden der empirischen Sozialforschung.

4. unveränderte Auflage des Buches

Während wir die Inhalte des Lehrbuches, welches 2009 erstmals erschien, für die zweite Auflage, die 2013 erschien, stark überarbeiteten, weist die dritte Auflage eher leichte Überarbeitungen auf. Wir haben vor allem kleinere Fehler und schwer verständliche Aussagen beseitigt sowie empirische Informationen auf den neuesten Stand gebracht.

Danksagung

Ohne die tatkräftige Mithilfe vieler Kollegen, Mitarbeitenden und Studierenden hätten wir dieses Lehrbuch wohl nie zustande gebracht. Wir sind insbesondere den folgenden Kolleginnen und Kollegen für Kommentare zu einzelnen Kapiteln sowie wertvolle Hinweise bei der Aufarbeitung der relevanten Fachliteratur sehr dankbar: Klaus Armingeon, Andreas Auer, André Bächtiger, Stefanie Bailer, Konstantin Baltz, Michael Bechtel, Thomas Behm, Carola Betzold, Daniel Bochsler, Tobias Böhmelt, Andreas Brand, Simone Burkhart, Daniele Caramani, Lars-Erik Cederman, Thomas Cottier, Patrick Donges, Nils Düpont, Robert Gampfer, Jan Helmdag, Philipp Harfst, Simon Hug, Anna Kalbhenn, Hanspeter Kriesi, Kati Kuitto, Dirk Leuffen, Wolf Linder, Steffen Mohrenberg, Christoph Oberst, Bianca Oehl, Susanne Pickel, Dieter Ruloff, Konrad Rux, Nina Salzer, Anne Sammler, Thomas Sattler, Lena Schaffer, Frank Schimmelfennig, Guido Schwellnus, Peter Selb, Gabriele Siegert, Gabriele Spilker, Sebastian Stephan, Michael Tuma, Adrian Vatter, Jürg Vollenweider.

Ein ganz besonders großer Dank geht an Sarah Gang, die uns bei der sprachlichen Überarbeitung und formalen Gestaltung des Buches wichtige Hilfe geleistet hat.

Unser Dank gilt auch Carsten Rehbein vom Nomos Verlag, der unser Buchprojekt hervorragend betreut hat.

Noch ein Hinweis: Wie Sie vielleicht schon bemerkt haben, verwenden wir in diesem Buch die männliche Schreibform. Der Grund ist, dass die weibliche Schreibform oder die weibliche und männliche Schreibform kombiniert das Buch deutlich länger gemacht hätten. Wenn damit nun zum Beispiel immer von „Bürgern“ und nicht von „Bürgerinnen“ oder „Bürgerinnen und Bürgern“ die Rede ist, meinen wir jedoch selbstverständlich immer beide Geschlechter.

Durham, Greifswald und Zürich, Februar 2018

Inhaltsverzeichnis

Verzeichnis der Kästen

Abkürzungsverzeichnis

ACLP	Alvarez, Cheibub, Limongi und Przeworski (Demokratie-Indikator)
ADAC	Allgemeiner Deutscher Automobil-Club
AdR	Ausschuss der Regionen (EU)
AKUF	Arbeitsgemeinschaft Kriegsursachenforschung
ARD	Arbeitsgemeinschaft der öffentlich-rechtlichen Rundfunkanstalten der Bundesrepublik Deutschland
ATTAC	Vereinigung für eine Besteuerung von Finanztransaktionen zum Nutzen der Bürger (Association for the Taxation of Financial Transactions for the Aid of Citizens)
ATV	Austria Television
AUNS	Aktion für eine unabhängige und neutrale Schweiz
BAFU	Bundesamt für Umwelt (Schweiz)
BBC	British Broadcasting Corporation
BDP	Bürgerlich-Demokratische Partei Schweiz
BGB	Bauern-, Gewerbe und Bürgerpartei (Schweiz)
BIP	Bruttoinlandprodukt
BV	Bundesverfassung (Schweiz)
B-VG	Bundesverfassungsgesetz (Österreich)
BZÖ	Bündnis Zukunft Österreich
CDA	Christen Democratisch Appel (Niederlande)
CDU	Christlich Demokratische Union Deutschlands
COREPER	Ausschuss der ständigen Vertreter der Mitgliedsstaaten (EU)
CPDS	Comparative Political Dataset
CPI	Corruption Perception Index
CSP	Christlichsoziale Partei (Österreich, Vorläuferin der ÖVP)
CSU	Christlich-Soziale Union in Bayern e.V. (Deutschland)
CVP	Christlichdemokratische Volkspartei der Schweiz
DC	Democrazia Christiana (Italien)
DNVP	Deutschnationale Volkspartei
ECR	European Court Report
EFTA	Europäische Freihandelsassoziation (European Free Trade Association)
EG	Europäische Gemeinschaft (Vorläuferin der EU)
EMRK	Europäische Menschenrechtskonvention
ENA	Ecole Nationale d'Administration (Frankreich)
EP	Europäisches Parlament
EuGH	Europäischer Gerichtshof
EURATOM	Europäische Atomgemeinschaft
EWR	Europäischer Wirtschaftsraum
EWS	Europäisches Währungssystem
EWU	Europäische Währungsunion
EZB	Europäische Zentralbank
FDP	Freie Demokratische Partei (Deutschland)
FDP	Freisinnig-Demokratische Partei der Schweiz (bis 1.1.2009)
FDP	FDP.Die Liberalen (Schweiz, seit 1.1.2009)
FPÖ	Freiheitliche Partei Österreichs
FPTP	First-past-the-post (einfache Mehrheitswahl)
GATT	Allgemeines Zoll- und Handelsabkommen (General Agreement on Tariffs and Trade)
GCB	Global Corruption Barometer
GG	Grundgesetz (Deutschland)
GPS	Grüne Partei der Schweiz
GSoA	Gruppe für eine Schweiz ohne Armee
IB	Internationale Beziehungen
IO	Internationale Organisation
IDHEAP	Institut de Hautes Etudes en Administration Publique (Schweiz)
IMF	Internationaler Währungsfond (International Monetary Fund)

IUHEI/IHEID	Institut Universitaire de Hautes Etudes Internationals (Schweiz), seit 2009 Institut de Hautes Etudes Internationales et du Développement
KOF	Konjunkturforschungsstelle (der ETH Zürich, Schweiz)
KOSIMO	Konflikt-Simulations-Modell
KPC	Kommunistische Partei Chinas
KPD	Kommunistische Partei Deutschlands
KPÖ	Kommunistische Partei Österreichs
LDP	Liberal-demokratische Partei (Japan)
LPS	Liberale Partei der Schweiz
NAFTA	Nordamerikanisches Freihandelsabkommen (North Atlantic Free Trade Agreement)
NATO	Nordatlantische Vertragsorganisation (North Atlantic Treaty Organization)
NGO	Nichtregierungsorganisation (auch NRO)
NPD	Nationaldemokratische Partei Deutschlands
NPM	New Public Management
NSDAP	Nationalsozialistische Deutsche Arbeiterpartei
OECD	Organisation für wirtschaftliche Zusammenarbeit und Entwicklung (Organization for Economic Cooperation and Development)
ORF	Österreichischer Rundfunk
ÖVP	Österreichische Volkspartei
PDS	Partei des Demokratischen Sozialismus (Deutschland)
PID	Parteienidentifikation
RAF	Rote Armee Fraktion (Deutschland)
SDAP	Sozialdemokratische Arbeiterpartei (Österreich, Vorläuferin der SPÖ)
SED	Sozialistische Einheitspartei Deutschlands
SP	Sozialdemokratische Partei der Schweiz
SPD	Sozialdemokratische Partei Deutschlands
SPÖ	Sozialdemokratische Partei Österreichs
SRG	Schweizerische Radio- und Fernsehgesellschaft
StGG	Staatsgrundgesetz über die allgemeinen Rechte der Staatsbürger (Deutschland)
SVP	Schweizerische Volkspartei
TCS	Touring Club Schweiz
UNO	Vereinte Nationen (United Nations Organization)
WASG	Wahlalternative Arbeit und Soziale Gerechtigkeit (Deutschland)
WBES	World Business Environment Survey
WSA	Wirtschafts- und Sozialausschuss (EU)
WTO	Welthandelsorganisation (World Trade Organization)
WWF	World Wildlife Fund
ZDF	Zweites Deutsches Fernsehen

1. Grundzüge der Politikwissenschaft

Dieses Kapitel befasst sich mit drei Fragen:

1. *Was ist Politik?* Der Untersuchungsgegenstand der Politikwissenschaft ist die Politik. Wir definieren Politik als soziales Handeln, das auf Entscheidungen und Steuerungsmechanismen ausgerichtet ist, die allgemein verbindlich sind und das Zusammenleben von Menschen regeln.
2. *Was ist ein Staat?* Politisches Handeln findet auch im Zeitalter der Globalisierung überwiegend im staatlichen Rahmen statt. Welches sind die fundamentalen Merkmale und Funktionen eines Staates und wie sind diese entstanden? Ein historischer Exkurs zur Entstehung und Entwicklung des Staates beantwortet diese Fragen.
3. *Was ist Politikwissenschaft?* Womit beschäftigen sich Politikwissenschaftler? Worin unterscheiden sie sich von politisch interessierten Bürgern? Wie gehen sie bei der Beschreibung und Erklärung politischer Phänomene vor? Welches sind die Unterschiede zwischen der Politikwissenschaft und den anderen Sozial- und Geisteswissenschaften? Die Beantwortung dieser Fragen gibt erste Hinweise darauf, wie Politikwissenschaftler arbeiten.

1.1 Politik – Staatskunde – Politikwissenschaft

Der Einstieg in die Politikwissenschaft löst bei Studienanfängern bisweilen Verwirrung aus. Wer Chemie, Mathematik, Physik, Geschichtswissenschaft oder Germanistik studiert, erhält im Gymnasium einen gewissen Vorgeschmack auf die Inhalte des jeweiligen Faches auf universitärer Stufe. Bei akademischen Disziplinen wie Psychologie oder Politikwissenschaft ist dies weit weniger der Fall. Meist wird dem Geschichts- oder Gemeinschaftskundeunterricht ein wenig Staatskunde beigefügt. Diese beschränkt sich jedoch fast immer auf die Beschreibung des politischen Systems des eigenen Landes (die „Kunde vom eigenen Staat“) sowie auf die Diskussion aktueller politischer Themen, wie sie in der Tages- und Wochenpresse erscheinen. Dass das Studium der Politikwissenschaft keine Ausbildung zum Politiker ist (auch wenn einzelne Politiker ein solches Studium absolviert haben), haben wohl fast alle bei ihrer Studienwahl zur Kenntnis genommen. Viele staunen jedoch, wenn in den ersten Monaten des Studiums nur noch von Variablen, Hypothesen, Theorien, Modellen und Verfahren zur Datenerhebung und Datenanalyse die Rede ist und über brennende politische Probleme der Gegenwart in erster Linie in den Vorlesungspausen diskutiert wird.

Haben Sie bei Ihrer Studienwahl auf das falsche Pferd gesetzt? Nein. Auch die Autorin und die Autoren dieses Buches sind nicht primär aufgrund eines Interesses an Theorien und Statistik in die Politikwissenschaft eingestiegen, obgleich bei uns im Verlauf des Studiums und der Forschungstätigkeit das Interesse an den abstrakteren, fundamentaleren Fragen gewachsen ist. Wir sind genauso wie Sie, liebe Leserschaft, an den „größeren“ Zusammenhängen in der politischen Wirklichkeit sowie an aktuellen politischen Themen interessiert. Wir versuchen jedoch zu vermitteln, dass die Politikwissenschaft ein bestimmtes Set von Werkzeugen (im Wesentlichen Theorien und Methoden) bereitstellt. Diese helfen uns, unser Verständnis von politischen Strukturen, Prozessen, Ereignissen und Verhaltensweisen über das bereits existierende Alltagswissen, das Politiker, Journalisten und Bürger ebenfalls besitzen, hinaus weiterzuentwickeln. Es geht also darum, sich analytische Fähigkeiten anzueignen, die einen Mehrwert gegenüber dem politischen Alltagswissen erbringen. Ein ebenso wichtiges Ziel ist natürlich aber auch, dem genuin intellektuellen Bedürfnis nach einem tiefer greifenden Verständnis der politischen Realität entgegenzukommen.

Im Folgenden umschreiben wir den Untersuchungsgegenstand der Politikwissenschaft – die Politik und den Staat – in allgemeiner Form. Danach diskutieren wir, was Politikwissenschaft ist und zeigen, wie sie sich von der politischen Praxis und von anderen wissenschaftlichen Disziplinen unterscheidet.

1.2 Was ist Politik?

In sehr allgemeiner Form lässt sich Politik definieren als:

Soziales Handeln, das auf Entscheidungen und Steuerungsmechanismen ausgerichtet ist, die allgemein verbindlich sind und das Zusammenleben von Menschen regeln.

Wir diskutieren im Folgenden die wichtigsten Elemente dieser Definition (vgl. auch Jahn, 2013; Patzelt, 2007).

1.2.1 Soziales Handeln

Bei sozialem Handeln geht es um das Verhalten von Menschen. Das menschliche Verhalten ist einerseits geprägt durch persönliche Merkmale psychischer und biologischer Natur. Andererseits ist es auch geprägt durch das gesellschaftliche Umfeld – z. B. durch Erwartungen der Familie oder anderer Menschen, staatliche Gesetze, ungeschriebene kulturell oder religiös bedingte Normen, Werte und Wertorientierungen – sowie durch nicht oder nur indirekt von Menschen beeinflussbare Faktoren, wie z. B. Klima und Geografie.

Soziales Handeln eines Menschen bedeutet, dass eine Person in direkter Verbindung zu anderen Menschen und deren Handeln handelt. Wenn ich entscheide, meine Küche violett zu streichen oder meine Hemden zu bügeln, kann ich dies problemlos ohne nennenswerten Kontakt zur Außenwelt tun. Somit handle ich nicht sozial. Wenn ich mit meinen Freunden einen gemeinsamen Konzertbesuch plane oder bei der Organisation eines Gemeindefestes mithelfe, ist dieses Handeln sozial. Der Begriff sozial hat in diesem Zusammenhang keinen wertenden Charakter (im Sinne von gut oder schlecht). Wenn vier Personen zusammen einen Banküberfall planen oder eine gewalttätige Demonstration organisieren, ist auch dies soziales Handeln. Soziales Handeln ist also immer interaktiv.

Durch soziales Handeln entsteht soziale Wirklichkeit. Sie wird durch soziales Handeln geschaffen, gefestigt, und kann sowohl kontinuierlich (z. B. durch unser Konsumverhalten) als auch abrupt (z. B. durch Wahlen oder einen Terroranschlag) verändert werden. Soziales Handeln kann sich in Form von Rollen, d. h. schematisierten Handlungen, verstetigen (z. B. die Rolle der Expertin für Steuerfragen in der Nachbarschaft). Soziale Rollen stabilisieren die gegenseitigen Erwartungen von Menschen. So ist der Prozess vom Flirt über die Romanze bis zur Ehe ein Prozess der Verstetigung von Rollen. Gleiches gilt für den Prozess von der lokalen Sachkundigen einer Partei in außenpolitischen Fragen über die außenpolitische Sprecherin der Partei im Bundestag bis hin zur Außenministerin. Auch Organisationen wie die Christlich Demokratische Union Deutschlands (CDU), Greenpeace, das Verteidigungsministerium, Al-Qaida und die

Vereinten Nationen (UNO) sind im Kern Systeme von Personen, die bestimmte Rollen einnehmen.

1.2.2 Politisches Handeln

Soziales Handeln wird erst dann politisch, wenn es auf allgemein verbindliche Entscheidungen und Steuerungsmechanismen hinwirkt. Entscheidungen können von Einzelpersonen (z. B. der Staatspräsidentin oder der Direktorin des World Wildlife Fund (WWF)) oder durch Gruppen von Personen (z. B. dem Deutschen Bundestag oder der Versammlung eines lokalen Bürgervereins) gefällt werden. Steuerungsmechanismen können in Form von Gesetzen, administrativen Verfahren, Deklarationen, informellen Vereinbarungen, ungeschriebenen Normen oder Gewohnheiten sowie damit verbundenen Organisationen auf lokaler bis globaler Ebene Gestalt annehmen. Sie können auf Einzelfälle bezogen sein (z. B. die Entscheidung, Militärberater oder Truppen in den Irak oder nach Syrien zu schicken) oder dauerhaft gelten (z. B. Gesetze zum Schutz der Menschenrechte). Sie sind darauf ausgerichtet, Handlungsvorgaben zu machen, die allgemein verbindlich sind, d. h., die von allen Mitgliedern einer bestimmten Gruppe von Menschen akzeptiert und befolgt werden müssen. Politische Steuerungsmechanismen dauerhafter Natur werden häufig auch Institutionen genannt. In der Regel steigt der Bedarf an allgemein verbindlichen Handlungsvorgaben und langfristig orientierten Institutionen mit der Komplexität einer Gesellschaft und ihrer Arbeitsteilung.

Die allgemeine Verbindlichkeit politischer Entscheidungen oder Steuerungsmechanismen kann sich unter anderem auf eine lokale Gruppe von Menschen (z. B. Anwohner einer Straße), auf die Bevölkerung eines Staates oder auf die ganze Weltbevölkerung beziehen. Beispiele sind Geschwindigkeitsbegrenzungen oder lokale Bauvorschriften, landesweite Mindestlöhne oder Hygienevorschriften für Restaurants und die von der UNO und dem Europarat vertraglich festgelegten Menschenrechte. Steuerungsmechanismen beinhalten meist auch organisatorische Strukturen, die der Umsetzung von Handlungsvorgaben (v. a. Überwachung, Durchsetzung, Streitschlichtung) und deren Weiterentwicklung dienen. Beispiele sind das Bundesamt für Umwelt (BAFU) im Schweizer Umweltschutz und die Welthandelsorganisation (WTO) im Bereich der globalen Handelsliberalisierung.

Ob die allgemeine Verbindlichkeit tatsächlich erreicht wird, ist für unsere Definition des Politischen unwesentlich. Auch gescheiterte Versuche, allgemein verbindliche Handlungsanweisungen zu schaffen, sind für die Politikwissenschaft interessant. Beispiele sind Bemühungen zur Abschaffung der Todesstrafe auf globaler Ebene, Bemühungen der Anti-Globalisierungsbewegung zur Abschaffung der Weltbank und des Internationalen Währungsfonds und Bemühungen zur Einführung der direkten Demokratie auf Bundesebene in Deutschland. Für die Definition von Politik ist ebenfalls unerheblich, ob die angestrebte Verbindlichkeit aus Sicht der bestehenden Rechtslage legal ist, oder ob sie moralisch vertretbar bzw. sinnvoll erscheint. Beispiele sind die Anschläge der Roten Armee Fraktion (RAF) in Deutschland und die Anschläge von Al-Qaida in New York und Washington. Diese Anschläge waren gemäß den geltenden Gesetzen illegal und widersprechen allen gängigen Moralvorstellungen in den betroffenen Staaten. Dennoch haben die RAF und Al-Qaida politisch gehandelt und sind somit aus Sicht der Politikwissenschaft relevante Studienobjekte.

1.2.3 Breites Verständnis des Politischen

Wie die oben genannten Beispiele zeigen, befasst sich die Politikwissenschaft mit einem großen Spektrum politischer Strukturen und Prozesse sowie politischen Handelns. Das traditionelle Verständnis des Politischen, welches politische Handlungen vorwiegend als Handlungen des Staates und seiner Organe sowie Handlungen der Regierten in Bezug auf diese Organe (z. B. Wahlen) betrachtet, nimmt dabei einen wichtigen Stellenwert ein (mehr dazu weiter unten). Unsere Definition von Politik impliziert jedoch, dass die traditionelle Trennung in eine private (Privatleben, Märkte) und eine öffentliche (Politik, Staat) Sphäre, wie sie den Vordenkern des liberal-demokratischen Verfassungsstaates vorschwebte, zunehmend verschwimmt. Die Abbildung im Vorwort dieses Buches verdeutlicht dies, indem sie den Bereich der intermediären Politik betont. Die in diesem Bereich politisch handelnden Akteure (z. B. Parteien, Interessengruppen, Medien) spielen einerseits eine wichtige Rolle bei der Vermittlung von Interessen der politischen Basis (Bürgern) in die Institutionen des zentralen politischen Entscheidungssystems hinein. Andererseits entfalten Akteure der intermediären Politik auch eigenständige politische Steuerungsfunktionen – z. B. durch Verhaltenskodizes, die von weltweit tätigen Unternehmen und Nichtregierungsorganisationen (NGOs) erarbeitet werden und die dem Schutz der Umwelt und der Arbeitnehmerschaft dienen.

1.3 Der Staat

Der wichtigste Bezugsrahmen politischen Handelns innerhalb der in Abbildung 1.1 dargestellten Pyramide, die Sie bereits im Vorwort gesehen haben und welche die Grundstruktur dieses Buches prägt, ist der Staat. Wir befassen uns deshalb an dieser Stelle mit zwei Fragen: Wie ist der moderne Staat entstanden? Wie lässt sich ein Staat beschreiben?

Rudimentäre Formen der politischen Organisation von Gemeinwesen, sozusagen Vorläufer des heutigen Staates, lassen sich bereits im 6. Jahrtausend v. Chr. ausfindig machen. Diverse politische Organisationsformen haben seither die Weltgeschichte geprägt, vor allem Kaiser- und Königreiche, Theokratien, Stadtstaaten, Städtebünde und religiöse Orden. Erst relativ spät, in den letzten vier bis fünf Jahrhunderten, wichen diese Organisationsformen dem modernen National- bzw. Territorialstaat (Breuer, 1998). Bezeichnenderweise erscheint der Begriff Staat erst ab dem 16. Jahrhundert in der Literatur, so beispielsweise im 1532 erschienenen Buch „Il Principe“ (Der Fürst) von Niccolò Machiavelli. Im späten 18. Jahrhundert fand der Begriff auch im deutschen Sprachraum zunehmende Verbreitung.

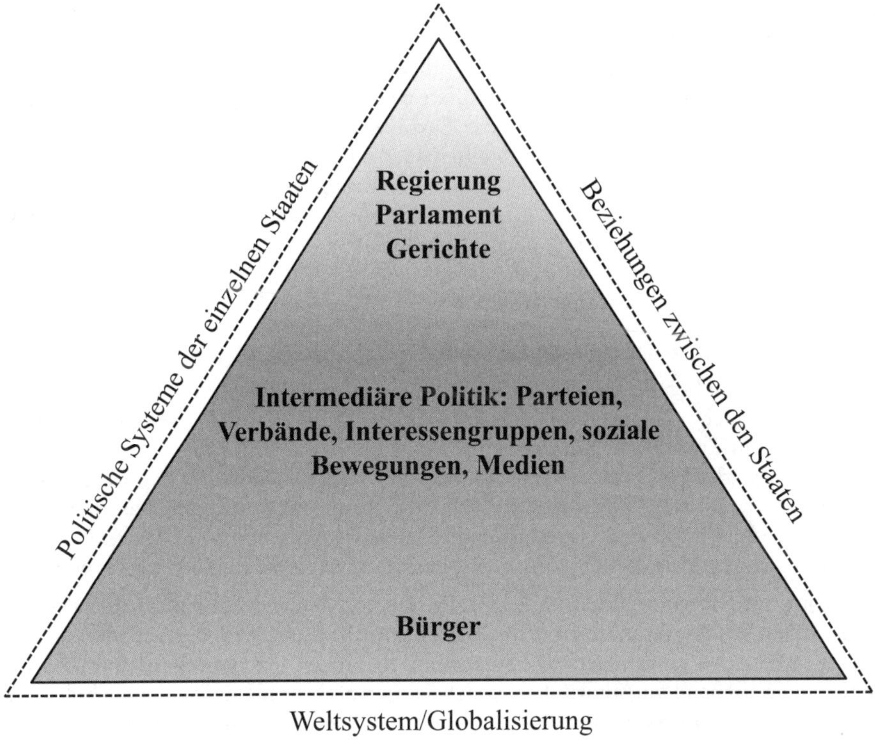

Abbildung 1.1: Grundstruktur des Staates

1.3.1 Krieg und Staatenbildung

Über einen weiten historischen Zeitraum betrachtet entstanden Staaten meist infolge von Bemühungen gewaltbereiter Gruppen, Macht über eine bestimmte Bevölkerung, Territorien und Ressourcen zu erlangen. Gelang es den Eroberern, eine stabile Kontrolle über die unterworfene Bevölkerung herzustellen und sich einen gesicherten Zugang zu den vorhandenen Ressourcen zu verschaffen, wurden sie zu Herrschern.

Kriegsführung und Staatenbildung haben sich über weite Strecken der Weltgeschichte gegenseitig verstärkt. Tilly behauptet sogar, dass „Staaten Kriege machen und Kriege Staaten machen“ (1992: 67–95). Die Beschaffung notwendiger Ressourcen von der unterworfenen Bevölkerung war für die Sicherung eroberter Gebiete und zur Vorbereitung auf weitere kriegerische Auseinandersetzungen unabdingbar. Üblicherweise waren aber die wichtigsten Gruppen innerhalb dieser Bevölkerung nur gegen starken Druck oder gegen Entschädigungen dazu bereit, den neuen Herrschern diese Ressourcen zu gewähren. Dies führte in vielen Fällen zu Allianzbildungen zwischen den Eroberern und den mächtigsten Bevölkerungsgruppen vor Ort sowie zu einem Ausbau von Schutz- und Konfliktlösungsmaßnahmen seitens der Herrscher zugunsten der lokal ansässigen Bevölkerung. Aus politischen Organisationsformen, die ursprünglich weitgehend als Kriegsmaschinerien bezeichnet werden können, entwickelten sich so mit der Zeit multifunktionale staatliche Institutionen.

Zumindest im europäischen Raum übte im 16. und 17. Jahrhundert insbesondere der Übergang von relativ kleinen Söldnerheeren zu großen Armeen, die aus der lokalen Bevölkerung rekrutiert wurden, einen wesentlichen Einfluss auf die Entstehung staatlicher Strukturen aus. Diese Entwicklung steigerte vor allem die Fähigkeit der Herrschenden, Ressourcen (Steuern) aus der Bevölkerung zu extrahieren. Gleichzeitig erfolgte damit eine Verstärkung der direkten Herrschaft, indem die Herrschenden eine weitreichende Kontrolle über ihre Untertanen erlangten. Andererseits stiegen durch die Bildung großer Volksheere aber auch die Ansprüche der betroffenen Bevölkerungsgruppen an die Herrschenden. Anliegen wie Rechte auf Vergütungen für ihre Dienste vermochten die Soldaten in zunehmendem Maße durchzusetzen, da die Herrscher auf diese Dienste angewiesen waren (Rokkan et al., 1999; Benz, 2008).

1.3.2 Drei Staatstypen am Ende des Mittelalters

Ende des Mittelalters (ca. 1500) hatten sich in Europa, der Wiege des modernen Staates, drei politische Organisationsformen herauskristallisiert: der souveräne Territorialstaat (z. B. in Frankreich und England), Städtebünde (z. B. der Süddeutsche Städtebund) und Stadtstaaten (z. B. Neapel im heutigen Italien). Diese drei politischen Organisationsformen hatten sich vielerorts gegenüber feudalen Herrschaftsstrukturen (d. h. Feudalherren, katholische Theokratie und Heiliges Römisches Reich Deutscher Nation) durchgesetzt. Alle drei Organisationstypen können als Staaten bezeichnet werden.

Der souveräne Territorialstaat unterscheidet sich von den anderen beiden Staatsformen hinsichtlich des Souveränitätsprinzips. Dieses Prinzip besagt, dass die Autorität der politischen Entscheidungsträger (des Souveräns) territorial beschränkt ist und dass der Souverän keine andere Autorität über sich selbst anerkennt. Damit geht auch der Anspruch des Souveräns auf die höchste Autorität im Staatsinneren einher. Der souveräne Territorialstaat ist somit geprägt durch eine klare Abgrenzung nach außen und durch eine starke interne Hierarchie. Im Gegensatz dazu grenzten Stadtstaaten ihr Herrschaftsgebiet nach außen hin zwar ebenfalls ab; sie wiesen jedoch im Inneren meist eine schwächere Hierarchie auf. Den Städtebünden wiederum fehlte sowohl eine territoriale Abgrenzung ihres jeweiligen Herrschaftsanspruches – Städtebünde besaßen kein einheitliches, in sich geschlossenes Gebiet und keine klaren Grenzen – als auch eine interne Hierarchie. In der Regel waren Städtebünde Konföderationen ohne einheitlichen Souverän (Breuer, 1998; Reinhard, 2007).

Die detaillierte Beantwortung der Frage, weshalb die drei genannten Staatsformen entstanden, müssen wir an dieser Stelle der Geschichtswissenschaft überlassen (z.B. Tilly, 1975; Daalder, 1991; Tilly, 1992; Spruyt, 1994; Rokkan et al., 1999; Reinhard, 2007).

Zusammenfassend kann festgestellt werden, dass die feudale politische Ordnung des Mittelalters sich in zunehmendem Maße als ungeeignet für das sich allmählich ausbreitende vorkapitalistische Umfeld erwies. Letzteres manifestierte sich in Form eines stärkeren Wirtschaftswachstums und der Expansion des Fernhandels zwischen dem 11. und dem 15. Jahrhundert. Vor allem die Städte und ihre Handel treibenden Bürger spielten in diesem wirtschaftlichen Transformationsprozess eine entscheidende Rolle. Zwischen den städtischen Eliten und anderen sozialen Gruppen entstanden verschiedene Koalitions- und Kooperationsformen. Daraus resultierten die unterschiedlichen institutionellen Antworten auf die Krise der feudalen, mittelalterlichen Ordnung: In Frankreich und England entstanden souveräne Territorialstaaten, in Deutschland organisierten sich Städte in Städtebünden, und in Italien setzten sich die Stadtstaaten durch. Österreich und die Schweiz lassen sich diesen drei Modellen nicht eindeutig zuordnen. Österreich blieb bis zum Ende des Ersten Weltkrieges (1918) ein im Vergleich zu Frankreich und England weniger zentralistisch regierter Vielvölkerstaat mit feudalistischen Zügen. Die Schweiz entsprach bis 1848 – dem Gründungsjahr des heutigen Bundesstaates – dem Modell eines Staatenbundes mit sehr heterogenem Teilnehmerkreis. Eine Unterbrechung dieser Tradition stellt dabei die zwischen 1798 bis 1803 unter Napoleonischer Besatzung geschaffene und nach französischem Vorbild zentralistisch organisierte Helvetische Republik dar.

1.3.3 Der souveräne Territorialstaat erlangt in Europa die Oberhand

Die Organisationsform des souveränen Territorialstaates setzte sich im Zeitraum vom 14. bis zum 19. Jahrhundert gegenüber den Städtebünden und Stadtstaaten durch. Der Westfälische Friede, der im Jahre 1648 das Ende des Dreißigjährigen Krieges besiegelte, wird gemeinhin als Beginn des modernen Staatensystems begriffen. Darin sicherten sich die Staaten Europas gegenseitig zu, keine gleichgesinnten religiösen Gruppierungen in anderen Staaten in ihrem Kampf gegen die zentrale Staatsgewalt zu unterstützen. Sie verpflichteten sich somit zur Nichteinmischung in die inneren Angelegenheiten anderer Staaten. Gleichermaßen sollte es keine den Staaten übergeordnete (supranationale) Macht geben. Diese internationale Vereinbarung war der Ausgangspunkt für die territorial bezogene Autorität des modernen Staates (Breuer, 1998; Reinhard, 2007).

Der souveräne Territorialstaat wird heute als Vereinigung von Menschen innerhalb eines abgegrenzten geografischen Raumes, der einer souveränen Herrschaftsgewalt unterworfen ist, definiert. Gemäß der „Drei-Elemente-Lehre" des Völkerrechts besteht der souveräne Territorialstaat somit aus einem Staatsvolk (eine Bevölkerung, die durch dieselbe Staatsangehörigkeit verbunden ist), einem klar definierten und gegen außen abgegrenzten geografischen Gebiet sowie einer Staatsgewalt, die durch die Kontrolle bestimmter Staatsorgane über das Staatsgebiet und die sich darin befindenden Personen zum Ausdruck kommt (Hobe & Kimminich, 2008).

Der souveräne Territorialstaat erwies sich im Sinne der ökonomischen Effizienz und des (damit verbunden) militärischen Potentials sowie der politischen Stabilität als erfolgreicher als die Organisationsformen des Städtebundes und des Stadtstaates. Die Herrscher souveräner Territorialstaaten hatten erkannt, dass eine Ankurbelung der Wirtschaft und die Förderung des Handels ihren eigenen Interessen zugutekamen. Im Inneren bekämpften sie den Wohlfahrt mindernden feudalen Partikularismus. Nach außen schufen sie Bedingungen, die eine stabile und längerfristig orientierte Zusammenarbeit mit anderen Staaten und ihren Bevölkerungen ermöglichten. Dadurch erhielten sie die Unterstützung der Städte und damit auch der wichtigen Kapitalbesitzenden. Indem sie den Wohlstand in ihrem jeweiligen Staatsgebiet förderten, erhöhten sie auch ihre Fähigkeit, Ressourcen für ihre eigenen Interessen zu mobilisieren und ein entsprechendes militärisches Potential zu schaffen. Die Mitglieder von Städtebünden sowie andere Typen staatlicher Gemeinwesen (z. B. das Großherzogtum Baden, das Königreich Württemberg und die Kantone im Gebiet der heutigen Schweiz) schlossen sich im Laufe der Zeit entweder bereits existierenden oder neu entstehenden Territorialstaaten an oder kopierten schließlich dieses Staatsmodell (Tilly, 1992; Spruyt, 1994). So wurden beispielsweise 1848 der Schweizer Bundesstaat, 1861–70 Italien und 1871 das Deutsche Reich geschaffen.

Der Nationalismus des 19. und 20. Jahrhunderts ist eng mit der Staatenbildung verbunden. Er verknüpfte politische Macht mit kultureller oder ethnischer Homogenität. Zusammen mit der Demokratisierung politischer Systeme, d. h. der zunehmenden Mitwirkung breiter Bevölkerungsschichten an politischen Entscheidungsprozessen, ausgehend von den USA und Teilen Westeuropas, verstärkte diese Homogenität in der Regel die Legitimität von Regierungen. Diese gesteigerte Legitimität wiederum verschaffte den Regierenden bessere Kontrollmöglichkeiten im jeweiligen Territorium (z. B. zu Zwecken der Steuererhebung oder Kriegsführung). Kulturelle und ethnische Homogenität zusammen mit Demokratie (in verschiedenen Ausprägungen) sind bezeichnenderweise ein fester Bestandteil der „nationalen Selbstbestimmung" im Rahmen zeitgenössischer Debatten um das Anrecht bestimmter Bevölkerungen auf einen eigenen Staat (Poggi, 1978; Tilly, 1992; Breuilly, 1993; Gellner, 2006).

1.3.4 Grundstruktur des internationalen Systems

Das in Europa entstandene territorialstaatliche Organisationsprinzip kam im 18. Jahrhundert auch in den USA, im 19. Jahrhundert in Lateinamerika und im 20. Jahrhundert praktisch in der ganzen restlichen Welt zur Anwendung. Die Gründe für diese „Globalisierung" des souveränen Territorialstaates sind vielfältig und umfassen u. a. die folgenden. Erstens konnte aufgrund der gegenseitig abgegrenzten Herrschaftsräume in Europa kein territorialer Herrscher seine Untertanen in dem Maße ausbeuten, wie dies einem feudalen Herrscher möglich war. Die Untertanen besaßen prinzipiell die Möglichkeit, einen Territorialstaat zu verlassen und in einem anderen Staat Zuflucht zu suchen (vgl. die Flucht der Hugenotten aus Frankreich oder die Migration der Juden). Die Legitimitätsbasis und damit oft auch die Kohäsion souveräner Territorialstaaten waren deshalb meist größer als im Falle anderer staatlicher Organisationsformen. Zweitens wurde die Entwicklung der einzelnen Territorialstaaten in Europa durch ein kompetitives Verhältnis zueinander vorangetrieben. Der Wettbewerb zwischen den Territorialstaaten förderte die innerstaatliche Entwicklung und institutionelle Innovation. Er machte die europäischen Territorialstaaten häufig zu militärisch und politisch schlagkräftigen Akteuren. Drittens erwiesen sich Großreiche wie beispielsweise China als wenig kompatibel mit dem internationalen System der souveränen Territorialstaaten – nicht zuletzt, weil sie keine territorialen Grenzen ihres Herrschaftsanspruches anerkannten. Territorialstaaten akzeptierten nur ähnlich strukturierte Staatswesen und integrierten diese in die internationale Arbeitsteilung. Den nichtterritorialstaatlichen Gemeinwesen blieben deshalb wichtige (v. a. auch ökonomische) Vorteile der internationalen Zusammenarbeit vorenthalten (Spruyt, 1994; Breuer, 1998; Reinhard, 2007).

Die durch größere wirtschaftliche Effizienz und straffere innerstaatliche Organisation gewonnenen Machtressourcen vieler Territorialstaaten kamen spätestens im Zeitalter der Kolonialisierung, also ab dem 16. und 17. Jahrhundert, verstärkt zur Geltung. Durch ihre Herrschaft über weite Gebiete Amerikas, Asiens, Ozeaniens und Afrikas legten die europäischen Staaten den Grundstein für die heutigen Territorialstaaten auf diesen Kontinenten. Als die Dekolonialisierungswelle nach dem Zweiten Weltkrieg einsetzte, standen für die betreffenden Unabhängigkeitsbewegungen allenfalls noch unterschiedliche Wirtschafts- und Regierungsmodelle, die in den existierenden Territorialstaaten bereits praktiziert wurden, zur Debatte – nicht mehr aber die Form des souveränen Territorialstaates selbst (Spruyt, 1994; Rokkan et al., 1999; Reinhard, 2007).

1.3.5 Staaten und Quasi-Staaten

Nach dem Zweiten Weltkrieg wurde das Recht der Völker auf Selbstbestimmung von der Fähigkeit zur Selbstorganisation im Rahmen eines Staates abgekoppelt. D. h., das Recht auf einen eigenen Staat hing fortan aus völkerrechtlicher Sicht nicht mehr von der Fähigkeit einer bestimmten Bevölkerungsgruppe ab, ein eigenes Staatswesen wirksam unterhalten zu können. Noch in der Zwischenkriegszeit (1919–1939) hatte der Völkerbund die althergebrachte Doktrin aufrechterhalten, welche die Fähigkeit und das Recht zur Unabhängigkeit eng miteinander verknüpfte. 1960 hingegen beschloss die Generalversammlung der Vereinten Nationen, dass mangelnde Fähigkeiten auf politischem, wirtschaftlichem oder sozialem Gebiet kein Grund für den Aufschub der Unabhängigkeit und damit der Konstituierung eines souveränen Territorialstaates sein dürften (Crawford, 2006; Hobe & Kimminich, 2008). Dieser Schritt verursachte erhebliche Probleme, die bis heute in vielen Entwicklungsländern noch nicht gelöst sind.

Mit Blick auf die lange und oft leidgeplagte Entwicklungsgeschichte des europäischen Staatensystems erstaunt es nicht, dass viele neue Staaten, insbesondere in Afrika, nach nur wenigen Jahrzehnten der Unabhängigkeit nicht vollständig dem Typus des souveränen Territorialstaates entsprechen. Bisweilen ist gar von „Quasi-Staaten" die Rede. Diese verdanken ihre Existenz in erheblichem Ausmaß der Hilfe durch andere Staaten sowie internationale Organisationen. Alle Entwicklungsländer, die den weitaus größten Teil der neuen Staaten seit 1945 ausmachen, weisen klar definierte territoriale Grenzen auf, innerhalb derer die jeweilige Regierung das Gewaltmonopol und weitere exklusive Kontrollbefugnisse, wie beispielsweise die Erhebung von Steuern und die Führung der Außenbeziehungen, beansprucht. De facto ist die Hoheit staatlicher Behörden über ihr gesamtes Staatsgebiet in etlichen Fällen jedoch unvollständig (eingeschränkte oder fehlende interne Hierarchie). In diesen Defiziten liegt die Instabilität einer beträchtlichen Zahl von heute existierenden Staaten begründet. Bezeichnend ist allerdings, dass selbst "gescheiterte" Staaten in den vergangenen Jahrzehnten nie von anderen Staaten absorbiert wurden – dies war bis zum Zweiten Weltkrieg noch der Normalfall. Seit 1945 sind solche Staaten hingegen in einigen Fällen auseinander gebrochen, was zu neuen Staaten geführt hat (z. B. Eritrea oder Südsudan), oder sie wurden unter prekären Bedingungen und durch Hilfe der internationalen Gemeinschaft am Leben erhalten, z. B. Afghanistan, der Kongo, Somalia oder der Sudan (Jackson, 1990; Stewart, 2007; Risse, 2011; Fragile States Index, 2014). Die Abhängigkeit der Quasi-Staaten von der Unterstützung anderer Länder und internationaler Organisationen wird längerfristig vermutlich bewirken, dass diese Staaten sich weiter in Richtung des souveränen Territorialstaates entwickeln.

Die politische und völkerrechtliche Entkoppelung von der Fähigkeit zur und dem Recht auf Unabhängigkeit hat bis heute nicht zu der von einigen Beobachtern befürchteten „Atomisierung" der Staatenwelt geführt. Eine Gewährung der staatlichen Unabhängigkeit entlang ethnischer Linien könnte im Prinzip Tausende von neuen Staaten zur Folge haben. Die Tatsache, dass das Wachstum der Staatenzahl auf heute rund 217 (Abbildung 1.2) beschränkt blieb, lässt sich auf eine weniger juristische, denn pragmatische Handhabung der „Türsteher"-Funktion der bestehenden Staaten zurückführen. Wie die Beispiele Palästina, (türkisch) Zypern, Abchasien, Südossetien und Kosovo zeigen, ist es für neue Staaten oft schwer, vollwertige Mitglieder der internationalen Staatengemeinschaft zu werden. In den meisten Fällen ist die Aufnahme in die UNO der Lackmustest – die Schweiz ist eine Ausnahme; sie trat aus innenpolitischen Erwägungen der UNO erst 2002 bei. Der UNO-Beitritt eines Staates erfordert sowohl die Zustimmung des Sicherheitsrates, in dem die fünf offiziellen Nuklearmächte ein Vetorecht besitzen, als auch die der Generalversammlung(Bernauer, 2000; Crawford, 2006).

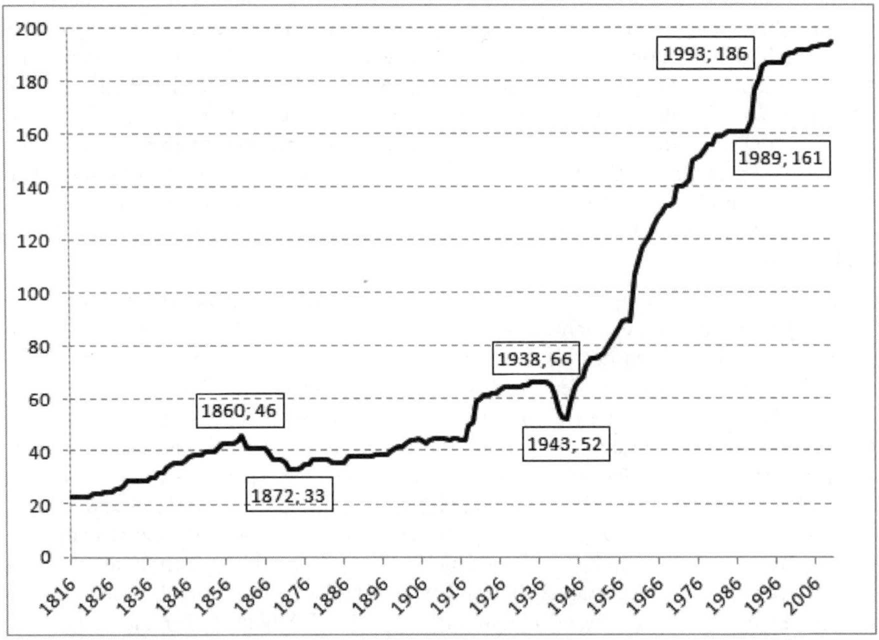

Abbildung 1.2: Anzahl der Staaten im internationalen System 1816–2011

Quelle: Correlates of War Project (COW), www.correlatesofwar.org; Stand 2015.

Das markanteste Wachstum der Anzahl souveräner Territorialstaaten seit 1945 erfolgte, abgesehen von der Dekolonialisierung der 1960er bis 1980er Jahre, im Zusammenhang mit dem Ende des Kalten Krieges und dem Zerfall der Sowjetunion und Jugoslawiens. Dieser Fragmentierungsprozess hängt weitgehend mit dem Unvermögen der betreffenden Staaten zusammen, wichtige Regierungsziele und Bedürfnisse der Bevölkerung, vor allem die innere und äußere Sicherheit, Wohlfahrt und kollektive Identität und Legitimität zu gewährleisten. Diejenigen Staaten, die seit 1989 auseinander gebrochen sind, waren dann auch vorwiegend ethnisch oder kulturell heterogen, wiesen ein starkes Wohlstandsgefälle innerhalb des Landes auf, waren in eine massive Wirtschaftskrise geraten oder einer äußeren Existenzbedrohung verlustig gegangen.

1.3.6 Expansion staatlicher Funktionen

Die grundlegenden Funktionen des modernen Territorialstaates haben eine starke Expansion durchlaufen (Benz, 2008). Am Anfang standen (und stehen immer noch) die Gewährleistung der öffentlichen Sicherheit und Ordnung im Inneren, der Schutz der Bevölkerung und des Territoriums vor äußeren Feinden sowie die Schaffung bestimmter Rahmenbedingungen für die Wirtschaft (z. B. ein funktionierendes Finanzsystem, Eigentumsrechte, Vertragssicherheit).

Insbesondere als Folge der Weltwirtschaftskrise der 1920er und 1930er Jahre erweiterten die meisten Industrieländer die politischen und wirtschaftlichen Steuerungsmöglichkeiten des Staates erheblich. Im Vordergrund stehen dabei Maßnahmen zur Förderung der Wirtschaftsaktivität und ihrer Effizienz in der Senkung der Arbeitslosigkeit und in der Umverteilung von Wohlstand zugunsten benachteiligter Bevölkerungsgruppen (v. a. ältere Personen, Arbeitslose, einkommensschwache oder kranke Personen). Die bis in die 1990er Jahre hinein in den meisten Industrieländern steigenden Staats- und Steuerquoten (Anteil der Staatsausgaben bzw. Steuern am Bruttoinlandsprodukt) verdeutlichen die starke Ausweitung staatlicher Tätigkeit. Die Staatsquoten der meisten reichen Industriestaaten liegen heute bei 30 bis 60 Prozent. Ärmere Staaten durchlaufen diesen Trend meist zeitverzögert, vor allem weil ihr durch Steuern erzielbares Einkommen deutlich geringer ist.

Die Errichtung des modernen Wohlfahrtsstaates in den heutigen Industrieländern, der mittlerweile einen großen Teil der Staatsausgaben beansprucht, erfolgte weitgehend zu Zeiten des Kalten Krieges. Während in den kommunistischen Ländern die staatliche Aktivität im Zeichen der Planwirtschaft stand, glaubten die staatstragenden Eliten im Westen, dass eine geschickte staatliche Steuerung der Privatwirtschaft, vor allem in Form von sozialen Sicherungsnetzen und einer effektiven Geld- und Fiskalpolitik, Vollbeschäftigung und stetiges Wachstum sichern oder erreichen könne (Schmidt, 2007). Der Kalte Krieg zementierte diesen Zustand, indem er den Staat als einzigen Garanten für den Fortbestand und die Stabilität des jeweiligen Gesellschaftssystems erscheinen ließ. Wirksame wirtschaftliche und soziale Steuerung durch den Staat wurde in Ost und West auch als Voraussetzung militärischer Verteidigungsbereitschaft gesehen. Gute Beispiele sind die Landwirtschafts- und Energiepolitik, die von sicherheitspolitischen Kalkülen stark geprägt waren.

1.3.7 Entmachtung des Staates?

Seit dem Ende des Kalten Krieges (1990/91) haben die ökonomischen, politischen und sozialen Verflechtungen über territorialstaatliche Grenzen hinweg (Globalisierung) stark zugenommen. Insbesondere seit Mitte der 1990er Jahre wird in diesem Kontext bisweilen von einer durch die Globalisierung bewirkten Entmachtung des Staates gesprochen. Die meisten Staaten haben in jüngerer Zeit in der Tat einige Steuerungskompetenzen nach „unten" hin an Märkte, Verbände oder NGOs sowie nach „oben" oder „seitwärts" an internationale oder supranationale Organisationen abgetreten. Diverse vormals staatliche Unternehmen wurden privatisiert (Schneider, 2001 b), und viele Staaten haben ihre sozialen Absicherungssysteme reformiert (Häusermann, 2010). Nichtsdestotrotz zeigen die nach wie vor hohen Staats- und Steuerquoten sowie die vielfältigen und intensiven regulatorischen Eingriffe des Staates in fast allen gesellschaftlichen Bereichen, dass der Staat immer noch der zentrale Bezugsrahmen des Politischen ist und demzufolge im Zentrum des politikwissenschaftlichen Interesses stehen sollte (Bernauer, 2000; Kriesi et al., 2008 a).

1.4 Was ist Politikwissenschaft?

Die Politikwissenschaft als wissenschaftliche Disziplin definiert sich sowohl über ihr Studienobjekt, die Politik, als auch ihr Instrumentarium zur Erforschung der Politik.

Politik als Studienobjekt

Wir definieren Politik als soziales Handeln, das auf Entscheidungen und Steuerungsmechanismen ausgerichtet ist, die allgemein verbindlich sind und das Zusammenleben von Menschen regeln. Die Politikwissenschaft untersucht somit Verhaltensweisen, Entscheidungsprozesse, Ereignisse oder Entwicklungen, Strukturen und Organisationen, die dem Politischen im hier definierten Sinne zuzuordnen sind.

Die folgenden Beispielfragen illustrieren die große Reichweite politikwissenschaftlicher Fragestellungen:

- Welche Faktoren beeinflussen das Wahlverhalten von Individuen zugunsten bestimmter Parteien?
- Lässt sich eine politische Polarisierung oder Angleichung in den Parteiensystemen Europas empirisch nachweisen? Wenn ja, welche Triebkräfte bewirken diese Polarisierung oder Angleichung?
- Unter welchen Bedingungen sind Protestbewegungen in der Lage, eine große Anhängerschaft zu mobilisieren und politischen Einfluss zu erlangen, z. B. in der Asylpolitik oder dem Umwelt- und Verbraucherschutz?
- Sind Demokratien bessere Umweltschützer als Autokratien, und falls ja, weshalb?
- Weshalb eskalieren bestimmte internationale Handelskonflikte in der WTO und andere nicht?

Die meisten politischen Phänomene und damit Studienobjekte der Politikwissenschaft lassen sich den Kategorien polity, politics und policy zuordnen.

Der Begriff POLITY bezeichnet politische Strukturen und Akteure. Er umfasst die Institutionen bzw. Organisationen, in denen politisches Handeln stattfindet. Diese bilden den Ordnungs- und Handlungsrahmen der Politik. Beispiele sind die zentralen Institutionen des politischen Systems, insbesondere Parlament, Regierung und Justiz, aber auch die geschriebene Verfassung. Auch die strukturelle Beschaffenheit eines politischen Phänomens, z. B. die Bezeichnung eines Landes als Demokratie, fällt unter den Begriff Polity.

POLITICS bezeichnet politische Prozesse. Diese umfassen Prozesse der Willensbildung (z. B. öffentliche Diskussionen, Demonstrationen), Entscheidungen (z. B. Gesetzgebungsverfahren) und Umsetzung (z. B. Erlasse von Verwaltungsbestimmungen, Überwachung der Einhaltung von Gesetzen, Sanktionen bei Fehlverhalten).

POLICY bezieht sich auf politische Inhalte. Unter diesen Begriff fallen die Inhalte von Politik, insbesondere in spezifischen Politikbereichen (z. B. Umweltpolitik, Außenpolitik, Familienpolitik) sowie die konkreten Aufgaben, Ziele und die Ausgestaltung politischer Programme.

Instrumentarium

Die Politikwissenschaft beschreibt, interpretiert und erklärt politische Phänomene. Was wissenschaftliche Beschreibung, Interpretation und Erklärung bedeuten, werden wir in den folgenden Kapiteln im Detail behandeln. Im Grunde besagen sie, dass die Erarbeitung von Wissen über politische Phänomene bestimmten Vorgehensweisen folgt. Diese unterscheiden sich von der Art und Weise, wie Nichtpolitikwissenschaftler in ihrem Alltag Informationen über politische Phänomene aufnehmen, verarbeiten und wiedergeben. Die Vorgehensweisen bzw. Instrumentarien der Politikwissenschaft lassen sich zwei grundlegenden Typen zuordnen: der empirisch-analytischen und der hermeneutischen Forschungsrichtung. Im folgenden Abschnitt wenden wir uns den Unterschieden und Gemeinsamkeiten zwischen diesen zwei Forschungsrichtungen zu.

1.4.1 Empirisch-analytische und hermeneutische Politikwissenschaft

Abbildung 1.3 illustriert die empirisch-analytische sowie die hermeneutische Forschungsrichtung in der Politikwissenschaft anhand je eines Beispiels und erläutert sie danach in abstrakterer Form sowie anhand von zwei konkreten Studien (Kästen 1.1 und 1.2). Beachten Sie bei der Lektüre von Abbildung 1.3 die kursiv markierten Worte!

Empirisch-analytisch	Hermeneutisch
Wir wollen das Auftreten von Bürgerkriegen ***erklären*** und dabei insbesondere die ***Auswirkung*** ethnischer Fragmentierung untersuchen. Dazu formulieren wir die ***Hypothese***, dass ethnisch fragmentierte Staaten einem höheren Bürgerkriegsrisiko ausgesetzt sind. Danach sammeln wir ***Daten*** zu den interessierenden Erklärungsfaktoren und allen bisher aufgetretenen Bürgerkriegen der letzten hundert Jahre. Wir ***testen*** anhand dieser objektiven (d. h. wertfrei ermittelbaren) Fakten den Wahrheitsgehalt der Hypothese zur genannten ***Ursache-Wirkungs-Beziehung***.	Wir wollen ***verstehen***, ob und weshalb Deutschland seit dem Ende des Kalten Krieges eine aktivere und stärker auf die eigenen Interessen hin orientierte Außenpolitik betreibt. Zur Beantwortung dieser ***Frage*** studieren wir Reden von außenpolitischen Entscheidungsträgern sowie Experten für außenpolitische Fragen. Wir ***interpretieren*** diese Informationen im Kontext vermuteter Intentionen der Redner und Interviewpartner sowie unseres eigenen Vorwissens zur deutschen Außenpolitik der Vergangenheit. Durch ein ***tieferes Verständnis der Aussagen*** von Entscheidungsträgern und Experten gelangen wir zu Antworten auf unsere Forschungsfrage.

Abbildung 1.3: Beispiele empirisch-analytischer und hermeneutischer Forschung

Empirisch-analytische Forschung

Die empirisch-analytische Forschung strebt eine möglichst objektive, d. h. werturteilsfreie, Beschreibung und Erklärung der politischen Wirklichkeit an. Sie geht somit davon aus, dass politische Phänomene unabhängig von der Beobachterin beschrieben bzw. gemessen und erklärt werden können. Politikwissenschaftliche Aussagen in dieser Forschungstradition werden oft (aber nicht immer) in Form von kausalen Hypothesen formuliert (siehe Abschnitt 2.2.3 in Kapitel 2). Solche Hypothesen, die eine Ursache und ihre Wirkung benennen, werden durch logische Analysen und empirische Tests geprüft, unabhängig davon, ob die Forscherin sie aus persönlicher Sicht wünschenswert findet oder nicht. Angestrebt werden Aussagen, die sich über die direkt untersuchten empirischen Sachverhalte hinaus verallgemeinern lassen. Wie in Kapitel 2 dargelegt, liegen die Gütekriterien dieser Forschungsrichtung in der Systematik, Generalisierbarkeit von Erkenntnissen, Identifikation kausaler Mechanismen, Objektivität, Verlässlichkeit (Reliabilität) und Gültigkeit (Validität) sowie der intersubjektiven Prüfbarkeit. Damit ist die empirisch-analytische Richtung der Politikwissenschaft dem gleichen erkenntnis- und wissenschaftstheoretischen Paradigma zuzuordnen wie die Naturwissenschaften. Die politikwissenschaftliche Forschung dieser Art wird dementsprechend durch bestimmte Regeln geprägt, die legitime Vorgehensweisen bei der Entwicklung von theoretischen Aussagen, dem Sammeln von Informationen über die reale Welt sowie der Auswertung dieser Informationen festlegen (Goertz, 2006). Zur Illustration finden Sie in Kasten 1.1 die Beschreibung einer empirisch-analytischen Studie, die untersucht, ob physisch attraktive Kandidierende bessere Wahlchancen haben.

1.1 Haben schönere Kandidierende bessere Wahlchancen?

Die Politikwissenschaft befasst sich seit Jahrzehnten intensiv mit dem Wahlverhalten von Individuen (siehe Kapitel 6.5). Eine wichtige Frage ist dabei, ob die Wählerschaft eher gemäß einem rationalen Nutzenkalkül ihre persönlichen Interessen mit den Versprechungen der Kandidierenden abgleicht und dabei auch deren bisherigen Leistungsausweis berücksichtigt, oder ob sie eher nach ihrem „Bauchgefühl" entscheidet.

In diesem Kontext geht Lutz (2010) in einer empirisch-analytischen Studie der Frage nach, ob physisch attraktivere Kandidierende bessere Wahlchancen haben. Zu diesem Zweck untersucht er die Wahlen von 2007 auf Bundesebene in der Schweiz. Diese eignen sich für eine solche Analyse, weil in der Schweiz die Wahlberechtigten auf den Wahllisten „panachieren" und „kumulieren" können. D. h., sie müssen letztlich eine Wahlliste abgeben, können auf dieser Liste jedoch von der betreffenden Partei nominierte Personen in der Reihenfolge umplatzieren, streichen, durch andere Kandidierende (auch solche einer anderen Partei) ersetzen sowie einzelne Kandidierende doppelt aufführen – all dies im Rahmen der Zahl der in einem Wahlkreis im Proporzverfahren zu besetzenden Parlamentssitze. Lutz untersucht, ob das diesbezügliche Verhalten der Wählerschaft mit der Attraktivität der Kandidierenden in Zusammenhang gebracht werden kann.

Seine empirische Analyse bestätigt die Attraktivitätshypothese, wobei das Resultat geschlechtsneutral ausfällt. Sowohl attraktivere männliche als auch weibliche Kandidierende liegen in der Gunst der Wählerschaft vorne. Das Wahlverhalten ist also mindestens teilweise von Kriterien bestimmt, die mit dem Leistungsausweis der Kandidierenden und dem politischen Programm der jeweiligen Partei nichts zu tun haben. Studien zu anderen Ländern liefern ähnliche Resultate (Lawson et al., 2010). Eine Studie von Berggren et al. (2010) zu Wahlen in Finnland zeigt beispielsweise, dass Einschätzungen der Wählerschaft zur „Schönheit" von Kandidierenden für die Wahlentscheidung wichtiger sind als Einschätzungen zur Kompetenz, Intelligenz, Liebens- oder Vertrauenswürdigkeit. Diese „Schönheitsprämie" ist in dieser Studie bei Frauen höher als bei Männern.

Empirische Befunde dieser Art sind von praktischer Relevanz für die Selektion von Kandidierenden und für Wahlkampfstrategien der Parteien. Sie liefern aber auch Antworten auf die fundamentale wissenschaftliche Frage, ob das Wahlverhalten eher „vom Kopf oder vom Bauch" bestimmt ist.

Hermeneutische Forschung

Wir behandeln die Hermeneutik in diesem Kapitel etwas ausführlicher als die empirisch-analytische Forschung, weil nach unserer Erfahrung die Studierenden meist etwas mehr Mühe mit dem Verständnis der hermeneutischen Forschungsrichtung bekunden. Zudem konzentriert sich der Rest des Buches auf die empirisch-analytische Forschung.

Der Begriff Hermeneutik stammt aus dem Altgriechischen und bedeutet „erklären, auslegen oder übersetzen". Die Hermeneutik ist eine Theorie und Methode, die dem

Auslegen und Verstehen von Texten und anderen Werken (z. B. Tondokumente, Bilder) dient (Kurt, 2004).

Sowohl empirisch-analytische als auch hermeneutische Studien beginnen in der Regel mit einer konkreten Fragestellung. Im Gegensatz zu empirisch-analytischen Studien führt die Fragestellung in hermeneutischen Arbeiten jedoch meist nicht zur Formulierung einer Hypothese, die eine Ursache-Wirkungs-Beziehung postuliert und dann anhand von empirischen Informationen auf ihren empirischen Wahrheitsgehalt getestet wird. Vielmehr versucht die Forscherin die Frage mit einer „interpretierenden“ und „verstehenden“ Vorgehensweise zu beantworten.

Wie aber geht die hermeneutische Forschungsrichtung bei der Beantwortung von Forschungsfragen konkret vor? In der hermeneutischen Methodik beruht die Interpretation von empirischen Informationen auf dem Verstehen dieser Informationen. Sie beinhaltet das Aufdecken direkter oder auch mehr oder weniger „versteckter“ Botschaften oder Bedeutungen, die in Texten, Ton- oder Bilddokumenten oder Gesprächen enthalten sind. Das Verstehen, welches im Zentrum dieser Forschungsrichtung steht, ist eine Form des Erkenntnisgewinns, die auf die Erfassung von Sinn und Bedeutung zielt (im Gegensatz zur Erklärung, die primär auf die Identifikation von spezifischen Ursachen und deren Wirkungen ausgerichtet ist). Mit Sinn sind die Inhalte des Handelns oder Verhaltens von Personen oder Organisationen gemeint. Kasten 1.2 illustriert diese hermeneutische Vorgehensweise anhand einer Studie zur Unionsbürgerschaft der Europäischen Union.

Die hermeneutische Methodik entstand vor allem in der Theologie, Philosophie und Rechtswissenschaft. Zu Beginn des 19. Jahrhunderts wurde sie systematisch in die Sprach- und Geschichtswissenschaft eingeführt und ist dort heute noch dominant. Die Hermeneutik bietet vor allem generelle Regeln an, die bei der Auslegung von Texten und zum Verstehen von Sinnzusammenhängen der untersuchten Gegenstände dienen sollen. Im Zentrum hermeneutischer Forschung stehen meist drei Fragen: Welche Bedeutung verband die Urheberin mit dem zu Verstehenden? In welchem Bedeutungszusammenhang steht das zu Verstehende? Welche Zielsetzung war damit beabsichtigt?

Wie in der empirisch-analytischen Forschung wird auch mit der hermeneutischen Methode ein möglichst hohes Maß an Objektivität angestrebt – z. B. in Bezug auf den Sinnesgehalt bestimmter Dokumente und Aussagen, welche die Forscherin zu ermitteln versucht. Dies geschieht dadurch, dass die Kultur- und Zeitabhängigkeit bestimmter Informationen sowie die Intentionen der jeweiligen kommunizierenden Akteure möglichst sachlich dargestellt und untersucht werden (Kerchner, 2006; Wernet, 2006).

Kasten 1.2 illustriert anhand einer konkreten Studie, wie sich die hermeneutische und empirisch-analytische Forschung nicht nur in Bezug auf die Methodik, sondern auch in Bezug auf ihre analytische Breite und den Anspruch auf Generalisierbarkeit von Forschungsresultaten voneinander unterscheiden.

1.2 Unionsbürgerschaft der Europäischen Union

Die Staatsangehörigen der Mitgliedstaaten der Europäischen Union besitzen seit 1992 zusätzlich zur nationalen Staatsbürgerschaft auch die Unionsbürgerschaft. Diese Unionsbürgerschaft ist weltweit einzigartig. Alle anderen Staaten der Welt kennen nur eine nationale Staatsbürgerschaft. Die Unionsbürgerschaft impliziert eine Reihe von zusätzlichen Rechten der Unionsbürger in anderen EU-Mitgliedstaaten (z. B. für eine Österreicherin, die in Griechenland lebt und arbeitet). Ulrich Haltern (2005) befasst sich in einer hermeneutischen Analyse mit diesem politischen Phänomen. Um zu verstehen, welche Motivationen hinter der neuen Unionsbürgerschaft stehen und was diese zu bedeuten haben, hat Haltern juristische und politische Diskurse zu diesem Thema analysiert. Er stützt sich dabei auf eine Vielfalt von Dokumenten, die von politischen Reden bis zu Gerichtsurteilen reichen. Die Studie ist von der These geleitet, die besagt, dass „(...) die Union ihren Zuschnitt als Rechtsgemeinschaft zwar nicht aufgibt, aber in den Hintergrund treten lässt, um sich auf die Suche nach einer genuin politischen Imagination zu machen. Die Frage ist diejenige nach dem ‚Politischen' der Union. Die Antwort Unionsbürgerschaft, so die These dieses Beitrages, ist ambivalenter Natur. Sie definiert das Politische in eine Richtung, die man als Fortschritt verstehen kann, aber nicht muss. Diese Ambivalenz spiegelt sich in Diskursen zur Nation und zum Recht." (Haltern, 2005: 89).

Während in empirisch-analytischen Studien meist eine aus der Theorie und/oder früheren empirischen Arbeiten hergeleitete Hypothese zu einer Ursache-Wirkungs-Beziehung am Anfang steht, besteht die These von Haltern aus einem Argument, welches das Wesen und die Bedeutung des interessierenden politischen Phänomens zu erfassen versucht. Halterns These ist nicht eine aus der Theorie oder früherer empirischer Forschung hergeleitete Behauptung, die dann empirisch getestet wird. Vielmehr ist sie das Resultat seiner empirischen Analyse, die aber an den Anfang der Studie gesetzt wird, um dieser einen klaren Rahmen zu geben. Halterns These ist somit vergleichbar mit einem Gerichtsurteil, das zuerst verkündet und danach begründet wird.

Ein weiterer Unterschied zur empirisch-analytischen Forschung betrifft die Generalisierbarkeit und „reduktionistische" Vorgehensweise. Die in Kasten 1.1 diskutierte Studie von Lutz über den Einfluss des Aussehens auf die Wahlchancen von Kandidaten erhebt den Anspruch, basierend auf der Analyse des Wahlverhaltens einer bestimmten Anzahl von Personen (einer Stichprobe, siehe Kapitel 3.3.1), eine Aussage über das Wahlverhalten aller Wählenden der Schweiz oder sogar der Welt machen zu können. Sie strebt also ein hohes Ausmaß an Generalisierbarkeit ihrer Erkenntnisse an. Gleichzeitig ist sie jedoch reduktionistisch, indem sie sich lediglich auf eine mögliche Ursache des Wahlverhaltens konzentriert (die physische Attraktivität von Kandidierenden). Die Studie von Haltern hingegen beschränkt sich einerseits auf die Analyse eines weltweit einzigartigen politischen Phänomens und erhebt keinen Anspruch auf Generalisierbarkeit der Erkenntnisse über das konkret untersuchte Phänomen hinaus. Andererseits zielt sie jedoch auf ein breites und umfassendes Verständnis dieses Phänomens ab. Dies wird anhand der Zusammenfassung der Resultate der Studie deutlich:

„In einer Union, die den Markt als Integrationsziel überwunden hat, verspricht die Unionsbürgerschaft Werte mit Zukunftsperspektive. Sie überwindet die geistige Absenz, die im Herzen der Integration liegt, und stellt in Gestalt einer Grundrechtsfundierung ein auf das Individuum zugeschnittenes ethisches Fundament zur Verfügung. Dieser Fortschrittsdiskurs findet sich insbesondere in den emphatischen Schlussanträgen der Luxemburger Generalanwälte, welche die Unionsbürgerschaft als ‚Grundrecht persönlicher Freiheit' und als ‚Gipfel der Individualrechte' bezeichnen. Der Europäische Gerichtshof hingegen bleibt einerseits sprachlich subtiler, verbindet die Unionsbürgerschaft aber andererseits mit dem Diskriminierungsverbot und setzt durch die Betonung von Gleichheitsrechten statt von Freiheitsrechten eine transnationale Gleichheit voraus, die der Unionsbürgerschaft vorausliegt und große Sprengkraft beinhaltet. Damit gerät die affektive Dimension von Bürgerschaft in den Blick. Wer sich als Bürger eines Gemeinwesens definiert, nimmt die kollektive Identität politischer Gemeinschaft in seine individuelle Identität auf. Dies ist einerseits erwünscht, weil so das soziale Legitimationsdefizit der Union überwunden werden kann. Andererseits birgt es all jene Gefahren, die aus den Hypertrophien und Katastrophen des letzten Jahrhunderts bekannt sind. Dies wiederum erlaubt einen Blick auf die Natur des Rechts, dem eine emanzipatorische und liberale Integrationskraft zugetraut wird. Eine kulturtheoretisch informierte Analyse hingegen zeigt, dass das Recht unter seiner liberalen Oberfläche eine Tiefenstruktur besitzt, die nach wie vor viel Atavistisches transportiert. Auch die Unionsbürgerschaft teilt diese Ambivalenz. Wer auf sie baut, um Europa vom Bürger her zu integrieren, muss sich dieser gefahrvollen Zweischneidigkeit bewusst sein." (Haltern, 2005: 87).

Normative, präskriptive und prognostische Elemente

Wie Abbildung 1.4 verdeutlicht, können sowohl die empirisch-analytische als auch die hermeneutische Forschung positive und normative Komponente aufweisen. In Kapitel 3.2 werden wir zudem sehen, dass empirisch-analytische Forschung sowohl mit qualitativen als auch mit quantitativen Informationen betrieben wird.

Positive Forschung versucht die reale Welt möglichst werturteilsfrei und damit unabhängig von der Beobachterin zu beschreiben, erklären und zu verstehen. Im Gegensatz zur Alltagssprache bedeutet „positiv" in diesem Kontext nicht „gut". Der Begriff ist also nicht wertend. Normativ hingegen bedeutet „wertend"; die Forscherin bezweckt mit ihrer Analyse die Bewertung eines politischen Sachverhalts nach bestimmten Kriterien, wie beispielsweise Effizienz, Wirksamkeit bei der Problemlösung oder Kompatibilität mit gängigen gesellschaftlichen Moralvorstellungen.

Die beiden Beispiele in Abbildung 1.4 illustrieren, dass politikwissenschaftliche Studien, die mit normativen Elementen angereichert sind, meist von einer positiven Analyse ausgehen und darauf aufbauend eine Bewertung politischer Phänomene anstreben. Mittels ihrer normativen Anreicherung versuchen sie in der Regel zur Gestaltung der politischen Realität beizutragen – so wie sie aus ihrer Sicht sein sollte(z.B. Esping-Andersen, 2002; Shapiro, 2007). Somit weisen normative Analysen häufig, aber nicht notwendigerweise auch präskriptive (empfehlende bzw. vorschreibende) Komponenten auf. In einer Studie zur Wahlkampffinanzierung (siehe Abbildung 1.4) könnten z. B. anhand der positiven Analyse und ihrer normativen Anreicherung Vorschläge für die gesetzliche Regelung von Wahlkampfspenden entwickelt werden.

Empirisch-analytisch	Hermeneutisch
Wir möchten ***bewerten***, ob die bestehenden staatlichen Vorschriften für die Parteien- und Wahlkampffinanzierung in Österreich grundlegenden Anforderungen an eine pluralistische Demokratie, welche die politische Chancengleichheit betont, genügen. Wir entwickeln zuerst einen Kriterienkatalog solcher Anforderungen. Danach erheben wir Daten zu den Einkünften und Ausgaben der Parteien und Politiker sowie ihren politischen Aktivitäten und Wahl- und Abstimmungsergebnissen. Wir untersuchen anhand dieser ***objektiv*** ermittelbaren Fakten, inwiefern finanzstärkere Parteien und Politiker politische Vorteile genießen. Wir tun dies z. B. durch das Testen der Hypothese, dass Politiker mit größeren Wahlkampfbudgets eher gewählt werden. Es folgt dann eine Beurteilung allfälliger politischer Vorteile finanzstärkerer Parteien und Politiker im Lichte der Bewertungskriterien. Dieses Vorgehen erlaubt uns, Schwachstellen bei den bestehenden Vorschriften oder Gesetzen zu identifizieren und Verbesserungsvorschläge zu machen.	Wir möchten die Frage untersuchen, ob und unter welchen Bedingungen die Anwendung von physischer Gewalt zum Zweck des Erreichens politischer Ziele legitim ist. Wir konzentrieren uns dabei auf den Schutz von Tieren und die Gentechnik. Unsere Informationsquellen sind Bekennerschreiben von und Interviews mit Aktivisten, die gewalttätige Aktionen gegen Gentech-Versuchsfelder und Tierversuche durchgeführt haben. Durch systematisches Studium dieser Texte und gesprochenen Worte kristallisieren wir heraus, mit welchen Argumenten die Aktivisten ihr Verhalten rechtfertigen. Diese Argumente bewerten wir dann unter Einbeziehung von bekannten Rechtfertigungsmustern aus der Moralphilosophie und anderen (z. B. ökonomischen) Theorien der Gerechtigkeit sowie unter Berücksichtigung der uns bekannten Gesetzeslage und der Beschaffenheit der betreffenden Gentech- und Tierversuche. Das Resultat der Analyse zeigt, ob spezifische gewalttätige Aktionen gerechtfertigt waren und wo die legitimen Grenzen solchen Verhaltens liegen. Daraus können auch Vorschläge dazu entwickelt werden, wie der Staat mit solchen Problemen umgehen sollte.

Abbildung 1.4: Empirisch-analytische und hermeneutische Forschung mit normativen Elementen

Schließlich können positive Analysen auch mit prognostischen Komponenten versehen werden. Gut fundierte Prognosen bedingen jedoch eine präzise positive Analyse (Bueno de Mesquita, 2009). So beruhen beispielsweise Prognosemodelle der Wahlforschung auf Erklärungsmodellen des Wahlverhaltens, die immer wieder anhand von Daten zu vergangenen Wahlen getestet und weiterentwickelt werden. Gleichermaßen bedingen verlässliche Prognosen zur Wahrscheinlichkeit des Ausbruchs von Bürgerkriegen oder dem anderweitigen Zusammenbruch staatlicher Ordnungssysteme (Problem der „failed states“) Erklärungsmodelle, deren rückwärtsgerichteter (historischer) Prognosewert ebenfalls hoch ist. Dieses Ziel kann nur durch positive Forschung erreicht werden.

1.4.2 Politikwissenschaft im deutschsprachigen Raum

Nachdem wir die wichtigsten Forschungsrichtungen der Politikwissenschaft kennengelernt haben, werfen wir nun einen Blick zurück in die Geschichte. Wir befassen uns damit, wie die Politikwissenschaft entstanden ist und wie sie sich seit ihren Anfängen entwickelt hat.

Der Begriff Politikwissenschaft (Englisch: political science, was im Deutschen bisweilen auch mit Politische Wissenschaft übersetzt wird und damit die irreführende Konnotation einer „politisierten“ Wissenschaft erhält) wird meist dem Historiker Herbert Baxter Adams (1850–1901) zugeschrieben. Dieser lehrte an der Johns Hopkins University in den USA. Die wissenschaftliche Beschäftigung mit politischen Phänomenen begann jedoch schon sehr viel früher.

Im Wesentlichen ging die moderne Politikwissenschaft aus zwei Entwicklungssträngen hervor (Hartmann, 2003; APSR, 2006; Patzelt, 2007). Der erste Entwicklungsstrang befasst sich damit, wie ein politisches System idealerweise aussehen sollte. Der zweite Entwicklungsstrang versucht, politische Phänomene möglichst objektiv zu beschreiben und zu erklären.

Am Anfang stand die Auseinandersetzung mit der Frage, wie gesellschaftliche Organisationsformen idealerweise aussehen sollten. Bereits im antiken Griechenland befassten sich Platon, Aristoteles und andere Denker mit dieser Frage. Ihnen folgten im Römischen Reich z. B. Polybius, Livius, Plutarch, Caesar und Cicero sowie im Mittelalter u. a. Augustinus, Khayyam, Avicenna, Maimonides und Averroes.

Der zweite Entwicklungsstrang begann in Ansätzen mit historischen Arbeiten im antiken Griechenland und im Römischen Reich. Im Fokus dieser Werke stand die Schilderung der politischen Verhältnisse der damaligen Zeit. Es war jedoch Niccolò Machiavelli (1469–1527), der im Zeitalter der Renaissance die empirisch-analytische Richtung der modernen Politikwissenschaft einläutete. Machiavelli versuchte, allgemeine bzw. verallgemeinerbare Aussagen zur Funktionsweise der Politik zu formulieren. Er tat dies ausgehend von Analysen einzelner politischer Institutionen und Akteure.

Politikwissenschaftliche Themen wurden im deutschsprachigen Raum bis Ende des 18. Jahrhunderts fast ausschließlich im Rahmen der allgemeinen philosophischen Bildung und Forschung behandelt. Im Vordergrund standen die klassische Politische Philosophie und Schriften wie diejenigen von Platon, Aristoteles, Cicero oder Augustinus sowie religiös geprägte Fragen von Ethik und Politik. Ende des 18. Jahrhunderts schwand unter dem Einfluss der englischen und französischen Aufklärungsphilosophie das Interesse an der klassischen Politischen Philosophie auch im deutschsprachigen Raum und erkenntnistheoretische Themen rückten in den Vordergrund (siehe z. B. die Werke von Hegel und Kant). Politische Themen wurden jedoch zunehmend in anderen universitären Bereichen wie Geschichts-, Staats- und Wirtschaftswissenschaften aufgegriffen (Göhler & Zeuner, 1991; Bleek, 2001; Patzelt, 2007).

Vorboten der modernen Politikwissenschaft

Im 18. bis 19. Jahrhundert entstand die Staatswissenschaft. Deren Aufgabe war es, loyale und fähige Beamte für den Staat auszubilden und den expandierenden staatlichen Bürokratien politikrelevante Informationen zu liefern – entsprechend trug sie auch Bezeichnungen wie „Polizeywissenschaft", „Kameralwissenschaft" oder „Verwaltungswissenschaft". Erste Professuren für Staatswissenschaft wurden 1727 in Halle und Frankfurt an der Oder eingerichtet. Das 1810 in Zürich eröffnete Politische Institut bot einen Lehrgang für Karrieren im öffentlichen Dienst und einen juristischen Studiengang an. Es wurde später in die juristische Fakultät der 1832 gegründeten Universität Zürich integriert. Die Bezeichnung Verwaltungswissenschaft oder Staatswissenschaft ist bis heute für Studiengänge erhalten geblieben, die aus einer Kombination von Politik-, Rechts- und Wirtschaftswissenschaften bestehen – z. B. an der Universität Konstanz, der Universität St. Gallen, dem Institut de Hautes Etudes en Administration Publique (IDHEAP) in Lausanne oder der Ecole Nationale d'Administration (ENA) in Straßburg. Ein Hauptziel dieser Studiengänge ist nach wie vor die Vorbereitung auf Karrieren im öffentlichen Dienst oder politiknahe Aufgaben in der Privatwirtschaft (Göhler & Zeuner, 1991; Bleek, 2001; Ruloff, 2003; Patzelt, 2007).

In den 1840er Jahren wurden in Deutschland erste Anstrengungen zur Förderung von regierungsunabhängigen wissenschaftlichen Forschungsaktivitäten zu politischen Fragen unternommen. Diese Bemühungen scheiterten aber zusammen mit der Märzrevolution von 1848. Im deutlich konservativeren politischen Klima der darauffolgenden Jahre verschwand die sogenannte progressive Staatslehre des Vormärz und die Ausbildung von (loyalen) Beamten gewann wieder die Oberhand. Politikwissenschaftliche Fragen wurden allerdings weiterhin in der „Diaspora“ angrenzender Disziplinen, v. a. der Rechtswissenschaft, Soziologie, Wirtschafts- und Geschichtswissenschaft behandelt. So zählt z. B. Max Weber zu den Klassikern der Soziologie, obschon sich sein Werk von den Inhalten her gesehen genauso gut der Politikwissenschaft zuordnen ließe.

In der Weimarer Republik (1918–1933) wurden erneut Versuche unternommen, die Politikwissenschaft als eigenständige Wissenschaft zu begründen. 1920 wurde in Berlin die Deutsche Hochschule für Politik gegründet. 1933 wurden diese Institution sowie ein weiteres renommiertes Institut, das Frankfurter Institut für Sozialforschung, von den Nationalsozialisten jedoch geschlossen. Bedeutende Pioniere der modernen Politikwissenschaft (z. B. Ernst Fraenkel, Siegfried Landshut, Eric Voegelin, Carl Friedrich, Hans Morgentau) emigrierten in die USA und halfen dort beim Aufbau dieser Wissenschaft. Als eigenständiges universitäres Fach hatte sich die Politikwissenschaft in den USA bereits seit den 1860er Jahren etablieren können. Dies lässt sich vor allem an der Einrichtung von Professuren, Instituten oder Fachbereichen mit der entsprechenden Bezeichnung erkennen (Göhler & Zeuner, 1991; Bleek, 2001; Hartmann, 2003).

Politikwissenschaft in Deutschland

In den Jahren nach 1945 entwickelte sich die Politikwissenschaft in Deutschland in kurzer Zeit zu einer eigenständigen wissenschaftlichen Disziplin. Sie ist die am spätesten eingeführte Disziplin unter den klassischen Sozialwissenschaften, zu denen z. B. auch die Wirtschaftswissenschaften, Psychologie und Soziologie gehören. Bis Mitte der 1950er Jahre wurden an den meisten deutschen Universitäten Professuren für Politikwissenschaft eingerichtet. Bis in die 1960er Jahre hinein war die Ausrichtung der politikwissenschaftlichen Forschung und Lehre stark normativ und praxisbezogen. Sie konzentrierte sich vor allem darauf, aus dem Niedergang der Weimarer Republik und der nationalsozialistischen Diktatur Lehren zu ziehen und die Demokratie zu fördern. Philosophische und historische Fragestellungen standen im Vordergrund. In den 1960er Jahren wandelte sich das Fach stärker in Richtung einer modernen Sozialwissenschaft empirisch-analytischer Prägung, deren Forschungs- und Lehraktivität sich zunehmend darauf konzentrierte, politische Phänomene mit Hilfe theoretischer Konzepte und sozialwissenschaftlicher Methoden zu beschreiben und zu erklären. Die 68er-Bewegung verhalf marxistischen (oft auch als „kritisch“ bezeichneten) Theorien zu einem Höhenflug und die normative und hermeneutische Forschung rückte an vielen deutschen Universitäten erneut in den Vordergrund. In den 1980er und 1990er Jahren trat jedoch die empirisch-analytische Richtung wieder stärker ins Rampenlicht und dominiert bis heute die Politikwissenschaft. Dieser Ausrichtung Rechnung tragend verschwand auch an vielen Orten die Bezeichnung Politische Wissenschaft zugunsten des Begriffs Politikwissenschaft. Letzterer betont, dass es sich um die wissenschaftliche Beschäftigung mit Phänomenen der Politik und nicht um eine „politische“ oder gar „politisierte“ Wissenschaft handelt (Göhler & Zeuner, 1991; Bleek, 2001).

Politikwissenschaft in der Schweiz

In der Schweiz war das politische Umfeld des 19. und frühen 20. Jahrhunderts um einiges liberaler als in Deutschland. Deshalb erstaunt es umso mehr, dass die Politikwissenschaft in der Schweiz später als in Deutschland zu einem eigenständigen universitären Fach wurde, nämlich erst in den 1970er Jahren. Das 1927 gegründete Genfer Institut Universitaire de Hautes Etudes Internationales (IUHEI, heute IHEID) befasste sich zwar mit internationaler Politik, hier arbeiteten jedoch ausschließlich Juristen und Ökonomen. Das 1942 in Zürich gegründete Schweizerische Institut für Auslandforschung hätte das Deutschschweizer Äquivalent zum IUHEI werden sollen. Mangels finanzieller Unterstützung durch den Bund und die Universitäten entstand jedoch lediglich ein noch heute existierender Verein, der Vortragsreihen organisiert. Dass sich die moderne Politikwissenschaft empirisch-analytischer Richtung in der Schweiz erst spät durchsetzen konnte, hängt v. a. mit ihrer starken Verankerung in benachbarten Disziplinen wie Soziologie, Rechtswissenschaft und Geschichtswissenschaft zusammen. An den meisten Schweizer Universitäten zeigten diese Nachbardisziplinen (wohl auch aus nicht ganz uneigennützigen Erwägungen) wenig Interesse, ein Fach, welches an der Universität Zürich noch bis in die 1980er Jahre herablassend als Hilfswissenschaft für Historiker und andere altehrwürdige Wissenschaften definiert wurde, in die „Unabhängigkeit" zu entlassen. Die 1959 gegründete Schweizerische Vereinigung für Politische Wissenschaft machte sich für eine empirisch-analytische Ausrichtung neu einzurichtender Professuren stark. Die erste Generation von Professoren musste mangels eines politikwissenschaftlich ausgebildeten Bewerberfeldes mit Soziologen, Juristen, Ökonomen und Historikern besetzt werden (so z. B. 1961 in Bern, 1970 in St. Gallen und 1971 in Zürich). Wie auch in Deutschland und Österreich schien es damals unmöglich, für eine aus politischer Sicht vermeintlich so sensible Wissenschaft einen Ausländer (von Frauen ganz zu schweigen!) zu berufen. Erst in den 1980er Jahren wurde es möglich, eine stark wachsende Zahl von Professuren mit umfassend ausgebildeten Politikwissenschaftlern und auch in zunehmender Zahl Politikwissenschaftlerinnen zu besetzen (Ruloff, 2003).

Politikwissenschaft in Österreich

Auch in Österreich gilt der universitäre Fachbereich der Politikwissenschaft als eine „verspätete" Disziplin der Sozialwissenschaften. Erst 1965 wurde eine Professur für Rechts- und Staatsphilosophie und Politische Wissenschaft in Salzburg eingerichtet, 1968 eine Professur für Philosophie der Politik und Ideologiekritik in Wien. Ein Jahr später folgte die Gründung des Interfakultären Instituts für Politikwissenschaft in Salzburg. Im Gefolge der 68er-Bewegung und der Alleinregierung der Sozialdemokratischen Partei Österreichs (SPÖ) entstanden 1971 politikwissenschaftliche Studiengänge in Salzburg und Wien und 1984 in Innsbruck. Dieser späte Start wird meist mit sehr unterschiedlichen Begründungen versehen, u. a. einer autoritären Regierungstradition bis 1945, dem Fehlen einer kritischen Öffentlichkeit in den Jahren unmittelbar nach der nationalsozialistischen Herrschaft, einem weit geringeren Engagement der westlichen Siegermächte in Österreich verglichen mit Deutschland, und einem ausgeprägten Juristenmonopol in der öffentlichen Verwaltung. Die Peripherielage als kleine europäische Demokratie und die sprachliche Dependenz im Schatten Deutschlands hätten zudem die Politikwissenschaft in Österreich in eine Nischenrolle gedrängt, die sich vorwiegend auf die nationalen Eigenheiten konzentrierte und den Entwicklungen des

Fachs im Ausland nur mit erheblicher Verzögerung folgte (Kramer, 2004; Pelinka, 2004; Patzelt, 2007).

Fortschreitende Ausdifferenzierung

Auch wenn die Politikwissenschaft in Österreich und der Schweiz einen späteren Start hatte als in Deutschland, so stehen die Fachbereiche der drei Länder in Bezug auf Innovationskraft und Forschungsoutput mittlerweile durchaus auf gleicher Augenhöhe, insbesondere wenn man die Landesgröße berücksichtigt.

Seit den 1990er Jahren ist eine wachsende Ausdifferenzierung der Politikwissenschaft im deutschsprachigen Raum (und auch in anderen Ländern) zu beobachten. Im Vordergrund stehen dabei die Analyse politischer Systeme, die Methodenlehre sowie Internationale Beziehungen. Der letztgenannte Teilbereich der Politikwissenschaft ist nach dem Ersten Weltkrieg in Europa entstanden und heute an den meisten Universitäten gut etabliert (Woyke, 2007; Schimmelfennig, 2008). In der Nachkriegszeit steckte die empirisch-analytische Politikwissenschaft in Europa und Nordamerika noch in ihren Anfängen. Die meisten Professuren und Institute für Internationale Beziehungen wurden deshalb vor allem in Europa bis in die 1960er Jahre vorwiegend von Rechtswissenschaftlern (v. a. Völkerrechtlern), Historikern (z. B. Spezialisten für Diplomatiegeschichte) und Ökonomen (v. a. Experten für Fragen des Außenhandels) besetzt. Seit den 1970er Jahren haben sich die Internationalen Beziehungen zu einem starken und eigenständigen Teilbereich der Politikwissenschaft entwickelt. Rund ein Drittel der Professuren für Politikwissenschaft im deutschsprachigen Raum sind heute mit Wissenschaftlern besetzt, deren Spezialisierung in diesem Teilgebiet liegt.

Weiterhin werden Professuren bzw. Forschungsgruppen und Forschungsgebiete auch nach Politikbereichen konzipiert. Dies gilt vor allem für die Europapolitik, Sicherheitspolitik, Wirtschaftspolitik und Umweltpolitik. Insgesamt sind jedoch die meisten Professuren – die grundlegenden Organisationseinheiten der Politikwissenschaft im deutschsprachigen Raum – nach wie vor weitgehend als Professuren für deutsche, österreichische oder schweizerische Politik, Vergleichende Politik, Internationale Politik, Politische Theorie/Philosophie oder Methodenlehre definiert.

1.4.3 Bezug der Politikwissenschaft zur Politik und Öffentlichkeit

Die Politikwissenschaft sieht sich in ihrer Beziehung zur politischen Praxis (Politik) häufig mit mehreren Herausforderungen konfrontiert:

a) In jeder Gesellschaft existiert ein „Allgemeinwissen" darüber, wie Politik funktioniert. Die Politikwissenschaft sollte jedoch über dieses Allgemeinwissen hinausgehen. Decken sich ihre Untersuchungsergebnisse dann mit dem Allgemeinwissen, werden sie bisweilen als trivial bezeichnet. Widersprechen sie dem Allgemeinwissen, werden sie oft als sonderbar oder falsch empfunden. Politikwissenschaftliche Ergebnisse einer breiteren Bevölkerungsschicht so zu vermitteln, dass sie als innovativ und wichtig empfunden werden, ist somit nicht ganz einfach – allerdings stehen praktisch alle Sozialwissenschaften vor ähnlichen Problemen.

b) Die politische Wirklichkeit ist oft sehr komplex. Sie ist geprägt von vielen Akteuren, vielfältigen Interaktionen und gegenseitigen Abhängigkeiten zwischen diesen Akteuren sowie vielschichtigen institutionellen Strukturen und Entscheidungsprozessen, die einander gegenseitig beeinflussen. Um diese Wirklichkeit einigermaßen griffig beschreiben und erklären zu können, müssen Wissenschaftler bestehende

Sachverhalte und Zusammenhänge meist stark vereinfachen, ohne jedoch wichtige Fakten und Zusammenhänge zu ignorieren oder zu verfälschen. Dabei entsteht oft eine Gratwanderung, die einer sorgfältigen Abwägung bedarf. Zu starke Vereinfachungen bewirken den Vorwurf der zu großen Abstraktion, Simplifizierung oder gar Banalität. Zu geringe Vereinfachung liefert hingegen zu wenig analytischen Gewinn im Sinne eines besseren Verständnisses von fundamentalen politischen Phänomenen.

c) Politische Sachverhalte verändern sich über die Zeit hinweg. Politikwissenschaftliche Forschung muss in ihren Aussagen deshalb jeweils klar machen, auf welchen zeitlich, räumlich und/oder sachlich abgegrenzten Sachverhalt sie sich bezieht. Verschiedene Zustände politischer Phänomene im zeitlichen Verlauf können miteinander verglichen werden. Durch solche Vergleiche lassen sich dann Aussagen allgemeiner Natur über Trends sowie Prognosen für die Zukunft erarbeiten. Allgemeingültige „Politikgesetze" hingegen können daraus nicht abgeleitet werden. Solche Gesetze (im mathematisch/logischen und nicht im juristischen Sinn) würden mechanistische Erklärungsmodelle für die Vergangenheit und die Zukunft voraussetzen. Gesetze dieser Art gibt es nur in ganz wenigen Bereichen der Naturwissenschaften (z. B. der Mathematik und Physik). In den Sozialwissenschaften existieren sie zumindest im empirischen Sinne nicht – in einem spezifischen Forschungsbereich der Politikwissenschaft, dem formalen oder Rational-Choice-Ansatz, wird im Kontext rein theoretischer Aussagen hingegen oft von Gesetzen, Theoremen oder Axiomen gesprochen. Wenn politikwissenschaftliche Erkenntnisse einer breiteren Öffentlichkeit vermittelt werden, ist es oft schwierig, probabilistische (im Gegensatz zu deterministischen, siehe Abschnitt 2.3.2 in Kapitel 2) Aussagen zu machen und größere Bandbreiten bei der Identifikation von Trends und Prognosen zu benennen, ohne sich dem Vorwurf aussetzen zu müssen, die Politikwissenschaft sei nicht in der Lage, eindeutige, zuverlässige und damit für die Gesellschaft nützliche Aussagen zu liefern.

d) Jede Politikwissenschaftlerin sollte bestrebt sein, politische Phänomene über ihr politisches Allgemeinwissen und die politische Praxis hinaus zu analysieren. Dies ist bisweilen schwierig. Die Politikwissenschaft kann durch ihre Forschung den Forschungsgegenstand beeinflussen (z. B. durch Wahlprognosen und Beratungsaktivitäten). Gleichermaßen kann sie durch ihre Publikationen zur Verfestigung oder zur Veränderung von politischen Weltbildern und Wertvorstellungen beitragen. Es ist somit für Politikwissenschaftler bisweilen eine große Herausforderung unabhängig von ihren „Forschungsgegenständen" zu forschen und damit das Stigma der „politischen" Wissenschaftlerin zu vermeiden.

Wie gut Politikwissenschaftler diese Herausforderungen bisher gemeistert haben, muss letztlich wohl durch Nichtpolitikwissenschaftler beurteilt werden. Die starke Expansion politikwissenschaftlicher Fachbereiche an den meisten deutschsprachigen Universitäten deutet zumindest darauf hin, dass politische Entscheidungsträger, die Privatwirtschaft und letztlich auch die Steuerzahlenden der politikwissenschaftlichen Lehre und Forschung durchaus einen gewissen Nutzen zuerkennen (vgl. auch Schram, 2006). Die stark angestiegene Anzahl an Studierenden im Fachbereich Politikwissenschaft in den letzten Jahrzehnten deutet in die gleiche Richtung.

1.4.4 Verbindung zu anderen Sozial- und Geisteswissenschaften

In der universitären Lehre und Forschung im deutschsprachigen Raum ist die Politikwissenschaft seit nunmehr 30 bis 40 Jahren fest etabliert. Sie gilt als einer der zentralen sozialwissenschaftlichen Fachbereiche, der – gerade aufgrund seiner späten Verselbständigung – starke Verbindungen zu anderen Fachbereichen aufweist. Abbildung 1.5 veranschaulicht dies.

Fachbereich	Charakteristika	Verbindung zur Politikwissenschaft
Rechtswissenschaft	Beschreibung und Auslegung von formellem Recht, Gewohnheitsrecht und Rechtspraxis; hermeneutische Methode dominant	Öffentliches Recht und die Politikwissenschaft interessieren sich für die Entstehung, Beschaffenheit, Stabilität und Veränderung formeller und informeller sozialer bzw. politischer Steuerungsmechanismen.
Geschichtswissenschaft	Beschreibung, Interpretation, Bewertung (und teilweise Erklärung) von Einzelereignissen und breiteren gesellschaftlichen Entwicklungen; hermeneutische Methode dominant	Historisches Hintergrundwissen ist für die Beschreibung und Erklärung politischer Phänomene wichtig; Fallstudien greifen oft auf durch die Geschichtswissenschaft erarbeitete Informationen zurück. Politikwissenschaftliche Forschungsergebnisse fließen in geschichtswissenschaftliche Untersuchungen ein.
Soziologie	Beschreibung, Erklärung, Bewertung sozialer Phänomene; empirisch-analytische Methode dominant	Teilbereich der politischen Soziologie befasst sich mit politischem Verhalten von Individuen, gesellschaftlichen Steuerungsmechanismen und anderen für die Politikwissenschaft relevanten sozialen Phänomenen.
Wirtschaftswissenschaft	Beschreibung, Erklärung, Bewertung ökonomischer Sachverhalte auf Mikro- und Makro-Ebene; empirisch-analytische Methode dominant	Teilbereich der Politischen Ökonomie bzw. Wirtschaftspolitik interessiert Wirtschafts- und Politikwissenschaft gleichermaßen. In der Wirtschaftswissenschaft dominierende Theorien und Methoden (Statistik, mathematische Formulierung von Theorien) kommen auch in der Politikwissenschaft häufig zur Anwendung.
Psychologie	Beschreibung und Erklärung von Gefühlen, Verhalten und anderen Charakteristika von Individuen; empirisch-analytische Methode dominant	Politikwissenschaftliche Forschung, die Wahrnehmungen und das Verhalten politischer Akteure untersucht, basiert teilweise auf in der Psychologie entwickelte Theorien und Erklärungsmodelle.
Kommunikations- und Medienwissenschaft	Beschreibung, Erklärung, Bewertung der sozialen Bedingungen, Folgen und Bedeutungen von interpersonaler, medialer und öffentlicher Kommunikation; empirisch-analytische Methode dominant	Teilbereiche der Politikwissenschaft sowie Kommunikations- und Medienwissenschaft befassen sich mit dem Verhältnis von politischen Akteuren und Medien. Die Organisation von politischem System und Mediensystem wird häufig als einander wechselseitig bedingend analysiert (demokratische Staaten sind auf freie Medien angewiesen und umgekehrt).

Abbildung 1.5: Verbindung der Politikwissenschaft zu anderen Sozial- und Geisteswissenschaften

1.5 Fazit

Dieses erste Kapitel hat gezeigt, was unter Politik und Politikwissenschaft zu verstehen ist und mit welcher Art von Fragen sich Politikwissenschaftler in welcher Form beschäftigen. Im nächsten Kapitel befassen wir uns damit, wie eine Forschungsfrage entsteht und wie daraus auf ihren empirischen Wahrheitsgehalt hin prüfbare theoretische Argumente (Hypothesen) formuliert werden. Kapitel 3 behandelt die Frage, wie Hypothesen empirisch getestet werden können.

Literaturempfehlungen

Zum politischen System Deutschlands:

Von Beyme, Klaus (2010): Das Politische System der Bundesrepublik Deutschland: Eine Einführung. Wiesbaden: VS-Verlag.

Schmidt, Manfred G. (2011): Das Politische System Deutschlands. Institutionen, Willensbildung und Politikfelder. München: C.H. Beck.

Gabriel, Oskar W. et al. (Hrsg.) (2005): Handbuch Politisches System der Bundesrepublik Deutschland. München: Oldenbourg.

Zum politischen System Österreichs:

Pelinka, Anton & Rosenberger, Sieglinde (2007): Österreichische Politik. Grundlagen, Strukturen, Trends. Wien: Facultas.

Esterbauer, Fried (1995): Das Politische System Österreichs: Eine Einführung in die Rechtsgrundlagen und die Politische Wirklichkeit. Graz: Leykam.

Dachs, Herbert (Hrsg.) (2006): Politik in Österreich. Das Handbuch. Wien: Manz'sche Verlags- und Universitätsbuchhandlung.

Zum politischen System der Schweiz:

Linder, Wolf (2012): Schweizerische Demokratie: Institutionen, Prozesse, Perspektiven. Bern: Haupt.

Knoepfel, Peter et al. (Hrsg.) (2014): Handbuch der Schweizer Politik: Manuel de la Politique Suisse. Zürich: NZZ Verlag.

Vatter, Adrian (2013): Das politische System der Schweiz. Baden-Baden: UTB.

Zur Einführung in die Vergleichende Politikwissenschaft:

Jahn, Detlef (2013): Einführung in die Vergleichende Politikwissenschaft. Wiesbaden: Springer VS.

Kriesi, Hanspeter (2007): Vergleichende Politikwissenschaft. Teil I: Grundlagen. Eine Einführung. Baden-Baden: Nomos.

Kriesi, Hanspeter (2008): Vergleichende Politikwissenschaft. Teil II: Institutionen und Länderbeispiele. Eine Einführung. Baden-Baden: Nomos.

Zur Einführung in die Internationalen Beziehungen:

Schimmelfennig, Frank (2015): Internationale Politik. Paderborn: Schöningh, UTB.

Russett, Bruce, Starr, Harvey & Kinsella, David (2013): World Politics: The Menu for Choice. Boston: Wadsworth.

Bueno De Mesquita, Bruce (2009): Principles of International Politics. London: Palgrave.

Zur Einführung in die Methoden der Sozialwissenschaften:

Goertz, Gary (2006): Social Science Concepts: A User's Guide. Princeton: Princeton University Press.

Diekmann, Andreas (2007): Empirische Sozialforschung: Grundlagen, Methoden, Anwendungen. Reinbek: Rowohlt.

Schnell, Rainer, Hill, Paul B. & Esser, Elke (2011): Methoden der empirischen Sozialforschung. München: Oldenburg.

Yin, Robert (2009): Case Study Research: Design and Methods. Thousand Oaks: Sage.

George, Alexander L. & Bennett, Andrew (2005): Case Studies and Theory Development in the Social Sciences. Cambridge, MA: The MIT Press.

Gerring, John E. (2012): Social Science Methodology: A Unified Framework. Cambridge: Cambridge University Press.

Blatter, Joachim K., Janning, Frank & Wagemann, Claudius (2007): Qualitative Politikanalyse: Eine Einführung in Forschungsansätze und Methoden. Wiesbaden: VS Verlag für Sozialwissenschaften | GWV Fachverlage.

Zur Einführung in die Politische Philosophie:

Braun, Eberhard, Heine, Felix & Opolka, Uwe (1984): Politische Philosophie: Ein Lesebuch: Texte, Analysen, Kommentare. Reinbek: Rowohlt.

Maier, Hans & Denzer, Horst (Hrsg.) (2004): Klassiker des politischen Denkens. 2 Bände. München: C.H. Beck.

Von Beyme, Klaus (2007): Theorie der Politik im 20. Jahrhundert. Von der Moderne zur Postmoderne. Frankfurt: Suhrkamp.

Die wichtigsten politikwissenschaftlichen Fachzeitschriften, die in den drei deutschsprachigen Ländern publiziert werden, sind:

Politische Vierteljahresschrift (PVS), herausgegeben von der Deutschen Vereinigung für Politische Wissenschaft.

Schweizerische Zeitschrift für Politikwissenschaft, herausgegeben von der Schweizerischen Vereinigung für Politikwissenschaft.

Österreichische Zeitschrift für Politikwissenschaft, herausgegeben von der Österreichischen Gesellschaft für Politikwissenschaft.

Zeitschrift für Internationale Beziehungen (ZIB), herausgegeben im Auftrag der Sektion Internationale Politik der Deutschen Vereinigung für Politische Wissenschaft.

2. Von der Fragestellung zur Theorie

Viele wichtige gesellschaftliche Entwicklungen, wie der demografische Wandel, die zunehmende Globalisierung der Weltwirtschaft oder der technologische Fortschritt, erzeugen einen hohen Druck auf Arbeitsmärkte und die Sozialsysteme in den Industriestaaten. Politisch erfordert dieser Druck ein Handeln des Gesetzgebers und politische Reformen, um mit den sich wandelnden gesellschaftlichen Rahmenbedingungen Schritt zu halten. In manchen Staaten werden solche Reformen relativ zügig und umfassend durchgeführt, während es dagegen in anderen Staaten zu politischen Blockaden kommt und nur wenige Gesetzesänderungen verabschiedet werden können. Warum gibt es diese Unterschiede? Wie unterscheiden sich reformfreudige von reformunwilligen Staaten? Gibt es bestimmte institutionelle Rahmenbedingungen, die die Reformfähigkeit von Staaten begünstigen? Diese Fragestellungen sind Beispiele für Forschungsfragen, die Politikwissenschaftler interessieren.

In diesem und im nächsten Kapitel befassen wir uns damit, wie die Politikwissenschaft zu ihren Forschungsfragen gelangt, wie sie diese formuliert und wie sie bei der Beantwortung vorgeht. Anknüpfend an Kapitel 1 werden wir dieses Kapitel mit einer kurzen Vorstellung der empirisch-analytischen Forschungstradition einleiten. Dabei wenden wir uns zunächst der Frage zu, was Wissenschaft von Alltagswissen unterscheidet und nach welchen Spielregeln wissenschaftliches Arbeiten abläuft. Danach werden anhand der oben skizzierten Fragestellung zur Reformfähigkeit von Staaten die einzelnen Schritte des politikwissenschaftlichen Forschungsprozesses vorgestellt. Der dritte Teil des Kapitels beleuchtet die Arbeitsschritte auf der theoretischen Ebene genauer. Wir beschäftigen uns insbesondere mit der Suche nach einer Fragestellung, der Erarbeitung des theoretischen Arguments und der Formulierung von Hypothesen. Der letzte Teil des Kapitels behandelt die Frage der Kausalität, welche in der empirisch-analytischen Forschung eine zentrale Rolle spielt. Kapitel 3 wendet sich im Anschluss der Frage zu, wie theoretische Argumente empirisch überprüft werden können.

2.1 Logik und Ziele der empirisch-analytischen Politikwissenschaft

2.1.1 Kernelemente empirisch-analytischer Forschung

Das Hauptziel empirisch-analytischer Forschung besteht darin, logisch konsistente und empirisch bestätigte Aussagen über politisch relevante Zusammenhänge zu erarbeiten. Logisch konsistente Aussagen sind Aussagen, die keinen inneren Widerspruch aufweisen. Beispielsweise ist die Aussage „*Bürger wählen diejenige Partei, die ihre Interessen am besten vertritt. Deshalb wählen Fabrikarbeiter häufig sozialdemokratische Parteien, weil diese Parteien großen Wert auf den Schutz der Arbeitnehmer legen*“ eine logisch konsistente Aussage. Hingegen ist die Aussage „*Bürger wählen diejenige Partei, die ihre Interessen am besten vertritt. Deshalb wählen Fabrikarbeiter häufig konservative Parteien, weil diese Parteien die Interessen der Arbeitgeber vertreten*“ nicht logisch konsistent. Wenn Bürger diejenige Partei wählen, die ihre Interessen am besten vertritt, dann sollten sie keine Partei wählen, die eher die Interessen anderer Akteure (hier der Arbeitgeber) vertritt. Auch die Aussage des britischen Fußballers Paul Gascoigne ist nicht logisch konsistent: „*Ich mache nie Voraussagen und werde das auch nie tun.*“

Logisch konsistente Aussagen können empirisch richtig oder falsch sein. Der Begriff empirisch bezieht sich darauf, welche Sachverhalte in der Welt tatsächlich beobachtbar sind. Um zu wissen, ob eine theoretische Aussage empirisch richtig ist, muss man wissenschaftlich untersuchen, ob diese Aussage mit tatsächlich beobachtbaren Sachverhalten übereinstimmt oder nicht. Angenommen ein Politikwissenschaftler ist an der Frage interessiert, welche Parteien von Fabrikarbeitern gewählt werden. Um diese Frage zu beantworten, möchte er prüfen, ob die oben formulierte, logisch konsistente Aussage in der Realität zutrifft oder nicht. Dies kann er z.B. empirisch untersuchen, indem er Fabrikarbeiter über ihr Wahlverhalten befragt. In der Forschung kommt dabei der Falsifizierbarkeit wissenschaftlicher Aussagen eine besondere Rolle zu. Aussagen sind nur dann falsifizierbar, wenn es zumindest prinzipiell möglich ist, sie anhand empirischer Beobachtungen zu widerlegen. Die alte Bauernweisheit „Wenn der Hahn kräht auf dem Mist, ändert sich's Wetter, oder es bleibt wie es ist" ist beispielsweise nicht falsifizierbar, da keine denkbare empirische Beobachtung sie widerlegen kann. Egal ob es regnet oder nicht, die Aussage ist nie falsch. Die Aussage „Männer, die auf dem Land wohnen, wählen eher national-konservative Parteien" kann hingegen durch reale Beobachtungen falsifiziert werden. Übersteht eine Aussage bzw. Behauptung den Versuch, sie anhand empirischer Informationen (d.h. Informationen zur realen Welt) zu falsifizieren, wächst unser Vertrauen in ihre Gültigkeit.

Die empirisch-analytische Forschung legt großen Wert auf die Verbindung von theoretischen Argumenten und empirischer Analyse. Es gibt eine Vielzahl interessanter logisch konsistenter Aussagen. Solange wir aber nicht wissen, ob sie in der politischen Realität zutreffen, ist ihr Nutzen für das Verständnis politischer Zusammenhänge sehr begrenzt. Umgekehrt sind Zusammenhänge, die wir zwar empirisch beobachten können, für die wir jedoch keine theoretische Erklärung haben, ebenso wenig hilfreich. Das wichtigste Ziel der empirisch-analytischen Forschung ist daher die sinnvolle Verbindung von Theorie und Empirie. Einzelne Forschungsarbeiten können natürlich rein empirisch oder rein theoretisch motiviert sein. Die Einbettung einer rein empirischen Arbeit in eine bisher rein theoretische Debatte kann beispielsweise wertvolle Impulse zur Klärung eines theoretischen Rätsels geben. Genauso kann eine rein theoretische Arbeit helfen, die in einer vorhergehenden empirischen Studie erzeugten Resultate zu interpretieren. Im Rahmen eines größeren Forschungsprogramms (z.B. die Erforschung des Einflusses von institutionellen Strukturen auf die Reformfähigkeit von Staaten oder die Wirkung von Demokratisierungsprozessen auf die Wahrscheinlichkeit von Bürgerkriegen) strebt die empirisch-analytische Forschung jedoch eine enge Verknüpfung von Theorie und Empirie an.

2.1.2 Wie unterscheidet sich die Politikwissenschaft von politischem Alltagswissen?

Jeder Bürger besitzt aufgrund seiner Allgemeinbildung und seinem gesunden Menschenverstand Wissen über Politik und politische Zusammenhänge. Die Politikwissenschaft geht jedoch über dieses politische Alltagswissen hinaus. Ihr Ziel ist es, in systematischer Art und Weise logisch konsistente, falsifizierbare und gleichzeitig empirisch bestätigte Aussagen zu erarbeiten. Das Ziel der empirisch-analytischen Forschung ist es, auf der Grundlage theoretischer Aussagen und der verfügbaren empirischen Evidenz generalisierbare Schlussfolgerungen (im Fachjargon als Inferenz bezeichnet) zu Wirkungszusammenhängen zwischen politisch relevanten Phänomenen zu ziehen (King et al., 1994: 7).

Generalisierbar bedeutet, dass die Ergebnisse empirischer Untersuchungen nicht nur für die untersuchten Fälle gelten, sondern für alle weiteren Fälle, auf die das theoretische Argument zutreffen sollte, verallgemeinert werden können. So kann die oben formulierte Aussage „Männer, die auf dem Land wohnen, wählen eher national-konservative Parteien“ z.B. anhand von Umfragedaten basierend auf einer Zufallsstichprobe aus Wählern überprüft werden. Wird die Hypothese bestätigt, können die Ergebnisse dann, falls sie auf einer repräsentativen Stichprobe aller Wähler basieren, auf die gesamte Wählerschaft verallgemeinert werden. Dieses Beispiel illustriert auch, dass in der empirisch-analytischen Forschung meist nicht die Erklärung einzelner Phänomene im Vordergrund steht (z.B. die Erklärung der Wahlergebnisse des Jahres 2007 im Kanton Appenzell oder der Stadt Köln), sondern die Suche nach Erklärungen ganzer Klassen von Phänomenen (z.B. Kommunalwahlen in Deutschland oder der Schweiz).

Wissenschaftliche Arbeit zeichnet sich dadurch aus, dass die Methoden und Herangehensweisen offen dargelegt werden und nachvollziehbar sind. Diese Methoden und Herangehensweisen, über die Sie in diesem und im nächsten Kapitel einen Überblick erhalten, unterscheiden die wissenschaftliche „Produktion“ von Wissen vom Alltagswissen. Ein weiteres Merkmal von Wissenschaft ist, dass sie grundsätzlich keine endgültig abgesicherten Ergebnisse liefern kann. Selbst wenn die oben formulierte Aussage zum Wahlverhalten von auf dem Land lebenden Männern in zahlreichen empirischen Tests bestätigt wird, kann sie immer noch bei künftigen Überprüfungen widerlegt werden. Argumente und empirische Resultate sind somit immer mit einer gewissen Unsicherheit behaftet. Je häufiger eine Aussage anhand der empirischen Realität bestätigt wird und je anspruchsvoller die Tests, die zur Überprüfung eingesetzt werden, desto zuversichtlicher können wir sein, dass sie im Kern stimmt. Dennoch bleibt ein letzter Rest Unsicherheit über Forschungsergebnisse, dessen Ausmaß die Politikwissenschaft möglichst klar abzuschätzen und zu kommunizieren anstrebt (King et al., 1994).

Dass Politiker vor Wahlen gerne sogenannte „Wahlgeschenke“ (z.B. Steuersenkungen) machen, gehört beispielsweise zum politischen Alltagswissen. Die Politikwissenschaft hat dieses Phänomen genauer untersucht, wie in Kapitel 6.6 näher erläutert wird. So existieren mittlerweile viele theoretische und empirische Studien zur Frage, ob Politiker vor Wahlen die Wirtschaftspolitik so beeinflussen, dass sich die Wirtschaftslage kurzfristig bessert und ihre Wiederwahlchancen dadurch steigen. Vor allem die theoretischen Arbeiten zu dieser Frage deuten darauf hin, dass – wie im Alltagswissen vermutet – ein Anreiz zu solchen Eingriffen vorliegt, zumal die Kosten dieser Wahlgeschenke in der Regel erst längerfristig (d.h. nach der Wahl) anfallen (z.B. Nordhaus, 1975; Alesina et al., 1999). Beispielsweise kann eine Expansion der Staatsausgaben zur Verschuldung beitragen und die Inflationsgefahr erhöhen, deren Auswirkungen aber erst mittel- bis langfristig spürbar werden. Empirische Studien, die das tatsächliche Verhalten von Politikern vor Wahlen und damit sogenannte politische Konjunkturzyklen untersuchen, weisen dagegen weniger eindeutige Ergebnisse auf. Die Resultate verdeutlichen, dass die Motivation von Politikern vor Wahlen tatsächlich eigennützige Wahlgeschenke zu machen von verschiedenen weiteren Faktoren abhängt. Dazu zählen vor allem die Parteizugehörigkeit, die Beschaffenheit der politischen Institutionen und Entscheidungsprozesse oder der Politikbereich. Diese empirischen Ergebnisse haben wiederum zu differenzierteren theoretischen Argumenten geführt. Im Gegensatz zum politischen Alltagswissen ist die Politikwissenschaft somit besser positioniert, Aussagen darüber zu machen, unter welchen Umständen solche „Wahlgeschenke“ zu erwarten sind und mit welcher Unsicherheit diese Aussagen behaftet sind.

Wissenschaftliche Befunde können weithin verbreitete Ansichten bestätigen, aber auch zu überraschenden Einsichten führen. Beispielsweise werden sich die meisten Nichtpolitikwissenschaftler wohl wenig über einen empirischen Befund wundern, der besagt, dass ältere Männer aus ländlichen Gebieten eher konservative als linke Parteien wählen. Hingegen werden vermutlich viele Nichtpolitikwissenschaftler mehr Mühe damit bekunden, eine griffige Erklärung dafür zu finden, weshalb sich relativ kleine Interessengruppen (wie beispielsweise die Bauern) im politischen Prozess oft besser durchsetzen können als viel größere Interessengruppen (z.B. Konsumentenschutzgruppen). Wie die Politikwissenschaft dieses spezifische Phänomen erklärt, lernen Sie in Abschnitt 9.1.3 in Kapitel 9.

2.1.3 Spielregeln der Wissenschaft

Um trotz der Komplexität des politikwissenschaftlichen Forschungsgegenstandes das Ziel logisch konsistenter und empirisch bestätigter Aussagen zu erreichen, ist die Politikwissenschaft – genau wie alle anderen Wissenschaften auch – auf ein hohes Ausmaß an Interaktion zwischen den Forschenden angewiesen. Wissenschaft ist denn auch ein wechselseitiger Prozess, in dem die von einem Forscher veröffentlichten Resultate von anderen Forschern überprüft und weiter entwickelt werden. Durch die gegenseitige Kontrolle nimmt die Unsicherheit über Forschungsergebnisse ab: Wenn 100 Forscher bei ähnlichen Untersuchungen alle ein ähnliches Ergebnis erzielen, ist das Vertrauen in diesen Befund höher, als wenn eine Aussage auf einer einzigen Studie beruht (Hempel, 1966). Gleichermaßen lassen sich durch die wechselseitige Kontrolle und Kritik Aussagen über politische Zusammenhänge verfeinern und verbessern, z.B. indem die Randbedingungen ihrer empirischen Gültigkeit geklärt werden.

Um diese wechselseitige Kontrolle zu ermöglichen und um sicherzustellen, dass die erarbeiteten Erkenntnisse tatsächlich logisch konsistent und empirisch bestätigt sind, existieren Spielregeln der Wissenschaft, an die sich jeder Forscher halten sollte. Die drei wichtigsten dieser Spielregeln fordern Nachvollziehbarkeit, Ehrlichkeit und die Wahl der bestmöglichen Methode.

Regel 1:

Nachvollziehbarkeit – Eine wissenschaftliche Arbeit muss so gestaltet sein, dass der Leser sie gut verstehen und die Aussagen leicht auf ihre logische Konsistenz und empirische Bestätigung hin überprüfen kann.

Um die wechselseitige Überprüfung bzw. Kritik von Forschungsergebnissen zu ermöglichen, ist es wichtig, die Vorgehensweise und die Resultate der Forschung genau zu dokumentieren. Für die theoretischen Argumente gehört dazu vor allem die Offenlegung der Grundannahmen und der Argumentation. Im Bereich der empirischen Forschung ist eine klare Begründung der Methodenwahl sowie eine ausführliche Beschreibung des methodischen Vorgehens – von der Operationalisierung über die Datenerhebung bis zur Analyse – notwendig. Grundvoraussetzung für die Nachvollziehbarkeit ist darüber hinaus eine präzise und verständliche Sprache.

Regel 2:

Ehrlichkeit – Wissenschaftliche Ergebnisse müssen wahrheitsgemäß publiziert und dürfen nicht manipuliert werden.

Die meisten Forscher möchten ihre theoretischen Argumente gerne empirisch bestätigen. Oftmals gelingt dies jedoch nur teilweise oder auch gar nicht. Trotzdem darf der Forscher in diesen Fällen die Daten nicht manipulieren, um „bessere" Ergebnisse zu erhalten. Datenmanipulation liegt nicht nur dann vor, wenn der Forscher Daten erfindet bzw. fälscht (was einem Kapitalverbrechen in der Wissenschaft gleichkommt), sondern auch dann, wenn er Daten oder Resultate verschweigt, die seinem Argument widersprechen. Gleiches gilt für das Verschweigen von Datenproblemen oder das Nichtveröffentlichen von widersprüchlichen Ergebnissen. Auch das Nichtbestätigen von theoretischen Argumenten – die Falsifikation – ist ein wichtiger Bestandteil des Forschungsprozesses und treibt die wissenschaftliche Erkenntnis voran (Popper, 1935). Kann ein theoretisches Argument empirisch nicht bestätigt werden, ist dies ein Indiz dafür, dass eine andere Erklärung gefunden werden muss. Wissenschaftlicher Fortschritt entsteht daher einerseits durch die Bestätigung kühner Vermutungen und andererseits durch die Falsifikation von vorsichtig formulierten Vermutungen oder von Argumenten, die als gesichertes Wissen angesehen werden (Chalmers, 2001: 67ff.).

Zur Ehrlichkeit in der Wissenschaft gehört auch, dass der Forscher Ideen anderer Wissenschaftler kennzeichnet und seine Quellen genau dokumentiert und zitiert. Wer die Ideen anderer Wissenschaftler als seine eigenen Ideen ausgibt oder einen Text oder grafische Darstellungen anderer Autoren ohne expliziten Hinweis auf die Urheber übernimmt, produziert ein Plagiat und begeht damit geistigen Diebstahl. Plagiate werden in der Wissenschaftswelt und im Universitätsalltag daher zu Recht sehr hart geahndet.

Regel 3:

Wahl der bestmöglichen Theorie und Methode – Der Wissenschaftler muss Theorie und Methode so wählen, dass die Forschungsfrage am besten beantwortet werden kann.

Um eine Forschungsfrage zu beantworten, stehen dem Forscher in der Regel mehrere wissenschaftliche Theorien und mehrere methodische Ansätze zur Verfügung. Verschiedene Theorien beleuchten verschiedene Aspekte der komplexen politischen Realität und sind daher je nach Erkenntnisinteresse mehr oder weniger gut für einzelne Forschungsfragen geeignet. Bei der Wahl der empirischen Methode muss darauf geachtet werden, dass die Methode tatsächlich die aus der theoretischen Aussage heraus zu erwartenden empirischen Phänomene überprüfen kann, und dass sie einen möglichst „harten" Test der theoretischen Aussagen ermöglicht (Plümper, 2003). „Harte" empirische Tests sind solche Tests, bei denen eine Widerlegung (Falsifikation) des theoretischen Arguments wesentlich einfacher zu erreichen ist als eine Bestätigung. Wird das Argument dennoch bestätigt, erhöht sich unser Vertrauen in dessen Gültigkeit. Manchmal kann es natürlich auch erhellend sein, ein Phänomen aus verschiedenen theoretischen Blickwinkeln und mit einer Kombination unterschiedlicher Methoden zu untersuchen. Eine fundierte Ausbildung in unterschiedlichen politikwissenschaftlichen Theorien und quantitativen wie qualitativen Methoden ist daher für eine gute politikwissenschaftliche Forschung unerlässlich. Nur auf diese Weise kann der Wissenschaftler aus der Vielfalt an existierenden Theorien und Methoden in der Politikwissenschaft die zur Beantwortung seiner Fragestellung geeignetsten Theorien und Methoden auswählen und einsetzen.

2.2 Der Ablauf empirisch-analytischer Forschung

Der Forschungsprozess in der empirisch-analytischen Politikwissenschaft gliedert sich in mehrere Schritte. Diese Schritte laufen in den meisten Forschungsprojekten – unabhängig davon, ob es sich um eine Seminararbeit, eine Bachelor- oder Masterarbeit, eine Doktorarbeit oder ein internationales Forschungsprojekt mit mehreren Projektpartnern handelt – in ähnlicher Reihenfolge ab (Schnell et al., 2008). Abbildung 2.1 illustriert den idealtypischen Prozess.

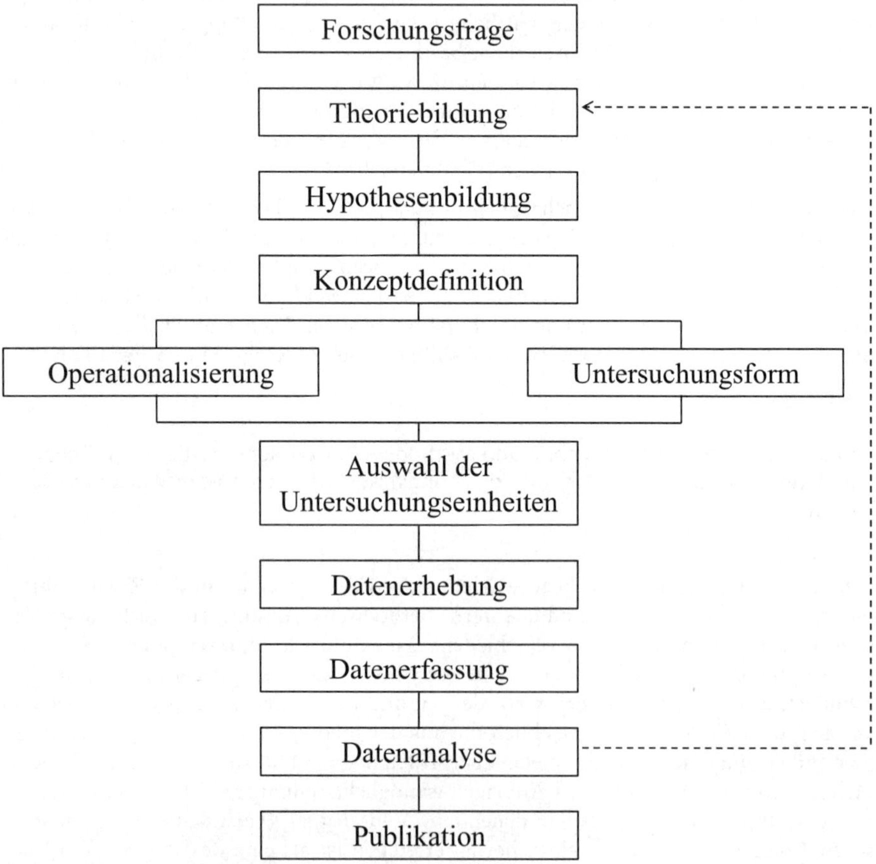

Abbildung 2.1: Der empirisch-analytische Forschungsprozess

Quelle: Basierend auf Schnell et al. (2008)

Der Rest dieses Abschnittes gibt einen ersten Gesamtüberblick über die einzelnen Arbeitsschritte, welche anschließend in diesem und im nächsten Kapitel ausführlicher vorgestellt und diskutiert werden. Zur Veranschaulichung der einzelnen Arbeitsschritte verwenden wir eine Studie von George Tsebelis (1999), welche die eingangs gestellten Fragen über die Determinanten der gesetzgeberischen Tätigkeit von Staaten untersucht.

2.2.1 Formulierung einer Fragestellung

Der empirisch-analytische Forschungsprozess beginnt mit der Festlegung des Forschungsthemas und einer präzisen Formulierung der Forschungsfrage.

Beispiel

Wie am Anfang dieses Kapitels erwähnt, unterscheiden sich Regierungen in ihrer Reformfähigkeit. Während es manchen Regierungen gelingt, relativ viele Gesetzesvorhaben durch das Parlament zu bringen, sind andere Regierungen diesbezüglich viel weniger erfolgreich. George Tsebelis setzt sich in seiner Studie das Ziel, diese Unterschiede zu erklären. Konkret fragt er, wie in parlamentarischen Regierungssystemen die Zusammensetzung einer Regierungskoalition ihre Gesetzgebungstätigkeit beeinflusst.

2.2.2 Entwicklung eines theoretischen Arguments

In diesem Arbeitsschritt sichtet der Politikwissenschaftler die bestehende wissenschaftliche Literatur zum Thema und entwickelt auf der Grundlage des bereits existierenden Wissens sein eigenes theoretisches Argument zur Beantwortung der Forschungsfrage.

Beispiel

Tsebelis greift für sein Argument auf den „Vetospieleransatz" zurück (dieser Ansatz wird in Kapitel 5.4 ausführlicher vorgestellt). Vetospieler sind politische Akteure, deren Zustimmung für eine Gesetzesänderung notwendig ist. In einer Regierung gelten beispielsweise die verschiedenen Koalitionspartner als Vetospieler. Vor allem für umfassende Gesetzesänderungen und Reformen gilt, dass sie nur dann verabschiedet werden können, wenn alle an der Regierung beteiligten Parteien zustimmen. Auf der Basis eines sogenannten räumlichen Modells (siehe auch Abschnitt 13.3.1 in Kapitel 13) argumentiert Tsebelis, dass die dafür notwendige Einigung auf eine für alle Koalitionspartner tragbare Gesetzesvorlage umso schwieriger zu erreichen ist, je stärker sich die Partner in ihrer ideologischen Ausrichtung unterscheiden, und zwar unabhängig von der Anzahl der Koalitionspartner. Eine Koalition aus Parteien, die sich ideologisch nahestehen, erzielt leichter einen Kompromiss als eine Koalition, bei der starke inhaltliche Differenzen zwischen den Partnern bestehen. Infolgedessen weisen im Durchschnitt Koalitionsregierungen mit geringer ideologischer Spannbreite eine höhere Aktivität in der Gesetzgebungstätigkeit auf als Koalitionen mit großer ideologischer Spannbreite. Da aber auch andere Faktoren (z.B. der Problemdruck oder die Zeit, die eine Regierung bereits im Amt ist) auf die Gesetzgebungstätigkeit einwirken, sind deutlichere Unterschiede zwischen Koalitionsregierungen mit geringer ideologischer Spannbreite zu erkennen – sie können, müssen aber nicht, zahlreiche Gesetze verabschieden.

2.2.3 Ableitung von Hypothesen

Im dritten Arbeitsschritt werden aus dem theoretischen Argument Hypothesen abgeleitet. Häufig sind dies kausale Hypothesen, die eine theoretisch hergeleitete Vermutung über einen Wirkungszusammenhang zwischen mindestens zwei theoretischen Konzepten ausdrücken. Hypothesen identifizieren die empirischen Implikationen eines theoretischen Arguments: Sie zeigen auf, was der Forscher in der politischen Realität beobachten sollte, wenn das theoretische Argument zutrifft. Wichtig ist dabei, dass die Hypothese falsifizierbar (also empirisch widerlegbar) ist. Hypothesen dienen damit als Bindeglied zwischen den theoretischen Überlegungen und der empirischen Analyse.

Mit Hilfe der empirischen Analyse wird untersucht, ob die Hypothese, und damit die ihr zugrunde liegenden theoretischen Überlegungen, empirisch bestätigt werden können oder nicht.

Beispiel

Tsebelis leitet aus seinen theoretischen Überlegungen zwei Hypothesen ab:

1. Je größer die ideologische Spannbreite (oder Heterogenität) der Mitglieder einer Regierungskoalition, desto geringer ist die Anzahl an bedeutsamen Gesetzen, die aus dieser Regierung hervorgehen.
2. Bei Koalitionen mit einer großen ideologischen Spannbreite ist die Gesetzgebungstätigkeit immer gering. Bei ideologisch homogenen Koalitionen gibt es dagegen mehr Unterschiede: Manche dieser Koalitionen verabschieden viele, andere wenige Gesetze

2.2.4 Konzeptdefinitionen

Die in theoretischen Argumenten und Hypothesen vorkommenden Begriffe werden Konzepte genannt. Diese müssen genau definiert werden. Dieser Arbeitsschritt dient einerseits dazu, Missverständnisse, die aus einem unterschiedlichen Verständnis ein und desselben Begriffes bzw. Konzeptes resultieren, zu vermeiden. Andererseits dient die Konzeptdefinition auch der Beantwortung der Frage, welche Eigenschaften eines Konzeptes als seine entscheidenden Charakteristika gelten und welche nicht (Goertz, 2006).

Beispiel

Das Konzept „Vetospieler“ definiert Tsebelis als ein individueller oder kollektiver Akteur, dessen Zustimmung für eine Veränderung des Status quo notwendig ist. Als „bedeutsame Gesetzgebung“ gelten Gesetze und Erlasse, die eine signifikante Änderung des Status quo beinhalten.

2.2.5 Bestimmung der Untersuchungsform

In diesem Arbeitsschritt entscheidet der Forscher, mit welcher Methode er seine Hypothesen empirisch untersuchen bzw. testen wird. Häufig stehen mehrere Methoden zur Auswahl, von denen diejenige gewählt werden sollte, die es unter den gegebenen Umständen (z.B. Beschaffenheit der verfügbaren Informationen) am besten ermöglicht, das theoretische Argument zu testen.

Beispiel

Tsebelis testet seine Hypothesen mit Hilfe einer quantitativen Datenanalyse, da seine Hypothesen Vorhersagen über den Durchschnitt wie auch die Varianz in der Gesetzgebungstätigkeit in unterschiedlichen Koalitionsregierungen machen, die mit Hilfe statistischer Methoden am besten untersucht werden können. Dazu verwendet er Daten zur gesetzgeberischen Tätigkeit im Bereich der Arbeitsmarktregulierung und der ideologischen Zusammensetzung von Regierungen, die andere Forscher bereits gesammelt haben – sogenannte Sekundärdaten.

2.2.6 Operationalisierung

Als nächstes muss sich der Politikwissenschaftler entscheiden, wie er die in seinen Hypothesen enthaltenen theoretischen Konzepte empirisch messen wird. Bei der Operationalisierung werden die Konzepte des theoretischen Arguments bzw. der Hypothesen als Variablen operationalisiert, denen dann Indikatoren (d.h. empirisch beobachtbare Messgrößen) zugeordnet werden.

Beispiel

Wir stellen die Operationalisierung hier beispielhaft für die zu erklärende (abhängige) Variable in Tsebelis Studie – die Gesetzgebungstätigkeit einer Regierung im Bereich der Arbeitsmarktregulierung – dar. Diese Variable wird mit Hilfe eines Datensatzes von Herbert Döring (1995 b) operationalisiert. Dieser Datensatz identifiziert „signifikante Gesetzgebung im Bereich Arbeitsmarktpolitik" auf der Basis einer Datenbank der International Labor Organization (ILO) und einer arbeitsmarktrechtlichen Enzyklopädie, in der die wichtigsten europäischen Gesetzesänderungen im Bereich der Arbeitsmarktpolitik aufgelistet sind. Für jede Regierung wird die Anzahl an verabschiedeten Gesetzen und Gesetzesänderungen aufsummiert.

2.2.7 Fallauswahl: Auswahl der Fälle

Im nächsten Schritt wird entschieden, welche empirischen Fälle analysiert werden sollen. Ein Fall kann je nach Fragestellung z.B. der Staat, das Individuum oder die einzelne Parlamentsabstimmung sein. Die für die empirische Analyse ausgewählten Fälle sollten die Grundgesamtheit, also die Menge aller Fälle, für die ein theoretisches Argument gelten sollte, möglichst repräsentativ abdecken. Wichtig ist, dass die ausgewählten Fälle eine Überprüfung der zu testenden Hypothese ermöglichen, ohne die Ergebnisse zu verzerren. Die Problematik der verzerrten Fallauswahl wird in Kapitel 3 (Abschnitt 3.3.3) ausführlich behandelt.

Beispiel

Tsebelis untersucht 15 westeuropäische Staaten für die Zeitperiode 1981-1991. Die Wahl der untersuchten Länder wird damit begründet, dass sie typische parlamentarische Regierungssysteme in entwickelten Demokratien darstellen. Der gewählte Untersuchungszeitraum ergibt sich aus dem pragmatischen Aspekt, dass für diesen Zeitraum die notwendigen Daten zur Verfügung stehen. Die Untersuchungseinheiten sind die jeweiligen Regierungen, die in diesem Zeitraum in einem dieser Länder an der Macht waren.

2.2.8 Datenerhebung und -erfassung

In diesem Schritt erhebt der Forscher die zur empirischen Analyse seiner Hypothesen nötigen Informationen, erfasst sie und bereitet sie auf. Je nach Erhebungsart und Forschungsmethode besteht dieser Schritt beispielsweise im Sammeln und Klassifizieren qualitativer Informationen oder im Erstellen eines Datensatzes, der numerische Informationen (quantitative Daten) enthält.

Beispiel

Da Tsebelis Sekundärdaten verwendet, besteht dieser Schritt bei ihm vor allem im Sammeln der aus verschiedenen Quellen stammenden numerischen Daten und deren

Zusammenfügen in einen Gesamtdatensatz in tabellarischer Form. Zudem wird die erklärende Variable – die ideologische Spannbreite einer Regierungskoalition – bei ihm auf der Grundlage bestehender Daten mit einem Index gemessen.

2.2.9 Analyse

Der nun folgende Schritt ist das Herzstück des Forschungsprozesses: die empirische Analyse und die Überprüfung der formulierten Hypothesen. Die empirische Analyse kann je nach Beschaffenheit der erhobenen Informationen und der gewählten Methode sehr unterschiedlich ausfallen. Wichtig ist jedoch, dass es in diesem Schritt zu einer Rückkoppelung zwischen Theorie und Empirie kommt, indem der Forscher überprüft, ob die empirischen Implikationen seiner theoretischen Argumentation durch die systematische Überprüfung empirisch bestätigt werden.

Beispiel

Tsebelis überprüft seine Hypothesen mit einer quantitativen Analysemethode, der Regressionsanalyse (siehe Kasten 3.2). Seine Analyse führt zum Resultat, dass die Anzahl an verabschiedeten, bedeutsamen Gesetzen tatsächlich abnimmt, je größer die ideologische Spannbreite einer Koalition ist. Außerdem kann er zeigen, dass Regierungskoalitionen mit großer ideologischer Spannbreite nur höchst selten einen hohen Output an Gesetzen erzielen, während bei Koalitionen mit geringerer ideologischer Spannbreite eine wesentlich höhere Varianz in der Gesetzgebungstätigkeit zu beobachten ist. Damit bestätigen die empirischen Ergebnisse beide Hypothesen.

2.2.10 Publikation

Zum erfolgreichen Abschluss eines Forschungsprojektes gehört die Veröffentlichung der Ergebnisse. Ähnlich wie in anderen Sozialwissenschaften werden die Forschungsergebnisse in der Politikwissenschaft in der Regel in wissenschaftlichen Zeitschriften und Büchern publiziert. Die Publikation der Ergebnisse ist vor allem deshalb wichtig, weil andere Forscher damit Zugang zu diesen Ergebnissen und zum dahinter stehenden Forschungsprozess erhalten. Damit werden, wie oben diskutiert, die gegenseitige Kontrolle und Kritik möglich, die den wissenschaftlichen Prozess des Erkenntnisgewinns vorantreiben.

Beispiel

George Tsebelis Studie wurde im Jahr 1999 unter dem Titel „Veto Players and Law Production in Parliamentary Democracies: An Empirical Analysis“ in der Zeitschrift *American Political Science Review* (Jahrgang 93, Ausgabe 3) veröffentlicht.

Die soeben dargestellten Forschungsschritte werden nun im Rest dieses Kapitels und im nächsten Kapitel ausführlicher beschrieben und diskutiert.

2.3 Die theoretische Arbeit im empirisch-analytischen Forschungsprozess

2.3.1 Formulierung der Fragestellung

Grundsätzlich gilt: Je konkreter die Fragestellung, umso einfacher ist es, eine wissenschaftliche Studie zu planen und erfolgreich durchzuführen. Nur wenn der Forscher genau weiß, nach was er sucht, kann er am Ende des Forschungsprozesses auch eine klare Antwort geben. Von der Qualität der Fragestellung hängt also in hohem Maße der Erfolg eines Forschungsprojektes ab.

Wie findet der Forscher ein relevantes Thema und eine gute politikwissenschaftliche Fragestellung? Die Grundlage für die erfolgreiche Themensuche ist sowohl eine gute Kenntnis der bereits existierenden Forschung und ihrer Resultate als auch die persönliche Kreativität des Forschers. Nachdem sich der Forscher einen gründlichen Überblick über die Fachliteratur verschafft und ihre Lücken und Schwächen identifiziert hat, fällt die Suche nach einer Fragestellung häufig leichter. Fragestellungen können sich z.B. daraus ergeben, dass eine in der Literatur vertretene Hypothese oder häufig getroffene Annahme noch nicht systematisch auf ihren empirischen Wahrheitsgehalt getestet wurde. Oder es existiert eine Theoriedebatte, zu deren Klärung der Forscher beitragen kann. Es kann aber auch sein, dass ein wichtiges Thema in der bisherigen wissenschaftlichen Diskussion übersehen wurde. Ein innovativer Forschungsbeitrag kann zudem darin bestehen, dass eine Theorie oder Methode aus einem bestimmten Forschungsgebiet auf ein anderes Forschungsgebiet angewendet wird (King et al., 1994: 16 f.).

Hilfreich ist auch, ein empirisches oder theoretisches „Rätsel" aufzugreifen und es zu klären. Empirische Rätsel sind z.B. Beobachtungen in der realen Welt, die gängigen theoretischen Argumenten widersprechen. Im Bereich Gentechnik gibt es z.B. in Europa viel strengere Regulierungen und Gesetze als in den USA, obwohl es sich auf beiden Seiten des Atlantiks um recht wohlhabende und hoch technologisierte Staaten handelt. Die sehr unterschiedliche Regulierungsdichte stellt somit ein empirisches Rätsel dar, das einer theoretischen Klärung bedarf. Theoretische Rätsel entstehen häufig daraus, dass verschiedene theoretische Argumente bzw. Erklärungen unterschiedliche oder gar widersprüchliche Aussagen über ein und dasselbe Phänomen machen. Beispielsweise existieren verschiedene, teilweise konkurrierende theoretische Erklärungen für das empirische Phänomen, dass demokratische Staaten fast nie gegeneinander Krieg führen. Solche Rätsel können als Ausgangspunkt für die eigene Forschung dienen. Wenn der Forscher solche Rätsel mit seiner Forschungsarbeit beantworten kann, stellt er in der Regel sicher, dass die eigene Forschung relevant ist und zur Weiterentwicklung des Wissens beiträgt.

Fünf Merkmale zeichnen eine gute empirisch-analytische Fragestellung aus:

1. *Die Fragestellung kann tatsächlich als Frage formuliert werden.*

   Wenn man eine präzise und klar formulierte Frage stellen kann, die am Ende tatsächlich mit einem Fragezeichen endet, ist der erste wichtige Schritt getan. In der empirisch-analytischen Politikwissenschaft beziehen sich Forschungsfragen oft auf eine Ursache-Wirkungs-Beziehung, können jedoch auch rein beschreibend (deskriptiv) sein. Tsebelis Forschungsfrage „Wie beeinflusst in parlamentarischen Regierungssystemen die ideologische Heterogenität einer Regierungskoalition ihre Gesetzgebungstätigkeit?" ist ein Beispiel für eine Fragestellung nach einer Ursache-Wirkungs-Beziehung. Dagegen ist die Frage „Wie stark polarisiert ist das Parteiensystem Deutschlands?" eine beschreibende Fragestellung.

2. *Die Fragestellung ist primär positiv und nicht normativ formuliert.*

   Wie in Kapitel 1 besprochen, ist empirisch-analytische Forschung in ihrem Kern immer positiv bzw. werturteilsfrei, auch wenn sie mit normativen oder präskriptiven Elementen angereichert werden kann. Die oben diskutierte Studie von George Tsebelis konzentriert sich auf die positive Analyse der Gesetzgebungstätigkeit von Regierungen, ohne diese normativ zu werten. Die Frage „Sollte die Schweiz der EU beitreten?“ ist hingegen eine normative Frage, die – wenngleich natürlich hoch relevant – nicht mit den Werkzeugen der empirisch-analytischen Forschung beantwortet werden kann. Ein potentielles Problem in diesem Kontext ist, dass sich Forscher oft zu Forschungsfragen hingezogen fühlen, mit denen sie starke persönliche Emotionen oder Wertvorstellungen verbinden. Dies kann ein Vorteil im Sinne einer starken Motivation sein, die den Forscher zu großen Leistungen anspornt. Allerdings ist dabei auch Vorsicht geboten, weil der Forscher so versucht sein könnte, seinen Forschungsprozess so zu gestalten und seine Resultate so zu interpretieren, dass sie seinen Wertvorstellungen entsprechen.

3. *Die Fragestellung grenzt den Untersuchungsgegenstand sinnvoll ein.*

   Eine Forschungsfrage sollte das zu untersuchende Phänomen klar umreißen und begrenzen. Fragen wie „Welche Rolle spielt die EU in der Weltwirtschaft?“ sind zu breit formuliert, um selbst im Rahmen einer Doktorarbeit sinnvoll behandelt zu werden. Auch wenn große Forschungsprogramme oft eine breite Forschungsfrage stellen, wird diese dann in mehrere Teilfragen zerlegt und in einzelnen Forschungsprojekten bearbeitet, deren konkrete Fragestellungen wiederum klar formuliert und beantwortbar sein müssen.

4. *Die Fragestellung ist empirisch analysierbar.*

   Nicht alle Fragestellungen lassen sich mit den in diesem Buch vorgestellten Methoden empirisch analysieren. Die Frage „Wäre George W. Bush in der Präsidentschaftswahl 2004 wiedergewählt worden, wenn die USA 2003 nicht in den Irak einmarschiert wären?“ ist beispielsweise mit der hier vorgestellten Herangehensweise nicht überprüfbar, obwohl es spezielle Methoden gibt, mit denen man solche fiktiven (in der Fachterminologie „kontrafaktisch“ genannten) Szenarien untersuchen kann. Es ist daher sehr wichtig, sich bereits bei der Formulierung der Fragestellung zu überlegen, wie die Frage empirisch beantwortet werden kann. Weitere Aspekte, die in der Planungsphase zu berücksichtigen sind, sind die einem Forschungsprojekt (meist nur begrenzt) zur Verfügung stehenden Zeit-, Finanz- und Personalressourcen. Bei der Wahl einer Fragestellung sollte daher auch darauf geachtet werden, ob eine Beantwortung der Frage im vorgegebenen Rahmen und mit den zur Verfügung stehenden Ressourcen machbar ist. Fragen wie „Führt internationaler Druck dazu, dass Staaten wie Iran und Nordkorea ihre Atomprogramme einstellen?“ sind beispielsweise für den typischen Politikwissenschaftler aus praktischen Gründen kaum empirisch zu beantworten, da empirische Daten darüber, ob und in welchem Ausmaß diese Staaten weiterhin Atomforschung betreiben, nicht (oder zumindest nicht öffentlich) verfügbar sind. Aber auch bei weniger geheimen Themen stößt der Politikwissenschaftler oft auf unvorhergesehene Probleme. So gibt es z.B. keinen länderübergreifenden Datensatz, der die Anzahl von Interessengruppen in verschiedenen Ländern abbildet. Deshalb ist insbesondere bei Abschlussarbeiten eine sorgfältige Überprüfung der Verfügbarkeit der benötigten Daten bei der Wahl des Forschungsthemas und der Fragestellung essentiell, um böse Überraschungen im Forschungsprozess zu vermeiden.

5. *Die Forschungsfrage besitzt eine gewisse gesellschaftliche oder politikwissenschaftliche Relevanz.*

   Häufig ergeben sich aus der aktuellen politischen Lage oder wissenschaftlichen Diskussionen Fragestellungen. Die oben diskutierte Studie von Tsebelis zur Gesetzgebungstätigkeit ist ein gutes Beispiel: Sie ist politikrelevant, weil sie beleuchtet, warum sich manche Regierungen trotz hohem Problemdrucks mit Reformen schwer tun. Sie ist aber auch wissenschaftlich interessant, weil sie konkrete Implikationen des Vetospieleransatzes ableitet und empirisch testet.

Die Erfüllung oder Nichterfüllung der genannten Kriterien für gute Fragestellungen, welche die Grundlage für die Durchführung des Forschungsprojektes legen, hat eine große Tragweite. Die Qualität der Fragestellung ist oft ausschlaggebend, wie z.B. eine Seminararbeit oder eine Doktorarbeit bewertet wird oder ob ein Antrag auf finanzielle Förderung eines Forschungsprojektes bewilligt wird.

Um zu einer guten Forschungsfrage zu kommen, ist es zunächst hilfreich genau zu definieren, welches Phänomen untersucht werden soll. Diese Definition erfordert bereits eine gewisse Denkdisziplin, bei der Sie genauer umschreiben müssen, mit welchem Untersuchungsgegenstand Sie sich befassen möchten und was genau Sie zu beschreiben und erklären beabsichtigen. Um Forschungsfragen analytisch gut in den Griff zu bekommen, ist es zudem hilfreich, sich auch über die sogenannte Analyseebene Gedanken zu machen. Wie in Kapitel 1 diskutiert, lässt sich die politische Wirklichkeit als Pyramide begreifen, in die sich zu erklärende Phänomene und Erklärungen einordnen lassen. Abbildung 2.2 zeigt die für die politikwissenschaftliche Forschung wichtigsten Analyseebenen und liefert je ein Beispiel für eine Forschungsfrage auf der jeweiligen Analyseebene.

Analyseebene	Forschungsfrage (Beispiel)
1. Individuum	Unterscheiden sich Frauen und Männer in ihrer Befürwortung internationaler Entwicklungszusammenarbeit? *Zu erklären ist (abhängige Variable)*: Ausmaß an Befürwortung internationaler Entwicklungszusammenarbeit *Erklärungsfaktor (unabhängige Variable)*: Geschlecht
2. Gesellschaft	Wie wirkt sich die Wirtschaftsliberalisierung auf den Einfluss von Gewerkschaften auf die Arbeitsmarktpolitik aus? *Zu erklären ist*: Einfluss von Gewerkschaften *Erklärungsfaktor*: Wirtschaftsliberalisierung
3. Regierung	Engagieren sich Regierungen mit einer Beteiligung grüner Parteien eher für den Umweltschutz? *Zu erklären ist*: Umweltpolitisches Verhalten von Regierungen *Erklärungsfaktor*: Beteiligung der grünen Partei an der Regierung
4. Zwischenstaatliche Beziehungen	Welchen Einfluss hat die Zugehörigkeit zu einer Militärallianz auf den Außenhandel von Staaten? *Zu erklären ist*: Volumen des Außenhandels zweier Staaten *Erklärungsfaktor*: Gemeinsame Mitgliedschaft in einer Militärallianz
5. Weltsystem	Wie wirken sich Kriege auf den Weltmarktpreis für Erdöl aus? *Zu erklären ist*: Weltmarktpreis für Erdöl *Erklärungsfaktor*: Kriegerische Ereignisse

Abbildung 2.2: Analyseebenen und Forschungsfragen

Wie bestimmte politische Phänomene erklärt werden können und auf welcher Analyseebene diese Erklärungen liegen, hängt stark vom Untersuchungsgegenstand und der

Fragestellung ab. Ursache und Wirkung können dabei auf der gleichen Analyseebene liegen, z.B. wenn die politischen Präferenzen von Wählern (z.B. für linke oder rechte Parteien) mit persönlichen Charakteristiken (z.B. Geschlecht, Einkommen, Alter, Religion) erklärt werden. Hier liegen Wirkung und Ursache beide auf der Analyseebene des Individuums. In der Politikwissenschaft begegnen wir jedoch auch häufig Forschungsfragen (z.B. wie Unterschiede in der nationalen Regierungsstruktur politische Kooperation auf internationaler Ebene beeinflussen), die Wirkungszusammenhänge auf verschiedenen Analyseebenen beleuchten. Hier liegen Ursache und Wirkung auf unterschiedlichen Analyseebenen: der nationalstaatlichen (Ursache) und der internationalen Ebene (Wirkung). Je weiter die Analyseebenen von Ursache und Wirkung auseinander liegen, desto anspruchsvoller wird in der Regel die Theoriebildung und empirische Analyse. Die Vergegenwärtigung der „Mehrebenen-Struktur" seiner Fragestellung schärft das Bewusstsein des Forschers für diese Komplexität bei der theoretischen und empirischen Arbeit von Anfang an.

2.3.2 Entwicklung des theoretischen Arguments

Die Aufarbeitung der theoretischen Literatur und die Erarbeitung eines theoretischen Arguments führen von der Fragestellung einer Forschungsarbeit zur Ableitung von Hypothesen, die im Anschluss empirisch überprüft werden können. Im folgenden Abschnitt wird dieses Vorgehen genauer behandelt. Sie werden dabei einige zentrale Begriffe der Wissenschaftstheorie wie Theorie, Modell, Konzept, Variable, Hypothese und Kausalität kennenlernen.

„Zwerge auf den Schultern von Riesen": Der Umgang mit der Literatur

Wissenschaftler sind wie Zwerge auf den Schultern von Riesen: Ihr eigener Beitrag zur wissenschaftlichen Erkenntnis ist klein im Vergleich zum gesamten Wissen, das in der Vergangenheit bereits erarbeitet wurde. Jede Forschungsarbeit baut auf diesem bereits existierenden Wissen auf und trägt so dazu bei, dass der „Riese" noch ein wenig größer wird. Da das bestehende Wissen Ausgangspunkt für die eigene Forschung bildet, ist eine gute Kenntnis der bestehenden Literatur unabdingbar. Jeder Forschungsprozess beginnt deshalb damit, dass der Forscher sich einen gründlichen Überblick über die bisherige Forschung im betreffenden Themengebiet verschafft.

Bei der Sichtung der existierenden Literatur, die das bisherige Wissen „speichert", sind zwei Aspekte zentral: Erstens sollte sich der Forscher auf die relevante Literatur beschränken, diese aber möglichst vollständig abarbeiten. Überblicksartikel zum gewählten Thema sind dabei oft ein guter Einstieg. Diese finden sich beispielsweise in der Zeitschrift *Annual Review of Political Science*, die ausschließlich Überblicksartikel zu aktuellen politikwissenschaftlichen Forschungsfragen veröffentlicht. Zweitens ist es wichtig, die bestehende Forschung kritisch zu betrachten. Nicht alles, was gedruckt und veröffentlicht wird, ist automatisch richtig! Bei der Suche nach qualitativ hochwertiger Literatur kann der Publikationsort einen ersten wichtigen Hinweis geben. Die Qualität und Reputation von politikwissenschaftlichen Zeitschriften und Verlagen variiert erheblich. Es gibt verschiedene Rankings von Zeitschriften, welche diese Unterschiede annäherungsweise abbilden. So sind beispielsweise alle Zeitschriftenartikel, die in einer Zeitschrift mit sogenanntem „peer review" veröffentlicht worden sind, von Fachkollegen begutachtet worden. Dadurch steigt die durchschnittliche Qualität der veröffentlichten Arbeiten im Vergleich mit nicht begutachteten Artikeln, auch wenn es natürlich auch hier ab und an schwarze Schafe gibt. Schon im Studium sollten Sie daher lernen, Texte kritisch zu lesen, zumal sich selbst bei noch so guten Studien in der Regel Schwachstellen finden lassen. Einige Fragen, die Sie sich bei der Lektüre stellen sollten, sind z.B.: Ist das theoretische Argument logisch konsistent? Ist die empirische Evidenz überzeugend? Wurden die am besten geeigneten Methoden angewendet? Gibt es andere Erklärungen, die zum selben Resultat führen würden oder unterschiedliche theoretische Argumente, die mit dem beobachtbaren empirischen Phänomen kompatibel sind? Die als Antwort auf diese Fragen formulierte Kritik trägt der Forscher am Ende des Literaturüberblicks zusammen, um die Lücken und Schwachstellen in der bestehenden Literatur aufzuzeigen. Die eigene Forschung sollte dann versuchen, wenigstens eine dieser Forschungslücken zu schließen oder Schwachstellen zu beheben.

Theorien

Wir haben bereits häufig von theoretischen Argumenten gesprochen ohne bisher genauer zu erläutern, was eine Theorie ist und wie ein gut formuliertes theoretisches Argument aussehen sollte. Dazu nun mehr: Eine Theorie ist ein System von miteinander verbundenen Aussagen, das mehrere Hypothesen über Zusammenhänge zwischen bestimmten Konzepten umfasst, von denen zumindest einige empirisch überprüfbar sind (Diekmann, 2007; Schnell et al., 2008). Die einzelnen Komponenten dieses Systems setzen sich aus Definitionen und Grundannahmen (Prämissen) und einem daraus abgeleiteten System von Hypothesen zusammen.

Definitionen präzisieren die wichtigsten Begriffe der Theorie (die sogenannten Konzepte) und stellen so das begriffliche Bezugssystem für die Theorie zur Verfügung. Grundannahmen bilden die Basis für die von der Theorie postulierten Kausalbeziehungen. Sie identifizieren in der Regel Annahmen über Zusammenhänge, die empirisch nur schwer überprüfbar sind und daher als gegeben und richtig betrachtet werden. Eine Grundannahme der sogenannten Rational-Choice-Theorie ist z.B., dass Menschen bei Entscheidungen Kosten und Nutzen verschiedener Handlungsalternativen (z.B. verschiedene zur Wahl stehende Parteien) systematisch abwägen und dann diejenige Option wählen, mit der sie ihre persönlichen Ziele mit höchster Wahrscheinlichkeit und bei möglichst niedrigstem Kostenaufwand erreichen können.

Hypothesen werden aus der Theorie abgeleitet und formulieren Vermutungen über Wirkungszusammenhänge zwischen zwei oder mehreren Konzepten. Eine Theorie oder Theorienfamilie, die in einem Wissenschaftszweig zum Standard geworden ist und deren Kern nicht mehr grundsätzlich in Frage gestellt wird, nennt man Paradigma (Kuhn, 1962).

Im Prinzip können Wirkungszusammenhänge auch in Form von Gesetzen ausgedrückt werden. Gesetze beinhalten Hypothesen mit unbegrenztem Gültigkeitsanspruch (Diekmann, 2007: 131). Weil es im politikwissenschaftlichen Forschungsfeld jedoch kaum Zusammenhänge gibt, die immer und überall gelten, sondern die meisten Ursachen nur mit einer gewissen Wahrscheinlichkeit und unter bestimmten (Rand-) Bedingungen eine bestimmte Wirkung haben, werden theoretische Argumente in der Politikwissenschaft vorwiegend in Form von Hypothesen und nur extrem selten in Form von Gesetzen ausgedrückt.

Beispiel

In seiner Arbeit über die Gesetzgebungstätigkeit von Regierungen stützt sich Tsebelis, wie wir oben gesehen haben, auf die Vetospielertheorie, die von ihm maßgeblich mitbegründet wurde (Tsebelis, 1995, 2002). Diese Theorie besagt u.a., dass Regierungssysteme als Konfigurationen von institutionellen und parteipolitischen Vetospielern gesehen werden können, und dass diese Konfigurationen die Reformfähigkeit von Staaten entscheidend beeinflussen. Das Konzept „Vetospieler" wird dabei als individueller oder kollektiver Akteur definiert, dessen Zustimmung für eine Veränderung des Status quo notwendig ist. Eine Grundannahme dieser Theorie ist, dass es in jedem Politikfeld für jeden Vetospieler eine Position (also eine bestimmte Politik, z.B. eine bestimmte Regulierung) gibt, die seinen Nutzen maximiert. Eine zweite Grundannahme besteht darin, dass Vetospieler rational handeln. Basierend auf diesen Grundlagen argumentiert die Theorie, dass Vetospieler nur dann einer Gesetzesänderung zustimmen, wenn diese Änderung die tatsächliche Politik näher an ihre Idealposition rückt. Je unterschiedlicher die Idealpositionen von Vetospielern in Bezug auf den Gesetzesvorschlag sind, desto schwieriger ist es, einen Kompromiss zu finden, der alle Beteiligten gleich oder besser stellt. Daraus leitet sich die Hypothese ab, dass die Wahrscheinlichkeit umfassender Gesetzesreformen mit der Anzahl von Vetospielern und der ideologischen Spannbreite der Vetospieler sinkt.

Theorien erfüllen in der Politikwissenschaft mehrere Funktionen. Die wichtigste Funktion ist, dass sie das Erkenntnisinteresse leiten und so eine grundlegende Orientierung ermöglichen. Da der Forschungsgegenstand der Politikwissenschaft – die real existierende Welt – sehr komplex ist, ist eine solche Orientierung unabdingbar. Theorien strukturieren die wissenschaftliche Analyse politischer Phänomene, indem sie ein Analyseraster bereitstellen und die Suche nach den relevanten beobachtbaren Tatsachen leiten (Chalmers, 2001). Darüber hinaus stellen Theorien Begriffe, Argumentationen und Denkmuster bereit und ermöglichen so auch eine Systematisierung von Forschungsergebnissen. Theorien haben damit eine Art „Scheinwerferfunktion" – sie lenken unser Interesse auf bestimmte Aspekte eines politischen Phänomens. Sie erlauben eine systematische Betrachtung des interessierenden Phänomens. Und sie „speichern" das so erworbene Wissen beispielsweise in Form logisch konsistenter und empirisch bestätigter Hypothesen.

Die in einem bestimmten Forschungsbereich existierenden Theorien bieten oft verschiedene, zum Teil auch konkurrierende Erklärungen für das gleiche oder ähnliche politische Phänomen an. Welche Theorie zur besten Antwort auf die gestellte Forschungsfrage führt, lässt sich häufig erst nach eingehender Prüfung feststellen. Es ist daher sinnvoll, die gewählte Forschungsfrage zunächst mit mehreren Theorien zu beleuchten und unterschiedliche Theorien auf ihre Erklärungskraft hin zu überprüfen. Letztlich muss die empirische Forschung der „Schiedsrichter" sein. Aus unterschiedlichen oder konkurrierenden Theorien lassen sich meist unterschiedliche empirische Implikationen ableiten. Implikation bedeutet hier: Was genau muss ich in der politischen Realität beobachten können, damit die betreffende Hypothese als bestätigt gelten kann und welche empirischen Beobachtungen würden der Hypothese widersprechen (oft als Null-Hypothese bezeichnet)? Indem der Forschende empirisch untersucht, für welche Implikationen sich mehr bestätigende empirische Evidenz finden lässt, kann er schließlich beurteilen, welche Theorie das untersuchte Phänomen besser erklärt.

Gute Theorien zeichnen sich dadurch aus, dass sie eine hohe Erklärungskraft besitzen. Voraussetzung dafür ist, wie bereits oben besprochen, dass Theorien intern konsistent sind und logisch richtige Aussagen enthalten. Ein weiteres zentrales Gütekriterium von

Theorien in der empirisch-analytischen Forschung ist die Falsifizierbarkeit, also die Möglichkeit Theorien empirisch zu überprüfen und unter Umständen widerlegen zu können (Popper, 1935). Eine Aussage gilt dann als falsifiziert, wenn die empirischen Beobachtungen den in der theoretischen Aussage vermuteten Tatsachen widersprechen. Mit dem Kriterium der Falsifizierbarkeit verbunden ist die Anforderung, dass sich aus Theorien konkrete empirische Aussagen ableiten lassen müssen. Je zahlreicher die empirischen Implikationen einer Theorie sind, umso vielfältiger sind die Beobachtungen, mit deren Hilfe die Theorie widerlegt werden kann. Wissenschaftlicher Fortschritt entsteht vor allem dadurch, dass neue kreative Theorien vorgeschlagen und durch empirische Tests entweder falsifiziert oder auch vorübergehend bestätigt werden. Die Falsifikation von theoretischen Argumenten ist für den wissenschaftlichen Prozess damit ebenso wichtig wie die Bestätigung einer Theorie. Gute Theorien sind in der Regel auch sparsam und kommen mit einer geringen Anzahl von Theorieelementen aus (Plümper, 2003). Eine sehr gute Theorie macht umfassende Aussagen über politische Phänomene, ist in hohem Maße falsifizierbar und hält einer Falsifizierung stand (Chalmers, 2001).

Theorien können auf zwei unterschiedliche Arten entwickelt werden: durch Induktion und durch Deduktion. Wenn der Forscher von empirisch beobachteten Tatsachen auf einen allgemeinen Zusammenhang schließt und daraus eine Theorie entwickelt, kommt er auf induktivem Wege zu einer Theorie. Indem er einige wenige Fälle bzw. Beobachtungen (z.B. mehrere Kriege zwischen Staaten) genau untersucht, kann er induktiv Hypothesen über generalisierbare Zusammenhänge formulieren. Ein einfaches Beispiel illustriert dieses Vorgehen: Stellen Sie sich vor, Sie beobachten drei Arbeiter, die bei einer Parlamentswahl alle die Partei X wählen. Induktiv schließen Sie daraus, dass Arbeiter bei Parlamentswahlen grundsätzlich die Partei X wählen. Bei der Induktion schließt der Forscher also vom Besonderen (hier Arbeiter 1, 2 und 3) auf das Allgemeine (alle Arbeiter). Um die Gültigkeit der induktiv entwickelten Theorie zu prüfen, werden die Implikationen der Theorie im Anschluss an anderen empirischen Fällen überprüft.

Bei der deduktiven Methode geht der Forscher umgekehrt vor. Hier schließt er von allgemeinen Aussagen auf das Besondere, indem er aus allgemeinen Aussagen konkrete Aussagen über empirische Phänomene ableitet. Aus der allgemeinen Aussage „Arbeiter wählen bei Parlamentswahlen die Partei X“ und der Aussage „Heinz Maier ist ein Arbeiter“ lässt sich beispielsweise die konkrete Aussage ableiten „Heinz Maier wählt bei Parlamentswahlen die Partei X.“ Der Vorteil des deduktiven Vorgehens liegt darin, dass es logisch konsistente Schlüsse zulässt, die anschließend empirisch getestet werden können. Dieses Vorgehen erleichtert die empirische Widerlegung allgemeiner Aussagen (Falsifizierung). Es lässt sich beispielsweise leicht überprüfen, ob Heinz Maier tatsächlich die Partei X gewählt hat. Hat er dies nicht getan, wird die Hypothese falsifiziert. Die Aussage, dass alle Arbeiter bei Parlamentswahlen Partei X wählen, ist dann in dieser unqualifizierten Form nicht mehr haltbar.

Im Forschungsalltag sind sowohl induktive als auch deduktive Vorgehensweisen bei der Theoriebildung anzutreffen. In der Regel gilt, dass sich ein induktives Vorgehen vor allem dann eignet, wenn es nur wenig Vorwissen über den interessierenden Forschungsgegenstand gibt. Je entwickelter dagegen ein Forschungsgebiet und je umfassender das Vorwissen über den Forschungsgegenstand ist, umso eher dominiert das deduktive Vorgehen bei der Theoriebildung. Häufig werden auch innerhalb eines Forschungsprojektes induktive und deduktive Vorgehensweisen kombiniert. Dabei gewinnt der Forscher aus einigen Beobachtungen Hypothesen, die im Anschluss durch eine Analyse von vielen Beobachtungen auf ihre Gültigkeit überprüft werden.

Um die in einer Theorie untersuchten Zusammenhänge zwischen verschiedenen Konzepten bzw. zwischen Ursachen und Wirkungen darzustellen, verwendet die Forschung häufig Modelle. Modelle sind stark vereinfachte Darstellungen der Wirklichkeit. Das Ziel von Modellen ist es, Wirkungszusammenhänge aufzuzeigen, die im Anschluss empirisch überprüft werden können. Zu diesem Zweck muss die komplexe Realität stark vereinfacht werden, um so den Blick auf die wesentlichen und interessierenden Zusammenhänge zu lenken. Gute Modelle zeichnen sich daher durch Klarheit, Falsifizierbarkeit sowie die Fähigkeit aus, den Blick des Betrachters auf die wesentlichen Merkmale der Realität zu fokussieren. Wie „gut" ein Modell ist, hängt dann auch davon ab, wie nützlich es für das konkrete Erkenntnisinteresse ist. Beispielsweise kann es in manchen Situationen hilfreich sein, das Parlament, welches in der Realität aus vielen Abgeordneten mit unterschiedlichen Meinungsbildern besteht, in einem Model als einen einheitlichen Akteur darzustellen, und damit zu einem besseren Verständnis beitragen. In einer anderen Fragestellung kann dieses Vorgehen aber relevante Unterschiede im parlamentarischen Willensbildungsprozess zu stark vereinfachen.

Modelle können verbal, als Pfeildiagramm oder mathematisch (formal) dargestellt werden. Wir empfehlen im Arbeitsprozess der Theoriebildung Modelle zumindest in Form von Pfeildiagrammen darzustellen. So lassen sich die wichtigsten theoretischen Argumente einer Arbeit nicht nur prägnant darstellen und mit anderen Forschern diskutieren, sondern zwingen den Forscher auch, sich auf die wesentlichen Zusammenhänge zu konzentrieren. In einem Pfeildiagramm werden die kausalen (Ursache-Wirkungs-) Zusammenhänge zwischen den Komponenten des Modells durch Pfeile dargestellt. Die Richtung des Pfeils zeigt an, welches Konzept auf welches andere Konzept einwirkt. Neben die Pfeile geschriebene Positiv- oder Negativzeichen zeigen darüber hinaus die Art des Zusammenhangs auf. Dieser kann positiv (je mehr A, desto mehr B) oder negativ (je mehr A, desto weniger B) sein.

Manche Theorien erlauben auch eine Modellierung von kausalen Zusammenhängen in mathematischer Form. Ein Vorteil dieser sogenannten formalen Modelle besteht darin, dass sich damit kausale Zusammenhänge sehr präzise und nachvollziehbar beschreiben lassen. Solche Modelle erleichtern auch ein deduktives Vorgehen und stellen sicher, dass die im Modell enthaltenen Hypothesen einzeln und in Kombination logisch konsistent sind (Diekmann, 2007: 125 f.). Mathematisch formulierte Modelle können auch zu Simulationsmodellen weiterentwickelt werden. Mit Simulationsmodellen wird mittels Computerprogrammen das Verhalten der modellierten (politischen) Systeme in einer virtuellen (d.h. künstlichen) Umgebung studiert. Das simulierte Systemverhalten kann dann mit dem realen Systemverhalten verglichen werden.

Zahlen und mathematische Gleichungen, und damit auch formale Modelle, erwecken bisweilen den Eindruck die entsprechende Forschung sei „wissenschaftlicher" als diejenige Forschung, die ihre Theorien und Hypothesen in Worten formuliert. Dieser Eindruck ist falsch. Die Güte einer Theorie bemisst sich an ihrer Erklärungskraft, ihrer logischen Konsistenz und ihrem Innovationsgehalt, nicht jedoch primär an ihrer Darstellungsweise.

Konzepte

Theorien machen Aussagen über Wirkungszusammenhänge zwischen Konzepten. Konzepte sind die in einer Theorie enthaltenen Grundbegriffe. Häufig sind diese Begriffe mehrdeutig und vielschichtig, sodass Forscher unterschiedliche Aspekte mit dem gleichen Begriff verbinden. Aus diesem Grund ist es sehr wichtig, die in der Theorie enthaltenen Konzepte genau zu definieren. Bei dieser Definition muss der Forscher in erster Linie entscheiden, welches in seinem theoretischen Kontext die wesentlichen Eigenschaften und Merkmale des Konzeptes sind. Häufig besteht ein Konzept aus mehreren Eigenschaften – den Dimensionen des Konzeptes. Bei der Konzeptdefinition muss sich der Politikwissenschaftler z.B. überlegen, welche theoretisch relevanten Dimensionen sein Konzept umfasst und in welchem logischen Zusammenhang die einzelnen Dimensionen zueinander stehen. Beispielsweise muss identifiziert werden, ob es sich bei den einzelnen Dimensionen um notwendige oder hinreichende Bedingungen handelt – siehe Kasten 2.1. Die Konzeptdefinition basiert also auf theoretischen Überlegungen. Verschiedene Forscher können somit den gleichen Begriff unterschiedlich konzeptualisieren (Goertz, 2006).

2.1 Notwendige und hinreichende Bedingungen

Eine notwendige Bedingung für das Eintreten von X ist ein Umstand, der zwingend erforderlich ist, damit X geschieht oder vorliegt. Z.B. sind Wahlen eine notwendige Bedingung dafür, dass ein Land gemäß gängigen Definitionen als Demokratie gelten kann (vgl. Kapitel 4.2). Allerdings bedeutet das Vorliegen einer notwendigen Bedingung nicht automatisch, dass X eintreten muss, wenn die notwendige Bedingung erfüllt ist. Es existieren z.B. einige Länder, in denen zwar Wahlen abgehalten werden, die aber trotzdem nicht als demokratisch bezeichnet werden können, weil diese Wahlen nicht die Kriterien allgemeiner, gleicher, freier, direkter und geheimer Wahlen erfüllen (z.B. Weißrussland, Iran). Auch im obigen Beispiel zur Reformfähigkeit von Staaten finden wir eine notwendige Bedingung: Eine relativ geringe ideologische Spannbreite von Koalitionspartnern ist eine notwendige Bedingung für eine rege Gesetzgebungstätigkeit, auch wenn es hier durchaus Regierungen gibt, die trotz ideologischer Homogenität nur wenige Gesetze verabschieden. Bei einer großen ideologischen Spannbreite der Koalitionspartner ist die Gesetzgebungstätigkeit dagegen immer gering.

Bedingungen, deren Erfüllung automatisch zum Eintreten von X führen, werden hingegen als hinreichende Bedingungen bezeichnet. Wenn z.B. ein Staat gemäß gängigen Definitionen als Demokratie bezeichnet werden kann, ist dies eine hinreichende Bedingung dafür, dass in diesem Land Wahlen abgehalten werden. Wenn eine hinreichende Bedingung erfüllt wird, wissen wir daher automatisch, dass auch X vorliegen muss.

Wie wir im Verlauf dieses Buches noch mehrfach sehen werden, enthalten politikwissenschaftliche Erklärungen eher selten notwendige oder hinreichende Bedingungen. Dies liegt schlicht daran, dass viele interessierende politische Phänomene von mehreren Faktoren gleichzeitig beeinflusst werden. So ist beispielsweise die physische Attraktivität von Kandidaten weder eine notwendige noch eine hinreichende Bedingung in Bezug auf die Wahlchancen, auch wenn die in Kapitel 1 diskutierte Studie von Lutz (2010) zeigt, dass ein positiver Effekt des Aussehens auf die Wahlchancen in der Tendenz beobachtbar ist.

Das empirische Gegenstück zu theoretischen Konzepten sind die Variablen. Variable ist der Sammelbegriff für alle Merkmalsausprägungen, die ein Konzept annehmen kann. Je nach Definition kann das Konzept „Art des Wahlrechts“ beispielsweise die drei Ausprägungen „Mehrheitswahlrecht“, „Verhältniswahlrecht“ und „Mischform“ aufweisen. Das Konzept „Nettoeinkommen“ kann eine große Spanne verschiedener Werte (von Null bis in die Milliarden Euro) annehmen, das Konzept „Krieg“ dagegen je nach Definition z.B. nur die zwei Ausprägungen „Krieg“ und „kein Krieg“. Das wichtigste Merkmal von Variablen ist, dass sie mehr als einen Wert annehmen. Sie variieren.

Die Politikwissenschaft interessiert sich in erster Linie dafür, wie Konzepte aufeinander einwirken. In wissenschaftlichen Theorien und Modellen werden zwei Grundtypen von Konzepten unterschieden: unabhängige Konzepte (Ursache) und abhängige Konzepte (Wirkung). Da eine Ursache-Wirkungs-Beziehung impliziert, dass die Ausprägungen variieren, spricht man häufig auch von unabhängigen und abhängigen Variablen. Unabhängige Variablen (auch erklärende oder exogene Variablen genannt) sind die Ursache für Veränderungen auf der abhängigen Variable. Abhängige Variablen (auch zu erklärende oder endogene Variablen genannt) sind Konzepte, deren Ausprägung sich durch die Veränderung der Ausprägung der unabhängigen Variable verändert. Abhängig bedeutet in diesem Kontext, dass Veränderungen der betreffenden Variable von Veränderungen der unabhängigen Variable(n) abhängig sind.

Beispiel

Tsebelis Hypothese postuliert, dass je größer die ideologische Spannbreite zwischen den Partnern einer Regierungskoalition ist, desto niedriger ist die Anzahl der von einer Regierung erfolgreich eingebrachten, bedeutsamen Gesetze. Hierbei stellt das Ausmaß der ideologischen Spannbreite zwischen den Koalitionspartnern die unabhängige Variable, die Anzahl erfolgreich eingebrachter Gesetze die abhänge Variable dar.

Hypothesen

Hypothesen sind Vermutungen über einen bestimmten Sachverhalt, die theoretisch hergeleitet werden und empirisch überprüfbar und somit falsifizierbar sind.

Hypothesen können deskriptiver und kausaler Natur sein. Die Aussage „Der Anteil der Nichtwähler hat in den letzten zehn Jahren zugenommen“ ist ein Beispiel für eine deskriptive Hypothese, die sich ohne weiteres empirisch überprüfen lässt. Wie bereits im Kapitel 1 erwähnt, interessiert sich die Politikwissenschaft jedoch insbesondere für die Erklärung und nicht nur die Beschreibung politischer Phänomene. Das Erkenntnisinteresse geht daher in der Regel über die Überprüfung von Tatsachen hinaus. Die Feststellung, dass der Anteil von Nichtwählern zugenommen oder abgenommen hat, dient somit häufig nur als Ausgangspunkt für Argumente darüber, welche Variablen eine Veränderung des Nichtwähleranteils bewirken. Im Folgenden liegt unser Fokus deshalb auf kausalen Hypothesen, die einen empirisch überprüfbaren Wirkungszusammenhang zwischen mindestens zwei Konzepten formulieren und sich damit auf das Ursache-Wirkungs-Verhältnis zwischen Konzepten konzentrieren.

Im empirisch-analytischen Sinn erfüllen gute kausale Hypothesen, neben einer klaren und präzisen Formulierung, drei Kriterien:

1. Die Hypothese bezeichnet einen aus theoretischen Überlegungen hergeleiteten Wirkungszusammenhang zwischen mindestens zwei Konzepten. Sie identifiziert dabei in logisch konsistenter Weise, welches Konzept als unabhängige Variable einen Effekt auf die abhängige Variable hat, und ob dieser Effekt positiv oder negativ ist. Kausale Hypothesen lassen sich meist als „Wenn-dann"- oder „Je-desto"-Aussage formulieren.
2. Das in der Hypothese genannte unabhängige und das abhängige Konzept können jeweils (zumindest theoretisch) unterschiedliche Ausprägungen annehmen und somit variieren.
3. Die Hypothese ist falsifizierbar. Es muss also prinzipiell empirische Beobachtungen geben können, die der Hypothese widersprechen. Um zu überprüfen, ob eine Hypothese falsifizierbar ist, sollte sich der Forscher überlegen, was genau er beobachten müsste, wenn die Hypothese falsch ist. Diese Überlegung wird Nullhypothese genannt. Gleichermaßen muss er sich überlegen, ob es prinzipiell möglich ist, solche Beobachtungen zu finden. Falls dies nicht möglich ist, ist die Hypothese nicht falsifizierbar. Da ein wichtiges Ziel der empirisch-analytischen Forschung die empirische Überprüfung theoretischer Argumente und Hypothesen ist, sind empirisch nicht falsifizierbare Hypothesen von nachgeordnetem Interesse.

Lassen Sie uns diese Überlegungen anhand von drei Beispielen diskutieren.

Hypothese 1: „Je demokratischer ein Entwicklungsland ist, desto mehr Entwicklungshilfe erhält es."

Diese Aussage ist eine kausale Hypothese. Erstens wird eine Wirkung der unabhängigen Variable (Demokratiegrad des Entwicklungslandes) auf die abhängige Variable (Höhe der Entwicklungshilfe) benannt. Zweitens variiert die unabhängige Variable zwischen gar nicht und sehr demokratisch und die abhängige Variable zwischen keiner und viel Entwicklungshilfe. Drittens ist die Aussage falsifizierbar. Um die Hypothese zu falsifizieren, muss aufgezeigt werden, dass demokratische Entwicklungsländer weniger oder gleich viel Entwicklungshilfe erhalten wie undemokratische Länder (Nullhypothese). Eine solche Beobachtung ist prinzipiell möglich.

Hypothese 2: „Wenn die Terroranschläge vom 11. September 2001 nicht stattgefunden hätten, hätten die USA keinen Krieg gegen den Irak geführt."

Diese Aussage ist keine kausale Hypothese im Sinne der empirisch-analytischen Forschung. Sie bezeichnet zwar einen Zusammenhang zwischen einer unabhängigen (Terroranschläge) und einer abhängigen Variable (Krieg gegen den Irak). Des Weiteren können beide Variablen im Prinzip auch variieren (Terroranschlag findet statt/nicht statt; die USA führen Krieg/führen keinen Krieg gegen den Irak). Die Aussage ist jedoch empirisch nicht falsifizierbar. Es existiert lediglich eine hypothetische, aber keine reale Welt, in der die Terroranschläge vom 11. September nicht stattgefunden haben.

Hypothese 3: „Die Krankenversicherungssysteme der europäischen Länder unterscheiden sich voneinander."

Diese Aussage ist ebenfalls keine kausale Hypothese. Sie ist zwar falsifizierbar, da sich empirisch überprüfen lässt, ob in Europa unterschiedliche Krankenversicherungssysteme existieren oder nicht. Die Aussage enthält jedoch nicht zwei Variablen, die miteinander in einem Wirkungszusammenhang stehen. Damit ist die Aussage zwar eine deskriptive Hypothese, aber keine kausale Hypothese.

Kausale Hypothesen können einen deterministischen oder probabilistischen Wirkungszusammenhang postulieren. Deterministische Hypothesen („Wenn X, dann immer Y") bezeichnen einen Zusammenhang, in dem eine Veränderung der unabhängigen Variable immer zu einer Veränderung der abhängigen Variable führt. Ein Beispiel ist das in Kapitel 6 (Abschnitt 6.7.4) vorgestellte Duverger-Gesetz: „Ein relatives Mehrheitswahlsystem führt zu einem Zweiparteiensystem." Hypothesen, die deterministisch sind und gleichzeitig einen kausalen Zusammenhang benennen, sind im Gegensatz zu einigen Bereichen der Naturwissenschaften (z.B. „Die Erwärmung von Quecksilber führt dazu, dass es sich ausdehnt") in den Sozialwissenschaften sehr selten. Und wenn, wie im Falle des Duverger-Gesetzes, solche Hypothesen vorgebracht werden, sind die Kritiker meist schnell zur Stelle. Oft werden dann solche Hypothesen „aufgeweicht", indem sie in probabilistische Hypothesen umformuliert und mit bestimmten Randbedingungen versehen werden, unter denen die Hypothese eher zutrifft.

Dementsprechend sind die meisten Hypothesen in der Politikwissenschaft probabilistisch und signalisieren damit, dass gewisse Umstände die Wahrscheinlichkeit erhöhen, dass ein anderer Umstand eintritt („Wenn X, dann mit p Wahrscheinlichkeit Y"). Die oben diskutierte Hypothese, dass Männer aus ländlichen Gebieten eher national-konservative Parteien wählen, ist beispielsweise probabilistisch formuliert: Die Wahrscheinlichkeit, dass ein auf dem Land lebender Mann national-konservativ wählt, ist höher als die eines in der Stadt wohnhaften Mannes. Das bedeutet aber nicht, dass jeder auf dem Land wohnende Mann national-konservativ wählt. Der Wissenschaftler untersucht daher die Tendenz, mit der ein Phänomen, wie z.B. das angesprochene Wahlverhalten der ländlichen, männlichen Bevölkerung, auftritt. Probabilistische Hypothesen sind also empirisch schwieriger zu überprüfen, weil die Beobachtung, dass Y trotz des Vorliegens von X nicht eintritt, nicht zwangsläufig bedeutet, dass die Hypothese falsch ist. Um die obige Hypothese empirisch zu falsifizieren, müsste beispielsweise nachgewiesen werden, dass Männer aus ländlichen Gebieten im Durchschnitt seltener oder gleich häufig national-konservative Parteien wählen wie Männer aus städtischen Gebieten. Die Hypothese wird dagegen umso klarer bestätigt, je mehr Männer aus ländlichen Gebieten im Durchschnitt national-konservative Parteien wählen.

Da die politische Wirklichkeit häufig komplex ist, wirkt ein bestimmtes Phänomen (die unabhängige Variable) nicht immer und unter allen Umständen gleich auf ein anderes Phänomen (die abhängige Variable). Oft wirkt eine Ursache nur unter bestimmten Umständen positiv oder negativ auf die abhängige Variable. Beispielsweise ist es möglich, dass sich zwei Ursachen gegenseitig verstärken. Es ist auch möglich, dass zwei Ursachen nur dann eine Wirkung entfalten, wenn sie gemeinsam auftreten. Solche sogenannten konditionalen Effekte können ebenfalls in Form von Hypothesen formuliert werden.

Erklärung und Prognose

Eine Erklärung ist mehr als eine Hypothese. Sie drückt aus, warum ein bestimmter Sachverhalt oder Zusammenhang vorliegt. Wissenschaftliche Erklärungen folgen dabei in der Regel der Struktur sogenannter deduktiv-nomologischen Erklärungen. Solche Erklärungen bestehen aus einem Explanandum, dem zu erklärenden Sachverhalt, und einem Explanans, den Ursachen und Zusammenhängen, auf die sich der Forscher zum Zweck der Erklärung bezieht. Das Explanans besteht dabei aus zwei Komponenten. Erstens beinhaltet es eine Hypothese oder ein Gesetz (nomos), in dem eine Variable als die Ursache einer anderen Variable (dem Explanandum) bezeichnet wird. Zusätzlich können auch Rahmenbedingungen benannt werden, unter denen die Hypothese zutrifft. Zweitens beinhaltet das Explanans die Feststellung, dass die Randbedingungen für die Hypothese tatsächlich vorliegen. Dies bedeutet, dass sich empirisch feststellen lässt, dass die in der Erklärung enthaltene unabhängige Variable tatsächlich vorliegt und dass die genannten Rahmenbedingungen zutreffen. Wenn die Hypothese richtig ist und die Randbedingungen vorliegen, ergibt sich aus dem Explanans logisch-deduktiv das Explanandum (Schnell et al., 2008).

Ein Phänomen gilt dann als erklärt, wenn die Erklärung der logischen Struktur des deduktiv-nomologischen Schemas genügt. Eine Erklärung wiederum ist dann korrekt, wenn sie die folgenden Voraussetzungen erfüllt. Erstens muss die Explanandum-Aussage mit den empirischen Tatsachen übereinstimmen. Sie muss also genau den Sachverhalt beschreiben, der erklärt werden soll. Zweitens muss sich die Hypothese innerhalb ihrer Randbedingungen empirisch bereits mehrfach bewährt haben. Drittens müssen die Randbedingungen tatsächlich vorliegen, und viertens muss die Erklärung logisch konsistent sein. Je nach verwendeter Theorie können Erklärungen desselben Sachverhalts unterschiedlich ausfallen. Je bewährter die der Erklärung zugrunde liegende Theorie, umso überzeugender ist in der Regel die Erklärung.

Prognosen sind Vorhersagen zum Eintreffen eines Ereignisses, eines Zustandes oder einer Entwicklung. Prognosen weisen die gleiche logische Struktur auf wie deduktiv-nomologische Erklärungen. Sie beruhen gleich wie eine Erklärung auf einer Aussage über einen Kausalzusammenhang und das Vorliegen gewisser Randbedingungen. Anders als bei einer Erklärung wird bei der Prognose jedoch nicht versucht, die zugrunde liegende Hypothese zu finden, sondern das Explanandum steht im Zentrum. Der Forscher erschließt daher aus den Randbedingungen und der zugrunde liegenden Hypothese, welcher Sachverhalt (Explanandum) sich voraussichtlich ergeben wird (Schnell et al., 2008).

Grundlagen wissenschaftlich fundierter Prognosen (Taagepera, 2009) sind theoretische Modelle und Hypothesen sowie Daten aus der Gegenwart oder Vergangenheit, auf deren Basis der Forscher in die Zukunft extrapoliert. Damit sind Prognosen grundsätzlich mit Unsicherheit behaftet, da sich u.a. die Rahmenbedingungen in der politischen Wirklichkeit verändern können. So kann eine völlig unerwartet auftretende Umweltkatastrophe wie diejenige in Fukushima die Rahmenbedingungen für Entscheidungsprozesse in der Energiepolitik stark verändern, sodass Prognosen auf der Basis bisheriger Erfahrungen nicht länger zutreffen. Prognosen sind daher meist umso zutreffender, je näher sie zeitlich am prognostizierten Phänomen liegen und je unwahrscheinlicher damit ein Wandel der Rahmenbedingungen ist.

Hinzu kommt, dass bereits die einer Prognose zugrunde liegenden Daten mit einer gewissen Unsicherheit behaftet sein können, insbesondere dann, wenn sie aus Stichproben gewonnen wurden. Umfragedaten, wie die berühmte „Sonntagsfrage" („Welche Partei würden Sie wählen, wenn am nächsten Sonntag Wahlen wären?"), bilden immer nur die Meinungen einer Auswahl potentieller Wähler ab. Allerdings gibt es statistische Methoden, mit deren Hilfe die Unsicherheit abgeschätzt werden kann. Seriöse Studien geben denn auch bei Umfragen und den darauf basierenden Wahlprognosen die Unsicherheit der Prognose in Form von sogenannten Konfidenzbändern, die den Bereich angeben, der als wahrscheinlich angesehen wird, bekannt.

Prognosen sind für die Wissenschaft ein wichtiges Mittel, um ihre Erklärungsmodelle zu verbessern. Erklärungsmodelle, die sehr häufig korrekte Prognosen liefern, sind sozusagen der „Goldstandard" der Wissenschaft.

2.4 Kausalität

Wir haben inzwischen bereits häufig über kausale Zusammenhänge gesprochen. Die Kausalität ist in der Tat eines der zentralen Elemente der empirisch-analytischen Forschung. Zum Abschluss dieses Kapitels behandeln wir deshalb die Frage, was Kausalität bedeutet und wie sie sich von der Korrelation unterscheidet.

Kausalität ist die Verbindung zwischen Ursache und Wirkung. Die Ursache ist ein Ereignis oder ein Umstand, der ein anderes Ereignis oder einen anderen Umstand (die Wirkung) hervorruft. Die Ursache geht in der Regel der Wirkung zeitlich voran. Kausalität ist ein theoretisches Konzept und als solches empirisch nicht direkt beobachtbar (King et al., 1994: 76). Vielmehr werden auf Grundlage theoretischer Überlegungen Vermutungen über kausale Zusammenhänge formuliert, die dann anhand empirischer Daten getestet werden. Das Ziel der Forschung ist die kausale Inferenz. Kausale Inferenz bedeutet, dass der Forscher aus theoriegeleiteten, empirischen Beobachtungen Schlüsse über kausale Zusammenhänge zieht.

Der empirische Nachweis von Kausalität – z.B. dass eine Kausalbeziehung zwischen X und Y existiert – würde erfordern, dass ein und derselbe Fall einmal unter Einwirkung von X und einmal unter Nichteinwirkung von X untersucht wird. Dies ist in der Regel nicht möglich. Am nächsten kommt diesem Ideal das Laborexperiment, bei dem unter gleichbleibenden Bedingungen die Wirkung von X untersucht wird. Da aber nicht alle politikwissenschaftlichen Fragestellungen mit Hilfe von Experimenten untersucht werden können, bietet die Politikwissenschaft eine Reihe von alternativen methodischen Verfahren an, mit denen kausale Hypothesen empirisch überprüft werden können. Einige davon behandeln wir in Kapitel 3.

In diesem Kontext ist die Unterscheidung von Kausalität und Korrelation wichtig. Eine empirisch nachgewiesene Korrelation bedeutet nicht unbedingt, dass zwei Variablen in einem kausalen Zusammenhang miteinander stehen. Korrelation bedeutet lediglich, dass zwei Ereignisse oder Umstände gemeinsam variieren. Der Wohlstand (bzw. die Armut) von Ländern korreliert z.B. mit der Respektierung der Menschenrechte: Je ärmer ein Land ist, desto weniger werden (in der Tendenz) die Menschenrechte respektiert. Diese Korrelation ist positiv: Wenn der Wert der Variable Wohlstand steigt, steigt auch der Wert der Variable Respektierung der Menschenrechte. Bei einer negativen Korrelation verändern sich die Werte von zwei Variablen gegenläufig (z.B. je reicher ein Land, desto geringer das Risiko einer politischen Machtübernahme durch das Militär).

Wenn zwei Variablen in einem kausalen Zusammenhang stehen, korrelieren sie immer. Eine Korrelation bedeutet jedoch nicht zwingend, dass ein kausaler Zusammenhang vorliegt. Kausalität ist somit eine hinreichende Bedingung für Korrelation, während Korrelation nur eine notwendige, aber keine hinreichende Bedingung für Kausalität ist. In der Regel kann der Forscher allein aufgrund einer Korrelation auch keine Aussagen über die Richtung eines kausalen Zusammenhangs und den zugrunde liegenden Mechanismus machen. Solche Aussagen müssen aus theoretischen Überlegungen heraus entwickelt werden. Stellen Sie sich z.B. vor, sie haben beobachtet, dass vor brennenden Häusern immer Feuerwehrautos stehen. Darüber hinaus haben Sie bemerkt, dass bei größeren Bränden deutlich mehr Feuerwehrautos auftauchen als bei kleineren Bränden. Bedeutet dies, dass mehr Feuerwehrautos größere Brände verursachen? Auch wenn nicht auszuschließen ist, dass es brandstiftende Feuerwehrleute gibt, verläuft die kausale Wirkung doch wohl eher umgekehrt: Größere Brände verursachen das Ausrücken von mehr Feuerwehrautos, weil – so die theoretische Überlegung – die Feuerwehr zur Brandbekämpfung eingesetzt wird. Sowohl die kausale Inferenz als solche als auch die Folgerung bezüglich der Richtung der kausalen Wirkung beruhen also auf theoretischen Überlegungen und nicht auf einer direkten empirischen Identifikation der Kausalität.

Korrelationen zwischen zwei Variablen können auch rein zufällig entstehen oder sogenannte Scheinkorrelationen sein. Bei einer Scheinkorrelation korrelieren zwei Variablen nicht deshalb miteinander, weil zwischen ihnen ein kausaler Zusammenhang besteht, sondern weil sie beide mit einer dritten Variable kausal verbunden sind. So lässt sich beispielsweise beobachten, dass in Gegenden, in denen es nur sehr wenige Störche gibt, auch nur wenige Kinder geboren werden, während die Geburtenrate in storchenreichen Gegenden höher ist. Kann diese empirische Beobachtung als Bestätigung der „Der Storch bringt die Babies“-Aufklärungsphilosophie dienen? Die Antwort erübrigt sich wohl. Aber weshalb korrelieren die beiden Phänomene dann? Die Korrelation zwischen der räumlichen Verteilung von Storchpopulationen und Geburtenrate wird dadurch verursacht, dass beide Variablen von einer dritten Variablen, dem Urbanisierungsgrad, beeinflusst werden. Je städtischer ein Gebiet ist, desto weniger Störche leben in diesem Gebiet. Gleichzeitig ist die Geburtenrate in Städten generell niedriger als auf dem Land. Der Urbanisierungsgrad steht also in einem kausalen Zusammenhang sowohl mit der Geburtenrate als auch mit der Storchendichte und korreliert daher mit beiden Variablen. Aus diesem Grund korrelieren auch Storchendichte und die Geburtenrate miteinander, auch wenn kein kausaler Zusammenhang zwischen ihnen besteht (siehe Abbildung 2.3).

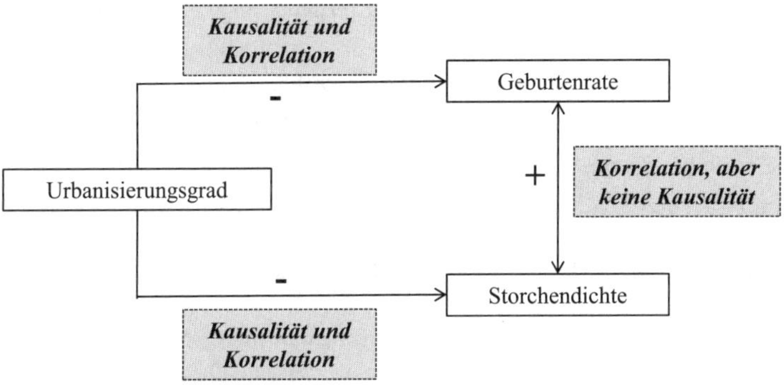

Abbildung 2.3: Storchendichte, Geburtenrate und Urbanisierungsgrad

Diese Beispiele zeigen, dass Korrelationen nicht immer automatisch bedeuten, dass zwischen zwei Variablen ein kausaler Zusammenhang besteht. Es bedarf daher immer einer theoretischen Begründung für einen vermuteten kausalen Zusammenhang zwischen zwei korrelierenden Variablen. Empirisch kann man Kausalität nicht abschließend nachweisen. Allerdings gibt es diverse methodische Verfahren, mit deren Hilfe man die Wahrscheinlichkeit erhöhen kann, dass eine empirisch gefundene Korrelation tatsächlich durch eine kausale Beziehung verursacht wird. Mehr dazu in Kapitel 3.

2.5 Fazit

Welches sind die wichtigsten Merkmale empirisch-analytischer Forschung? Welche Arbeitsschritte umfasst ein politikwissenschaftliches Forschungsprojekt? Welches sind die Kriterien für eine wissenschaftlich gewinnbringende Forschungsfrage und wie lässt sich eine solche Frage finden und formulieren? Was sind Konzepte, Theorien, Variablen, Hypothesen, Modelle, Erklärungen und Prognosen; und wozu brauchen wir diese? Dieses Kapitel hat Ihnen erste Antworten auf diese Fragen geliefert. Das nächste Kapitel behandelt die Empirie, also die Arbeitsschritte, die in der empirisch-analytischen Forschung der theoretischen Arbeit folgen. In den folgenden Kapiteln bauen wir auf dieses Wissen auf und füllen es mit konkreteren Inhalten. Die Kapitel 2 und 3 geben Ihnen somit wichtige Werkzeuge an die Hand, mit deren Hilfe Sie strukturiert und analytisch an politikwissenschaftlich relevante Phänomene herangehen können.

Literaturempfehlungen

Zu wissenschaftlichen Konzepten und ihrer Operationalisierung:

Goertz, Gary (2006): Social Science Concepts: A User's Guide. Princeton: Princeton University Press.

Zum sozialwissenschaftlichen Forschungsprozess:

King, Gary, Keohane, Robert O. & Verba, Sidney (1994): Designing Social Inquiry: Scientific Inference in Qualitative Research. Princeton: Princeton University Press.

Brady, David & Collier, David (Hrsg.) (2010): Rethinking Social Inquiry. Diverse Tools, Shared Standards. Lanham: Rowman & Littlefield Publishers.

Praxisorientierte Einführung in das wissenschaftliche Arbeiten in der Politikwissenschaft:

van Evera, Stephen (1997): Guide to Methodology for Students of Political Science. Ithaca: Cornell University Press.

Praxisnahe Anleitung zum Schreiben politikwissenschaftlicher Arbeiten:

Plümper, Thomas (2012): Effizient Schreiben. München: Oldenbourg.

Grundlagenbücher zu empirischen Methoden der Sozialwissenschaft:

Diekmann, Andreas (2007): Empirische Sozialforschung. Grundlagen, Methoden, Anwendungen. Reinbek: Rowohlt.

Schnell, Rainer, Hill, Paul B. & Esser, Elke (2011): Methoden der empirischen Sozialforschung. München: Oldenbourg.

Kellstedt, Paul & Whitten, Paul (2013): The Fundamentals of Political Science Research. Cambridge: Cambridge University Press.

3. Empirische Forschung

Das Ziel der empirisch-analytischen Politikwissenschaft ist ein tiefergehendes Verständnis politischer Phänomene und Zusammenhänge. Zu diesem Zweck erarbeiten Politikwissenschaftler theoretische Konzepte und Modelle, die von der Komplexität der Realität abstrahieren und den Blick auf die wesentlichen Kausalzusammenhänge lenken. Diese Modelle sind dann besonders hilfreich, wenn sie empirisch aussagekräftig sind und somit tatsächlich vorkommende Phänomene erklären können. Im Anschluss an die im vorangehenden Kapitel beschriebene theoretische Forschungsarbeit gilt es daher im empirischen Teil eines Forschungsprojektes, die aus dem theoretischen Argument abgeleiteten Hypothesen anhand von Informationen zur realen Welt zu überprüfen.

Dieses Kapitel befasst sich mit dem empirischen Teil des Forschungsprozesses. Wir beginnen zunächst mit dem Forschungsdesign, welches der Planung empirischer Analysen dient. Dabei stellen wir das Vorgehen und mögliche Schwierigkeiten bei der Wahl der Untersuchungsform, der Fallauswahl, der Operationalisierung von Variablen und der Datenerhebung vor. Danach wenden wir uns der empirischen Datenanalyse zu und sprechen im Anschluss über die Publikation von Forschungsarbeiten. Abschließend diskutieren wir, wie wissenschaftliche Arbeiten kritisch gelesen und beurteilt werden können.

Die Politikwissenschaft setzt eine Vielzahl von Methoden zur Datenerhebung und Datenanalyse ein. In diesem Kapitel gehen wir vor allem auf wichtige konzeptuelle Fragen und Herausforderungen im empirischen Forschungsprozess ein. Die einzelnen Methoden selbst (z. B. Befragungstechniken, Verfahren der Inhaltsanalyse, Methoden zur Analyse qualitativer und quantitativer Daten, experimentelle Verfahren) sollten Sie in spezialisierten Methodenkursen erlernen.

3.1 Empirische Untersuchungen planen: Das Forschungsdesign

Empirische Untersuchungen können je nach Art der erhobenen und analysierten Daten teuer und zeitintensiv sein. Eine sorgfältige Planung empirischer Untersuchungen ist deshalb unerlässlich. Sie erfolgt in Form eines Forschungsdesigns. Dieses nimmt das zu testende Argument als Ausgangspunkt und plant konkret die einzelnen Arbeitsschritte zur empirischen Überprüfung der Hypothesen. Die Entwicklung eines guten Forschungsdesigns erfordert viel Arbeit, doch diese Zeit ist sinnvoll investiert. Eine gründliche Auseinandersetzung mit den zu meisternden Herausforderungen im empirischen Forschungsprozess bereits während der Planungsphase reduziert das Risiko, dass bei der Umsetzung des Forschungsprojektes gravierende Fehler begangen werden.

Bei der Entwicklung des Forschungsdesigns werden wichtige Entscheidungen bezüglich Untersuchungsform, Operationalisierung und der Art der Untersuchungseinheit getroffen und begründet (siehe auch die schematische Darstellung des empirisch-analytischen Forschungsprozesses in Abbildung 2.1, Kapitel 2). Das Forschungsdesign liefert außerdem Informationen darüber, wie die Untersuchungseinheit ausgewählt und wie die relevanten Daten erhoben, erfasst und analysiert werden sollen.

Ein gutes Forschungsdesign orientiert sich am theoretischen Argument und ermöglicht dadurch eine aussagekräftige Überprüfung der daraus abgeleiteten Hypothesen. Die wissenschaftliche Güte eines Forschungsdesigns lässt sich insbesondere anhand von zwei Kriterien beurteilen: das Ausmaß der internen und der externen Validität der im Forschungsprojekt vorgeschlagenen empirischen Untersuchung.

Interne Validität bedeutet, dass die empirisch beobachteten Veränderungen der abhängigen Variable tatsächlich auf den Einfluss der unabhängigen Variable zurückgeführt werden können, dass also tatsächlich ein kausaler Zusammenhang zwischen unabhängiger und abhängiger Variable besteht. Dies setzt voraus, dass uns das Forschungsdesign erlaubt, mögliche Alternativerklärungen für den beobachteten Zusammenhang auszuschließen. Wenn wir z. B. untersuchen, ob ein höheres Einkommen von Individuen zu einer stärkeren Präferenz für eine Globalisierung der Weltwirtschaft führt, müssen wir berücksichtigen, dass Besserverdienende im Durchschnitt auch ein höheres Bildungsniveau aufweisen. Hainmueller und Hiscox (2006) zeigen beispielsweise, dass höher gebildete Personen häufig auch zu liberaleren Sichtweisen neigen. Somit wäre zumindest ein Teil eines beobachteten Einkommenseffekts auf die Präferenz für Globalisierung durch Unterschiede im Bildungsstand verursacht. Um den kausalen Effekt des Einkommens auf die Globalisierungspräferenz einer Person empirisch zu isolieren, muss der Wissenschaftler also Möglichkeiten finden, den Einfluss der Drittvariablen „Bildung“ auszuschließen bzw. den Effekt von Bildung auf die Globalisierungspräferenz zu „kontrollieren“. Dieses Vorgehen erlaubt dem Forscher, den „reinen“ Einkommenseffekt abzuschätzen. Je eindeutiger nachgewiesen werden kann, dass Veränderungen in der abhängigen Variable tatsächlich durch die unabhängige Variable und nicht durch andere (Dritt-)Variablen verursacht werden, umso höher ist die interne Validität des empirischen Untersuchungsergebnisses. Die interne Validität zielt also darauf ab, die kausalen Zusammenhänge in den untersuchten Fällen möglichst eindeutig zu identifizieren.

Externe Validität bezeichnet die Generalisierbarkeit der Ergebnisse einer Untersuchung. Damit ist das Ausmaß gemeint, in dem die Ergebnisse auf die Gesamtheit aller Fälle, auf die das Argument anwendbar ist, verallgemeinerbar sind. Wie wir in Kapitel 2.1 gesehen haben, ist ein wichtiges Ziel empirisch-analytischer Forschung die Inferenz. Mit ihr versuchen wir von den empirischen Ergebnissen, die wir durch die Analyse einer beschränkten Anzahl ausgewählter Fälle erzielt haben, auf Kausalbeziehungen bei vergleichbaren, aber nicht untersuchten Fällen zu schließen. So wird bei Untersuchungen über das Wahlverhalten in der Regel eine Stichprobe von Wahlberechtigten befragt. Auf der Basis der Antworten dieser Personen wird dann auf das Verhalten der gesamten Wählerschaft geschlossen. Basierend auf einer (untersuchten) Stichprobe machen wir also auch Aussagen über das Wahlverhalten derjenigen Wähler, für die wir keine Daten erhoben und analysiert haben. Wir versuchen also von den Ergebnissen, die wir durch die Analyse einiger ausgewählter Fälle erarbeitet haben, auf die Verteilung einer Variablen oder einen Kausalzusammenhang in der Grundgesamtheit zu schließen.

Im Prinzip ist die interne Validität eine Voraussetzung für die externe Validität (Morton & Williams, 2010). Da empirische Analysen und Resultate, die eine hohe interne Validität aufweisen, aus praktischen und forschungstechnischen Gründen in vielen Fällen lediglich auf einer begrenzten Anzahl empirischer Beobachtungen in einem bestimmten Kontext beruhen (siehe hierzu auch Kapitel 3.2), die empirisch-analytische Forschung jedoch nach generalisierbaren Aussagen strebt, ist der Forscher in der Praxis oft zu Kompromissen gezwungen. Bei der Ausarbeitung eines empirischen Forschungsdesigns geht es also darum, sowohl die interne als auch die externe Validität zu maximieren.

Wir wenden uns nun den einzelnen Arbeitsschritten des empirischen Forschungsprozesses zu. Dabei verdeutlichen wir auch, wie bestimmte Entscheidungen des Forschers die interne und externe Validität einer Studie beeinflussen.

3.2 Wahl der Untersuchungsform

Zu Beginn einer empirischen Analyse muss festgelegt werden, mit welcher empirischen Untersuchungsform die aus theoretischen Überlegungen hergeleiteten Hypothesen überprüft werden sollen. Die Politikwissenschaft arbeitet mit einer Vielzahl empirischer Untersuchungsformen. Jede dieser Untersuchungsformen umfasst bestimmte methodische Prozeduren, welche festlegen, wie empirische Informationen gesammelt und aufbereitet und wie die Hypothesen anschließend damit überprüft werden. Dabei wird zwischen experimentellen, quasi-experimentellen und nicht-experimentellen Untersuchungsformen unterschieden. Darüber hinaus lassen sich quantitative und qualitative Untersuchungsformen (sowie kombinierte Vorgehensweisen) unterscheiden. Welche Untersuchungsform am geeignetsten ist, hängt von der konkreten Fragestellung, den zu überprüfenden Hypothesen sowie der Datenverfügbarkeit ab.

3.2.1 Experimente

Das konstituierende Charakteristikum bei Experimenten ist, dass der Wissenschaftler in den Prozess, der zur Datengewinnung führt, aktiv eingreift. In Experimenten werden kausale Hypothesen unter kontrollierten Bedingungen empirisch analysiert. Die klassische Prozedur besteht darin, dass Versuchspersonen nach dem Zufallsprinzip in zwei Gruppen – eine Versuchs- und eine Kontrollgruppe – eingeteilt werden. Beide Gruppen werden völlig gleich behandelt mit dem einzigen Unterschied, dass die Versuchsgruppe einem „Treatment" ausgesetzt wird, die Kontrollgruppe jedoch nicht. Das Treatment repräsentiert dabei die unabhängige Variable und kann in verschiedenen Formen – schriftliche Informationen, ein Video, die Intervention einer Person etc. – „verabreicht" werden. Anschließend wird die interessierende Reaktion bei beiden Gruppen gemessen und verglichen. Existiert der in der Hypothese postulierte Kausalzusammenhang zwischen unabhängiger und abhängiger Variablen, werden sich die Reaktionen der Versuchs- und der Kontrollgruppe unterscheiden. Die Beispiele in Kasten 3.1 illustrieren dieses Vorgehen anhand von drei tatsächlich durchgeführten Studien. Komplexere Experimente gehen über die Untersuchung von einfachen Treatment-Effekten hinaus. Sie lassen z. B. Personen unter kontrollierten Bedingungen miteinander interagieren (siehe das in Kasten 3.1 aufgeführte Laborexperiment).

Kontrolle und Randomisierung, also die Gruppeneinteilung bzw. Zuweisung des Treatments nach dem Zufallsprinzip, sind bei Experimenten die wichtigsten Prinzipien zur Erreichung einer möglichst hohen internen Validität. Mittels der Randomisierung wird sichergestellt, dass irrelevante und somit potentiell störende Merkmale der Beobachtungen (z. B. bei Personen das Geschlecht, Alter, Gesundheit, politische Einstellung) über die Versuchs- und Kontrollgruppe hinweg sehr ähnlich verteilt sind. Die Gruppen unterscheiden sich also lediglich darin, ob sie dem Treatment ausgesetzt waren oder nicht. Dadurch kann ausgeschlossen werden, dass die beobachteten unterschiedlichen Reaktionen auf das Treatment in der Versuchs- und Kontrollgruppe auf andere Faktoren bzw. Drittvariablen zurückzuführen sind als das Treatment. Drittvariablen, oft auch Störfaktoren oder Kontrollvariablen genannt, sind Variablen, die neben der hauptsächlich interessierenden erklärenden (unabhängigen) Variable ebenfalls einen Einfluss auf die abhängige Variable haben können. Die interne Validität von Experimenten ist sehr hoch, da durch Randomisierung und Kontrolle der Randbedingungen der Einfluss solcher Drittvariablen weitgehend ausgeschlossen werden kann.

Experimente können im Labor oder im „Feld" (d. h. außerhalb des Labors in der natürlichen Umgebung der Versuchspersonen) durchgeführt werden. Eine besondere Form von Experimenten sind z. B. sogenannte „survey embedded experiments". Bei solchen Experimenten werden die Treatments in konventionelle Umfragen eingebettet. Als Treatment dienen dabei unterschiedliche Informationen oder Frageformulierungen, die zwischen den Befragten nach dem Zufallsprinzip variiert werden. Laborbedingungen ermöglichen dem Forscher, die Rahmenbedingungen des Experimentes rigoros zu kontrollieren und so ein hohes Maß an interner Validität der Resultate zu garantieren. Allerdings leiden dabei die Generalisierbarkeit und damit die externe Validität der Ergebnisse, da sich die Laborbedingungen oft nur bedingt auf die Realität übertragen lassen.

Feldexperimente versuchen diesem Realitätsverlust entgegenzuwirken, indem das Experiment hier in einem „natürlichen" Umfeld durchgeführt wird. Beispielsweise lässt sich mit Feldexperimenten untersuchen, ob die Wahrscheinlichkeit einer Wahlbeteiligung steigt, wenn in zufällig ausgewählten Wahlkreisen die Wahlkampfanstrengungen erhöht werden. Zeigt sich anschließend, dass die Wahlbeteiligung in den Wahlbezirken mit besonders intensiv geführten Wahlkämpfen höher war als in solchen, in denen der Wahlkampf auf dem normalen Niveau betrieben wurde, stärkt dieses Ergebnis die Hypothese, dass ein stärker geführter Wahlkampf die Wahlteilnahme positiv beeinflusst. Ein solches Feldexperiment findet in der natürlichen Umgebung der Versuchsteilnehmer statt, weil diese Versuchsteilnehmer in ihrem normalen Umfeld dem Treatment – den gesteigerten Wahlkampfanstrengungen – ausgesetzt sind.

Experimente gewinnen in der Politikwissenschaft in jüngerer Zeit zunehmend an Bedeutung (Faas & Huber, 2010; Druckman et al., 2011). Ihre Anwendung ist jedoch dadurch begrenzt, dass aus ethischen, rechtlichen oder praktischen Gründen nicht alle wissenschaftlich interessanten Fragestellungen experimentell untersucht werden können. Auch wenn es für die interne Validität einer Studie über die Auswirkungen von Bildung auf das Wahlverhalten beispielsweise hilfreich wäre, zufällig ausgewählte Individuen jahrelang von jeglicher Schulbildung auszuschließen, ist dies aus naheliegenden ethischen Gründen natürlich nicht möglich. Viele wichtige Fragen sind mit Experimenten daher nicht oder nur ungenügend beantwortbar. Die Mehrheit der politikwissenschaftlichen Forschung bedient sich deshalb nicht-experimenteller Untersuchungsformen, die in den nächsten zwei Abschnitten vorgestellt werden. Obwohl bei diesen Untersuchungsformen keine Randomisierung vorgenommen werden kann, folgt die prinzipielle Logik in der Regel der eines Experimentes: Durch Fallauswahl und die Berücksichtigung von möglichen Drittvariablen wird hier versucht, den Einfluss der unabhängigen Variablen auf die abhängige Variable so gut wie möglich zu isolieren.

3.1 Drei Studien, die auf Experimenten basieren

Laborexperiment: In seinem 1984 erschienenen Buch „The Evolution of Cooperation" (Axelrod, 1984) befasst sich Robert Axelrod mit der Frage, wie Kooperation trotz widriger Umstände zustande kommen kann. Das Buch basiert auf interaktiven Experimenten im Labor. In diesen setzten die Versuchsteilnehmenden unterschiedliche Handlungsstrategien ein, die zuvor von bekannten Spieltheoretikern (vgl. Kasten 14.1 in Kapitel 14) vorgeschlagen worden waren. Die sogenannte *Tit for Tat*-Strategie erwies sich als die erfolgreichste und führte am häufigsten zu kooperativen Ergebnissen. Tit for Tat bedeutet, dass eine Versuchsperson sich gegenüber den anderen Teilnehmern zuerst kooperativ verhält und dann abwartet, ob sich diese auch kooperativ verhalten. Wenn dies der Fall ist, beginnt sie die nächste Interaktionsrunde wieder kooperativ usw. Reagiert die andere Versuchsperson jedoch unkooperativ bzw. nutzt diese das kooperative Verhalten aus, so antwortet die erste Versuchsperson ebenfalls mit Nichtkooperation. Axelrod hat aus diesen recht abstrakt gehaltenen Experimenten sehr wichtige Einsichten für die Kooperation in der Politik gewonnen. Diese spielen insbesondere im politikwissenschaftlichen Teilbereich der Internationalen Beziehungen eine bedeutende Rolle.

Feldexperiment: Die Wahlchancen einer Partei hängen nicht nur von den Wahlpräferenzen der Wählerschaft ab, sondern auch davon, welche Wahlberechtigten tatsächlich an der Wahl teilnehmen. Die Kandidaten und ihre Parteien müssen die Wählerschaft also nicht nur von ihren Programmen überzeugen, sondern sie müssen in einem ersten Schritt die Wählerschaft auch dazu anspornen, überhaupt wählen zu gehen. Mit diesem „Get out the vote"-Problem befassen sich die Klassiker der Feldexperimente in der Politikwissenschaft (Green & Gerber, 2008). Eines der ersten Experimente dieser Art führte Gosnell (1926) bereits 1924 in Chicago durch. Er ließ in zufällig ausgewählten Teilen Chicagos überparteiliche Briefe verteilen, die zur Teilnahme an der bevorstehenden Wahl aufforderten. In anderen Teilen der Stadt wurde dieser Aufruf nicht in Umlauf gebracht. Danach analysierte er anhand amtlicher Statistiken, ob die Wahlbeteiligung in den stimulierten Stadtteilen stärker war und stellte tatsächlich einen solchen Effekt fest.

Survey embedded experiment: Großmächte versuchen bisweilen ihre militärischen Interventionen im Ausland durch internationale Organisationen wie die UNO „absegnen" zu lassen. Dahinter steckt das Ziel, die Unterstützung durch die Öffentlichkeit im eigenen Land und im Ausland (v.a. in verbündeten Ländern) für den geplanten Einsatz zu erhöhen. Maliank und Tierney (2009) untersuchten experimentell, ob dieser erhoffte Effekt tatsächlich erzielt werden kann. Sie führten zu diesem Zweck ein survey embedded experiment bei 2.000 Personen in Großbritannien durch. Dazu wurde einem zufällig ausgewählten Teil der Befragten die Information gegeben, dass eine bestimmte internationale Organisation eine militärische Intervention befürwortet, während der andere Teil der Befragten darüber informiert wurde, dass die Intervention unilateral und ohne Zustimmung anderer Akteure erfolgt. Anschließend wurden beide Gruppen befragt, ob sie die militärische Intervention befürworten. Das Experiment bestätigte die Hypothese, dass die Unterstützung durch internationale Organisationen, insbesondere durch die UNO, zu einer stärkeren Befürwortung solcher Interventionen führt.

3.2.2 Quasi-Experimente

Quasi-Experimente erlauben es Wissenschaftlern gewisse methodische Vorteile von Experimenten zu nutzen, obwohl sie die Zuordnung der Fälle in Versuchs- und Kontrollgruppe und die Treatment-Abgabe nicht direkt beeinflussen können. In einem Quasi-Experiment wird die Tatsache genutzt, dass in der Wirklichkeit manchmal Situationen entstehen, in der einige Personen oder andere Beobachtungen zufällig von einem Ereignis, beispielsweise einer Gesetzesänderung, einer Naturkatastrophe oder der Einführung einer technologischen Neuerung betroffen sind (die Versuchsgruppe), andere jedoch nicht (die Kontrollgruppe). Unter diesen Umständen sind die beiden natürlich entstandenen Gruppen mit Ausnahme des Ereignisses, welches als Treatment dient, ähnlich zusammengesetzt, sodass ein Unterschied zwischen den beiden Gruppen tatsächlich auf den Einfluss des Ereignisses zurückgeführt werden kann. Kasten 3.2 illustriert diese Eigenschaften eines Quasi-Experimentes anhand eines Beispiels.

Ein Quasi-Experiment unterscheidet sich damit vom klassischen Experiment in zwei Punkten: Erstens konzipiert der Forscher das Treatment nicht selbst, sondern nutzt dazu ein bereits existierendes natürliches Ereignis. Zweitens und damit zusammenhängend, teilt er auch nicht die Beobachtungen zufällig in Versuchs- und Kontrollgruppe ein, sondern bedient sich hierbei der Zufallseinteilung durch das natürliche Ereignis, also das Treatment, selbst. Quasi-Experimente sind demzufolge „Experimente ohne Randomisierung“ (Diekmann, 2007: 309) und werden in der Politikwissenschaft oft auch als „natürliches Experiment“ bezeichnet. Das Fehlen einer kontrollierten Randomisierung der Beobachtungen macht die Kontrolle von Drittvariablen bei Quasi-Experimenten schwieriger, da die Ähnlichkeit der beiden natürlich entstandenen Gruppen nicht hinsichtlich aller Drittvariablen garantiert werden kann. Während der experimentelle Forscher mittels einer kontrollierten Randomisierung sicherstellen kann, dass Versuchs- und Kontrollgruppe hinsichtlich aller beobachtbaren und nicht beobachtbaren Faktoren so gut wie identisch sind, verbleibt bei quasi-experimentellen Untersuchungsformen eine gewisse Unsicherheit bezüglich der Rolle möglicher Drittvariablen. Die interne Validität bei Quasi-Experimenten ist deshalb in der Regel etwas geringer als bei Experimenten.

3.2 Haiattacken und Performance Voting

Eine wichtige Annahme in der Wahlforschung ist, dass Wähler ihre Entscheidungen aufgrund der bisherigen Leistung eines amtierenden Politiker (oder einer Partei) treffen und damit sogenanntes *perfomance voting* betreiben. Dabei wird angenommen, dass die Wählerschaft unterscheiden kann, ob ein Politiker für bestimmte Ereignisse, welche die Wählerschaft betreffen, verantwortlich ist oder nicht. Achen und Bartels (2004) sind dieser Annahme anhand eines Quasi-Experimentes nachgegangen. Sie belegen empirisch, dass die genannte Annahme nicht zwingend zutrifft.

Die beiden Autoren untersuchten zu diesem Zweck das Wahlergebnis von Woodrow Wilson in der US-Präsidentschaftswahl von 1916 für verschiedene Gemeinden des Bundesstaates New Jersey. Diese Gemeinden hatten in der Präsidentschaftswahl von 1912 ähnlich gewählt und waren sich auch hinsichtlich anderer das Wahlverhalten bestimmender Faktoren recht ähnlich. Die Gemeinden unterschieden sich jedoch darin, dass einige von ihnen direkt am Meer liegen und somit vom

Strandtourismus profitierten und andere nicht. In diesem Umfeld lieferte die Natur ein „Treatment", welches die Gelegenheit zum Studium der oben genannten Annahme bietet. Im Sommer 1916 ereigneten sich nämlich in zwei der Strandgemeinden mehrere Haiattacken, denen Urlauber zum Opfer fielen. Die Strandsaison fiel nach diesen Attacken buchstäblich ins Wasser und es ging den betroffenen Gemeinden wirtschaftlich schlecht. Die Einteilung der Fälle (in diesem Beispiel die Gemeinden) in Versuchsgruppe (Gemeinde mit Haiattacke) und Kontrollgruppe (Gemeinde ohne Haiattacke) geschah somit durch ein natürliches Ereignis, welches das Forscherteam nicht beeinflussen konnte. Der in der Folge beobachtbare Unterschied im Wahlresultat war beachtlich. In den Präsidentschaftswahlen im Herbst 1916 erreichte Präsident Wilson in den von Haiattacken betroffenen Gebieten einen über acht Prozentpunkte geringeren Stimmenanteil als 1912, während er seinen Wähleranteil in den nicht betroffenen Gemeinden in etwa halten konnte.

Die Ergebnisse dieses Quasi-Experimentes weisen darauf hin, dass Wähler die Amtsinhaberin für ihre schlechte wirtschaftliche Situation verantwortlich machen, unabhängig davon, ob diese dafür tatsächlich verantwortlich ist oder nicht. Dieses Ergebnis stellt somit die für viele politikwissenschaftliche Modelle zentrale Annahme des *performance voting* in Frage.

3.2.3 Nicht-experimentelle Untersuchungsformen

Viele politikwissenschaftliche Fragen lassen sich aus ethischen, finanziellen oder praktischen Gründen weder mit Experimenten noch mit Quasi-Experimenten beantworten. Deshalb arbeitet der weitaus größte Teil der empirischen politikwissenschaftlichen Forschung mit nicht-experimentellen Untersuchungsformen. Hierzu werden Daten über tatsächlich vorkommende Ereignisse, Personen, Institutionen oder Politiken gesammelt und ausgewertet. Auch bei dieser Untersuchungsform steht die Wirkung der unabhängigen Variable im Zentrum des Interesses. Im Gegensatz zu (quasi-)experimentellen Studien besteht hier jedoch keine Möglichkeit, diese Wirkung durch eine zufällige Zuordnung der Beobachtungen in Versuchs- und Kontrollgruppe eindeutig zu bestimmen, sondern muss auf die in der Realität vorkommenden Unterschiede in der unabhängigen Variable zurückgreifen. Dies kann insofern ein Problem darstellen, als dass diese Unterschiede meistens nicht zufällig zustande kommen, sondern mit anderen Faktoren, den Drittvariablen, zusammenhängen. Ob ein Land demokratisch ist oder nicht, hängt beispielsweise mit diversen Faktoren zusammen und hat auch eine Reihe unterschiedlicher Auswirkungen, die in einem nicht-experimentellen Forschungsdesign sorgsam mitbedacht werden müssen. Ist ein Wissenschaftler daher an der Frage interessiert, ob die Lebenszufriedenheit der Bürger in demokratischen Staaten höher ist als in autokratischen Staaten, muss er berücksichtigen, dass demokratische Staaten oft auch einen höheren Lebensstandard haben, der sich ebenfalls auf die Lebenszufriedenheit auswirkt. Dies kann beispielsweise durch Kontrollvariablen in statistischen Verfahren oder durch eine geschickte Fallauswahl bei vergleichenden Fallstudien erreicht werden. Insgesamt kommt der Berücksichtigung von Alternativerklärungen durch die Kontrolle von Drittvariablen bei nicht-experimentellen Untersuchungsformen eine zentrale Bedeutung zu. In Kasten 3.3 am Ende dieses Kapitels finden Sie ein Beispiel für eine nicht-experimentelle Untersuchungsform, die mit Hilfe statistischer Methoden untersucht, ob sich die Popularität der deutschen Bundesregierung auf das Abschneiden der Parteien bei Landtagswahlen auswirkt.

Generell ist die Identifikation der interessierenden Kausalbeziehung bei nicht-experimentellen Untersuchungsformen deutlich schwieriger als bei (quasi-)experimentellen Untersuchungen, weshalb die interne Validität der Ergebnisse hier meist weniger hoch ist. Andererseits lassen sich mit nicht-experimentellen Untersuchungsformen deutlich mehr politikwissenschaftliche Phänomene untersuchen. Häufig sind nicht-experimentelle Analysen die einzig mögliche Form wissenschaftlich und auch praktisch relevante Fragestellungen zu untersuchen. Sofern Alternativerklärungen gründlich bedacht und ausgeschlossen werden, tragen so gewonnene Erkenntnisse maßgeblich zum Erkenntnisgewinn in der Politikwissenschaft bei. Zudem ist bei diesen Analysen oft auch die externe Validität der Ergebnisse hoch, weil die Rahmenbedingungen der Untersuchung nicht künstlich konstant gehalten werden müssen.

Neben der Unterscheidung in experimentelle, quasi-experimentelle und nicht-experimentelle Untersuchungsformen unterscheidet die sozialwissenschaftliche Forschung auch zwischen qualitativen und quantitativen Untersuchungsformen, die wir in den folgenden zwei Abschnitten vorstellen.

3.2.4 Quantitative Untersuchungsformen

Quantitative Untersuchungsformen erfassen politikwissenschaftliche Konzepte und Variablen mittels Zahlen und überprüfen die Hypothesen anschließend mit Hilfe statistischer Verfahren (King et al., 1994).

Um Konzepte bzw. Variablen messbar zu machen und Daten zu erheben, verwendet die quantitative Forschung standardisierte Instrumente, wie z. B. Fragebögen mit klar vorgegebenen Antwortmöglichkeiten, amtliche Statistiken oder stark strukturierte Kodierungsschemata, die eine Erfassung des interessierenden Phänomens in Form von Zahlen erlauben. Einige Variablen, wie z. B. die Bevölkerungszahl, Wahlresultate oder die Anzahl der Gesetzesvorlagen, die in einer Legislaturperiode ins Parlament eingebracht werden, lassen sich relativ einfach in Zahlen fassen. Die quantitative Forschung erfasst jedoch auch komplexere soziale Phänomene in Form von Zahlen. Eine Forschungsgruppe (Marshall et al., 2011) hat z. B. das Konzept „Demokratie" im sogenannten „Polity-Index" quantifiziert. Dieser Index ordnet sehr demokratischen Staaten den Wert +10 zu, totalitären Staaten den Wert -10 und weist den verschiedenen „Graustufen" (z. B. Staaten, in denen zwar gewählt wird, aber nicht alle Parteien zur Wahl antreten dürfen) abgestufte Werte zwischen -9 bis +9 zu (siehe auch Abschnitt 4.4 im folgenden Kapitel). Diese Daten basieren dann auf qualitativen Kategorisierungen, denen anhand stark strukturierter Kodierungsschemata Zahlen zugeordnet werden. Häufig werden in quantitativen Studien auch bereits von Anderen erhobene Daten, sogenannte Sekundärdaten, verwendet.

Quantitative Forschung konzentriert sich in der Regel nicht auf die Erklärung eines einzelnen Falles bzw. „Beobachtung", sondern stellt den durchschnittlichen Effekt oder die durchschnittliche Ausprägung einer Variablen bei vielen Beobachtungen in den Vordergrund. Ein Beispiel für eine quantitative Untersuchung ist die in Kapitel 2.2 diskutierte Studie über die Auswirkung der Zusammensetzung einer Regierungskoalition auf deren Gesetzgebungstätigkeit, ein anderes ist das in Kasten 3.3 vorgestellte Beispiel über die Determinanten von Landtagswahlergebnissen in Deutschland.

Quantitative Untersuchungsformen bieten drei Vorteile: Erstens, lassen sich mit deren Hilfe eine große Anzahl von Beobachtungen untersuchen und miteinander vergleichen. Durch den Vergleich vieler verschiedener Fälle können grundlegende Trends und Zusammenhänge identifiziert und der durchschnittliche Einfluss einer bestimmten unabhängigen Variable auf eine abhängige Variable geschätzt werden. Wenn die Auswahl der analysierten Fälle bestimmte Kriterien erfüllt, können von quantitativen Resultaten zudem mit einer relativ geringen Fehlerwahrscheinlichkeit Rückschlüsse auf die Grundgesamtheit gezogen werden. Wenn es uns z. B. gelingt, in einer methodisch gut konzipierten (Zufalls-)Stichprobe von 1.000 österreichischen Wählern ein bestimmtes Verhaltensmuster aufzudecken, können wir daraus auf ein entsprechendes Verhaltensmuster in der gesamten Wählerschaft Österreichs schließen. Die Möglichkeit, eine große Anzahl von Beobachtungen zu analysieren, erhöht damit die Generalisierbarkeit bzw. externe Validität der Ergebnisse.

Zweitens setzen quantitative Untersuchungsformen ein stark strukturiertes Vorgehen voraus und erhöhen dadurch die Transparenz des wissenschaftlichen Forschungsprozesses. Die Ergebnisse quantitativer Studien sind deshalb häufig auch gut replizierbar. Politikwissenschaftliche Fachzeitschriften verpflichten immer häufiger die Autoren bei der Veröffentlichung einer Studie auch die zugrunde liegenden Daten zu veröffentlichen, damit andere Wissenschaftler die erhobenen Daten kritisch beurteilen, bei Zweifeln neu erfassen und die Ergebnisse einer Studie überprüfen können. Dies ist bei quantitativen Daten oft einfacher möglich als bei qualitativen Studien.

Der dritte Vorteil der quantitativen Untersuchungsform liegt darin, dass die Unsicherheit der Ergebnisse durch geeignete statistische Maßzahlen ausgewiesen werden kann. Auf diese Weise erfährt die Leserschaft, mit welcher Wahrscheinlichkeit die Ergebnisse auch für diejenigen Fälle gültig sind, die in der Analyse nicht direkt berücksichtigt wurden. So wird bei der Auswertung von Umfragedaten beispielsweise mittels statistischer Maßzahlen deutlich gemacht, um wie viel und mit welcher Wahrscheinlichkeit der aus der Stichprobe ermittelte Durchschnittswert einer Variable (z. B. die ermittelte Zustimmungsrate der Befragten zur Regierungstätigkeit) vom wahren Wert dieser Variable in der Gesamtpopulation maximal abweichen könnte. Gleichermaßen kann mit statistischen Methoden berechnet werden, wie viel stärker oder schwächer der in einer Untersuchung gefundene Effekt einer unabhängigen auf eine abhängige Variable in der Gesamtpopulation sein könnte. Die Genauigkeit statistischer Schätzungen wird in der Statistik als statistische Signifikanz bezeichnet. Dieses Konzept wird ausführlicher in Kasten 3.3 erklärt.

Neben diesen Vorteilen haben quantitative Untersuchungsformen jedoch auch Nachteile: Zunächst einmal ist es häufig schwierig, politische Prozesse und Mechanismen in ihren Details mit quantitativen Methoden zu untersuchen. Dies ist vor allem dann der Fall, wenn sich der Untersuchungsgegenstand nur schwer in Zahlen fassen lässt. Zweitens verleiten statistische Analysen manchmal zur Zahlengläubigkeit. Weil sie rein numerisch betrachtet präzise Ergebnisse erzeugen, entsteht manchmal der Eindruck, die entsprechenden Resultate könnten fast automatisch als wahr und „wissenschaftlich" betrachtet werden. Dabei wird jedoch vergessen, dass die meisten quantitativen Daten auf qualitativen Klassifizierungen und Erhebungen basieren und somit häufig auch Ungenauigkeiten oder Fehler beinhalten können. Drittens steht der Wissenschaftler vor dem Dilemma, dass er notwendigerweise vereinfachen muss, um eine große Anzahl von Beobachtungen miteinander vergleichen zu können. Daraus erwächst bei der Anwendung quantitativer Untersuchungsformen das Risiko einer zu starken Vereinfachung. Der oben erwähnte Polity-Index ordnet z. B. Australien, Dänemark und Großbritannien den gleichen Wert 10 (sehr demokratisch) zu. Dem könnte entgegengesetzt werden, dass sich diese Länder durchaus im Ausmaß der Demokratie unterscheiden (Bühlmann et al., 2011). Bei einer allzu starken Vereinfachung leidet die interne Validität der Ergebnisse, da nicht länger sichergestellt werden kann, dass die beobachteten Unterschiede tatsächlich auf den identifizierten Kausalmechanismus zurückzuführen sind.

3.2.5 Qualitative Untersuchungsformen

Qualitative Untersuchungsformen zeichnen sich dadurch aus, dass sie versuchen die Komplexität politischer Phänomene im Detail zu verstehen. Sie erfassen Konzepte und Variablen vorwiegend in nichtnumerischer Form, also in Worten statt in Zahlen. Bei der Datenanalyse verzichten sie auf statistische Methoden und befassen sich stattdessen tiefgehender mit den einzelnen Fällen als quantitative Ansätze. Qualitative Methoden werden z. B. häufig verwendet, um den Ablauf politischer Prozesse im Detail zu verstehen. Die Hauptmerkmale der qualitativen Untersuchungsform sind somit der Fokus auf nichtnumerische Informationen sowie einzelne oder wenige Fälle. Die meisten Studien dieser Art werden deshalb auch als „qualitative Fallstudien" bezeichnet. Kasten 5.3 in Kapitel 5 stellt eine qualitative vergleichende Fallstudie über die Auswirkungen von Dezentralisierungsreformen in Lateinamerika vor.

Die qualitative Untersuchungsform hat drei Vorteile: Erstens werden bei qualitativen Methoden häufig viel mehr Informationen pro Fall gesammelt, als bei quantitativen Untersuchungen. Quantitative Studien müssen die einer Hypothese zugrunde liegenden Konzepte meist stark vereinfachen, um sie für eine große Zahl von Fällen messbar zu machen. Hingegen lassen sich Konzepte in qualitativen Studien bei einer kleinen Zahl untersuchter Einheiten auf vielfältigere und detailliertere Weise erfassen. Gleichzeitig ist aus diesem Grund aber auch die Anzahl an Beobachtungen in der Regel geringer als bei quantitativen Studien. Zweitens interessiert sich die Politikwissenschaft vorwiegend für die Beschaffenheit kausaler Mechanismen, die eine Veränderung bewirken. Mittels qualitativer Fallstudien lassen sich diese Mechanismen ausführlich nachzeichnen und sind deshalb vor allem dann sinnvoll, wenn Prozesse oder konkrete Mechanismen im Zentrum des Forschungsinteresses stehen. Darüber hinaus können sie auch gewinnbringend eingesetzt werden, wenn das bisherige theoretische Wissen zu einem bestimmten politischen Phänomen eher schwach ist und in erster Linie die Weiterentwicklung einer Hypothese oder eines theoretischen Modells im Vordergrund steht. Die Möglichkeit, den Kausalmechanismus möglichst detailliert nachzuzeichnen, erhöht als dritter Vorteil zudem oft die interne Validität qualitativer Untersuchungsformen.

Qualitative Untersuchungsformen haben neben den genannten Vorteilen auch drei Nachteile: Erstens sind ihre Ergebnisse aufgrund der kleinen Zahl an Beobachtungen schwerer generalisierbar als die Resultate quantitativer Studien mit vielen Beobachtungen. Die Fehlerwahrscheinlichkeit in Bezug auf die Generalisierbarkeit lässt sich bei qualitativen Studien schwerer abschätzen, dürfte aber aufgrund der niedrigen Fallzahl höher sein als bei Untersuchungen, die auf vielen Fällen beruhen. Somit ist die externe Validität qualitativer Studien oft als niedriger einzuschätzen. Da bei qualitativen Untersuchungen nur eine geringe Anzahl von Fällen analysiert wird, spielt die Fallauswahl eine besonders wichtige Rolle, da eine schlechte Fallauswahl schnell zu verzerrten Ergebnissen führen kann (siehe Abschnitt 3.3.3). Geringe Beobachtungszahlen bergen auch das Risiko der „Überdeterminiertheit". Das bedeutet, dass bei der Erklärung eines bestimmten Phänomens die Anzahl an Erklärungsfaktoren die Anzahl der zur Verfügung stehenden Beobachtungen übersteigt. Aufgrund der hohen Komplexität vieler politischer Phänomene werden oft sehr viele unabhängige Variablen zur Erklärung dafür identifiziert, weshalb das interessierende Phänomen im untersuchten Fall die beobachtete Form angenommen hat. Überdeterminierte Forschungsdesigns machen es somit in der Regel unmöglich, den kausalen Effekt einer einzelnen Variable zu isolieren, da die Wirkungen der einzelnen Ursachen nicht oder nur sehr schwer voneinander unterscheidbar sind.

Zweitens sind die verfügbaren Prozeduren für das Erfassen und die Analyse qualitativer Daten oft weniger klar strukturiert als bei quantitativen Studien, da der Wissenschaftler hier auf die Besonderheiten und Eigenheiten der Beobachtungen stärker eingeht. Dies eröffnet einen gewissen Interpretationsspielraum und birgt das Risiko, die Daten einseitig so zu interpretieren, dass sie die jeweiligen Hypothesen stützen. Im Extremfall können qualitative Analysen sogar in ein sogenanntes illustratives Argumentationsmuster („arguing by illustration") verfallen, in dem empirische Evidenz so selektiert und präsentiert wird, dass sie das theoretische Argument unterstützt. In diesem Fall kann nicht mehr von der empirischen Überprüfung einer Hypothese gesprochen werden, sondern nur noch von empirischen Illustrationen zugunsten einer Hypothese. Um dieser Kritik, die qualitativen Fallstudien häufig entgegenschlägt, vorzubeugen, ist es unerlässlich, dass Konzepte und Variablen sehr klar definiert und operationalisiert werden. Es ist ebenfalls wichtig, dass der Forscher das Verfahren zur Fallauswahl und Analyse gut verständlich präsentiert und die gesamte empirische Evidenz für oder gegen seine Hypothesen transparent darlegt (eine praxisorientierte Anleitung bietet Geddes, 2003).

Ein dritter potentieller Nachteil qualitativer Untersuchungsformen ist die geringere Replizierbarkeit der Resultate. Die Bereitstellung von Replikationsdaten bei qualitativen Studien ist häufig wesentlich aufwändiger als bei quantitativen Analysen. Daher sind Replikationsstudien, bei denen andere Wissenschaftler die Ergebnisse so überprüfen und die verwendeten Daten auch mit Daten aus anderen Quellen abgleichen, bei qualitativen Untersuchungsformen schwieriger, jedoch keinesfalls unmöglich.

Alle drei Nachteile lassen sich durch eine sorgfältige Planung, Durchführung und Archivierung qualitativer Analysen abschwächen, auch wenn sie sich vermutlich selten ganz vermeiden lassen (Geddes, 2003). Qualitative Untersuchungsformen stellen gleichermaßen nützliche Werkzeuge bei der Überprüfung kausaler Hypothesen zur Verfügung wie quantitative Untersuchungsmethoden. Sie sind daher aus wissenschaftlicher Sicht genauso wertvoll in Bezug auf ihren empirisch-analytischen Erkenntniswert wie quantitative Forschung (King et al., 1994; Mitchell & Bernauer, 1998).

Häufig sind auch Kombinationen von qualitativen und quantitativen Untersuchungsformen möglich und sinnvoll („Mixed-methods" Designs). Der Wissenschaftler kann sich z. B. mit einer quantitativen Analyse zunächst einen generellen Überblick über den interessierenden Zusammenhang verschaffen und im Anschluss daran einige wenige Fälle anhand von qualitativen Methoden vertieft untersuchen. Diese Fallstudien können dazu dienen, dem theoretischen Argument widersprechende Beobachtungen genauer zu betrachten. Damit lässt sich z. B. ermitteln, ob die widersprüchliche Evidenz eher auf Messfehlern, fallspezifischen Sonderheiten oder auf Probleme im theoretischen Argument beruht. Alternativ kann zu Beginn einer Studie mittels einer oder mehrerer Fallstudien demonstriert werden, dass eine theoretische Argumentation interessant und plausibel ist. Danach wird eine quantitative Untersuchung mit vielen Beobachtungen durchgeführt, um die Hypothesen systematisch zu testen. Durch diese Kombination von Methoden können die Vorteile beider Untersuchungsformen kombiniert und die Nachteile zumindest in Teilen ausgeglichen werden.

3.2.6 Die Qual der Wahl: Untersuchungsformen wählen

Um sowohl intern als auch extern valide Forschungsergebnisse zu produzieren, ist es ratsam, sich bei der Ausarbeitung des Forschungsdesigns darüber Gedanken zu machen, wie der interessierende Kausalzusammenhang möglichst eindeutig isoliert werden kann. Zu diesem Zweck kann die Beantwortung der folgenden drei Fragen hilfreich sein (siehe auch: Angrist & Pischke, 2009: 1–8):

1. **Was ist die interessierende Kausalbeziehung?** Bei diesem ersten Schritt soll identifiziert werden, was die unabhängige und was die abhängige Variable ist und in welcher kausalen Beziehung die beiden Variablen zueinander stehen.
2. **Wie ließe sich die interessierende Kausalbeziehung idealerweise überprüfen?** In diesem Schritt geht es um die Überlegung, wie die empirische Untersuchung des vermuteten Kausalzusammenhangs gestaltet werden kann, wenn keine Einschränkungen bei der Durchführung bestehen. Dabei kann es auch hilfreich sein, sich ein ideales – wenn auch oft real nicht durchführbares – Experiment zu überlegen. Dieser hypothetische Gedankengang regt nicht nur die Kreativität des Forschers an, sondern entlarvt auch problematische Hypothesen. Wenn für eine Hypothese selbst in einer Welt ohne jegliche Beschränkungen kein ideales Experiment entworfen werden kann, ist zweifelhaft, ob sich diese Hypothese überhaupt empirisch überprüfen lässt. Solche Hypothesen werden auch unidentifizierte Kausalhypothesen genannt. Dieser Arbeitsschritt dient auch dazu potentielle Alternativerklärungen und Möglichkeiten zu identifizieren, um diese im Rahmen des Untersuchungsdesigns ausschließen zu können ohne gleichzeitig die Generalisierbarkeit der Ergebnisse zu stark einzuschränken.
3. **Mit welchem Untersuchungsdesign können Sie sich diesem „Idealforschungsdesign“ am meisten annähern?** Gibt es Möglichkeiten die Forschungsfrage (quasi-)experimentell zu untersuchen? Welche nicht-experimentellen Untersuchungsformen bieten sich an? Sollten eher qualitative oder quantitative Methoden oder ein „mixed-methods“ Design, eine Verbindung von qualitativen und quantitativen Methoden, eingesetzt werden? Grundsätzlich sind sowohl quantitative wie auch qualitative Methoden für die empirisch-analytische sozialwissenschaftliche Forschung geeignet. Ganz allgemein formuliert sollte der Wissenschaftler diejenige Untersuchungsform wählen, die für die Analyse seiner Fragestellung am besten geeignet erscheint. Das bedeutet unter Umständen auch, dass sie sich in eine neue Methode einarbeiten muss. Politikwissenschaftler sollten deshalb prinzipiell in der Lage sein, verschiedene empirische Methoden anzuwenden.

3.3 Fallauswahl

Nach der Entscheidung für eine bestimmte Untersuchungsform stehen als nächste Arbeitsschritte die Bestimmung der relevanten Beobachtung und die Fallauswahl an. Eine Untersuchungseinheit ist das Element (z. B. ein Land, ein Politiker, eine Partei), an dem die Messung der verschiedenen Variablen vorgenommen wird. Je nach interessierender Kausalbeziehung, Analyseebene und Untersuchungsform variiert die Art der Untersuchungseinheit. In einer quantitativen Studie über den Einfluss von Wahlwerbung auf das individuelle Wahlverhalten ist die Untersuchungseinheit z. B. das wahlberechtigte Individuum. Alle Wahlberechtigten bilden die Grundgesamtheit, aus der dann die konkreten in der Studie näher untersuchten Personen (die Beobachtungen) ausgewählt werden. In einer qualitativen Studie über die Auswirkungen des Regierungssystems auf die Reformfähigkeit in der nationalen Gesundheitspolitik bildet dagegen ein Land die Untersuchungseinheit.

Die Qualität der Fallauswahl hat einen entscheidenden Einfluss sowohl auf die externe als auch die interne Validität einer Forschungsarbeit. Um die Ergebnisse einer empirischen Untersuchung generalisieren zu können, brauchen wir Fälle, die repräsentativ für die Grundgesamtheit sind. Die Grundgesamtheit oder Population ist die Gesamtheit aller Beobachtungen, für welche die Hypothese oder das Erklärungsmodell gelten soll. Im eben genannten Beispiel zum Einfluss des Regierungssystems auf die Reformfähigkeit der Gesundheitspolitik eines Landes könnte je nach Erkenntnisinteresse und Generalisierbarkeit des Erklärungsmodells die Grundgesamtheit z. B. alle demokratischen Länder der Welt oder nur die Menge aller Industriestaaten sein. Nur wenn sich die anhand der ausgewählten Fälle gewonnenen Erkenntnisse auf alle Länder der Grundgesamtheit übertragen lassen, ist die Untersuchung extern valide. Die Auswahl der zu untersuchenden Fälle spielt also eine wichtige Rolle, da Fehler in diesem Planungsschritt weitreichende Konsequenzen für die Interpretierbarkeit der Ergebnisse haben können.

3.3.1 Studien mit großer Fallzahl: Stichproben und Vollerhebungen

Für statistische Analysen wird in der Regel eine große Anzahl von Beobachtungen benötigt. Um sichere Aussagen über bestimmte Merkmale von Beziehungen zwischen Variablen machen zu können, sollten idealerweise alle Elemente der Grundgesamtheit untersucht werden. Eine solche Datenerhebung wird als Vollerhebung bezeichnet. Vollerhebungen sind in der Praxis jedoch oft unmöglich oder zu aufwändig.

Als nächstbeste Strategie wählen Forscher daher oft eine einfache Zufallsstichprobe aus der Grundgesamtheit. Dies bedeutet, dass jedes Element der Grundgesamtheit (z. B. eine zu befragende Wählerin) die gleiche Chance hat, in die Stichprobe zu gelangen. Nur der Zufall entscheidet, welche Einheiten tatsächlich für die Stichprobe ausgewählt werden. Möchten Sie z. B. untersuchen, welche Partei die Bürger eines Landes wählen würden, wenn am nächsten Sonntag Wahlen wären, sollten Sie aus allen Wahlberechtigten des Landes (der Grundgesamtheit) zufällig eine ausreichend große Anzahl von Wahlberechtigten auswählen (die Stichprobe). Die so ausgewählten Wahlberechtigten werden dann befragt. Auf Grundlage der Antworten der Befragten werden Rückschlüsse auf die Parteipräferenzen aller Wahlberechtigten des Landes gezogen, wobei die Wahrscheinlichkeit, dass dieser Rückschluss auch in der Grundgesamtheit zutrifft, berechnet werden kann und angegeben werden sollte. Dieser Vorgang, bei dem aus den Ergebnissen auf Basis einer Stichprobe auf die Grundgesamtheit geschlossen wird, nennt sich Inferenz. Voraussetzung für eine einfache Zufallsauswahl ist, dass diese auf der Grundlage einer vollständigen Liste der Grundgesamtheit basiert. So kann sichergestellt werden, dass jedes Element der Grundgesamtheit die gleiche Chance hat, in die Stichprobe aufgenommen zu werden. Wenn die Beobachtungen nach dem Zufallsprinzip ausgewählt wurden, dann erhöhen größere Stichproben die Wahrscheinlichkeit, dass die Resultate mit den tatsächlichen Zusammenhängen in der Grundgesamtheit übereinstimmen. Typischerweise werden bei rund 1.000 Befragten recht zutreffende Aussagen möglich.

Als Alternative zu reinen Zufallsstichproben werden oft Quotenstichproben verwendet. Bei dieser Art von Stichprobe wird anhand von wichtigen Merkmalen eine Stichprobe als „verkleinertes Abbild" der Grundgesamtheit gezogen. Mit Quotenstichproben kann sichergestellt werden, dass bei einer Befragung auch solche Fälle in der Stichprobe enthalten sind, die selten vorhandene aber für die Analyse wichtige Merkmale (z. B. Minderheiten aller Art oder seltene Berufsgruppen) aufweisen. Bei einer reinen Zufallsstichprobe bestünde hier sonst die Gefahr, dass keine oder nur eine sehr kleine Anzahl der für die Analyse wichtigen Personen gezogen würde, sodass die Aussagefähigkeit der Resultate für diese Personen gering wäre. Da die Quotenstichprobe wie die Zufallsstichprobe grundsätzlich ebenfalls auf dem Prinzip der Zufallsauswahl beruht, können von ihr ebenfalls Rückschlüsse auf die Grundgesamtheit gezogen werden, wobei die Fehlerwahrscheinlichkeit bei Quotenstichproben in der Regel etwas größer ist. Einfache Zufallsstichproben sind deshalb, wenn immer möglich Quotenstichproben, vorzuziehen.

Für wissenschaftliche Zwecke völlig ungeeignet sind Stichproben, denen keinerlei theoretische Überlegungen zugrunde liegen und die auf keinerlei Zufallsauswahl beruhen. Ein im Alltag besonders häufig anzutreffendes Beispiel sind Stichproben, bei denen sich die Fälle selbst in die Stichprobe selektieren (Selbstselektion). Solche Stichproben sind für wissenschaftliche Zwecke wertlos: Im besten Fall ist die Stichprobe repräsentativ, in der Regel handelt es sich jedoch um ein verzerrtes Abbild der Grundgesamtheit. Diverse Medien führen z. B. oft Umfragen zu aktuellen Themen auf ihren Internetplattformen durch. Die Resultate dieser Befragungen sind zumeist nicht repräsentativ und erlauben somit weder Aussagen über die Haltung der Bevölkerung oder der Nutzer dieses Mediums zu den befragten Themen. Dies liegt daran, dass unterschiedliche Personen eine unterschiedlich hohe Neigung und Möglichkeit haben, an solchen Umfragen teilzunehmen. Bei dem genannten Beispiel der Internetbefragung ist eine Teilnahme u. a. davon abhängig, ob die Person Internetzugang hat oder ob sie die Internetseite des Mediums besucht. Diese Faktoren führen dazu, dass bei solchen Befragungen oft junge Menschen überproportional in der Stichprobe vertreten, während ältere Menschen unterrepräsentiert sind.

Da die Politikwissenschaft nicht nur am Verhalten von Individuen interessiert ist, werden in sehr vielen Studien auch andere Untersuchungseinheiten wie z. B. Länder, Parteien oder Gesetzesinitiativen untersucht. Weil hier oft die Grundgesamtheit kleiner ist, gibt es einige Analysen, die Vollerhebungen durchführen. Ein Problem kann hierbei jedoch sein, wenn nicht für alle Beobachtungen Daten vorliegen. So fehlen bei größeren Ländervergleichen oft eher Daten für Autokratien und/oder arme Länder als für reiche Industriestaaten, sodass diese Staaten in der Analyse unterrepräsentiert sind. Da das Fehlen von Daten somit nicht zufällig ist, kann dies zu falschen Ergebnissen führen. Eine Möglichkeit, solchen Problemen entgegenzuwirken sind sogenannte Imputationsverfahren. Mit diesen Verfahren lassen sich anhand von statistischen Modellen die fehlenden Werte schätzen, womit sich die Empfindlichkeit der Resultate gegenüber fehlenden Daten ermitteln lässt. Ein Beispiel für eine solche Analyse ist die in Kasten 4.3 vorgestellte Untersuchung von Michael Ross über den Effekt von Demokratie auf Armut.

Eine weitere Problematik stellt die Situation dar, in der wenige Beobachtungen einer hohen Anzahl von Variablen gegenüberstehen. Zuverlässige statistische Analysen sind spätestens dann nicht mehr möglich, wenn sich die Anzahl der unabhängigen Variablen der Fallzahl annähert (das Erklärungsmodell ist dann überdeterminiert).

Da die Fallauswahl in allen empirischen Studien die Basis für die weitere Analyse legt, muss immer transparent gemacht werden, welche Fälle wie und weshalb in die Analyse einbezogen wurden und welche nicht. Gleichermaßen muss der Leserschaft klar gemacht werden, ob möglicherweise Probleme wie eine Verzerrung der Stichprobe vorliegen und wie sich dies auf die präsentierten Ergebnisse auswirken könnte.

3.3.2 Studien mit kleiner Fallzahl: Vergleichende Fallstudien

Da qualitative Fallstudien in der Regel eine weit geringere Anzahl von Beobachtungen analysieren als quantitative Studien, spielt die Fallauswahl für die Qualität qualitativer Fallstudien eine entscheidende Rolle. Eine mangelhafte Selektion der Fälle kann gravierende Auswirkungen sowohl auf die interne als auch externe Validität der Resultate haben.

Bei Fallstudien, die den Anspruch haben Kausalhypothesen zu evaluieren, bestimmt typischerweise die Anzahl interessierender unabhängiger Variablen die Mindestfallzahl. Um den Einfluss einer Variable zu überprüfen, sind mindestens zwei Fälle notwendig. Diese Beobachtungen müssen sich in der Ausprägung der unabhängigen Variable unterscheiden. So sollte z. B. eine Beobachtung einen niedrigen und die zweite einen hohen Wert auf der unabhängigen Variable aufweisen. Bei zwei unabhängigen Variablen sind bereits vier Fälle nötig, bei drei Variablen acht Fälle, usw. Die Anzahl der für einen methodisch befriedigenden Vergleich nötigen Fälle steigt also exponentiell mit der Anzahl der unabhängigen Variablen. Der Grund liegt darin, dass jede mögliche Kombination von Ausprägungen der interessierenden unabhängigen Variablen in die Analyse einbezogen werden sollte und jede Variable mindestens zwei Ausprägungen aufweist.

Abbildung 3.1 verdeutlicht diese Notwendigkeit durch ein Beispiel mit zwei unabhängigen Variablen. Angenommen wir wollen untersuchen, ob Föderalismus (definiert als Dezentralisierung der politischen Autorität in einem Land) und die Art des Wahlrechts einen Einfluss auf die Höhe des staatlichen Budgetdefizites haben. Wir entwickeln dazu ein theoretisches Argument, welches zwei Hypothesen generiert. Erstens, föderale Staaten weisen höhere Haushaltsdefizite auf als zentralistische Staaten. Zweitens, Staaten mit einem Verhältniswahlrecht weisen höhere Budgetdefizite auf als Staaten, in denen nach dem Mehrheitswahlrecht gewählt wird. Da wir die Fallzahl klein halten wollen, schränken wir die möglichen Ausprägungen der Variablen auf je zwei ein: Zentralistischer versus föderalistischer Staat und Verhältniswahlrecht versus Mehrheitswahlrecht. Um alle möglichen Kombinationen der zwei unabhängigen Variablen (Föderalismus und Wahlrecht) in der Analyse zu berücksichtigen, benötigen wir mindestens vier Fälle, hier Länder. Vier mögliche Fälle sind in Abbildung 3.1 aufgelistet. Unsere Hypothese prognostiziert, dass das Haushaltsdefizit in Fall 1 am höchsten und in Fall 4 am niedrigsten ausfallen sollte.

Variable 1: Staatsaufbau / Variable 2: Wahlrecht	*Föderalistischer Staat*	*Zentralistischer Staat*
Verhältniswahlrecht	Untersuchungseinheit 1 (z. B. Österreich)	Untersuchungseinheit 2 (z. B. Italien)
Mehrheitswahlrecht	Untersuchungseinheit 3 (z. B. Kanada)	Untersuchungseinheit 4 (z. B. Großbritannien)

Abbildung 3.1: Mindestfallzahl bei zwei unabhängigen Variablen

Meistens stehen für jede Variablenkombination mehrere mögliche Fälle zur Auswahl. Als föderalistisches Land mit Verhältniswahlrecht könnten wir z. B. Österreich, Spanien oder Brasilien analysieren, als föderalistischer Staat mit Mehrheitswahlrecht kommen neben Kanada auch Indien oder die USA in Frage. Für die konkrete Fallauswahl bei vergleichenden Fallstudien gibt es grundsätzlich zwei Vorgehensweisen, welche als „Most-Similar-Systems"-Design und „Most-Different-Systems"-Design bezeichnet werden (Przeworski & Teune, 1982).

Bei der Methode des „Most-Similar-Systems"-Designs werden solche Fälle ausgesucht, die sich zwar in Bezug auf die interessierende unabhängige und abhängige Variable unterscheiden, sich aber bezüglich möglicher Drittvariablen sehr ähnlich sind. Da sich die Beobachtungen idealerweise nur in Bezug auf die interessierende unabhängige Variable unterscheiden, kann mit hoher Wahrscheinlichkeit daraus geschlossen werden, dass diese Variable tatsächlich die Varianz in der abhängigen Variable verursacht. Die interne Validität ist in einem solchen Fall daher hoch. Sind wir beispielsweise ausschließlich daran interessiert, ob Föderalismus einen Einfluss auf die Höhe des Haushaltsdefizites hat, bieten sich Kanada und Großbritannien zum Vergleich an: Diese beiden Länder weisen, abgesehen von der unterschiedlichen föderalen Struktur (Kanada ist ein stark föderalistisches Land und Großbritannien ein zentralisierter Einheitsstaat), eine sehr ähnliche politische Struktur auf. Sie sind auch wirtschaftlich gut vergleichbar. Würden wir hingegen Indien und Großbritannien vergleichen, könnten wir nicht ausschließen, dass das höhere Haushaltsdefizit durch Indiens tieferen Entwicklungsstand und seine größere Armut verursacht wird. Da sich Indien und Großbritannien in Bezug auf die Drittvariablen „Wahlsystem" und „Entwicklungsstand" stark unterscheiden, sind sie zur Überprüfung des Föderalismuseffekts ein ungeeignetes Fallpaar, da die interne Validität einer solchen Analyse eher gering wäre.

Die zweite Vorgehensweise ist das „Most-Different-Systems"-Design. Die Fallauswahl richtet sich hierbei nach der Frage, ob sich eine unabhängige Variable unter unterschiedlichen Rahmenbedingungen auf gleiche Art und Weise auf die abhängige Variable auswirkt. Hier werden solche Fälle ausgewählt, die sich in Bezug auf die Rahmenbedingungen stark unterscheiden, jedoch die gleiche Ausprägung auf der abhängigen Variable aufweisen. Empirisch werden dann sukzessive alle Variablen ausgeschlossen, die sich zwischen den Fällen unterscheiden. Da diese variieren, die abhängige Variable jedoch nicht, können sie nicht die Ursache für die Ausprägung der abhängigen Variable sein. Wird jedoch eine Variable identifiziert, die trotz der sonst unterschiedlichen Rahmenbedingungen über die untersuchten Fälle hinweg gleich ist, kann man auf einen kausalen Zusammenhang zwischen dieser Variable und der abhängigen Variable schließen. Ein Beispiel für ein solches Vorgehen ist eine Studie von Terry Lynn Karl

(1997) über den Einfluss von Ölreichtum auf die Entwicklungsstrategien von Entwicklungs- und Schwellenländern. Der Autor untersucht, warum verschiedene ölexportierende Länder ähnliche Entwicklungsstrategien gewählt haben, mit denen sie trotz ihres Ölreichtums keine sonderlich befriedigenden Ergebnisse erreichen konnten (die abhängige Variable). Die fünf von ihr untersuchten Länder (Venezuela, Iran, Nigeria, Algerien und Indonesien) sind vor allem in Bezug auf ihre Kultur und ihr politisches System sehr unterschiedlich. Der Autor zeigt, dass trotz dieser Unterschiede alle fünf Länder das gleiche Problem haben, nämlich dass die Ölabhängigkeit die wirtschaftliche Entwicklung und den Aufbau eines effizienten politischen Systems behindert. Der Autor schließt daraus, dass die Ölabhängigkeit in diesen Ländern insgesamt zu einem niedrigen Entwicklungsstand geführt hat.

Manchmal werden in der Politikwissenschaft auch Untersuchungen zu einem einzigen „Fall" (z. B. ein Land) durchgeführt, sogenannte Einzelfallstudien. Solche Studien sind nur dann in der Lage Kausalhypothesen zu überprüfen, wenn dieser „Fall" aus mehreren Beobachtungen besteht und diese in Bezug auf die interessierenden Variablen variieren (King et al., 1994). So kann beispielsweise eine Politik in einem Land zu verschiedenen Zeitpunkten untersucht werden (eine sogenannte Längsschnittanalyse). In einer Längsschnittanalyse ist die Beobachtung dann z. B. das Jahr, wobei je nach Datenverfügbarkeit vielleicht 30 bis 50 Beobachtungen entstehen. Auch das Funktionieren eines bestimmten nationalen Parlamentes kann anhand der dort eingebrachten und behandelten Gesetzesinitiativen untersucht werden. Hier ist die Beobachtung dann die jeweilige Gesetzesinitiative, die sich beispielsweise in Bezug auf die dahinter stehende(n) Partei(en), ihren Erfolg und die Zeitdauer bis zur Verabschiedung unterscheiden können; und das, obwohl alles in nur einem sich nicht verändernden nationalen Kontext stattfindet. Dies hat natürlich Auswirkungen auf die interne und die externe Validität der Forschungsergebnisse: Während es für die interne Validität in der Regel hilfreich ist, dass die Fälle im gleichen Kontext untersucht werden können und somit weniger Alternativerklärungen kontrolliert werden müssen, leidet die externe Validität daran, dass nicht einfach von den Ergebnissen für Land X auf das Funktionieren des Parlamentes in Land Y geschlossen werden kann.

3.3.3 Verzerrte Fallauswahl (selection bias)

Unabhängig davon, ob einige wenige Fälle oder eine große Stichprobe analysiert werden, steht bei empirisch-analytischen Studien die Inferenz im Vordergrund. Die Analyse einer Auswahl von Beobachtungen sollte Rückschlüsse auf die Grundgesamtheit ermöglichen. Verlässliche Rückschlüsse sind aber nur dann möglich, wenn eine unverzerrte Fallauswahl durchgeführt wurde und die Fälle die Grundgesamtheit damit gut repräsentieren. Eine verzerrte Fallauswahl („selection bias") entsteht, wenn gewisse Untergruppen der Grundgesamtheit in der Stichprobe systematisch über- oder unterrepräsentiert sind. Dies kann die Ergebnisse einer Untersuchung so verzerren, dass eine Verallgemeinerung auf die Grundgesamtheit nicht mehr möglich ist.

Das folgende Beispiel illustriert dieses Problem. Bei der amerikanischen Präsidentschaftswahl im Jahr 1936 trat der Republikaner Alf Landon gegen den Demokraten Franklin D. Roosevelt an. Das Magazin „Literary Digest" führte im Vorfeld dieser Wahl die größte Umfrage in seiner Geschichte durch. Um über möglichst viele Adressen zu verfügen, stützte sich das Magazin vor allem auf Listen von Automobilregistrierungen und Telefonanschlüssen und verschickte Fragebögen an über zehn Millionen amerikanische Haushalte. Gestützt auf diese Daten prognostizierte der „Literary Digest“ einen Sieg Landons mit 14 Prozent Vorsprung. Am Wahltag folgte eine große Überraschung: Roosevelt wurde mit einem überwältigenden Ergebnis von 61 Prozent der Stimmen zum Präsidenten gewählt. Wie konnte es zu diesem Prognosedesaster kommen? Die Erklärung liegt in der verzerrten Fallauswahl. 1936 konnten sich nur verhältnismäßig reiche Leute Telefone und Autos leisten. Die Stichprobe des „Literary Digest“ war also stark zugunsten wohlhabender Menschen verzerrt, die darin systematisch überrepräsentiert waren. Da Roosevelts Wählerkreis vor allem aus ärmeren Bevölkerungsschichten stammt, die in der Umfrage aber stark unterrepräsentiert waren, wurden deren Meinungen in der „Literary Digest“-Stichprobe viel zu wenig berücksichtigt. Das Ergebnis war eine stark verzerrte Prognose, die mit den tatsächlichen Präferenzen der Wählerschaft nur wenig zu tun hatte.

Selection bias führt nicht nur bei quantitativen Studien zu verzerrten Ergebnissen. Auch bei qualitativen Untersuchungen kann es durch eine unachtsame Auswahl der Fälle zu verzerrten Resultaten kommen. Für die oben skizzierte Untersuchung des Einflusses der föderalen Staatsstruktur auf das Budgetdefizit (siehe Abbildung 3.1) könnten wir, wie in Abbildung 3.2 gezeigt, beispielsweise auch Botswana und Indien auswählen (die beiden Länder sind sich in vielen Aspekten ähnlich; allerdings besitzt Indien eine föderalistische Staatsstruktur, während Botswana eine zentralistische Struktur aufweist). Dadurch würden wir verzerrte Resultate erhalten, denn diese beiden Länder unterscheiden sich auch in Bezug auf ihren Entwicklungsstand von Italien und Österreich – den beiden anderen Fällen. Wenn Entwicklungsländer im Durchschnitt höhere Haushaltsdefizite aufweisen als entwickelte Länder, würde diese Fallauswahl in unserem Beispiel zu dem Schluss führen, dass Länder mit Mehrheitswahlrecht ein höheres Haushaltsdefizit haben. Dieses Resultat käme jedoch möglicherweise ausschließlich dadurch zustande, dass Indien und Botswana Entwicklungsländer sind.

Variable 1: Staatsaufbau / Variable 2: Wahlrecht	*Föderalistischer Staat*	*Zentralistischer Staat*
Verhältniswahlrecht	Fall 1 (z. B. Österreich)	Fall 2 (z. B. Italien)
Mehrheitswahlrecht	Fall 3 (z. B. Indien)	Fall 4 (z. B. Botswana)

Abbildung 3.2: Verzerrte Fallauswahl

Bei der Fallauswahl sollte stets darauf geachtet werden, dass die ausgewählten Fälle nicht einer Verzerrung unterliegen. Verzerrte Stichproben und dadurch verzerrte Ergebnisse lassen sich durch die geschickte Planung einer Untersuchung sowie die Wahl geeigneter Methoden der Datenerhebung und -analyse weitgehend, aber nicht immer vermeiden. Ist eine unverzerrte Fallauswahl nicht möglich, muss sich der Forscher den der Fallauswahl zugrunde liegenden Selektionsmechanismus bewusst machen und mögliche Konsequenzen bedenken. Insbesondere bei der Interpretation der Ergebnisse ist es wichtig, die entstandene Art der Verzerrung zu berücksichtigen. Darüber hinaus existieren statistische Verfahren, mit denen die Selektionsverzerrung berechnet und mindestens teilweise korrigiert werden können (Fu et al., 2009). In qualitativen Fallstudien kann es auch hilfreich sein solche Fälle auszuwählen, die sich in Bezug auf die Ausprägung der unabhängigen Variable(n) sehr stark unterscheiden. Denn dann ist der

Effekt der unabhängigen Variable(n) auf die abhängige Variable typischerweise besonders groß und damit weniger anfällig für den Einfluss von Drittvariablen und gleichzeitig auch weniger anfällig für Selektionsverzerrungen (King et al., 1994).

3.4 Operationalisierung

Die empirische Forschung überprüft theoretisch hergeleitete Hypothesen anhand von Informationen zur realen Welt. Dazu müssen die Konzepte des theoretischen Arguments empirisch messbar gemacht werden. Der Prozess, in dem ein Konzept bzw. seine Ausprägungen einem empirisch beobachtbaren Sachverhalt zugeordnet und damit empirisch messbar gemacht werden, nennt sich Operationalisierung.

3.4.1 Theoretische Konzepte messbar machen

Bei der Operationalisierung geht es um den Schritt vom theoretischen Konzept hin zur empirischen Messung dieses Konzeptes durch einen Indikator. Wie in Kapitel 2 (Abschnitt 2.2.4) diskutiert, sind Konzepte genau definierte abstrakte theoretische Begriffe, welche die Grundlage des theoretischen Arguments bilden. Indikatoren sind die empirisch beobachtbaren und damit messbaren Entsprechungen dieser Konzepte. Um Konzepte messbar zu machen, werden diesen anhand von theoretischen Argumenten und Überlegungen Indikatoren zugeordnet. Das Konzept „wirtschaftlicher Entwicklungsstand eines Landes" kann etwa durch den messbaren Indikator „durchschnittliches Pro-Kopf-Einkommen in einem Land" operationalisiert werden, weil dieser in wirtschaftlich besser entwickelten Ländern höher ist als in weniger entwickelten Ländern. Die „Popularität eines Politikers" kann beispielsweise durch seine Zustimmungsrate in einer repräsentativen Umfrage gemessen werden. Sowohl die quantitative als auch die qualitative Forschung setzt eine sorgfältige Operationalisierung voraus. Die beiden Forschungsmethoden unterscheiden sich darin, dass die Operationalisierung in der quantitativen Forschung zu einer numerischen Messung der interessierenden Konzepte führt, während bei der qualitativen Forschung häufig Typologisierungen oder verbale Beschreibungen das Resultat der Operationalisierung sind.

Eine detaillierte und präzise Konzeptdefinition erleichtert die Operationalisierung erheblich (Goertz, 2006). Dabei sind manche Konzepte einfacher zu operationalisieren als andere. Das Alter eines Politikers lässt sich beispielsweise relativ leicht messen. Bei anderen Konzepten reicht dagegen ein einzelner Indikator für eine sinnvolle Operationalisierung nicht aus. Dies ist vor allem bei multidimensionalen Konzepten der Fall, bei denen meist mehrere Indikatoren in einem Index zusammengefasst werden. Das Konzept „politisches System", welches ausdrückt, ob ein Land eher autokratisch oder demokratisch regiert wird, kann beispielsweise je nach Definition die Dimensionen Wettbewerb um politische Ämter, Partizipation der Bürgerschaft durch Wahlen und Beschränkung der Regierungsmacht umfassen. Wie wir im nächsten Kapitel sehen werden, kann dieses Konzept z. B. mit dem sogenannten Polity-Index (Marshall et al., 2011) gemessen werden. Dieser Index kombiniert Informationen aus fünf verschiedenen Indikatoren, welche die verschiedenen Dimensionen des theoretischen Konzeptes abdecken.

Je nach Definition eines Konzeptes kann die dazugehörige Variable (der Sammelbegriff für alle Merkmalsausprägungen, die ein Konzept annehmen kann) unterschiedlich viele Ausprägungen aufweisen. Diesbezüglich lassen sich dichotome, diskrete und stetige Variablen unterscheiden. Dichotome Variablen, die auch „binäre" oder „Dummy"-Variablen genannt werden, können nur zwei mögliche Ausprägungen annehmen. Ein Beispiel ist die Variable „Geschlecht“, die nur die Ausprägungen „männlich“ und „weiblich“ annimmt. Diskrete Variablen können nur einige bestimmte Werte annehmen. Beispiele sind die deutschen Bundesländer („Berlin“, „Brandenburg“, „Hessen“, usw.), der Bildungsgrad (z. B. „keine abgeschlossene formelle Ausbildung“, „abgeschlossene Grundausbildung“, „abgeschlossene Sekundärausbildung“, usw.) oder die Art des Wahlrechts („Mehrheitswahlrecht“, „Verhältniswahlrecht“, „Gemischtes Wahlsystem“). Stetige Variablen können beliebig viele Ausprägungen aufweisen, Beispiele sind die Fläche eines Staates, das Einkommen eines Politikers oder die Militärausgaben eines Landes. Viele Konzepte in der Politikwissenschaft können je nach Definition unterschiedlich viele Ausprägungen annehmen. Das Konzept „Demokratie“ kann beispielsweise als dichotome („Vorhandensein von Demokratie“ mit den Ausprägungen „demokratisch“ und „nicht demokratisch“) oder diskrete Variable („Ausmaß an Demokratie“ mit den Ausprägungen „hoch“, „mittel“ und „tief“) operationalisiert und gemessen werden.

Bei der Operationalisierung sollten solche Indikatoren gewählt werden, die das Konzept und seine theoretisch möglichen Ausprägungen der Variablen möglichst gut wiedergeben. Aus forschungspraktischen Gründen kann es manchmal jedoch auch sinnvoll sein, einen Indikator zu wählen, der die möglichen Ausprägungen einer Variable in nur wenigen Kategorien zusammenfasst. Ein Beispiel ist die Operationalisierung von „Krieg“ durch das bekannte Correlates of War-Projekt (*http://www.correlatesofwar.org*), welches „Krieg“ als dichotome Variable misst. Alle kriegerischen Auseinandersetzungen zwischen organisierten bewaffneten Einheiten, die mindestens 1.000 Menschen pro Jahr das Leben kosten, werden hierbei als „Krieg“ kategorisiert. Alle anderen Zeitperioden inklusive kriegerischer Auseinandersetzungen, bei denen weniger als 1.000 Menschen sterben, werden als „Frieden“ operationalisiert. Auch wenn diese Operationalisierung keine Abstufung der Intensität der Kampfhandlungen erlaubt, sprechen die Sorgfalt der erhobenen Daten und die hohe Abdeckung von Ländern und Zeitperioden oft für eine Verwendung dieser Daten.

3.4.2 Gütekriterien für die Messung: Validität und Reliabilität

Häufig stehen bei der Operationalisierung eines Konzeptes mehrere Indikatoren zur Auswahl. Die Entscheidung für oder gegen bestimmte Indikatoren wird anhand systematischer Überlegungen zu den zwei zentralen Gütekriterien für die Datenerhebung gefällt: die Validität und Reliabilität dieser Indikatoren. Das erste Kriterium, die Validität (Gültigkeit), erfasst, ob und in welchem Ausmaß ein bestimmter Indikator das zu messende Konzept tatsächlich abbildet. Dabei ist zu beachten, dass das hier diskutierte Konzept der (Mess-)Validität sich von den weiter oben diskutierten Konzepten der internen und externen Validität unterscheidet. Das zweite Kriterium, Reliabilität (Zuverlässigkeit), beschreibt, inwieweit wiederholte Messungen mit demselben Indikator, unter gleichbleibenden Bedingungen und am selben Objekt die gleichen Ergebnisse hervorbringen. Ein Messverfahren, das bei wiederholten Messungen unterschiedliche Messwerte liefert, ist nicht reliabel. Ein Wissenschaftler muss sich also bei der Operationalisierung genau überlegen, wie sein Messinstrument (z. B. eine Frage in einem Fragebogen) beschaffen sein muss, damit es genau und zuverlässig das misst, was sie eigentlich messen will.

Das folgende Beispiel verdeutlicht diese Arbeitsschritte. Angenommen Sie möchten das Konzept „Intelligenz“ operationalisieren. Ihnen stehen drei mögliche Indikatoren zur

Verfügung. Erstens, können Sie jede Person aus ihrer Stichprobe bitten auf einer Skala von eins bis zehn selbst einzuschätzen, wie intelligent sie ist. Die Variable „Intelligenzniveau" wird somit als Indikator mit Ausprägungen von eins bis zehn operationalisiert. Zweitens, können Sie mit jeder Versuchsperson ein Gespräch führen und auf der Basis ihres Eindruckes von dieser Person selbst eine Einschätzung von deren Intelligenzniveau auf einer Skala von eins bis zehn vornehmen. Drittens, haben Sie die Möglichkeit mit jeder Person einen Intelligenztest durchzuführen und deren Intelligenz als den so ermittelten Intelligenzquotienten zu operationalisieren.

Wie valide sind diese drei Indikatoren? Der erste Indikator (Selbsteinschätzung) misst vermutlich eher den Wunsch nach Intelligenz als das tatsächliche Intelligenzniveau der betreffenden Person. Die Messvalidität dieses Indikators ist somit fragwürdig. Der zweite Indikator (Gespräch) besitzt vermutlich eine höhere Validität als die Selbsteinschätzung. Dennoch ist auch dieser Indikator vermutlich nicht über alle Zweifel erhaben, da zu viele subjektive Eindrücke in die Messung einfließen können. So könnte Ihnen die Gesprächspartnerin schlicht sympathisch sein oder sich zufällig bezüglich Ihres Gesprächsthemas besonders gut auskennen. Der zweite Indikator misst also eher Ihre persönliche Einschätzung als das tatsächliche Intelligenzniveau der Versuchspersonen. Der dritte Indikator (Intelligenztest) ermittelt das Intelligenzniveau durch ein standardisiertes Verfahren, das die Probleme der ersten beiden Indikatoren vermeidet. Die Validität ist also vermutlich besser, wobei mit guten Gründen darüber gestritten werden kann, was Intelligenz genau bedeutet und ob solche Intelligenztests tatsächlich die Intelligenz korrekt messen.

Wie schneiden die drei Indikatoren hinsichtlich ihrer Reliabilität ab? Der erste Indikator (Selbsteinschätzung) dürfte relativ reliabel sein. Die Wahrscheinlichkeit, dass die Selbsteinschätzung einer Person stark variiert, nur weil wir sie mehrmals um eine Antwort bitten, ist gering. Hingegen dürfte der zweite Indikator stark vom Gesprächsverlauf, Ihrer eigenen Stimmung, dem Gemütszustand Ihrer Gesprächspartnerin, dem Gesprächsthema sowie anderen Faktoren abhängen. Die Wahrscheinlichkeit, dass Sie die Intelligenz ihrer Gesprächspartnerin bei einem zweiten oder dritten Gespräch anders einschätzen würden, ist beträchtlich. Die Reliabilität des zweiten Indikators ist somit eher gering. Der dritte Indikator wird meist auch bei wiederholter Durchführung des Intelligenztests ähnliche Messwerte erzeugen. Allerdings besteht hier das Problem, dass Versuchspersonen bei wiederholten Intelligenztests oft besser abschneiden, da sie den Umgang mit diesen Tests lernen. Sie erreichen dadurch einen höheren Intelligenzquotienten ohne tatsächlich intelligenter geworden zu sein.

Insgesamt schneidet der zweite Indikator (Gespräch) hinsichtlich der Messgüte am schlechtesten ab. Sowohl die Validität als auch die Reliabilität dieses Indikators sind als gering einzustufen. Während der erste Indikator (Selbsteinschätzung) die höchste Reliabilität aufweist, ist er insgesamt aufgrund seiner geringen Validität dennoch kaum brauchbar. Der dritte Indikator (Intelligenztest) schneidet hingegen sowohl in Bezug auf seine Reliabilität als auch seine Validität gut ab und ist damit der am besten geeignete der drei Indikatoren.

Dieses Beispiel illustriert, dass eine valide und reliable Operationalisierung von theoretischen Konzepten bisweilen sehr schwierig sein kann. In solchen Fällen ist neben Kreativität in der Entwicklung guter Indikatoren auch ein gewisses Maß an Pragmatismus gefragt. Die Entscheidung sollte letztendlich zugunsten denjenigen Indikatoren und Messverfahren fallen, die relativ zu den anderen Möglichkeiten die höchste Validität und Reliabilität aufweisen; auch wenn diese absolut gesehen nicht vollkommen reliabel und valide sind. Dabei ist wichtig, dass die verbleibenden Probleme offen gelegt und bei der Interpretation der Ergebnisse berücksichtigt werden.

3.5 Datenerhebung

Der nächste Arbeitsschritt im Forschungsprozess ist die Datenerhebung. Hier werden die für die Analyse benötigten qualitativen oder quantitativen Informationen gesammelt, kategorisiert und in eine für die Datenanalyse geeignete Form (z. B. einen aus Zahlen bestehenden Datensatz oder eine nach bestimmten Kriterien strukturierte Sammlung von qualitativen Informationen) gebracht. Die dafür eingesetzten Verfahren können je nach Untersuchungsform und Operationalisierung der Konzepte sehr unterschiedlich sein. Wir stellen die am häufigsten verwendeten Verfahren hier kurz vor.

3.5.1 Befragung

Bei Befragungen werden ausgewählten Personen Fragen gestellt, um von ihnen ihre Einstellungen und Meinungen oder ihr Wissen zu einem bestimmten Thema abzurufen und die so gewonnenen Informationen im Anschluss auszuwerten. Einstellungen und Meinungen sind das Spezialgebiet der Umfrageforschung, bei der typischerweise große Zufallsstichproben mittels eines strukturierten Fragebogens zu verschiedenen Themen befragt werden. Die „Sonntagsfrage", bei der regelmäßig rund 1.000 zufällig ausgewählte Personen gefragt werden, welche Partei sie wählen würden, wenn am nächsten Sonntag Wahlen wären, ist ein klassisches Beispiel für eine solche Art der Befragung. Aus den so gewonnenen Antworten lassen sich mit Hilfe statistischer Verfahren Einsichten in die aktuellen Wahlpräferenzen der Bevölkerung gewinnen. Dagegen steht bei sogenannten Expertenbefragungen das Wissen der befragten Personen über einen Gegenstandsbereich, über den sie besonders gut Bescheid wissen, im Mittelpunkt des Forschungsinteresses.

Beide Befragungsarten können sich im Grad ihrer Strukturiertheit unterscheiden. Für alle Arten von Befragungen gilt, dass die Fragen, die im Rahmen der Operationalisierung festgelegt werden, so beschaffen sein sollten, dass sie valide und reliable Informationen zu den theoretischen Konzepten der Hypothesen liefern. Die Antworten der befragten Personen sind die zu erhebenden Daten, anhand derer der Forscher dann seine Hypothesen prüft. Bei standardisierten Befragungen sind Fragen und Antwortmöglichkeiten auf einem Fragebogen (dem im Zuge der Operationalisierung erstellten Erhebungsinstrument) vorgegeben, sodass sie eine quantitative Auswertung der Daten ermöglichen. In der Umfrageforschung wird vorwiegend mit standardisierten Fragebögen gearbeitet, aber auch Expertenbefragungen können als standardisierte Befragungen geführt werden. Halbstrukturierte Befragungen werden mittels eines Interviewleitfadens geführt, bei dem die Reihenfolge und spezifischen Formulierungen der Fragen flexibel gehandhabt werden können. Bei nicht strukturierten Befragungen beginnt die Befragung in der Regel mit vorher entworfenen Fragen, der Forscher bringt aber im Verlauf der Befragung auch neue Fragen ein und fragt nach. Die Antworten sind bei halbstrukturierten oder nicht strukturierten Befragungen nicht vorgegeben, sondern werden von dem Wissenschaftler aufgezeichnet und später mittels qualitativer Methoden der Datenanalyse ausgewertet. Befragungen können mündlich oder schriftlich durchgeführt werden

3.5.2 Beobachtung

Bei sensiblen Themenbereichen tritt bei Befragungen oft das Problem auf, dass die Befragten tendenziell unwahre Antworten geben. Beispielsweise werden vermutlich viele Leute auf die Frage „Haben Sie schon einmal einen Menschen aufgrund seiner Hautfarbe schlechter behandelt?" auch dann mit „Nein" antworten, wenn sie tatsächlich schon einmal fremdenfeindlich gehandelt haben. Dieses Verhalten liegt darin begründet, dass „Nein" in diesem Fall eine sozial erwünschte Antwort ist und es den Befragten dann oft schwer fällt, wahrheitsgemäß mit „Ja" zu antworten. Ein weiteres Problem von Befragungen ist, dass die Befragten strategisch antworten können. Dies bedeutet, dass Befragte unwahre Antworten geben, um das Ergebnis der Umfrage als Ganzes zu beeinflussen. Wenn Sie z. B. gefragt werden, ob Sie nach einer Erhöhung der Studiengebühren auf 1.000 Euro pro Jahr noch studieren könnten, werden Sie möglicherweise mit Nein antworten, auch wenn dies vielleicht nicht stimmt. Der Grund ist, dass Sie sich von einem hohen Nein-Anteil in der Befragung einen stärkeren Druck auf die Universitätsleitung erhoffen, die Studiengebühren nicht zu erhöhen.

Um diese Probleme zu umgehen, können Daten durch Beobachtungen gesammelt werden. Hierbei werden die zu untersuchenden Phänomene von dem Wissenschaftler beobachtet – beispielsweise die Anzahl und Länge der Gespräche, die ein Kandidat im Wahlkampf mit Passanten an seinem Wahlstand führt – und möglichst systematisch und unverzerrt in Form von sogenannten Feldnotizen und Beobachtungsprotokollen aufgezeichnet. Die Frage, ob Menschen aufgrund ihrer Hautfarbe diskriminiert werden, könnte z. B. durch ein beobachtendes Feldexperiment untersucht werden. In diesem könnte sich beispielsweise ein Forschungsteam, das aus einer Beobachterin sowie einer hell- und einer dunkelhäutigen Person besteht, in öffentliche Parks begeben. Die hell- und die dunkelhäutige Person setzen sich auf zwei unterschiedliche Parkbänke, auf denen noch keine andere Person sitzt. Die Beobachterin positioniert sich etwas abseits und hält fest, wie häufig sich andere Personen eines bestimmten Typs (hell- oder dunkelhäutig, geschätztes Alter, Geschlecht, usw.) neben die zwei anderen Mitglieder des Forschungsteams setzen.

Die Datenerhebung mittels Beobachtung kann offen oder verdeckt und teilnehmend oder nicht teilnehmend durchgeführt werden. Wie bei der Befragung können sich auch die beobachtenden Verfahren zudem im Grad ihrer Strukturiertheit unterscheiden. Stark strukturierte Beobachtungen wie beispielsweise das oben skizzierte Feldexperiment zur Diskriminierung lassen sich mit quantitativen Methoden analysieren. Bei weniger strukturierten Verfahren der beobachtenden Datenerhebung werden die resultierenden Daten meist mit qualitativen Methoden analysiert.

3.5.3 Dokumenten- und Inhaltsanalyse

Bei der Dokumenten- und Inhaltsanalyse werden schriftlich vorliegende Dokumente wie z. B. Protokolle von Parlamentssitzungen, Zeitungsartikel oder Reden von Politikern sowie Bild-, Film- und Tondokumente analysiert. Die Kommunikationsinhalte dieser Dokumente werden im Prozess der Operationalisierung nach festgelegten Kriterien (dem Kodierungsschema bzw. Analyseleitfaden) in bestimmte Kategorien eingeteilt. Die Kategorien orientieren sich an den zu überprüfenden Hypothesen sowie den darin enthaltenen Variablen und ihrer Operationalisierung. Dabei können sowohl qualitative als auch quantitative Methoden eingesetzt werden.

Wenn wir z. B. untersuchen möchten, welche nationalen Parlamente eher konfrontativ oder eher konsensorientiert arbeiten, könnten wir Parlamentsdebatten auswerten. Anhand der wörtlich in Dokumenten festgehaltenen Reden von Parlamentsabgeordneten könnten wir nach einem bestimmten Kodierungsschema erfassen, wie häufig Abgeordnete aus Oppositionsparteien positive Aussagen über die Vorschläge von Parlamentsmitgliedern aus der Regierungspartei machen und umgekehrt. Je häufiger solche Aussagen sind, desto konsensorientierter erscheint das Arbeitsmuster des Parlamentes (siehe dazu Bächtiger, 2013). Aus der Zählung der positiven Aussage resultieren quantitative Informationen. Wir könnten eine solche Datenerhebung auch mit Hilfe eines komplexeren Kodierungsschemas bzw. Analyseleitfadens durchführen, die unsere Aufmerksamkeit eher auf die Beschaffenheit der inhaltlichen Aussagen der Parlamentsabgeordneten lenkt und uns so erlaubt qualitative Daten zu erheben.

3.5.4 Verwendung von Sekundärdaten

In der politikwissenschaftlichen Forschung werden sehr häufig Daten verwendet, die von anderen Personen bzw. Organisationen erhoben wurden (sogenannte Sekundärdaten). Daten dieser Art können von einzelnen Forschern oder Forschergruppen stammen, aber auch von privaten oder öffentlichen Organisationen wie z. B. Forschungsinstituten, dem Staat, der Organisation für wirtschaftliche Zusammenarbeit und Entwicklung (OECD) oder der Weltbank. Beispiele sind Wahl- und Abstimmungsdaten, die von staatlichen Behörden erhoben und aufbereitet werden, der bereits erwähnte Polity-Index, der den politischen Regimetyp von Staaten klassifiziert und von einer universitären Forschergruppe stammt (Marshall et al., 2011), die „World Development Indicators" der Weltbank oder die „Historical Statistics" der OECD.

Für bestimmte Themengebiete der Politikwissenschaft existieren auch Datenbanken, die eine ganze Reihe von Daten zu verschiedenen Themen in integrierter Form anbieten. Gute Beispiele sind die Datenbank „Quality of Government" (Teorell et al., 2007), die „Comparative Politics Data Sets" (Armingeon et al., 2011), der „Parties, Institutions, Preferences" (PIP)-Datensatz (Jahn et al., 2011), die Datensätze zu politischer Gewalt des Peace Research Institute Oslo (PRIO) oder die „Parties and Elections in Europe"-Datenbank (Nordsieck, 2012). Die Datensätze können zum Download abgerufen werden. Im Anhang dieses Kapitels finden Sie die jeweiligen Internetadressen dazu.

Da die Erhebung von neuen Daten sehr zeitaufwändig und kostspielig sein kann, lohnt es sich in der Startphase eines Forschungsprojektes zuerst einmal abzuklären, ob bereits Daten existieren, die für die Überprüfung der interessierenden Hypothese verwendet werden könnten. Oft lassen sich neue Forschungsfragen und Hypothesen mit bereits existierenden Daten beantworten bzw. testen. Gleichermaßen kann es gewinnbringend sein, bereits existierende theoretische Argumente mit Sekundärdaten zu überprüfen, beispielsweise um Resultate anderer Wissenschaftler kritisch zu durchleuchten. Forschungsarbeiten sind vor allem dann innovativ, wenn sie neue theoretische Argumente, neue Daten, neue Methoden oder eine Kombination der drei Elemente aufweisen.

3.6 Datenanalyse

Der vorletzte Schritt im Forschungsprozess ist die Datenanalyse. Ihr Ziel ist die Rückkoppelung zwischen Theorie und Empirie. In diesem Arbeitsschritt werden die von dem Wissenschaftler erhobenen bzw. gesammelten Daten daraufhin analysiert, ob sich die aus dem theoretischen Argument abgeleiteten Hypothesen empirisch bestätigen lassen oder nicht. Empirisch bestätigt bedeutet z. B. bei einer probabilistischen Hypothese, dass die empirisch beobachteten Zusammenhänge weitgehend (aber nicht notwendigerweise ausschließlich) diejenigen sind, welche die Hypothese erwarten lässt.

Welches Verfahren für die Datenanalyse verwendet werden kann und sollte, hängt von der Untersuchungsform und den gesammelten Daten ab. Quantitative Daten mit vielen Beobachtungen lassen sich am besten mit statistischen Verfahren analysieren. Die deskriptive Statistik beschreibt die Eigenschaften der Daten mit Hilfe grafischer und numerischer Verfahren. Sie erlaubt es z. B. die Durchschnittswerte einer Variable und dessen Entwicklung über die Zeit darzustellen. Regressionsanalysen haben das Ziel die Effekte von unabhängigen Variablen auf die abhängige Variable zu schätzen und dabei mit Hilfe der Inferenzstatistik die Generalisierbarkeit der so gewonnenen Resultate von der Stichprobe auf die Grundgesamtheit zu bewerten. Kasten 3.3 gibt Ihnen eine kurze Anleitung zur Interpretation von Ergebnissen aus Regressionsanalysen. Für die Analyse qualitativer Daten mit wenigen bis mittelgroßen Fallzahlen stehen ebenfalls zahlreiche Verfahren wie z. B. das sogenannte Process Tracing zur Verfügung, bei dem der interessierende Mechanismus im jeweiligen Fall Schritt für Schritt nachvollzogen wird.

Die politikwissenschaftliche Forschung kennt so viele qualitative und quantitative Datenanalyseverfahren, dass sie in diesem Lehrbuch nicht vollständig behandelt werden können, sondern in spezifischen Methodenkursen erlernt werden müssen. Am Ende dieses Kapitels finden Sie eine Auswahl von Lehrbüchern, die eine gute Einführung in diese Methoden bieten.

3.3 Interpretation von Regressionstabellen

Eine sehr häufig verwendete Form der quantitativen Datenanalyse ist die sogenannte Regressionsanalyse. Ihre Ergebnisse werden oft in Tabellenform dargestellt. In Regressionsanalysen werden mit statistischen Verfahren die Effekte unabhängiger Variablen auf eine abhängige Variable geschätzt. Solche Analysen machen auch konkrete Angaben dazu, wie zuverlässig diese Schätzung ist. In diesem Kasten zeigen wir Ihnen anhand eines konkreten Beispiels, wie Sie eine Regressionstabelle interpretieren können.

Simone Burkhart (2005) geht der Frage nach, ob und inwieweit die Bundespolitik in Deutschland den Ausgang von Landtagswahlen beeinflusst. Obwohl Landespolitiker nicht für die Bundespolitik verantwortlich sind, wird häufig davon gesprochen, dass die Popularität der Regierung in Berlin das Wahlergebnis auf Landesebene mitbestimmt. Burkhart untersucht für die Jahre 1976–2002, wie sich Veränderungen in der Popularität der Bundesregierung auf den Stimmengewinn der in der Bundesregierung vertretenen Parteien bei Landtagswahlen auswirken.

Abbildung 3.3 zeigt die Veränderungen in der Popularität der Bundesregierung und die Landtagswahlergebnisse der in der Bundesregierung vertretenen Parteien. Auf der vertikalen y-Achse sind die Werte auf der abhängigen Variable abgebildet. Diese misst, wie stark sich das Landtagswahlergebnis der Regierungsparteien vom letzten Bundestagswahlergebnis unterscheidet. Der Wert 100 bedeutet, dass es keinen Unterschied gibt. Werte kleiner als 100 zeigen an, dass die Parteien Stimmen verloren haben und Werte über 100 bedeuten einen Stimmengewinn. Die horizontale x-Achse zeigt den Popularitätsverlust der Regierung, welcher mit Umfragedaten der „Forschungsgruppe Wahlen" gemessen wurde. Größere Werte bedeuten einen höheren Popularitätsverlust. Jeder Punkt im Schaubild stellt eine Landtagswahl dar. Die daraus entstehende Punktewolke zeigt die Ausprägungen beider Variablen für jede der in der Studie untersuchten Landtagswahlen.

Mit Hilfe einer Regressionsanalyse wird der Zusammenhang zwischen der unabhängigen und der abhängigen Variablen identifiziert. Zu diesem Zweck wird mit Hilfe eines statistischen Verfahrens die Gerade gefunden, welche den durch die Punktewolke aufgezeigten Zusammenhang beider Variablen am besten beschreibt. Die Methode heißt „Ordinary Least Squares (OLS)"-Regression, weil das Verfahren die Summe der quadrierten Abstände zwischen den Punkten und der Gerade minimiert. Die Gerade wird als Regressionsgerade bezeichnet und zeigt den Zusammenhang zwischen dem Popularitätsverlust der Regierung und dem Landtagswahlergebnis der Regierungsparteien. Die negative Steigung der Geraden deutet auf einen negativen Zusammenhang hin: Je größer der Popularitätsverlust der Bundesregierung, desto weniger Stimmen erhalten die in der Bundesregierung vertretenen Parteien bei Landtagswahlen. In unserem Beispiel lautet die geschätzte Gleichung der Regressionsgeraden:

Ergebnisveränderung bei Landtagswahlen = 93,83 – 11,63 * Popularitätsverlust

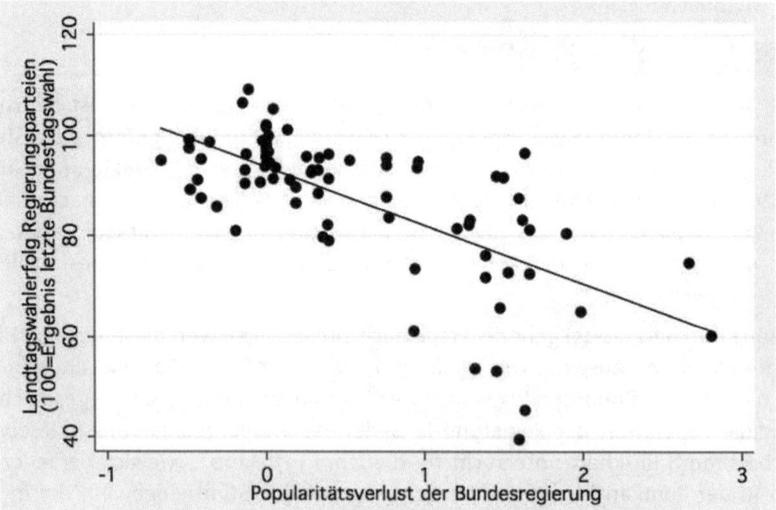

Abbildung 3.3: Einfache Regression des Landtagswahlerfolges der in der Bundesregierung vertretenen Parteien auf den Popularitätsverlust der Bundesregierung

Quelle: Burkhart (2005), eigene Berechnung

Diese Gleichung besagt, dass ein Popularitätsverlust der Bundesregierung um einen Punkt dazu führt, dass die in der Bundesregierung vertretenen Parteien bei der nächsten Landtagswahl im Durchschnitt 11,63 Prozent ihres letzten Bundestagswahlergebnisses einbüßen. Hatten die Koalitionspartner bei der letzten Bundestagswahl beispielsweise gemeinsam 55 Prozent der Stimmen geholt, bedeutet jeder Punkt Popularitätsverlust ein um 6,4 Prozent geringeren Stimmenanteil bei Landtagswahlen und damit eine deutliche Verringerung der Wahlchancen. Dieser Wert, der marginaler Effekt genannt wird, wird genau genommen folgendermaßen berechnet: 55% * – 0,1163 = -6,4%. Um den Stimmenanteil bei der Landtagswahl vorherzusagen, werden die Werte wie folgt in die Regressionsgleichung eingesetzt: 93,83-11,63 x (1 [Popularitätsverlust]). Dies ergibt eine Veränderung des Landtagswahlergebnisses um 82,2 Einheiten, wobei 100 das Ergebnis bei der letzten Bundestagswahl ist. Da das letzte Bundestagswahlergebnis 55 Prozent betrug, können die Regierungsparteien bei der nächsten Landtagswahl insgesamt mit einem Stimmenanteil von 45,21% (= 55% x 0,822) rechnen.

Der Wert -11,63 ist der Regressionskoeffizient. Er gibt an, wie stark sich die abhängige Variable verändert, wenn sich die unabhängige Variable ceteris paribus um eine Einheit erhöht (mathematisch gesehen entspricht er der ersten Ableitung der Regressionsgleichung nach der unabhängigen Variable und damit der Steigung der Regressionsgeraden).

Natürlich können Wahlergebnisse auch von diversen anderen Faktoren beeinflusst sein. Deshalb ist es sehr wichtig solche Drittvariablen (Störfaktoren) zu kontrollieren, um eine verzerrte Schätzung des Effekts der theoretisch hier interessierenden unabhängigen Variable zu vermeiden. Zu diesem Zweck werden mögliche Drittvariablen (Störfaktoren) zusätzlich in die oben beschriebene Regressionsgleichung eingefügt. So können sich z. B. auch die Veränderung in der Arbeitslosenquote und das Wirtschaftswachstum auf das Wahlergebnis auswirken. Gleichermaßen könnte ein sogenannter „Amtsbonus“ die Wahlergebnisse prägen: Stellen die Regierungsparteien den Ministerpräsidenten in einem Bundesland, können sie durch den „Amtsbonus“ darauf hoffen, dass unabhängig von einem Popularitätsverlust auf Bundesebene die Ergebnisse in Landtagswahlen besser ausfallen, als wenn die Opposition die Ministerpräsidentin stellt. Abbildung 3.4 zeigt die Ergebnisse aus einer multiplen Regressionsanalyse, die ebenfalls nach der Methode der kleinsten Quadrate (OLS) berechnet wurden.

Die Interpretation dieser Tabelle lässt sich durch mehrere Fragen strukturieren.

1. Haben die Regressionskoeffizienten für die unabhängigen Variablen die erwarteten Vorzeichen?

Ein positives Vorzeichen identifiziert einen positiven Zusammenhang: Höhere Werte der unabhängigen Variable führen zu höheren Werten der abhängigen Variable. Gleiches gilt für negative Werte auf beiden Variablen. Ein negatives Vorzeichen identifiziert einen negativen Zusammenhang: Höhere Werte der unabhängigen Variable führen zu niedrigeren Werten der abhängigen Variable; niedrigere Werte auf der unabhängigen Variable führen zu höheren Werten auf der abhängigen Variable.

Beispiel:

Die unabhängige Variable „Amtsbonus" weist einen positiven Koeffizienten auf. Wie erwartet ist der relative Stimmenanteil bei Landtagswahlen höher, wenn die Regierungsparteien des Bundes die Ministerpräsidentin in einem Bundesland stellen. Der negative Regressionskoeffizient für den Popularitätsverlust der Bundesregierung zeigt an, dass Parteien, die stärker unter einem Popularitätsverlust auf Bundesebene leiden, mit weniger Stimmen bei Landtagswahlen rechnen müssen.

2. Wie stark ist der geschätzte Effekt der einzelnen unabhängigen Variablen?

Der Wert des Regressionskoeffizienten zeigt bei der hier verwendeten OLS-Regressionsanalyse an, wie stark sich die abhängige Variable verändert, wenn sich die unabhängige Variable um eine Einheit erhöht. Um diesen Wert sinnvoll interpretieren zu können, müssen wir wissen, in welchen Einheiten die beiden Variablen gemessen wurden. Werte, die sehr nahe bei Null liegen, zeigen in der Regel an, dass die unabhängige Variable kaum einen Effekt auf die abhängige Variable hat.

Beispiel:

Abhängige Variable: Stimmenveränderung der Regierungsparteien (Bund) bei Landtagswahlen in %	Regressions-koeffizient
Unabhängige Variable 1) : Höhe des Popularitätsverlusts	-10.70*** (1.70)
Unabhängige Variable 2): Veränderung Arbeitslosigkeit	-0.67 (0.60)
Unabhängige Variable 3): Veränderung Wirtschaftswachstum	-0.37 (0.52)
Unabhängige Variable 4): Amtsbonus	4.63** (2.31)
Konstante	90.89*** (1.93)

*10%-Signifikanzniveau, **5%-Signifikanzniveau, ***1%-Signifikanzniveau

-10.70[1]*[3]**
(1.70)[2]

[1] Regressionskoeffizient für die unabhängige Variable 1) Höhe des Popularitätsverlusts. Das negative Vorzeichen bedeutet, dass ein negativer Zusammenhang besteht: Je höher der Popularitätsverlust, desto weniger Stimmen bekommen die Bundesregierungsparteien bei Landtagswahlen.

[2] Standardfehler des Regressionskoeffizienten

[3] Die Sterne zeigen das Signifikanzniveau statistisch signifikanter Regressionskoeffizienten an. Der angezeigte Koeffizient ist auf dem 1%-Niveau statistisch signifikant. D.h., wir können mit 99%iger Sicherheit sagen, dass dieser Effekt tatsächlich negativ ist.

R^2	0.49	Das R^2 ist ein Maß für die Streuung des Datenpunkts um die geschätzte Regressionsgleichung. Je höher der Wert (maximal 1), desto dichter liegen die Beobachtungen um die Regressionsgerade herum.
F-Test	17.34***	Der F-Test testet, ob das Modell insgesamt Erklärungskraft hat. Generell deutet ein größerer F-Wert auf eine höhere Erklärungskraft des Modells hin. Um allerdings genau zu wissen wie hoch die Erklärungskraft des Modells ist, muss der F-Wert mit dem zugehörigen kritischen Wert (in einer F-Tabelle) des Modells verglichen werden.
N	78	N gibt die Anzahl der Beobachtungen an, auf deren Basis die Regressionsanalyse durchgeführt wurde.

Abbildung 3.4: Multiple Regression

Der Wert des Regressionskoeffizienten der Variable „Popularitätsverlust" zeigt, dass ein Popularitätsverlust der Bundesregierung um einen Punkt dazu führt, dass die in der Bundesregierung vertretenen Parteien bei der nächsten Landtagswahl im

Durchschnitt 10,7 Prozent ihres Bundestagswahlergebnisses einbüßen. Dies ist ein starker Effekt.

3. Welche Regressionskoeffizienten sind statistisch signifikant?

Um Aussagen über die Generalisierbarkeit der Ergebnisse machen zu können, wird bei Regressionsanalysen mit Hilfe inferenzstatistischer Methoden zusätzlich berechnet, wie sicher wir sein können, dass der berechnete Effekt nicht rein zufällig entstanden ist, sondern auch in der Grundgesamtheit vorliegt. Ein Regressionskoeffizient gilt als statistisch signifikant, wenn wir mit hoher Wahrscheinlichkeit davon ausgehen können, dass sein tatsächlicher Wert in der Grundgesamtheit (den wir nicht beobachten können) nicht Null ist. Ein Koeffizient von Null bedeutet, dass die betreffende Variable keinen Effekt auf die abhängige Variable hat. Die Signifikanz zeigt also an, wie sicher wir sein können, dass die Variable tatsächlich einen Effekt auf die abhängige Variable hat. Aus dem Wert des Regressionskoeffizienten und seines sogenannten Standardfehlers wird ein Wahrscheinlichkeitswert (p-Wert) berechnet, der angibt, wie hoch die Wahrscheinlichkeit ist, dass der berechnete Regressionskoeffizient einen Effekt ausweist, der in der Grundgesamtheit gar nicht vorhanden ist. Je geringer der p-Wert eines Regressionskoeffizienten, desto sicherer können wir sein, dass der Effekt auch in der Grundgesamtheit vorliegt. Ein geringer p-Wert bedeutet also eine hohe statistische Signifikanz. Oft werden Regressionskoeffizienten mit Sternen (*) markiert, um zu zeigen, dass ihr p-Wert ein bestimmtes Signifikanzniveau erreicht. Typischerweise werden folgende Signifikanzniveaus ausgewiesen: 10 Prozent, 5 Prozent und 1 Prozent.

Beispiel:

Der Regressionskoeffizient für die Variable „Höhe des Popularitätsverlusts" ist auf dem Ein-Prozent-Niveau statistisch signifikant. Dies bedeutet, dass wir zu 99 Prozent sicher sein können, dass dieser Effekt auch in der Grundgesamtheit existiert. Wir können also davon ausgehen, dass ein Popularitätsverlust den Stimmenanteil der Regierungsparteien bei Landtagswahlen mit sehr hoher Wahrscheinlichkeit negativ beeinflusst. Dagegen ist der Regressionskoeffizient der Variable „Veränderung der Arbeitslosenquote" nicht statistisch signifikant. Dies bedeutet, dass wir nicht mit ausreichend hoher Wahrscheinlichkeit schließen können, dass Veränderungen in der Arbeitslosenquote das Landtagswahlergebnis der Regierungsparteien beeinflussen.

4. Ist das Gesamtmodell statistisch signifikant (F-Test)? Wie ist die Erklärungskraft des Modells zu bewerten (R-Quadrat)?

Der F-Test prüft, ob die Regressionsgleichung unter Verwendung der geschätzten Koeffizienten die Streuung der Beobachtungen (die Punktewolke im mehrdimensionalen Raum) besser beschreibt als eine Gleichung, in welcher alle Regressionskoeffizienten den Wert Null haben. Wäre Letzteres der Fall, hätte das Regressionsmodell überhaupt keine Erklärungskraft. Das sogenannte R-Quadrat zeigt an, wie dicht die Punktewolke an der Regressionsfunktion liegt und damit wie viel Varianz der

Beobachtungen die Regressionsfunktion erklärt. Es bewertet somit die Erklärungskraft des Modells, wobei höhere Werte eine höhere Erklärungskraft bedeuten.

Beispiel:

Der F-Test in unserem Beispiel zeigt, dass das Modell als Ganzes auf dem Ein-Prozent Niveau statistisch signifikant ist. Das R-Quadrat beträgt 0,49. Die Regressionsgleichung erklärt somit rund 50 Prozent der Varianz in den Beobachtungen (Punkten).

3.7 Publikation

Wissenschaftliche Studien werden in der Regel in Fachzeitschriften, Büchern (Monographien) und als Aufsätze in Sammelbänden veröffentlicht. Viele Studien durchlaufen vor der Publikation einen sogenannten *Peer-Review*-Prozess. In diesem Prozess wird eine Studie von anderen Wissenschaftlern begutachtet, die als Experten im entsprechenden Forschungsgebiet gelten. Meist läuft dieser Prozess so ab, dass der Wissenschaftler seine Studie an die Redaktion einer Fachzeitschrift oder eines Verlages schickt. Der Redakteur sucht dann Gutachter, die den Artikel oder das Buchmanuskript auf dessen wissenschaftliche Qualität hin prüfen und einen Bericht darüber verfassen. Diese Berichte („reviews") beschreiben die Stärken und Schwächen der Studie und machen Verbesserungsvorschläge. Sie geben meist auch eine Empfehlung darüber ab, ob die Studie veröffentlicht werden soll, oder nicht. Diese Empfehlungen entscheiden letztlich darüber, ob eine Studie zur Veröffentlichung angenommen („accept") oder abgelehnt („reject") wird, oder ob die Studie nach einer Überarbeitung gemäß den Vorschlägen der Gutachter noch einmal eingereicht werden kann („revise & resubmit").

Um den Gutachtern eine freie und von (positiven oder negativen) persönlichen Beziehungen losgelöste Meinungsäußerung zu ermöglichen, läuft dieser Prozess meist anonym ab. Nur der Herausgeber kennt die Namen der Autoren und der Gutachter. Die Funktion als Gutachter ist in der Regel freiwillig und unentgeltlich. Da die gegenseitige Kritik für den wissenschaftlichen Fortschritt essentiell ist, wird die Gutachtertätigkeit von den meisten Wissenschaftlern jedoch sehr ernst genommen.

Die *Peer Review*, die Begutachtung von Forschungsarbeiten durch Fachkollegen, ist einer der wichtigsten Mechanismen zur Qualitätssicherung in der Wissenschaft. Die kritische Kommentierung durch Experten des gleichen Fachgebietes erlaubt es dem Autor einer Studie, diese weiter zu verbessern und damit eine höhere Qualität zu erreichen. Da im Zeitalter des Internet wissenschaftliche Studien fast kostenlos publizierbar sind, hat der Peer-Review-Prozess an Bedeutung stark gewonnen. Jeder Forscher kann heute eine Studie ohne vorherige Peer Review auf eine Webpage laden und diese damit der ganzen Welt zugänglich machen. Deshalb finden sich im Internet auch viele Studien, die einer kritischen wissenschaftlichen Überprüfung nie standhalten würden. Auch Peer-Review-Verfahren sind nicht perfekt: Gewisse thematische oder methodische Modeerscheinungen sowie subjektive Elemente im Prozess der Begutachtung können zur Ablehnung hervorragender Studien oder umgekehrt zur Publikation mittelmäßiger Studien führen. Dennoch bieten begutachtete Forschungsarbeiten den Lesern eine gewisse Gewähr, dass eine Studie einer kritischen Beurteilung durch andere Forscher standgehalten hat, auch wenn dies natürlich nicht das eigene kritische Nachdenken über solche Forschungsarbeiten ersetzt.

Die Kriterien, die eine Studie erfüllen muss, um von einer Fachzeitschrift oder einem Buchverlag zur Publikation akzeptiert zu werden, sind u. a. auch abhängig vom Renommee der Zeitschrift oder des Verlages. Sehr renommierte Zeitschriften wie z. B. die *American Political Science Review*, das *European Journal of Political Research, International Organization* oder das *European Journal of International Relations* erhalten so viele Studien zur Begutachtung, dass nur sehr wenige davon es bis zur Publikation schaffen. Bei den meisten Zeitschriften beträgt die Akzeptanz- bzw. Publikationsquote rund 10–20 Prozent aller zur Begutachtung eingereichten Manuskripte. Dieser Selektionsprozess führt dazu, dass diese Zeitschriften im Durchschnitt qualitativ hochwertige Arbeiten veröffentlichen. In der Tendenz kann man also davon ausgehen, dass Forschungsresultate, die in renommierten und begutachteten Fachzeitschriften und Verlagen publiziert wurden, wissenschaftlich stärker abgesichert und innovativer sind als Forschungsresultate, die ohne Peer Review im Internet oder in der sogenannten „grauen Literatur“ (z. B. Arbeitspapiere oder Buchreihen eines Forschungsinstituts) publiziert wurden.

3.8 Fazit

Eine der wichtigsten Fähigkeiten, die beim Studium der Politikwissenschaft erlernt werden muss, ist die Fähigkeit des kritischen Lesens. Die Inhalte der Kapitel 2 und 3 haben ihnen die Grundlagen geliefert, um beim Lesen einer wissenschaftlichen Studie die folgenden drei Fragen zu beantworten.

1. *Ist das theoretische Argument logisch konsistent?*

   Zuerst einmal sollten Sie das theoretische Argument einer Studie überprüfen. Dabei sollten Sie bewerten, ob das Argument klar und verständlich formuliert ist, ob ein Argumentationsschritt logisch auf den anderen folgt und ob der postulierte Kausalmechanismus überzeugt. Gleiches gilt für die Hypothesen. Die aus einer theoretischen Argumentation abgeleiteten Hypothesen sollten ebenfalls logisch konsistent sowie falsifizierbar sein. Benutzen Sie bei Ihrer Beurteilung ruhig auch den gesunden Menschenverstand. Finden Sie das Argument und die Hypothesen verständlich und überzeugend? Wenn nein, weshalb nicht? Überlegen Sie sich auch, auf welche Annahmen sich das Argument stützt und ob diese Annahmen plausibel sind.

2. *Wurde die empirische Analyse mit der bestmöglichen Untersuchungsform und den bestmöglichen Methoden durchgeführt?*

   Zur Beantwortung dieser Frage müssen Sie sich u. a. überlegen, ob der Autor eine unverzerrte Fallauswahl getroffen hat. Gleichermaßen müssen Sie bewerten, ob die gewählte Untersuchungsform, die Operationalisierung der theoretischen Konzepte sowie die verwendeten Methoden der Datenerhebung und Datenanalyse intern und extern valide Ergebnisse ermöglichen.

3. *Stützen die empirischen Ergebnisse das theoretische Argument?*

   Schließlich stellt sich natürlich die Frage nach der empirischen Evidenz für das theoretische Argument bzw. die Hypothesen einer Studie. Stützen die Ergebnisse der empirischen Analyse das theoretische Argument? Wurden in der Studie alle empirischen Implikationen des theoretischen Modells getestet? Gibt es Alternativerklärungen, die in der Studie nicht berücksichtigt werden? Zieht die Studie die richtigen Schlüsse aus ihren empirischen Beobachtungen? Häufig bestätigt eine empirische Untersuchung einige Teile des theoretischen Arguments, andere hingegen weniger oder gar nicht. Stimmt Ihre Interpretation der Ergebnisse mit der Einschätzung des Autors der Studie überein. Falls nicht, weshalb nicht?

Je weiter Sie in Ihrem Studium voranschreiten und je mehr Kenntnisse Sie erwerben, desto leichter wird es Ihnen fallen, diese Fragen zu beantworten. Dennoch ist es empfehlenswert, sich bereits zu Beginn des Studiums anzugewöhnen, wissenschaftliche Arbeiten kritisch zu lesen und eigene Gedanken über die Argumente und Analysen dieser Arbeiten zu machen.

Literaturempfehlungen

Zu grundlegenden Fragen des Forschungsdesigns:

Behnke, Joachim, Baur, Nina & Behnke, Nathalie (2010): Empirische Methoden der Politikwissenschaft. Paderborn: Schöningh/UTB.

Gschwend, Thomas & Schimmelfennig, Frank (2007): Forschungsdesign in der Politikwissenschaft. Probleme, Strategien, Anwendungen. Frankfurt a. M.: Campus.

King, Gary & Keohane, Robert O. & Verba, Sidney (1994): Designing Social Inquiry. Princeton: Princeton University Press.

Grundlagenbücher zur Datenerhebung und Datenanalyse:

Diekmann, Andreas (2007): Empirische Sozialforschung. Grundlagen, Methoden, Anwendungen. Reinbek: Rowohlt.

Schnell, Rainer & Hill, Paul B. & Esser, Elke (2011): Methoden der empirischen Sozialforschung. München: Oldenbourg.

Pickel, Susanne et al. (Hrsg.) (2009): Methoden der vergleichenden Politik- und Sozialwissenschaft. Neue Entwicklungen und Anwendungen. Wiesbaden: VS-Verlag.

Zu Experimenten in der Politikwissenschaft:

Morton, Rebecca B. & Williams, Kenneth C. (2010): Experimental Political Science and the Study of Causality. From Nature to the Lab. Cambridge: Cambridge University Press.

Druckman, James N. et al. (Hrsg.) (2011): Cambridge Handbook of Experimental Political Science, Cambridge: Cambridge University Press.

Faas, Thorsten & Huber, Sascha (2010): „Experimente in der Politikwissenschaft: Vom Mauerblümchen zum Mainstream." In: Politische Vierteljahresschrift 51: 721–749.

Zu qualitativen Fallstudien:

George, Alexander L. & Bennett, Andrew (2005): Case Studies and Theory Development. Cambridge, MA: The MIT Press.

Gerring, John (2007): Case Study Research: Principles and Practices. Cambridge: Cambridge University Press.

Zu statistischen Methoden der Datenanalyse:

Fahrmeier, Ludwig et al. (2010): Statistik: Der Weg zur Datenanalyse. Berlin: Springer.

Gehring, Uwe W. & Weins, Cornelia (2009): Grundkurs Statistik für Politologen und Soziologen. Wiesbaden: VS-Verlag.

Kohler, Ulrich & Kreuter, Frauke (2012): Datenanalyse mit Stata: Allgemeine Konzepte der Datenanalyse und ihre praktische Anwendung. München: Oldenbourg Verlag.

Angrist, Joshua D. & Pischke, Jörn-Steffen (2009): Mostly Harmless Econometrics: An Empiricist's Companion. Princeton: Princeton University Press.

Wooldridge, Jeffery M. (2013): Introductory Econometrics: A Modern Approach. Mason: South-Western.

Datenbanken, die große Sammlungen politikwissenschaftlich relevanter Variablen anbieten (Beispiele):

The Quality of Government Dataset: http://www.qog.pol.gu.se/.

Comparative Political Data Sets: http://www.ipw.unibe.ch/content/team/klaus_armingeon/comparative_political_data_sets/index_ger.html.

Parties, Institutions, Preferences (PIP): http://comparativepolitics.uni-greifswald.de.

Worldwide Governance Indicators: http://info.worldbank.org/governance/wgi/index.asp.

Parties and Elections in Europe: http://www.parties-and-elections.eu/

4. Grundformen politischer Systeme

Nachdem Sie in den Kapiteln 2 und 3 die Forschungsmethoden der empirisch-analytischen Politikwissenschaft kennengelernt haben, werden wir Ihnen in den nun folgenden Kapiteln die grundlegenden Elemente politischer Systeme sowie deren Funktionsweisen, Ursachen und Konsequenzen vorstellen. Politische Systeme bestimmen den institutionellen Rahmen und die sozialen Strukturen, in denen politische Entscheidungen getroffen werden. In diesem Kapitel beginnen wir mit dem wichtigsten Unterschied zwischen politischen Systemen; demjenigen zwischen demokratischen und autokratischen Systemen. Das Kapitel gibt Ihnen einen umfassenden Überblick über die Merkmale, Ursachen und Auswirkungen politischer Systemtypen. Zunächst diskutieren wir, was Demokratie bedeutet und welche Merkmale ein politisches System erfüllen muss, um als demokratisch zu gelten. Alle Demokratien weisen gewisse gemeinsame Merkmale auf – insbesondere regelmäßige, allgemeine, gleiche, freie, direkte und geheime Wahlen (Hinweis: Wir verwenden in diesem Kapitel fortan die Kurzform: freie und faire Wahlen). Autokratische Systeme können unterschiedlich ausgestaltet sein, haben jedoch gemeinsam, dass sie keine Wahlen durchführen, die den vorher genannten, für Demokratien typischen Kriterien entsprechen. Sie lassen sich z. B. als Einparteiensysteme oder Militärjuntas charakterisieren. Um Theorien und Hypothesen zu politischen Systemtypen empirisch untersuchen zu können, müssen die Konzepte Demokratie und Autokratie operationalisiert und gemessen werden. Wir befassen uns daher mit verschiedenen Vorschlägen zur empirischen Erfassung dieser Konzepte. Im Rest des Kapitels beschäftigen wir uns dann mit den Ursachen und den Auswirkungen dieser unterschiedlichen politischen Systeme.

4.1 Politische Systeme

Das internationale System besteht heute aus rund 200 Territorialstaaten. Ihre Institutionen bzw. Organisationen (die Staatsgewalt) erlassen für ihr jeweiliges Gebiet (das Staatsgebiet) für die dort lebenden Personen (das Staatsvolk) allgemein verbindliche Regeln und setzen diese um. Ein Hauptmerkmal moderner Territorialstaaten ist ihre Souveränität nach außen und nach innen. Mit der Souveränität nach außen ist die grundsätzliche Unabhängigkeit eines Staates von anderen Staaten gemeint. Souveränität nach innen bedeutet Selbstbestimmtheit in Fragen der eigenen staatlichen Gestaltung. Diese staatliche Souveränität hat dazu geführt, dass Staaten unterschiedliche politische Systeme entwickelt haben.

„Ein politisches System bezeichnet die Gesamtheit derjenigen staatlichen und nichtstaatlichen Einrichtungen und Akteure, Regeln und Verfahren, die innerhalb des betreffenden Staates an fortlaufenden Prozessen der Formulierung und Lösung politischer Probleme sowie der Herstellung und Durchsetzung allgemein verbindlicher politischer Entscheidungen beteiligt sind.“ (Holtmann, 1994: 517)

Obwohl politische Systeme sehr unterschiedliche Formen aufweisen können, bestehen sie aus denselben Elementen, die in Abbildung 4.1 dargestellt sind. Jeder Staat besitzt ein zentrales politisches Entscheidungssystem, in dem verbindliche Entscheidungen getroffen werden. Dazu gehören die gesetzgebende (Legislative), die ausführende (Exekutive) und die richterliche (Judikative) Gewalt. Die Basis eines politischen Systems bilden seine Bürger. Dazwischen agieren die politischen Intermediäre, allen voran die Parteien, Interessengruppen, sozialen Bewegungen und Medien. Sie stellen eine Verbindung zwischen dem zentralen politischen Entscheidungssystem und der Gesellschaft her. Gesellschaft und Intermediäre geben den Entscheidungsträgern im zentralen politischen Entscheidungssystem Input in Form von Forderungen sowie Unterstützung (z. B. in Form von Wählerstimmen) oder Opposition (z. B. in Form von Demonstrationen). Die Exekutive, Legislative und Judikative nehmen diese Inputs in ihre Arbeit auf, setzen sie in allgemein verbindliche Entscheidungen um oder lehnen sie ab. Diese Entscheidungen fließen dann als Output, z. B. als Gesetze oder Gerichtsurteile, an die Gesellschaft und Intermediäre zurück.

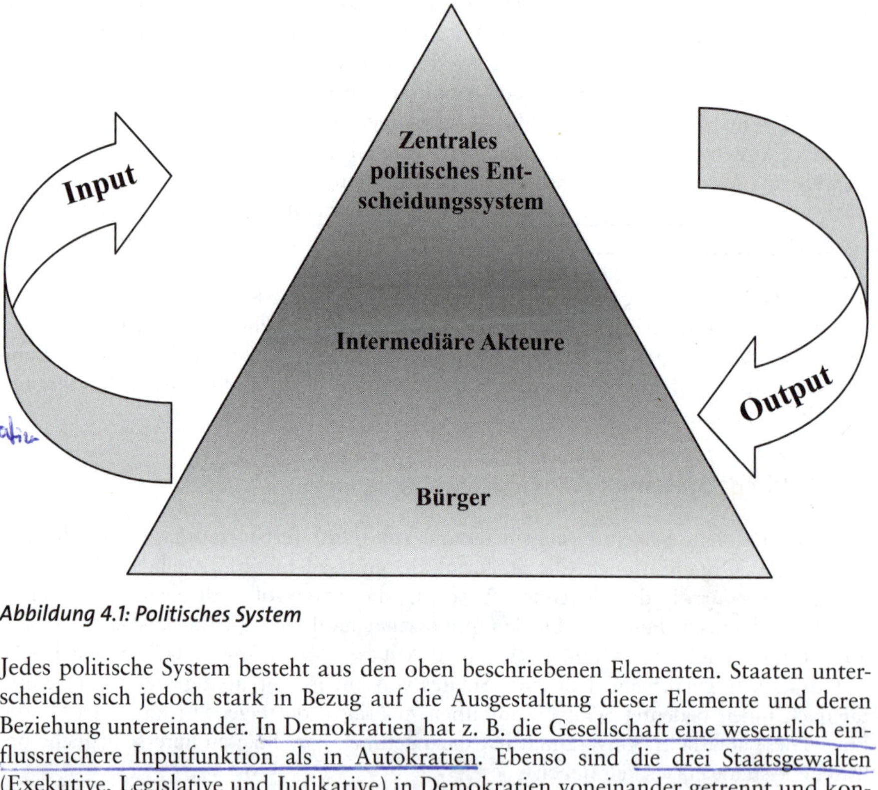

Abbildung 4.1: Politisches System

Jedes politische System besteht aus den oben beschriebenen Elementen. Staaten unterscheiden sich jedoch stark in Bezug auf die Ausgestaltung dieser Elemente und deren Beziehung untereinander. In Demokratien hat z. B. die Gesellschaft eine wesentlich einflussreichere Inputfunktion als in Autokratien. Ebenso sind die drei Staatsgewalten (Exekutive, Legislative und Judikative) in Demokratien voneinander getrennt und kontrollieren sich gegenseitig, während die politische Macht in Autokratien viel stärker in den Händen einer Person oder einer Gruppe von politisch und wirtschaftlich einflussreichen Personen liegt. In diesem und dem nächsten Kapitel werden wir daher die Unterschiede zwischen verschiedenen politischen Systemen als Ganzes betrachten.

4.2 Demokratie

Die grundlegendste Differenzierung von politischen Systemen ist die Unterscheidung zwischen Demokratien und Autokratien. Diese Klassifizierung sieht auf dem ersten Blick nach einem einfachen Unterfangen aus. Dass Deutschland, Österreich und die Schweiz heute Demokratien sind, wird wohl kaum jemand bestreiten. Ebenso unbestritten ist wohl, dass Nordkorea, Kuba und Zimbabwe keine Demokratien sind. Wie aber sieht es mit Pakistan, Russland oder Venezuela aus? Welche Voraussetzungen muss ein politisches System erfüllen, um als Demokratie bezeichnet zu werden? Im Folgenden werden wir sehen, dass in der Forschung Einigkeit darüber herrscht, dass regelmäßige, allgemeine, gleiche, freie, direkte und geheime Wahlen das wichtigste Merkmal von Demokratien sind. Allerdings existieren neben dieser eng gefassten Definition auch noch breitere Definitionen von Demokratie.

4.2.1 Was ist Demokratie?

Das Wort Demokratie stammt aus dem Griechischen und bedeutet Herrschaft durch das Volk. Diese demokratische Herrschaft beinhaltet drei Dimensionen: Sie geht vom Volk aus, wird durch das Volk selbst (oder durch von ihm gewählte Repräsentanten) ausgeübt und wird zum Wohle der Bürger eingesetzt. US-Präsident Abraham Lincoln brachte diese Dimensionen im Jahr 1863 auf den Punkt, als er Demokratie als „*government of the people, by the people, and for the people*" bezeichnete.

Der Begriff Demokratie wurde im antiken Griechenland geprägt, wo im 5. und 4. Jahrhundert v. Chr. in der Stadt Athen erstmals eine solche Staatsform praktiziert wurde. Das Herzstück der attischen Demokratie bestand aus einer Versammlung, der unabhängig vom Einkommen alle volljährigen männlichen Bürger angehörten (Frauen und unfreie Personen, vor allem Sklaven, blieben ausgeschlossen). Diese Versammlung entschied über Krieg und Frieden, Gesetze und die Besetzung von öffentlichen Ämtern. Die täglichen Amtsgeschäfte lagen in den Händen des „Rats der 500". Dieser Rat war auch für die Organisation der Versammlung und die Erarbeitung von Abstimmungsvorlagen zuständig. Die Mitglieder dieser Regierung wurden von den Bürgern jeweils für ein Jahr mittels Los „gewählt". Auch die Gerichte wurden mit Bürgern besetzt. Die Bürger Athens waren also direkt an der politischen Entscheidungsfindung sowie deren Umsetzung und Durchsetzung beteiligt.

Eine solche direkte Beteiligung der Bürger ist in modernen Staaten praktisch unmöglich, da die Anzahl der Staatsbürger und die räumlichen Distanzen heute viel größer sind als im Stadtstaat Athen. Vor allem jedoch ist die Komplexität politischer Fragen und Entscheidungen heute insbesondere auf gesamtstaatlicher Ebene so groß geworden, dass eine kompetente Bearbeitung aller politischen Fragestellungen und auftretender gesellschaftlicher Probleme wesentlich mehr Zeit erfordert, als ein normaler Bürger in seiner Freizeit zur Verfügung hat. In modernen Demokratien entscheiden die Bürger daher in konkreten politischen Sachfragen meist nicht mehr direkt, sondern übertragen die Entscheidungskompetenz an politische Repräsentanten, die ihr Amt als Beruf ausüben. Moderne Demokratien sind also überwiegend repräsentative Demokratien, im Gegensatz zur direkten Demokratie im antiken Griechenland. Das wichtigste Element der Demokratie, die Volkssouveränität, ist jedoch auch in repräsentativen Demokratien gewährleistet. Auch hier wirkt das Volk als Souverän und damit ultimativer Inhaber der Staatsgewalt, obwohl die Ausübung dieser Staatsgewalt vom Volk durch Wahlen an politische Entscheidungsträger delegiert wird. In den meisten modernen Demokratien wird dieses Prinzip in der Verfassung festgehalten. In Österreich wird die Volkssouveränität z. B. im ersten Artikel der Bundesverfassung mit den Worten „Österreich ist eine demokratische Republik. Ihr Recht geht vom Volk aus" festgeschrieben. Auch das deutsche Grundgesetz legt in Artikel 20 Absatz 2 fest: „Alle Staatsgewalt geht vom Volke aus". Die schweizerische Bundesverfassung bezieht sich mit den Worten „Die

Bundesversammlung übt unter Vorbehalt der Rechte von Volk und Ständen die oberste Gewalt im Bund aus“ (Art. 148 Absatz 1) ebenfalls auf die Volkssouveränität.

4.2.2 Merkmale demokratischer Systeme

Da in modernen Demokratien die Ausübung der Staatsgewalt und damit auch die Entscheidungsmacht an politische Repräsentanten übertragen wird, sind für das erfolgreiche Funktionieren einer Demokratie zwei Merkmale besonders wichtig: Erstens muss die Entscheidungsmacht vom Volk an die Repräsentanten direkt übertragen werden. Dies geschieht durch freie und faire Wahlen. Zweitens wird die Staatsgewalt in regelmäßigen Abständen nur für eine bestimmte Zeit an die Repräsentanten übertragen, sodass ihr Mandat zeitlich begrenzt ist. Manche politischen Ämter, wie z. B. die US-Präsidentschaft, sind auf einen eher kurzen Zeitraum begrenzt (vier Jahre, mit einmaliger Wiederwahlmöglichkeit). Andere politische Ämter können länger ausgeübt werden. Die Amtsinhaber müssen sich jedoch in regelmäßigen Abständen einer Wiederwahl stellen. Sie können nur dann im Amt bleiben, wenn die Wählerschaft dies weiterhin befürwortet.

Aus diesen Merkmalen ergibt sich das wichtigste Kennzeichen moderner, repräsentativer Demokratien: Die Besetzung politischer Ämter durch freie und faire Wahlen. Wahlen, welche diesen Gütekriterien entsprechen, verkörpern somit die zwei zentralen Dimensionen einer Demokratie: Den politischen Wettbewerb und die Partizipation der Bürger am politischen Geschehen (Dahl, 1971). Demokratische Wahlen eröffnen den Bürgern die Möglichkeit, Regierende, die nicht in ihrem Sinne handeln, abzuwählen und eine neue politische Führung einzusetzen. Angesichts der Vielzahl unterschiedlicher Interessen, Meinungen und Ideen in einer Gesellschaft sind Konflikte im politischen Alltag vorprogrammiert. Demokratische Wahlen sind daher ein wichtiges Instrument, um solche Konflikte in geordneten Bahnen und auf friedlichem Weg zu lösen. Politische Akteure stellen sich mit ihren politischen Plänen zur Wahl und die Bürger entscheiden, welche Akteure regieren und welche Pläne umgesetzt werden sollen. Wahlen eröffnen somit die Möglichkeit, die Politik und die politische Führung gewaltfrei dem Willen einer Mehrheit der Bürger anzupassen (Przeworski, 1991). Weil in der Demokratie eine Abwahl der politischen Führung immer möglich ist, ergibt sich ein disziplinierender Einfluss. Eine demokratische Regierung, die wiedergewählt werden möchte, kann es sich nicht beliebig lange leisten, eine Politik zu verfolgen, die stark von den Interessen der Bürger abweicht. Sie wird damit in der Regel Entscheidungen treffen, die von einer Mehrheit der Bürger unterstützt werden. Damit lösen bzw. mildern demokratische Wahlen auch eines der fundamentalen Probleme der Politik: Zu verhindern, dass diejenigen, an welche die politische Macht delegiert wird, diese Macht für eigene Zwecke und gegen das Volk ausnutzen.

Über die Definition des Konzeptes Demokratie wird in der Forschung lebhaft debattiert. Alle Demokratietheoretiker sind sich einig, dass freie und faire Wahlen das wichtigste Element demokratischer Systeme sind. Einigkeit herrscht auch darüber, dass Demokratie ein mehrdimensionales Konzept ist. Wie viele und welche zusätzlichen Dimensionen das Konzept Demokratie umfasst oder umfassen sollte, bleibt jedoch umstritten. Grundsätzlich gilt wie in Kapitel 2 (Abschnitt 2.2.4) diskutiert, dass eine Konzeptdefinition mit dem interessierenden theoretischen Argument im Einklang stehen muss. Je nach Forschungsfrage und theoretischem Ansatz kann dabei eine enge oder eine breite Demokratiedefinition sinnvoll sein.

Für Vertreter einer eng gefassten Demokratiedefinition (z. B. Schumpeter, 1993 [1942]; Alvarez et al., 1996; Przeworski, 1999) genügen das Vorhandensein demokratischer Wahlen und des damit verbundenen politischen Wettbewerbs sowie politische Machtwechsel, um ein politisches System als Demokratie zu bezeichnen. Joseph Schumpeter (1993: 428) z. B. definiert Demokratie als „diejenige Ordnung der Institutionen zur Erreichung politischer Entscheidungen, bei welcher einzelne die Entscheidungsbefugnis vermittels eines Konkurrenzkampfs um die Stimme des Volkes erwerben".

Vertreter eines umfassenderen Demokratiebegriffs argumentieren hingegen, dass neben dem Vorhandensein demokratischer Wahlen noch zusätzliche Bedingungen erfüllt sein müssen (Dahl, 1971; Diamond, 1999). Als wesentliche Dimensionen eines demokratischen Staates erachtet Dahl (1971) z. B. neben demokratischen Wahlen auch die Rede- und Pressefreiheit, die Verfügbarkeit alternativer Informationsquellen und die Freiheit, sich zu Vereinigungen (z. B. in Form von Parteien oder Interessengruppen) zusammenschließen. Das Konzept Demokratie wird somit primär über die Instrumente und Prozesse definiert, mit deren Hilfe die Interessen und Anliegen der Bürger in Politik umgewandelt werden. Weitere Merkmale, die in umfassenden Demokratiedefinitionen berücksichtigt werden, sind z. B. soziale und wirtschaftliche Gerechtigkeit, Gewaltenteilung, Rechtsstaatlichkeit, Kontrolle des Militärs durch die zivile Exekutive sowie eine möglichst starke Beteiligung von Bürgern an politischen Entscheidungen. Bei diesen zusätzlichen Kriterien stellt sich allerdings die Frage, inwieweit sie Kernelemente der Demokratie an sich erfassen, oder eher mögliche Folgen oder Begleiterscheinungen demokratischer Entscheidungsprozesse bezeichnen.

Inwiefern Wahlen die obigen Gütekriterien erfüllen, ist nicht direkt beobachtbar und daher oft umstritten. Dies kann zu gewalttätigen Unruhen und tödlichen Auseinandersetzungen führen, wie etwa nach den Präsidentschaftswahlen in Kenia im Jahre 2007/8 und in der Elfenbeinküste im Jahre 2010. Die internationale Wahlbeobachtung hat sich seit dem Ende des Kalten Krieges zu einem wichtigen Instrument entwickelt, um einerseits festzustellen, inwiefern Wahlen den obigen Gütekriterien demokratischer Wahlen genügen und andererseits jene Staaten zu unterstützen, die gewillt sind demokratische Wahlen durchzuführen (siehe Kasten 4.1).

4.1 Internationale Wahlbeobachtung

Wie lässt sich feststellen, ob eine Wahl frei und fair war? Diese wissenschaftlich wie praktisch relevante Frage steht im Mittelpunkt internationaler Wahlbeobachtungen. Diese haben sich seit dem Ende des Kalten Krieges zum wichtigsten Instrument zur Bewertung der Qualität von Wahlen entwickelt (siehe Abbildung 4.1). Wahlbeobachtungen werden von einzelnen Staaten, der EU, internationalen Organisationen, wie der UNO und der OSZE oder nichtstaatlichen Organisationen (z. B. dem Carter Center), durchgeführt und finanziert. Eine meist kleinere Gruppe von Langzeitbeobachtern reist frühzeitig in das entsprechende Land um den Wahlkampf und die nationalen und lokalen Vorbereitungen für den Urnengang zu beobachten und die Beobachtungsmission am eigentlichen Wahltag vorzubereiten. Die Kurzzeitbeobachter treffen wenige Tage vor der Wahl ein. Nach einer kurzen Schulung und Vorbereitung werden sie am Vortag der Wahl in Teams von 2–3 Personen im Land verteilt. Während der Wahl besuchen sie in der Regel ohne Vorankündigung eine bestimmte Anzahl zufällig ausgewählter Wahl- und Zähllokale in ihrer

Region. Sie bewerten dort die Lokalität und den Zugang zum Wahllokal, den Ablauf des Wahlprozesses im Wahllokal, den Umgang mit offiziellen Wahlunterlagen und den Ablauf des Zählvorgangs nach Wahlschluss. Wahlbeobachter dürfen den Wahlablauf jedoch nicht behindern oder beeinflussen. Sie beobachten und notieren allfällige Mängel. Es ist jedoch nicht ihre Aufgabe, die festgestellten Mängel zu beheben. Nach der Auszählung der Stimmen verlassen die Kurzzeitbeobachter das Land. Die Langzeitbeobachter bleiben in der Regel auch noch einige Zeit nach der Wahl im Land, um das Verhalten der Wahlgewinner und -verlierer zu beobachten. Kurz nach Beendigung der Auszählung veröffentlichen die Wahlbeobachter in einer Pressekonferenz die vorläufigen Ergebnisse ihrer Beobachtungen. Ein bis zwei Monate nach dem letzten Wahlgang folgt der endgültige und vollständige Bericht der Mission, der eine ausführliche Analyse, die endgültige Bewertung der Wahl und oft auch Empfehlungen zur Verbesserung zukünftiger Wahlen enthält. Solche Berichte sind meist öffentlich zugänglich (siehe z. B. die Berichte der OSZE; *http://www.osce.org/odihr/elections*).

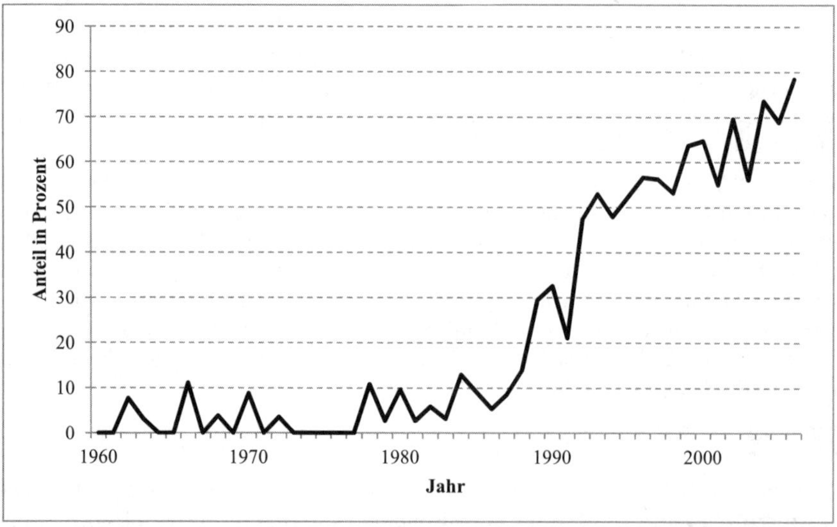

Abbildung 4.2: Internationale Wahlbeobachtermissionen: Anteil beobachteter Wahlen im Zeitraum 1960 – 2006

Quelle: Hyde (2011)

Bis Mitte der 1980er Jahre stellten sich die meisten Staaten auf den Standpunkt, Wahlen seien eine rein innerstaatliche Angelegenheit. „Fremde" Beobachter wurden aus diesem Grund entweder als unnötig oder sogar als Eingriff in die Souveränität des Staates empfunden. Diese Haltung hat sich stark verändert. Heute heißen sehr viele Staaten internationale Wahlbeobachtermissionen willkommen. Interessanterweise laden sogar einige autokratische Staaten internationale Wahlbeobachter ein, obwohl sie dann vor deren Augen Wahlbetrug begehen. Was erklärt diesen Haltungswechsel der Staatenwelt gegenüber Wahlbeobachtermissionen?

Susan Hyde (2011) hat diese Frage empirisch untersucht. Sie führt die Zunahme des Anteils international beobachteter Wahlen auf die zunehmende Verknüpfung internationaler Entwicklungshilfe mit dem politischen System des Empfängerstaates zurück. Nach dem Ende des Kalten Krieges bestand das Ziel der westlichen Entwicklungshilfe nicht mehr darin, eine Verbreitung des Kommunismus zu verhindern, sondern die wirtschaftliche Entwicklung und Demokratisierung weniger entwickelter Staaten so effizient wie möglich zu fördern, wobei die Durchführung freier und fairer Wahlen in diesem Kontext als wichtiges Demokratiekriterium interpretiert wird. Die Entwicklungsländer haben somit einen starken Anreiz, den Geberländern ernsthafte Anstrengungen zur Demokratisierung ihres politischen Systems zu signalisieren. Das Zulassen internationaler Wahlbeobachter bietet eine gute Möglichkeit, glaubwürdige Signale dieser Art zu senden. Dies führte auf internationaler Ebene zur allgemeinen Erwartung, dass ernsthaft an der Demokratie interessierte Staaten ihre nationalen Wahlen durch internationale Wahlbeobachter beobachten und analysieren lassen. Die Weigerung, internationale Wahlbeobachter zuzulassen, kommt somit dem Eingeständnis gleich, dass die Regierung eines Staates keine ernsthaften Anstrengungen zur Demokratisierung des politischen Systems unternehme. Dies wiederum setzt auch Autokratien unter Druck, die internationale Entwicklungshilfe erhalten möchten, jedoch keine ernsthaften Demokratisierungsabsichten hegen. Auch solche Staaten haben nun Anreize, nationale Wahlen abzuhalten und internationale Wahlbeobachter einzuladen, obwohl die Machthaber die feste Absicht haben mittels Wahlbetrug ihre Wiederwahl zu sichern. Ihr Kalkül ist, dass selbst die beste Wahlbeobachtermission nicht jede Art und das genaue Ausmaß von Wahlbetrug entdecken kann. Das Zulassen von Wahlbeobachtern erhöht damit die Wahrscheinlichkeit, dass solche Machthaber in den Genuss internationaler Entwicklungszusammenarbeit kommen, auch wenn die Wahlen demokratischen Standards nicht genügen.

Hydes (2011) Theorie liefert mehrere empirisch überprüfbare Hypothesen. Eine Hypothese postuliert, dass die ersten durchgeführten internationalen Wahlbeobachtermissionen vorwiegend positive Befunde liefern sollten, da zu Beginn vermutlich nur ernsthaft an Demokratie interessierte Regierungen Wahlbeobachter überhaupt eingeladen haben. Ab Mitte der 1990er Jahre sollte dann der Anteil negativer Berichte zunehmen, da nun auch „Pseudo-Demokraten" oder halbdemokratische Regime aus den genannten Gründen ihre Wahlen zunehmend beobachten lassen. Weil Entwicklungsländer mit erheblichen Rohstoffvorkommen weniger Bedarf an Entwicklungshilfe haben, ist zudem zu erwarten, dass diese ihre Wahlen weniger häufig beobachten lassen. Schließlich lässt sich aus Hydes Argumentation ableiten, dass Staaten, die weder über ein eindeutig demokratisches noch ein eindeutiges autokratisches politisches System verfügen, eher beobachtet werden als etablierte Demokratien und eindeutige Autokratien. Wahlen in etablierten Demokratien sind in aller Regel frei und fair und eindeutige Autokratien halten entweder gar keine Wahlen ab (z. B. Nordkorea) oder sie verstoßen bereits in der Wahlvorbereitung gegen mehrere Kriterien demokratischer Wahlen (z. B. Weißrussland).

Hyde untersucht diese Hypothesen anhand von Daten zu allen nationalen Wahlen weltweit im Zeitraum zwischen 1960 und 2006. Ihre Resultate zeigen, dass wie erwartet der Anteil der von Wahlbeobachtern kritisierten Wahlen erst nach 1993 deutlich zugenommen hat. Zudem finden in ressourcenreichen Staaten und Staaten mit hoher finanzieller Militärhilfe aus den USA weniger Wahlbeobachtungen statt. Schließlich findet Hyde empirische Unterstützung dafür, dass Wahlen in Staaten, die weder ein klar demokratisches noch ein klar autokratisches politisches System aufweisen, öfter beobachtet werden als in etablierten Demokratien oder eindeutigen Autokratien.

4.2.3 Deutschland, Österreich, Schweiz und die Europäische Union

Deutschland, Österreich und die Schweiz sind Demokratien. Das Bekenntnis zur Demokratie ist in allen drei Staaten in der Verfassung verankert. Das österreichische Bundesverfassungsgesetz beginnt mit den Worten: „Österreich ist eine demokratische Republik.“ (Artikel 1). Auch das deutsche Grundgesetz stellt in Artikel 20 fest, dass die Bundesrepublik Deutschland ein „demokratischer und sozialer Bundesstaat“ ist. Die Bundesverfassung der Schweiz bekennt sich bereits in der Präambel zur Demokratie.

Alle drei Staaten erfüllen sowohl enge als auch weit definierte Kriterien der Demokratie. In allen drei Staaten werden regelmäßige, allgemeine, gleiche, freie, direkte und geheime Wahlen abgehalten, bei denen politische Repräsentanten des Volkes gewählt werden und diverse Parteien und Kandidaten um die Stimmen der Bürger konkurrieren. Wahlen haben in allen drei Staaten denn auch zu politischen Machtwechseln geführt, womit sie die Bedingungen enger Demokratiedefinitionen erfüllen. Des Weiteren genießt die deutsche, österreichische und schweizerische Bevölkerung weitreichende Menschenrechte und ihre Bürger umfassende Bürgerrechte. Alle drei Staaten haben z. B. die Europäische Menschenrechtskonvention unterzeichnet.

Auch wenn die drei Staaten insgesamt als gleichermaßen demokratisch gelten können, weisen ihre politischen Systeme erhebliche Unterschiede auf. Österreich besitzt z. B. ein semi-präsidentielles Regierungssystem, Deutschland ein parlamentarisches Regierungssystem, und das Schweizer Regierungssystem verbindet Elemente des parlamentarischen und präsidentiellen Regierungssystems, wie in Kapitel 5 (Abschnitt 5.2.4) ausführlich diskutiert wird. Die Schweizer Demokratie zeichnet sich zudem durch stark ausgebaute direktdemokratische Elemente aus. Schließlich unterscheiden sich die drei Staaten auch in Bezug auf ihr Wahlsystem. Die Schweiz und Österreich setzen bei Parlamentswahlen eine bestimmte Form des Verhältniswahlrechts ein. In Deutschland wird nach einem Mischsystem gewählt, das Elemente des Verhältnis- und des Mehrheitswahlrechts kombiniert. Diese Unterschiede führen dazu, dass einzelne Dimensionen in einer weit gefassten Definition der Demokratie in den drei Staaten etwas unterschiedlich gewichtet werden. Die Schweiz gewichtet z. B. die politischen Partizipationsrechte der Bürger bei Sachentscheidungen stärker als Deutschland und Österreich. Andererseits schützen Deutschland und Österreich die Grundrechte ihrer Bevölkerungen stärker gegen mögliche Verletzungen dieser Rechte durch politische Mehrheitsentscheidungen. Zudem schützt der deutsche Staat sein politisches System stärker vor undemokratischen Akteuren als die Schweiz oder Österreich, wie Kasten 4.2 ausführt.

Demokratie ist auch eine zentrale Bedingung für die Mitgliedschaft in der Europäischen Union. Die EU besteht somit aus demokratischen Staaten. Artikel 2 des Vertrages über die Europäische Union hält fest: „Die Werte, auf die sich die Union gründet, sind die Achtung der Menschenwürde, Freiheit, Demokratie, Gleichheit, Rechtsstaatlichkeit und die Wahrung der Menschenrechte einschließlich der Rechte der Personen, die Minderheiten angehören. Diese Werte sind allen Mitgliedstaaten in einer Gesellschaft gemeinsam, die sich durch Pluralismus, Nichtdiskriminierung, Toleranz, Gerechtigkeit, Solidarität und die Gleichheit von Frauen und Männern auszeichnet." Das Ausmaß und die Qualität der Demokratie in den einzelnen EU-Mitgliedstaaten weisen zwar gewisse Unterschiede auf. Autokratien sind jedoch von einer EU-Mitgliedschaft grundsätzlich ausgeschlossen.

Dass die EU aus demokratischen Mitgliedstaaten besteht, bedeutet nicht zwingend, dass auch die EU als supranationale Institution demokratisch sein muss. Es wird denn auch seit der Gründung der EU bzw. ihrer Vorläufer in Politik und Politikwissenschaft intensiv darüber debattiert, wie demokratisch die Union denn sei und wie sie (noch) demokratischer gestaltet werden könnte. In den folgenden Kapiteln werden wir noch wiederholt auf diese Frage eingehen. Als Beispiel sei an dieser Stelle nur kurz das Europäische Parlament erwähnt. In einem Urteil vom 30. Juni 2009 zum EU-Vertrag von Lissabon umschreibt das deutsche Bundesverfassungsgericht das Demokratiedefizit des Europäischen Parlamentes in sehr pointierter Weise: „Gemessen an verfassungsstaatlichen Erfordernissen fehlt es der Europäischen Union auch nach Inkrafttreten des Vertrags von Lissabon an einem durch gleiche Wahl aller Unionsbürger zustande gekommenen politischen Entscheidungsorgan mit der Fähigkeit zur einheitlichen Repräsentation des Volkswillens. Es fehlt, damit zusammenhängend, zudem an einem System der Herrschaftsorganisation, in dem ein europäischer Mehrheitswille die Regierungsbildung so trägt, dass er auf freie und gleiche Wahlentscheidungen zurückreicht und ein echter und für die Bürger transparenter Wettstreit zwischen Regierung und Opposition entstehen kann. Das Europäische Parlament ist (...) kein Repräsentationsorgan eines souveränen europäischen Volkes. Dies spiegelt sich darin, dass es als Vertretung der Völker in den jeweils zugewiesenen nationalen Kontingenten von Abgeordneten nicht als Vertretung der Unionsbürger als unterschiedene Einheit nach dem Prinzip der Wahlgleichheit angelegt ist."

Im Gegensatz zu dieser Bewertung der demokratischen Qualität der EU durch deutsche Verfassungsrichter ist die Debatte zu diesem Thema in der Politikwissenschaft weniger kategorisch (für einen Überblick über diese Diskussion siehe Schmidt, 2008). In dieser Debatte wird deutlich, dass verschiedene Auffassungen bzw. Definitionen von Demokratie unterschiedliche Antworten auf die Frage nach der demokratischen Legitimation der EU nach sich ziehen. Moravcsik (2002) z. B. sieht kein demokratisches Defizit in der EU. Er argumentiert, dass die Gewaltenteilung zwischen den verschiedenen europäischen Organen, die indirekte demokratische Kontrolle durch die Regierungen der Mitgliedstaaten und die wachsende Macht des Europäischen Parlamentes ausreichen, um sicherzustellen, dass die politischen Organe der EU den Willen der EU-Bürger angemessen repräsentieren. Darüber hinaus ist er der Meinung, dass EU-Politik in den meisten Fällen klar, transparent und effizient ist und sich auch an den Forderungen der europäischen Bürger orientiert. Seiner Meinung nach legen die EU-Kritiker ihren Analysen eine idealisierte Demokratievorstellung zugrunde, die kein moderner Staat erreichen könne. Dabei übersehen sie die Aufgabenteilung zwischen der EU und den Nationalstaaten. Da die EU vor allem für solche Aufgaben zuständig ist, bei denen es generell wenig Bürgerpartizipation gibt, erscheint sie undemokratisch, ohne dies wirklich zu sein. Verschiedene Faktoren tragen nach Moravcsiks Meinung dazu bei, dass die EU demokratisch ist. Zunächst ist die EU kein „Superstaat", da die Verwaltungsmacht der EU gering ist, die Entscheidungsfindung innerhalb der EU einer ausgeprägten Gewaltenteilung unterliegt und nicht alle Entscheidungen der EU für die Mitgliedstaaten rechtlich bindend sind. Zweitens ist die EU auch kein Technokratenstaat, der niemandem Rechenschaft schuldig ist, da die EU-Kommission direkt durch das Europäische Parlament und indirekt durch die gewählten Regierungsmitglieder der Nationalstaaten von den Bürgern zur Verantwortung gezogen werden kann. Darüber hinaus hat die Kommission bereits viele ihrer Funktionen an unabhängige Institutionen wie den Europäischen Gerichtshof oder die Europäische Zentralbank abgegeben. Schließlich argumentiert Moravcsik, dass auch erweiterte Mitwirkungsrechte der Bürger nicht zu einem größeren „europäischen" Bürgergefühl führen würden, da unabhängige Institutionen oft populärer sind als gewählte Institutionen. Auch die Tatsache, dass die EU häufig über eher technische Details entscheidet, trägt nicht dazu bei, das mangelnde Interesse der Bürger an EU-Themen zu beheben. Aufgrund dieser Überlegungen sieht Moravcsik weder ein demokratisches Defizit noch Reformbedarf im Bereich der Europäischen Union.

Obwohl Follesdal und Hix (2006) viele Argumente Moravcsiks gelten lassen, widersprechen sie dieser Auffassung. Ausgehend von einer minimalistischen Demokratiedefinition, welche die Hauptelemente der Demokratie in Partizipation, politischem Wettbewerb und Umsetzung der Präferenzen der Mehrheit sieht, weisen die Forscher vor allem auf ein großes Defizit in den institutionellen Strukturen der Europäischen Union hin: den Mangel an politischem Wettbewerb. Dies führt zu zwei Hauptproblemen: Zum einen gibt es in der EU keinen institutionalisierten und formellen Mechanismus, der die Präferenzen der Bürger und die Politik der EU miteinander verbindet. Für die Bürger gibt es keine Möglichkeit aus einer Reihe unterschiedlicher Kandidaten die politische Führung auf EU-Ebene direkt zu wählen oder die Richtung der EU-Politik grundlegend mitzubestimmen. Ebenso wenig können sie Politiker, mit deren Arbeit sie nicht zufrieden sind, wieder abwählen. Zum anderen beruht Demokratie auf Deliberation. Die Präferenzen der Bürger bilden sich erst im Laufe einer lebhaften, kontrovers und öffentlich geführten Diskussion über die anstehenden politischen Entscheidungen. Politischer Wettbewerb zwischen verschiedenen Parteien ist eine notwendige Bedingung für eine solche Meinungsbildung. Da ein solcher Wettbewerb in der EU jedoch nicht stattfindet, muss es nicht verwundern, dass nur wenige Bürger sich eine Meinung über anstehende Entscheidungen auf EU-Ebene bilden und dass es nur ein gering ausgeprägtes Gefühl eines europäischen Demos, also einer europäischen Bürgerschaft, gibt. Die Autoren argumentieren daher, dass weitere Reformen der Europäischen Union notwendig seien, um die demokratische Legimitation ihrer politischen Entscheidungen zu erhöhen.

4.2 Wie lässt sich die Aushöhlung der Demokratie durch undemokratische Kräfte verhindern?

Da demokratische Systeme auch politischen Gegnern der Demokratie weitgehende Freiheiten einräumen, stellt sich die Frage, wie die Aushöhlung der Demokratie durch undemokratische Kräfte verhindert werden kann. Das politische System Deutschlands ist durch die Erfahrung der nationalsozialistischen Machtergreifung 1933 aus der demokratischen Weimarer Republik heraus stark geprägt. Die deutsche Demokratie weist deshalb einige Besonderheiten auf, die in Zukunft eine

Machtergreifung durch undemokratische Kräfte unmöglich machen sollen. Das Grundgesetz von 1949 (die Verfassung des deutschen Staates) legt besonderen Wert darauf, den Fortbestand der Demokratie sicher zu stellen und eine Übernahme der Macht durch totalitäre politische Kräfte in Zukunft auszuschließen. Das deutsche Regierungssystem ist deshalb als „wehrhafte Demokratie" konzipiert, die der „freiheitlich demokratischen Grundordnung" einen besonderen Schutz und Stellenwert einräumt. Das deutsche Bundesverfassungsgericht hat diese Grundordnung als ein politisches System definiert, das „unter Ausschluss jeglicher Gewalt- und Willkürherrschaft eine rechtsstaatliche Herrschaftsordnung auf der Grundlage der Selbstbestimmung des Volkes nach dem Willen der jeweiligen Mehrheit und der Freiheit und Gleichheit darstellt" (Bundesverfassungsgerichtsurteil im Verbotsprozess gegen die Sozialistische Reichspartei, 23.10.1952).

Das Konzept der „wehrhaften Demokratie" in Deutschland bedeutet, dass die freiheitliche demokratische Grundordnung selbst durch legale Schritte oder demokratische Abstimmungen nicht abgeschafft werden kann. In der sogenannten „Ewigkeitsklausel" (Artikel 79, Absatz 3 des Grundgesetzes) wird festgelegt, dass die fundamentalen Prinzipien der deutschen Verfassung, wie z. B. die Achtung der Menschenrechte, die Volkssouveränität und die Gewaltenteilung, unter keinen Umständen abgeändert werden können. Damit bleibt es Gegnern der Demokratie verwehrt, diese Bestimmungen auszusetzen oder abzuschaffen. Darüber hinaus hat der deutsche Staat das Recht, aktiv gegen Gegner der Verfassung vorzugehen. Das Bundesamt für Verfassungsschutz überwacht verfassungsfeindliche Aktivitäten und der deutsche Staat hat das Recht, Gruppen oder Parteien, die solche Ziele verfolgen, zu verbieten. So erließ der deutsche Staat 1952 ein Verbot gegen die Sozialistische Reichspartei (SRP), eine Nachfolgeorganisation der NSDAP, sowie 1956 gegen die Kommunistische Partei Deutschlands (KPD). Ein Versuch, die rechtsradikale Nationaldemokratische Partei Deutschlands (NPD) zu verbieten, scheiterte 2003 aus verfahrensrechtlichen Gründen (unrechtmäßig gesammelte Beweismittel). Dieses Beispiel zeigt, dass bei Verfahren gegen potentiell verfassungsfeindliche Akteure die rechtsstaatlichen Prinzipien der Bundesrepublik Deutschland staatlichen Handlungsträgern klare Grenzen setzen.

Auch in Österreich und Schweiz beobachten und analysieren Nachrichtendienste politische Aktivitäten, die gegen die demokratische Grundordnung des Staates gerichtet sind. Auch Parteiverbote sind grundsätzlich möglich. In der Praxis sind die Hürden jedoch extrem hoch. Das letzte Parteiverbot in der Schweiz wurde während des Zweiten Weltkrieges erlassen. In Österreich verbietet das Verbotsgesetz von 1947 die NSDAP und jede Wiederbetätigung. 1988 wurde auf dieser Grundlage der 1967 gegründeten Nationaldemokratischen Partei die Rechtspersönlichkeit aberkannt.

4.3 Autokratische Systeme

Ein autokratisches System – auch Diktatur, Autokratie oder autoritäres System genannt – ist ein politisches System, das die Kriterien einer Demokratie nicht erfüllt. Je umfassender bzw. strenger die verwendete Demokratiedefinition ist, desto größer ist die Zahl der als nichtdemokratisch charakterisierten Staaten; und desto heterogener sind auch die politischen Systeme der verbleibenden nichtdemokratischen Staaten. Autokratien können politische Systeme sein, in denen den Bürgern zwar nur eine beschränkte politische Mitwirkung erlaubt wird, diese sonst aber weitgehende Freiheiten genießen (z. B. Hongkong). Sie können aber auch totalitäre Systeme sein, in denen die Bürger stark unterdrückt werden (z. B. Nordkorea). Alle Autokratien haben jedoch eines gemeinsam: Ihre Regierenden müssen sich nicht freien und fairen Wahlen stellen, welche zu einem politischen Machtwechsel führen können. Autokratische Staaten werden also in der Regel von einer kleinen Gruppe von Personen regiert, welche sich dem politischen Wettbewerb in Form freier und fairer Wahlen entzieht und somit ein im Vergleich zu Demokratien geringes Maß an Forderungen und Anregungen des Volkes bei ihren Entscheidungen berücksichtigen muss.

Autokratische Systeme lassen sich anhand bestimmter Merkmale klassifizieren. Die in der Literatur am häufigsten verwendeten Klassifizierungen unterscheiden zwischen drei Typen autokratischer Regime – Monarchien, Militärregime und Zivilregime – und zwei weiteren qualitativen Dimensionen autokratischer Systeme, das Ausmaß an Personalisierung und Freiheitsbeschränkungen der Bürger (Geddes, 1999; Cheibub et al., 2010; Magaloni & Kricheli, 2010). Zusammen bilden die drei Typen autokratischer Regime sowie die zwei zusätzlichen qualitativen Dimensionen eine reichhaltige Typologie autokratischer Regime, die es uns erlaubt, die Entstehung unterschiedlicher autokratischer Systeme, ihre Überlebensstrategien sowie die Gründe für ihren Untergang besser zu verstehen und empirisch zu analysieren (z. B. Gandhi, 2008; Wright, 2008; Frantz & Ezrow, 2011; Svolik, 2012).

Monarchien

Monarchien sind politische Systeme, in denen eine einzelne Person aufgrund besonderer Vorrechte oder besonderer Fähigkeiten das Amt des Staatsoberhauptes ausübt. Der Monarch kann dieses Amt entweder durch Erbfolge (Erbmonarchie) oder durch Wahl (Wahlmonarchie) erhalten. In der Regel trägt der Monarch einen Adelstitel, wie etwa König, Kaiser oder Scheich. In allen Monarchien ist der Monarch die oberste Entscheidungsinstanz. Seine tatsächliche politische Macht kann jedoch stark variieren. In absoluten Monarchien liegt die alleinige Entscheidungsmacht in den Händen des Monarchen. Von der Antike bis zum Mittelalter waren absolute Monarchien die dominante Staatsform. Heute ist diese Staatsform sehr selten. Beispiele sind Saudi-Arabien und der Vatikan. Saudi-Arabien ist eine absolute Erbmonarchie, der Vatikan eine absolute Wahlmonarchie. In konstitutionellen Monarchien liegt die Exekutivmacht nach wie vor in den Händen des Monarchen, seine Macht ist jedoch durch eine Verfassung eingeschränkt. Marokko und Jordanien sind Beispiele konstitutioneller Erbmonarchien. In beiden Staaten ernennt der König den Ministerpräsidenten und die Richter. Er ist militärischer Oberbefehlshaber. Und er kann jederzeit die Regierung entlassen und das Parlament auflösen. Die Verfassung beider Staaten schreibt jedoch vor, dass der Monarch die Staatsmacht mit einer durch Wahlen legitimierten Regierung teilen muss. Während der König von Marokko den parlamentarischen Gesetzgebungsprozess umgehen und via Dekrete regieren kann, lässt Jordaniens Verfassung dies nicht zu. Der jordanische König kann lediglich sein Veto gegen nicht genehme Gesetze einlegen. Dieses Veto kann jedoch durch eine Zweidrittelmehrheit beider Parlamentskammern überstimmt werden.

Absolute und insbesondere konstitutionelle Monarchien sind nicht zu verwechseln mit parlamentarischen Monarchien. Die beiden erstgenannten Staatsformen sind autokratisch. Die parlamentarische Monarchie hingegen ist eine demokratische Staatsform. In dieser beschränkt sich die Rolle des Monarchen meist auf repräsentative Aufgaben, während die Lenkung der Staatsgeschäfte dem Parlament und der vom Parlament gewählten Regierung obliegt. Wichtigstes Merkmal parlamentarischer Monarchien ist, dass der Monarch die Regierung und Parlament nicht absetzen bzw. auflösen kann. Parlamentarische Monarchien sind besonders häufig in westeuropäischen Demokratien anzutreffen. Die bekanntesten Beispiele sind Großbritannien, Norwegen, Schweden, Dänemark, die Niederlande und Spanien.

Militärregime

In Militärregimen besteht die Regierung aus einer Gruppe von aktiven oder ehemaligen Militärs, der sogenannten Militärjunta. Die militärische Führung unterstützt die Regierung und ist in der Lage, politische Entscheidungen und die Ernennung des politischen Führungspersonals aktiv zu beeinflussen. Militärregime können unterschiedliche Ideologien und (Wirtschafts-)Politiken verfolgen, doch sie legen meist einen hohen Wert auf die Einheit und Autonomie des Militärs. Argentinien wurde z. B. seit dem Ende des Zweiten Weltkrieges insgesamt vier Mal von einer Militärjunta regiert. Traurige Berühmtheit erlangte vor allem das repressive Militärregime von 1976–1983, dem mehrere Tausend Menschen zum Opfer fielen. Nach einem Staatsstreich leitete hier eine Militärjunta mit drei Mitgliedern unter der Führung von General Jorge Rafael Videla die Geschicke des Landes. Geschwächt durch den verlorenen Falkland-Krieg und eine schwere Wirtschaftskrise zog sich das Militär schließlich 1983 aus der Politik zurück.

Autokratische Zivilregime

Die Kategorie der Zivilregime umfasst alle autokratischen Systeme, die weder Monarchien noch Militärregime sind. Zivilregime unterscheiden sich in ihrer Struktur stärker voneinander als Monarchien oder Militärregime. Gemeinsam ist ihnen jedoch, dass eine Gruppe von zivilen Personen, die also weder adliger Abstammung noch Militärs sind, die Staatsmacht innehat. Eine während des Kalten Krieges besonders weit verbreitete Form des Zivilregimes ist das Einparteienregime. In Einparteienregimen dominiert eine einzige Partei die Politik und kontrolliert den Zugang zur Staatsmacht. Andere politische Parteien sind in der Regel verboten, wodurch der politische Wettbewerb ausgeschaltet wird. Regierungsämter werden durch einen innerparteilichen Auswahlprozess besetzt, sodass Personen, die nicht der Partei angehören, keine oder nur sehr geringe Chancen haben ein politisches Amt zu erhalten. Parteikader besetzen die höchsten Regierungsämter und regeln die Nachfolge des Regierungschefs unter sich. Parteien in Einparteiensystemen verfügen über eine starke Organisation mit einem gut funktionierenden Netzwerk von Parteiorganen auf lokaler Ebene. China besitzt heute das weitaus bedeutendste politische System dieser Art. Die Kommunistische Partei Chinas (KPC) gelangte 1949 nach einem Bürgerkrieg an die Macht und stellt seither die Regierung der damals gegründeten Volksrepublik China. Die Bildung von Organisationen, die sich der Partei nicht unterordnen bzw. gegen die Partei opponieren ist strafbar. Die politische Führung des Landes setzt sich aus einer relativ kleinen Elite von Parteifunktionären zusammen. Der Vorsitzende der KPC, der die höchsten Ämter in Staat (Staatspräsident) und Militär (Vorsitzender der zentralen Militärkommission) auf sich vereinigt, wird von Parteikadern gewählt und muss eine lange Parteikarriere vorweisen, um sich für die Kandidatur zu qualifizieren.

Seit dem Ende des Kalten Krieges nahmen innerhalb der Kategorie der autokratischen Zivilregime der Anteil der Einparteienregime ab und der Anteil der sogenannten Dominante-Parteien-Regime zu. Wie in Einparteienregimen dominiert in den Dominante-Parteien-Regimen eine Partei die Politik und kontrolliert den Zugang zur Macht. Andere politische Parteien sind jedoch zugelassen und können an Parlaments- und Präsidentschaftswahlen teilnehmen. Diese Wahlen werden aber in der Regel zugunsten der Regierungspartei manipuliert und erfüllen somit nicht das Minimalkriterium demokratischer Wahlen. Solche Autokratien werden in der politikwissenschaftlichen Literatur auch „defekte Demokratien“ (Merkel et al., 2003) oder „kompetitive Wahlautokratien“ („competitive electoral autocracies“) (Levitsky & Way, 2010) genannt. Das politische System Malaysias ist ein Beispiel für ein solches Regime. Seit Malaysias Unabhängigkeit dominiert die Nationale Organisation Vereinigter Malaien (UMNO) die Politik des Landes. Andere politische Parteien sind zwar erlaubt, besitzen jedoch gegenüber dem mächtigen Parteiapparat der UMNO kaum Chancen, die Parlamentsmehrheit zu gewinnen. Als dies 1969 dennoch geschah, heizte die UMNO die ethnischen Spannungen zwischen Malaien chinesischer Abstammung, welche vor allem die Opposition unterstützten, und der indigenen malaysischen Bevölkerung an. Als der Konflikt (wie von der Regierung gewünscht) eskalierte, verhängte die Regierung das Notrecht, schloss das Parlament und sicherte damit ihr Verbleiben an der Macht.

Globale Verteilungen autokratischer Systemtypen seit 1946

Abbildung 4.3 zeigt, wie sich der Anteil der Monarchien, Militär- und Zivilregime innerhalb der Kategorie der autokratischen Systeme zwischen 1946 und 2008 entwickelt hat. Der häufigste autokratische Systemtyp sind Zivilregime, deren Anteil zwischen 40 und 60 Prozent liegt. Dieser Anteil nahm zwischen 1960 und 1975 ab, stabilisierte sich dann bei rund 50 Prozent, nahm aber seit dem Ende des Kalten Krieges in den 1990er Jahren wieder zu und liegt heute bei rund 60 Prozent. Der zweithäufigste Systemtyp sind Militärregime mit einem Anteil zwischen 20 und 40 Prozent. Dessen zeitliche Entwicklung ist das Spiegelbild des Auftretens von Zivilregimen. In den 1960er Jahren nahm der Anteil der Militärregime zu und stabilisierte sich bei rund 40 Prozent. Mit dem Ende des Kalten Krieges nahm dieser Anteil ab und lag zur Jahrtausendwende bei rund 30 Prozent. Der Anteil der Monarchien liegt zwischen 15 und 20 Prozent und ist seit dem Ende des Zweiten Weltkrieges relativ konstant geblieben. Die leichte Abnahme zwischen 1946 und 1970 sowie die leichte Zunahme zwischen 1985 und 2008 sind das Resultat einer Zunahme (1946–1970) und Abnahme (1985–2008) der Anzahl der Autokratien insgesamt.

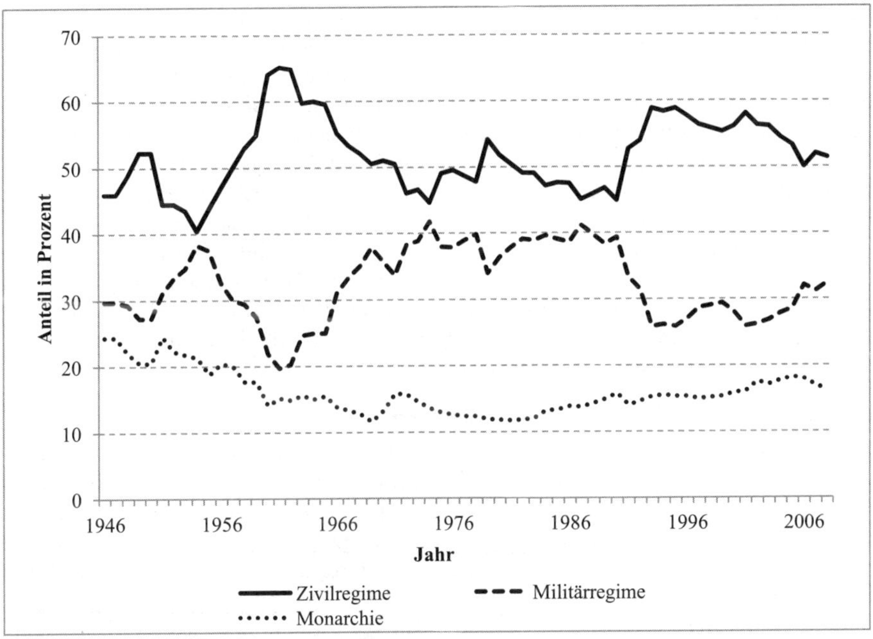

Abbildung 4.3: Autokratische Systeme im Zeitraum 1946–2008

Quelle: Cheibub et al. (2010)

Autokratische Systeme unterscheiden sich nicht nur darin, wer die Staatsmacht innehat, sondern auch darin, wie der Inhaber der Staatsmacht diese strukturiert und einsetzt. Autokratien variieren insbesondere in Bezug darauf, wie viel politische Macht in den Händen einer einzelnen Person liegt und wie sehr die Herrscher die Freiheit ihrer Bürger beschränken. Während alle Macht in absoluten Monarchien in der Regel beim Monarchen liegt, unterscheiden sich Militär- und autokratische Zivilregime stark im Personalisierungsgrad der Macht voneinander. Hinsichtlich der zweiten qualitativen Dimension, dem Ausmaß an Freiheitsbeschränkung der Bürger, variieren alle der drei eben vorgestellten Regimetypen.

Das Ausmaß der Personalisierung

Je größer das Ausmaß der Personalisierung eines autokratischen Systems ist, desto stärker ist die Konzentration der Staatsmacht in den Händen einer einzelnen Person. Stark personalisierte autokratische Systeme zeichnen sich dadurch aus, dass der Zugang zu politischen Ämtern und den damit verbundenen Vorteilen stark vom Wohlwollen des Machthabers abhängig ist. Diese Person kann ein hoher Militäroffizier sein oder sich auf eine Partei stützen. Weder das Militär noch die Partei besitzen jedoch die Macht, unabhängig von der Person des Machthabers Entscheidungen zu treffen. Ein Beispiel für ein stark personalisiertes Militärregime war der Irak unter Saddam Hussein (1979–2003). Nach seiner Machtergreifung diffamierte und liquidierte er seine Kritiker in den Reihen der staatstragenden Baath-Partei und sicherte sich so die uneingeschränkte Loyalität der verbleibenden Parteimitglieder. Den natürlichen Tod des Baath-Partei-Gründers und Vizepräsidenten Michel Aflaq und weiterer altgedienter

Parteimitglieder und Minister nutzte Saddam zur weiteren Personalisierung der Macht. Schrittweise wurden dabei die meisten politischen Ämter im Irak von Familienangehörigen oder engen persönlichen Vertrauten Saddams besetzt. Das politische System Kubas unter Fidel Castro ist dagegen ein Beispiel für ein stark personalisiertes System, in dem sich der Machthaber auf eine Partei stützt. Im Gegensatz zu stark personalisierten Autokratien spielen in nichtpersonalisierten autokratischen Systemen eine gesamte Partei oder das Militär als Ganzes eine tragende Rolle, nicht jedoch einzelne Personen. Ein Beispiel für ein solches System ist Mexiko während der Herrschaft der Partido Revolucionario Institucional (PRI) (1929–2000). Diese Partei und ihre Kader sorgten mittels eines ausgeklügelten Systems dafür, dass kein einzelner Parteipolitiker die Möglichkeit hatte, die Macht zu personalisieren. Parlamentsmitgliedern war es z. B. verboten für die unmittelbar darauffolgende Legislaturperiode zur Wiederwahl anzutreten und der Präsident musste nach einer sechsjährigen Amtszeit jeweils zurücktreten.

Das Ausmaß an Freiheitsbeschränkungen der Bürger

Autokratien unterscheiden sich zudem darin, ob und wieweit sie die Freiheit ihrer Bürger einschränken. Die extremste Form der Freiheitsbeschränkung findet sich in sogenannten totalitären autokratischen Systemen. Nach Hannah Arendt (1951) kennzeichnen zwei Hauptelemente totalitäre Regime: Ideologie und Terror. Totalitäre Staaten wie z. B. das Nazi-Regime in Deutschland und Österreich, das stalinistische Regime in der damaligen Sowjetunion oder das heutige Nordkorea mobilisieren und kontrollieren mit Hilfe einer umfassenden Staatsideologie die gesamte Bevölkerung. Diese Ideologie wird durch eine Staatspartei, welche die Medien umfassend kontrolliert, symbolisiert und verbreitet. Schon von Kindesbeinen an infiltriert der Staat das Leben seiner Bürger. Eine Mitwirkung in anderen politischen Parteien oder Organisationen, z. B. religiösen, die nicht dem Erreichen der ideologischen Staatsziele dienen, wird nicht toleriert, sondern meist bestraft. Das gesamte Leben der Bürger wird somit in den Dienst der totalitären Ideologie und der Machthaber gestellt. Um jeglichen Widerstand gegen ihre Herrschaft zu verhindern, bedienen sich totalitäre Regime diverser Überwachungs- und Terrormechanismen. Die Existenz einer mächtigen und in allen Lebensbereichen präsenten Geheimpolizei sowie ein Klima der Angst sind demzufolge typische Kennzeichen totalitärer Regime. Am anderen Ende des Spektrums der Autokratien stehen Systeme, die autokratisch sind, weil die politischen Mitspracherechte der Bürger beschränkt sind, die ihren Bürgern jedoch verhältnismäßig viele Freiheiten zugestehen. Ein Beispiel ist Singapur. Menschenrechtsverletzungen sind hier selten und die Bewohner dieses Kleinstaates genießen ungefähr die gleichen wirtschaftlichen und sozialen Freiheiten wie die Bewohner etablierter Demokratien. Der staatliche Sicherheitsapparat ist dennoch omnipräsent und die Regierung unterdrückt politische Opposition und Proteste bereits im Keim. Zudem schränkt der Staat die Pressefreiheit stark ein. Im Jahr 2009 lag Singapur im Index zur Pressefreiheit der Organisation Reporter ohne Grenzen auf dem 133. Platz von 175 bewerteten Staaten.

4.4 Empirische Maße für politische Systemtypen

Um systematische Vergleiche zwischen politischen Systemtypen sowie deren Ursachen und Konsequenzen empirisch untersuchen zu können, ist es erforderlich, diese Systemtypen in valider und reliabler Weise messbar zu machen. Angesichts der unterschiedlichen Definitionen des Demokratiekonzeptes und der unterschiedlichen Klassifikationen autokratischer Systeme hat die Forschung verschiedene Vorschläge zur Operationalisierung und Messung von politischen Systemtypen hervorgebracht. Wir stellen in diesem Abschnitt vier Vorschläge vor und vergleichen diese miteinander: Die Demokratievariable von Alvarez, Cheibub, Limongi und Przeworski (ACLP) (Alvarez et al., 1996; für eine aufdatierte Version siehe Cheibub et al., 2010), den Vanhanen-Index (Vanhanen, 2000), den Polity IV-Index (Marshall et al., 2011) und den Freedom House-Index (Freedom House, 2007). Diese vier Messgrößen decken alle eine große Anzahl von Ländern sowie einen langen Zeitraum ab. Sie werden daher häufig in quantitativen politikwissenschaftlichen Studien verwendet.

Eine grundlegende Frage bei der Messung des politischen Systemtyps ist, ob im zu testenden theoretischen Argument eine minimalistische oder eine breit gefasste Demokratiedefinition im Vordergrund steht. Wie oben diskutiert, reicht in der Minimaldefinition bereits das Vorhandensein demokratischer Wahlen (und damit des politischen Wettbewerbs) aus, um ein Land als Demokratie zu klassifizieren. Umfassende Demokratiedefinitionen erfordern zusätzlich z. B. das Vorhandensein von Rechtsstaatlichkeit oder die wirksame Umsetzung bestimmter Grundrechte des Individuums (Schutz vor unrechtmäßiger Gewaltanwendung durch den Staat, Pressefreiheit, Religionsfreiheit, etc.).

Von den genannten vier Indices liegt dem ACLP-Index und dem Vanhanen-Index eine eng gefasste Demokratiedefinition zugrunde. Bei diesen beiden Maßen zählt ein Land bereits dann als Demokratie, wenn es einen freien Wettbewerb um politische Ämter aufweist. Während der ACLP-Index sein Augenmerk ausschließlich auf das Vorhandensein von politischem Wettbewerb legt, berücksichtigt der Vanhanen-Index zusätzlich auch die Dimension der Partizipation (Dahl, 1971). Der Polity IV-Index geht von einer etwas breiteren Demokratiedefinition aus. Neben dem Vorhandensein von politischem Wettbewerb muss die Regierungsmacht rechtlich und institutionell beschränkt sein, damit dieser Staat als Demokratie gelten kann. Wie der ACLP-Index blendet auch der Polity IV-Index den Aspekt der Partizipation aus. Der Freedom House-Index verwendet hingegen eine sehr umfassende Demokratiedefinition und berücksichtigt rund 20 verschiedene politische und bürgerliche Freiheiten. Er vernachlässigt jedoch zum Teil die institutionellen Strukturen der Staaten.

Neben der zugrunde liegenden Demokratiedefinition unterscheiden sich die genannten Indizes auch darin, dass die einen den politischen Systemtyp eines Landes mittels einer diskreten Variablen messen und die anderen ihn als kontinuierliche Variable operationalisieren. Diskret bedeutet, dass die Variable zwischen (mindestens) zwei klar voneinander unterscheidbaren Typen differenziert, während die kontinuierliche Variable die Systeme auf einem Kontinuum von einem Extrem (z. B. einem totalitären autokratischen Regime) zum anderen Extrem (z. B. einer freiheitlich liberalen Demokratie) anordnet. Der ACLP-Index ist ein diskretes Maß. Seine Befürworter argumentieren, dass ein Land entweder demokratisch ist oder nicht. Zwischentypen, wie etwa „halbdemokratische" Staaten, gibt es nach dieser Auffassung nicht. Die Indices von Vanhanen, Polity IV und Freedom House hingegen sind kontinuierliche Indizes, die verschiedene Abstufungen des politischen Systemtyps unterscheiden. Welche der beiden Auffassungen sinnvoller ist, hängt von der Forschungsfrage und den theoretischen Argumenten dazu ab (Collier & Adcock, 1999). Wichtig ist auch hier, eine enge Verknüpfung zwischen dem theoretischen Konzept und empirisch messbaren Indikatoren zu begründen.

	ACLP	Vanhanen-Index	Polity	Freedom House
Indikatoren	– Politischer Wettbewerb – Wahl der Exekutive – Wahl der Legislative – Machtwechsel	– Politischer Wettbewerb (Prozent der Stimmen, die nicht an die stärkste Partei gehen) – Politische Partizipation (Wahlbeteiligung in Prozent)	– politischer Wettbewerb – Regulierung der politischen Partizipation – Rekrutierungswettbewerb für die Exekutive – Offenheit der Rekrutierung der Exekutive – Beschränkungen der Exekutivmacht	– 9 politische Freiheiten – 11 bürgerliche Freiheiten
Demokratiedefinition	Minimal	Minimal	Mittel	Breit
Skalierung	Nominal (Dummy-Variable)	Intervall 0 (autokratisch) bis 100 (>5 gilt als demokratisch)	Ordinal –10 (autokratisch) bis +10 (demokratisch)	Ordinal 1 (demokratisch) bis 7 (autokratisch)
Anzahl Länder*	190	186	161	192
Zeitraum	1946 – 2010	1810 – 2010	1800 – 2009	1972 – heute
Vorteile	Klare Identifikation der verschiedenen Komponenten, konzeptuelle Logik, passende Indikatorenauswahl, klare und detaillierte Kodierungsregeln	Klare Kodierungsregeln, umfassender Datensatz, Replizierbarkeit	Klare Identifikation der verschiedenen Komponenten, klare und detaillierte Kodierungsregeln, umfassender Datensatz	Umfassender Datensatz
Nachteile	Minimalistische Demokratiedefinition	Minimalistische Demokratiedefinition, fragwürdige Indikatoren, unpassendes Aggregationsverfahren	Minimalistische Demokratiedefinition, Redundanzproblem der Indikatoren, unpassendes Aggregationsverfahren	Sehr breit gefasste Demokratiedefinition, Komponenten sind nicht klar voneinander abgegrenzt, Messproblem, unpassendes Aggregationsverfahren
Quelle	Alvarez et al. 1996; Cheibub et al. 2010	Vanhanen 2000	Marshall et al. 2011	www.freedomhouse.org

Abbildung 4.4: Vergleich von vier Vorschlägen zur Operationalisierung und Messung des Konzeptes „Politisches System"

Quelle: Munck und Verkuilen (2002)

* für das Jahr 2000

In Abbildung 4.4 sehen Sie einen Vergleich der vier genannten Demokratiemaße und einige Angaben zu den Vor- und Nachteilen der einzelnen Indices. Auffällig ist, dass es kein Maß gibt, das in allen Belangen den anderen Maßen überlegen ist. Bei der Operationalisierung und Messung ist also ein Abwägen der Vor- und Nachteile der verschiedenen Alternativen empfehlenswert.

Abbildung 4.5 zeigt die Werte der vier Indizes für ausgewählte Länder zu drei verschiedenen Zeitpunkten: 1980, 1990 und 2000. Alle vier Indices stufen Deutschland, Österreich und die Schweiz als sehr demokratische Länder ein. Auffallend ist jedoch, dass nur der Vanhanen-Index über die Jahre und zwischen den drei Ländern variiert. Ob diese Varianz tatsächlich auf substantielle Unterschiede im Demokratieniveau hindeutet, ist allerdings fragwürdig, da diese Unterschiede u. a. auf unterschiedliche Wahlbeteiligungen zurückzuführen sind. Indien hingegen gilt zwar auch als (weltweit größte) Demokratie, erreicht aber weder beim Polity- noch beim Freedom House-Index den höchsten Wert. Auch beim Vanhanen-Index weist Indien wesentlich geringere Werte auf als die Schweiz, Österreich und Deutschland.

Bei den zwei in Abbildung 4.5 aufgeführten Autokratien sind sich die vier Indizes bei der Klassifizierung einig. Auch hier treten aber insbesondere bei den diskreten Indizes geringfügige Unterschiede auf. Der Vanhanen-Index, der eine gewisse Varianz innerhalb der demokratischen Staaten aufweist, weist allen in Abbildung 4.5 gezeigten Autokratien den gleichen Wert (0) zu. Unterschiede zwischen den vier Indizes werden noch deutlicher, wenn wir deren Werte für die Transformationsstaaten Polen und Türkei betrachten. Diese beiden Staaten haben in jüngerer Zeit einen politischen Systemwechsel (in beiden Fällen eine Demokratisierung) vollzogen. Während alle vier Indizes Polen als zunehmend demokratisches Land ausweisen, ist die Einigkeit bei der Einordnung der Türkei geringer. Sowohl der Polity- als auch der Freedom House-Index deuten darauf hin, dass die Türkei in den 1980er Jahren eine Demokratisierung durchlief – ein Trend, der sich in den 1990er Jahren jedoch leicht umkehrte. Der Polity-Index sieht dabei jedoch einen etwas geringeren Rückgang der Demokratie als der Freedom House-Index. Im Gegensatz dazu deutet der Vanhanen-Index auf eine weitere Demokratisierung der Türkei hin und stuft das Land für das Jahr 2000 sogar als demokratischer ein als Polen oder Indien. Diese Beispiele zeigen, dass die vier Indizes bei der Einstufung etablierter Demokratien und eindeutiger Autokratien sehr hoch korrelieren, bei der Einordnung von Staaten, deren politisches System sich verändert, jedoch erhebliche Unterschiede aufweisen.

Aus den Abbildungen 4.4 und 4.5 wird auch deutlich, dass nicht alle Demokratiemaße das Gleiche messen. Vielmehr spiegeln diese Indizes unterschiedliche Demokratiedefinitionen wider. Bei der Entscheidung, welcher dieser Indizes für die empirische Untersuchung eines bestimmten theoretischen Arguments sinnvoll ist, muss also genau überlegt werden, welcher Index einem bestimmten Konzept von „Demokratie" am nächsten kommt (Validität). Z. B. sollten theoretische Argumente, die sich vor allem auf die institutionellen Charakteristiken von Demokratien beziehen, eher mit einem Demokratie-Index untersucht werden, dem eine engere und vor allem institutionell geprägte Demokratiedefinition zugrunde liegt. Argumente zu den Auswirkungen politischer und bürgerlicher Freiheiten auf den politischen Entscheidungsprozess hingegen sollten mit einem Index getestet werden, der diese Freiheiten explizit berücksichtigt. Häufig stehen selbst nach solchen Überlegungen noch mehrere Optionen zur Verfügung. In diesen Fällen empfiehlt es sich die Robustheit der empirischen Resultate einer Studie kritisch

	ACLP	Vanhanen-Index	Polity IV	Freedom House
Demokratien				
Deutschland				
– 1980 (West)	Demokratie	34,2	10	1
1990	Demokratie	32,9	10	1
2000	Demokratie	35,5	10	1
Österreich				
– 1980	Demokratie	31,2	10	1
1990	Demokratie	35,6	10	1
2000	Demokratie	37,7	10	1
Schweiz				
– 1980	Demokratie	41,2	10	1
1990	Demokratie	41,7	10	1
2000	Demokratie	40,3	10	1
Indien				
– 1980	Demokratie	16,7	8	2
1990	Demokratie	21,1	8	2
2000	Demokratie	17,1	9	2
Autokratien				
China				
– 1980	Diktatur	0	–7	6
1990	Diktatur	0	–7	7
2000	Diktatur	0	–7	7
Syrien				
– 1980	Diktatur	0	–9	5
1990	Diktatur	0	–9	7
2000	Diktatur	0	–7	7
Transformationsstaaten				
Polen				
– 1980	Diktatur	0,3	–6	6
1990	Demokratie	18,1	5	2
2000	Demokratie	22,3	9	1
Türkei				
– 1980	Diktatur	0	–5	5
1990	Demokratie	19,9	9	2
2000	Demokratie	24,5	7	4

Abbildung 4.5: Demokratiemaße für ausgewählte Länder

Quelle: Basierend auf Teorell et al. (2007)

zu prüfen, indem die Untersuchungsergebnisse daraufhin geprüft werden, ob sie sich bei Verwendung eines anderen Demokratie-Index verändern.

4.5 Auswirkungen des politischen Systemtyps

Demokratien erlauben ihren Bürgern im Rahmen freier und fairer Wahlen und/oder im Rahmen direktdemokratischer Verfahren eine politische Mitwirkung. Diese Partizipationsrechte werden von den meisten Bürgern als wichtiger Wert an sich wahrgenommen. Obschon in vielen Umfragen immer wieder mangelndes Vertrauen in Regierungen oder Parlamente diagnostiziert wird, sehen die allerwenigsten Befragten die Lösung in einer Abschwächung oder gar Abschaffung der Demokratie. Meist wollen sie eher mehr Demokratie bzw. Mitspracherechte und fordern mehr Transparenz in politischen Entscheidungsprozessen sowie mehr Rechenschaft politischer Verantwortungsträger gegenüber der Bevölkerung (z. B. Inglehart, 2003). In Autokratien durchgeführte Befragungen zeigen, dass auch dort ein starker und weit verbreiteter Wunsch nach mehr Demokratie existiert (z. B. Tessler & Gao, 2009; Tessler, 2011).

Neben diesem prozeduralen Wert der Demokratie, der einen großen eigenständigen Stellenwert besitzt und demokratische Systeme legitimiert, stellt sich jedoch auch die Frage nach der Leistungsfähigkeit des demokratischen politischen Systems. Letztere ist ebenso wichtig, um ein politisches System längerfristig in den Augen der Bevölkerung als legitim erscheinen zu lassen. Die Politikwissenschaft spricht in diesem Zusammenhang von „Input"- und „Output"-Legitimität (Scharpf, 1999).

Die Politikwissenschaft hat sich intensiv mit der Frage befasst, ob die Problemlösungsfähigkeit von Demokratien besser ist als diejenige von Autokratien. Zwar lässt sich ohne viel Aufwand beobachten, dass Demokratien meist wirtschaftlich erfolgreicher, international kooperativer und politisch stabiler sind als andere politische Systeme. Dennoch stellt sich die Frage der Leistungsfähigkeit. Bewirkt Demokratie eine bessere Problemlösungskapazität? Falls ja, weshalb? Dieser Frage gehen wir nun nach.

In demokratischen Systemen haben Politiker einen stärkeren Anreiz, auf die Interessen, Wünsche, Erwartungen und Forderungen einer großen Anzahl von Staatsbürgern Rücksicht zu nehmen als Politiker in autokratischen Systemen (Bueno de Mesquita et al., 2003; siehe Kasten 4.3). Bürger in Demokratien besitzen in regelmäßigen Abständen die Möglichkeit, unliebsame Politiker abzuwählen. Somit ist das politische Überleben demokratischer Regierungen an die Präferenzen der Bevölkerung gebunden. In Autokratien beruht das politische Schicksal des Regimes hingegen vor allem auf den Interessen einer deutlich kleineren Anzahl von Bürgern, einer sogenannten Elite. Für eine autokratische Regierung ist die Befriedigung dieser Elite durch politische Zugeständnisse sowie indirekte oder direkte Leistungen wichtiger als die Zufriedenheit der Mehrheit der Bevölkerung.

Die Politikwissenschaft bietet vor allem zwei Erklärungsansätze für eine unterschiedliche Problemlösungsfähigkeit von Demokratien und Autokratien: Der erste Erklärungsansatz konzentriert sich auf den sogenannten Medianwähler (siehe auch Abschnitt 8.1.5 in Kapitel 8). Der Medianwähler ist derjenige Wähler, dessen Präferenz in einem bestimmten Politikbereich genau in der Mitte des Spektrums aller Präferenzen der Wahlberechtigten liegt. Diese Präferenz kann sich z. B. darauf beziehen, wie hoch die Staatsausgaben für Bildung sein sollten. In diesem Beispiel bevorzugt eine Hälfte der Wahlberechtigten mehr Bildungsausgaben und die andere Hälfte der Wahlberechtigten weniger Bildungsausgaben als der Medianwähler. Diesem Erklärungsansatz zufolge haben Politiker in demokratischen Systemen einen starken Anreiz, sich am Medianwähler auszurichten, weil sie mit Entscheidungen zu seinen Gunsten die Mehrheit der Stimmen der Wahlberechtigten erlangen können. In Autokratien, in denen nur eine kleine Elite die Regierung bestimmt (bzw. „wählt"), stammt der Medianwähler nicht aus der Gesamtbevölkerung, sondern in der Regel aus einer kleinen privilegierten Elite. Die Präferenz des autokratischen Medianwählers liegt somit in der Mitte des Präferenzspektrums der Elite, welches sich in aller Regel deutlich vom Präferenzspektrum der Gesamtbevölkerung unterscheidet. Aus diesem Unterschied zwischen demokratischen und autokratischen Systemen lässt sich folgender Schluss ziehen: Je größer der Unterschied zwischen den Präferenzen des autokratischen und des demokratischen Medianwählers in einem bestimmten Politikfeld ist, desto größer ist der Unterschied der Politik zwischen Demokratien und Autokratien in diesem Politikbereich.

In der Regel unterscheidet sich der autokratische vom demokratischen Medianwähler in Bezug auf sein Einkommen: Mitglieder des autokratischen Regierungszirkels weisen meist ein deutlich höheres Einkommen auf als der Medianwähler in einer Demokratie. Denken Sie z. B. an den Medianwähler in Indien (eine Demokratie) und den Medianwähler der herrschenden Elite in Nordkorea (eine Autokratie). Der Medianwähler in demokratischen Staaten wird deshalb eine gewisse Umverteilung von Einkommen, weg von reicheren Bürgern hin zu ärmeren Bürgern – z. B. durch Sozialhilfe –, positiver bewerten als der im Durchschnitt reichere Medianwähler in einer Autokratie (Meltzer & Richard, 1981). Damit lässt sich auch erklären, weshalb demokratische Staaten tendenziell mehr Geld für soziale Wohlfahrt ausgeben als Autokratien (Rudra & Haggard, 2005).

Dieser Erklärungsansatz beruht allerdings auf der Annahme, dass in Demokratien alle Wahlberechtigten auch tatsächlich ihr Wahlrecht ausüben oder sich zumindest die Präferenzen der Nichtwähler nicht systematisch von den Präferenzen der Wähler unterscheiden. In der Realität nehmen aber gerade in etablierten Demokratien die ärmeren und schlechter gebildeten Bürger deutlich weniger an Wahlen und Abstimmungen teil. Diese Unterschiede in der politischen Partizipation können dazu führen, dass sich in Demokratien die Regierung eher am Medianwähler aus der Mittel- bis Oberschicht orientiert, als am Medianwähler der Gesamtbevölkerung (Guggenberger, 1984). Wir kommen weiter unten auf dieses Argument zurück.

Wie das Medianwählermodell konzentriert sich auch der zweite Erklärungsansatz auf Unterschiede zwischen den politisch relevanten Akteuren in den beiden politischen Systemtypen. Jedoch unterscheiden sich die beiden Erklärungsansätze in ihrer Argumentation. Der zweite Erklärungsansatz geht davon aus, dass Wähler diejenigen Politiker ins Amt verhelfen, die ihnen den größten Nutzen anbieten. In einer gewissen Weise „erkaufen" sich also Politiker ihr Amt, indem sie den Wählern Güter anbieten. Politiker können den Wählern entweder private oder öffentliche Güter anbieten. Öffentliche Güter, wie etwa Rechtssicherheit, Währungsstabilität, eine tiefe Kriminalitätsrate oder saubere Luft, zeichnen sich durch Nichtausschließbarkeit und Nichtrivalität im Konsum aus. Nichtausschließbarkeit bedeutet, dass niemand vom Konsum dieser Güter ausgeschlossen werden kann. So profitieren alle Bürger eines Landes von Rechtssicherheit, Währungsstabilität, einer geringen Kriminalitätsrate oder sauberer Luft. Nichtrivalität im Konsum bedeutet, dass der Konsum des Gutes durch einen Akteur den Wert des Gutes für andere Akteure nicht reduziert. Wenn z. B. eine Person von Rechtssicherheit und Währungsstabilität profitiert, reduziert dies den Wert dieser beiden Güter für andere Personen nicht. Im Gegensatz zu öffentlichen Gütern zeichnen sich private Güter, wie etwa wirtschaftlich lukrative politische Ämter oder Bewilligungen zum Rohstoffabbau, durch Ausschließbarkeit und Rivalität im Konsum aus. Einzelne Personen können vom Zugang zu Ämtern und Rohstoffabbau ausgeschlossen werden. Des Weiteren kann die Nutzung eines Amtes oder der Abbau eines Rohstoffs durch eine Person den Nutzen für nachfolgende Amts- oder Bewilligungsträger reduzieren. Ein weiterer Unterschied zwischen öffentlichen und privaten Gütern liegt in deren Herstellungskosten für politische Entscheidungsträger. Während die Herstellungskosten eines öffentlichen Gutes unabhängig von der Anzahl der Nutzer sind, nehmen die Herstellungskosten privater Güter für den politischen Entscheidungsträger mit zunehmender Anzahl an Nutzern zu. Die Herstellungskosten für saubere Luft, Rechtssicherheit oder Währungsstabilität weisen eine fixe Größe auf, unabhängig davon wie viele Bewohner eines Landes diese Güter nutzen. Die Schaffung öffentlicher Ämter und Stellen dagegen erhöht die Staatsausgaben mit jeder weiteren Stelle. Dies wiederum reduziert die verfügbaren Ressourcen des politischen Entscheidungsträgers zur Verfolgung seiner eigenen politischen Ziele. Demnach ist es ab einer bestimmten Anzahl von Personen, die ein politisches Mitbestimmungsrecht genießen, für einen Politiker günstiger, sich auf die Herstellung öffentlicher Güter zu spezialisieren als sich die Unterstützung einer Mehrheit dieser Personen mittels privater Güter zu sichern (Guggenberger, 1984).

Der zweite Erklärungsansatz führt somit zu der gleichen Vorhersage wie der erste Erklärungsansatz: Demokratische Regierungen stellen ihren Bürgern mehr öffentliche Güter zur Verfügung als autokratische Regierungen. Allerdings liefern die beiden Erklärungsansätze unterschiedliche Gründe dafür. Im Medianwählermodell resultiert die Vorhersage aus den unterschiedlichen Präferenzen des Medianwählers. Hier stammt die Vorhersage aus der unterschiedlich großen Anzahl jener Personen, die über politisches Mitbestimmungsrecht verfügen und die ein politischer Entscheidungsträger zur Sicherung seiner Wiederwahl benötigt. In demokratischen Staaten besitzen alle mündigen Bürger ein politisches Mitbestimmungsrecht, welches sie in Wahlen und Abstimmungen ausüben. Zur Sicherung seiner Wiederwahl benötigt ein demokratischer Entscheidungsträger in der Regel 50+ Prozent aller Stimmen. In autokratischen Regimen dagegen ist sowohl die Gruppe der Personen mit politischem Einfluss als auch die Teilmenge dieser Gruppe, die ein Herrscher benötigt, um an der Macht zu bleiben, deutlich kleiner. Aufgrund der unterschiedlichen Größe dieser Gruppen ist es somit für eine demokratische Regierung wirksamer mit der Bereitstellung öffentlicher Güter auf Stimmenfang zu gehen. Dagegen ist es für eine autokratische Regierung günstiger sich die notwendige Unterstützung durch die Vergabe privater Güter zu sichern.

Viele empirische Studien zeigen, dass Demokratien ihren Bürgern tatsächlich mehr öffentliche Güter zur Verfügung stellen als Autokratien (siehe z. B. Lake & Baum, 2001). Dieser Befund wird in der öffentlichen Debatte jedoch oft hinterfragt, insbesondere mit Blick auf ungelöste Probleme und schleppende politische Reformen in vielen Bereichen (z. B. der staatlichen Aufsicht über den Finanzmarkt oder dem Umweltschutz). Bei dieser Kritik am Leistungsausweis von Demokratien wird jedoch häufig übersehen, dass die theoretischen Argumente beider Erklärungsansätze im Vergleich zwischen demokratischen und autokratischen Staaten gelten und nicht als absolut zu betrachten sind. D.h., dass Demokratien in der Tendenz mehr öffentliche Güter zur Verfügung stellen als Autokratien. Dies bedeutet allerdings nicht, dass Demokratien gesellschaftliche Probleme immer gut lösen und in jedem Politikbereich einen besseren

Leistungsausweis erbringen. Der Kasten 4.3 vertieft den zweiten Erklärungsansatz, während die darauffolgenden Abschnitte und Kasten 4.4 empirische Beispiele liefern.

4.3 Die Selektoratstheorie

Bueno de Mesquita, Smith, Siverson und Morrow entwerfen in ihrem Buch „The Logic of Political Survival" (2003) eine Theorie – die Selektoratstheorie –, die politische Systeme in zwei Dimensionen beschreibt und ihre Funktionslogik erklärt. Diese Dimensionen sind durch zwei Variablen charakterisiert: die Größe des Selektorats und die Größe der *winning coalition*. Das Selektorat besteht aus denjenigen Bewohnern eines Landes, die ein Mitspracherecht bei der Auswahl der Regierung besitzen. Die Größe des Selektorats hängt vom politischen Systemtyp ab. In Demokratien besteht das Selektorat aus allen Wahlberechtigten, während das Selektorat in autokratischen Systemen aus denjenigen Personen besteht, die in irgendeiner Art und Weise politischen Einfluss ausüben können. In der Regel sind dies Wirtschaftsführer (Oligarchen), Offiziere des Militärs und Polizei, der Parteikader und Familienangehörige des Herrschers. Selektoratsangehörige haben gleichzeitig auch die Möglichkeit Mitglied der *winning coalition* zu werden. Diese Koalition besteht aus demjenigen Teil der Selektoratsmitglieder, der groß bzw. einflussreich genug ist, um der Regierung politische Macht über die Mitglieder des Selektorats und die übrigen Bewohner des Landes zu verleihen. Die Größe der *winning coalition* hängt somit primär von den politischen Entscheidungsregeln ab. In einer Demokratie gehören z. B. diejenigen Wähler, die nötig sind, um eine Person in ein Amt zu wählen, zur *winning coalition*. Meist ist dafür eine relative oder absolute Mehrheit erforderlich. In autokratischen Systemen, die Wahlen durchführen, wobei jedoch die Wahlergebnisse manipuliert werden, besteht die *winning coalition* hingegen aus einer Mehrheit der „Wahlhelfer." Diese Personen entscheiden wie das „offizielle" Wahlergebnis lautet. In einem Militärregime z. B. besteht die *winning coalition* aus denjenigen Offizieren und Generälen, die für einen erfolgreichen Putsch und die darauffolgende Konsolidierung der Militärherrschaft notwendig sind.

Basierend auf der relativen Größe der *winning coalition* und dem Verhältnis zwischen Selektorat und *winning coalition* lassen sich Aussagen dazu ableiten, wie politische Entscheidungsträger die Bereitstellung öffentlicher Güter gewichten. Das Verhältnis zwischen der Größe des Selektorats und der *winning coalition* erklärt die Loyalität der Mitglieder der *winning coalition* gegenüber der politischen Führung. In politischen Systemen mit einem relativ geringen Größenunterschied zwischen der *winning coalition* und dem Selektorat (z. B. Demokratien oder auch breit abgestützte Einparteienregime) ist die Loyalität der Mitglieder der *winning coalition* gegenüber der politischen Führung relativ gering. Der Grund dafür ist, dass diese Personen auch bei einem Führungswechsel mit relativ hoher Wahrscheinlichkeit der neuen *winning coalition* angehören werden. In Systemen mit großen Selektoraten und kleinen *winning coalitions* hingegen (z. B. stark personalisierte Autokratien) ist die Loyalität der Mitglieder der *winning coalition* sehr groß, weil die Wahrscheinlichkeit nach einem Machtwechsel erneut zur *winning coalition* zu gehören, in solchen Systemen äußerst gering ist. Da die Loyalität der Mitglieder der *winning coali-*

tion einen Einfluss auf den Machterhalt der politischen Führung hat, lassen sich Aussagen über die nötigen Anstrengungen der Regierungen zur Sicherung ihrer Macht in unterschiedlichen Systemen ableiten. So muss sich die Regierung in politischen Systemen mit ähnlich großen *winning coalitions* und Selektoraten (z. B. Demokratien) mehr nach den Wünschen und Bedürfnissen der Mitglieder ihrer *winning coalition* richten, um ihr Verbleiben an der Macht zu sichern als eine Regierung in einem politischen System mit großem Selektorat und kleiner *winning coalition* (z. B. stark personalisierte Autokratien).

Die Selektoratstheorie macht auch Aussagen über die Art und Weise, wie Regierungen versuchen an der Macht zu bleiben. Regierungen in politischen Systemen mit großen *winning coalitions* (d. h. demokratische Systeme) ziehen es vor ihre Macht mit der Bereitstellung öffentlicher Güter zu sichern. Grund dafür ist, dass die Herstellungskosten solcher öffentlicher Güter im Gegensatz zu denjenigen privater Güter mit zunehmender Größe der *winning coalition* nicht zunehmen. Regierungen in Systemen mit einer kleinen *winning coalition* (d. h. autokratische Systeme und besonders stark personalisierte Autokratien) dagegen präferieren die Vergabe privater Güter zur Sicherung ihrer Macht. Dieses Verhalten folgt der Logik, dass die insgesamt anfallenden Kosten aufgrund der wenigen Mitglieder der *winning coalition* geringer sind als die Fixkosten bei der Herstellung eines entsprechenden öffentlichen Gutes. Die Selektoratstheorie liefert damit auch eine Erklärung für das häufig beobachtbare Phänomen, dass insbesondere in personalisierten Autokratien eine kleine Elite Reichtümer anhäuft, während das Land in Armut versinkt. Ebenfalls wird durch die Theorie erklärt, warum dieses Phänomen in stärker solchen Autokratien auftritt als vergleichsweise in nichtpersonalisierten autokratischen Systemen. Schließlich erklärt sie auch, weshalb sich Demokratien sozioökonomisch oft besser entwickeln und den (steigenden) Wohlstand gleichmäßiger verteilen.

Beispiel 1: Auswirkungen des politischen Systemtyps auf die Bildungspolitik

Beide Erklärungsansätze, die wir oben diskutiert haben, argumentieren, dass Demokratien tendenziell mehr öffentliche Güter bereitstellen als Autokratien. Damit generieren Demokratien einen größeren Nutzen für breitere Bevölkerungsschichten als Autokratien. Diese Hypothese lässt sich anhand der Bildungspolitik gut überprüfen.

Die Bildungspolitik ist von enormer individueller und gesamtgesellschaftlicher Bedeutung. Individuen mit mehr Bildung sind in der Regel produktiver, haben ein höheres Einkommen und leben gesünder. Des Weiteren sind Länder mit einer besser ausgebildeten Bevölkerung wirtschaftlich innovativer, was Arbeitsplätze und Einkommen schafft und sichert und somit zu mehr Wirtschaftswachstum und höherem durchschnittlichen Wohlstand führt. Insbesondere der Zugang zur Bildung hängt aber auch vom verfügbaren Einkommen einer Person ab. Besser verdienende Personen besitzen a priori bessere Bildungschancen, weil sie sich z. B. Privatschulen und anderweitige Lernunterstützungen leisten können. Demnach dürfte die Präferenz einer Person für ein qualitativ gutes, durch Steuern finanziertes, öffentliches Schulsystem negativ mit dessen verfügbaren Einkommen korrelieren: Je größer das verfügbare Einkommen, desto geringer das Interesse an einem guten, steuerfinanzierten, öffentlichen Schulwesen. Da der Medianwähler innerhalb der autokratischen Elite in der Regel über mehr

Einkommen verfügt als der demokratische Medianwähler, erwarten wir, dass demokratische Staaten bessere öffentliche Bildungssysteme aufweisen als Autokratien.

Gegen diese Hypothese lassen sich allerdings zwei relativierende Argumente ins Feld führen. Erstens profitieren vor allem die unteren Einkommensschichten von einer Ausweitung des öffentlichen Bildungsangebots im Grundschulbereich. Da diese Personen jedoch typischerweise am politischen Leben weniger teilnehmen als die Mittel- und Oberschicht, ist zu vermuten, dass ihre Interessen auch weniger Berücksichtigung in der Bildungspolitik demokratischer Staaten finden. Zweitens ist zu vermuten, dass die Mittelklasse eher an einem Ausbau des Sekundär- und Hochschulbereichs interessiert ist als an mehr Bildungsausgaben für die Grundschulen. Der Grund liegt darin, dass deutlich mehr Kinder der Mittel- und Oberschicht höhere Schulen besuchen als die Nachkommen unterer Einkommensschichten. Zudem ist die Mittelschicht eher in der Lage das Schulgeld für die relativ kostengünstige Grundausbildung aufzubringen als für die deutlich teurere Sekundär- und Hochschulausbildung. Da die Mittelschicht tendenziell politisch aktiver ist als die Unterschicht, dürfte dies Politiker in Demokratien dazu motivieren mehr in die höheren Stufen des Bildungssystems zu investieren als in die Grundstufe (Brown & Hunter, 2004; Ansell, 2010). Dennoch dürfte ein beträchtlicher Einkommensunterschied zwischen dem Medianwähler der autokratischen Elite und dem tatsächlich an der Wahl teilnehmenden demokratischen Medianwähler existieren, weshalb wir trotz dieser beiden berechtigten Einwände einen signifikanten Unterschied in den Bildungsinvestitionen zwischen Demokratien und Autokratien erwarten.

Um die Hypothese zu evaluieren, dass Demokratien mehr für die Bildung tun als Autokratien, können wir z. B. das Verhältnis zwischen einem Demokratieindikator und der durchschnittlichen Anzahl absolvierter Schuljahre (ein Indikator für das Konzept „Bildung“) untersuchen. Abbildung 4.6 zeigt dieses Verhältnis für 131 Länder und das Jahr 2002 mit Hilfe des weiter oben vorgestellten Polity IV-Index. Die Abbildung deutet auf einen insgesamt positiven Effekt von Demokratie auf die Bildung hin. Schüler in demokratischen Systemen weisen durchschnittlich eine höhere Bildung auf. Diese Schlussfolgerung ist natürlich angreifbar, weil die Analyse den Einfluss alternativer Erklärungsvariablen nicht kontrolliert (z. B. den Entwicklungsstand eines Landes). Zudem besteht die Möglichkeit, dass der Effekt auch in die gegenläufige Richtung wirkt, also dass Bildung die Demokratie beeinflusst. Diesen potentiellen Problemen lässt sich mit komplexeren statistischen Verfahren Rechnung tragen. Analysen dieser Art haben gezeigt, dass Demokratie in der Tat mit einem höheren Bildungsumfang einhergeht (Feng, 2003; Brown & Hunter, 2004).

Die durchschnittliche Dauer des Schulbesuchs misst die Qualität der öffentlichen Bildungspolitik natürlich nicht umfassend. Analysen, die andere Indikatoren verwenden, haben allerdings zu ähnlichen Resultaten geführt. Eine Analyse afrikanischer Länder im Zeitraum 1980–1996 zeigt, dass demokratischere Länder und Länder, die einen Demokratisierungsprozess hinter sich haben, mehr Geld in den Ausbau des Grundschulbereichs investieren (Stasavage, 2005). Der politische Systemtyp hat hingegen keinen Einfluss auf die Ausgaben im universitären Bereich. Lake und Baum (2001) betrachten die Auswirkungen öffentlicher Bildungspolitik. Sie zeigen, dass längere Bildungszeiten und höhere Bildungsausgaben tatsächlich Früchte tragen. Ihre Studie zeigt, dass die Analphabetenrate in Demokratien signifikant geringer ist als in Autokratien. Die Hypothese, dass demokratischere Staaten bessere Bildungssysteme aufweisen als autokratischere, wird also von der empirischen Forschung weitgehend bestätigt.

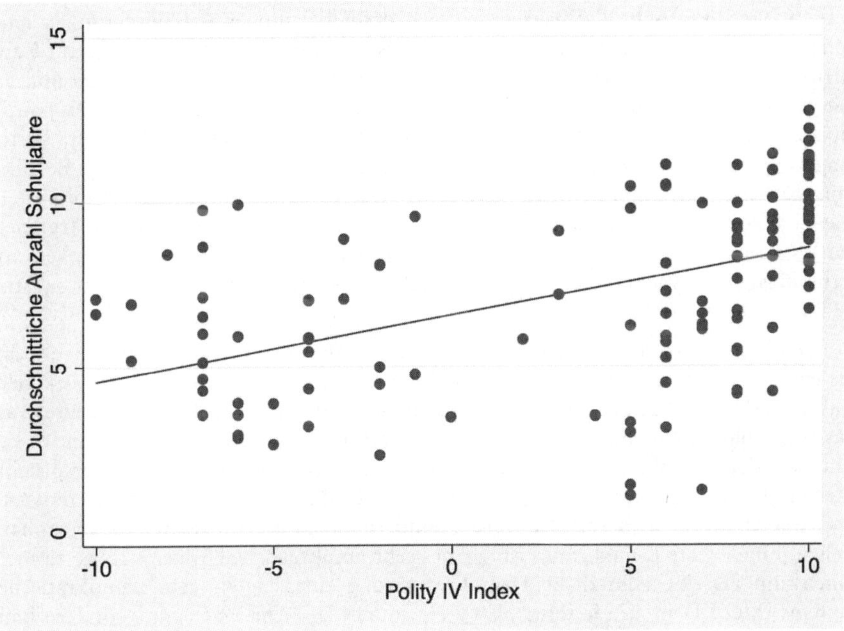

Abbildung 4.6: Politisches System und durchschnittliche Anzahl absolvierter Schuljahre

Quelle: Basierend auf Teorell et al. (2007)

Beispiel 2: Demokratie und wirtschaftliche Entwicklung

Ob Demokratien leistungsfähiger sind als Autokratien, lässt sich auch anhand der Frage untersuchen, ob Demokratie mit mehr Wirtschaftswachstum einhergeht. Diese Frage wird in der Politik- und Wirtschaftswissenschaft kontrovers diskutiert.

Einige Politikwissenschaftler und Ökonomen behaupten, Demokratie fördere Wachstum und wirtschaftliche Entwicklung. Sie argumentieren, dass sich demokratische Institutionen via drei Mechanismen positiv auf die Wirtschaftskraft eines Landes auswirken. Erstens verstärken sich politische Freiheiten (eine Eigenschaft von Demokratien) und wirtschaftliche Freiheiten gegenseitig (Friedman, 1962). Wirtschaftliche Freiheiten sind für eine innovative und funktionierende Wirtschaft von grundlegender Bedeutung. Das Gleiche gilt für den Schutz von Eigentum. Nur wenn Individuen sicher sein können, dass sie die Erträge aus ihren Investitionen und ihrer Arbeitsleistung behalten können, sind sie bereit zu investieren und zu arbeiten. Dazu ist Rechtssicherheit nötig, und diese ist ein wichtiges Merkmal demokratischer Systeme (Olson, 1993). Zweitens ist die Vorhersehbarkeit und Kalkulierbarkeit des politischen und wirtschaftlichen Umfeldes für das Wirtschaftswachstum von Bedeutung. Auch hier spricht die höhere Stabilität etablierter Demokratien für einen positiven Effekt von Demokratie auf das Wirtschaftswachstum (Feng, 2003). Drittens investieren, wie weiter oben diskutiert, Demokratien mehr in die Bildung, was wiederum die wirtschaftliche Entwicklung fördert (Baum & Lake, 2003).

Kritiker dieser Argumente erwidern, dass Demokratie die wirtschaftliche Entwicklung auch bremsen könne. Das Medianeinkommen der Wahlberechtigten in Demokratien sei in der Regel niedriger als das Medianeinkommen der regierenden Eliten in Autokratien. Demokratische Politiker sehen sich deshalb häufiger mit Forderungen nach höheren Löhnen und Einkommensumverteilung (z. B. durch höhere Steuern auf Kapitaleinkommen) konfrontiert. Um ihre Popularität zu sichern oder zu erhöhen und damit gewählt zu werden, erfüllen sie diese wachstumshemmenden Forderungen häufig. Hinzu kommt, dass demokratische Systeme Interessengruppen ermöglichen, Verteilungskoalitionen zu bilden, die sich ohne Rücksicht auf das Gemeinwohl der Bevölkerung für ihre Partikularinteressen einsetzen (Olson, 1982) (siehe auch Kapitel 9.1). Dieses Verhalten reduziert die Effizienz des Wirtschaftssystems. Aus diesen Argumenten lässt sich die Hypothese ableiten, dass die wirtschaftliche Leistungsfähigkeit von Demokratien schwächer oder bestenfalls nicht besser ist als diejenige von Autokratien (Haggard, 1990).

Mit Blick auf diese sich widersprechenden Argumente überrascht es wohl nicht, dass die empirische Forschung widersprüchliche Resultate liefert (für einen Überblick siehe Gasiorowski, 2000). Einige Studien identifizieren einen positiven Demokratieeffekt auf das Wirtschaftswachstum, andere einen negativen Effekt. Wiederum andere finden keinen statistisch signifikanten Effekt. Eine mögliche Erklärung für diese widersprüchlichen empirischen Ergebnisse stammt von Barro (1996). Er behauptet, dass Demokratie und Wachstum nicht in einem linearen, sondern einem nichtlinearen Zusammenhang stehen. Eine leichte Demokratisierung eines sehr autokratischen Systems führe zu mehr Wachstum als eine zusätzliche Demokratisierung eines bereits sehr demokratischen Systems. Mehr Demokratie führt also nicht immer zu mehr Wachstum, sondern kann aus den oben genannten Gründen in etablierten Demokratien auch einen negativen Effekt haben.

4.4 Führt Demokratie zu weniger Armut?

Wie oben besprochen, produzieren demokratische Staaten mehr öffentliche Güter als autokratische Staaten. Führt die Tendenz demokratischer Staaten, im Interesse breiter Bevölkerungsschichten zu handeln, auch zu weniger Armut?

Mit dieser Frage befasst sich eine Studie von Michael Ross (2006). Er untersucht, ob der politische Systemtyp die Kindersterblichkeit beeinflusst. Die Messung des Konzeptes Armut durch den Indikator Kindersterblichkeit weist gegenüber anderen möglichen Armutsindikatoren mehrere Vorteile auf. Kindersterblichkeit betrifft vor allem die ärmsten Menschen. Zudem ist Kindersterblichkeit einfacher zu messen als andere Indikatoren für Armut (z. B. die von einer Person pro Tag zu sich genommenen Kalorien) und Daten zur Kindersterblichkeit stehen für fast alle Länder zur Verfügung.

Ross zeigt, dass frühere Studien, die in der Regel einen die Armut reduzierenden Effekt der Demokratie festgestellt haben, erhebliche methodische Probleme aufweisen. Das wichtigste Problem ist die verzerrte Fallauswahl (selection bias, siehe Abschnitt 3.3.3 in Kapitel 3), speziell das Fehlen von Daten für reiche Autokratien. In seiner Analyse von 168 Staaten im Zeitraum 1970–2000 löst Ross dieses Problem durch ein sogenanntes Imputationsverfahren. Hier werden fehlende Daten anhand verfügbarer anderer Daten geschätzt, sodass letztlich ein vollständiger Datensatz für alle Länder der Welt im Zeitraum 1970–2000 zur Verfügung steht.

Die Resultate der Analyse zeigen, dass die Imputation der fehlenden Daten zur Kindersterblichkeit tatsächlich zu markant anderen Ergebnissen führt. Der Effekt von Demokratie (gemessen durch den Polity IV-Index) auf die Kindersterblichkeit ist nun statistisch nicht mehr signifikant. Demokratie hilft also nicht unbedingt den Armen.

Wie lässt sich dieses Ergebnis theoretisch interpretieren? Wie weiter oben besprochen, weist der Medianwähler in demokratischen Systemen tendenziell ein geringeres Einkommen auf als das Medianmitglied der Elite in autokratischen Systemen. Der demokratische Medianwähler ist jedoch nicht unbedingt arm, sondern eher in der Mittelklasse anzusiedeln. Auf Wiederwahl bedachte demokratische Politiker besitzen deshalb einen stärkeren Anreiz, zugunsten der Mittelklasse zu handeln – z. B. in das Bildungssystem zu investieren – als zugunsten der Ärmsten der Gesellschaft. Verstärkt wird dieser Effekt vermutlich dadurch, dass Personen aus sehr tiefen Einkommensschichten politisch weniger aktiv sind als Personen aus der Mittel- und Oberschicht.

Eine Studie von Blaydes und Kayser (2011) zeigt allerdings, dass empirische Befunde zum Zusammenhang von Demokratie und Armut auch davon abhängen, wie genau das Konzept Armut gemessen wird (die Studie von Ross erfasst Armut ausschließlich anhand der Kindersterblichkeit). Die beiden Autoren weisen nach, dass Demokratien und Halbdemokratien (sogenannte hybride Systeme) besser in der Lage sind, ihr Wirtschaftswachstum in eine hochwertigere Nahrungsmittelversorgung der Bevölkerung umzusetzen.

Die in diesem Kasten diskutierten Studien machen deutlich, dass Armut ein facettenreiches Phänomen ist. Sie zeigen auch, dass unterschiedliche theoretische Konzeptualisierungen und empirische Operationalisierungen des Armutsbegriffs zu unterschiedlichen Resultaten führen können.

4.6 Demokratisierung

Obwohl politische Systeme in der Regel eine recht hohe Stabilität aufweisen, können sie sich auch verändern. In diesem Abschnitt beleuchten wir die Ursachen für solche Veränderungen. Wir beschäftigen uns dabei insbesondere mit der Frage, wann und weshalb Staaten demokratischer werden.

4.6.1 Drei Demokratisierungswellen

Seit dem Wiener Kongress (1815), der Europa nach den Napoleonischen Kriegen neu ordnete, haben sich die Anzahl der Staaten sowie der Anteil der Demokratien stark verändert. Lag der Anteil demokratischer Staaten im Jahr 1815 bei rund 3 Prozent aller Staaten, so sind heute mehr als die Hälfte aller Staaten Demokratien. Diese Entwicklung war kein linearer Prozess. Huntington (1991) und andere Forscher sprechen vielmehr von mehreren „Demokratisierungswellen". Seit dem Ende der Napoleonischen Kriege sind drei Demokratisierungswellen, aber auch zwei Phasen gegenläufiger Entwicklungen erkennbar (Huntington, 1991: 16):

1. Demokratisierungswelle	1828–1926
1. Gegenwelle	1922–42
2. Demokratisierungswelle	1943–62
2. Gegenwelle	1958–75
3. Demokratisierungswelle	1974–....

Die erste Demokratisierungswelle begann 1828 in den USA und umfasste mehr als 30 Staaten, u. a. die Schweiz, Deutschland und Österreich. Die von Huntington (1991) für diesen Zeitraum verwendeten Demokratiekriterien (Wahlrecht für mindestens 50 Prozent der Bevölkerung und Existenz einer durch Wahlen legitimierten Exekutive) sind für unser heutiges Verständnis von Demokratie ungenügend. Im 19. Jahrhundert war die Erfüllung dieser Kriterien jedoch außergewöhnlich. Ab 1922 trat eine Gegenbewegung ein, bei der viele demokratische Staaten zu einem autokratischen System zurückkehrten. Beispiele sind Litauen, Portugal und Uruguay. Auch das Entstehen der totalitären Regime in Italien unter Mussolini (1922), in Deutschland unter Hitler (1933) und in Spanien unter Franco (1939) ist Teil dieser ersten Gegenwelle.

Mit dem nahenden Ende des Zweiten Weltkrieges begann 1943 die zweite Demokratisierungswelle. Innerhalb von rund 20 Jahren stieg die Zahl der Demokratien von weltweit 12 im Jahr 1942 auf 36 im Jahr 1962. Diese neuen Demokratien waren einerseits von den Alliierten im Krieg besiegte Länder (Westdeutschland, Italien, Japan und Österreich) und andererseits diverse andere Staaten weltweit, z. B. Kolumbien, Indien und Nigeria. Gleichzeitig stieg in dieser Zeit durch die Dekolonisierung die absolute Zahl der Staaten stark an. Viele der neu entstandenen Staaten nahmen ein autokratisches System an, sodass der Anteil der demokratischen Staaten zwischen 1942 und 1957 nicht ganz so stark, nämlich von rund 14 Prozent auf etwa 34 Prozent anstieg.

In den späten 1950er Jahren brachte die zweite Gegenwelle wieder einen Rückgang der Anzahl demokratischer Staaten, bevor ab 1974 die dritte Demokratisierungswelle einsetzte. Diese bisher letzte Welle begann mit der Demokratisierung in Portugal, Spanien und Griechenland, gefolgt von den meisten lateinamerikanischen Staaten. Mit dem Ende des Kalten Krieges wurden auch viele der Länder des ehemaligen Ostblocks demokratisch oder zumindest demokratischer. Je nach verwendetem Demokratiekriterium betrug der Anteil der demokratischen Staaten zu Beginn der 1990er Jahre erstmals mehr als 50 Prozent. Heute liegt der Demokratieanteil je nach Index zwischen 50 und 61 Prozent. Inwiefern sich eine erneute Gegenwelle abzeichnet, ist umstritten. Einige Staaten, z. B. Beispiel Aserbaidschan, Armenien, der Sudan oder Venezuela, haben sich in den vergangenen zehn Jahren zu Autokratien entwickelt. Andere wiederum, wie etwa Mexiko, Peru, Serbien, Georgien oder Senegal haben sich im gleichen Zeitraum zu Demokratien verändert. Die meisten Demokratie-Indices deuten auf eine Abschwächung der Demokratisierungswelle hin. Ob es sich dabei jedoch um eine neue Gegenwelle oder eine Konsolidierung handelt, lässt sich heute noch nicht sagen.

Abbildung 4.7 zeigt den Anteil demokratischer Staaten im internationalen System zwischen 1815 und 2010 basierend auf dem Polity-Index. Da der Polity-Index ein kontinuierliches Demokratiemaß ist, welches von -10 (autokratisch) bis +10 (demokratisch) reicht, die Bestimmung des Demokratieanteils jedoch ein dichotomes Maß verlangt, wurden zwei in der Fachliteratur oft gebrauchte Schwellenwerte (Polity>4 und Polity>6) verwendet. Wie zu erwarten, liegt der Anteil der Demokratien bei einem höheren Schwellenwert tiefer. Beide Kurven zeigen auch die drei erwähnten Demokratisierungs- und Gegenwellen.

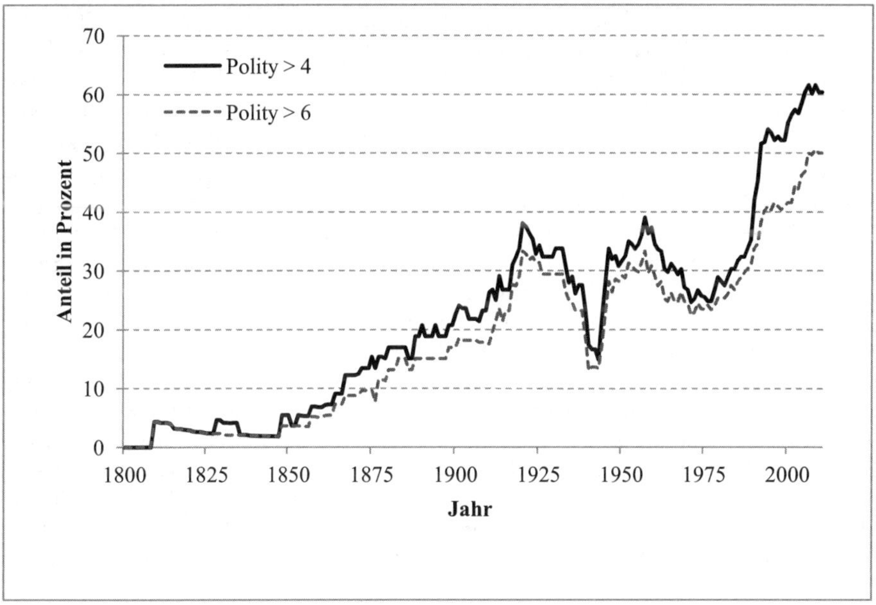

Abbildung 4.7: Anteil Demokratien im internationalen System, 1815–2010

Quelle: Marshall et al. (2011)

4.6.2 Verlauf und Ursachen von Demokratisierungsprozessen

Die Prozesse, die von einem autokratischen zu einem demokratischen System führen, sind in der Regel sehr vielfältig und komplex. Schmidt (2008: 469–471) unterscheidet sechs „Demokratisierungs-Pfade".

Die ersten beiden Pfade beschreiben Demokratisierungsprozesse, die von systemexternen Akteuren ausgelöst werden. Pfad 1 entspricht einer Re-Demokratisierung von militärisch besetzten, ehemals demokratischen Staaten. Beispiele dafür sind die Niederlande, Frankreich und Belgien am Ende des Zweiten Weltkrieges, die durch das Eingreifen der Alliierten befreit wurden und damit in der Lage waren, ihre demokratischen politischen Systeme weiterzuführen. Auch Pfad 2 umschreibt eine Re-Demokratisierung. Hier wird diese jedoch durch eine externe Besatzungsmacht sowohl ausgelöst als auch umgesetzt. Beispiele sind (West-) Deutschland, Österreich und Japan, wo die Alliierten nach 1945 maßgeblich zur Etablierung demokratischer Systeme beitrugen.

Bei den Pfaden 3 und 4 erfolgt die Demokratisierung auf weitgehend friedlichem Wege von innen heraus. Pfad 3 bezeichnet eine regime-induzierte Demokratisierung. Dabei wandelt sich das politische System unter Führung ziviler und militärischer Gruppen des alten autokratischen Regimes, die mit der Opposition einen Pakt für die Übergangszeit schmieden. Spanien ist hierfür ein Beispiel: In den 1970er Jahren waren dort das Militär und die herrschenden Eliten des Franco-Regimes am Demokratisierungsprozess stark beteiligt. Die demokratische Opposition stimmte einem „Pakt des Vergessens“ zu, welcher den autokratischen Eliten der Franco-Diktatur Straffreiheit einräumte. Bei Pfad 4 ist der Einfluss der Opposition auf den Verlauf der Demokratisierung größer als bei Pfad 3. Hier zwingt die Opposition die autokratischen Eliten zur politischen Liberalisierung, die dann unter Führung der Opposition erfolgt. Mehrere ehemalige Ostblockstaaten, z. B. Polen, Ungarn und die ehemalige Tschechoslowakei sind Beispiele, in welcher die Opposition mittels weitgehend friedlichen Streiks und Massenprotesten die autokratischen Eliten zur politischen Liberalisierung zwang.

Auch die Pfade 5 und 6 führen von innen heraus zu einer Demokratisierung. Im Gegensatz zu den Pfaden 3 und 4, verläuft die politische Transformation jedoch nicht graduell und weitgehend friedlich, sondern abrupt und oft gewaltsam. Bei Pfad 5 wird die Transformation durch einen Zusammenbruch des autokratischen Regimes ausgelöst. Die bisherigen politischen Strukturen kollabieren, die oberste Führungselite tritt ab und die Opposition und moderate Kräfte des Regimes übernehmen die Führung bei der Demokratisierung. Beispiele sind der Zusammenbruch des Suharto-Regimes in Indonesien und die „Implosion“ der Sowjetunion im Jahre 1991. Bei Pfad 6 findet ebenfalls eine abrupte Demokratisierung statt. Im Gegensatz zu Pfad 5 sind jedoch Proteste, Streiks und Massenversammlungen der Opposition die Hauptursache für den Zusammenbruch des autokratischen Systems. Solche, durch die „Macht der Massen“ ausgelösten Transformationen, werden oft als Revolutionen bezeichnet. Beispiele sind die „Bulldozer-Revolution“ in Serbien im Jahr 2000, welche das Milosevic-Regime zu Fall brachte, und die Philippinische Revolution von 1986, welche das Marcos-Regime stürzte.

Die Beschreibung der sechs Demokratisierungspfade ist hilfreich, um die Vielfalt und Komplexität des Phänomens zu illustrieren. Generalisierbare Aussagen zu den Ursachen von Demokratisierungsprozessen erfordern jedoch kausale Hypothesen sowie systematische empirische Tests dieser Hypothesen. Die meisten Erklärungen für Demokratisierungsprozesse sind allerdings regionen- oder zeitspezifisch angelegt, sodass die Demokratisierungsforschung bisher nur ein begrenztes Spektrum an generalisierbaren Erklärungsmodellen anbietet (Geddes, 1999; Bunce, 2000). Im Rest dieses Abschnittes zeichnen wir zwei wichtige mögliche Ursachen von Demokratisierungsprozessen nach, die in der Literatur diskutiert werden.

Wirtschaftliche Entwicklung

Wirtschaftlich besser situierte Staaten sind tendenziell demokratischer. Steckt dahinter auch ein kausaler Zusammenhang oder handelt es sich um eine Scheinkorrelation? Zu den ersten empirisch-analytischen Forschungsarbeiten zu dieser Frage gehört Lipsets Modernisierungstheorie (1959), die folgenden kausalen Zusammenhang postuliert: Wirtschaftliche Entwicklung verändert die Wirtschaftsstruktur eines Landes. Je höher der wirtschaftliche Entwicklungsstand eines Landes, desto kleiner der Anteil der Wertschöpfung und der Beschäftigten in der Landwirtschaft; und desto größer der Anteil der Wertschöpfung und Beschäftigten im Industrie- und Dienstleistungssektor. Diese Veränderung der Wirtschaftsstruktur führt zu einer stärkeren Nachfrage nach gut ausgebildeten und qualifizierten Arbeitskräften. Mit der Zeit erhöht sich deshalb der Ausbildungsstand der Bevölkerung. Das Wachstum des Industrie- und Dienstleistungssektors geht zudem einher mit einer Urbanisierung und einem Ausbau der Infrastruktur eines Landes. Besser ausgebildete Personen ziehen vom Land in die industriellen Zentren in der Hoffnung auf besser bezahlte Arbeit. Ein höheres Bildungsniveau der Bevölkerung, die Urbanisierung und die bessere Infrastruktur führen zur Veränderung der Gesellschaftsstruktur. Landwirtschaftlich geprägte Gesellschaften bestehen oft aus einer kleinen Oberschicht, den Grundbesitzern, und einer großen Unterschicht. Die Industrialisierung führt hingegen zu einer stetig wachsenden Mittelschicht und einer Verschiebung des Wohlstands von den Grundbesitzern zu den Kapitalbesitzern. Diese fordern mit zunehmender wirtschaftlicher und gesellschaftlicher Dominanz politische Mitbestimmung. Dadurch erhöht sich der Demokratisierungsdruck auf die Eliten des autokratischen Systems. Diese müssen schließlich der Demokratisierung zustimmen.

Bis Mitte der 1990er Jahre stieß Lipsets (1959) Modernisierungstheorie auf breite Akzeptanz in der Politikwissenschaft (z. B. Rueschemeyer et al., 1992; Moore, 1993 [1966]). Sie wurde dann jedoch durch Przeworski und Limongi (1997) sowie andere Forscher zunehmend kritisch hinterfragt. Ein wichtiger Teil der Kritik ist, dass Lipset ausschließlich erfolgreiche Demokratisierungen, nicht aber Transformationen von demokratischen zu autokratischen Systemen betrachtet. Przeworski und Limongi (1997) argumentieren, dass die positive Korrelation zwischen dem wirtschaftlichen Entwicklungsstand eines Landes und dem politischen System die Folge von zwei unterschiedlichen Modernisierungsmechanismen sein kann. Der erste Mechanismus, die sogenannte *endogene* Modernisierungsthese, entspricht Lipsets (1959) Erklärungsansatz: Wirtschaftliche Entwicklung führt zu einer Demokratisierung des politischen Systems. Der zweite Mechanismus hingegen, die *exogene* Modernisierungsthese, besagt, dass ein ausreichend hoher wirtschaftlicher Entwicklungsstand lediglich das Zusammenbrechen eines demokratischen Systems verhindert. Die hinter der exogenen Modernisierungsthese stehende Intuition ist, dass ab einem bestimmten wirtschaftlichen Entwicklungsstand die erwarteten volkswirtschaftlichen Kosten einer gewaltsamen Errichtung einer Autokratie größer sind als das den Eliten in einer Demokratie verbleibende Nettoeinkommen (d. h. Einkommen nach Abzug der Steuern). Entwicklung erhöht also nicht die Wahrscheinlichkeit einer Demokratisierung, sondern hilft ausschließlich bei der Stabilisierung und Konsolidierung junger Demokratien. Deshalb weisen Demokratien im Durchschnitt einen höheren wirtschaftlichen Entwicklungsstand auf als Autokratien. Die empirische Analyse von Przeworski und Limongi (1997) kommt zum Schluss, dass wirtschaftliche Entwicklung Demokratisierung nicht verursacht, sondern lediglich die Konsolidierung der aufgrund anderer Faktoren entstandenen jungen Demokratien fördert.

Darauffolgende empirische Analysen (z. B. Boix & Stokes, 2003) haben allerdings ergeben, dass sich für beide Modernisierungshypothesen Evidenz finden lässt. Die wirtschaftliche Entwicklung scheint somit einen doppelten Effekt zu haben: Sie erhöht die Wahrscheinlichkeit einer Demokratisierung und verringert die Wahrscheinlichkeit eines Zusammenbruchs eines noch jungen demokratischen Systems. Auch diese Resultate wurden in jüngster Zeit jedoch wieder hinterfragt. Acemoglu et al. (2008) haben etwa gezeigt, dass der empirische Nachweis eines kausalen Zusammenhangs der endogenen Modernisierungsthese auf wackeligen Beinen steht. Sie argumentieren, dass das Ausmaß an wirtschaftlicher Entwicklung und das politische System eines Staates miteinander verknüpft sind und gleichzeitig und gemeinsam durch zahlreiche historische und gesellschaftliche Faktoren verursacht werden. Dieses Ineinanderwirken zahlreicher Faktoren führt Staaten auf zwei unterschiedliche wirtschaftliche und politische Entwicklungspfade: einen demokratischen und wirtschaftlich prosperierenden oder einen autokratischen und wirtschaftlich stagnierenden Pfad.

Der derzeitige politikwissenschaftliche Forschungsstand deutet somit darauf hin, dass wirtschaftliche Entwicklung nicht automatisch zu mehr Demokratie führt (im Gegensatz zu Lipsets endogener Modernisierungshypothese), sondern dass die beiden Phänomene vor allem durch andere historische und gesellschaftliche Faktoren gleichzeitig beeinflusst sind. Das letzte Wort hierzu scheint aber noch nicht geschrieben (siehe Boix, 2011). Die exogene Modernisierungshypothese von Przeworski und Limongi (1997) scheint sich hingegen weitgehend zu bestätigen. Zwischen 1950 und 2000 ist keine neu entstandene Demokratie mit einem kaufkraftbereinigten Durchschnittseinkommen von über 6.000 USD pro Kopf in ein autokratisches System zurückgefallen. Wirtschaftliche Entwicklung scheint also zur Stabilisierung junger Demokratien maßgeblich beizutragen.

Gesellschaftliche und kulturelle Voraussetzungen

Der Einfluss gesellschaftlicher und kultureller Faktoren auf die Beschaffenheit des politischen Systems interessiert Politikwissenschaftler schon seit vielen Jahrzehnten (Arendt, 1951; de Tocqueville, 1985 [1835]; Weber, 2000 [1905] zweites Buch, Kapitel 5; Kornhauser, 2008 [1959]). Die empirisch-analytische Forschung hat sich insbesondere mit dem Einfluss der Gesellschaftsstruktur und der Religion beschäftigt.

Rueschemeyer et al. (1992) argumentieren z. B., dass nicht primär die wirtschaftliche Entwicklung, sondern die durch sie ausgelöste Veränderung der Gesellschaftsstruktur für Veränderungen im politischen System wichtig ist. Eine zunehmend große Arbeiter- und Mittelschicht und zunehmende Organisationsfähigkeiten dieser Schichten (z. B. in Form von Gewerkschaften) machen es für die landbesitzende Elite einer Autokratie schwieriger, die politische Macht zu monopolisieren. Eine qualitative Analyse zahlreicher Demokratisierungsprozesse zeigt jedoch, dass eine zunehmende Bedeutung der Arbeiter- und Mittelschicht die Demokratisierung fördern kann, jedoch nicht zwingend zu einer demokratischen Transformation führen muss (Moore, 1993 [1966]; Rueschemeyer et al., 1992). Andere Faktoren, z. B. die wirtschaftlichen und politischen Strukturen eines Landes zum Zeitpunkt der Transformation, spielen ebenfalls eine wichtige Rolle (z. B. Berman, 1997; Jamal, 2009).

Neben der Gesellschaftsstruktur interessiert sich die Politikwissenschaft auch für kulturelle Determinanten der Demokratisierung, z. B. die Religion. Insbesondere die Beobachtung, dass muslimische Staaten überdurchschnittlich häufig autokratische politische Systeme aufweisen, hat zur These der Unverträglichkeit zwischen Islam und Demokratie geführt (z. B. Huntington, 1993, 1996; Kedourie, 1994; Karatnycky, 2002). Diese These ist jedoch heftig umstritten (z. B. Esposito & Voll, 1996; Robinson, 1997; Hefner, 2000; Stepan, 2000).

Fish (2002) hat empirisch nachgewiesen, dass muslimische Staaten unabhängig vom verwendeten Demokratie-Index tendenziell weniger demokratisch sind. Dies ist auch dann noch der Fall, nachdem der Einfluss zahlreicher Drittvariablen (z. B. ökonomische, soziale und historische Faktoren) kontrolliert wurde. Ob diese robuste Korrelation jedoch eine religionsbezogene Ursache hat, bleibt kontrovers und lässt sich bislang nicht abschließend klären. Über 80 Prozent der Bevölkerung in islamischen Ländern ziehen in repräsentativen Umfragen ein demokratisches gegenüber einem autokratischen politischen System vor. Islamisch geprägte Staaten sind im internationalen Vergleich nicht instabiler, gewalttätiger oder religiöser als vergleichbare nichtislamische Gesellschaften. Hinzu kommt, dass keine Korrelation zwischen den vier anderen großen Weltreligionen (Christentum, Judentum, Hinduismus, Buddhismus) und Demokratie feststellbar ist. Einige Studien weisen darauf hin, dass die negative Korrelation zwischen Islam und Demokratie mit der Stellung der Frau in islamischen Staaten zu tun haben könnte (z. B. Meyer et al., 1998; Norris & Inglehart, 2001; Tessler, 2002). Einen überzeugenden empirischen Nachweis für diese Behauptung gibt es jedoch noch nicht (Fish, 2002).

Die Diskussion möglicher Demokratisierungsursachen zeigt, dass in diesem Bereich noch viel Forschungsarbeit zu leisten ist. Natürlich existieren unzählige Studien, die Demokratisierungsprozesse in einzelnen Staaten beschreiben und auf mögliche Ursachen hin interpretieren. Allerdings besteht in der empirisch-analytischen Politikwissenschaft auch der Anspruch über den Einzelfall hinaus verallgemeinerbare kausale Aussagen zu machen. Während sie mit diesem Anspruch in sehr vielen Bereichen, die in diesem Buch noch zur Sprache kommen werden, sehr weit gekommen ist, kämpft sie bei der Erklärung von Demokratisierung mit schwierigen analytischen Problemen. Einerseits sind politische Systemwechsel relativ seltene Ereignisse, was die Zahl der zu vergleichenden Fälle begrenzt. Andererseits sind politische Systemtransformationen sehr komplexe Prozesse, die von sehr vielen Faktoren beeinflusst werden. Kausale Effekte einzelner Variablen auf die Demokratisierung lassen sich in einem solch komplexen Wirkungsgeflecht nur schwer isolieren und identifizieren. Dieser Abschnitt hat aber gezeigt, dass die Forschung bei der Analyse der Auswirkungen politischer Systemtypen bereits interessante Erkenntnisse gewonnen und damit wichtige Beiträge vorzuweisen hat.

4.7 Fazit

Politische Systeme lassen sich anhand verschiedener Typologien systematisch charakterisieren. Die wichtigste Unterscheidung ist diejenige zwischen Demokratien und nichtdemokratischen Systemen (Autokratien). Regelmäßige, allgemeine, gleiche, freie, direkte und geheime Wahlen sind die wichtigsten Merkmale der Demokratie. Breitere Definitionen umfassen zusätzliche Aspekte der Demokratie, z. B. eine wirksame Gewaltenteilung (siehe Kapitel 5.1), Rechtsstaatlichkeit sowie individuelle und gesellschaftliche Freiheitsrechte. Auch nichtdemokratische (autokratische) Systeme weisen diverse Merkmale auf und lassen sich im Sinne unterschiedlicher Autokratietypen unterscheiden. Die Politikwissenschaft liefert eine ganze Reihe von empirischen Messgrößen für politische Systemtypen, die sich gewinnbringend für analytische Zwecke verwenden lassen. Im Zentrum der Forschung stehen die Erklärung von Demokratisierungsprozessen sowie die Untersuchung der Auswirkungen bzw. Leistungsfähigkeit unterschiedlicher politischer Systemtypen. Im nächsten Kapitel konzentrieren wir uns auf demokratische Systeme und beleuchten unterschiedliche Regierungsformen innerhalb dieses Systemtyps.

Literaturempfehlungen

Einen guten Überblick über verschiedene Demokratietheorien und andere demokratierelevante Themen bietet:

Schmidt, Manfred G. (2010): Demokratietheorien (5. Auflage). Wiesbaden: Springer VS.

Einen guten Überblick zur Wahlbetrugsforschung und der Rolle internationaler Wahlbeobachter bieten:

Alvarez, Michael R., Thad E. Hall & Susan D. Hyde. (2008): Election Fraud: Detecting and Deterring Electoral Manipulation. Washington D.C.: The Brooking Institution.

Eine aktuelle, leicht lesbare und umfassende Einführung in die politikwissenschaftliche Forschung rund um autokratische Systeme bieten:

Ezrow, Natasha & Erica Frantz (2011): Dictators and Dictatorships: Understanding Authoritarian Regimes and Their Leaders. New York: The Continuum International Publishing Group.

Weiterführende Analysen zur Politik autokratischer Systeme sind:

Gandhi, Jennifer (2010): Political Institutions Under Dictatorship. Cambridge: Cambridge University Press.

Svolik, Milan (2012): The Politics of Authoritarian Rule. Cambridge: Cambridge University Press.

Einen systematischen Vergleich unterschiedlicher Messgrößen für politische Systemtypen bieten:

Munck, Gerardo L. & Verkuilen, Jay (2002): „Conceptualizing and Measuring Democracy: Evaluating Alternative Indices." In: Comparative Political Studies 35(5): 5–34.

Eine neue, umfassende Messgröße für die Qualität von etablierten Demokratien, die im Gegensatz zu den im Abschnitt 4.4 diskutierten Messgrößen innerhalb etablierter Demokratien erheblich variiert, ist der Demokratiebarometer des Zentrums für Demokratie Aarau (ZDA):

http://www.democracybarometer.org/.

Gute Überblicke zur Demokratisierungsforschung geben:

Kriesi, Hanspeter (2007): Vergleichende Politikwissenschaft Teil I: Grundlagen – Eine Einführung. Baden-Baden: Nomos.

Bunce, Valerie (2000): „Comparative Democratization. Big and Bounded Generalizations." In: Comparative Political Studies 33(6/7): 703-734.

5. Demokratische Regierungssysteme

Der Begriff „Regierungssystem" bezieht sich auf die Ausgestaltung und Funktionsweise eines politischen Systems. Regierungssysteme unterscheiden sich vor allem darin, wie die Entscheidungskompetenzen und damit letztlich auch Macht zwischen den verschiedenen Akteuren und Ebenen des politischen Entscheidungssystems verteilt sind und wie das Verhältnis dieser Akteure und Ebenen ausgestaltet ist. In Kapitel 4 haben wir gelernt, dass sich demokratische Regime vor allem dadurch von Autokratien unterscheiden, dass sie die Staatsmacht und die Macht der Regierenden beschränken. Ein äußerst wichtiges Instrument zur Machtbeschränkung, welches wir in Kapitel 4 betont haben, sind freie und faire Wahlen. Wir werden uns diesem Thema in Kapitel 6 zuwenden.

Im vorliegenden Kapitel 5 behandeln wir aber einen weiteren Mechanismus der Machtbeschränkung in demokratischen Staaten: die Aufteilung der Staatsgewalt auf mehrere Institutionen und politische Ebenen. Wir konzentrieren uns dabei auf zwei Formen der Gewaltenteilung: die „horizontale" Gewaltenteilung zwischen den verschiedenen Staatsorganen auf einer bestimmten Ebene des politischen Systems (z. B. dem Bundesstaat oder dem Bundesland) und die „vertikale" Gewaltenteilung zwischen verschiedenen Ebenen des politischen Systems.

Demokratische Staaten weisen erhebliche Unterschiede in Bezug auf die horizontale und vertikale Gewaltenteilung auf. Daraus ergeben sich zwei Typologien anhand derer demokratische Regierungssysteme klassifiziert werden können. Die erste Typologie bezieht sich auf die horizontale Gewaltenteilung. Sie unterscheidet zwischen präsidentiellen, semi-präsidentiellen und parlamentarischen Systemen. Die zweite Typologie bezieht sich auf die vertikale Gewaltenteilung. Sie unterscheidet zwischen föderalistischen Staaten und zentralistischen Einheitsstaaten. Wir befassen uns in diesem Kapitel mit den Ausprägungsformen dieser beiden Arten der Gewaltenteilung. Wir illustrieren ihre möglichen Ausprägungen am Beispiel verschiedener politischer Systeme, u. a. die politischen Systeme Deutschlands, Österreichs, der Schweiz sowie der Europäischen Union. Zudem beleuchten wir einige wichtige Forschungsbereiche, die sich mit den Auswirkungen der beiden Formen der Gewaltenteilung beschäftigen.

Das Kapitel endet mit einer Einführung in den sogenannten Vetospieleransatz. Dieser ermöglicht die Analyse der horizontalen und vertikalen Gewaltenteilung innerhalb eines einheitlichen konzeptionellen Rahmens.

5.1 Gewaltenteilung als Fundament demokratischer Systeme

Demokratische politische Systeme unterscheiden sich von Autokratien dadurch, dass sie die Staatsmacht und die Macht der Regierenden durch institutionalisierte, dauerhaft angelegte Grundprinzipien und Mechanismen beschränken. Die wichtigsten Grundprinzipien und Mechanismen zu diesem Zweck sind freie und faire Wahlen sowie der Rechtsstaat und die Gewaltenteilung. Wir konzentrieren uns an dieser Stelle auf den Rechtsstaat und die Gewaltenteilung.

Der Rechtsstaat beschränkt die Ausübung von Staatsmacht, indem er alle politischen Entscheidungsträger dem bestehenden Recht unterwirft und sie so in ihrer Handlungsfreiheit einschränkt. Egal ob Regierungschef, Steuerbeamter, Polizist oder Richter:

Auch diejenigen, die Staatsmacht ausüben, müssen sich an die bestehenden Gesetze halten. In einem Rechtsstaat steht niemand, auch nicht die Staatsgewalt, über dem Gesetz. Um z. B. ein neues Gesetz zu erlassen, müssen auch regierende Politiker die Regeln des politischen Prozesses einhalten.

Auch in einem Rechtsstaat kann jedoch nicht ausgeschlossen werden, dass die Regierenden weitgehend im Einklang mit den bestehenden Gesetzen das politische System von einer Demokratie in eine Autokratie transformieren. Das bekannteste Beispiel für eine solche Aushöhlung des demokratischen Rechtsstaates ist die Gleichschaltung der politischen Institutionen durch die nationalsozialistische Partei in Deutschland in den 1930er Jahren. Ein Beispiel jüngeren Datums betrifft Präsident Hugo Chavez in Venezuela: Er nutzt die offiziellen Regeln, um die Verfassung so abzuändern, dass seine Machtposition innerhalb des Staates gestärkt wird. Die Verfassungsänderung, die eine Beschränkung der Amtszeit des Präsidenten abschafft, wurde z. B. wie vorgeschrieben vom Parlament gebilligt. Eine ausführlichere Diskussion zu den Themen Rechtsstaatlichkeit, Verfassungsgerichtsbarkeit und zum Verhältnis zwischen Demokratie und Rechtsstaat finden Sie in Kapitel 13.

Der Rechtsstaat allein genügt also nicht, um die Macht der Regierenden effektiv zu kontrollieren und zu beschränken. Um eine Unterminierung der demokratischen Institutionen und eine Konzentration von Staatsmacht zu verhindern, bedienen sich demokratische Staaten neben dem Rechtsstaat und freien und fairen Wahlen noch eines weiteren Instruments: der Gewaltenteilung. Gewaltenteilung bedeutet, dass die politische Macht auf verschiedene Ämter und Staatsorgane verteilt wird. Eine wirksame Gewaltenteilung impliziert, dass keiner der Machttragenden unabhängig von den anderen politische Entscheidungen fällen und umsetzen kann, die das politische System als solches verändern (Patzelt, 2007: 246). Durch das so entstehende System von Kontrollen und Gegengewichten (die sogenannten *checks and balances*) wird die Staatsmacht gebändigt und eine Machtkonzentration bei einzelnen Politikern oder Institutionen verhindert. Zusammen mit dem Instrumentarium freier und fairer Wahlen sowie dem Rechtsstaat stellt die Gewaltenteilung somit eines der wichtigsten Strukturprinzipien demokratischer Staaten dar.

Die Politikwissenschaft unterscheidet zwischen horizontaler und vertikaler Gewaltenteilung. Die horizontale Gewaltenteilung betrifft die Aufteilung der Staatsmacht zwischen den Institutionen der Legislative (die gesetzgebende Gewalt), Exekutive (die ausführende Gewalt) und Judikative (die richterliche Gewalt). Demokratische Systeme unterscheiden sich u. a. darin, wie genau die Staatsmacht zwischen diesen Institutionen aufgeteilt ist. Wie wir weiter unten noch sehen werden, ist in präsidentiellen Demokratien die Gewaltenteilung zwischen Exekutive und Legislative z. B. stärker ausgeprägt als in parlamentarischen Demokratien.

Die vertikale Gewaltenteilung bezieht sich darauf, wie die Zuständigkeiten und Regelungsbefugnisse zwischen nationalen und subnationalen Staatsebenen (z. B. Bundesländern oder Kantonen) sowie in zunehmendem Maße auch supranationalen Ebenen (z. B. der EU) aufgeteilt sind. In föderalistischen Systemen haben beispielsweise subnationale Einheiten mehr Befugnisse als in zentralistischen Systemen.

5.2 Horizontale Gewaltenteilung

Die Gewaltenteilung zwischen den Institutionen der Legislative, Exekutive und Judikative geht auf den französischen Staatstheoretiker Montesquieu (1689–1755) zurück. Diese drei Institutionen des zentralen politischen Entscheidungssystems sind jeweils primär mit der Herstellung (Legislative), Umsetzung (Exekutive) und Überprüfung (Judikative) von Gesetzen und anderen staatlichen Maßnahmen betraut. Während die Judikative in fast allen demokratischen Staaten dem direkten Zugriff der beiden anderen Staatsgewalten entzogen und damit von diesen weitgehend unabhängig ist, sind im Ländervergleich große Unterschiede im Verhältnis zwischen Legislative und Exekutive zu beobachten.

Diese Unterschiede schlagen sich insbesondere in der Unterscheidung zwischen parlamentarischen und präsidentiellen Regierungssystemen sowie der Mischform des semipräsidentiellen Regierungssystems nieder, die wir in diesem Abschnitt genauer betrachten. Während Legislative und Exekutive in präsidentiellen Regierungssystemen klar voneinander getrennt sind, weisen parlamentarische Regierungssysteme eine starke Verbindung dieser beiden Staatsgewalten auf (Cheibub & Limongi, 2002). Das unterschiedliche Verhältnis zwischen Legislative und Exekutive in parlamentarischen und präsidentiellen Systemen, und damit auch die Stärke der Gewaltenteilung, lässt sich vor allem auf zwei grundlegende institutionelle Merkmale zurückführen: Die Art, wie die Regierung gewählt wird, und die Abhängigkeit der Regierung vom Vertrauen des Parlamentes (Lijphart, 1984). Zur Illustration betrachten wir die Regierungssysteme Großbritanniens, der USA, Frankreichs sowie diejenigen Deutschlands, Österreichs, der Schweiz und der EU. Im Anschluss befassen wir uns mit den Konsequenzen unterschiedlicher Formen horizontaler Gewaltenteilung. Wir konzentrieren uns darauf, wie sich Unterschiede in der horizontalen Gewaltenteilung auf die Wirtschaftspolitik und auf die Konsolidierung von Demokratie auswirken können.

5.2.1 Das parlamentarische Regierungssystem

Die wichtigsten Unterscheidungsmerkmale von parlamentarischen gegenüber präsidentiellen Systemen sind die indirekte Wahl der Regierung und die Möglichkeit des Parlamentes die Regierung abzusetzen. Diese Möglichkeit deutet auf eine enge Verknüpfung des politischen Schicksals von Regierung und Parlamentsmehrheit hin (Lijphart, 1984).

In parlamentarischen Systemen ist das Parlament das einzige vom Volk direkt gewählte Staatsorgan. Die Exekutive (der Regierungschef und das Kabinett) wird hingegen nicht vom Volk gewählt, sondern vom Parlament bestimmt. Die Regierungsbildung in parlamentarischen Systemen kann unterschiedlich erfolgen. Häufig wird die Regierung durch das Parlament gewählt (z. B. in Deutschland, Österreich und Japan). In einigen Ländern ernennt das Staatsoberhaupt den Fraktionsvorsitzenden der stärksten Partei oder den aus Koalitionsverhandlungen hervorgegangenen Kandidaten zum Regierungschef, ohne dass eine Zustimmung des Parlamentes notwendig ist. Dies ist z. B. in Großbritannien der Fall: Die Queen ernennt jeweils den Fraktionsvorsitzenden der stärksten aus den Unterhauswahlen hervorgegangenen Partei zum Premierminister. In allen parlamentarischen Systemen wird die Exekutive damit letztlich vom Ergebnis der Parlamentswahlen und der Zusammensetzung der Legislative bestimmt.

Parlamentarische Systeme unterscheiden sich von präsidentiellen Systemen auch darin, dass die Regierung gegenüber dem Parlament rechenschaftspflichtig ist und von diesem abgesetzt werden kann. Die Parlamentsmehrheit hat vor allem das Recht die Regierung durch ein Misstrauensvotum zu stürzen. Anders als in präsidentiellen Regierungssystemen ist die Regierung in parlamentarischen Systemen damit vom Vertrauen und von der Unterstützung einer Mehrheit der Parlamentsabgeordneten direkt abhängig, was bis zu einem gewissen Grad zu einer „Verschmelzung der Gewalten" führt (Cheibub & Limongi, 2002: 152).

Parlamentarische und präsidentielle Systeme unterscheiden sich oft auch in Bezug auf die Zusammenarbeit der Regierungsmitglieder und die Machtverhältnisse innerhalb der Exekutive. In parlamentarischen Systemen hat die Regierung meist einen kollegialen Charakter (Shugart & Carey, 1992; Lijphart, 1999). Entscheidungen werden nicht von dem Regierungschef alleine getroffen, sondern alle Regierungsmitglieder sind an der Entscheidungsfindung beteiligt und tragen die Regierungsentschlüsse gemeinsam. Die Machtposition des Regierungschefs innerhalb der Regierung kann dabei von einer hervorgehobenen Stellung bis zu einer primus inter pares („Erster unter Gleichen")-Stellung variieren. In Deutschland z. B. genießt der Bundeskanzler eine hervorgehobene Stellung. Er hält die Richtlinienkompetenz inne und gibt verbindliche Richtlinien der Regierungspolitik vor. Hingegen lässt sich die Stellung des niederländischen Regierungsoberhauptes, dessen Machtbefugnis sich nicht erheblich von dem der anderen Regierungsmitglieder unterscheidet, dem anderen Ende des Spektrums zuordnen. Trotz dieser Unterschiede ist die Exekutive in parlamentarischen Systemen verglichen mit präsidentiellen Systemen viel stärker als Gesamtgremium verantwortlich, da jeder Minister gegenüber dem Parlament direkt rechenschaftspflichtig und auch häufig selbst Parlamentsabgeordneter ist (Keman & Aït Mallouk, 2002: 265).

In parlamentarischen Systemen besitzt die Exekutive zudem oft eine zweigliedrige Struktur. Diese besteht aus einer eng mit der Parlamentsmehrheit verknüpften und politisch einflussreichen Regierung sowie einem Staatsoberhaupt mit vorwiegend repräsentativen bzw. symbolischen Funktionen (Lijphart, 1999).

Aufgrund dieser institutionellen Unterschiede zwischen parlamentarischen und präsidentiellen Regierungssystemen unterscheiden sich auch die politischen Prozesse und die Rollen der politischen Akteure in beiden Systemen. Konkret lassen sich die Besonderheiten parlamentarischer Regierungssysteme vor allem anhand der Rolle von Parteien, der Machtverteilung zwischen Exekutive und Legislative und der Struktur des politischen Entscheidungsprozesses beobachten (Eaton, 2000; Cheibub & Limongi, 2002).

Rolle der Parteien

Da das politische Überleben der Regierung in parlamentarischen Systemen von der Unterstützung durch eine Mehrheit der Parlamentsabgeordneten abhängt, sind gut organisierte Parteien und eine starke Parteidisziplin für das Funktionieren des Systems von großer Bedeutung (Schmidt, 2008: 317). Nur wenn die Regierung eine stabile Mehrheit der Parlamentsabgeordneten hinter sich weiß, kann sie mit Erfolg Gesetze durch das Parlament bringen und so wirksam regieren. Eine solche Mehrheit kann aus den Mitgliedern einer einzigen Partei bestehen oder aus einem Zusammenschluss mehrerer Parteien, einer sogenannten Koalition. Daneben existieren auch Minderheitenregierungen, die zwar keine Mehrheit der Parlamentarier repräsentieren, aber von einer Mehrheit toleriert werden und somit handlungsfähig sind.

Angesichts der engen Verknüpfung des politischen Schicksals von Regierung und den Abgeordneten der regierenden Partei(en) ist in parlamentarischen Regierungssystemen eine starke Parteidisziplin gefragt. Um einen Sturz der Regierung zu vermeiden, haben die Parlamentsfraktionen der Regierungsparteien die Aufgabe und den Anreiz durch Fraktions- und Koalitionsdisziplin für die Stabilität der Regierung zu sorgen (Steffani, 1983). Die politischen Fronten laufen daher in parlamentarischen Systemen sehr stark entlang der Parteilinien und die politische Verantwortung wird häufig den Parteien anstelle von Einzelpersonen zugerechnet. Abstrakt formuliert strukturieren Parteien damit sowohl die Delegation politischer Macht von der Wählerschaft an die Parlamentsabgeordneten als auch die Delegation von Macht durch die Abgeordneten an die Regierung (Müller, 2000). Auch die Oppositionsparteien versuchen in parlamentarischen Systemen möglichst geschlossen aufzutreten. Nur so können sie gegenüber den ebenfalls mit starker Fraktionsdisziplin agierenden Regierungsparteien Einfluss auf die Gesetzgebung ausüben und im Extremfall die Regierung zu Fall bringen.

Machtverteilung zwischen Exekutive und Legislative

Obwohl die Regierung für ihr „politisches Überleben" in parlamentarischen Regierungssystemen auf die Unterstützung des Parlamentes angewiesen ist, besitzt sie in solchen Systemen häufig eine dominante Stellung (Lijphart, 1999). Einerseits ergibt sich diese Stellung aus der Möglichkeit der Regierung, Gesetzesentwürfe im Parlament einzubringen und damit die politische Agenda zu bestimmen (Tsebelis, 1995). Diese sogenannte Agenda-Setting-Macht verleiht der Regierung, welche die politische Agenda bestimmen kann, die Möglichkeit die Ergebnisse politischer Prozesse in ihrem Sinne zu beeinflussen. In parlamentarischen Systemen kann somit die Regierung durch Gesetzesvorschläge das Entscheidungsverfahren im Parlament bis zu einem gewissen Grad lenken und in ihrem Sinne beeinflussen.

Andererseits besitzt die Regierung mit der sogenannten Vertrauensfrage ein wirksames Instrument zur Durchsetzung eigener Gesetzesvorlagen. Die Regierung kann vor einer Parlamentsabstimmung über einen von ihr vorgelegten Gesetzesentwurf erklären, dass sie die Ablehnung des Entwurfs als Misstrauensvotum interpretieren wird. Die Abgeordneten stehen damit vor der Wahl den Vorschlag der Regierung zu akzeptieren oder den Sturz der Regierung, und damit die Auflösung des Parlaments und Neuwahlen zu riskieren. Neuwahlen bedeuten für die einzelnen Parlamentsabgeordneten jedoch den potentiellen Verlust des eigenen Sitzes und der Regierungsverantwortung. Dieses Risiko wollen meist nur wenige Abgeordnete der Regierungspartei(en) eingehen und stimmen deshalb dem Gesetzesentwurf der Regierung zu. Die Regierung hat somit die Möglichkeit im Parlament auch solche Vorhaben durchzusetzen, die innerhalb der Regierungspartei(en) und ihren parlamentarischen Fraktionen umstritten sind.

Struktur des politischen Entscheidungsprozesses

Der politische Entscheidungsprozess ist in parlamentarischen Systemen häufig zentralisierter als in präsidentiellen Systemen, da die politische Macht tendenziell entlang einer einzelnen Entscheidungskette delegiert wird (Strøm, 2000). In einem parlamentarischen System delegiert die Wählerschaft politische Entscheidungsmacht an die Abgeordneten des Parlamentes. Diese wiederum delegieren Entscheidungsmacht an die Regierung, welche die Umsetzung von Gesetzen wiederum an die öffentliche Verwaltung delegiert. Diese Struktur führt dazu, dass sich die politische Verantwortung den einzelnen Akteuren klar zuordnen lässt (Eaton, 2000). Die politische Verantwortung konzentriert sich somit bei der Regierung und den sie tragenden Parteien.

Beispiel

Großbritannien

Das britische Regierungssystem verdeutlicht die Charakteristiken parlamentarischer Systeme geradezu exemplarisch (siehe Abbildung 5.1). Das britische Parlament besteht aus zwei Kammern, dem Oberhaus („House of Lords") und dem Unterhaus („House of Commons"). Nur das Unterhaus, die politisch bedeutendere Kammer des Parlamentes, wird direkt vom Volk gewählt. Die derzeit 786 Mitglieder des politisch weniger einflussreichen Oberhauses werden hingegen von der Queen ernannt. Nach der Wahl ernennt die Queen den Spitzenkandidaten der stärksten Parlamentsfraktion zum Premierminister. Der Premierminister stellt seine Regierung aus Mitgliedern des Parlaments zusammen. Die Regierung bleibt so lange im Amt, wie sie die Unterstützung des Parlamentes genießt oder bis die fünfjährige Legislaturperiode abläuft. In der Praxis kann sie zwar durchaus einmal eine Abstimmung verlieren, muss jedoch zurücktreten, wenn das Parlament ausdrücklich gegen die Regierung stimmt. Angesichts der starken Parteidisziplin tritt dieser Fall jedoch selten ein. Bis 2011 hatte der Premierminister zudem das Recht, das Parlament aufzulösen und Neuwahlen anzusetzen. Seit 2011 ist die Legislaturperiode hingegen auf fünf Jahre fixiert.

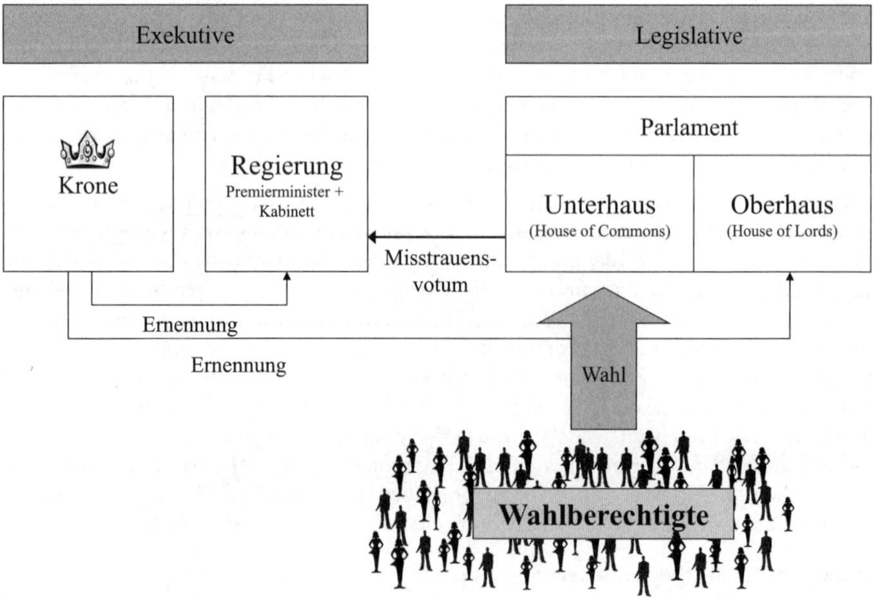

Abbildung 5.1: Beispiel eines parlamentarischen Regierungssystems: Großbritannien

5.2.2 Das präsidentielle Regierungssystem

In präsidentiellen Systemen werden nicht nur die Parlamentsmitglieder vom Volk gewählt, sondern auch der Präsident. Er wird entweder direkt oder indirekt (mit Hilfe eines Wahlmännergremiums wie z. B. das *electoral college* in den USA) gewählt. Im Unterschied zu parlamentarischen Regierungssystemen kann der Präsident und damit die Exekutive somit prinzipiell einer Partei angehören, die keine Mehrheit im Parlament besitzt. Die (direkte oder indirekte) Wahl durch das Volk verleiht dem Präsidenten eine im Vergleich zum Parlament ebenbürtige demokratische Legitimation (Shugart & Carey, 1992). Zudem hat weder das Parlament die Möglichkeit den Präsidenten abzusetzen noch hat umgekehrt der Präsident die Möglichkeit das Parlament aufzulösen. Die Amtszeiten von Parlamentsabgeordneten und Präsident sind in der Verfassung festgelegt. Legislative und Exekutive weisen somit eine starke Unabhängigkeit voneinander auf. Im Gegensatz zum parlamentarischen System, in dem die Legislative und Exekutive in starker wechselseitiger Abhängigkeit zueinander stehen, sind die beiden Institutionen im präsidentiellen System damit strikt voneinander getrennt (Keman & Aït Mallouk, 2002: 264 f.).

Als vom Volk gewählter Amtsinhaber nimmt der Präsident auch innerhalb der Regierung eine sehr starke Stellung ein. Er bestimmt die Zusammensetzung seines Kabinetts mit vergleichsweise geringen Einschränkungen durch das Parlament und hat in politischen Entscheidungsfragen aufgrund seiner verfassungsrechtlich zugesicherten gesetzgeberischen Kompetenzen das letzte Wort (Shugart & Carey, 1992). Im Gegensatz zur kollegialen Regierung in parlamentarischen Systemen besitzen die Minister in präsidentiellen Systemen meist deutlich weniger Macht. Sie sind eher Berater bzw. Mitarbeiter des Präsidenten und bleiben nur so lange im Amt, wie sie die politische Unterstützung des Präsidenten genießen (Linz, 1990 a; Lijphart, 1999). Die repräsentative bzw. symbolische Funktion des Staatsoberhauptes und die politischen Funktionen des Regierungschefs sind in präsidentiellen Systemen im Amt des Präsidenten zusammengefasst.

Auch präsidentielle Regierungssysteme sind nicht in allen Ländern genau gleich ausgestaltet, sondern weisen länderspezifische Eigenheiten auf (Shugart & Carey, 1992). So unterscheidet sich z. B. das philippinische Regierungssystem vom US-amerikanischen u. a. dadurch, dass der philippinische Präsident für eine längere Amtsdauer gewählt und auch der Vizepräsident direkt vom Volk bestimmt wird. Nichtsdestotrotz weisen präsidentielle Systeme hinsichtlich der Rolle der Parteien, der Machtverteilung zwischen Exekutive und Legislative und der Struktur des politischen Entscheidungsprozesses wichtige Gemeinsamkeiten auf.

Rolle der Parteien

Die Bedeutung von Parteien sowie die Parteidisziplin sind in präsidentiellen Systemen oft schwächer ausgeprägt als in parlamentarischen Systemen (Schmidt, 2008). Während die Wählerschaft in parlamentarischen Systemen in erster Linie die Leistungen einer Partei in ihrer Rolle als Regierungs- oder Oppositionspartei beurteilt, stehen in präsidentiellen Systemen eher die Leistungen und das Abstimmungsverhalten der einzelnen Parlamentsabgeordneten sowie die Leistungen des Präsidenten im Rampenlicht. Die Abgeordneten haben daher größere Anreize ihr Abstimmungsverhalten an den Bedürfnissen und Interessen ihrer spezifischen Wählerschaft auszurichten. Deshalb gewichten sie z. B. die lokalen Interessen in ihrem jeweiligen Wahlkreis oft stärker als die politischen Interessen ihrer Partei insgesamt. Weil zudem von der Parteilinie abweichendes Stimmverhalten im Parlament nicht zum Sturz der Regierung und zu Neuwahlen führen kann, ist die Fraktionsdisziplin in präsidentiellen Regierungssystemen deutlich schwächer. Es kann deshalb im Parlament zu wechselnden Mehrheiten kommen, bei denen einzelne Abgeordnete bei einigen Themen für und bei anderen Themen gegen Gesetzesvorlagen ihrer Regierungspartei stimmen (Keman & Aït Mallouk, 2002).

Machtverteilung zwischen Exekutive und Legislative

Die Exekutive und Legislative verfügen in präsidentiellen Systemen über eine jeweils eigene demokratische Legitimation und sind nicht direkt voneinander abhängig. Diese „duale demokratische Legitimation“ (Linz, 1994) führt dazu, dass das Machtverhältnis zwischen den beiden Institutionen in der Regel ausgeglichener ist als in parlamentarischen Systemen (Lijphart, 1999). Die Beziehung zwischen Exekutive und Legislative kann daher auch konfliktreich sein und zu einem Patt im Entscheidungsprozess führen, weil keine Seite die andere einfach überstimmen und damit eine Entscheidung erzwingen kann. Im Extremfall führt die Konfrontation zwischen Exekutive und Legislative zu „Politikstau“, bei dem politische Entscheidungen aufgrund unterschiedlicher Meinungen nicht getroffen werden können (Schmidt, 2008).

Struktur des politischen Entscheidungsprozesses

Der politische Entscheidungsprozess ist in präsidentiellen Regierungssystemen dezentralisierter als in parlamentarischen Systemen (Linz, 1990 a). Die Gründe liegen in der Unabhängigkeit der Legislative und Exekutive voneinander und der Zuordnung wichtiger Entscheidungsbefugnisse an beide Institutionen. Diese Dezentralisierung kann widersprüchliche Folgen haben. Wie oben bereits angesprochen, sind politische Entscheidungsträger in präsidentiellen Systemen unabhängiger von ihrer Partei. Die Wahlberechtigten haben somit zwar eher die Möglichkeit die Leistungen der einzelnen Politiker zu bewerten. Gleichzeitig ist es in einem dezentralisierten Entscheidungssystem für die Wählerschaft jedoch auch schwieriger, die politische Verantwortung der einzelnen Politiker zu erkennen und zu evaluieren. Besonders schwierig wird dies, wenn der Präsident einer anderen Partei angehört als die Parlamentsmehrheit und sich die beiden Institutionen im Entscheidungsprozess gegenseitig blockieren (Schmidt, 2008).

Beispiel

USA

Das bekannteste präsidentielle Regierungssystem ist dasjenige der USA (siehe Abbildung 5.2). Sowohl der amerikanische Präsident als auch die Mitglieder des Parlamentes (der „Kongress“) werden vom Volk gewählt. Bei der Präsidentschaftswahl, die alle vier Jahre stattfindet, wählen die Wahlberechtigten aus den 50 amerikanischen Bundesstaaten die Mitglieder des sogenannten Wahlmännergremiums. Die einzige Aufgabe dieses Gremiums ist es, im Anschluss den Präsidenten zu wählen. Der Präsident besitzt durch diese (indirekte) Volkswahl eine starke demokratische Legitimation. Über eine ebenso starke Legitimation verfügen auch die Parlamentsmitglieder der zwei Kammern des Kongresses, des Repräsentantenhauses und des Senats. Die Entscheidungskompetenzen der Legislative und Exekutive sind klar voneinander getrennt. Weder hat der Präsident die Möglichkeit den Kongress aufzulösen noch kann dieser den Präsidenten zum Rücktritt zwingen. Die einzige Ausnahme ist das sogenannte *Impeachment*-Verfahren, welches der Kongress bei strafrechtlichen Anschuldigungen gegen den Präsidenten einleiten kann. Solche Verfahren sind jedoch äußerst selten und haben in der Geschichte der USA noch nie zur Amtsenthebung eines Präsidenten geführt.

Nach der Wahl ernennt der Präsident seine Kabinettsmitglieder. Im Gegensatz zu parlamentarischen Systemen wie Deutschland oder Großbritannien dürfen diese nicht gleichzeitig Mitglieder des Parlamentes sein. Auch diese Tatsache verdeutlicht die strikte Gewaltenteilung zwischen den beiden Institutionen. US-amerikanische Parteien üben zudem eine schwächere Parteidisziplin aus als ihr Pendant in parlamentarischen Regierungssystemen. Der Gesetzgebungsprozess ist von gegenseitiger Kontrolle der beiden Institutionen geprägt. So kann z. B. nur der Kongress neue Gesetze verabschieden. Der Präsident kann jedoch gegen diese Gesetzesentwürfe sein Veto einlegen und somit deren Inkrafttreten verhindern. Ein solches Veto kann nur aufgehoben werden, wenn beide Kammern des Kongresses den Gesetzesentwurf mit mindestens einer Zweidrittelmehrheit verabschieden. Dann tritt das Gesetz trotz Veto des Präsidenten in Kraft.

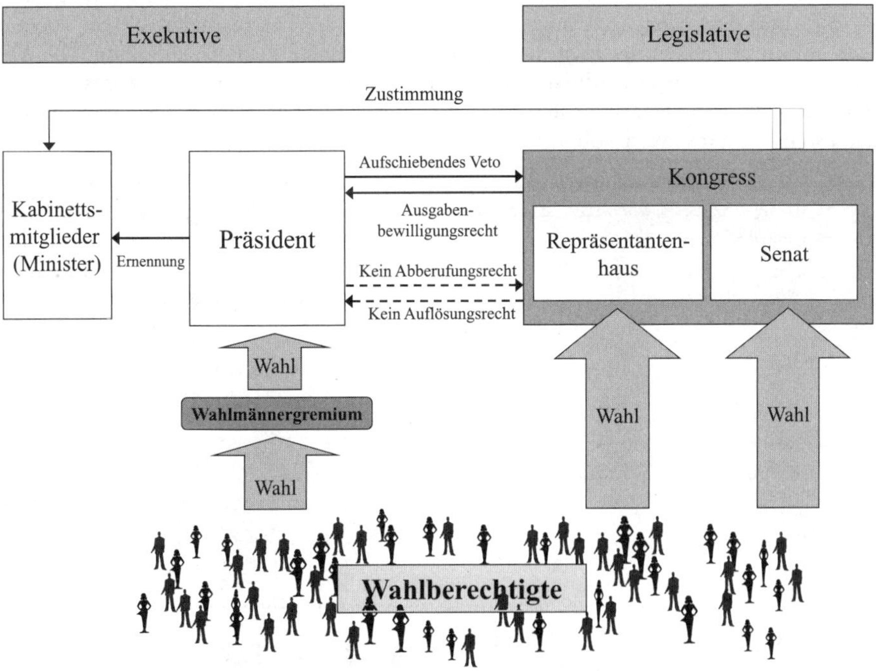

Abbildung 5.2: Beispiel eines präsidentiellen Regierungssystems: USA

5.2.3 Semi-präsidentielle Systeme

Semi-präsidentielle Systeme verbinden wichtige Elemente von parlamentarischen und präsidentiellen Systemen. In diesen Systemen existieren sowohl das Amt eines direkt vom Volk gewählten Präsidenten als auch eines Premierministers einschließlich eines Kabinetts, welches dem Parlament gegenüber verantwortlich ist (Elgie, 2004: 317). Der Premierminister wird in vielen Fällen vom Präsident bestimmt und muss formell vom Parlament bestätigt werden. Somit teilen sich der Regierungschef (Premierminister) und der Präsident in semi-präsidentiellen Regierungssystemen die Exekutivmacht.

Weil semi-präsidentielle Systeme Elemente parlamentarischer und präsidentieller Systemen unterschiedlich kombinieren, lassen sich innerhalb dieses Systemtyps große Unterschiede hinsichtlich der Rolle der Parteien, der Machtverteilung zwischen Exekutive und Legislative sowie der Struktur des politischen Entscheidungsprozesses beobachten. Die tatsächliche Macht des Präsidenten variiert z. B. stark. In einigen Ländern (z. B. Frankreich, Mali und São Tomé und Príncipe) besitzt der Präsident eine sehr starke Stellung, was die Entscheidungsfindung erschweren kann, wenn Präsident und Regierungschef verschiedenen politischen Lagern angehören. In anderen Ländern (z. B. Österreich, Slowenien (1991–2003), Slowakei (ab 1999) und Portugal (ab 1982) sind die Entscheidungskompetenzen des Präsidenten dagegen eher schwach.

Beispiel

Frankreich

Frankreich verfügt über ein semi-präsidentielles Regierungssystem (Abbildung 5.3). Wie in präsidentiellen Regierungssystemen wählen die französischen Bürger sowohl den Staatspräsidenten als auch die Abgeordneten der Nationalversammlung. Die Abgeordneten der weniger einflussreichen zweiten Parlamentskammer, des Senats, werden von den einzelnen Departementen (subnationalen Einheiten Frankreichs) entsandt und sind so nur indirekt vom Volk gewählt.

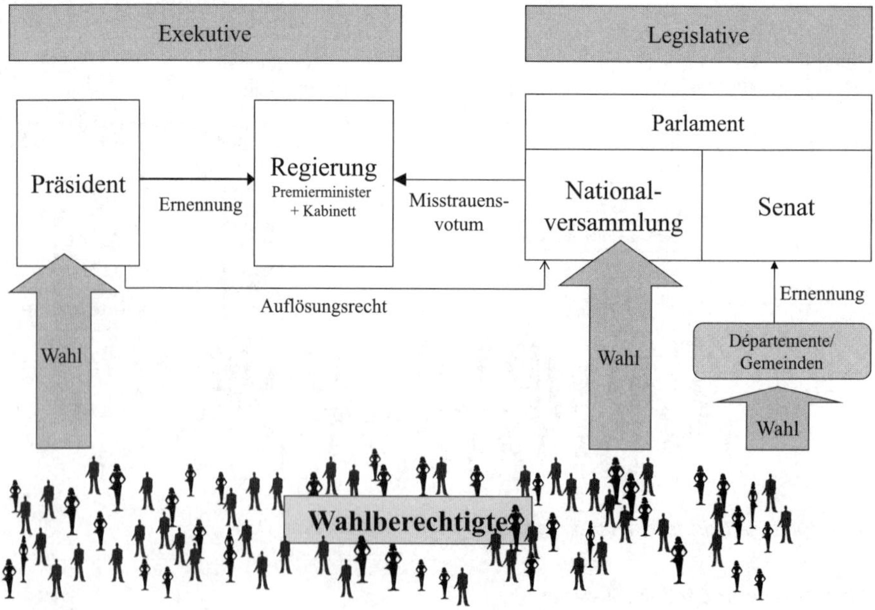

Abbildung 5.3: Beispiel eines semi-präsidentiellen Regierungssystems: Frankreich

Der Staatspräsident ist der wichtigste individuelle Entscheidungsträger in der französischen Politik. Alle Gesetze, die das Parlament verabschiedet, müssen von ihm gebilligt werden und sein Veto kann deshalb zu starken Verzögerungen im Gesetzgebungsprozess führen. Der Präsident teilt sich die Exekutivfunktion mit dem Premierminister und dessen Regierungskabinett. Auch wenn der Präsident das Recht hat den Premierminister zu ernennen, muss er ihn unter Berücksichtigung der Mehrheitsverhältnisse im Parlament auswählen. Deshalb ist es für französische Staatspräsidenten bisweilen unumgänglich Politiker aus dem gegnerischen Lager zum Premierminister und zu Ministern zu ernennen. Der Grund liegt in einem parlamentarisch geprägten Merkmal des französischen Regierungssystems: Die vom Premierminister geleitete Regierung ist gegenüber der Nationalversammlung verantwortlich und kann von dieser durch ein Misstrauensvotum gestürzt werden. Gleichzeitig hat der Staatspräsident jedoch auch das Recht das Parlament aufzulösen und Neuwahlen auszurufen. Diese „doppelköpfige" Exekutive kann vor allem dann zu Politikblockaden führen, wenn Premierminister und Staatspräsident aus politisch gegnerischen Lagern kommen (man spricht in diesen Fällen von einer *cohabitation*).

5.1 Wie lassen sich demokratische Regierungssysteme empirisch erfassen?

Aussagen zur Häufigkeit der drei demokratischen Regierungssysteme oder zu deren Ursachen und Wirkungen erfordern zunächst die Bestimmung des Regierungssystemtyps der jeweiligen untersuchten Staaten entsprechend den Kriterien der Validität und der Reliabilität. Cheibub et al. (2010) schlagen eine mögliche Operationalisierung vor, welche wir hier diskutieren. Gemäß Cheibub et al. (2010: 81) lässt sich die Art der horizontalen Gewaltenteilung in allen demokratischen Systemen anhand der Antworten zu den folgenden zwei Fragen bestimmen:

1. Kann die Exekutive von der Legislative abgesetzt werden?
2. Ist mindestens ein Teil der Regierung für eine fixe Legislaturperiode gewählt?

Wird die erste Frage mit „Nein" beantwortet, so handelt es sich um ein präsidentielles Regierungssystem, weil die beiden Gewalten hier unabhängig voneinander sind. Wird die erste Frage mit „Ja" und die zweite Frage mit „Nein" beantwortet, so handelt es sich um ein semi-präsidentielles Regierungssystem. Werden schließlich beide Fragen mit „Ja" beantwortet, so handelt es sich um ein parlamentarisches Regierungssystem.

Abbildung 5.4 zeigt die prozentuale Häufigkeit der drei demokratischen Regierungssysteme für den Zeitraum 1946–2008. Sie verdeutlicht, dass das parlamentarische Regierungssystem mit Abstand am häufigsten vorliegt, gefolgt vom präsidentiellen und dem semi-präsidentiellen Regierungssystem. Seit dem Ende des Zweiten Weltkrieges weisen zwischen 50 und 70 Prozent der demokratischen Staaten ein parlamentarisches, zwischen 16 und 40 Prozent ein präsidentielles und zwischen 10 und 25 Prozent ein semi-präsidentielles Regierungssystem auf.

Im zeitlichen Verlauf zeigt sich darüber hinaus, dass mit dem Einsetzen der dritten Demokratisierungswelle seit Mitte der 1970er Jahre der Anteil parlamentarischer Regierungssysteme gesunken ist. Mit der Demokratisierung Lateinamerikas Ende der 1970er und zu Beginn der 1980er Jahre nahm zunächst der Anteil präsidentieller Regierungssysteme stark zu, während der Anteil semi-präsidentieller Regierungssysteme konstant blieb. Mit dem Ende des Kalten Krieges und der damit einhergehenden Demokratisierung Zentral- und Osteuropas entstanden dagegen zunehmend semi-präsidentielle Regierungssysteme, während der prozentuale Anteil präsidentieller Systeme bei rund 35 Prozent verharrte.

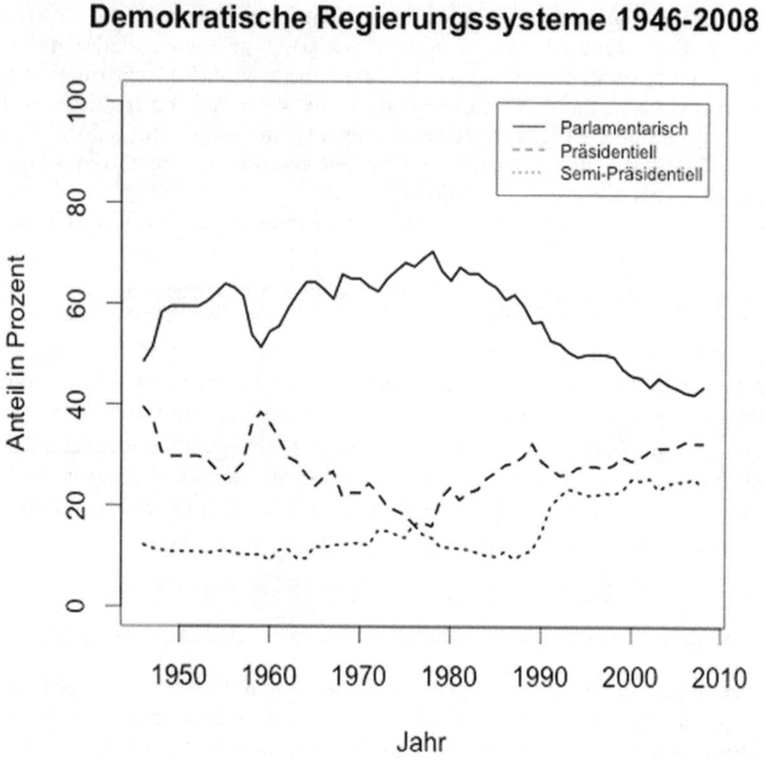

Abbildung 5.4: Häufigkeit der drei demokratischen Regierungssysteme zwischen 1946–2008

Staaten ändern ihr Regierungssystem nur selten. Zwischen 1946–2008 führten nur insgesamt sieben demokratische Staaten einen Wechsel ihres jeweiligen Regierungssystems durch. Alle Änderungen sind in chronologischer Reihenfolge in Abbildung 5.5 aufgelistet.

Sieben der neun Änderungen fanden zwischen parlamentarischen und semi-präsidentiellen Regierungssystemen statt. Einzig in Brasilien fand ein Wechsel von einem präsidentiellen Regierungssystem zu einem semi-präsidentiellen System statt. Das Land machte diese Änderung jedoch bereits nach zwei Jahren wieder rückgängig und wechselte zurück zum präsidentiellen Regierungssystem. Abbildung 5.5 verdeutlicht auch, dass eine Änderung des Regierungssystems in jungen Demokratien häufiger stattfindet als in etablierten Demokratien.

Land	Jahr	Von	Zu
Brasilien	1961	Präsidentiell	semi-präsidentiell
Brasilien	1963	semi-präsidentiell	präsidentiell
Frankreich	1965	Parlamentarisch	semi-präsidentiell
Bangladesch	1991	semi-präsidentiell	parlamentarisch
Mongolei	1992	Parlamentarisch	semi-präsidentiell
Moldawien	1997	Parlamentarisch	semi-präsidentiell
Slowakei	1999	Parlamentarisch	semi-präsidentiell
Moldawien	2000	semi-präsidentiell	parlamentarisch
Slowenien	2003	semi-präsidentiell	parlamentarisch

Abbildung 5.5: Chronologische Liste aller Änderungen von Regierungssystemen in demokratischen Staaten zwischen 1946–2008

Quelle: Cheibub et al. (2010)

Aufgrund seiner Schlichtheit ist der Operationalisierungsvorschlag von Cheibub et al. (2010) sehr reliabel. Seine Validität lässt sich allerdings diskutieren, denn er reduziert die Komplexität demokratischer Regierungssysteme auf zwei Dimensionen (Abhängigkeit der Exekutive von der Legislative und direkte Wahl der Exekutive für eine fixe Legislaturperiode), womit Sonderfälle wie etwa die Schweiz und zu einem gewissen Grad auch Österreich nicht korrekt zugeordnet werden. Inwiefern dies ein Problem darstellt, hängt jedoch vom konkreten Erkenntnisinteresse und dem theoretischen Argument ab.

5.2.4 Die Regierungssysteme Deutschlands, Österreichs, der Schweiz und der Europäischen Union

In diesem Abschnitt behandeln wir die Regierungssysteme Deutschlands, Österreichs, der Schweiz und der Europäischen Union (EU). Deutschland besitzt ein sehr typisches parlamentarisches Regierungssystem, während die Regierungssysteme Österreichs und der Schweiz sowohl Elemente parlamentarischer als auch präsidentieller Systeme aufweisen. Die horizontale Gewaltenteilung in der EU ist komplexer. Sie lässt sich kaum in den drei oben diskutierten Kategorien verorten. Dennoch besteht auch ihr Regierungssystem aus einer Legislative, Exekutive und Judikative, deren Zuständigkeiten klar voneinander abgegrenzt und geregelt sind.

Deutschland

Die Bundesrepublik Deutschland besitzt ein typisches parlamentarisches Regierungssystem. Der Deutsche Bundestag, die große Kammer des deutschen Parlamentes, ist das einzige durch Volkswahl personell besetzte Gremium auf Bundesebene. Die Exekutive, allen voran der Bundeskanzler, wird vom Bundestag gewählt und verfügt damit lediglich über eine indirekte demokratische Legitimation. Auch der Bundespräsident, der hauptsächlich symbolische und repräsentative Funktionen ausübt, wird von den Vertretern des Bundestags und einer gleich großen Zahl von Delegierten der Länderparlamente, der sogenannten Bundesversammlung, gewählt.

Der Bundestag kann die Regierung mittels eines konstruktiven Misstrauensvotums zu Fall bringen. „Konstruktiv" bedeutet hier, dass der Kanzler bzw. die Regierung nur dann abgewählt werden kann, wenn der Bundestag gleichzeitig einen neuen Kanzler wählt. Diese Besonderheit soll verhindern, dass eine Regierungskrise entsteht und das Land plötzlich ohne funktionierende Regierung dasteht. Die Regierung ist somit vom Vertrauen und von der Unterstützung einer Mehrheit der Bundestagsabgeordneten abhängig. Die Regierung besitzt gegenüber dem Bundestag ebenfalls ein „Disziplinierungsinstrument", indem sie nach einer gescheiterten Vertrauensabstimmung das Parlament auflösen und Neuwahlen ausrufen kann. Wie in parlamentarischen Systemen üblich, sind aufgrund dieser gegenseitigen Abhängigkeit die Regierung und die Parlamentsfraktionen der in der Regierung vertretenen Parteien eng miteinander verbunden. Die Partei- bzw. Fraktionsdisziplin sowohl innerhalb der Regierungsparteien als auch bei den Oppositionsparteien ist hoch.

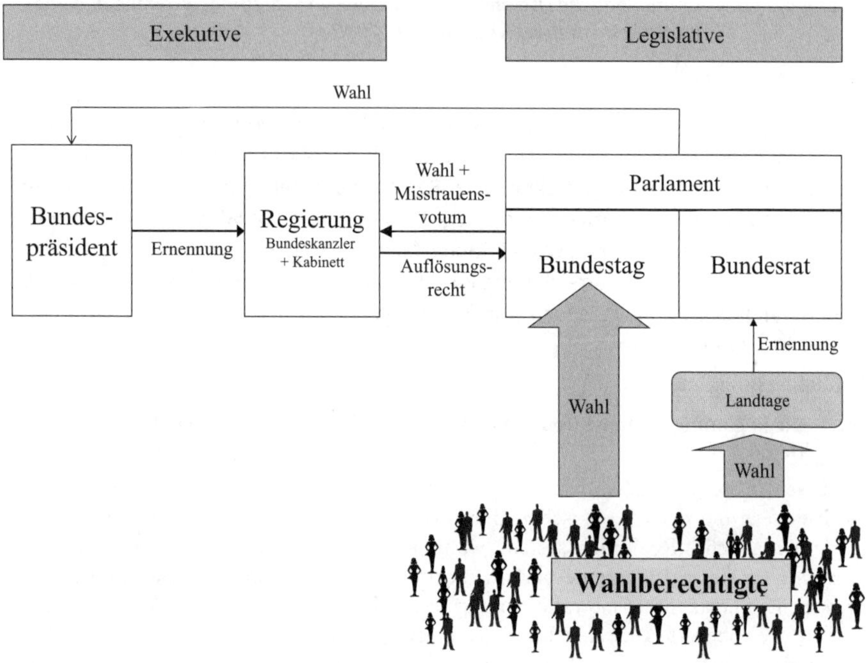

Abbildung 5.6: Das deutsche Regierungssystem

Österreich

Das österreichische Regierungssystem besteht aus einer Kombination von Elementen parlamentarischer und semi-präsidentieller Systeme. Einige Politikwissenschaftler (z. B. Stepan & Skach, 2001) betrachten es vorwiegend als parlamentarisches System, andere hingegen als semi-präsidentielles System (z. B. Lijphart, 1999; Cheibub et al., 2010). Nach den oben beschriebenen Kriterien besitzt Österreich ein vorwiegend semi-präsidentielles System. Sowohl die Exekutive als auch Teile der Legislative werden direkt vom Volk gewählt.

Wie Frankreich weist auch Österreich sowohl einen direkt vom Volk gewählten Staatspräsidenten als auch eine von der Parlamentsmehrheit getragene Regierung auf, die sich aus dem Bundeskanzler und seinem Kabinett zusammensetzt. Diese Regierung kann vom Nationalrat, der großen Kammer des österreichischen Parlamentes, durch ein Misstrauensvotum gestürzt werden. Im Gegensatz zu Frankreich und Deutschland haben jedoch weder der Bundespräsident noch der Bundeskanzler das Recht das Parlament aufzulösen. Diese Beschränkung der Exekutivmacht stärkt die Rolle des österreichischen Parlamentes gegenüber der Exekutive. Zudem besitzt der österreichische Bundespräsident weit weniger politische Macht als der französische Staatspräsident.

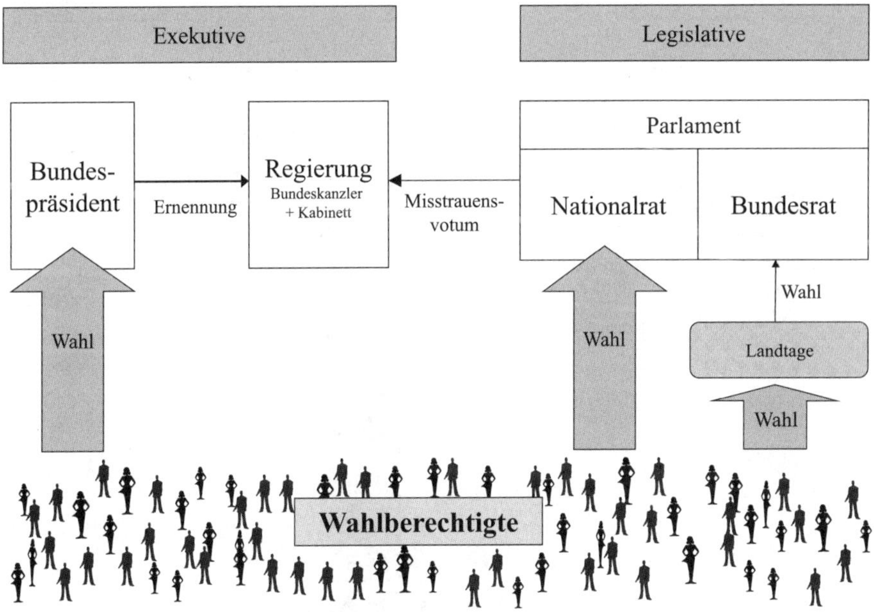

Abbildung 5.7: Das österreichische Regierungssystem

Schweiz

Auch das schweizerische Regierungssystem weist einige Besonderheiten auf. Anders als bei Österreich sind sich Politikwissenschaftler im Falle der Schweiz jedoch weitgehend einig, dass es sich um ein nicht in die gängige Typologie passendes Regierungssystem handelt (z. B. Lijphart, 1999; Stepan & Skach, 2001). Das schweizerische Parlament, die sogenannte Bundesversammlung, besteht aus zwei Kammern (Nationalrat und Ständerat). Ihre Abgeordneten werden alle vier Jahre direkt vom Volk gewählt. Beide Kammern zusammen wählen in einer gemeinsamen Sitzung (die sogenannte Vereinigte Bundesversammlung) die Regierung (den Bundesrat). Der Bundesrat, welcher nicht mit der zweiten Kammer des deutschen Parlamentes zu verwechseln ist, besteht aus sieben gleichberechtigten Mitgliedern, den Bundesräten.

Anders als in parlamentarischen Systemen kann die Regierung während der Legislaturperiode vom Parlament nicht zum Rücktritt gezwungen werden. Ebenso wenig kann die Regierung das Parlament auflösen. Die Beziehung zwischen Exekutive und Legislative gleicht also eher derjenigen in einem präsidentiellen System. Eine weitere Besonderheit ist die Stellung und Rolle des schweizerischen Bundespräsidenten. In der Schweiz existiert kein eigenständiges Amt des Bundespräsidenten. Stattdessen übt jeweils einer der sieben Bundesratsmitglieder neben ihrem Amt in der Regierung jeweils für ein Jahr das Amt des Bundespräsidenten aus. Dieses besteht vor allem aus repräsentativen Funktionen und der Leitung der Bundesratssitzungen. Schließlich zeichnet sich das schweizerische Regierungssystem durch sehr starke direktdemokratische Mitbestimmungsrechte der Bürger aus.

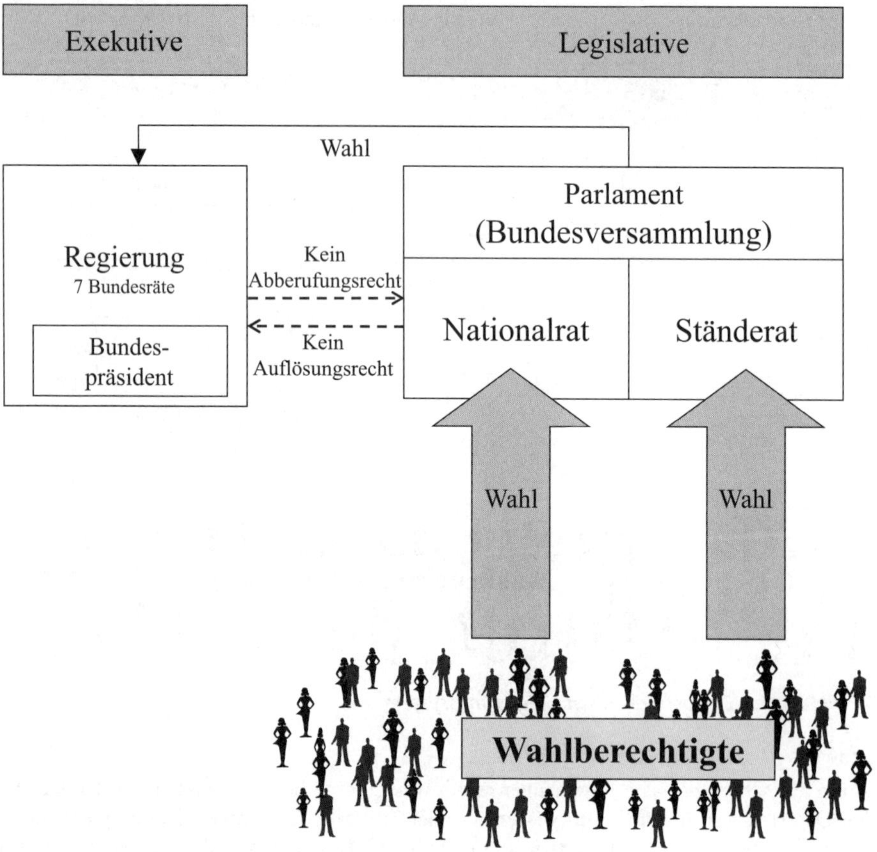

Abbildung 5.8: Das schweizerische Regierungssystem

Europäische Union

Auch wenn die Europäische Union (EU) kein Staat im herkömmlichen Sinne ist, weist sie auch die drei Staatsgewalten der Legislative, Exekutive und Judikative auf. Somit lässt sich die EU ebenfalls mit den Konzepten der horizontalen und vertikalen Gewaltenteilung charakterisieren.

Die Kommission und der Rat der Europäischen Union (auch Ministerrat genannt) bilden zusammen die Exekutive der EU. Die Kommission besteht aus 27 Kommissaren (eine Kommissarin pro Mitgliedstaat), die von den nationalen Regierungen gemeinsam berufen werden. Eine von ihnen übernimmt die Kommissionspräsidentschaft und ist für die Leitung der Kommission verantwortlich. Die Kommission als Ganzes muss vom Europäischen Parlament (der Legislative) bestätigt und kann von diesem auch durch ein Misstrauensvotum abgelehnt bzw. gestürzt werden. Das Misstrauen kann jedoch nur gegenüber der gesamten Kommission und nicht gegenüber einzelnen Kommissaren ausgesprochen werden. Da die EU-Kommission als einziges EU-Organ das Recht hat neue Gesetzesvorschläge zu initiieren, hat sie innerhalb des EU-Systems ein großes machtpolitisches Gewicht. Neben ihrem Initiativrecht ist die Kommission auch für die Umsetzung der EU-Gesetzgebung verantwortlich und verfügt dabei in gewissen Politikbereichen über Sanktionsmöglichkeiten gegenüber den Mitgliedstaaten.

Der Rat der Europäischen Union setzt sich aus den Regierungsoberhäuptern bzw. den Fachministern der einzelnen Mitgliedstaaten zusammen. Er besteht somit aus Regierungsmitgliedern der Mitgliedstaaten und ermöglicht so eine direkte Repräsentation nationaler Interessen in der Exekutive der Europäischen Union. Je nach Politikbereich, in dem diskutiert, verhandelt und entschieden werden soll, treten z. B. alle Agrarminister oder alle Wirtschaftsminister der 27 EU-Mitgliedstaaten zusammen. Der große politische Einfluss des Rates der EU stammt daher, dass ohne dessen Zustimmung kein Gesetz, egal in welchem Politikbereich, verabschiedet werden kann.

Neben der EU-Kommission und dem Rat der EU kommt auch dem Europäischen Rat eine gewisse Führungsfunktion zu. Der Europäische Rat, nicht zu verwechseln mit dem Rat der Europäischen Union, setzt sich aus den Staats- und Regierungschefs der Mitgliedstaaten, ihren Außenministern und dem Kommissionspräsidenten zusammen. Obwohl der Europäische Rat formal gesehen gar kein EU-Organ ist, ist er politisch sehr bedeutsam und legt bei seinen vierteljährlichen Zusammenkünften (den sogenannten EU-Gipfeln) die politische Marschrichtung der EU fest.

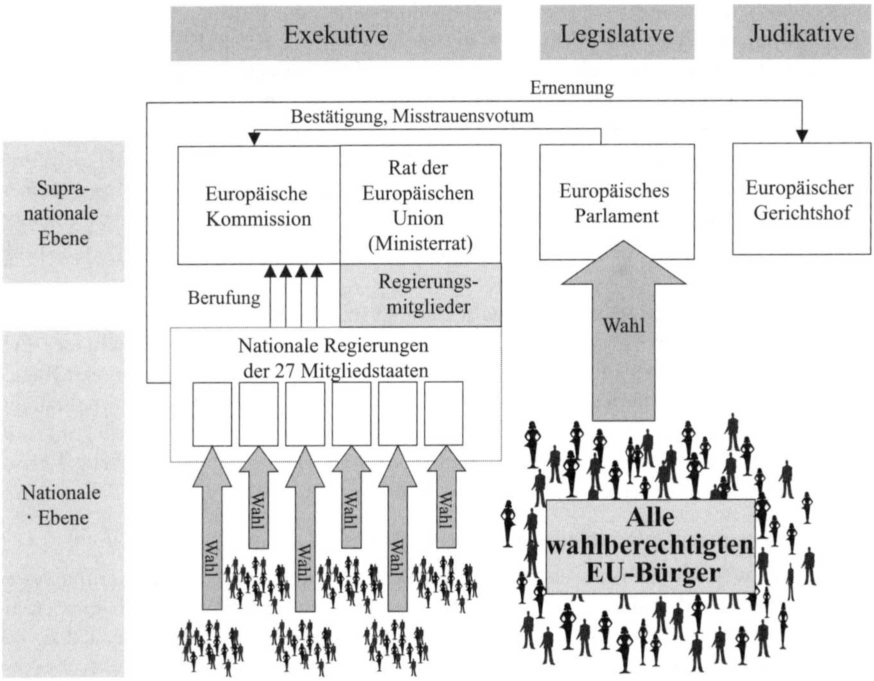

Abbildung 5.9: Das politische System der EU

Das Europäische Parlament bildet die Legislative der EU. Es ist die einzige EU-Institution, die von allen Wahlberechtigten der EU-Mitgliedstaaten direkt gewählt wird und verfügt somit über eine starke demokratische Legitimation. Je nach Politikbereich besitzt das Europäische Parlament reguläre gesetzgeberische Kompetenzen oder lediglich Konsultationsrechte. In den Politikbereichen der ehemals ersten Säule (z. B. Handels-, Umwelt- und Einwanderungspolitik) kann es z. B. die Gesetzgebung der EU maßgeblich mitbestimmen. Im Bereich der gemeinsamen Sicherheits- und Verteidigungspolitik (ehemals 2. Säule) und der justiziellen Zusammenarbeit in strafrechtlichen Fragen (ehemals 3. Säule) hat das Parlament allerdings nur eine beratende Funktion. Eine Besonderheit des EU-Parlamentes im Vergleich mit nationalen Parlamenten ist ferner, dass es kein Initiativrecht besitzt. EU-Abgeordnete können also keine eigenen Gesetzesvorschläge in den Gesetzgebungsprozess einbringen. Das Initiativrecht liegt einzig und allein bei der EU-Kommission. Das Parlament kann lediglich unter bestimmten Bedingungen die Kommission zu einer Initiative auffordern.

Die unterschiedlichen Machtverhältnisse und Kompetenzaufteilungen zwischen den zentralen EU-Organen haben unter EU-Forschern zu einer Debatte über das Ausmaß an demokratischer Legitimität der EU geführt (für einen Überblick über diese Diskussion siehe Schmidt, 2008). Unter den häufig anzutreffenden Argumenten zählen die beschränkten politischen Rechte des gesamteuropäisch direkt gewählten EU-Parlamentes, welches allerdings dem großen politischen Einfluss des lediglich indirekt gewählten Ministerrates und der EU-Kommission gegenübersteht. Daraus resultiere eine Diskrepanz zwischen demokratischer Legitimität und politischem Einfluss. Follesdal und Hix z. B. (2006) beklagen vor allem, dass die Gesamtheit der EU-Bürger zu wenig direkt und indirekt in den politischen Institutionen der EU repräsentiert wird und den Bürgern somit zu wenig Gewicht im Gesetzgebungsprozess zukommt. Dies führt dazu, dass die Politik der EU systematisch und zu stark von den Präferenzen der Bürger abweichen kann. Dagegen vertritt die andere Seite die Auffassung, dass die EU als repräsentative Demokratie auf festen demokratischen Füßen steht und deren Institutionen über nicht weniger demokratische Legitimation verfügen als die entsprechenden Staatsgewalten in den meisten parlamentarischen Regierungssystemen (z. B. Moravcsik, 2002).

Unbestritten ist jedoch, dass die Gewaltenteilung in der EU hinsichtlich der Judikative realisiert wurde. Der Europäische Gerichtshof (EuGH), das oberste Gericht der EU, besteht aus 27 Richtern (aus jedem Mitgliedstaat eine), die von den nationalen Regierungen der Mitgliedstaaten gemeinsam ernannt werden. Der EuGH ist unabhängig von den anderen EU-Organen und wirkt als oberste Instanz bei der Auslegung von EU-Gesetzen. Seine Entscheidungen haben zum Teil weitreichende politische Konsequenzen (siehe dazu Abschnitt 13.3.3 in Kapitel 13).

5.2.5 Auswirkungen unterschiedlicher Regierungssysteme

Zur Frage, weshalb sich in demokratischen Staaten unterschiedliche Regierungssysteme entwickelt und etabliert haben, existiert bisher nur wenig theoretisch und empirisch fundierte politikwissenschaftliche Forschung (z. B. Easter, 1997; Frye, 1997; Stepan & Skach, 2001). In Bezug auf die Auswirkungen unterschiedlicher Regierungssysteme ist die Forschung hingegen weiter gediehen. Wir beleuchten hier exemplarisch zwei Forschungsbereiche.

Auswirkungen auf die Wirtschaftspolitik

Das erste Forschungsgebiet beschäftigt sich mit den Auswirkungen der horizontalen Gewaltenteilung auf die Wirtschaftspolitik in etablierten Demokratien. Empirische Studien zeigen, dass präsidentielle Systeme tendenziell geringere Staatsausgaben und Steuerbelastungen aufweisen, weniger Wohlstand umverteilen und weniger Staatsmittel für die Herstellung öffentlicher Güter (z. B. Infrastruktur oder Sicherheit) ausgeben als vom wirtschaftlichen Entwicklungsstand her gesehen vergleichbare parlamentarische Regierungssysteme (z. B. Sakamoto, 2001; Persson & Tabellini, 2003; Cheibub, 2006).

Einer der Gründe für diese wirtschaftspolitischen Unterschiede scheint bei den institutionellen Unterschieden zwischen den beiden Regierungssystemen zu liegen. Die klare Identifikation der Regierungspartei in präsidentiellen Systemen ermöglicht den Wählenden via Abwahldrohung die Partei des Präsidenten individuell und stärker zu disziplinieren als bei parlamentarischen Koalitionsregierungen. Dies zügelt tendenziell die Ausgabenfreudigkeit präsidentieller Regierungen und sorgt für geringere Steuern und Staatsausgaben. Das potentiell konfliktreiche Verhältnis zwischen den beiden Staatsgewalten, insbesondere wenn unterschiedliche politische Parteien die Exekutive und Legislative dominieren, sowie die vergleichsweise geringere Parteidisziplin in der Legislative haben vor allem einen Effekt auf die Bereitstellung öffentlicher Güter. Sie führen tendenziell dazu, dass Politiker in präsidentiellen Systemen Staatsausgaben zugunsten bestimmter Wählerklientelen bevorzugen anstatt in öffentliche Güter zu investieren, die sehr breiten Bevölkerungsschichten bzw. allen Wählern des Landes zur Verfügung stehen (z. B. ein gut ausgebauter öffentlicher Verkehr und ein starker Wohlfahrtsstaat). Präsidentielle Systeme stellen somit in der Tendenz weniger öffentliche Güter bereit als parlamentarische Systeme. Die insbesondere bei parlamentarischen Koalitionsregierungen weniger eindeutig auf die Regierungsparteien zurückzuführende Verantwortung sowie die stärkere Parteidisziplin in parlamentarischen Systemen erschweren eine wirksame Kontrolle der Politiker durch die Wählerschaft. Dies hat höhere Staatsausgaben und Steuern zur Folge. Andererseits stellen parlamentarische Systeme ihrer Wählerschaft mehr öffentliche Güter zur Verfügung (Persson et al., 1997; Persson & Tabellini, 2000: Kapitel 10).

Demokratische Konsolidierung

Ein weiteres Forschungsgebiet befasst sich mit den Auswirkungen des Regierungssystems auf die Konsolidierung von Demokratie. Insbesondere die Stabilisierung junger Demokratien ist meist eine große Herausforderung: Nur wenn demokratische Institutionen und Prozesse gefestigt und im politischen System verankert werden können, kann eine gut funktionierende und dauerhafte Demokratie entstehen. Empirische Studien deuten darauf hin, dass parlamentarische Regierungssysteme höhere Erfolgschancen bei der Konsolidierung in jungen Demokratien haben als präsidentielle. Von allen demokratischen Systemen im Zeitraum 1946–2008 zerbrach weltweit jedes zwanzigste präsidentielle, aber nur jedes vierundsechzigste parlamentarische System, welches sich von einem demokratischen Systemtyp in ein autokratisches System entwickelte (Cheibub et al., 2010) .

Diese empirische Regelmäßigkeit ist vor allem für solche Staaten von Bedeutung, die sich in einem Demokratisierungsprozess befinden und dabei vor der Frage stehen, wie sie das neu entstehende demokratische System ausgestalten sollen. Einige politikwissenschaftliche Studien kommen zum Ergebnis, dass für diese jungen Demokratien ein parlamentarisches System vor allem dann besser geeignet ist, wenn die Gesellschaft tief gespalten ist oder es viele politische Parteien gibt (Linz, 1990 a). Linz (1990 a, 1990 b, 1994) argumentiert, dass fünf Eigenschaften präsidentieller Systeme dazu führen, dass die Stabilisierung von Demokratie in solchen Systemen schwieriger zu erreichen ist als in parlamentarischen Systemen (Mainwaring & Shugart, 1997).

1. Konkurrierender Legitimitätsanspruch von Exekutive und Legislative: Da in präsidentiellen Systemen sowohl die Exekutive als auch die Legislative unabhängig voneinander über eine direkte demokratische Legitimation verfügen und lediglich in einer schwachen wechselseitigen Abhängigkeit zueinander stehen, weist ihr Verhältnis ein größeres Konfliktpotential auf. Gleichzeitig kann es in präsidentiellen Systemen leichter zu Blockaden des politischen Entscheidungsprozesses kommen, wenn Exekutive und Legislative von unterschiedlichen Parteien dominiert werden und diese nicht miteinander kooperieren.
2. Rigidität des politischen Systems aufgrund festgelegter Amtszeiten: In vielen präsidentiellen Systemen kann der Präsident nicht frühzeitig durch ein Misstrauensvotum des Parlaments abgelöst werden, sondern kann auch ohne die Unterstützung des Parlaments mit Hilfe präsidentieller Erlasse regieren. Diese Möglichkeit erhöht das Konfliktpotential in diesen Regierungssystemen. Da parlamentarische Systeme durch die Möglichkeit der Regierungsabwahl eine größere Flexibilität aufweisen, besteht die Möglichkeit, dass Konflikte früher entschärft werden als in präsidentiellen Systemen. Dies wiederum wirkt sich positiv auf das Überleben des demokratischen Systems als Ganzes aus.
3. „Alles oder nichts"-Charakter präsidentieller Systeme: Da nur eine Person zum Präsident gewählt werden kann und somit nur eine Partei den Präsidenten stellt, weisen präsidentielle Systeme eher einen „Alles oder nichts"-Charakter auf. In parlamentarischen Systemen hingegen besteht die Regierung oft aus einer Koalition aus zwei oder mehr Parteien. In parlamentarischen Systemen besitzen somit die politische Kooperation und die Rücksicht auf die Interessen anderer Parteien einen höheren Stellenwert als in präsidentiellen Systemen.
4. Potentiell intoleranter politischer Stil: Das Gefühl als Repräsentant des ganzen Volkes gewählt worden zu sein, kann bei dem Präsidenten in präsidentiellen Systemen zu Intoleranz gegenüber den Anliegen der Opposition führen. Je weniger Möglichkeiten die politische Opposition jedoch besitzt, um ihre Meinung in den politischen Entscheidungsprozess einzubringen, desto eher fühlt sie sich gezwungen außerparlamentarische Mittel zu ergreifen, um sich politisches Gehör zu verschaffen. Dies kann die Stabilität des demokratischen Systems gefährden.
5. Größere Chancen für populistische Kandidaten: Da Parteien in präsidentiellen Systemen eine geringere Rolle spielen als in parlamentarischen Systemen, ist es für populistische und ungebundene Präsidentschaftskandidaten einfacher ohne die Unterstützung einer Partei gewählt zu werden. Da Parteien aber häufig einen mäßigenden Einfluss auf politisch ambitionierte Persönlichkeiten haben, steigt in präsidentiellen Systemen die Gefahr, dass ein Kandidat zum Präsident gewählt wird, welche die demokratischen Institutionen des Landes und die Opposition nicht respektiert.

Die empirische Regelmäßigkeit deutet zwar in der Tat darauf hin, dass parlamentarische Demokratien seltener von einem Zusammenbruch ihres Regierungssystems betroffen sind als präsidentielle Regierungssysteme. Nichtsdestotrotz sind die fünf hier aufgeführten kausalen Argumente umstritten.

Zum einen können präsidentielle Systeme auch Vorteile haben. Wählende in solchen Systemen haben z. B. mehr Wahlmöglichkeiten, da sie nicht nur das Parlament, sondern auch den Präsidenten wählen können. Außerdem gibt die Unabhängigkeit der Exekutive von der Legislative den Parlamentsmitgliedern in präsidentiellen Systemen auch die Möglichkeit, Sachfragen vorwiegend aufgrund ihrer Vor- und Nachteile zu entscheiden, ohne dabei immer das Überleben „ihrer" Regierung berücksichtigen zu müssen. Diese Vorteile präsidentieller Systeme können die oben genannten Nachteile zum Teil ausgleichen (Mainwaring & Shugart, 1997).

Zum anderen können sich parlamentarische und präsidentielle Systeme auch innerhalb des einzelnen Systemtyps in Bezug auf die von Linz genannten Probleme stark unterscheiden (z. B. Shugart & Carey, 1992; Cheibub & Limongi, 2002). So kann es z. B. auch in parlamentarischen Systemen zu großen politischen Konflikten kommen, die nicht dadurch gelöst werden können, dass eine der Konfliktparteien die andere absetzt oder abwählt. Beispielsweise können sich zwei von unterschiedlichen Parteien dominierte Parlamentskammern gegenseitig blockieren (Mainwaring & Shugart, 1997). Außerdem beeinflusst nicht nur die Ausgestaltung des Regierungssystems als parlamentarisches, semi-präsidentielles oder präsidentielles System die demokratische Konsolidierung eines Landes. Vielmehr sind weitere institutionelle Eigenschaften des politischen Systems (z. B. das Wahl- und Parteiensystem) von großer Bedeutung für die Konsolidierungschancen einer jungen Demokratie (Mainwaring, 1993).

Schließlich deuten empirische Studien jüngeren Datums darauf hin, dass es sich bei der beobachteten Korrelation zwischen Regierungssystem und demokratischer Konsolidierung lediglich um eine Scheinkorrelation handeln könnte. So argumentiert Cheibub (2007) z. B., dass präsidentielle Demokratien nicht wegen ihres Regierungssystems häufiger zusammenbrechen als parlamentarische Demokratien, sondern aufgrund des autokratischen Systemtyps, auf den überdurchschnittlich viele präsidentielle Systeme folgen. Anhand einer empirischen Analyse aller demokratischen Staaten im Zeitraum 1946–2002 zeigt er, dass sich präsidentielle von parlamentarischen Systemen weder in Bezug auf die Anreize zur Koalitionsbildung noch in Bezug auf die Häufigkeit von Koalitionsregierungen oder der Parteidisziplin signifikant unterscheiden (Cheibub & Limongi 2002). Cheibub (2007) belegt jedoch anhand dieser Daten, dass Demokratien, die Militärregimen folgen, eine kürzere Lebenserwartung aufweisen (im Durchschnitt 20 Jahre) als Demokratien, die zivilen Autokratien oder Monarchien folgen (im Durchschnitt 90 Jahre). Zudem zeigt er, dass präsidentielle Demokratien deutlich häufiger auf Militärregime folgen als parlamentarische Demokratien (66% versus 28% der Transformationen). Diese beiden Beziehungen deuten darauf hin, dass der empirische Zusammenhang zwischen Regierungssystem und Konsolidierungschance eine Scheinkorrelation ist. In der Tat: Wird die Variable „autokratischer Regimetype" der Regression hinzugefügt, so besteht kein statistisch signifikanter Zusammenhang mehr zwischen Regierungssystem und der Konsolidierungschance einer jungen Demokratie. Die Forschung hat damit gezeigt, dass einfache Patentrezepte – im Sinne, dass junge Demokratien parlamentarische oder präsidentielle Systeme einrichten sollten – in der Praxis wenig taugen. Vielmehr sind bei der Gestaltung fundamentaler politischer Institutionen diverse spezifische lokale und nationale Umstände zu berücksichtigen.

5.3 Vertikale Gewaltenteilung

Neben der horizontalen Gewaltenteilung zwischen den Institutionen der Legislative, Exekutive und Judikative dient auch die vertikale Gewaltenteilung der Beschränkung von Staatsmacht. Dabei steht vor allem die Verteilung von politischen Zuständigkeiten und Regelungsbefugnissen zwischen dem Zentralstaat und subnationalen Gebietseinheiten (z. B. Ländern und Kommunen oder Kantonen und Gemeinden) im Vordergrund. Die Politikwissenschaft konzeptualisiert die vertikale Gewaltenteilung in Regierungssystemen auf einem Kontinuum, das von dezentralisierten föderalistischen Staaten bis zu zentralisierten Einheitsstaaten reicht (Lijphart, 1999). Im folgenden Abschnitt stellen wir die Eigenschaften solcher Regierungssysteme vor und diskutieren im Anschluss die wichtigsten Elemente der vertikalen Gewaltenteilung in Deutschland, Österreich, der Schweiz und der EU. Schließlich befassen wir uns mit den politischen und wirtschaftlichen Konsequenzen unterschiedlicher Ausprägungen der vertikalen Gewaltenteilung.

5.3.1 Föderalismus versus Einheitsstaat

In föderalistischen Staaten teilen sich der Zentralstaat und die Gliedstaaten die politischen Kompetenzen. Riker definiert den Föderalismus folgendermaßen: „*Federalism is a political organization in which the activities of government are divided between regional governments and a central government in such a way that each kind of government has some activities on which it makes final decisions.*“ (Riker, 1975: 101).

Diese Definition bedeutet, dass es sowohl Politikbereiche gibt, für welche die nationale Regierung alleine zuständig ist, als auch Politikbereiche, für die bestimmte subnationale Einheiten des politischen Systems die alleinige Entscheidungskompetenz besitzen. In föderalistischen Systemen existieren daher auch auf subnationaler Ebene demokratisch legitimierte Institutionen der Exekutive, Legislative und Judikative. Innerhalb des nationalen politischen Systems agieren somit subnationale politische Regierungssysteme. In zentralisierten Einheitsstaaten liegen die wichtigsten politischen Entscheidungsbefugnisse hingegen bei den nationalen Institutionen. Im Extremfall werden alle wichtigen politischen Entscheidungen von der nationalen Exekutive, Legislative und Judikative getroffen. Die Umsetzung erfolgt durch nicht gewählte lokale Behörden (Shively, 1995).

Föderale Staaten zeichnen sich dadurch aus, dass sie die Entscheidungskompetenzen bzw. Zuständigkeiten der jeweils verantwortlichen nationalen oder subnationalen Institutionen verfassungsrechtlich garantieren (Watts, 1998). Oft sind Zuständigkeiten in einem Politikbereich exklusiv einer bestimmten politischen Ebene zugewiesen. Unterschiedliche politische Ebenen können aber auch gemeinsam für einen Politikbereich zuständig sein. Insbesondere im letzteren Fall existiert ein gewisses Spannungsverhältnis zwischen der nationalen und der subnationalen Ebene. Föderale Staaten weisen drei Eigenschaften auf, mit deren Hilfe potentielle Spannungen zwischen dem Nationalstaat und seinen subnationalen Einheiten verringert werden können: eine zweite Parlamentskammer, geschriebene Verfassungen sowie eine starke Verfassungsgerichtsbarkeit (Lijphart, 1999).

Bikameralismus

Föderalistische Staaten weisen eine zweite Parlamentskammer auf, in der die Teilstaaten (also die subnationalen Einheiten gleich unterhalb der Ebene des Bundesstaates) vertreten sind. Die Abgeordneten in dieser Kammer werden entweder direkt vom Volk gewählt (z. B. in der Schweiz und den USA) oder von den Regierungen (z. B. in Deutschland) oder den Parlamenten (z. B. Österreich) der Teilstaaten entsandt. Durch die Vertretung der Teilstaaten auf nationaler Ebene besitzen diese auch bei Entscheidungen auf nationaler Ebene ein gewisses Mitspracherecht. Auch Einheitsstaaten können eine zweite Parlamentskammer aufweisen. Ihr politischer Einfluss ist jedoch häufig geringer als derjenige der zweiten Parlamentskammer in föderalen Staaten. Zweite Parlamentskammern in Einheitsstaaten setzen sich in der Regel auch nicht aus Vertretern der Teilstaaten zusammen, sondern erfüllen eher die Rolle eines „Ältestenrates".

Geschriebene Verfassung

Gemäß Lijphart (1984, 1999) besitzen alle föderalen Staaten eine geschriebene Verfassung, in der die Kompetenzverteilung zwischen den Ebenen des politischen Systems festgehalten ist. Die Verfassung garantiert, dass die einer Ebene einmal zugeteilten Kompetenzen nur unter großen Anstrengungen wieder entzogen werden können (Lijphart, 1984). Verfassungsänderungen können in diesen Staaten meist nur mit einer besonders großen Stimmenmehrheit beschlossen werden. In Einheitsstaaten, insbesondere in denen, die keine geschriebene Verfassung aufweisen (z. B. Großbritannien), sind die Hürden für eine Änderung der rechtlichen Grundlagen der Kompetenzverteilung meist weniger hoch.

Verfassungsgerichtsbarkeit

In der Verfassung festgehaltene Rechte sind wenig wert, wenn sie in der Realität missachtet werden. Deshalb spielt die Verfassungsgerichtsbarkeit in föderalen Staaten eine besonders wichtige Rolle. Starke Verfassungsgerichte oder oberste Gerichtshöfe erfüllen im föderalen Staat u. a. die Aufgabe die Einhaltung der in der Verfassung festgelegten Kompetenzverteilung zwischen den staatlichen Ebenen sicherzustellen.

Föderalismus als Dezentralisierung

Nicht jeder Staat, der Aufgaben an subnationale Einheiten delegiert und damit dezentralisiert, ist ein föderalistischer Staat. Treisman (2007 a, 2007 b) unterscheidet drei Arten der Dezentralisierung: administrative, fiskalische und politische Dezentralisierung: Administrative Dezentralisierung bedeutet, dass die Umsetzung von Politik weitgehend auf lokaler Ebene stattfindet. Auch in einem Einheitsstaat kann es also eine administrative Dezentralisierung geben, wenn z. B. eine auf nationaler Ebene erlassene Recycling-Richtlinie auf regionaler Ebene umgesetzt wird. Fiskalische Dezentralisierung bedeutet, dass den subnationalen Einheiten eigene finanzielle Mittel zur Verfügung stehen, die ihnen entweder von der Zentralregierung zugeteilt werden, oder über die sie aufgrund ihrer Kompetenz eigene Steuern zu erheben und zu verwalten, verfügen. Politische Dezentralisierung bedeutet, dass subnationale Einheiten politische Entscheidungsmacht besitzen. Föderale Staaten weisen in der Regel alle drei Arten der Dezentralisierung auf. In Kasten 5.2 wird dargestellt, wie Föderalismus und Dezentralisierung empirisch gemessen werden können.

5.2 Wie lassen sich Föderalismus und Dezentralisierung empirisch erfassen?

Wenn wir die Ursachen und Konsequenzen verschiedener Ausprägungen der vertikalen Gewaltenteilung systematisch untersuchen wollen, müssen wir dieses Konzept in valider und reliabler Weise empirisch messbar machen. Es existieren mehrere Möglichkeiten, die vertikale Gewaltenteilung von Staaten empirisch zu messen. Wir diskutieren in diesem Kasten zwei in der Forschung häufig verwendete Möglichkeiten.

Eine bekannte Klassifizierung von Lijphart (1999) konzentriert sich vor allem auf die institutionellen und machtpolitischen Aspekte der vertikalen Gewaltenteilung. Zuerst bewertet Lijphart, ob in einem Staat die Institutionen auf nationaler und substaatlicher Ebene verfassungsrechtlich geschützte, eigenständige Entscheidungskompetenzen besitzen. Anhand dieser Einschätzung klassifiziert er die untersuchten Staaten in föderale, semi-föderale und Einheitsstaaten. In einem zweiten Schritt folgt die Beurteilung, wie zentralisiert bzw. dezentralisiert ein politisches System ist. Dabei untersucht der Autor, wie stark die tatsächliche Entscheidungsmacht in einem Staat zwischen verschiedenen politischen Ebenen (z. B. Bund und Ländern) verteilt ist. Daraus resultiert eine Zuordnung der einzelnen Staaten in eine von fünf Kategorien: (1) zentralisierter Einheitsstaat, (2) dezentralisierter Einheitsstaat, (3) semi-föderaler Staat, (4) zentralisierter und föderaler Staat, und (5) dezentralisierter und föderaler Staat.

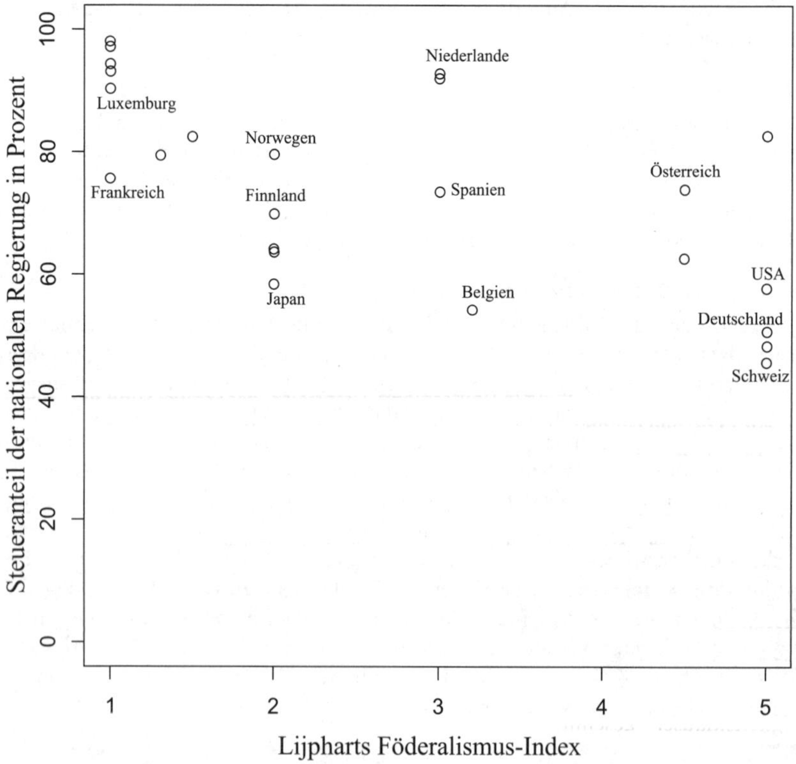

Abbildung 5.10: Lijpharts Föderalismus-Index und anteilsmäßige Steuereinnahmen der Zentralregierung

Quellen: Lijphart (1999), Jahn (2013)

Während Lijpharts Klassifizierung auf einer qualitativen Analyse beruht, die sich in einer ordinalen Variable manifestiert, schlägt ein zweiter Ansatz ein kontinuierliches Maß von Dezentralisierung auf der Grundlage von quantitativen Daten vor. Dieser Ansatz operationalisiert den Zentralisierungsgrad eines Staates in Form des Anteils der Steuereinnahmen der Zentralregierung an den gesamten Steuereinnahmen des Staates. Er konzentriert sich damit auf den Aspekt der fiskalischen Dezentralisierung (z. B. Castles, 1999; für neuere Daten siehe Jahn, 2013). Die Idee dahinter ist, dass die Finanzausstattung einer Institution machtpolitisch entscheidend ist. Subnationale Einheiten, die zwar verfassungsmäßige Kompetenzen besitzen, jedoch über kein Geld verfügen, um diese Kompetenzen tatsächlich auszuüben, sind weniger mächtig als solche Einheiten, die über ein großes eigenes Budget verfügen

Abbildung 5.10 veranschaulicht die beiden Maße für die vertikale Gewaltenteilung. Sie zeigt, dass der Anteil der Zentralregierung an den gesamten nationalen Steuereinkünften in föderalistischen Staaten im Durchschnitt weniger hoch ist als in Einheitsstaaten. Sie zeigt aber auch, dass zum Teil starke Unterschiede zwischen der qualitativen und der quantitativen Messung der vertikalen Gewaltenteilung beobachtbar sind. Die beiden Indikatoren messen also nicht das Gleiche, obwohl sie miteinander korrelieren. Sie weisen jedoch auf einen ganz klar negativen Zusammenhang hin: Je föderaler ein Staat organisiert ist, desto niedriger ist der Anteil an den Gesamtsteuereinnahmen, welcher der Zentralregierung zur Verfügung steht.

Welcher der beiden Indikatoren in einer Forschungsarbeit verwendet werden sollte, hängt vom Erkenntnisinteresse und dem theoretischen Argument ab. Ist die Forscherin z. B. eher an verfassungsrechtlichen Strukturen interessiert, ist der Lijphart-Index die validere Messgröße. Wollen Sie dagegen das machtpolitische Verhältnis zwischen Zentralregierung und subnationalen Einheiten untersuchen, ist die Verteilung der Steuereinnahmen die validere Operationalisierung.

5.3.2 Vertikale Gewaltenteilung in Deutschland, Österreich, der Schweiz und der Europäischen Union

Deutschland, Österreich und die Schweiz sind föderale Staaten. Alle drei weisen subnationale Gebietseinheiten – die Bundesländer in Deutschland und Österreich und die Kantone in der Schweiz – mit weitreichenden Kompetenzen auf. Ähnliches gilt für die EU, deren vertikale Gewaltenteilung sogar so stark ausgeprägt ist, dass sie eher einem Staatenbund als einem Bundesstaat gleicht.

Deutschland

Der Charakter der Bundesrepublik Deutschland als föderaler Bundesstaat ist im Grundgesetz festgelegt (Artikel 20, Absatz 1 Grundgesetz) und mit der sogenannten „Ewigkeitsklausel" geschützt. Diese Klausel untersagt Veränderungen dieses Teils der Verfassung (Artikel 79, Absatz 3 Grundgesetz). Seit der Wiedervereinigung besteht Deutschland aus sechzehn Bundesländern, deren Kompetenzen im Grundgesetz festgelegt sind. Die Bundesländer können in gewissen Bereichen selbst Steuern erheben. Zudem besitzt jedes Bundesland sein eigenes politisches System mit Landtag, Landesregierung und Landesgerichtsbarkeit. Viele politische Entscheidungen werden in Deutschland dennoch primär auf Bundesebene getroffen. Wichtige Ausnahmen sind die Kultur- und Bildungspolitik sowie das Polizei- und Kommunalrecht. Die Bundesländer sind im Bundesrat, der zweiten Parlamentskammer, die sich aus den Vertretern der 16 Landesregierungen zusammensetzt, an den Entscheidungen auf Bundesebene beteiligt. Dies trifft auf alle Zustimmungsgesetze zu, welche die Interessen der Bundesländer betreffen und nicht vom Bundestag überstimmt werden können. Bestehen Meinungsunterschiede zwischen dem Bundesrat und Bundestag bei zustimmungspflichtigen Gesetzen muss der Vermittlungsausschuss eingeschaltet werden. Etwa 60 Prozent der im Bundestag vorgeschlagenen Gesetze sind zustimmungspflichtig. Darüber hinaus sind den Bundesländern weitreichende Kompetenzen bei der Umsetzung und Ausführung von Bundesrecht zugewiesen (Rudzio, 1996). Das Bundesverfassungsgericht ist politisch sehr bedeutsam und spielt eine wichtige Rolle bei der Absicherung der vertikalen Gewaltenteilung in Deutschland.

Österreich

In Österreich legt das Bundesverfassungsgesetz die föderale Struktur des Staates in Artikel 2, Absatz 1 mit den Worten „Österreich ist ein Bundesstaat“ fest. Die neun Bundesländer verfügen wie in Deutschland und der Schweiz über eigenständige politische Institutionen der Legislative und Exekutive (Landtag und Landesregierung). Die Judikative hingegen wird vollständig dem Kompetenzbereich des Bundes zugeordnet. Auf Bundesebene sind die Bundesländer durch den Bundesrat, die zweite Parlamentskammer, vertreten, dessen Mitglieder von den einzelnen Landtagen gewählt werden. Wie in anderen föderalen Staaten wird der föderale Charakter Österreichs durch eine starke Verfassungsgerichtsbarkeit in Form des Verfassungsgerichtshofs geschützt. Im Vergleich zu Deutschland und der Schweiz sind jedoch die tatsächlichen Kompetenzen der österreichischen Bundesländer eher gering. Dies ist z. B. am vergleichsweise hohen Steuereinnahmenanteil der Bundesregierung sowie anhand Lijpharts Klassifizierung Österreichs als zentralisierter Föderalstaat erkennbar (Kasten 5.2).

Schweiz

In der Schweiz ist der Föderalismus sehr stark ausgeprägt. Ihre Bundesverfassung legt fest: „Der Bund belässt den Kantonen möglichst große Gestaltungsfreiheit und trägt den kantonalen Besonderheiten Rechnung.“ (Artikel 46, Absatz 2 BV). Jeder der 26 Schweizer Kantone besitzt eine eigene Verfassung sowie eine eigene Legislative, Exekutive und Judikative. Die Kompetenzen der Schweizer Kantone gehen deutlich weiter als diejenigen der deutschen und österreichischen Bundesländer. Sie umfassen z. B. auch die Sozialhilfe und große Teile des Gesundheits- und Bildungswesens. Auf Bundesebene sind die Kantone im Ständerat, der zweiten Parlamentskammer, vertreten. Die Kantonsvertreter werden direkt vom Volk und nicht von Kantonsregierungen oder -parlamenten gewählt. Im Unterschied zu den meisten anderen föderalen Staaten ist die Verfassungsgerichtsbarkeit in der Schweiz jedoch nicht stark ausgeprägt. Das Bundesgericht besitzt weniger Kompetenzen als z. B. die Bundesverfassungsgerichte in Österreich und Deutschland. Eine weitere Besonderheit der Schweiz ist die stark ausgebaute direkte Demokratie auf allen politischen Ebenen, die ebenfalls Ausdruck der föderalen Struktur der Schweiz ist.

Europäische Union

Auch die EU besitzt ein föderales Regierungssystem. Im Vergleich zu föderalen Staaten weist sie allerdings eine sehr deutliche vertikale Gewaltenteilung auf. Sie entspricht damit eher einem Staatenverbund als einem Bundesstaat.

Das wichtigste Merkmal föderaler Systeme, die Kompetenzverteilung zwischen den verschiedenen Regierungsebenen, ist bei der Europäischen Union stark ausgeprägt. Der EU sind in einigen Politikbereichen (z. B. Außenhandelspolitik) weitreichende Kompetenzen zugewiesen. Andere Politikbereiche wiederum liegen fast ausschließlich in der Kompetenz der Mitgliedstaaten (z. B. innere Sicherheit und Außenpolitik). Nicht alle der drei sekundären Merkmale föderaler Systeme – Bikameralismus, geschriebene Verfassung und Verfassungsgerichtsbarkeit – sind in der EU vorhanden. Wie bereits in Abschnitt 5.2.4 erläutert, hat die EU-Legislative nur eine Kammer: das Europäische Parlament. Des Weiteren besitzt sie keine Verfassung, da die Bestrebungen eine solche zu etablieren in der Vergangenheit gescheitert sind. Allerdings ruht die Rechtskörperschaft der EU auf eine Reihe von internationalen Verträgen, die einen verfassungsähnlichen Charakter aufweisen und neben den Rechten und Pflichten der einzelnen EU-Organe auch die Kompetenzaufteilung zwischen der supranationalen und nationalen Ebene festlegen. Die EU verfügt jedoch mit dem Europäischen Gerichtshof über ein starkes oberstes Gericht, das letztlich für die Interpretation der vertraglichen bzw. gesetzlichen Grundlagen der EU zuständig ist und somit einen verfassungsgerichtlichen Charakter hat.

5.3.3 Auswirkungen der vertikalen Gewaltenteilung

Ähnlich wie bei der Frage nach den Ursachen der horizontalen Gewaltenteilung liefert die politikwissenschaftliche Forschung auch zu den Ursachen der vertikalen Gewaltenteilung bisher nur länderspezifische und regionale Erklärungen und einige wenige theoretische Argumente (z. B. Garman et al., 2001; Filippov et al., 2004; O'Neil, 2005). Hingegen ist die Forschung zu den Auswirkungen der vertikalen Gewaltenteilung, insbesondere der Dezentralisierung, sehr fortgeschritten.

Die Auswirkungen föderaler bzw. dezentralisierter politischer Systeme werden in der Politikwissenschaft schon seit langem erforscht. Bereits politische Vordenker wie Charles de Montesquieu, James Madison und Alexis de Tocqueville beschäftigten sich mit der Frage nach den Auswirkungen der vertikalen Gewaltenteilung in Staaten (Treisman, 2007 b). Insbesondere die frühen Arbeiten zum Föderalismus sehen in diesem eine Reihe von Vorteilen, aber auch einige Nachteile. Patzelt (2007) fasst die Vorteile wie folgt zusammen: Erstens trägt der Föderalismus zur Wahrung von Vielfalt bei und wirkt daher in ethnisch, religiös oder sprachlich heterogenen Staaten integrativ. Zweitens, und mit ersterem eng verknüpft, ermöglicht ein föderales System eine regional differenzierte Politik und damit auch den Schutz von Minderheiten. Drittens können dezentralisierte Systeme effizienter sein, weil in ihnen die Teilstaaten in ihren Kompetenzbereichen eine auf ihre Bedürfnisse zugeschnittene Politik entwickeln und umsetzen können. Dies gilt vor allem dann, wenn die Teilstaaten untereinander im Wettbewerb stehen und Entscheidungen nach dem Subsidiaritätsprinzip getroffen werden. Subsidiarität bedeutet, dass grundsätzlich alle Entscheidungsbefugnisse bei der tiefst möglichen politischen Ebene liegen sollen. Viertens wirkt der Föderalismus der Konzentration von Staatsmacht entgegen. Fünftens bestehen in föderalen Systemen mehr Möglichkeiten zur politischen Partizipation der Bürger.

Neben diesen Vorteilen nennt Patzelt (2007) auch drei Nachteile föderaler Systeme. Erstens erhöhen die größere Anzahl der beteiligten politischen Akteure und damit die größere Vielfalt der Interessen in föderalen Systemen auch den Kompromiss- und Zeitbedarf in politischen Entscheidungsprozessen. Das System kann damit schwerfällig sowie reaktions- und reformträge werden. Zweitens kann die Staatstätigkeit in föderalen Systemen insgesamt unübersichtlicher oder sogar intransparent werden. Dies wiederum kann sich in einer verringerten politischen Partizipation der Bürger niederschlagen. Drittens lässt sich die politische Verantwortung für bestimmte Entscheidungen den einzelnen Akteuren weniger klar zuordnen, wenn sehr viele Akteure beteiligt sind.

Die Forschung hat sich mit solchen Argumenten in den letzten Jahren vor allem auf der empirischen Ebene auseinandergesetzt. Ihr wichtigstes Resultat ist, dass Föderalismus und Dezentralisierung in vielen Ländern weniger positive Auswirkungen haben, als es frühere Arbeiten erwarten ließen. Einige Forscher argumentieren mittlerweile sogar, dass sehr generell gefasste Aussagen über positive oder negative Konsequenzen dezentralisierter politischer Systeme gar nicht sinnvoll sind (Treisman, 2007 b). Vielmehr scheinen die spezifischen Eigenheiten eines dezentralisierten politischen Systems (z. B. die zeitliche Abfolge des Dezentralisierungs- oder Zentralisierungsprozesses, siehe Kasten 5.3) eine wichtige Rolle zu spielen (Wibbels, 2006).

Besonders intensiv hat sich die neuere Forschung mit den Auswirkungen dezentralisierter politischer Entscheidungsstrukturen auf die Fiskalpolitik befasst. Die Fiskalpolitik ist nicht zuletzt deshalb von großem Interesse, weil sie für die Finanzierung des Staatshaushaltes verantwortlich und damit für die finanzielle Handlungsfähigkeit eines Staates entscheidend ist. Die Fiskalpolitik von Staaten variiert stark: Einige Staaten weisen z. B. einen ausgeglichenen Staatshaushalt auf, während andere Staaten sich massiv verschulden. Wie lässt sich diese Varianz erklären?

Ein Argument besagt, dass die Fiskalpolitik auf der tiefst möglichen politischen Ebene des Regierungssystems angesiedelt sein sollte, da diese den spezifischen Bedürfnissen und Interessen der Bürger am nächsten ist (Oates, 1999). Die Forschung hat jedoch gezeigt, dass subnationale Regierungen in fiskalpolitisch dezentralisierten Staaten die wirtschaftliche Lage des Gesamtstaates in ihrer Ausgabenpolitik zu wenig berücksichtigen. Dies kann dazu führen, dass die subnationalen Einheiten wenig Haushaltsdisziplin an den Tag legen und so zum Teil maßgeblich zur Staatsverschuldung des gesamten Staates beitragen. Ein solches fiskalpolitisches Verhalten subnationaler Einheiten schränkt damit auch die wirtschaftspolitische Handlungsfähigkeit der Zentralregierung ein (Prud'homme, 1995). Politiker auf der subnationalen Ebene werden jedoch selten für wirtschaftliche Probleme oder den Reformstau auf nationaler Ebene verantwortlich gemacht, wohl aber für schmerzhafte Sparmaßnahmen auf subnationaler Ebene. Sie haben deshalb kaum einen politischen Anreiz, solche Maßnahmen auf subnationaler Ebene umzusetzen (Wibbels, 2000).

Subnationale Regierungen haben somit einen Anreiz, die lokalen politischen Vorteile einer großzügigen Ausgabenpolitik auszukosten und die Kosten dieses Verhaltens auf den Gesamtstaat zu übertragen. Dieses Verhalten wird als Externalisierung der Kosten bezeichnet, weil die Verursacher die Kosten nicht selbst oder nur teilweise selbst zu tragen haben. Ein solches Verhalten wird insbesondere dann wahrscheinlicher, wenn die subnationalen Regierungen die von ihnen verwalteten Finanzen nicht selbst durch Steuern und Abgaben erwirtschaften müssen, sondern durch Transferzahlungen oder durch Verschuldung erhalten (Rodden, 2002). Dies wiederum kann große Haushaltsprobleme auf nationaler Ebene verursachen (Rodden & Wibbels, 2002).

In Argentinien trugen z. B. Schulden, die von den Provinzen angehäuft worden waren, maßgeblich zum Kollaps und zur Bankrotterklärung des Staates im Jahre 2002 bei. Weniger dramatisch, aber nicht unbedeutend, ist dieser Effekt z. B. in Deutschland: Ein Teil der Haushaltsprobleme auf Bundesebene ist auf die unsolide Ausgabenpolitik mancher Bundesländer zurückzuführen.

Die Forschung zeigt aber auch, dass es Möglichkeiten gibt, für den Gesamtstaat schädliche Praktiken der subnationalen Einheiten einzuschränken. Beispielsweise erlegen manche Staaten subnationalen Einheiten Verschuldungsgrenzen auf. Am besten scheinen allerdings Systeme zu funktionieren, in denen die subnationalen Einheiten nicht nur für ihre Ausgaben, sondern auch für ihre Einnahmen selbst verantwortlich sind und ein gewisser Steuerwettbewerb zwischen subnationalen Einheiten möglich ist (Rodden, 2002).

Die Forschung zur Fiskalpolitik zeigt, dass eine simple eindimensionale Unterscheidung von dezentralisierten und zentralisierten Regierungssystemen als Ausgangspunkt nützlich ist, letztlich aber die spezifische Ausgestaltung der Beziehungen zwischen den verschiedenen Staatsebenen im Fiskalbereich für die Haushaltsdisziplin entscheidend ist. Ganz allgemein illustriert die Forschung zu den Auswirkungen vertikaler Gewaltenteilung auf die Fiskalpolitik auch, dass es sehr wichtig ist, Argumente immer wieder zu hinterfragen. Dadurch erzeugt die Forschung Erkenntnisse, die wie im Fall der Fiskalpolitik eine große Politikrelevanz aufweisen.

5.3 Dezentralisierung und die Macht subnationaler Entscheidungsträger

Die Frage nach den Auswirkungen von Dezentralisierung hängt eng mit der Frage zusammen, wie viel politische Macht Ministerpräsidenten, Gouverneure und Bürgermeister auf subnationaler Ebene besitzen. Tulia Falleti (2005) analysiert, weshalb Dezentralisierungsprozesse nicht automatisch zu mehr politischer Macht subnationaler Entscheidungsträger führen, sondern auch in dezentralisierten Staaten eine starke Varianz subnationaler Kompetenzen beobachtbar ist. Sie interessiert sich dabei insbesondere für die Reihenfolge, in der verschiedene Aufgaben und Kompetenzen von der nationalen an die subnationale Ebene übertragen werden. Dazu unterscheidet sie zwischen den weiter oben diskutierten Formen von Dezentralisierung, nämlich administrativer, fiskalischer und politischer Dezentralisierung.

Während die politische Dezentralisierung per Definition die Entscheidungskompetenzen subnationaler Akteure verstärkt, ist dies bei den anderen beiden Formen der Dezentralisierung nicht unbedingt der Fall: Administrative Dezentralisierung kann z. B. nur dann die subnationale öffentliche Verwaltung effizienter und einflussreicher machen, wenn dieser genügend Mittel zur Verfügung stehen, um die an sie delegierten Aufgaben zu bewältigen. Wenn die Zentralregierung jedoch nur neue Aufgaben delegiert, ohne deren Finanzierung sicher zu stellen, kann dies den Handlungsspielraum subnationaler Entscheidungsträger eher einschränken als erweitern. Ebenso kann die fiskalische Dezentralisierung zu einer Reduktion des politischen Handlungsspielraums der subnationalen Einheiten führen, wenn diese arm und damit nicht in der Lage sind, sich durch eigene Steuereinnahmen ausreichend zu finanzieren.

Falleti argumentiert, dass die Reihenfolge von Dezentralisierungsreformen einen Einfluss darauf hat, wie die administrative und fiskalische Dezentralisierung ausgestaltet ist und wie umfangreich damit die Entscheidungskompetenzen sind, die an die subnationalen Einheiten übertragen werden. Ihrer Argumentation nach hat die nationale Regierung ein Interesse daran, in erster Linie Aufgaben, weniger jedoch Ressourcen zu dezentralisieren. Dies bedeutet, dass sie die administrative der politischen Dezentralisierung vorzieht. Subnationale Regierungen haben genau entgegen gesetzte Interessen: Sie bevorzugen an erster Stelle die politische Dezentralisierung, gefolgt von der fiskalischen und zuletzt der administrativen Dezentralisierung. Wichtig ist nun, wessen Interessen sich zu Beginn des Dezentralisierungsprozesses durchsetzen, da dies den Verlauf und die Ausgestaltung des weiteren Reformprozesses stark beeinflusst. Wenn beim ersten Schritt die Interessen der subnationalen Einheiten dominieren, kommt es zunächst zu politischer Dezentralisierung. Diese stärkt die subnationalen Einheiten und begünstigt damit im Anschluss fiskalische und administrative Dezentralisierungsreformen, welche die Autonomie der subnationalen Einheiten weiter festigen. Setzt sich zu Beginn jedoch die nationale Regierung durch, werden in der Regel zunächst administrative Aufgaben dezentralisiert ohne gleichzeitig politische Entscheidungskompetenzen oder Ressourcen an die subnationalen Einheiten zu delegieren. Einmal politisch geschwächt, bleibt der Einfluss der subnationalen Einheiten auch während des weiteren Dezentralisierungsprozesses gering.

Aus diesen theoretischen Überlegungen leitet Falleti folgende Hypothese ab: Wenn zuerst politische Kompetenzen und erst danach fiskalische und administrative Aufgaben und Kompetenzen dezentralisiert werden, verschiebt sich die Machtbalance zugunsten der subnationalen Einheiten. Das Gegenteil ist der Fall, wenn die ersten Schritte des Dezentralisierungsprozesses von der nationalen Regierung dominiert werden und sich dieser Prozess zunächst auf die Delegation administrativer Aufgaben beschränkt.

Anhand von qualitativen Fallstudien zu vier lateinamerikanischen Staaten (Argentinien, Brasilien, Kolumbien und Mexiko) zeigt die Forscherin, dass Dezentralisierungsprozesse tatsächlich zu sehr unterschiedlichen Machtverhältnissen zwischen nationalen und subnationalen Regierungen führen können. Während z. B. die politische Macht der subnationalen Regierungen in Kolumbien, Brasilien und Mexiko gegenüber der Zentralregierung stark zunahm, blieb die Machtverteilung in Argentinien trotz Dezentralisierungsmaßnahmen nahezu unverändert. Anhand von detaillierten Fallstudien zu den Extremfällen Kolumbien (sehr starke Zunahme der Macht subnationaler Einheiten) und Argentinien (kaum Veränderung) untersucht Falleti dann diese beiden Dezentralisierungsprozesse genauer. Die Reformen in Kolumbien entsprachen den Interessen der subnationalen Akteure. Sie begannen mit einer politischen Dezentralisierung in Form von direkten Wahlen der subnationalen Regierung und führten anschließend zu einer Steuerreform, welche die finanziellen Ressourcen der subnationalen Einheiten ausweitete. Erst danach wurden administrative Aufgaben im Bereich der Bildungs- und Gesundheitspolitik und des Infrastrukturwesens dezentralisiert und dabei eine ausreichende Finanzierung sichergestellt.

Im Gegensatz dazu entwickelte sich der Dezentralisierungsprozess in Argentinien gemäß den Präferenzen der Zentralregierung. Hier dominierten zu Beginn des Reformprozesses die Interessen der Zentralregierung. Die herrschende Militärjunta übertrug Ende der 1970er Jahre den Provinzen die Verantwortung für das Schulwesen, ohne ihnen dafür finanzielle Ressourcen zur Verfügung zu stellen oder fiskalische Kompetenzen zu übertragen. Deshalb räumten die Provinzen der Erlangung fiskalischer Kompetenzen (und nicht der politischen Dezentralisierung) in den folgenden Jahren die höchste Priorität ein. Obwohl sie einige Erfolge dabei verbuchen konnten, entstanden neue finanzielle Engpässe, weil die Zentralregierung noch weitere Aufgaben an die Provinzen delegierte. Erst gegen Ende des Dezentralisierungsprozesses wurden einige (wenige) politische Kompetenzen an die Provinzen und Gemeinden übertragen.

5.4 Gesamtschau auf die Gewaltenteilung: Der Vetospieleransatz

Sie haben in diesem Kapitel bisher gelernt, dass demokratische Regierungssysteme eine Reihe von institutionellen Strukturen aufweisen, mit deren Hilfe eine Aufteilung der Staatsgewalt auf verschiedene Entscheidungsträger und Institutionen sichergestellt wird. Die Klassifikation dieser Systeme in präsidentielle, semi-präsidentielle und parlamentarische Systeme oder in föderale Staaten und Einheitsstaaten zeigt wichtige Unterschiede dieser Systeme auf. Allerdings ist bei der Analyse der Auswirkungen von institutionellen Unterschieden immer zu beachten, dass jedes politische System über eine ganz bestimmte Konfiguration institutioneller Strukturen verfügt. So gibt es z. B. parlamentarische Regierungssysteme, die föderalistisch organisiert sind (z. B. Deutschland) und solche, die einheitsstaatlich organisiert sind (z. B. Großbritannien). Darüber hinaus unterscheiden sich Demokratien z. B. in ihren Wahlsystemen, der Anzahl politischer Parteien und in der Ausgestaltung der Legislative. Diese vielfältigen spezifischen institutionellen Konfigurationen eines politischen Systems haben Auswirkungen, die über die partiellen Effekte der Veränderung einer einzigen Institution hinausgehen.

Um eine systematische Analyse dieser unterschiedlichen institutionellen Konfigurationen von Regierungssystemen innerhalb eines kohärenten konzeptionellen Rahmens zu ermöglichen, hat George Tsebelis (1995, 2002) mit dem sogenannten Vetospieleransatz ein analytisches Instrument entwickelt, mit dessen Hilfe die Auswirkungen verschiedener institutioneller Konfigurationen demokratischer Systeme untersucht werden können. Im Zentrum dieses Ansatzes stehen die Vetospieler. Vetospieler sind individuelle Akteure (z. B. der Staatspräsident) oder kollektive Akteure (z. B. zweite Parlamentskammern), deren Zustimmung für eine politische Entscheidung zwingend notwendig ist (Tsebelis, 1995: 295). Je mehr Vetospieler ein politisches System umfasst und je unterschiedlicher deren politische Positionen sind, desto schwieriger ist es in diesem System politische Entscheidungen zu treffen, die eine Veränderung des Status quo bewirken. So haben wir bereits aus dem Beispiel in Kapitel 2.2 gesehen, dass Koalitionsregierungen mit ideologisch sehr unterschiedlichen Koalitionspartnern weniger wichtige Gesetze verabschieden als ideologisch homogene Koalitionsregierungen.

Die Ursache für die hohe „Policy-Stabilität" in Systemen mit besonders vielen oder politisch besonders heterogenen Vetospielern stammt daher, dass der politische Raum für Kompromisse in solchen Systemen in der Regel eher gering ist. Abbildung 5.11 illustriert diese Aussage mit einigen einfachen, abstrakten Beispielen. Für diese Beispiele nehmen wir an, dass die Vetospieler Politikpräferenzen in Bezug auf zwei Politikbereiche haben, Policy 1 (z. B. Arbeitsmarktpolitik, insbesondere Arbeitnehmerschutz) und Policy 2 (z. B. Umweltschutz). Der mit „SQ" bezeichnete Punkt zeigt den Status quo an, also diejenige Politik, die momentan verfolgt wird und die auch weiterhin verfolgt werden wird, wenn sich die Vetospieler nicht auf eine Änderung bzw. Reform einigen. Da die politischen Positionen der Entscheidungsträger im politischen Raum in diesem Ansatz von besonderer Bedeutung sind, wird diese Art von Modellen auch „räumliches Modell" genannt.

Abbildung 5.11.1 zeigt ein politisches System, in dem zwei Vetospieler, A und B, möglichen Reformvorhaben zustimmen müssen. Ein (stark vereinfachtes) Beispiel wäre ein Gesetzesvorhaben in Deutschland, bei dem sowohl Bundestag und Bundesrat zustimmen müssen. Diese beiden Vetospieler haben sehr unterschiedliche Politikpräferenzen, weil sie z. B. von verschiedenen Parteien dominiert werden: Die politische Position von A (dessen sogenannter Idealpunkt) zeigt an, dass dieser Akteur am liebsten wesentlich mehr Arbeitnehmerschutz und ein bisschen weniger Umweltschutz hätte, als dies momentan beim Status quo der Fall ist. Im Gegensatz dazu hätte B am liebsten etwas weniger Arbeitnehmerschutz, dafür aber mehr Umweltschutz als im Status quo.

Um die Präferenzen der Akteure untereinander und relativ zum Status quo zu vergleichen, wird die Distanz zwischen den Idealpunkten der Akteure und dem Status quo anhand von Kreisen beschrieben, deren Mittelpunkte die Idealpositionen der einzelnen Akteure bestimmen. Ein solcher Kreis wird als Indifferenzkurve bezeichnet. Wenn zwei oder mehrere verschiedene Optionen gleich weit von der Position eines Akteurs im politischen Raum entfernt liegen, ist der Akteur zwischen diesen beiden Optionen indifferent. Zudem sind alle Punkte im Kreis für den entsprechenden Akteur attraktiver als der Status quo. Liegen die Punkte außerhalb der Fläche des Kreises wird der Akteur den Status quo bevorzugen und die Politikveränderung blockieren. Wenn sich die Indifferenzkurven mehrerer Akteure überlappen, stellt die Schnittmenge den Bereich dar, in dem alle Akteure davon profitieren würden, den Status quo in diese Schnittmenge hinein zu verschieben. Deshalb wird dieser Bereich als *winset* bezeichnet.

Wenn nun die beiden Vetospieler A und B über eine Reform des Status quo verhandeln, ist der Spielraum für mögliche Kompromisse dadurch beschränkt, dass nur solche Reformen eine beidseitige Zustimmung erhalten werden, die für beide Vetospieler eine Verbesserung des Status quo darstellen. Dieser Spielraum (*winset*) ist in Abbildung 5.11.1 durch die schraffierte Fläche dargestellt. Alle Optionen außerhalb dieser Fläche werden von mindestens einem der Vetospieler abgelehnt werden, da eine solche Reform für ihn eine Verschlechterung gegenüber dem Status quo darstellen würde. Es zeigt sich also, dass der Spielraum für eine Reform bei zwei Vetospielern zwar beschränkt ist, aber durchaus Kompromissmöglichkeiten offen lässt, vorausgesetzt die politischen Positionen der beiden Akteure stehen sich nicht diametral gegenüber (d. h., SQ liegt auf der Geraden zwischen A und B, siehe dazu Abbildung 5.11.3).

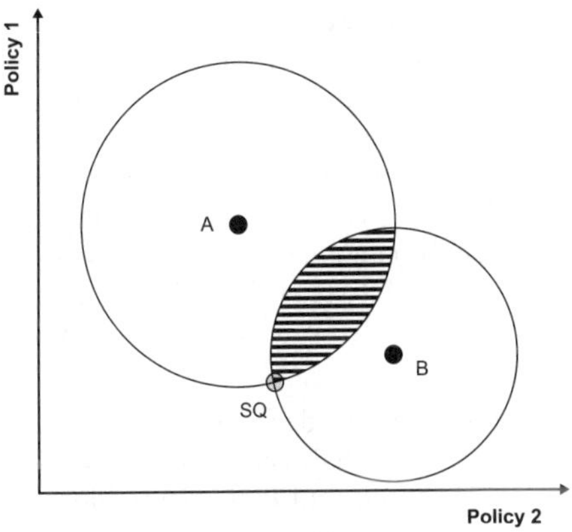

Abbildung 5.11.1: Zwei Vetospieler I

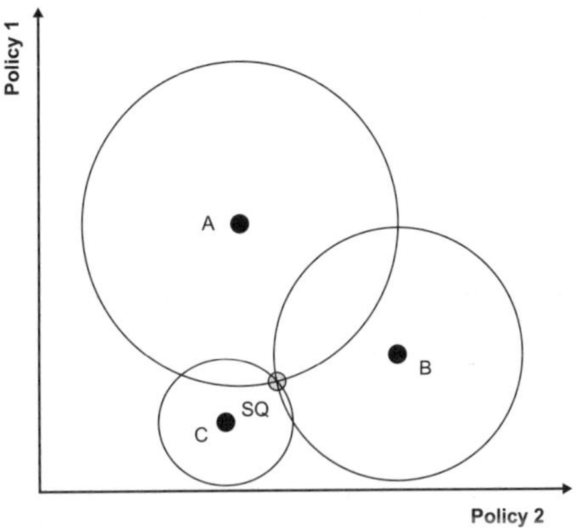

Abbildung 5.11.2: Drei Vetospieler I

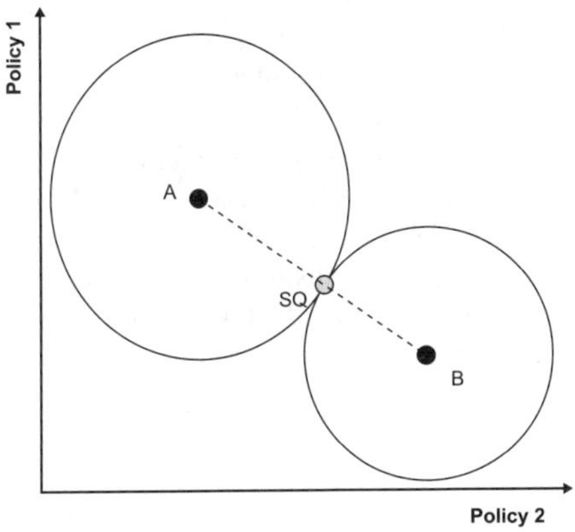

Abbildung 5.11.3: Zwei Vetospieler II

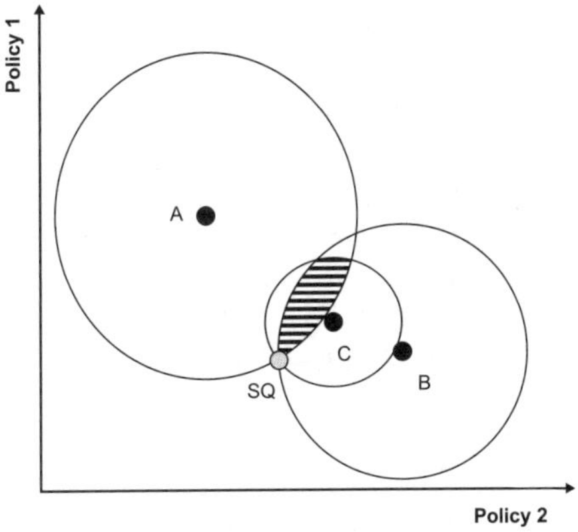

Abbildung 5.11.4: Drei Vetospieler II

Anders sieht es in Abbildung 5.11.2 aus, bei der zu den beiden Vetospielern A und B ein dritter Vetospieler C hinzukommt, der weniger Arbeitnehmer- und weniger Umweltschutz als im Status quo bevorzugt. Stellen Sie sich z. B. eine Politikreform in der Schweiz vor, welcher Nationalrat, Ständerat und eine Mehrheit der Stimmberechtigten in einem möglichen Referendum zustimmen müssen. Obwohl sich auch die Indifferenzkurve des dritten Vetospielers mit den Indifferenzkurven der anderen zwei Vetospieler überschneidet, existiert in dieser Konstellation kein Bereich mehr, bei dem alle drei Akteure einer Gesetzesänderung zustimmen würden. Die Hinzufügung des dritten Vetospielers bedeutet in diesem Beispiel also, dass kein winset mehr vorliegt und somit der Raum für Kompromisse nicht länger vorhanden ist. Eine Reform in dieser Konstellation ist somit unmöglich und es verbleibt mit großer Wahrscheinlichkeit beim Status quo.

Abbildungen 5.11.3 und 5.11.4 zeigen jedoch, dass nicht nur die Anzahl der Vetospieler die Reformfähigkeit eines politischen Systems beeinflusst, sondern auch die relativen politischen Positionen der Vetospieler zueinander eine entscheidende Rolle spielen. Abbildung 5.11.3 zeigt eine Situation, in der sich zwar nur zwei Vetospieler auf einen

Kompromiss einigen müssen, deren politische Positionen aber so gegensätzlich sind, dass keine Änderung des Status quo möglich ist. Dagegen gibt es in Abbildung 5.11.4 zwar drei Vetospieler. Da aber die politische Position des dritten Vetospielers C innerhalb der durch die Indifferenzkurven von A und B beschriebenen Fläche liegt, ist das winset hier nur unwesentlich kleiner als das winset in Abbildung 5.11.1. Zusammengefasst zeigen die Beispiele, dass die Reformfähigkeit eines politischen Systems abnimmt, je mehr Vetospieler am Entscheidungsprozess beteiligt sind und je unterschiedlicher deren politische Positionen sind. Positiv ausgedrückt, steigt die Policy-Stabilität mit zunehmender Anzahl und ideologischer Heterogenität der Vetospieler in einem politischen System.

Der Vetospieleransatz bietet einen theoretischen Rahmen, um den politischen Prozess einer Vielzahl unterschiedlicher demokratischer Systeme zu analysieren. Wie wir in Kapitel 2 gesehen haben, lässt sich beispielsweise die Dynamik und Reformentschlossenheit einer Koalitionsregierung mit Hilfe dieses Ansatzes untersuchen. Auch bei der Analyse der Reformfähigkeit der institutionell doch ziemlich komplexen Europäischen Union liefert der Vetospieleransatz ein nützliches Instrumentarium. Bei politischen Entscheidungen, die Einstimmigkeit erfordern, stellt jedes der 27 Mitgliedsländer einen Vetospieler dar. Bei dieser hohen Anzahl von Vetospielern verwundert es nicht, dass die Reformbemühungen der EU immer wieder ins Stocken geraten sind.

Die politikwissenschaftliche Forschung hat verschiedene Ansätze zur Operationalisierung und Messung der Stärke des Blockierungspotentials durch Vetospieler entwickelt (Jahn, 2010). Während sich einige Ansätze vor allem auf institutionell verankerte Vetopunkte (z. B. zweite Kammern, Verfassungsgerichte, Föderalismus, Zentralbanken) konzentrieren, richten andere ihr Augenmerk vor allem auf die ideologische Heterogenität und die politischen Positionen wichtiger Akteure im politischen Raum.

5.5 Fazit

Dieses Kapitel hat gezeigt, dass demokratische Regierungssysteme die Staatsmacht durch horizontale und vertikale Gewaltenteilung bändigen. Demokratien unterscheiden sich hinsichtlich der konkreten Ausgestaltung der horizontalen Gewaltenteilung. Die wichtigsten Systemtypen in dieser Hinsicht sind präsidentielle, parlamentarische und semi-präsidentielle Systeme. Gleichermaßen unterscheiden sich Demokratien auch in Bezug auf die Ausgestaltung der vertikalen Gewaltenteilung, wobei sich föderale Systeme von Einheitsstaaten unterscheiden lassen. Auch im Regierungssystem der Europäischen Union finden sich Elemente der horizontalen und vertikalen Gewaltenteilung. Der Vetospieleransatz bietet die Möglichkeit die horizontale und vertikale Gewaltenteilung in einer einheitlichen Form zu erfassen. Damit lassen sich Regierungssysteme auf ihre Policy-Stabilität oder Reformträgheit hin untersuchen.

Eine weitere wichtige Form der Gewaltenteilung in demokratischen Systemen ist die temporale Gewaltenteilung. In Kapitel 4 haben wir gesehen, dass freie und faire Wahlen ein wichtiges Instrument zur Verhinderung von Machtkonzentration sind. Sie dienen damit der Bändigung der Staatsmacht. Durch Wahlen delegiert das Volk für einen bestimmten Zeitraum (also temporal) Entscheidungsbefugnisse an Politiker (Patzelt, 2007). Dieser Form der Gewaltenteilung widmen wir uns im nächsten Kapitel.

Literaturempfehlungen

Ein Klassiker, der sich mit den Unterschieden zwischen demokratischen Systemen befasst:

Lijphart, Arend (1999): Patterns of Democracy. Government Forms and Performance in Thirty-Six Countries. New Haven: Yale University Press.

Eine fundierte Analyse des politischen Systems der Europäischen Union bieten:

Hix, Simon und Bjørn Høyland (2011): The Political System of the European Union. Basingstoke: Palgrave Macmillan.

Thomson, Robert et al. (Hrsg.) (2006): The European Union Decides. Cambridge: Cambridge University Press.

Einen guten Überblick über die Ausgestaltung und Effekte präsidentieller Regierungssysteme bieten:

Shugart, Matthew S. & Carey, John M. (1992): Presidents and Assemblies. Constitutional Design and Electoral Dynamics. Cambridge: Cambridge University Press.

Eine fundierte theoretische und empirische Analyse wirtschaftspolitischer Konsequenzen parlamentarischer und präsidentieller Regierungssysteme sowie weiterer demokratischer Institutionen (z. B. Wahlsystem) bieten:

Persson, Torsten & Tabellini, Guido (2003): The Economic Effects of Constitutions, Munich Lectures in Economics. Cambridge, MA: The MIT Press.

Einen Überblick über die Forschung zu den Auswirkungen parlamentarischer und präsidentieller Systeme auf die Konsolidierung von Demokratie bieten:

Cheibub, Jose A. & Limongi, Fernando (2002): „Democratic Institutions and Regime Survival: Parliamentarism and Presidentialism Reconsidered." In: Annual Review of Political Science 5: 151–179.

Einen Überblick über die Forschung zu den Auswirkungen vertikaler Gewaltenteilung bietet:

Wibbels, Erik (2006): Madison in Baghdad? Decentralization and Federalism in Comparative Perspective. In: Annual Review of Political Science 9: 165–188.

Eine Einführung in räumliche Modelle bieten:

Shepsle, Kenneth A. & Bonchek, Mark S. (2010): Analyzing Politics: Rationality, Behavior, and Institutions. New York: W.W. Norton.

Hinich, Melvin J. & Munger, Michael C. (1997): Analytical Politics. Cambridge: Cambridge University Press.

Die Vetospielertheorie und zahlreiche empirische Anwendungen dazu finden sich in:

Henisz, Withold J. (2000): „The Institutional Environment for Economic Growth." In: Economics and Politics 12(1): 1–31.

Tsebelis, George (2002): Veto Players. How Political Institutions Work. Princeton: Princeton University Press.

Wagschal, Uwe (2005): Steuerpolitik und Steuerreformen im internationalen Vergleich. Münster: LIT Verlag.

Jahn, Detlef (2010): „The Veto Player Approach in Macro-Comparative Politics." In: *König, Thomas, Tsebelis, George & Debus, Marc* (Hrsg.): Reform Processes and Policy Change: Veto players and Decision-Making in Modern Democracies. Berlin: Springer Publisher, 43–68.

6. Wahlen

Wahlen sind Selektionsverfahren, durch die eine Körperschaft gebildet oder eine Person mit Führungsfunktionen ausgestattet wird. Andere Selektionsverfahren, wie etwa Erbfolge oder Ernennung, werden in politischen Systemen zwar ebenfalls eingesetzt, liefern der betreffenden Körperschaft oder Person jedoch eine schwächere Legitimationsbasis. Wahlen werden sowohl in demokratischen als auch nichtdemokratischen politischen Systemen durchgeführt, ihre Funktionen unterscheiden sich jedoch erheblich.

Die Politikwissenschaft befasst sich mit der Beschreibung und Klassifikation von Wahlsystemen, dem Wahlverhalten und den Auswirkungen von Wahlsystemen. Dieser Forschungsbereich der Politikwissenschaft besitzt eine besonders hohe Praxisrelevanz. Einerseits sind Wahlsysteme äußerst komplex und von großer Bedeutung für das gesamte politische System bereits scheinbar geringfügige Veränderungen können weitreichende Folgen haben. Andererseits bestimmen Forschungsbefunde zum Wahlverhalten maßgeblich die Strategien der politischen Parteien und Regierungen.

In diesem Kapitel werden wir uns vornehmlich auf Wahlen in demokratischen Systemen konzentrieren, wenngleich im nächsten Abschnitt auch auf den Stellenwert von Wahlen in nichtdemokratischen Staaten kurz eingegangen wird. Der zweite Abschnitt fasst die wesentlichen Elemente des Wahlsystems zusammen. Im dritten Abschnitt zeigen wir die Unterschiede zwischen Mehrheits- und Verhältniswahlsystemen auf. Der vierte Abschnitt widmet sich den Fragen, wer wahlberechtigt ist und wie Wahlverhalten politikwissenschaftlich analysiert werden kann. Der darauffolgende Abschnitt führt in die Wahlzyklusforschung ein. Diese geht davon aus, dass Regierungen in der Lage sind, ihre Wiederwahlchancen durch bestimmte Aktivitäten systematisch zu verbessern. Im sechsten Abschnitt betrachten wir schließlich den Einfluss von Wahlsystemen auf Wähler, Politiker, Regierungen und die gesamte Gesellschaft.

6.1 Funktionen von Wahlen

In nichtdemokratischen (autokratischen) politischen Systemen bezwecken Wahlen nicht einen Wettbewerb um politische Ämter, wie dies in demokratischen Systemen der Fall ist. Jedoch sind Wahlen auch in nichtdemokratischen Systemen von Bedeutung (Nohlen, 2009). Sie dienen vor allem der Stabilisierung der bestehenden Herrschaftsverhältnisse, indem breite Kreise der Gesellschaft mobilisiert werden und durch eine hohe Wahlbeteiligung sowie einen eindeutigen Wahlentscheid die gesellschaftliche Solidarität mit der Herrschaftselite dokumentiert wird. In manchen nichtdemokratischen Systemen werden Wahlen missbraucht, um eine Ämterzuweisung durch Wahlen zu suggerieren, während der Wahlprozess tatsächlich jedoch so strukturiert und manipuliert wird, dass von einem freien Wahlentscheid nicht gesprochen werden kann. Diese Art des Wahlmissbrauches findet sich häufig in politischen Systemen, die von außen einen Legitimationsdruck erfahren und in denen die Wahl ein Mindestmaß an Demokratisierung demonstrieren will.

In Demokratien spielen Wahlen eine entscheidende Rolle für die Rekrutierung in politische Ämter. Wenngleich manche Demokratien ihre Staatsoberhäupter auch weiterhin durch Erbfolge bestellen (Monarchien), besitzen diese nur selten umfangreiche formale Macht. In Demokratien sind Wahlen wettbewerbsorientiert (kompetitiv) und bilden

Staat	Erstmalige Einführung des allgemeinen Männerwahlrechts	Erstmalige Einführung des allgemeinen Frauenwahlrechts	Beginn der ununterbrochenen Serie von Volkswahlen
Australien	1901	1902	1901
Belgien	1920	1948	1831
Deutschland	1871	1918	1949
Finnland	1906	1906	1906
Frankreich	1848	1944	1946
Großbritannien	1918	1928	1832
Neuseeland	1889	1919	1852
Niederlande	1917	1919	1848
Österreich	1907	1918	1945
Schweden	1909	1921	1866
Schweiz	1848	1971	1848
USA	1870	1920	1788

Abbildung 6.1: Demokratisierung des Wahlrechts in ausgewählten modernen Demokratien

Quelle: Schmidt (2008: 372); ausgewählte Länder. Alle Angaben beziehen sich auf das Wahlrecht auf gesamtstaatlicher (Bundes-) Ebene.

ein konstitutives Merkmal. Aus diesem Blickwinkel wird der Zeitpunkt der Einführung des Wahlrechts oft als „Messlatte der Demokratie" bezeichnet (Schmidt, 2008: 370–73). Dabei lassen sich verschiedene Aspekte bei der Einführung von Wahlen unterscheiden. Das Wahlrecht bezog sich in den meisten heutigen Demokratien zunächst nur auf die männliche Bevölkerung und es galten oftmals Quoten, die manche Wahlberechtigten begünstigten und andere benachteiligten. So spielten Faktoren wie die Klassenzugehörigkeit oder das Vermögen eine ausschlaggebende Rolle für die unterschiedliche Gewichtung von Wählerstimmen. Länder, die schon früh eine ununterbrochene Serie von Volkswahlen einführten, sind die USA (1788), Norwegen (1814), Belgien (1831) und Großbritannien (1832). Das Prinzip „one man, one vote" erlangte erst später Gültigkeit und das allgemeine Frauenwahlrecht wurde in vielen Ländern weitaus später eingeführt. Auffallend ist dabei die Schweiz, die das allgemeine Männerwahlrecht auf Bundesebene 1848 einführte, während das allgemeine Frauenwahlrecht auf dieser politischen Ebene erst 1971 durchgesetzt wurde – ganze 123 Jahre später. Abbildung 6.1 gibt einen Überblick über die Einführung der unterschiedlichen Wahlkriterien in ausgewählten modernen Demokratien.

In gegenwärtigen Demokratien müssen Wahlen vor allem fünf Grundbedingungen erfüllen (siehe auch Kapitel 4 und 5): Wahlen müssen allgemein, gleich, frei, direkt und geheim sein. Außerdem sollten sie mehr oder weniger regelmäßig stattfinden (Nohlen, 2009). Diese Kriterien besitzen in den meisten Demokratien Verfassungsrang. Das allgemeine Wahlrecht gibt vor, dass alle Staatsbürger, unabhängig von Rasse, Sprache, Geschlecht, Einkommen und Besitz, Beruf, Klasse oder Stand, Bildung, Konfession oder politischer Überzeugung das Stimmrecht besitzen und wählbar sind. Das Recht auf Teilnahme an einer Wahl wird dabei häufig auch als aktives Wahlrecht, das Recht auf Wählbarkeit in ein politisches Amt als passives Wahlrecht bezeichnet. Gleiches Wahlrecht besagt, dass jede Stimme gleich viel zählt. Eine freie Wahl erfordert, dass die Wählenden ihre Stimme ohne staatlichen oder privaten Zwang oder Behinderung abgeben können. Das geheime Wahlrecht verlangt, dass die individuelle Wahlentscheidung von anderen Personen und den Staatsorganen nicht erkennbar ist. Sie schützt den Wähler davor, durch seine Wahlentscheidung Nachteile zu erleiden. Direktes Wahlrecht bedeutet, dass jede Stimme unmittelbaren Einfluss auf die Bestellung der Mandatsträger besitzt und nicht nur indirekt durch Zwischengremien, die nicht an den Willen der Wähler gebunden sind, ihre Wirkung entfaltet. Schließlich müssen Wahlen in mehr oder weniger regelmäßigen zeitlichen Abständen stattfinden, was neben der Möglichkeit eines demokratischen Machtwechsels vor allem eine demokratische Kontrolle der Regierung erlaubt. Die meisten Verfassungen legen einen Maximalzeitraum seit der letzten Wahl fest, innerhalb welchem die nächste Wahl abgehalten werden muss.

	Demokratien	Autoritäre Systeme	Totalitäre Systeme
Auswahlmöglichkeit	hoch	gering	keine
Wahlfreiheit	hoch	gering	keine
Wird die Machtfrage gestellt?	ja	nein	nein
Legitimierung des politischen Systems	ja	geringfügig	nein
Bedeutung der Wahl im politischen Prozess	hoch	mittel	gering

Abbildung 6.2:* *Bedeutung und Funktionen von Wahlen in unterschiedlichen politischen Systemen

Quelle: Nohlen (2009: 28); eigene Umstellung und Auswahl

Diese gegenwärtig allgemein geltenden Bedingungen für demokratische Wahlen haben sich erst mit der Zeit etabliert. In den meisten älteren modernen Demokratien lässt sich die folgende stufenweise Entwicklung beobachten: Zunächst hat sich die geheime Wahl durchgesetzt, dann das allgemeine Wahlrecht für Männer und schließlich das allgemeine Frauenwahlrecht (Rokkan et al., 1999). Allerdings gab es in manchen Ländern signifikante Abweichungen von dieser Abfolge und in anderen Ländern erhebliche Rückschläge in der Entwicklung. Abbildung 6.2 illustriert die Bedeutung und die Funktionen von Wahlen in unterschiedlichen politischen Systemen.

Wie Abbildung 6.2 verdeutlicht, unterscheiden sich die Funktionen von Wahlen in demokratischen, autoritären und totalitären Systemen. Während z. B. in Demokratien in Wahlen die Machtfrage gestellt wird und eine sich der Wiederwahl stellende Regierung durchaus abgewählt werden kann, wird in den beiden anderen Systemtypen die Machtfrage de facto nicht gestellt. In Demokratien hingegen wird durch regelmäßige Wahlen das gesamte politische System immer wieder legitimiert. Deshalb liegt der Schwerpunkt dieses Kapitels auf dem demokratischen Legitimationsprozess.

Um die Rolle von Wahlen im politischen System verstehen zu können, sind drei Elemente und ihre Beziehungen untereinander besonders wichtig: das Wahlsystem, das Verhalten der Wahlberechtigten und das Verhalten der Politiker.

6.2 Institutionelle Merkmale von Wahlsystemen

Wahlforscher gehen davon aus, dass Wahlsysteme diejenigen Elemente eines politischen Systems sind, die im Vergleich zu anderen Elementen relativ einfach verändert werden können. Es dürfte z. B. einfacher sein, die Wahlprozedur für den Deutschen Bundestag zu verändern (so lange diese weiterhin höchsten demokratischen Standards genügt) als den Bundesrat oder das Amt des Bundespräsidenten abzuschaffen oder von einem parlamentarischen zu einem präsidentiellen Regierungssystem zu wechseln. Damit sind Veränderungen im Wahlsystem für die Justierung eines politischen Systems geeignet (Grofman & Lijphart, 1994; Lijphart, 1994; Sartori, 1997; Powell, 2000). Der Teilbereich der Politikwissenschaft, der sich hiermit beschäftigt, wird als „electoral engineering" bezeichnet. Gerade weil es relativ einfach ist, Wahlsysteme zu verändern, weisen die Wahlsysteme der heutigen Demokratien einen hohen Differenzierungsgrad auf. So sind weltweit keine zwei Länder mit identischen Wahlsystemen zu finden (Rose, 2000; Farrell, 2001; Nohlen, 2009). Im Folgenden konzentrieren wir uns auf einige wesentliche Merkmale von Wahlsystemen: die Wahlkreiseinteilung, die Wahlbewerbung und Stimmabgabe, die Stimmenverrechnung und die Wahl- und Meldepflicht.

Wahlkreiseinteilung

Wahlkreise stellen die räumliche Unterteilung eines Wahlgebietes dar. Innerhalb der Wahlkreise erfolgt die Übertragung von Wählerstimmen auf ein oder mehrere Mandate. Wesentliche Aspekte eines Wahlsystems in dieser Hinsicht sind die Anzahl der Wahlkreise, die Anzahl der Mandate, die in einem Wahlkreis vergeben werden, und die Anzahl der Wähler in einem Wahlkreis. Die Wahlkreiseinteilung hat einen weitreichenden Einfluss auf die Proportionalität der Wahlergebnisse (Cox, 1997). Die Proportionalität erfasst, wie stark Wähleranteile und die Verteilung der Mandate in der Summe aller Wahlkreise übereinstimmen. Die Niederlande und Israel besitzen lediglich einen Wahlkreis für Parlamentswahlen auf nationaler Ebene. In anderen modernen Demokratien variiert die Anzahl der Wahlkreise. Frankreich und Großbritannien besitzen mit 577 und 659 die meisten Wahlkreise. Die Bundesrepublik Deutschland ist in 299 Wahlkreise eingeteilt, Österreich in neun, und in der Schweiz bilden die 26 Kantone die Wahlkreise.

Die Anzahl der zu vergebenden Mandate pro Wahlkreis gilt als wichtigster Faktor bei der Wahlkreiseinteilung (Taagepera & Shugart, 1989: 112). Neben Einerwahlkreisen weisen viele Länder „kleine" Wahlkreise mit zwei bis fünf Mandaten, mittlere Wahlkreise mit sechs bis zehn und große Wahlkreise mit mehr als zehn zu vergebender Mandate auf (Nohlen, 2009: 82–88). In Wahlsystemen, in denen nur ein Mandat pro Wahlkreis vergeben wird, wie in den USA, Frankreich oder Großbritannien, genießen große Parteien Vorteile. Denn nur sie schaffen es in der Regel, in einem Wahlkreis das relative oder absolute Mehr der Wählerstimmen zu erzielen. Auch in Deutschland wird bei den Bundestagswahlen mit der Erststimme ein Mandat pro Wahlkreis vergeben (Direktmandat). Wenn mehrere Mandate in einem Wahlkreis zur Verfügung stehen, haben auch kleinere Parteien eine Chance, ein Parlamentsmandat zu erringen. In den Niederlanden, die sich aus nur einem einzigen Wahlkreis zusammensetzen, stehen alle 150 Parlamentssitze zur Verfügung. Damit muss eine Partei lediglich 0,67 Prozent der Stimmen erzielen, um ein Mandat zu erhalten. Diese Voraussetzung ein Mandat zu erringen wird als natürliche Sperrklausel bezeichnet. In anderen Ländern, wie z. B. in Österreich oder der Schweiz, werden in den neun bzw. 26 Wahlkreisen auf Bundesebene zwischen sechs und 102 Mandate bzw. ein und 34 Mandate vergeben. Wahlsysteme unterscheiden sich zudem hinsichtlich der Zahl der Wahlberechtigten und damit implizit auch in Bezug auf die Zahl der Wahlberechtigten, die ein Mandatsträger schließlich repräsentiert. In vielen Ländern ist die Anzahl der zu vergebenden Mandate proportional zur Wahlkreisgröße, z. B. in Österreich oder der Schweiz. Diese Proportionalität wird sichergestellt, indem die Zahl der Mandate pro Wahlkreis regelmäßig der Bevölkerungsentwicklung angepasst wird. In manchen Ländern herrschen dagegen große Ungleichheiten. So genügten 1986 in Brasilien in einigen Wahlkreisen 4.500 Stimmen für ein Mandat, während in anderen fast eine halbe Million Stimmen notwendig waren. Auch Frankreich kennt, wenngleich nicht in so extremem Ausmaß, große Unterschiede zwischen den Wahlkreisen. In diesem Kontext kann die Gestaltung der Wahlkreise eine wichtige Rolle spielen. Die (opportunistische) geografische Festlegung von Wahlkreisen wird in der Politikwissenschaft als *gerrymandering* bezeichnet. Ziel des gerrymandering ist es u. a., Parteihochburgen gegnerischer Parteien zu zerschlagen, neue Parteihochburgen zu schaffen oder Oppositionswähler in möglichst wenigen Kreisen zusammenzufassen. Der Begriff geht auf den Wahlkreiszuschnitt des Gouverneurs von Massachusetts, Elbridge Gerry, zurück. Dieser stellte 1812 einen Wahlkreis zusammen, dessen Landfläche der Form eines Salamanders glich, um ein optimales Wahlergebnis zu erzielen (Cox & Katz, 2002). Disproportionale Wahlkreiseinteilungen entstehen in fast allen Ländern durch Bevölkerungsentwicklungen und werden als *malapportionment* bezeichnet. Aus diesem Grund kommt es in vielen Ländern im Laufe der Zeit zu Veränderungen der Stimmenverrechnungsformeln (siehe in diesem Abschnitt weiter unten) oder der Wahlkreiszuschnitte.

Wahlbewerbung und Stimmabgabe

Die Wahlbewerbung kann in Form von Einzelkandidaturen oder Listen erfolgen. Bei Listenwahlen wird zwischen starrer, lose gebundener und freier Liste differenziert. Eine starre Listenwahl liegt dann vor, wenn jede Partei bzw. jeder Parteienverbund eine Liste vorgibt und vom Wähler keine Präferenzen in Bezug auf die auf der jeweiligen Liste genannten Kandidaten ausgedrückt werden können. Die Zweitstimme bei den Bundestagswahlen in Deutschland entspricht dem System einer starren Listenwahl. Starre Listen machen die Abgeordneten in besonderer Weise von ihren Parteien abhängig. Eine lose gebundene Liste erlaubt dem Wähler hingegen, innerhalb einer Liste Präferenzen für bestimmte Kandidaten kundzutun. Bei freien Listen kann der Wähler selbst eine Liste aus Kandidaten unterschiedlicher Parteien zusammenstellen. Die Nationalratswahlen in der Schweiz erlauben beispielsweise das sogenannte Kumulieren und Panaschieren. Ersteres umfasst die Möglichkeit, auf einer Parteiliste im Rahmen der in einem Wahlkreis verfügbaren Mandate die Namen von Kandidaten zwei Mal zu nennen und ihnen damit mehr Gewicht zu geben – die von einer Partei erzielten Nationalratssitze werden den Kandidaten in der Reihenfolge ihrer erhaltenen Stimmen zugeteilt. Panaschieren bedeutet, dass Wähler auf einer Parteiliste Kandidaten dieser Partei streichen und durch Kandidaten einer anderen Partei ersetzen können.

Auch in Bezug auf die Stimmabgabe unterscheiden sich politische Systeme erheblich. In den meisten Wahlsystemen kann jeder Wähler nur eine Stimme vergeben, in anderen Wahlsystemen dagegen mehrere. So werden bei den deutschen Bundestagswahlen zwei Stimmen vergeben: Die Erststimme für einen Kandidaten in einem Wahlkreis und die Zweitstimme für eine starre Parteiliste. Die Möglichkeit des Kumulierens und Panaschierens kann ebenfalls im Sinne einer mehrfachen Stimmabgabe interpretiert werden.

Stimmenverrechnung

Die Stimmenverrechnung bezeichnet das Verfahren, durch welches die Wählerstimmen auf Mandate übertragen werden. Grundsätzlich lässt sich hier zwischen der Majorz- und der Proporzregel unterscheiden. Bei der Majorzregel (auch Mehrheitswahlsystem genannt) entscheidet die einfache bzw. relative oder die absolute Mehrheit der Stimmen in einem Wahlbezirk über die Vergabe des Mandats. Einfache und relative Mehrheit bedeuten das Gleiche: Wer am meisten Stimmen erhält, hat die Wahl gewonnen.

Absolute Mehrheit bedeutet, dass derjenige die Wahl gewinnt, der mindestens die Hälfte der abgegebenen Stimmen plus eine Stimme für sich verbuchen kann. Die restlichen Stimmen gehen bei diesem Verfahren verloren.

Wahlsysteme, welche die verfügbaren Mandate im Verhältnis zu den abgegebenen Stimmen vergeben, werden als Verhältniswahlsysteme oder Proporzwahlsysteme bezeichnet. Sie unterscheiden sich vor allem in Bezug auf die angewandten Verrechnungsmethoden (Nohlen, 2009: 111–24). Hinter diesen Verrechnungsmethoden stecken weitreichende staatspolitische Überlegungen zur Frage, wie sich Wählerpräferenzen am besten in Parlamentssitze umsetzen lassen. Diese Methoden haben in der Tat erhebliche Konsequenzen für die endgültige Verteilung der Mandate auf die Parteien. Um exemplarisch den Einfluss der sogenannten D'Hondt-, Hare/Niemeyer- und Sainte Laguë/ Schepers-Verfahren zu betrachten, kann die folgende Webseite aufgesucht werden: http://www.wahlauswertung.de/probewahl/sitzverteilung/index.html. Auf dieser Webseite können reale oder fiktive Wahlergebnisse eingegeben und die aus unterschiedlichen Verrechnungsmethoden hervorgehenden Mandatsverteilungen verglichen werden.

In einigen Ländern kommen bei der Verrechnung von Wählerstimmen in Mandate zusätzlich politisch begründete und definierte Sperrklauseln zum Einsatz. Der Grund für die Einführung von Sperrklauseln liegt in der Befürchtung, das Proporzwahlsystem würde ohne die Klausel zu allzu vielen Parteien im Parlament – und damit zu politischer Instabilität – führen. Solche Sperrklauseln unterscheiden sich von den vorher besprochenen natürlichen Sperrklauseln. Der Mindeststimmenanteil politischer Sperrklauseln variiert zwischen zwei Prozent in Dänemark und Mexiko, zwei bis vier Prozent in Bolivien, Griechenland und Japan, vier Prozent in Schweden, Österreich, der Ukraine, fünf Prozent in Deutschland, Neuseeland und Russland und bis zu zehn Prozent in der Türkei. In manchen osteuropäischen Staaten bestehen gestaffelte Sperrklauseln für Parteien und Wahlbündnisse, die zwischen drei bis fünf Prozent für Parteien und sieben bis 15 Prozent für Wahlbündnisse liegen. Das schweizerische Wahlsystem hingegen sieht keine Sperrklausel vor.

Wahl- und Meldepflicht

In den meisten Demokratien ist eine Teilnahme an Wahlen freiwillig. Einige Demokratien wie z. B. Belgien, Italien, Australien und bis 1970 die Niederlande besitzen jedoch eine Wahlpflicht, was gezwungenermaßen zu einer hohen Wahlbeteiligung führt. In anderen Ländern wiederum besteht eine Meldepflicht (Eintragung in Wählerlisten) als Voraussetzung für die (ansonsten freiwillige) Teilnahme an Wahlen. Die USA sind ein Beispiel hierfür. Derartige Regelungen reduzieren die Wahlbeteiligung tendenziell, da die vorgängige Meldepflicht den Teilnahmeaufwand aus Sicht des Wählers erhöht. In den vergangenen 20–30 Jahren lässt sich allerdings in fast allen Industrieländern eine sinkende Wahlbeteiligung beobachten, unabhängig von Wahl- und Meldepflicht.

6.3 Klassifikationen von Wahlsystemen

Der vielschichtige Charakter von Wahlsystemen hat zu unterschiedlichen Klassifikationen dieser Systeme in der politikwissenschaftlichen Forschung geführt (Sartori, 1997: Teil 1; Lijphart, 1999: 144–50; Blais & Massicotte, 2002; Nohlen, 2009: Kapitel 5 und 6). Kasten 6.1 beschreibt die Kategorisierung der sechs gängigsten Wahlsysteme.

Die wichtigste Unterscheidung ist jedoch diejenige zwischen Mehrheits- und Verhältniswahlsystemen. Die beiden Systeme beruhen letztlich auf unterschiedlichen Zielsetzungen von Wahlen, die wiederum unterschiedliche Auswirkungen auf das politische System insgesamt haben können (Powell, 2000).

Der wichtigste Vorteil, den Mehrheitswahlsysteme für sich beanspruchen, sind stabile Mehrheiten in Parlament und Regierung sowie die eindeutige Zuweisung der Verantwortung an die gewählten politischen Entscheidungsträger (accountability). Mehrheitswahlsysteme führen tatsächlich häufig zu Regierungen, die aus einer oder zwei Parteien bestehen, die dann ihre politischen Vorhaben ohne koalitionstaktische Verwässerungen umsetzen und dafür bei der nächsten Wahl auch verantwortlich gemacht werden können. Großbritannien und die USA sind die wohl bekanntesten Beispiele.

Die Stärken des Verhältniswahlsystems liegen demgegenüber vor allem in der als fair bzw. gerecht erachteten Repräsentation der Parteien gemäß ihren Wähleranteilen und der Berücksichtigung neuer politischer Strömungen und Parteien (Responsivität). Die Niederlande können hier als Beispiel dienen.

Diese Argumente lassen sich empirisch untersuchen. Der Einfluss des Wahlsystems auf Mehrheiten in Parlament und Regierung kann durch das Konzept der „geschaffenen Mehrheiten" (manufactured majorities) beschrieben werden (Rae, 1967: 74–77). Solche Mehrheiten entstehen, wenn das Wahlsystem große Parteien bevorzugt, sodass diese Parteien eine parlamentarische Mehrheit der Sitze erlangen, obgleich ihr Stimmenanteil unter 50 Prozent liegt. In einer extremen Form ist dies bei der Unterhauswahl 1983 in Großbritannien der Fall gewesen: Die Konservative Partei erhielt damals 42,4 Prozent der Stimmen und 61,6 Prozent der Mandate. In einigen Wahlsystemen kann sogar das seltsam anmutende Phänomen entstehen, dass nicht die stimmenstärkste, sondern die zweitstärkste Partei die absolute Mehrheit der Sitze im Parlament erlangt und damit eine „scheinbare Mehrheit" (spurious majority) entsteht (Siaroff, 2003). Ein Beispiel ist Australien, wo die Siegerpartei bei den nationalen Wahlen von 1954, 1961 und 1969 nur 47,1; 42,1 bzw. 43,3 Prozent der Stimmen erreichen konnte, jedoch 52,9; 50,8 und 52,8 Prozent der Sitze erhielt. Dies obwohl eine andere Partei 2,9; 5,8 bzw. 3,7 Prozentpunkte mehr Stimmen erzielte. Weitere Beispiele sind Neuseeland (1978 und 1981), Belize (1993), Malta (1981) sowie Großbritannien (1951 und 1974). Ähnliche Effekte, wenngleich das Phänomen nicht unmittelbar auf präsidentielle Systeme übertragbar ist, ergaben sich bei den Präsidentschaftswahlen in den USA in den Jahren 1876, 1888, 1960 und zuletzt 2000, als Al Gore zwar die Mehrheit der Wählerstimmen erhielt, letztlich jedoch gegen George W. Bush verlor, da Bush die Mehrheit des Wahlmännerkollegiums gewann.

Von solchen „künstlich" geschaffenen Mehrheiten unterscheidet sich die „verdiente Mehrheit" (earned majority). Hiervon wird dann gesprochen, wenn eine Partei die Mehrheit der Mandate und die Mehrheit der Stimmen auf sich vereint.

Betrachten wir beispielsweise die Wahlergebnisse in 36 Demokratien zwischen 1945 und 1996, so wird deutlich, dass Mehrheitswahlsysteme wesentlich häufiger „geschaffene Mehrheiten" hervorbringen und natürliche Minderheiten verhindern als Verhältniswahlsysteme. Eine „natürliche Minderheit" besteht dann, wenn die größte Partei im Parlament weder die Mehrheit der Wählerstimmen noch die Mehrheit der Parlamentssitze innehat.

	Geschaffene Mehrheit	Verdiente Mehrheit	Natürliche Minderheit	Insgesamt	Wahlen (N)
Mehrheitswahlsysteme (14 Länder)	43,7 %	39,1 %	17,2 %	100 %	151
Verhältniswahlsysteme (22 Länder)	9,4 %	8,3 %	82,3 %	100 %	265

Abbildung 6.3: Einfluss von Wahlsystemen auf parlamentarische Mehrheiten

Quelle: Lijphart (1999: 166) und eigene Berechnungen. Daten für den Zeitraum 1945–1996 für 36 Demokratien. Bei Parlamenten mit zwei Kammern beziehen sich alle Angaben auf die erste Parlamentskammer. Die Begriffe der geschaffenen und der verdienten Mehrheit sowie der natürlichen Minderheit beziehen sich immer auf die größte Partei im Parlament. Verdiente Mehrheit bedeutet z. B., dass die größte Partei in der ersten Parlamentskammer sowohl mehr als 50 Prozent der Wählerstimmen erzielte als auch mehr als 50 Prozent der Sitze im Parlament erhielt.

Nicht alle Wahlsysteme fallen eindeutig in die Kategorien Mehrheits- oder Verhältniswahlsystem. Einerseits existieren verschiedene Ausprägungen innerhalb dieser Kategorien, andererseits kombinieren manche Länder die beiden Wahlsysteme. Kasten 6.1 liefert zusätzliche Informationen zu den sechs am häufigsten vorkommenden Wahlsystemen.

6.1 Wahlsysteme

Relative Mehrheitswahl in Einerwahlkreisen (first-past-the-post, FPTP)

Das FPTP-System ist die klassische Form des Mehrheitswahlsystems. Diejenige Person, welche die relative (gleichbedeutend mit einfache) Mehrheit der Stimmen in einem Wahlkreis auf sich vereinen kann, gewinnt die Wahl. Diejenige Partei, welche die meisten Wahlkreise für sich gewinnen kann, stellt die Regierung. Vor allem Großbritannien und andere Staaten angelsächsischer Prägung weisen ein solches Wahlsystem auf (z. B. USA, Kanada, Staaten in der Karibik, viele afrikanische Länder, Indien, Pakistan).

Absolute Mehrheitswahl in Einerwahlkreisen (two round systems, TRS)

Bei diesem Wahlsystem ist die absolute Mehrheit (d. h. mehr als 50 Prozent der abgegebenen Stimmen) notwendig, um ein Mandat zu erhalten. Gelingt dies keinem der Kandidaten im ersten Anlauf, treten diejenigen Kandidaten mit den meisten Wählerstimmen zu einer Stichwahl an. Der Ausschluss der stimmenschwächeren Kandidaten von der Stichwahl kann, je nach konkreter Ausgestaltung eines Wahlsystems, freiwillig oder zwangsweise erfolgen. Dieses two-round-system wird heute v. a. aus Kosten- und Organisationsgründen für die Wahl des Parlamentes eher selten praktiziert. Beispiele hierfür sind die Wahl der zweiten Parlamentskammer in Frankreich sowie die Wahl des Ständerats in der Schweiz. Bei Präsidentschaftswahlen findet es jedoch in vielen Ländern Anwendung.

Absolute Mehrheitswahl mit alternativer Stimmabgabe (alternative vote)

Es handelt sich hier um eine Variante der absoluten Mehrheitswahl, die vor allem bei der Unterhauswahl in Australien angewandt wird. Zur Vermeidung eines zweiten Wahlgangs (Stichwahl) wird der Wähler aufgefordert, seine sekundären Präferenzen kundzutun. Letztere kommen dann zur Anwendung, wenn der Kandidat mit der ersten Präferenz ausscheidet.

Verhältniswahl nach Listen

Dieses System kommt im weltweiten Vergleich am häufigsten zur Anwendung. Es bezweckt eine möglichst proportionale Stimmen-/Sitzverteilung und wird z. B. in Skandinavien, Österreich, Spanien, Portugal, den Niederlanden, Israel und der Schweiz (Nationalrat) eingesetzt.

Wahlsysteme mit übertragbarer Einzelstimmabgabe (single transferable vote, STV)

In diesem Wahlsystem werden die nach Rang gewichteten Stimmen der Wähler nicht für Listen, sondern für Einzelkandidaten abgegeben. Hat ein Kandidat die für ein Mandat erforderlichen Stimmen erreicht, fallen dem Nächstplatzierten die restlichen Stimmen zu. Alternativ werden die schwächsten Kandidaten eliminiert und diese Stimmen den stärkeren Kandidaten zugeschlagen. Dieses System kombiniert eine Kandidatenwahl mit dem Kriterium der Proportionalität. Es hat jedoch ein kompliziertes Auszählungsverfahren zur Folge. Praktiziert wird dieses System auf nationaler Ebene lediglich in Ländern mit verhältnismäßig wenigen Einwohnern, z. B. in Irland, Malta und Australien (Senat).

Gemischte Wahlsysteme

Gemischte Wahlsysteme finden sich z. B. in Deutschland, der Schweiz, Neuseeland, Italien und Russland. Personalisierte Verhältniswahlen zeichnen sich beispielsweise dadurch aus, dass eine Erst- und Zweitstimme vergeben wird. Die Erststimme folgt dabei dem Mehrheitswahlsystem und die Zweitstimme der Verhältniswahl. Anschließend wird die Proportionalität dadurch erreicht, dass die Mandate angeglichen werden (Überhangmandate). Das Wahlsystem Deutschlands folgt diesem Muster. Streng genommen handelt es sich jedoch tendenziell um eine Verhältniswahl, weil dieses Element bei der Stimmenauszählung dominiert. In Italien (seit 1994) und in mehreren osteuropäischen Ländern wird das sogenannte Grabenwahlsystem oder segmentierte Wahlsystem praktiziert. Hierbei wird ein Teil der Sitze nach dem Verhältniswahl- und ein anderer Teil nach dem Mehrheitswahlsystem vergeben. Ein Ausgleich zwischen den Segmenten findet nicht statt.

In den meisten Ländern bleiben Wahlsysteme, wenn sie einmal etabliert sind, über die Zeit hinweg relativ stabil, wenngleich immer wieder kleinere Veränderungen vorgenommen werden. Dennoch sind in den 1990er Jahren einige markante Entwicklungen beobachtbar. Zu den prominentesten Veränderungen gehören jene in Neuseeland, wo von der Mehrheitswahl zur personalisierten Verhältniswahl nach deutschem Muster übergegangen wurde, und in Italien, wo ein Wechsel von der Verhältniswahl mit Listen zu einem gemischten Wahlsystem vollzogen wurde. Auch in der Konsolidierungsphase Osteuropas nach 1991 wurden viele Wahlsysteme umgewandelt (Tiemann, 2006; Harfst, 2007).

Wie bereits angesprochen, ist der Grad der Disproportionalität zwischen Wählerstimmen und Parlamentssitzen eine wichtige Messgröße beim Vergleich von Wahlsystemen. Starke Proportionalität ist vor allem ein Gütekriterium für Verhältniswahlsysteme.

Mehrheitswahlsysteme folgen hingegen einer anderen Logik, weshalb es fehlleitend ist, diese mit Gütekriterien von Verhältniswahlsystemen zu messen. Nichtsdestotrotz ist es interessant, den Disproportionalitätseffekt zu erfassen. Schließlich fließen hier nicht nur die Effekte von Mehrheits- und Verhältniswahl ein, sondern auch Sperrklauseln und andere in diesem Abschnitt beschriebene Einflussfaktoren. Zum Erfassen der Disproportionalität wird oftmals der sogenannte Gallagher-Index (G) herangezogen, der sich aus der Differenz des Stimmenanteils (v_i) und des Sitzanteils (s_i) für jede im Parlament vertretene Partei ergibt (Gallagher, 1991, 1992):

$$G = \sqrt{\frac{1}{2}\sum(v_i - s_i)}$$

Messungen mit diesem Index zeigen, dass innerhalb der Länder mit Verhältniswahlsystem große Unterschiede im Proportionalitätsgrad des Wahlsystems bestehen. Die Niederlande z. B. weisen einen sehr hohen, Griechenland und Spanien dagegen einen sehr niedrigen Proportionalitätsgrad auf (mehr Informationen zur Disproportionalität in etablierten Demokratien in Kasten 6.2).

6.2 Disproportionalität in etablierten Demokratien

Mit dem Gallagher-Index (Lijphart, 1999: 162; Farrell, 2001: 157–58) lässt sich für Parlamentswahlen in etablierten Demokratien seit 1945 feststellen, dass die Niederlande die höchste Proportionalität aufweisen: Die Abweichung zwischen Stimmen- und Sitzanteilen liegt bei lediglich 1,3 Prozent. Auch Dänemark (1,8), Schweden (2,1) und Israel (2,3) weisen einen hohen Proportionalitätsgrad auf. Jedes dieser Länder besitzt ein Verhältniswahlsystem. Der Proportionalitätsgrad von Malta (2,4), welches ein *single transferable vote system* hat, ist ebenfalls hoch. Gleiches gilt für andere Länder mit einem Verhältniswahlsystem, z. B. Österreich, die Bundesrepublik Deutschland und die Schweiz (je 2,5). Die höchste Disproportionalität in Ländern mit einem Verhältniswahlsystem ist in Griechenland (8,1) und Spanien (8,2) zu finden. Die zum Teil erheblichen Unterschiede in der Proportionalität innerhalb der Staatengruppe mit Verhältniswahlsystemen entstehen vor allem aufgrund der unterschiedlichen Wahlkreiseinteilung und der Anzahl verfügbarer Mandate pro Wahlkreis (Cox, 1997). Erwartungsgemäß ist die Disproportionalität in Mehrheitswahlsystemen stärker. Sie beträgt in Großbritannien 10,3 Prozent und erreicht in anderen Ländern mit Mehrheitswahlsystemen bis zu annähernd 20 Prozent (Jamaika, Mauritius, Barbados, Bahamas). Frankreich belegt mit 21,1 Prozent den Spitzenplatz (Jahn, 2013: 93).

Während Proportionalität ein wichtiges Anliegen von Verhältniswahlsystemen ist und dieses Ziel in vielen Staaten auch erreicht wird (siehe Kasten 6.2), bezwecken Mehrheitswahlsysteme u. a. ein hohes Ausmaß an politischer Stabilität. Letztere kann unter anderem in Form von Regierungsstabilität gemessen werden, z. B. anhand der Zeitspanne, für die eine Regierung in der gegebenen Parteienkombination im Amt bleibt (Dodd, 1976: 121–23). In etablierten Demokratien mit Mehrheitswahlsystem ist diese Amtsdauer mit durchschnittlich 6,8 Jahren fast doppelt so lange wie in Verhältniswahlsystemen. Beide Wahlsysteme (Verhältniswahlsystem=Proportionalität; Mehrheitswahlsystem=stabile Regierungen) werden ihren unterschiedlichen Zielsetzungen also durchaus gerecht.

6.4 Die Wahlsysteme in Deutschland, Österreich, der Schweiz und der Europäischen Union

In diesem Abschnitt betrachten wir kurz die wesentlichen Aspekte der Wahlsysteme für die nationalen Parlamente der drei deutschsprachigen Länder sowie des Europäischen Parlamentes (EP). Auf subnationaler Ebene kommen hier auch weitere Wahlverfahren zur Anwendung, die an dieser Stelle jedoch nicht behandelt werden können.

6.4.1 Deutscher Bundestag

Zur deutschen Bundestagswahl ist jeder deutsche Bürger, der das 18. Lebensjahr vollendet hat, zugelassen. Die Wahlberechtigten haben zwei Stimmen: eine Erst- und eine Zweitstimme. In jedem Wahlkreis (seit 2002: 299) wird mittels der Erststimme mit einfacher Mehrheit ein Abgeordneter gewählt (die sogenannten Direktmandate). Ebenso viele Mandate werden mit der Zweitstimme im Verhältniswahlrecht über gebundene Listen auf Ebene der Bundesländer zugeteilt. Die Anzahl der einer Partei in einem Bundesland insgesamt zustehenden Mandate ergibt sich aus ihrem Anteil an Zweitstimmen in diesem Bundesland. Davon wird die Anzahl der dort erhaltenen Direktmandate abgezogen, bevor die restlichen Mandate anhand der Parteilisten verteilt werden. Übersteigt die Zahl der Direktmandate einer Partei ihre Listenmandate in einem Bundesland, so verbleiben ihr die in den Wahlkreisen errungenen Sitze. Durch dieses Phänomen erhöht sich die Gesamtzahl der Sitze im Bundestag. Diese zusätzlichen Mandate werden Überhangmandate genannt. Letztere wurden in Bundestagswahlen vor allem nach der deutschen Wiedervereinigung häufiger vergeben. Bei den Wahlen von 1949 bis 1987 wurden durchschnittlich zwei Überhangmandate erzielt, bei den Wahlen von 1990 bis 2005 bereits rund zehn. Die Bundestagswahl von 2009 stellt mit 24 Überhangmandaten einen Rekord dar. Von den insgesamt 97 Überhangmandaten, die zwischen 1949 und 2009 vergeben wurden, entfielen 89 auf die Regierungsparteien. Zwischen 1990 und 2009 kam es am häufigsten in Baden-Württemberg (17), Sachsen-Anhalt (15), Sachsen (12), Schleswig-Holstein (11) sowie in Thüringen und Brandenburg (jeweils 9) zur Vergabe von Überhangmandaten. Seit der Wahlrechtsreform 2013 werden Überhangmandate in einem komplizierten, mehrstufigen Verfahren ausgeglichen. Dazu wird die Anzahl der Sitze im Bundestag so lange erhöht, bis der Parteienproporz wieder hergestellt ist (sogenannte Oberverteilung). Anschließend werden in der sogenannten Unterverteilung die Ausgleichsmandate über die Landeslisten den Parteien zugeteilt.

Gemäß der Sperrklausel werden bei der Mandatsverteilung allerdings nur Parteien berücksichtigt, die mehr als fünf Prozent der im gesamten Bundesgebiet abgegebenen Zweitstimmen auf sich vereinigen oder in mindestens drei Wahlkreisen ein Direktmandat erringen konnten. Aufgrund seiner Verbindung von Elementen des Verhältnis- und des Mehrheitswahlrechts wird das Wahlsystem für den Deutschen Bundestag auch als personalisierte Verhältniswahl bezeichnet.

Das Stimmenverrechnungsverfahren wurde im Verlauf der Zeit mehrfach geändert. Ab 1949 wurde zunächst das sogenannte D'Hondt-Verfahren eingesetzt. Dieses Verfahren benachteiligt jedoch tendenziell kleine Parteien. Die Benachteiligung erwies sich bei den frühen Bundestagswahlen als sehr stark, nahm mit der Zeit jedoch ab. Ab der Bundestagswahl 1987 wurde das sogenannte Hare/Niemeyer-Verfahren eingesetzt, welches sich nicht nachteilig auf kleine Parteien auswirkt. Das Bundesverfassungsgericht befand allerdings, dass die Berechnung der Überhangmandate nach dem gültigen Wahlgesetz zu Ungerechtigkeiten führen kann und forderte den Gesetzgeber in seinem Urteil vom 3. Juli 2008 dazu auf eine Neuregelung einzuführen. Seit 2009 erfolgt die Stimmenverrechnung daher anhand des Sainte-Laguë/Schepers-Verfahrens.

Die Mandatsträger im Bundesrat, der zweiten Parlamentskammer Deutschlands, werden nicht vom Volk gewählt, sondern von den Länderregierungen bestimmt.

6.4.2 Österreichischer Nationalrat

Die 183 Mitglieder des österreichischen Nationalrates, der ersten Parlamentskammer Österreichs, werden seit 2008 für fünf Jahre gewählt (vorher für vier Jahre). Die Wahl wird in neun Landeswahlkreisen durchgeführt, die wiederum in 43 Regionalwahlkreise unterteilt sind. Die Verrechnung der Wählerstimmen in Mandate erfolgt durch ein dreistufiges Verfahren (je ein spezifisches Verfahren für die Ebene des Regionalwahlkreises, Landeswahlkreises sowie die nationale Ebene). Wahlberechtigt sind österreichische Staatsbürger ab dem Alter von 16 Jahren. Gewählt werden kann, wer mindestens 18 Jahre alt ist.

Das Wahlsystem für den Nationalrat Österreichs ist als Verhältniswahlsystem mit verbundenen Bundes-, Landes- und Regionallisten konzipiert. Die Zuteilung der verfügbaren Mandate auf die Landes- und Regionalwahlkreise erfolgt proportional zur Einwohnerzahl. Das Einbringen einer Kandidatenliste erfordert eine Unterstützungserklärung von, je nach Bundesland, zwischen 100 und 500 Wahlberechtigten oder drei Abgeordneten des Nationalrates.

Die Wähler entscheiden sich auf der Ebene des Regionalwahlkreises für eine Liste. Sie können dabei einem Bewerber der Landesparteiliste und der Regionalparteiliste der gewählten Partei eine Vorzugsstimme geben. Diese Option kann Auswirkungen auf die Gewinnchancen einzelner Kandidaten auf der gewählten Liste haben, wenn die von einer Partei in der Wahl gewonnenen Mandate an die einzelnen Kandidaten auf dieser Liste vergeben werden. Anders als in der Schweiz ist ein Stimmen-Splitting zwischen zwei oder mehr Parteien bzw. Listen nicht möglich. Jeder Wähler hat somit nur eine Stimme, d. h. eine Parteistimme.

Ähnlich wie in Deutschland kommt bei der Sitzverteilung nach der Wahl eine Sperrklausel zur Anwendung. Bei der Umrechnung von Wählerstimmen in Mandate werden auf der Landeskreis- und Bundesebene nur diejenigen Parteien berücksichtig, die auf der Ebene des Regionalwahlkreises in mindestens einem Regionalwahlkreis ein Mandat gewonnen oder im gesamten Bundesgebiet mindestens 4 Prozent der abgegebenen gültigen Wählerstimmen erhalten haben.

Die Sitzverteilung auf der Regionalwahlkreis- und Landeswahlkreisebene bemisst sich an den Wählerstimmen. Auf der Bundesebene erfolgt dann ein proportionaler Ausgleich. Die auf einer tieferen Ebene gewonnenen Sitze werden auf der jeweils höheren Ebene angerechnet. Falls eine Partei sogenannte Überhangmandate erzielt, werden diese vom Mandatskontingent der anderen Parteien abgezogen. Anders als in Deutschland bleibt die Gesamtzahl der Nationalratssitze somit a priori fixiert.

Konkret erfolgt die Sitzverteilung wie folgt. In jedem Bundesland wird eine sogenannte Wahlzahl festgelegt. Diese ist definiert als die Zahl der abgegebenen gültigen Stimmen geteilt durch die Zahl der im Landeswahlkreis verfügbaren Mandate. Jeder Partei werden so viele Mandate zugeteilt, wie die Wahlzahl in der Summe der Stimmen für eine Partei im Regionalwahlkreis enthalten ist. Bei der Zuteilung der Mandate auf die einzelnen Kandidaten erhalten Bewerber, die eine gewisse Schwelle bei den Vorzugsstimmen überschreiten konnten, Mandate zugeteilt. Die übrigen Mandate werden in der Reihenfolge der Stimmen für die Regionalparteilisten verteilt. Auf der Ebene des Landeswahlkreises erhält jede Partei, welche die Sperrklausel überwunden hat, so viele Mandate, wie die Wahlzahl in der Summe der von ihr erzielten Stimmen im Landeswahlkreis enthalten ist. Davon abgezogen werden Mandate, die einer Partei auf der Ebene des Wahlkreises zugeteilt wurden. Die Landeslistenmandate werden zuerst an Bewerber verteilt, die mindestens so viele Vorzugsstimmen wie die Wahlzahl erreicht haben – dies in der Reihenfolge der Vorzugsstimmen. Die weiteren Mandate werden in der Reihenfolge verteilt, in welcher die Kandidaten auf der Landesparteiliste erscheinen.

Auf Bundesebene werden dann die 183 Mandate an die Parteien nach dem sogenannten Divisorverfahren mit Abrundung (D'Hondt) verteilt. Falls die auf den beiden tieferen Ebenen bereits zugeteilten Mandate die für die Bundesebene errechneten Mandate einer Partei überschreiten (Überhangmandate), werden den anderen Parteien entsprechend weniger Sitze zugeteilt. Die Mandate, die eine Partei erhalten hat, werden ihren Kandidaten in der Reihenfolge des Bundeswahlvorschlages der Partei zugewiesen.

Ähnlich wie im Falle Deutschlands werden die Mandatsträger in der zweiten Parlamentskammer Österreichs, dem Bundesrat, nicht vom Volk gewählt, sondern von den Länderparlamenten bestimmt.

6.4.3 Schweizerischer National- und Ständerat

Im Gegensatz zu Deutschland und Österreich werden die Mandate für beide Parlamentskammern der Schweiz durch gleichzeitig stattfindende Wahlen vergeben.

Der Nationalrat wird seit 1919 im Verhältniswahlrecht durch Listenwahl mit freien Listen gewählt. Die 200 Nationalratssitze werden für jede Wahl den Kantonen, die zugleich die Wahlkreise bilden, nach ihrer Bevölkerungszahl zugeteilt. Nachdem jeder Kanton ein Mandat erhalten hat, werden die restlichen 174 Mandate anhand des Hare/Niemeyer-Verfahrens auf Grundlage der Bevölkerungszahl, die bei der letzten Volkszählung ermittelt wurde, vergeben. Die Anzahl der Mandate pro Kanton variiert somit sehr stark. Während der bevölkerungsreichste Kanton Zürich gegenwärtig 34 Mandate zu vergeben hat, entfällt auf die sechs bevölkerungsärmsten Kantone Uri, Obwalden, Nidwalden, Glarus, Appenzell Innerrhoden und Appenzell Ausserrhoden jeweils nur ein Mandat. Damit variiert auch die Hürde zur Erringung eines Mandates zwischen 50 und 2,86 Prozent der in einem Wahlkreis abgegebenen Stimmen. Diese Varianz hat einen bedeutenden Einfluss auf die bereits zuvor besprochene Proportionalität. Letztere ist in Wahlkreisen mit weniger Mandaten schwächer als in den großen Wahlkreisen. In Kantonen mit einem Mandat kommt de facto ein Mehrheitswahlsystem zur Anwendung, wobei das Mandat eine relative Mehrheit erfordert. Es wird hier auch deutlich, dass die Wahlkreiseinteilung eine große Bedeutung hat. Eine Neuorganisation in relativ große Wahlkreise mit gleicher Mandatszahl würde Probleme der Disproportionalität beheben, ist jedoch mit Blick auf die stark föderalistische Staatstradition kaum denkbar.

Die Parteien treten in jedem Kanton mit einer oder mehreren Listen an. Die Zahl der Kandidaten darf die Zahl der dem Kanton zugeteilten Nationalratssitze nicht überschreiten. Die Wähler können diese Listen durch Kumulieren und Panaschieren (siehe auch den Abschnitt 6.2 zur Wahlbewerbung und Stimmabgabe) modifizieren, wodurch Elemente einer Parteien- und Persönlichkeitswahl verbunden werden.

Die Sitzverteilung erfolgt in den einzelnen Wahlkreisen. Die den einzelnen Parteien zugeteilten Mandate entsprechen ihrem proportionalen Wähleranteil. Eine politisch bestimmte Sperrklausel existiert nicht. Die Stimmenverrechnung erfolgt durch das sogenannte Hagenbach-Bischoff-Verfahren, welches dem D'Hondt-Verfahren entspricht, wodurch kleinere Parteien tendenziell benachteiligt werden. Die einer Partei zustehenden Mandate werden ihren Kandidaten in der Reihenfolge ihrer Stimmenzahl zugeteilt.

Die Kantone bilden auch die Wahlkreise für den Ständerat, die zweite Parlamentskammer. Im Gegensatz zur Wahl des Nationalrats hat jeder Kanton der Schweiz grundsätzlich das Recht, den Zeitpunkt der Wahl, die Amtsdauer und das Wahlverfahren für den Ständerat selbst festzulegen. Jedem Kanton stehen zwei Mandate, jedem Halbkanton (Basel-Landschaft, Basel-Stadt, Nidwalden, Obwalden, Appenzell Ausserrhoden und Appenzell Innerrhoden) ein Mandat zu. Insgesamt sind 46 Mandate zu vergeben. Im Verlauf der Zeit fand eine starke Angleichung der Wahlmodalitäten statt. Heute werden die Mandate für den Ständerat in allen Kantonen durch eine unmittelbare Volkswahl vergeben und die Amtsdauer beträgt vier Jahre. Mit einer Ausnahme (Appenzell Innerrhoden) finden die Ständeratswahlen in allen Kantonen zur selben Zeit wie die Nationalratswahlen statt. Mit Ausnahme von zwei Kantonen (Jura, Neuenburg) kommt das Mehrheitswahlrecht zur Anwendung. Abgesehen davon existieren lediglich geringfügige Unterschiede bei den jeweiligen Wahlprozeduren. In Neuenburg sind z. B. auch Ausländer wahlberechtigt, und im Kanton Glarus liegt das Wahlmindestalter bei 16 Jahren, während es in den restlichen Kantonen bei 18 liegt.

6.4.4 Das Europäische Parlament

Seit 1979 werden in der Europäischen Union alle fünf Jahre die Abgeordneten des Europäischen Parlamentes (EP) direkt vom Volk gewählt. Damit ist das EP das einzige durch demokratische Wahlen direkt legitimierte Gremium der EU (vgl. auch Abschnitt 8.1.6 in Kapitel 8). Diese Wahlen finden meist im Zeitraum von rund vier Tagen in allen Mitgliedstaaten der EU statt. Das EU-Recht setzt dafür die allgemeinen Rahmenbedingungen. Die Festlegung der Wahlprozedur im Detail liegt jedoch in den Händen der einzelnen EU-Staaten. Versuche ein einheitliches Wahlsystem für das EP im ganzen EU-Raum einzuführen, waren bisher nur in sehr begrenztem Maß erfolgreich. So müssen seit der Europawahl 2004 alle Staaten das Prinzip der Verhältniswahl anwenden. Dies betrifft auch Staaten wie Frankreich und Großbritannien, die ihre nationalen Parlamentswahlen im Modus des Mehrheitswahlrechts durchführen. Vorschläge, einen Teil der Mandate für Kandidaten auf europaweiten Listen (bisweilen als „transnationale EP-Abgeordnete" bezeichnet) zu reservieren, scheiterten bisher.

Alle EU-Bürger sind wahlberechtigt, wobei das Mindestalter von den einzelnen EU-Staaten bestimmt wird. Im EU-Ausland wohnende Bürger können entweder in ihrem Wohnland oder in ihrem Herkunftsland wählen. In fast allen Staaten beträgt das aktive und passive Wahlrecht 18 Jahre.

Die Zuteilung der 751 Mandate (Europawahl 2014) auf die EU-Staaten entspricht dem Prinzip der degressiven Proportionalität: Bevölkerungsreiche Länder erhalten mehr Mandate als bevölkerungsarme Länder. Letztere erhalten jedoch mehr Mandate pro Einwohner. In der Praxis variiert die Zahl der Mandate zwischen sechs und 96.

Die Wahllisten werden auf nationaler oder regionaler Ebene von den nationalen Parteien eingebracht. Parteiverbünde auf europäischer Ebene spielen eine eher geringe Rolle und nationale Parteien können an der Europawahl auch ohne Unterstützung durch eine europäische Partei teilnehmen.

Die 96 EP-Abgeordneten Deutschlands werden auf Grundlage einer bundesweiten Berechnung nach dem Verhältniswahlrecht gewählt. Bis 2009 kam eine 5-Prozent-Sperrklausel zur Anwendung. Diese wurde 2011 nach einem Urteil des Bundesverfassungsgerichts abgeschafft.

Im Gegensatz zur Bundestagswahl hat jeder Wähler nur eine Stimme, mit der er eine Partei wählen kann. Wahllisten können als Landeslisten für einzelne Bundesländer oder als gemeinsame Liste für alle Länder eingereicht werden. Wähler müssen Wahllisten integral übernehmen (geschlossene Listen). Wahlberechtigt sind der Personenkreis, der auch den Bundestag wählt, sowie EU-Staatsbürger, die mindestens 18 Jahre alt sind und seit mehr als drei Monaten ihren Wohnsitz in Deutschland haben. Gleiches gilt für deutsche Staatsbürger im EU-Ausland.

Die Europawahlen in Österreich werden ebenfalls nach dem Prinzip der Verhältniswahl durchgeführt. Im Gegensatz zur Nationalratswahl ist dabei ganz Österreich der Wahlkreis. Anders als in Deutschland können die Wähler eine Liste sowie einen bestimmten Kandidaten auf dieser Liste wählen. Mit letzterer Stimme (Vorzugsstimme) kann diese Person ihre Platzierung auf der Liste verbessern. Bei der Zuteilung der Mandate kommt eine Sperrklausel von 4 Prozent der Gesamtzahl der Stimmen zur Anwendung. Das passive Wahlrecht ist bei 18 Jahren, das aktive bei 16 Jahren festgelegt.

Die institutionelle Ausgestaltung von Wahlsystemen bildet die Grundlage für das Verhalten von politischen Akteuren. Die wesentlichen Akteure sind die Wähler und die Parteien. Auf sie werden wir uns in den nächsten beiden Abschnitten konzentrieren.

6.5 Wähler und Wahlverhalten

Wähler

In etablierten Demokratien sind alle Staatsbürger ab einem bestimmten Alter wahlberechtigt (aktives Wahlrecht). Auf lokaler oder regionaler Ebene wird der Kreis der Wahlberechtigten bisweilen ausgedehnt. Solche Erweiterungen beziehen sich meist auf ausländische Einwohner oder jüngere Personen. In Mitgliedstaaten der EU besitzen EU-Bürger seit 1992 zudem das aktive Wahlrecht bei Kommunal- und EU-Wahlen in demjenigen EU-Staat, in dem sie ihren Hauptwohnsitz haben.

Das Wahlrecht kann unter bestimmten Bedingungen aberkannt werden, z. B. wenn eine Person gravierende Straftaten begangen hat oder an einer Krankheit leidet, die eine freie Meinungsbildung nicht zulässt. In Deutschland, Österreich und der Schweiz gilt allgemein die Regel, dass Staatsbürger wahlberechtigt sind. In Deutschland und der Schweiz liegt das Mindestalter zur Teilnahme an nationalen Parlamentswahlen bei 18 Jahren, in Österreich bei 16 Jahren.

Wesentliche Veränderungen, die nach dem Zweiten Weltkrieg eingeführt wurden, betreffen die Absenkung des Wahlalters, die Ausdehnung des Wahlrechts auf Staatsbürger, die im Ausland wohnen und das Ausüben des Wahlrechts durch Briefwahl. Einige Staaten experimentieren gegenwärtig mit neuen Formen der Stimmabgabe wie der Online-Wahl oder der Wahl via Textnachricht vom Mobiltelefon.

Gewählt werden (passives Wahlrecht) kann in Österreich, Deutschland und der Schweiz jeder Staatsbürger (mit den gleichen Einschränkungen wie beim aktiven Wahlrecht), der mindestens 18 Jahre alt ist. Erweiterungen des passiven Wahlrechts existieren wiederum auf lokaler und regionaler Ebene. Innerhalb der EU besitzen EU-Bürger dort, wo sie ihren Hauptwohnsitz haben, auch das passive Wahlrecht bei der Wahl des Europäischen Parlaments.

Wahlforschung und ihre Datengrundlage

Die Wahlforschung nimmt seit über 50 Jahren eine prominente Stellung in der Politikwissenschaft ein. Dies liegt u. a. daran, dass ihre Forschungsergebnisse von politischen Parteien und Politikern als „verwertbar" betrachtet werden (Bürklin & Klein, 1998; Falter & Schoen, 2005; Pappi & Shikano, 2007). Im Zentrum der Wahlforschung steht die Frage, wie das Verhalten von Wählern systematisch erklärt werden kann.

Die wohl wichtigste Herausforderung bei der Wahlforschung ist dadurch gegeben, dass eine direkte Beobachtung des individuellen Wahlverhaltens nicht möglich ist, weil Wähler in Demokratien ein Anrecht auf geheime Stimmabgabe haben. Der Forscher muss sich deshalb mit Aggregat- und Umfragedaten begnügen. Erstere fassen die Wahlergebnisse in Wahlkreisen zusammen und können mit weiteren Charakteristika der betreffenden Wahlkreise in Verbindung gebracht werden. Allerdings können Interpretationsfehler beim Rückschluss von der Aggregat- auf die Individualebene auftreten (Risiko eines sogenannten ökologischen Fehlschlusses).

Repräsentative Umfragen bei den Wahlberechtigten sowie in jüngster Zeit zunehmend auch Labor- und Umfrageexperimente liefern Daten zu persönlichen politischen Einstellungen und Wahlpräferenzen sowie zu anderen Variablen auf der Individualebene. Sie helfen damit ökologische Fehlschlüsse zu vermeiden. Allerdings werden in Umfragen und Experimenten meist Meinungen und Verhaltensabsichten abgefragt (z. B. „Welche Partei würden Sie wählen?"). Die Ergebnisse können folglich durch bewusste oder unbewusste Falschaussagen der Befragten verzerrt sein. Solche Probleme können sich potenzieren, wenn Verhaltensabsichten letztlich durch Meinungen und andere subjektive Faktoren erklärt werden („attitudes on attitudes"-Problem). Die Vorteile von Umfragen und Experimenten liegen allerdings darin, dass durch sie Daten zu allen möglichen Faktoren, die für die Wahlentscheidung relevant scheinen, erhoben werden können.

Eine dritte Möglichkeit sind die in einigen Ländern (z. B. in Deutschland) erhobenen repräsentativen Wahlstatistiken. Dafür werden in zufällig ausgewählten Stimmbezirken oder Wahlkreisen auf dem Wahlzettel selbst die Altersgruppe und das Geschlecht erfragt. Dem Vorteil, dass tatsächliches Wahlverhalten (in Form des auf dem Wahlzettel einsehbaren Wahlentscheides) beobachtet werden kann, steht aber die sehr begrenzte Zahl von Variablen gegenüber, die in eine solche Datenerhebung aufgenommen werden kann. Für die empirische Erklärung des Wahlverhaltens bieten solche Datenerhebungen somit eine sehr schwache Grundlage.

Drei Erklärungsmodelle

In der Wahlforschung haben sich im Wesentlichen drei Erklärungsmodelle für das Wahlverhalten etabliert: das soziologische Modell, das individual-psychologische Modell und das Modell des rationalen Wählers (Falter & Schoen, 2005: 135–325). Diese drei Modelle überschneiden und ergänzen sich in weiten Teilen.

Das soziologische Modell geht davon aus, dass das Wählerverhalten primär durch die Zugehörigkeit zu bestimmten sozialen Gruppen erklärt werden kann. Die Quintessenz dieses Modells wird häufig mit dem Zitat „A person thinks, politically, as he is, socially. Social characteristics determine political preference“ (Larzarsfeld 1949: 27 zitiert nach Bürklin & Klein, 1998: 53) umschrieben.

Damit ist allerdings kein sozialer Determinismus gemeint. Vielmehr geht die soziale Position des Wählers mit dem Umfeld einher, in dem er sich bewegt und in dem er politisch sozialisiert wird. In der klassischen Studie von Lazarsfeld et al. (1969; Orginal 1944; Berelson et al. 1954) wurde ein Index der politischen Prädisposition entwickelt, um dieses Umfeld zu erfassen. Weshalb aber bestimmte soziale Gruppen bestimmten Parteien zugeneigt sind, konnte dieser Ansatz nicht erklären. Dafür lieferte erst die sogenannte Cleavage-Theorie von Lipset und Rokkan (1967) eine Grundlage. Sie besagt, dass aufgrund tiefgreifender gesellschaftlicher Konflikte bestimmte betroffene Gruppen eine Interessenskoalition mit einer Partei eingehen (siehe Abschnitt 8.2.3 in Kapitel 8). Ist eine solche Bindung (*alignment*) einmal erfolgt, stimmen die Wähler in der Folge für „ihre“ Partei. Gesellschaftliche Konflikte, die solche Parteibindungen bewirken, umfassen Konflikte zwischen Land- und Stadtbevölkerung oder Zentrum und Peripherie, Staat und Kirche, sowie zwischen Kapital und Arbeit. Typische Indikatoren im soziologischen Erklärungsmodell sind Kategorien der Sozialstruktur wie Einkommen und Vermögen, Beruf und Arbeitsverhältnis, Bildung, Konfession und Religiosität, ethnische Zugehörigkeit, Alter, Wohnortgröße und Mitgliedschaft in einer Gewerkschaft.

Das individual-psychologische Modell geht von einer individuellen Parteienidentifikation aus. Damit ist eine affektive Bindung des Individuums an eine Partei gemeint. Diese Bindung ist nicht mit formaler Parteimitgliedschaft oder beständigem Wahlverhalten gleichzusetzen. Das individual-psychologische Modell wurde ursprünglich von Campbell et al. (1954; Campbell, 1960) in Auseinandersetzung mit dem soziologischen Modell entwickelt. Durch langfristige Sozialisationsprozesse im Elternhaus, in Freundeskreisen und durch Mitgliedschaften in politischen Gruppen bilden sich Wahrnehmungen und Bewertungen politischer Ereignisse heraus, die eine Identifikation mit einer bestimmten politischen Partei wahrscheinlich machen. Die Parteienidentifikation fungiert dabei als Filter der politischen Realität und kann die Wahrnehmung anderer Faktoren, allen voran die Kandidatenorientierung und die Sachthemenorientierung, beeinflussen. Unter der Kandidatenorientierung werden meist persönliche Merkmale, aber auch Kompetenzzuschreibungen an Kandidaten verstanden. Mit Sachthemenorientierung ist die Relevanz aktueller politischer Fragen gemeint. Das individual-psychologische Modell erklärt das Wählerverhalten letztlich durch diese drei Faktoren. Dabei gilt die allgemeine Parteienidentifikation als langfristige Grundausrichtung des Wählers, die jedoch durch die eher kurzfristig wirkenden Faktoren der Kandidatenbewertungen und der aktuellen Themenrelevanz (Sachthemenorientierung) variieren kann.

In empirischen Analysen, die auf diesem Erklärungsmodell basieren, kommen meist Daten zur Parteienidentifikation, zur Beliebtheit von Spitzenpolitikern, zur Rangfolge von parteipolitischen Lösungskompetenzen in Bezug auf als wichtig wahrgenommene politische Probleme sowie zur Wahlabsicht zum Einsatz.

Das soziologische und individual-psychologische Modell gehen grundsätzlich von sozialstrukturellen Erklärungsfaktoren (v.a. soziale Schicht und Gruppenzugehörigkeit) aus. Viele Forscher sind jedoch der Ansicht, dass diese Determinanten in Folge gesellschaftlicher und ökonomischer Modernisierungsprozesse an Bedeutung verloren und kurzfristiger wirkende Faktoren tendenziell an Einfluss gewonnen haben. Zu den kurzfristiger wirkenden Faktoren gehören v.a. die Kandidaten- und Sachthemenorientierung.

Hier verschwimmt bereits die Grenze zum Modell des rationalen Wählers, dem wir uns nun zuwenden. Dieses Modell wurde im Rahmen von Downs (1957) ökonomischer Theorie der Politik in Demokratien entwickelt. Die Grundprämisse besteht darin, dass sich ein Wähler für diejenige Partei bzw. Kandidaten entscheidet, von deren Politik er sich persönlich den größten Nutzen verspricht. Dieses Erklärungsmodell bezieht sich auf die gleichen Variablen wie das individual-psychologische Modell, es gewichtet und bewertet die einzelnen Elemente jedoch anders. Im Vordergrund steht die Themenwahl. Der Wähler orientiert sich primär an der Lösungskompetenz der Parteien in Bezug auf die für ihn wichtigen Themen (Issues). Dabei spielt die wahrgenommene Problemlösungskompetenz der Spitzenkandidaten eine wichtige Rolle. Bei unvollständiger Information zu dieser Kompetenz kann die Wahlentscheidung auch anhand von politischen Ideologien oder der Parteienidentifikation erfolgen. Das Modell des rationalen Wählers betrachtet die Parteienidentifikation jedoch nicht als Resultat langfristiger Sozialisationsprozesse, sondern als Hilfsmittel des Wählers zur generellen Parteibewertung bei unvollständiger Information.

Das wohl prominenteste Modell dieser Art ist das räumliche Modell der Parteienkonkurrenz (vgl. die Ausführungen zum Medianwählertheorem in Abschnitt 8.1.5 in Kapitel 8). Entlang einer Dimension, z. B. der politischen Links-Rechts-Achse, schätzt der Wähler seine Position und die Position der Parteien ein. Er entscheidet sich letztlich für diejenige Partei, die seiner eigenen Position am nächsten liegt. Ideologien bzw. politische Grundeinstellungen geben dem Wähler dabei Orientierung, falls für ihn ein ganz spezielles Thema sehr wichtig ist, er die genauen Positionen der Parteien dazu aber nicht kennt.

Mit Blick auf ihre spezifischen Stärken und Schwächen verspricht eine Kombination der drei Modelle letztlich den höchsten Erklärungsgewinn, zumal eine solche Kombination den Einfluss lang- und kurzfristig wirkender Variablen berücksichtigt. Insbesondere die langfristigen Wahldeterminanten scheinen in modernen Gesellschaften an Aussagekraft zu verlieren. Dabei ist zu fragen, ob langfristig wirkende Variablen irrelevant (*dealignment*) werden, oder ob die bisher untersuchten langfristig wirkenden Variablen durch andere Einflüsse ersetzt werden (*realignment*). Der letztere Aspekt wird durch Studien erfasst, die sozialstrukturelle Aspekte durch das Konzept von Lebensstilen ersetzen (Gluchowski, 1987; Vester et al., 2001; Bremer & Lange-Vester, 2006). Solche Studien bauen auf der Markt- und Konsumforschung auf und gehen davon aus, dass das Wahlverhalten Teil des persönlichen Lebensstils ist. Sie identifizieren Lebensstil-Typen und postulieren, dass zu einem bestimmten Lebensstil eine bestimmte Partei passt, die dann von der betroffenen Person gewählt wird. Diese Forschungsrichtung steckt allerdings noch in den Kinderschuhen.

In Abbildung 6.4 werden die drei Erklärungsmodelle in grafischer Form zusammengefasst.

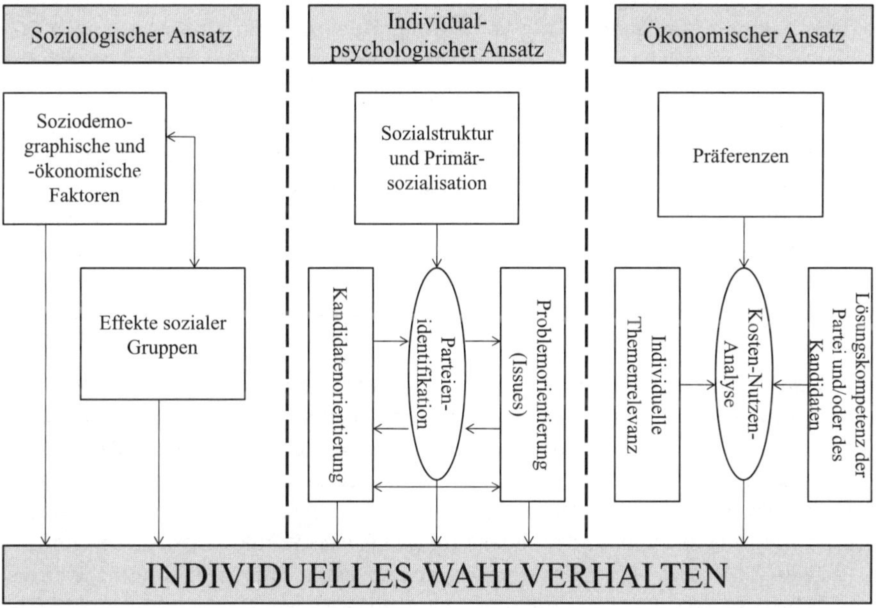

Abbildung 6.4: Drei Modelle zur Erklärung des Wahlverhaltens

Kasten 6.3 fasst die Resultate einer Studie zu den letzten Bundestagswahlen in Deutschland zusammen und illustriert damit die empirische Relevanz der hier diskutierten Erklärungsmodelle.

6.3 Wahlverhalten bei Bundestagswahlen in Deutschland

Seit 1961 werden in Deutschland anlässlich jeder Bundestagswahl systematische Studien zum Wählerverhalten durchgeführt (Schmitt-Beck, 2012). Die in diesen Studien untersuchten Determinanten des Wahlverhaltens umfassen die ganze Bandbreite von Variablen, die in den drei in diesem Kapitel behandelten Erklärungsmodellen enthalten sind.

Mit Blick auf das soziologische Modell untersucht z. B. Debus (2012), ob bei Bundestagswahlen in Westdeutschland im Zeitraum 1976–2009 der Einfluss der sozialen Gruppenzugehörigkeit und Gruppenbindung im Vergleich zu eher kurzfristig wirkenden sogenannten Einstellungsvariablen abgenommen hat. Die empirischen Ergebnisse stützen diese Hypothese nur teilweise. Zwar haben die Effekte sozioökonomischer und konfessionell-religiöser Variablen auf das Wahlverhalten im Laufe der Zeit abgenommen (siehe auch Müller und Klein 2012 und Roßteutscher 2012), die Bedeutung von Kandidatenpräferenzen und von der Wahrnehmung der Problemlösungskompetenzen der Parteien hat jedoch nicht zugenommen.

Kroh (2012) weist auf eine der Gründe für schwächer gewordene Parteibindungen hin, die im Zentrum des soziologischen Modells stehen. Für den Zeitraum 1984–2010 zeigt er, dass aufgrund gestiegener Mobilität, der Bildungsexpansion und anderer Faktoren die Übertragung von Parteipräferenzen von Eltern zu jungen Erwachsenen schwächer geworden ist. Soziale Beziehungsnetze spielen allerdings immer noch eine wichtige Rolle. Schmitt-Beck, Partheymüller und Faas (2012) legen anhand einer Studie zu den Bundestagswahlen von 2009 dar, dass der Einfluss von Interaktionspartnern der Wähler (Freunde, Bekannte, Kollegen) von den Merkmalen dieser Partner und der Beziehung zu diesen sowie den Merkmalen des jeweiligen sozialen Netzwerks abhängen. Die Effekte lassen sich eher im Sinne eines politischen Lernens als eines sozialen Konformismus interpretieren. Diese Befunde implizieren, dass sowohl Variablen des soziologischen als auch des individual-psychologischen Modells bei der Erklärung des Wahlverhaltens berücksichtigt werden sollten.

Das individual-psychologische Modell und auch das Modell des rationalen Wählers konzentrieren sich primär auf eher kurzfristig wirkende Wahrnehmungen und Einstellungen des Bürgers zu Sachfragen (issue voting) und Kandidaten (Persönlichkeitswahl). Die Wirksamkeit dieser Faktoren setzt allerdings voraus, dass Wähler die Politikvorschläge der Parteien wahrnehmen und verstehen. In Bezug auf das issue voting zeigen Pappi und Brandenburg (2012), dass Politikvorschläge der großen Parteien (CDU/CSU, SPD) eher wahrgenommen werden. Thurner et al. (2012) weisen jedoch nach, dass zugespitzte Positionen, wie sie oft von Oppositions- und Kleinparteien vertreten werden, das issue voting begünstigen.

Steinbrecher und Steiner (2012) untersuchen, wie stark das Wahlverhalten von der Wirtschaftslage beeinflusst ist. Diese kann vom Wähler als Zeichen der Sachkompetenz politischer Entscheidungsträger interpretiert werden. In einer Studie zu Bundestagswahlen zwischen 1977 und 2007 zeigen sie, dass ökonomisches Wählen vor allem bei Bürgern ohne Parteienidentifikation und Bürgern, die sich in der Mitte der Links-Rechts-Skala positionieren, beobachtbar ist.

Oft wird moniert, Wahlentscheidungen seien zunehmend entpolitisiert. Dies ist zu verstehen als die Ansicht, dass die Politik immer mehr personalisiert sei und Wähler nach unpolitischen Kandidateneigenschaften entscheiden. Eine Studie von Wagner und Wessels (2012) widerlegt diese Behauptung anhand einer Analyse der Bundestagswahlen von 1998 bis 2009. Die in diesem Kontext populäre Behauptung, Kanzlerkandidaten und ihre individuelle Popularität würden Wahlen entscheiden, lässt sich somit nicht aufrechterhalten.

Mit zunehmender Zahl der Parteien im parlamentarischen System Deutschlands ergibt sich ein interessantes Problem innerhalb des rationalen Wählermodells. Einerseits könnte die gestiegene Parteienzahl vermehrt zu strategischem Verhalten der Wähler führen. Andererseits steigt die Anzahl der möglichen Regierungskoalitionen nach den Wahlen. Letzteres erschwert die Wahlentscheidung auch für Wähler, die strategisch wählen möchten. Bytzek et al. (2012) zeigen anhand von Daten zur Bundestagswahl von 2009, dass Koalitionssignale der Parteiführungen vor dem Wahltag die Wahlabsichten der Bürger beeinflussen. Sie legen dar, dass solche Signale Wähler auch in die Irre führen können. Das bedeutet, dass der Wähler sich letztlich nicht für diejenige Alternative entscheidet, deren Nutzen er selbst als am besten bewertet.

Die genannten Studien zu issue voting und ökonomischem Wählen zeigen, dass die Erklärungskraft der einzelnen Modelle des Wahlverhaltens je nach Wählersegment oder Entscheidungsstil des Wählers verschieden ist (Heterogenitätsmodell). Insgesamt machen die in diesem Kasten angesprochenen Untersuchungen deutlich, dass Kombinationen der drei Erklärungsmodelle das Wahlverhalten letztlich wohl besser erklären können als ein Modell alleine. Dies umso mehr angesichts der Tatsache, dass das Wahlverhalten in Deutschland und auch in vielen anderen Ländern in jüngerer Zeit volatiler geworden zu sein scheint. An der Bundestagswahl von 2009 nahmen lediglich 70,8 Prozent der Stimmberechtigten teil: ein Rekordtief. 2013 lag sie mit 71,5% allerdings nur knapp darüber. Auch der Anteil der Wechselwähler und der Präferenzverschiebungen seitens der Wähler während des Wahlkampfes, die Kurzfristigkeit des Wahlentscheids, der Wähleranteil der kleineren Parteien, der Anteil unterschiedlicher Parteipräferenzen bei der Erst- und Zweitstimme sowie die Anzahl der Überhangmandate erreichten Rekordwerte. Die Tatsache, dass die Wähler offenbar „wählerischer" geworden sind und das deutsche Parteiensystem nun ein „fluides Fünfparteiensystem" (Schmitt-Beck, 2012: 2–3) ist, stellt die Wahlforschung vor große theoretische und empirische Herausforderungen.

Ein wichtiges Paradox im Modell des rationalen Wählers besteht darin, dass es für den Wähler eigentlich rational ist, nicht an der Wahl teilzunehmen. Die Wahrscheinlichkeit (p), dass die eigene Stimme den Wahlausgang entscheidet und der einzelne Wähler „seiner" Partei zum Sieg verhilft (und daraus einen Nutzen (U) zieht), ist in Massendemokratien (und besonders bei Verhältniswahlsystemen) verschwindend klein. Zudem fällt der Nutzen (U) umso geringer aus, je weniger der Wähler zwischen den zur Wahl stehenden Parteien Unterschiede erkennen kann. Diesem geringen Nutzen stehen aber verhältnismäßig hohe Kosten (C) gegenüber: Der Wähler muss sich nicht nur informieren und entscheiden, sondern muss auch Zeit opfern, um das Wahllokal aufzusuchen oder sich in manchen Ländern gar vorher registrieren zu lassen. Letztlich sind die Kosten des Wählens wohl meist höher als der Nutzen: $p*U < C$ (Fuchs & Kühnel, 1994). Die Empirie jedoch widerlegt diese Hypothese eindeutig, denn die Wahlbeteiligung ist deutlich höher, als sie das rationale Wählermodell vermuten lässt. Weshalb? Offensichtlich müssen weitere Erklärungsfaktoren eingebracht werden, um das Modell des rationalen Wählers mit der Empirie in Einklang zu bringen. Beispielsweise können soziale Normen (D) in die sogenannte Nutzenfunktion integriert werden (Riker & Ordeshook, 1968). Diese bedeuten, dass der Wähler mit der Wahlteilnahme positive emotionale oder soziale Erlebnisse assoziiert, z. B. ein Gemeinschaftsgefühl, das Gefühl, eine sinnvolle Bürgerpflicht wahrgenommen zu haben oder die Chance, seine Parteienidentifikation ausdrücken zu können. Formal ausgedrückt ändert D die Nutzenfunktion eines rationalen Wählers wie folgt: $p*U + D > C$.

Solche Erweiterungen gehen allerdings weit über das ökonomische Modell des rationalen Wählers hinaus. Die sogenannte Partizipationsforschung liefert eine breite Palette von Erklärungsvariablen für die Teilnahme an Wahlen. Diese Variablen können am besten in den individual-psychologischen Ansatz integriert werden. Im Zentrum stehen die sogenannten *civic orientations*, wie das Wahlpflichtgefühl, die Parteienidentifikation, die Zufriedenheit mit oder die Wahrnehmung der Problemlösungskompetenz des politischen Systems. Diese Variablen erfassen die Verbundenheit des Wählers mit dem politischen System. Je stärker sich der Bürger mit dem politischen System verbunden fühlt, desto eher wird er an der Wahl teilnehmen. Eine weitere Variable, welche die Wahlbeteiligung begünstigt, ist ein hoher sozioökonomischer Status: Menschen mit höherer Bildung und höherem Einkommen finden einen leichteren Zugang zur Politik und beteiligen sich entsprechend häufiger an Wahlen (Schmitt-Beck, 2012).

Die Partizipationsforschung liefert auch Erklärungen für die sinkende Wahlbeteiligung in vielen etablierten Demokratien. Im Zuge der gesellschaftlichen und wirtschaftlichen Modernisierung nimmt die geografische und soziale Mobilität zu und das Individuum bewegt sich immer seltener in Gruppen mit homogenen politischen Einstellungen. Als Folge entwickelt das Individuum nur schwache politische Bindungen und tendiert stärker zur Wahlenthaltung. Bei Umfragen bewirkt die soziale Erwünschtheit der Wahlteilnahme allerdings häufig, dass die bei den Befragten ermittelte Wahlbeteiligung höher liegt als die in den Wahlstatistiken zu Tage tretende tatsächliche Wahlbeteiligung (Blais & Dobrzynska, 1998; Blais, 2006; Blais & Carty, 2006; Schmitt-Beck, 2012). Mit Blick auf die vorher bereits angesprochenen *civic orientations* lässt sich auch fragen, ob eine niedrige Wahlbeteiligung zwangsläufig Unzufriedenheit mit dem politischen System ausdrückt (Krisenthese), oder ob sie eher als „stille Zustimmung" interpretiert werden sollte (Normalisierungsthese). Die empirische Forschung stützt bislang die Individualisierungs- bzw. Modernisierungshypothese stärker als die Krisen- oder Normalisierungshypothese.

6.6 Regierungsverhalten und Wahlzyklus

Die Konzepte der Kandidatenwahl und der Problemlösungskompetenz, die im Kontext des individual-psychologischen Modells des Wahlverhaltens im letzten Abschnitt angesprochen wurden, deuten darauf hin, dass das Verhalten der Politiker das Wahlverhalten der Wähler beeinflusst. Wir wechseln deshalb in diesem Abschnitt die Perspektive und betrachten das Thema Wahlen nun primär aus der Sicht des Politikers an Stelle des Wählers. Die Politikwissenschaft hat sich diesbezüglich vor allem mit der Frage des Wahlzyklus befasst, auf den wir uns jetzt konzentrieren.

Wahlen geben den Wahlberechtigten die Möglichkeit, politische Macht auf Zeit zu vergeben. In repräsentativen Demokratien geht am Wahltag die politische Macht an die gewählte Regierung über. Zu keinem der nachfolgenden Zeitpunkte ist der Handlungsspielraum der Regierung zur Verfolgung ihrer eigenen Ziele oder solcher ihrer Klientel größer als unmittelbar nach der Wahl. Denn je näher die nächste Wahl rückt, desto stärker werden die politischen Beschränkungen und desto eher richtet die Regierung ihre Politik am Kriterium der Wiederwahl aus. Die politische Macht geht also sukzessiv wieder an die Wahlberechtigten zurück, bis diese am Wahltag selbst die Macht erneut auf Zeit vergeben.

Dieser Wahlzyklus prägt somit das Verhalten der Regierung (Franzese, 2002). Unpopuläre und umstrittene politische Entscheidungen wie etwa Reformen, welche langfristig positive, kurzfristig jedoch negative Folgen haben, werden darum häufig direkt nach Wahlen getroffen. Populäre und unumstrittene politische Entscheidungen, bei denen der Nutzen für die Wähler unmittelbar sichtbar wird, während die wenig sichtbaren Kosten erst später anfallen, werden dagegen häufig kurz vor Wahlen getroffen. Nachfolgend betrachten wir das Regierungsverhalten vor Wahlen etwas genauer. Diese Betrachtung ist notwendigerweise idealtypisch. Das reale Regierungsverhalten kann natürlich, je nach rechtlichem, politischem und wirtschaftlichem Umfeld beträchtlich variieren. Kasten 6.4 beleuchtet die theoretischen Grundlagen des sogenannten politischen Konjunkturzyklus (*political business cycle*).

Je nachdem, wie hoch eine Regierung die Chancen ihrer Wiederwahl einschätzt, wird sie sich im Vorfeld von Wahlen unterschiedlich verhalten. Ist die Regierungspartei überzeugt, dass sie die kommenden Wahlen gewinnen wird, wird sie eine Politik verfolgen, die ihren eigenen Vorstellungen und Zielen oder denen ihrer eigenen Klientel entspricht. So werden links der Mitte stehende Regierungsparteien eher eine gesellschaftspolitisch liberale und wirtschaftspolitisch redistributive Politik zugunsten ihrer Klientel verfolgen, während rechts der Mitte stehende Regierungsparteien einer gesellschaftspolitisch konservativeren und wirtschaftspolitisch liberaleren Politik nachgehen.

Wenn die Chancen ihrer Wiederwahl unsicher oder eher gering aussehen, kann die Regierung hingegen aktiv versuchen, ihre Popularität zu beeinflussen. Eine Möglichkeit besteht z. B. darin, Produzenten vermehrt gegenüber Konsumenten und Steuerzahlern zu bevorzugen. Die Produzenten umfassen in diesem Kontext nicht nur die Kapitaleigner, sondern auch deren Arbeitnehmer. Die Regierung kann unter Berücksichtigung der rechtlichen und finanziellen Beschränkungen gezielt eine für bestimmte Wirtschaftszweige produzentenfreundliche Politik betreiben. Besonders bevorzugt werden dabei oft langsam wachsende, einkommensschwache Bereiche mit vielen Beschäftigten. In westeuropäischen Staaten sind dies z. B. die Landwirtschaft, die Stahlindustrie, der Schiff- und der Bergbau. Die Regierung hofft dabei, dass die Beschäftigten dieser Wirtschaftssektoren die Verbesserung ihrer persönlichen Situation deutlich spüren und die Handlungen der Regierung an der Wahlurne belohnen. Die Folgen solcher Maßnahmen (z. B. Subventionen, Steuererleichterungen, öffentliche Aufträge), die beispielsweise mittel- bis längerfristig in Form von höheren Konsumentenpreisen und Steuern anfallen, belasten den einzelnen Wähler nur unmerklich, da sich diese Zusatzkosten in der Regel auf eine große Anzahl von Personen verteilen. Es lohnt sich somit für den einzelnen Konsumenten und Steuerzahler nicht, sich gegen solche staatlichen Maßnahmen zu wehren, da sein eigener Gewinn aus der Opposition sehr gering wäre. Ein kollektiver Widerstand der Konsumenten und Steuerzahler ist auch nicht zu erwarten, weil sie als heterogene und große Gruppe nicht über die dazu notwendige Organisations- und Konfliktfähigkeit verfügen (siehe hierzu Abschnitt 9.1.3 in Kapitel 9). Kollektiver Widerstand gegen opportunistische staatliche Maßnahmen kann von der Regierung auch dadurch vermieden werden, dass sie die wahren Kosten willentlich unterschätzt oder verschleiert.

Eine weitere Möglichkeit besteht in der externen Schuldzuweisung oder Aneignung von externen Leistungen. So werden wirtschaftliche Problemlagen im eigenen Land der Weltwirtschaft zugeschrieben und positive Entwicklungen auf dem eigenen Arbeitsmarkt als Resultat der Regierungspolitik dargestellt.

6.4 Politischer Konjunkturzyklus

Theoretische Modelle des politischen Konjunkturzyklus basieren auf der Annahme, dass der Wirtschaftsverlauf eine zentrale Determinante der Wiederwahlchancen der Regierung ist. Diese Annahme wird durch viele empirische Studien gestützt. „It's the economy, stupid" war eine häufig vernehmbare Aussage im erfolgreichen US Präsidentschaftswahlkampf von Bill Clinton im Jahre 1992.

Solche Modelle bestehen aus mindestens drei Elementen: einer Theorie zum Verhalten der Wahlberechtigten, einer Annahme über das Ziel der Regierung und einem Modell des wirtschaftlichen Prozesses. Je nach spezifischer Ausgestaltung dieser drei Elemente machen die Modelle unterschiedliche Vorhersagen über den Effekt des Wahlzeitpunktes auf die Wirtschaftspolitik der Regierung. Sie gehen jedoch alle davon aus, dass Wahlen starke Anreize für Politiker generieren, die Wirtschaftspolitik und damit die konjunkturelle Lage des Landes so zu beeinflussen, dass sie kurz vor den Wahlen vom Wähler positiv beurteilt werden. Im Folgenden behandeln wir das politische Konjunkturzyklus-Modell von Nordhaus (1975), eines der ersten und einfachsten Modelle dieser Art.

Verhalten der Wahlberechtigten: Das Modell beruht auf der Annahme eines Zweiparteiensystems mit einer Regierungs- und einer Oppositionspartei. Die Wähler beurteilen am Ende einer Legislaturperiode die wirtschaftspolitische Leistung der Regierung in der vergangenen Legislaturperiode und betrachten dabei vor allem die aktuelle Wirtschaftslage. Im Zentrum stehen hierbei die Arbeitslosenquote und die Inflationsrate, da diese unmittelbare Auswirkungen auf den Wohlstand der Wähler haben. Je niedriger die Arbeitslosenquote und die Inflationsrate sind, desto zufriedener ist der Wähler, und desto höher sind folglich die Wiederwahlchancen der Regierungspartei.

Verhalten der Regierung: Die Regierungspartei möchte wiedergewählt werden und versucht daher, ihren Wählerstimmenanteil zu maximieren.

Modell des wirtschaftlichen Prozesses: Die Regierung weiß, dass sie mehr Stimmen bekommen wird, wenn die Arbeitslosenquote und die Inflationsrate kurz vor der Wahl niedrig sind und richtet ihre Wirtschaftspolitik auf diese Ziele aus. Welche staatlichen Maßnahmen diesen Zielen dienlich sind, hängt davon ab, wie der wirtschaftliche Prozess funktioniert. Nordhaus modelliert die Beziehung zwischen der Arbeitslosenquote und der Inflationsrate mit Hilfe der sogenannten Phillipskurve. Diese besitzt eine kurz- und eine langfristige Form. Die kurzfristige Phillipskurve impliziert, dass der Staat über eine expansive Fiskalpolitik (höhere Staatsausgaben) oder eine gelockerte Geldpolitik und geringere Zinsen die Wirtschaft stimulieren und damit die Arbeitslosigkeit reduzieren kann, ohne dass die Inflation stark zunimmt. Längerfristig gesehen funktioniert dies jedoch nicht, weil z. B. die Arbeitnehmer und Produzenten die stärkere Wirtschaftsaktivität bereits in ihre Lohnerwartungen einbauen. Damit führt eine expansive Fiskal- und/oder Geldpolitik letztlich zu mehr Inflation, ohne die Arbeitslosigkeit zu senken. Abbildung 6.5 stellt die kurz- und langfristigen Phillipskurven grafisch dar. Die beinahe senkrecht verlaufende Kurve ist die langfristige Phillipskurve. Sie repräsentiert die sogenannte natürliche Arbeitslosenquote einer Volkswirtschaft und damit langfristig stabile Kombinationen von Arbeitslosigkeit und Inflation. Die flacher verlaufende Kurve stellt den negativen Zusammenhang zwischen Inflation und Arbeitslosigkeit dar.

Interessant für Politiker ist bei der kurzfristigen Phillipskurve, dass die Arbeitslosenquote in der Regel schneller sinkt, als die Inflation steigt. Bei gutem Timing einer expansiven Wirtschaftspolitik kann die Regierung daher vor Wahlen die Arbeitslosigkeit reduzieren und den Preis dafür (v.a. in Form höherer Inflation) erst nach dem Wahltermin zahlen. Durch Anpassungen in der Geld- oder der Fiskalpolitik kann die Regierung die wirtschaftliche Lage des Landes auf der kurzfristigen Phillipskurve verändern. Durch Veränderungen des Preisniveaus, also durch Deflation oder Inflation, kann sie die wirtschaftliche Situation des Landes entlang der langfristigen Phillipskurve verändern.

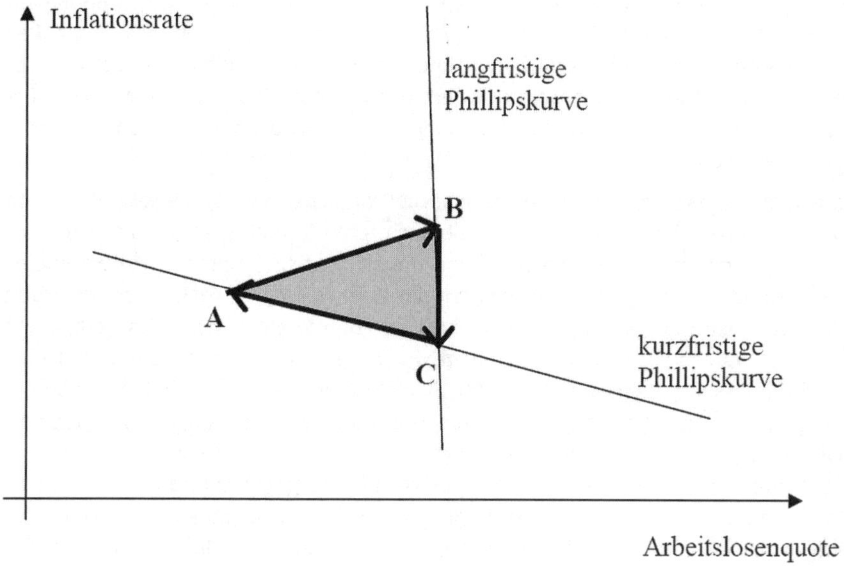

Abbildung 6.5: Schematische Darstellung eines politischen Konjunkturzyklus in einer dreijährigen Legislaturperiode

Gemäß der Annahme zum Wahlverhalten sollte sich der Stimmenanteil der Regierung erhöhen, je näher die wirtschaftliche Lage beim Nullpunkt der Grafik liegt (keine Arbeitslosigkeit, keine Inflation). Nehmen wir an, eine Regierung sei eben erst für drei Jahre gewählt worden und die Wirtschaft befinde sich bei Punkt A der Abbildung 6.5. Dieser aus Sicht der Wähler (mindestens kurzfristig) vorteilhafte Zustand der Wirtschaft hat der Regierung soeben zur Wiederwahl verholfen. In Punkt A liegt die Arbeitslosenquote allerdings bei einer recht niedrigen Inflationsrate unterhalb der sogenannten natürlichen Arbeitslosenquote. Da dieser Punkt links von der langfristigen Phillipskurve liegt, ist er nicht stabil. Die Inflation droht zu steigen. Um dies zu verhindern, wechselt die Regierung nach den Wahlen zu einer restriktiven Fiskal- und/oder Geldpolitik (d. h. sie reduziert die Staatsausgaben und/

oder erhöht die Zinsen). Dieser Schritt erhöht die Arbeitslosenquote, wirkt sich aber kurzfristig noch nicht auf die Inflation aus (diese steigt vorläufig noch etwas weiter an). So wird am Ende des ersten Amtsjahres Punkt B erreicht.

Punkt B liegt auf der langfristigen Phillipskurve und ist deshalb stabil. Die Regierung kann nun im zweiten Amtsjahr entweder bei Punkt B bleiben oder die Inflationsrate zu reduzieren versuchen, indem sie eine sogenannte deflationistische Geldpolitik betreibt (v.a. durch Erhöhung der Leitzinsen der Zentralbank und durch Budgetkürzungen). Abbildung 6.5 illustriert letzteres. Am Ende des zweiten Amtsjahres bewegt sich die Wirtschaft des Landes somit von Punkt B zu Punkt C.

Wie B liegt auch C auf der langfristigen Phillipskurve und bildet ein stabiles wirtschaftliches Gleichgewicht zwischen Inflation und Arbeitslosigkeit ab. Die Regierung weiß jedoch, dass sie sich am Ende des dritten Jahres der Wiederwahl stellen muss und dass sie ihre Wiederwahlchancen erhöhen kann, wenn sie mittels expansiver Fiskal- und/oder Geldpolitik die Arbeitslosenquote vor den Wahlen senken und die Wirtschaft zu Punkt A hinbewegen kann. Dieses Modell prognostiziert somit, dass der Wiederwahlanreiz zu einem wirtschaftspolitischen Verhalten der Regierung führt, das mit zyklischen Veränderungen der Arbeitslosigkeit und der Inflation einhergeht.

Das hier vorgestellte Modell vereinfacht die Wirklichkeit natürlich sehr. Wird zum Beispiel berücksichtigt, dass die Wahlberechtigten lernfähig sind, dann kann die Regierung das im Modell beschriebene opportunistische Verhalten nicht endlos wiederholen. Im Laufe der Zeit werden die Wähler solche „Tricks" der Regierung durchschauen und „Wahlgeschenke" in Form von niedriger Arbeitslosigkeit direkt vor den Wahlen nicht mehr unbedingt durch eine Wiederwahl belohnen. Hinzu kommt, dass vor allem die etablierten Demokratien institutionelle Rahmenbedingungen aufweisen, die opportunistischen Maßnahmen der Regierung entgegenwirken oder sie gar unmöglich machen. Beispiele sind von der Politik unabhängige Zentralbanken, Schuldenbremsen, starke Verfassungsgerichte und eine starke parlamentarische Opposition. Wie stark die Anreize für eine expansive Wirtschaftspolitik kurz vor Wahlen sind, hängt auch davon ab, ob eine eher linke oder rechte Regierung im Amt ist und wie populär die Regierung in der Bevölkerung ist. Die Literatur zu politischen Konjunkturzyklen umfasst viele Weiterentwicklungen des einfachen Modells (z. B. Cukierman & Meltzer, 1986; Alesina, 1987, 1988; Rogoff & Sibert, 1988; Drazen, 2000; Persson & Tabellini, 2000). Allerdings zeigen auch diese komplexeren Modelle, dass vor allem dann Anreize für politische Konjunkturzyklen bestehen, wenn in einem Wirtschaftssystem Unterschiede zwischen lang- und kurzfristigen Auswirkungen wirtschaftspolitischer Maßnahmen existieren und institutionelle Rahmenbedingungen, die einem opportunistischen Verhalten der Regierung entgegenwirken, schwach sind.

6.7 Auswirkungen von Wahlsystemen

In Abschnitt 6.3 haben wir bereits dargelegt, dass Mehrheitswahlsysteme tendenziell zu mehr Regierungsstabilität führen, Verhältniswahlsysteme hingegen eine proportionale Repräsentativität begünstigen. Unterschiede im Wahlsystem haben noch weitere Auswirkungen auf das Verhalten von Wählern, Politikern, Regierungen sowie auf Parteien, Parteiensysteme und die Gesellschaft insgesamt. Diesen Aspekten nähern wir uns in diesem letzten Abschnitt des Kapitels.

6.7.1 Auswirkungen auf das Verhalten der Wähler

Unterschiedliche Wahlsysteme bilden die Parteipräferenzen der Wahlberechtigten im Parlament unterschiedlich genau ab. Während Verhältniswahlsysteme mit niedrigen natürlichen Eintrittshürden (v.a. durch viele Mandate pro Wahlkreis) die Parteipräferenzen der Wahlberechtigten im Parlament proportional besser wiedergeben, führen Mehrheitswahlsysteme eher zu einer verzerrten Abbildung ihrer Parteipräferenzen. Im Verhältniswahlsystem kann ein Wahlberechtigter also damit rechnen, dass seine eigene Stimme einen größeren Einfluss auf die Parlamentszusammensetzung hat als im Fall des Mehrheitswahlrechts. Dagegen führen Mehrheitswahlsysteme eher als Verhältniswahlsysteme zu stabilen Parlamentsmehrheiten und Einparteienregierungen.

Diese beiden Sachverhalte haben Auswirkungen darauf, wie Wahlberechtigte Wahlen wahrnehmen und wie sie sich verhalten. Damit ist nicht nur die Entscheidung für eine bestimmte Partei gemeint, sondern auch die Entscheidung darüber, ob ein Wähler überhaupt wählt. Einerseits vermittelt das Verhältniswahlrecht ein stärkeres Fairness-Gefühl und besonders Wähler kleiner Parteien nehmen häufiger an Wahlen teil. Andererseits könnte die damit einhergehende größere Anzahl an kandidierenden Parteien die Wähler abschrecken. Denn im Mehrheitswahlsystem stehen meist klarer abgegrenzte Alternativen (häufig zwei bis drei Parteien) zur Auswahl. Empirisch lässt sich allerdings feststellen, dass Verhältniswahlsysteme eine höhere Wahlbeteiligung aufweisen als Mehrheitswahlsysteme (Blais & Dobrzynska, 1998; Blais, 2006; Blais & Carty, 2006).

Der Wahlsystemtyp beeinflusst nicht nur die Partizipation, sondern auch die Wahlentscheidung selbst (Powell, 2000). Im Wissen darum, dass das Mehrheitswahlrecht tendenziell zu einer klaren Mehrheitspartei im Parlament führt, die in einem parlamentarischen System dann alleine die Regierung stellen wird, sehen die Wahlberechtigten in diesem Wahlsystem ihre Stimme primär als Entscheidung für oder gegen eine bestimmte Regierung. Im Verhältniswahlsystem ist den Wahlberechtigten hingegen bewusst, dass die künftige Regierung nicht direkt aus den Wahlen hervorgeht, da meist keine der Parteien die absolute Mehrheit im Parlament erreicht. Nach Wahlen finden somit stets Koalitionsverhandlungen zur Regierungsbildung zwischen unterschiedlichen Parteien statt. Die Wahlberechtigten sehen deshalb Wahlen eher als eine Entscheidung für Mandatsträger, die sich im darauf folgenden Verhandlungsprozess um das Regierungsprogramm oder in der Opposition für ihre Anliegen einsetzen.

Weitere Unterschiede ergeben sich in Bezug auf die zeitliche Perspektive der Wahlberechtigten in den beiden Wahlsystemtypen. Generell können Wahlberechtigte entweder rückblickend (retrospektiv) oder vorausschauend (prospektiv) wählen. Wählen sie rückblickend, so dient die Wahl zur Evaluation der Politik durch die Wahlberechtigten. Wählen sie vorausschauend, so beruht die Wahl auf einer Kompetenzzuschreibung durch die Wahlberechtigten gegenüber bestimmten politischen Akteuren und deren politischem Programm und/oder Leistungsausweis.

Wie gut die Wahlberechtigten in der Lage sind, rückblickend wählen zu können, hängt erneut vom Wahlsystem ab. Da in parlamentarischen Regierungssystemen mit Mehrheitswahlrecht in der Regel eine Partei die absolute Mehrheit im Parlament besitzt und die Regierung stellt, kann die Verantwortung für die Politik in der vergangenen Legislaturperiode eindeutig den Abgeordneten der Regierungspartei zugeordnet werden. Rückblickendes Wählen ist somit möglich. In parlamentarischen Systemen mit Verhältniswahlrecht regiert dagegen häufig eine Koalition aus mehreren im Parlament vertretenen Parteien. Die politische Verantwortung für die ablaufende Legislaturperiode kann deshalb nicht einer bestimmten Partei zugeordnet werden. Der Wähler kann deshalb im Nachhinein die Leistung einzelner Abgeordneter der Regierungsparteien oder einzelnen Regierungsparteien nur schwer einschätzen. Rückblickendes Wählen wird dadurch erheblich erschwert. Aus diesen Aussagen ergeben sich vier unterschiedliche Orientierungen des Wählers bei der Wahlentscheidung. Diese sind in Abbildung 6.6 zusammen gefasst.

Zeitperspektive der Wahlberechtigten / Zielperspektive der Wahlberechtigten	Rückblickend	Vorausschauend
Wahl einer Regierung	**Evaluation der Regierung** Die Wahl als Mittel, um die bisherige Regierung zu loben oder zu bestrafen.	**Regierungsmandat** Die Wahl als Mittel zur Vergabe des Regierungsmandats und zur Bestimmung der zukünftigen Politik.
Wahl eines Mandatsträgers	**Evaluation der Mandatsträger** Die Wahl als Mittel, um den eigenen Repräsentanten zu loben oder zu bestrafen.	**Repräsentative Delegierte/ Mandatsträger** Die Wahl als Mittel zur Bestimmung eines Delegierten.

Abbildung 6.6: Zeit- und Zielperspektiven bei der Wahlentscheidung

Quelle: Powell (2000: 8); mit Anpassungen

Die oberen Quadranten der Vierfeldertabelle spiegeln die Logik des Mehrheitswahlrechts wider. Im Quadranten oben links werden Wahlen durch die Wahlberechtigten als Mittel gebraucht, um die bisherige Regierung zu belohnen oder zu bestrafen. Die Wahlentscheidung der Wahlberechtigten hängt ausschließlich von der Leistungsbilanz der bisherigen Regierung ab und ist somit rein rückblickend. Im Quadranten oben rechts wird die Wahl aus Sicht der Wahlberechtigten zur Ernennung einer neuen Regierung genutzt und ist somit ausschließlich vorausschauend. Dabei vergleichen die Wahlberechtigten entweder die unterschiedlichen Wahlprogramme der Parteien oder nehmen die Leistungsbilanz der amtierenden Regierung als Basis für deren zukünftige Politik und vergleichen sie mit dem Oppositionsangebot, was sich sach- und personalpolitisch aus dem Verhalten der Opposition in der vergangenen Legislaturperiode ableiten lässt. Ein derartiges Wahlverhalten macht in parlamentarischen Systemen mit Mehrheitswahlrecht Sinn, denn Parlamentswahlen in diesen Systemen (z. B. Großbritannien) bringen in der Regel Einparteienregierungen mit absoluter Parlamentsmehrheit hervor, womit die Wahl einen direkten Einfluss auf die zukünftige Politik hat. Der zentrale Unterschied im Verhalten der Wahlberechtigten zwischen dem oberen rechten und dem oberen linken Quadranten ist also, dass die Wähler ihre Entscheidung oben rechts ausschließlich auf der vergangenen Leistung der Regierung begründen, während ihre Wahl oben links auf den Parteiprogrammen und/oder dem vergangenen Verhalten von Regierung und Opposition beruht.

Die unteren Quadranten der Vierfeldertabelle geben die Logik des Verhältniswahlrechts wieder. Im Quadranten unten rechts wird die Wahl vom Wahlberechtigten als Möglichkeit zur Entsendung eines Delegierten einer politischen Partei betrachtet, welche die politischen Interessen des Wählers repräsentiert. Da in parlamentarischen Systemen bei Parlamentswahlen im Verhältniswahlrecht nicht zu erwarten ist, dass die künftige Regierung direkt aus der Wahl hervorgeht, hat die Wahl in der Regel keinen direkten, sondern lediglich einen indirekten Effekt auf die Politik. Nach der Wahl kommt es in der Regel zu Koalitionsverhandlungen, wobei sich u. a. der Sitzanteil der unterschiedlichen Parteien im Parlament auch auf deren Einfluss in der Regierungskoalition und somit auf ihre Rolle bei der Gestaltung der zukünftigen Politik auswirkt. Ziel des Wählers ist es also, einen Parteivertreter zu wählen, der die Interessen des Wählers sowohl in möglichen Koalitionsverhandlungen als auch in sachpolitischen Debatten im Parlament und in den entsprechenden Kommissionen während der Legislaturperiode vertritt. Im Quadranten unten links werden Wahlen durch die Wahlberechtigten dazu genutzt, ihrem Repräsentanten und seiner Partei das Ergebnis ihrer Evaluation durch Ab- oder Wiederwahl mitzuteilen. Der Quadrant ist grau schraffiert, weil ein solches Wahlverhalten eine intensive Beobachtung des Delegierten und seiner Partei während der vergangenen Legislaturperiode voraussetzt. In der Praxis ist allerdings eine solche Evaluation sehr zeitintensiv und schwierig, womit sich nur wenige Wahlberechtigte in diesem Quadranten wiederfinden dürften.

6.7.2 Auswirkungen auf das Verhalten der Politiker

Beim Mehrheitswahlsystem stehen sich die Kontrahenten in Einerwahlkreisen gegenüber. Gewählt ist derjenige, der die absolute oder einfache Mehrheit der gültigen Stimmen erhält. Die Überwindung dieser hohen natürlichen Hürde bedingt eine breite, der gesellschaftlichen und ideologischen Struktur des Wahlkreises individuell angepasste Wahlkampfstrategie. Die Kandidaten verfolgen deshalb tendenziell eine Strategie, die soziale und ideologische Spannungen überbrückt; und sie thematisieren oft ideologisch neutrale Themen, um für eine möglichst breite Öffentlichkeit in ihrem Wahlkreis wählbar zu sein. Einmal gewählt, orientieren Abgeordnete in Mehrheitswahlsystemen ihre Politik am Bedürfnis ihres Wahlkreises, da ihr politisches Verhalten durch die eigenen Wahlberechtigten relativ einfach beobachtet werden kann und ein solches Verhalten am ehesten die Wiederwahl ermöglicht. Die Wahl eines Politikers im Mehrheitswahlsystem hängt also primär vom eigenen Wahlkreis ab und erst sekundär von der eigenen Partei. Dieser Umstand erschwert die im parlamentarischen Regierungssystem so wichtige Parteidisziplin.

Im Verhältniswahlsystem werden dagegen die zu vergebenden Mandate proportional zu den erhaltenen Stimmen auf die sich zur Wahl stellenden Parteien verteilt. Erhält eine Partei z. B. fünf Mandate zugesprochen, so sind diejenigen Kandidaten gewählt, welche auf der Parteiliste die ersten fünf Plätze besetzen. Bei freien bzw. ungebundenen Listen sind es diejenigen Personen, die auf der Liste die meisten Stimmen erhalten haben. Da die natürlichen Hürden im Verhältniswahlsystem deutlich niedriger sind als im Mehrheitswahlrecht, muss eine Partei weniger Wählerstimmen auf sich vereinigen, um ein politisches Mandat zu erhalten. Darum stellen sich im Verhältniswahlsystem in der Regel auch mehr Parteien pro Wahlkreis zur Wahl, als dies im Mehrheitswahlsystem der Fall ist. Um sich von den übrigen Parteien abzugrenzen und so für sich selbst zu werben, verfolgen die Parteien unterschiedliche, auf bestimmte Segmente der Wählerbasis abgestimmte Wahlkampfstrategien. Ziel einer jeden Partei ist es, ein bestimmtes homogenes und zugleich möglichst großes Segment der Wählerschaft fest an sich zu binden. Einmal gewählt, wird sich unter diesen Bedingungen ein Abgeordneter vor allem an die politischen und programmatischen Vorgaben seiner Partei halten. Sein politisches Verhalten kann zwar ebenfalls durch die Wahlberechtigten seines Wahlkreises beobachtet werden, jedoch sind die Chancen der Wiederwahl neben den Wählerstimmen vor allem auch vom Listenplatz auf der Parteiliste abhängig. Die Listenplätze werden in einem internen Verfahren durch die Partei vergeben. Die Wahlchancen eines Politikers im Verhältniswahlsystem liegen damit primär in der Hand seiner eigenen Partei und hängen erst sekundär von der eigenen Wählerbasis im Wahlkreis ab. Parteidisziplin lohnt sich in diesem System für den einzelnen Abgeordneten und dies vereinfacht natürlich das Sicherstellen der Parteidisziplin (Norris, 2004: 9–11).

6.7.3 Auswirkungen auf die Regierungsarbeit

Da Mehrheitswahlsysteme in der Regel zu Einparteienregierungen führen, kann die politische Verantwortung eindeutig zugeordnet werden („accountability"). Die klare Zuordnung der politischen Verantwortung führt auch dazu, dass bei jeder Wahl eine reelle Chance auf einen Macht- und politischen Richtungswechsel besteht. In Zweiparteiensystemen bildet sich auf Seiten der Opposition meist ein Schattenkabinett, welches dem Wähler eine Alternative zum regierenden Kabinett in sach- und personalpolitischer Hinsicht bietet.

Verhältniswahlsysteme haben gegenteilige Auswirkungen. In der Regel erreicht keine der sich zur Wahl stellenden Parteien die absolute Parlamentsmehrheit. Es folgen Koalitionsverhandlungen zwischen potentiellen Regierungspartnern, aus denen schließlich eine Koalitionsregierung hervorgeht (siehe Abschnitt 12.2.1 in Kapitel 12). Das Ergebnis der Koalitionspolitik beruht auf ausgehandelten Kompromissen der beteiligten Parteien, die in den meisten Fällen in Koalitionsvereinbarungen festgehalten werden (Strøm et al., 2008). Dass jede Partei im Vergleich zu den im Wahlkampf propagierten Positionen dabei Abstriche machen muss, ist auch den Wählern bewusst. Dies erschwert eine Bewertung der Regierungstätigkeit der einzelnen Regierungsparteien.

Die Koalitionsmehrheit ist darüber hinaus eine parteipolitisch zusammengesetzte Mehrheit, die trotz weitgehender Übereinstimmung der Interessen auch immer Differenzen aufweist. Diese Differenzen können in Parlamentsabstimmungen letztlich auch zu Niederlagen der Regierung führen. Koalitionsregierungen sind aufgrund ihrer Heterogenität deshalb auch insgesamt weniger stabil als Einparteienmehrheitsregierungen. Zwar besteht auch bei jeder Wahl in Verhältniswahlsystemen die Möglichkeit eines Regierungswechsels. Doch aufgrund des zweistufigen Prozesses bei der Regierungsbildung – in einer ersten Stufe findet die Parlamentswahl statt und danach in einer zweiten Stufe die Koalitionsverhandlungen – ist die Wahrscheinlichkeit eines vollständigen Macht- und Regierungswechsels geringer. Der Grund ist, dass die neue Koalitionsregierung neben einer ehemaligen Oppositionspartei auch aus einem oder mehreren Regierungspartnern der vorherigen Regierungskoalition zusammengesetzt sein kann. Ein gutes Beispiel ist die Bundesrepublik Deutschland zwischen 1949 und 1998. Zwar kam es in dieser Zeit zu Regierungswechseln, doch regierte in einem System mit zwei großen Volksparteien (CDU/CSU und SPD) und einer bedeutenden kleineren Partei, meist der FDP, diese als Juniorpartner in einer Koalition mit der einen oder anderen großen Volkspartei. Dies bewirkte auf vielen Gebieten eine politische Kontinuität (Hofferbert & Klingemann, 1990).

Verhältniswahlsysteme führen häufig auch zu Minderheitsregierungen (Laver & Shofield, 1990). Diese verfügen nicht über die absolute Mehrheit der Parlamentssitze und entstehen dann, wenn sich keine nachhaltige Mehrheit gegen sie bilden kann. Minderheitsregierungen sind allerdings oft darauf angewiesen, einzelne Sachfragen mit (unterschiedlichen) Oppositionsparteien auszuhandeln (Strøm, 1990). Daher ist die politische Verantwortung von Minderheitsregierungen eher mit jener von Koalitions- als mit derjenigen von Einparteienregierungen vergleichbar, auch wenn die Minderheitsregierung nur aus einer Partei besteht.

6.7.4 Auswirkungen auf Parteien und Parteiensysteme

Unterschiedliche Wahlsysteme haben nicht nur Auswirkungen auf das Verhalten der politischen Akteure (Wähler, Politiker, Parteien, Regierung), sondern auch auf die Struktur des politischen Systems und auf seine Elemente. Ein sehr wichtiges Element ist das Parteiensystem (siehe hierzu Kapitel 8.2). Letzteres ist gleichbedeutend mit der Struktur, die durch die politischen Parteien in einem politischen System gebildet wird. Ein wichtiger struktureller Unterschied zwischen Parteiensystemen verschiedener Länder ist die Anzahl der Parteien mit regelmäßiger Vertretung im nationalen Parlament. Die Existenz unterschiedlicher Wahlsysteme kann die so gemessene Varianz an Parteiensystemen erklären. Länder, in denen das nationale Parlament im Mehrheitswahlsystem bestellt wird, tendieren zu einem Zweiparteiensystem. Länder, die ihre Legislative anhand des Verhältniswahlsystems wählen, neigen zu einem Mehrparteiensystem.

Dieser Zusammenhang zwischen Wahl- und Parteiensystemen wird in der Literatur oft „Duvergers Gesetz“ genannt, weil er erstmals vom französischen Juristen und Politikwissenschaftler Maurice Duverger postuliert wurde (Duverger, 1959). Der Begriff „Gesetz“ ist in diesem Kontext allerdings umstritten, denn die empirische Forschung hat gezeigt, dass dieser Zusammenhang zwar tendenziell existiert, in seiner ursprünglich von Duverger postulierten Form jedoch nur unter bestimmten Bedingungen auftritt (Riker, 1982; Neto & Cox, 1997).

Der Einfluss unterschiedlicher Wahlsysteme auf die Struktur nationaler Parteiensysteme teilt sich in zwei Effekte auf: einen mechanischen und einen psychologischen (Duverger, 1959: 238). Der mechanische Effekt entspringt der Mehrheitsregel. Diese sorgt dafür, dass bis auf die zwei stärksten Parteien alle anderen Parteien im Parlament stark unterrepräsentiert sind, da sie aufgrund der hohen natürlichen Hürde nur schwer Wahlkreise für sich gewinnen können. Der psychologische Effekt verstärkt den mechanischen Effekt. Im Laufe der Zeit merken die Wahlberechtigten, dass ihre Stimme höchstwahrscheinlich verloren ist, wenn sie diese weiterhin einer kleinen Partei geben. Es ist daher für den einzelnen Wähler rational, seine Stimme dem „kleineren Übel“ der beiden stärksten Parteien zu geben, da so die Wahrscheinlichkeit des „Verlustes“ der eigenen Stimme deutlich reduziert werden kann. Hinzu kommt, dass der psychologische Effekt auch auf die Politiker einwirkt. Diese haben einen Anreiz, ihre Zeit und Energie nicht damit zu verschwenden als aussichtsloser Kandidat der drittstärksten oder noch schwächeren Partei ins Rennen zu ziehen. Stattdessen ist es aus ihrer Sicht rational, sich einer der beiden großen Parteien anzuschließen, um die eigenen Wahlaussichten zu erhöhen. Ähnliche Effekte entstehen auch, wenn die von bestimmten Wählern bevorzugten Parteien an gesetzlich verankerten Sperrklauseln zu scheitern drohen, wie dies etwa in Deutschland und Österreich der Fall ist.

6.7.5 Auswirkungen auf politische Repräsentation

Wahlsysteme haben auch Auswirkungen auf die gesamte Gesellschaft eines Landes. Je höher die Hürde zur Erreichung eines politischen Mandates gesetzt ist, desto größer ist der Anteil der Wähler, der nicht direkt im politischen Prozess repräsentiert ist. Dies bedeutet, dass vor allem in Mehrheitswahlsystemen politische Minderheiten weniger gut repräsentiert werden als in Verhältniswahlsystemen. Besonders deutlich tritt dieser Effekt dann hervor, wenn Minderheiten nicht regional konzentriert sind, sondern über das ganze Staatsgebiet verteilt leben. In diesem Fall kann die Unterrepräsentation von Minderheiten selbst durch eine geschickte Grenzziehung der Wahlkreise nicht reduziert werden.

Gesellschaften mit vielen sozialen Konfliktlinien (*cleavages*) und mit über weite Teile des Staatsgebietes verstreuten Minderheiten sind deshalb meist besser beraten, wenn sie Verhältniswahlsysteme einführen, denn dadurch können tiefgreifende gesellschaftliche Konflikte in Parlament und Regierung ausgetragen und begrenzt werden. Anderenfalls besteht das Risiko, dass sich eine starke Minderheit in Form einer außerparlamentarischen Opposition bildet und sich gegen den praktizierten Parlamentarismus bzw. das politische System insgesamt wendet. Homogene Gesellschaften könnten hingegen durchaus mit Mehrheitswahlsystemen eine wirksame und stabile Politik betreiben (Reily & Reynolds, 1999; Schneider & Wiesehomeier, 2008). Abbildung 6.7 fasst die Auswirkungen der beiden idealtypischen Wahlsysteme auf die einzelnen Akteure und Elemente des politischen Systems zusammen.

	Mehrheitswahlrecht	Verhältniswahlrecht
Wahlberechtigte		
Zielperspektive der Wahl	Entscheidung für/gegen eine bestimmte (Regierungs-)partei	Entscheidung für einen repräsentativen Mandatsträger
Zeitperspektive der Wahl	Rückblickend und/oder vorausschauend	Vorausschauend
Repräsentation der Wählerpräferenzen	Verzerrt	Unverzerrt
Wahlbeteiligung	Niedriger	Höher
Politiker		
Wahlkampfstrategie	Überbrückend (*bridging*)	Bindend (*bonding*)
Abhängigkeit vom Wahlkreis	Stärker	Schwächer
Abhängigkeit von der Partei	Schwächer	Stärker
Parteien und Parteiensystem		
Wahlchancen kleinerer Parteien	Niedriger	Höher
Etablierungschancen für neue Parteien	Niedriger	Höher
Charakter des Parteiensystems	Tendenz zu einem Zweiparteiensystem	Tendenz zu einem Mehrparteiensystem

Regierung		
Regierungstyp	Meist Einparteienmehrheitsregierungen	Meist Koalitionsregierungen oder Minderheitsregierungen
Stabilität der regierenden parlamentarischen Mehrheit	Höher, da meist klare und parteipolitisch einheitliche Mehrheit	Niedriger, da meist geringere und parteipolitisch gespaltene Mehrheit
Zuweisung der politischen Verantwortung (*accountability*)	Klar der Regierungspartei zuweisbar	Nicht klar den Parteien innerhalb der Regierungskoalition zuweisbar
Chancen auf politischen Richtungswechsel durch Wahlen	Höher	Tiefer
Politische Repräsentation der Gesellschaft		
Repräsentation von Minderheiten im politischen Prozess	Schwächer	Stärker

Abbildung 6.7: Auswirkungen von Wahlsystemen

6.8 Fazit

In diesem Kapitel haben wir uns mit Wahlen, der zentralen politischen Institution der Demokratie, beschäftigt. Wir haben uns dabei insbesondere mit dem Verhalten der Wahlberechtigten und der Politiker sowie mit den Auswirkungen unterschiedlicher Wahlsysteme beschäftigt. Grundlegend ist hierbei die Unterscheidung zwischen dem Mehrheits- und dem Verhältniswahlsystem. Jedes dieser beiden Entscheidungssysteme verfolgt eigene Ziele. Das Mehrheitswahlsystem bezweckt vornehmlich ein hohes Maß an Regierungsstabilität und Zurechenbarkeit von Regierungshandeln. Das Verhältniswahlsystem hingegen verfolgt vorwiegend das Ziel eines hohen Maßes an proportionaler Repräsentativität und Responsivität.

Zur Erklärung der individuellen Wahlbeteiligung und der individuellen Wahlentscheidung haben wir drei Modelle kennengelernt: das sozial-strukturelle, das sozial-psychologische und das Rational-Choice-Modell. Obwohl die drei Erklärungsmodelle das individuelle Wahlverhalten aus unterschiedlichen Blickwinkeln beleuchten und den Einfluss unterschiedlicher Variablen betonen, sollten sie nicht als Konkurrenten, sondern vielmehr als Ergänzungen zueinander betrachtet werden.

Im Hinblick auf das Verhalten der Politiker haben wir gesehen, welche Möglichkeiten wiederwahlorientierte Politiker besitzen, um Wahlen zu ihren Gunsten zu beeinflussen. Schließlich haben wir uns mit den Auswirkungen unterschiedlicher Wahlsysteme auf das Verhalten von Wählern, Politikern, Parteien und Parteiensystemen, der Regierung sowie auf die Gesellschaft insgesamt beschäftigt. Dabei wurde deutlich, dass der konkreten Ausgestaltung des Wahlsystems eine sehr große Bedeutung zukommt.

Im folgenden Kapitel befassen wir uns mit einer Institution, die den Stimmberechtigten neben der Mitwirkung bei der Besetzung politischer Ämter (Wahlen) auch eine Mitwirkung in der Sachpolitik erlaubt, nämlich der direkten Demokratie.

Literaturempfehlungen

Eine leicht lesbare und zugleich wichtige Studie zu Wahlrecht und Parteiensystemen in vergleichender Perspektive ist:

Nohlen, Dieter (2014): Wahlrecht und Parteiensystem: Zur Theorie und Empirie der Wahlsysteme. Opladen: UTB.

Eine sehr gute Einführung in das Thema bietet auch:

Saalfeld, Thomas (2007): Parteien und Wahlen. Baden-Baden: Nomos.

Gute und umfangreiche Einführungen zu Wahlen und dem Wahlverhalten geben:

Bürklin, Wilhelm (2013): Wahlen und Wählerverhalten: Eine Einführung. Wiesbaden: VS-Verlag.

Pappi, Franz U. & Shikano, Susumo (2007): Wahlen und Wahlforschung. Baden-Baden: Nomos.

Falter, Jürgen W. & Schoen, Harald (2014): Handbuch Wahlforschung. Wiesbaden: VS-Verlag.

Einen guten Überblick zu Rational-Choice-Erklärungen von Wahlen und Wahlverhalten bieten:

Devan, Torun & Shepsle, Kennenth A. (2011): „Political Economy Models of Elections." In: Annual Review of Political Science 14: 311–330.

Politische Konjunkturzyklen werden in folgenden Werken ausführlich behandelt:

Frey, Bruno S. (Hrsg.) (1997): Political Business Cycles. Cheltenham: Edward Elgar.

Alesina, Alberto, Roubini, Nouriel & Cohen, Gerald D. (1997): Political Business Cycles and the Macroeconomy. Cambridge, MA: The MIT Press.

Franzese, Robert J. (2002): „Electoral and Partisan Cycles in Economic Policies and Outcomes." In: Annual Review of Political Science 5: 369–421.

Eine sehr gute Übersicht zu unterschiedlichen Wahlsystemen und ihren Auswirkungen bieten:

Shugart, Matthew Soberg & Carey, John M. (1992): Presidents And Assemblies: Constitutional Design and Electoral Dynamics. Cambridge: Cambridge University Press.

Cox, Gary W. (1997): Making Votes Count: Strategic Coordination in the World's Electoral Systems. Cambridge: Cambridge University Press.

Blais, André & Massicotte, Louis (2002): „Electoral Systems." In: *LeDuc, Lawrence & Niemi, Richard G. & Norris, Pippa* (Hrsg.): Comparing Democracies 2: New Challenges in the Study of Elections and Voting. London: Sage. 40–69.

Norris, Pippa (2004): Electoral Engineering: Voting Rules and Political Behavior. Cambridge: Cambridge University Press.

Gute empirische Studien zu Wahlen und Wahlverhalten in den drei deutschsprachigen Ländern bietet:

Schmitt-Beck, Rüdiger (Hrsg.) (2012): Wählen in Deutschland. PVS Sonderheft 45, Baden-Baden: Nomos.

Zur Wahlforschung in Deutschland:

Website der Deutschen Gesellschaft für Wahlforschung (http://www.dgfw.info/daten.php) und des Leibniz-Instituts für Sozialwissenschaften (http://www.gesis.org/wahlen/bundestagswahlen/).

Studien und Daten zu Wahlen in der Schweiz bieten:

Swiss Political Science Review 16/3, 2010. Sonderheft zu den Schweizer Bundeswahlen von 2007.

SELECTS (http://forscenter.ch/de/our-surveys/selects/1994-2/selects-2011-2/).

Studien und Daten zu Wahlen in Österreich bieten:

AUTNES (http://www.autnes.at).

AUTNES (2014): Comparative Study of Electoral Systems Nachwahlstudie 2013 Innsbruck: AUTNES.

Umfragedaten zu allen Bundestagswahlen sind verfügbar bei:

www.dgfw.eu

http://www.gesis.org/das-institut/wissenschaftliche-abteilungen/datenarchiv-fuer-sozialwissenschaften/

Daten zur international vergleichenden Wahlforschung sind verfügbar bei:

www.cses.org

http://true-european-voter.eu

7. Direkte Demokratie

In einigen Staaten besitzen die Bürger neben der Teilnahme an Wahlen auch Möglichkeiten zur direkten Beeinflussung der Sachpolitik („policy"). Diese Einflussmöglichkeiten werden unter dem Begriff der direkten Demokratie zusammengefasst. Zu den bekanntesten Instrumenten der direkten Demokratie gehören das Referendum und die (Volks-)Initiative. Sie erlauben den Stimmbürgern, in konkreten Fragen Einfluss auf politische Entscheidungen zu nehmen. Diese Möglichkeit hat Auswirkungen auf den gesamten politischen Prozess eines Landes. Um die vielfältigen Effekte der direkten Demokratie besser zu verstehen, untersuchen wir in diesem Kapitel die Zusammenhänge zwischen den einzelnen Instrumenten und dem Verhalten der Stimmberechtigten und Politiker.

Wir beginnen mit einem Überblick zu den Instrumenten der direkten Demokratie. Dabei betrachten wir einerseits die Rolle der direkten Demokratie im demokratischen Staatssystem und andererseits die unterschiedlichen Instrumente der direkten Demokratie. Danach wenden wir uns der Funktion und der Verbreitung der direkten Demokratie zu. Der Abschnitt endet mit einer Übersicht zu den direktdemokratischen Institutionen in Deutschland, Österreich und der Schweiz. In den verbleibenden Teilen des Kapitels betrachten wir die Auswirkungen von Referenden und Initiativen auf die Politik. Die im ersten Abschnitt vorgestellte Typologie direktdemokratischer Instrumente strukturiert die beiden nachfolgenden Abschnitte des Kapitels. Dort stehen die Wirkungen von Referendum und Initiative auf das Verhalten der Politiker und den politischen Prozess im Vordergrund. Das Kapitel endet mit einem Abschnitt zum Verhalten der Bürger und Politiker und dem wechselseitigen Verhältnis zwischen sachpolitischen Abstimmungen und Wahlen.

7.1 Instrumente der direkten Demokratie

7.1.1 Direkte, repräsentative und halbdirekte Demokratie

Demokratien unterscheiden sich u. a. darin, ob und wie sehr sie ihren Bürgern direktdemokratischen Einfluss auf die Sachpolitik einräumen. In einer reinen direkten Demokratie werden alle politischen Entscheidungen direkt vom Souverän – also von den Bürgern – getroffen. In der reinen direkten Demokratie existiert kein Parlament. Das Volk selbst beschließt alle Gesetze, trifft gewisse Verwaltungsmaßnahmen eigenhändig und wählt die Vollzugsbehörden und Richter. Die attische Demokratie im antiken Griechenland ist ein Beispiel. Dort wurden alle wichtigen Entscheidungen von der Volksversammlung getroffen. Dieser gehörten unabhängig vom Einkommen alle männlichen Bürger über 18 Jahre an. Vor allem aufgrund der hohen Komplexität moderner Politik in Gesellschaften, die meist Millionen von Menschen umfassen, besitzt heutzutage allerdings kein Staat mehr eine reine direkte Demokratie.

Im Gegensatz zur reinen direkten Demokratie verfügt die rein repräsentative oder indirekte Demokratie über keinerlei institutionalisierte direktdemokratische Instrumente, welche es den Bürgern abgesehen von regelmäßigen, allgemeinen, gleichen, freien, direkten und geheimen Wahlen erlauben, Einfluss auf die Sachpolitik zu nehmen. In dieser Demokratieform übt das Volk seine Souveränität nur mittelbar, d. h. indirekt, durch seine gewählten Vertreter in Parlament und Regierung aus. Das Parlament hat in allen politischen Sachfragen das letzte Wort. Eine institutionalisierte direkte Mitwirkung des Volkes an sachpolitischen Entscheidungen ist nicht vorgesehen.

Bei der halbdirekten Demokratie handelt es sich um eine Kombination der rein direkten und rein repräsentativen Demokratie. In halbdirekten Demokratien übt das Volk seine Souveränität sowohl indirekt durch seine gewählten Vertreter in Parlament und Regierung als auch direkt durch die ihm zur Verfügung stehenden direktdemokratischen Instrumente aus. Wie in der rein repräsentativen Demokratie treffen auch bei dieser Demokratieform Parlament und Regierung die meisten sachpolitischen Entscheidungen. Die Stimmbürger haben jedoch die Möglichkeit, mit Hilfe der dafür vorgesehenen direktdemokratischen Instrumente eine Volksabstimmung zu einer bestimmten politischen Sachfrage zu erzwingen.

7.1.2 Direktdemokratische Instrumente

Hug und Tsebelis (2002: 477–479) schlagen die in Abbildung 7.1 dargestellte Typologie direktdemokratischer Instrumente vor. Sie unterscheiden zwischen drei Referendumstypen und der Volksinitiative. Die Klassifizierung erfolgt anhand von drei Fragen.

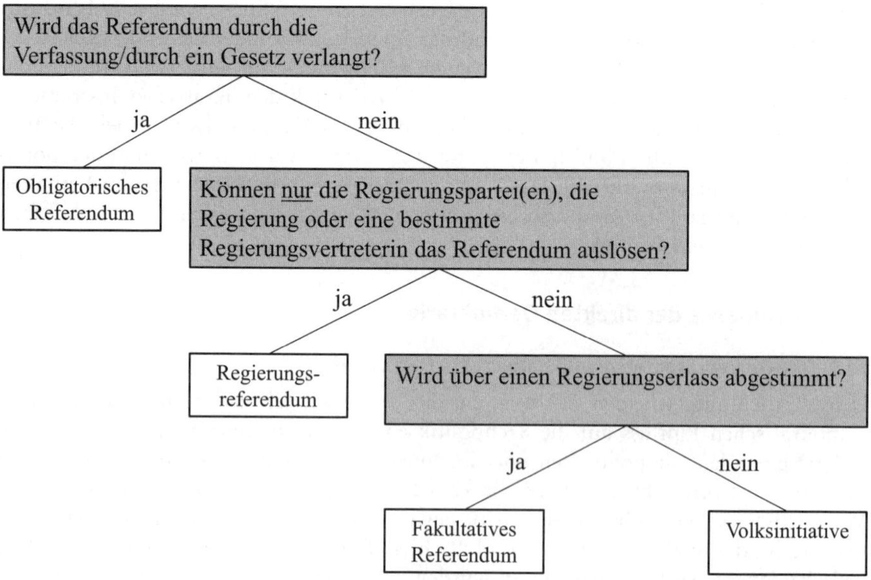

Abbildung 7.1: Typologie zu Referendum und Initiative

Quelle: Hug und Tsebelis (2002: 478), mit eigenen Anpassungen

Die erste Frage unterscheidet zwischen obligatorischen und fakultativen Abstimmungen. Sie betrifft den Auslösungsprozess einer Volksabstimmung. Schreibt geltendes Recht (z. B. die Verfassung oder ein Gesetz) eine Volksabstimmung zu einem sachpolitischen Beschluss von Parlament oder Regierung vor, so handelt es sich um ein obligatorisches Referendum. In diesem Fall ist die Auslösung einer Abstimmung rechtlich zwingend und geschieht automatisch. In allen anderen Fällen bestimmt das Verhalten bestimmter politischer Akteure, ob es zu einer Abstimmung kommt. Die zweite Frage widmet sich der Identität dieser Akteure. Können ausschließlich die Regierungspartei(en), die Regierung als Kollektiv oder eine bestimmte Regierungsvertreterin (z. B. der Präsident oder der Finanzminister) eine Abstimmung veranlassen, so spricht man von einem Regierungsreferendum. Die dritte und letzte Frage differenziert die inhaltliche Ebene des zur Abstimmung anstehenden sachpolitischen Geschäftes. Wird das Stimmvolk zu einem bereits getroffenen politischen Entscheid des Parlamentes oder der Regierung befragt, so handelt es sich um ein fakultatives Referendum. Geht es um ein neues sachpolitisches Geschäft, zu dem noch keine Entscheidung von Parlament und Regierung vorliegt, so handelt es sich um eine Volksinitiative.

Nachfolgend betrachten wir nun die Eigenschaften dieser vier direktdemokratischen Instrumente genauer, bevor wir uns mit deren Entstehung, Verbreitung und Funktion auseinandersetzen. Im dritten und vierten Abschnitt dieses Kapitels beleuchten wir schließlich die politische Wirkung direktdemokratischer Instrumente.

7.1.3 Formen direktdemokratischer Entscheidungen

Das obligatorische und fakultative Referendum

Das obligatorische und fakultative Referendum dienen im Allgemeinen dazu, das Inkrafttreten eines Rechtsaktes (Verfassung, Gesetz, Beschluss) zu verhindern oder einen bestehenden Rechtsakt nachträglich ganz oder teilweise aufzuheben. Inhaltlich beziehen sich Referenden in der Regel auf Beschlüsse des Parlamentes oder der Regierung. Ein Rechtsakt untersteht dem obligatorischen Referendum, wenn die Verfassung oder ein ihm übergeordnetes Gesetz eine Volksabstimmung verlangt. Somit muss vor Inkrafttreten des Rechtsaktes zwingend eine Volksabstimmung durchgeführt werden. Untersteht der Rechtsakt dem fakultativen Referendum, so muss vor seinem Inkrafttreten das Volk nicht automatisch befragt werden. Eine Volksabstimmung kann jedoch verlangt werden. Von zentraler Bedeutung ist dabei, wer eine solche Abstimmung verbindlich verlangen und damit auslösen kann. Die hier verwendete Definition geht davon aus, dass es sich nur dann um ein fakultatives Referendum handelt, wenn die parlamentarische Opposition oder eine bestimmte Anzahl Stimmberechtigter oder subnationaler politischer Einheiten ein solches Referendum auslösen kann (mehr dazu im Abschnitt 7.3).

Am weitesten verbreitet ist das obligatorische Verfassungsreferendum (auch konstitutives Referendum genannt), bei dem das Volk über eine vom Parlament oder Verfassungsrat beschlossene Änderung der Verfassung abstimmt. Obligatorische Verfassungsreferenden kennen etwa die Schweiz, Australien, die Gliedstaaten der USA und die deutschen Bundesländer. Fakultative Verfassungsreferenden kennen z. B. Italien, Österreich, Rumänien und Uruguay. Hier kommt es nur dann zu einer Volksabstimmung, wenn eine Änderung der Verfassung im Parlament nicht mit einer bestimmten (qualifizierten) Mehrheit angenommen wurde oder eine Volksabstimmung von einer bestimmten Anzahl der Wahlberechtigten verlangt wird. Ebenfalls weit verbreitet sind Gesetzesreferenden. Ihre institutionelle Ausgestaltung unterscheidet sich jedoch stark zwischen den einzelnen Staaten. Nationale Gesetzesreferenden existieren z. B. in Italien, Dänemark und der Schweiz.

Das Regierungsreferendum

Auch das Regierungsreferendum dient primär dazu, das Inkrafttreten eines Rechtsaktes zu verhindern oder einen bestehenden Rechtsakt nachträglich ganz oder teilweise aufzuheben. Wie das fakultative Referendum ist auch die Durchführung eines Regierungsreferendums nicht durch die Verfassung oder ein Gesetz vorgeschrieben. Im Gegensatz zum fakultativen Referendum kann das Regierungsreferendum jedoch ausschließlich durch die Regierungspartei(en), die Regierung oder einzelne Regierungsvertreter ausgelöst werden. Wie beim obligatorischen und fakultativen Referendum wird über die Umsetzung oder Aufhebung eines Regierungserlasses abgestimmt.

Regierungsreferenden auf nationaler Ebene sind deutlich weiter verbreitet als obligatorische oder fakultative Verfassungsreferenden. Ein im europäischen Kontext besonders prominentes Beispiel sind die 2005 in einigen EU-Mitgliedstaaten abgehaltenen Regierungsreferenden zur EU-Verfassung. Die Verfassungen einiger EU-Mitgliedstaaten (z. B. Belgien, Irland und Dänemark) sehen ein obligatorisches Referendum bei Verfassungsänderungen oder einer Übertragung von staatlichen Souveränitätsrechten vor. Allerdings haben sich auch weitere Regierungen (Frankreich, Niederlande, Großbritannien, Portugal, Spanien und Polen) entschieden, ebenfalls Volksabstimmungen durchzuführen. Dieser Vorgang ist auch deshalb bemerkenswert, weil weder die Verfassung Großbritanniens noch diejenige der Niederlande solche Referenden vorsehen. In den Niederlanden wurde deshalb im Vorfeld der Abstimmung extra ein neues temporäres Gesetz vom Parlament verabschiedet, um das seit über 200 Jahren erste nationale Referendum am 1. Juni 2005 zu ermöglichen. Nach Ablehnung der EU-Verfassung in Frankreich und den Niederlanden wurden die geplanten Regierungsreferenden in Großbritannien, Polen und Portugal auf unbestimmte Zeit verschoben und das Verfassungsprojekt auf dem EU-Gipfeltreffen im Juni 2007 aufgegeben. Ein Beispiel für die internationale Koordination von Regierungsreferenden stellen die Referenden in Österreich, Finnland, Schweden und Norwegen zum EU-Beitritt dar (Jahn & Storsved, 1995). Da der Beitritt zur EU in Schweden und Norwegen in der Bevölkerung dieser Länder besonders umstritten war, wurden die Referenden in den Ländern mit sicherem Ausgang (Österreich und Finnland) zuerst durchgeführt. Der positive Ausgang der Referenden in diesen Ländern sollte dann eine Sogwirkung auf die anderen beiden Länder haben. Diese Dominostrategie trat dann tatsächlich in Schweden ein. In Norwegen verfehlte jedoch diese Strategie knapp ihr Ziel.

Die Volksinitiative

Während ein Referendum einen von Parlament oder Regierung bereits beschlossenen Rechtsakt aufheben oder das Inkrafttreten eines Rechtsaktes verhindern kann, fordert die Volksinitiative die Inkraftsetzung eines neuen Rechtsaktes. Sie richtet sich meist an das Parlament, welches nach Zustandekommen der Initiative verpflichtet ist, ihren Inhalt zu beraten und die gesetzliche Umsetzung zu regeln. Vor der parlamentarischen Umsetzung der Initiative findet eine Volksabstimmung über den Initiativtext statt.

Volksinitiativen sind auf Verfassungs- und Gesetzesebene möglich. Sie können entweder konkret ausformulierte Gesetzes- oder Verfassungstexte beinhalten oder dem Parlament Richtlinien vorgeben, innerhalb derer es bei Annahme der Initiative die konkrete Ausarbeitung eines Gesetzes- oder Verfassungsartikels vorzunehmen hat.

Das Instrument der Volksinitiative ist deutlich weniger stark verbreitet als die unterschiedlichen Formen des Referendums. Als einziger Staat weltweit kennt die Schweiz auf nationaler Ebene das Instrument der Verfassungsinitiative. Sie erlaubt es den Stimmberechtigten, die Änderung oder Aufhebung einer einzelnen Verfassungsbestimmung (Teilrevision) oder die Neuformulierung der gesamten Verfassung (Totalrevision) zu verlangen. Verbreiteter ist die Volksinitiative auf der Ebene von Gliedstaaten und Kommunen. Auf diesen subnationalen Ebenen existieren in einigen Staaten Möglichkeiten für Verfassungsinitiativen und Gesetzesinitiativen. Diese erlauben es den Stimmberechtigten, die Änderung, Aufhebung oder Neuschaffung eines bestimmten Gesetzes zu verlangen. Verfassungs- oder Gesetzesinitiativen existieren beispielsweise in den Kantonen und Gemeinden der Schweiz, in einigen Bundesstaaten und Städten der USA und in einigen Kommunen der Bundesrepublik Deutschland.

7.2 Entstehung, Verbreitung und Funktion direktdemokratischer Instrumente

7.2.1 Entstehung und Verbreitung der direkten Demokratie

Die heutigen Formen der direkten Demokratie sind eine Errungenschaft des 19. Jahrhunderts und gehen vor allem auf die politischen Ideen französischer Theoretiker aus der Revolutionszeit (z. B. Jean-Jacques Rousseau und Marquis de Condorcet) zurück. In geringerem Umfang basieren sie auf der mittelalterlichen Kultur der schweizerischen Landsgemeindeversammlungen (Kölz, 1992, 2004). Die französischen Vordenker argumentierten, dass eine direktdemokratische Beteiligung der Bürger an politischen Entscheidungen die Volkssouveränität stärken und eine stärkere Einbindung der Opposition in den politischen Prozess erlauben würde. Die globale Verbreitung und Umsetzung dieser Ideen erfolgte in zwei Phasen.

Die *erste Phase* fand zwischen 1800 und 1939 statt, als die Ideen zur direkten Bürgermitsprache rund um die Französische Revolution weltweit Gehör fanden. Bis zum Ersten Weltkrieg wurden direktdemokratische Volksrechte in 18 Gliedstaaten der USA sowie in Australien und Neuseeland verfassungsrechtlich verankert. Nach dem Ersten Weltkrieg folgten die baltischen Staaten und die Weimarer Republik (Gross, 2002). Im Folgenden diskutieren wir die Etablierung der direktdemokratischen Institutionen beispielhaft für die Schweiz, da diese im weltweiten Vergleich seinen Bürgern mit Abstand die umfangreichsten direktdemokratischen Mitbestimmungsmöglichkeiten einräumt.

In der Schweiz lässt sich die Entwicklung der direkten Demokratie in drei Phasen unterteilen. In der ersten Phase wurden in den 1830er Jahren Frühformen der Volksrechte durch die Liberalen in den meisten Schweizer Kantonen eingeführt. Dies geschah unter starkem Druck der mobilisierten bäuerlichen Bevölkerung und der sogenannten Radikalen (Liberalen) in den Städten. Abgesehen vom obligatorischen Verfassungsreferendum wurden die Schwellen für ihre Auslösung jedoch so hoch angesetzt, dass ein Referendum praktisch nicht zustande kommen konnte. Die von den Liberalen bevorzugten Prinzipien der Repräsentation und Parlamentsherrschaft blieben bestimmend. Doch ein erster Schritt hin zu einem Verfassungswandel war getan. Die zweite Phase begann um 1850 mit der erstmaligen Einführung des fakultativen und obligatorischen Gesetzesreferendums in denjenigen Kantonen, die bereits über langjährige Erfahrung mit der direkten Bürgermitsprache verfügten oder eine starke Opposition gegen die herrschenden Liberalen aufwiesen (z. B. Waadt, Schwyz, Graubünden). Die dritte Phase zeichnet sich schließlich durch das Aufkommen der demokratischen Bewegungen in den 1860er Jahren aus, die in zahlreichen Kantonen die Einführung des obligatorischen und fakultativen Gesetzesreferendums sowie der Volksinitiative forderten. Mit diesen Forderungen wandten sich linksstehende Radikale, Sozialisten und oppositionelle Konservative gegen die Parlamentsherrschaft der Liberalen. Damit war das bis dahin geltende System einer reinen repräsentativen Demokratie auf Kantonsebene durchbrochen. Diese Entwicklung erreichte die Bundesebene erst gegen Ende des 19. Jahrhunderts. Die Bundesverfassung von 1848 sah nur das obligatorische Verfassungsreferendum und die Volksinitiative auf Totalrevision der Bundesverfassung vor. 1874 wurde jedoch das fakultative Gesetzesreferendum, 1891 die Volksinitiative auf Teilrevision der Bundesverfassung, 1921 das Staatsvertragsreferendum und 2003 die allgemeine Volksinitiative eingeführt (Kölz, 1992; Linder, 2005: 241–42; Vatter, 2008: 1–8).

Die *zweite Phase* begann in den 1970er Jahren zeitgleich mit der sogenannten dritten Demokratisierungswelle (siehe Abschnitt 4.6.1 in Kapitel 4). Viele der neu entstandenen Verfassungen in den neuen Demokratien Asiens, Mittel- und Osteuropas sehen direktdemokratische Instrumente vor und fast alle Vorschläge zur Einführung solcher Instrumente wurden von den Stimmberechtigten in Referenden akzeptiert. Im Gegensatz zur ersten Phase zeichnet sich die zweite Phase nicht nur durch eine starke Zunahme der Anzahl direktdemokratischer Abstimmungen pro Land aus, sondern auch durch eine zunehmende geografische Verbreitung direktdemokratischer Instrumente. Im Zeitraum zwischen 1790 und 1969 fanden weltweit 461 Referenden und Initiativen statt, vor allem in Europa (63 Prozent; über 77 Prozent davon in der Schweiz) und Ozeanien (23 Prozent; vor allem in Neuseeland). In den darauffolgenden vier Jahrzehnten zwischen 1970 und 2010 hat sich die Anzahl solcher Abstimmungen auf 1105 mehr als verdoppelt. Die meisten direktdemokratischen Abstimmungen finden zwar nach wie vor in Europa statt (über 56 Prozent; 54 Prozent davon in der Schweiz). Doch neben den Staaten Ozeaniens (22 Prozent) haben nun auch zahlreiche Staaten Asiens (11 Prozent) und Lateinamerikas (6 Prozent) Volksabstimmungen durchgeführt. Wenn wir die Anzahl direktdemokratischer Abstimmungen auf subnationaler Ebene dazu rechnen, ist der exponentielle Anstieg im Gebrauch direktdemokratischer Instrumente noch eindrücklicher. Allein in der Bundesrepublik Deutschland, einem der wenigen Länder Europas, das seit 1945 noch keine nationale Volksabstimmung durchgeführt hat, fanden zwischen 1949 und 2015 64 Volksabstimmungen auf Ebene der Bundesländer statt (Gross, 2002: 70–73; LeDuc, 2002: 70–73; Direct Democracy Databases, 2009; http://www.c2 d.ch). Die Beweggründe für die Verbreitung der direkten Demokratie sind bei der zweiten Phase immer noch die gleichen wie bei der ersten. Sie umfassen Forderungen nach einem Ausbau der Volkssouveränität und einem stärkeren Einbezug der Opposition in den politischen Prozess.

7.2.2 Funktionen der direkten Demokratie

Die Instrumente der direkten Demokratie haben grundsätzlich dieselben Funktionen wie Wahlen: eine Kontroll- und eine Legitimationsfunktion. Inwiefern die direkte Demokratie diese Funktionen erfüllen kann, hängt nicht primär von der Anzahl nationaler Volksabstimmungen ab, sondern von der Art und Weise, wie diese ausgelöst und durchgeführt werden.

Die Kontrollfunktion direktdemokratischer Instrumente stellt sicher, dass von den politischen Repräsentanten getroffene Entscheidungen nicht zu stark vom Willen einer Mehrheit der Stimmberechtigten abweichen. Dies wird durch die Möglichkeit einer Befragung des Volkes vor oder nach einer politischen Entscheidung sichergestellt. Wie die Typologie in Abbildung 7.1 bereits andeutet, ist die Frage, welcher Akteur dazu berechtigt ist eine Volksbefragung auszulösen, von zentraler Bedeutung. Nur wenn die Instrumente der direkten Demokratie auch durch die Opposition oder eine Gruppe von Stimmberechtigten ausgelöst werden können, erfüllen sie eine Kontrollfunktion.

Die Legitimationsfunktion der direkten Demokratie besteht darin, die gesellschaftliche Akzeptanz einer politischen Entscheidung zu erhöhen. Dies wird dadurch erreicht, dass eine politische Entscheidung dem Volk zur Abstimmung vorgelegt wird. Die Legitimität einer Entscheidung ist dann stärker, wenn sich eine Mehrheit der Stimmberechtigten für die Vorlage ausspricht. Die Frage nach den Verfahrensregeln, nach denen die Entscheidung gefällt wird, ist hierbei von großer Relevanz. Wie bereits bei der Kontrollfunktion kommt der direkten Demokratie dann am ehesten eine Legitimationsfunktion zu, wenn das Referendum nicht bloß von Regierungsvertretern ausgelöst werden kann, sondern auch von den Stimmberechtigten.

Damit die Instrumente der direkten Demokratie diese beiden Funktionen erfüllen können, muss das Abstimmungsverfahren natürlich auch den gleichen Grundsätzen genügen wie das demokratische Wahlverfahren. Abstimmungen müssen also allgemein, gleich, frei, direkt und geheim sein.

Trotz ähnlicher Funktionen unterscheiden sich Wahlen und Abstimmungen in zwei wichtigen Punkten voneinander. Erstens dienen Wahlen dazu, politische Ämter auf bestimmte Zeit zu besetzen, während Abstimmungen dazu dienen, politische Sachfragen zu entscheiden. In Wahlen delegieren die Wahlberechtigten politische Macht zur Entscheidung über Sachfragen, während sie bei der Nutzung direktdemokratischer Instrumente politische Entscheidungen über Sachfragen selbst treffen. Zweitens unterscheiden sich Wahlen und Instrumente der direkten Demokratie in der Häufigkeit ihrer Anwendung. Während Wahlen meist in mehr oder weniger regelmäßigen zeitlichen Abständen abgehalten werden, weisen direktdemokratische Instrumente keine zeitlichen Regelmäßigkeiten auf. Direktdemokratische Instrumente sind daher in ihrer Anwendung zeitlich ungebundener als Wahlen.

7.2.3 Direkte Demokratie in Deutschland, Österreich der Schweiz und der Europäischen Union

Die in diesem Buch zur Veranschaulichung gewählten politischen Systeme Deutschlands, Österreichs, der Schweiz und der Europäischen Union unterscheiden sich stark in Bezug auf den Umfang und die Ausgestaltung von direktdemokratischen Instrumenten. Bevor wir die Wirkung von Referenden und Initiativen beleuchten, stellen wir die wichtigsten Elemente der direkten Demokratie in den genannten politischen Systemen vor.

Deutschland

In Deutschland haben direktdemokratische Instrumente einen sehr schwachen Stellenwert. Das Grundgesetz sieht zwar das obligatorische Referendum und das Instrument der Volksbefragung vor. Diese Instrumente sind jedoch nur für sehr spezielle und seltene Fälle vorgesehen und kommen deshalb auch höchst selten zum Einsatz. Das Grundgesetz schreibt z. B. bei der Ausarbeitung einer Verfassung (Art. 146) ein bindendes Verfassungsreferendum vor. Dazu ist es allerdings trotz entsprechenden politischen Überlegungen auch nach der deutschen Wiedervereinigung nie gekommen. Das Grundgesetz sieht zudem ein obligatorisches Referendum im Falle der Neugliederung des Bundesgebietes, also bei der Zusammenlegung oder Aufspaltung von Bundesländern, in den betreffenden Bundesländern vor (GG Art. 29, Abs. 2). Zu einer solchen Abstimmung kam es bisher nur zwei Mal: 1951/1952 bei der Gründung des Bundeslandes Baden-Württemberg und bei der geplanten, aber 1996 von der Bevölkerung abgelehnten, Zusammenlegung der Bundesländer Berlin und Brandenburg.

Schließlich sieht das Grundgesetz die Möglichkeit vor, dass ein Zehntel der Wahlberechtigten in einem zusammenhängenden, abgegrenzten Siedlungs- und Wirtschaftsraum, dessen Teile in mehreren Ländern liegen und mindestens eine Million Einwohner haben, eine Volksbefragung in den betroffenen Bundesländern über eine Vereinheitlichung der Landeszugehörigkeit dieses Gebietes auslösen kann (GG Art. 29, Abs. 4–6). Das Ergebnis einer solchen durch das Grundgesetz legitimierten Volksbefragung zur Neugliederung des Bundesgebietes ist bindend und entspricht somit in der in Abbildung 7.1 vorgestellten Typologie einem obligatorischen Referendum. Zu einer solchen Volksbefragung kam es bisher jedoch noch nicht. Alle anderen sachpolitischen Entscheidungen, sei es über Teiländerungen des Grundgesetzes oder neue Bundesgesetze, werden einzig und allein durch die beiden Kammern des nationalen Parlamentes beschlossen (GG Art. 77–80).

Das Initiativrecht zur Änderung oder Ergänzung des Grundgesetzes oder zur Schaffung eines neuen Bundesgesetzes liegt praktisch ausschließlich bei Parlament und Bundesregierung (GG Art. 76). Nur bei der Gebietsneugliederung sieht das Grundgesetz die Möglichkeit eines Volksbegehrens vor. Dies entspricht der Volksinitiative in Abbildung 7.1 (GG Art. 29, Abs. 4–6). Zehn Prozent der Wahlberechtigten eines „zusammenhängenden, abgegrenzten Siedlungs- und Wirtschaftsraum, dessen Teil in mehreren Ländern liegt und der mindestens eine Million Einwohner hat“ kann die Gründung eines eigenen Bundeslandes fordern. Ein solcher Fall ist allerdings in der Geschichte der Bundesrepublik noch nicht eingetreten. Insgesamt entspricht Deutschland somit auf der Bundesebene weitgehend einer rein repräsentativen Demokratie.

Österreich

Das österreichische Bundesverfassungsgesetz sieht drei direktdemokratische Instrumente vor: die Volksabstimmung, die Volksbefragung und das Volksbegehren. Die Volksbefragung (Art. 49 b B-VG) entspricht dem Regierungsreferendum in Abbildung 7.1. Sie findet auf Antrag des Nationalrates statt und behandelt Angelegenheiten von grundsätzlicher und nationaler Bedeutung. Zur Wahl werden zwei alternative Lösungsvorschläge für ein zukünftiges Gesetz gestellt. Das Ergebnis ist rechtlich nicht bindend, kann aber politisch sehr wohl einen verbindlichen Charakter aufweisen. Das Instrument der Volksabstimmung entspricht einem Referendum, das je nach Anwendung dem Regierungsreferendum, dem obligatorischen oder dem fakultativen Referendum in Abbildung 7.1 entsprechen kann. Eine Volksabstimmung ist bei einer Totalrevision der Bundesverfassung und für eine Absetzung des Bundespräsidenten zwingend (Art. 44 und 60 B-VG). Dadurch besitzt sie den Charakter eines obligatorischen Referendums. Bei einer Teiländerung der Bundesverfassung wird eine Volksabstimmung auf Verlangen eines Drittels der Mitglieder des Nationalrats oder des Bundesrats abgehalten (Art. 44 B-VG). Dies entspricht einem fakultativen Referendum, da das notwendige Quorum zur Auslösung einer Abstimmung auch durch Abgeordnete der Parlamentsminderheit erreicht werden kann. Schließlich kann jeder Gesetzesbeschluss des Nationalrats einer Volksabstimmung unterzogen werden, wenn die Mehrheit der Abgeordneten dies verlangt (Art. 43 B-VG). Da dies im parlamentarischen Regierungssystem Österreichs de facto nur mit Zustimmung einiger Abgeordneten der Regierungspartei(en) möglich ist, entspricht die Nutzung dieses Instruments am ehesten einem Regierungsreferendum. Das Volksbegehren entspricht einer Gesetzesinitiative und kann von 8.032 Wahlberechtigten (rund einer Promille der österreichischen Gesamtbevölkerung), acht Abgeordneten des Nationalrats oder je vier Mitgliedern der Landtage dreier Bundesländer ausgelöst werden. Wird das Volksbegehren nach einer einwöchigen Eintragungsfrist von mindestens 100.000 Wahlberechtigten oder mindestens je einem Sechstel der Stimmberechtigten dreier Länder unterschrieben, muss der Nationalrat diese Gesetzesinitiative beraten (Art. 41 B-VG). Dabei muss er das Thema zwar diskutieren, ist aber nicht dazu verpflichtet, einen Gesetzesentwurf im Sinne des Volksbegehrens zu beschließen. Eine Volksabstimmung ist auch nicht vorgesehen, unabhängig davon, ob der Nationalrat ein entsprechendes Gesetz erlässt oder nicht. Damit entspricht dieses politische und rechtlich unverbindliche Instrument eher einer Petition als einer Volksinitiative.

Die Nutzung der drei direktdemokratischen Instrumente ist in der Praxis sehr unterschiedlich. In der Geschichte Österreichs kam es bisher noch nicht zu einer Volksbefragung auf Bundesebene. Auf Länderebene fanden jedoch bereits Volksbefragungen statt. Im Land Salzburg wurde die Bevölkerung z. B. gefragt, ob sich die Stadt Salzburg um die Durchführung der Olympischen Winterspiele 2010 bewerben solle. Im Land Oberösterreich kam der Neubau eines Musiktheaters in Linz zur Abstimmung. Wien befragte im Februar 2010 seine Stimmberechtigten gleich zu fünf Themen, darunter zum Ausbau von Ganztagsschulen und der Einführung eines Hundeführerscheins für Kampfhundehaltende.

In der sogenannten zweiten Republik kam es bisher zu zwei nationalen Volksabstimmungen. Die erste im Jahr 1978 betraf die Inbetriebnahme des Atomkraftwerks Zwentendorf, die von einer Mehrheit abgelehnt wurde. Die zweite Abstimmung im Jahr 1994 behandelte den Beitritt Österreichs zur EU (Verfassungsänderung), dem die Stimmberechtigten zustimmten.

Das Instrument des Volksbegehrens wird mit Abstand am häufigsten eingesetzt. Zwischen 1964 und 2011 kamen auf Bundesebene 36 Volksbegehren zustande. Meist werden Volksbegehren von Oppositionsparteien eingereicht, die dieses Instrument als nationale Propagandaplattform nutzen. Im Jahre 2002 initiierte beispielsweise die Sozialdemokratische Partei Österreichs ein Volksbegehren, das den sozialstaatlichen Charakter Österreichs im Bundesverfassungsgesetz verankern sollte. Aus einem solchen Artikel hätten sich danach gewisse sozialstaatliche Verpflichtungen des Staates ableiten lassen. 2006 lancierte die national-konservative und EU-skeptische Freiheitliche Partei Österreichs ein EU-Volksbegehren, in welchem sie eine Volksabstimmung über den damaligen EU-Verfassungsvertrag und einen zukünftigen allfälligen EU-Beitritt der Türkei forderte. Beide Volksbegehren wurden im Nationalrat debattiert und zur Kenntnis genommen, hatten jedoch keine direkten und unmittelbaren rechtlichen Folgen.

Schweiz

Die Schweiz ist das wichtigste Beispiel einer halbdirekten Demokratie. Kein anderer Staat besitzt ein so stark ausgebautes direktdemokratisches Instrumentarium. Es unterstehen nicht nur alle Verfassungsänderungen, der Beitritt zu einer supranationalen Gemeinschaft (z. B. der EU) oder einer Organisation für kollektive Sicherheit (z. B. der NATO) dem obligatorischen, und alle Bundesgesetze, völkerrechtlichen Verträge und bestimmte Bundesbeschlüsse dem fakultativen Referendum. Mittels des Instruments der Volksinitiative steht den Stimmberechtigten auch die Möglichkeit einer Total- oder Teilrevision der Bundesverfassung offen.

In der Schweiz ist eine Referendumsvorlage immer so formuliert, dass die Regierung die Bevölkerung um Zustimmung zu einem bestimmten Vorhaben bittet. Eine Ja-Entscheidung zum Referendum bedeutet also nicht Unterstützung derjenigen, die das Referendum ergreifen (die Gegner der Vorlage), sondern Unterstützung für die Regierung bzw. das Parlament. Ein obligatorisches Referendum gilt nur dann als angenommen, wenn sowohl eine Mehrheit der Stimmen (das Volksmehr) als auch eine Mehrheit der Kantone (das Ständemehr) die Vorlage der Regierung ablehnen (also mehrheitlich mit Nein gestimmt wurde).

Beim fakultativen Referendum ist lediglich eine Mehrheit der Stimmen erforderlich, um die Vorlage der Regierung abzulehnen. Bestimmte Bundesgesetze und völkerrechtliche Verträge unterliegen ebenfalls dem fakultativen Referendum. Ergreifen 50.000 Stimmberechtigte oder acht Kantone (in den meisten Kantonen besitzt das Kantonsparlament die entsprechende Kompetenz) innerhalb von 100 Tagen nach der amtlichen Veröffentlichung eines Erlasses das Referendum, so gilt das fakultative Referendum als zustande gekommen, und es kommt zu einer Volksabstimmung über das entsprechende Gesetz, den völkerrechtlichen Vertrag oder den entsprechenden Bundesbeschluss.

Die schweizerische Bundesverfassung unterscheidet zwischen zwei Arten von Volksinitiativen: der Volksinitiative auf Totalrevision der Verfassung und der Volksinitiative zur Aufhebung, Änderung oder Neuschaffung eines Verfassungsartikels in Form einer allgemeinen Anregung oder eines konkret ausformulierten Verfassungsartikels (Partialrevision). Beide Arten von Initiativen können durch 100.000 Stimmberechtigte ausgelöst werden. Kommt eine Volksinitiative zustande, wird sie von der Exekutive und beiden Kammern des Parlamentes beraten und dem Volk zusammen mit einer Abstimmungsempfehlung zur Abstimmung unterbreitet. Das Parlament kann einer Initiative zudem in der Abstimmung einen Gegenvorschlag gegenüber stellen. Die Stimmberechtigten sind dann nicht nur aufgefordert, über die Initiative, sondern auch über den vom Parlament ausgearbeiteten Gegenvorschlag zu befinden. Die Annahme einer Volksinitiative oder eines parlamentarischen Gegenvorschlags erfordert wie beim obligatorischen Referendum sowohl eine Mehrheit der Stimmen als auch die Zustimmung der Mehrheit der Kantone. Erreichen sowohl die Initiative als auch der Gegenvorschlag die Standes- und Stimmenmehrheit, so entscheidet das Stimmenmehr bei der sogenannten Stichfrage darüber, welche der beiden Vorlagen angenommen wird. Diese Stichfrage, die Initiativen mit Gegenvorschlag beigefügt ist, fragt die Stimmberechtigten, ob sie die erstere oder letztere Vorlage bevorzugen, sollten beide Vorlagen angenommen werden.

Seit der Gründung des schweizerischen Bundesstaates, d. h. von 1848 bis März 2015, wurden in der Schweiz 218 obligatorische Referenden abgehalten. Davon wurden etwa drei Viertel (163 Vorlagen, d. h. rund 75 Prozent) angenommen. 177 fakultative Referenden wurden dem Volk zur Abstimmung unterbreitet, von denen etwas mehr als die Hälfte (99 Vorlagen, d. h. rund 56 Prozent) auch angenommen wurden. Im selben Zeitraum wurden dem Volk 200 Initiativen zur Abstimmung vorgelegt (davon 16 mit Gegenentwurf des Parlamentes). Die meisten davon wurden abgelehnt (22 angenommene Initiativen, d. h. rund 11 Prozent, und sechs angenommene Gegenvorschläge, d. h. rund 38 Prozent der insgesamt 16 Gegenvorschläge) (Bundesamt für Statistik, 2015).

Europäische Union

Die Verträge der Europäischen Union sehen ein direktdemokratisches Instrument vor: die Europäische Bürgerinitiative (Art. 11, Abs. 4 EU-Vertrag). Dieses Instrument wurde erstmals im Rahmen des Vertrages über eine Verfassung für Europa (VVE) vorgesehen und nach dessen Scheitern im Jahr 2005 in den 2009 in Kraft getretenen Vertrag von Lissabon übernommen. Mittels der Europäischen Bürgerinitiative kann ab dem 1. April 2012 die Europäische Kommission dazu aufgefordert werden, einen Gesetzesentwurf zu einem bestimmten Thema vorzulegen. Eine Volksabstimmung ist jedoch nicht vorgesehen. Deshalb handelt es sich hier wie beim österreichischen Volksbegehren eher um eine Petition. Der Anwendungsbereich ist zudem auf politische Sachbereiche beschränkt, in denen die Kommission gemäß EU-Vertrag und Vertrag über die Arbeitsweise der EU (AEU-Vertrag) zuständig ist. Ausgenommen sind damit insbesondere Themen, die eine Vertragsreform betreffen, z. B. der Beitritt neuer Staaten oder die Neuverteilung der politischen Kompetenzen innerhalb der EU. Voraussetzung für das Zustandekommen einer Europäischen Bürgerinitiative ist das Vorliegen einer Million Unterschriften aus mindestens einem Viertel der EU-Mitgliedstaaten. Um bei diesem Viertel berücksichtigt zu werden, muss in einem Mitgliedstaat eine Mindestanzahl von Unterschriften erreicht werden – konkret die 750-fache Anzahl der Mitglieder des Europäischen Parlamentes dieses Staates. Die Mindestanzahl notwendiger Unterschriften variiert somit sehr stark zwischen den Mitgliedstaaten und reicht von 3.750 in Malta bis zu 74.250 Unterschriften in Deutschland. Referenden auf EU-Ebene, obligatorische oder fakultative, sind im derzeitigen politischen System der EU nicht vorgesehen.

7.3 Politische Auswirkungen unterschiedlicher Referendumstypen

Wenden wir uns nun den Auswirkungen der verschiedenen Referendumsarten auf das Verhalten von Politikern und Stimmberechtigten, auf den politischen Prozess sowie auf die Struktur des politischen Systems zu. Zuerst beleuchten wir die Effekte des obligatorischen und fakultativen Referendums, wie sie in der Schweiz verwirklicht sind. Danach wenden wir uns den Effekten des Regierungsreferendums zu, das beispielsweise in Österreich und Frankreich existiert.

7.3.1 Das obligatorische und fakultative Referendum

Um die Funktionen und Wirkung von Referenden zu untersuchen, stellen wir uns zunächst die folgende Frage: Wann kommt es zur Auslösung eines Referendums? Im Falle des obligatorischen Referendums ist die Antwort trivial, denn dessen Auslösung ist von der Verfassung oder einem Gesetz zwingend vorgeschrieben.

Im Falle des fakultativen Referendums ist die Antwort etwas komplizierter. Linder (2005: 256–58) hat dazu ein stark vereinfachendes, jedoch sehr hilfreiches Modell entwickelt, in dem die strategischen Überlegungen des referendumsergreifenden Akteurs im Mittelpunkt stehen. Das Modell geht davon aus, dass der Referendumsergreifer das Inkrafttreten einer Parlaments- bzw. Regierungsvorlage verhindern möchte, weil diese Vorlage ihn schlechter stellen würde als die bisher gültige Gesetzeslage, der sogenannte Status quo. Somit kommt es nie zu einem Referendum, wenn bei einem Reformvorhaben niemand schlechter gestellt wird als im Status quo, was in der Realität allerdings höchst selten der Fall sein dürfte. Zu den meisten Reformvorhaben (z. B. eine Erhöhung der Verteidigungsausgaben oder eine Kürzung der Renten) formieren sich gegnerische Lager, welche zumindest theoretisch ein fakultatives Referendum gegen die Vorlage ergreifen könnten. Vor diesem Hintergrund stellt sich nun die Frage, wie das fakultative Referendum das Verhalten der Reformbefürworter und -gegner beeinflusst.

Die Reformer sind daran interessiert, die Gesetzeslage so zu verändern, dass sie ihren Idealvorstellungen möglichst entspricht. In rein repräsentativen Demokratien benötigen sie dafür in der Regel eine einfache Mehrheit im Parlament. Die Reformer werden also von ihren Idealvorstellungen gerade soweit abweichen, dass sie die Reformvorlage noch durch das Parlament bringen. Können Reformgegner nun ein fakultatives Referendum gegen eine Reformvorlage ergreifen, so müssen die Reformbefürworter auch diese Möglichkeit in der von ihnen angestrebten Veränderung des Status quo berücksichtigen. In einer Referendumsdemokratie müssen Reformer also nicht nur die Machtverhältnisse im Parlament berücksichtigen, sondern auch diejenigen von gesellschaftlichen Gruppen außerhalb des Parlamentes. Je stärker sich dabei die parlamentarischen von den gesellschaftlichen Machtverhältnissen unterscheiden, desto eher ist das fakultative Referendum aus der Sicht der Reformer eine zusätzliche Beschränkung in der Verfolgung ihrer Idealvorstellungen.

Nicht jede gesellschaftliche Gruppierung ist jedoch in der Lage, die notwendigen Unterschriften fristgerecht zu sammeln und eine erfolgreiche Referendumskampagne zu führen. Da die Ergreifung eines fakultativen Referendums auch mit erheblichen Kosten verbunden ist, werden also nur diejenigen Reformgegner ein fakultatives Referendum ergreifen, die stark genug sind, die notwendigen Unterschriften zu sammeln und mit ausreichend hoher Wahrscheinlichkeit die darauffolgende Referendumsabstimmung für sich entscheiden können. Die Stärke der Reformgegner hängt einerseits von ihrer Organisations- und Konfliktfähigkeit (siehe Abschnitt 9.1.3 in Kapitel 9), andererseits von den Präferenzen der Bürger ab. Denn je besser eine gesellschaftliche Gruppe organisiert ist, je mehr Mitglieder sie zählt und mobilisieren kann, je mehr Ressourcen sie zur Verfügung hat, und je eher ihre Haltung den Präferenzen einer Mehrheit der Stimmberechtigten entspricht, desto eher ist sie in der Lage, eine erfolgreiche Referendumskampagne zu führen. Je stärker also die Opposition gegenüber einem Reformvorhaben ist, desto größer ist die Erfolgswahrscheinlichkeit eines Referendums.

Somit müssen die Reformbefürworter auch nicht alle existierenden gesellschaftlichen Oppositionsgruppen bei der Ausarbeitung der Reformvorlage berücksichtigen, sondern nur diejenigen, die stark genug sind, um eine erfolgreiche Referendumskampagne zu führen. Welche Gruppen das sind, hängt primär vom Inhalt der Reform ab und kann sich im Laufe der Zeit verändern. Politik im Schatten des fakultativen Referendums ist somit an einer wechselseitigen Risikoabwägung zwischen Reformbefürworter und -gegner gekoppelt. Die Reformer versuchen, die Reformvorlage so nah wie möglich an ihre Idealvorstellungen zu bringen, ohne dadurch ein fakultatives Referendum auszulösen und damit die Möglichkeit einer Abstimmungsniederlage zu riskieren. Die Opposition hingegen versucht, die Reformvorlage via fakultativem Referendum zu verhindern, wobei sie Kosten und Erfolgswahrscheinlichkeit einer Referendumskampagne berücksichtigt, da sie eine kostspielige Abstimmungsniederlage verhindern möchte.

Abbildung 7.2 veranschaulicht die Entscheidungslogik fakultativer Referenden. Betrachten wir zuerst den oberen Teil der Grafik. Die horizontale Achse stellt das Ausmaß der vorgeschlagenen Veränderung gegenüber dem Status quo dar. Links liegt der Status quo, rechts der Idealpunkt der Reformbefürworter, also diejenige Veränderung einer Politik, welche die Reformer idealerweise erreichen möchten. Ihr Nutzen ist dann am größten, wenn ihre Interessen möglichst unverwässert in den Gesetzestext einfließen und die geltende Rechtslage nach der Reform ihrem Idealpunkt entspricht. Die vertikale Achse in der oberen Grafik von Abbildung 7.2 misst den Nutzen der Reformer. Die Gerade, die von links unten nach rechts oben führt, stellt den angenommenen Zusammenhang zwischen gesetzlicher Veränderung und dem Nutzen aus Sicht der Reformbefürworter dar. Je näher die Reform die Gesetzeslage in Richtung des Idealpunktes der Reformbefürworter rückt, desto größer ist ihr Nutzen. Verfügten die Reformer über eine parlamentarische Mehrheit und müssten die Reformer die Möglichkeit eines fakultativen Referendums nicht berücksichtigen, so würden sie ihren Idealpunkt wählen, denn dieser maximiert ihren Nutzen (N_{max}).

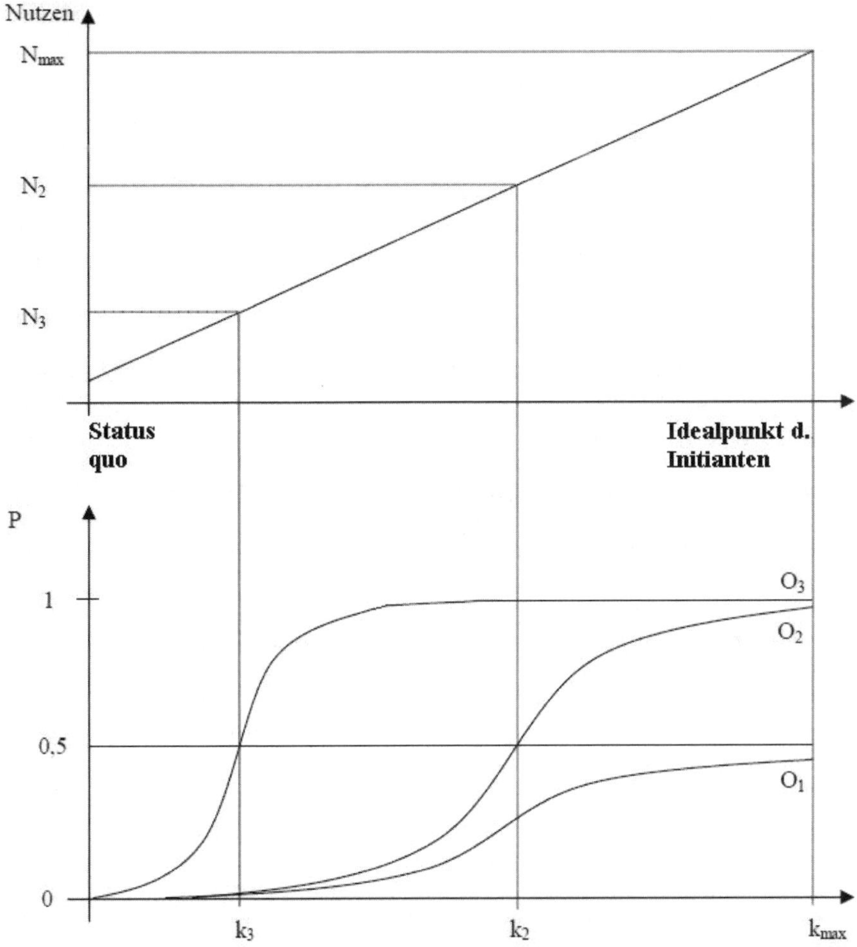

Abbildung 7.2: Entscheidungslogik fakultativer Referenden

Quelle: Linder (2005: 257)

Das fakultative Referendum, wie es z. B. in der Schweiz existiert, erschwert jedoch dieses Unterfangen. Der Erfolg der Reformbefürworter hängt nämlich aufgrund dieser Referendumsmöglichkeit auch von der Stärke gesellschaftlicher Oppositionsgruppen ab. Die untere Grafik in Abbildung 7.2 zeigt drei unterschiedlich starke Reformgegner.

Wie in der oberen Grafik misst die horizontale Achse, wie stark eine Politik den Status quo verändert. Die vertikale Achse zeigt die Erfolgswahrscheinlichkeit eines fakultativen Referendums (P), sofern dieses von der Opposition ergriffen wird. Die drei Linien O_1, O_2 und O_3 stellen drei unterschiedlich starke Reformgegner dar, wobei O_3 stärker als O_2 und O_2 stärker als O_1 ist. Diese Unterschiede werden daraus ersichtlich, dass mit zunehmendem Veränderungsgrad der Reformvorlage die Erfolgswahrscheinlichkeit eines durch O_3 ergriffenen fakultativen Referendums schneller zunimmt als im Falle von O_2 und O_1. Je geringer also die von einer Vorlage angestrebte Veränderung gegenüber dem Status quo, desto stärker muss die Opposition sein, um die Vorlage durch ein erfolgreiches Referendum zu verhindern.

Wie beeinflusst nun die Oppositionsstärke das Verhalten der Reformer? Auch in dieser Situation werden die Reformbefürworter ihren Nutzen zu maximieren versuchen, indem sie ein Gesetz verabschieden, das so nahe wie möglich bei ihrem Idealpunkt liegt. Neben den politischen Kräfteverhältnissen im Parlament müssen sie nun allerdings auch noch die Stärke gesellschaftlicher Oppositionsgruppen berücksichtigen. Denn ist die Opposition stark genug und liegt die neue Rechtslage nach Verabschiedung der Reform im Parlament zu weit vom Status quo entfernt, riskieren die Reformbefürworter, dass die Gegner das Referendum ergreifen und die darauffolgende Abstimmung gewinnen. Falls Letzteres eintrifft, bleibt die Politik beim Status quo, womit die Reform gescheitert wäre. Die Reformer werden somit einen Veränderungsgrad anstreben, bei welchem das Risiko eines erfolgreichen Referendums (=1 minus die Erfolgswahrscheinlichkeit eines ergriffenen Referendums) bei einer bestimmten Oppositionsstärke nicht zu hoch ist. In Abbildung 7.2 nehmen wir an, dass das maximale Referendumsrisiko, welches die Reformer zu tragen bereit sind, 0,5 beträgt. D. h., sie werden ihr Reformvorhaben soweit dem Status quo annähern, bis die Erfolgswahrscheinlichkeit eines Referendums für eine bestimmte Opposition weniger als 0,5 beträgt. Je stärker die Opposition ist ($O_3 > O_2$), desto mehr Kompromisse müssen die Reformbefürworter machen, um überhaupt eine Veränderung der Gesetzeslage herbeizuführen ($k_3 < k_2$ und $N_3 < N_2$). Ist die Opposition hingegen so schwach (O_1), dass unabhängig vom Ausmaß der Politikveränderung die Wahrscheinlichkeit eines erfolgreichen Referendums nie größer als 50 Prozent ist ($P<0,5$), so ist der Handlungsspielraum der Reformer durch die Referendumsmöglichkeit nicht eingeschränkt. Sie werden somit den gleichen Veränderungsgrad der Politik wählen, den sie auch ohne fakultative Referendumsmöglichkeit gewählt hätten, nämlich ihren Idealpunkt ($N_{max}= k_{max}$).

Weshalb kommt es überhaupt zu fakultativen Referenden, wenn die Reformbefürworter die Beschränkung ihrer Handlungsfreiheit antizipieren und den Veränderungsgrad der von ihr angestrebten Reform entsprechend anpassen – ganz nach dem Motto „lieber den Spatz in der Hand als die Taube auf dem Dach“? Der Hauptgrund ist die unvollständige Information der involvierten Akteure. Das soeben besprochene Modell nimmt an, dass alle Akteure über vollständige Information verfügen (d. h., alle Akteure kennen alle Parameter der Entscheidungssituation und wissen, was ihre Mitspielenden wissen). Wäre diese Annahme empirisch wahr, käme es praktisch nie zu fakultativen Referenden, denn die Reformbefürworter würden die Organisations- und Konfliktfähigkeit aller Reformgegner und die Präferenzen der Stimmbürger genau kennen. Sie würden somit nur diejenigen Gesetzesänderungen anstreben, bei denen die Erfolgswahrscheinlichkeit eines Referendums so gering ist, dass die Reformgegner auf die Lancierung eines Referendums verzichten würden.

In der Realität verfügen aber weder die Reformbefürworter noch die Reformgegner über vollständige Information. Die momentanen Präferenzen der Stimmberechtigten sind z. B. weder den Reformern noch der Opposition genau bekannt. Zudem ist es äußerst schwer vorhersehbar, wie diese Präferenzen zum Zeitpunkt eines Referendums aussehen werden, da zwischen der Ergreifung eines Referendums und der Abstimmung in der Regel mehrere Monate liegen. Des Weiteren kann es vorkommen, dass die Reformer die Organisations- und Konfliktfähigkeit der diversen Reformgegner unterschätzen, die Gegner ihre eigenen Kräfte überschätzen oder sich bereits öffentlich so stark an ihre eigene Referendumsdrohung gebunden haben, dass sie selbst ein aussichtsloses Referendum ergreifen müssen, um gegenüber ihre Anhängerschaft nicht an Glaubwürdigkeit zu verlieren. Fakultative Referenden sind somit grundsätzlich das Resultat von Fehleinschätzungen der involvierten Akteure bei der Risikoabwägung unter unvollständiger Information.

Die Auswirkungen des obligatorischen Referendums auf den politischen Prozess sind praktisch identisch mit denjenigen des fakultativen Referendums. Im Unterschied zum fakultativen Referendum kommt es beim obligatorischen Referendum allerdings automatisch zu einer Abstimmung. Erwägt die Gesetzgeberin somit eine Veränderung des Status quo, muss sie stets die Organisations- und Konfliktfähigkeit möglicher Reformgegner und die Präferenzen der Bürger berücksichtigen. Damit existiert keine Unsicherheit darüber, ob Reformgegner tatsächlich ein Referendum ergreifen werden. Auch beim obligatorischen Referendum besitzen jedoch weder die Reformer noch die Opposition genug Informationen, um genau abschätzen zu können, wie eine Abstimmung ausgehen wird.

Sowohl das fakultative als auch das obligatorische Referendum wirken zugunsten der bestehenden Rechtslage, da sie Veränderungen des Status quo erschweren. Diese Wirkung entfaltet das fakultative Referendum auch dann, wenn es nicht zur Anwendung kommt oder die Stimmbürger zugunsten der Vorlage votieren, denn die Befürworter einer Reform müssen bei ihrem Vorhaben stets die Möglichkeit eines Referendums berücksichtigen. Es wäre also falsch davon auszugehen, dass fakultative Referenden nur dann eine sachpolitische Wirkung entfalten, wenn es zu einer Abstimmung kommt.

Der konservativen, den Status quo erhaltenden, Wirkung des Referendums steht jedoch seine Integrationswirkung gegenüber. Diese entsteht, weil die oben beschriebene Referendumslogik dafür sorgt, dass keine politisch bedeutende Gruppe auf Dauer ohne Einfluss auf sie betreffende politische Entscheidungen bleibt. Das obligatorische und fakultative Referendum sorgen ferner dafür, dass die parlamentarische Mehrheit ihren Willen nicht uneingeschränkt auf Kosten politischer und gesellschaftlicher Minderheiten durchsetzen kann. Sie zwingen somit die unterschiedlichen politischen und gesellschaftlichen Kräfte zu Kompromissen.

Wie bei der Stärkung des Status quo entfaltet sich auch die Integrationswirkung des fakultativen Referendums nicht nur dann, wenn die Reformgegner eine Referendumsabstimmung gewinnen. Sie entfaltet sich auch dann, wenn niemand das fakultative Referendum ergreift. Diese kontinuierliche integrative Wirkung zeigt sich z. B. in einer bestimmten Eigenheit des schweizerischen Gesetzgebungsprozesses, dem sogenannten vorparlamentarischen Vernehmlassungsprozess. In diesem wird ein Gesetzesentwurf in der Ausarbeitungsphase den Kantonen, Parteien, Verbänden und Interessengruppen zugestellt. Diese können zum Gesetzesentwurf Stellung nehmen und Änderungsvorschläge einbringen. Die Regierung kann dann entscheiden, welche Änderungsvorschläge sie (bzw. die Bundesverwaltung) noch in eine Vorlage einbauen möchte, bevor diese an die beiden Parlamentskammern zur Beratung und Entscheidung überwiesen wird. Ziel des Vernehmlassungsprozesses ist es, eine umfassende Beteiligung der interessierten politischen Akteure außerhalb von Regierung und Parlament sicherzustellen, und somit das Risiko eines fakultativen Referendums zu reduzieren.

Dennoch verbleibt ein Restrisiko, dass es zu einem fakultativen Referendum gegen ein Vorhaben von Regierung und Parlament kommt. Einerseits bleibt es dem Bundesrat (der Regierung in der Schweiz) und dem Parlament überlassen, ob und wie weit sie die im Vernehmlassungsverfahren vorgebrachten Stellungnahmen und Änderungsvorschläge berücksichtigen. Andererseits können die Leitungsgremien der in der Vernehmlassung konsultierten Verbände und Interessengruppen ihre Mitglieder nur begrenzt kontrollieren. Damit kann es durchaus passieren, dass politische Akteure, die am Vernehmlassungsprozess beteiligt waren und sich mit der Gesetzesänderung ursprünglich einverstanden erklärt hatten, später dennoch das Referendum ergreifen. Außerdem können sich die gesellschaftlichen und wirtschaftlichen Rahmenbedingungen über die Zeit verändern, da zwischen dem Vernehmlassungsprozess und der Verabschiedung eines Gesetzes im Parlament meist einige Monate vergehen. Politische Akteure können somit in der Zwischenzeit ihre Haltung gegenüber einer Vorlage ändern.

Das fakultative Referendum ist somit ein wichtiges direktdemokratisches Instrument, das von größeren politischen Lagern bis hin zu Kleinparteien, von mächtigen Interessengruppen und Verbänden ebenso wie von spontanen, themenzentrierten Gruppierungen genutzt wird. Aus den bisherigen Ausführungen wird aber auch deutlich, dass nicht jede Gruppierung im vorparlamentarischen Vernehmlassungsprozess gleichermaßen berücksichtigt wird. Gruppierungen, deren Referendumsdrohung unglaubwürdig ist, da sie über eine zu geringe Organisations- und Konfliktfähigkeit verfügen, werden ohne ein entsprechendes Bündnis mit anderen Gruppen im Entscheidungsprozess nicht berücksichtigt. Zudem wird der Gesetzgeber selbst glaubwürdige Referendumsdrohungen gut organisierter Opponenten einer Gesetzesvorlage dann eher ignorieren, wenn ein solches Referendum bei einer Abstimmung voraussichtlich keine Mehrheit finden wird.

7.3.2 Das Regierungsreferendum

Um die politischen Auswirkungen des Regierungsreferendums, welches nur von der Regierung ausgelöst werden kann, zu verstehen, ist es ebenfalls sinnvoll, mit der Frage nach dessen Auslösung zu beginnen. Die in Abbildung 7.1 dargestellte Typologie von Hug und Tsebelis (2002: 477–79) verdeutlicht den zentralen Unterschied zwischen dem vorher besprochenen fakultativen Referendum und dem Regierungsreferendum. Während ein fakultatives Referendum auch von Gruppen außerhalb des Regierungslagers ausgelöst werden kann, kann ein Regierungsreferendum nur durch die Regierungspartei(en) oder einem bestimmten Regierungsvertreter (z. B. das Staatsoberhaupt) ergriffen werden. In Frankreich kann z. B. gemäß Artikel 11 der Verfassung der Präsident ein nationales Referendum auslösen. In Österreich können eine Volksabstimmung über Gesetzesbeschlüsse des Bundes (Art. 43 B-VG) und eine Volksbefragung (Art. 49 b B-VG) nur auf Antrag einer Mehrheit des Nationalrats durchgeführt werden. Da im parlamentarischen Regierungssystem Österreichs die Regierung in der Regel über die Mehrheit im Nationalrat verfügt, handelt es sich bei diesen direktdemokratischen Instrumenten um Regierungsreferenden im Sinne von Abbildung 7.1.

Wir beginnen mit Überlegungen zu den Zielen, die eine Regierung mit der Ergreifung des Referendums verfolgt. Diese sind vielschichtiger als beim fakultativen Referendum, da das Regierungsreferendum per Definition kein Instrument der Opposition ist. Aus einer Vielzahl möglicher Ziele stechen zwei besonders hervor.

Ein erstes Ziel der Regierung kann die Ermittlung und Vergewisserung der öffentlichen Unterstützung für ein bestimmtes politisches Vorhaben sein. Ist eine politische Entscheidung von besonderer Tragweite, so kann die Regierung sich dazu entschließen, das Volk zu befragen. Damit lagert sie die wichtige Entscheidung und die damit verbundene politische Verantwortung aus. Sie zwingt zudem die Opposition zu einer öffentlichen Debatte und somit dazu, klar Stellung zu beziehen. Stimmt das Volk der Regierungsvorlage zu, stärkt dies die Legitimität der Regierungspolitik. Lehnt es die Regierungsvorlage ab, so schwächt dies die Stellung der Regierung. Beispiele für solche Regierungsreferenden sind etwa die Referenden in Spanien, den Niederlanden und Frankreich im Jahre 2005, als sich die Regierungen dieser Staaten entschieden, die von ihnen mit verantwortete EU-Verfassung einem Regierungsreferendum zu unterziehen. Die Verfassung wurde in Spanien mit 76 Prozent Ja-Stimmen angenommen, in Frankreich und den Niederlanden mit 55 respektive 61 Prozent Nein-Stimmen jedoch abgelehnt.

Der zweite Grund, weshalb Regierungen zum Regierungsreferendum greifen, ist, um Spannungen innerhalb der Regierungspartei oder -koalition zu überwinden. Besonders sensible politische Fragen, welche die Regierungspartei oder -koalition zu spalten drohen, können von der Regierung zum Referendum freigegeben werden, um damit durch eine „externe“ Entscheidung Uneinigkeit und Zwist in der Regierung zu vermeiden. Ein gutes Beispiel ist das rechtlich unverbindliche Referendum der britischen Labour Partei im Jahre 1974 über den Verbleib Großbritanniens in der Europäischen Gemeinschaft (EG, Vorläuferin der EU). Die Labour Partei war zu dieser Zeit europapolitisch gespalten. Der damalige Premierminister Harald Wilson mied es, die Frage im Parlament zu klären, da dies seine Partei einer Zerreißprobe ausgesetzt hätte. Darum unterstellte er kurz nach seinem Amtsantritt die Frage nach dem Verbleib Großbritanniens in der EG einem rechtlich unverbindlichen Referendum. Dieses sollte nicht nur die sachpolitische Frage klären, sondern auch den europapolitischen Grabenkämpfen innerhalb der Labour Partei ein Ende setzen.

Unabhängig davon, mit welchem Ziel und zu welchem Zweck ein Regierungsreferendum ergriffen wird, ist die Regierung jedoch meist gezwungen, eine Position zu beziehen. Sie ist in der Regel auch bestrebt, das Referendum zu gewinnen, denn eine Niederlage kann einen Legitimationsverlust bedeuten. Somit wird sich das Regierungslager stets genau überlegen, ob es das Risiko eines Referendums eingehen möchte oder nicht. In diesem Zusammenhang kommt der Abstimmungskampagne ein besonderes Gewicht zu, da sich die öffentliche Meinung je nach Thema innerhalb kurzer Zeit stark verändern kann. Die Entscheidung der Regierung für oder gegen ein Referendum hängt also auch davon ab, wie gut sich der Verlauf einer Referendumskampagne vorhersehen lässt. Tonsgaard (1992) nennt mehrere Faktoren, welche die Vorhersehbarkeit von Kampagnen bestimmen. Unvorhersehbare Referendumskampagnen zeichnen sich dadurch aus, dass sie keine eindeutige gesellschaftliche Konfliktlinie, keine eindeutige ideologische Haltung oder ein parteipolitisch noch völlig unbesetztes Thema zum Inhalt haben. Der Ausgang eines solchen Referendums ist kaum berechenbar und stark abhängig von der Haltung gesellschaftlicher Meinungsführer, der medialen Berichterstattung und von Kampagneneffekten. Eine Regierung wird deshalb davor zurückschrecken, ein solches Thema einem Regierungsreferendum zu unterstellen. Im Gegensatz dazu ist der Ausgang von Referenden, die eine klar definierte und ausgeprägte gesellschaftliche Spaltung, eine bestimmte ideologische Position, einen spezifischen Grundwert oder ein parteipolitisch klar besetztes Thema ansprechen, deutlich besser vorhersehbar. Die relative Stärke der Befürworter und Gegner ist hier abschätzbar und ändert sich meist im Verlauf der Kampagne nur noch geringfügig. Solche Themen eignen sich aus Sicht der Regierung eher für ein erfolgreiches Regierungsreferendum.

Dem Regierungsreferendum kommt also vor allem eine direkte, polit-strategische Wirkung zu. Es dient der Regierung primär als Instrument zur Festigung der eigenen politischen Haltung, zur Beilegung von Spannungen innerhalb der Regierungspartei oder -koalition und zur Schwächung der Opposition. Es wird in der Regel nur dann ergriffen, wenn die Regierung davon ausgehen kann, dass sie gewinnen wird. Gewinnt sie nicht, so erleidet sie einen Legitimationsverlust, welcher allenfalls den Rücktritt bestimmter Regierungsmitglieder oder das vorzeitige Ansetzen von Neuwahlen zur Folge haben kann.

Zahlreiche Beispiele für eine strategische Nutzung des Regierungsreferendums finden sich in der Geschichte Frankreichs. In den 1960er Jahren z. B. benutzte Präsident de Gaulle das Regierungsreferendum mehrfach dazu, sich und seine Politik gegenüber der Parlamentsmehrheit mittels einer Volksabstimmung durchzusetzen. Dabei koppelte er das Referendum stets an seine Person: Eine Ablehnung des Referendums kam so einer Ablehnung de Gaulles als Präsident gleich. Drei Mal gelang es ihm so, seine politischen Vorstellungen gegen den Willen des Parlamentes durchzusetzen. Als 1969 jedoch sein Vorschlag zur Dezentralisierung Frankreichs und zur Reform des Senats vom Volk knapp verworfen wurde, musste er der persönlichen Glaubwürdigkeit wegen seine Rücktrittsdrohung wahrmachen und legte sein Präsidentenamt nieder.

7.1 Sind Referendumsdemokratien bei internationalen Verhandlungen benachteiligt?

Viele politische Probleme lassen sich heute nur noch auf internationaler oder sogar globaler Ebene lösen. Regierungsvertreter handeln zu diesem Zweck internationale Verträge aus, die anschließend von den Regierungen unterzeichnet und in den einzelnen Ländern ratifiziert und umgesetzt werden müssen. Die Ratifikationsverfahren, die einen Vertrag für das betreffende Land rechtlich wirksam werden lassen, sind je nach Land unterschiedlich ausgestaltet. In Großbritannien z. B. genügt eine einfache Mehrheit im Unterhaus zur Ratifikation. Weil die Regierungspartei immer auch die Mehrheit im Unterhaus besitzt, ist die Ratifikation meist eine reine Formsache. Im Gegensatz dazu unterliegen völkerrechtliche Verträge, deren Umsetzung den Erlass von Bundesgesetzen erfordern, in der Schweiz dem fakultativen Referendum. Damit kann eine Schweizer Verhandlungsführerin die Ratifikation eines internationalen Abkommens nicht garantieren. Da Verlässlichkeit in internationalen Verhandlungen wichtig ist, stellt sich die Frage, ob Referendumsdemokratien, wie etwa die Schweiz, aufgrund des mit deutlich größerer Unsicherheit behafteten Ratifikationsprozesses mit Nachteilen in internationalen Verhandlungen rechnen müssen?

Robert Putnams (1988) Modell internationaler Verhandlungen erlaubt uns, dieser Frage systematisch nachzugehen. Internationale Verhandlungen haben in seinem Modell zwei Ebenen: Eine internationale, auf welcher die Regierungsvertreter der involvierten Staaten nach für beide Seiten akzeptablen Lösungen suchen; und eine nationale, auf welcher die Regierungen das auf internationaler Ebene erreichte Abkommen zu ratifizieren und umzusetzen versuchen. Ob Staaten in Verhandlungen über ein bestimmtes Problem zu einer Lösung kommen, und zu welcher, hängt in Putnams Modell von der Größe der sogenannten *winsets* aller beteiligten Staaten ab. Das *winset* eines Staates ist die Menge aller möglichen Verhandlungslösungen auf der internationalen Ebene, die im nationalen Ratifikationsprozess dieses Staates angenommen würden. Abbildung 7.3 veranschaulicht dies anhand bilateraler Verhandlungen zwischen den Staaten X und Y.

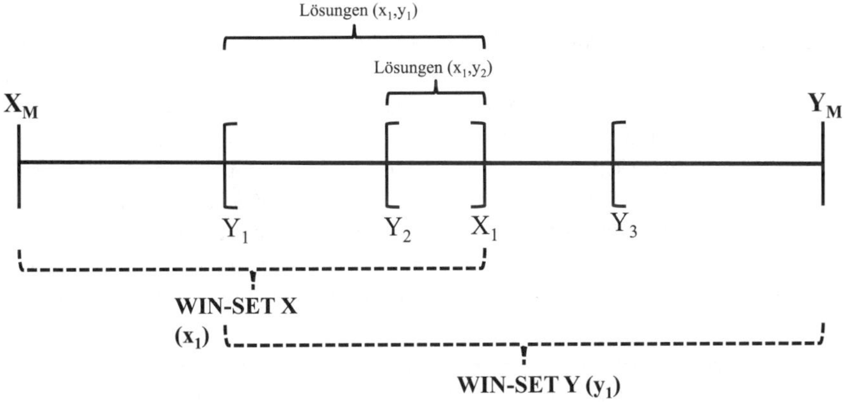

Abbildung 7.3: Eindimensionaler bilateraler Verhandlungsspielraum mit winsets

Quelle: Putnam (1988: 441); mit eigenen Anpassungen

X und Y befinden sich in einem Interessenkonflikt. Könnte sich X unilateral gegenüber Y durchsetzen, so würde X die für ihn optimale Lösung X_M wählen. Könnte sich Y unilateral gegenüber X durchsetzen, so würde Y die Verteilung Y_M wählen. In der Realität können sich aber weder X noch Y unilateral durchsetzen. Deshalb muss eine Lösung durch zwischenstaatliche Verhandlungen gefunden werden. Jeder Staat besitzt ausgehend von der aus seiner jeweiligen Sicht optimalen Konfliktlösung ein *winset.* Das *winset* von X umfasst alle Lösungen zwischen X_M und X_1, das *winset* von Y alle Lösungen zwischen Y_M und Y_1. Eine Verhandlungslösung ist dann möglich, wenn die *winsets* der beiden Staaten sich überschneiden, es also auf internationaler Ebene Verhandlungslösungen gibt, die sowohl von X als auch Y in den jeweiligen nationalen politischen Prozessen ratifizierbar sind. Für die *winsets* X_MX_1 und Y_MY_1 in Abbildung 7.3 ist dies der Fall, da alle Verhandlungsergebnisse zwischen X_1 und Y_1 von beiden Staaten ratifiziert würden. Wenn sich das *winset* von Y von Y_1 auf Y_2 verkleinert, reduziert sich der Verhandlungsspielraum. Doch es gibt immer noch Lösungen, die von beiden Staaten ratifizierbar sind. Verkleinert sich das *win-*

set von Y allerdings noch mehr, z. B. von Y_2 auf Y_3, so bleibt kein Verhandlungsspielraum mehr übrig. Ob gemäß diesem Modell ein zwischenstaatlicher Konflikt durch internationale Verhandlungen gelöst werden kann, hängt somit davon ab, ob die *winsets* der involvierten Staaten sich überschneiden. Letzteres wiederum hängt von der Größe der *winsets* ab.

Gemäß Putnam (1988: 441–52) bestimmen diverse internationale und nationale Faktoren die Größe des *winsets*. Ein besonders bedeutender und zur Beantwortung der einleitend gestellten Frage zentraler Faktor ist die institutionelle Struktur des Ratifikationsprozesses. Sie bestimmt den Ablauf und das Entscheidungskriterium, gemäß dem ein auf der internationalen Ebene abgeschlossener Vertrag auf einzelstaatlicher Ebene als angenommen und rechtlich bindend gilt. Ob ein internationaler Vertrag dem fakultativen Referendum untersteht oder nicht, hat einen Einfluss auf die *winset*-Größe eines Staates auf der internationalen Verhandlungsebene.

Untersteht ein internationales Abkommen dem fakultativen Referendum, muss nicht nur das Parlament, sondern im Falle eines Referendums auch das Volksmehr zustimmen. Diese Anforderung erhöht einerseits die Anzahl der involvierten Akteure und andererseits, je nach Disproportionalitätsgrad des Wahlsystems, die Heterogenität der zu berücksichtigenden Interessen. Das fakultative Referendum reduziert damit tendenziell die Größe des *winsets*. Diese Reduktion des *winsets* kann zwei Effekte auf zwischenstaatliche Verhandlungen haben. Einerseits führt sie zu einer Verringerung oder gar zum Verschwinden des Verhandlungsspielraums. Andererseits erhöht sie die Verhandlungsmacht der Regierung einer Referendumsdemokratie

Abbildung 7.3 verdeutlicht diese beiden gegenläufigen Effekte. Nehmen wir an, die *winsets* X_MX_1 und Y_MY_1 stehen für zwei parlamentarische Demokratien, in welchen die Ratifikation eines internationalen Abkommens die Zustimmung der großen Parlamentskammer mit einfachem Mehr erfordert. Untersteht das internationale Abkommen in Y nun aber dem fakultativen Referendum, so verringert sich das *winset* von Y. Je unterschiedlicher die Interessen zwischen der Parlamentsmehrheit und der Mehrheit der Stimmbürger ausfallen, desto kleiner ist das verbleibende *winset*. Ist der Interessenunterschied zwischen Parlaments- und Volksmehr gering und somit die Wahrscheinlichkeit eines erfolgreichen Referendums ebenfalls gering, so verkleinert sich das *winset* nur wenig (z. B. von Y_1 nach Y_2). In diesem Fall besteht nach wie vor ein Verhandlungsspielraum. Doch die nun verbleibende Menge an möglichen Verhandlungslösungen ist aus Sicht von Y im Durchschnitt besser als zuvor, da sie näher an der von Y bevorzugten unilateralen Lösung Y_M liegt. Die zusätzliche Ratifikationshürde des fakultativen Referendums hat die Verhandlungsmacht der Referendumsdemokratie erhöht. Dadurch hat sich die Lösungsmenge zugunsten von Y verschoben. Besteht jedoch ein großer Interessenunterschied zwischen Parlaments- und Volksmehr, so wird das *winset* deutlich kleiner, eventuell sogar so klein, dass kein Verhandlungsspielraum mehr existiert (z. B. bei einer Verschiebung von Y_1 nach Y_3). Je nach Art des Konfliktes wirkt sich dies zum Nachteil beider oder primär eines der beiden Staaten aus.

Putnams (1988) Modell zeigt, dass die Antwort auf die Frage, ob Referendumsdemokratien in internationalen Verhandlungen benachteiligt sind, mit Nein beantwortet werden kann. Lediglich wenn der Interessenunterschied zwischen Parlaments- und Volksmehrheit sehr groß ist, was in einer gut funktionierenden Demokratie nur selten der Fall sein sollte, besteht die Möglichkeit, dass das fakultative Referendum eine Lösung des Konfliktes auf dem Verhandlungsweg verunmöglicht. In allen anderen Fällen erhöht das fakultative Referendum die Verhandlungsmacht der Regierung der Referendumsdemokratie sogar, indem das Referendum die Menge der möglichen Verhandlungslösungen zugunsten der Referendumsdemokratie verschiebt.

7.4 Die politischen Auswirkungen von Initiativen

7.4.1 Die schweizerische Volksinitiative

Lässt sich das fakultative Referendum aufgrund seiner Tendenz zur Aufrechterhaltung des Status quo als Bremse im Gesetzgebungsprozess verstehen, so kann die Volksinitiative als Gaspedal bezeichnet werden. Dies trifft insofern zu, als dass die Initiative in der Regel eine Veränderung des Status quo anstrebt. Das Ziel der Initianten ist die rechtliche Verankerung einer Neuerung. Sie verfolgen meist Anliegen, welche die parlamentarische Mehrheit entweder nicht unterstützt oder nicht als vorrangig betrachtet. Volksinitiativen werden daher selten von Parteien der politischen Mitte lanciert, sondern häufiger von Parteien am linken und rechten Rand des politischen Spektrums.

Volksinitiativen weisen in langjährigem Durchschnitt deutlich geringere Erfolgschancen bei Volksabstimmungen auf als Referenden. Die Erfolgsquote von Volksinitiativen liegt in der Schweiz bei rund 11 Prozent, diejenige von fakultativen Referenden dagegen bei rund 56 Prozent und jene von obligatorischen Referenden bei rund 75 Prozent. Erstaunlicherweise liegt die Anzahl der in der Schweiz zwischen 1848 und April 2015 lancierten bzw. zustande gekommenen Volksinitiativen (437, davon zustande gekommen sind 313) deutlich höher als die Anzahl an fakultativen Referenden (210, davon zustande gekommen sind 179). Allerdings werden Volksinitiativen relativ häufig vor der Volksabstimmung zurückgezogen (94 der 313 zustande gekommenen Volksinitiativen, also rund 30 Prozent, wurden zurückgezogen), während zustande gekommene Referenden immer auch zur Volksabstimmung gelangen (Schweizerische Bundeskanzlei, 2015).

Womit lassen sich die Häufigkeit von Volksinitiativen trotz geringer Erfolgsaussichten und ihr häufiger Rückzug erklären? Die Erklärung liegt in den unterschiedlichen Zielen, welche die Akteure mit der Lancierung einer Volksinitiative verfolgen. Im Gegensatz zum fakultativen Referendum ist bei Volksinitiativen der Abstimmungserfolg nur eines der möglichen Ziele. Gemäß Linder (2005: 256–66) kann die Volksinitiative vier unterschiedlichen Zwecken dienen:

1. *Direkte Durchsetzung einer Forderung gegenüber der Regierung und dem Parlament – die Volksinitiative als Ventil:* Keine Regierung und kein Parlament der Welt sind davor gefeit, wichtige gesellschaftliche Veränderungen zu übersehen oder zu unterschätzen. Hier setzt die Volksinitiative an: Protest, Unzufriedenheit und Empörung können durch dieses Instrument in geordneten Bahnen und entscheidungs-

wirksam in das politische System gespeist werden. Die Volksinitiative ist das Instrument zur „legalen Revolution“ durch die Oppositionskräfte. Letztere können hoffen, dass die Mehrheit des Volkes ihren von Regierung und Parlament ignorierten oder vernachlässigten Forderungen zum Durchbruch verhilft. Der direkte Erfolg ist allerdings die Ausnahme. Durchschnittlich erreichen Volksinitiativen auf nationaler Ebene in der Schweiz nur einen Ja-Stimmenanteil von ungefähr 30 Prozent.

2. *Indirekter Erfolg gegenüber Regierung und Parlament – die Volksinitiative als Schwunggeber und Verhandlungspfand:* Einige Teile des Gesamtanliegens der Initianten können auch ohne Abstimmungserfolg zur Umsetzung gelangen. Dies ist dann der Fall, wenn allein der Druck der Volksinitiative dazu führt, dass Regierung und Parlament einen Gegenvorschlag ausarbeiten, mit dem sie Teile der Forderungen der Initiative erfüllen. Die Volksinitiative ist in diesem Fall ein Verhandlungspfand. Zum indirekten Erfolg einer Volksinitiative zählt auch, wenn sie zwar abgelehnt wird, einzelne Teile jedoch in der späteren Gesetzgebung berücksichtigt werden. Die Volksinitiative gibt dem politischen Prozess damit den nötigen Schwung, um zu einer politischen Entscheidung zu kommen. Empirische Untersuchungen für die Schweiz zeigen, dass diese indirekten Effekte viel bedeutsamer sind als die direkten Effekte. Rund ein Drittel aller Volksinitiativen hinterlassen Spuren in der späteren Gesetzgebung (Linder, 2005: 265).
3. *Mobilisierung neuer politischer Tendenzen und Themen – die Volksinitiative als Katalysator:* Die Volksinitiative erlaubt auch das Aufgreifen von Themen und Vorschlägen, welche die Regierungsmehrheit von der politischen Agenda fernhalten will. Damit erweitert sie den Raum des politisch Denkbaren und die politische Agenda. Im Gegensatz zur Initiative, die als Verhandlungspfand oder Schwunggeberin dient, ist in diesem Fall die Zeit für eine gesetzgeberische Umsetzung noch nicht reif. Der Druck der Initiative zwingt Regierung und Parlament jedoch zur Debatte und vermag so, eine politische Neuorientierung einzuleiten. Neuen Prioritäten und Interessen wird somit der politische Weg geebnet.
4. *Interne Mobilisierung und Selbstinszenierung – die Volksinitiative als Wahlhelferin:* Politische Akteure können schließlich mittels einer Volksinitiative auch Interessen verfolgen, die über die inhaltlichen Ziele der Initiative hinausgehen. Neue soziale Bewegungen oder in der breiten Öffentlichkeit eher unbekannte Gruppen können vor allem eine Steigerung ihres Bekanntheitsgrades zum Ziel haben. Politische Parteien, insbesondere kleine Parteien, Parteien an den Rändern des politischen Spektrums oder Parteien, die einen Einbruch in der Wählergunst erleben, können die Volksinitiative auch als Wahlhelferin einsetzen, um die Bevölkerung in Unterschriftensammlungen oder bei Abstimmungen kurz vor Wahlen für ihr politisches Hauptanliegen zu mobilisieren.

Initianten wägen bei der Lancierung einer Volksinitiative zwischen der Erfolgswahrscheinlichkeit und dem Innovationsgehalt ihrer Forderungen ab. Die Entscheidungslogik ähnelt dabei dem des fakultativen Referendums: Die Initianten erreichen ihren maximalen Nutzen, wenn die Rechtslage nach Annahme der Initiative ihrem Idealpunkt entspricht. Je kleiner die Koalition, desto homogener sind die politischen Interessen ihrer Mitglieder und desto weiter kann ihr Idealpunkt vom Status quo entfernt liegen.

Diese Distanz vom Status quo ist aus zwei Gründen größer als diejenige der Regierungsmehrheit und der Volksmehrheit. Erstens weisen die Regierungs- und die Volksmehrheit in der Regel eine größere Interessenvielfalt auf als die Koalition der Initianten. Dadurch liegt die Veränderung einer bestimmten Politik, auf die sie sich einigen können, tendenziell näher beim Status quo als im Falle der Initianten. Zweitens dürften sowohl die Regierungs- als auch die Volksmehrheit in der Nähe des Status quo liegen, weil die Regierung sonst die Rechtslage bereits in Richtung ihrer bevorzugten Politik angepasst hätte.

Die Akzeptanzwahrscheinlichkeit einer Volksinitiative steigt somit, je näher die Forderung der Initianten beim Status quo liegt. Gleichzeitig nimmt der Veränderungs- und Innovationsgrad einer Initiative jedoch ab. Dieser Zielkonflikt ist in Abbildung 7.4 dargestellt.

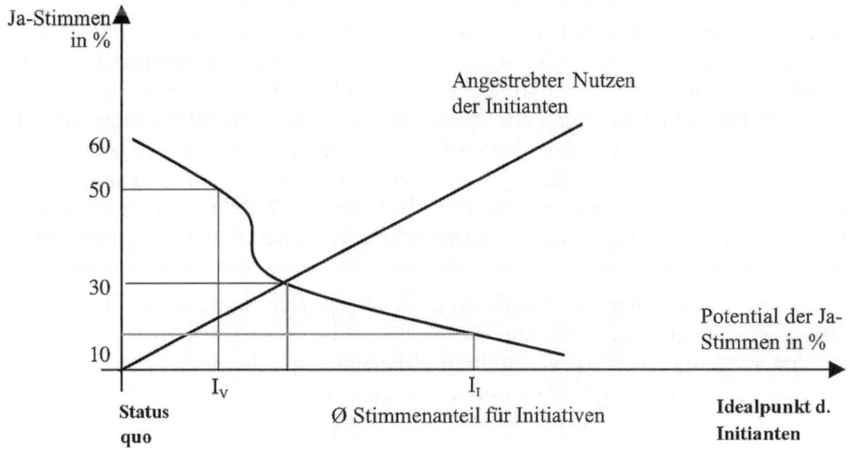

Abbildung 7.4: Entscheidungslogik bei der Volksinitiative

Quelle: Linder (2005: 267)

Der genannte Zielkonflikt lässt sich auflösen, wenn sich die Initianten über den Zweck ihrer Initiative einig sind. Bezweckt diese hauptsächlich eine Änderung der Politik in die von den Initianten gewünschte Richtung (hin zu ihrem Idealpunkt), werden die Initianten in der Regel bereit sein, Kompromisse einzugehen, um wenigstens einen Teil ihrer Forderungen zu verwirklichen. Solche Kompromisse sind der Preis, der für den direkten Erfolg an der Urne oder den indirekten Verhandlungserfolg via parlamentarischem Gegenvorschlag bezahlt werden muss (siehe I_V in Abbildung 7.4). Die Initianten verlagern ihre Forderungen also in Richtung des Status quo, machen die Initiative damit mehrheitsfähiger und erhöhen so ihre Annahmewahrscheinlichkeit in der Volksabstimmung.

Um gleichzeitig den Veränderungsgrad in Richtung Idealpunkt und die Annahmewahrscheinlichkeit zu maximieren, versuchen Initianten oft, mehrere gesellschaftliche Konfliktlinien in einer Initiative zu vereinen und somit eine möglichst große Mehrheit für ihr Anliegen zu gewinnen. Der Einbindung mehrerer Konfliktlinien sind jedoch in der Regel enge Grenzen gesetzt. So sind etwa in der Schweiz Initiativen, die unterschiedliche Sachfragen miteinander verknüpfen, gemäß Art. 139 Abs. 2 der Bundesverfassung vom Parlament für ganz oder teilweise ungültig zu erklären.

Ist das Ziel der Initianten hingegen die Mobilisierung der Stimmbürger in Bezug auf neue politische Themen, so werden sie eher einen hohen Veränderungsgrad anstreben, auch wenn dies die Chancen auf einen Abstimmungserfolg verringert (I_I in Abbildung 7.4). Den Initianten geht es in diesem Fall primär darum, eine politische Debatte auszulösen, die längerfristig einen gesellschaftlichen Wandel und eine Legitimierung ihrer Forderungen ermöglicht. Die Mitglieder der „Gruppe für eine Schweiz ohne Armee" (GSoA) konnten sich z. B. im Jahre 1989 kaum eine Chance ausrechnen, dass ihre radikale Initiative für die Abschaffung der Schweizer Armee in der Volksabstimmung angenommen werden würde. Sie brachten jedoch Fragen nach dem Sinn, der Ethik und des Nutzens militärischer Bewaffnung auf die politische Agenda und lösten damit eine breite öffentliche Diskussion dazu aus.

Zur Funktion der Volksinitiative als Wahlhelferin kann keine allgemein gültige Aussage über den optimalen Veränderungsgrad gemacht werden. Die Positionierung einer Initiative mit diesem Ziel hängt vor allem von der ideologischen Position der Initianten (in diesem Fall meist eine Partei oder parteinahe Interessengruppe) ab. Eine solche Initiative muss einerseits zum dauerhaften Profil der betreffenden Partei passen und damit die Stammwähler mobilisieren, andererseits aber auch attraktiv für ungebundene Stimmbürger oder Protestwähler sein. Je nach Partei und Wahlkampfstrategie kann somit ein unterschiedlicher Veränderungsgrad (im Vergleich zum Status quo) optimal sein.

Neben dem von den Initianten beabsichtigten Zweck einer Initiative werden Volksinitiativen zwei langfristige, indirekte Wirkungen auf den politischen Prozess zugeschrieben. Erstens kompensiert die Volksinitiative die Status quo-Neigung der Referendumsdemokratie, und zweitens trägt sie durch ihre „Ventilfunktion" zur politischen Integration bei.

Die erstgenannte Wirkung ist unbestritten, da die Initiative auch bei einer Ablehnung durch das Volk durch die öffentliche Debatte eine gewisse Innovationswirkung erzeugt. Es sei allerdings an dieser Stelle vermerkt, dass das Instrument der Initiative auch „bremsend" eingesetzt werden kann. In der Praxis kommt dies allerdings zumindest in der Schweiz eher selten vor. Ein Beispiel ist die vom Volk letztlich verworfene Lega-Initiative von 1997, die in der Schweizer Bundesverfassung verankern wollte, dass alle Verhandlungen der Regierung mit der EU vorgängig einer Volksabstimmung zu unterwerfen seien. Dies hätte de facto zu einem vorgezogenen Referendum gegen einen allfälligen EU-Beitritt geführt.

Deutlich umstrittener ist die politische Integrationswirkung der Initiative. Bisher konnte die Forschung nicht systematisch nachweisen, dass die Möglichkeit von Volksinitiativen eine bessere Integration von politischen Minderheiten bewirkt. Ob die Zunahme an Volksinitiativen in der Schweiz seit den 1960er Jahren somit eine politische Systemkrise oder Ausdruck einer lebendigen Demokratie ist, bleibt offen (Linder, 2005: 270).

7.4.2 Das österreichische Volksbegehren

Das österreichische Volksbegehren unterscheidet sich in vier Punkten von der Schweizer Volksinitiative: Erstens ist für die Lancierung eines Volksbegehrens ein Promille der durch die letzte Volkszählung erhobenen Bevölkerungszahl an gültig unterschriebenen Unterstützungserklärungen nötig (2013 waren dies 8.477). Zur Lancierung einer

Volksinitiative in der Schweiz ist lediglich ein Initiativkommittee, das aus mindestens sieben Bürgern besteht, erforderlich. Zweitens ist die zur Unterschriftensammlung verfügbare Zeitspanne deutlich kürzer. Während die 100.000 Unterschriften in der Schweiz innerhalb von 18 Monaten erbracht werden müssen, muss die gleiche Anzahl an Unterschriften in Österreich innerhalb einer Woche gesammelt werden. Drittens unterscheidet sich die Art und Weise der Unterschriftensammlung. Während in Österreich die Unterschrift auf dem Heimatgemeindeamt oder dem Magistrat in Anwesenheit einer Beamtin geleistet werden muss, werden die Unterschriften in der Schweiz in einer sogenannten freien Sammlung von den Initianten selbst gesammelt. Schließlich folgt nach einem zustande gekommenen Volksbegehren in Österreich lediglich eine Parlamentsdebatte, während nach einer zustande gekommenen Volksinitiative in der Schweiz sowohl eine Parlamentsdebatte wie auch eine Volksabstimmung stattfinden (wenn die Initianten die Initiative nicht vorher zurückziehen). Diese vier Unterschiede wirken sich auf die Verwendung des österreichischen Volksbegehrens und somit auf deren politische Funktionen und Effekte aus.

Von den vier möglichen Funktionen der Schweizer Volksinitiative kann das österreichische Volksbegehren nur zwei aufweisen: Diejenigen der Schwunggeberin und der Wahlhelferin. Das österreichische Volksbegehren hat natürlich auch eine Ventilfunktion, allerdings eine deutlich schwächere, weil die hohe Lancierungshürde (8.477 unterschriebene Unterstützungserklärungen) den Kreis möglicher Initianten stark einschränkt. Zudem bleibt den Initianten ohne Unterstützung durch eine an der Regierung beteiligte Partei wenig Hoffnung, dass ihr Begehren im Nationalrat letztlich umgesetzt wird, da die Regierung im österreichischen Regierungssystem in der Regel die absolute Mehrheit im Nationalrat besitzt. Auch als Verhandlungspfand taugt das Volksbegehren nicht, da keine Volksabstimmung stattfindet, die entsprechenden Druck auf das Parlament erzeugen könnte. Schließlich vermag das österreichische Volksbegehren auch nicht, als Katalysator zu dienen und neue Themen wirksam auf die politische Agenda zu setzen; einerseits ist die Lancierungshürde zu hoch, andererseits können in der kurzen Sammelzeit die notwendigen 100.000 Unterschriften für eine Initiative mit hohem Veränderungsgrad kaum erbracht werden. Selbst wenn dies noch gelänge, käme es kaum zu der von den Initianten erwünschten Legitimierung der Forderung und längerfristigen Beeinflussung der Politik, da ohne Volksabstimmung der dafür notwendige politische Diskurs in der Öffentlichkeit schwach ausgeprägt wäre.

Es verbleiben somit die Funktionen der Schwunggeberin und der Wahlhelferin. Letztere ist besonders häufig anzutreffen. Ein Blick auf die bisherigen Volksbegehren zeigt, dass ein bis zwei Jahre vor Nationalratswahlen insbesondere die Oppositionsparteien und in geringerem Maße auch die Juniorpartnerin in der Regierungskoalition dieses Instrument zur Wählermobilisierung einsetzen. Die Inhalte der Volksbegehren deuten in die gleiche Richtung. Ihr Ziel ist häufig nicht die Veränderung der derzeitigen Rechtslage, wie dies bei den meisten Schweizer Volksinitiativen der Fall ist, sondern sie weisen oft den Charakter von Referenden oder parteipolitischer Interessenspolitik auf. Beispiele sind die Volksbegehren gegen Abfangjäger (1985, 2002), das Volksbegehren „Sozialstaat Österreich“ (2002) oder das bereits oben erwähnte Volksbegehren „Österreich bleib frei“ (2006). Diese Volksbegehren wurden jeweils im Wahljahr oder kurz davor von politischen Parteien lanciert, um sich im Wahlkampf klarer zu positionieren und den Wählenden ihre Anliegen in Erinnerung zu rufen. Dies scheint der Wählerschaft bewusst zu sein, denn von allen bisherigen Volksbegehren in der zweiten Republik hat nur gerade ein Drittel einen Unterschriftenanteil von mehr als zehn Prozent und noch kein Volksbegehren einen Anteil von über 26 Prozent erreicht.

7.5 Abstimmungsverhalten von Stimmberechtigten und Politiker

7.5.1 Verhalten der Stimmberechtigten

Zur Erklärung des Verhaltens der Stimmberechtigten können die in Kapitel 6.5 vorgestellten Theorien zum individuellen Wahlverhalten herangezogen werden. Ein Blick in die Praxis zeigt, dass in der Schweiz die Abstimmungsteilnahme deutlich stärker variiert als die Wahlbeteiligung. Diese Varianz erklärt sich durch die großen Unterschiede in den Abstimmungsthemen und die große Variation der Anzahl am Abstimmungskampf beteiligter Akteure. Werden diese beiden Faktoren in die bereits vorgestellten Modelle zur Erklärung des individuellen Wahlverhaltens eingebaut, so können sie dazu verwendet werden, die Abstimmungsteilnahme und das Abstimmungsverhalten einer Person zu erklären.

Das sozial-strukturelle Modell wird um die Variable „Inhalt der Abstimmung" ergänzt. Bestimmte Abstimmungsinhalte mobilisieren via bestehende gesellschaftliche Konfliktlinien (z. B. reich versus arm oder Stadt versus Land) bestimmte Bevölkerungsschichten und Gruppen, während andere Personen sich vom Inhalt nicht direkt angesprochen fühlen. Eine wichtige Rolle spielen in diesem Kontext auch die Parteien und Interessengruppen, die durch die Eröffnung neuer Konfliktlinien bei einer Abstimmung zusätzliche Stimmberechtigte mobilisieren können. Je prominenter die gesellschaftliche Konfliktlinie, die der Inhalt einer Initiative anspricht, desto höher die Wahrscheinlichkeit einer Abstimmungsteilnahme und desto stärker die sozial-strukturell geprägte und durch das soziale Umfeld verstärkte Haltung bzw. Entscheidung des Stimmberechtigten.

Das sozial-psychologische Modell betrachtet die Problemorientierung als einen wichtigen Erklärungsfaktor. In Wahlen scheint dieser Faktor weniger einflussreich zu sein als die Kandidatenorientierung und die Parteienidentifikation. In Abstimmungen ändert sich die Gewichtung dieser drei Variablen. Die Kandidatenorientierung verliert an Erklärungskraft, da es bei Abstimmungen um Sachpolitik und nicht um Personen geht. Die Problemorientierung, welche im Zusammenhang mit Abstimmungen auch das Abstimmungsthema umfasst, gewinnt hingegen an Bedeutung. Die Parteienidentifikation bleibt relevant und sollte im Abstimmungskontext eigentlich Gruppenorientierung heißen, da bei Abstimmungen im Gegensatz zu Wahlen neben den politischen Parteien auch Interessengruppen und Verbände Abstimmungsempfehlungen abgeben. Das angepasste sozial-psychologische Modell rückt damit die folgende Hypothese in den Vordergrund: Je deutlicher ein Abstimmungsthema die Parteien und Interessengruppen in Befürworter und Gegner trennt und je stärker es dabei eine prominente gesellschaftliche Konfliktlinie anspricht, desto höher ist die Abstimmungsteilnahme und klarer die Haltung der Stimmberechtigten.

Da die beiden zentralen Konzepte des Modells des rationalen Wählers (Nutzen und Kosten) ausreichend abstrakt sind, kann dieser Ansatz ohne große Anpassungen direkt zur Erklärung des Abstimmungsverhaltens herangezogen werden. Jede Stimmberechtigte wird die ihr zur Wahl stehenden Alternativen vor dem Hintergrund ihres eigenen Interesses abwägen und danach für diejenige Alternative stimmen, die ihr den größten Nutzen verspricht. Eine Stimmberechtigte wird somit Nein stimmen, wenn die betreffende Initiative ihren Nutzen im Vergleich zum Status quo reduziert und sie wird Ja stimmen, wenn die Initiative ihr nützt. Hat die Annahme oder Ablehnung der Initiative hingegen keinen nennenswerten Effekt auf den Nutzen einer Person, wird sich diese der Stimme enthalten.

7.5.2 Verhalten der Politiker

Gehen wir davon aus, dass Politiker primär daran interessiert sind, ihre Wiederwahlchancen zu maximieren, so müssen die Instrumente der direkten Demokratie auch als ein strategisches Mittel im Wahlkampf betrachtet werden. Um ihre Wahlchancen zu erhöhen, werden Politiker und ihre Parteien daher, sofern dies nötig und institutionell möglich ist, rechtzeitig Referenden ergreifen und Initiativen lancieren, die ihnen einen klaren Positionsbezug und damit eine Schärfung ihres Profils erlauben. Sie hoffen damit, die ihnen dienlichen gesellschaftlichen Konfliktlinien im Wahlkampf zu aktivieren und zu schärfen, wodurch sie ihr Wählerpotential optimal ausschöpfen können.

Empirische Belege zur wahltaktischen Nutzung direktdemokratischer Instrumente durch Politiker und ihre Parteien in der Schweiz liefern Kriesi und Sciarini (2003). Sie zeigen zuerst theoretisch, welche drei Eigenschaften ein Abstimmungsthema wahlrelevant machen: Es muss möglichst stark polarisieren, ein wichtiges gesellschaftliches Problem ansprechen und der Wählerschaft in hohem Maße vertraut sein. Die beiden Autoren zeigen danach empirisch, dass im Wahljahr 1999 die Abstimmung über die Mutterschaftsversicherung sowie das von der Sozialdemokratischen Partei der Schweiz (SP) ergriffene Referendum gegen die Verschärfung der Flüchtlingspolitik den beiden Polparteien, der links stehenden SP und der national-konservativen Schweizerischen Volkspartei (SVP), eine gute Möglichkeit bot, sich im Wahlkampf klar zu positionieren. Gerade die Abstimmung zur Asylfrage gab der SVP Gelegenheit, mit klaren Positionen bei der Wechselwählerschaft und Unentschlossenen Aufmerksamkeit zu erzielen. Dieses Beispiel zeigt, dass eine Partei nicht immer selbst ein Referendum ergreifen oder eine Initiative lancieren muss, sondern auch von Referenden und Initiativen der politischen Gegnerin profitieren kann. Dies gilt in besonderem Maße für Parteien an den Rändern des Spektrums, da sie die jeweilige Gegenposition zueinander beziehen können, während ein klarer Positionsbezug für Mitteparteien schwieriger ist.

7.2 Initiative und Referendum: Schweizer Exportgüter?

Vor dem Hintergrund des schwachen wirtschaftlichen Wachstums der Schweiz in den 1990er Jahren haben sich Ökonomen und Politikwissenschaftler mit der Frage beschäftigt, inwiefern die stark ausgebaute direkte Demokratie für diese Wachstumsschwäche mitverantwortlich sein könnte. Während der Einfluss der direkten Demokratie auf die Wirtschaftsleistung auf der theoretischen Ebene umstritten ist (siehe hierzu Rentsch et al., 2004; Feld et al., 2005), deuten mehrere empirische Studien eher auf einen positiven als einen negativen Zusammenhang zwischen der direkten Demokratie und bestimmten wirtschaftlichen Schlüsselvariablen hin. Z. B.: Je stärker das Instrument des Finanzreferendums ausgebaut ist (Abstimmungen über Teile des öffentlichen Haushalts einer Gebietskörperschaft) und je häufiger es in einem Kanton zur Anwendung gelangt, desto höher ist das Wirtschaftswachstum und desto geringer das Defizit des entsprechenden Kantons(Feld & Savoiz, 1997; Freitag & Vatter, 2000; Feld & Kirchgässner, 2001). Zudem scheint der positive Effekt der direkten Demokratie nicht nur auf wirtschaftliche Belange beschränkt zu sein. Stutzer und Frey (2000) zeigen empirisch, dass Bürger in Schweizer Kantonen mit einer stärker ausgebauten direktdemokratischen Institution mit ihrem Leben deutlich zufriedener sind. Diese positiven Befunde und der Ruf in zahlreichen westlichen Demokratien nach mehr politischen Mitwirkungsmöglichkeiten für die Bürger (z. B. anlässlich von Demonstrationen rund um das Projekt Stuttgart 21 in Deutschland oder im Rahmen der weltweiten Occupy-Bewegung) haben dazu geführt, dass laut über den Export des Modells der schweizerischen direkten Demokratie nachgedacht wird. Doch lassen sich einzelne politische Instrumente, wie etwa das Referendum oder die Initiative und die mit ihnen verbundenen Effekte, ohne das ganze politische Umfeld bzw. das politische Gesamtsystem erfolgreich exportieren?

Die direkte Demokratie im US-Bundesstaat Kalifornien

Der US-Bundesstaat Kalifornien besitzt ähnlich stark ausgebaute direktdemokratische Institutionen wie die Schweiz. Das Initiativrecht („proposition") wird dort häufiger genutzt als in irgendeinem anderen US-Bundesstaat. Deshalb sollte, wenn sich direktdemokratische Institutionen und ihre Effekte tatsächlich erfolgreich exportieren lassen, Kalifornien wirtschaftlich besser dastehen als andere US-Bundesstaaten und die kalifornischen Bürger sollten im Durchschnitt zufriedener sein als jene anderer Staaten. Dies ist nicht der Fall. Kalifornien ist der am höchsten verschuldete Bundesstaat der USA und wies, abgesehen von 2006, seit 2002 jedes Jahr ein Budgetdefizit auf. Zudem ist der Anteil der Einwohner, welcher der Aussage „Kalifornien ist einer der besten Orte um dort zu leben" zustimmt, zwischen 1985 und 2011 von 78 auf 39 Prozent gesunken (Economist, 2011).

Als Gründe dafür, dass die direktdemokratischen Institutionen in Kalifornien nicht die gleiche Wirkung entfalten wie in der Schweiz, gelten sowohl die unterschiedliche Ausgestaltung des Initiativrechts als auch der unterschiedliche institutionelle Kontext. Direktdemokratische Instrumente wurden in Kalifornien Anfang des 20. Jahrhunderts eingeführt, um das korrupte Beziehungsgeflecht zwischen der wirtschaftlich dominanten Southern Pacific Railroad Company und der Politik zu bekämpfen. Im Gegensatz zur Schweiz, wo die direkte Demokratie im Spannungsfeld zwischen ländlichen Konservativen und städtischen Liberalen entstand, wurde die direkte Demokratie in Kalifornien als Instrument des Volkes gegen die politischen und wirtschaftlichen Eliten konzipiert. Die institutionelle Ausgestaltung der direkten Demokratie unterscheidet sich daher stark. Während es in der Schweiz einfacher ist, ein fakultatives Referendum als eine Volksinitiative zu lancieren und zu gewinnen, ist es in Kalifornien gerade umgekehrt. Ferner werden Initiativen in der Schweiz vor der Volksabstimmung von beiden Parlamentskammern beraten und können auch mit einem Gegenvorschlag versehen werden. Beides ist in Kalifornien nicht möglich. Schließlich erfordert die Annahme einer Initiative in der Schweiz sowohl die Mehrheit des Volkes als auch die Mehrheit der Kantone. Dies wirkt dem Risiko einer „Diktatur der Mehrheit" entgegen. In Kalifornien ist lediglich ein einfaches Volksmehr erforderlich.

Hinzu kommt, dass das politische System Kaliforniens starke Anreize setzt, die direktdemokratischen Institutionen als Mittel in politischen Konflikten einzusetzen.

Die aus der Kombination von präsidentiellem Regierungssystem, Zweiparteiensystem und Zweikammerparlament resultierende starke institutionelle Beschränkung der Regierungsmacht zwingt die Regierungspartei häufig dazu, einen Kompromiss mit der Oppositionspartei zu suchen. Sind jedoch die Chancen, die eigene politische Meinung via Volksabstimmung durchzusetzen ausreichend hoch und die Kosten einer Initiative eher niedrig, so haben sowohl die Opposition wie auch die Partei des Gouverneurs bei einer politischen Blockade einen starken Anreiz, über eine Initiative und Volksabstimmung die institutionalisierte politische Kompromisssuche zu umgehen. Dies ist besonders dann der Fall, wenn die beiden Parteien ideologisch stark polarisiert sind und die politischen Kosten eines Kompromisses besonders hoch sind. Im kollektiven Regierungs- und Mehrparteiensystem der Schweiz und der Schweizer Kantone hingegen verfügt keine der politischen Parteien über ein ausreichend großes Mobilisierungspotential um einer Initiative, die vollumfänglich ihr politisches Gedankengut vertritt, eine ausreichend hohe Erfolgschance in einer Volksabstimmung zu geben. Parteien müssen deshalb bereits bei der Lancierung einer Initiative gewisse Kompromisse eingehen, wenn für sie der Abstimmungserfolg der Initiative tatsächlich das Hauptanliegen ist. Dieser Umstand reduziert den Anreiz, die Suche nach einer politischen Lösung im Parlament via direkte Demokratie zu umgehen. Im institutionellen Gefüge der Schweiz fördert die direkte Demokratie somit eher die Kompromisssuche, während sie in Kalifornien politische Konflikte eher noch verschärft.

Die direkte Demokratie in Slowenien

Slowenien ist ein weiteres Beispiel, in dem die direkte Demokratie eher zur Verschärfung politischer Konflikte als zu deren Eindämmung oder Lösung beizutragen scheint. Das oft als „die Schweiz (Ex-)Jugoslawiens" bezeichnete Land kennt das Gesetzesreferendum. Bei diesem können entweder 40.000 Stimmberechtigte, die Mehrheit der kleinen Parlamentskammer oder 30 Abgeordnete der 90-köpfigen großen Parlamentskammer eine Volksabstimmung über ein Gesetz herbeiführen. Insbesondere die tiefe Auslösungshürde von 30 Abgeordneten der großen Kammer hat im parlamentarischen Regierungssystem Sloweniens, dessen Parteienlandschaft traditionell in zwei antagonistische Lager (die links des Zentrums stehende Sozialdemokratische Partei Sloweniens und die rechts des Zentrums stehende liberal-konservative Demokratische Partei Sloweniens) gespalten ist, zu einer regelrechten politischen Blockade geführt. Dies hat sich insbesondere in wirtschaftlich schwierigen Zeiten als problematisch erwiesen, da dringend nötige Reformen verunmöglicht wurden. In diesem Fall zeigt sich wiederum, dass die wirtschaftlichen und gesellschaftlichen Auswirkungen der direkten Demokratie nicht einfach exportiert werden können, sondern stark kontextabhängig sind.

Fazit: Die in der Schweiz empirisch beobachtbaren positiven Effekte der direkten Demokratie lassen sich nicht ohne weiteres in andere politische Systeme exportieren. Die wirtschaftlichen und gesellschaftlichen Auswirkungen von Referendum und Initiative hängen sowohl von der konkreten rechtlichen Ausgestaltung dieser Instrumente als auch von der Gesamtstruktur des politischen Systems ab. Je nach Kombination von rechtlicher Ausgestaltung und politischer Systemstruktur kann die direkte Demokratie eher konfliktive oder kooperative Elemente des politischen Prozesses verstärken und damit entweder wünschenswerte oder negative wirtschaftliche und gesellschaftliche Effekte generieren.

7.6 Fazit

In einigen politischen Systemen können die Stimmberechtigten neben der Teilnahme an Wahlen auch mittels verschiedener Instrumente der direkten Demokratie den Politikverlauf beeinflussen. In diesem Kapitel haben wir uns mit diesen Instrumenten der direkten Demokratie beschäftigt.

Im Zentrum standen dabei die verschiedenen Referendums- und Initiativformen. Referenden unterscheiden sich je nach Auslösungsmechanismus in ihrer Wirkung. Obligatorische, d. h. von der Verfassung bzw. der Gesetzgebung verlangte, und fakultative, d. h. vom Volk oder der Opposition ausgelöste, Referenden haben zwei zentrale Effekte. Sie führen einerseits zu einer Annäherung aller Entscheidungen an den Status quo und erschweren somit politische Reformen. Andererseits wirken sie integrierend, da sie dafür sorgen, dass keine bedeutsame gesellschaftliche Gruppe auf Dauer politisch einflusslos bleibt. Referenden schränken also die Macht der Regierungsmehrheit ein und motivieren gleichzeitig die wichtigsten politischen Kräfte zum Kompromiss. Das Regierungsreferendum entfaltet allerdings keinen der eben beschriebenen Effekte. Es ist aufgrund seiner alleinigen Auslösung durch die Regierung primär ein machtpolitisches Instrument zur Festigung der eigenen politischen Stellung und Legitimität und zur Schwächung der Opposition. Die Volksinitiative kann je nach Veränderungsgrad unterschiedliche Effekte haben. Initiativen mit geringem Veränderungsgrad dienen als Ventil, Schwunggeberin oder Verhandlungspfand gegenüber der parlamentarischen Mehrheit und damit der Veränderung des Status quo. Dagegen dienen Initiativen, die eine radikale Änderung des Status quo vorschlagen, primär als Katalysator, d. h. der versuchten Einleitung einer politischen Neuorientierung, oder der Erhöhung des Bekanntheitsgrades. Ob das Instrument der Volksinitiative alle vier genannten Wirkungen tatsächlich entfalten kann, hängt dabei von seiner institutionellen Ausgestaltung ab, wie der Vergleich der Schweizer Volksinitiative mit dem österreichischen Volksbegehren gezeigt hat. Da die Lancierungshürde für ein Volksbegehren deutlich höher ist, die Zeit zur Sammlung der nötigen Unterschriften kürzer, die Sammlung amtlich organisiert und keine Volksabstimmung vorgesehen ist, ist die Wirkung bzw. Wirkungsvielfalt des Volksbegehrens österreichischer Prägung gering.

Wir verlassen nun die Ebene der Wählerschaft und Stimmberechtigten und klettern innerhalb der Staatspyramide eine Stufe höher. Hier treffen wir auf die politischen Parteien, Interessengruppen, sozialen Bewegungen und die Medien, die wir zusammen als Intermediäre oder intermediäre Akteure bezeichnen, da sie eine Scharnier- und Vermittlungsfunktion zwischen Wählerschaft und dem zentralen politischen Entscheidungssystem ausüben. Wir behandeln diese Akteure in den folgenden Kapiteln.

Literaturempfehlungen

Einen guten Überblick über den Stand der Forschung geben die folgenden Texte:

Freitag, Markus & Wagschal, Uwe, (Hrsg.) (2007): Direkte Demokratie: Bestandsaufnahmen und Wirkungen im internationalen Vergleich. Berlin: LIT Verlag.

LeDuc, Lawrence (2002): „Referendums and Initiatives: The Politics of Direct Democracy." In: *LeDuc, Lawrence, Niemi, Richard G. & Norris, Pippa* (Hrsg.): Comparing Democracies 2: New Challenges in the Study of Elections and Voting. London: Sage.

Lupia, Arthur & Matsusaka, John G. (2004): „Direct Democracy: New Approaches to Old Questions." In: Annual Review of Political Science 7: 463–482.

Zur Entstehung, Entwicklung und Wirkung der direktdemokratischen Institutionen in der Schweiz:

Linder, Wolf (2010): Schweizerische Demokratie: Institutionen, Prozesse und Perspektiven. Bern: Haupt, insbesondere Kapitel 10.

Serdült, Uwe, 2014: Referendums in Switzerland, in: Qvortrup, Matt (Hrsg.), Referendums Around the World: The Continued Growth of Direct Democracy. Basingstoke: Palgrave Macmillan, 65–121.

Zur Wirkung der direktdemokratischen Institutionen in Österreich:

Greiderer, Sylvia & Pelinka, Anton (1996): „Austria: The Referendum as an Instrument of Internationalisation." In: *Gallagher, Michael & Uleri, Piervincenzo* (Hrsg.): The Referendum Experience in Europe. London: Macmillan. 20–32.

Zur direkten Demokratie in Deutschland:

Rux, Johannes (2008): Direkte Demokratie in Deutschland: Rechtsgrundlagen und Rechtswirklichkeit der unmittelbaren Demokratie in der Bundesrepublik Deutschland und ihren Ländern. Baden-Baden: Nomos Verlag.

Zu internationalen Referenden:

Hug, Simon (2002): Voices of Ratification: Citizens, Referendums, and European Integration. Lanham MD: Rowman Littlefield.

Jahn, Detlef & Storsved, Ann-Sofie (1995): „Legitimacy through Referendum? The Nearly Successful Domino-Strategy of the EU-Referendums in Austria, Finland, Sweden and Norway." In: West European Politics, Jg. 18, Heft 3, 18–37.

Qvortrup, Matt (Hrsg.), 2014: Referendums Around the World: The Continued Growth of Direct Democracy, Basingstoke: Palgrave Macmillan.

Umfassende Datenbanken zu direktdemokratischen Institutionen und Praktiken weltweit finden Sie unter:

http://www.c2d.ch/.

http://www.idea.int/elections/dd/search.cfm.

Eine umfassende Datenbank zu allen Eidgenössischen Volksabstimmungen seit der Gründung des Schweizer Bundesstaates 1848 finden Sie unter:

http://www.swissvotes.ch.

Informationen zur Nutzung der direktdemokratischen Instrumente in Österreich finden Sie unter:

http://www.bmi.gv.at/cms/bmi/_news/bmi.aspx.

Für Volksabstimmungen und Volksbefragungen siehe:

http://www.bmi.gv.at/cms/BMI_wahlen/volksabstimmung/start.aspx.

und für Volksbegehren:

http://www.bmi.gv.at/cms/BMI_wahlen/volksbegehren/start.aspx.

8. Parteien und Parteiensysteme

Mit diesem Kapitel begeben wir uns auf die nächste Stufe der in Kapitel 1 vorgestellten Staatspyramide, zum System der intermediären Politik. Das intermediäre System umfasst die politischen Vermittlungsinstanzen zwischen den Staatsbürgern und dem zentralen politischen Entscheidungssystem. Bedürfnisse und Ansprüche von Mitgliedern einer Gesellschaft sollten idealerweise durch Entscheidungen und Maßnahmen, die vom zentralen politischen Entscheidungssystem ausgehen, befriedigt werden. Solche Bedürfnisse und Ansprüche werden allerdings nicht direkt in das zentrale politische Entscheidungssystem eingebracht, sondern durch intermediäre Akteure wie Parteien, Interessengruppen und soziale Bewegungen gebündelt (aggregiert) und in eine Sprache und Form übersetzt (artikuliert), die das zentrale politische Entscheidungssystem versteht.

Im Folgenden setzen wir uns mit den wichtigsten politischen Akteuren des intermediären Systems auseinander. In diesem Kapitel stehen die politischen Parteien im Mittelpunkt, während die folgenden Kapitel Interessengruppen und soziale Bewegungen sowie die Massenmedien behandeln.

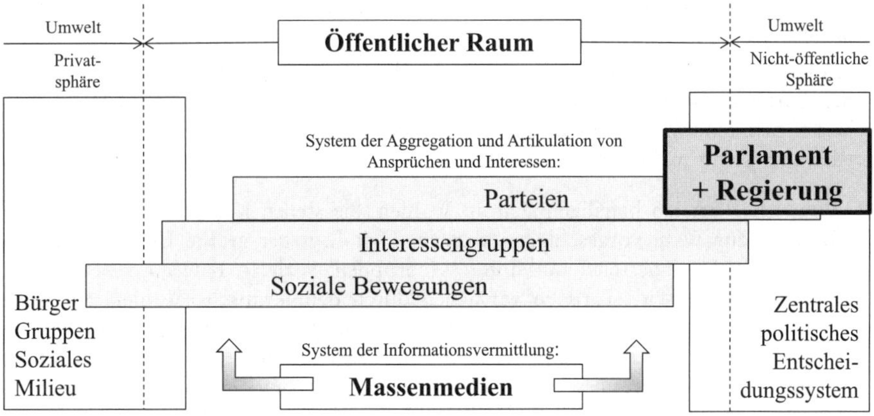

Abbildung 8.1: Das System der Interessenvermittlung in modernen Demokratien

Quelle: Jahn (2013: 96), mit eigenen Anpassungen

Politische Parteien erfüllen vorrangig die Aufgabe, die Interessen der Bevölkerung nachhaltig in den parlamentarischen Entscheidungsraum zu übertragen. Interessengruppen und soziale Bewegungen verfolgen meist inhaltlich spezifischere Ziele und streben im Gegensatz zu den Parteien nicht primär die Besetzung politischer Ämter mit ihren Vertretern an. Der Einfluss von Parteien erstreckt sich somit tiefer in den parlamentarischen Entscheidungsraum, derjenige von Interessengruppen tendenziell stärker in die Gesellschaft hinein. Die Massenmedien nehmen vorrangig indirekt eine intermediäre Funktion wahr, weil sie vor allem die Aktivitäten der anderen politischen Intermediäre beobachten und kommentieren. Dadurch beeinflussen sie sowohl diese Akteure als auch die Bürger. Abbildung 8.1 fasst die Funktionen der unterschiedlichen intermediären Akteure zusammen.

Das vorliegende Kapitel gliedert sich in drei Teile. Im ersten Teil beschäftigen wir uns mit der Definition und Funktion von politischen Parteien sowie der Entstehung unterschiedlicher Parteitypen. Danach werden die wichtigsten politischen Parteien Deutschlands, Österreichs und der Schweiz beschrieben. Im zweiten Teil wenden wir uns den Interaktionsmustern zwischen Parteien zu. Der Vergleich, die Entstehung und der Wandel von Parteiensystemen stehen hierbei im Mittelpunkt. Im Anschluss wird dieser Teil des Kapitels mit einem Vergleich der deutschen, österreichischen und schweizerischen Parteiensysteme abgeschlossen. Im dritten Teil behandeln wir die Konsequenzen unterschiedlicher Parteiensysteme.

8.1 Parteien

8.1.1 Definition

Parteien sind auf Dauer angelegte, organisierte Zusammenschlüsse gleichgesinnter Staatsbürger zur Förderung gemeinsamer politischer Anliegen. Parteien nehmen zu allen wichtigen Sachfragen anhand einer allgemeinen politischen Programmatik Stellung und beeinflussen indirekt und direkt politische Entscheidungen und ihre Umsetzung (policy seeking). Zur Verwirklichung ihrer Ziele streben Parteien politische Ämter an (office seeking), die sie vor allem durch ihre Teilnahme an Wahlen erhalten können (vote seeking).

Wie die anderen Akteure des intermediären politischen Systems bilden auch die politischen Parteien ein Bindeglied zwischen Bürgern und dem zentralen politischen Entscheidungssystem. Sie unterscheiden sich jedoch von den anderen Akteuren des intermediären Systems in mehreren Punkten:

- Politische Parteien beteiligen sich an Wahlen. Sie stellen Kandidaten auf, die den Bürgern zur Wahl vorgeschlagen werden. Hier liegt der größte Unterschied zwischen Parteien einerseits, und Interessengruppen, sozialen Bewegungen und den Medien andererseits. Parteien versuchen durch demokratische Wahlen politische Führungspositionen zu besetzen, um die Politik in ihrem Sinne zu beeinflussen. Sie nehmen damit direkt aus dem Parlament und der Regierung heraus Einfluss auf die Politik. Interessengruppen und soziale Bewegungen wirken hingegen indirekt – durch ihren Einfluss auf gewählte Politiker und Angestellte der öffentlichen Verwaltung – auf den politischen Prozess ein. Sie können im Gegensatz zu den Parteien bei den nächsten Wahlen nicht zur Rechenschaft gezogen werden und besitzen damit in gut funktionierenden Demokratien eine viel geringere Legitimation durch die Bürger als die Parteien. Die Medien sind dagegen Beobachter und nicht Teilnehmer des politischen Prozesses, wenngleich sie diesen durch ihre Interpretation von Ereignissen beeinflussen.
- Politische Parteien vertreten eine politische Programmatik und nehmen auf dieser Basis Stellung zu allen wichtigen Sachfragen. Die meisten politischen Parteien sind in ihrer thematischen Ausrichtung breiter orientiert als Interessengruppen und soziale Bewegungen. Während z. B. eine Partei in der Regel sowohl zur Außenhandels-, Familien- und Klimapolitik eine Position einnimmt, konzentrieren sich Interessengruppen meist nur auf eines dieser Themen. Die politische Programmatik einer Partei basiert dabei in den meisten Fällen auf einer ideologischen Grundhaltung, wie etwa dem Sozialismus, Liberalismus oder Konservatismus.

- Politische Parteien sind auf eine zeitlich unbegrenzte Dauer angelegt und orientieren sich an langfristigen, abstrakten bzw. generellen Zielen (z. B. Sicherung und Ausbau individueller Freiheit, sozialer Gleichheit). Dies spiegelt sich auch in ihrer Organisationsstruktur. Viele Interessengruppen und insbesondere soziale Bewegungen verfolgen in der Regel ein klar definiertes, konkretes Ziel und verlieren nach dessen Erreichung oft ihren politischen Einfluss (siehe dazu Kapitel 9.2). Sie sind somit auf eine durch ihr Ziel begrenzte Dauer angelegt und zumindest in der Gründungsphase oft organisatorisch unstrukturierter als eine politische Partei. Allerdings existieren durchaus auch gut organisierte und auf Dauer angelegte Interessengruppen, wie z. B. Wirtschaftsverbände und Gewerkschaften.
- Wenngleich diese allgemeinen Kriterien zur Charakterisierung von Parteien grundsätzlich für alle Parteien gelten, unterscheiden sie sich in mehrfacher Hinsicht untereinander. Verschiedene Klassifikationen von Parteien tragen diesen Unterschieden Rechnung. Bevor wir auf diese Klassifikationen näher eingehen, erläutern wir zunächst die Funktionen politischer Parteien.

8.1.2 Funktionen politischer Parteien

Politische Parteien erfüllen eine Reihe von Funktionen, die für den demokratischen politischen Prozess unabdingbar sind.

Bindeglied- und Netzwerkfunktion: Als politisch intermediäre Akteure sind Parteien Bindeglied zwischen Gesellschaft und Staat. Durch ihre Mitglieder, Parteifunktionäre und Mandatsträger bilden sie ein umfassendes Netzwerk. Vertikal sind Parteien von den einzelnen Parteimitgliedern über örtliche Gruppierungen, die regionale Parteiebene bis hin zur nationalen Partei und ihren Vertretern im Parlament und der Regierung vernetzt. Daneben sind Parteien auch horizontal mit anderen Parteien, ihnen nahestehenden Interessengruppen, sozialen Bewegungen, Massenmedien und mit der staatlichen Verwaltung verbunden. Je umfassender und enger diese Netzwerke sind, desto besser kann eine Partei auch ihre Bindegliedfunktion wahrnehmen.

Interessenvertretungsfunktion: Aus der Bindegliedfunktion ergibt sich eine zweite Kernfunktion von Parteien: die Einspeisung gesellschaftlicher Interessen in das politische System. Dies geschieht anhand eines dreistufigen Prozesses. Zuerst trifft die Partei aus der Menge aller in der Gesellschaft vorhandenen Interessen eine Auswahl (Interessenselektion). Je nach programmatischer Ausrichtung einer Partei haben dabei verschiedene Interessen unterschiedlich hohe Chancen, von der Partei berücksichtigt zu werden. Gleichzeitig lassen sich auch nicht alle Interessen gleich gut politisch bearbeiten. Deshalb werden manche Themen von allen Parteien vernachlässigt. Die ausgewählten Interessen bzw. Inhalte werden in einem zweiten Schritt von der Partei zusammengefasst und dahingehend bearbeitet, dass sie möglichst effektiv ins politische System eingespeist werden können (Interessenaggregation). Schließlich vertreten die Parteimitglieder die so zusammengefassten Interessen im Parlament möglichst wirkungsvoll und versuchen dadurch politische Entscheidungen herbeizuführen, die mit den Interessen im Einklang stehen (Interessenartikulation).

Legitimationsfunktion: Neben der oben beschriebenen Interessenvertretung von „unten nach oben" ist es andererseits auch die Aufgabe der Parteien, einmal im Parlament getroffene politische Entscheidungen der Gesellschaft zu vermitteln. Die Vermittlungsfunktion verläuft demzufolge in beide Richtungen. Sie trägt letztlich auch dazu bei, das politische System selbst zu legitimieren. Legitimation ist in diesem Kontext gleichbedeutend mit der Zufriedenheit mit dem bzw. der Unterstützung des politischen Systems seitens der Bürger.

Personalrekrutierungsfunktion: Parteien sind zentral für die Rekrutierung, Ausbildung und Vermittlung von politischem Führungspersonal. Dabei geht es darum, die aus Sicht der Partei besten Kandidaten für bestimmte politische Ämter zu finden und sie im Wahlkampf zu unterstützen. Parteien sind somit die entscheidenden „Karrierevehikel“ für politisch ambitionierte Bürger.

Kontrollfunktion: Ihre Kontrollfunktion üben die Parteien im Verbund aus, indem sie sich gegenseitig bei der Machtausübung kontrollieren. In Kombination mit einem offenen Parteienwettbewerb – einer Grundvoraussetzung für gut funktionierende Demokratien – trägt diese Kontrollfunktion zur Begrenzung staatlicher Macht bei.

8.1.3 Klassifikationen von Parteien

Die meisten Klassifikationen von Parteien beziehen sich auf deren organisatorische und programmatische Erscheinungsform. So unterschied Max Weber bereits in seinem 1922 erschienenen Werk „Wirtschaft und Gesellschaft: Grundriss der Verstehenden Soziologie“ (1976 [1922]: 857–68) die Honoratiorenpartei von der Massenpartei. Die Honoratiorenpartei ist die ursprüngliche Form politischer Parteien. In ihr schlossen sich Parlamentarier in locker verbundenen Gruppierungen ohne außerparlamentarische Anbindung zusammen. Honoratiorenparteien, die den Liberalismus vertraten, bestanden in vielen europäischen Parlamenten zu Beginn des 19. Jahrhunderts aus Gruppierungen von Parlamentariern, die sich gegen konservative, zumeist monarchische oder aristokratische Regierungen bzw. Staatsführungen wandten. Ähnlich organisierte, konservative parlamentarische Gruppen bildeten sich als Reaktion auf diese liberalen Strömungen und vertraten die Interessen der damals etablierten Regierungskreise. Damit bildeten liberale und konservative Gruppen von Parlamentariern die erste Form politischer Parteien. Erst um die Mitte des 19. Jahrhunderts formierten sich Arbeiterparteien als erste Parteien, die von einer breiten Bevölkerungsschicht getragen wurden. Diese sogenannten Massenparteien waren zudem eng mit den Gewerkschaften verbunden (Esping-Anderson & van Kersbergen, 1992; Kitschelt, 1994). Weitere Massenparteien kamen hinzu, vor allem die Bauernparteien, die in der außerparlamentarischen Bauernbewegung Unterstützung fanden.

Zur Mitte des 20. Jahrhunderts untersuchte Neumann (1956) Massenparteien hinsichtlich ihres demokratischen Selbstverständnisses. Er identifiziert einerseits die kommunistische bzw. faschistische totalitäre oder absolutistische Massenpartei, welche eine vollständige Dominanz der Partei über die politischen und privaten Aktivitäten ihrer Mitglieder einfordert und eine Gleichschaltung der Bürger- und Staatsinteressen verfolgt. Die demokratische Massenpartei andererseits gewährt den Bürgern viel größere Freiheiten. Sie verkörpert aber auch ein Dienstleistungsangebot in Form von parteinahen Bewegungen und Organisationen (z. B. Konsum-, Sport- und Freizeitverbände, Gewerkschaften), sodass eine Betreuung „von der Wiege bis zur Bahre” angeboten werden kann. Insbesondere sozialdemokratische Parteien beschritten häufig diesen Weg.

Auch Duverger (1959) hat die Verbindung zwischen Organisationsstruktur und Programmatik in seiner Parteientypologie thematisiert. Er unterscheidet die Kader- von der Massenpartei. Die Wirksamkeit der Massenpartei beruht letztlich auf der Anzahl ihrer Mitglieder, diejenige der Kaderpartei hingegen auf der sorgfältigen Selektion, der Ausbildung und dem Einsatz von Aktivisten.

Besonders einflussreich waren in der frühen Nachkriegszeit Kirchheimers (1965) Thesen zur „Catch-All-Party“, deren Beschaffenheit mit der deutschen Übersetzung in „Allerweltspartei“ oder „Volkspartei“ nur unzureichend beschrieben wird. Dieser Parteientyp ist bestrebt, die Zahl der Parteimitglieder und Sympathisanten zu vergrößern. Hinderliche programmatische Beschränkungen werden hierzu aufgeweicht. Das Abrücken der Sozialdemokratischen Partei Deutschlands (SPD) von der marxistischen Doktrin in ihrem Godesberger Programm von 1959 kann als ein solcher Schritt der programmatischen Öffnung und damit der Klientelausweitung interpretiert werden. Die Christlich Demokratische Union Deutschlands (CDU) konnte sich bereits früher als Volkspartei etablieren, weil sie als erste Partei in Deutschland die beiden dominierenden Konfessionen an sich binden konnte. Ähnliche Entwicklungen sind in den Niederlanden beobachtbar. Dort konnte die Christen-Democratisch Appèl (CDA) die drei vormals konkurrierenden religiösen Parteien in sich vereinigen (Daalder, 1987; Lepszy, 2003). Ein weiteres Beispiel ist in Italien zu finden, wo sich die Democrazia Christiana (DC) zu einer stark an christlichen Werten orientierten Massenpartei entwickelte (Panebianco, 1988; Ullrich, 2009). Auch die Christlich-demokratische Volkspartei der Schweiz (CVP) beschritt diesen Weg.

Das Hauptziel einer strategisch-programmatischen Öffnung von Parteien besteht in der Maximierung der Wählerstimmen. Diese Zielsetzung führt dazu, dass nicht mehr die programmatischen Aspekte und deren Verwirklichung im Vordergrund parteipolitischer Entscheidungen stehen, sondern eher wahlstrategische Kalküle. Unter diesem Zeichen haben sich viele der heutigen Parteien in den letzten Jahrzehnten zumindest teilweise von der inhaltlichen Politik entfernt und sind zunehmend zu „professionellen Wählerparteien“ (Panebianco, 1988) geworden. Bei der Öffnung ihres „ideologischen Kerns“ besteht jedoch für Parteien die Gefahr einer Profillosigkeit oder einer „programmatischen Überdehnung“. Mit solchen Problemen hatten z. B. die Labour Party unter Tony Blair in Großbritannien und die SPD unter Gerhard Schröder zu kämpfen. Bei ihnen führte die Orientierung hin zu neuen Wählergruppen gleichzeitig zu Frustrationen des klassischen Wählerstamms und trug letztlich mit zu ihrem Verlust an Wählerstimmen bei.

Die Bindung zwischen Partei und Mitgliedern verliert beim Typus der sogenannten Kartellpartei noch weiter an Bedeutung. Charakteristisch für die Kartellpartei nach Katz und Mair (1995) ist, dass diese vorrangig auf staatliche Finanzierung, und nicht auf finanzielle Beiträge ihrer Mitglieder, angewiesen ist. Dadurch entsteht eine eher lose Verbindung zwischen Partei und Basis. Um den staatlichen Finanzzufluss zu sichern, schließen sich diese Parteien mit gleichartigen etablierten Parteien zu einem „Kartell“ zusammen. Dies führt zu einem begrenzten politischen Wettbewerb der Parteien untereinander und zu einer Benachteiligung neuer Herausforderer.

Die Forschung zu politischen Parteien befasst sich u. a. mit der Organisation und Finanzierung von Parteien, der Verbindung zwischen Gesellschaft und Parteien sowie ihrer Rolle bei der Stabilisierung der Demokratie (Poguntke, 2000; Katz & Crotty, 2006). Zunächst wenden wir uns im folgenden Abschnitt aber der Frage zu, wie sich programmatische Positionen von Parteien identifizieren lassen. Denn trotz einer gewissen Abschwächung ideologischer Gegensätze, insbesondere seit dem Ende des Kalten

Krieges, sind es dennoch in demokratischen Systemen letztlich die programmatischen Positionen, mit denen die Parteien um die Wählergunst werben.

8.1.4 Die programmatische Position von Parteien

Eine systematische und vergleichende empirische Bestimmung der programmatischen Positionen von Parteien ist nicht nur von deskriptivem Interesse. Ein zentraler Bereich der Parteienforschung beschäftigt sich z. B. mit dem Einfluss von Parteien auf den politischen Prozess und deren Auswirkungen (Schmidt & Ostheim, 2007). Diese Forschung fragt beispielsweise, ob sozialdemokratische Parteien im internationalen Vergleich eine großzügigere wohlfahrtsstaatliche Politik befürworten als konservative Parteien, oder in welchem Ausmaß und unter welchen Bedingungen traditionelle liberale Parteien neue politische Ansprüche (z. B. Umweltanliegen) in ihre Programmatik aufnehmen.

Um solche Fragen empirisch beantworten zu können, müssen die „programmatischen Positionen" politischer Parteien zuerst konzeptuell umschrieben und dann empirisch erfasst werden. Ein erster Schritt, um die programmatische Position einer Partei zu bestimmen, ist eine Zuschreibung von Kategorien wie z. B. „sozialdemokratische Partei", „konservative Partei" und „liberale Partei". Schon dieser Schritt ist nicht so einfach, wie vielleicht vermutet werden könnte. Ausgehend von den Eigennamen der Parteien stößt der Forscher sehr schnell an Grenzen. Abgesehen von schwer zuordenbaren Parteinamen, wie etwa die Moderaten in Schweden oder die „Partei der Institutionalisierten Revolution" in Mexiko, operieren viele Parteien mit recht unterschiedlichen programmatischen Standpunkten unter ähnlichen Namen. Die „Volkspartei" ist in Schweden (sozial-)liberal ausgerichtet. Die „Österreichische Volkspartei" ist dagegen eine christdemokratische Partei und hinter der „Portugiesischen Sozialdemokratischen Partei" verbirgt sich eine sehr konservative Gruppierung (Von Beyme, 2000: 75). Um diese Unübersichtlichkeit zu reduzieren, können Parteien in unterschiedlichen Parteienfamilien zusammengefasst werden (Von Beyme, 1984, 2000; Caramani, 2004; Ware, 2006). Das Konzept der Parteienfamilien verbindet eine historische Analyse mit der Zuschreibung von programmatischen Standpunkten. Wenngleich auch dieses Konzept nicht alle Probleme lösen kann und innerhalb der Parteienfamilien recht erhebliche programmatische Unterschiede bestehen, stellt es doch eine Basis für die vergleichende Parteienforschung dar.

Klaus von Beyme (2000: 70–71) unterscheidet folgende Parteienfamilien:

- Liberale Parteien, die sich zunächst als Reaktion gegen das alte Regime (d. h. die damals herrschende politische Elite) bildeten (ca. 1810–1848).
- Konservative Parteien, die für das alte Regime eintreten.
- Arbeiterparteien, die sich gegen das bürgerliche System aussprechen (seit ca. 1848).
- Agrarparteien, die sich gegen die Industrialisierung wenden.
- Regionale Parteien, die sich gegen den Zentralismus richten.
- Christliche Parteien, welche die Säkularisierung der Gesellschaft kritisieren.
- Kommunistische Parteien, die sich gegen den „Sozialdemokratismus" stemmen.
- Faschistische Parteien, die sich gegen das demokratische System aussprechen.

- Rechtspopulistische Parteien, die das bürokratisch-wohlfahrtsstaatliche System kritisieren.
- Ökologische Parteien, die sich gegen eine einseitige Wachstumsgesellschaft richten.

Mit einer nominalskalierten Erfassung von programmatischen Positionen anhand des Konzepts der Parteienfamilien lässt sich allerdings nicht messen, ob die Parteien A und B in Bezug auf ihre Positionen näher beieinander liegen als die Parteien A und C. Gleichzeitig ist das Konzept der Parteienfamilien auch sehr komplex, da Parteien in unterschiedlichen Teilbereichen der Politik unterschiedliche Positionen vertreten können. Um diese Multidimensionalität des parteipolitischen Raumes bei der Messung parteipolitischer Positionen zu vereinfachen, werden zumeist wenige, häufig auch eindimensionale Konzepte benutzt.

Welche Dimensionen dabei von Bedeutung sind, ergibt sich aus der Forschungsfrage. Viele Studien verdichten die zahlreichen Dimensionen des politischen Raumes zu einer einzigen „Superdimension“ und ordnen die politischen Parteien auf der klassischen, abstrakten Rechts-Links-Skala an. Rechte Positionen auf dieser Skala fordern weniger Staat und mehr individuelle Selbstgestaltung; linke Positionen stehen für einen Ausbau oder Erhalt des Wohlfahrtsstaates. Indem die Politikwissenschaft die Positionen von Parteien auf einer Dimension anordnet, kann sie Aussagen über die programmatische Distanz verschiedener Parteien machen. Diese Messung erlaubt es dann, empirisch festzustellen, wie ähnlich (geringe Distanz) oder wie unterschiedlich (große Distanz) politische Parteien sind. Häufig kommen mittlerweile auch zweidimensionale Skalen zum Einsatz. Hier werden Parteien gleichzeitig in Bezug auf ihre wirtschaftsliberale bzw. -konservative sowie sozialliberale bzw. -konservative Positionierung beschrieben.

Die Politikwissenschaft hat mehrere Messverfahren zur empirischen Bestimmung der parteipolitischen Positionen entwickelt (siehe auch Mair, 2001: 10–30).

Repräsentative Umfragen (Demoskopie)

Mit dieser Methode wird die Wahrnehmung der politischen Position von Parteien in der Bevölkerung ermittelt. In Umfragen werden die Befragten gebeten, die Parteien ihres Landes relativ zueinander auf einer bestimmen Skala (meist auf einer Links-Rechts-Skala) zu positionieren (Klingemann, 2009; Budge & McDonald, 2012). Der Mittelwert der Antworten wird dann als die zu einem bestimmten Zeitpunkt empfundene programmatische Position einer bestimmten Partei festgehalten. Ein weiterer Ansatz besteht darin, die Befragten zu bitten, sich selbst auf der Links-Rechts-Skala zu verorten und anzugeben, welcher Partei sie ihre Stimme geben würden. So kann erhoben werden, welche ideologische Position die Wähler einer Partei aufweisen. Der größte Nachteil dieser Methode ist – neben dem hohen Zeit- und Kostenaufwand – die mangelnde internationale Vergleichbarkeit, weil die Befragten in der Regel nur in der Lage sind, die Position der Parteien in ihrem eigenen Staat einzuschätzen.

Elitenbefragungen

Bei Elitenbefragungen werden Parteieliten zu ihrer ideologischen Positionierung befragt (z. B. Schmitt, 1987; Esaiasson & Holmberg, 1996). Parteieliten sind Parteimitglieder, die innerhalb der Partei führende Funktionen einnehmen und/oder hohe politische Ämter bekleiden. Wie bei den repräsentativen Umfragen ist auch hier die eingeschränkte internationale Vergleichbarkeit der Daten das größte Problem. Hinzu kommt, dass kritisch hinterfragt werden muss, inwiefern die Einschätzung der eigenen ideologischen Position und diejenige der anderen Parteien verlässlich und repräsentativ für die ganze Partei ist, da die Befragten eine im politischen Wettbewerb exponierte Position einnehmen.

Expertenbefragungen

Eines der etabliertestesten Verfahren zur Erfassung der programmatischen Positionen der Parteien ist die Expertenbefragung. Dabei werden anerkannte nationale, regionale oder internationale Experten gebeten, jede Partei ihres Landes auf einer oder mehreren politischen Dimensionen einer vorgegebenen Skala zu verorten. Bei dieser schnellen und relativ kostengünstigen Methode erhält der Forscher bei klaren und sinnvollen Vorgaben präzise, standardisierte und international vergleichbare Daten (Laver & Hunt, 1992; Benoit & Laver, 2006; Warwick, 2006; Hooghe et al., 2010 a). Der Nachteil dieser Methode besteht darin, dass die Identifikation der Parteienposition sich auf einen Zeitpunkt bezieht. Darüber hinaus ist kaum nachvollziehbar, auf welcher Grundlage (anhand welcher Themen, unter Berücksichtigung welchen Zeitraumes und mit welchen Informationsquellen) die Experten ihre Einschätzung vornehmen.

Inhaltsanalysen von Parteiprogrammen

In der neueren Forschung werden die Positionen politischer Parteien oft auch mit Hilfe von systematischen und zum Teil computergestützten Inhaltsanalysen von Parteiprogrammen erfasst. Dazu werden diese Texte auf bestimmte Sätze oder Wörter und deren Häufigkeit hin untersucht. Die zu diesem Zweck gegründete „Party Manifesto Research Group“ hat mit Hilfe der beschriebenen Methode einen umfangreichen, internationalen Datensatz von Parteipositionen erstellt (Budge et al., 2001; Klingemann et al., 2006). Ein wichtiger Vorteil dieser Methode ist, dass durch die Analyse von verschiedenen Parteiprogrammen der gleichen Partei auch Veränderungen in der programmatischen Ausrichtung über die Zeit festgestellt werden können. Nachteilig ist hingegen, dass Parteiprogramme manchmal nicht unbedingt primär zum Zweck der programmatischen Positionierung einer Partei geschrieben werden und deshalb entsprechende programmatische Skalen aus den Daten abgeleitet werden müssen (Laver & Budge, 1992; Gabel & Huber, 2000; Franzmann & Kaiser, 2006; Jahn, 2011). Weiterhin sind die meisten inhaltsanalytischen Bestimmungen von Parteienpositionen induktiv entwickelt worden oder weisen eine nur lose Verbindung zur politischen Theorie auf. In Kenntnisnahme dieses Umstandes wird die programmatische Bestimmung der Links-Rechts-Positionen von Parteien in dem Index von Jahn (2011) deduktiv aufgebaut, indem an die politische Theorie von Links und Rechts von Norberto Bobbio (2006) angeknüpft wird. Außerdem berücksichtigt dieser Index den Bedeutungswandel von links und rechts in den einzelnen Ländern und Zeitperioden. Die methodologische Erfassung des Index ermöglicht darüber hinaus die empirische Bestimmung des Grades der programmatischen Geschlossenheit (Kohäsion) einer Partei (Jahn & Oberst, 2012). Das Erfassen dieses Aspekts ist für viele analytischen Modelle wichtig (Laver & Shepsle, 1996; Tsebelis, 2002; Cox & McCubbins, 2005), da damit die intraorganisatorische Spannung kollektiver Akteure in die Analyse eingehen kann und nicht mehr von der unrealistischen Annahme ausgegangen werden muss, dass kollektive Akteure einheitliche Akteure seien.

Parlamentarische Abstimmungen

Eine weitere Methode ermittelt die politische Position einer Partei mit Hilfe des parlamentarischen Abstimmungsverhaltens der Abgeordneten dieser Partei. Der Vorteil dieser Methode ist, dass sie die programmatische Position einer Partei anhand des tatsächlichen politischen Verhaltens ihrer Vertreter misst. Da das Stimmverhalten der Abgeordneten jedoch auch strategisch motiviert sein kann, lassen sich die wahren parteipolitischen Positionen daraus nicht unbedingt ableiten. Mittels geeigneter statistischer Methoden können die Abstimmungsdaten zumindest teilweise von diesen strategischen Effekten bereinigt werden. Nachteil solcher Daten ist, dass sie nur für wenige Länder vorliegen, die ihre Abstimmungen namentlich veröffentlichen, etwa für die USA (Poole, 2005), die Schweiz (Hug & Schulz, 2007) und das Europäische Parlament (Hix et al., 2007).

8.1.5 Der politische Markt und das Medianwählertheorem

Politische Positionen von Parteien entstehen natürlich nicht im luftleeren Raum, sondern beruhen sowohl auf bestimmten gesellschaftlichen Problemlagen als auch auf wahlstrategischen Kalkülen. In Analogie zu ökonomischen Gütermärkten haben Hotelling (1929) und Downs (1957) das Verhältnis zwischen Wählern und politischen Parteien in einer repräsentativen Demokratie als politischen Markt beschrieben. Wähler entsprechen dabei den Käufern, die politischen Parteien repräsentieren die Anbieter auf diesem Markt. Wie Firmen, die in Gütermärkten ein Produkt herstellen, um ihren Gewinn zu maximieren, produzieren Parteien Parteiprogramme und Lösungsvorschläge zu gesellschaftlichen Problemen, um Wahlen zu gewinnen. Die Modellierung des politischen Prozesses als Markt bietet mit dem sogenannten Medianwählertheorem eine interessante Antwort auf die Frage, wie Parteien im politischen Wettbewerb ihre Positionen bzw. Programmatik gestalten, um ihre Wahlchancen zu maximieren.

Das auf dem Rational-Choice-Ansatz (siehe Kapitel 6.5) basierende Modell des politischen Marktes (Downs, 1957) geht von vier Annahmen aus:

Rationale Akteure mit „eingipfligen" Präferenzen: Eine Grundannahme des Modells ist, dass sich alle Akteure rational verhalten. Dies bedeutet, dass sowohl Wähler als auch Parteien versuchen, unter den gegebenen Rahmenbedingungen ihren eigenen Nutzen zu maximieren. Auf einem eindimensionalen Politikspektrum (z. B. Links-Rechts) hat jeder Wähler nur eine einzige Position, die er mehr als alle anderen Positionen bevorzugt. Jeder Wähler stimmt für diejenige Partei, deren Position am nächsten bei seiner eigenen Position liegt. Parteien wollen ihren Wählerstimmenanteil maximieren. Sie versuchen daher, ihr politisches Programm und damit ihre politische Position so zu bestimmen, dass sie von möglichst vielen Wählern gewählt werden.

Keine stabilen Parteipräferenzen: Wähler bevorzugen keine bestimmte Partei, sondern kalkulieren bei jeder Wahl aufs Neue, welche der sich zur Wahl stellenden Parteien ihrer politischen Position am nächsten kommt. Sie wählen deshalb eine Partei aufgrund ihres aktuellen Parteiprogramms und/oder vergangener politischer Verhaltensmuster, nicht aber aufgrund von längerfristigen, stabilen Parteivorlieben oder sozialer Gruppenzugehörigkeit.

Alle Wahlberechtigten gehen zur Wahl: Zur Vereinfachung wird in diesem Modell angenommen, dass es keine Nichtwähler gibt.

Zwei-Parteiensystem mit Mehrheitswahlrecht: Das politische System im klassischen Medianwählermodell besteht aus zwei Parteien, die sich regelmäßig in nach dem Mehrheitswahlrecht organisierten Wahlen gegenüberstehen. Weiterentwicklungen des Modells berücksichtigen auch Mehrparteiensysteme und das Proporzwahlrecht (Kitschelt, 1994).

Trotz dieser vereinfachenden Annahmen erlaubt das Modell eine erste Annäherung an die Frage, wie sich Parteien unter bestimmten institutionellen Rahmenbedingungen potentiell positionieren. Existiert in diesem Modell eine optimale politische Position für jede Partei? Wenn ja, wo liegt diese Position? Mit der Marktanalogie und den Annahmen des Modells vor Augen können wir uns diesen Fragen zuwenden.

Abbildung 8.2 illustriert die politischen Positionen der Wähler und der beiden Parteien (A und B) auf einer Dimension. Die glockenförmige Kurve zeigt, wie viele Wähler jeweils eine bestimmte Position bevorzugen. Das Modell geht davon aus, dass relativ radikale linke und rechte Positionen nur von wenigen Wählern favorisiert werden und die meisten Wähler eine Position im Zentrum der Rechts-Links-Skala bevorzugen. Dies bedeutet, dass in Abbildung 8.2 beispielsweise weniger Wähler die Position von Partei A als die Position von Partei B bevorzugen. Die Position M zeigt die Medianposition an: Von dieser Position aus gesehen gibt es genauso viele Wähler, die eine rechtere Position bevorzugen wie Wähler, die eine linkere Position bevorzugen.

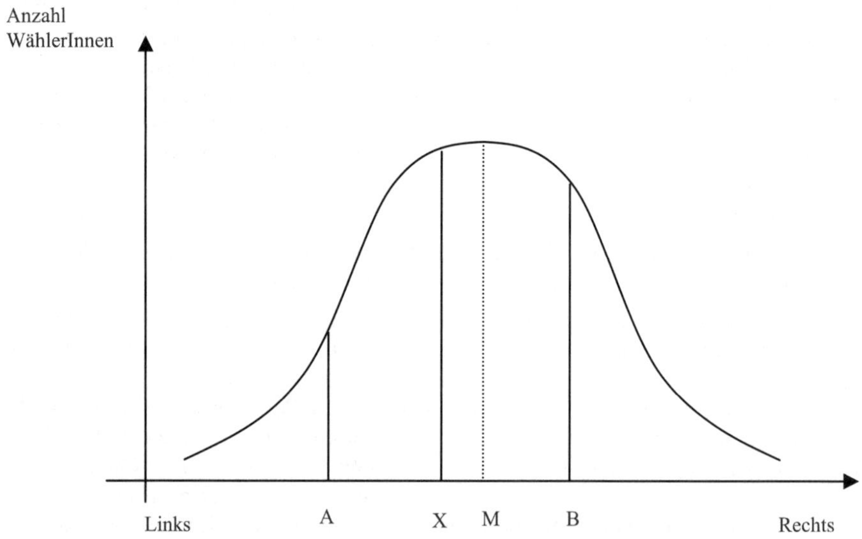

Abbildung 8.2: Ideologische Positionen von Wählern und Parteien A und B

Quelle: Mueller (2003: 231)

Da jeder Wähler diejenige Partei wählt, deren Position am nächsten bei seiner eigenen Position liegt, erzielt Partei A in Abbildung 8.2 die Stimmen aller Wähler links von Punkt X, dem Mittelpunkt der Strecke AB. Partei B dagegen erhält die Stimmen aller Wähler rechts von X. Da Partei B mehr Wähler gewinnen kann, gewinnt sie die Wahlen in Abbildung 8.2. Allerdings kann Partei A ihren Wähleranteil erhöhen, indem sie ihre Position in Richtung der Position von Partei B verschiebt (was automatisch auch X nach rechts verschiebt). Eine solche Verschiebung zu ihren Ungunsten wird jedoch Partei B kaum zulassen, sondern ihre Position ebenfalls in Richtung von X anpassen. Beide Parteien nähern damit ihre parteipolitische Position der Position des Medians M an, dem sogenannten Medianwähler. Aus wahltaktischen Gründen entspricht die Position des Medianwählers in diesem Modell der optimalen programmatischen Position beider Parteien. Das heißt, beide Parteien wählen ein identisches, am Medianwähler orientiertes politisches Programm. Diese Position ist ein Gleichgewicht, da keine der beiden Parteien durch eine Veränderung ihre Wahlchancen verbessern kann (Mueller, 2003: 230–32). Das Medianwählertheorem sagt also voraus, dass sich die beiden politischen Parteien in einem Zweiparteiensystem langfristig inhaltlich nur in Nuancen unterscheiden.

In Mehrparteiensystemen ist die Situation deutlich komplizierter, ist aber ebenfalls im Sinne des Medianwählertheorems analysierbar (Kitschelt, 1994; Jahn, 2013: 310–3). Das Medianwählertheorem kann somit dabei behilflich sein, bestimmte Entwicklungen in der Parteienlandschaft besser zu verstehen. In vielen Ländern sind die großen linken und rechten Parteien in jüngerer Zeit näher zueinandergerückt. Der Wandel der Labour-Partei unter Tony Blair hin zur Mitte unter dem Motto „New Labour“ oder Gerhard Schröders Werben um die Wähler der „neuen Mitte“ in Deutschland sind zwei Beispiele, die mit Hilfe des Medianwählertheorems interpretiert werden können.

8.1.6 Die wichtigsten Parteien Deutschlands, Österreichs, der Schweiz und der Europäischen Union

Mit Blick auf die bisher diskutierten Konzepte beschreiben wir in diesem Abschnitt die wichtigsten Parteien der drei deutschsprachigen Länder sowie der Europäischen Union, bevor wir uns von der Betrachtung einzelner Parteien weg bewegen und Parteiensysteme als Ganzes unter die Lupe nehmen.

Deutschland

Ein zentrales Merkmal des deutschen Parteiensystems ist die durch das Dritte Reich bewirkte Diskontinuität. Zusammen mit der besonderen Situation der Nachkriegszeit, die durch den Wiederaufbau und die internationale Politik bestimmt war, erleichterte diese in Deutschland die Herausbildung von Volksparteien. So hat Kirchheimer (1965) das Konzept der „Volkspartei“ anhand der CDU dargelegt. Auch die SPD gilt seit dem „Godesberger Programm“ als eine Volkspartei. Dagegen sind die Freie Demokratische Partei (FDP), Bündnis 90/Die Grünen und die LINKE vornehmlich Interessenparteien.

Die Sozialdemokratische Partei Deutschlands (SPD): Schon von Beginn an existierten in der deutschen Sozialdemokratie Konflikte zwischen revolutionären und reformerischen Flügeln. Diese Konflikte flammten in der Geschichte der SPD immer wieder auf und führten später zu den bis heute deutlich erkennbaren Parteiflügeln. Auch hinterließen die Jahre der sogenannten Sozialistengesetze, mit denen im Deutschen Kaiserreich sozialistische und sozialdemokratische Organisationen und deren Aktivitäten verboten wurden, tiefe Spuren in der Geschichte der Sozialdemokratie und prägten deren Selbstverständnis und Praxis (Lösche, 1993: 57–63). Erst mit dem Godesberger Programm von 1959 vollzog die SPD den Schritt zu einer Volkspartei. Mit diesem Grundsatzprogramm, welches auf einem außerordentlichen Parteitag in Bad Godesberg beschlossen wurde, legte die SPD den Grundbaustein für ihre programmatische Neuausrichtung. Diese Umorientierung, die nicht ohne innerparteiliche Konflikte vonstattenging, ermöglichte letztlich die Regierungsübernahme der SPD im Jahre 1969. Seit dem 1989 beschlossenen Parteiprogramm der SPD nimmt das Umweltproblem einen großen Raum ein. Auch andere, bislang vorwiegend von sozialen Bewegungen thematisierte Probleme, wie Fragen des Nord-Süd-Gegensatzes, einer neuen Friedensordnung und der Emanzipation der Frau wurden stärker berücksichtigt. Seit dem Ende der 1990er Jahre verfolgt die SPD eine ähnliche Politik wie „New Labour“ in Großbritannien, indem sie vermehrt marktliberale Positionen in ihrem Programm vertritt. Momentan ist die SPD die zweitstärkste Partei mit einem Stimmenanteil von 25,7 Prozent (Bundestagswahl 2013).

Die Unionsparteien: Die Christlich Demokratische Union (CDU) vereinte nach dem zweiten Weltkrieg verschiedene konservative, religiöse und andere bürgerliche Gruppen, die sich in der Weimarer Republik in einzelnen Parteien zusammengetan hatten. Lösche behauptet gar: „In keinem anderen Land ist es gelungen, so verschiedenartige und vielfältige Segmente und Strömungen in einer Partei für einen längeren Zeitraum miteinander zu verbinden (...)" (1993: 113). Ungewöhnlich ist zumindest, dass die CDU „(...) nicht einfach nur eine konservative Partei gewesen ist, sondern immer einen mehr oder minder einflu[ss]reichen linken Flügel gehabt hat (...)" (1993: 113). Die CDU ist allerdings ohne ihre bayerische Schwesterpartei, die Christlich Soziale Union (CSU), nur ungenügend zu verstehen. Die CSU hat sich noch vor der CDU zur Volkspartei entwickelt und vereint verschiedene Strömungen, von denen die „altbayerisch-bäuerliche-konservative" und die „fränkisch-schwäbisch-gemäßigt-föderalistisch-liberale" Strömung die bedeutendsten sind (Mintzel, 1993). Trotz einiger Stimmenverluste im Vergleich zur vorangegangenen Bundestagswahl konnten die CDU/CSU bei der Wahl von 2013 ihre Stellung als stärkste Partei mit 41,5 Prozent der Zweitstimmen behaupten.

Die Freie Demokratische Partei (FDP): Im Gegensatz zu vielen anderen westlichen Ländern dominierte im deutschen Liberalismus die nationalliberale über die sozialliberale Strömung. So befürworteten liberale Politiker im 19. Jahrhundert die Politik Bismarcks und beteiligten sich an der Hetze gegen die Sozialdemokratie und den Katholizismus. Letztlich wurde damit in Deutschland die Arbeiterbewegung zur wichtigsten Vertreterin von Demokratie und Liberalismus (Lösche, 1993: 122). Diese politischen Strömungen, die in der Weimarer Republik zu zwei liberalen Parteien geführt hatten, blieben auch in der Nachkriegszeit in der FDP wirksam. Das einigende Band der verschiedenen liberalen Strömungen ist heute das Bekenntnis zur freien Marktwirtschaft. Strategische Rahmenbedingungen für die FDP ergaben sich insbesondere aus ihrer Rolle als Mehrheitsbeschafferin, wodurch programmatische Aspekte meist zurücktraten. Bei der Bundestagswahl 2013 gewann die FDP mit nur 4,8 Prozent der Zweitstimmen weniger Unterstützer als für das Überwinden der Fünf-Prozent-Hürde nötig gewesen wäre und verpasste damit erstmalig seit Gründung der Bundesrepublik den Einzug in den Bundestag.

Bündnis 90/Die Grünen: Die Grünen formierten sich im Zeichen der außerparlamentarischen Opposition der späten 1960er und frühen 1970er Jahre. Zu ihrer Gründung führte die Vereinigung diverser politischer Strömungen. Letztere haben ihre Wurzeln sowohl in konservativ-naturschützerischen Bewegungen als auch in den linken Nachfolgebewegungen der 1968er Jahre. Schon bei der Gründung der Partei im Januar 1980 konnten die linken Gruppierungen einen gewichtigen Einfluss verzeichnen. Später blieben Flügelkämpfe zwischen „Realos" und „Fundis" auf der politischen Tagesordnung der Grünen. Diese innerparteilichen Konflikte ebbten erst in den 1990er Jahren ab. Die Grüne Partei Deutschlands ist heute eine links-ökologische Partei, die sich allerdings zunehmend für marktliberale Positionen öffnet. Der heutige Name der Partei trägt der Tatsache Rechnung, dass Bündnis 90/Die Grünen in ihrer heutigen Form erst aus dem Zusammenschluss von Bündnis 90 und Die Grünen im Mai 1993 entstanden ist. Bündnis 90/Die Grünen erreichten bei der Bundestagswahl 2013 einen

Zweitstimmenanteil von 8,4 Prozent. Die Partei stellt damit weiterhin die kleinste Fraktion im Bundestag, jedoch mit nur einem Mandat weniger als die Partei die LINKE.

Die LINKE: ist ein Zusammenschluss der Partei des Demokratischen Sozialismus (PDS), der Nachfolgepartei der Sozialistischen Einheitspartei Deutschlands (SED) in der ehemaligen Deutschen Demokratischen Republik, und der Westdeutschen Wahlalternative Arbeit und Soziale Gerechtigkeit (WASG). Zwar besitzt die LINKE in einigen Bundesländern Ostdeutschlands Volksparteicharakter, durch die Orientierung der SPD zur Mitte hin hat die LINKE allerdings Positionen am äußeren linken Ende des politischen Spektrums besetzt und versammelt vor allem Modernisierungsverlierer, sei es durch die deutsche Wiedervereinigung, den Prozess der De-Industrialisierung oder der Globalisierung insgesamt. Die LINKE gewann bei der Wahl 2013 8,6 Prozent der Wählerstimmen und ist aktuell die drittstärkste Partei im Deutschen Bundestag.

Österreich

Politische Parteien spielten in Österreichs Entwicklung zum parlamentarischen Verfassungsstaat eine wichtige Rolle. Sie gründeten nicht nur die Erste Republik. Es waren auch Vertreter politischer Parteien, welche die Institutionalisierung der Zweiten Republik im Jahre 1945 beschlossen und umsetzten (Lösche, 1993: 31).

Bis Mitte der 1980er Jahre war das österreichische Parteiensystem von großer Kontinuität gekennzeichnet. Die programmatische Ausrichtung der drei größten Parteien – die Sozialdemokratische Partei Österreichs (SPÖ), die Österreichische Volkspartei (ÖVP) und die Freiheitliche Partei Österreichs (FPÖ) – reicht bis ins 19. Jahrhundert zurück.

Während die SPÖ dem sozialistischen Lager entstammte und die ÖVP dem katholisch-konservativen, vereinigte die FPÖ antisozialistische, antiklerikale und nationale Kräfte. Seit Mitte der 1980er Jahre lässt sich eine abnehmende Konzentration des Parteiensystems feststellen (Müller, 1997; Pelinka & Rosenberger, 2007: 151). SPÖ und ÖVP, die bis dahin mehr als 90 Prozent der Wählerstimmen auf sich vereinten, sahen ihren Anteil auf beinahe 60 Prozent schrumpfen. Gleichzeitig etablierten sich die Grünen – Die Grüne Alternative als permanente politische Kraft neben den drei anderen politischen Lagern. Das Bündnis Zukunft Österreich (BZÖ) spaltete sich 2005 von der FPÖ ab, kann aber thematisch durchaus der FPÖ zugeordnet werden. Einige Kleinparteien wurden neu gegründet und nahmen mit wechselndem Erfolg am Parteienwettbewerb teil. Grundsätzlich lässt sich festhalten, dass das österreichische Parteiensystem vom Zweieinhalb- zum Mehrparteiensystem geworden ist. Trotzdem muss von einer gewissen Konstanz gesprochen werden, da bislang nie mehr als fünf Parteien im Parlament vertreten waren.

Die Sozialdemokratische Partei Österreichs (SPÖ) konsolidierte sich 1888/89 am Parteitag in Hainfeld, damals noch unter dem Namen Sozialdemokratische Arbeiterpartei Österreichs. Zuvor bestanden verschiedene ideologische Strömungen der österreichischen Arbeiterbewegung (Müller, 2006: 303). Zwischen 1933 und 1945 war die Partei verboten. Danach etablierte sie sich wieder als Partei der Arbeiterbewegung. War in der Ersten Republik die Klassenfrage das konstitutive Element der Partei, gewann nach dem Zweiten Weltkrieg die soziale Sicherheit an Bedeutung. Ab Mitte der 1980er Jahren führten gesellschaftlicher Wandel, veränderte Formen der politischen Partizipation sowie neue Formen des Wahlkampfes zu Wählerverlusten. Zeitweise gingen der SPÖ viele Stimmen von Seiten ihrer traditionellen Wählerschaft, der Arbeiter, an die FPÖ verloren. Auch bei den Nationalratswahlen von 2008 und 2013 verlor die SPÖ bedeutende Wähleranteile. Trotzdem bleibt sie mit ihrem Wahlresultat von 26,8 Prozent die wählerstärkste Partei.

Die Österreichische Volkspartei (ÖVP) wurde 1945 neu gegründet. Obwohl die Neugründung einen Bruch mit der religiösen Assoziation und politischen Ausrichtung der Vorgängerpartei, der Christlichsozialen Partei, dokumentieren sollte, lassen sich einige Kontinuitäten erkennen. Das Führungspersonal war praktisch identisch und Religion bildete immer noch den entscheidenden Integrationsfaktor für die verschiedenen Wählerkreise der Partei. Den Kern ihrer Wählerschaft repräsentierte das Selbstverständnis der ÖVP als bürgerliche Sammlungspartei und bestand weiterhin vorwiegend aus Bauern, Beamten, Gewerbetreibenden und Angestellten. Auch der Klerus konnte seine wichtige Stellung, wenn auch nicht in Form der Ausübung von Parteifunktionen, beibehalten. 1970 wurde die ÖVP für 17 Jahre aus der Regierung verdrängt. Die Gründe für den Wählerverlust der Partei liegen vor allem in der abnehmenden Bedeutung der Landwirtschaft sowie der zunehmenden Säkularisierung und Urbanisierung, welche das Identifikationspotential der Partei deutlich abgeschwächt haben. Seit 1987 ist die ÖVP wieder eine Regierungspartei. Nach Gewinnen bei der Nationalratswahl von 2002 musste die ÖVP bei den Nationalratswahlen von 2008 und 2013 jedoch Verluste hinnehmen (-8,3 und -2,0 Prozent) und weist momentan 24,0 Prozent der Wählerstimmen auf.

Die Freiheitliche Partei Österreichs (FPÖ) entstand 1955 als Nachfolgepartei des Verbands der Unabhängigen (VdU), der als politisches Sammelbecken für ehemalige Nationalsozialisten und Verfechter der „Deutschen" Frage fungierte. Erst gegen Ende der 1970er Jahre konnte sich die Partei langsam politisch etablieren. Der zunehmende Erfolg führte allerdings zu internen Konflikten, die nach der ersten Regierungsbeteiligung im Jahre 1983 zum Aufstieg Jörg Haiders beitrugen (Ucakar, 2006: 322). Ein rechtspopulistisches, auf Kritik an der EU und Mobilisierung gegen Immigranten ausgerichtetes Programm verhalf der FPÖ zu bedeutenden Wahlgewinnen. In den Nationalratswahlen von 1999 wurde sie mit 26,9 Prozent hinter der SPÖ zur zweitstärksten Partei. Die Abspaltung des BZÖ unter Haider im Jahre 2005 führte auch zu einer Spaltung der Wählerschaft. Die programmatische Ausrichtung wurde dadurch jedoch nicht verändert. Bei den Nationalratswahlen von 2013 erreichte die FPÖ 20,5 Prozent der Stimmen.

Das Bündnis Zukunft Österreich (BZÖ) entstand aus der parlamentarischen Abspaltung von der FPÖ im Jahre 2005 unter der Führung von Jörg Haider. Dem BZÖ wurde vorerst eine äußerst ungewisse Zukunft prophezeit. Die politische Ausrichtung liegt nahe bei der FPÖ. Schwerpunkt des Wahlprogramms für die Nationalratswahl 2006 war die Immigration. 2008 konnte sich die Partei bei den Nationalratswahlen mit 10,7 Prozent als viertstärkste Kraft, noch vor den Grünen, etablieren. 2013 erlangte das BZÖ jedoch nur 3,5 Prozent der Stimmen. Damit vereint das rechts-populistische politische Lager Österreichs allerdings nach wie vor insgesamt rund ein Viertel der Wählerstimmen auf sich. Nachdem Jörg Haider nach den Nationalratswahlen 2008 in einem Autounfall tödlich verunglückte, entbrannte ein Richtungsstreit in der BZÖ, der zu weiteren Abspaltungen führte. Seitdem versteht sich die Partei selbst als „rechtsliberal".

Die Grünen – Die Grüne Alternative profitierten wohl am meisten von der abnehmenden Konzentration des Parteiensystems ab Mitte der 1980er Jahre. Sie schafften als Vereinigung grün-alternativer Strömungen den dauerhaften Sprung ins Parlament. Damit brachen sie in nachhaltiger Weise die Machttradition der drei weltanschaulichen Lager ÖVP, SPÖ und FPÖ. Bereits zur Mitte der 1970er Jahre brachten einige politische Gruppierungen, meist Bürgerinitiativen, Umweltthemen auf die politische Agenda. Der Wahlerfolg stellte sich jedoch erst dann ein, als Differenzen in Bezug auf gesellschaftspolitische Inhalte zugunsten einer gemeinsamen Position zu Demokratie und Umwelt aufgegeben wurden (Luther, 2006). Neben ihrem Bekenntnis zu wertebezogenen Attributen wie ökologisch, basisdemokratisch, solidarisch, selbstbestimmt und feministisch fordern die Grünen auch das Primat der Politik über die Ökonomie. Nachdem der Wähleranteil der Grünen zwischen 1995 und 2006 kontinuierlich gestiegen war, mussten sie bei den Nationalratswahlen von 2008 leichte Verluste erleiden. Mit 10,4 Prozent lagen sie in der Wählergunst knapp hinter dem BZÖ. 2013 konnten die Grünen ihren Stimmanteil auf 12.4 Prozent anheben und sind damit wieder die viertstärkste Partei im Nationalrat.

Schweiz

Nationale Parteien besitzen aus formalem Blickwinkel betrachtet weder im politischen noch im gesellschaftlichen System der Schweiz eine besonders starke Stellung (Dachs, 2006: 392). Es gibt in der Schweiz kein nationales Parteiengesetz, keine spezifischen staatlichen Regeln zur Parteienfinanzierung, und Parteien werden erst seit 1999 in der Bundesverfassung (Art. 137 BV) erwähnt. Ihre rechtliche Stellung entspricht derjenigen von Vereinen. Ihre scheinbar beschränkte Bedeutung zeigt sich auch in ihrer organisatorischen Beschaffenheit (Rhinow, 1986). Insbesondere da sie nicht durch öffentliche Gelder finanziert werden, sind die Parteiapparate relativ klein geblieben. Die direkte Demokratie sowie der Föderalismus, der sich in der starken Position der kantonalen Parteien manifestiert, sind weitere Gründe für die – im Vergleich zu Deutschland und Österreich – deutlich schwächere Position nationaler Parteien in der Schweiz. All dies bedeutet jedoch nicht, dass Parteien in der Schweiz unbedeutend sind. Vielmehr weist die Schweiz ein im Vergleich zu vielen anderen Staaten stärker dezentralisiertes Parteiensystem auf, in dem Ressourcen und Einfluss innerhalb der einzelnen Parteien stärker auf lokaler bis kantonaler Ebene angesiedelt sind als z. B. in Deutschland.

Die Entstehung der Schweizer Parteien auf nationaler Ebene zwischen 1888 und 1936 kann im Sinne von Konfliktlinien beschrieben werden. Der Zentrum/Peripherie- und Staat/Kirche-Konflikt begünstigte die Entstehung der Christlichdemokratischen Volkspartei (CVP) und der Freisinnig-Demokratischen Partei (FDP) – Die Liberalen. Die Konfliktlinie zwischen Kapital und Arbeit förderte die Entstehung der Sozialdemokratischen Partei der Schweiz (SPS). Der Stadt/Land-Konflikt führte zur Bildung der ländlich geprägten Schweizerischen Volkspartei (SVP), von der sich 2008 die Bürgerlich-Demokratische Partei (BDP) abspaltete. Die 2007 auf nationaler Ebene gegründete Grünliberale Partei (GLP) ist, neben der BDP, die jüngste der größeren politischen Parteien und entstand aus der Abspaltung des liberalen Flügels der Grünen Partei der Schweiz (GPS), welche ihren Ursprung 1971 in der Antiatom- und Umweltbewegung hat.

Die nationalen Parteien in der Schweiz können als Erweiterungen lokaler Vereinigungen verstanden werden, da sie aus städtischen oder kantonalen Gruppierungen hervorgingen (Klöti et al., 2006). Bis in die 1990er Jahren galt das Schweizer Parteiensystem zwar als stark fragmentiert, aber trotzdem außerordentlich stabil. Ausdruck davon waren die nur unmerklich schwankenden Stimmenanteile der größten Parteien und die Regierungszusammensetzung. Die Regierung wurde seit 1959 nach einem informellen Proporzsystem, der sogenannten „Zauberformel“, gebildet. Bis 2003 gingen je zwei Ministersitze im siebenköpfigen Regierungskabinett (Bundesrat) an die FDP, die CVP und die SP; der siebte Sitz stand der SVP zu. Durch die starken Stimmengewinne der SVP und ihren Aufstieg zur stärksten Partei wurde diese Verteilung in Frage gestellt und die SVP erhielt im Jahr 2003 auf Kosten der CVP einen zusätzlichen Sitz in der Regierung. Sie verlor jedoch im Jahr 2007 diesen Sitz an die der Regierung neu beigetretene BDP, sodass gegenwärtig fünf Parteien in der Regierung vertreten sind.

Die Freisinnig-demokratische Partei (FDP) – Die Liberalen entstand im Jahr 2009 aus der Fusion der Freisinnig-Demokratischen Partei (FDP) und der insbesondere in der Westschweiz starken Liberalen Partei der Schweiz (LPS). Seit der Gründung des Bundesstaates 1848 dominierte eine sehr heterogene, liberale Bewegung die Schweizer Politik. Die FDP ist seit 1848 ständig in der Regierung vertreten und galt lange als die staatstragende Partei. Die Hegemonie der Liberalen wurde erst durch die Einführung des Proporzwahlsystems im Jahre 1919 gebrochen. Die politische Positionierung der FDP – Die Liberalen weist eine hohe Kontinuität auf und orientiert sich an der klassischen liberalen Tradition, die Eigenverantwortung und wirtschaftliche Freiheiten betont. Ihre Stammwähler sind tendenziell in der höher gebildeten und einkommensstärkeren Bevölkerungsschicht angesiedelt. Seit den 1980er Jahren verliert die Partei an Wähleranteilen. In den jüngsten Nationalratswahlen von 2011 erzielte sie nur noch 15,1 Prozent der Wählerstimmen. Die Fusion mit der LPS kann als Antwort auf die zunehmende Schwächung der liberalen Bewegung und als Versuch einer Neupositionierung interpretiert werden.

Die Sozialdemokratische Partei der Schweiz (SPS) bildete sich als Partei der Arbeiterschaft im Jahre 1888. Bis 1919 blieb sie jedoch politisch wenig einflussreich. Erst die Einführung des Proporzwahlsystems verschaffte ihr mehr Gewicht im Parlament. Seit 1943, mit einer kurzen Oppositionsphase zwischen 1953 und 1959, ist sie an der Regierung beteiligt. Die SP vertritt gesellschaftsliberale Positionen. Sie befürwortet einen Beitritt zur EU, einen starken Staat sowie eine ökologisch orientierte Politik. In den 1970er und 1980er Jahren verlor die Partei Wähleranteile an weiter links positionierte Parteien, konnte ihre Position im links-grünen Lager seither jedoch stabilisieren. Während ursprünglich Arbeiter und Angestellte die Stammwählerschaft der Partei bildeten, besteht diese heute zunehmend aus Wählern mit höherer Bildung und höherem Einkommen. Verluste an Wählerstimmen in jüngerer Zeit (2011 erreichte die SP bei den Nationalratswahlen 18,7 Prozent und ist damit zweitstärkste Partei) haben zu Bemühungen geführt, der Partei nach einer Phase der Hinwendung zur politischen Mitte wieder ein schärferes, an traditionellen linken Forderungen orientiertes Profil zu geben.

Die Christlichdemokratische Volkspartei der Schweiz (CVP) wurde 1882 unter dem Namen Katholisch-Konservative Partei (KKP) gegründet. Sie beteiligte sich als zweite bürgerliche Partei, neben der FDP, ab 1891 an der Regierung. Die bis dahin alleinregierende FDP sah in der Regierungsbeteiligung der KKP eine Möglichkeit, die katholisch-konservativen Kräfte „unter Kontrolle“ zu bringen und die bürgerliche Vormachtstellung gegenüber der aufkommenden SP abzusichern. Die KKP und ihre Nachfolger verfolgten bis Ende der 1970er Jahre eine klar katholisch-konservative Politik.

Die Erosion des katholischen Milieus (Säkularisierung) und der Anspruch, auch in reformierten (protestantischen) Kantonen Wähler zu gewinnen, erforderten zusehends eine programmatische Neuausrichtung. Ab den 1980er Jahren verlor die CVP dann auch immer mehr konservative Wähler an die SVP und christlich-soziale Wähler an die SP. Als Antwort auf diesen Wählerschwund gab sich die CVP ein stärker gesellschaftsliberal ausgerichtetes Profil. Das heutige Parteiprogramm betont die soziale Marktwirtschaft sowie Themen der nachhaltigen Entwicklung und der Familie. Mit 12,3 Prozent der Wählerstimmen bei der Nationalratswahl von 2011 ist die CVP momentan die viertstärkste Partei in der Schweiz.

Die Schweizerische Volkspartei (SVP): Die 1971 in der heutigen Form gegründete SVP beteiligte sich 1929 zum ersten Mal an der Regierung, damals als Vertretung von Bauern und Gewerbetreibenden unter dem Namen Bauern-, Gewerbe- und Bürgerpartei (BGB, 1936 auf nationaler Ebene gegründet). Die BGB war aus Spannungen zwischen urbanen und ländlichen Gebieten innerhalb der liberalen Bewegung entstanden und wurde zum Sammelbecken von Bauern- und Gewerbegruppierungen. Bis Ende der 1980er Jahre blieb der Wähleranteil der SVP mit rund 10–12 Prozent konstant. Eine programmatische Neuausrichtung hin zu einem rechtspolitischen, nationalkonservativen Kurs in den 1990er Jahren leitete einen rasanten Zuwachs an Wählerstimmen ein und ließ die SVP seit den Nationalratswahlen 1999 zur wählerstärksten Partei der Schweiz werden (26,6 Prozent Wähleranteil bei den Nationalratswahlen von 2011). Die Hauptforderungen der SVP richten sich auf die Erhaltung der Souveränität der Schweiz, die Begrenzung der Einwanderung, die innere Sicherheit sowie eine restriktive Steuer- und Sozialpolitik. Im Einklang mit diesen Positionen lehnt sie einen Beitritt der Schweiz zur EU kategorisch ab und propagiert eine starke Zurückhaltung des Landes in der internationalen Politik. Ihren Wähleranteil hat die SVP vor allem dadurch erhöht, dass sie sich von einer Bauern- und Gewerbepartei zu einer Volkspartei auf der rechten Seite des politischen Spektrums entwickelt hat. Dadurch konnte sie vor allem auch die sogenannten Globalisierungsverlierer für ihre Anliegen mobilisieren. Im Jahre 2003 erhielt die SVP einen zweiten Sitz im Bundesrat (Regierung), verlor diesen jedoch 2008 an die BDP und ist seither wieder mit einem Bundesrat in der Regierung vertreten.

Die Grüne Partei der Schweiz (GPS): Die 1971 gegründete Partei konnte erst 1983 ihren ersten Parlamentssitz erobern. Sie erreichte in den letzten Nationalratswahlen (2011) einen Wähleranteil von 8,4 Prozent. Schwerpunkte ihres Parteiprogramms sind die Umwelt- und Verkehrspolitik. Insgesamt sind die politischen Positionen der GPS tendenziell links von der SPS angesiedelt.

In den vergangenen zehn Jahren ist die bis dahin von Kontinuität geprägte Parteienlandschaft der Schweiz etwas in Bewegung geraten. Dies äußert sich u. a. in der Gründung von zwei Parteien neueren Datums – der Grünliberalen Partei und der Evangelischen Volkspartei, welche zusammen mit der CVP in der Bundesversammlung als gemeinsame Fraktion die „neue Mitte“ bilden.

Die Grünliberale Partei der Schweiz (GLP): Sie wurde 2004 im Kanton Zürich gegründet und wurde 2007 zu einer nationalen Partei. Sie entstand aus der Abspaltung des gesellschafts- und wirtschaftspolitisch liberalen Flügels der gesellschafts- und wirtschaftspolitisch stark links orientierten GPS. Sie konnte bei den Nationalratswahlen von 2011 auf Anhieb 5,4 Prozent der Stimmen erzielen. Die GLP vertritt ökologisch orientierte, aber wirtschafts-liberale Positionen und ist gleichzeitig einem gesellschaftsliberalen Gedankengut verpflichtet.

Die Bürgerlich-Demokratische Partei (BDP) ist die jüngste politische Partei auf nationaler Ebene und entstand im Jahre 2008 durch Abspaltung von der SVP. Ausschlaggebend war die Bundesratswahl 2007, bei der die Bundesversammlung anstatt des von der SVP nominierten Kandidaten eine andere SVP Politikerin wählte, welche im Widerspruch zu den Interessen der SVP Parteiführung stand. Die dadurch entstandenen Spannungen innerhalb der SVP führten zur Spaltung. Eine Folge war weiterhin eine Abweichung von der sogenannten Zauberformel, da erstmals eine Partei mit einem Wähleranteil von lediglich 5,4 Prozent (Nationalratswahlen von 2011) einen der sieben Sitze im Regierungskabinett einnahm.

Positionierung der Parteien im Vergleich

Mit Hilfe der im vorhergehenden Abschnitt behandelten Konzepte und Messverfahren lässt sich die Positionierung von Parteien über Länder und Zeit hinweg vergleichen. Zur Illustration führen wir einen solchen Vergleich in stark vereinfachter Weise für die drei deutschsprachigen Länder und ihre größten Parteien durch.

Abbildung 8.3 zeigt die mittleren Positionen dieser Parteien auf der Links-Rechts-Skala von -100 (extrem links) bis 100 (extrem rechts) von 1950 bis 2012 (Jahn 2011; Jahn, Behm, Oberst & Düpont 2014). Die Abbildung macht deutlich, dass sich in der Schweiz das Parteienspektrum stärker nach rechts öffnet als in den beiden anderen Ländern. Am linken Ende des Spektrums in der Schweiz liegt die SP nahe bei der Grünen Partei, während die SPÖ und SPD eher in der politischen Mitte angesiedelt sind und dafür die Kommunistische Partei bzw. PDS nahe bei der Partei B90/Die Grünen liegen.

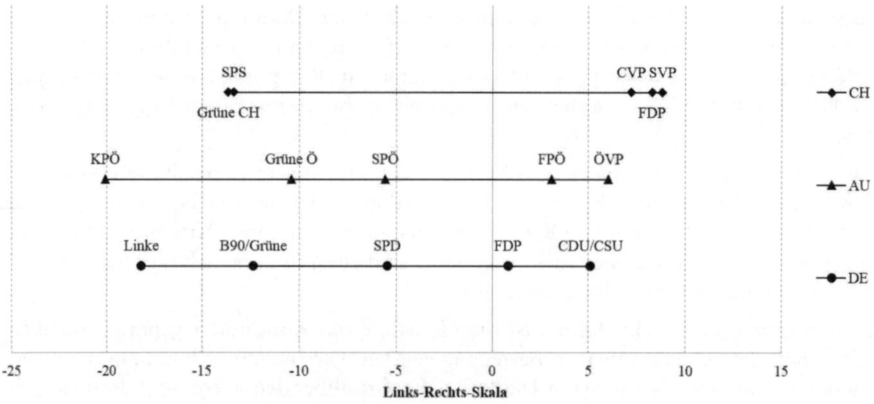

Abbildung 8.3: Parteien Deutschlands, Österreichs und der Schweiz auf der Links-Rechts-Skala

Quelle: Basierend auf Daten von Jahn (2011)

Der Vorteil dieses Datensatzes, wie auch bei anderen Datensätzen, die auf dem Party Manifesto Project beruhen (https://manifesto-project.wzb.eu/), besteht darin, dass Informationen über Zeit (zu jeder Wahl) zur Verfügung stehen. So zeigt sich für die Schweiz, dass die SVP seit den 1990er Jahren stark nach rechts gerückt ist und dort ziemlich isoliert steht. Ein weiterer Vorteil des vorgestellten Index besteht darin, dass er zwischen traditionellen Kernelementen einer links-rechts Dimension und neuen links-rechts Themen unterscheiden kann. Dies ist besonders auffällig für die KPÖ, SPS und die Grünen Parteien in allen drei Ländern. Die KPÖ und SPS sind links indem sie traditionelle links-rechts Themen, wie Steuerung der Wirtschaft betonen, die Grünen erhalten dagegen ihre linke Position durch neue links-rechts Themen wie Umweltschutz und andere libertäre Positionen.

Europäische Union

Das Europäische Parlament ist das einzige Organ der EU, das direkt vom Volk gewählt wird. Wie in Kapitel 6 (Abschnitt 6.4.4) dargelegt, werden seine Abgeordneten allerdings durch Wahlen auf einzelstaatlicher Ebene und nicht mittels eines einheitlichen EU-weiten Wahlsystems bestimmt. Europawahlen bestehen also im Wesentlichen aus 27 national organisierten und gleichzeitig (innerhalb von ca. 4 Tagen) stattfindenden Wahlen. Der Wahlkampf ist somit stark von den Parteien der einzelnen EU-Staaten geprägt. Wie auch bei der Wahl des jeweiligen nationalen Parlamentes rekrutieren die Parteien die Kandidaten, präsentieren diese in Form von Wahllisten den Wählern und unterstützen deren Wahlkampf.

Dieses nationalstaatlich organisierte Wahlprozedere, aber auch das Fehlen eines europäischen Demos, hat die Entwicklung europäischer Parteien erschwert. Die auf europäischer Ebene tätigen Parteien sind folglich vorwiegend Bündnisse nationaler politischer Parteien, die sich politisch ähnlich sind. Die Gründung solcher Bündnisse wurde durch den Beschluss der damaligen Europäischen Gemeinschaften (EG) von 1976, Direktwahlen für das Europäische Parlament einzuführen, begünstigt. Die größten Bündnisse dieser Art sind momentan: die 1976 gegründete *Europäische Volkspartei*, die christlich-demokratisch, konservativer Prägung ist und 34 Prozent der Abgeordneten im Europäischen Parlament stellt; die *Sozialdemokratische Partei Europas*, die 1992 gegründet wurde (ein Bund der Sozialdemokratischen Parteien in der EG existierte bereits seit 1974) und 22 Prozent der Sitze innehat; gefolgt von der 1976 gegründeten *Europäischen Liberale, Demokratische und Reformpartei* (10 Prozent der Sitze), die liberal ausgerichtet ist, sowie diversen kleineren Parteien (z. B. das rechtsgerichtete Bündnis „Europa der Nationen und der Freiheiten“).

Aus Sicht des EU-Rechts wurden europäische politische Parteien mit dem Vertrag von Maastricht 1992 eingeführt, wobei einige Parteienverbände (siehe oben) damals bereits schon existierten.

Parteien können seit dem Vertrag von Amsterdam 1997 (sowie einer EU-Verordnung von 2003) bei Erfüllung bestimmter Voraussetzungen vom Europäischen Parlament als Partei formell anerkannt werden und dadurch auch eine Parteienfinanzierung durch die EU erhalten. Voraussetzungen sind die Rechtspersönlichkeit im Mitgliedstaat, in dem die Partei ihren Sitz hat; das Stellen von Abgeordneten im Europäischen Parlament oder von Abgeordneten in nationalen oder regionalen Parlamenten in mindestens einem Viertel der Mitgliedstaaten; oder der Erhalt von mindestens 3 Prozent der Stimmen bei den letzten Europawahlen in mindestens 25 Prozent der Mitgliedstaaten; eine geplante Teilnahme an Europawahlen; und nicht zuletzt die Anerkennung wichtiger Grundsätze der EU (Demokratie, Menschenrechte, Rechtsstaatlichkeit, usw.).

Anlässlich der Europawahl von 2004 entstand erstmals eine transnationale europäische Partei, d. h. eine Partei, deren Mitgliedschaft nicht nur aus Parteien aus den EU-Staaten, sondern auch aus Einzelpersonen bestand: *Die Europäische Grüne Partei*

(EGP), die aus der Europäischen Föderation Grüner Parteien hervorging. Ein wichtiges Merkmal ihres transnationalen Charakters ist, dass die EGP als erste Partei eine einheitliche Wahlkampagne mit einem gemeinsamen Manifest im ganzen EU-Raum einsetzte. Im Gegensatz dazu setzen Parteibündnisse auf der EU-Ebene koordinierte, letztlich aber stark national gefärbte Programme im Wahlkampf ein. Die erste rein transnationale europäische Partei wurde Anfang 2009 gebildet: *Die Libertas*, die aus einer irischen Bürgerbewegung von EU-Kritikern hervorging. Sie ist seit Ende 2009 jedoch nicht mehr aktiv.

Transnationale Europaparteien sind bisher die Ausnahme geblieben. Die meisten Europaparteien (definiert als von der EU als solche anerkannte Parteien) sind weitgehend Bündnisse politisch ähnlich positionierter Parteien, die auf der EU-Ebene aktiv bzw. im Europäischen Parlament mit Abgeordneten vertreten sind. Momentan gehören rund 80 Prozent der Abgeordneten einer Europapartei an, die damit auch als Grundlage für die Bildung von Fraktionen im Europäischen Parlament dienen (Mittag, 2006; Mittag & Steuwer, 2010).

8.2 Parteiensysteme: Struktur, Dynamik und Wandel

Die Betrachtung der Parteien in den drei deutschsprachigen Ländern im vorangegangenen Abschnitt hat – implizit – gezeigt, dass die Analyse einzelner Parteien fast schon automatisch zu einer Betrachtung der Gesamtheit der politischen Parteien eines Landes führt. Wir wenden uns deshalb nun dieser Gesamtheit und damit den Parteiensystemen zu. Wir diskutieren, was Parteiensysteme sind, wie sie sich unterscheiden, und wenden uns dann möglichen Ursachen und Konsequenzen von Parteiensystemen zu.

8.2.1 Klassifikationen von Parteiensystemen

Wie lassen sich Parteiensysteme im internationalen Vergleich und im Zeitverlauf systematisch charakterisieren? Ganz allgemein definiert, bezeichnet der Begriff Parteiensystem die Gesamtheit der politischen Parteien eines Staates, ihre Eigenschaften sowie das Beziehungsgeflecht zwischen ihnen. Die politikwissenschaftliche Forschung hat das Konzept des Parteiensystems anhand mehrerer Teilkonzepte konkretisiert. Im Vordergrund stehen die Zahl der relevanten Parteien und damit der Fragmentierungsgrad des Parteiensystems sowie die Segmentierung der Wählerschaft, die Chancenverteilung einer Regierungsbeteiligung und die ideologische Distanz zwischen den Parteien. Wir behandeln diese Teilkonzepte und ihre empirische Umsetzung in diesem und dem folgenden Abschnitt.

Ein zentrales Charakteristikum von Parteiensystemen ist ihr Fragmentierungsgrad, der sich anhand der Anzahl der Parteien in einem System erfassen lässt. Je mehr Parteien ein Parteiensystem aufweist, desto stärker ist es fragmentiert. Vergleichen wir ein System mit drei gleich großen Parteien (also je rund 33 Prozent Wähleranteile und/oder Parlamentsmandate) und ein System mit zwei größeren Parteien (z. B. je 45 Prozent) und einer kleineren Partei (z. B. 10 Prozent), so sind diese beiden Systeme in unterschiedlicher Weise fragmentiert. Viele Politikwissenschaftler nehmen in der Tat an, dass gleich große Parteien eine stärkere Zentrifugalkraft aufweisen als ein System mit zwei großen Parteien und einer kleinen Partei. Es gibt also gute theoretische Gründe, das Messen des Fragmentierungsgrades nicht nur auf die reine Anzahl der Parteien zu beschränken. Unterschiedliche Klassifizierungen von Parteiensystemen beruhen auf solchen Überlegungen.

Sartori (1976) hat darauf hingewiesen, dass nur solche Parteien bei der Messung berücksichtigt werden sollten, die über parlamentarische Sitze verfügen und politisch relevant sind. Als politisch relevant definiert er Parteien, die über Koalitionspotential oder „Erpressungspotential" verfügen. Erstere sind unmittelbar für die Regierungspolitik relevant. Letztere können Regierungsmehrheiten verhindern, wenn ohne sie keine stabile Regierung gebildet werden kann.

Blondel (1976: 122–23) schlägt eine Unterscheidung zwischen Zweiparteiensystemen, Zweieinhalbparteiensystemen, Multiparteiensystemen mit einer dominanten Partei und Multiparteiensystemen ohne dominante Partei vor. Damit lassen sich Parteiensysteme auf einer einfachen ordinalen (steigender Fragmentierungsgrad) Messskala erfassen.

Noch feingliedrigere Messgrößen erfassen den Charakter von Parteiensystemen mit Intervallskalen. Die bekanntesten Beispiele sind der Fraktionalisierungsindex (F) (Blondel, 1968: 184–87) und der Index der Anzahl effektiver Parteien (ENP, was für „effective number of parties" steht). Der Fraktionalisierungsindex erfasst auf einer Skala von 0 bis 1, wie wahrscheinlich es ist, dass zwei Abgeordnete im Parlament zur gleichen Partei gehören. Er lässt sich anhand der folgenden Formel berechnen:

$$F = 1 - \sum_{i=1}^{n} s_i^2$$

wobei n die Anzahl der Parteien darstellt und s_i der Anteil der Parlamentssitze der Partei i ist. Die Konstruktion dieses Index misst größeren Parteien mehr Gewicht bei, insbesondere weil diese eine stärkere Zentrifugalkraft im politischen System bewirken können.

Der von Laakso und Taagepera (1967) entwickelte Index der effektiven Anzahl der Parteien basiert direkt auf dem Fraktionalisierungsindex. Er gewichtet die in einem Parlament vertretenen Parteien noch expliziter nach ihrer Stärke. Beide Indices sagen jedoch im Grunde das Gleiche aus, weil der Index der effektiven Anzahl der Parteien ganz einfach aus dem Fraktionalisierungsindex berechnet werden kann:

$$ENP = \frac{1}{\sum_{i=1}^{n} s_i^2} = \frac{1}{1 - F}$$

Intervallskalierte Indices wie der F- und ENP-Index sind für die Forschung nützlich, weil sie empirisch einfach umsetzbar sind und Parteiensysteme auf einem eindimensionalen Kontinuum verorten können. Sie können jedoch qualitative bzw. mehrdimensionale Unterschiede zwischen Parteien bzw. Parteiensystemen nicht erfassen, die wir später noch beleuchten werden. Tabelle 8.4 illustriert das ordinalskalierte Messkonzept von Blondel (1968) sowie die beiden hier besprochenen intervallskalierten Indices anhand fiktiver Beispiele. Die Tabelle zeigt, dass die drei Skalen stark, aber nicht perfekt miteinander korrelieren. Die Messgrößen von Blondel (1968) und die Anzahl effektiver Parteien rangieren die fünf Sitzverteilungen in genau gleicher Reihenfolge, der Fraktionalisierungsindex korreliert mit den beiden anderen Messgrößen zu rund 70 Prozent. Kasten 8.2 beleuchtet aus empirischer Sicht den Fragmentierungsgrad von Parteiensystemen im weltweiten Vergleich.

Hypothetisches Beispiel (prozentualer Anteil der Parteien)	Parteiensystem (Blondel)	Effektive Anzahl der Parteien	Fragmentierungsindex
50-50	Zweiparteiensystem	2,00	0,50
33-33-33	Dreiparteiensystem	3,06	0,45
45-45-10	Zweieinhalbparteiensystem	2,41	0,59
45-20-15-10-10	Multiparteiensystem mit dominanter Partei	3,50	0,72
25-25-25-15-10	Multiparteiensystem ohne dominante Partei	4,50	0,78

Tabelle 8.4: Klassifikation von Parteiensystemen

8.1 Effektive Anzahl der Parteien

Der von Matt Golder (2005) erstellte globale Datensatz zu demokratisch organisierten Wahlsystemen nach dem Zweiten Weltkrieg enthält u. a. auch den Index der effektiven Anzahl der Parteien (ENP) basierend auf den Stimmanteilen, welche die entsprechenden Parteien bei einer Parlamentswahl erhalten haben. Abbildung 8.5 stellt exemplarisch die effektive Anzahl der Parteien in den letzten Parlamentswahlen vor 2002 in den jeweiligen untersuchten Ländern dar.

Betrachten wir den Fraktionalisierungsgrad von Parteiensystemen innerhalb der OECD-Staaten, so lässt sich feststellen, dass die Parteiensysteme von Belgien (10,29) sowie Israel (9,74) am höchsten fragmentiert sind – sogar noch stärker als Italien (7,05), das in Lehrbüchern oft als Beispiel eines stark fragmentierten Parteiensystems herhalten muss. Portugal (3,19), Spanien (2,99) und Griechenland (2,64) dagegen weisen die niedrigste effektive Parteienanzahl unter den OECD-Staaten auf – einzig die USA (2,18) weisen ein noch geringer fragmentiertes Parteiensystem auf. Insgesamt hat die Gruppe der OECD-Staaten einen Durchschnittswert von 4,76 Parteien.

In Zentral- und Osteuropa (CEE) liegt dieser Durchschnittswert bei 5,36 effektiven Parteien und stellt damit im Gruppenvergleich die Ländergruppe mit den am stärksten fragmentierten Parteiensystemen in Abbildung 8.5 dar. Zu den am stärksten fragmentierten Parteiensystemen zählen die baltischen Staaten Litauen (7,65), Lettland (6,94) und Estland (6,87). Zu den am wenigsten stark fragmentierten Parteiensystemen unter den Staaten Zentral- und Osteuropas gehören die Ukraine (3,94) und Bulgarien (3,02).

Hinsichtlich der effektiven Anzahl an Parteien weisen die lateinamerikanischen Staaten ähnliche Werte auf wie die Gruppe der OECD-Staaten. Während beispielsweise Brasilien (8,14), Chile (6,95) und Ecuador (6,18) eine vergleichsweise starke Fraktionalisierung ihrer Parteiensysteme aufzeigen, gehören innerhalb Lateinamerikas die Parteiensysteme Mexikos (3,0), Nicaraguas (2,92) und Honduras (2,38) zu den am geringsten fragmentierten Systemen. Im Durchschnitt wurden für die Länder Lateinamerikas 4,44 effektive Parteien gezählt.

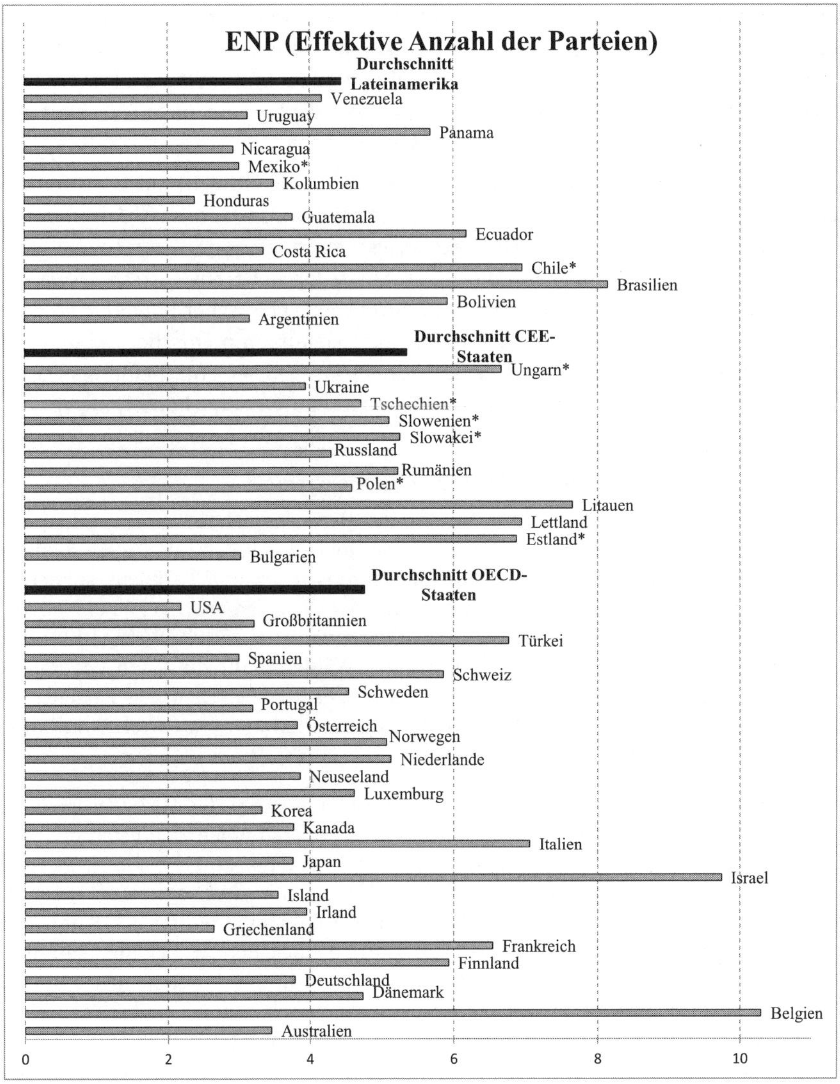

Abbildung 8.5: Effektive Anzahl der Parteien

* Diese Länder sind auch gleichzeitig OECD-Staaten.

Quelle: Golder (2005); auch erhältlich über Quality of Government Standard Dataset (Teorell et al., 2011).

Bei der obigen Diskussion ist zu beachten, dass es sich bei den hier verwendeten Daten (Golder, 2005) nur um eine Momentaufnahme handelt. Abbildung 8.5 gibt nur die Anzahl der effektiven Parteien in den untersuchten Ländern für das Jahr 2002 wieder. Anhand dieser Daten lassen sich Länder- und Ländergruppen zu diesem spezifischen Zeitpunkt miteinander vergleichen, jedoch keine Aussagen zur

Entwicklung von Parteiensystemen innerhalb eines Landes oder einer Gruppe von Ländern machen. So wies beispielsweise das Parteiensystem Russlands (8,32) im Jahr 1999 einen doppelt so hohen Wert auf wie 2002. Im Falle der Ukraine ist die zeitliche Varianz noch viel gravierender: 1994 wies die Ukraine einen ENP-Wert von 23,85 auf – einen fast sechs Mal höheren Wert als 2002.

Die quantitative Beschreibung von Parteiensystemen dient nicht nur beschreibenden, sondern auch erklärenden Zwecken. Beispielsweise lässt sich damit untersuchen, ob weniger fragmentierte Parteiensysteme zu einer größeren Leistungsfähigkeit politischer Systeme führen (z. B. im Sinne von höherem Wirtschaftswachstum und weniger sozialen Konflikten) und mit mehr politischer Stabilität verbunden sind. Gleichermaßen lässt sich damit analysieren, ob politische Systeme mit mehr effektiven Parteien stärker in Richtung konsensualer Entscheidungsmuster tendieren und damit besondere Demokratiemuster aufweisen (Lijphart, 1999).

8.2.2 Struktur und Dynamik unterschiedlicher Parteiensysteme

Das Konzept der Fragmentierung umschreibt Parteiensysteme nur in sehr eingeschränkter Weise. Deshalb kommen in der Politikwissenschaft auch andere Konzepte und damit verbundene Messgrößen zur Charakterisierung von Parteiensystemen zur Anwendung. Der wohl bekannteste Ansatz dazu ist derjenige von Sartori (1976; siehe auch Mainwaring & Scully, 1995; Bendel, 1996; Payne et al., 2002; Werz, 2005). Sartori beleuchtet vor allem die Segmentierung der Wählerschaft, die Chancenverteilung einer Regierungsbeteiligung und die ideologische Distanz zwischen den Parteien. Daraus resultiert für demokratische Systeme mit offenem bzw. fairem Parteienwettbewerb eine vierstufige Typologie:

1. *Dominanzsystem*: In diesem System dominiert eine Partei das Parteiensystem und damit auch die Regierung. Die Verteilung der Wählerstimmen zugunsten der dominanten Partei ist so stark, dass die Chancen der Opposition, einen Regierungswechsel auszulösen, sehr gering sind. Gründe für eine solch einseitige Verteilung der Wählerstimmen können die Existenz einer dominanten politischen Kultur oder eine überaus hohe und lang anhaltende Zufriedenheit der Wähler mit dem Status quo sein. In der Regel sind solche Zustände nicht von sehr langer Dauer. Eine Ausnahme ist z. B. das japanische Parteiensystem zwischen 1955 und 1993, das als Dominanzsystem gelten kann. Obwohl es in dieser Zeit freie Wahlen und Oppositionsparteien gab, hatte die Liberaldemokratische Partei (LDP) Japans ununterbrochen die Regierungsverantwortung inne. Mexiko (Partido Revolucionario Institucional, PRI) sowie Schweden in den 1950er bis 1970er Jahren (Sozialdemokratische Partei, SAP) fallen ebenfalls in diese Kategorie
2. *Zweiparteiensystem*: In diesem Typ von Parteiensystem existieren zwei große Parteien, die zur Regierungsbildung nicht auf Koalitionspartner angewiesen sind. Ihre Chancen, die Mehrheit der Wählerstimmen zu erhalten, sind ähnlich hoch. Dadurch besteht bei jeder Wahl die Möglichkeit eines Regierungswechsels. Das klassische Beispiel ist hier Großbritannien von 1945 bis 2010. Zwei große Parteien – Labour und Conservatives – traten bei jeder Wahl gegeneinander an und wechselten sich in der Regierungsverantwortung in unregelmäßigen Abständen ab. Im Jahr 2010 musste erstmals seit 65 Jahren eine Koalitionsregierung aus Conservatives

und den Liberal Democrats gebildet werden, weil keine der beiden großen Parteien eine Mehrheit im Parlament erreichte. In den USA wechseln sich ebenfalls zwei große Parteien, die Demokraten und die Republikaner, in der Regierungsverantwortung ab.

3. *Gemäßigter Pluralismus*: In diesem Typ von Parteiensystem stehen sich drei bis fünf für die Regierungsbildung potentiell relevante Parteien gegenüber. Ihre ideologische Distanz voneinander ist eher gering, sodass sie im Prinzip alle in einer großen Regierungskoalition mitwirken könnten. Die Regierung wird in solchen Systemen meist aus einer Koalition von zwei bis drei Parteien gebildet. Bei jeder Wahl könnte es im Prinzip zu einem Koalitions- bzw. Regierungswechsel kommen. Das deutsche Parteiensystem lässt sich in diesem Sinne charakterisieren. In der Regel hat die CDU/CSU oder die SPD mit der FDP und in einem Fall die SPD mit dem Bündnis 90/Die Grünen die Regierung gebildet. Als spezielle Ausprägungsform des gemäßigten Pluralismus können Parteiensysteme bezeichnet werden, die sich durch eine Vielzahl an gesellschaftlich relevanten Konfliktlinien und demzufolge eine stark segmentierte Wählerschaft auszeichnen. Solche Parteiensysteme lassen sich als „segmentierter Pluralismus" umschreiben. Beispiele sind die Schweiz oder die Niederlande.
4. *Polarisierter Pluralismus*: Parteiensysteme dieses Typs umfassen sechs oder mehr Parteien. Entscheidender als die Parteienzahl ist jedoch die Existenz von Antisystemparteien. Letztere verändern die Dynamik des Parteiensystems entscheidend, da sie das Ziel verfolgen, das politische System insgesamt zu verändern. Antisystemparteien nehmen deshalb extreme politische Positionen ein. Sie können damit den anderen Parteien zwar glaubhaft drohen, ihnen Wähleranteile zu entziehen, müssen jedoch nicht damit rechnen, dass sie auch Regierungsverantwortung zu tragen haben. Die Dynamik des Parteiensystems kann sich somit aufgrund der Aktivitäten von Antisystemparteien von einem zentripetalen (=zur Mitte hin gerichteten) zu einem zentrifugalen (=nach außen auf Extrempositionen hin gerichteten) Parteienwettbewerb entwickeln. Dies kann zu politischer Instabilität und Unregierbarkeit führen. Das deutsche Parteiensystem während der Weimarer Republik ist ein wichtiges Beispiel für eine solche Entwicklung. Vor allem die Kommunistische Partei Deutschlands (KPD) auf der extrem linken und die Deutschnationale Volkspartei (DNVP) sowie die Nationalsozialistische Deutsche Arbeiterpartei (NSDAP) auf der extrem rechten Seite des politischen Spektrums lehnten die Demokratie ab. Die dadurch ausgelöste Dynamik führte letztlich zum Scheitern der Weimarer Republik. Das Parteiensystem in Italien von 1946 bis 1992 wies ebenfalls stark zentrifugale Tendenzen auf. Wenngleich das demokratische politische System Italiens letztlich nicht zusammenbrach, so erwies es sich doch als äußerst instabil und war von häufigen Regierungswechseln geprägt.

Wenn wir diese doch recht komplexe Charakterisierung von Parteiensystemen auf zwei Dimensionen reduzieren, lassen sich die vier soeben besprochenen Typen in einem zweidimensionalen Raum lokalisieren. Die erste Dimension ist die bereits bekannte Anzahl relevanter Parteien. Die zweite Dimension ist die ideologische Distanz zwischen den Parteien (Burkhart, 2005). Abbildung 8.6 illustriert diesen Ansatz. Die ideologische Distanz ist auf der horizontalen Achse abgetragen, die Parteienzahl auf der vertikalen Achse. Die Richtung des Parteienwettbewerbs, der sich direkt aus den beiden Strukturvariablen ergibt und der die Dynamik eines Parteiensystems erfasst, wird ebenfalls angezeigt.

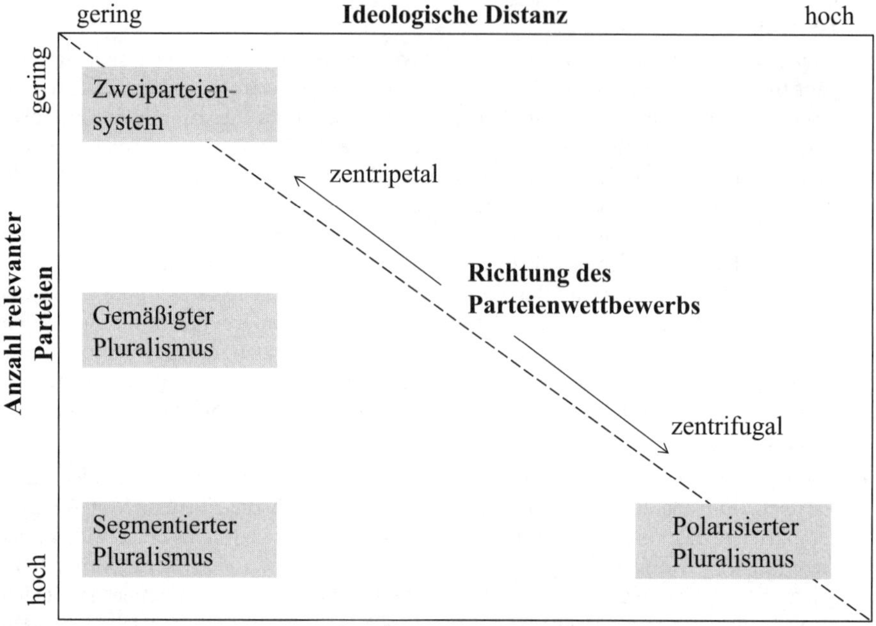

Abbildung 8.6: Dynamik von Parteiensystemen

Quelle: Basierend auf Sartori (1976: 292)

Sartoris (1976) Typologie von Parteiensystemen hat in der Vergleichenden Politikwissenschaft viel Beachtung gefunden. Der Hauptgrund liegt wohl darin, dass sie aus theoretischer/konzeptioneller Sicht die reichhaltigste der verfügbaren Typologien ist. Ihre empirische Relevanz nimmt jedoch tendenziell ab. Insbesondere existieren immer weniger Parteiensysteme, die den Kategorien Zweiparteiensystem und polarisierter Pluralismus zugeordnet werden können. Heute entsprechen die meisten demokratischen Parteiensysteme dem Typ „gemäßigter Pluralismus". Dies reduziert die aus analytischer Sicht wichtige empirische Varianz von Sartoris Typologie. In der Forschung kommen deshalb mittlerweile vor allem intervallskalierte Messgrößen wie der Fraktionalisierungsindex sowie der ENP-Index zur Anwendung.

8.2.3 Entstehung von Parteiensystemen

Parteiensysteme können – wie andere Elemente des politischen Systems auch – als abhängige oder unabhängige Variable betrachtet werden. In diesem Abschnitt untersuchen wir die Entstehung von Parteiensystemen und betrachten diese somit als abhängige Variable. In Kapitel 6 (Abschnitt 6.7.4) haben wir bereits gesehen, dass das Wahlsystem einen wichtigen Einfluss auf das Parteiensystem hat. Das Mehrheitswahlrecht bevorzugt große Parteien und begünstigt tendenziell Zweiparteiensysteme, während in Proporzwahlsystemen die Größe der Wahlkreise einen Einfluss auf die Parteienlandschaft hat und kleinere Parteien mehr Chancen in Systemen mit größeren Wahlkreisen haben.

Solche rein funktionalen Zusammenhänge zwischen Wahl- und Parteiensystem greifen jedoch zu kurz, da sich Parteiensysteme über längere Zeiträume hinweg entwickeln und dabei auch Einfluss auf die Ausgestaltung von Wahlsystemen haben können. Die Kausalität kann also in beide Richtungen verlaufen. In der Schweiz führte z. B. der politische Druck der katholisch-konservativen sowie der sozialistischen Parteien im Jahr 1919 letztlich zum Wechsel vom Mehrheits- zum Proporzwahlrecht. Die Anzahl der Parteien hingegen änderte sich bis in die 1970er Jahre kaum. Es lohnt sich deshalb, die Entwicklung von Parteiensystemen von einer historischen Perspektive ausgehend zu erklären.

Lipset und Rokkan (1976) haben ein historisches Entwicklungsmodell gesellschaftlicher Konfliktlinien vorgeschlagen, um die Charakteristika von Parteiensystemen zu verstehen. Eine gesellschaftliche Konfliktlinie, ein sogenanntes *Cleavage,* ist eine Spaltung entlang eines sozialen Kriteriums wie z. B. Klasse, Religion oder ethnischer Gruppenzugehörigkeit. Durch diese Spaltung wird die Bevölkerung eines Landes in zwei oder mehrere soziale Gruppen segmentiert. Politisch sichtbar werden solche Konfliktlinien, wenn sich die dadurch entstehenden Gruppen ihrer kollektiven Identität bewusst werden und beginnen, sich zu organisieren.

Diese sogenannte sozialstrukturelle Erklärung von Parteiensystemen geht davon aus, dass die entlang von Cleavages entstandenen sozialen Gruppen auch Parteien und Interessengruppen bilden. Indem sie von den relevanten politischen Akteuren anerkannt werden (Legitimation) und sich in das politische System eingliedern (Inkorporierung), institutionalisieren sie sich zu langlebigen Organisationen. Parteien sind demnach aus sozialen Konfliktlinien hervorgegangene Gruppierungen. Durch ihre Institutionalisierung können gesellschaftliche Konflikte ohne Gefährdung des politischen Systems an sich ausgetragen werden.

Existiert z. B. in einem Land ein Konflikt zwischen der städtischen Bevölkerung und der Landbevölkerung, wird dieser Konflikt in vielen Fällen zunächst offen ausgetragen. Da ein solcher Konflikt auf Dauer eine große Menge Ressourcen und Energien verschlingt, werden mit der Zeit meist Repräsentanten ausgewählt, die versuchen, zwischen den unterschiedlichen Interessen zu vermitteln und die Konflikte zu entschärfen. Diese repräsentativen Funktionen werden mit der Zeit auf Organisationen (Parteien und Verbände) übertragen. So können sich z. B. Bauernparteien und –verbände organisieren, die dann als Ansprechpartner fungieren. Damit entsteht durch die Bildung von Organisationen ein institutionalisierter Konflikt, der anhand von festgelegten Spielregeln ausgetragen und begrenzt werden kann.

Lipset und Rokkan (1967) erklären auf dieser Basis die Entwicklung unterschiedlicher Parteiensysteme in Westeuropa. Sie benennen dafür vier kulturelle und materielle Konfliktlinien, die aus den zwei großen Modernisierungsprozessen in Europa hervorgegangen sind, nämlich der politischen sowie der wirtschaftlichen und sozialen Modernisierung. Diese Konfliktlinien sind in der Abbildung 8.7 dargestellt.

Die Modernisierungsprozesse	Die Cleavages
Politische Modernisierung (nationale Revolution) ➔ *kulturelle Konflikte*	**Kirche/Staat** Konflikt um die Kontrolle des Bildungssystems (Trennung von Staat und Kirche)
	Zentrum/Peripherie (Reformation) Konflikt um die in der Konstruktion der neuen Nationalstaaten dominante Kultur (autonome regionale vs. zentralstaatliche Entscheidungsinstanzen)
Wirtschaftliche und soziale Modernisierung (industrielle Revolution) ➔ *materielle Konflikte*	**Stadt/Land** (industrielle Revolution) Konflikt zwischen landwirtschaftlichen und industriellen Interessen (Adel und Bauern vs. Bürgertum)
	Arbeitgeber/Arbeitnehmer Konflikt zwischen Arbeitgebern und Arbeitnehmern (Kapital vs. Arbeit)

Abbildung 8.7: Konfliktlinien in Westeuropa

Quelle: Basierend auf Lipset & Rokkan (1967)

Die Theorie von Lipset und Rokkan besagt, dass die gesellschaftlichen Konfliktlinien zum Zeitpunkt der Staatenbildung entscheidend für die Entstehung des Parteiensystems sind, denn bei der Staatenbildung werden bestehende Konfliktstrukturen institutionalisiert. Cleavages stehen in einer Hierarchie, die stark vom zeitlichen Ablauf gesellschaftlicher Konflikte geprägt ist. Ältere Konfliktlinien sind für die Entwicklung von Parteiensystemen bedeutender als jüngere Cleavages, da vorausgehende Konflikte später entstehende gesellschaftliche Spannungen vorstrukturieren. Die älteste Konfliktlinie, zumindest in Westeuropa, ist diejenige zwischen Kirche und Staat um die Kontrolle des Bildungswesens und damit auch um die Trennung dieser beiden Institutionen. Als nächstes Spannungsfeld in dieser Hierarchie gilt wiederum eine kulturelle Konfliktlinie, nämlich jene des durch die Reformation ausgelösten Konfliktes um die in der Schaffung der neuen Nationalstaaten dominante Kultur (autonome regionale vs. zentral-staatliche Entscheidungsinstanzen). Je nach Ausgang des Konfliktes um die Trennung von Kirche und Staat entstanden vier verschiedene Untertypen. Als materielle Konfliktlinie sehen Lipset und Rokkan die Spannungen zwischen städtischen und ländlichen Interessen sowie den Klassenkonflikt zwischen Kapital und Arbeit. Diese Spaltung, die in der zeitlichen Abfolge als letzte Konfliktlinie entstand, führte dazu, dass die Arbeiterbewegung überall in Europa ihre eigenen Parteien gründete. Damit hatte der Konflikt zwischen Kapital und Arbeit einen bedeutenden Einfluss auf die Parteiensysteme Westeuropas und erklärt gleichzeitig die Ähnlichkeit der verschiedenen Parteiensysteme in dieser Region.

Aus den unterschiedlichen Konfliktlinien heraus haben sich verschiedene Parteien und Parteiensysteme entwickelt: Aus dem Staat/Kirche-Konflikt gingen religiöse Parteien hervor. Die Zentrum/Peripherie-Spannungslinie führte teilweise zu ethnischen, religiösen oder sprachlich basierten Parteien. Die Verteilungskonflikte zwischen Stadt und Land ließen Bauern-, konservative und liberale Parteien entstehen. Der Interessenunterschied zwischen Kapital und Arbeit führte schließlich zu Arbeiterparteien. Dabei kam es als Konsequenz der Russischen Revolution (1917) innerhalb der Arbeiterbewegung zu einer Spaltung zwischen kommunistischen und sozialdemokratischen Parteien.

Allerdings sind nicht in allen Ländern sämtliche Parteien, die sich aus der Cleavage-Theorie ableiten lassen, in gleicher Stärke vorzufinden. Die unterschiedliche Stärke der Bauernparteien in westeuropäischen Demokratien lässt sich etwa anhand der nationalen Wirtschaftsstruktur zum Zeitpunkt der Einführung des allgemeinen Wahlrechts erklären. In Ländern, in denen die Städte und industriellen Zentren zur Zeit der Einführung des allgemeinen Wahlrechts relativ unbedeutend waren und die Bauernbevölkerung weitgehend aus unabhängigen Bauernfamilien bestand, was sie zu einer eigenständigen politischen Kraft machte, entstanden starke Bauernparteien. Der Kulturkonflikt zwischen marktkapitalistischen Städten und traditionell-landwirtschaftlichen Peripherien war hier stark ausgeprägt. Hinzu kam, dass die Schwäche der katholischen Kirche die Entstehung von Bauernparteien begünstigte. Starke Bauernparteien entwickelten sich vor allem in den skandinavischen Ländern, in Osteuropa sowie in den calvinistischen Kantonen der Schweiz. Ebenso fand die Spaltung der Arbeiterbewegung (v. a. in Kommunisten und Sozialdemokraten) nicht überall im gleichen Ausmaß statt. Vielmehr bedurfte es hierfür spezifischer Konstellationen. Die Arbeiterbewegung war in denjenigen protestantischen Ländern stärker gespalten, die gleichzeitig auch eine kurze Staatsgeschichte besitzen. Dies trifft auf Norwegen, Finnland, Island und Deutschland zu. Eine alternative Konfiguration liegt für katholische Länder wie Spanien, Frankreich und Italien vor, die einen Konflikt zwischen Kirche und Staat zur Zeit der modernen Staatenbildung erfuhren. Umgekehrt kam es nach der Russischen Revolution in katholischen Ländern, in denen die Kirche beim Staatsaufbau integriert wurde, nicht zu einer Spaltung der Arbeiterbewegung. Dies trifft u. a. auf Österreich, Irland, Belgien und Luxemburg zu. Auch in bereits lange etablierten protestantischen Ländern, wie Großbritannien, Dänemark, Schweden, den Niederlanden und der Schweiz blieb die Arbeiterbewegung von einer Spaltung verschont.

Abbildung 8.8 gibt einen Überblick über die Cleavage-Strukturen und die sich daraus entwickelnden Parteienkonstellationen. Lipset und Rokkan (1967) argumentieren, dass die Parteiensysteme Westeuropas – abgesehen von wenigen Ausnahmen – bis in die 1960er Jahre noch immer die Konfliktstrukturen der 1920er Jahre widerspiegelten und somit quasi „eingefroren" waren. Erstens hatten bestehende Parteien die Wähler in der Vergangenheit entlang der vier großen Konfliktlinien erfolgreich mobilisiert. Dies erschwerte neuen Parteien die Rekrutierung von Wählern. Zweitens hatte sich das Parteienmanagement professionalisiert. Parteien sind heute professionelle Massenorganisationen, die über detaillierte Informationen über die Gesellschaft, ihre Veränderungen und das Verhalten der anderen politischen Parteien verfügen. Mit diesen Informationen agieren die politischen Parteien strategisch, um ihren politischen Einfluss zu maximieren. Dadurch wird einerseits die Entstehung neuer Parteien erschwert, andererseits das Parteiensystem stabilisiert.

Analysen zu Veränderungen gesellschaftlicher Konfliktlinien zeigen allerdings, dass diese sich in Westeuropa in den letzten hundert Jahren deutlich verändert haben. Gallagher et al. (2005) untersuchen beispielsweise, inwiefern sich das relative Gewicht der vier traditionellen Konfliktlinien verändert hat. Sie stellen fest, dass der Religions- und Klassenkonflikt im Vergleich zum Zeitpunkt der Entstehung der westeuropäischen Parteiensysteme als Folge der Säkularisierung, des steigenden Wohlstandes sowie der Entwicklung hin zur Dienstleistungsgesellschaft klar an Bedeutung verloren hat.

	I	II	III	IV	V	VI	VII	VIII
1. Konfliktlinie: **Die Reformation**	Staat kontrolliert die nationale Kirche				Staat ist Allianzpartner der Kirche			
2. Konfliktlinie: **Die nationale Revolution**	Kirche dominiert		Starke katholische Minderheit		Staat bleibt Partner der Kirche		Säkularisierende Revolution	
3. Konfliktlinie: **Die industrielle Revolution**	Ländlich	Städtisch	Ländlich	Städtisch	Ländlich	Städtisch	Ländlich	Städtisch
Typ des Parteiensystems	**I**	**II**	**III**	**IV**	**V**	**VI**	**VII**	**VIII**
Dominierende Regierungspartei	Konservative	Liberale, Konservative	Konservative	Liberale	Konservative	Liberale, katholische Parteien	Liberale	Liberale
Oppositionspartei	Liberale	Bauernpartei	Liberale, katholische Parteien	Bauernpartei, katholische Parteien	Liberale	Regionale Parteien	Konservative, regionale Parteien	Konservative, katholische Parteien
Länderbeispiele	Großbritannien	Skandinavische Länder	Preußen	Niederlande, Schweiz	Österreich	Belgien	Spanien	Frankreich, Italien

Abbildung 8.8: Das soziokulturelle Modell von Lipset und Rokkan

Quelle: Nach Geddes (2003: 149); mit eigenen Anpassungen

Sowohl die Anzahl aktiver Mitglieder von Religionsgemeinschaften als auch die Zahl der klassischen Industriearbeiter sind in den letzten Jahrzehnten stark gesunken. Damit hat sich auch die Anhängerschaft der religiösen und der linken Parteien verringert. Die Parteien scheinen sich jedoch in ihrer programmatischen Ausrichtung weniger von den *Cleavages* gelöst zu haben als die Wählerschaft (Jahn, 1999; Gallagher et al., 2005).

Im Gegensatz zu Studien, die Veränderungen der traditionellen *Cleavages* analysieren, untersuchen neuere Studien oft auch die Entstehung neuer gesellschaftlicher Konfliktlinien. Dabei werden vor allem zwei neue Konfliktlinien hervorgehoben: ein Wertekonflikt zwischen materialistischen und postmaterialistischen Werten sowie ein Konflikt zwischen den Gewinnern und Verlierern der Globalisierung.

Inglehart (1977, 1997) hat in diesem Kontext eine Theorie des Wertewandels in Wohlstandsgesellschaften entwickelt. Er argumentiert, dass in Industriegesellschaften, die ein bestimmtes Wohlstandsniveau erreicht haben, ein allmählicher Wertewandel von materialistischen zu postmaterialistischen Werten stattfindet. In solchen Gesellschaften sind die materiellen Bedürfnisse der Bürger (z. B. Nahrung, Unterkunft, wirtschaftliche Absicherung) weitgehend gestillt, sodass nun vormals zweitrangige Bedürfnisse wie Selbstverwirklichung oder Umweltschutz an Bedeutung gewinnen. Da die Werteorientierung einer Person in ihrer Jugendzeit – der Sozialisationsphase – geprägt wird, leitet Inglehart aus diesem Wandel von materialistischen hin zu postmaterialistischen Werten eine Konfliktlinie zwischen den Generationen ab. Durch dieses „Generationen-Cleavage“ zwischen Bürgern mit materialistischen und postmaterialistischen Werten erklärt Inglehart (1977) beispielsweise den Wahlerfolg der grünen Parteien Westeuropas, die in ihren programmatischen Zielen ein viel stärkeres Gewicht auf postmaterialistische Werte wie Umweltschutz als auf materialistische Werte wie beispielsweise Arbeitnehmerrechte legen.

Eine weitere neue Konfliktlinie verläuft zwischen „Verlierern“ und „Gewinnern“ der Globalisierung (Walter, 2010). Die Globalisierung steigert durch Deregulierung und Marktöffnung die wirtschaftliche Konkurrenz, führt durch verstärkte Immigration zu einem kulturellen Wettbewerb und beschneidet den Handlungsspielraum der einzelnen Staaten. Dieser Prozess hat für viele Bürger positive Konsequenzen, birgt für andere jedoch Risiken bzw. Nachteile. Die Verlierer der Globalisierung sind vor allem Unternehmen und qualifizierte Arbeitnehmer in ehemals vor internationalem Wettbewerb geschützten wirtschaftlichen Sektoren sowie unqualifizierte Arbeitnehmer und Bürger, die sich stark mit der nationalen Gemeinschaft identifizieren. Gewinner sind Unternehmen und qualifizierte Arbeitnehmer in international wettbewerbsfähigen Sektoren (in Westeuropa meist exportorientierte Unternehmen sowie große Banken und Versicherungen) und gut gebildete, hoch mobile „Weltbürger“. Die Globalisierungs-Konfliktlinie verläuft also nicht entlang der traditionellen Spaltungen der Gesellschaft, sondern quer zu den traditionellen Konfliktlinien. Die politische Artikulation der Globalisierungs-Konfliktlinie gestaltet sich daher eher schwierig.

Damit besteht jedoch für bislang eher unbedeutende Parteien die Möglichkeit, Forderungen der Globalisierungsverlierer aufzunehmen und so Wählerstimmen zu gewinnen. Vergleichende empirische Studien zum politischen Aufstieg rechtspopulistischer Parteien in Westeuropa in den 1990er Jahren (Kriesi & Lachat, 2004) weisen solche Effekte nach. Sie begründen den Umstand u. a. damit, dass diese Parteien durch ihre dezidiert gesellschaftlich autoritäre Politik (z. B. Anti-Immigrationspolitik, Abschottung gegen außen) die Anliegen der Globalisierungsverlierer vertreten. Linke Parteien hingegen versuchen die Globalisierungsverlierer vor allem mit einem Ausbau sozialer Absicherungssysteme vor Risiken zu schützen und damit Wählerstimmen zu gewinnen.

Abschließend lässt sich sagen, dass sich die Cleavages in Westeuropa, einschließlich jener in den hier im Fokus stehenden drei deutschsprachigen Ländern, seit den 1920er Jahren stark verändert haben. Diese Veränderungen haben auch in den Parteiensystemen Spuren hinterlassen. Neue Konfliktlinien sind entstanden, allen voran diejenige zwischen Globalisierungsgewinnern und -verlierern. Diese neuen Konfliktlinien haben Freiräume für neue Parteien und programmatische Neuausrichtungen existierender Parteien geschaffen, z. B. rechtspopulistischer und links-radikaler Parteien (Kriesi et al., 2006; Bornschier, 2009). Zudem sind in den letzten Jahrzehnten die Parteibindungen der Wählerschaft in vielen etablierten Demokratien schwächer geworden (Dalton & Wattenberg, 2002). Die Parteien haben auf dieses „partisan dealignment" meist mit einem Ausbau ihrer internen organisatorischen Strukturen reagiert und haben sich tendenziell vom ehemaligen Modell der ideologisch geprägten Massenpartei zu zentralisierten, professionellen Parteien mit eher kurzfristig ausgerichteter Programmatik entwickelt. Damit ist auch der Zusammenhang zwischen gesellschaftlichen Konfliktlinien und Parteiensystemen im Laufe der Zeit schwächer geworden. Die Auswirkungen dieser Veränderungen auf das Wählerverhalten sind in der gegenwärtigen Forschung von zentralem Interesse. Eine wichtige Frage ist z. B., ob schwächere Parteibindungen der Wählerschaft zu mehr „economic voting" führen und damit die momentane Wirtschaftslage in zunehmendem Maße wahlentscheidend ist (Kayser & Wlezien, 2011).

8.2.4 Die Parteiensysteme Deutschlands, Österreichs und der Schweiz

Vor dem Hintergrund der bisher diskutierten Typologien und Konzepte werfen wir nun einen Blick auf die Parteiensysteme Deutschlands, Österreichs und der Schweiz. Wir blenden die Europäische Union an dieser Stelle aus, weil – wie weiter oben diskutiert – die europäischen Parteien weitgehend Bündnisse nationaler Parteien sind.

Das Parteiensystem Deutschlands

Als Ende des 19. Jahrhunderts die ersten Parteien in Deutschland entstanden, war die Gesellschaft entlang mehrerer Konfliktlinien gespalten. Die Reformation, der Bildungsstreit und der Konflikt zwischen liberalem Bürgertum und konservativem Landadel um die wirtschaftliche Ausrichtung des Staates wurden etwa zeitgleich politisch virulent und verliefen jeweils quer zueinander. In der Folge bildete sich ein Parteiensystem mit einem dominanten konservativen Pol und einer starken liberalen und katholischen Minderheit. Hinzu kam eine starke Linke, die aus dem zeitgleich entstehenden Klassenkonflikt entsprang. Das Parteiensystem umfasste zwei Antisystemparteien, sodass es im Sinne Sartoris als polarisiert bezeichnet werden kann. Als sich durch die erstmalige Einführung der parlamentarischen Demokratie in der Weimarer Republik der Parteienwettbewerb intensivierte, entfaltete das System zunehmend zentrifugale Kräfte. Die Flügelparteien links und rechts wurden immer stärker, die ideologische Spannweite des Systems immer größer, und die Mitte wurde zusehends kleiner, bis 1933 die Nationalsozialistische Deutsche Arbeiterpartei (NSDAP) via Notstandsgesetz die Macht an sich riss und alle anderen Parteien verbot.

Die Entwicklung des deutschen Parteiensystems nach 1945 begann mit der Neu- und Wiedergründung der Parteien unter Aufsicht der Alliierten. Trotz zahlreicher Wurzeln der neuen Parteien im Weimarer Parteiensystem entstand dabei eine neue Parteienkonfiguration. Lipset und Rokkan bezeichnen Deutschland daher als eine der Ausnahmen von ihrer These der strukturell eingefrorenen Parteiensysteme. Das so entstehende Parteiensystem setzte in Deutschland zentripetale Kräfte frei, die durch zwei Entwicklungen begünstigt wurden. Einerseits wurden in den 1950er Jahren potentielle Antisystemparteien verboten (die Kommunistische Partei Deutschlands und die Sozialistische Rechtspartei). Andererseits wurde mit der Schaffung einer gesamtdeutschen christlich-konservativen Partei (CDU/CSU) die traditionelle Konfessionsspaltung überwunden. In den folgenden Jahrzehnten dominierten drei Parteien das politische Leben Deutschlands. CDU/CSU, SPD und FDP stellten in diversen Konstellationen die (Koalitions-)Regierung. Die zentripetalen Kräfte des Systems zeigten sich u. a. darin, dass die drei großen Parteien in den Bundestagswahlen von 1972 und 1976 zusammen 99,1 Prozent der Stimmen erzielten. Die Politikwissenschaft spricht darum während dieser Zeit oft von einem „Zweieinhalb-Parteiensystem“ mit den zwei großen Parteien CDU/CSU und SPD, und der kleinen („halben“) FDP.

In den 1980er Jahren begannen andere Parteien, allen voran die neu gegründeten, postmaterialistisch orientierten „Grünen“, ihren Stimmenanteil auszubauen. 1983 schafften die Grünen mit einem Stimmenanteil von 6 Prozent den Sprung in den Bundestag. Mit der deutschen Wiedervereinigung und der Integration der neuen Bundesländer in das (westdeutsche) politische System veränderte sich das Parteiensystem weiter. Mit der PDS, der Nachfolgepartei der DDR-Staatspartei SED, trat eine neue Partei auf die Bühne, die anfänglich fast ausschließlich von ostdeutschen Wählern gewählt wurde. Die Fusion der PDS mit der westdeutschen Wahlalternative für Arbeit und Gerechtigkeit (WASG) zur neuen Partei „Die LINKE“ im Jahre 2007, der Auf- und Niedergang der Piratenpartei oder die erfolgreiche Neugründung der „Alternative für Deutschland“ (AfD) zeigen, dass das deutsche Parteiensystem sich weiterhin wandelt.

Das Parteiensystem Österreichs

Die Entwicklung des österreichischen Parteiensystems unterscheidet sich in zwei wichtigen Aspekten von demjenigen Deutschlands. Erstens ist das österreichische Parteiensystem in der Phase der Entstehung durch weniger Konfliktlinien geprägt gewesen. Zweitens weist es, trotz nationalsozialistischer Herrschaft während des Zweiten Weltkrieges, bis zu Beginn der 1980er Jahre eine sehr hohe Stabilität auf. Zur Zeit der Herausbildung des österreichischen Parteiensystems waren der Konflikt um die Zuständigkeit von Kirche oder Staat für die Bildung und der Klassenkonflikt politisch bedeutsam. Die daraus resultierenden gesellschaftlichen Konfliktlinien waren allerdings weitgehend deckungsgleich, was für das Parteiensystem zwei Konsequenzen hatte: Einerseits war die Anzahl relevanter politischer Parteien eher niedrig, andererseits wurde der politische Konflikt zwischen den Parteien verschärft (Kitschelt & McGann, 1997; Norris, 2005). Die österreichische Parteienlandschaft teilte sich bei ihrer Entstehung in zwei große und ein kleineres drittes Lager. Verschiedene kleinere Arbeiterparteien schlossen sich 1888 zur Sozialdemokratischen Arbeiterpartei (SDAP), der Vorläuferin der heutigen SPÖ, zusammen. Wenig später folgte die Gründung der Christlichsozialen Partei (CSP), Vorläuferin der heutigen ÖVP, welche sich bei konservativer Grundlinie aber rasch zur christlich-monarchischen Status quo-Partei entwickelte. Protestanten, Antiklerikale, städtische Kleinbürger und Akademiker fanden in der ersten Republik im „Deutschnationalen“ einen gemeinsamen Nenner und gründeten den Vorläufer der heutigen FPÖ. Damit hatte Österreich bereits bei seiner Entstehung ein „Zweieinhalb-“ oder „hinkendes Dreiparteiensystem“ (Lijphart, 1977: 75–81) – in Sartoris Typologie ein System des moderaten Pluralismus.

Das österreichische Parteiensystem unterlag nicht im gleichen Ausmaß wie Deutschland einem Kontinuitätsbruch durch den Zweiten Weltkrieg. Seine Struktur hielt sich bis in die frühen 1980er Jahre. Kleine und neue Parteien konnten gegen die beiden großen, deren gemeinsamer Stimmenanteil von 77,8 Prozent 1920 auf 93,4 Prozent im Jahr 1975 anstieg, wenig ausrichten. Folglich lässt sich zwischen 1966 und 1983 das österreichische Parteiensystem auch als Zweiparteiensystem charakterisieren. Zwischen 1971 und 1983 lässt es sich gar als Dominanzsystem bezeichnen, da während dieser Zeit die SPÖ die absolute Mehrheit der Sitze im Nationalrat innehatte und somit eine Einparteienregierung bilden konnte (Welan, 1975: 151).

Der in dieser Phase besonders starke zentripetale Parteienwettbewerb führte dazu, dass sich die politischen Positionen der beiden großen Parteien in den 1970er Jahren deutlich annäherten. Dadurch entstand auf beiden Seiten des politischen Spektrums Raum für neue Parteien. Neue gesellschaftliche Konfliktlinien, wie diejenige zwischen materialistischen und postmaterialistischen Werten sowie das Globalisierungs-Cleavage, führten daher mit dem Aufkommen der Grünen – die grüne Alternative Anfang der 1980er Jahre und dem Aufstieg der, sich unter Jörg Haider zur rechtspopulistischen Partei gewandelten, FPÖ in den 1990er Jahren zu einer Veränderung des Parteiensystems. Das Zweiparteiensystem entwickelte sich wieder zurück in ein moderat pluralistisches Parteiensystem mit vier relevanten Parteien. Dies eröffnete zum Teil neue Koalitionsmöglichkeiten – z. B. die Koalition zwischen ÖVP und FPÖ von 2000 bis 2002. Die Transformation des österreichischen Parteiensystems ist bis heute noch nicht abgeschlossen. 2005 betrat mit dem BZÖ, einer Abspaltung der FPÖ, eine neue Partei die politische Bühne.

Das Parteiensystem der Schweiz

Der auf gesellschaftlichen Konfliktlinien beruhende Erklärungsansatz hat tendenziell Schwierigkeiten, die Entstehung des schweizerischen Parteiensystems zu erklären. In der Schweiz gab (und gibt) es zahlreiche Konfliktlinien, die in rascher Abfolge politisch bedeutsam wurden und sich überlagerten. Das liberale nationale Bürgertum (der Freisinn, heute FDP – Die Liberalen) dominierte über lange Zeit in Parlament und Regierung. Diese anhaltende Dominanz überrascht vor dem Hintergrund der zahlreichen, sich überschneidenden, gesellschaftlichen Konfliktlinien. Dazu zählen Religion (Katholizismus vs. Protestantismus), Stadt vs. Land, materielle Konflikte und die sprachlichen und kulturellen Unterschiede zwischen den vier Landesteilen (die französische, italienische, deutsche und rätoromanische Schweiz)).

Von der Gründung des schweizerischen Bundesstaates 1848 bis Ende des 19. Jahrhunderts stellte der Freisinn alle sieben Mitglieder der Regierung und eine klare Mehrheit im Parlament. Erst 1888 bekam der Freisinn mit der im Zeichen der Industrialisierung gegründeten Arbeiterpartei (Vorläuferin der SP) Konkurrenz. Auch von katholischer und konservativer Seite her, die sich später in der 1912 gegründeten Katholisch Konservativen Partei organisierte (KKP, heute CVP), erwuchs dem Freisinn ein Gegenspieler. Der Freisinn versuchte diese Konkurrenz zunächst dadurch zu begrenzen, indem er 1891 die Verhältniswahl für den Nationalrat einführte und im gleichen Jahr der KKP einen Bundesratssitz zugestand.

In der Folge begann sich das Parteiensystem weiter zu differenzieren und erreichte mit dem Ende des Ersten Weltkrieges und der Abspaltung der Bauern-, Gewerbe-, und Bürgerpartei (Vorläuferin der heutigen SVP) vom Freisinn eine relativ stabile Struktur. Die

FDP, SPS, CVP und SVP dominierten fortan das schweizerische Parteiensystem. Sie haben seit dem Ende des Zweiten Weltkrieges bei Parlamentswahlen stets um die 80 Prozent der Mandate erhalten und sind seit 1944 fast ausnahmslos mit mindestens einem Vertreter an der Regierung beteiligt.

Die 1959 unter den vier großen Parteien informell vereinbarte sogenannte Zauberformel hat diese Struktur gefestigt. Sie besagt, dass die sieben Regierungssitze gemäß der Stärke der vier größten Parteien in der vereinigten Bundesversammlung aufgeteilt werden. Die drei stärksten Parteien erhalten je zwei, die viertstärkste Partei einen Sitz. Diese informelle Regel zur Bildung einer großen Regierungskoalition hat zur Stabilisierung des Parteiensystems beigetragen. Beim Schweizer Parteiensystem handelt es sich somit um ein pluralisiertes, ideologisch jedoch moderates Parteiensystem.

Allerdings machen sich auch in der Schweiz die neuen Werte- und Globalisierungskonfliktlinien bemerkbar. In den 1980er Jahren zog die Grüne Partei der Schweiz (GPS) erstmals in den Nationalrat ein. Ab Mitte der 1990er Jahre verschoben sich zudem die Gewichte innerhalb des bürgerlichen Lagers zugunsten der SVP, die sich zur Vertreterin der Globalisierungsverlierer entwickelte. Damit änderte sich 2003 auch die parteipolitische Zusammensetzung des Bundesrates erstmals seit 1959. Die CVP verlor einen Sitz an die SVP. Letztere verlor den Sitz jedoch 2007 wiederum an die BDP, die aufgrund eines parteiinternen Konfliktes durch eine Abspaltung von der SVP entstand. Die proportionale Logik der Zauberformel blieb jedoch erhalten. Mit der Abspaltung der Grünliberalen von der GPS 2004 und ihrem Einzug ins nationale Parlament bleibt das Parteiensystem der Schweiz weiterhin in Bewegung.

8.3 Auswirkungen von Parteiensystemen

Neben der Frage nach der Entstehung und Charakterisierung von Parteiensystemen interessiert sich die Politikwissenschaft auch für die Auswirkungen unterschiedlicher Parteiensysteme. Effekte auf die politische und wirtschaftliche Leistungsfähigkeit von Staaten stehen dabei im Vordergrund.

Auswirkungen auf die politische Leistungsfähigkeit

Ein in der Demokratieforschung zentrales Maß der politischen Leistungsfähigkeit eines Staates ist die Stabilität seines politischen Systems. Studien zu Westeuropa und Lateinamerika haben gezeigt, dass stark fragmentierte und „atomisierte“ Parteiensysteme einen negativen Einfluss auf die Stabilität demokratischer Systeme haben. Zweiparteien- und gemäßigte Mehrparteiensysteme, die historisch verwurzelte Cleavages repräsentieren, können hingegen zur Festigung demokratischer Systeme beitragen (Sartori, 1976; Mainwaring & Scully, 1995).

Zum einen haben sich stark fragmentierte Parteiensysteme als besonders anfällig gegenüber extremistischen Parteien erwiesen (Lijphart, 1977), was mit einer zentrifugalen Dynamik des Parteienwettbewerbs einhergeht (Sartori, 1976). Zum anderen führt ein stark fragmentiertes Parteiensystem kombiniert mit einem proportionalen Wahlsystem zu einer parteipolitisch stark fragmentierten Legislative. Selbst wenn keine extremistischen Parteien präsent sind, erschwert dies eine Mehrheitsbildung (Müller, 1997: 225–26). Dieser negative Effekt ist besonders stark in noch jungen präsidentiellen Regierungssystemen. Dort gehen stark fragmentierte Parteiensysteme in der Regel mit unterschiedlichen parteipolitischen Mehrheiten in Legislative und Exekutive („divided government“) einher. Dies wiederum erhöht das Risiko einer politischen Blockade und im Extremfall gar eines Zusammenbruchs des demokratischen Systems (Mainwaring, 1993; Mainwaring & Shugart, 1997).

Während parlamentarische Regierungssysteme eher geeignet sind, um mit unklaren parlamentarischen Mehrheitsverhältnissen umzugehen, haben auch hier stark fragmentierte Parteiensysteme einen negativen Effekt. Die Koalitionsforschung (Strøm et al., 2008) hat z. B. gezeigt, dass der Fragmentierungsgrad des Parteiensystems eine wichtige Variable zur Erklärung von unterschiedlichem Parteien- und Koalitionsverhalten ist: Je fragmentierter das Parteiensystem ist, desto länger dauern Koalitionsverhandlungen und desto geringer ist die Wahrscheinlichkeit, dass eine Koalitionsregierung gebildet werden kann. Darüber hinaus trägt ein fragmentiertes Parteiensystem oft zu einer disproportionalen Zuweisung von Ministerposten an Koalitionspartner bei – meist erhalten kleine Parteien, die das „Zünglein an der Waage“ spielen, überproportional viele Posten zugeteilt. Dies wiederum erhöht die Anzahl der Regierungsämter, was zu höheren Staatsausgaben führt.

Eine andere häufig verwendete Messgröße für die staatliche politische Leistungsfähigkeit ist die innere Sicherheit. Erneut deuten einige empirische Studien auf eine negative Korrelation zwischen stark fragmentierten Parteiensystemen und der inneren Sicherheit von Staaten hin. So stellt z. B. Powell (1982, 1986) fest, dass Staaten mit einem Wähleranteil extremistischer Parteien von über 15 Prozent eine größere Regierungsinstabilität und mehr politische Unruhen aufweisen. Piazza (2010) beobachtet einen positiven Zusammenhang zwischen der effektiven Anzahl politischer Parteien im Parlament und der Anzahl terroristischer Anschläge in indischen Gliedstaaten. Er argumentiert, dass fragmentierte Parteiensysteme einerseits die Entstehung extremistischer Parteien begünstigen. Dies wiederum bildet einen guten Nährboden für politische Gewalt und Terrorismus. Andererseits erschwert eine fragmentierte Legislative die Formulierung und Umsetzung wirksamer Maßnahmen zur Terrorismusbekämpfung. Bei dieser Studie lässt sich allerdings kritisch anmerken, dass unklar bleibt, ob letztlich nicht tiefgreifende Cleavages für den Terrorismus verantwortlich sind und das fragmentierte Parteiensystem damit lediglich Begleiterscheinung, aber nicht eine Ursache für den Terrorismus ist.

Schließlich ist zu erwähnen, dass die effektive Anzahl der Parteien ein zentrales Element in der Theorie der Demokratiemuster darstellt (Kriesi & Bochsler, 2012; Lijphart, 2012). Die diversen Demokratiemuster von Staaten unterscheiden sich wiederum in Bezug auf ihre politische Performanz. Lijphart (2008) z. B. stellt fest, dass innerhalb der Staatengruppe der etablierten Demokratien die sogenannten Konsensdemokratien, die sich durch eine hohe Anzahl an Parteien und ein proportionales Wahlsystem auszeichnen, beim Umweltschutz, der Inflation sowie der Arbeitslosigkeit besser abschneiden.

Auswirkungen auf die wirtschaftliche Leistungsfähigkeit

Wie andere politische Institutionen (z. B. das Regierungssystem oder das Wahlsystem) kann auch das Parteiensystem einen Einfluss auf die wirtschaftliche Leistungsfähigkeit eines Staates haben. Zahlreiche Studien haben den Einfluss des Parteiensystems auf die Fiskalpolitik etablierter Demokratien untersucht (Roubini & Sachs, 1989; Haan & Sturm, 1994; Volkerink & de Haan, 2001; Wehner, 2010). Die Mehrheit dieser empirischen Forschungsarbeiten stellt einen negativen Zusammenhang zwischen politischer

Fragmentierung und Staatsverschuldung fest: Je mehr Parteien in einer Regierungskoalition, je mehr Minister in einer Regierung und je kürzer die Amtszeit einer Regierung sind, desto größer sind die Budgetdefizite und umso höher die Verschuldung eines Staates.

Eines der methodischen Probleme dieser vergleichenden Länderstudien ist jedoch, dass Staaten in der Regel große Varianz untereinander aufweisen, die ebenfalls Ursachen fiskalpolitischer Unterschiede sein können und statistisch nur ungenügend kontrollierbar sind. Um die statistisch nur schwer kontrollierbare Heterogenität von Staaten in groß angelegten Ländervergleichen zu vermeiden, vergleicht die Forschung zunehmend auch subnationale Einheiten innerhalb eines Staates. Ein gutes Beispiel ist eine Studie von Chhibber und Nooruddin (2004), die den Einfluss der Anzahl politischer Parteien auf die Fiskalpolitik der 15 größten indischen Gliedstaaten untersucht.

Das theoretische Argument dieser Studie basiert auf der in Kasten 4.3 besprochenen Selektoratstheorie (Bueno de Mesquita et al., 2003). Diese Theorie wird auf die Wahlkampfstrategien der an einer Wiederwahl interessierten Regierungsparteien in unterschiedlichen Parteiensystemen angewandt. Je größer die Anzahl Parteien in einem Gliedstaat ist, desto geringer ist der Mindestwähleranteil, den eine Partei braucht um eine wichtige Rolle im Parlament und/oder der Regierung zu spielen. In der Sprache der Selektoratstheorie: Je größer die Anzahl der Parteien ist, desto kleiner ist die minimale Gewinnkoalition der Parteien. Die Größe des Mindestwähleranteils beeinflusst gemäß der Selektoratstheorie die Wahlkampfstrategie der Parteien. In Zweiparteiensystemen, in denen eine Regierungspartei einen Stimmenanteil von mehr als 50 Prozent erreichen muss, um weiterhin regieren zu können, werden Parteien versuchen, möglichst viele Wähler anzusprechen. Das wirksamste Mittel dazu ist die Herstellung von lokalen öffentlichen Gütern (Güter, von deren Nutzen niemand ausgeschlossen werden kann). In Mehrparteiensystemen mit Koalitionsregierung ist es hingegen politisch risikoreich, eine breite Wählerschaft anzusprechen. Denn einer oder mehrere Konkurrenten können eine Wahlallianz unterlaufen, indem sie ihr politisches Programm auf eine Teilmenge der Wählerschaft der Allianz ausrichten. Regierungsparteien in Mehrparteiensystemen orientieren sich bei ihrer Wiederwahlstrategien somit eher an einer bestimmten sozialen Gruppe, die ihnen genügend Wählerstimmen in Aussicht stellt, um auch nach der Wahl mit hoher Wahrscheinlichkeit in der Regierungskoalition vertreten zu sein.

Zur empirischen Überprüfung ihres Arguments untersuchen Chhibber und Nooruddin (2004) die Staatsausgaben und Herstellung lokaler öffentlicher Güter in den 15 größten indischen Gliedstaaten im Zeitraum 1967–1997. Ihre Resultate zeigen, dass Gliedstaaten mit einem Mehrparteiensystem weniger in die staatliche Infrastruktur investierten (also weniger öffentliche Güter produzieren) und höhere Löhne an die Staatsangestellten zahlen (private Güter) als Gliedstaaten mit einem Zweiparteiensystem. Diese Unterschiede im Ausgabenverhalten der indischen Gliedstaaten schlagen sich auch in der Quantität und Qualität der öffentlichen Güter nieder: Gliedstaaten mit einem Mehrparteiensystem weisen eine schlechtere Strom- und Trinkwasserversorgung auf als Gliedstaaten mit einem Zweiparteiensystem. Gliedstaaten mit einem Zweiparteiensystem verzeichneten zwischen 1971 und 1991 z. B. eine Zunahme von mit Strom versorgten Städten um 22 Prozent, Gliedstaaten mit einem Mehrparteiensystem eine Zunahme von lediglich 7 Prozent.

Die in diesem Abschnitt diskutierten Forschungsfragen, Argumente und Resultate reihen sich in ein breites Forschungsfeld ein, das sich mit den Auswirkungen politischer Institutionen befasst und bereits in mehreren Kapiteln dieses Buches zur Sprache kam. Abschließend kann somit festgehalten werden, dass Parteiensysteme ähnlich wie andere politische Institutionen sowohl hinsichtlich der politischen als auch hinsichtlich der wirtschaftlichen Leistungsfähigkeit von politischen Systemen bedeutsam sind.

8.4 Fazit

Politische Parteien bilden ein essentielles Bindeglied zwischen Bürgern und dem zentralen politischen Entscheidungssystem, insbesondere dem Parlament und der Regierung. Wir haben in diesem Kapitel verschiedene Typen von politischen Parteien identifiziert und beschrieben und dabei auch die wichtigsten Parteien der drei deutschsprachigen Länder sowie der Europäischen Union kennengelernt. Neben Fragen der Definition, der Entstehung und den Funktionen von Parteien haben wir insbesondere auch dargestellt, wie sich die programmatische Position politischer Parteien empirisch erfassen lässt. Dies ermöglicht einen direkten Vergleich von Parteien innerhalb von und/oder zwischen politischen Systemen. Da in vergleichenden Studien oftmals nicht einzelne Parteien oder Parteitypen im Mittelpunkt stehen, sondern Parteiensysteme insgesamt, haben wir uns im zweiten Teil des Kapitels mit der Entstehung, Struktur, Dynamik und dem Wandel von Parteiensystemen beschäftigt. Schließlich sind wir noch kurz auf die Frage eingegangen, welche Konsequenzen sich aus unterschiedlichen Parteiensystemen – und insbesondere ihrem Fragmentierungsgrad – für die Leistungsfähigkeit von politischen Systemen ergeben können.

Literaturempfehlungen

Die Klassiker in der Parteienforschung sind:

Downs, Anthony (1957): Ökonomische Theorie der Demokratie. Tübingen: Mohr.

Duverger, Maurice (1959): Die Politischen Parteien. Tübingen: Mohr.

Lipset, Seymour M. & Rokkan, Stein (1967): „Cleavage Structures, Party Systems and Voter Alignments. An Introduction." In: *Lipset, Seymour M. & Rokkan, Stein* (Hrsg.): Party Systems and Voter Alignments. Cross-National Perspectives. New York: Free Press. 1–64.

Sartori, Giovanni (1976): Parties and Party Systems: A Framework for Analysis. New York: Cambridge University Press.

Gute Einführungen in die Forschung zu Parteien und Parteiensystemen bieten:

Mair, Peter (1990): The West European Party System. Oxford: Oxford University Press.

Niedermayer, Oskar, Stöss, Richard & Haas, Melanie (Hrsg.) (2006): Die Parteiensysteme Westeuropas. Wiesbaden: VS-Verlag.

Ware, Alan (1996): Political Parties and Party Systems. Oxford: Oxford University Press.

Zur Entstehung und zum Wandel von Parteien und Parteiensystemen empfehlen wir:

Caramani, Daniele (2004): The Nationalization of Politics: The Formation of National Electorates and Party Systems in Western Europe. New York: Cambridge University Press.

Chhibber, Pradeep K. & Ken Kollman (2004): The formation of National Party Systems: Federalism and Party Competition in Canada, Great Britain, India, and the United States. Princeton: Princeton University Press.

Dalton, Russell J. und Martin P. Wattenberg (Hrsg.) (2002): Parties without partisans: The Political Change in Advanced Industrial Democracies. Oxford: Oxford University Press.

Hug, Simon (2001): Altering Party Systems: Strategic Behavior and the Emergence of New Political Parties in Western Democracies. Ann Arbor: Michigan University Press.

Luther, Kurt R. & Müller-Rommel, Ferdinand (2005): Political Parties in the New Europe. Political and Analytical Challenges. Oxford: Oxford University Press.

Mair, Peter, Müller, Wolfgang C. & Plasser, Fritz (2004): Political Parties and Electoral Change: Party Responses to Electoral Markets. London: Sage.

Zu den Parteien und Parteiensystemen Deutschlands, Österreichs und der Schweiz empfehlen wir:

Von Alemann, Ulrich (2010): Das Parteiensystem der Bundesrepublik Deutschland. Wiesbaden: VS Verlag.

Ladner, Andreas & Brändli, Michael (2001): Die Schweizer Parteien im Wandel: Von Mitgliederparteien zur professionalisierten Wählerorganisationen? Zürich: Seismo.

Ladner, Andreas (2006): „Politische Parteien". In: *Klöti, Ulrich et al.* (Hrsg.): Handbuch der Schweizer Politik. Zürich: NZZ Verlag. 317–349.

Pelinka, Anton & Rosenberger, Sieglinde (2007): Österreichische Politik. Grundlagen, Strukturen, Trends. Wien: Facultas.

Dachs, Herbert et al. (Hrsg.) (2006): Politik in Österreich. Das Handbuch. Wien: Manz'sche Verlags- und Universitätsbuchhandlung.

Zur Erfassung von Parteipositionen stehen die folgenden genannten Datensätze zur Verfügung, die in unregelmäßigen Abständen aktualisiert werden:

Parteipositionen anhand von Parteifamilien:

http://www.ipw.unibe.ch/content/team/klaus_armingeon/comparative_political_data_sets/index_eng.html (Klaus Armingeons Datensatz).

http://www.marquette.edu/polisci/faculty_swank.shtml (Duane Swanks Datensatz).

Parteipositionen anhand von Expertenbefragungen:

http://www.tcd.ie/Political_Science/ppmd/ (Benoit & Laver).

http://www.unc.edu/~gwmarks/data_pp.php (Chapel Hill Expert Survey Series (CHES data).

Parteipositionen anhand von Inhaltsanalysen:

https://manifesto-project.wzb.eu/ (Party Manifesto Group).

http://comparativepolitics.uni-greifswald.de/ (Index von Jahn).

http://www.uni-potsdam.de/db/ls_regierungssystem_brd/index.php?article_id=496&clang=0 (Franzmann & Kaiser Index).

http://www.columbia.edu/~jdh39/Site/Data.html (Gabel & Huber).

Parteipositionen anhand von Abstimmungsverhalten:

http://personal.lse.ac.uk/hix/HixNouryRolandEPdata.HTM (Simon Hix; Europäisches Parliament).

http://voteview.com/dwnl.htm (Keith T Poole; USA).

http://voteworld.berkeley.edu/ (Seite mit Links für weitere Länder).

9. Interessengruppen und soziale Bewegungen

In Kapitel 8 haben wir Parteien als intermediäre Akteure der Politik kennengelernt. In diesem Kapitel beleuchten wir zwei weitere Akteure der intermediären Politik: Interessengruppen und soziale Bewegungen. Das Kapitel ist folglich in zwei Teile gegliedert.

Zuerst befassen wir uns mit Interessengruppen. Wir beginnen mit der Frage, was Interessengruppen sind, was sie tun und wie sie sich von anderen Akteuren der intermediären Politik, vor allem von Parteien, unterscheiden. Danach wenden wir uns den zwei wichtigsten Bereichen der Theoriebildung in diesem Forschungsfeld zu. Der erste Bereich beschäftigt sich mit der Frage, weshalb die Mobilisierbarkeit gesellschaftlicher Interessen und auch der politische Einfluss bestimmter Interessengruppen auf die Politik über Politikbereiche und Länder variieren. Dabei konzentrieren wir uns auf die Theorie des kollektiven Handelns. Der zweite Bereich befasst sich mit der Frage, welchen Stellenwert Interessengruppen im politischen System eines Staates insgesamt einnehmen. Die Unterscheidung pluralistischer und korporatistischer Systeme steht dabei im Zentrum.

Im zweiten Teil des Kapitels behandeln wir soziale Bewegungen. Wiederum beginnen wir mit der Frage, was soziale Bewegungen sind, was sie tun und wie sie sich von Interessengruppen und Parteien unterscheiden. Danach diskutieren wir die wichtigsten Theorien, die das Entstehen und den Erfolg sozialer Bewegungen erklären. Diese Theorien konzentrieren sich vor allem auf gruppeninhärente Organisationskapazitäten und gruppenexterne politische Opportunitätsstrukturen. Abschließend wenden wir uns exemplarisch einigen empirischen Phänomenen zu, denen die Forschung zu sozialen Bewegungen besondere Aufmerksamkeit geschenkt hat: Bewegungen gegen Kernenergie und Gentechnik, die Frauenbewegung und die Anti-Globalisierungsbewegung.

9.1 Interessengruppen

Politisch aktive Interessengruppen werden bisweilen abwertend mit „Filz", undemokratischer Einflussnahme oder gar Korruption assoziiert. In Frankreich wurden in der Revolutionszeit (1789–99) Verbände und im Mittelalter von Handwerkern gegründete Körperschaften, die sogenannten Zünfte, gar verboten. Dies wurde mit dem Argument gerechtfertigt, dass sie die Freiheit des einzelnen Bürgers einschränken, der wirtschaftlichen Effizienz im Wege stehen, sowie Partikularinteressen vor das Interesse der Gesellschaft stellen würden (Armingeon, 2003: 471). Diese negative Sicht verstellt jedoch den Blick auf die Tatsache, dass Interessengruppen im liberal-demokratischen Staat neben den Parteien und Massenmedien ein wichtiges Bindeglied zwischen Bürgern und den Institutionen des zentralen politischen Entscheidungssystems sind (Polsby, 1960; Dahl, 1961; Tocqueville, 1985 [1835]; Putnam, 2000).

Die heutige Vielfalt der Interessengruppen in deutschsprachigen Ländern (und auch vielen anderen Staaten) hat ihren Ursprung im Vereinswesen. Dieses entstand mit der Industrialisierung und der Auflösung der ständischen Gesellschaftsordnung im 19. Jahrhundert. Das Recht des Individuums sich mit Gleichgesinnten in Vereinen zum Zweck der Verfolgung politischer, wirtschaftlicher, religiöser, wissenschaftlicher, künstlerischer, wohltätiger, geselliger oder anderer Anliegen zusammenzuschließen, wurde in der Schweiz erstmals 1848 verfassungsrechtlich verankert. Ähnliche Rechte der Versammlungs- und Vereinigungsfreiheit sind im deutschen Grundgesetz von 1949 und dem Bundesverfassungsgesetz Österreichs garantiert. So steht z. B. im deutschen Grundgesetz, Artikel 9: „Alle Deutschen haben das Recht, Vereine und Gesellschaften zu bilden. [...] Das Recht, zur Wahrung und Förderung der Arbeits- und Wirtschaftsbedingungen Vereinigungen zu bilden, ist für jedermann und für alle Berufe gewährleistet. [...]“ Es hält allerdings auch fest: „Vereinigungen, deren Zwecke oder Tätigkeit den Strafgesetzen zuwiderlaufen oder die sich gegen die verfassungsmäßige Ordnung oder gegen den Gedanken der Völkerverständigung richten, sind verboten.“ Diese Einschränkung entspricht dem Grundsatz der „wehrhaften Demokratie“, wie sie in Deutschland aufgrund der Erfahrung mit der Weimarer Republik und dem Nationalsozialismus praktiziert wird (siehe Kasten 4.2 in Kapitel 4).

Politikwissenschaftler haben sich vor allem mit der Mobilisierbarkeit und dem politischen Einfluss von Interessengruppen sowie der Stellung von Interessengruppen im politischen System insgesamt befasst. Wir behandeln zuerst noch deskriptive und definitorische Aspekte der Thematik, bevor wir uns dann den zwei genannten Fragen zuwenden.

9.1.1 Was ist eine Interessengruppe?

Interessen sind gleichbedeutend mit verhaltensbestimmenden Bedürfnissen und Zielen von Einzelpersonen oder Gruppen, die sich aus persönlichen, kulturellen, gesellschaftlichen, wirtschaftlichen oder politischen Gründen ergeben. Eine politisch aktive Interessengruppe, oft auch als Interessenverband oder einfach Verband bezeichnet, ist eine Vereinigung von Einzelpersonen (natürliche Personen) oder Körperschaften (juristische Personen) jeglicher Art, die das Ziel verfolgt, politische Prozesse und Entscheidungen so zu beeinflussen, dass diese ihren Interessen entsprechen. Sie übt diesen Einfluss insbesondere auf Individuen und Gruppen mit abweichenden oder konträren Interessen aus und sie beeinflusst die politische Willensbildung und Entscheidungsfindung durch Mitwirkung und Einwirkung auf Regierung, Parlament, Verwaltung, Parteien und die Öffentlichkeit (von Alemann, 1987). Interessengruppen besitzen organisatorische und physische Strukturen (z B. in Form von Personal und Büros). Ihre Mitgliedschaft ist mit wenigen Ausnahmen (z. B. im Fall von gewissen Gewerbekammern und Gewerkschaften mit Zwangsmitgliedschaft) freiwillig.

Die meisten Interessengruppen produzieren nach *innen* hin Dienstleistungen für ihre Mitglieder: Mieterverbände und Gewerkschaften bieten beispielsweise kostenlose oder verbilligte Rechtsberatung in Miet- bzw. arbeitsrechtlichen Fragen an, der Deutsche Automobilclub (ADAC) oder der Touring Club der Schweiz (TCS) einen Pannendienst und Reiseberatung. Auch Vereine, die keine politischen Zielsetzungen verfolgen (z. B. ein Tennisclub), können ihren Mitgliedern Dienstleistungen anbieten. Was jedoch politisch aktive Interessengruppen von Vereinen ohne politische Zielsetzung maßgeblich unterscheidet ist, dass sie nach *außen* gerichtet handeln, d. h. auf andere politische Handlungsträger einwirken (Armingeon, 2003). Sie werden deshalb in der Fachliteratur auch als *„pressure groups“* bezeichnet. Grundsätzlich können z. B. auch ein Fußballclub oder ein Theaterverein eine Demonstration zugunsten eines neuen Stadions oder Theaters organisieren. Sie tun dies jedoch nur in Ausnahmefällen. Solche Aktivitäten gehören nicht zu ihrem Alltagsgeschäft. Der Einfachheit halber verwenden wir fortan die Begriffe Interessengruppe und Verband, um politisch aktive Interessengruppen zu bezeichnen. Den Begriff Verein verwenden wir für Gruppierungen, die nicht primär politische Ziele verfolgen, sondern vorwiegend nach *innen* gerichtete Dienstleistungen, d. h. Leistungen für ihre Mitglieder, erbringen.

Das Handlungsrepertoire von Interessengruppen, das der Beeinflussung politischer Prozesse und Entscheidungen dient, unterscheidet sich sehr stark von Gruppe zu Gruppe (vgl. von Alemann & Wessels, 1997). Es umfasst vor allem:

- Die Beeinflussung gewählter Politiker, Akteure der öffentlichen Verwaltung, Parteifunktionäre und anderer Personen durch Überzeugung und Überredung. Dies kann auch die Drohung, einer Partei oder Person die Wählerstimmen der Verbandsmitglieder zu entziehen, umfassen.
- Die „Verbandsfärbung“ durch Platzierung von Verbandsvertretern in Parteien, Regierung, Parlament und öffentlicher Verwaltung und damit die Beeinflussung politischer und administrativer Entscheidungen.
- Die Einspeisung exklusiver Informationen (oder Entzug solcher Informationen) in den politischen Entscheidungsprozess, z. B. im Kontext von Anhörungen, Expertenkommissionen und Gutachten.
- Finanzielle Zuwendungen an Parteien, Verwaltungsangestellte und Politiker.
- Die Vergabe von Verbandsämtern an Politiker.
- Die Mobilisierung und Beeinflussung der öffentlichen Meinung via Medien, Kundgebungen oder Demonstrationen.
- Die Lancierung von Initiativen und Referenden in politischen Systemen, die solche direktdemokratischen Mechanismen vorsehen.

Von politischen Parteien lassen sich Interessengruppen wie folgt abgrenzen: Die Hauptfunktionen von Parteien sind aus ihrer Anhängerschaft Personen für die Wahl in politische Ämter zu selektieren, den Wahlkampf dieser Personen zu unterstützen sowie sicherzustellen, dass die gewählten Personen die in Parteigremien formulierten Interessen in den politischen Entscheidungsprozess einbringen und damit Entscheidungen im Sinne der parteipolitischen Ziele erwirken und umsetzen (siehe Abschnitt 8.1.2 in Kapitel 8). Interessengruppen hingegen versuchen nicht primär ihre Repräsentanten über einen demokratischen Wahlprozess in ein politisches Amt zu befördern und dadurch Entscheidungen zu beeinflussen. Vielmehr wirken sie, wie oben beschrieben, auf verschiedenen Ebenen indirekt auf politische Entscheidungsprozesse ein.

Interessengruppen lassen sich vor allem anhand von drei Kriterien klassifizieren (vgl. von Alemann & Wessels, 1997).

1. *Art der Interessen:* Hier steht die Unterscheidung von materiellen und ideellen Interessen im Vordergrund. Berufsverbände, Gewerkschaften, Arbeitgeberverbände oder Bauernverbände gehören vorwiegend zum ersten Typ, Umwelt- oder Tierschutzverbände sowie Menschenrechtsgruppen vorwiegend zum zweiten Typ.
2. *Organisationsstruktur:* Mitgliederverbände bestehen aus Einzelpersonen oder einzelnen Firmen. Dachverbände vereinen wiederum mehrere Mitgliederverbände.
3. *Tätigkeitsbereich:* In der Fachliteratur werden meist fünf relativ breit umschriebene Tätigkeitsbereiche unterschieden, wobei die Grenzen fließend sind: (1) Wirtschaft, Arbeit und Verbraucherschutz; (2) soziale Wohlfahrt, Gesundheit, Familie, Kinder, Jugendliche, Frauen, Senioren, Ausländer und Flüchtlinge/Asylwesen; (3) Umwelt, Menschenrechte, Frieden, Religion und Heimatpflege; (4) Kultur, Bildung und Wissenschaft; (5) Freizeit und Sport.

Die genannten Charakteristika von Interessengruppen ermöglichen in den meisten Fällen eine klare Abgrenzung solcher Gruppen von anderen Akteuren der intermediären Politik und von Vereinen. So sind z. B. die FDP, CSU, SPD und ÖVP offensichtlich Parteien. Die Economiesuisse, der Verband Deutscher Realschullehrer und der Österreichische Verband der Immobilientreuhänder sind dagegen zweifellos als Interessengruppen zu betrachten. Der Artillerie-Verein von Basel-Stadt, der Schweizerische Briefmarken-Händler-Verband und der Zentralverband Deutscher Kaninchenzüchter hingegen sind Vereine, die vermutlich nur sehr selten politisch aktiv werden.

9.1.2 Interessengruppen in Deutschland, Österreich und der Schweiz

Abbildung 9.1 liefert einige Beispiele für Interessengruppen in den drei deutschsprachigen Ländern und beschreibt diese in Kurzform nach dem oben genannten dreiteiligen Klassifizierungsschema.

Interessengruppe	Art der Interessen	Organisation	Tätigkeitsbereich
Verband der Elektrizitätsunternehmen Österreichs	*Materiell*: Vertritt die Interessen der Stromproduzenten Österreichs im Inland und gegenüber der EU	1953 gegründet, ca. 140 Mitglieder (Mitgliederverband), die ca. 90% des Strommarktes kontrollieren	Wirtschaft (Strommarkt)
Verband berufstätiger Mütter, Deutschland	*Materiell*: Ziel ist es, die Vereinbarkeit von Familie/Kinder und Beruf zu verbessern	1990 gegründet, Mitgliederverband, der auch Regionalverbände hat	Familienpolitik, Wirtschaftspolitik
Stiftung für Konsumentenschutz, Schweiz	*Materiell*: Vertritt die Interessen der Konsumenten, z. B. Verbesserung der Qualität von Konsumgütern, Schutz vor überhöhten Preisen	1964 gegründet, finanziert sich mittels eines geringen Beitrages vom Bund, Gönnerbeiträgen und Spenden, dem Produktverkauf sowie Trägerschafts-beiträgen (kein Mitgliederverband)	Konsumentenschutz, Wirtschaftspolitik, Umweltpolitik, Gesundheitspolitik
Tierschutzverein, Österreich	*Ideell*: Schutz von Tieren vor Misshandlung	1899 gegründet, finanziert sich durch Spenden, Zuwendungen, Verkauf von Produkten (kein Mitgliederverband)	Tierschutz

Abbildung 9.1: Interessengruppen, Beispiele

Im Gegensatz zu den politischen Parteien, deren Anzahl, Funktionen und ideologische Ausrichtungen gut überschaubar und recht präzise identifizierbar sind, lässt sich für die Interessengruppen kein klares Gesamtbild ermitteln. Die genaue Anzahl der Interessengruppen in Deutschland, Österreich und der Schweiz ist nicht bekannt. Die Anzahl der in Deutschland bundesweit politisch aktiven Interessengruppen wurde Ende der 1970er Jahre auf ca. 5.000 geschätzt (Sebaldt & Straßner, 2004: 93). Neuere Schätzungen beziffern den Bestand auf mindestens 4.000 politisch aktive Gruppen auf Bundesebene (Reutter, 2001: 83). Die sogenannte Lobbyliste des Deutschen Bundestages (einsehbar unter: *https://www.bundestag.de/dokumente/lobbyliste*) liefert präzisere Angaben (für Österreich und die Schweiz existieren keine vergleichbaren Zahlen). Die

Zahl der auf der Liste registrierten Gruppierungen stieg von 635 im Jahr 1974 auf 2.258 im Jahr 2015. Diese Liste umfasst jedoch nur Interessengruppen, die sich formell beim Bundestag als Lobbyisten registrieren und dafür gewisse Privilegien genießen. Es lässt sich daraus kein Gesamtbild für Deutschland gewinnen.

Da keine zuverlässigen Daten zur Gesamtheit der Interessengruppen und deren Merkmale existieren, lässt sich auch keine präzise Antwort auf die Frage geben, ob sich die drei deutschsprachigen Länder bezüglich Zahl oder Dichte der Interessengruppen (z. B. gemessen als Zahl der politischen Interessengruppen pro 1.000 Einwohner) oder bezüglich bestimmter Merkmale von Interessengruppen (z. B. Professionalisierung) unterscheiden.

Wenngleich die Datenlage zur direkten Erfassung von Interessensverbänden defizitär ist, lassen sich anhand von Daten des World Values Surveys für das Jahr 2005 zur Mitgliedschaft in Verbänden jedoch einige Aussagen machen. So zeigt sich, dass 73 Prozent der Befragten in Deutschland Mitglied mindestens eines Verbandes waren. In der Schweiz betrug diese Zahl 87 Prozent. Durchschnittlich waren pro Person in Deutschland 1,7 und in der Schweiz 2,6 Mitgliedschaften zu verzeichnen. Die Anteile der Mitgliedschaften in Gewerkschafts- oder Berufsverbänden, die als klassische Interessengruppen bezeichnet werden können, betrug 11,6 Prozent in Deutschland und 20,5 Prozent in der Schweiz. Im Vergleich dazu beträgt der Durchschnitt aller 48 Länder, die vom World Values Survey erfasst wurden, 16,3 Prozent.

Da der World Values Survey für das Jahr 2005 keine Daten für Österreich liefert, beziehen wir uns auf die Arbeit von Karlhofer (2001: 339). Der Autor berechnet aus anderen Datenquellen (u. a. Statistisches Jahrbuch Österreich), dass im Jahr 1999 ca. 74 Prozent der österreichischen Bevölkerung Mitglied in mindestens einem Verein waren; dies bei einer Dichte von 150 Organisationen je 10.000 Einwohner ab 15 Jahren.

Basierend auf Statistiken aus dem Jahr 2000 unterscheidet Armingeon (2003) Verbändesysteme, die schwach entwickelt sind (z. B. Italien) von solchen mit hoher Mitgliederdichte und hohem Anteil klassischer Interessengruppen (z. B. skandinavische Länder) sowie von Staaten mit hoher Mitgliederdichte und geringem Anteil klassischer Interessengruppen (z. B. Deutschland). Dabei gehören Österreich und die Schweiz tendenziell zur dritten Gruppe, auch wenn ihre Mitgliederdichte niedriger und der Anteil klassischer Interessengruppen höher ist als im Falle Deutschlands.

9.1.3 Organisationsfähigkeit und Einfluss von Interessengruppen

Viele politikwissenschaftliche und soziologische Studien befassen sich mit der Frage, weshalb sich Individuen Interessengruppen anschließen und sich für deren Anliegen engagieren. Sie argumentieren dabei meist aus der Perspektive des Individuums, vor allem indem sie die Auswirkungen von soziodemographischen Merkmalen (z. B. Einkommen, Geschlecht) und Motivation analysieren (siehe z. B. Schattschneider, 1960; Wilson, 1974; Walker, 1991; Nownes & Cigler, 1995; Putnam, 2000; Skocpol, 2003).

Wilson (1974) z. B. unterscheidet instrumentelle, zweckbestimmte und expressive Gründe, die Individuen zur Partizipation in Interessengruppen motivieren. Instrumentelle Gründe umfassen dabei vor allem die von der Partizipation erwarteten materiellen Vorteile (z. B. Subventionen für die Landwirtschaft, geringere Steuern für Unternehmen). Zweckbestimmte Gründe beziehen sich vor allem auf die Ziele und Wertvorstellungen der Interessengruppe (z. B. Schutz der Menschenrechte oder bedrohter Tierarten). Expressiv motivierte Individuen partizipieren in Interessengruppen, um ihre Wertvorstellungen öffentlich und gegenüber den anderen Mitgliedern einer Interessengruppe zum Ausdruck zu bringen.

Der größte Teil der politikwissenschaftlichen Forschung zu Interessengruppen betrachtet das Phänomen allerdings nicht aus der Perspektive des Individuums, sondern aus derjenigen der Interessengruppe (Walker, 1991; Baumgartner & Leech, 1998). Interessengruppen unterscheiden sich nicht nur bezüglich Zielsetzungen und Organisationsformen, sondern in erheblichem Maße auch in Bezug auf ihre Fähigkeit, politisch handlungswillige Personen zu mobilisieren und Einfluss zu nehmen. Die Politikwissenschaft hat wesentlich zur Erklärung von Unterschieden dieser Art beigetragen.

Die Theorie des kollektiven Handelns (Olson, 1965; Stigler, 1971; Offe, 1972; Sandler, 1992; Peltzman, 1998; Bernauer & Caduff, 2004; Baumgartner et al., 2009) postuliert, dass der Einfluss von Interessengruppen von deren Organisierbarkeit und Konfliktfähigkeit abhängt. Organisierbarkeit bezeichnet die Fähigkeit, eine Gruppe von Personen sowie Finanzen und Infrastruktur zur Verfolgung konkreter Ziele zu mobilisieren. Konfliktfähigkeit benennt die Fähigkeit, politische Entscheidungsträger und andere Interessengruppen zu beeinflussen, indem diesen Zielakteuren in wirksamer Weise Kosten angedroht oder verursacht bzw. Nutzen versprochen werden. Ein hohes Ausmaß an Organisierbarkeit ist in der Regel eine notwendige, jedoch keine hinreichende Bedingung für Konfliktfähigkeit und damit letztlich für politischen Einfluss. Politisch einflussreiche Interessengruppen weisen demzufolge ein hohes Maß an Organisierbarkeit und Konfliktfähigkeit auf.

Zur Illustration: Eine Interessengruppe zur Verbesserung der Luftqualität in der Stadt Wien ist vermutlich schwieriger zu organisieren als ein Stadtteilverein in Stuttgart, der sich für den Erhalt von staatlichen Subventionen für das im Stadtteil ansässige Theater einsetzt – weiter unten sehen wir die Gründe hierfür. Damit hat letztere Interessengruppe wohl auch ein größeres Potential, politischen Einfluss auszuüben. Ob sie tatsächlich die angestrebten Ziele erreicht, hängt jedoch auch von ihrer Konfliktfähigkeit ab. Welche der beiden Interessengruppen in diesem Fall eine stärkere Konfliktfähigkeit besitzt, ist a priori schwierig zu beurteilen. In anderen Fällen ist dies bisweilen einfacher. So wissen wir, dass z. B. die Fluglotsen Reisenden und Politikern durch Verweigerung einer Dienstleistung (z. B. mittels eines Streiks, der den Flugverkehr lahmlegt) hohe Kosten aufbürden können.

Organisationsfähigkeit

Wenden wir uns zuerst der Organisationsfähigkeit von Interessengruppen zu. Bei der Bereitstellung kollektiver Güter stellt sich meist ein sogenanntes Trittbrettfahrerproblem (*free rider*-Problem), das – unter zu identifizierenden Bedingungen – manchmal einfacher und manchmal schwieriger zu lösen ist. Damit variiert auch die Organisationsfähigkeit von Interessengruppen. Kollektive Güter sind Güter, zu deren Bereitstellung eine Gruppe von Personen erforderlich ist und die von einer Gruppe von Personen genutzt werden können. Trittbrettfahrer sind Personen, die von den Leistungen einer Interessengruppe profitieren, ohne selbst Leistungen beizutragen.

Zur Illustration dieses Problems kehren wir zum vorher genannten Beispiel einer Interessengruppe zurück, die für die Reinhaltung der Luft in der Stadt Wien kämpft. Um dieses Ziel zu erreichen, muss die Gruppe ihre bereits vorhandenen Mitglieder zur aktiven Mitarbeit motivieren (z. B. zur Teilnahme an Demonstrationen) sowie neue Mitglieder oder zumindest Sympathisanten rekrutieren können. Mehr Mitglieder oder

Sympathisanten führen zu mehr Geld (in Form von Mitgliederbeiträgen oder Spenden), welches der Verband wiederum für Kampagnen und zur Anwerbung neuer Mitglieder einsetzen kann. Zusätzlich führt die gesteigerte Mitgliederzahl des Verbandes auch dazu, dass politische Entscheidungsträger die Anliegen des Verbandes ernster nehmen, denn bei dessen Mitgliedern handelt es sich mehrheitlich auch um potentielle Wählerstimmen.

Jedes Mitglied der Interessengruppe oder jedes vom Verband anvisierte (noch) Nichtmitglied kann nun überlegen, ob es sich bei diesem Vorhaben engagieren bzw. dem Verband beitreten soll, womit natürlich gewisse Kosten verbunden sind (Geld, Zeit). Das Hauptproblem in diesem Kontext ist allerdings, dass das herzustellende Gut, die Verbesserung der Luftqualität, ein kollektives (d. h. gemeinsam hergestelltes und genutztes) Gut ist. Eben hier liegt ein Trittbrettfahrerproblem: Jeder Einwohner Wiens (auch diejenigen, die sich nicht im Verband engagieren oder ihm nicht beitreten) kann von der durch die Verbandsaktivität herbeigeführte Verbesserung der Luftqualität profitieren – vorausgesetzt die Aktion des Verbandes ist erfolgreich und die politischen Entscheidungsträger setzen die erforderlichen Maßnahmen um (z. B. Verkehrsbeschränkungen).

Die Theorie geht davon aus, dass das Trittbrettfahrerproblem vor allem mit der Größe der Personengruppe zunimmt, die von einem kollektiven Gut profitiert und somit ein Interesse an dessen Herstellung hat. In einem größeren Personenkreis ist der individuelle Beitrag der einzelnen Person zu einem kollektiven Gut relativ zum gesamten Vorhaben kleiner. Die einzelne Person nimmt deshalb an, dass das kollektive Gut auch ohne ihren Beitrag zustande kommt und sie trotzdem davon profitieren kann. Gleichzeitig ist die Identifizierung und Sanktionierung von Trittbrettfahrern in einem größeren Personenkreis schwieriger. Wenn wir von rationalen Nutzenkalkülen ausgehen, also von Personen, die vorwiegend ihren eigenen Nutzen zu maximieren versuchen, wird der Verband Mühe haben, seine Mitglieder und weitere Kreise zu mobilisieren und damit Einfluss auf politische Entscheidungen zu nehmen. In manchen Fällen wird es sogar nicht einmal zur Gründung eines solchen Verbandes kommen.

Zur Illustration wiederum ein Beispiel: Der Deutsche Bauernverband ist besser organisiert und schlagkräftiger als die Schutzgemeinschaft der Verbraucher in Deutschland. Dies hängt unter anderem damit zusammen, dass Letztere einen viel größeren Personenkreis umfasst (alle Einwohner Deutschlands) als die Bauernschaft (siehe dazu Kasten 9.1).

Die Organisation und Mobilisierung von Interessengruppen sind dynamische Prozesse, zu deren Erklärung die Theorie des kollektiven Handelns zusätzliche Argumente liefert, die über die Betrachtung der Gruppengröße und des Trittbrettfahrerproblems hinausführen. In gewissen Politikbereichen entstehen sogenannte Kerngruppen schneller als in anderen Bereichen (Olson, 1965; Bernauer, 2003). Eine Kerngruppe ist eine Gruppe, die bereit ist, an einem kollektiven Vorhaben mitzuwirken, unabhängig davon ob andere Akteure sich beteiligen. Je kleiner diese Kerngruppe ist, desto eher kommt „der Stein ins Rollen". Als Beispiel: Von 1.000 Einwohnern einer Gemeinde entschließen sich 20 Personen individuell eine Interessengruppe zu gründen, die mehr Verkehrssicherheit bringen soll. Angenommen, jede dieser 20 Personen will dies aber nur tun, wenn mindestens 19 weitere Personen ebenfalls mitwirken. In diesem Fall wird die Interessengruppe relativ problemlos zustande kommen. Wenn aber jede Person nur mitwirken will, wenn 199 andere Personen ebenfalls mitwirken und damit eine Kerngruppe von 200 Personen bilden, ist die Organisation der Interessengruppe bedeutend schwieriger.

Der Nutzen, den die Mitglieder der Kerngruppe erwarten (auch wenn die anderen Personen Trittbrett fahren) kann materieller (z. B. Aussicht auf Bezahlung aus der Verbandskasse, Nutzen aufgrund größerer Verkehrssicherheit) oder nichtmaterieller Art (z. B. Prestige, neue Freundschaften) sein. Die meisten Interessengruppen werden in der Praxis oft von relativ kleinen Personenkreisen unter großem persönlichem Aufwand initiiert (Walker, 1991). Wie groß die Kerngruppe in einem bestimmten Kontext ist, lässt sich kaum ex ante prognostizieren, sondern meist nur ex post beschreiben. Das längerfristige Überleben und vor allem der politische Einfluss bedingen jedoch meist, dass die Mitgliederzahl und die Finanzen, ausgehend von einer Kerngruppe, erhöht werden können. Wie bereits erwähnt, werden die Anliegen von größeren Gruppen (im Sinne der Mitgliederzahl und/oder Finanzstärke) von politischen Entscheidungsträgern meist ernster genommen.

In diesem Kontext können „Herdeneffekte" eine wichtige Rolle spielen: Je mehr Personen in einer Interessengruppe mitwirken, desto stärker kann die Anziehungskraft sein, die auf Nichtmitglieder einwirkt. Interessengruppen mit hohen bzw. wachsenden Mitgliederzahlen signalisieren Nichtmitgliedern, dass die Mitgliedschaft sinnvoll und wichtig ist und den Mitgliedern einen Nutzen bringt. Natürlich wirken diesem Trend andere Faktoren entgegen (z. B. das Trittbrettfahrerproblem sowie materiell oder ideologisch motivierte Interessen der Individuen), denn sonst würden schließlich die Mitgliederzahlen von Interessengruppen unaufhörlich wachsen.

Ein weiterer Faktor, der die Organisationsfähigkeit von Interessengruppen beeinflusst, ist ihre Möglichkeit sogenannte selektive Anreize über die Kerngruppe hinaus anzubieten (Olson, 1965). Diese Anreize bestehen aus Nutzen, die nicht durch die politischen Maßnahmen, die eine Interessengruppe zu erwirken versucht, entstehen, sondern anderer Natur sind. Beispielsweise bieten Verkehrsverbände ihren Mitgliedern eine Pannenhilfe und Mieterverbände eine Rechtsberatung an. Diese Anreize sind selektiv bzw. exklusiv, weil Nichtmitglieder der Interessengruppe davon ausgeschlossen werden können. Sie wirken dem Anreiz zum Trittbrettfahren entgegen.

Je nach Themenbereich kann die durch selektive Anreize herbeigeführte Bereitschaft zur Mitwirkung in einer Interessengruppe eine unterschiedliche Bedeutung haben. Manche Interessengruppen sind gewiss vorrangig von ideellen bzw. ethischen Motivationen getragen, wie z. B. Amnesty International oder Brot für die Welt. Andere stützen sich in größerem Maße auf selektive, materielle Anreize, wie z. B. Mieter- oder Verkehrsverbände. Wiederum andere setzen sehr stark auf materielle Nutzen, die vom politischen Einfluss des Verbandes selbst ausgehen (z. B. Bauernverbände, Industriekammern oder Gewerkschaften).

Grundsätzlich sind selektive Anreize zur Stärkung der Organisationsfähigkeit einer Interessengruppe dann besonders wichtig, wenn diese Gruppe Anliegen verfolgt, die einer sehr großen Zielgruppe dienen und der Nutzen eher materieller Art ist. Denn unter diesen Bedingungen ist der Pro-Kopf-Nutzen des (kostspieligen) Mitwirkens in einer Interessengruppe eher gering und der Anreiz zum Trittbrettfahren besonders stark.

Konfliktfähigkeit

Die Organisationsfähigkeit ist eine notwendige, aber keine hinreichende Bedingung für politischen Einfluss. Politiker sind in der Regel dem Einfluss von mehreren bis vielen konkurrierenden Interessengruppen ausgesetzt. In dieser Situation ist ihr Kalkül davon geprägt, welche Interessengruppe geringeren „Schaden" bewirken und mehr nützen kann, wenn sie so oder anders entscheiden. Natürlich treffen Politiker bisweilen auch unpopuläre Entscheidungen. Tendenziell folgen Politiker jedoch eher den Interessen derjenigen Gruppe, welche die größte Mobilisierungsfähigkeit im Interessenkonflikt aufweist. In diesem Punkt relativiert die Theorie des kollektiven Handelns das Medianwählertheorem, das wir in vorhergehenden Kapiteln bereits behandelt haben (siehe Abschnitt 8.1.5 in Kapitel 8).

Die Konfliktfähigkeit einer Interessengruppe ist zumindest teilweise abhängig von der Mitgliederzahl und von der durch Politiker wahrgenommenen Übereinstimmung der Interessen von Führung und Mitgliedern der Gruppe. Eine große Mitgliedschaft signalisiert dem Politiker, dass die Führung dieser Interessengruppe eine große Zahl von Wählern für oder gegen ihn mobilisieren kann, wenn er den Interessen der Gruppe entsprechende bzw. widersprechende Positionen vertritt oder entsprechende Entscheidungen trifft. Wie stark dieses Signal ist, hängt davon ab, ob der Politiker annimmt, dass Führung und Basis einer Interessengruppe einer Meinung sind. Wenn er davon ausgeht, dass zu den Mitgliedern vor allem Personen zählen, die der Interessengruppe vorrangig aufgrund selektiver Anreize beigetreten sind, wird er vermutlich den Forderungen der Gruppe eher zuwiderhandeln (vorausgesetzt seine Interessen widersprechen denjenigen der Interessengruppe), als wenn die Gruppe vor allem auf starken ideellen und materiellen Nutzenerwartungen der Mitglieder basiert.

Damit lässt sich z. B. erklären, weshalb bestimmte Umweltschutzverbände (z. B. der World Wildlife Fund) eine sehr große Mitgliederzahl aufweisen, ihr politischer Einfluss z. B. im Vergleich zu Gewerkschaften oder Bauernverbänden jedoch eher gering ist. Gewerkschaften oder Bauernverbände (siehe auch weiter unten sowie Kasten 9.1 und 9.2) sind trotz eher kleiner Mitgliedszahlen häufig einflussreicher als Umweltschutzverbände, weil sie auf vergleichsweise homogenen, materiellen Nutzenerwartungen beruhen und der Pro-Kopf-Nutzen der Mitglieder direkt und hoch ist.

Um Politikern die Kohärenz der Interessen von Führung und Basis glaubwürdig zu signalisieren, werden je nach Interessengruppe unterschiedliche Mittel eingesetzt. Umweltverbände und Menschenrechtsorganisationen organisieren z. B. Petitionen, Gewerkschaften organisieren Warnstreiks, und Bauernverbände halten Demonstrationen ab. Das Ziel ist immer das Gleiche. Es geht darum, politischen Entscheidungsträgern glaubwürdig zu signalisieren, dass Führung und Basis der Interessengruppe einer Meinung sind, und dass die Gruppe hohe Kosten verursachen wird, wenn politische Entscheidungsträger den Interessen dieser Gruppe zuwiderhandeln. In einigen Bereichen können aufgrund dieser Logik auch kleine Gruppen eine große Konfliktfähigkeit entfalten. Beispiele sind das Transportgewerbe, das bisweilen Blockaden der Verkehrswege organisiert, oder Fluglotsen und Lokomotivführer, die durch einen Streik den Flug- bzw. Bahnverkehr lahmlegen.

9.1 Bauernverbände

Bauernverbände gelten ähnlich wie Gewerkschaften gemeinhin als Beispiel gut organisierter und wirkungsstarker Interessenvertretung. Abbildung 9.2 verdeutlicht dies. Der sogenannte Producer Support Estimate Index der OECD misst alle Formen staatlicher Unterstützung für die Landwirtschaft (z. B. Subventionen und Zölle) und vergleicht diese mit der Wertschöpfung. Dieser Index kann als Messgröße für den Einfluss bzw. Politikerfolg der organisierten Bauernschaft dienen. Für den Zeitraum 2002–2010 können wir aus den Zahlen ablesen, dass die ökonomisch messbare Leistung einer durchschnittlichen Bäuerin in der EU im Durchschnitt zu etwa 30 Prozent vom Staat bzw. der EU direkt oder indirekt subventioniert wird; in der Schweiz beträgt dieser Wert über 60 Prozent.

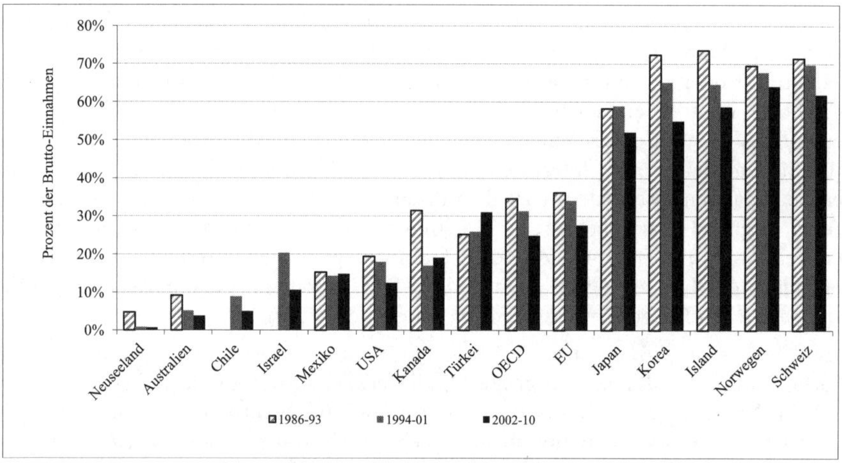

Abbildung 9.2: Producer Support Estimate Index der OECD

Quelle: OECD (2012 b)

Auch wenn sich die staatliche Unterstützung der Landwirtschaft von Land zu Land und über die Zeit unterscheidet, wird doch deutlich, dass die Bauernschaft – als Interessengemeinschaft verstanden – einen großen Einfluss auf die Politik besitzen muss. Diese Einflussnahme der Bauernverbände wird auch daran deutlich, dass sie als spezifische Berufsgruppe, die einen relativ kleinen Teil der Erwerbstätigen stellt und einen relativ bescheidenen Beitrag zur gesamten volkswirtschaftlichen Produktion leistet, vom Staat im Vergleich zu anderen Berufsgruppen materiell stark bevorteilt wird. So betrug die Wertschöpfung der Land-, Forstwirtschaft und Fischerei in Deutschland im Jahr 2011 21,87 Milliarden Euro und damit nur knapp ein Prozent des Bruttoinlandsprodukts (BIP). Der Anteil der in diesem Sektor Erwerbstätigen betrug 1,6 Prozent.

Die Theorie des kollektiven Handelns bietet eine Erklärung für den starken Einfluss der Bauernverbände in vielen Ländern. Die Zahl der Bauern ist im Vergleich zur Zahl der Steuerzahlenden und Konsumenten, welche den Einkommenstransfer an die

Bauern finanzieren, gering. Die Interessen der Bauernschaft sind im Vergleich zur gesamten Bevölkerung homogen und jeder Bauer kann einen unmittelbaren und für ihr ökonomisches Überleben häufig essentiellen Nutzen erzielen. Die Nutzen erfolgreicher Verbandsaktivität (im Sinne des Erhalts staatlicher Unterstützung) sind auf die Bauernschaft beschränkt bzw. konzentriert und pro Person beträchtlich. Die Kosten, vor allem hinsichtlich der Staatsausgaben für die Landwirtschaft und der Preise für Agrargüter, die über den Weltmarktpreisen liegen, werden auf die Gesamtheit der Steuerzahlenden und Konsumenten übertragen. Der kostentragende Personenkreis ist somit viel größer als der nutzentragende Personenkreis und die Kosten pro Steuerzahler und Konsument sind weit geringer als der Nutzen pro Bauer. Hinzu kommt, dass der große Personenkreis der Kostentragenden insgesamt heterogenere Interessen in Bezug auf die Agrarpolitik aufweist als die Bauernschaft. Die Wahrscheinlichkeit, dass eine schlagkräftige Interessengruppe entsteht, die einen Abbau der Agrarsubventionen herbeiführen kann, ist somit gering (vgl. z. B. Schneider, 1986). Die Organisations- und Konfliktfähigkeit und damit auch der politische Einfluss der Bauernschaft sind hingegen hoch.

Diese Erklärung greift sicher etwas zu kurz, da sie Unterschiede zwischen den Staaten und über die Zeit hinweg, wie sie in Abbildung 9.2. deutlich sichtbar sind, nicht erklärt. Die politikwissenschaftliche Literatur befasst sich denn auch mit einer breiten Palette von politischen, ökonomischen, sozialen und kulturellen Faktoren, die zur Entstehung unterschiedlicher Landwirtschaftspolitiken geführt haben und die auch bewirken, dass der seit einigen Jahren beobachtbare Abbau staatlicher Eingriffe in den Agrarmarkt mit unterschiedlicher Geschwindigkeit vonstattengeht (vgl. von Alemann, 1987; Park & Jensen, 2007).

9.1.4 Gewerkschaften

Politikwissenschaftler haben sich mit bestimmten Typen von Interessengruppen besonders intensiv beschäftigt. Dies trifft vor allem auf Gewerkschaften, Bauernverbände und Umweltverbände zu. Wir konzentrieren uns in diesem Abschnitt exemplarisch auf Gewerkschaften.

Aus dem Zunftwesen heraus entwickelte sich in den meisten westeuropäischen Ländern im Verlauf der Industrialisierung (insbesondere 19. Jahrhundert) ein hohes Maß an Selbstorganisation der Unternehmerschaft. Die Arbeitnehmerschaft organisierte sich fast zeitgleich in Gewerkschaften. In der Schweiz z. B. entstanden nationale Dachverbände der Arbeitgeber- und Arbeitnehmerschaft sogar früher (1870er bis 1890er Jahre) als die politischen Parteien. Sie bestimmten bis in die Zeit des Zweiten Weltkrieges hinein die Wirtschaftspolitik phasenweise stärker als die Parteien und das Parlament (Gruner, 1956; Linder, 2005).

Die wichtigsten Merkmale der Beziehungen zwischen Unternehmer- und Arbeitnehmerschaft kristallisierten sich vor allem in der Anfangsphase der Industrialisierung heraus. Sie reflektierten die damals vorherrschenden politisch-kulturellen Konfliktlinien und die Industriezweige bzw. Berufs- und Statusgruppen (siehe auch Abschnitt 8.2.3 in Kapitel 8). Technologischer Wandel, konjunkturelle Faktoren und sich verändernde politische Machtverteilungen haben zwar über die Zeit hinweg Veränderungen bewirkt, diese sind jedoch – abgesehen von Staaten, in denen Revolutionen oder Kriege stattfanden (z. B. Deutschland und Österreich) – vorwiegend graduell erfolgt. Hingegen unterscheidet sich z. B. die Stärke der Gewerkschaften erheblich von Staat zu Staat. Die politikwissenschaftliche Forschung hat vor allem in den vergangenen zwei Jahrzehnten große Anstrengungen unternommen um die Unterschiede zwischen einzelnen Ländern quantitativ zu erfassen und auf dieser Grundlage systematische Vergleiche zu erarbeiten (Kasten 9.2).

9.2 Wie lässt sich die Stärke von Gewerkschaften messen?

Die Politikwissenschaft hat eine breite Palette von Messgrößen für die Stärke von Gewerkschaften entwickelt. Wir konzentrieren uns hier auf drei Beispiele. Die erste Messgröße, Streikintensität, wird meist als durch Streikaktivität verlorene Arbeitstage pro 1.000 Arbeitnehmer definiert. Daten dazu sind aus dem Comparative Political Data Set (Armingeon et al., 2011) für die Jahre 1960–2009 verfügbar (siehe auch Visser, 2011). Sie zeigen, dass die drei deutschsprachigen Länder zu den sogenannten sozialfriedlichen Ländern gehören. Ihre Streikintensität liegt deutlich unter dem Durchschnitt der OECD-Mitgliedstaaten. Während die Schweiz durchweg eine sehr niedrige Streikintensität aufweist, schwankt der Wert in den beiden anderen deutschsprachigen Länder zum Teil stark und erreicht punktuell hohe Spitzenwerte.

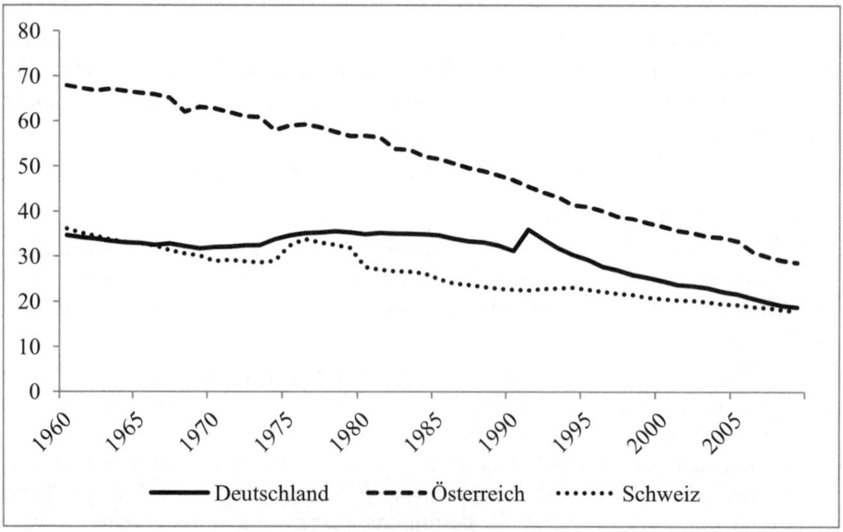

Abbildung 9.3: Gewerkschaftlicher Organisationsgrad

Quelle: Armingeon et al. (2011)

Eine zweite Messgröße für die Stärke der Gewerkschaften ist der gewerkschaftliche Organisationsgrad. Dieser lässt sich beispielsweise anhand der Netto-Mitgliedschaft in Gewerkschaften erfassen. Die Netto-Mitgliedschaft bezeichnet die gesamte Mitgliedschaft minus pensionierter und arbeitsloser Mitglieder, dividiert durch die Anzahl der Beschäftigten. Abbildung 9.3 stellt den gewerkschaftlichen

Organisationsgrad in den drei deutschsprachigen Ländern für den Zeitraum 1960–2009 dar. Die Zahlen zeigen, dass der gewerkschaftliche Organisationsgrad in Österreich am höchsten und in der Schweiz am niedrigsten ist, wobei der Wert für Deutschland sehr nahe an dem der Schweiz liegt. Sie zeigen auch, dass der gewerkschaftliche Organisationsgrad in den 1990er Jahren deutlich abgenommen hat und illustrieren damit einen Trend, der in den meisten OECD-Staaten beobachtbar ist.

Bei der Interpretation von Daten zur Streikintensität und zum gewerkschaftlichen Organisationsgrad ist Vorsicht geboten, denn diese Messgrößen können nicht unbedingt mit politischem Einfluss gleichgesetzt werden. Dies führt uns zu einer dritten Messgröße, welche Politikergebnisse, konkret den Schutz von Arbeitnehmerinteressen, erfasst. Diese Messgröße beruht auf der Annahme, dass ein stärkerer Arbeitnehmerschutz auf stärkere Gewerkschaften zurückzuführen ist.

Der von der OECD veröffentlichte Employment Protection Index misst anhand mehrerer Indikatoren das Ausmaß des rechtlichen Schutzes der Arbeitnehmerschaft (insbesondere vor Entlassung). Die Daten sind für den Zeitraum 1985–2008 verfügbar. Der Index variiert von 0 (sehr geringer Schutz) bis 6 (größter Schutz). Abbildung 9.4 zeigt, dass der Arbeitnehmerschutz bzw. die Flexibilität des Arbeitsmarktes in der Schweiz im genannten Zeitraum praktisch konstant geblieben ist. Die Indexwerte für Österreich und Deutschland sind markant höher. Während der Indexwert für Österreich sehr nahe beim Mittelwert für den gesamten OECD-Raum liegt, wies Deutschland bis 1995 einen deutlich stärkeren Arbeitnehmerschutz auf als die Schweiz und Österreich. Seit 1997 liegt allerdings auch der Indexwert für Deutschland nahe dem Mittelwert der OECD.

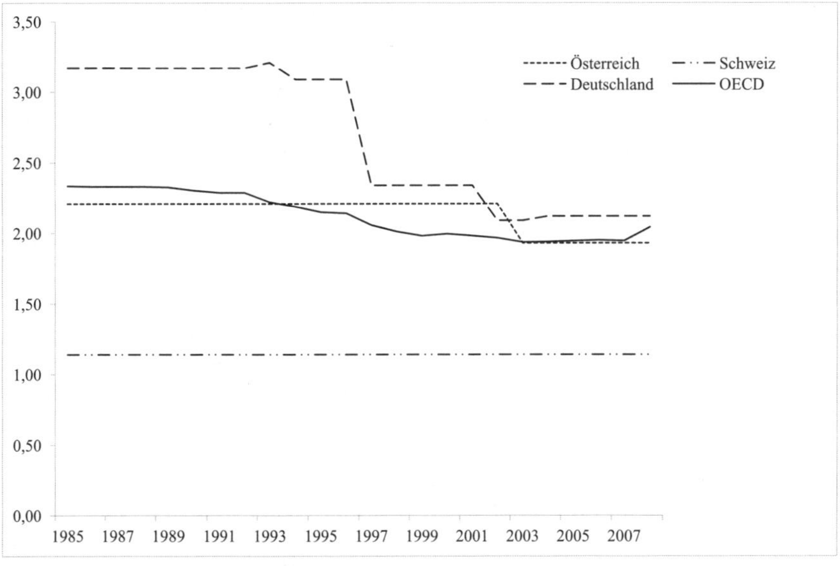

Abbildung 9.4: OECD-Index für den Arbeitnehmerschutz

Quelle: (OECD, 2012 a)

Die drei in diesem Kasten erwähnten Messgrößen für die Stärke von Gewerkschaften korrelieren eher schwach miteinander und erfassen offensichtlich unterschiedliche Phänomene. Welche Messgröße für eine bestimmte Analyse am besten geeignet ist, hängt von der Fragestellung ab. Wenn die Stärke von Gewerkschaften im Ländervergleich erklärt werden soll, ist der OECD-Index den beiden anderen Indizes vorzuziehen. Wenn hingegen die Frage im Vordergrund steht, weshalb Gewerkschaften bei der Rekrutierung von Mitgliedern unterschiedlich erfolgreich sind oder weshalb die Arbeitnehmerschaft unterschiedlich häufig streikt, ist die erste bzw. die zweite Messgröße besser geeignet.

Die politikwissenschaftliche Forschung zu Gewerkschaften hat sich bisher vorwiegend auf folgende vier Bereiche konzentriert (Übersichten bieten z. B. Ebbinghaus & Visser, 1999; Armingeon, 2002 a; Visser, 2004; Avdagic et al., 2011):

- Erarbeitung von Phasenmodellen, welche die Entstehung und Entwicklung von Gewerkschaften beschreiben und erklären,
- Erklärung staatlichen Verhaltens gegenüber Gewerkschaften und der Einbindung von Gewerkschaften in das intermediäre politische System (siehe die Abschnitte dieses Kapitels zu Korporatismus/Pluralismus),
- Erklärung von Unterschieden (im Länder- und Zeitvergleich) in der Streikintensität, der Zahl, Art und Größe von Gewerkschaften, in ihrer Entscheidungsmacht im Sinne des Zentralisierungsgrades sowie in ihrem Verhältnis zu sozialdemokratischen Parteien,
- Implikationen der Gewerkschaftsstärke für wirtschaftliche Entwicklung und für andere gesellschaftliche Leistungskriterien (z. B. politische Stabilität).

Wir beschränken uns hier im Sinne eines Beispiels auf die prominente Frage, ob und wie sich Gewerkschaften als Folge der Modernisierung, Individualisierung und Globalisierung verändern. Im Vordergrund steht die Hypothese, dass letztere Trends zu Strukturveränderungen und einem Bedeutungsverlust der Gewerkschaften führen. Damit werden auch korporatistische Muster der intermediären Politik in Frage gestellt. Die bisherige Forschung hat ergeben, dass diese Hypothese nur in Teilen aufrechterhalten werden kann: Strukturveränderungen bei den Gewerkschaften sind zwar feststellbar, ein Bedeutungsverlust ist jedoch höchstens ansatzweise beobachtbar (siehe z. B. Ebbinghaus & Visser, 1999).

Die Zahl der Gewerkschaftsmitglieder als Anteil an der erwerbstätigen Bevölkerung ist seit den 1980er und 1990er Jahren in den meisten Industrieländern gesunken. Dieser Trend ist auch in unseren drei Länderbeispielen beobachtbar. Wie in Kasten 9.2 angesprochen, ist allerdings anzumerken, dass die Mitgliederzahl oder auch die Streikintensität nicht unbedingt mit dem Einfluss der Gewerkschaften gleichgesetzt werden können. Erklärungsmodelle, welche die Mitgliederzahl von Gewerkschaften und die Streikintensität auf die Modernisierung, Individualisierung, Globalisierung, die Wirtschaftslage und die Beschäftigungsstruktur zurückführen, haben sich denn auch weitgehend als erklärungsschwach erwiesen (Armingeon, 2002 a).

Institutionelle Faktoren hingegen spielen bei der Erklärung der Mitgliedschaft und des politischen Einflusses von Gewerkschaften eine wichtige Rolle. Bei zunehmender Heterogenität der Arbeitnehmerschaft infolge des Schwundes der traditionellen Industriearbeiterschaft und der zunehmenden Bedeutung des Dienstleistungssektors wird das Rekrutierungspotential der Gewerkschaften maßgeblich davon beeinflusst, wie flexibel und ausdifferenziert das auf spezifische Gruppen zugeschnittene Angebot der Gewerkschaften ist. Hinzu kommt, dass sich institutionelle Einbindungen von Gewerkschaften, z. B. in Form von Betriebsräten und Tarifverhandlungen in Deutschland oder als staatlich subventionierte, aber von den Gewerkschaften getragenen Arbeitslosenversicherungen (z. B. in Belgien und Nordeuropa), positiv auf das Rekrutierungspotential auswirken.

Staatliches Verhalten gegenüber Gewerkschaften im Sinne von Organisationshilfen und Einbezug in politische Entscheidungen hat somit einen wesentlichen Einfluss auf gewerkschaftliche Strukturen (vgl. Gruner, 1956, 1959; Streeck, 1981; Ebbinghaus & Visser, 1999; Streeck, 1999). Diese länderspezifischen Rahmenbedingungen lassen sich im Sinne der Theorie des kollektiven Handelns als Faktoren deuten, welche die Organisationsfähigkeit der Gewerkschaften beeinflussen. Sie haben einen mindestens so starken, wenn nicht gar stärkeren Effekt auf die Mitgliederzahlen und Strukturen der Gewerkschaften wie die Modernisierung, Individualisierung und Globalisierung. Deshalb ist eine in allen Staaten auftretende, gleichförmige Schwächung der Gewerkschaften nicht zu erwarten.

9.1.5 Die Stellung von Interessengruppen im politischen System

Nachdem sich der vorhergehende Abschnitt mit einzelnen Interessengruppen befasst hat, beschäftigen wir uns nun mit der Stellung von Interessengruppen im politischen System insgesamt. Die Politikwissenschaft hat sich seit den 1950er Jahren intensiv mit den Vermittlungsfunktionen von Interessengruppen zwischen Bürger und dem Staat auseinandergesetzt (Gruner, 1956; Schattschneider, 1960; Dahl, 1961; Streeck, 1981; Schlozman et al., 2012 [1946]). Da sich Interessengruppen in liberal-demokratischen Systemen besser entwickeln konnten, beschränkt sich die Forschung überwiegend auf demokratische Staaten.

In solchen Systemen artikulieren Interessengruppen gegenüber dem Staat sowie ihren Institutionen und Handlungsträgern gesellschaftliche Bedürfnisse und üben Druck aus, um ihre Ziele zu erreichen. Sie stellen Sachwissen zur Verfügung, tragen zur Politikformulierung bei und übernehmen in einigen Fällen sogar staatliche Aufgaben (Offe, 1981; Hall & Deardorff, 2006). Der Staat wiederum setzt rechtliche, administrative und bisweilen auch finanzielle Rahmenbedingungen, welche die Organisations- und Einflussmöglichkeiten von Interessengruppen beeinflussen. Beispiele sind Partizipationsrechte in politischen Entscheidungsverfahren (z. B. Anhörungs- oder Verbandsbeschwerderechte) und Organisationshilfen (z. B. Subventionen) an Interessengruppen (Gruner, 1956; Streeck, 1981).

In Bezug auf die Stellung von Interessengruppen im politischen System lassen sich pluralistische und korporatistische Systeme unterscheiden. In pluralistischen Systemen konkurrieren ähnlich wie in einem Markt zahlreiche Interessengruppen um politischen Einfluss. Politische Entscheidungsträger in Regierung, Verwaltung, Parlament und Parteien fungieren sozusagen als Schiedsrichter zwischen diesen Interessen, verfolgen jedoch gleichzeitig auch ihre Eigeninteressen. Korporatistische Systeme hingegen sind zentralistischer bzw. hierarchischer organisiert.

Beim Typus des pluralistischen Systems werden vier Annahmen getroffen: Erstens können alle gesellschaftlichen Forderungen oder Anliegen durch Interessengruppen gebündelt, artikuliert und in den politischen Entscheidungsprozess eingebracht werden. Zweitens vertreten die Führungen der Interessengruppen die Interessen ihrer jeweiligen Basis. Drittens besitzen alle Interessengruppen gleiche Chancen beim Zugang zu politischen Entscheidungsträgern. Viertens wird das Problem von partikulären Forderungen, die dem Gemeinwohl schaden, dadurch neutralisiert, dass Bürger häufig Mitglieder mehrerer Interessengruppen sind und dass Interessengruppen in Konkurrenz zueinander stehen (vgl. Lohmann, 1993).

Definitionen korporatistischer Systeme (z. B. Schmitter, 1974; Lehmbruch, 1977) bezeichnen diesen Typus als ein System, in dem die Beziehung zwischen bestimmten Interessengruppen und dem Staat stärker institutionalisiert ist als im Pluralismus, und in dem nur wenige (privilegierte) Interessengruppen in diese institutionalisierte Beziehung eingebunden sind. Diese Interessengruppen besitzen gegenüber dem Staat eine Art Vertretungsmonopol, werden im Gegenzug jedoch auch bestimmten Einschränkungen durch den Staat unterworfen. In der Fachliteratur wird häufig auch der Begriff Neokorporatismus verwendet. Grund dafür ist, dass der Begriff Korporatismus im Zeitalter des Faschismus und der Diktaturen in Portugal und Spanien für eine Form der Interessenvermittlung verwendet wurde, die weder demokratisch noch monarchisch sein sollte, sondern in der ein Land mittels Ständevertretungen regiert wurde. Viele Autoren verwenden jedoch heute die beiden Begriffe synonym und wir tun dies der Einfachheit halber auch.

Die Begriffe des Pluralismus und Korporatismus sind im politischen Alltag stark normativ befrachtet und werden bisweilen auch als Modelle bezeichnet. In unserem wissenschaftlichen Kontext müssen sie jedoch als analytische Konzepte bzw. Variablen (und nicht als kausale Erklärungsmodelle per se) betrachtet werden, die Systeme der politischen Interessenvermittlung beschreiben. Beide Systemtypen haben eine Reihe von Eigenschaften, die sich nicht vollständig als klare Gegensätze bezeichnen lassen. Dennoch werden sie in der Forschung zur Vereinfachung häufig entlang eines Kontinuums konzipiert. Auf diesem Kontinuum werden auf der einen Seite pluralistische Systeme mit stärkerer Konkurrenz zwischen Interessengruppen, sowie weniger strukturierten Beziehungen zwischen Interessengruppen und dem Staat positioniert. Auf der anderen Seite sind korporatistische Systeme mit stärker institutionalisierten Beziehungen zwischen wenigen, privilegierten Interessengruppen und dem Staat angesiedelt. Mit anderen Worten, auch wenn Messkonzepte mehr oder weniger Pluralismus oder mehr oder weniger Korporatismus diagnostizieren, ist mit mehr (weniger) Korporatismus auch anteilig weniger (mehr) Pluralismus gemeint (siehe Kasten 9.3).

Der heutige Korporatismusbegriff in der Forschung und auch in der politischen Praxis ist aufgrund der Kritik am Pluralismus entstanden. Pluralistische Systeme der intermediären Politik erscheinen auf den ersten Blick attraktiv, denn sie stärken die Partizipationsmöglichkeiten der Bürger über Wahlen, Initiativen und Referenden hinaus und schaffen ein Gegengewicht zum Einfluss von Regierung, Verwaltung, Parlament und Parteien. Bei näherer Betrachtung zeigen sich jedoch aus Sicht der Kritiker mehrere Schwachstellen.

Erstens haben – wie im vorhergehenden Abschnitt diskutiert – nicht alle gesellschaftlichen Interessen die gleichen Chancen, sich zum Zwecke der politischen Einflussnahme zu organisieren (Schlozman et al., 2012 [1946]). Zudem können gewisse Interessen auch politischen Einfluss erzielen, ohne sich in erheblichem Ausmaß zu organisieren (Offe, 1972). Viele Beobachter von Arbeitsmärkten gehen z. B. davon aus, dass Arbeitnehmer gegenüber Arbeitgebern benachteiligt sind (Lindbloom, 1977; Offe & Wiesenthal, 1980; Walker, 1991; Armingeon, 2003; Berry & Wilcox, 2006). Schattschneider (1960) bemerkt dazu ironisch, dass der Chor im pluralistischen Himmel mit einem Akzent der Oberschicht singt. Hinzu kommt, dass nicht alle Interessen gleichermaßen konfliktfähig und damit politisch einflussreich sind.

Zweitens, so die Kritik, unterliegen viele Interessengruppen (und auch Parteien) einer Oligarchisierungstendenz und leiden deshalb an einem Demokratiedefizit (Michels, 1911). Dieses Problem tritt insbesondere bei großen und professionell geführten Mitgliederverbänden auf, deren Leitung bisweilen nur noch schwach an den Willen der einzelnen Mitglieder gebunden ist.

Drittens ist der Staat im Rahmen des Pluralismus als neutraler Schiedsrichter konzipiert. Im Rahmen des Korporatismus hingegen wird angenommen, dass der Staat die Beteiligung von Interessengruppen am politischen Prozess steuert und diese manchmal auch instrumentalisiert.

Die wichtigste Form korporatistischer Interessensvermittlung in modernen liberal-demokratischen Staaten ist diejenige zwischen Arbeitgeber- und Arbeitnehmerverbänden sowie dem Staat. Sie wird häufig auch Sozialpartnerschaft genannt und dient der Eindämmung von Konflikten zwischen „Kapital" und „Arbeit" und damit einer stabilen und effektiven Wirtschaftspolitik. In den 1950er bis 1970er Jahren versuchten korporatistische Systeme eine keynesianisch geprägte, antizyklische Fiskalpolitik (Ausdehnung der Staatsausgaben in Rezessionen, Rückbau der Staatsausgaben bei wirtschaftlichem Aufschwung) mit der Lohnpolitik zu koppeln. Diese Koppelung sollte dem Risiko entgegenwirken, dass steigende Staatsausgaben zu steigenden Löhnen und dadurch zu mehr Inflation statt realem Wirtschaftswachstum führen. Zur Erleichterung dieses Kooperationsprozesses erhielten Gewerkschaften häufig auch direkte oder indirekte Organisationshilfen vom Staat (z. B. in Form betrieblicher Vertretungsrechte, höherer Sozialleistungen oder steuerlicher Vergünstigungen).

Kooperationsformen dieser Art erwiesen sich allerdings letztlich als wenig erfolgreich und verloren spätestens ab Anfang der 1980er Jahre stark an Bedeutung; dies vor allem im Zuge liberalerer Wirtschaftspolitiken und zunehmender Kritik an der Leistungsfähigkeit antizyklischer Fiskalpolitik. Allerdings hat u. a. Traxler (2001) aufgezeigt, dass das Schwinden des Korporatismus im Bereich der Lohn- bzw. Konjunkturpolitik nicht zu einem Niedergang des Korporatismus als Ganzem geführt hat. Vielmehr haben sich korporatistische Kooperationsformen in anderen Politikbereichen etabliert (z. B. in der Gesundheits- und Bildungspolitik). Wie wir weiter unten sehen werden, ist eine der zentralen Fragen der Forschung in diesem Bereich, ob korporatistische Systeme leistungsfähiger sind als pluralistische Systeme und wenn ja, in welcher Hinsicht.

Die Politikwissenschaft hat viele Messgrößen für den Korporatismus entwickelt (siehe Kasten 9.3). Diese konzentrieren sich vorwiegend auf den Korporatismus in der Arbeitsmarktpolitik. Sie zeigen, dass sowohl zwischen Ländern als auch über die Zeit erhebliche Varianz auf der Pluralismus-Korporatismus-Dimension existiert. Auch wenn der Pluralismus streng genommen nicht einfach als Gegenteil des Korporatismus interpretiert werden kann, lässt sich, wie zuvor erwähnt, der Vergleich von Ländern vereinfachen, wenn wir die beiden Systeme als die Endpunkte einer kontinuierlichen Skala betrachten. Bei den meisten dieser Messgrößen erweist sich Österreich als korporatistischer als Deutschland, während Deutschland als korporatistischer eingestuft wird als die Schweiz.

9.3 Wie kann Korporatismus gemessen werden?

Kenworthy (2003) vergleicht 42 aus der Fachliteratur bekannte Messgrößen für den Korporatismus. Einige dieser Indikatoren erfassen spezifische Teilaspekte des Korporatismus, wie z. B. die Mitgliedschaft von Gewerkschaften und Industrieverbänden, das Ausmaß der Zentralisierung bei Lohnverhandlungen oder die Partizipation bei der Formulierung der Wirtschaftspolitik. Andere Messgrößen versuchen das Ausmaß an Korporatismus in einem politischen System insgesamt zu erfassen. Einige Datensätze enthalten Messwerte für viele Länder und Jahre (sogenannte Panel-Daten), andere wiederum sind in Form von Querschnittsdaten (Daten für verschiedene Länder zu einem Zeitpunkt) verfügbar.

Kenworthy stellt fest, dass diese Indikatoren in unterschiedlichem Maße miteinander korrelieren. Die Hauptursache dafür ist, dass diese Messgrößen unterschiedliche Aspekte des Korporatismus erfassen, d. h. es stehen unterschiedliche Messtheorien hinter den Daten. Für die Forschung bedeutet dies, dass z. B. bei einer Untersuchung der Frage, ob es in korporatistischen Systemen zu weniger Streiks kommt, die Robustheit der Ergebnisse für unterschiedliche Messgrößen für den Korporatismus geprüft werden sollte. Gleichermaßen muss die Forscherin jeweils genau ermitteln, welche Aspekte des Korporatismus in einer zu testenden Hypothese in Bezug auf die postulierten kausalen Mechanismen wichtig sind und welche Messgrößen diese Aspekte am besten identifizieren.

Wir konzentrieren uns hier auf den Korporatismus-Index von Jahn (2014). Dieser Index misst klassische Ausprägungen des Korporatismus, also das Zusammenwirken von Regierung, Gewerkschaften und Arbeitgebern in der Wirtschaftspolitik. Der Vorteil dieses Index ist, dass er ein breites Spektrum an Indikatoren bündelt und für einen recht langen Zeitraum (1960–2010) für 42 Länder verfügbar ist. Die Indikatoren, aus denen der Index berechnet wird, erfassen folgende Teildimensionen des Gesamtkonzeptes: die Konzentration oder Fragmentierung der Gewerkschaften; das Ausmaß von Regierungsinterventionen in Lohnverhandlungen; die Koordination oder Fragmentierung von Lohnverhandlungen; die Möglichkeit, kollektive Abkommen (z. B. über Löhne) der korporatistischen Partner auch für nicht beteiligte Akteure verbindlich zu machen; Einbezug von Gewerkschaften und Arbeitgeber in die Sozial- und Wirtschaftspolitik allgemein; Struktur und Rechte von Betriebsräten. Um die unterschiedlichen Aspekte aufzusummieren, werden die einzelnen Indices als z-Werte standardisiert. Das bedeutet, dass der Mittelwert über alle Jahre und Länder 0 beträgt und die Standardabweichung 1. Durch die z-Werte kann erfasst werden, inwieweit ein Land in einem Jahr über (positiver Wert) oder unter (negativer Wert) dem Mittelwert der gesamten Population (alle Länderjahre) liegt.

Der Index variiert empirisch zwischen rund -1.80 (Großbritannien im Jahr 1994) und rund 2.38 (Österreich im Jahr 1982). Die Daten zeigen, dass sich das Ausmaß des Korporatismus von Mitte der 1970er bis Ende der 1980er Jahre leicht erhöhte Werte aufwies, insgesamt aber recht stabil blieb. Österreich ist demnach deutlich korporatistischer als Deutschland, und beide sind über den gesamten erfassten Zeitraum deutlich korporatistischer als der Gesamtdurchschnitt aller Länder. Der Korporatismus-Wert Österreichs veränderte sich etwas mehr als derjenige Deutschlands und stieg erstaunlicherweise nach einem kurzen Abfallen ab 2004/5 wieder an. Die Schweiz liegt unter dem Gesamtdurchschnitt und weist seit Beginn der 1980er Jahre ein fallendes und seit dem Jahr 2000 ein niedriges Ausmaß an Korporatismus auf, was auf einen flexiblen Arbeitsmarkt schließen lässt.

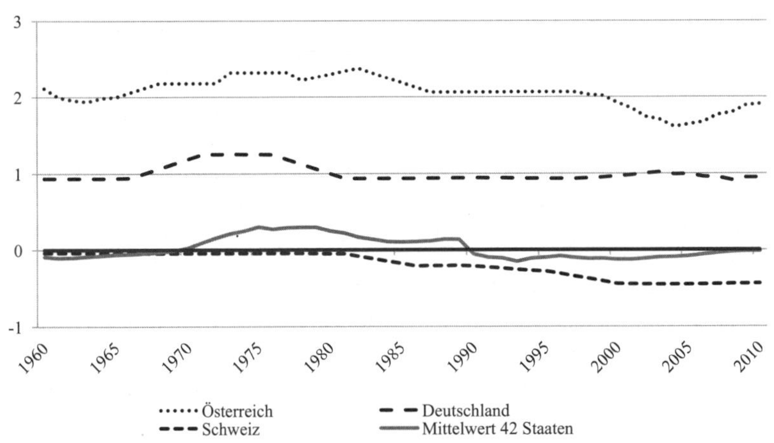

Abbildung 9.5: Korporatismus-Index

Quelle: Jahn (2014)

Praktisch alle Messgrößen für Korporatismus konzentrieren sich ausschließlich auf die Wirtschaftspolitik und in vielen Fällen noch spezifischer auf die Arbeitsmarktpolitik. Wie korporatistisch oder pluralistisch ein Land in Bezug auf Interessengruppen in der Umwelt-, Gesundheits-, Gleichstellungs- oder Außenpolitik ist, lässt sich daraus nicht ableiten.

9.1.6 Empirische Forschung zu Korporatismus und Pluralismus

Neben der Beschreibung der Beschaffenheit intermediärer Systeme der Interessenvermittlung interessieren sich Politikwissenschaftler auch für die Ursachen und Konsequenzen pluralistisch oder korporatistisch geprägter Systeme. Die Frage, weshalb Staaten unterschiedliche Ausmaße an Pluralismus oder Korporatismus aufweisen, wurde bisher nur in Ansätzen beantwortet (Mahoney & Baumgartner, 2008; Hojnacki et al., 2012). Meist wird, ähnlich wie in der Parteienforschung (siehe Kapitel 8.1), davon ausgegangen, dass bestimmte gesellschaftliche Konfliktformationen zu bestimmten Mustern der intermediären Politik führen, und dass diese pfadabhängig sind, d. h. sich auch bei einer nachfolgenden Veränderung der Rahmenbedingungen nur sehr langsam wandeln (vgl. Traxler, 2001; Molina & Rhodes, 2002). Wir befassen uns in diesem Abschnitt nun aber vornehmlich mit den Konsequenzen von Pluralismus und Korporatismus, weil dazu mehr Forschungsergebnisse vorliegen.

Die Frage nach den Konsequenzen von Korporatismus und Pluralismus wird in der Forschung vor allem im Sinne der Leistungsfähigkeit konzipiert. Letztere lässt sich unter den Aspekten des Input und Output untersuchen. Der Input-Aspekt betrifft die Frage nach den Beteiligungschancen von Interessengruppen am politischen Prozess und damit in gewisser Weise auch die Frage nach der Qualität der Demokratie. Der Output-Aspekt bezieht sich auf die Frage nach den Konsequenzen des Korporatismus für wirtschaftliche Performanz und soziale und politische Stabilität.

Input

Der Input-Aspekt wird in der Politikwissenschaft kontrovers beurteilt. Linder (2005) geht z. B. davon aus, dass längerfristige, allgemeine Interessen und Interessen der „Habenichtse“ nur über Wahlen (und in der direkten Demokratie auch Abstimmungen) angemessen in den politischen Prozess eingebracht werden können. Er ist somit eher skeptisch gegenüber der Input-Leistungsfähigkeit korporatistischer Systeme. Andere Autoren (z.B. Streeck, 1999) können dem Korporatismus deutlich positivere Seiten abgewinnen. Letztlich muss diese Frage allerdings empirisch geklärt werden, indem korporatistische und pluralistische Systeme in systematischen Ländervergleichen auf die Beteiligungschancen bestimmter gesellschaftlicher Interessen hin untersucht werden. Diese Forschungsarbeit existiert erst in Ansätzen.

Eine generelle und solide Antwort auf die Frage, ob die Qualität der Demokratie (Input-Aspekt) in korporatistischen oder pluralistischen Systemen höher ist, lässt sich nur schwer geben, weil die dafür notwendigen Daten erst in rudimentärer Form verfügbar sind. Wie oben gezeigt sind Daten für das Ausmaß des Korporatismus nur für eine beschränkte Anzahl von Ländern verfügbar und konzentrieren sich vorwiegend auf die klassische Form des Korporatismus, die sich auf die Gestaltung des Arbeitsmarktes richtet. Messgrößen für die Qualität der Demokratie, die auch innerhalb der Staatengruppe der etablierten Demokratien eine für eine sinnvolle vergleichende Analyse nötige Varianz aufweisen, sind momentan noch im Entstehen (siehe auch Abschnitt 4.1.4 in Kapitel 4).

Wenn wir den Korporatismus-Index von Jahn (2014) mit dem Demokratiebarometer von Bühlmann et al. (2011) in Verbindung bringen, zeigt sich eine recht starke positive Korrelation zwischen dem Korporatismus-Index und zwei Komponenten des Demokratiebarometers: nämlich den Konzepten „Kontrolle“ (Wettbewerb, Gewaltenkontrolle, Regierungsfähigkeit) und „Gleichheit“ (Transparenz, Partizipation, Repräsentation). Die Korrelation mit der Komponente „Freiheit“ (individuelle Freiheiten, Rechtsstaatlichkeit, Öffentlichkeit) ist deutlich geringer. Abbildung 9.6 illustriert den Zusammenhang zwischen der Messgröße für Korporatismus mit den drei genannten Komponenten des Demokratiebarometers sowie dem Gesamtindex für Demokratiequalität.

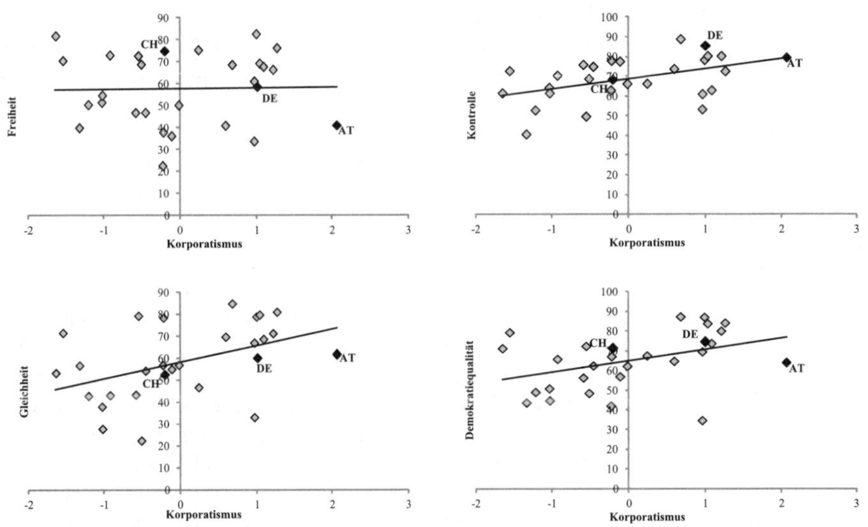

Abbildung 9.6: Korrelation zwischen Korporatismus-Index und Demokratiebarometer-Komponenten

Bei letzterem lässt der Zusammenhang vermuten, dass korporatistische Systeme in Bezug auf Demokratiequalität besser abschneiden als pluralistische Systeme. Es gilt allerdings zu beachten, dass dieser Befund lediglich auf Daten für 28 Länder im Zeitraum 1990 bis 2007 beruht. Zudem kann eine einfache Korrelationsanalyse uns nicht zeigen, ob der Korporatismus ursächlich für eine höhere Demokratiequalität ist oder nur rein zufällig mit ihr korreliert.

Fallstudien zu einzelnen Ländern oder Politikbereichen liefern hier methodisch zuverlässigere Einsichten, allerdings zum Preis kaum verallgemeinerbarer Resultate (vgl. auch Hojnacki et al., 2012). Wir betrachten nun exemplarisch eine Studie dieser Art.

Beteiligungsmuster von Interessengruppen. Baumgartner und Leech (2001) untersuchen, ob unterschiedliche kollektive Handlungskapazitäten bestimmte Interessengruppen systematisch bevorteilen. Die beiden Autoren ziehen eine Zufallsstichprobe aus über 19.000 Berichten zu Lobbyingaktivitäten von Interessengruppen im Parlament (Kongress) der USA, die gemäß dem Lobbying Disclosure Act (1995) erstellt werden müssen. Sie untersuchen damit die Beteiligungsmuster von Interessengruppen in 137 politischen Sachfragen (Issues). Sie sortieren die Liste der 137 Sachfragen nach Zahl der Interessengruppen, die als Lobbyisten auftraten, und stellen dabei fest, dass der Mittelwert bei 15 Interessengruppen liegt. Die Verteilung des Lobbying auf die einzelnen Sachfragen ist sehr unterschiedlich. Bei acht Sachfragen waren über 300 Interessengruppen aktiv. 45 Prozent der gesamten Lobbyingaktivität fand bei nur fünf Prozent der Sachfragen statt. Bei 50 Prozent der Sachfragen fand nur drei Prozent der Lobbyingaktivität statt. Weiter stellen die Autoren fest, dass Wirtschaftsinteressen deutlich stärker vertreten sind als andere Interessengruppen. Handel, Gewerbe und Industrie sind sowohl bei Sachfragen mit großer Interessengruppenbeteiligung als auch bei Sachfragen mit geringer Interessengruppenbeteiligung massiv in der Überzahl.

Diese Ergebnisse sind aus Sicht der Input-Leistungsfähigkeit interessant. Der Pluralismus geht von einer Kontrolle des Einflusses von (nicht durch Wahlen legitimierten) Interessengruppen durch gegenseitige Konkurrenz aus. Wenn, wie die Studie von Baumgartner und Leech (2001) zeigt, in vielen Sachbereichen nur ganz wenige Interessengruppen aktiv sind und dies mit einer starken Dominanz der Wirtschaftsinteressen einhergeht, gerät der Idealtypus des Pluralismus in Schwierigkeiten. Die Wahrscheinlichkeit, dass bestimmte Wirtschaftsinteressen „im stillen Kämmerlein" ohne konkurrierende Einflüsse anderer Interessengruppen politische Entscheidungen beeinflussen können, ist dabei hoch.

Der wichtigste Kritikpunkt am Pluralismus (Chancenungleichheit aufgrund unterschiedlicher Organisations- und Konfliktfähigkeit) erhält damit empirische Unterstützung. Dies bedeutet jedoch nicht ohne weiteres, dass pluralistische Systeme schlechter und, implizit, korporatistische Systeme besser funktionieren. So ist es durchaus möglich, dass politische Entscheidungen bzw. Maßnahmen, die mehr Geld kosten, stärker vom Status quo abweichen und breitere Bevölkerungskreise betreffen, mehr Interessengruppen anziehen. Damit wäre die Dominanz politischer Entscheidungsprozesse durch Wirtschaftsinteressen besonders bei wichtigen politischen Fragen geringer als befürchtet. Auf jeden Fall deutet die hier diskutierte Studie darauf hin, dass das Hauptproblem nicht bei der großen Vielfalt der Interessengruppen liegt, die sich gegenseitig blockieren würden (vgl. Olson, 1982), sondern in der geringen Konkurrenz zwischen Interessengruppen in vielen Politikbereichen.

Eine Möglichkeit, die Chancengleichheit von Interessengruppen zu erhöhen, ist die Einführung bzw. Verstärkung korporatistischer Strukturen, die schwächere Interessengruppen vermehrt in politische Entscheidungsprozesse einbinden und diesen dabei auch Organisationshilfen (z. B. in Form von Subventionen) anbieten. Nationale Strukturen der intermediären Politik sind jedoch sehr pfadabhängig und es ist nicht zu erwarten, dass z. B. die USA in absehbarer Zeit von einem weitgehend pluralistischen (siehe Abbildung in Kasten 9.2) zu einem stärker korporatistischen System übergehen werden.

Eine weitaus realistischere Möglichkeit ist die verstärkte Transparenz und damit auch Kontrolle von Interessengruppen, z. B. in Form von Offenlegungspflichten wie sie im US Lobbying Disclosure Act bestehen, jedoch in Österreich, Deutschland und der Schweiz in dieser Form (noch) nicht existieren. Es wäre zweifellos interessant, die Input-Leistungsfähigkeit der deutschsprachigen Länder in ähnlicher Weise zu untersuchen, wie dies Baumgartner und Leech (2001) für die USA getan haben. Damit könnte festgestellt werden, ob korporatistische Strukturen (die im deutschsprachigen Raum stärker sind als in den USA) tatsächlich eine bessere Input-Leistung erzeugen. Mangels brauchbarer Daten – das Resultat schwacher Offenlegungspflichten – ist dies leider kaum möglich.

Output

Zur Frage der Output-Leistungen korporatistischer bzw. pluralistischer Systeme liegen einige interessante ländervergleichende Studien vor. Schneider und Wagner (2000) untersuchen z. B. die Wirkung des Korporatismus auf makroökonomische Variablen wie Wirtschaftswachstum, Beschäftigung und Haushaltsdisziplin in 14 europäischen Ländern im Zeitraum 1961–1995. Sie konstatieren einen positiven Zusammenhang zwischen Korporatismus und langfristigem Wirtschaftswachstum. Sie stellen auch fest, dass sich korporatistischere Länder eher gegen externe wirtschaftliche Schocks und soziale Konflikte, die meist hohe ökonomische Kosten verursachen, schützen können. Gleichermaßen weisen korporatistischere Staaten eine niedrigere Arbeitslosigkeit sowie eine größere Budgetdisziplin auf. Kenworthy (2003) untersucht die Effekte von 42 unterschiedlichen Korporatismus-Indikatoren auf die Arbeitslosigkeit. Für die meisten Messgrößen zeigen sich negative (d. h. die Arbeitslosigkeit senkende) Wirkungen, obschon deren Stärke erheblich variiert. Studien vergleichbarer Art haben auch gezeigt, dass Streiks in korporatistischen Systemen tendenziell seltener und von geringerem Ausmaß sind, und dass in solchen Systemen die Einkommensungleichheit eher geringer, der Sozialstaat größer und die Staatsverschuldung geringer sind (Hall & Soskice, 2001; Traxler, 2001; Visser, 2004).

Inwiefern der Korporatismus die Leistungsfähigkeit von Staaten in anderen Bereichen als Wirtschaftswachstum und Beschäftigung ebenfalls beeinflusst, wurde bisher noch wenig erforscht. Neumayer (2003) z. B. kommt in einer Untersuchung zur Luftverschmutzung in 21 OECD-Staaten im Zeitraum 1980–1999 zu der Schlussfolgerung, dass keine Auswirkung korporatistischer Strukturen beobachtbar ist. Dies erstaunt auch nicht unbedingt, steht doch hinter der Operationalisierung der meisten Korporatismus-Indizes die Annahme, dass der Korporatismus eine Sozialpartnerschaft ist, die darauf abzielt, mäßigend auf Lohnforderungen und Preise einzuwirken sowie das Risiko offener Konflikte im Arbeitsmarkt (Streiks) zu reduzieren. Ein Einfluss von Messgrößen dieser Art auf die Umweltqualität ist somit nicht unbedingt zu erwarten. Andere Studien zeigen dagegen, dass Korporatismus einen positiven Einfluss auf die Umweltperformanz hat (Scruggs 2003), wenngleich sich der Einfluss über die Zeit hinwegverändert (Jahn 2016).

Die Forschung zur Output-Leistungsfähigkeit korporatistischer Systeme wird heute vorwiegend in zwei Richtungen vorangetrieben. Erstens hat z. B. Traxler (2001; siehe auch Molina & Rhodes, 2002) gezeigt, dass zwischen 1970 und 1996 „schlankere" (d. h. flexiblere und weniger auf Lohnverhandlungen und Arbeitsmarktbeziehungen fokussierte) Formen des Korporatismus an Bedeutung gewonnen haben. Sie scheinen in Bezug auf ihre ökonomische Performanz ebenso gut abzuschneiden wie die klassischen Formen des Korporatismus. Zweitens wird die Korporatismusdiskussion im Kontext der Kapitalismusvariantenforschung („varieties of capitalism") (z.B. Hall & Soskice, 2001; Thelen, 2012) und der Sozialkapitalforschung (z.B. Putnam, 2000; Woolcock, 2010) weiter verfolgt. Diese zweite Forschungsrichtung argumentiert u. a., dass soziale Netzwerke, die durch Interessengruppen gefördert werden, einen positiven Effekt auf die Qualität der Demokratie (z. B. gemessen als Vertrauen in demokratische Institutionen und politische Amtsträger) haben. Eine höhere Demokratiequalität fördere, so eine populäre Aussage in dieser Literatur, auch die sozioökonomische Entwicklung und die Wirksamkeit staatlicher Maßnahmen.

9.2 Soziale Bewegungen

Der zweite Teil dieses Kapitels beleuchtet soziale Bewegungen. Wir starten wie schon bei den Interessengruppen mit der Frage, was eine soziale Bewegung ist, und nehmen Bezug zum deutschsprachigen Raum. Danach befassen wir uns mit Faktoren, welche die Entstehung und den Erfolg sozialer Bewegungen beeinflussen. Die drei wichtigsten Erklärungsvariablen, die aus dieser Diskussion hervorgehen, illustrieren wir abschließend mit empirischen Untersuchungen. Der zweite Teil des Kapitels ist deutlich kürzer als der erste, weil sich in Bezug auf soziale Bewegungen ähnliche theoretische und empirische Fragen stellen wie in Bezug auf Interessengruppen.

9.2.1 Was ist eine soziale Bewegung?

Soziale Bewegungen entstehen aufgrund einer spezifischen gesellschaftlichen Problemlage, z. B. Armut, Umweltrisiken, Diskriminierung, Angst vor „Überfremdung" oder Arbeitslosigkeit. Sie umfassen und vernetzen eine relativ große Gruppe von Menschen, die eine konfliktive Haltung gegenüber bestimmten anderen Akteuren einnehmen und eine gemeinsame Identität und gemeinsame Überzeugungen besitzen (Meyer & Tarrow, 1998; Weldon, 2011). Soziale Bewegungen unterscheiden sich von Interessengruppen und Parteien. Ihre organisatorischen Strukturen sind dezentralisierter und sie sind meist weniger hierarchisch, partizipativer, flexibler und kurzlebiger als Interessengruppen und Parteien. So weisen sie z. B. keine formelle Mitgliedschaft und Führung auf und sind aus juristischer Sicht nicht als Vereine oder Verbände konstituiert.

Verbände bzw. Interessengruppen können an sozialen Bewegungen beteiligt sein. In der Regel kann jedoch keine einzelne Organisation oder Person für sich beanspruchen, eine ganze soziale Bewegung zu repräsentieren und zu führen. Soziale Bewegungen können somit als soziale Netzwerke betrachtet werden, die Organisationen und Einzelpersonen umfassen, wobei die Grenzen des teilnehmenden Personenkreises unschärfer und instabiler sind als bei einer Interessengruppe oder politischen Partei. Beispiele sozialer Bewegungen sind die Studenten- bzw. Jugendbewegungen Ende der 1960er und Anfang der 1980er Jahre, die Protestbewegung gegen Atomkraftwerke in den 1970er und 1980er Jahren, die Friedensbewegung der 1980er Jahre, fremdenfeindlich-nationalistische Bewegungen in den 1990er Jahren und die Anti-Globalisierungsbewegung, die seit Ende der 1990er Jahre aktiv ist.

Das Handlungsinstrumentarium, das soziale Bewegungen zum Erreichen kollektiver Ziele einsetzen, umfasst einerseits traditionelle politische Mittel wie Versammlungen, Demonstrationen, Petitionen und Streiks, andererseits aber auch unkonventionelle Mittel wie passiven Widerstand gegen die Staatsgewalt, Verkehrsblockaden, Häuserbesetzungen bis hin zur Gewalt gegen Sachgegenstände und Personen (Snow et al., 2004). Im Vergleich zu klassischen Interessengruppen (z. B. Gewerkschaften) üben soziale Bewegungen ihren Einfluss auf politische Entscheidungen mittels Protest und Information stärker über die breite Öffentlichkeit aus (Keck & Sikkink, 1998; Meyer & Tarrow, 1998). Die Öffentlichkeit, in der sich die nichtinstitutionalisierte Protestpolitik sozialer Bewegungen abspielt, ist der „Raum", in dem politische Entscheidungsträger und Wählerschaft – häufig über die Massenmedien vermittelt – kommunizieren.

Obschon soziale Bewegungen (z. B. solche religiöser Art) bereits in der Antike existierten, befasst sich die Politikwissenschaft heute meist mit den „neuen" sozialen Bewegungen, die ab Mitte der 1960er Jahre entstanden. Wir verwenden hier fortan den Begriff soziale Bewegung der Einfachheit halber für solche Bewegungen in allen Zeitepochen.

Vom Ende des Zweiten Weltkrieges bis in die 1960er Jahre schien in den meisten liberal-demokratischen Industriestaaten die Parteien- und Verbandsdemokratie (einschließlich korporatistischer Formen der Sozialpartnerschaft) in der Lage zu sein, die wichtigsten gesellschaftlichen Probleme wirksam zu lösen. Demokratie wurde sowohl in pluralistischen als auch in korporatistischen Systemen im Sinne eines Verhandlungssystems von politischen Eliten verstanden, welche die Interessen ihrer jeweiligen Anhängerschaft zuverlässig vertraten.

Dieses Demokratiekonzept geriet ab Anfang der 1960er Jahre zuerst in den USA, dann auch in Europa, unter Druck. Die Bürgerrechtsbewegung in den USA machte in den frühen 1960er Jahren den Anfang. Sie wurde von afroamerikanischen Bürgern als Protest- und Massenbewegung gegen rassistisch geprägte Diskriminierungen initiiert. Ihr schlossen sich die Frauenbewegung und religiöse Gruppen an, die ebenfalls eine gesellschaftliche Besserstellung bzw. Gleichberechtigung anstrebten. Im Jahr 1964 gab das politische Establishment der USA nach Jahrzehnte langer Verweigerung nach und schuf die Civil Rights Bill. Es folgte die Protestbewegung gegen den Vietnamkrieg und ab 1967/68 entstand in Europa und Nordamerika eine breite Protestwelle gegen die politischen und wirtschaftlichen Eliten – die sogenannte 68er-Bewegung, die wohl am besten als Studentenrevolte in Erinnerung geblieben ist (Snow et al., 2004).

Erstaunlicherweise entwickelten sich diese Bewegungen in Europa nicht nur in damals politisch und wirtschaftlich krisengeplagten Staaten wie etwa Italien, sondern auch in politisch stabilen und wirtschaftlich prosperierenden Ländern wie Deutschland und der Schweiz. Sie besetzten innerhalb weniger Jahre viele wichtige, von der politischen und wirtschaftlichen Elite bislang vernachlässigte oder verdrängte Themenfelder. Beispiele sind Umweltschutz, Gleichstellung der Frau, Atomenergie, Schwangerschaftsabbruch, Einwanderung und Multikulturalität, Friedenspolitik, Solidarität mit Entwicklungsländern und Diskriminierung von Homosexuellen (Kriesi et al., 1995). Viele, aber nicht alle sozialen Bewegungen sind tendenziell mit linken politischen Wertvorstellungen verbunden. Bisweilen treten aber auch fremdenfeindliche, nationalistische oder religiös-fundamentalistische Bewegungen in Erscheinung.

Tarrow (1998) und Meyer und Tarrow (1998) haben dargelegt, dass soziale Protestbewegungen zu einem dauerhaften Element moderner Demokratien geworden sind. Sie zeigen auch, dass diese Form politischer Beteiligung in Bezug auf Themenspektrum, Diversität beteiligter Personenkreise, Häufigkeit von Protestaktivitäten sowie Professionalisierung und Institutionalisierung eine starke Expansion durchläuft und mittlerweile in modernen Demokratien im Bereich der „konventionellen Politik“ angelangt ist.

Im Gegensatz zu vielen Interessengruppen (z. B. Gewerkschaften und Arbeitgeberverbänden) und den Parteien grenzen sich soziale Bewegungen meist klar vom politischen Establishment ab. Sie verweigern sozusagen eine Mitwirkung im politischen „Machtkartell“ und durchlaufen in der Regel bestimmte Phasen (vgl. Snow et al., 2004):

1. Thematisierung eines spezifischen Problems und Formulierung von Alternativen (normalerweise im Sinne einer Opposition gegen bestehende Gesetze, Institutionen oder gesellschaftliche Verhältnisse);
2. Herausbildung einer Führerschaft mit (meist dezentralisierten) organisatorischen Strukturen;
3. Öffentlichkeitswirksame Handlungen, wie etwa Demonstrationen und Blockaden;
4. Etablierung der Bewegung;
5. Auflösung, weil das Problem gelöst ist, die Problematik durch andere Akteure absorbiert wurde (z. B. Arbeiterbewegung zu Gewerkschaften und Arbeiterparteien;

Umweltbewegung zu Grünen Parteien und Umweltverbänden), oder weil ein anderes politisches Problem das bisherige Anliegen verdrängt.

Bei vielen sozialen Bewegungen ist beobachtbar, dass sie über die Zeit hinweg ihre organisatorischen Strukturen den Interessengruppen und Parteien angleichen und zunehmend konventionelle politische Einflussmechanismen benutzen (Wahlen, Gerichte, Lobbying). Ein Beispiel dafür ist, dass bestimmte hierarchisch organisierte Gruppen zunehmend die Führerschaft in einer Bewegung beanspruchen. Beispiele sind die Vereinigung für eine Besteuerung von Finanztransaktionen zum Nutzen der Bürger (ATTAC) in der Anti-Globalisierungsbewegung und große Nichtregierungsorganisationen (NGOs) wie z. B. Greenpeace im Umweltschutz. Die Arbeiterbewegung, die sich in der zweiten Hälfte des 19. Jahrhunderts entwickelte und zur Gründung von Gewerkschaften sowie kommunistischen und sozialistischen Parteien führte, ist ebenfalls ein gutes Beispiel. Vergleichbar mit Interessengruppen ist insbesondere, dass solche Organisationen von zahlenmäßig eher kleinen, professionellen Eliten geführt werden. Der Großteil der Mitglieder beschränkt das Engagement auf gelegentliches Partizipieren an Kampagnen der Bewegung und finanzielle Unterstützung. Dennoch bleiben in der Regel deutliche Unterschiede zwischen klassischen Interessengruppen und sozialen Bewegungen bestehen, vor allem in Bezug auf organisatorische Elemente (dezentralisierte Strukturen), das Handlungsrepertoire (unkonventionelle Mittel) und die Identifikation als Gegenkraft zum politischen Establishment.

Die Reaktion der „konventionellen" Politik auf soziale Bewegungen kann von Integration bis Repression reichen. Repression ist dann besonders häufig, wenn Proteste zu Gewalt gegen Sachgegenstände oder Personen führen. Beispiele sind die Jugendunruhen in Europa Anfang der 1980er Jahre oder die „Banlieue-Intifada" im November 2005 in Frankreich. Integration kommt eher dann zustande, wenn soziale Bewegungen größere Wählerkreise mobilisieren können und sich ihre Forderungen eher in die bestehenden Parteien, Interessengruppen und öffentlichen Behörden integrieren lassen. Bei vielen sozialen Bewegungen lässt sich in der Tat beobachten, dass ihre Anliegen mit der Zeit mindestens teilweise in Parteien und Interessengruppen einfließen – so z. B. bei der Umweltbewegung, der feministischen Bewegung und nationalistischen Bewegungen. Umwelt- und Frauenanliegen wurden beispielsweise sehr wirksam in linke Parteien integriert (z. B. grüne und sozialdemokratische Parteien). Nationalistische Anliegen wurden in rechtspopulistische Parteien aufgenommen.

Seit Mitte der 1990er Jahre hat die grenzüberschreitende Koordination und Kooperation zwischen sozialen Bewegungen stark zugenommen. Obschon NGOs wie Amnesty International oder Greenpeace bereits in den 1980er und 1990er Jahren Ableger rund um die Welt einrichteten, entstanden erst ab Mitte der 1990er Jahre relativ dichte weltweite Netzwerke von Aktivisten(-gruppen) (Keck & Sikkink, 1998; Dryzek, 2012). Diese Entwicklung wurde durch technologische Innovationen, welche die Reise- und Kommunikationskosten massiv senkten, stark gefördert. Sie ist jedoch auch von der Tatsache getrieben, dass sich politische Entscheidungsprozesse seit dem Ende des Kalten Krieges vermehrt auf die internationale Ebene verlagert haben. Dies bedeutet, dass soziale Bewegungen zumindest in bestimmten Bereichen nur dann erfolgreich auf die Politik einwirken können, wenn sie sich der veränderten politischen Geografie anpassen und internationaler agieren. Empirische Analysen haben allerdings festgestellt, dass sich das Handlungsrepertoire der meisten sozialen Bewegungen und auch der Interessengruppen nach wie vor stark auf die nationale Politik richtet. Selbst innerhalb der Europäischen Union mit ihrem vergleichsweise gut ausgebauten Zugang der Zivilgesellschaft zu politischen Prozessen lässt sich diese Aussage aufrechterhalten. Die Aktivitäten sozialer Bewegungen und Interessengruppen richten sich auch in der EU vorwiegend auf die nationale Politik und deutlich weniger auf die supranationale Ebene (Hix, 2005; Hix & Høyland, 2011).

9.2.2 Soziale Bewegungen im deutschsprachigen Raum

Soziale Bewegungen sind vorwiegend als soziale Netzwerke zu betrachten, die dezentralisierte organisatorische Strukturen aufweisen und ein sehr breites Spektrum politischer Themen verfolgen. Folglich ist es sehr schwierig, ihre Rolle und Bedeutung in aggregierter, quantitativer Form (z. B. in Form eines Index für den Einfluss oder die Bedeutung sozialer Bewegungen pro Land und Jahr, ähnlich wie für die Gewerkschaften oder Bauernverbände) systematisch zu erfassen und zwischen Ländern zu vergleichen. Die meisten Studien konzentrieren sich denn auch auf spezifische soziale Bewegungen und Länder. Die Studien von Kriesi (1995) für die Schweiz und Rucht (2001; siehe auch Brand et al., 1986) für Deutschland geben zumindest einige Antworten auf die Frage nach der Bedeutung oder Stärke sozialer Bewegungen. Zu Österreich existiert keine vergleichbare Untersuchung (eine allgemeine Übersicht über soziale Bewegungen in Österreich bietet Foltin, 2004) in Österreich bietet Foltin, 2004).

Kriesi (1995) hat versucht das Ausmaß der Aktivität von sozialen Bewegungen über die Zeit quantitativ zu erfassen. Die Auswertung von Presseberichten und amtlichen Dokumenten ergab, dass die Zahl politischer Protestaktionen in der Schweiz in der Nachkriegszeit bis 1968 bei ca. 100 pro Jahr verharrte, sich kurz danach verdoppelte und bis 1975 auf rund 460 anwuchs. Eine spätere Analyse von Hutter und Giugni (2009), welche den Zeitraum 1975–2005 erfasst, zeigt auf, dass die in Kriesis Studie erfassten Zahlen seither mit starken Schwankungen von Jahr zu Jahr insgesamt auf hohem Niveau geblieben sind (siehe auch Linder, 2005: 130). Insbesondere bei jenen Bewegungen, deren Fokus auf interne gesellschaftliche Kontroversen gerichtet sind, wie z. B. illegale Immigration und Anti-Rassismus, war in der Schweiz in den letzten Jahren eine erhöhte Aktivität zu beobachten (Hutter & Giugni, 2009).

In seinem Buch „Protest in der Bundesrepublik Deutschland" untersucht Rucht (2001; siehe auch Rucht, 2003; Roth & Rucht, 2005) kollektive Proteste von den 1950er bis zu den 1990er Jahren. Es handelt sich dabei z. B. um anti-faschistische Proteste, rechtsradikale und fremdenfeindliche Proteste und Umweltproteste. Er gelangt zu folgenden Ergebnissen: Das Netz von Protestgruppen in Deutschland ist dicht und kann rasch mobilisiert werden. Der politische „Druck von unten" ist außerdem stark gewachsen. Weiter konstatiert Rucht eine Verschiebung des Engagements weg von Parteien und Verbänden hin zu informellen Gruppen und Netzwerken. Die zentralen Protestthemen sind Arbeit, Demokratie, Frieden, Infrastruktur (z. B. Flughafenerweiterung, Straßenausbau) und Atomenergie. Im Themenbereich Migranten und ethnische Minderheiten sind die absoluten Zahlen sowie auch der relative Anteil dieser Proteste an der Gesamtzahl gestiegen. Diese Proteste weisen die größte Gewaltneigung auf, aber auch insgesamt ist eine Tendenz zu militanteren Protestformen bemerkbar. Am Beispiel der Umweltbewegung lässt sich feststellen, dass eine Verstetigung bzw. Institutionalisierung nicht mit reduzierter Radikalität verbunden sein muss.

9.2.3 Welche Faktoren begünstigen die Entstehung und den Erfolg sozialer Bewegungen?

Die Politikwissenschaft hat sich mit einem breiten Spektrum von Fragestellungen zu sozialen Bewegungen befasst. Sie hat untersucht, wann und weshalb solche Bewegungen auftreten, wie soziale Bewegungen organisiert sind und mit welchen Strategien sie weshalb operieren, welche Wechselwirkungen zwischen sozialen Bewegungen, dem Staat und den Massenmedien auftreten und unter welchen Bedingungen soziale Bewegungen ihre Interessen durchsetzen können. Wir konzentrieren uns hier auf eine zentrale Frage, nämlich welche Faktoren zur Entstehung von sozialen Bewegungen führen und unter welchen Bedingungen diese ihre Ziele am ehesten erreichen.

Theorien zur Erklärung des Auftretens und der Wirkungsmacht sozialer Bewegungen konzentrierten sich in den 1950er bis 1970er Jahren vor allem auf soziale Spannungen, Krisen und Revolutionen (Skocpol, 1979). Diese Theorien erwiesen sich jedoch aus empirischer Sicht als wenig aussagekräftig, zumal sie nicht erklären konnten, weshalb es vielen Personenkreisen trotz großem Leidensdruck lange Zeit oder überhaupt nicht gelingt, sich wirksam zu organisieren und ihre Interessen durchzusetzen. Weiterführende Theorien jüngeren Datums haben deshalb zusätzliche Erklärungsvariablen – insbesondere die gruppeninhärente Organisationsfähigkeit und gruppenexterne Rahmenbedingungen, meist als politische Opportunitätsstrukturen bezeichnet – in den Vordergrund gestellt (McAdam, 1982).

Gruppeninhärente Organisationsfähigkeiten lassen sich mit Hilfe der Theorie des kollektiven Handelns, die wir im ersten Teil des Kapitels besprochen haben, identifizieren. Im Vordergrund stehen dabei die Gruppengröße sowie Kosten- und Nutzenerwartungen bzw. -verteilungen. Theorien zu sozialen Bewegungen haben jedoch auch eine breite Palette zusätzlicher Erklärungsfaktoren, die insgesamt oft als Ressourcenmobilisierungstheorie bezeichnet werden, thematisiert (McAdam, 1982). Dazu gehören beispielsweise die Identität und Solidarität innerhalb einer Gruppe, Mobilisierungsstrukturen und die Dichte sozialer Netzwerke, Kommunikationsmöglichkeiten, die Finanzstärke der beteiligten Akteure, das Charisma und die Führungsqualitäten einzelner Personen, das Handlungsrepertoire der Bewegung sowie Hilfe für die Bewegung von außen (z. B. durch Verbindungen mit Parteien, Gewerkschaften oder Massenmedien).

Das sogenannte politische Prozessmodell sozialer Bewegungen hat den bestehenden Theorien gruppenexterne Rahmenbedingungen beigefügt (McAdam, 1982; Kriesi et al., 1995). Letztere erfassen politische Opportunitäten und Restriktionen, welche die Interaktion einer sozialen Bewegung mit ihren Opponenten beeinflussen. Sie umfassen z. B. die politischen Institutionen eines Staates, die ideologischen Dispositionen politischer und wirtschaftlicher Eliten sowie die Machtkonstellation im politischen System (z. B. stabile Einparteienregierung vs. instabile große Koalition). So lässt sich z. B. argumentieren, dass Konkordanzdemokratien, dezentralisierte politische Systeme oder Systeme mit instabilen Koalitionsregierungen sozialen Bewegungen bessere Zugangschancen und damit auch mehr Einflussmöglichkeiten bieten. Umgekehrt sind die Erfolgschancen in Gesellschaften mit starken und stabilen, politisch bereits mobilisierten gesellschaftlichen Spaltungen oder in zentralisierten politischen Systemen geringer (Kriesi et al., 1995).

Stark vereinfacht lassen sich Entstehung und Wirkungsmacht sozialer Bewegungen mit drei Variablen erklären:

1. Ausmaß der Unzufriedenheit eines bestimmten Personenkreises mit dem Status quo, die oft durch eine gesellschaftliche Benachteiligung bewirkt wird (relative Deprivation),
2. Gruppeninhärente Organisationsfähigkeit des mit dem Status quo unzufriedenen Personenkreises,
3. Gruppenexterne politische Opportunitäten und Restriktionen.

9.2.4 Empirische Forschung zu sozialen Bewegungen

Die Mehrheit der Studien zu sozialen Bewegungen testet durch einen Vergleich mehrerer sozialer Bewegungen den Einfluss eines relativ eng definierten Erklärungsfaktors, oder sie untersuchen eine bestimmte soziale Bewegung mit Hilfe eines breit definierten theoretischen Rahmens. Wir betrachten zum Abschluss exemplarisch einige wenige Studien zu sozialen Bewegungen. Um die Darstellung zu vereinfachen, ordnen wir jede dieser Studien einer der drei genannten Erklärungsvariablen zu, auch wenn keine der erwähnten Studien ausschließlich monokausal argumentiert.

Unzufriedenheit eines bestimmten Personenkreises mit dem Status quo: Frauenbewegung in den USA

Eine Studie von Epstein (2003; siehe auch Banaszak, 1996) zur Frauenbewegung in den USA beleuchtet das Entstehen, den Erfolg und den Niedergang dieser sozialen Bewegung. Sie stellt fest, dass die Frauenbewegung in den USA in den 1960er bis 1980er Jahren sehr einflussreich war und Ende der 1960er bzw. Anfang der 1970er Jahre ihren Höhepunkt erreichte. Sie hat große Teile der Arbeitswelt, der Politik, des Sports, der Religion und anderer gesellschaftlicher Bereiche für Frauen geöffnet, die vorher den Männern vorbehalten waren. Sie hat damit u. a. auch das Bild der Frau in den Medien und im Alltag verändert. Trotz dieser großen Fortschritte sind die USA (und auch fast alle anderen Länder der Welt) noch weit von einer Chancengleichheit von Frau und Mann entfernt.

Umso erstaunlicher ist es, dass die Frauenbewegung in den USA deutlich an Energie und Einfluss verloren hat. Die einstige feministische Massenbewegung, die früher sehr große Mitgliederzahlen aufwies, ist mittlerweile unzähligen Organisationen und Initiativen gewichen, die meist von einem kleinen Kreis festangestellter Frauen professionell geführt werden. Epstein (2003) bezeichnet diese Entwicklung der Frauenbewegung als Niedergang und fragt, weshalb es dazu gekommen sei. Die Bewegung sei institutionalisiert und gleichzeitig marginalisiert worden und von einer starken und innovativen Bewegung zu einer Idee ohne starke Vision geworden.

Die erste Welle der Frauenbewegung in den USA, die im ausgehenden 19. Jahrhundert entstand, verlor in den 1930er Jahren stark an Einfluss. Grund dafür war u. a., dass sie ihre Forderungen nach Gleichberechtigung auf breiter Front über die Zeit hinweg immer stärker auf die Forderung nach der Wahlberechtigung einschränkte und dadurch praktisch zu einer Ein-Themenbewegung wurde. Als ihre Hauptforderung erfüllt und damit ein wichtiger Teil der Unzufriedenheit mit dem Status quo beseitigt war (im Jahr 1920 erhielten die Frauen in den USA das Wahlrecht), erlahmte die Bewegung. Die zweite Welle der Frauenbewegung, die in den 1960er Jahren einsetzte, war in Bezug auf ihre Forderungen viel breiter angelegt. Ähnlich wie in der ersten Welle bestand ihr Teilnehmerkreis zum großen Teil aus jungen, weißen und gut ausgebildeten Frauen der Mittelschicht. Ihr Teilnehmerkreis verbreiterte sich allerdings mit der Zeit. Die Gründe für den Niedergang der zweiten Welle können somit kaum die gleichen sein wie diejenigen für den Niedergang der ersten Welle.

Gemäß Epstein (2003) liegt der wichtigste Grund für den Niedergang der zweiten Welle darin begründet, dass der radikale Teil der Frauenbewegung eine stärkere Triebkraft und Vision entfaltete als der liberale Feminismus. Während Letzterer vor allem die Chancengleichheit im Arbeitsmarkt anstrebte, vertrat der radikale Flügel die Haltung, dass die Gleichberechtigung der Frauen nur über eine Transformation der gesamten Gesellschaft in ein egalitäres System möglich sei. Der radikale Feminismus wurde vor allem im Umfeld der 68er-Bewegung und der innenpolitischen Krise in den USA als Folge des Vietnamkrieges sehr populär und dominierte die öffentliche Diskussion. Die von mehreren sozialen Bewegungen (u. a. auch den Feministinnen) organisierten Proteste gegen Krieg, Rassismus und Sexismus führten in diesen Bewegungen zu einer Art revolutionärer Euphorie.

Diese Aufbruchsstimmung verpuffte nach dem Ende des Vietnamkrieges (1973/74) im Umfeld eines zunehmend konservativen politischen Klimas. Der radikale Teil der Frauenbewegung verstrickte sich in interne, sektiererische Konflikte und wurde zunehmend von intellektuellen Querelen geprägt, die sich „hoch über den Köpfen" der Basis erstreckten. Parallel dazu trugen sogenannte „affirmative action"-Programme (Bevorzugung von Frauen im Arbeitsmarkt) zu einer stärkeren Integration der Frauen in die Arbeitswelt bei. Insbesondere der liberale Teil der Frauenbewegung konzentrierte sich in der Folge immer stärker auf diese Frage und entfernte sich damit zunehmend von den Forderungen des radikalen Flügels. Von der Verbesserung der Stellung der Frau im Arbeitsmarkt haben allerdings vor allem die jüngeren, besser ausgebildeten Frauen (d. h. die Mittel- und Oberschicht) profitiert. Die Frauenbewegung wurde dadurch „bürgerlicher". Sie verlor ihre von einer starken Unzufriedenheit mit dem Status quo getriebene visionäre Triebkraft. Diese konnte zum einen nur aus einer kritischen Distanz zum eigenen sozialen Milieu (die Führungsfiguren der Bewegung waren und sind vor allem weiße Frauen aus der Mittelschicht) genährt werden. Zum anderen bestand sie in Forderungen nach einer Transformation der von Männern dominierten kapitalistischen Gesellschaftsordnung.

Einfluss gruppeninhärenter Organisations- und Konfliktfähigkeit auf die Regulierung der landwirtschaftlichen Gentechnik

Die Entwicklung und Anwendung der grünen (landwirtschaftlichen) Gentechnik werden in der EU (und auch in der Schweiz) von der Gesetzgeberin im Vergleich zu den USA und einigen anderen Ländern (z. B. Kanada, Brasilien, China) sehr stark eingeschränkt. Eine von Umwelt- und Verbraucherschutzorganisationen angeführte soziale Bewegung, welche dieser Technologie mehrheitlich kritisch bis feindlich gegenübersteht, hat sich in Europa gegen die Interessen von Industrie und Wissenschaft, welche die Gentechnologie mehrheitlich positiv bewerten, durchgesetzt. Wie lässt sich die unterschiedliche Erfolgsbilanz der Anti-Gentechnikbewegung, insbesondere wenn wir Europa mit den USA vergleichen, erklären?

Eine Studie von Bernauer (2003) liefert eine Erklärung, die vor allem auf der Theorie des kollektiven Handelns (Organisations- und Konfliktfähigkeit) und einem Argument zu politischen Opportunitätsstrukturen beruht. Seit Mitte der 1990er Jahre haben sich Umwelt- und Konsumentenschutzgruppen in Europa geschickt mit der dieser Technologie insgesamt kritisch gegenüberstehenden Wählerschaft assoziiert. Damit haben sie, wie viele Umfragen bestätigen, gegenüber der Industrie und Wissenschaft einen starken Vertrauensvorsprung in der Öffentlichkeit erzielt. Einerseits konnten sie durch gezielte Kampagnen das bereits vorher existierende Unbehagen gegenüber der Gentechnik verstärken bzw. aufrechterhalten. Dies war u. a. deshalb möglich, weil die potentielle Betroffenheit der Bevölkerung und damit die Sensibilität im Bereich der Lebensmittelsicherheit besonders hoch sind: Jedes Individuum konsumiert potentiell die Produkte der Technologie und ist damit physisch direkt betroffen. Andererseits waren Umwelt- und Konsumentengruppen in der Lage, durch die Assoziation mit der Konsumentenschaft den politischen Entscheidungsträgern und Produzenten (Bauern, Lebensmittelindustrie) glaubwürdig zu signalisieren, dass sie viel größere (latente) Interessenkreise als die eigentliche Mitgliedschaft der jeweiligen Aktivistengruppe repräsentieren und diese im „Ernstfall“ auch mobilisieren können – z. B. in Form von Boykotten gegen Firmen, Demonstrationen, Initiativen oder Referenden.

Die Organisations- und Konfliktfähigkeit der die soziale Bewegung anführenden Interessengruppen ist in Europa aus diesen Gründen sehr hoch. Die Pro-Gentechnik-Koalition der Wirtschaftsinteressen brach gegen Ende der 1990er Jahre auseinander. Große Teile der Bauernschaft sowie der Lebensmittelproduzenten und -verteiler lavierten anfänglich zwischen den beiden Polen, wechselten schließlich jedoch aus weitgehend ökonomischen Gründen in das die grüne Gentechnik ablehnende Lager. In den USA hingegen waren die Mobilisierungschancen u. a. deshalb geringer, weil die öffentliche Skepsis gegenüber der grünen Gentechnologie deutlich schwächer ist.

Dieses Beispiel illustriert, dass in manchen Fällen auch sehr große Interessenkreise wie derjenige der Gentechnik-Skeptiker unter bestimmten Bedingungen eine starke Organisations- und Konfliktfähigkeit entwickeln können. Im hier besprochenen Fall beruhen diese Fähigkeiten einerseits auf bereits vor der Markteinführung gentechnisch veränderter Pflanzen (ab 1996) vorhandenen und schnell und wirksam mobilisierbaren sozialen Netzwerken im Umwelt- und Anti-Globalisierungsbereich. Andererseits basieren sie aber auch auf den besonders in Europa in der breiten Öffentlichkeit vorhandenen Ängsten gegenüber neuen Lebensmitteltechnologien sowie konservativen Weltanschauungen bezüglich der Landwirtschaft. Die Konfliktfähigkeit der Anti-Gentechnikbewegung beruht zusätzlich auf den Besonderheiten des Lebensmittelmarktes, der sehr stark auf Risikowahrnehmungen reagiert und damit die Produzentenseite gegenüber Protestbewegungen sehr empfindlich macht.

Einfluss politischer Opportunitätsstrukturen in Fragen der landwirtschaftlichen Gentechnik und Nuklearenergie sowie im allgemeinen Ländervergleich

Eine der ersten politikwissenschaftlichen Studien zum Einfluss politischer Opportunitätsstrukturen auf soziale Bewegungen befasste sich mit der Anti-Atomkraftbewegung in Deutschland, Frankreich, Schweden und den USA (Kitschelt, 1986). Diese Studie zeigt, dass ein hohes Ausmaß an Mobilisierung nicht unbedingt zum politischen Erfolg führen muss. Ob eine soziale Bewegung ihre Ziele erreicht, hängt vor allem von den politischen Opportunitätsstrukturen ab. Kitschelt argumentiert, dass letztere Strukturen in Deutschland, Schweden und den USA der Anti-Atomkraftbewegung bessere politische Beteiligungschancen boten und damit zu einer Verschärfung der Sicherheitsbestimmungen für Atomkraftwerke beitrugen. Diese neuen Sicherheitsbestimmungen wiederum bewirkten insbesondere in Deutschland und den USA, welche fragmentierte Strukturen für die Umsetzung staatlicher Gesetze und Verordnungen aufweisen, starke

Verzögerungen beim Bau von Atomkraftwerken. In Frankreich hingegen, welches sozialen Bewegungen weniger Beteiligungschancen bietet und zentralisierte Umsetzungsstrukturen aufweist, konnte die Anti-Atomkraftbewegung nie richtig Fuß fassen und ihr Einfluss blieb vergleichsweise gering.

In der im vorhergehenden Abschnitt diskutierten Studie von Bernauer (2003) spielen politische Opportunitätsstrukturen ebenfalls eine wichtige Rolle. Sie liefern eine zweite Erklärung zur Regulierung der landwirtschaftlichen Gentechnik, die insbesondere die Unterschiede zwischen Europa und den USA verständlich macht. Das Regulierungssystem für die Gentechnik ist in den USA stark zentralisiert. Das europäische Regulierungssystem, insbesondere dasjenige der EU und ihrer Mitgliedstaaten, ist hingegen stark dezentralisiert und bietet Gegnern der Gentechnik viel mehr Einflusskanäle als das System der USA. Während die Theorie des kollektiven Handelns im transatlantischen Vergleich vor allem die unterschiedlichen Mobilisierungserfolge der sozialen Bewegung gegen die grüne Gentechnik erklärt, trägt der zweite Erklärungsfaktor – die politische Opportunitätsstruktur – vor allem zur Erklärung der Varianz des politischen Einflusses bei.

Politikwissenschaftler haben den Einfluss von Opportunitätsstrukturen auch in allgemeinerer, d. h. nicht policy-spezifischer Form untersucht. Kriesi et al. (1995) testen die Hypothese, dass die Offenheit eines politischen Systems (ein Indikator für das Konzept der politischen Opportunitätsstruktur) die Mobilisierung sozialer Bewegungen begünstigt. Sie untersuchten zu diesem Zweck vier westeuropäische Länder. Bezüglich Offenheit des politischen Systems liegt die Schweiz (offen) am einen und Frankreich (geschlossen) am anderen Ende der Skala der erklärenden Variable. Wie von den Autoren postuliert, zeigt die empirische Analyse, dass die Mobilisierungschancen für soziale Bewegungen in der Schweiz besser sind als in Frankreich. Interessanterweise hat die Offenheit auch Auswirkungen auf die von sozialen Bewegungen verfolgten Strategien. In der Schweiz erweist sich das Handlungsrepertoire sozialer Bewegungen als weniger radikal als das ihrer Pendants in Frankreich. Besserer Zugang sozialer Bewegungen zum politischen Prozess scheint somit soziale Bewegungen zu konventionelleren (weniger radikalen) politischen Verhaltensmustern zu motivieren.

9.3 Fazit

Von den einen als wichtiger Bestandteil pluralistischer, liberal-demokratischer Systeme gepriesen und von den anderen als undemokratischer „Filz" gebrandmarkt, sind Interessengruppen und soziale Bewegungen aus dem intermediären politischen System moderner Demokratien nicht mehr wegzudenken. Wir haben uns in diesem Kapitel vor allem damit beschäftigt, was Interessengruppen und soziale Bewegungen sind, und unter welchen Bedingungen sie entstehen und politischen Einfluss erzielen. Die politikwissenschaftliche Forschung zu diesen Fragen, in die wir in diesem Kapitel einen ersten Einstieg gegeben haben, schreitet weiterhin rasant voran. Sie befasst sich im Moment vor allem damit, wie unterschiedliche Faktoren, z. B. Parteipolitik, öffentliche Meinung, direkte Demokratie und andere Institutionen sowie Allianzen zwischen Interessengruppen in komplexer Weise zusammenwirken und damit den Einfluss von Interessengruppen und sozialen Bewegungen auf die Politik bestimmen (Boehmke, 2005; Baumgartner et al., 2009; Hojnacki et al., 2012).

Abschließend bleibt zu fragen, ob sich die in diesem Kapitel geschilderten Verhaltensweisen und Einflussmöglichkeiten von Interessengruppen und sozialen Bewegungen aufgrund der verstärkten Internationalisierung politischer Entscheidungsprozesse und der Tendenz zur Öffentlichkeitsdemokratie („audience democracy") verändern. Beide Trends implizieren eine Veränderung der politischen Opportunitätsstrukturen. Die Internationalisierung bedeutet, dass bestimmte Interessengruppen und soziale Bewegungen letztlich nur dann erfolgreich sein oder bleiben können, wenn sie ihren Aktionsradius über den einzelnen Staat hinaus erweitern. Öffentlichkeitsdemokratie bedeutet, dass politische Entscheidungsprozesse zunehmend durch Meinungsumfragen, die Medien, massenwirksame Kampagnen, Demonstrationen und medienwirksame Ereignisse in der breiten Öffentlichkeit gesteuert werden; und weniger durch die Parteien, das Parlament, die öffentliche Verwaltung und traditionelles „Inside-Lobbying" von Interessengruppen.

Die meisten Studien deuten darauf hin, dass sich das Verhaltensrepertoire von Interessengruppen und sozialen Bewegungen bisher immer noch weitgehend in den seit mehreren Jahrzehnten üblichen Bahnen bewegt (Tarrow, 2005). Dies lässt sich in der EU sehr gut beobachten (Hix & Høyland, 2011). Der nationale Rahmen dominiert nach wie vor. Interessengruppen konzentrieren sich sowohl auf nationaler als auch auf EU-Ebene stärker auf Inside- als auf Outside-Lobbying (Beeinflussung politischer Entscheidungen via die öffentliche Meinung). Interessengruppen, die auf nationaler Ebene einflussreicher sind, sind auch auf der EU-Ebene einflussreicher. Soziale Bewegungen legen ihr Schwergewicht auf Outside-Lobbying, verbleiben dabei aber weitgehend im nationalen Rahmen. Der Grund liegt wohl in den hohen Organisationskosten und im weitgehenden Fehlen einer europäischen politischen Öffentlichkeit. Beides erschwert die Aktivitäten sozialer Bewegungen auf europäischer Ebene. Diese Umstände deuten darauf hin, dass der Trend im Handlungsrepertoire von Interessengruppen und sozialen Bewegungen in Richtung Internationalisierung und (bei den Interessengruppen) Outside-Lobbying möglicherweise schwächer ist als bisweilen angenommen.

Diese Feststellung bedeutet jedoch nicht unbedingt, dass die beiden in diesem Kapitel behandelten Akteursgruppen des intermediären politischen Systems an Einfluss verlieren werden. Tarrow (2005) spricht bezeichnenderweise von „rooted cosmopolitans", die durchaus in der Lage sind nationale Kapazitäten sozialer Bewegungen und Interessengruppen in transnationale Netzwerke einzubringen, wenn sie dies als opportun betrachten. Viele Studien (z.B. Keck & Sikkink, 1998) messen den beiden Akteursgruppen dann auch eine wachsende Bedeutung zu, wenn es darum geht, einem möglichen Demokratiedefizit, das aus der Verlagerung politischer Entscheidungsräume in internationale Institutionen resultieren könnte, entgegenzuwirken (Hix & Høyland, 2011).

Im folgenden Kapitel behandeln wir die Rolle der Massenmedien im politischen System und schließen damit die Betrachtung des intermediären politischen Systems ab. Im Anschluss befassen wir uns dann in mehreren Kapiteln mit den Institutionen des zentralen politischen Entscheidungssystems.

Literaturempfehlungen

Zum Thema Interessengruppen:

Von Alemann, Ulrich & Wessels, Bernhard (1997): Verbände in vergleichender Perspektive. Berlin: Edition Sigma.

Baumgartner, Frank R. & Leech, Beth L. (1998): Basic Interests: The Importance of Groups in Politics and Political Science. Princeton: Princeton University Press.

Baumgartner, Frank R. et al. (2009): Lobbying and Policy Change: Who Wins, Who Loses, and Why. Chicago: University of Chicago Press.

Mahoney, Christine, & Baumgartner, Frank R. (2008): „Converging perspectives on interest-group research in Europe and America." In: West European Politics 31, 1251–1271.

Coen, David & Richardson Jeremy (2009): Lobbying the European Union: Institutions, Actors, and Issues. Oxford: Oxford University Press.

Hojnacki, Marie et al. (2012): „Studying Organizational Advocacy and Influence: Reexamining Interest Group Research." In: Annual Review of Political Science 15, 379–399.

Der Klassiker der Theorie des kollektiven Handelns ist:

Olson, Mancur (1971): The Logic of Collective Action: Public Goods and the Theory of Groups. Cambridge, MA: Harvard University Press.

Theoretische Weiterentwicklungen dieser Theorie finden sich in:

Grossman, Gene M. & Helpman Elhanan (2002): Special Interest Politics. Cambridge, MA: The MIT Press.

Zum Thema Pluralismus:

Dahl, Robert A. (2005) [1961]: Who Governs? Democracy and Power in an American City. New Haven: Yale University Press. Second Edition.

Schattschneider, Elmer E. (1975) [1960]: The Semisovereign People: A Realist`s View of Democracy in America. New York: Cengage Learning.

McFarland, Andrew S. (2004): Neopluralism: The Evolution of Political Process Theory. Lawrence: University Press Kansas.

Schlozman, Kay L., Verba, Sidney & Brady Henry E. (2013): The Unheavenly Chorus: Unequal Political Voice and The Broken Promise of American Democracy. Princeton: Princeton University Press.

Zum Thema Korporatismus:

Schmitter, Philippe C. (1974): „Still the Century of Corpratism?" In: Review of Politics 36, 85–131.

Molina, Oscar & Rhodes, Martin (2002): „Corporatism: The Past, Present, and Future of a Concept." In: Annual Review of Political Science 5(1): 305–331.

Traxler, Franz (2001): „Die Metamorphosen des Korporatismus: Vom klassischen zum schlanken Muster." In: Politische Vierteljahresschrift 42(4): 590–623.

Jahn, Detlef (2014). "Changing of the guard: trends in corporatist arrangements in 42 highly industrialized societies from 1960 to 2010." In: Socio-Economic Review. http://ser.oxfordjournals.org/content/early/2014/08/26/ser.mwu028.abstract.

Zum Thema Protektionismus und Landwirtschaft:

Grossman Gene M. & Helpman, Elhanan (2002): Interest Groups and Trade Policy. Princeton: Princeton University Press.

Park, Jong Hee & Nathan, Jensen (2007): „Electoral Competition and Agricultural Support in OECD Countries." In: American Journal of Political Science 51(2): 314–329.

Zum Thema Gewerkschaften:

Ebbinghaus, Bernhard & Visser, Jelle (1999): „When Institutions Matter: Union Growth and Decline in Western Europe, 1950–1995." In: European Sociological Review 15(2): 135–158.

Avdagic, Sabina, Rhodes, Martin & Visser, Jelle (Hrsg.) (2011): Social Pacts in Europe: Emergence, Evolution and Institutionalization. Oxford: Oxford University Press.

Zum Thema soziale Bewegungen:

Della Porta, Donatella & Tarrow, Sidney (2005): Transnational Protest and Global Activism. Lanham: Rowman & Littlefield.

Goodwin, Jeff & Jasper, James M., (Hrsg.) (2014): The Social Movements Reader. Cases and Concepts. Hoboken: John Wiley and Sons Ltd. Third Revised Edition.

Snow, David A. & Soule, Sarah A. & Kriesi, Hanspeter (Hrsg.) (2007): The Blackwell Companion to Social Movements. Hoboken: John Wiley and Sons Ltd.

van Dyke, Nella & McCammon, Holly (Hrsg.) (2010): Strategic Alliances: Coalition Building and Social Movements. Minneapolis: University of Minnesota Press.

Weldon, S. Laurel (2012): When Protest makes policy: How social movements represent disadvantaged groups. Ann Arbor: University of Michigan Press.

Zum Thema transnationale soziale Bewegungen:

Keck, Margaret E. & Sikkink, Kathryn (1998): Activists Beyond Borders: Advocacy Networks in International Politics. Ithaca: Cornell University Press.

Dryzek,John S. (2012): „Global Civil Society: The Progress of Post-Westphalian Politics." In: Annual Review of Political Science 15: 101–119.

Betsill, Michele M. & Corell, Elisabeth (Hrsg.) (2007): NGO Diplomacy. The Influence of Nongovernmental Organizations in International Environmental Negotiations. Cambridge, MA: The MIT Press.

10. Massenmedien

Die Massenmedien werden bisweilen als informelle vierte Staatsgewalt oder „publikative" Gewalt bezeichnet – die drei formellen Staatsgewalten des zentralen politischen Entscheidungssystems behandeln wir in den Kapiteln 11 bis 13. Formell gesehen sind die Massenmedien jedoch politische Intermediäre. Als informelle vierte Staatsgewalt werden sie bezeichnet, weil angenommen wird, dass sie einen sehr großen Einfluss auf politische Prozesse und Entscheidungen ausüben. Ob diese Annahme gerechtfertigt ist bzw. wie sich die Frage nach dem Einfluss der Massenmedien untersuchen und beantworten lässt, behandeln wir im vorliegenden Kapitel.

Massenkommunikation, auf die sich dieses Kapitel konzentriert, umfasst die Verbreitung symbolischer Inhalte durch spezialisierte soziale Gruppen (Kommunikatoren) mittels technischer Systeme (Medien) an ein großes, heterogenes und weit verstreutes Publikum (Rezipienten). Als Massenmedien können also die Gesamtheit aller technischen Systeme gelten, die der öffentlichen Verbreitung von Aussagen an ein sehr großes Publikum dienen (Bonfadelli, 2005: 88-90). Zu den wichtigsten Massenmedien gehören Presse, Radio, Fernsehen und seit geraumer Zeit auch das Internet.

Massenmedien haben zahlreiche gesellschaftliche Funktionen. Diese lassen sich in soziale (z.B. Sozialisation, Integration oder Unterhaltung), politische (z.B. Herstellung von Öffentlichkeit, Kritik und Kontrolle von Parlament und Regierung) und ökonomische Funktionen (z.B. Werbung) unterscheiden. Besonders hervorzuheben ist die Informationsfunktion, denn sie ist für alle drei Bereiche zentral.

Die Informationsvermittlung und die Herstellung von Öffentlichkeit spielen im politischen Prozess moderner Demokratien eine zentrale Rolle. Öffentlichkeit umfasst denjenigen gesellschaftlichen Bereich, der über die eingegrenzte, private Sphäre hinausgeht und für jeden Bürger zugänglich ist (Schubert & Klein, 2011). Demokratie, wie wir sie heute verstehen, wurde in großen Territorialstaaten erst mit dem Aufkommen der Presse praktikabel. So dient die Presse als Mittel der Verbreitung relevanter Information zur politischen Willensbildung. Heute beziehen die meisten Bürger Informationen zu politischen Themen aus den Medien. Dadurch erlangen Fernsehen, Radio und Zeitungen einen bedeutenden Einfluss auf die Entwicklung der öffentlichen Meinung. Diese Massenmedien sind jedoch nicht nur einseitige Vermittlungsinstanzen politischer Informationen von Politikern zur Bevölkerung, sondern thematisieren auch Stimmungen, Ängste und Bedürfnisse der Bürger und vermitteln diese den Politikern. Die Massenmedien gehören daher, wie die politischen Parteien, Interessengruppen und sozialen Bewegungen, zur Gruppe der intermediären Akteure im politischen System. Sie haben im intermediären System eine sehr wichtige Funktion, denn auch Interessengruppen, politische Parteien und soziale Bewegungen verbreiten ihre Anliegen in großen Teilen über Massenmedien und entnehmen ihnen die wichtigsten Anliegen der Bevölkerung.

Im folgenden Teil dieses Kapitels widmen wir uns dem Verhältnis zwischen Massenmedien und dem politischen System, den politischen Funktionen der Medien, den rechtlichen Strukturen sowie den unterschiedlichen Medienlandschaften in Deutschland, Österreich und der Schweiz. Der zweite Teil befasst sich mit der Handlungslogik der Massenmedien und analysiert die sich daraus ergebenden Folgen für den politischen Prozess. Der dritte Teil betrachtet einen spezifischen politischen Prozess, in dem die massenmediale Kommunikation eine besondere Rolle spielt: Wahlkampagnen.

10.1 Massenmedien und Politik: Verhältnis, politische Funktionen und Strukturen

In diesem Abschnitt wenden wir uns zuerst dem Verhältnis zwischen Massenmedien und dem politischen System insgesamt zu, bevor wir dann die politischen Funktionen der Medien in einer Demokratie sowie die Strukturen der Mediensysteme der drei deutschsprachigen Länder beleuchten.

10.1.1 Verhältnis zwischen den Massenmedien und dem politischen System

In etablierten Demokratien findet politische Kommunikation über weite Strecken via den Massenmedien statt. Die direkte persönliche Interaktion zwischen Politikern und Wählerschaft hat größtenteils einer massenmedial hergestellten und verbreiteten Politik Platz gemacht. Hinzu kommt die seit längerer Zeit in vielen Staaten Europas feststellbare Lockerung der Parteiidentifikation. Diese hat den Anteil der Wechselwähler erhöht und Regierungen und politische Parteien dazu gezwungen, öffentliche Zustimmung für ihre Anliegen und Entscheidungen in erhöhtem Maße über die Massenmedien zu suchen. Daraus lässt sich schließen, dass die politische Öffentlichkeit verstärkt durch die Massenmedien geschaffen wird.

Während die verstärkte Medialisierung der Politik als solche empirisch gut belegt und weitgehend unumstritten ist, sind die Auswirkungen der „medialisierten" Vermittlung von Politik sowohl in der Öffentlichkeit als auch in der Publizistik- und Kommunikationswissenschaft umstritten (Jarren & Donges, 2006). Beispiele für tatsächliche oder vermeintliche Medienallmacht lassen sich recht einfach finden. So brachte eine Radiosendung vom 30. Oktober 1938, die basierend auf der Romanvorlage von H.G. Wells „Krieg der Welten" über die fiktive Landung von Marsmenschen an der amerikanischen Ostküste berichtete, zahlreiche Notrufe bei der Polizei im Großraum New York unter den 6 Millionen Radiohörern hervor. Ebenfalls nennenswert ist der Watergate-Skandal in den frühen 1970er Jahren, der zum Rücktritt von Präsident Nixon führte. Gleiches gilt jedoch auch für die Behauptung der Medienohnmacht; z.B. zeigen Umfragen, dass trotz intensiver Berichterstattung vor Wahlen und Abstimmungen die Informiertheit der Bürger meist gering ist; selbst von der „Tagesschau", die sich an ein sehr breites Publikum richtet und hohe Einschaltquoten genießt, bleiben den Zuschauern meist nur wenige Meldungen im Gedächtnis haften.

Die Beantwortung der Frage, welche der beiden gegensätzlichen Behauptungen über den Einfluss der Medien empirisch valider ist, ist schwieriger als es auf den ersten Blick erscheinen mag. Sowohl theoretische als auch methodische Probleme erschweren einen eindeutigen Wirkungsnachweis. Theoretisch können scheinbare Medienauswirkungen durch nichtmediale Faktoren (z.B. Bildung, gesellschaftliches Umfeld) verursacht sein. Tatsächlich vorhandene Effekte können übersehen werden, weil sie kaum messbar sind (z.B. emotionale Effekte) oder erst mit großer Zeitverzögerung in Erscheinung treten. Methodisch ist es schwierig, Medieneffekte eindeutig nachzuweisen, weil in der heutigen Mediengesellschaft praktisch jede Person verschiedene Medien nutzt – und das oft simultan. Deshalb sind auch gut kontrollierte Experimente (siehe Kapitel 3), die Medieneffekte basierend auf einer Unterscheidung von Sehern und Nicht-Sehern bzw. Hörern und Nicht-Hörern bestimmter politischer Botschaften zu identifizieren versuchen, nur sehr schwer durchführbar (Bonfadelli & Wirth, 2005: 563-66).

Dieses Spannungsverhältnis zwischen der Allgegenwärtigkeit der Massenmedien im politischen Prozess und der schwierigen Nachweisbarkeit ihres Wirkungspotentials charakterisiert ganz allgemein die Forschung zum Verhältnis zwischen Massenmedien und Politik. Diese Forschung hat sich analog zur Entwicklung der Medienwirkungsforschung (siehe dazu Bonfadelli & Wirth, 2005: 568-703) in drei Phasen entwickelt:

1. Phase: Hypothese der Medienallmacht (bis etwa 1940)

Die erste Phase der Forschung in diesem Bereich war durch die Behauptung geprägt, die Massenmedien hätten eine überaus große politische Macht. Diese Behauptung beruhte auf dem sogenannten Stimulus-Response-Modell und auf pessimistischen Persönlichkeitstheorien, die von atomisierten, sozial isolierten und außengeleiteten Individuen ausgingen (etwa Hovland et al., 1953). Die Kombination des in Abbildung 10.1 dargestellten Kommunikationsmodells mit diesem Menschenbild ließ viele Forscher schlussfolgern, dass Medienbotschaften gleich einer „magic bullet" stets vom Kommunikator zum Empfänger durchdringen und dort die vom Kommunikator gewollte Wirkung entfalten.

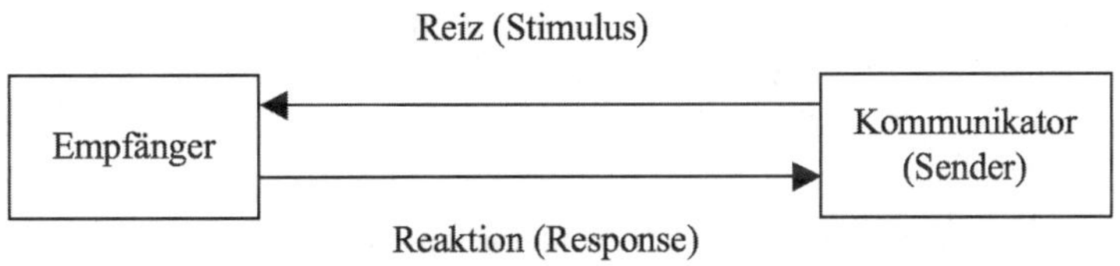

Abbildung 10.1: Stimulus-Response-Modell

In dieser Phase der Forschung zur politischen Rolle der Massenmedien wurde politische Kommunikation deshalb mehrheitlich mit Propaganda gleichgesetzt. Es wurde angenommen, dass Medienmacht automatisch zu politischer Macht führt.

2. Phase: Hypothese der Medienohnmacht (ab etwa 1940 bis etwa 1970)

Da die Forschung zur Medienallmacht letztlich keine systematische empirische Evidenz zugunsten dieser Hypothese liefern konnte, begannen viele Wissenschaftler in den 1940er Jahren von einer begrenzten Medienwirkung auszugehen. Eingeleitet wurde diese Forschungsphase durch die Veröffentlichung der ersten empirischen Wahlstudie von Paul F. Lazarsfeld et al. (1944). Diese Studie kam überraschend zu dem Schluss, dass für die Erklärung des Wahlverhaltens politische Prädispositionen der Wähler (z.B. Einkommen, Bildung, Weltanschauung) wichtiger waren als die Mediennutzung, und damit auch wichtiger als durch die Massenmedien erzeugte Effekte. Aus diesem Befund leiteten die Autoren das in Abbildung 10.2 gezeigte Modell der zweistufigen Kommunikation („two-step flow of communication") ab.

Dieses Modell besagt, dass sogenannte Meinungsführer („opinion leaders") (z.B. Lehrer, Pfarrer, Ärzte, Wissenschaftler) als zentrale Knotenpunkte im Kommunikationssystem fungieren und massenmedial vermittelte Nachrichten aufnehmen und gefiltert an die Endempfänger („Normalbürger") weitergeben. Dieses Erklärungsmodell erscheint zwar mit Blick auf die Resultate von Lazarsfelds Studie zum Wahlverhalten plausibel. Es konnte jedoch durch nachfolgende Studien empirisch nicht untermauert werden.

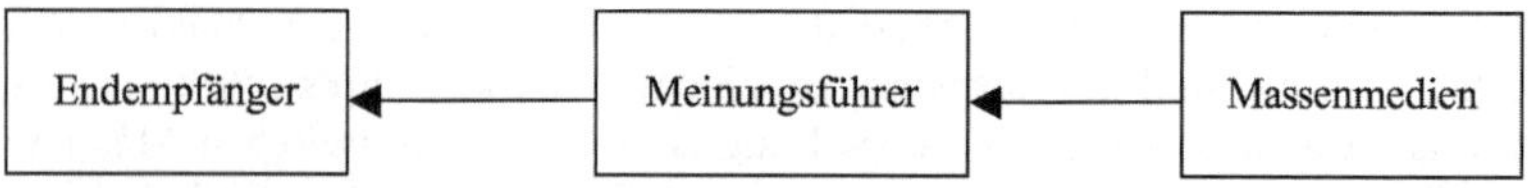

Abbildung 10.2: Zweistufige Kommunikation

Eine weiterführende und empirisch besser validierte Theorie zur Erklärung der schwachen Medienwirkung entwickelte zehn Jahre später Leon Festinger (1957). Seine Theorie der kognitiven Dissonanz besagt, dass Individuen eine ausgeprägte Tendenz aufweisen, Informationen, die ihren bisherigen Ansichten und Präferenzen widersprechen, in ihrer Relevanz herabzustufen, umzudeuten oder gar zu vermeiden. Daraus lässt sich ableiten, dass Informationsquellen selektiv ausgewählt und ihr Inhalt selektiv wahrgenommen und gespeichert werden. Daraus folgt, dass die Wirkung der Medien beschränkt und die massenmediale Kommunikation nur einer von vielen Faktoren ist, welche die Politik – z.B. im Sinne eines Einflusses auf die öffentliche Meinung und Entscheidungen von politischen Amtsträgern – beeinflussen. Mit Blick auf die öffentliche Meinung bedeutet dies z.B., dass die Medienberichterstattung vor allem dadurch wirkt, dass sie bereits latent vorhandene Meinungen, die auf generellen Weltanschauungen beruhen, durch ihr Agenda-Setting und die Berichterstattung aktiviert und mobilisiert. Sie ist also mehr im Sinne eines Meinungsverstärkers als eines Meinungsmachers zu verstehen.

3. Phase: Hypothese der selektiven Medienwirkung (ab etwa 1970)

In den 1970er Jahren setzte sich schließlich die Auffassung durch, dass das Verhältnis zwischen Massenmedien und dem politischen System viel komplexer ist, als von den beiden oben diskutierten Modellen postuliert. Die gegenseitige Beeinflussung von Medien und Politik kann je nach politischem Thema, Kontext sowie Sendern und Empfängern von Informationen stark variieren. Bestimmte Medienbotschaften können z.B. nur bei bestimmten Empfängern unter gewissen Umständen und zu gewissen Zeiten eine bestimmte Wirkung entfalten. Die Medienwirkung ist dabei abhängig von der Art der Botschaft, dem Medium, der Art der Präsentation, den bestehenden Weltanschauungen und Interessen der Empfänger und den zeitlichen Umständen.

Die politische Wirkung der Massenmedien ist somit stark kontextabhängig. Im Mittelpunkt der Theoriebildung und empirischen Forschung stehen deshalb nicht mehr nur der Kommunikator mit seiner Botschaft, sondern auch der Empfänger und seine Mediennutzung. Allgemein gültige, vereinfachte lineare Aussagen zur Wirkung der Medien auf die Politik bzw. die Wirkung der Politik auf die Medien sind somit nicht möglich. Gleichermaßen haben sich einfache Hypothesen, z.B. dass die Werbezeit im Fernsehen und Radio, die Inserate-Flächen in Zeitungen, die Zahl der Wahlplakate oder die finanziellen Wahlkampfmittel mit dem Wahlerfolg einer Partei korrelieren, in systematischen empirischen Studien als nicht stichhaltig erwiesen. Wir wenden uns folglich zwei Forschungsansätzen zu, die dieser Komplexität Rechnung tragen.

Die Agenda-Setting-Theorie

Die Agenda-Setting-Theorie behauptet, dass Medien nicht nur Meinungen und Einstellungen zu bestimmten Sachthemen beeinflussen, sondern vor allem auch, welche Themen den politischen Diskurs dominieren. Die Medien beeinflussen somit nicht nur wie wir über ein Problem oder Thema denken, sondern auch worüber Menschen überhaupt nachdenken (McCombs & Shaw, 1972; Eichhorn, 1996). Die riesige alltägliche

Ereignisvielfalt wird in der medialen Berichterstattung aus unterschiedlichen Gründen reduziert (mehr dazu in Abschnitt 10.2). Über gewisse Themen wird zu einem bestimmten Zeitpunkt viel und prominent, über andere wenig und nur unregelmäßig berichtet. Medien konstituieren so eine öffentliche Agenda (Tagesordnung), welche auch Medienrealität genannt wird. Diese kann durch Inhaltsanalysen von Massenmedien empirisch untersucht werden. So lässt sich z.B. sehr systematisch messen, wann und wie häufig über bestimmte politische Themen in Massenmedien berichtet wird. Die Agenda-Setting-Theorie postuliert, dass Mediennutzer diese Medien-Agenda als soziale Wirklichkeit akzeptieren: Themen, über die viel und prominent berichtet wird, werden somit vom Publikum als dringliche Themen wahrgenommen. Welche politischen Probleme eine Person also für dringlich erachtet (oder nicht), hängt gemäß der Agenda-Setting-Theorie davon ab, welche Medien diese Person konsumiert und über welche Themen darin wie und wie oft berichtet wird (Bonfadelli & Wirth, 2005: 579–83).

Die Wissenskluft-Hypothese

Die Wissenskluft-Hypothese („knowledge gap hypothesis“) geht von der empirischen Beobachtung aus, dass der Wissensstand der breiten Öffentlichkeit z.B. bei Wahlen und Abstimmungen oft sehr niedrig ist. Dies ist so, obwohl die meisten Leute die Massenmedien intensiv nutzen. Davon ausgehend stellten sich Tichenor et al. (1970) die Frage, ob dieser Wissensmangel durch die Vermittlung von mehr Information behoben werden kann. Ihre Antwort ist ambivalent. Zwar kann mehr Information im Allgemeinen zu mehr Wissen führen, doch nimmt die Kluft zwischen den schlecht und den gut Informierten gleichzeitig zu. Ihre wichtigste Hypothese lautet: „Wenn der Informationsfluss [...] wächst, tendieren die Bevölkerungssegmente mit höherem sozioökonomischem Status und/oder höherer formaler Bildung zu einer rascheren Aneignung dieser Information als die status- und bildungsniedrigeren Segmente, sodass die Wissenskluft zwischen diesen Segmenten tendenziell zu- statt abnimmt.“ (Tichenor et al., 1970: 159). Sie begründen diesen Zusammenhang wie folgt: Medien wirken als Trendverstärker. Die besser Gebildeten nutzen vermehrt die informationsreichen Printmedien. Sie lernen schneller. Sie verfügen über mehr themenspezifisches Vorwissen. Sie sind stärker an politischen Informationen interessiert. Und sie erhalten mehr relevante Informationen über ihre sozialen Netzwerke. Im Gegensatz dazu nutzen die weniger Gebildeten vorab das informationsärmere Fernsehen. Sie besitzen weniger Vorwissen und ihr Interesse für öffentliche Belange ist geringer. Diese Faktoren und Prozesse führen dazu, dass sich politische Informationen ungleichmäßig verbreiten, und dass politische Informationskampagnen oft vor allem diejenigen erreichen, die eigentlich schon informiert sind (Bonfadelli, 1994; Bonfadelli & Wirth, 2005: 583–87).

10.1.2 Politische Funktionen der Massenmedien in der Demokratie

Massenmedien haben auch politische Funktionen. Diese lassen sich in Form von drei Teilfunktionen unterscheiden: Informations- und Bildungsfunktion, Artikulationsfunktion und Kritik- und Kontrollfunktion.

Zur Informations- und Bildungsfunktion der Massenmedien gehören die Bereitstellung von Fakten-, Zusammenhangs- und Orientierungswissen, die Schaffung von Transparenz, die Erläuterung von politischen Prozessen und Strukturen sowie die Befähigung des Bürgers zur Partizipation am demokratischen Prozess. Diese indirekte mediale Vermittlung von Politik hat seit geraumer Zeit in Folge abnehmender direkter politischer Erfahrungen stark an Bedeutung gewonnen.

Massenmedien verbreiten jedoch nicht nur Wissen, sondern fungieren auch als Sprachrohr politischer Akteure (z.B. Politiker, Parteifunktionäre, Interessengruppen, soziale Bewegungen) und stellen so ein Forum für den politischen Meinungsaustausch dar. Diese Funktion wird als Artikulationsfunktion bezeichnet. Sie ist wichtig, denn in modernen Gesellschaften sind breite Bevölkerungsschichten, wenn überhaupt, nur noch medial zu erreichen.

Die Möglichkeit zur Kontrolle und öffentlichen Kritik der Politik durch die Bürger ist ein zentrales Element etablierter Demokratien. Da der Einzelne oft nicht über das notwendige Wissen und die notwendigen Mittel für diese Kontrolle und Kritik verfügt, haben in modernen Demokratien die Massenmedien diese Kritik- und Kontrollfunktion übernommen. Sie besteht darin, politische Sach- und Personalentscheidungen zu hinterfragen, Entscheidungsprozesse zu kritisieren sowie Missstände aufzudecken und zu veröffentlichen.

Inwiefern die Massenmedien diese für Demokratien so wichtigen Funktionen erfüllen, ist Gegenstand anhaltender, normativer Debatten. Denn die Erfüllung dieser Funktionen stellt bestimmte Ansprüche an die Ausgestaltung des nationalen Mediensystems. So können die Medien die ihnen zugewiesene Kritik- und Kontrollfunktion nur erfüllen, wenn sie einigermaßen unabhängig vom Einfluss der politischen Akteure sind (siehe hierzu auch Kasten 10.1).

Empirisch korreliert die Freiheit der Massenmedien bzw. die Pressefreiheit auch stark mit den in Kapitel 4.4 vorgestellten Demokratie-Indizes: Demokratischere Staaten weisen in der Regel auch eine freiere Medienlandschaft auf. Bekannte Indikatoren für die Konzepte Medien- bzw. Pressefreiheit sind der Freedom of the Press Index von Freedom House (*http://www.freedomhouse.org*), der Press Freedom Index der Organisation Reporter ohne Grenzen (*http://en.rsf.org*) sowie bestimmte Komponenten des von Forschern der Universität Zürich erstellten Demokratiebarometers (*http://www.democracybarometer.org)*.

Die Varianz in der Medienfreiheit zwischen den etablierten Demokratien Europas, inklusive den drei deutschsprachigen Staaten, ist recht gering. Die Strukturen der einzelnen Mediensysteme unterscheiden sich jedoch erheblich. Im folgenden Abschnitt betrachten wir deshalb die dominierende rechtliche Struktur der Mediensysteme Europas und die unterschiedlichen Medienlandschaften Deutschlands, Österreichs und der Schweiz.

10.1 Bestechungsgelder als Messgröße für den Einfluss demokratischer Kontrollinstrumente

Instrumente der politischen Machtkontrolle wie die Gewaltenteilung, Wahlen und unabhängige Gerichte beschränken die Macht einer einzelnen Institution (z.B. der Regierung oder des Parlamentes) oder Person (z.B. des Premiers oder des Präsidenten) und sind damit zentrale Elemente einer Demokratie. Wie oben diskutiert, spielen auch die Massenmedien bei der Machtkontrolle eine bedeutende Rolle. Doch welches dieser vielfältigen Kontrollinstrumente ist das wirkungsvollste? Wie wichtig sind die Medienfreiheit und die Kritik- und Kontrollfunktion der Massenmedien für die Aufrechterhaltung der Demokratie im Vergleich zu den anderen Instrumenten der Machtbeschränkung?

McMillan und Zoido (2004) liefern anhand von Daten zu Ereignissen in den letzten drei Jahren des Fujimori-Regimes in Peru (1998–2000) interessante Antworten auf diese Frage. Bis kurz nach der Wahl Alberto Fujimoris zum Präsident im Jahre 1990 war Peru eine junge, aber ziemlich gut funktionierende Demokratie mit den dazugehörigen Attributen wie einer Verfassung, Oppositionsparteien, regelmäßigen, freien und fairen Wahlen, Amtszeitbeschränkung des Präsidenten, unabhängigen Gerichten und freien Medien. An die Macht gekommen in ökonomisch und politisch schwierigen Zeiten ernannte Fujimori den ehemaligen Offizier und Anwalt kolumbianischer Drogenhändler Vladimiro Montesinos Torres zum Berater und Chef des Geheimdienstes.

Montesinos führte ab Mitte der 1990er Jahre im Namen Fujimoris dann faktisch das Land und höhlte zur Sicherung seiner politischen Macht die Demokratie mittels systematischer Bestechung von Richtern, Politikern und Medienmachern regelrecht aus. Dabei legte er, was bei Bestechungen höchst unüblich ist, detaillierte Aufzeichnungen über alle Transaktionen an. Er nahm Verhandlungen und Geldübergaben auf Videos und Tonbändern auf und ließ Verträge und Quittungen von den Bestochenen unterzeichnen. Diese einmaligen Daten, welche 2000 beim Sturz des Fujimori-Regimes der Vernichtung entgingen (zumindest diejenigen für den Zeitraum 1998–2000) und danach veröffentlicht wurden, nutzen McMillan und Zoido (2004).

Die ihrer Studie zugrunde liegende Idee ist, dass die Höhe der an bestimmte politische Kontrollinstrumente geflossenen monatlichen Bestechungsgelder zwei Aspekte widerspiegelt. Zum einen entspricht sie in etwa der „Gefahr" dieser Instrumente für die von Montesinos errichtete Scheindemokratie und umgekehrt ihrer Bedeutung zur Sicherung der Demokratie. Je größer die Gefahr eines Instrumentes (z.B. unabhängige Justiz, parlamentarische Opposition oder freie Medien) für das Fujimori/Montesinos- Regime bzw. je größer dessen Potential zur politischen Machtbeschränkung, desto höher die monatlichen Bestechungsgelder.

Abbildung 10.3 zeigt die ungefähre Höhe der von Montesinos monatlich bezahlten Bestechungsgelder an Richter, Politiker und Medienunternehmern zwischen 1998 und 2000 auf.

Gemäß diesen Daten bezahlte Montesinos Medienvertretern die höchsten Bestechungsgelder. Dies legt nahe, dass eine unabhängige Berichterstattung, insbesondere durch die Fernsehstationen, von Montesino als größte Bedrohung für das scheindemokratische Regime wahrgenommen wurde. Richter und Oppositionspolitiker standen zwar ebenfalls auf der Bestechungsliste, erhielten aber weniger hohe Beträge als die Medienvertreter. Dies ist ein Indiz dafür, dass ein freies und unabhängiges Mediensystem ein wirksames Instrument der Machtbeschränkung ist.

Kontrollinstrument	Ungefähre Bestechungssummen (pro Akteur in US-$)
Richter	5.000 – 10.000
Oppositionspolitiker	5.000 – 20.000
Printmedien	10.000 – 42.000
Fernsehstationen	50.000 – 3.000.000

Abbildung 10.3: Ungefähre Höhe der monatlichen Bestechungsgelder 1998–2000

Quelle: McMillan/Zoido (2004: 78 ff.); und eigene Berechnungen

Die Gründe für die unterschiedliche Wirksamkeit der vorhandenen Instrumente der politischen Machtbeschränkung lassen sich nicht direkt an den Daten ablesen, sondern nur argumentativ ermitteln. McMillan und Zoido (2004) argumentieren, dass die Massenmedien eine größere Verhandlungsmacht gegenüber der Regierung aufweisen als die anderen Kontrollinstrumente. Parlaments- oder Gerichtsentscheide beruhen in der Regel auf dem Mehrheitsprinzip. Der Einfluss eines einzelnen Oppositionspolitikers oder Richters auf das Resultat ist deshalb beschränkt. Jede einzelne Fernseh- bzw. Radiostation oder Zeitung war hingegen in der Lage, die Machenschaften des Fujimori/Montesinos-Regimes zu entlarven und die Bevölkerung gegen das Regime zu mobilisieren – vorausgesetzt das Medium wurde von einer ausreichend großen Anzahl Personen wahrgenommen bzw. konsumiert. Der einzelne Oppositionspolitiker und Richter war somit substituierbar, weil Fujimori und Montesinos nur eine einfache Mehrheit brauchten, um den Ausgang wichtiger Parlamentsentscheide und Gerichtsfälle zu ihren Gunsten zu beeinflussen. Oppositionspolitiker und Richter waren somit eine kleinere Gefahr für den Erhalt des Fujimori/Montesinos-Regimes. Sie hatten deshalb gemäß McMillan und Zoidos (2004) einen geringeren Effekt im Sinne der demokratischen Machtbeschränkung als ein einzelner Medienbetrieb. So gelang es den einzelnen Medien, höhere Bestechungssummen auszuhandeln als den einzelnen Politikern und Richtern.

Der große Unterschied zwischen den von elektronischen Medien und den von Printmedien erhaltenen Bestechungsgeldern dürfte sich durch die unterschiedliche Reichweite bzw. das Mobilisierungspotential erklären lassen. Da in Peru ähnlich wie in Europa mehr Leute fernsehen als Zeitung lesen, erreichen Fernsehstationen größere Teile der Bevölkerung und können deshalb die öffentliche Meinung vermutlich stärker beeinflussen als die Printmedien. Das Fernsehen erwies sich deshalb letztlich als gefährlicher für den Erhalt der Scheindemokratie Fujimoris als die Zeitungen.

Wie die Zahlen zeigen, ließen sich Richter zwischen 1998 und 2000 „billiger" kaufen als Oppositionspolitiker. Der Grund liegt wohl darin, dass Richter in präsidentiellen Systemen durch den Präsidenten ernannt und durch das Parlament lediglich bestätigt werden müssen. Der Präsident konnte sich deshalb die Gunst der Richter auch auf anderen Wegen sichern, was insbesondere mit zunehmender Amtszeit Fujimoris eine Bestechung nur in Ausnahmefällen „nötig" werden ließ. Die Bestechungssummen für Parlamentsabgeordnete waren höher als diejenigen für Richter, weil Parlamentsabgeordnete in Wahlen bestimmt wurden.

Massenmedien sind auch noch aus einem weiteren Grund besonders wirksame Instrumente zur Beschränkung der politischen Macht: Sie sind für das Funktionieren der Demokratie in großen Territorialstaaten essentiell. So nützt z.B. eine Denunzierung von bestechlichen Richtern durch ehrliche Kollegen wenig, wenn letztere damit bei der breiten Öffentlichkeit kein Gehör finden. Auch die Kritik der parlamentarischen Opposition gegenüber der Regierung wird letztlich wenig einflussreich sein, wenn die Massenmedien darüber nicht berichten.

Dies bedeutet nicht, dass die Massenmedien aus Sicht von normativen Kriterien für eine gut funktionierende Demokratie über den anderen Kontrollinstrumenten stehen. Denn ohne wirksame politische Opposition und unabhängige Gerichte ist auch die Medienfreiheit gefährdet. Dennoch, und trotz der Komplementarität der unterschiedlichen Instrumente der demokratischen Machtkontrolle, gehören von der Regierung unabhängige Massenmedien und insbesondere das Fernsehen ganz klar zu den wirksamsten Instrumenten der Machtbeschränkung in Demokratien. Die Medienfreiheit stellte somit für die Aufrechterhaltung des Fujimori/Montesinos-Regimes eine größere Gefahr dar als die Richter und Oppositionspolitiker. Deshalb konnten die Massenmedien, allen voran das Fernsehen, höhere Bestechungssummen aushandeln.

Abschließend sollten wir jedoch auch die analytischen Grenzen der hier diskutierten Studie im Auge behalten. Bei Einzelfallstudien stellt sich natürlich immer die Frage der Generalisierbarkeit (siehe Kapitel 3.1) in Bezug auf andere Scheindemokratien mit unterschiedlichen Rahmenbedingungen, wie etwa Putins Russland, Mahathir Mohameds Malaysia oder Aristides Haiti. Zudem gilt zu beachten, dass neben Geld auch nicht-monetäre Bestechungs- bzw. Druckmittel zum Einsatz kommen können und in Peru sicher auch gekommen sind. So könnte es Montesinos leichter gefallen sein, Richtern und Politikern gut bezahlte Jobs zu vermitteln als Fernsehdirektoren und Chefredakteuren. Und in vielen Fällen mag es sogar einfacher sein, politischen „Gehorsam" mit Drohungen als mit Bestechung zu erzielen. Das verfügbare Zahlenmaterial und seine Interpretation sind daher mit Vorsicht zu genießen. Diese Vorbehalte tangieren jedoch die Hauptaussage der Studie nicht: Massenmedien sind ein äußerst wichtiges Instrument der politischen Machtkontrolle in Demokratien.

10.1.3 Struktur von Mediensystemen

Die rechtliche Grundstruktur des deutschen, österreichischen und schweizerischen Mediensystems ist sehr ähnlich. In vielen anderen Punkten (z.B. Größe des Medienmarktes, sprachliche und kulturelle Gliederung) zeigen sich jedoch große Unterschiede. Nachfolgend stellen wir zuerst die rechtliche Grundstruktur der Mediensysteme in Europa vor und konzentrieren uns danach auf die spezifischen Einzelheiten in den drei Ländern.

Die rechtliche Grundstruktur europäischer Mediensysteme

Das Medienrecht der meisten europäischen Staaten unterscheidet zwischen Presse (Zeitungen und Zeitschriften) und Rundfunk (Radio und Fernsehen).

Die Presse ist in den meisten europäischen Staaten seit dem Ende des Zweiten Weltkrieges privatrechtlich organisiert. Dies bedeutet, dass zur Herstellung und Verlegung einer Zeitung oder Zeitschrift keine staatliche Genehmigung (Konzession) notwendig ist und die Presse damit auch keinem staatlichen Leistungsauftrag unterliegt. Die Presse ist somit innerhalb des zivil- und strafrechtlichen Rahmens des betreffenden Staates publizistisch völlig frei und finanziert sich in den meisten Ländern primär über Werbe-, Verkaufs- und Abonnementeinnahmen. Sie genießt in vielen Ländern allerdings indirekte staatliche Unterstützung (z.B. Befreiung von der Mehrwertsteuer, Subvention der Versandkosten). Nachdem zwischen 1950 und 1970 die Pressevielfalt in vielen europäischen Ländern stark zunahm, lässt sich in den 1980er Jahren eine Stagnation beobachten, bevor Anfang der 1990er Jahre aufgrund des technologischen Wandels (insbesondere der Digitalisierung) und struktureller Veränderungen der Medienmärkte (z.B. Wachstum und Angebotsexpansion, Internationalisierung) Konzentrationsprozesse einsetzten. Im Zuge dieser Pressekonzentration verschwand die sich bereits in den 1980er Jahren im Auflösungsprozess befindende Partei- und Gewerkschaftspresse weitgehend. Und statt vieler kleiner, eigenständiger Presseunternehmen prägen heute große nationale und internationale Verlagskonglomerate den Pressemarkt. Die meisten europäischen Länder verfügen gegenwärtig über zahlreiche, teilweise redaktionell miteinander kooperierende Regionalzeitungen und -zeitschriften und einige wenige Tages- und/oder Wochenzeitungen mit überregionaler Bedeutung.

Der Rundfunk hingegen unterstand in den meisten europäischen Staaten aufgrund der ihm zugesprochenen höheren Suggestivkraft dem öffentlichen Recht. Er erhielt einen staatlich definierten Leistungsauftrag, der sich in der Regel aus kulturellen, gesellschaftlichen und informationspolitischen Bestandteilen zusammensetzte. Dafür wurde dieser weitgehend über staatliche Gebühreneinnahmen finanziert. Die „Dualisierung" des Rundfunks, d.h. die Zulassung privater Anbieter im vormals öffentlich dominierten Rundfunkmarkt begann in den meisten europäischen Staaten mit der Liberalisierung des Radios in den frühen 1980er Jahren. Ihr folgte das Fernsehen in den späten 1980er und frühen 1990er Jahren. Zwar sind die Presse und der private Rundfunk privatrechtlich organisiert, doch unterliegen private Radio- und Fernsehsender in den meisten europäischen Ländern auch heute noch sogenannten minimalen Informationsgrundsätzen, wie etwa dem Sachgerechtigkeits- und Meinungsvielfaltsgebot. Heute weisen die meisten europäischen Länder neben einer oder mehreren öffentlich-rechtlichen Fernsehanstalten auch lokale, regionale und meist auch nationale Privatsender auf.

Nachfolgend vergleichen wir die Mediensysteme Deutschlands, Österreichs und der Schweiz. Wie oben bereits erwähnt, unterscheiden sich diese Länder medienrechtlich kaum voneinander. Hinsichtlich der Zeitpunkte der Liberalisierungsschritte und des Umfangs der relevanten Märkte (z.B. Nachrichten-, Publikums- und Werbemärkte) variieren sie jedoch stark. Diese Unterschiede spiegeln sich in der jeweiligen Struktur des Mediensystems wider.

Das deutsche Mediensystem

Trotz anhaltender Marktkonzentration kann die deutsche Presselandschaft im internationalen Vergleich als vielfältig bezeichnet werden. Allerdings gilt zu beachten, dass viele Zeitungen nur noch den Lokalteil selbst erstellen und alle anderen Teile von einer zentralen Verlagsredaktion übernehmen. Tageszeitungen von überregionaler Bedeutung sind heute die *Frankfurter Allgemeine Zeitung*, die *Süddeutsche Zeitung*, die

Welt, die *Bild-Zeitung*, die *Frankfurter Rundschau* und die *tageszeitung*. 2012 betrug der Marktanteil der fünf größten Konzerne der Publikumspresse 63,6 Prozent. Wenn man Titel mit mindestens 14-tägiger Erscheinungsweise getrennt von seltener erscheinenden Titeln untersucht, lässt sich feststellen, dass die erstgenannte Kategorie von einer höheren Konzentration gekennzeichnet ist. So liegt der Marktanteil der fünf führenden Konzerne in dieser Kategorie bei 87,4 Prozent. Bei den seltener erscheinenden Zeitschriften beläuft sich dieser Anteil auf 39,6 Prozent (Vogel, 2012).

Nach dem Zweiten Weltkrieg schufen die alliierten Besatzungsmächte ein Rundfunksystem in Deutschland, das auf einer föderalistischen Grundstruktur beruhte. Es besaß nach dem Vorbild der englischen British Broadcasting Corporation (BBC) eine öffentlich-rechtlich gestaltete Organisationsform. Radiosender entwickelten sich infolgedessen in den 1950er Jahren primär auf der Ebene der Länder und Regionen. Erst 1960 wurden die beiden nationalen Sender *Deutsche Welle* und *Deutschlandfunk* durch ein Bundesgesetz geschaffen. Die den Ländern unterstellten öffentlich-rechtlichen Fernsehanstalten gründeten 1950 eine Dachorganisation, die *Arbeitsgemeinschaft der öffentlich-rechtlichen Rundfunkanstalten Deutschlands* (ARD). In deren nationales Programm speisen sie auch heute noch bestimmte Programmteile ein. Der erste nationale Fernsehsender war damit geschaffen. 1961 wurde durch einen Staatsvertrag aller Bundesländer der zweite nationale Fernsehsender, das *Zweite Deutsche Fernsehen* (ZDF), gegründet. Bereits 1984 wurden in Deutschland dann private Radio- und Fernsehanbieter auf allen staatlichen Ebenen zugelassen. In der Folge entwickelte sich bis heute eine Vielfalt an regionalen, nationalen und internationalen privaten Radio- und Fernsehsendern, die innerhalb Europas unübertroffen ist (Schatz, 2000: 370–73; Schreyer & Schwarzmeier, 2005: 149–52; Dreier, 2009).

Das österreichische Mediensystem

Charakteristisch für die österreichische Medienlandschaft ist die außerordentlich hohe Konzentration des Pressemarktes: Österreich ist das Land mit der höchsten Pressekonzentration in Europa. Die von der Österreichischen Auflagenkontrolle (ÖAK) veröffentlichten Zahlen für 2011 belegen, dass die *Kronen-Zeitung* mit einer verkauften Auflage von knapp 819.000 Exemplaren im Wochenschnitt mit Abstand die auflagenstärkste nationale Tageszeitung Österreichs ist (ÖAK, 2012). Hinzu kommt die Ballung ökonomischer Macht beim Verlagshaus der Kronen-Zeitung und dem Verlag des *Kuriers*, die durch gemeinsame ausländische Kapitalgeber und Konzernverbindungen eng miteinander verflochten sind. Dadurch nehmen die beiden Verlagshäuser eine dominante Stellung auf dem österreichischen Pressemarkt ein. Dies bewirkt in einigen Bundesländern eine weitgehende Monopolisierung des regionalen Tageszeitungsmarktes (Plasser, 1997: 463–65; Melischek et al., 2005; Steinmaurer, 2009).

Nach dem Zweiten Weltkrieg bis zur Einführung des Kabelfernsehens, welches den Empfang ausländischer Fernsehsender einer breiten Bevölkerungsschicht ermöglichte, besaßen die öffentlich-rechtlichen Fernseh- und Radiosender des *Österreichischen Rundfunks* (ORF) ein Rundfunkmonopol. Erst zehn Jahre nach der Liberalisierung des Rundfunks in Deutschland begann die Liberalisierung des österreichischen Rundfunkmarktes. Das Regionalradiogesetz von 1993 genehmigte die Zulassung privater Radiounternehmen in den Bundesländern, und nach 1996 wurde auch der Fernsehmarkt schrittweise geöffnet. Bemerkenswert ist, dass sich bis heute – rund 20 Jahre nach der Liberalisierung des Rundfunkmarktes – zwar regionale und lokale private Radio- und Fernsehsender etablieren konnten, sich jedoch auf nationaler Ebene neben den ORF-

Programmen nur ein weiterer TV-Anbieter mit Vollprogramm, *Austria Television (ATV)*, manifestiert hat. Gründe dafür liegen u.a. in der im europäischen Vergleich späten Liberalisierung des Rundfunks, die begrenzten finanziellen und personellen Ressourcen und der beschränkte Publikums-, Werbe- und Ereignismarkt Österreichs. Heutzutage bieten allerdings auch einige deutsche Privatsender (RTL, Vox, ProSieben) österreichische Programmfenster an (Plasser, 1997: 465–68; Steinmaurer, 2009).

Das schweizerische Mediensystem

Die schweizerische Medienlandschaft ist primär durch ihre sprachregionale Fragmentierung geprägt. Diese Fragmentierung verstärkt nicht nur die bereits im Zusammenhang mit Österreich genannten strukturellen Beschränkungen europäischer Kleinstaaten (Größe des Publikums-, Werbe- und Ereignismarktes), sondern wirft auch die Frage auf, ob überhaupt von einer gesamtschweizerischen Medienlandschaft gesprochen werden kann. Diese Frage drängt sich auf, weil die überwiegende Mehrheit des Publikums einer Sprachregion kaum Medien aus anderen Sprachregionen konsumiert. Das schweizerische Mediensystem sollte deshalb wohl eher als Konglomerat von drei mehr oder weniger getrennten Mediensystemen betrachtet werden (Künzler, 2005; Meier, 2009).

Diese Fragmentierung ist besonders im Pressemarkt beobachtbar, wo ein großer Teil der Pressetitel lokal verankert ist. So erscheinen 40 Prozent der Titel der Tagespresse mit einer Auflage von weniger als 20.000 Exemplaren. Hinzu kommen außerdem eine bemerkenswerte Anzahl an Amtsblättern, die im kantonalen oder regionalen Raum erscheinen (Lucht, 2011). Mit dem Aufkommen von Gratiszeitungen seit Ende der 1990er Jahre hat sich die Situation für die schweizerischen Boulevard- und Abonnementszeitungen verschlechtert. Die Gratiszeitung *20 Minuten* ist heute mit 496.205 Exemplaren die auflagenstärkste Zeitung der Schweiz. Auch in Bezug auf ökonomische Konzentrationstendenzen zeigen sich große regionale Unterschiede. In der deutschsprachigen Schweiz beanspruchen die drei stärksten Medienhäuser (*Tamedia, Ringier und die NZZ-Gruppe*) einen Anteil von 77 Prozent des Pressemarktes (Lucht, 2011). Die Romandie weist eine besonders hohe Verlagskonzentration auf. Nach ihrer Fusion 2010 kontrollieren die beiden dort dominanten Medienunternehmen *Edipresse* und *Tamedia* fast 80% des Pressemarktes (Lucht, 2011). Diese Konzentrationstendenzen sind auf dem italienischsprachigen Pressemarkt weniger drastisch ausgeprägt. Hier gibt es verschiedene relevante Anbieter politischer Information.

Ähnlich wie in Deutschland, wenn auch aus anderen Gründen, ist der schweizerische Rundfunkmarkt seit Beginn föderalistisch organisiert. Beim Radio entstanden zunächst regionale Radiogenossenschaften, die sich 1931 aus finanziellen Gründen und unter dem Druck der Presse zur Schweizerischen Rundspruchgesellschaft (SRG, später Schweizerische Radio- und Fernsehgesellschaft) zusammenschlossen. 1952 erhielt die SRG die erste und auf lange Zeit einzige Konzession zur Ausstrahlung von TV-Programmen. Bereits 1982 wurden jedoch erstmals private Radio- und Fernsehsender versuchsweise zugelassen. Damit waren die Weichen für die Einführung eines dualen Rundfunksystems zwischen 1984 (Radio- und Fernsehartikel in der Bundesverfassung) und 1991 (Bundesgesetz über Radio und Fernsehen) gestellt. Heute existieren auf lokaler und regionaler Ebene zahlreiche private Radio- und Fernsehanbieter, die sich primär aus Werbeeinnahmen und mit dem Inkrafttreten des revidierten Radio- und Fernsehgesetzes am 1. April 2007 zu einem deutlich geringeren Teil aus Radio- und Fernsehgebühren finanzieren. Auf überregionaler Ebene konnten neben den SRG-Radiosendern fünf weitere Sender (*Radio Eviva, Radio 105 Network, Radio 1, Radio Monte Carlo Swiss* und *Swiss Music Radio*) erfolgreich bestehen, die via Kabel empfangen werden können. Im nationalen/sprachregionalen Fernsehmarkt steht die SRG mit ihren sieben Sendern (je zwei Sender pro Sprachregion und SRFInfo) nur wenigen deutschsprachigen Konkurrenten gegenüber (z.B. *3Plus*), sieht man von den „Programmfenstern" deutscher Privatsender (RTL, Vox, ProSieben) und demjenigen des Ringier-Verlags im zweiten Kanal des Deutschschweizer Fernsehens einmal ab (Rathgeb, 1999: 175–87; Meier, 2009).

Die rapide fortschreitende Expansion der Angebote im Internet in allen Bereichen der Massenmedien wird in den kommenden Jahren mit Sicherheit in allen drei Ländern zu weiteren Veränderungen führen, die wohl auch das Selbstverständnis von Medienschaffenden (Journalisten) tangieren (Karmasin, 1996; Marr et al., 2001; Weischenberg et al., 2006). Dabei sind je nach Art des Mediums Konzentrations- oder Dezentralisierungs-/Fragmentierungsprozesse möglich. Wie diese Entwicklungen die Qualität der Berichterstattung und Meinungsbildung beeinflussen werden, ist eine offene Frage (Blum et al., 2011: Jahrbuch Qualität der Medien 2011).

10.2 Öffentlicher (staatlicher) versus privater Medienbesitz: Welches System ist leistungsfähiger?

Ob die Massenmedien die ihnen zugedachten politischen Funktionen in einer Demokratie erfüllen können (Informations- und Bildungsfunktion, Artikulationsfunktion und Kritik- und Kontrollfunktion) hängt nicht zuletzt auch von der rechtlichen Struktur des Mediensystems ab. Besitzverhältnisse können dabei eine wichtige Rolle spielen. Konkret fragen wir uns in diesem Kasten, ob öffentlich-rechtliche/staatlich kontrollierte oder privatwirtschaftlich organisierte Mediensysteme leistungsfähiger sind.

Aus theoretischer Sicht lassen sich Argumente für und gegen diese Behauptung vorbringen. Gehen wir zuerst einmal davon aus, dass eine Regierung bemüht ist, die Wohlfahrt ihrer Bürger zu maximieren. Unter dieser Annahme führen mindestens zwei Argumente zu dem Schluss, dass ein öffentlich-rechtlich strukturiertes oder staatlich kontrolliertes Mediensystem leistungsfähiger ist als ein rein privatwirtschaftliches Mediensystem. Erstens zeichnet sich die Informationsvermittlung durch steigende Skalenerträge aus (hohe Fixkosten und gleichzeitig tiefe variable Kosten). Dies fördert die natürliche Monopolbildung. Zweitens vermag ein öffentlich-rechtlich dominiertes Mediensystem die Bürger eher vor extremen Ansichten zu schützen, da in staatlichen Leistungsaufträgen meist eine ausgewogene Berichterstattung vorgeschrieben ist.

Die gegenteilige Argumentation nimmt an, dass staatliche wie auch private Akteure primär ihre eigenen Interessen verfolgen. Somit haben Regierungen, wenn sie über ein Informationsmonopol verfügen, einen starken Anreiz, Informationen mittels Zensur und propagandistischen Instrumenten zu ihren Gunsten zu manipulieren. Meinungsvielfalt und weitgehend unverzerrte und korrekte Informationen lassen sich daher nur in einem pluralistisch verfassten privatwirtschaftlich organisierten Mediensystem erzeugen, in welchem private Anbieter miteinander im Wettbewerb stehen (Djankov et al., 2003: 2–4).

Djankov et al. (2003) haben diese beiden konkurrierenden Hypothesen anhand von Daten zu 97 Staaten weltweit empirisch überprüft. Ihre Resultate zeigen, dass die überwiegende Zahl (94 Prozent) der Medienunternehmen entweder dem Staat oder einzelnen Familien gehören. Im Durchschnitt kontrolliert der Staat in den 97 untersuchten Ländern 29 Prozent aller Zeitungsunternehmen, 60 Prozent aller Fernseh- und 72 Prozent aller Radiostationen. Dabei zeigten sich große regionale Unterschiede. Afrikanische Staaten und Länder des mittleren Ostens weisen einen signifikant höheren Staatsanteil am Medienmarkt auf als alle anderen Regionen der Welt. In Westeuropa, Latein- und Nordamerika sind Zeitungsunternehmen primär in privatem Besitz. Was den Staatsanteil an Fernsehstationen angeht, so unterscheidet sich Westeuropa von den amerikanischen Staaten. Der staatliche Anteil an Fernsehsendern ist in den letztgenannten Staaten deutlich geringer als in Europa oder irgendwo anders auf der Welt. Die medialen Besitzverhältnisse in den Staaten Asiens und der ehemaligen Sowjetunion lagen im Durchschnitt der 97 untersuchten Staaten. Ein weiterer interessanter Unterschied zeigt sich zwischen den einzelnen Medien. So waren Staatsmonopole (definiert als öffentlicher Anteil am nationalen Markt von mehr als 75 Prozent) im Fernseh- deutlich häufiger als im Zeitungsmarkt.

In Bezug auf die Leistungsfähigkeit von Mediensystemen liefert die Studie von Djankov et al. (2003) empirische Evidenz zugunsten letzterer Hypothese. Ein hoher *staatlicher* Anteil am Mediensektor geht mit geringerer Pressefreiheit, mehr Verletzungen politischer und wirtschaftlicher Grundrechte und mehr Korruption einher. Am deutlichsten zeigt sich der positive Effekt privatwirtschaftlicher Medien im sozialen Bereich: Je höher der Anteil staatlich kontrollierter Medien ist, desto geringer sind das Bildungsniveau, die Lebenserwartung und die Überlebenschancen eines Kindes nach der Geburt. Diese Effekte sind stärker in Bezug auf den staatlichen Anteil am Zeitungs- als am Fernsehmarkt. Djankov et al. (2003) ziehen daraus den Schluss, dass durch eine Liberalisierung der Medienmärkte zahlreiche politische, wirtschaftliche und soziale Ziele gefördert werden könnten. Dies gilt besonders für die Bedürfnisse der ärmeren und schlechter gebildeten Gesellschaftsschichten.

Dieser empirische Befund wird theoretisch durch Sen (2000) und empirisch durch Besley und Burgess (2002) untermauert. Sen (2000) zeigt, dass bei der Bekämpfung einer Hungersnot nicht die Verfügbarkeit von Lebensmitteln von entscheidender Bedeutung ist, sondern deren Allokation. Eine freie Presse, so Sen (2000), beugt solchen Ereignissen vor, indem sie einer Art Frühwarnsystem gleichkommt und die Bevölkerung vor aufkommenden Lebensmittelengpässen warnt. Sie gibt der Regierung auch die notwendige Information und somit einen starken Anreiz, auf solche Entwicklungen zu reagieren. Dieser Anreiz ist in Demokratien stärker als in Autokratien. Empirische Evidenz zugunsten dieser These liefern Besley und Burgess (2002). Sie untersuchen 16 indische Teilstaaten im Zeitraum 1958–1992 und zeigen, dass mit zunehmendem Zeitungsumlauf (ein quantitativer Indikator für die Pressefreiheit) der Anreiz einer Wählerstimmen maximierenden Regierung steigt, die Präferenzen der Bevölkerung zu berücksichtigen (zunehmende Responsivität der Regierung). Deshalb ergreift die Regierung bei einem Einbruch der Getreideproduktion und/oder einem Ernteausfall frühzeitig Hilfsmaßnahmen. Presse- und Meinungsfreiheit sowie freie Medien sind daher geeignete Mittel, um die sozioökonomische Entwicklung zu fördern. Diese Schlussfolgerung genießt mittlerweile im Kontext der „Good Governance"-Debatte in der Entwicklungszusammenarbeit breite Zustimmung (Djankov et al., 2003).

10.2 Logik der Massenmedien und ihre politischen Folgen

In diesem Abschnitt versuchen wir, die am Anfang des Kapitels erwähnten Wechselwirkungen zwischen den Bürgern und den Massenmedien und zwischen den Massenmedien und der Politik besser zu verstehen. Dazu befassen wir uns zuerst mit der Logik des Mediensystems und wenden uns danach den sich daraus ergebenden Konsequenzen für den politischen Prozess und das Verhalten politischer Akteure zu.

10.2.1 Logik des Mediensystems

Der Prozess der Nachrichtenherstellung spielt im Mediensystem eine zentrale Rolle. Um diesen Prozess besser zu verstehen, benötigen wir eine Theorie, die das Verhalten relevanter Akteure (z.B. Chefredakteure, Verleger, werbetreibende Wirtschaft und Konsumenten) und ihre Interaktion beleuchtet. Wir befassen uns deshalb nun mit einer Theorie, die auf der Grundannahme rationaler Akteure basiert.

Chefredakteure und Verleger privatwirtschaftlich organisierter Massenmedien beziehen einen direkten Nutzen aus ihrem persönlichen Lohn. Dieser ist zu einem gewissen Grad vom Unternehmensgewinn abhängig. Zusätzlich erzielen sie auch einen Nutzen aus der Reputation ihres Mediums in der Öffentlichkeit und innerhalb der Medienbranche. Der Unternehmensgewinn hängt direkt und vorwiegend von den Werbeeinnahmen (bei Presseerzeugnissen zusätzlich auch von den Einnahmen aus Abonnements und dem Einzelverkauf) ab. Diese wiederum basieren auf der Anzahl und Art der Konsumenten des Mediums. Die Werbeeinnahmen und damit der Unternehmensgewinn können kurzfristig über Anpassungen am Produkt beeinflusst werden. Die Reputation eines Mediums kann in der Regel aber nur langfristig verändert werden. Chefredakteure und Verleger sind daher bemüht, ihre Einnahmen aus dem Werbemarkt (und bei Presseerzeugnissen auch aus dem Verkauf) zu maximieren. Dieses Ziel erreichen sie am ehesten dadurch, dass sie für möglichst viele, werbewirtschaftlich lukrative Konsumenten ein interessantes und attraktives Produkt zu möglichst geringen Kosten produzieren. Darin sind sie jedoch durch die ihnen zur Verfügung stehenden redaktionellen Verarbeitungskapazitäten und Informationsquellen beschränkt (ausführlicher hierzu siehe Siegert et al., 2005).

Diese Bedingungen gelten auch – allerdings in stark reduziertem Ausmaß – für öffentlich-rechtliche Medienunternehmen. Solche Unternehmen sind primär durch staatliche Gebühren finanziert und daher ökonomisch weniger von den Einnahmen aus dem Werbe- und Publikumsmarkt abhängig. Sie können sich aber dennoch nicht vollständig dem eben beschriebenen Verhalten entziehen, da auch sie ein Interesse daran haben, die ihnen durch Werbung ermöglichten Zusatzeinnahmen zu maximieren. Zudem müssen auch sie sich auf dem Publikumsmarkt behaupten, wollen sie ihre privilegierte rechtliche Stellung gesellschaftlich und politisch auf Dauer halten.

Basierend auf diesen Grundsätzen lässt sich nun eine Theorie des redaktionellen Verhaltens formulieren. Die Grundannahme dabei ist, dass Journalisten und Redakteure bei der Nachrichtenauswahl die Rolle von Schleusenwärtern („Gatekeepers") spielen. Sie wählen aus der riesigen Menge an Ereignissen, die ihnen tagtäglich durch Nachrichtenagenturen und andere Informationsquellen zugetragen werden, nach bestimmten Kriterien und unter bestimmten Restriktionen (z. B. Zeitdruck, Platzmangel, „Zeitungspolitik", „Rotstift des Chefredakteurs") diejenigen Ereignisse aus, welche die Leserschaft und damit den Unternehmensgewinn maximieren (zur Einführung in die Journalismusforschung siehe Wyss et al., 2005). Dabei spielen insbesondere auch die Merkmale eines Ereignisses selbst eine wichtige Rolle. Welche Merkmale ein Ereignis zu einer Nachricht werden lassen, erklärt die Nachrichtenwerttheorie (Staab, 1990; siehe dazu Wyss et al., 2005: 310–13).

Vor allem sechs sogenannte Nachrichtenfaktoren spielen in dieser Theorie eine zentrale Rolle:

- *Zeit*: bestimmter Ort und bestimmte Zeit sowie klarer Anfang und Ende des Ereignisses
- *Nähe*: räumliche, politische und kulturelle Nähe, Relevanz
- *Status*: regionale bzw. nationale Bedeutung, persönlicher Einfluss, Prominenz
- *Dynamik*: Überraschung, Intensität
- *Valenz*: Konflikt, Kriminalität, Schaden, Erfolg
- *Identifikation*: Personalisierung, Ethnozentrismus

Je mehr dieser Merkmale ein bestimmtes Ereignis aufweist, desto größer ist die Wahrscheinlichkeit, dass es zu einer publizierten Nachricht wird. Zusätzlich spielt auch die Stärke der Ausprägung solcher Merkmale eine entscheidende Rolle. Wenn ein Ereignis einzelne Merkmale nicht aufweist, so müssen andere Merkmale umso stärker vorhanden sein. Somit wäre das Ereignis „Mann von Hund gebissen" den meisten Medien vermutlich keine Nachricht wert. Die Ereignisse „Hund von Mann gebissen" oder „Bundespräsident von Hund gebissen" hingegen werden wohl eher zu Schlagzeilen führen.

Neben der Maximierung von Einnahmen prägt auch die Minimierung der Kosten das Verhalten der Medienschaffenden. Das Bestreben der Medien, bei der soeben diskutierten Selektion von Ereignissen Kosten zu sparen und Fehlentscheidungen zu vermeiden, kann in gewissen Medienbereichen zu einem sogenannten Rudeljournalismus („bandwagoning effect") führen. Dabei selektieren und thematisieren einige Leitmedien aus ihrer Sicht wichtige Ereignisse. In der Folge nehmen zahlreiche andere Medien diese Themen auf und berichten ebenfalls darüber (zur Rolle von Leitmedien siehe Donges & Jarren, 2005: 373–76).

Mit diesen Ausführungen sollte auch klar geworden sein, dass die Massenmedien lediglich einen bestimmten Ausschnitt der Wirklichkeit abbilden bzw. an die Kundschaft vermitteln. Auch wenn sie im Einzelnen enorme Qualitätsunterschiede aufweisen, zeichnen sich die heutigen Massenmedien im Durchschnitt doch durch einen Hang zur Personalisierung, Skandalisierung und Überzeichnung von Ereignissen sowie durch eine Vermischung von Information und Unterhaltung (Infotainment) aus (zur Medialisierung im Allgemeinen und der politischen Kommunikation im Besonderen siehe

Donges & Imhof, 2005: 167–68; Donges & Jarren, 2005; Marcinkowski, 2005; Imhof, 2006). Direkte Rückschlüsse von der in den Medien wiedergegebenen Realität auf die politische Wirklichkeit wären somit riskant. Diese Erkenntnis hat Auswirkungen auf den politischen Prozess, dem wir uns nun zuwenden.

10.2.2 Folgen für die Politik

Mit dem Aussterben der von Parteien, Interessengruppen oder Kirchen herausgegebenen Medien haben die politischen Akteure in den meisten etablierten Demokratien in den letzten Jahrzehnten ein wichtiges Instrument zur Steuerung der öffentlichen Meinung verloren. Die heutige, kaum mehr an Parteiideologien gebundene Medienlandschaft richtet sich stark an den Bedürfnissen des breiten Publikums bzw. der Werbewirtschaft aus. Aufgrund der oben diskutierten Logik der Medienberichterstattung sind damit der Verlauf der Berichterstattung sowie ihre Wirkungen in der Öffentlichkeit zu einer bedeutenden Quelle der Unsicherheit im politischen Prozess geworden.

Um den öffentlichen Diskurs zu wichtigen politischen Fragen dennoch mitgestalten zu können, haben politische Entscheidungsträger in den letzten Jahrzehnten diverse Interventionsstrategien entwickelt. Diese werden unter dem Begriff „Öffentlichkeitsstrategien“ („Public Relations“) zusammengefasst (Donges & Jarren, 2005; Röttger, 2005). Ziel dieser Öffentlichkeitsstrategien ist es, die Agenda der Massenmedien gezielt zu beeinflussen, z. B. durch die Konstruktion von Ereignissen, die den Relevanzkriterien der Massenmedien entsprechen und so den Wahrnehmungsfilter der Journalisten möglichst ungehindert passieren. Politische Entscheidungsträger versuchen, diese Ziele durch geschicktes Themen- und Ereignismanagement zu erreichen.

Beim Themenmanagement (Agenda-Setting) geht es vor allem darum, mittels Besetzen, Prägen und Umdeuten von Begriffen (z.B. „Mitte“, „Steuergeschenke“, „Abzocker“), den Gebrauch einprägsamer Slogans (z.B. „Anpacken. Für unser Land“), wertbesetzter Schlüsselsymbole (z.B. Freiheit, Demokratie) und Rituale (z.B. politischer Aschermittwoch, Parteitage, Pressegespräche) Themen frühzeitig im politischen Diskurs zu platzieren und mittels bestimmter Personen medial einprägsam zu besetzen. Dieses Themenmanagement ist besonders vor Wahlen und Abstimmungen von zentraler Bedeutung. Denn es besteht immer das Risiko, dass der politische Gegner bestimmte Schlüsselthemen und Bewertungen der Diskussion vorgibt und dadurch Vorteile in der Öffentlichkeitsarbeit erzielen kann. Gerät ein politischer Akteur diesbezüglich in den Rückstand, so versucht er oft, das öffentliche Interesse durch die Schaffung neuer Themen ab- oder umzulenken. Meist wählt er dafür Themen, bei denen der politische Gegner ein Defizit aufweist (Pauli-Balleis, 1987; Schönbach, 1992; Bonfadelli & Wirth, 2005).

Ereignismanagement umfasst die Organisation und Durchführung sogenannter „Medien“- oder „Pseudoereignisse“ (z.B. Pressekonferenzen, Statements von Politikern nach „Vier-Augen-Gesprächen“), um die Aufmerksamkeit der Massenmedien auf solche Ereignisse zu lenken. Bei diesen wird zudem versucht, mittels journalistisch gut aufbereiteten Informationsmaterials (z.B. Pressemitteilungen) die Art der Berichterstattung zu steuern (Pauli-Balleis, 1987; Schönbach, 1992).

Empirische Studien zeigen, dass Massenmedien meist auf diese von politischen Akteuren erzeugten Ereignisse reagieren und ihre Arbeit auf die Selektion, Verdichtung und medienspezifische Umsetzung des verfügbaren PR-Materials beschränken (etwa Baerns, 1985; Grossenbacher, 1989; Schmitt-Beck & Pfetsch, 1994). Einige Studien deuten aber auch darauf hin, dass die Wirksamkeit solcher Strategien relativiert oder zumindest differenziert werden muss. So zeigen Schweda und Opherden (1995), dass trotz einer hohen Übernahmequote der Pressemitteilungen durch die untersuchten Tageszeitungen diese nur rund einen Fünftel der gesamten parteipolitischen Berichterstattung abdecken. Barth und Donsbach (1992) zeigen zudem, dass die Passivität bzw. Aktivität von Journalisten gegenüber Öffentlichkeitsstrategien mit den der Berichterstattung zugrunde liegenden Ereignissen variiert. Der Einfluss politischer Akteure und ihrer PR-Manager ist bei Routineereignissen (z.B. wöchentliche Pressekonferenz der Regierung) relativ groß, jedoch deutlich geringer, wenn es sich um ein Krisenereignis (z.B. Pressekonferenz der Regierung zu einer Naturkatastrophe oder einem Skandal) handelt. Medien scheinen sich also in bestimmten Situationen möglicher Manipulationen bewusst zu sein und mehr Eigeninitiative zu entwickeln. Zudem müssen Massenmedien natürlich auch laufend über genuine Ereignisse berichten, was einen Teil der ihnen zur Verfügung stehenden Ressourcen absorbiert.

Die Manipulierbarkeit der Medien durch die Politik wird letztlich aber auch dadurch begrenzt, dass unter den politischen Akteuren sowie zwischen den einzelnen Massenmedien ein Konkurrenzkampf existiert, in dem eine Vielzahl von politischen Akteuren mit ähnlichen Strategien um mediale Aufmerksamkeit wirbt und die Medien um Konsumenten konkurrieren. Wie gut der Wettbewerb auf Seiten der politischen Akteure und der Massenmedien funktioniert, ist stark von der Struktur des Mediensystems beeinflusst. In Kasten 10.3 sind Resultate einer Fallstudie zusammengefasst, die genau diese Frage untersucht.

10.3 Der Fernsehmarkt in Italien unter Berlusconi

In praktisch keiner hoch entwickelten Demokratie wurden die Fernsehstationen seit der Medienliberalisierung der 1980er und 1990er Jahre so stark von der Regierung kontrolliert wie in Italien unter Ministerpräsident Berlusconi. Dieser regierte Italien von 1994–1996, 2001–2006 und 2008–2011 als Ministerpräsident einer Mitte-Rechts-Koalition.

Durante und Knight (2012) untersuchen, wie sich die Konstellation von Berlusconis Dominanz im privatwirtschaftlichen Fernsehmarkt (via sein Unternehmen Mediaset, das drei überregionale Fernsehsender besitzt) gekoppelt mit seiner weitgehenden (aber nicht vollständigen) Kontrolle des öffentlich-rechtlichen Fernsehens durch die Regierung auf das Zuschauerverhalten auswirkt. Die Autoren stellen fest, dass sich die Berichterstattung der Fernsehstationen unter der Regierung Berlusconis besonders ab 2001 politisch nach rechts bewegt hat.

Basierend auf Befragungsdaten beobachten Durante und Knight (2012), dass die Fernsehzuschauer auf diese politische Veränderung in der Berichterstattung reagiert haben. Politisch rechts orientierte Zuschauer konsumierten vermehrt Sendungen des größten öffentlich-rechtlichen Senders, obschon dieser nach der Einwirkung Berlusconis auf das Mediensystem politisch immer noch etwas weiter links angesiedelt war als die überregionalen privaten Fernsehstationen. Politisch links orientierte Zuschauer hingegen verlagerten ihren Fernsehkonsum von der größten öffentlich-rechtlichen Station, die unter der Kontrolle der Regierung stand, zu einer anderen öffentlich-rechtlichen Station, die es geschafft hatte, trotz Berlusconis Einflussversuchen politisch eher links orientiert zu bleiben. Aufgrund der überaus starken Präsenz der rechts orientierten Medienberichterstattung in den von Berlusconi privat und via die Regierung kontrollierten Medien waren die Möglichkeiten der Fernsehzuschauer, sozusagen mit der Fernbedingung zu votieren, ziemlich eingeschränkt. Insgesamt verschob sich also trotz Flucht der links orientierten Fernsehzuschauer aus Berlusconis Einflussbereich die ideologische Exposition des Durchschnittswählers in Italien durch das Fernsehen nach rechts.

Die soeben diskutierte Problematik des Mediensystems in Italien ist weitgehend struktureller bzw. institutioneller Natur. Es stellt sich in diesem Kontext aber auch die Frage, wie gut die Massenmedien ihren politischen Kontrollfunktionen in bestimmten Ausnahmefällen unter der Einwirkung externer Faktoren wie z.B. in Krisen- oder Kriegszeiten nachkommen. Eine Studie von Querbin und Snyder (2011) zu den USA im 19. Jahrhundert zeigt, dass die Medien in „normalen" Zeiten ihre Kontrollfunktion recht wirksam wahrnehmen, sie in Krisenzeiten aber mit der Berichterstattung über die Krise beschäftigt sind und somit ihrer Kontrollfunktion weniger Zeit widmen können. Diese reduzierte Aufsicht führt zu einer Lockerung der medialen Machtbeschränkung von Politikern, was letztere wiederum zu ihren Gunsten nutzen.

Die beiden hier angesprochenen Studien unterstreichen demnach zwei weitere Aspekte in Bezug auf die Interaktion zwischen Medien und Politik. Erstens können Politiker unter bestimmten Umständen mittels ihres politischen Einflusses die mediale Berichterstattung zu ihren Gunsten beeinflussen (siehe auch Kasten 10.1). Zweitens können externe Faktoren (z.B. ein Krieg oder eine Krise) die mediale Aufmerksamkeit von Politikern ablenken, was für eigennützig handelnde Politiker Möglichkeiten zum Missbrauch eröffnet.

Politische Akteure können, wie soeben diskutiert, die Berichterstattung der Medien in beschränktem Ausmaß beeinflussen. Umgekehrt müssen sie jedoch auch auf Medienereignisse reagieren, die in Form von gesellschaftlichen Problemen an die Politik herangetragen werden. Dabei stellt sich aufgrund der oben beschriebenen Abweichung zwischen Medienrealität und Wirklichkeit für Politiker stets die Frage, inwiefern das medial an sie herangetragene Problem auch tatsächlich einem realen, politisch zu lösenden Problem entspricht. Diese Unsicherheit ist mithin ein Grund dafür, dass Politiker oft zeitlich verzögert reagieren und abwarten bis Befragungen der Wähler, Bürgerinitiativen, Vorstöße von Interessengruppen und andere Ereignisse oder Aktivitäten die politische Bearbeitung eines Problems als weit verbreiteten gesellschaftlichen Wunsch erscheinen lassen. Selbst unter diesen Umständen ist es im Prinzip immer noch möglich, dass das betreffende Problem vorwiegend medial erzeugt wurde und real weniger bedeutend ist als in den Massenmedien geschildert. Politiker sind jedoch auch in diesem Fall unter dem medial erzeugten Druck zum Handeln gezwungen. Zumindest symbolische Politik wird dann nötig. Symbolische Politik bezeichnet politisch-strategisches Handeln unter bewusster Verwendung symbolischer Mittel und der Reduktion komplexer Sachverhalte auf politische Fundamentalalternativen. Auch symbolische Politik kann reale Auswirkungen haben und mit der Zeit zu Gesetzesänderungen sowie Verschiebungen knapper finanzieller Ressourcen zwischen politisch zu bearbeitenden Problemen führen (Sarcinelli, 2009: 132–46).

Politiker, Parteien, Interessengruppen und soziale Bewegungen verfolgen aufgrund unterschiedlicher Strategien im politischen Prozess auch unterschiedliche Öffentlichkeitsstrategien. Politiker und Parteien nutzen in der Regel traditionelle Formen der Öffentlichkeitsarbeit wie Pressekonferenzen und Medienmitteilungen. Interessengruppen hingegen tragen in pluralistisch organisierten Systemen der intermediären Politik ihre Anliegen häufig auch über Dritte (z.B. Think Tanks, Politiker, Parteien) in die Öffentlichkeit. Soziale Bewegungen schließlich suchen die mediale Öffentlichkeit in starkem Maße, indem sie Veranstaltungen und Aktionen (z.B. Proteste, Belagerung von öffentlichen Plätzen und Straßen) organisieren, auf welche möglichst viele der oben genannten Nachrichtenfaktoren zutreffen.

Damit wird deutlich, dass Politik und Medien einander wechselseitig beeinflussen und aufeinander reagieren. Diese Beziehung ist jedoch nicht nur eine des wechselseitigen Austauschs, sondern auch eine der wechselseitigen Abhängigkeit. Die Politik in modernen demokratischen Territorialstaaten braucht die Massenmedien und die Massenmedien brauchen die Politik. Vereinfacht ließe sich demnach das Verhältnis zwischen den Massenmedien und der Politik als Austauschsystem von Information gegen Publizität charakterisieren. Im letzten Abschnitt dieses Kapitels beleuchten wir, wie dieses Austauschsystem sich im Laufe der Zeit verändert hat. Konkret gehen wir dabei der Frage nach, wie sich der rasante Wandel der Massenmedien in den letzten 100 Jahren auf die Kommunikation in Wahlkämpfen ausgewirkt hat.

10.3 Kommunikation im Wahlkampf

Im Wahlkampf spielt die politische Kommunikation eine ganz besondere Rolle. Politische Akteure jeder Couleur wollen die Wähler informieren, überzeugen und mobilisieren, am Wahltag einen bestimmten Kandidaten oder eine bestimmte Partei zu wählen. Norris (2002: 127–33) fasst die wichtigsten Determinanten der Wahlkampfkommunikation in einem einfachen Modell zusammen, welches leicht modifiziert in Abbildung 10.4 dargestellt ist. Die Massenmedien spielen darin eine zentrale Rolle.

Die rechtlichen Rahmenbedingungen, wie etwa staatliche Gesetze zur Wahlkampffinanzierung und politischen Werbung in den Medien und die rechtliche und institutionelle Struktur des Mediensystems eines Landes, bilden den übergeordneten Rahmen, in dem die Akteure interagieren. Kasten 10.4 fasst die Resultate einer Fallstudie zu Russland zusammen. Diese zeigt, dass die Berichterstattung unabhängiger Medien einen Einfluss auf Wahlergebnisse haben kann.

Innerhalb des rechtlichen Rahmens handeln die relevanten Akteure, wobei Politiker, Parteien, Interessengruppen und soziale Bewegungen von Journalisten, Chefredakteuren und Verlegern zu unterscheiden sind. Erstere organisieren direkt oder indirekt Wahlkampagnen, während letztere in ihrer Rolle als Gatekeeper aus der Vielzahl tagtäglicher Ereignisse diejenigen selektieren, die am ehesten die Auflage bzw. Anzahl der Konsumenten ihres Mediums vergrößern. Sie informieren anschließend über das betreffende Massenmedium die breite Öffentlichkeit. Diese Information wiederum beeinflusst das Wissen sowie die Einstellungen und das Verhalten der Konsumenten dieser Information zu einem gewissen Grad.

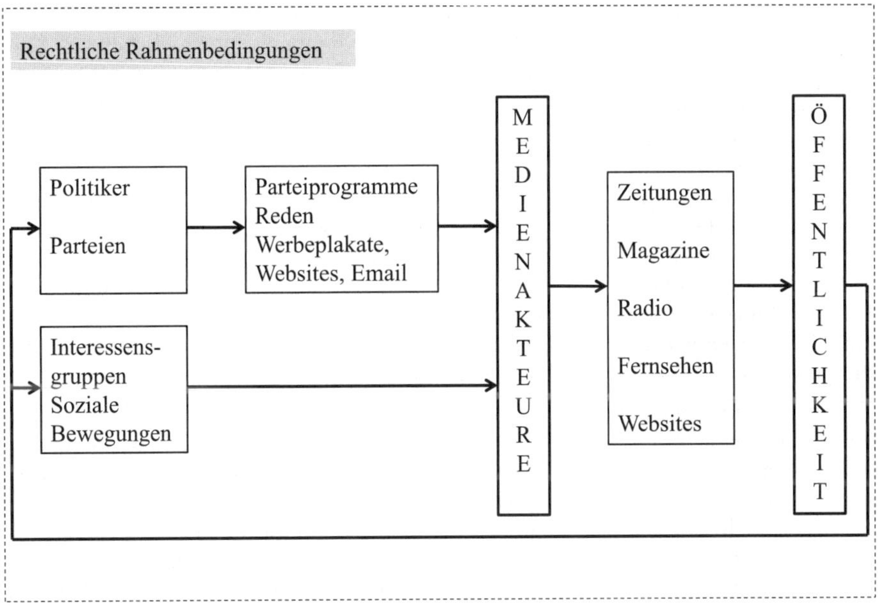

Abbildung 10.4: Modell der Kommunikation im Wahlkampf

Quelle: Basierend auf Norris (2002: 128)

Zusätzlich haben Politiker und Parteien natürlich auch die Möglichkeit, direkt über Parteiveranstaltungen, Straßenstände, öffentliche Auftritte und Werbung die öffentliche Meinung zu beeinflussen. Kosten und Nutzen solcher Aktionen stehen allerdings in modernen Gesellschaften oft in einem eher ungünstigen Verhältnis, insbesondere in großen Staaten. Das Extrembeispiel in dieser Hinsicht sind die USA: Für die Präsidentschaftswahl 2008 haben die Kandidaten McCain (Republikaner) und Obama (Demokrat) zusammen über eine Milliarde US-Dollar ausgegeben; dies weitgehend für die Öffentlichkeitsarbeit und vor allem für die politische Werbung im Fernsehen. Schließlich beeinflusst die öffentliche Meinung mittels einer Rückkopplung auch wieder das Verhalten der Wahlkampforganisatoren.

Die in Abbildung 10.4 aufgeführten Faktoren haben sich im Laufe der letzten 100 Jahre unterschiedlich stark verändert. Mit Abstand am stärksten verändert hat sich sicher die mediale Kommunikationstechnologie. Dieser Wandel hat starke Auswirkungen auf die Beschaffenheit von Wahlkämpfen und insbesondere die Wahlkampfkommunikation. Norris (2002: 133–41) unterscheidet drei Phasen in der Evolution hin zur heutigen Wahlkampfkommunikation.

Die erste Phase, die sogenannte prämoderne Wahlkampfkommunikation (Mitte 19. Jahrhundert bis 1950er Jahre), zeichnet sich durch drei Charakteristika aus: Der gesamte Wahlkampf basierte im Wesentlichen auf direkter, interpersoneller Kommunikation zwischen den Kandidaten und der lokalen Bevölkerung und wurde in der Regel kurzfristig, ad hoc von den lokalen Parteieliten geplant. Das Mediensystem war dominiert von einer normativ ausgerichteten Parteipresse, welche die Partei und ihre Wähler miteinander verknüpfte. Die Wähler waren typischerweise loyale Stammwähler einer

Partei und stark im bestehenden Parteiensystem verankert. In diesen oft kurzen Wahlkämpfen mit geringem Budget wurde die gesamte Kommunikation zwischen den Kandidaten und den Wählern über lokale Sektionen der Parteien durchgeführt.

Moderne Wahlkampfkommunikation (frühe 1960er bis späte 1980er Jahre) hingegen zeichnet sich durch einen zentral von der Parteiführung organisierten und koordinierten Wahlkampf aus. Im Mediensystem ist nach dem Aussterben der Parteipresse und der Verbreitung des Rundfunks in der modernen Wahlkampfkommunikation insbesondere das Fernsehen zum Hauptmedium geworden. Aufgrund der Zentralisierung und der höheren Suggestionskraft des Rundfunks gewann die massenmediale Wahlkampfkommunikation an Bedeutung. Darum und auch aufgrund der Abnahme traditioneller Parteibindungen auf Seiten der Wähler werden nun auch externe, professionelle Wahlkampfberater einbezogen. Der Ausbau der medialen Wahlkampfkommunikation und die zunehmende Länge der Wahlkämpfe erhöhen die finanziellen Ausgaben.

Die jüngste Stufe, die postmoderne Wahlkampfkommunikation (1990er Jahre bis heute), ist durch eine Vielzahl unterschiedlicher Berater charakterisiert (z.B. Meinungsanalysten, Werbespezialisten und Eventmanager), die in der nationalen Planung und dezentralen Durchführung des Wahlkampfs eine gegenüber der nationalen Parteileitung gleichwertige Rolle einnehmen. Diese Entwicklung stammt nicht zuletzt daher, dass die Parteibindung der Wähler weiter abgenommen und sich die audiovisuelle Medienlandschaft mit der Digitalisierung stark fragmentiert hat. Beides erschwert die Planung und Umsetzung einer wirksamen Wahlkampfkommunikation. Der Wahlkampf findet demzufolge permanent und auf allen politischen Ebenen statt. Eventmanager und Kommunikationsstrategen organisieren die direkte Kommunikation zwischen Politikern und den Wählern auf lokaler Ebene, während Programmierer und Texter seit rund einem Jahrzehnt auch das interaktive Medium Internet für Wahlkampfzwecke entdeckt haben. Es überrascht daher nicht, dass nationale Wahlkämpfe heute in der Regel große Geldsummen verschlingen.

Diese Aussagen sind in zwei Punkten allerdings zu relativieren. Erstens existieren neben den hier betonten kommunikationstechnologischen Faktoren weitere Faktoren, welche die Gesellschaft als Ganzes in den letzten 100 Jahren verändert haben. Ein Beispiel ist die Lockerung traditioneller Parteibindungen der Wählerschaft und damit einhergehende Veränderungen in der Parteienlandschaft vieler Staaten (siehe Kapitel 8). Auch sie haben natürlich einen Einfluss auf die Wahlkampfform und -kommunikation. Zweitens könnten die obigen Ausführungen den Eindruck erwecken, dass sich die Wahlkampfkommunikation in allen modernen und hoch entwickelten Demokratien gleichzeitig und gleich schnell verändert hat. Dies ist nicht der Fall. Mindestens vier Faktoren bewirken erhebliche zwischenstaatliche Unterschiede in diesem Veränderungsprozess.

1. Die rechtlichen Rahmenbedingungen. Hier spielen folgende Faktoren eine wichtige Rolle:
   - Wahlsysteme: z.B. Mehrheits- vs. Verhältniswahlrecht
   - Staatsstrukturen: z.B. Einheitsstaat vs. föderalistischer Staat
   - Wahlkampfregulierungen: z.B. ob politische Fernsehwerbung gestattet, wie etwa in Deutschland und Österreich, oder verboten ist, wie etwa in der Schweiz und Schweden

2. Die Kommunikationsindustrie. Hier spielen folgende Faktoren eine wichtige Rolle:
   - Struktur und Kultur medialer Nachrichten: z.B. zeitungsdominierte Staaten, wie etwa Norwegen und Japan vs. fernsehdominierte Staaten, wie etwa die USA und Kanada; monopolisierte, öffentlich-rechtliche Medien vs. pluralistische, privatrechtliche Medien
   - Entwicklungsstand der politischen Beratungsindustrie: z.B. Staaten mit stark ausgebauter „Industrie" von hoch professionellen politischen Beratungsunternehmen vs. Staaten, die politische Beratung weitgehend innerhalb bestehender Parteiapparate finden müssen
3. Das Parteiensystem. Hier spielen folgende Faktoren eine wichtige Rolle:
   - Struktur, Organisation, Mitgliedschaft und Finanzierung der Parteien: z.B. basisdemokratisch organisierte vs. elitengeführte Parteien; „catch-all" vs. ideologische Nischenparteien; öffentlich-rechtliche Parteienfinanzierung vs. rein privatrechtliche Parteienfinanzierung
   - Ausmaß und Art des Parteienwettbewerbs: z.B. politische Kartelle vs. freier politischer Wettbewerb; zentrifugaler vs. zentripetaler Parteienwettbewerb (siehe auch Kapitel 8)
4. Die Wähler. Hier spielt insbesondere die Stärke der Parteibindung eine wichtige Rolle.

Trotz zahlreicher zwischenstaatlicher Unterschiede lässt sich allerdings in den meisten hoch entwickelten Demokratien der in diesem Abschnitt beschriebene Evolutionsprozess in Bezug auf die Kommunikation im Wahlkampf beobachten. Dieser Evolutionsprozess ist allerdings je nach Ausprägung und Kombination der genannten Faktoren unterschiedlich schnell verlaufen.

10.4 Medienkontrolle und Wahlen in Russland

Das politische System Russlands wird meist als halb-demokratisch oder „gelenkte Demokratie" bezeichnet, u.a. weil dort das Mediensystem von der Regierung stark kontrolliert und auch als Wahlkampfhelfer eingesetzt wird. Enikolopov et al. (2011) untersuchen in diesem Kontext den Einfluss unabhängiger Medien auf Wahlen in Russland.

Interessanterweise war vor und während den Parlamentswahlen in Russland im Jahre 1999 die einzige von der Regierung noch unabhängige nationale Fernsehstation in verschiedenen Gebieten Russlands unterschiedlich gut zu empfangen. Diese Fernsehstation war von ungefähr zwei Dritteln der russischen Bevölkerung grundsätzlich empfangbar, wobei die Qualität des Empfangssignals stark variierte.

Die Forscher haben auf dieser Grundlage herausgefunden, dass in Gebieten mit gutem Empfang der unabhängigen Fernsehstation der Wähleranteil der Regierung um fast neun Prozent geringer, der Wähleranteil der Opposition um über sechs Prozent höher und die Wahlbeteiligung um fast vier Prozent geringer ausfiel. Basierend auf Befragungsdaten konnten die beiden Forscher auch feststellen, dass Personen, die Zuschauer der unabhängigen Fernsehstation waren, eher für die Oppositionsparteien stimmten. Bei dieser Schätzung sind bereits vorher gemessene Wahlabsichten der Befragten kontrolliert. Kontrolliert wurde auch die Möglichkeit, dass die unabhängige Fernsehstation eher dort empfangbar gewesen sein könnte, wo die Opposition bereits stark war; oder auch genau umgekehrt, falls die Regierung den Empfang des Senders gezielt beeinflusst haben sollte.

Insgesamt zeigt diese Studie, dass ein freies Mediensystem für demokratische Wahlen unerlässlich ist. Nur wenn die Massenmedien frei agieren können, sind sie in der Lage, den politischen Wettbewerb zwischen Parteien und Kandidaten zu fördern und damit den Staatsbürgern gut informierte Wahlentscheidungen zu ermöglichen.

10.4 Fazit

In diesem Kapitel haben wir die Funktionsweise der Massenmedien in Bezug auf die Politik kennengelernt. Wir haben gesehen, dass die Massenmedien einen wichtigen Einfluss auf politische Prozesse ausüben, und dass Politiker bis zu einem gewissen Grad auch die Berichterstattung der Massenmedien für ihre Zwecke steuern können. Wie viel Einfluss der eine Akteurstyp auf den anderen hat, ist stark kontextabhängig und wird von diversen Rahmenbedingungen beeinflusst. Simple Aussagen wie „Wem mehr Geld für den Wahlkampf zur Verfügung steht, kann mehr politische Werbung für seine Sache in Zeitungen und Rundfunk machen und erhöht dadurch seine Gewinnchancen“ zielen insbesondere in pluralistischen, etablierten Demokratien an der Wirklichkeit vorbei oder erklären nur einen kleinen Teil der Wahlergebnisse.

Die Bedeutung der Massenmedien für das Funktionieren hoch entwickelter Demokratien sollte trotz Kontextabhängigkeit ihrer Wirkungsmacht allerdings nicht unterschätzt werden. Denn ohne ihre Informations- und Bildungsfunktion, Artikulationsfunktion sowie Kritik- und Kontrollfunktion wären demokratische Entscheidungsprozesse von hoher Qualität und deshalb Legitimität heute fast unmöglich. Die Massenmedien sind somit äußerst wichtige Akteure des intermediären politischen Systems. Mit ihrer Betrachtung schließen wir unser Studium der intermediären Politik ab und wenden uns den Institutionen des zentralen politischen Entscheidungssystems zu.

Literaturempfehlungen

Gute Grundlagenwerke zur politischen Kommunikation allgemein sind:

Jarren, Otfried & Donges, Patrick (2011): Politische Kommunikation in der Mediengesellschaft: Eine Einführung. Wiesbaden: VS-Verlag.

Jarren, Otfried, Sarcinelli, Ulrich & Saxer, Ulrich (1998): Politische Kommunikation in der Demokratischen Gesellschaft: Ein Handbuch. Wiesbaden: Westdeutscher Verlag.

Einen guten Überblick über nationale Mediensysteme und ihren Bezug zur Politik bieten:

Hallin, Daniel C. & Mancini, Paolo (2004): Comparing Media Systems: Three Models of Media and Politics. Cambridge: Cambridge University Press.

Hans-Bredow-Institut (2009): Internationales Handbuch Medien. Baden-Baden: Nomos.

Die politische Kommunikation in Deutschland, Österreich und der Schweiz wird in folgenden Büchern behandelt:

Sarcinelli, Ulrich (2011): Politische Kommunikation in Deutschland: Zur Politikvermittlung im Demokratischen System. Wiesbaden: VS-Verlag.

Plasser, Fritz (2004): Politische Kommunikation in Österreich: Ein Praxisnahes Handbuch. Wien: WUV.

Donges, Patrick (2005): Politische Kommunikation in der Schweiz. Bern: Haupt.

Zur Frage der Öffentlichkeitsstrategien (Public Relations) empfehlen wir:

Bentele, Günter et al. (2008): Handbuch der Public Relations: Wissenschaftliche Grundlagen und Berufliches Handeln. Wiesbaden: VS-Verlag.

Ein Standardwerk zur symbolischen Politik im Zusammenhang mit der deutschen Wahlkampfkommunikation ist:

Sarcinelli, Ulrich (1987): Symbolische Politik: Zur Bedeutung symbolischen Handelns in der Wahlkampfkommunikation der Bundesrepublik Deutschland. Opladen: Westdeutscher Verlag.

Systematische Bewertungen der Qualität der Schweizer Medien werden im Jahrbuch Qualität der Medien vorgenommen:

http://jahrbuch.foeg.uzh.ch/jahrbuch_2011/Seiten/default.aspx.

11. Die Legislative

Mit diesem Kapitel sind wir auf der obersten der drei Stufen unserer Staatspyramide angekommen. Hier finden sich die drei Staatsgewalten des zentralen politischen Entscheidungssystems: die Legislative, mit der wir uns im Folgenden beschäftigen, die Exekutive (Kapitel 12) und die Judikative (Kapitel 13).

Die Legislative ist die Versammlung der gesetzgebenden Staatsgewalt. Sie verbindet die Bürger und die Regierung, die zusammen mit der Staatsverwaltung die Exekutive ausmacht. In demokratischen Staaten werden die Mitglieder der Legislative in regelmäßigen, allgemeinen, gleichen, freien, direkten und geheimen Wahlen vom Volk gewählt. In parlamentarischen Systemen (z.B. Großbritannien und Deutschland) wählt die Legislative daraufhin die Regierung. Sie wird meist als Parlament bezeichnet. In präsidentiellen Systemen (z.B. den USA) werden sowohl die Legislative als auch die Regierung direkt vom Volk gewählt. Für die Legislative in präsidentiellen Systemen hat sich der Begriff Kongress eingebürgert. Der Unterschied zwischen parlamentarischen und präsidentiellen Regierungssystemen bezüglich der Wahl der Regierung hat wichtige Konsequenzen für die Arbeit und die Funktionen der Legislative, auf die wir in diesem Kapitel eingehen werden.

Die politikwissenschaftliche Forschung befasst sich u.a. mit dem Status der Parlamente in der Gesellschaft, der Funktionserfüllung der Parlamente und der Arbeitsweise der Abgeordneten. Sie interessiert sich auch für die Konsequenzen, die daraus entstehen, dass in manchen Ländern die Legislative in einem Haus organisiert ist (Einkammersysteme) und in anderen in zwei Häusern (Zweikammersysteme). Dieser institutionelle Unterschied hat wichtige Folgen für den Gesetzgebungsprozess.

Zunächst geben wir einen Überblick über die historische Entstehung sowie die wesentlichen Funktionen und Arbeitsweisen von Legislativen. Danach werden die unterschiedlichen Entstehungsgründe von zweiten Kammern der Legislative dargestellt. Nach einer Beschreibung der Legislativen in Österreich, Deutschland und der Schweiz gehen wir näher auf die Legislative der Europäischen Union ein, da sich hier ein neues politisches System entwickelt hat. Im fünften Abschnitt werden anhand eines formalen Modells die Effekte von zweiten Kammern auf den Gesetzgebungsprozess dargestellt, bevor dann der Gesetzgebungsprozess selbst im Mittelpunkt steht. Dieser Abschnitt befasst sich u.a. mit Argumenten, welche die Rolle des Agenda Setters und der Abstimmungsreihenfolge in der Legislative betonen.

11.1 Legislativen: Ein Überblick

11.1.1 Die Entstehung der Legislativen

In historischer Perspektive haben sich gesetzgebende oder beratende Versammlungen von einer Institution, die dem Adel ein Mitspracherecht gegenüber dem Monarchen bei der Staatsführung einräumte, zu einer alle Bürger vertretenden Volksversammlung entwickelt. Die Entwicklung der Legislative als staatliche Institution hat ihren Ursprung in den ständischen Vertretungen des Mittelalters (Adel, Klerus, Bürgertum/ Bauern) und ist besonders eng mit der Geschichte Englands verbunden.

In der Magna Carta von 1215 gestand der englische König dem höheren Adel das Bewilligungsrecht für neue Steuern zu. Dieses Recht übte der „Royal Council" aus, der aus Kronvasallen, höheren Geistlichen und vom König berufenen Personen bestand und als Ursprung des englischen Parlamentes gesehen werden kann. Im Laufe der Zeit eignete sich das Parlament immer mehr Kompetenzen an und beeinflusste seit Mitte des 14. Jahrhunderts die Gesetzgebung. Das Steuerbewilligungsrecht diente dabei als bedeutsames Druckmittel: Das Parlament konnte damit die Zustimmung zu neuen Steuern solange hinauszögern, bis der König den Gesetzesvorschlägen des Parlamentes zustimmte. 1688 bekam das englische Parlament mit der „Declaration of Rights" weitreichende Rechte zugesprochen.

In Frankreich entstand die Legislative weniger evolutionär als in England. Dort ebnete die Französische Revolution die Entwicklung zur repräsentativen Volksvertretung. Ludwig XVI. hatte im Mai 1789 die drei Generalstände (Klerus, Adel, Bürgertum) einberufen. Dabei forderten die Vertreter des Bürgertums für sich die gleichen Rechte wie Adel und Klerus. Als der König dieser Forderung nicht nachgab, ernannte sich die Vertretung (Generalstand) des Bürgertums im Juni 1789 zur Nationalversammlung. Unter dem Druck der revolutionären Geschehnisse erkannte der König am 27. Juni 1789 die Nationalversammlung an und begründete so die erste einflussreiche Volksvertretung Europas (im Parlament Englands waren damals vor allem der Adel und der Klerus vertreten). Zuvor bestand allerdings schon das Althing in Island, welches mit seiner Versammlung aller freien und volljährigen Männer als die älteste Legislative gelten kann (Eythórsson & Jahn, 2009).

Ähnlich wie in England und Frankreich etablierten sich in der Folge auch in den anderen europäischen Staaten Legislativen (Kurian, 1998). Mit der Industrialisierung wurde das Bürgertum im 19. Jahrhundert wirtschaftlich immer bedeutender und strebte immer stärker nach politischer Macht. Dies führte allmählich zu einer zunehmenden Vertretung der Bürger in den gesetzgebenden Institutionen und zu einem Ausbau der Kompetenzen demokratischer Parlamentskammern zu Lasten der Monarchen und des grundbesitzenden Adels. Allerdings verhinderte das Besitzbürgertum in vielen Ländern lange Zeit das Wahlrecht für alle Staatsangehörigen. So wurde das Wahlrecht z.B. von finanziellen Kriterien wie etwa Grundbesitz und Kapital und vom Geschlecht abhängig gemacht (siehe Kapitel 6.1). Heute sind in allen demokratischen Staaten Legislativen allgemeine Volksvertretungen, die ein sehr breites Spektrum von Funktionen wahrnehmen.

11.1.2 Funktionen von Legislativen

Legislativen erfüllen eine Vielzahl von Funktionen. Wenngleich die Ausgestaltung dieser Funktionen im Detail vom jeweiligen nationalen historischen und politischen Umfeld abhängig ist, lassen sich drei allgemeine Funktionen unterscheiden: Repräsentation, Kontrolle und Gesetzgebung (Kreppel, 2008).

Repräsentationsfunktion

Die Repräsentationsfunktion der Legislative ergibt sich aus ihrer Rolle als Volksvertretung. Damit stellt sie ein Bindeglied zwischen den Bürgern und der Regierung dar. Die Mitglieder der Legislative nehmen durch ihre Wahlkreisarbeit Anregungen aus der Öffentlichkeit auf und vermitteln diese in den politischen Willensbildungs- und Entscheidungsprozess. Dabei orientieren sich die Abgeordneten an spezifischen Bedürfnissen und Interessen der Bevölkerung in ihrem Wahlkreis und repräsentieren diese. Hinsichtlich dieser Repräsentationsfunktion bestehen allerdings unterschiedliche Auffassungen: Das Spektrum reicht von einer engen, imperativen Bindung der Abgeordneten an den

Wählerwillen bis hin zur vollständigen Unabhängigkeit, bei der die Abgeordneten in ihren Entscheidungen ihrem eigenen Gewissen folgen (freies Mandat). Wenngleich in den meisten Legislativen moderner Demokratien das Prinzip des freien Mandates dominiert, wird es letztlich durch die Abhängigkeit der Abgeordneten von Wählerstimmen stark begrenzt. Diese Abhängigkeit wird wiederum durch die Beschaffenheit des Wahlsystems beeinflusst (Kapitel 6.7).

Abgeordnete sind folglich Agenten ihrer Wählerschaft mit einem gewissen Interpretations- und Handlungsspielraum. Sie können durchaus eine politische Führungsfunktion einnehmen, indem sie neue Themen auf die politische Agenda setzen und für die getroffenen Lösungen in der Öffentlichkeit werben. Insbesondere in parlamentarischen Regierungssystemen ist die Legislative die einzige direkt durch das Volk legitimierte Institution des zentralen politischen Entscheidungssystems. Das Parlament gibt daher dem gesamten politischen System die demokratische Legitimität. Für die Legitimität des Parlamentes ist dabei entscheidend, wie gut die Regierungspartei(en) und die Opposition ihre gesetzgeberischen Gestaltungsmöglichkeiten nutzen, wie effektiv sie ihre Kontrollfunktion ausüben und wie repräsentativ das Parlament als Ganzes ist.

Die Auffassung, dass die Abgeordneten relativ selbstständige Agenten ihrer Wählerschaft sind, spiegelt sich auch darin wider, dass Entscheidungen in der Legislative das Resultat intensiver Debatten sein können. In solchen Debatten werden unterschiedliche Interessen und Forderungen diskutiert und es entstehen Kompromisse zwischen sich widerstreitenden Positionen. Ein solcher Interessenausgleich wäre mit einem imperativen Mandat nicht möglich.

Kontrollfunktion

Insbesondere in parlamentarischen Regierungssystemen verfügen Regierungen über weitreichende Möglichkeiten ihre politischen Anliegen auf die Tagesordnung der Legislative zu setzen (Agenda-Setting Power; siehe auch Abschnitt 5.2.1 in Kapitel 5). Dies geschieht vor allem durch Gesetzesvorlagen und Haushaltsentwürfe. Die Legislative ist jedoch nicht eine passive Empfängerin dieser Vorlagen und Entwürfe, sondern kontrolliert diesen Prozess. Die Kontrollfunktion der Legislative beruht letztlich auf ihrer Legitimierung durch regelmäßig stattfindende Wahlen, bei denen die Wählenden Abgeordnete, Parteien sowie deren politische Positionen stärken oder schwächen können. Allerdings finden Wahlen nur in relativ großen Zeitabständen statt, sodass die einzelnen Wähler nicht in der Lage sind, die Regierungsarbeit ständig zu kontrollieren. Diese Aufgabe wird durch die Abgeordneten der Legislative übernommen, wobei erhebliche Unterschiede zwischen parlamentarischen und präsidentiellen Systemen existieren.

In präsidentiellen Systemen sind die Regierung (Exekutive) und Legislative unabhängig voneinander. Der direkte Einfluss der Legislative auf die Regierung ist beschränkt, da die Exekutive mit wenigen Ausnahmen nicht durch die Legislative absetzbar ist. In den meisten präsidentiellen Systemen kann der Präsident nur bei extremen Formen des Fehlverhaltens, etwa einem Verbrechen oder bei geistiger Unzurechnungsfähigkeit, abgesetzt werden. Die Exekutive ist hingegen auf die Zuarbeit der Legislative angewiesen, da der Präsident Vorlagen der Legislative (neue Gesetze) annehmen oder ablehnen, jedoch nicht verändern kann (negative Macht) (Krebiel, 1998; Cameron, 2000).

In parlamentarischen Systemen ist die Regierung durch die Legislative in der Regel jederzeit abwählbar (Misstrauensvotum). Da die Regierung folglich auf die Unterstützung der Mehrheit der Abgeordneten angewiesen ist, existieren in manchen parlamentarischen Systemen Verfahren, welche die Unterstützungsdisziplin (etwa durch die Vertrauensfrage) stärken. Dies impliziert, dass die Kontrolle der Regierungsarbeit in parlamentarischen Systemen vor allem durch die Opposition in der Legislative erfolgt, während sich in präsidentiellen Systemen auch die Regierung und die Legislative gegenseitig stark kontrollieren (Dahl, 1966; Helms, 2002).

Der Legislative stehen sowohl in präsidentiellen als auch parlamentarischen Systemen mehrere Instrumente zur Ausübung ihrer Kontrollfunktion zur Verfügung. Sie kann spezielle Untersuchungen oder Anhörungen zu bestimmten Gesetzesentwürfen verlangen oder Untersuchungsausschüsse einberufen. In vielen parlamentarischen Systemen stellt eine institutionalisierte Fragestunde an die Regierung eine wichtige Möglichkeit dar, die Regierungsarbeit auch medienwirksam zu kontrollieren.

Gesetzgebungsfunktion

Gesetze sind neben der Festlegung des Haushaltes das wichtigste politische Steuerungsinstrument des demokratischen Verfassungsstaates. In parlamentarischen Demokratien wird ein Gesetz meistens durch die Exekutive oder die Regierungspartei(en) initiiert und anschließend in der Legislative beraten und beschlossen. Die Opposition hat dabei die Aufgabe Kritik am Entwurf der Regierung zu üben und alternative Lösungen vorzuschlagen. Die Regierungsparteien beteiligen sich ebenfalls am Diskussionsprozess und liefern darüber hinaus die Stimmen, die zur Verabschiedung eines Gesetzes in der Legislative benötigt werden. Wie der parlamentarische Gesetzgebungsprozess im Einzelnen abläuft, betrachten wir weiter unten in diesem Kapitel.

Der Gesetzgebungsprozess in parlamentarischen Systemen ist durch eine Reihe von Einflussmöglichkeiten geprägt. Beratungen in der Legislative und ihren Ausschüssen bieten vor allem die Möglichkeit informellen Einfluss auszuüben. Es bleibt dabei der Regierung überlassen, ob sie darauf eingeht. Effektiver ist die Möglichkeit, den Gesetzgebungsprozess zu verzögern. Eine Extremform davon ist die Vetosituation. Sie kann entstehen, wenn ein Gesetz ohne eine (qualifizierte) Zustimmung der Legislative zu Fall kommt. Verzögerung und Veto sind allerdings „negative" Interventionen, die lediglich Entscheidungen aufhalten oder blockieren können. Einen „positiven" Einfluss können Abgeordnete nur durch Änderungen von Gesetzen ausüben. Die Möglichkeit Änderungsanträge im Gesetzgebungsprozess parlamentarischer Systeme einzubringen variiert stark von Land zu Land. In vielen Ländern besitzt die Legislative auch die Möglichkeit selbst die Initiative zu ergreifen und Gesetzesvorschläge zu lancieren. Allerdings sind in parlamentarischen Systemen Anträge, die aus dem Parlament selbst hervorgehen, nur selten erfolgreich, wenn sie nicht von der Regierung unterstützt werden. So sind in westlichen Demokratien 80 bis 90 Prozent der erfolgreichen Anträge Regierungsanträge (Lehner & Widmaier, 2002; Rasch & Tsebelis, 2011).

In präsidentiellen Systemen werden Gesetze grundsätzlich von der Legislative initiiert. Die Mehrheitspartei in der Legislative hat dabei einen großen Einfluss darauf, welche Anträge behandelt werden (Cox & McCubbins, 2005). Von der Legislative verabschiedete Gesetze müssen vom Präsidenten (Exekutive) genehmigt werden, bevor sie in Kraft treten können. Dies bedeutet, dass bei abweichenden Positionen die Legislative einschätzen muss, welche Gesetzesinhalte für den Präsidenten noch akzeptabel sind (Cameron, 2000).

Wahlfunktion

Die Legislative besetzt auch wichtige Staatsämter. In vielen parlamentarischen Systemen wird z.B. die gesamte Regierung oder zumindest der Regierungsvorsitzende vom Parlament gewählt. Die Parlamentsabgeordneten müssen außerdem häufig wichtige Ernennungen bestätigen (z.B. Mitglieder des Kabinetts und des Verfassungsgerichts in den USA). Während die Regierungspartei(en) für diese Ämter das Personal rekrutieren und zur Verfügung stellen, hält die Opposition potentielles Regierungspersonal bereit und bietet damit personelle Alternativen an.

11.1.3 Arbeitsweisen von Legislativen

Legislativen unterscheiden sich stark von Land zu Land hinsichtlich ihrer formalen Struktur und ihrer Arbeitsweise sowie hinsichtlich der konkreten Ausgestaltung von Kompetenzzuweisungen. Ein wesentlicher Unterschied zwischen Legislativen, der im nächsten Abschnitt behandelt wird, besteht darin, ob eine oder zwei Kammern der Legislative den Entscheidungsprozess bestimmen. In diesem Abschnitt konzentrieren wir uns auf wesentliche Aspekte der ersten Kammer. Praktisch alle Länder der Welt, sogar Autokratien, verfügen über mindestens eine Kammer der Legislative, die in irgendeiner Form am politischen Prozess beteiligt ist. Die wesentlichen Aufgaben jeder Legislative bestehen darin, sich an der Gesetzgebung und an der Allokation der Staatsausgaben zu beteiligen. In demokratischen Ländern ist diese Beteiligung viel stärker und einflussreicher als in Autokratien.

Im Folgenden ist der Begriff *erste Kammer* jener Kammer der Legislative vorbehalten, die vom Volk direkt gewählt wird und deshalb meist die politisch einflussreichste Kammer ist. Nur in wenigen Ländern existieren zwei Kammern der Legislative, die gleichermaßen einflussreich sind. Beispiele hierfür sind die Schweiz und die USA, wo Nationalrat und Ständerat bzw. Repräsentantenhaus und Senat gleichberechtigt sind. Die ersten Kammern der Legislative tragen je nach Staat unterschiedliche Namen wie etwa Bundestag (Deutschland), Nationalrat (Österreich), Nationalversammlung (Frankreich) oder Abgeordnetenhaus (Argentinien, Brasilien, Italien). Oftmals tragen erste Kammern auch nationale Eigennamen, wie z.B. Folketing (Dänemark), Eduskunta (Finnland), Knesset (Israel), Kukhoe (Südkorea) oder Duma (Russland).

Ein erster, offensichtlicher Unterschied zwischen ersten Kammern betrifft ihre Größe. Dieser Unterschied ist teilweise eine Folge der unterschiedlich großen Population der Staaten. So hat von den drei deutschsprachigen Staaten Europas Deutschland mit seinen rund 81 Millionen Einwohnern die mit Abstand größte Volksvertretung (rund 600 Mitglieder), gefolgt von der Schweiz und Österreich mit je rund 8 Millionen Einwohnern und rund 200 Volksvertretern. Der Zusammenhang zwischen Population und Größe der ersten Kammer ist jedoch nicht deterministisch. Sowohl Großbritannien (rund 62 Millionen Einwohner, 659 Sitze) als auch Italien (rund 60 Millionen Einwohner, 630 Sitze) haben ähnlich große Volksvertretungen wie Deutschland, obwohl die Bevölkerungen dieser beiden Staaten deutlich kleiner sind.

Je größer eine Kammer der Legislative ist, desto schwieriger ist es, Gesetzesvorlagen und andere politische Geschäfte im Plenum zu behandeln. Deshalb verfügen praktisch alle Legislativen über Untergruppen (ad hoc-Ausschüsse oder permanente Ausschüsse), in denen konkrete Fragen und Anträge diskutiert und Gesetzesentwürfe vorbereitet werden. Die Aufgabenbereiche von Ausschüssen entsprechen häufig dem Aufgabenbereich von Ministerien. Je nach Staat können die Einflussmöglichkeiten von Ausschüssen auf den Gesetzgebungsprozess sehr unterschiedlich sein.

In den westeuropäischen Ländern weist lediglich das House of Commons in Großbritannien keine permanenten Ausschüsse auf (Ismayr, 2008: 31–34). Ein geringer Einfluss von Ausschüssen auf die Gesetzgebung ist meist daran zu erkennen, dass das Plenum der Legislative die Rahmenbedingungen für einen Gesetzesentwurf *vor* der Beratung im betreffenden Ausschuss vorgibt (z.B. in Großbritannien, Irland, Dänemark und Spanien). Beispiele für Staaten, in denen Ausschüsse der Legislative einen großen Einfluss aufweisen, sind Schweden, Österreich, Deutschland, Island und die Schweiz (Mattson & Strøm, 1995, 2004). Wie einflussreich ein Ausschuss tatsächlich ist, kann auch davon abhängen, ob die Ausschussvorsitzende der Regierungspartei angehört, wie dies in Großbritannien, Frankreich, Italien, Griechenland und Irland meist der Fall ist, oder ob die Vorsitze der Ausschüsse proportional zwischen Regierung und Opposition verteilt werden, wie dies in den meisten westeuropäischen Staaten der Fall ist. In Schweden werden die Ausschüsse sogar paritätisch von Opposition und Regierung geführt, was der Opposition einen überproportionalen Einfluss auf den Gesetzgebungsprozess gibt.

Die Einflussmöglichkeiten der Legislative gegenüber Regierung und Gesellschaft insgesamt unterscheiden sich im Ländervergleich recht stark. So sind die Rechte der Legislative in manchen Ländern besonders umfassend, da es ihr möglich ist Regierungsdokumente einzusehen und Minister und Experten zu Ausschusssitzungen vorzuladen (Jahn, 2009 a, 2012 a). Gegenüber der Regierung sind die Legislativen insbesondere in den Niederlanden, den skandinavischen Ländern und Polen sehr stark (Döring, 1995 a: 31–38; Powell, 2000).

Die parlamentarische Arbeit wird in demokratischen Staaten weitgehend durch die Parteien organisiert, die sich in der Legislative in Fraktionen zusammentun. Dabei ist die Parteidisziplin, insbesondere das einheitliche Abstimmungsverhalten, in den westlichen Demokratien unterschiedlich stark ausgeprägt (Helms, 1999). In den meisten europäischen parlamentarischen Demokratien ist eine recht starke Parteidisziplin beobachtbar. Eine Ausnahme ist Italien. In präsidentiellen Systemen ist die Partei- oder Fraktionsdisziplin deutlich schwächer, etwa in den USA und Frankreich. Allerdings zeigen neuere Studien, dass auch in diesen politischen Systemen die Arbeit der Legislative durch Parteien strukturiert wird (Cox & McCubbins, 2005; Theriault, 2008).

11.2 Bikameralismus

Der Bikameralismus – die Existenz und das Zusammenwirken von zwei Kammern der Legislative – erfüllt im Wesentlichen zwei Funktionen (Tsebelis & Money, 1997: 15–16). Zum einen sollen durch eine zweite Kammer die politischen Entscheidungen eine bessere Qualität erlangen, da in der zweiten Kammer politische Anliegen und Gesetzesvorschläge nochmals unter anderen Perspektiven und Prämissen behandelt werden können (Effizienzkriterium). Die zweite Funktion ist politischer Natur und besteht im Schutz der Interessen von Minderheiten. Diese zweite Funktion kann unterschiedliche Ziele verfolgen, wie z.B. die systematische Vertretung von gesellschaftlichen Gruppen oder regionalen Einheiten. Zweikammersysteme weisen starke Unterschiede auf, mit denen wir uns weiter unten noch befassen werden (Tsebelis & Money, 1997: 165–85; Taagepera & Recchia, 2002).

11.2.1 Historische Wurzeln von zweiten Kammern

Ursprünglich bestand die Hauptfunktion der zweiten Kammer in einem konservativen Korrektiv zur „exzessiven Politik“ direkt gewählter Volksvertreter. In Anlehnung an die klassischen Regierungsinstitutionen im antiken Griechenland und Rom entwickelte sich eine funktionale Ausprägung des Bikameralismus nach sozialen Klassen und Statusgruppen. Bereits Aristoteles hatte sich mit dualen Regierungsberatungssystemen (Legislativen) in Athen, Sparta, Kreta und Karthago befasst, die sich in diesen vier Stadtstaaten zu unterschiedlichen Kammern ausdifferenzierten (Tsebelis & Money, 1997: 17–21). Ähnlich wie im antiken Griechenland entwickelte sich auch im antiken Rom ein Zweikammersystem. Hier ernannten die frühen Könige einen Ältestenrat – den Senat, der vielen zweiten Kammern ihren Namen gab. Eine zweite beratende Institution war die *comitia curiata* (Kurienversammlung), in der wie in den griechischen Stadtstaaten die unterschiedlichen Stämme repräsentiert waren. Die griechischen Philosophen Plato und Aristoteles favorisierten „gemischte Regierungen" gegenüber einfachen und auch die römischen Philosophen sahen hierin eine Lösung für die praktische Politik; wenngleich sie wie Cicero die verschiedenen Stärken der einzelnen einfachen Regierungsformen erkannten: „Es gewinnen uns durch ihre Leutseligkeit die Könige, durch ihre staatsmännische Klugheit die Optimaten, durch ihre Freiheit die Demokraten [...]." (Cicero, 2011: 49). Diese Tradition war dann auch wegweisend für die Konzeption Montesquieus (1689–1755) und die praktische Verwirklichung der Gewaltenteilung vor allem durch John Adams (1735–1826) in den USA.

Die historische, statusorientierte Herkunft der zweiten Kammer wird im modernen Parlamentarismus in Großbritannien (*House of Lords*) und Botswana (*House of Chiefs*) noch heute sehr deutlich. Die Mitglieder des House of Chiefs wurden bis 2005 zu einem großen Teil durch Erbrecht rekrutiert und repräsentierten damit ein konservatives Element. Durch die Vergrößerung des *House of Chiefs* von 15 auf 35 Mitglieder sank der Anteil der erbrechtlich rekrutierten Mitglieder (Sharma, 2011). Am britischen Beispiel lässt sich die Machtverschiebung von der Monarchie zur Aristokratie und zur allgemeinen Bevölkerung erkennen. Durch die Unterzeichnung der Magna Carta durch König John im Jahre 1215 wandelte sich der „Große Rat“ mit der Zeit von einer Institution der Beratung zu einer Legislative moderner Prägung. In diesem Rat waren die drei Statusgruppen vertreten: der Klerus, die „Lords“ und andere privilegierte Gesellschaftsgruppen. Später zog sich die Kirche aus dem Parlament zurück, wodurch eine Trennung zustande kam zwischen jenen, die sich selbst vertraten („*Lords*“) und jenen, die ihre Gemeinden vertraten („*Commons*“). Diese Teilung institutionalisierte sich im Laufe der Zeit und ab 1339, als die Ritter und „*burgesses*“ (Bürger) sich separat trafen, war das britische Zweikammersystem geschaffen.

Die politische Macht verschob sich graduell vom König zum *House of Lords (Upper House)* und mit der Ausweitung des Wahlrechts schließlich auf das *House of Commons (Lower House)*. In den 1880er Jahren wurde die Rolle bzw. Existenzberechtigung des *Upper House* kontrovers diskutiert und 1911 die Entscheidungsmacht letztlich dem *Lower House* zugeschrieben. Das wesentliche Machtinstrument, das dem *House of Lords* blieb, war die Befugnis, Gesetzesvorhaben bei Missbilligung zu verzögern. 1949 wurde jedoch auch diese Befugnis von drei auf ein Jahr reduziert. Die zweite Kammer in Großbritannien kann somit von der ersten Kammer verabschiedete Gesetze lediglich noch um ein Jahr verzögern.

An diesem Beispiel wird deutlich, dass die zweiten Kammern „institutionalisierte Kompromisse zwischen alten und neuen Legitimationsüberzeugungen darstellen" (Schüttemeyer & Sturm, 1992: 517). Abgesehen von den durch das Staatsoberhaupt ernannten Mitgliedern der zweiten Kammer in Großbritannien, Kanada, den karibischen *Commonwealth*-Staaten und Irland werden die Abgeordneten der zweiten Kammer heute zumeist indirekt gewählt, indem sie als Repräsentanten bestimmter geografischer Einheiten fungieren. Diese Form der Machtteilung zwischen zwei Kammern der Legislative ist neueren Datums und oftmals mit dem Föderalismus verbunden (Abschnitt 5.3.1 in Kapitel 5).

Im Gegensatz zum gesellschaftlichen Statusprinzip des Bikameralismus besitzt der territoriale Bikameralismus eine auch heute noch anerkannte Legitimation. Hier wird die Bevölkerung eines Staates insgesamt in der ersten Kammer vertreten und die territorialen Einheiten in der zweiten Kammer. Gilt Großbritannien als Prototyp des statusbezogenen Bikameralismus, sind die USA der Prototyp des territorialen Bikameralismus. Das territoriale Zweikammersystem der USA entstand durch die dualistische Vertretung des Mutterlandes (Großbritannien) einerseits und durch die Kolonialisten andererseits. Im Verfassungskonvent von 1787 wurde festgelegt, dass die neue Legislative der USA auf der nationalen Ebene aus zwei Kammern bestehen sollte. Insbesondere James Madison (1751–1836) begründete die Einführung des Zweikammersystems in „The Federalist Papers". Von nun an galt die zweite Kammer als Vertretungsorgan der einzelnen Bundesstaaten der USA, die im Senat gleichgewichtet (jeweils zwei Senatoren) präsent sind und ihre spezifischen Interessen dort vorbringen und vertreten.

Der Föderalismus erwies sich auch in anderen Staaten bei der Gestaltung der Grundstruktur der Legislative als prägend. So besaßen die konföderativen politischen Systeme des Deutschen Staatenbundes (1815–1866), der Schweizer Konföderation (1291–1798) und der Vereinten Provinzen der Niederlande (1579–1795) zunächst Einkammersysteme. Die Niederlande führten nach politischen Protesten 1848 eine zweite Kammer ein, durch die eine Repräsentanz der Provinzen gewährleistet werden sollte. In der Schweiz wurde 1848 bzw. 1874 bei der Schaffung des Bundesstaates ein Zweikammersystem eingeführt. Deutschland folgte dem Beispiel der Schweiz und führte zunächst im Deutschen Staatenbund (1866) und dann im Deutschen Reich (1871) ein Zweikammersystem ein.

Zweite Kammern sind somit in föderalen Systemen besonders einflussreich. Beispiele sind der Senat in den USA und Australien, der Ständerat in der Schweiz und der Bundesrat in Deutschland. Kanada und Österreich hingegen sind föderale Staaten mit schwachen zweiten Kammern und bilden damit eine Ausnahme.

Die durchschnittliche Größe der ersten Kammer lag um das Jahr 2000 in den 56 Zweikammersystemen der Welt bei 234 Abgeordneten (Taagepera & Recchia, 2002). Die zweite Kammer ist meistens kleiner. Ihre Größe variiert zwischen einem Maximum von 321 in Frankreich und 315 in Italien sowie 334 in Taiwan bis hin zu einem Minimum von nur 11 Abgeordneten in St. Lucia. Großbritannien ist mit 1.200 Mitgliedern ein Extremfall. Durchschnittlich umfasst die zweite Kammer 106 Abgeordnete und lediglich in Großbritannien und Taiwan ist die zweite Kammer größer als die erste.

Zweite Kammern unterscheiden sich von ersten Kammern oft auch dahingehend, dass die Amtszeit der Abgeordneten in der zweiten Kammer länger ist als die Amtszeit in der ersten Kammer und die Mandate in der zweiten Kammer oft schrittweise und nicht zeitgleich erneuert werden. In den USA werden z.B. alle zwei Jahre etwa ein Drittel der

Senatsmitglieder neu gewählt, während das Repräsentantenhaus alle zwei Jahre vollständig erneuert wird. Ähnliches gilt für Deutschland, wo die zweite Kammer jeweils schrittweise, aber in unregelmäßigen Intervallen durch die Übertragung der Regierungsmehrheiten in den Bundesländern erneuert wird.

11.2.2 Unterschiede im Einfluss der zweiten Kammer

Legislativen mit einer Kammer unterscheiden sich im Gesetzgebungsprozess von bikameralen Legislativen, da im letzteren Fall ein zweiter Akteur ein Mitspracherecht besitzt. Dabei variiert der Einfluss der zweiten Kammer innerhalb der Gruppe bikameraler Systeme. Lijphart (1999: 205–11) nennt zwei Faktoren, die diese Unterschiede erklären können: die Machtsymmetrie bzw. -asymmetrie zwischen den beiden Kammern, die sich aus der formalen verfassungsrechtlichen Stellung und der demokratischen Legitimation der zweiten Kammer ergibt und die politische Kongruenz (z.B. in Form der Parteienzusammensetzung) zwischen den beiden Parlamentskammern.

Machtsymmetrie zwischen den beiden Kammern

In den meisten nationalen Legislativen besitzt die zweite Kammer weniger politische Rechte als die erste. In parlamentarischen Systemen ist überwiegend die erste Kammer für die Wahl bzw. Bestätigung der Regierung zuständig. Häufig kann auch nur die erste Kammer die Regierung durch ein Misstrauensvotum zum Rücktritt zwingen. Im Gesetzgebungsprozess eröffnet in der Regel die erste Kammer die parlamentarischen Beratungen zu einem Vorschlag. Ihr Einfluss ist dann besonders stark, wenn sie eine ablehnende Entscheidung der zweiten Kammer in einer erneuten Behandlung der Vorlage (oft als Lesung bezeichnet) überstimmen kann. Nur eine Minderheit aller bikameralen Demokratien weist zwei formal völlig gleichwertige Parlamentskammern auf (z.B. die Schweiz und die USA).

Auch die demokratische Legitimation der Abgeordneten hat Auswirkungen auf den politischen Einfluss einer Kammer. Alle ersten Kammern demokratischer Staaten werden direkt durch das Volk gewählt, während die Abgeordneten der zweiten Kammer oft ohne direkte Mitwirkung der Wählerschaft bestimmt werden. In Großbritannien werden, wie oben erwähnt, die Abgeordneten des Oberhauses z.B. aufgrund ihrer aristokratischen Herkunft oder sonstiger Verdienste von der Monarchin auf Lebenszeit ernannt. Nur wenige zweite Kammern werden direkt vom Volk gewählt. Zweite Kammern, die nicht direkt gewählt werden, verfügen über eine geringere demokratische Legitimation als direkt gewählte erste Kammern. Dementsprechend üben diese meist weniger politischen Einfluss im Gesetzgebungsprozess aus. Umgekehrt kann eine direkte Wahl der zweiten Kammer zu einem gewissen Grad einen formal limitierten Einfluss kompensieren. Dieser Erklärungsfaktor für den Einfluss zweiter Kammern variiert somit von formaler Gleichberechtigung bis hin zu starken formalen Vorrechten der ersten Kammer.

Politische Kongruenz zwischen den beiden Kammern

Der zweite Erklärungsfaktor betrifft die politische Zusammensetzung beider Kammern. Insbesondere wenn die erste und zweite Kammer nach unterschiedlichen Wahlsystemen gewählt werden, ist die Wahrscheinlichkeit groß, dass die beiden Kammern parteipolitisch unterschiedlich zusammengesetzt sind und somit unterschiedliche Wählerinteressen vertreten. Ist dies der Fall, sind die beiden Kammern in ihrer politischen Grundorientierung inkongruent. Solche Unterschiede treten besonders häufig in föderalen Staaten auf, in denen die kleineren Teilstaaten in der zweiten Kammer meist überrepräsentiert sind. Neben parteipolitischen Unterschieden erlangen dann auch regionale Unterschiede zwischen den beiden Kammern Bedeutung. Der zweite Erklärungsfaktor variiert somit von politisch sehr kongruenter bis hin zu sehr inkongruenter Zusammensetzung der beiden Kammern. Je inkongruenter die Zusammensetzung der beiden Kammern ist, desto größer ist der Einfluss der zweiten Kammer auf den Gesetzgebungsprozess. Denn damit ist die ideologische Distanz zwischen den beiden Kammern größer. Wie wir im nächsten Abschnitt sehen werden, verkleinert die ideologische Distanz den Verhandlungsspielraum der beiden Kammern und verschafft so der zweiten Kammer mehr Einfluss.

Basierend auf diesen beiden Faktoren operationalisiert Lijphart (1999) den Einfluss der zweiten Kammer auf den Gesetzgebungsprozess. Formal symmetrische und politisch inkongruente Systeme werden als Systeme mit besonders einflussreichen zweiten Kammern klassifiziert (Zelle I in Abbildung 11.1), während in asymmetrischen, kongruenten Systemen der Einfluss der zweiten Kammer als schwach eingeschätzt wird (IV). Dazwischen liegen die kongruenten und symmetrischen (II) und die inkongruenten und asymmetrischen zweiten Kammern (III). Abbildung 11.1 zeigt, wie einflussreich zweite Kammern in verschiedenen bikameralen Demokratien sind und illustriert diese Kategorisierung mit konkreten Länderbeispielen.

	Kongruent	Inkongruent
Symmetrisch	*II* Belgien Italien Japan Niederlande Kolumbien	*I: starke zweite Kammer* Australien Deutschland Schweiz USA
Asymmetrisch	*IV: schwache zweite Kammer* Bahamas Barbados Irland Jamaika Österreich Trinidad & Tobago	*III* Frankreich Indien Kanada Spanien Venezuela

Abbildung 11.1: Charakteristika zweiter Kammern

Quelle: Basierend auf Lijphart (1999: 212)

Die in Abbildung 11.1 nicht aufgeführten Staaten Großbritannien und Botswana besitzen ebenfalls asymmetrische und inkongruente zweite Kammern. Allerdings sind diese noch schwächer als in jenen Ländern, die in Zelle III aufgeführt sind; die Abgeordneten der zweiten Kammer dort werden nicht gewählt, sondern ernannt und müssen sich keinen Wahlen (auch keinen indirekten) stellen. Deshalb ist der Einfluss der zweiten Kammern in diesen Ländern sehr gering.

11.3 Die Parlamente in Deutschland, Österreich und der Schweiz

Die politischen Systeme in Deutschland, Österreich und der Schweiz besitzen auf nationaler Ebene zwei Kammern. Die zweite Kammer in Österreich weist einen eher geringen Einfluss auf. In der Schweiz und Deutschland hingegen wirken beide zweiten Kammern stark am Gesetzgebungsprozess mit. In der Schweiz sind beide Kammern gleichberechtigt und in Deutschland kann der Bundesrat ebenfalls einen starken Einfluss auf die Politik ausüben.

11.3.1 Deutschland: Bundestag und Bundesrat

Das deutsche Parlament hat zwei Kammern. Die Abgeordneten der ersten Kammer, des Bundestags, werden alle vier Jahre durch eine personalisierte Verhältniswahl gewählt. Mit rund 600 Abgeordneten ist der Bundestag eine der weltweit größten Parlamentskammern. Aufgrund der starken Parteidisziplin im Deutschen Bundestag prägen die Fraktionen die Parlamentsarbeit.

Innerhalb jeder Fraktion gibt es Arbeitsgruppen, die weitgehend die Ministerien der Bundesregierung widerspiegeln. Eine der wichtigsten Aufgaben des Bundestages ist die Wahl der Bundeskanzlerin. Der Schwerpunkt der täglichen parlamentarischen Arbeit liegt neben den Arbeitsgruppen der Fraktionen in der Ausschussarbeit. Der Bundestag weist drei Arten von Ausschüssen auf, die jeweils dem Kräfteverhältnis der Fraktionen im Parlament entsprechend besetzt sind. Die ständigen Ausschüsse sind zum Teil vom Grundgesetz vorgeschrieben (Auswärtiger, EU-, Verteidigungs- und Petitionsausschuss) oder werden am Anfang der Legislaturperiode von den Abgeordneten eingesetzt. Von öffentlichen Anhörungen abgesehen tagen diese Fachausschüsse fast immer vertraulich und unter Ausschluss der Öffentlichkeit.

Zur Vorbereitung von Entscheidungen über sehr komplexe Fragen kann der Bundestag zusätzlich sogenannte Enquete-Kommissionen einrichten, die sich sowohl aus Abgeordneten als auch aus externen Sachverständigen zusammensetzen. Schließlich kann eine qualifizierte Minderheit (mindestens ein Viertel der Abgeordneten) die Einsetzung eines Untersuchungsausschusses beschließen. Untersuchungsausschüsse werden zur Aufklärung von Missständen oder umstrittenen Handlungen der Regierung eingesetzt und sind ein wichtiges Instrument zur Ausübung der parlamentarischen Kontrolle über die Regierung. Diese Ausschüsse werden daher überwiegend von der Opposition und als Instrument der politischen Profilierung vor Wahlen eingesetzt.

Die zweite Kammer, der Bundesrat, besteht aus 69 weisungsgebundenen Mitgliedern der Landesregierungen und garantiert so die politische Vertretung der Interessen der Bundesländer auf Bundesebene. Zwecks einer gleichen Vertretung der Länder bei gleichzeitiger Repräsentation gemäß Einwohnerzahl haben die Bundesländer je nach Größe unterschiedlich viele Stimmen im Bundesrat (3 bis 6 Stimmen). Der Bundesrat besitzt weniger Kompetenzen als der Bundestag, hat aber dennoch ein bedeutendes politisches Gewicht im parlamentarischen Willensbildungs- und Entscheidungsprozess.

Die Rolle des Bundesrats unterscheidet sich nach Art des Gesetzes, über das er berät und entscheidet. Besonders einflussreich ist der Bundesrat bei der Verabschiedung von sogenannten Zustimmungsgesetzen. Diese Gesetze, welche die Rechte, Pflichten, oder das Steueraufkommen der Länder betreffen oder die Verfassung ändern, können nur dann in Kraft treten, wenn der Bundesrat ihnen zustimmt. Bei allen anderen Bundesgesetzen kann der Bundesrat Einspruch gegen ihre Verabschiedung einlegen; er kann jedoch vom Bundestag mit absoluter Mehrheit (mehr als 50 Prozent der Stimmen) überstimmt werden.

Auch die Arbeit des Bundesrats wird überwiegend in ständigen Ausschüssen geleistet, die wie im Bundestag mit den Bundesministerien korrespondieren. Jedes Bundesland entsendet ein Bundesratsmitglied, das sich in der Regel durch eine Beamtin eines Landesministeriums vertreten lässt. Dies hat den Vorteil, dass die Erfahrungen der Landesbeamtin bei der Umsetzung von Gesetzen in den Gesetzgebungsprozess einfließen. Die Nachteile dieses Verfahrens liegen in den „bürokratischen" Stellungnahmen der Ausschüsse und darin, dass die so getroffenen Entscheidungen eine schwache demokratische Legitimation aufweisen (Ismayr, 1997; Laufer & Münch, 2000; Oberreuter, 2000).

Durch ihre Vertretung im Bundesrat besitzen die Landesregierungen auch auf Bundesebene einen erheblichen politischen Einfluss. Da die Ergebnisse von Landtagswahlen somit auch bundespolitische Auswirkungen haben, nehmen Landtagswahlen zunehmend den Charakter von „Bundesratswahlen" an. Der Einfluss des Bundesrats zeigt sich besonders dann, wenn in Bundestag und Bundesrat unterschiedliche politische Mehrheiten auftreten. Differenzen zwischen Bundestag und Bundesrat werden bei Zustimmungsgesetzen im Vermittlungsausschuss bereinigt. Dieser ist mit je gleich vielen Abgeordneten aus beiden Kammern besetzt und tagt vertraulich.

11.3.2 Österreich: Nationalrat und Bundesrat

Der ersten Kammer des österreichischen Parlamentes, dem Nationalrat, gehören 183 nach dem Verhältniswahlrecht gewählte Abgeordnete an. Wie in Deutschland sind auch in Österreich die Fraktionen, die sogenannten Klubs, das zentrale Strukturelement des Nationalrates. Die Besetzung der Ausschüsse und die Redezeiten im Plenum werden nach Klubstärke vergeben. Die Vorsitzenden der Klubs, die Klubobleute, bilden zusammen mit den drei Präsidenten des Nationalrats die sogenannte Präsidialkonferenz. Diese ist für die Organisation der Parlamentsarbeit zuständig.

Die Hauptarbeit im Gesetzgebungsprozess findet im österreichischen Nationalrat ebenfalls in den Ausschüssen statt. Dabei wird zwischen den vier zwingend vorgesehenen (Hauptausschuss, Rechnungshofausschuss, Immunitätsausschuss und Haushaltsausschuss) und den freiwilligen Ausschüssen unterschieden. In der Regel werden zahlreiche freiwillige Ausschüsse gebildet (in der 14. Gesetzgebungsperiode seit 2009 gibt es 41 ständige Ausschüsse). Deren Sitzungen sind grundsätzlich nicht öffentlich und ihre inhaltliche Ausrichtung entspricht weitgehend der Struktur der Regierung. Zur Erfüllung seiner Kontrollaufgaben gegenüber der Regierung bedient sich der Nationalrat auch dem Instrument der ad hoc eingerichteten Untersuchungsausschüsse. Ihre Tätigkeit ist quasi-öffentlich, da Medienvertreter zugelassen sind. Eine der wichtigsten Funktionen des Nationalrats ist darüber hinaus die Wahl der Bundesregierung.

Auch in Österreich sind in der zweiten Kammer, dem Bundesrat, die Bundesländer vertreten. Anders als in Deutschland werden seine 62 Mitglieder jedoch von den Landesparlamenten im Stärkeverhältnis der darin vertretenen Parteien ernannt (und nicht von den Landesregierungen). Einwohnerstarke Bundesländer entsenden dabei mehr Abgeordnete in den Bundesrat. Die Gliederung des Bundesrats in Fraktionen entspricht derjenigen des Nationalrats. Die Bundesratsabgeordneten gehören ebenfalls den von den Abgeordneten des Nationalrats geprägten Parlamentsklubs an.

Das Parlament Österreichs wird häufig als ein „unechtes" Zweikammersystem bezeichnet, da die Kompetenzen und die daraus folgenden politischen Machtverhältnisse zwischen den beiden Kammern sehr ungleich verteilt sind. Im Gegensatz zu Deutschland kann sich der österreichische Nationalrat im Gesetzgebungsverfahren im Falle eines Konflikts zwischen den beiden Kammern grundsätzlich immer gegen den Bundesrat durchsetzen, da diesem nur ein aufschiebendes (suspensives) Veto zukommt. Das österreichische Parlament kennt daher keine spezifische Institution zur Differenzbereinigung (Pelinka, 2008, 2009).

11.3.3 Schweiz: Nationalrat und Ständerat

Auch das Schweizer Parlament besitzt zwei Kammern. Der ersten Kammer, dem Nationalrat, gehören 200 Abgeordnete an, welche jeweils alle vier Jahre nach dem Verhältniswahlrecht gewählt werden. Das Schweizer Parlament weist eine Besonderheit auf: Es ist ein Milizparlament. Dies bedeutet, dass alle Abgeordneten neben ihrem Mandat noch einen anderen Beruf ausüben und in Teilzeit als Parlamentsabgeordnete arbeiten.

Auch in der Schweiz prägen die Fraktionen der im Parlament vertretenen Parteien die Arbeit im Nationalrat. Da die Parteidisziplin im Nationalrat z.B. im Vergleich zum Deutschen Bundestag jedoch eher schwach ist, sind die Fraktionen keine eigentlichen Machtzentren. Dem Nationalrat steht die jährlich wechselnde Nationalratspräsidentin vor, welche die Ratssitzungen und das Ratsbüro leitet. Das Ratsbüro bestimmt Sitzungstermine und die Tagesordnung und koordiniert zusammen mit dem Ratsbüro der zweiten Kammer (dem Ständerat) die Geschäfte zwischen den beiden Kammern.

Die Hauptarbeit findet auch im Schweizer Nationalrat in Ausschüssen, den sogenannten Kommissionen, statt. Dabei wird zwischen Legislativ-, Aufsichts- und Spezialkommissionen unterschieden. Der Nationalrat verfügt über zwölf ständige Kommissionen, zehn fachspezifische Kommissionen mit vorberatender Funktion und zwei Aufsichtskommissionen, welche je 25 Mitglieder aufweisen und die Sitzverteilung der Parteien im Nationalrat widerspiegeln. Zudem kann das Parlament zur Erfüllung seiner Kontrollfunktion und zur Aufdeckung von Missständen parlamentarische Untersuchungskommissionen ins Leben rufen. Sowohl Sitzungen als auch Protokolle der Kommissionen sind nicht öffentlich.

Der zweiten Kammer, dem Ständerat, gehören 46 Mitglieder an, je zwei für jeden der 20 Vollkantone und je ein Mitglied für jeden der sechs Halbkantone. Sie werden mit wenigen Ausnahmen am gleichen Tag wie die Nationalratsmitglieder gewählt; im Unterschied zum Nationalrat jedoch nach dem Mehrheits- und nicht nach dem Verhältniswahlrecht. Wie im Nationalrat ist auch im Ständerat das Ratsbüro für die Organisation zuständig. Die Mitglieder des Ständerats gehören den Parlamentsfraktionen des Nationalrats an. Sie bilden jedoch eigene Kommissionen (zehn Legislativkommissionen und zwei Aufsichtskommissionen und jeweilige Spezialkommissionen) mit jeweils 13 Mitgliedern.

Im Unterschied zu Deutschland und Österreich haben in der Schweiz Nationalrat und Ständerat die gleichen Rechte und Pflichten (Prinzip der Gleichwertigkeit). Während in vielen anderen Parlamenten nur einer Kammer die Wahlfunktion zugewiesen ist, üben die beiden Kammern des schweizerischen Parlamentes diese Funktion gemeinsam aus. Für wichtige Wahlen (z.B. die Wahl der Regierung und der Bundesrichter) treten beide Kammern zur Vereinigten Bundesversammlung zusammen (Linder, 2009). Eine weitere Auswirkung des Prinzips der Gleichwertigkeit ist, dass zur Verabschiedung eines Gesetzes immer beide Kammern zustimmen müssen. Dies ist nicht immer einfach, da sich die beiden Räte aufgrund der unterschiedlichen Wahlsysteme in ihrer parteipolitischen Zusammensetzung unterscheiden. So sind die Parteien der politischen Mitte (die CVP und FDP) aufgrund der Logik des Medianwählertheorems (siehe Abschnitt 8.1.5 in Kapitel 8) im Ständerat stärker vertreten als im Nationalrat. Hingegen besitzen im Nationalrat die zwei großen Parteien an den Rändern des politischen Links-Rechts-Spektrums (die SP und SVP) sowie kleinere Parteien, die aufgrund der Logik des Proporzprinzips und der Größe der Wahlkreise bei der Nationalratswahl größere Chancen haben, ein stärkeres Gewicht. Um Differenzen zwischen den beiden Kammern zu überwinden, treten Mitglieder aus beiden Kammern zur sogenannten Einigungskonferenz zusammen. Wenn ein Kompromiss zustande kommt, wird dieser anschließend in beiden Räten wieder beraten. Wenn kein Kompromiss erreicht wird und in den beiden Parlamentskammern verabschiedet werden kann, gilt eine Gesetzesvorlage als gescheitert.

11.4 Das Europäische Parlament

Das politische System der Europäischen Union (EU) weist besondere und für nationale Legislativen teilweise untypische Eigenschaften auf, da es sich in einem dynamischen Entwicklungsprozess befindet. Dies betrifft vor allem die Kompetenzzuweisung an das Europäische Parlament (EP) (Hix & Høyland, 2011: Kapitel 3).

Das EP ist neben der Europäischen Kommission und dem Ministerrat ein zentrales Gesetzgebungsorgan der Union, wobei letztere teilweise exekutive Aufgaben wahrnehmen. Das EP gilt zudem als das Aushängeschild der Demokratie auf europäischer Ebene. Dies nicht zuletzt aufgrund der Besonderheit des EU-Systems, dass die zentralen Institutionen – Kommission und Ministerrat – sowohl Legislativ- als auch Exekutivfunktionen ausüben und damit das traditionelle Prinzip der Gewaltenteilung zwischen Exekutive und Legislative durchkreuzen. Das Europäische Parlament ist das einzige Organ der EU, welches von der Bevölkerung der EU-Mitgliedsländer direkt gewählt wird. Weder die Kommission noch der Ministerrat oder der Präsident des Europäischen Rates sind vom Volk direkt gewählt.

Der europäische Gesetzgebungsprozess wird also von verschiedenen Organen bestimmt, sodass das Merkmal des Bikameralismus auch auf die EU-Legislative Anwendung finden kann. Die Anzahl der an der europäischen Gesetzgebung beteiligten Organe kann je nach Politikfeld und konkreter Gesetzgebungsform (bei der Verabschiedung von Richtlinien der EU etwa) sogar noch größer ausfallen. Dies trifft dann zu, wenn z.B. von der europäischen Legislative erlassene Gesetze in Form von Richtlinien noch von den nationalen Parlamenten der Mitgliedsländer in nationales Recht umgesetzt werden müssen. Richtlinien lassen den Mitgliedsländern bei der konkreten Ausgestaltung der Gesetzgebung größeren Freiraum. Als Vertretungsorgan der europäischen Wirtschafts- und Sozialverbände besitzt zudem der Wirtschafts- und Sozialausschuss (WSA) zumindest formale Anhörungsrechte bei vielen europäischen Gesetzgebungsvorhaben. Über ähnliche Rechte verfügt auch der Ausschuss der Regionen (AdR), der als Vertretungsorgan regionaler Interessen im Rahmen der EU dient.

Vergleichen wir das EP mit den nationalen Parlamenten der Mitgliedsstaaten der EU, so lassen sich Besonderheiten, aber auch Ähnlichkeiten ausmachen. Wenn wir nur das EP und den Ministerrat als die zentralen Instanzen der Legislative betrachten, ist eine wichtige Besonderheit des EP seine Stellung im europäischen Gesetzgebungsprozess. In den bisherigen Ausführungen zum Bikameralismus wurde dasjenige Organ bzw. diejenige Kammer als erste Kammer bezeichnet, die in allgemeinen Wahlen gewählt wird und die wichtigste Kammer ist. Während das erste Merkmal auf das EP zutrifft, ist umstritten, ob das EP auch das zweite Merkmal erfüllt. Die formalen Gesetzgebungskompetenzen des EP lassen es bestenfalls als mit dem Ministerrat gleichberechtigtes Gesetzgebungsorgan erscheinen. Nach der Einschätzung von Lijphart (1999: 45) könnte der Rat im Vergleich zum EP insgesamt sogar mächtiger sein, sodass der europäische Bikameralismus (wenn wir die Kommission und die anderen Gesetzgebungsorgane ausblenden) als asymmetrisch und inkongruent zu charakterisieren wäre. Lijphart verweist hierbei aber noch auf die Zeit des Maastrichter Vertrages von 1993. Da das EP nicht zuletzt durch die Vertragsrevisionen von Amsterdam (1999) und Lissabon (2009) deutlich an formalen Gesetzgebungskompetenzen hinzugewonnen hat, können wir den Bikameralismus in der EU mittlerweile als symmetrisch und inkongruent bezeichnen. Strittig dabei ist aber, ob das EP faktisch auch an Macht gewonnen hat (Christiansen und Dobbels 2012).

Vergleichen wir das EP anhand der weiter oben skizzierten Funktionen einer Legislative (Repräsentation der Wählerschaft, Kontrolle der Regierung) mit den Parlamenten der Mitgliedsländer, so werden ebenfalls einige Gemeinsamkeiten und Unterschiede bzw. Besonderheiten des EP erkennbar. Die Repräsentationsfunktion führt zu Fragen nach dem zur Anwendung kommenden Wahlsystem und der Umrechnung von Stimmanteilen in Sitzanteile (z.B. nach Parteien und Mitgliedsländern). Seit 1979 wird das EP wie die nationalen Parlamente auch von der Wahlbevölkerung in allen Mitgliedstaaten in allgemeinen Wahlen für eine Legislaturperiode von fünf Jahren gewählt. Insoweit weicht es nicht wesentlich von den Bestimmungen für Wahlen zu nationalen Parlamenten ab. Beim Wahlmodus ergeben sich allerdings Unterschiede dahingehend, dass in der Regel jeweils das in den Mitgliedstaaten geltende Wahlsystem zur Anwendung kommt (Wessels, 2008). Dabei reichen die nationalen Wahlverfahren von relativer oder absoluter Mehrheitswahl bis zu personalisierter oder reiner Verhältniswahl (siehe Abschnitt 6.1 in Kapitel 6).

Die proportionale Umsetzung von Stimmenanteilen in Sitzanteile für die bei den Wahlen kandidierenden Parteien wird jedoch durch die Struktur der Zusammensetzung des EP eingeschränkt. So verfügt jeder Mitgliedsstaat über einen in den Verträgen der EU quasi-konstitutionell festgelegten Anteil der seit der Europawahl im Juni 2009 verfügbaren 736 Sitze. Dieser Anteil korreliert mit der jeweiligen Bevölkerungsgröße der Mitgliedsländer, sodass Deutschland als bevölkerungsmäßig größter Mitgliedsstaat mit 99 Sitzen die größte Zahl an Sitzen zusteht, während Malta als kleinster Mitgliedsstaat die kleinste Anzahl, nämlich 5 Sitze zustehen. Die Sitzverteilung ist jedoch deutlich zugunsten der bevölkerungsmäßig kleineren Mitgliedsländer verzerrt: Ein Abgeordneter des EP aus Malta vertritt also wesentlich weniger Personen als z.B. ein Abgeordneter aus Deutschland. Diese Verzerrung kann deutlich stärker ausfallen als z.B. durch die ungleiche Größe von Wahlkreisen bei nationalen Wahlen. Sie kann sich dadurch auch auf die nach Parteien aufgeschlüsselte Sitzverteilung verzerrend auswirken, je nachdem welche Partei in welchen Mitgliedsländern einen größeren Stimmenanteil erringt.

Bei der Ausübung der Kontrollfunktion gegenüber der Regierung weist das EP ebenfalls Besonderheiten auf. Das EP besitzt bei der Kontrolle der Exekutive der EU, die sich aus dem Rat und der Kommission zusammensetzt (Abschnitt 12.1.4 in Kapitel

12), weniger Kompetenzen als die meisten nationalen Parlamente gegenüber ihren Regierungen. Dadurch, dass die Exekutive in der EU nicht aus dem Parlament hervorgeht, weist das EP in dieser Hinsicht mehr Ähnlichkeiten zum US-amerikanischen Kongress auf als zu den parlamentarischen Regierungssystemen der meisten EU-Mitgliedsländer. So hat das EP z.B. keine Möglichkeit, Einfluss auf die Zusammensetzung oder Abberufung des Rates auszuüben, der aus den Vertretern der Regierungen der Mitgliedsstaaten besteht. Bei der Kontrolle der Kommission (dem zweiten exekutiven Teilorgan der EU) hat das EP mehr Mitspracherecht. So muss das EP der Ernennung einer neuen Kommission als gesamtes Kollegium mit Mehrheit und zusammen mit dem Rat zustimmen. Die Kommission wird jeweils spätestens sechs Monate nach der Wahl des EP neu besetzt. Zudem hat nur das EP das Recht, die Kommission als gesamtes Kollegium durch ein Misstrauensvotum mit Zweidrittelmehrheit der abgegebenen Stimmen und der Mehrheit der Abgeordneten zu entlassen.

Auch die Gesetzgebungsfunktion des EP ist im Vergleich zu nationalen Parlamenten vergleichsweise eingeschränkt, wenngleich das EP, wie oben erläutert, seit seiner Anfangszeit deutlich an Kompetenzen hinzugewonnen hat. So hat das EP bei der Ausarbeitung und Verabschiedung der grundlegenden Vertragswerke der EU nur Anhörungsrechte. Diese Vertragswerke und die dazu führenden Entscheidungsprozesse haben also weitgehend intergouvernementalen Charakter. Dieses Monopol hätte mit der Einberufung eines Europäischen Konvents 2002/03 zur Ausarbeitung eines Vertrages über eine Verfassung für Europa durchbrochen oder zumindest eingeschränkt werden sollen. Dieses Unterfangen scheiterte letztlich jedoch (siehe Abschnitt 13.1.2 in Kapitel 13). Das EP besitzt also im Gegensatz zu den nationalen Parlamenten keine formalen Möglichkeiten, die „Verfassung" der EU aktiv zu verändern.

In allen anderen Bereichen, in denen dem EP Mitentscheidungsrechte eingeräumt werden, entscheidet das EP, soweit im Vertragswerk nicht anders vorgesehen, mit absoluter Mehrheit. Abweichungen davon betreffen z.B. das Haushaltsrecht. Ähnlich zu nationalen Parlamenten besitzt zwar das EP inzwischen auch das „Königsrecht" eines Parlamentes, nämlich den Staatshaushalt mitzuentscheiden, kann diesen jedoch nur als Gesamtpaket und mit absoluter Mehrheit der Abgeordneten sowie zwei Dritteln der abgegebenen Stimmen ablehnen – ansonsten gilt er als angenommen. Das auf nationaler Ebene ebenfalls dem Parlament vorbehaltene Recht der Veränderung der Steuer(-erhebung) – ein weiterer Teil des parlamentarischen „Königsrechts" – bleibt dem EP auf europäischer Ebene vorenthalten. Die EU verfügt nicht über eine eigene Steuererhebungskompetenz.

Zudem werden die gesetzgeberischen Rechte des EP dadurch eingeschränkt, dass die Kommission formal das alleinige Initiativrecht bei Gesetzgebungsvorhaben der EU innehat. Allerdings kann das EP zumindest mit der Mehrheit seiner Mitglieder die Kommission dazu auffordern, Vorschläge für Rechtsakte zu unterbreiten. Im Gegensatz zu nationalen Parlamenten hat das EP auch nicht bei allen Gesetzgebungsinitiativen in allen Politikfeldern Mitentscheidungsbefugnisse. Die jeweils zur Anwendung kommenden Gesetzgebungsverfahren, die sich auf die darin festgeschriebenen unterschiedlichen Mitwirkungsrechte des EP beziehen, können sich je nach Politikfeld stark unterscheiden (Hix & Høyland, 2011).

Insgesamt können mindestens vier Verfahren unterschieden werden, die zur Mehrzahl der europäischen Rechtsakte führen und in die das EP unterschiedlich stark eingebunden ist (im sogenannten einfachen Verfahren muss das EP de jure nicht eingebunden werden): das Anhörungs-, das Zusammenarbeits- bzw. Kooperations-, das Zustimmungs- und das Mitentscheidungsverfahren. Beim Anhörungsverfahren beschränkt sich das Recht des EP weitgehend auf Anhörungsrechte. Das EP muss in diesen Fällen Entscheidungen formell nicht zustimmen, bevor diese in Kraft treten können. Beim Zusammenarbeitsverfahren besitzt das EP nur ein suspensives (aufschiebendes) Vetorecht; beim Zustimmungsverfahren ist eine positive Zustimmung der Mehrheit der Abgeordneten notwendig. Vom Umfang der Rechtsetzungsakte und der Anzahl der Politikfelder her gesehen hat jedoch das Mitentscheidungsverfahren neben dem Anhörungsverfahren schrittweise die größte Bedeutung im europäischen Gesetzgebungsprozess erlangt und wurde im Vertrag von Lissabon zum normalen Verfahren erklärt.

Das Mitentscheidungsverfahren sieht die formelle Initiative der Kommission zu einem Gesetzgebungsakt vor, der dann in zwei Lesungen von EP und Rat beraten wird. In diesen Lesungen werden Abänderungsvorschläge des EP und sogenannte gemeinsame Standpunkte des Rates diskutiert. Wenn die in erster Lesung mit einfacher Mehrheit im EP beschlossenen Abänderungsvorschläge durch einen entsprechenden gemeinsamen Standpunkt des Rates verändert werden, gilt der Rechtsakt als gescheitert. Dieser gilt auch als gescheitert, wenn das EP in zweiter Lesung diesen gemeinsamen Standpunkt des Rates mit absoluter Mehrheit der Mitglieder ablehnt. Formuliert das EP in seiner zweiten Lesung dagegen ebenfalls mit absoluter Mehrheit Abänderungsvorschläge zum Ratsstandpunkt, so wird bei Nichtbilligung dieser Abänderungsvorschläge durch den Rat in dessen zweiter Lesung ein Vermittlungsausschuss eingesetzt, der sich paritätisch aus einer gleich großen Anzahl von Parlaments- und Ratsangehörigen zusammensetzt und der sich mit einem Kommissionsvertreter trifft. Wird in diesem Vermittlungsausschuss innerhalb von sechs Wochen eine Einigung erzielt und diese mit absoluter Mehrheit im EP und qualifizierter Mehrheit im Rat angenommen, so gilt der Rechtsakt als gültig, ansonsten als abschließend gescheitert. Dieses Mitentscheidungsverfahren gesteht also dem EP weitgehende und gegenüber dem Rat gleichberechtigte Mitwirkungsrechte zu, die sich nicht mehr wesentlich von denen eines nationalen Parlamentes unterscheiden. Unterschiede in der tatsächlichen Entscheidungsmacht zwischen EP und Rat ergeben sich hauptsächlich nur noch aus den unterschiedlichen Mehrheitserfordernissen in diesen beiden Kammern. Diese Erfordernisse sind im Ministerrat größer, da hier in den meisten Fällen eine qualifizierte Mehrheit notwendig ist. Dies vergrößert die Entscheidungsmacht des Rates gegenüber dem EP bzw. dessen Verhinderungsmacht.

Was die Parlamentsarbeit betrifft, so hat sich das EP zur Wahrnehmung seiner Legislativfunktion im Zuge der Einführung des Mitentscheidungsverfahrens im Vertrag von Maastricht (1993) und seiner Ausweitung in den Nachfolgeverträgen von Amsterdam (1999) und Lissabon (2009) weiterentwickelt. So hat das EP seine Arbeit in für einzelne Politikfelder zuständige Ausschüsse mit entsprechender spezifischer Fachkompetenz ausdifferenziert. Die Stellung der Abgeordneten des EP ist jedoch immer noch ambivalent: Die Kandidierenden für das EP werden von den jeweiligen nationalen Parteien für die Europawahlen aufgestellt, obwohl sie als gewählte Mitglieder des EP dann das Gesamtinteresse der europäischen Bevölkerung vertreten sollten. Auch wenn bis heute ein im Vergleich mit den nationalen Parteiensystemen ebenbürtiges europäisches Parteiensystem fehlt, schließen sich die meisten Parlamentsmitglieder im EP übernationalen Parteigruppierungen an. In der Mehrzahl der Fälle kann ein Abstimmungsverhalten der Parlamentsmitglieder nach der Zugehörigkeit zu diesen Parteigruppierungen beobachtet werden (Hix et al., 2007).

Insgesamt lässt sich feststellen, dass die demokratische Komponente und Basis der EU durch die Ausweitung der Rechte des EP zwar Schritt für Schritt vergrößert wurde, diese aber den Strukturen und Praktiken in den jeweiligen Mitgliedsländern noch nicht voll entsprechen. Diese größere formale demokratische Legitimation der EU wird zudem durch eine europaweit immer stärker nachlassende Wahlbeteiligung bei Europawahlen konterkariert. Problematisch erscheint in diesem Zusammenhang auch die Beobachtung, dass Europawahlkämpfe häufig als Wahlkämpfe zur Bewertung der Leistungen nationaler Regierungen geführt und sowohl von Parteien als auch von der Wahlbevölkerung als „second order elections" betrachtet werden (Reif und Schmitt 1980, Hix, Raunio, und Scully 2003, Hix und Marsh 2007).

11.5 Einfluss der zweiten Kammer auf den Gesetzgebungsprozess

Das Verhältnis von zwei Kammern der Legislative zueinander und der Einfluss der zweiten Kammer auf den Gesetzgebungsprozess stehen im Mittelpunkt der politikwissenschaftlichen Forschung zum Bikameralismus (Tsebelis & Money, 1997). Diese Forschung beruht vor allem auf analytischen Entscheidungsmodellen, welche die Positionen politischer Akteure in einem sogenannten Politikraum darstellen (Shepsle & Bonchek, 1997: 282–91; Jahn, 2013). Diese Modelle gehören zum Vetospieleransatz, der in Kapitel 5.4 vorgestellt wurde.

Abbildung 11.2 illustriert einen zweidimensionalen Politikraum. Die beiden Achsen symbolisieren zwei bestimmte Politikdimensionen, anhand derer die Präferenzen (Interessen) der Akteure eingeordnet werden. Wir können uns z.B. vorstellen, dass die erste Politikdimension die Präferenzen eines Akteurs in der Familienpolitik erfasst und von keinerlei staatlicher Kinderbetreuung bis hin zum verpflichtenden Besuch eines staatlich finanzierten Kindergartens reicht. Die zweite Dimension erfasst beispielsweise umweltpolitische Präferenzen und reicht z.B. von hohen Treibstoffsteuern zur Reduktion der Luftverschmutzung bis hin zu keinen Treibstoffsteuern. Wenn die beiden Dimensionen in einem Schaubild verbunden werden, entsteht daraus ein zweidimensionaler Politikraum wie in Abbildung 11.2 gezeigt.

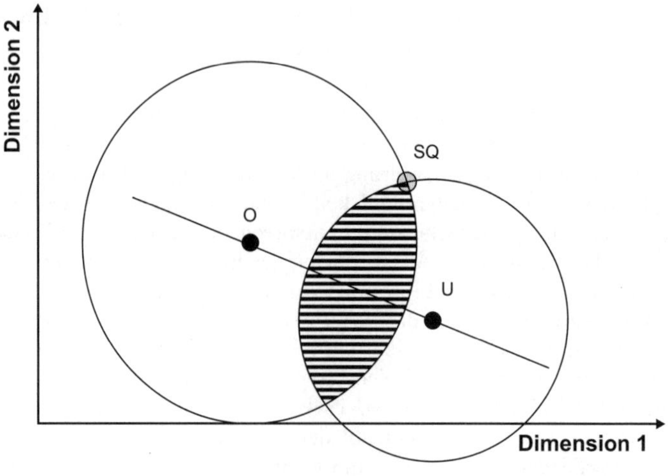

Abbildung 11.2: Einfluss der zweiten Kammer in einem zweidimensionalen Politikraum

11.5.1 Statisches Modell

Wenden wir uns nun dem Einfluss von zwei Parlamentskammern auf den Gesetzgebungsprozess im Kontext des in Abbildung 11.2 gezeigten Politikraumes zu. Dabei behandeln wir die zwei Kammern als Einheitsakteure. Wir nehmen an, dass jede Kammer als Ganzes eine bestimmte Politikpräferenz hat, die sich z.B. durch eine Diskussion und/oder Abstimmung in der Kammer ermitteln lässt, und die aus einer bestimmten Kombination von zwei Idealpunkten bzw. politischen Positionen (aus Sicht der Kammer) im zweidimensionalen Politikraum besteht. Diese Kombination von zwei Idealpunkten zieht die jeweilige Kammer jeder anderen Politikkombination vor. Von diesem Idealpunkt aus nehmen die Präferenzen kreisförmig ab: Je weiter weg ein Gesetzesvorschlag vom Idealpunkt der Kammer liegt, desto weniger Nutzen bringt ihr dieser Vorschlag. Jede Kammer hat ein Interesse daran, dass ein neues Gesetz oder bei einem Scheitern der Bemühungen der Status quo möglichst nahe bei ihrem Idealpunkt liegt. Zwischen Punkten, die genau gleich weit von ihrem Idealpunkt entfernt liegen, ist die Kammer indifferent. In Abbildung 11.2 bezeichnet U (Unterhaus) den Idealpunkt der ersten Kammer. O (Oberhaus) bezeichnet die Politikpräferenz der zweiten Kammer. Da die beiden Parlamentskammern in dieser Illustration unterschiedliche Politikpräferenzen aufweisen, befinden sich O und U an unterschiedlichen Orten im Politikraum. Die beiden Parlamentskammern sind also im weiter oben besprochenen Sinne politisch inkongruent. Den Idealpunkten der beiden Kammern gegenüber steht der Status quo (SQ), die politische Situation, die ohne eine Gesetzesänderung bestehen bleibt. Dieser Punkt entspricht weder der Präferenz der ersten noch der zweiten Kammer. Die derzeitige Gesetzeslage entspricht also nicht dem Idealpunkt einer der beiden Kammern, sodass es aus Sicht beider Kammern Verbesserungsmöglichkeiten gibt.

Um zu verstehen, ob durch eine Änderung der Gesetzeslage ein Punkt erreicht werden kann, der näher bei den Idealpunkten beider Kammern liegt, ziehen wir je einen Kreis um den Idealpunkt der zwei Kammern. Beide Kreise führen durch den Status quo. Alle Gesetzesvorschläge, die keine der beiden Parlamentskammern schlechter stellen als der Status quo, befinden sich im Schnittbereich der zwei Kreise (die in Abbildung 11.2 schraffierte Fläche). Diese Fläche illustriert damit den Verhandlungsspielraum zwischen den beiden Kammern.

Je größer der Verhandlungsspielraum ist, desto größer ist das Verbesserungspotential gegenüber dem Status quo. Mit dem Verbesserungspotential steigen auch die Chancen für eine Veränderung der Gesetzeslage. Je kleiner der Verhandlungsspielraum ist, desto unwahrscheinlicher ist eine Veränderung des Status quo; vorausgesetzt natürlich, dass die Zustimmung beider Kammern zu einem neuen Gesetz notwendig ist. In solchen Situationen sind bestehende Gesetze sehr stabil. Veränderungen sind kaum machbar. Könnte die erste Parlamentskammer alleine über Gesetzesänderungen bestimmen, würde sie jede Gesetzeslage, die nicht mit ihrem Idealpunkt übereinstimmt, entsprechend ändern. Wenn sie jedoch durch die zweite Kammer zu Kompromissen gezwungen wird, steigt die Wahrscheinlichkeit, dass der Status quo bestehen bleibt. Der Einfluss der zweiten Kammer hängt also einerseits von ihrer politischen Position gegenüber dem Status quo im Vergleich zur ersten Kammer ab. Andererseits ist er von ihrer verfassungsrechtlichen Beteiligung am Gesetzgebungsprozess abhängig. Das Modell liefert uns damit eine Begründung für die weiter oben bereits diskutierten zwei Erklärungsfaktoren Lijpharts (1999) für den Einfluss der zweiten Kammer.

11.5.2 Dynamisches Modell

Im soeben diskutierten Modell besitzen nur gleichberechtigte (symmetrische) zweite Kammern einen Einfluss auf die Gesetzgebung. Asymmetrische zweite Parlamentskammern haben keinen Einfluss. Die Realität zeigt jedoch, dass auch formell (scheinbar) machtlose zweite Kammern einen gewissen Einfluss haben können. Dem britischen Oberhaus, das Gesetzesänderungen lediglich verzögern kann, ist es z.B. mehrfach gelungen, ganze Gesetzesvorlagen zu verhindern. Ein ähnliches Bild zeigt sich für den französischen Senat, der trotz seiner institutionellen Schwäche in zahlreichen politischen Bereichen Siege feiern konnte (Tsebelis & Money, 1997). Diese Differenz zwischen Theorie und Empirie deutet darauf hin, dass das oben besprochene Modell die Realität zu stark vereinfacht. Im Folgenden betrachten wir daher eine dynamische Variante des Modells. Der Hauptunterschied ist, dass wir die beiden Parlamentskammern nicht mehr bloß zu einem Zeitpunkt, sondern über mehrere Zeitperioden hinweg interagieren lassen.

In diesem dynamischen Modell werden Gesetzesvorlagen wechselseitig beraten und zwischen den beiden Kammern hin- und hergeschoben, bis es zu einer Einigung kommt („Navette-Prinzip"). Beide Kammern können wechselseitig Vorschläge für Gesetzesänderungen vorlegen und entweder so lange weiter verhandeln, bis es zu einer Einigung kommt oder aber nach einer gewissen Zeit in ein Einigungsverfahren eintreten. Da Zeit in dynamischen Modellen eine entscheidende Rolle spielt, treffen wir eine zusätzliche Annahme: Grundsätzlich bevorzugt jede Kammer eine schnelle Einigung gegenüber einem langwierigen Verhandlungsprozess. Diese Annahme ist nicht ganz unrealistisch: Die Öffentlichkeit wertet unnötige Verzögerungen im Gesetzgebungsprozess oft als Zeichen parlamentarischer Ineffizienz. Langwierige Verfahren bergen überdies die Gefahr, dass einzelne Abgeordnete ihre Meinung ändern und sich im Laufe der Verhandlungen gegen den Gesetzesvorschlag stellen. Schließlich erfordern viele politische Probleme auch ein schnelles Handeln der Gesetzgeber. Aufgrund ihrer Abneigung gegenüber langen Verhandlungen ist jede Kammer gewillt, gegenüber der anderen Kammer gewisse Zugeständnisse (Konzessionen) zu machen, wenn diese zu einer schnelleren Einigung beitragen.

Auch im dynamischen Modell ist der Einfluss der zweiten Kammer von ihrer programmatischen (policy-bezogenen) Entfernung zur ersten Kammer sowie ihrem formalrechtlich festgesetzten Beteiligungsumfang am Gesetzgebungsprozess geprägt. Neu ist jedoch, dass in der dynamischen Variante auch die unterschiedlichen Entscheidungsregeln zur Bereinigung von Differenzen den Einfluss der zweiten Kammer beeinflussen. Die zweite Parlamentskammer gewinnt mit jeder staatsrechtlich vorgeschriebenen Verhandlungsrunde an Einfluss, selbst wenn die erste Kammer das letzte Wort hat.

Da auch in bikameralen Systemen mit einer formal schwachen zweiten Kammer Gesetzesentwürfe häufig durch diese Kammer behandelt werden müssen, kann diese durch eine Verzögerung der Verabschiedung des Gesetzes die erste Kammer zu Konzessionen bewegen. Je mehr die erste Kammer an einer schnellen Verabschiedung eines Gesetzes interessiert ist, desto größer werden die Konzessionen sein, die sie der zweiten Kammer macht, um diese zu einer schnellen Behandlung der Gesetzesvorlage zu motivieren. Macht die erste Kammer keine Konzessionen, so kann die zweite Kammer die Gesetzesvorlage ablehnen und dadurch den Prozess verzögern und so den Nutzen des Gesetzes für die erste Kammer verringern. Je größer also die staatsrechtlich vorgeschriebene Anzahl an Verhandlungsrunden ist, desto größer sind vermutlich die Konzessionen der ersten gegenüber der zweiten Parlamentskammer. Daraus folgt, dass selbst scheinbar machtlosen zweiten Kammern ein gewisser Einfluss im Gesetzgebungsprozess zukommt.

Aus den hier diskutierten Modellen können drei Hypothesen abgeleitet werden:

1. Je symmetrischer die Entscheidungskompetenzen zwischen zwei Kammern der Legislative verteilt sind, desto weniger Gesetzesänderungen sind zu erwarten.
2. Je politisch kongruenter zwei Kammern der Legislative sind, desto mehr Gesetzesänderungen werden verabschiedet.
3. Je größer die staatsrechtlich vorgeschriebene Anzahl an Verhandlungsrunden im Gesetzgebungsprozess ist, desto größer sind die Konzessionen der ersten gegenüber der zweiten Kammer.

Zahlreiche empirische Studien haben diese Hypothesen bestätigt (Tsebelis & Money, 1997; Binder, 1999; Tsebelis, 1999; Rogers, 2005). Rogers (2005) z.B. untersucht u.a. die Hypothese, dass inkongruente Parlamentskammern weniger Gesetze produzieren als kongruente Parlamentskammern. Diese Hypothese testet er im Rahmen eines „most similar systems"-Design (siehe Abschnitt 3.3.2 in Kapitel 3) basierend auf Daten zur Parlamentsstruktur und der Anzahl erlassener Gesetze von 23 US-Bundesstaaten im Zeitraum 1981–1993. Mit Hilfe von Regressionsanalysen und unter Berücksichtigung alternativer Erklärungsfaktoren für die Gesetzgebungsaktivität (z.B. ideologische Differenz zwischen Regierung und Parlament, Länge der Legislaturperiode, Anzahl der Parlamentarier, Größe des Staates und Zeittrend) zeigt er, dass inkongruente Parlamente rund 30 Prozent weniger Gesetze erlassen als Parlamente mit politisch homogenen Parlamentskammern. Parlamente mit politisch unterschiedlichen Kammern weisen also eine höhere Gesetzesstabilität auf.

Nachdem wir uns mit der Grundstruktur der Legislative im Sinne der beteiligten Akteure (Kammern der Legislative) befasst haben, wenden wir uns nun dem Gesetzgebungsprozess zu. Wir behandeln dabei Unterschiede im Gesetzgebungsprozess zwischen parlamentarischen und präsidentiellen Systemen sowie die Frage des Agenda-Settings.

11.6 Der Gesetzgebungsprozess

Gesetze und die Verabschiedung des Haushaltes (Staatsbudget) gehören zu den wichtigsten politischen Steuerungsmitteln in Demokratien. Legislativen spielen hier eine zentrale Rolle. Die Rahmenbedingungen für und die konkrete Ausgestaltung von Gesetzgebungsverfahren unterscheiden sich von Land zu Land und in dezentralisierten politischen Systemen auch zwischen subnationalen politischen Einheiten (z.B. zwischen Schweizer Kantonen). Auf allgemeiner Ebene lassen sich jedoch drei Grundtypen von Gesetzgebungsverfahren unterscheiden: das System der institutionellen Gewaltenverschränkung, das System der institutionellen Gewaltenteilung und das System der direkten Demokratie. Die Schweiz ist das wichtigste Beispiel für den Gesetzgebungsprozess im System der direkten Demokratie. Parlamentarische Systeme (z.B. Deutschland und Österreich) entsprechen dem Typus der institutionellen Gewaltenverschränkung. Die USA sind ein gutes Beispiel für ein System der institutionellen Gewaltenteilung. Im Folgenden beleuchten wir die Grundcharakteristika des Gesetzgebungsprozesses in gewaltenverschränkten (parlamentarischen) und in gewaltengeteilten (präsidentiellen) politischen Systemen.

11.6.1 Der Gesetzgebungsprozess in parlamentarischen Systemen

Der Gesetzgebungsprozess in parlamentarischen Demokratien läuft in bestimmten Phasen ab, die sich in genereller Form wie folgt charakterisieren lassen.

Gesetzesvorhaben werden meist von der Regierung initiiert, wenngleich die Initiative auch von anderen Akteuren ausgehen kann (z.B. von Abgeordneten, zweiten Kammern, Volksinitiativen) (Ismayr, 2008). Je nachdem wie eine Regierung organisiert ist, findet dieser Prozess mehr oder weniger koordiniert kollektiv im Kabinett statt oder er obliegt federführend dem Aufgabenbereich eines Ministeriums. Die fachlichen Ressourcen der Ministerialverwaltungen übersteigen in praktisch allen Staaten jene der Parlamente erheblich. Dies ist mithin ein Grund, weshalb die primäre Gesetzesvorbereitung meist durch Ministerialverwaltungen erfolgt.

Im nächsten Schritt wird ein Gesetzesentwurf ins Parlament eingebracht. Auch an dieser Stelle unterscheidet sich die Praxis der Behandlung von Gesetzesentwürfen von Land zu Land. In den meisten Parlamenten findet eine erste Lesung statt, in welcher der Gesetzesentwurf vorgestellt wird. Er wird sodann an einen Ausschuss der Legislative verwiesen, der den Entwurf im Detail diskutiert und gegebenenfalls abändert. Wie oben erwähnt, können je nach Land Parlamentsausschüsse unterschiedlich stark auf die Ausgestaltung eines Gesetzes Einfluss nehmen. Die Arbeit eines Ausschusses an einem Gesetzesvorschlag kann mehrere Monate andauern und auch Anhörungen von Experten und Interessengruppen umfassen.

Das Resultat der Arbeit im Ausschuss wird dann an das Plenum des Parlamentes übermittelt und dort beraten. Dabei kommt in allen europäischen (und auch vielen anderen) Staaten ein dreistufiges Verfahren zur Anwendung. Zuerst wird darüber debattiert und beschlossen, ob die Vorlage im Plenum überhaupt behandelt werden soll. Im nächsten Schritt wird Artikel für Artikel über den Gesetzesentwurf diskutiert und abgestimmt. In diesem Schritt wird auch über alle Änderungsanträge, zu denen im Ausschuss keine Einigkeit zustande kam, einzeln abgestimmt. Am Ende der Detailberatung wird über den Gesetzesentwurf als Ganzes abgestimmt.

In einem Zweikammersystem wird die Vorlage dann an die zweite Kammer übermittelt. Bei eventuell auftretenden Differenzen zwischen den beiden Kammern müssen diese bereinigt werden, bevor das Gesetz in Kraft treten kann – je nach formalem Status der zweiten Kammer kann dieses Erfordernis stärker oder schwächer sein. Wie oben diskutiert, können Differenzen zwischen den zwei Kammern den Gesetzgebungsprozess erheblich verzögern. In Einkammersystemen ist oft eine zweite Lesung vorgeschrieben, um übereilte Entscheidungen zu verhindern.

Die parlamentarische Entscheidungsfindung kann bei komplexen Gesetzesvorhaben (z.B. Revision des Krankenversicherungsgesetzes) und vielen Änderungsanträgen eine sehr langwierige Angelegenheit sein. Wie wir weiter unten noch sehen werden, spielt dabei u.a. auch die Reihenfolge von Abstimmungen über einzelne Anträge eine wichtige Rolle (siehe auch Kasten 11.1). Regeln zum Abstimmungsprozess sind auch ein wichtiger Bestandteil von Parlamentsordnungen und werden dort im Detail festgelegt. Zur Vereinfachung des Prozesses wird in der Regel die Methode der Eventualabstimmungen angewendet. Zunächst wird über weniger bedeutende Aspekte eines Gesetzesvorschlags abgestimmt. Dabei werden nur Anträge einander gegenübergestellt, welche die gleichen oder ähnliche Sachfragen betreffen. Schrittweise wird dann zu den bedeutsameren Fragen übergegangen, bis schließlich nur noch die bestehende Rechtslage (der Status quo) der Gesetzesänderung als Ganzes gegenübersteht und somit zur Abstimmung gelangt.

Praktisch alle Parlamentsordnungen halten fest, dass Beschlüsse nur dann gültig sind, wenn sowohl ein bestimmtes Anwesenheitsquorum (z.B. Mehrheit der anwesenden stimmberechtigten Mitglieder) als auch ein Beschlussquorum (z.B. Mehrheit der Mitglieder, ob anwesend oder nicht) erfüllt sind. Das Anwesenheitsquorum legt fest, wie viele Parlamentsabgeordnete im Plenum anwesend sein müssen, damit das Gremium beschlussfähig ist. In Deutschland und der Schweiz ist die Mehrheit (mindestens die Hälfte der Abgeordneten) der Parlamentsmitglieder pro Kammer erforderlich, in Österreich ein Drittel der Parlamentsmitglieder. Das Beschlussquorum besagt, wie viele Stimmen notwendig sind, um eine Vorlage zu verabschieden. In den meisten Ländern ist dies die absolute Mehrheit der Anwesenden. In fast allen Staaten existieren für bestimmte wichtige Entscheidungen, z.B. Verfassungsänderungen, höhere Beschlussquoren (z.B. Zweidrittelmehrheit) als für die Verabschiedung einfacher Gesetze.

In den meisten politischen Systemen folgt nach der parlamentarischen Beratung und Entscheidung eine Phase, in der andere Staatsorgane das Inkrafttreten des betreffenden Gesetzes verzögern oder gar verhindern können. Die geringsten Einflussmöglichkeiten durch andere Staatsorgane finden sich in rein parlamentarischen Systemen. In einigen parlamentarischen Systemen ist zwar vorgesehen, dass die Zustimmung des Staatsoberhauptes notwendig ist, doch ist diese Zustimmung in den meisten Fällen rein formeller Natur. Sie wird meist nur dann verweigert, wenn ein Gesetz offensichtlich verfassungswidrig ist. In einigen parlamentarischen Demokratien kann der Staatspräsident jedoch auch eine erneute Beratung der Vorlage in der Legislative anordnen. Manche Länder kennen darüber hinaus eine sogenannte präventive Verfassungsgerichtsbarkeit, bei der Gesetze vor ihrem Inkrafttreten auf ihre Verfassungsmäßigkeit überprüft und gegebenenfalls zurückgewiesen werden können (siehe Kapitel 13.2).

Bevor ein neues Gesetz in Kraft tritt, wird es in einer speziell dafür vorgesehenen und öffentlich zugänglichen Gesetzessammlung veröffentlicht. Dies entspricht einem wichtigen rechtsstaatlichen Prinzip: Alle Bürger müssen antizipieren bzw. wissen können, an welche Gesetze sie sich (in Zukunft) zu halten haben.

11.6.2 Der Gesetzgebungsprozess in präsidentiellen Systemen

Im institutionellen System der Gewaltenteilung (präsidentielles System) spielt die Legislative eine noch größere Rolle als in parlamentarischen Systemen. Hier geht die Initiative in der Gesetzgebung von der Legislative aus. Wenngleich z.B. in den USA jeder Bürger das Recht hat ein Gesetz vorzuschlagen, muss ein Vorschlag von einem Abgeordneten im Kongress formal eingebracht werden. Für die USA bedeutet dies, dass ein Gesetzesentwurf in beiden Kammern des Kongresses behandelt wird. Beide Kammern (Häuser) besitzen zu diesem Zweck spezielle Ausschüsse, die Gesetzesvorlagen ausarbeiten und beraten. Beide Häuser müssen letztlich identische Gesetzesvorlagen verabschieden, damit diese dem Präsidenten zur Unterschrift vorgelegt werden können.

Der Präsident kann die ihm von der Legislative unterbreitete Gesetzesvorlage unterzeichnen oder ablehnen und damit sein Veto einlegen. Er kann die Vorlage aber nicht abändern. Bei seiner Entscheidung wird er durch seine Regierung beraten. Legt der

Präsident sein Veto ein, kann in den USA der Kongress durch eine Zweidrittelmehrheit in beiden Häusern das Veto des Präsidenten überstimmen.

Die Regierung in den USA verkörpert stärker als in parlamentarischen Systemen das ausführende Organ und verfügt über mehrere untergeordnete Behörden. Deshalb hat sich in den USA für die Bezeichnung der Regierung auch der Begriff „Administration" eingebürgert.

Der Beratungs- und Entscheidungsprozess in der Legislative verläuft in parlamentarischen und präsidentiellen Systemen in unterschiedlichen Formen. Dies hat mit dem Ausmaß der (gegenseitigen) Abhängigkeit von Exekutiven und Legislativen zu tun. In parlamentarischen Systemen ist die Regierung dem Parlament zur Rechenschaft verpflichtet und kann von diesem abgesetzt werden. Da sich die Regierung direkt oder indirekt aus dem Parlament rekrutiert und Regierung und Parlamentsmehrheit voneinander abhängig sind, besteht eine Machtverflechtung zwischen Parlament und Regierung (Gewaltenverflechtung).

Dies bedeutet, dass Exekutiven und Legislativen in den beiden Systemen unterschiedliche Rollen im Gesetzgebungsverfahren einnehmen. Im parlamentarischen System bringt die Regierung Gesetze ein (Gesetzesinitiative) und kontrolliert somit in der Regel die politische Agenda. Die Legislative (Parlament) muss den Vorschlägen der Regierung in der Regel zustimmen oder diese ablehnen und kann diese meist nur in sehr begrenztem Rahmen abändern. In präsidentiellen Systemen geht die Gesetzesinitiative hingegen von der Legislative (Kongress) aus. Die Exekutive (der Präsident und seine Regierung) unterstützt diese oder legt sein Veto ein. Folglich hat in präsidentiellen Systemen die Legislative einen stärkeren Einfluss auf die Gesetzgebung als die Regierung (Tsebelis, 1995: 325).

11.6.3 Die Rolle des Agenda Setters im Gesetzgebungsprozess

Die Politikwissenschaft ist nicht nur an einer möglichst genauen Beschreibung des Gesetzgebungsprozesses interessiert, sondern auch an einer Erklärung von Unterschieden zwischen verschiedenen Parlamenten und den sie prägenden Prozessen. Sie befasst sich z.B. mit der Frage, wie sich unterschiedliche Formen des Gesetzgebungsprozesses auf das Machtverhältnis zwischen Regierung und Legislative oder zwischen Ausschüssen und Plenum innerhalb der Legislative auswirken (Rasch & Tsebelis, 2011; Keman & Müller-Rommel, 2012). Des Weiteren steht die Funktionsweise von Koalitions- und Minderheitsregierungen im Mittelpunkt des Interesses (Strøm, 1990; Döring, 1995 b; Döring & Hallerberg, 2004; Strøm et al., 2008). Wir konzentrieren uns hier auf einen konkreten Bereich der Parlamentsforschung, um diese Forschungsaktivität zu illustrieren: die Frage des Agenda-Settings.

Um den Gesetzgebungsprozess besser verstehen zu können, wurden in der Parlamentsforschung sogenannte Agenda-Setting-Modelle, Vetospielermodelle und Prinzipal-Agent-Modelle (siehe hierzu Abschnitt 12.1 im nachfolgenden Kapitel) entwickelt (Tsebelis, 2002; Cox & McCubbins, 2005). Neben den bisher beschriebenen institutionellen Rahmenbedingungen sowie den politischen Interessen der beteiligten Akteure hat die Abstimmungsreihenfolge im Gesetzgebungsprozess einen bedeutenden Einfluss auf das Resultat des Prozesses. Das sogenannte Condorcet-Paradoxon liefert die theoretische Grundlage für diese Behauptung (siehe Kasten 11.1). Im Wesentlichen besagt es, dass derjenige Akteur, der die Abstimmungsreihenfolge festlegen kann, einen besonders starken Einfluss besitzt. Dieser Akteur wird als Agenda Setter bezeichnet. Er bestimmt, was wann debattiert und worüber in welcher Reihenfolge abgestimmt wird.

11.1 Das Condorcet-Paradoxon: Mehrheitsregel und Abstimmungszyklen

Die Mehrheitsregel bei Abstimmungen in der Legislative hat den Vorteil, dass sie effizienter zu Entscheidungen führt und auch solche Entscheidungen ermöglicht, die über den kleinsten gemeinsamen Nenner hinaus reichen. Ein Nachteil der Mehrheitsregel ist jedoch, dass es zu Abstimmungszyklen kommen kann. Um zu verstehen, was ein Abstimmungszyklus ist und wie er zustande kommt, betrachten wir Abbildung 11.3.

Präferenzordnung	Person A	Person B	Person C
1. Wahl	x	z	y
2. Wahl	y	x	z
3. Wahl	z	y	x

Abbildung 11.3: Individuelle Präferenzordnungen

Hier müssen sich drei Personen (A, B, C) für eine von drei möglichen Politiken (x, y, z) entscheiden. Dabei hat jede der drei Personen eine unterschiedliche Präferenzordnung. Aus der Tabelle wird ersichtlich, dass beispielsweise Person A Option x gegenüber der Option y bevorzugt und y wiederum gegenüber der Option z.

Die Entscheidung, so sei hier angenommen, wird anhand eines zweistufigen Mehrheitsverfahrens getroffen. Zuerst stimmen die drei Personen über eine Kombination von zwei Alternativen ab. Die Entscheidung fällt anschließend in einem zweiten Schritt, bei dem die mehrheitsfähige Option aus der ersten Abstimmung gegen die dritte Option antritt. Diejenige Option, die dabei die Mehrheit erhält, gewinnt. Wird im obigen Beispiel zuerst über Option x gegen Option y abgestimmt, so gewinnt x gegen y, da zwei Personen (A und B) x gegenüber y bevorzugen, während nur eine Person (C) y gegenüber x bevorzugt. Im zweiten Schritt gewinnt dann z gegen x. Allerdings gäbe es eine Mehrheit gegen z, wenn in der ersten Abstimmung über y und z abgestimmt würde. Dies bedeutet, dass letztlich keine der drei Optionen durch die Mehrheitsabstimmung obsiegen kann: Jede Alternative erhält in genau einer der paarweisen Gegenüberstellungen die Mehrheit der Stimmen. Das obige individuelle Präferenzprofil führt somit zu einem endlosen Abstimmungszyklus, in welchem x gegenüber y bevorzugt wird, y gegenüber z, und z wiederum gegenüber x (d.h.: x>y>z>x). Im Übrigen würde auch keine absolute Mehrheit zustande kommen, wenn über die drei Optionen in einem Schritt abgestimmt würde.

Dieses Phänomen ist unter dem Namen *Condorcet-Paradoxon* bekannt geworden und deutet auf eine wichtige Eigenschaft der Mehrheitsregel hin: Auch wenn individuelle Präferenzprofile vollständig und transitiv sind (D.h., wenn eine Person x gegenüber y vorzieht und y gegenüber z, dann bevorzugt sie auch x gegenüber z. Ist dies nicht der Fall, so ist das Präferenzprofil dieser Person zyklisch und somit nicht transitiv), so muss das Abstimmungsergebnis *nicht* ebenfalls transitiv sein, sondern kann allein von der Abstimmungsreihenfolge abhängen.

Weiterführende Forschungsarbeiten haben gezeigt, dass jede Kombination von mehr als zwei Personen und zwei Entscheidungsoptionen zu einem Abstimmungszyklus führen kann. Die Wahrscheinlichkeit eines Abstimmungszyklus nimmt mit der Anzahl involvierter Personen und Alternativen zu. Demnach ist in großen Legislativen und bei komplexen Gesetzesvorlagen, bei denen aufgrund heterogener Interessen viele Entscheidungsoptionen existieren, das Risiko eines Condorcet-Paradoxons im Prinzip vorhanden. Um dieses Risiko zu minimieren, sind die Entscheidungsverfahren in Legislativen fast immer sehr detailliert geregelt und weisen bestimmten Personen (z.B. dem Parlamentspräsidenten oder dem Vorsitzenden eines Ausschusses) Kompetenzen beim Bestimmen der Abstimmungsreihenfolge zu. Diese Personen werden als Agenda Setter bezeichnet. Denn zu einem Condorcet-Paradoxon kann es nur kommen, wenn alle votierenden Personen genau die gleichen Rechte haben und niemand die Abstimmungsreihenfolge autoritativ bestimmen kann.

Staaten unterscheiden sich in der konkreten Ausgestaltung der Agenda-Setting-Funktionen im Gesetzgebungsprozess. Zwei Dimensionen sind dabei besonders relevant: die Anzahl der potentiellen Agenda Setter und die prozeduralen Rechte des Agenda Setters. Großbritannien weist z.B. einen Agenda Setter (die Regierung) mit starken prozeduralen Rechten auf, während das italienische Parlament über eine Vielzahl unterschiedlicher Agenda Setter verfügt (z.B. die Regierung, Mitglieder der Abgeordnetenkammer und des Senats), deren Rechte im Einzelnen stark eingeschränkt sind.

In Großbritannien kann die Regierungspartei bis auf wenige Tage im Jahr bestimmen, worüber im Plenum und in den Ausschüssen debattiert und wie prozedural abgestimmt wird. Zudem kann die Regierungspartei das Unterhaus dazu zwingen, innerhalb einer bestimmten Frist über einen Gesetzesvorschlag abzustimmen. In Italien dagegen muss die Konferenz der Parteivorsitzenden Einstimmigkeit über die parlamentarische Agenda erreichen. Kann sich diese Konferenz nicht einigen, entscheidet der Präsident. Dieser ist per Verfassung dazu verpflichtet, die Interessen der Regierung zu berücksichtigen. Allerdings trifft es auch häufig zu, dass der Präsident eine Entscheidung fällt, die den Interessen der Regierung widerspricht und nur durch eine Dreiviertelmehrheit aller Abgeordneten überstimmt werden kann.

Besonders komplex ist der Gesetzgebungsprozess in der EU, was zu unterschiedlichen theoretischen Erklärungen in der Politikwissenschaft geführt hat (Thomson et al., 2006). In der EU stehen sich mit dem Ministerrat und der Kommission zwei Exekutiven gegenüber. Hinzu kommt noch der Europäische Rat, der aus den Staats- und Regierungschefs der EU-Staaten besteht und die mittel- und langfristigen Politikziele vorgibt. Wenngleich im Gesetzgebungsprozess formell die Kommission der Agenda Setter ist, muss sich diese mit dem Ministerrat abstimmen. Allerdings wechselt der Ministerrat in manchen Fällen auch von seiner exekutiven Rolle zu einer legislativen und wird zusammen mit dem EP zur Legislative. In diesen Fällen ähnelt das politische System der EU einem Zweikammersystem, in dem der Ministerrat und das Europäische Parlament die beiden Kammern darstellen. Durch die Vielzahl der informellen Agenda Setter im politischen System der EU ist der Gesetzgebungsprozess oftmals sehr schwerfällig und bleibt auf der Ebene des kleinsten gemeinsamen Nenners haften.

Allgemein formuliert steigen mit der Anzahl der Agenda Setter die Verhandlungs- und Koordinationskosten. Je mehr Akteure beteiligt sind, desto größer sind die potentiellen Interessenunterschiede. Zudem steigen die Verhandlungs- und Koordinationskosten sowie das Risiko eines Condorcet-Paradoxons (Kasten 11.1), je schwächer die prozeduralen Rechte der einzelnen Agenda Setter sind. Dies führt in der Regel zur Verlangsamung des Gesetzgebungsprozesses.

11.7 Fazit

In diesem Kapitel haben wir uns mit der Legislative, einer der drei Staatsgewalten im zentralen politischen Entscheidungssystem, beschäftigt. Ihr fallen Aufgaben zu, die fundamentale Bestandteile demokratisch verfasster Staaten darstellen (Repräsentations-, Kontroll-, Gesetzgebungs- und Wahlfunktion). Wesentliche Aspekte der Organisation von Legislativen sind zum einen, ob diese in ein parlamentarisches oder präsidentielles System eingebettet sind, und zum anderen, ob die Legislative aus einer oder zwei Kammern besteht. Wie wir gesehen haben, haben diese institutionellen Aspekte weitreichende Folgen für das Verhalten und die Strategien politischer Akteure.

Die Hauptaufgaben der Legislative liegen im Bereich der Gesetzgebung und der Festlegung des Staatshaushaltes (Budget). Wir haben gesehen, dass der Gesetzgebungsprozess in verschiedenen Phasen abläuft und je nach Land unterschiedlich organisiert ist. Dennoch lassen sich durchaus gemeinsame Muster erkennen.

Wie in diesem Kapitel bereits deutlich wurde, beschränkt sich der Gesetzgebungsprozess nicht auf die Legislative. Insbesondere Regierungen sind in parlamentarischen Systemen die wichtigsten Agenda Setter. Aber auch Verwaltungen spielen eine entscheidende Rolle vor allem bei der Vorbereitung von Gesetzesvorlagen sowie bei der Umsetzung von Gesetzen. Im folgenden Kapitel werden wir uns deshalb auf diese beiden Akteure – Regierung und Verwaltung – konzentrieren.

Literaturempfehlungen

Einen allgemeinen Überblick über die Strukturen und Arbeitsweisen von Legislativen bieten:

Lehner, Franz & Widmaier, Ulrich (2005): Vergleichende Regierungslehre. Wiesbaden: VS Verlag.

Keman, Hans & Müller-Rommel, Ferdinand (Hrsg.) (2012): Party Government in the New Europe. London: Routledge.

Rasch, Bjørn Erik & Tsebelis, George (Hrsg.) (2011): The Role of Governments in Legislative Agenda-Setting. London: Routledge.

Ein gutes analytisches Einführungsbuch, welches anhand von ausgewählten Ländern die legislative Arbeit in parlamentarischen und präsidentiellen Systemen sowie in der Schweiz darstellt, ist:

Ismayr, Wolfgang (2008): Gesetzgebung in Westeuropa. EU-Staaten und Europäische Union. Wiesbaden: VS-Verlag.

Deskriptive Informationen zu vielen Aspekten von Parlamenten weltweit finden sich in:

International Center for Parliamentary Documentation of the Inter-Parliamentary Union (1986): Parliaments of the World: A Comparative Reference Compendium. Aldershot: Gower Cooperation.

Homepage der Knesset: www.knesset.gov.il/portal/eng/parls_eng.htm.

Inter-Parliamentary Union: http://www.ipu.org/english/home.htm.

Fundierte empirische Analysen der vergleichenden Parlamentarismusforschung finden sich in:

Döring, Herbert (1995): Parliaments and Majority Rule in Western Europe. Frankfurt a. M.: Campus.

Döring, Herbert & Hallerberg, Mark (2004): Patterns of Parliamentary Behavior. Passage of Legislation across Western Europe. Aldershot: Ashgate.

Ein Klassiker zu den politischen Effekten des Bikameralismus ist:

Tsebelis, George & Money, Jeannette (1997): Bicameralism. Cambridge: Cambridge University Press.

Gute Überblicke zum Stand der Forschung zu den Auswirkungen des Bikameralismus finden sich in:

Heller, William B. (2007): „Divided Politics: Bicameralism, Parties and Policy in Democratic Legislatures." In: Annual Review of Political Science 10: 245–269.

Riescher, Gisela, Ruß, Sabine & Haas, Christoph M., (Hrsg.) (2010): Zweite Kammern. München: Oldenbourg.

Zur Rolle der parlamentarischen Kommissionen im politischen Prozess :

Strøm, Kaare (2008): Minority Government and Majority Rule. Cambridge: Cambridge University Press.

Powell, Bingham G. (2000): Elections as Instruments of Democracy: Majoritarian and Proportional Visions. New Haven: Yale University Press.

Eine deskriptiv wertvolle sowie analytisch anspruchsvolle Einführung in das politische System der EU:

Hix, Simon & Høyland, Bjørn (2011): The Political System of the European Union. Houndmills: Palgrave.

Thomson, Robert et al. (Hrsg.) (2006): The European Union Decides. Testing Theories of European Decision-Making. Cambridge: Cambridge University Press.

Einen spannenden und unterhaltsamen Einblick in die Arbeitsweise eines Parlamentes bietet auch der Spielfilm „Mais im Bundeshuus" (auf Deutsch „Streit/Lärm im Bundeshaus"), in dem die Kommissionsarbeit und die Verabschiedung der Gentechnikgesetzgebung im schweizerischen Nationalrat dokumentiert wurde.

12. Regierung und Verwaltung

Die Regierung spielt im zentralen politischen Entscheidungssystem eines Staates eine wichtigere Rolle, als ihre staatsrechtliche Bezeichnung „Exekutive" vermuten lässt. Sie vollzieht nicht nur Gesetze, sondern bereitet die Gesetzgebung auch vor und agiert auf der Verordnungs- bzw. Regulierungsebene teilweise sogar selbst als Gesetzgeber. Sie leitet und beaufsichtigt die öffentliche Verwaltung, verwaltet das staatliche Vermögen, informiert die Öffentlichkeit und repräsentiert den Staat nach innen und außen. Mit dem starken Ausbau des Sozialstaates in den meisten Industrieländern sind im Laufe des 20. Jahrhunderts auch die staatlichen Steuerungsaufgaben und die Komplexität ihrer Durchführung stark gewachsen. Diese Entwicklung hat u. a. zu einem umfangreichen öffentlichen Verwaltungsapparat geführt. Die Funktionen der Verwaltung lassen sich am besten durch das umschreiben, was sie nicht sind: Verwaltungstätigkeit ist diejenige Staatstätigkeit, die weder Gesetzgebung noch Rechtsprechung ist.

Im ersten Teil dieses Kapitels beschäftigen wir uns mit der Entstehung, Organisation und Funktion von Regierungen und Verwaltungen. Dieser Teil beinhaltet auch eine Beschreibung der Regierung und Verwaltung in Deutschland, Österreich und der Schweiz. Im zweiten Teil befassen wir uns mit zwei Fragen zur Regierung, die von Politikwissenschaftlern besonders intensiv untersucht wurden: Erstens, wie lässt sich die Entstehung von Koalitionsregierungen, der mit Abstand häufigsten Regierungsform Westeuropas, erklären? Zweitens, welche Faktoren bestimmen die politische Handlungskapazität von Regierungen? Der dritte Teil beschäftigt sich mit der Verwaltung. Im Mittelpunkt steht dabei die Bürokratietheorie, die sowohl das Verhalten von Verwaltungen als auch das Verhältnis zwischen Regierung und Verwaltung beleuchtet.

12.1 Entstehung, Organisation, Stellung und Funktionen von Regierungen und Verwaltungen

Wir nähern uns zunächst den Untersuchungsgegenständen dieses Kapitels, der Regierung und der Verwaltung, in vorwiegend beschreibender Weise. Im zweiten und dritten Kapitelabschnitt verfolgen wir dann stärker analytische Fragen.

12.1.1 Regierung

Entstehung demokratischer Regierungen

Erste Regierungsformen mit demokratischen Zügen entwickelten sich bereits in der Antike. Die im 5. Jahrhundert v.Chr. unter Perikles entstandene Regierungsform Athens (die sogenannte attische Demokratie) ist das bekannteste Beispiel. Sie basierte auf dem direktdemokratischen Element der Teilnahme von Bürgern an allen wichtigen politischen Entscheidungen. Die Volksversammlung, welcher alle volljährigen, freien, männlichen Bürger Athens angehörten (Frauen, Sklaven und andere Nichtbürger blieben ausgeschlossen), erließ nicht nur Gesetze, sondern befasste sich auch mit der Tagespolitik und traf zahlreiche Entscheide über Einzelfragen. Sie bestimmte durch Los auch einen 500 Mitglieder starken Rat, der als Vorläufer demokratischer Regierungen betrachtet werden kann. An diesen Rat wurden bestimmte Aufgaben und Entscheidungskompetenzen delegiert.

Eine weitere Wurzel demokratischer Regierungsformen liegt im Absolutismus. Bereits im 19. Jahrhundert unterhielten viele europäische Monarchen ein „Ministerium". Dieses lässt sich am besten als ein kollegiales Gremium der wichtigsten Berater (Minister) des Monarchen beschreiben. Der Sprecher (oft Premierminister, Ministerpräsident oder Kanzler genannt) besaß häufig eine hervorgehobene Stellung, insbesondere in Staaten, in denen die Einführung einer geschriebenen Staatsverfassung bei Verfügungen des Monarchen eine Gegenzeichnung des Premierministers erforderte. Diese Position erlaubte dem „ersten Minister", häufig durch politisches Geschick und persönliche Autorität, die Unterstützung der politischen Eliten des Landes zu gewinnen. So gelangte er nicht nur zu erheblichem öffentlichem Ansehen, sondern vermochte es auch, den Monarchen zur Unterlassung oder Abänderung seiner Anweisungen zu bewegen.

Der Premierminister wurde somit zu einem wichtigen politischen Akteur in Monarchien. Insbesondere übernahm er Verantwortung für die Entscheidungen des Monarchen, wodurch sich dieser für seine Handlungen weniger rechtfertigen musste und somit zunehmend eine Art überparteiliche Stellung erlangte. Der Premierminister hingegen wurde gegenüber der Öffentlichkeit und dem Parlament (sofern ein solches existierte) für die Konsequenzen politischer Entscheidungen zunehmend verantwortlich gemacht. In vielen Staaten wurde im Laufe der Zeit sogar in der Verfassung verankert, dass der Premierminister nur mit dem Vertrauen des Parlamentes im Amt bleiben kann. Damit war das in vielen Staaten heute vorherrschende parlamentarische Regierungssystem (Abschnitt 5.2.1 in Kapitel 5) begründet.

Stark vereinfacht ausgedrückt, besteht somit die Regierung in heutigen Demokratien aus demjenigen Teil des vormaligen absolutistischen Monarchen, der nach der Abtrennung legislativer (Parlament) und richterlicher (Justiz) Aufgaben zwecks Gewaltenteilung und Machtbegrenzung übrig geblieben ist. Diese Abtrennung setzte im 12./13. Jahrhundert in England ein und wurde in den meisten Demokratien von heute im 20. Jahrhundert abgeschlossen. In der Realität ist die Gewaltenteilung zwischen Regierung und Legislative allerdings unvollständig geblieben. In praktisch allen Staaten nimmt die Regierung auch gewisse gesetzgeberische Aufgaben wahr, wobei ihr Einfluss auf die Gesetzgebung je nach Regierungsorganisation unterschiedlich sein kann.

Formen der Regierungsorganisation

Wie genau eine Regierung zusammengesetzt ist, Entscheidungen trifft und wie ihr Verhältnis zur Legislative beschaffen ist, wird vor allem durch die Regierungsorganisation bestimmt. In parlamentarischen Systemen ist der Einfluss der Regierung auf die Gesetzgebung in der Regel stärker als in präsidentiellen Systemen.

Präsidentielle Systeme wie z. B. diejenigen in den USA und den meisten Staaten Lateinamerikas weisen eine sogenannte monokratische Form der Regierung auf: Der Präsident als Einzelperson ist Träger der Exekutivgewalt. Minister sind in diesem Systemtyp nicht Regierungsmitglieder im engen Sinne, sondern vorwiegend Leiter von Fachressorts. Sie werden vom Präsidenten ernannt, bedürfen in der Regel die Bestätigung durch das Parlament und können vom Präsidenten jederzeit entlassen werden. Sie sind somit vornehmlich als Berater bzw. Mitarbeiter des Präsidenten zu betrachten. Die starke Stellung des Präsidenten ergibt sich zusätzlich daraus, dass er gemäß der Verfassung auch Staatsoberhaupt ist und den Staat nach außen und innen repräsentiert. Um dieser Machtfülle des Präsidenten Grenzen zu setzen, erlauben die meisten präsidentiellen Systeme maximal zwei Amtsperioden.

In Systemen mit Kollegialregierungen, z. B. in der Schweiz, werden alle wichtigen Entscheidungen von den Regierungsmitgliedern gemeinsam nach dem Mehrheitsprinzip gefällt. Die Regierungsmitglieder sind einander gleichgestellt. Durch die Aufteilung der Macht auf mehrere Amtsträger wird eine gegenseitige Kontrolle angestrebt. In der Regel bekleidet eines der Regierungsmitglieder für eine bestimmte Zeit (z. B. ein Jahr – wie etwa in der Schweiz) das Amt des Staatsoberhauptes und geht neben seiner Regierungstätigkeit auch den mit dem Amt des Staatsoberhauptes verbundenen Repräsentationsverpflichtungen nach.

Eine sehr häufig anzutreffende Kombination der beiden Extremformen ist die Kabinettsregierung in parlamentarischen Systemen. Diese findet sich z. B. in Großbritannien, Deutschland, Italien und Österreich. Sie besteht aus einem Kollegium aller Minister unter dem Vorsitz des Premierministers, Ministerpräsidenten oder Bundeskanzlers. Die Minister stehen ihren hierarchisch aufgebauten Ministerien vor und verfügen gegenüber der Ministerialverwaltung über ein administratives Weisungsrecht. Kabinettsregierungen, in denen der Vorsitzende des Kabinetts eine besonders starke Stellung aufweist (z. B. in Großbritannien), werden oft auch Premierministersysteme genannt. Getrennt von der Kabinettsregierung existiert ein Staatsoberhaupt in der Person eines Staatspräsidenten oder Monarchen, der primär repräsentative Funktionen ausübt. Im Konkreten sind je nach Land und Zeitperiode erhebliche Unterschiede beim Machtverhältnis zwischen Premierminister und den anderen Kabinettsmitgliedern beobachtbar. In vielen parlamentarischen Systemen lässt sich z. B. seit den 1960er Jahren eine etwas paradox anmutende Machtverlagerung beobachten: Einerseits eine Stärkung der Stellung des Premierministers (Tendenz zur monokratischen Regierungsstruktur) und andererseits eine Stärkung der Stellung der einzelnen Minister (Tendenz zur fragmentierten Regierungsstruktur) (Dunleavy & Rhodes, 1990; Andeweg, 1997).

Diese Überlegungen bzw. Beobachtungen haben zur Entwicklung verschiedener Typologien geführt. So analysieren manche Autoren die zunehmende Machtfülle der Regierungsoberhäupte in parlamentarischen Demokratien und sprechen von einer „Präsidentialisierung" (Poguntke & Webb, 2005). Andere Autoren (Laver & Shepsle, 1996) betonen die umfangreichen Entscheidungsbefugnisse von Ministern und bezeichnen die entsprechende Regierungsform als Ministermodell. Diese beiden Regierungstypen werden dem Kabinettsmodell entgegengestellt. In diesem beruhen Regierungsentscheidungen auf dem Konsensprinzip oder gehen aus der proportionalen Stärke der einzelnen Regierungsparteien hervor. Die Funktionsweise des Konsensmodells geht davon aus, dass die Regierungsparteien in einer Koalitionsregierung entsprechend ihrem Wahlergebnis Kabinettssitze und proportionalen Einfluss erhalten (Achen, 2006). Die proportionale Übersetzung der Wahlergebnisse (parlamentarische Sitze) in Kabinettssitze wird bisweilen auch als „Gamsons Gesetz" bezeichnet (Gamson, 1961; Carroll & Cox, 2007).

Diese soeben diskutierten Typologien verschaffen uns einen generellen Überblick über unterschiedliche Regierungsformen weltweit. Die große Mehrheit der demokratischen Regierungen im internationalen System fällt allerdings in die Kategorie der Kabinettsregierung, die unterschiedliche Ausprägungen aufweisen kann (v. a. Kollektiv-, Minister- und Regierungschefmodelle). Diese Tatsache schmälert den Informationsgehalt der Typologie (geringe Varianz), insbesondere im europäischen Kontext. Eine zweite Typologie parlamentarischer Systeme erlaubt eine nuancenreichere Unterscheidung. Diese ist analytisch nützlich, weil sie der Erklärung der Stabilität von Regierungen dienen kann.

Jahn (2013) klassifiziert Regierungen entlang von zwei Dimensionen. Zum einen unterscheidet er zwischen Mehrheits- und Minderheitsregierungen und zum anderen zwischen Einparteien- und Koalitionsregierungen. Jede der vier daraus resultierenden Kombinationen ist in der Realität beobachtbar. Die Regierung Großbritanniens ist z. B. eine Kombination von Mehrheits- und Einparteienregierung, wenngleich als Resultat der Wahl von 2010 zum ersten Mal in Großbritanniens parlamentarischer Geschichte der Nachkriegszeit eine Koalitionsregierung installiert wurde. Alle Regierungsmitglieder gehören einer Partei an und diese verfügt über die Mehrheit im Parlament. Regierungen dieses Typs sind meist sehr stabil, da sie in der Regel ideologisch sehr homogen sind. Das größte Stabilitätsrisiko für solche Regierungen besteht häufig darin, dass in großen Parteien unterschiedliche Strömungen auftreten können.

Deutschland ist ein Beispiel für eine Mehrheits- und Koalitionsregierung. Die Regierung setzt sich wie beim vorhergehenden Typ auch aus Vertretern der Mehrheit im Parlament zusammen. Diese Mehrheit umfasst jedoch mehr als eine Partei. Regierungen dieser Art sind in der Regel instabiler als Einparteienregierungen, da der beteiligte Personenkreis ideologisch heterogener ist und unterschiedliche Ziele verfolgt. Daher ist auch die Bildung solcher Regierungen von strategischen Überlegungen geprägt. Im zweiten Teil dieses Kapitels beschäftigen wir uns ausführlich mit der Koalitionsbildung.

Die verbleibenden zwei Kombinationen (Minderheits- und Einparteienregierung und Minderheits- und Koalitionsregierung) treten oft in skandinavischen Ländern auf. Wie die Bezeichnung schon sagt, besitzt die Regierung im Parlament keine Mehrheit und ist somit von der punktuellen Kooperation mit Oppositionsparteien abhängig. Dies erschwert die Regierungsarbeit und kann die Regierungsstabilität erheblich reduzieren. Dabei ist es für eine Einparteienminderheitsregierung noch relativ einfach, einen punktuellen Kooperationspartner aus den Oppositionsparteien zu gewinnen. In Schweden hat auf diese Weise die Sozialdemokratische Arbeiterpartei den Wohlfahrtsstaat auf- und ausgebaut. Handelt es sich jedoch um Mehrparteienminderheitsregierungen (z. B. die Niederlande; Regierungskabinett unter Ministerpräsident Rutte 2010–2012), finden Kompromissverhandlungen sowohl zwischen den Regierungsparteien als auch den Oppositionsparteien statt, was die Regierungsstabilität erheblich reduziert (siehe auch Abschnitt 12.2.2).

Minderheitsregierungen können durch gewisse Verfahrensregeln gefördert werden. Die meisten skandinavischen Länder weisen z. B. ein System des sogenannten „negativen Parlamentarismus“ auf. In diesem benötigt die Regierung nicht unbedingt die Mehrheit der Stimmen im Parlament, um ihre Pläne umzusetzen oder im Amt zu bleiben. Sie muss lediglich darauf achten, dass sich keine Mehrheiten gegen die Regierung und ihre Gesetzesvorschläge bilden. Hinzu kommt, dass Stimmenthaltungen, die im positiven Parlamentarismus zugunsten der Opposition wirken, im negativen Parlamentarismus als die Regierung unterstützend gezählt werden. Umfasst z. B. ein Parlament 100 Sitze, sind im positivem Parlamentarismus mindestens 51 Zustimmungen nötig, um ein Gesetz zu verabschieden. Im negativen Parlamentarismus hingegen müssen sich 51 Abgeordnete gegen das betreffende Gesetz aussprechen. Dies bedeutet: Wenn 50 Abgeordnete gegen das Gesetz sind und 50 dafür, wird das Gesetz im positiven Parlamentarismus abgelehnt und im negativen Parlamentarismus angenommen (Bergman, 1993).

Stellung und Funktion der Regierung im demokratischen System

Wie in Kapitel 5.2 bereits ausführlich diskutiert, sind zwei Faktoren für die Stellung und Funktion der Regierung in einem demokratischen System zentral. Erstens sind Regierung und Parlament in parlamentarischen Systemen stark voneinander abhängig, während Regierung und Parlament in präsidentiellen Systemen weitgehend voneinander unabhängig sind. Ein präsidentielles System zeichnet sich somit durch eine stärkere Trennung zwischen Regierung und Parlament aus, während diese Form der Gewaltenteilung in parlamentarischen Systemen schwächer ist. Zweitens unterscheiden sich parlamentarische und präsidentielle Systeme darin, wie die Regierung und das Staatsoberhaupt gewählt werden. In parlamentarischen Systemen werden die Regierung und häufig auch das Staatsoberhaupt vom Parlament gewählt. In präsidentiellen Systemen hingegen wählen die Stimmberechtigten das Staatsoberhaupt direkt, und dieses bildet unter Mitwirkung des Parlaments eine Regierung. In präsidentiellen Systemen ist somit die Stellung der Regierung gegenüber dem Parlament stärker (d. h. unabhängiger) als in parlamentarischen Systemen (Lijphart, 1999: 117–18).

Diese Unterscheidungen parlamentarischer und präsidentieller Systeme sind besonders im europäischen Kontext nur begrenzt nützlich, weil die meisten Systeme Europas parlamentarisch sind. Drei institutionelle Unterschiede parlamentarischer Systeme helfen uns jedoch die Stellung der Regierung innerhalb von parlamentarischen Systemen detaillierter zu erfassen.

Die erste Unterscheidung betrifft die Vereinbarkeit von Regierungs- und Parlamentsmitgliedschaft. Einige Staaten, z. B. Großbritannien und viele der ehemaligen britischen Kolonien, sehen vor, dass jedes Mitglied der Regierung auch gewähltes Parlamentsmitglied sein muss. Andere Länder hingegen, z. B. die Niederlande, Norwegen und Luxemburg, untersagen die Kombination von Regierungs- und Parlamentsmitgliedschaft. Diese Unvereinbarkeitsregel betont die Gewaltentrennung zwischen Regierung und Legislative.

Die zweite Unterscheidung bezieht sich auf die Frage, ob die Regierung das Recht besitzt, das Parlament aufzulösen und Neuwahlen anzuberaumen. Erneut weisen Großbritannien und die davon inspirierten Systeme eine Extremform auf, in welcher dem Premierminister praktisch uneingeschränkt das Recht zur Auflösung des Parlamentes zukommt. In Deutschland hingegen kann das Parlament nur unter sehr restriktiven Voraussetzungen aufgelöst werden. In Norwegen ist das Parlament auf vier Jahre gewählt und kann von der Regierung nicht aufgelöst werden. Die Stellung der Regierung gegenüber dem Parlament ist offensichtlich stark davon beeinflusst, ob die Regierung das Recht zur Auflösung des Parlamentes hat oder nicht. Je umfangreicher dieses Recht, desto größer die Macht der Regierung gegenüber dem Parlament (Lijphart, 1999: 124–26). In der politischen Realität erweist sich das Recht zur Auflösung des Parlamentes meist als deutlich wichtiger als die Vereinbarkeit von Regierungs- und Parlamentsmitgliedschaft.

Die dritte Unterscheidung betrifft die Befugnis des Parlamentes, die Regierung zum Rücktritt zu zwingen. Diese Befugnis ist meist in Form der sogenannten Vertrauensfrage konzipiert. Die Unterscheidung des positiven (z. B. Großbritannien, Österreich, Deutschland) und negativen Parlamentarismus (z. B. Dänemark, Norwegen Schweden) spielt in diesem Kontext eine wichtige Rolle. Eine besondere Form der Vertrauensfrage, das sogenannte konstruktive Misstrauensvotum, ist z. B. in Deutschland anzutreffen. Dort muss die Regierung selbst nach einer verlorenen Vertrauensabstimmung noch nicht zurücktreten. Das Grundgesetz schreibt vor, dass der Bundestag gleichzeitig einen neuen Bundeskanzler wählen muss, wenn es die Regierung absetzen will. Diese Regel stärkt die Stellung der Regierung gegenüber dem Parlament und verleiht dem Bundeskanzler in Deutschland de facto eine stärkere Stellung gegenüber dem Bundestag als sie der Premierminister Großbritanniens gegenüber dem Unterhaus genießt (Roskin et al., 1997: 285).

Neben den drei genannten Unterschieden beeinflusst auch die Ressourcenausstattung der Regierung ihre Stellung gegenüber dem Parlament. Diese Ausstattung hat sich im Laufe des 20. Jahrhunderts durch die sozial- und wirtschaftspolitisch bedingte Ausweitung der Staatstätigkeit sukzessive zugunsten der Regierung verschoben. Dies lässt sich empirisch anhand der Personal- und Finanzausstattung von Parlamentariern und Parlamentsdiensten im Vergleich zur Ausstattung von Regierung und Verwaltung erkennen.

12.1.2 Verwaltung

Entstehung der Verwaltung

Eine frühe Form der Verwaltung findet sich erneut in der Demokratie Athens. Neben dem Rat bestellte die Volksversammlung via Los – und seltener durch direkte Wahl – einen Beamtenapparat, der für den Vollzug der Beschlüsse der Volksversammlung verantwortlich war. Die Amtsdauer der Beamten war in der Regel sehr kurz (meist ein Jahr), was die unmittelbare Beteiligung vieler Bürger an der Staatsverwaltung ermöglichte. Allerdings gab es auch Ausnahmen, denn bereits in Athen waren die Bürger an einer langjährigen Mitwirkung besonders fähiger Personen in der Verwaltung interessiert.

Wie im Falle der Regierung liegt ein weiterer Keim der Verwaltung im Absolutismus. In dieser Zeit entstanden hierarchisch strukturierte Organisationen, die der Monarch zur Bewältigung von äußeren Gefahren (z. B. kriegerischen Auseinandersetzungen) und innerstaatlichen Herausforderungen (z. B. das Eintreiben und Verwalten von Steuern) einsetzte. Der Aufgabenbereich der Verwaltung und die dafür notwendige Leistungsfähigkeit vergrößerten sich sukzessive, was zur Beschäftigung hauptberuflicher Beamten führte. Zu Beginn des 19. Jahrhunderts verfügte bereits jeder europäische Monarch über eine hierarchisch-monokratische Behördenorganisation. In der Folge entwickelten sich drei Verwaltungsmodelle, deren Grundzüge in den meisten Staaten noch bis heute sichtbar sind (dazu Roskin et al., 1997: 307–08).

Das französische Verwaltungsmodell

Das französische Modell ist stark von den Verwaltungsreformen Napoleons (ca. 1800–1810) geprägt. Diese zentralisierten erneut die infolge der Französischen Revolution zeitweise dezentralisierte Verwaltung, steigerten ihre Effizienz und Effektivität und verstärkten dadurch ihre Macht. Präfekte wurden eingesetzt, um die in Paris erlassenen Bestimmungen in den Regionen um- und durchzusetzen. Seit Napoleon sind Leistungsfähigkeit und technische Expertise die wichtigsten Kriterien bei der Rekrutierung der französischen Beamten geblieben. Spitzenbeamte werden vor allem an der Ecole Polytechnique, einer Ingenieurshochschule, und seit dem Ende des Zweiten Weltkrieges an der speziell dafür geschaffenen Ecole Nationale d'Administration (ENA) ausgebildet. Der Einfluss der Verwaltung nahm insbesondere in der von hoher politischer Instabilität geprägten dritten (1871–1940) und vierten Republik (1946–1958) stark zu, weil die Verwaltungsbeamten in dieser Zeit zunehmend die Verantwortung für die Initiierung sowie Um- und Durchsetzung von politischen Maßnahmen zwischen den ständig wechselnden Regierungen übernehmen mussten. Diese Expansion der Verwaltungsmacht stabilisierte sich in der fünften Republik auf hohem Niveau, da diese zu mehr politischer Stabilität und dadurch strikterer Kontrolle der Verwaltung durch die Regierung führte. Insgesamt blieb jedoch der Verwaltungszentralismus erhalten. Erst mit der Machtübernahme der Sozialisten im Jahr 1981 wurde eine Dezentralisation der Verwaltung eingeleitet. Mit der Verwaltungsreform von 1982 wurde die Macht der Präfekte reduziert und die Um- und Durchsetzung politischer Maßnahmen in gewissen Bereichen (z. B. lokale Steuerpolitik, Bildungspolitik) wurde den gewählten Räten der 96 Departements und 22 Regionen übertragen. Trotzdem besitzt Frankreich auch heute noch eines der am stärksten zentralisierten Verwaltungssysteme Europas.

Das deutsche Verwaltungsmodell

Dieses Modell ist stark von der Geschichte des Königreichs Preußen (1701–1918) und seiner Junker (dem ländlichen Adel) geprägt. Gehorsamkeit, Effizienz und Arbeitsamkeit waren zentrale Qualitäten, welche die Junker in den von Friedrich dem Großen (1740–1786) gegründeten Universitäten bei der Ausbildung von Beamten kultivierten. Mit der Gründung des Deutschen Kaiserreichs unter der Führung Preußens im Jahr 1871 setzte sich der preußische Verwaltungstyp in ganz Deutschland durch. Die heutige Bundesrepublik Deutschland besitzt im Gegensatz zum Kaiserreich, zur Weimarer Republik und zum Dritten Reich, eine stark föderalistische Struktur. Diese Struktur beschränkt den Einfluss der Bundesverwaltung. Die überwiegende Mehrheit der Gesetze wird in Zusammenarbeit von Bund und Ländern erlassen und durch die Verwaltungen der entsprechenden Bundesländer vollzogen. Sowohl in diesem Punkt als auch in der dezentralisierten Ausbildung zukünftiger Spitzenbeamter unterscheidet sich das deutsche vom französischen System.

Das US-amerikanische Verwaltungsmodell

Im Gegensatz zu Frankreich besitzen die USA eine lange Tradition der lokalen Selbstverwaltung und der breit gestreuten Verteilung von Autorität. Das US-amerikanische Modell ist darauf ausgerichtet, der Anhäufung von Macht und Einfluss in den Händen einer Person oder einer kleinen Gruppe von Personen vorzubeugen. Die starke Stellung der lokalen Verwaltungsautorität führte dazu, dass der Bundesstaat erst im Verlauf des 20. Jahrhunderts damit begann, sich in lokalen Angelegenheiten zu engagieren. Das US-amerikanische Modell weist somit eine stark dezentralisierte Verwaltungsstruktur mit einer relativ schwachen Zentralverwaltung sowie Beamten unterschiedlicher Herkunft und Ausbildung auf. Um zentralstaatliche Bestimmungen auf lokaler Ebene dennoch wirksam um- und durchzusetzen, unterhält der Zentralstaat eigene, ihm direkt unterstellte Verwaltungseinheiten in den einzelnen Bundesstaaten. Dieses System des weitgehend eigenständigen Vollzugs zentralstaatlicher Bestimmungen auf lokaler Ebene ist der wichtigste Unterschied zum deutschen und französischen Modell. Vereinfacht gesagt ist somit das französische Verwaltungsmodell am stärksten zentralistisch, das US-amerikanische Modell am dezentralisiertesten und das deutsche Modell liegt dazwischen.

Funktionen der öffentlichen Verwaltung

Die Aufgabe der öffentlichen Verwaltung besteht im Kern in der Um- und Durchsetzung von staatlichen Gesetzen und Verordnungen. Hinzu kommen weitere wichtige Funktionen wie Dienstleistung, Regulierung, Lizenzierung und Informationssammlung

(Roskin et al., 1997: 310–13). Im Folgenden seien alle wesentlichen Funktionen kurz aufgezählt und erläutert.

Verwaltung

Die primäre Funktion der meisten Verwaltungseinheiten umfasst die Um- und Durchsetzung von Erlassen des Gesetzgebers und die entsprechenden Verordnungen der Regierung. Zudem informieren Verwaltungseinheiten regelmäßig über ihre Arbeit und über Nutzen und Ziele der von ihnen wahrgenommenen Aufgaben.

Dienstleistung

Bestimmte Verwaltungseinheiten sind mit der Erbringung von öffentlichen oder gruppenspezifischen Dienstleistungen beauftragt. Beispiele sind Passämter und meteorologische Dienste. Viele Verwaltungseinheiten, z. B. statistische Ämter, nehmen auch Forschungs- bzw. Analyseaufgaben wahr und stellen die Ergebnisse der Öffentlichkeit zur Verfügung.

Regulierung und Lizenzierung

Die Regulierungs- und Lizenzierungsfunktion der Verwaltung richtet sich vor allem auf den Schutz der Bevölkerung vor Risiken aller Art. Beispiele sind die Behörden zur Kontrolle der Finanzmärkte und Zulassung von Arzneimitteln.

Informationsbeschaffung und -analyse

Information ist für die Politik aus zwei Gründen von großer Bedeutung. Einerseits benötigen Regierung, Parlament und Verwaltung meist umfangreiche Informationen, um adäquate Lösungen für bestimmte gesellschaftliche Probleme entwickeln zu können. Anderseits werden ausreichende Informationen benötigt, bevor bestimmt werden kann, ob ein Rechtserlass verletzt wurde und ob staatliche Sanktionen ergriffen werden können. Während einige Behörden lediglich aufgrund eines Impulses von außen agieren, können andere von sich aus Untersuchungen einleiten (z. B. Kartellbehörden, Verbraucher- und Umweltschutzagenturen).

Normative Fragen zur Verwaltungsorganisation

Unterschiedliche Formen der Verwaltungsorganisation werfen eine Vielzahl von Fragen zu Vor- und Nachteilen dezentralisierter bzw. zentralisierter Verwaltungsformen auf. Diese beschäftigen sowohl politische Praktiker als auch Wissenschaftler (siehe z. B. *http://www.public-sector-management.de/*).

Eine dezentralisierte Verwaltungsorganisation kann vor allem drei Vorteile haben. Erstens ermöglicht sie eine bessere Berücksichtigung regionaler oder lokaler Unterschiede in Bezug auf Interessen und Bedürfnisse der Bürger. Zweitens kann die Dezentralisierung einer kosteneffizienteren Verwaltung zuträglich sein, insbesondere in Bereichen, in denen Skaleneffekte eine geringe Rolle spielen und lokale Information für eine wirksame Planung und Umsetzung von Verwaltungstätigkeiten wichtig ist. Drittens kann die Dezentralisierung zu mehr Wettbewerb zwischen Verwaltungseinheiten beitragen. Die Dezentralisierung gibt den Bürgern somit die Möglichkeit, Leistungen von Verwaltungseinheiten zu vergleichen. Bei schlechten Leistungen können sie versuchen, Druck auszuüben. Bleiben ihre Bemühungen erfolglos, können Bürger in Gebiete mit besseren Leistungen abwandern (Furniss, 1974; Schedler & Proeller, 2006; Pollitt & Bouchaert, 2011).

Zentralisierte Verwaltungsstrukturen können vor allem zwei Vorteile aufweisen. Erstens ermöglichen sie Skaleneffekte, d. h. abnehmende Durchschnittskosten der Verwaltung pro geleistete Einheit – z. B. gemessen anhand der Verwaltungsausgaben für Steuerämter pro Euro an Steuereinnahmen. Das Potential für Effizienzgewinne durch Zentralisierung kann allerdings je nach Sachbereich stark variieren und ist quantitativ oft nur schwer messbar. Deshalb sind rein territorial orientierte Zentralisierungsschritte bei Verwaltungsreformen häufig weniger erfolgreich als vorwiegend funktional orientierte Reformen. Zweitens können zunehmende Mobilität der Bevölkerung und wirtschaftlicher Austausch zwischen Regionen eine Zentralisierung von Regionalverwaltungen sinnvoll werden lassen (Frey & Kirchgässner, 2002: 60–63; Grimmer, 2004; Thönen, 2009).

Zahlreiche Verwaltungsreformen in vielen Ländern haben in den letzten Jahrzehnten tendenziell eher zu einer Dezentralisierung geführt. Primäres Ziel der meisten Reformen jüngeren Datums ist es, die „Kundenfreundlichkeit" bzw. „Bürgerfreundlichkeit" zu erhöhen. Gleichzeitig haben die meisten Reformen durch die Anwendung betriebswirtschaftlicher Grundsätze auch eine Steigerung der ökonomischen Effizienz angestrebt. Diese Grundsätze werden meist mit den Begriffen New Public Management oder wirkungsorientierte Verwaltung umschrieben (Bogumil & Jann, 2005). Infolge von Reformen dieser Art hat sich der Dezentralisierungsgrad der Verwaltung zwischen OECD-Staaten in den vergangenen Jahrzehnten zumindest teilweise angeglichen, wenngleich auch weiterhin große Unterschiede bestehen (Hooghe et al., 2010 b).

Eine deutlich geringere Angleichung hat beim zweiten Unterscheidungskriterium, nämlich der Art des Vollzugs zentralstaatlicher Gesetzgebung innerhalb von dezentralisierter Verwaltungsorganisation, stattgefunden. In den vom deutschen Modell geprägten europäischen Staaten ist der Vollzugsföderalismus nach wie vor das dominante Muster. In diesem System wird zentralstaatliches Recht durch die Regierungen und Verwaltungen der Gliedstaaten vollzogen. Dieser lokale Vollzug hat den Vorteil der Bürgernähe und erlaubt der örtlichen Bevölkerung, mittels der politischen Organe ihres jeweiligen Gliedstaates (Parlament, Regierung) einen gewissen Einfluss auf den Vollzug des delegierten Rechts zu nehmen. Dies kann allerdings dazu führen, dass der Vollzug zentralstaatlicher Gesetze weniger konsequent und einheitlich ist als in Staaten mit zentralisierter Verwaltung. In den vom US-amerikanischen Modell geprägten Staaten dominiert weiterhin das System der örtlich dezentralisierten bundeseigenen Vollzugsinstanzen, die gegenüber den zentralstaatlichen Behörden weisungsgebunden sind. Dieses System erlaubt einen konsequenten und einheitlichen Vollzug zentralstaatlicher Erlasse, jedoch mit dem Nachteil eines deutlich geringeren Einflusses der örtlichen Bevölkerung und ihrer politischen Organe (Haller et al., 2008: 160–63).

Stellung der Verwaltung im demokratischen System

Aus staatsrechtlicher Perspektive ist die Stellung der Verwaltung in einem demokratischen System klar definiert. Sie ist der Regierung unterstellt, politisch neutral und führt die ihr anvertrauten Aufgaben gemäß dem Willen der gewählten Politiker aus. In der Realität haben die Ausweitung der Staatstätigkeit und ihre zunehmende Komplexität jedoch dazu geführt, dass politisch nicht haftbare (d. h. von den Bürgern nicht wähl- oder abwählbare) Beamte in zunehmendem Ausmaß politische Entscheidungen treffen. Gleichermaßen lässt sich beobachten, dass in vielen Demokratien der Anteil der Parteimitglieder unter den leitenden Beamten zugenommen hat. Dieser Trend hat Kritiker dazu veranlasst von Administokratien (Herrschaft der Administratoren) zu sprechen. Dieses Urteil scheint allerdings übertrieben. Einerseits kann die Zunahme des Anteils von Parteimitgliedern in leitenden Verwaltungsfunktionen nicht ohne weiteres mit einer „Politisierung der Verwaltung" gleichgesetzt werden. Andererseits scheint es sinnvoll und angemessen, auch Spitzenbeamten die Möglichkeit zu geben, ihren privaten staatsbürgerlichen Interessen durch eine Parteimitgliedschaft Ausdruck zu verleihen.

Putnam (1973) und Mayntz (1985) sehen in der stärkeren Parteipolitisierung der leitenden Verwaltungsbeamten ein Indiz für ein sich wandelndes Selbstverständnis vom politisch neutralen hin zum politischen Beamten. Der politische Beamte erachtet die Berücksichtigung politischer Gesichtspunkte bei der Vorbereitung und Umsetzung von Gesetzen und regulativen Maßnahmen als legitim. Er ist durchsetzungsorientiert und bereit, für die von ihm vorbereiteten Gesetze und Maßnahmen zu kämpfen. Zu diesem Zweck pflegt er auch enge Kontakte zu Parlamentsmitgliedern, Politikern, den Medien und Interessengruppen.

Rudzio (1996: 289) betrachtet diese Tendenz nicht als problematisch, sondern eher als vorteilhaft. Denn erst diese kompetente, politiknahe, leitende und in ihrer Karriere mit Parteien verbundene Beamtenschicht gewährleistet, dass die parteipolitischen Vorstellungen der Regierung konkretisiert und gewissenhafter umgesetzt werden. Dadurch kann die Regierung ihre Steuerungsfunktion wirksamer ausüben. Dagegen lässt sich jedoch einwenden, dass die Parteizugehörigkeit leitender Verwaltungsbeamter bei der Gesetzesvorbereitung auch zur Ausblendung alternativer Lösungen und zu einem Verlust an Sachrationalität aufgrund (partei-)politischer Kalküle führen kann. Zudem kann die zunehmende Parteipolitisierung leitender Positionen zu einer Demotivation parteiungebundener Verwaltungsbeamter führen, da deren Karrierechancen aufgrund „falscher" oder fehlender Parteizugehörigkeit beschränkt sind. Diese demotivierende Wirkung kann zur Beeinträchtigung der Loyalitätsbindung gegenüber der politischen Leitungsebene führen.

Spitzenbeamte haben mehrere Möglichkeiten die Politik zu beeinflussen (Roskin et al., 1997: 314–16):

1. Nutzung des administrativen Handlungsspielraums: Wenn das Parlament ein Gesetz verabschiedet, wird in der Regel die Verwaltung beauftragt, das Gesetz um- und durchzusetzen. Diese Aufgabe ist relativ einfach, wenn das Gesetz hinreichend detailreich formuliert ist. Dies ist jedoch häufig nicht der Fall. Erstens überlässt der Gesetzgeber die technischen Details der Umsetzung oft bewusst der Verwaltung, da ihm das notwendige Wissen fehlt und sich der Kontext für die Gesetzesanwendung von Fall zu Fall aufgrund ökonomischer, politischer und sozialer Einflüsse verändern kann. Zweitens könnte der Gesetzgeber, selbst wenn er es wollte, praktisch nie ein Gesetz formulieren, das alle zukünftigen Eventualitäten antizipiert. Der Verwaltung bleibt somit immer ein gewisser Spielraum, den Spitzenbeamte zu politischen Zwecken nutzen können. Betrachten wir zum besseren Verständnis dieser Einflussmöglichkeit ein fiktives Beispiel.

Nehmen wir an, das Parlament hat ein Gesetz zur Sanierung aller umwelt- und gesundheitsgefährdenden Mülldeponien des Landes bis 2025 erlassen. Dieses Gesetz befugt die Umweltbehörde, alle notwendigen Maßnahmen zu ergreifen, um das festgelegte Ziel zu erreichen. Da nicht alle gefährlichen Mülldeponien gleichzeitig saniert werden können und jede Deponie unterschiedliche Charakteristika aufweist, muss die Umweltbehörde Prioritäten setzen. Den Spitzenbeamten der Umweltbehörde kommt somit ein gewisser Handlungsspielraum bei der Umsetzung des Gesetzes zu. Dieser lässt sich z. B. zur Stimmenmaximierung der Regierung bei den nächsten Wahlen nutzen. So könnte etwa die Sanierung der Mülldeponien in denjenigen Wahlkreisen, in denen die Regierungspartei bei der letzten Wahl knapp verloren (oder gewonnen) hat, vor den nächsten Wahlen begonnen werden. Da sich aufgrund der Sanierung die Lebensqualität in diesem Wahlkreis erhöht, kann die Regierungspartei durch diesen Verwaltungsentscheid möglicherweise einen Stimmengewinn erzielen. Als weitere Möglichkeit könnte die Umweltbehörde vor Wahlen besonders in Gebieten mit signifikant hoher Arbeitslosigkeit die Sanierung von Deponien intensivieren. Dieses Vorgehen würde in der betreffenden Region Arbeitsplätze schaffen, was sich ebenfalls positiv auf die Wahlchancen der Regierung auswirken kann. Der Anreiz, den Umsetzungsspielraum politstrategisch zu nutzen, ist aus Sicht dieser Argumentation umso stärker, je parteipolitisch gebundener die Spitzenbeamten sind.

2. *Informelle Beeinflussung des Parlamentes oder der Regierung über die Öffentlichkeit:* Für Spitzenbeamte bietet sich eine weitere Möglichkeit, Politik zu betreiben, indem sie die Regierung und das Parlament via informelle Kanäle und über die Öffentlichkeit zu beeinflussen versuchen. Die Verschärfung der Bestimmungen rund um den Verkauf von Tabakwaren und deren Werbung Mitte der 1960er Jahre in den USA sind ein Beispiel. Bereits Anfang der 1960er Jahre drängte die amerikanische Gesundheitsbehörde den Kongress dazu, ein Gesetz zu erlassen, das die Anbringung von Warnschildern auf Zigarettenschachteln vorschreibt. Der Kongress ging nicht auf diesen Vorschlag ein, was nicht zuletzt das Resultat der erfolgreichen Lobbyarbeit der Tabakindustrie war. 1965 publizierte die Gesundheitsbehörde einen Bericht, der auf der Basis umfangreicher Daten argumentierte, dass regelmäßiges, intensives Inhalieren von Zigarettenrauch die Wahrscheinlichkeit an Lungenkrebs zu erkranken deutlich erhöhe und somit die Lebenserwartung reduziere. Der Bericht löste eine heftige Debatte in der Öffentlichkeit aus und verstärkte den öffentlichen und medialen Druck auf den Kongress. Bereits 1966 erließ der Kongress ein Gesetz, das den Zigarettenherstellern vorschrieb, Warnhinweise auf Verpackungen anzubringen. In der Zwischenzeit versuchte die Tabakindustrie, den Bericht der Gesundheitsbehörde zu diskreditieren. 1967 verpflichtete jedoch die Gesundheitsbehörde alle Radio- und Fernsehstationen, die Tabakwerbung sendeten, mindestens genauso viel Zeit kostenlos für Anti-Raucherwerbung zur Verfügung zu stellen. 1969 verbot sie Radio- und Fernsehwerbung für Tabakwaren. 1971 unterzeichnete Präsident Nixon ein von der Gesundheitsbehörde initiiertes Gesetz, das die Tabakfirmen dazu verpflichtete, alle Plakate mit Warnhinweisen zu versehen. Dieses Beispiel zeigt, dass Spitzenbeamte über informelle Kanäle und die Öffentlichkeit bisweilen erfolgreich Einfluss auf die Politik nehmen können.

3. *Beratung der Regierung und Legislative:* Mit zunehmender Komplexität gesellschaftlicher Probleme und darauf bezogener politischer Lösungsversuche sind die Regierung und das Parlament stärker auf die Expertise der Verwaltung angewiesen. So kann das Parlament z. B. zwar entscheiden, dass unsichere Bergwerke geschlossen werden müssen. Doch nur Spezialisten können letztlich die Bedingungen identifizieren, unter denen ein Bergwerk als gefährlich einzustufen ist. Dieser Einflusskanal ermöglicht es der Verwaltung, bereits in einer sehr frühen Phase direkten Einfluss auf die Gesetzgebung zu nehmen.

Die bisherigen Ausführungen zeigen, dass sich die Stellung der Verwaltung in demokratischen Systemen in den vergangenen Jahrzehnten stark verändert hat. War sie einst darauf ausgerichtet, Erlasse des Parlamentes politisch neutral um- und durchzusetzen, so kann sie heute schon fast als vierte Gewalt im zentralen politischen Entscheidungssystem bezeichnet werden. Diese Entwicklung ist stark von der zunehmenden Komplexität und dem immer umfangreicher werdenden Aufgabenkatalog des Staates bestimmt und geht mit einer zunehmenden Parteipolitisierung der Spitzenbeamten einher. Die Verwaltung wird deshalb in der politikwissenschaftlichen Forschung auch als eigenständiger Akteur mit eigenen Interessen verstanden.

12.1.3 Regierung und Verwaltung in Deutschland, Österreich und der Schweiz

Nach eher allgemein gehaltenen Ausführungen zu Regierung und Verwaltung wenden wir uns nun konkret den wichtigsten Charakteristika von Regierung und Verwaltung in den drei deutschsprachigen Ländern zu. Danach folgt ein Abschnitt zur Regierung in der Europäischen Union. Diese ist für Politikwissenschaftler von Interesse, weil sie aus einer Kombination von Systemelementen des konventionellen Territorialstaates und einer internationalen Organisation besteht.

Deutschland

Die vom Bundestag, der ersten Parlamentskammer, gewählte Bundesregierung und der von der Bundesversammlung auf fünf Jahre gewählte Bundespräsident bilden gemeinsam die Exekutive Deutschlands. Die Bundesversammlung besteht aus den Mitgliedern des Deutschen Bundestags und einer gleichen Zahl von Mitgliedern, die von den Volksvertretungen der Länder bestimmt werden. Während der Bundespräsident als Staatsoberhaupt weitgehend repräsentative Aufgaben wahrnimmt, steht die Bundesregierung gemäß dem Grundgesetz im Zentrum der Regierungsmacht.

Für alles, was Bundesbehörden tun oder unterlassen, hat sich die Bundesregierung vor dem vom Volk gewählten Bundestag zu verantworten. Diese parlamentarische Kontrollfunktion wird insbesondere auch von der Opposition wahrgenommen. Der Handlungsspielraum der Regierung ist zudem durch die föderale Staatsstruktur und die intensive Kontrolle durch das Bundesverfassungsgericht (Abschnitt 13.2.2 in Kapitel 13) eingeschränkt.

Die Bundesregierung besteht aus dem durch die Abgeordneten des Bundestags gewählten Bundeskanzler und den auf Vorschlag des Bundeskanzlers und vom Bundespräsidenten ernannten Bundesministern. Faktisch wird über die Aufteilung von Ressorts zwischen den Parteien der Koalitionsregierung und über die personelle Besetzung der Bundesministerposten in Koalitionsverhandlungen entschieden. Die Anzahl der Ministerposten unterscheidet sich von Regierung zu Regierung. Mit 18 Ministern war das Kabinett Kohl IV (1991–1994) die bisher größte Bundesregierung in der Geschichte der Bundesrepublik.

Die Funktionsweise der deutschen Bundesregierung folgt drei Prinzipien (Art. 65 Grundgesetz): Dem Kabinetts-, dem Ressort- und dem Kanzlerprinzip. Das Kabinettsprinzip besagt, dass alle Angelegenheiten von allgemeiner Bedeutung, einschließlich aller Gesetzesentwürfe, unter dem Vorsitz des Bundeskanzlers in Anwesenheit aller Minister debattiert und verabschiedet werden müssen. Sind sich zwei oder mehrere Bundesministerien nicht einig, so entscheidet das Kabinett durch Mehrheitsbeschluss. Gleichzeitig gilt jedoch auch das Ressortprinzip. Dieses besagt, dass die Führung der einzelnen Ministerien dem jeweiligen Minister obliegt. Schließlich gilt das Kanzlerprinzip. Ihm zufolge genießt der Bundeskanzler Weisungsrecht und Richtlinienkompetenz gegenüber den Ministern. Dies bedeutet, dass es dem Bundeskanzler obliegt, die

Grundzüge der Regierungspolitik festzulegen. Die Minister bereiten somit Gesetzesvorschläge innerhalb der ihnen unterstehenden Ministerien gemäß den Weisungen des Bundeskanzlers vor. Diese Vorschläge werden dann in den Kabinettssitzungen diskutiert und beschlossen, bevor sie dem Parlament unterbreitet werden.

Die Struktur der deutschen Bundesverwaltung folgt im Wesentlichen derjenigen der Bundesministerien (Bogumil & Jann, 2005). Dem jeweiligen Minister obliegt die Führung der ihm zugeordneten Verwaltungseinheiten. Die Sanktionsmöglichkeiten des Ministers wie z. B. die Entlassung von Verwaltungsmitarbeitern sind jedoch durch das Beamtengesetz beschränkt, weshalb die einzelnen Verwaltungseinheiten eine relativ große Autonomie besitzen. Die Aufgaben der rund 317.000 Mitarbeiter (2009) der unmittelbaren Bundesverwaltung sind diejenigen, die gemäß Grundgesetz unter die direkte Zuständigkeit des Bundes fallen. Bei der Umsetzung von Bundesgesetzen arbeitet die Bundesverwaltung eng mit den Landes- und Kommunalverwaltungen zusammen.

Österreich

Das Regierungssystem Österreichs kombiniert eine semi-präsidentielle Verfassung mit der Arbeitsweise eines parlamentarischen Systems. Die Exekutive Österreichs besteht aus dem direkt vom Volk auf sechs Jahre gewählten Bundespräsidenten und der vom Parlament gewählten Bundesregierung. Der Bundespräsident ernennt den Bundeskanzler, vereidigt auf dessen Vorschlag die Minister und Staatssekretäre und besitzt die Kompetenz die gesamte Bundesregierung zu entlassen. Außerdem kann der Bundespräsident den Nationalrat, die erste Parlamentskammer, auf Antrag der Bundesregierung auflösen. Er muss Gesetze beurkunden, wobei strittig ist, ob ihm hierbei ein materielles (d. h. inhaltliches) Prüfungsrecht zukommt. Er hat den Oberbefehl über das Bundesheer, ernennt Richter, Beamte und Offiziere und repräsentiert die Republik Österreich nach außen.

Verfassungsgemäß besitzt somit der österreichische Bundespräsident eine deutlich stärkere Stellung als etwa sein deutscher Amtskollege. In der Praxis konzentriert er sich jedoch vorwiegend auf die repräsentativen Aufgaben seines Amtes. Im Unterschied zum deutschen Bundespräsidenten kann der österreichische Bundespräsident durch ein Verfahren vor dem Verfassungsgerichtshof und durch eine von der Bundesversammlung (beide Kammern des Parlamentes, d. h. dem Nationalrat und dem Bundesrat) mit Zweidrittelmehrheit anzusetzende Volksabstimmung abgesetzt werden.

Wie in Deutschland liegt allerdings de facto die politische Macht bei der Bundesregierung. Diese besteht aus dem Bundeskanzler und den Bundesministern. Während Anzahl, Bezeichnung und Aufgabenstellung der Ministerien seit 1973 im Bundesministeriengesetz festgelegt sind, ist die Anzahl der Regierungsmitglieder nicht gesetzlich geregelt. Meist gehören der Regierung zwischen 11 und 15 Minister an.

Kabinetts- und Ressortprinzip bestimmen die Funktionsweise der österreichischen Bundesregierung. Im Gegensatz zu seinem deutschen Amtskollegen besitzt der österreichische Bundeskanzler weder Weisungsrecht noch Richtlinienkompetenz. Somit ist er aus verfassungsrechtlicher Sicht in der Bundesregierung eigentlich primus inter pares. In der Praxis kann er jedoch dem Bundespräsidenten jeden Minister zur Abberufung vorschlagen. Deshalb ist seine Stellung deutlich stärker ist als diejenige eines Bundesministers.

Die rund 133.000 Mitarbeiter (2009) starke unmittelbare Bundesverwaltung Österreichs folgt der Struktur der Bundesministerien. Wie in Deutschland wird ein Großteil der bundesstaatlichen Gesetze und anderen politischen Maßnahmen von den Bundesländern vollzogen. Österreich folgt somit dem Modell des dezentralisierten Verwaltungssystems.

Schweiz

Das Regierungssystem der Schweiz kombiniert Elemente des parlamentarischen und präsidentiellen Systemtyps. Die Schweizer Regierung selbst folgt dem Modell der Kabinettsregierung. Der Bundesrat ist zugleich Regierung und Staatsoberhaupt der Schweiz. Seine sieben Mitglieder werden einzeln auf vier Jahre von der Vereinigten Bundesversammlung (d. h. beiden Kammern des Parlamentes, dem Nationalrat und dem Ständerat) gewählt. Jedes Jahr wählt die Vereinigte Bundesversammlung zudem ein Mitglied des Bundesrats zum Bundespräsidenten und eines zum Vizepräsidenten. Gemäß Tradition werden diese Funktionen der Reihe nach, dem Amtsalter folgend, allen Mitgliedern des Bundesrats übertragen. Der Bundespräsident ist primus inter pares. Er erfüllt Repräsentationsaufgaben als Stellvertreter des Gesamtbundesrats und leitet die Bundesratssitzungen. Somit ist nicht der Bundespräsident, sondern der Bundesrat als Kollektiv das Staatsoberhaupt der Schweiz, obwohl der Bundespräsident im Ausland oft als Staatsoberhaupt wahrgenommen wird.

Die Funktionsweise der Regierung ist durch das Kabinetts- und Ressortprinzip geprägt, wobei im schweizerischen Kontext von Kollegialitäts- und Departementsprinzip gesprochen wird. Analog zu Ministern in Deutschland und Österreich steht jeder der sieben Bundesräte einem bestimmten Bereich der Bundesverwaltung (Departement) vor und ist für dessen Führung und die Vorbereitung der seinem Bereich betreffenden Gesetzesvorlagen verantwortlich. Da kein Regierungschef mit Richtlinienkompetenz existiert, wird die Verteilung der Departemente jeweils nach der Bundesratswahl durch die Bundesräte selbst vorgenommen. Dabei wird nach dem „Anciennitätsprinzip“ vorgegangen: Der amtsälteste Bundesrat wählt als erster ein Departement, anschließend der zweitälteste usw. Den neu in das Kollegium gewählten Bundesräten wird das verbleibende Departement zugeteilt.

Im Gegensatz zu den Ministern Deutschlands und Österreichs sind alle Bundesräte auch für sämtliche Geschäfte der anderen Departemente zuständig und haben dadurch im Prinzip erhebliche Mitsprache- und Einflussmöglichkeiten, welche über ihren engeren Zuständigkeitsbereich hinausreichen. Das Kollegialitätsprinzip sieht vor, dass die Beschlüsse des Bundesrats durch Mehrheitsentscheidung getroffen werden und danach vom zuständigen Departementsvorsteher vor dem Parlament und der Öffentlichkeit auch dann vertreten werden, wenn dieser die getroffene Entscheidung persönlich ablehnt. Allerdings darf ein Bundesrat eine vom Gesamtbundesrat abweichende Meinung öffentlich kundtun, wenn er sich auf Gewissensgründe beruft und die Entscheidung nicht in den Zuständigkeitsbereich des eigenen Departements fällt.

Die Verwaltungseinheiten der rund 37.000 Mitarbeiter (2009) umfassenden Bundesverwaltung sind weder einem der sieben Departemente zugeordnet, noch unterstehen sie der Bundeskanzlei, die den Bundesrat in den Bereichen Planung, Strategie, Kommunikation und Information unterstützt. Die Bundeskanzlei wird durch den Bundeskanzler geleitet. Dieser nimmt an den Bundesratssitzungen teil, besitzt jedoch kein Stimmrecht. Aufgrund der ausgeprägten föderalistischen Struktur des schweizerischen Systems ist auch deren Verwaltungsstruktur deutlich dezentralisierter als die Verwaltungsstruktur in Deutschland und Österreich. Die weitreichenden Kompetenzen der Kantone und Gemeinden bei der Um- und Durchsetzung von Bundesrecht werden meist mit dem Begriff des „Vollzugsföderalismus“ umschrieben. Diese Struktur erklärt auch die relativ geringe Zahl der Mitarbeiter der Bundesverwaltung.

12.1.4 Regierung und Verwaltung der Europäischen Union

Die EU besitzt drei zentrale Regierungsinstitutionen: Den Europäischen Rat, den Rat der Europäischen Union (auch Ministerrat genannt) und die Europäische Kommission. Der Europäische Rat setzt sich aus den Staats- und Regierungschefs der einzelnen Mitgliedstaaten zusammen. Obgleich er formell keine Rolle im legislativen Prozess der EU spielt legt der Europäische Rat als oberstes politisches Gremium der EU die mittel- und langfristige Strategie der EU und entsprechende politisch verbindliche Ziele fest. Die Rolle eines Impulsgebers, Vermittlers und Krisenmanagers kommt dabei in der Regel dem Staats- und/oder Regierungschef des Landes zu, welcher die jeweils im Halbjahrestakt rotierende Ratspräsidentschaft innehat. In Form von in Regierungskonferenzen verhandelten Verträgen (z. B. den Verträgen von Maastricht, Amsterdam, Nizza und Lissabon) delegieren die Staats- und Regierungschefs u. a. Entscheidungsbefugnisse an den Rat der Europäischen Union und die Kommission.

Der Europäische Rat

Seit dem 1. Januar 2010 steht dem Europäischen Rat der Präsident des Europäischen Rates (PER) vor. Dieser wird durch qualifizierte Mehrheit durch den Europäischen Rat für zweieinhalb Jahre gewählt und kann einmal wiedergewählt werden. Der PER hat den Vorsitz bei den Arbeiten des Europäischen Rates und ist verpflichtet, das Europäische Parlament über die Tagungen des Europäischen Rates zu unterrichten. Er sorgt in Zusammenarbeit mit dem Präsidenten der EU-Kommission für die Vorbereitung und Kontinuität der Arbeiten des Europäischen Rates. Das neu geschaffene Amt des PER ist in vielerlei Hinsicht problematisch und wird in der Praxis näher bestimmt werden müssen. So überlappen sich die Aufgabenkompetenzen des PERs mit dem ebenfalls neu geschaffenen Amt des Hohen Vertreters der Europäischen Union für Außen- und Sicherheitspolitik. Auch bestehen Probleme der Kompetenzabgrenzung zum Präsidenten der Europäischen Kommission. Deshalb wird von vielen Beobachtern der EU befürchtet, dass der Gemeinschaftscharakter der EU dadurch gefährdet wird, dass der PER als Spitze der EU weder an der Spitze der Kommission steht, noch vom Europäischen Parlament legitimiert ist. Schließlich bleibt auch offen, in welchem Verhältnis der PER zur Ratspräsidentschaft im Rat der Europäischen Union steht. Da der PER auch in den jeweiligen Ministerräten mitarbeiten wird (bis auf den Rat für „Auswärtige Angelegenheiten“), bleibt abzuwarten, wie die Vorstellungen des PER mit den Vorstellungen des Ratspräsidenten, der weiterhin halbjährlich rotiert, vereinbar sind.

Rat der EU

Dem Ministerrat der EU gehören die Fachminister der einzelnen Mitgliedstaaten an. Er ist ein einheitliches Organ, tagt jedoch in unterschiedlicher Zusammensetzung. So bilden z. B. die Umweltminister den Rat für Umwelt, die Wirtschafts- und/oder Finanzminister den Rat für Wirtschaft und Finanzen und die Außenminister den Allgemeinen Rat. Die Sitzungen des Rates werden sowohl von demjenigen Regierungsmitglied geleitet, dessen Land momentan die EU-Präsidentschaft innehat, als auch vom PER.

Die Sitzungen des Ministerrates werden von einem Ausschuss der ständigen Vertreter (zu vergleichen mit Botschaftern) der Mitgliedstaaten (COREPER; frz. *Comité des représentants permanents*) vorbereitet. Zudem verfügt der Rat über ein Generalsekretariat mit rund 2.500 Mitarbeitern. Dem Ministerrat kommen bedeutende politische und administrative Funktionen zu. Er bestimmt zusammen mit der Kommission als Teil der Exekutive die alltägliche Politik der EU. So berät er etwa Gesetzesvorlagen in den vom Europäischen Rat an ihn delegierten Politikbereichen. Zudem ist er in Zusammenarbeit mit der Kommission für die Administration von EU-Gesetzen und deren Umsetzung verantwortlich. Da EU-Gesetze auf nationalstaatlicher Ebene implementiert werden, kommt den Mitgliedern des Ministerrates eine besonders wichtige Rolle zu. Studien zeigen, dass nicht alle Länder die Direktiven und Regulationen der EU effizient umsetzen. Große Länder verstoßen dabei häufiger gegen die Vorgaben der EU als kleinere Länder. Diesem Aspekt wendet sich die Politikwissenschaft im Rahmen der Compliance-Forschung zu (Börzel et al., 2010).

Dem Rat für Auswärtige Angelegenheiten steht die ebenfalls neu geschaffene Position des Hohen Vertreters der EU für Außen- und Sicherheitspolitik (HV) vor. Der HV fungiert gleichzeitig als Vizepräsident der Europäischen Kommission, leitet den Rat der Außenminister, für den die halbjährliche Rotation aufgehoben wurde sowie den Europäischen Auswärtigen Dienst („Außenministerium der EU"). Zu den Aufgaben des HV zählen die Festlegung der Gemeinsamen Außen- und Sicherheitspolitik der EU und die Vertretung dieser Politik nach außen. Der HV ist damit als Außenminister der EU zu betrachten. Die Amtsdauer beträgt fünf Jahre.

Je nach Politikbereich, in den eine Vorlage fällt, sieht das EU-Vertragswerk unterschiedliche Abstimmungsverfahren im Ministerrat vor. Für Änderungen des EU-Vertragswerkes und für Entscheidungen im Bereich der gemeinsamen Außen- und Sicherheitspolitik oder der Steuer-, Asyl- und Einwanderungspolitik ist Einstimmigkeit erforderlich. Seit Inkrafttreten des Vertrages von Lissabon im Jahr 2009 entscheidet der Rat in den meisten übrigen Politikbereichen mit qualifizierter Mehrheit. In diesem Verfahren gilt ein Rechtsakt auf Seiten des Rates als verabschiedet, wenn mindestens eine einfache Mehrheit der Mitgliedstaaten zustimmt, die mindestens 255 der 345 Gesamtstimmen und mindestens 62 Prozent der EU-Bevölkerung umfasst. Der Vertrag von Lissabon definiert die qualifizierte Mehrheit über das Prinzip einer doppelten Mehrheit. So müssen mindestens 55 Prozent der Mitgliedstaaten, die zugleich mindestens 65 Prozent der Bevölkerung der EU repräsentieren, zustimmen. Dieses Verfahren der doppelten Mehrheit wird seit 2014 angewandt und ab 2017 endgültig eingeführt.

Die Stimmenverteilung auf die gegenwärtig 28 Mitgliedstaaten richtet sich ungefähr nach der Bevölkerungszahl. Die kleineren Staaten werden jedoch bevorzugt. Luxemburg besitzt mit seinen rund 500.000 Einwohnern beispielsweise vier Stimmen, also eine Stimme pro 125.000 Einwohner. Deutschland verfügt mit seinen über 80 Millionen Einwohnern lediglich über 29 Stimmen, also eine Stimme pro 2,8 Millionen Einwohner.

Die Europäische Kommission

Die Europäische Kommission ist ein von den Mitgliedstaaten unabhängiges, supranationales Organ der EU und stellt das zweite Exekutivorgan der EU dar. Ihre Mitglieder sind formal der EU und nicht ihren jeweiligen Herkunftsländern verpflichtet. Faktisch orientieren sie sich jedoch an ihren Heimatländern, da ihre politischen Karrieren durch nationale Parteien bestimmt werden (Hooghe, 2001; Thomson, 2008; Wonka, 2008). Die Kommission besteht derzeit aus 28 Kommissaren, von denen einer als Präsident die Kommission leitet. Die Kommission wird alle fünf Jahre binnen sechs Monaten nach der Wahl des Europäischen Parlamentes neu besetzt. Der Kommissionspräsident wird vom Rat bestimmt und benötigt die Zustimmung des Europäischen Parlamentes. Als designierter Präsident wählt er anschließend zusammen mit dem Rat, der mit Dreiviertelmehrheit entscheidet, auf Vorschlag der Regierungen der Mitgliedstaaten die übrigen Mitglieder der Kommission aus. Danach befragt das Parlament diese Kandidaten und gibt eine Stellungnahme ab. Das EP kann die Kommission aber nur als Gesamtgremium bestätigen bzw. ablehnen. Anschließend wird die Kommission vom Rat mit qualifizierter Mehrheit ernannt. Das Parlament kann die Kommission als Ganzes jedoch jederzeit durch ein mit Zweidrittelmehrheit verabschiedetes Misstrauensvotum zum Rücktritt zwingen.

Seit der EU-Erweiterung im Jahre 2004 umfasst die Kommission einen Kommissar pro Mitgliedstaat. Alle Kommissare sind gleichberechtigte Mitglieder des Kollegiums und vertreten die gefassten Entschlüsse nach dem Kollegialitätsprinzip gemeinsam nach außen. Innerhalb der Kommission gilt die Mehrheitsregel, wobei die Stimme des Präsidenten bei Stimmengleichheit den Ausschlag gibt. Jeder Kommissar steht einer Generaldirektion vor und verfügt darüber hinaus über einen eigenen Mitarbeiterstab (das Kabinett), der aus sechs bis neun Beamten besteht. Die jeweiligen Kabinettschefs bereiten die Sitzungen des Kollegiums vor und stimmen sich vorher untereinander ab.

Die Kommission übt politische und administrative Funktionen aus. Ihre politischen Aufgaben sind wie diejenigen des Ministerrates legislativer und exekutiver Natur. Sie besitzt das Initiativrecht und schlägt somit Rechtsakte vor, die sie dem Europäischen Parlament und dem Rat unterbreitet. Sie ist zudem für die Erarbeitung von mittelfristigen Strategien zur Weiterentwicklung der Union zuständig – beispielsweise durch Haushaltsentwürfe – und fungiert im Gesetzgebungsprozess als Vermittler zwischen Rat und Parlament. Schließlich vertritt die Kommission die Union auf internationaler Ebene, insbesondere in den Bereichen Handel und Entwicklungszusammenarbeit, und handelt internationale Abkommen aus.

Die politischen Kompetenzen der Kommission sind je nach Politikfeld unterschiedlich. Während ihr die Mitgliedstaaten in der sogenannten ersten Säule (z. B. Wirtschafts- und Währungspolitik, Agrarpolitik, Verkehrs-, Wettbewerbs-, Forschungs- und Umweltpolitik) umfangreiche Kompetenzen übertragen haben, besitzt die Kommission in der zweiten und dritten Säule (gemeinsame Außen- und Sicherheitspolitik bzw. Zusammenarbeit im Bereich Polizei und Justiz) nur eine untergeordnete Zuständigkeit. Die wesentlichen Entscheidungen in diesen zwei Bereichen werden vom Ministerrat getroffen. Im Vertrag von Lissabon wurde festgelegt, dass die polizeiliche und justizielle Zusammenarbeit in Strafsachen in den Bereich der regulären (supranationalen) Gemeinschaftsrechtssetzung zu überführen ist. Zudem wurden die Ämter des Außenkommissars und des HV zusammengelegt, um in diesem Bereich eine bessere Vernetzung zwischen Kommission und Rat zu erreichen.

Zu den administrativen Aufgaben der Kommission gehören die Ausarbeitung und Überwachung der Umsetzung europäischer Rechtsakte in den Mitgliedstaaten sowie die Führung und Umsetzung des Haushaltes und der EU-Programme. Folglich untersteht der Kommission auch die Verwaltung der EU. Diese setzt sich vorwiegend aus Generaldirektionen zusammen, die mit nationalen Ministerien vergleichbar sind. Sie umfasst rund 33.000 Mitarbeiter und ist damit sehr viel kleiner als die durchschnittliche Bundesverwaltung der Mitgliedstaaten. Diese „schlanke" Struktur der EU-Verwaltung kann als Ausdruck des Subsidiaritätsprinzips gedeutet werden. Dieses Prinzip besagt, dass die EU die administrative Umsetzung von Rechtsakten nur dann wahrnehmen soll, wenn die Mitgliedstaaten dies nicht selbst tun können. In dieser Hinsicht funktioniert die EU sehr ähnlich wie stark dezentralisierte nationale Verwaltungssysteme (z. B. dasjenige der Schweiz).

Wenn ein politischer Akteur die Ausführung einer Tätigkeit an einen anderen Akteur delegiert, besteht das Risiko, dass der Auftragnehmer den ihm verbleibenden Handlungsspielraum zu seinen eigenen Gunsten und damit unter Umständen gleichzeitig zu Ungunsten des Auftragsgebers ausnutzt (Prinzipal-Agent-Problematik; siehe hierzu Kasten 13.2). Dieses Risiko ist dann besonders hoch, wenn der Auftragnehmer gegenüber dem Auftraggeber einen Informationsvorsprung besitzt. Es ist im Falle der EU besonders relevant, weil die Kommission aufgrund der Komplexität politischer Entscheidungsprozesse im Mehrebenensystem der Union und der teilweise äußerst komplizierten Rechtsinhalte bisweilen einen beachtlichen Wissensvorsprung gegenüber den einzelnen Mitgliedstaaten besitzt.

Wird die Kommission mit der Konkretisierung und Umsetzung von EU-Recht betraut, so besteht aus der Sicht des Gesetzgebers das Risiko, dass die Kommission ihren Handlungsspielraum ausnutzt und den Interessen des Gesetzgebers zuwiderhandeln könnte. Um daraus folgende Konflikte zwischen Kommission und Rat bzw. Parlament zu vermeiden, hat die EU ein umfangreiches System von Verwaltungs- und Expertenausschüssen geschaffen. Dieses System wird mit dem Begriff der Komitologie umschrieben. Diese Ausschüsse dienen insbesondere als Kontrollmittel der Mitgliedstaaten gegenüber der Kommission. Sie werden direkt nach der Verabschiedung eines Gesetzes geschaffen und bestehen aus Vertretern der Mitgliedstaaten. Ein Vertreter der Kommission führt jeweils den Vorsitz. Die Aufgabe dieser Ausschüsse ist es, zu Entwürfen der Kommission für entsprechende Durchführungsmaßnahmen Stellungnahmen zu erarbeiten. Letztere müssen dann von der Kommission berücksichtigt werden. In Abhängigkeit des im jeweiligen Gesetz festgelegten Komitologie-Verfahrens (Beratungs-, Vermittlungs- oder Regelungsverfahren) haben entweder die Kommission, der Rat und/oder das Parlament das letzte Wort. Die Komitologie erlaubt somit dem Gesetzgeber, den Handlungsspielraum der Kommission zu kontrollieren bzw. einzuschränken (Töller, 2002).

12.2 Regierungsbildung und politische Handlungskapazität von Regierungen

Die Politikwissenschaft bietet eine Vielfalt von beschreibenden und erklärenden Modellen an, die zum Verständnis der Beschaffenheit und Funktionen von Regierungen beitragen. Wir konzentrieren uns in diesem zweiten Teil des Kapitels auf zwei Themen, zu denen bisher besonders intensiv geforscht wurde: Die Frage, unter welchen Bedingungen bestimmte Regierungskoalitionen entstehen; und die Frage, welche politische Kapazität und Stabilität bestimmte Regierungsformen aufweisen.

12.2.1 Regierungsbildung in parlamentarischen Systemen

In parlamentarischen Regierungssystemen muss die Regierung von der Parlamentsmehrheit unterstützt oder zumindest toleriert werden. Lässt sich somit anhand der Stärke der im Parlament vertretenen Parteien vorhersagen, welche Art von Koalitionsregierung entstehen wird? Diese Frage ist deshalb interessant, weil Koalitionsregierungen verschiedener Ausprägungen die häufigste Regierungsform in parlamentarischen Systemen sind.

Hat eine Partei die Mehrheit, d. h. mehr als 50 Prozent der Sitze, im Parlament, so scheint die Antwort auf die eben gestellte Frage einfach: Die Mehrheitspartei bildet eine Einparteienregierung. Diese Prognose erweist sich in den meisten Fällen als korrekt. Allerdings ist es auch möglich, dass die Mehrheitspartei eine Koalition mit einer oder mehreren im Parlament vertretenen Minderheitsparteien bildet. Im britischen Unterhaus z. B. besaßen die Konservativen während des Zweiten Weltkrieges eine deutliche Mehrheit. Doch Churchills Kriegskabinett repräsentierte eine breit abgestützte Koalition aus konservativen, linken und liberalen Parteien. Besitzt keine Partei die absolute Mehrheit, wird – einmal abgesehen von einer Einparteienminderheitsregierung – die Regierung vermutlich aus einer Koalition von Minderheitsparteien gebildet, d. h. Parteien, von denen jede weniger als 50 Prozent der Parlamentssitze hat. Doch welche der möglichen Koalitionsregierungen (d. h. Kombination bestimmter Parteien) wird tatsächlich entstehen? Die Koalitionstheorie versucht auf diese Frage eine Antwort zu geben.

Wir befassen uns an dieser Stelle mit den sechs geläufigsten Koalitionsmodellen. Um die Darstellung und den Vergleich dieser Modelle zu erleichtern, gehen wir von einem 100 Sitze umfassenden fiktiven Parlament aus. Abbildung 12.1 stellt die ideologische Position der Parteien auf einer Links-Rechts-Dimension sowie deren hypothetischen Stimmenanteil dar. Die Tabelle in Abbildung 12.1 fasst die Vorhersagen der sechs Koalitionsmodelle zusammen.

Stärke und ideologische Ausrichtung					
Partei	A	B	C	D	E
	Links	⟵	⟶		Rechts
Sitze	8	21	26	12	33
Vorhergesagte Koalitionen					
Minimale Gewinnkoalition	ABC	ADE	BCD	BE	CE
Koalition der minimalen Größe		ADE			
Koalition der geringsten Parteienzahl				BE	CE
Koalition der minimalen ideologischen Spannweite	ABC		BCD		CE
Minimale verbundene Gewinnkoalition	ABC		BCD		CDE
Policy-mögliche Koalition	ABC		BCD		CE

Abbildung 12.1: Prognosen von sechs Koalitionsmodellen im Vergleich

Quelle: Basierend auf Lijphart (1999: 93)

Minimale Gewinnkoalition

Das Modell der minimalen Gewinnkoalition basiert auf einem reinen Größenprinzip (Riker, 1962: 32–46). Dieses besagt, dass Regierungskoalitionen aus nur gerade so vielen Parteien bestehen, wie für die Sicherung der Parlamentsmehrheit zwingend notwendig sind. Die Annahme dabei ist, dass politische Parteien rein opportunistisch handeln und nur daran interessiert sind, ihren Einfluss zu maximieren. In parlamentarischen Regierungssystemen bedeutet Einfluss, in der Regierung vertreten zu sein. Einfluss zu maximieren bedeutet, möglichst viele und bedeutende Ministerposten zu besetzen. Um die Regierung zu bilden, müssen sich Parteien, von denen keine die absolute Mehrheit besitzt, in einer Koalition zusammenschließen. Sie streben dabei eine minimale Anzahl von Koalitionspartnern an. Der Grund ist, dass eine Koalition mit mehr Partnern als für die absolute Mehrheit der Koalition im Parlament unbedingt notwendig ist, den Einfluss jedes Koalitionspartners verringern würde.

Abbildung 12.1 identifiziert die möglichen minimalen Gewinnkoalitionen. Die Koalition ABC ist eine solche Koalition, weil die Parteien A, B und C zusammen 55 der 100 Sitze haben und somit eine absolute Mehrheit im Parlament erreichen. Die Gewinnkoalition ist minimal, weil jede der drei Parteien zur Sicherung der Mehrheit notwendig ist. Würde z. B. der kleinste Koalitionspartner (Partei A) ausgeschlossen werden, so besäße die Koalition BC statt der Mehrheit von ABC (55 Sitze) nur noch eine Minderheit (47 Sitze) der Parlamentssitze. Würde die Koalition ABC auch noch die kleinste der verbleibenden Parteien (Partei D) aufnehmen, so wäre sie nicht mehr minimal, denn von der Koalition ABCD könnten ohne Verlust der Parlamentsmehrheit entweder A oder D ausgeschlossen werden. Eine offensichtliche Schwäche dieses Modells ist die Spannbreite der Koalitionsvorhersage. Nur wenn eine einzige Partei die absolute Mehrheit im Parlament besäße, könnte dieses Modell eine eindeutige Vorhersage liefern. Ansonsten prognostiziert sie mehr als eine mögliche Koalition, was den Prognosewert natürlich reduziert. In Abbildung 12.1 sind insgesamt sogar fünf Koalitionen möglich. Die nachfolgenden drei Modelle zielen darauf ab, diese Mehrdeutigkeit der Prognose durch die Anwendung zusätzlicher Kriterien zu verringern.

Koalition der minimalen Größe

Das Modell der Koalition minimaler Größe basiert ebenfalls auf einer rein opportunistischen Größenlogik. Es folgt dieser Annahme jedoch noch strikter. Parteien, die zur Einflussmaximierung „unnötige“ Partner von der Koalition ausschließen, sollten auch die Koalition mit der kleinstmöglichen Mehrheit (im Idealfall 51 Sitze) bevorzugen. So sollte im oben verwendeten Beispiel die Koalition ADE (53 Sitze) für Partei E attraktiver sein als die Koalition CE (59 Sitze); in der ersten Koalition liefern die 33 Sitze von Partei E 62 Prozent der parlamentarischen Koalitionsunterstützung, während sie zur Regierungskoalition CE lediglich 56 Prozent beiträgt. Die Vorhersage dieses Modells ist somit die Koalition mit der kleinsten parlamentarischen Mehrheit. Wie Abbildung 12.1 zeigt, ist dies die Koalition ADE mit 53 Parlamentssitzen. Alle anderen minimalen Gewinnkoalitionen weisen zwischen 54 und 59 Parlamentssitze auf.

Koalition der geringsten Parteienzahl

Ein anderes Kriterium, mit dem sich die Vorhersage des Modells minimaler Gewinnkoalition präzisieren lässt, besagt, dass die Verhandlungskosten (z. B. Zeit oder Kompromisse, die Parteien machen müssen) und die Kosten des Koalitionszusammenhalts mit zunehmender Anzahl der Verhandlungspartner steigen (Leiserson, 1970: 90). Dies begünstigt die Entstehung von minimalen Gewinnkoalitionen mit der geringsten Anzahl von Parteien. Von den fünf minimalen Gewinnkoalitionen, die in Abbildung 12.1 erwähnt sind, werden somit am ehesten die Koalitionen BE oder CE entstehen. Diese Koalitionen bestehen aus zwei Parteien, die anderen aus drei.

Koalition der minimalen ideologischen Spannweite

Die bisher besprochenen Koalitionsmodelle beziehen sich lediglich auf die Größe und Zahl der involvierten Parteien und vernachlässigen deren ideologische und programmatische Ausrichtung. Das Koalitionsmodell der minimalen ideologischen Spannweite greift diesen Aspekt auf und geht davon aus, dass sich diejenigen Parteien in Koalitionen zusammenfinden, welche die größten ideologischen und programmatischen Berührungspunkte aufweisen. Das Koalitionsmodell der minimalen Spannweite prognostiziert, dass aus denjenigen Parteien, die sich ideologisch nahe stehen, minimale Gewinnkoalitionen gebildet werden. Im oben genannten Beispiel gehen wir von einer einzigen relevanten (Links-Rechts)-Dimension aus und erfassen die ideologische Distanz anhand der Anzahl der „Leerräume" zwischen den Parteien; dabei wird vereinfachend angenommen, dass die ideologische Distanz zwischen direkt nebeneinander positionierten Parteien für alle Parteienpaare gleich groß ist. Dieses Modell prognostiziert die Koalitionen ABC, BCD und CE. Diese drei Koalitionen weisen eine ideologische Distanz von zwei Einheiten auf (von C nach E sind zwei Parteigrenzen zu überwinden), während die Distanzen bei den verbleibenden beiden minimalen Gewinnkoalitionen drei (BE) und vier (ADE) betragen.

Minimal verbundene Gewinnkoalition

Ein mit dem vorhergehenden Modell verwandtes Koalitionsmodell ist das Modell der minimal verbundenen Gewinnkoalition (Axelrod, 1970: 165–87). Es prognostiziert Koalitionen, die sowohl in ideologischer Perspektive möglichst eng verbunden sind (aus Parteien bestehen, die auf der ideologischen Dimension möglichst nahe nebeneinander liegen), als auch unnötige Koalitionspartner vermeiden. Die Annahme ist, dass ideologisch benachbarte Parteien sich eher auf eine Regierungskoalition einigen können und danach weitere benachbarte Parteien aufnehmen bis eine parlamentarische Mehrheit erreicht ist. Wie die Koalitionsvorhersagen in Abbildung 12.1 für dieses Modell zeigen, müssen die resultierenden Koalitionen keine minimalen Gewinnkoalitionen sein, denn gemäß letztgenanntem Modell enthält die Koalition CDE eine überflüssige Partei (Partei D). Diese ist aber aus Sicht des Modells der minimal verbundenen Gewinnkoalition nötig, da sie die Partei C und E miteinander verbindet.

Policy-mögliche Koalition

Das Modell der policy-möglichen Koalition konzentriert sich ausschließlich auf den Einfluss der ideologischen und programmatischen Ausrichtung der Parteien. Es geht davon aus, dass Parteien vor allem an der Um- und Durchsetzung politischer Inhalte interessiert sind und nicht an der mit dem Regierungsamt verbundenen Macht. Dieses Ziel können sie am besten im Parlament verfolgen, weil es Gesetzesvorlagen in rechtskräftige Gesetze umwandelt. Die Medianpartei spielt in diesem Kontext eine besondere Rolle. Die Medianpartei ist diejenige Partei, die auf der ideologischen Dimension den Medianparlamentarier einschließt. Letzterer ist derjenige Parlamentarier, dem links wie rechts exakt gleich viele der übrigen Parlamentarier gegenüber stehen. In Abbildung 12.1 ist C die Medianpartei. Diese Partei nimmt eine Schlüsselrolle ein, weil sie die Gesetzesinhalte sehr stark beeinflussen kann. Denn weder die Parteien links noch diejenigen rechts von ihr verfügen alleine über die notwendige Mehrheit, um ihre politischen Ziele zu verwirklichen (siehe hierzu auch Kasten 8.1). Somit spielt es hinsichtlich der politischen Inhalte keine Rolle, wie viele und welche Parteien in der Regierungskoalition vertreten sind. Wenn wir jedoch annehmen, dass die Parteien nicht nur programmatisch handeln, sondern auch an politischem Einfluss interessiert sind, führt uns dies zurück zu den minimalen Gewinnkoalitionen, die nun aber zusätzlich die Medianpartei umfassen sollten. In Abbildung 12.1 wären dies die Koalitionen ABC, BCD und CE. Das Koalitionsmodell mit der Medianpartei liefert somit entweder keine, oder aber identische Prognosen wie das Koalitionsmodell der minimalen ideologischen Spannweite.

Koalitionsmodelle, die ideologische und programmatische Positionen der Parteien berücksichtigen, produzieren teilweise sogar weniger präzise Prognosen als Modelle, die nur am Größenprinzip orientiert sind – mit Ausnahme des Modells der minimalen Gewinnkoalition, das am schlechtesten abschneidet. Aus empirischer Sicht sind sie jedoch deutlich realitätsnäher und werden durch die verfügbare empirische Evidenz auch eher gestützt (Budge & Laver, 1993). Allerdings sind empirische Resultate zugunsten von Modellen, welche die ideologische/programmatische Ausrichtung von Parteien berücksichtigen, mit Vorsicht zu genießen. Solche Modelle beruhen auf der Positionierung von Parteien auf der Links-Rechts-Skala und könnten einer zirkulären Argumentation folgen. Wie in Kapitel 8 diskutiert, kann die ideologische Position einer Partei auf unterschiedliche Art und Weise gemessen werden (z. B. anhand ihres Parteiprogramms oder anhand des Stimmverhaltens ihrer Abgeordneten im Parlament). Diese Messmethoden dürften jedoch davon beeinflusst sein, ob eine Partei Mitglied einer Koalition ist und aus welchen Parteien sich die Koalition zusammensetzt. Der deutschen FDP wurde z. B. lange Zeit auf der Links-Rechts-Skala eine Position in der Mitte zugeordnet, obwohl die meisten anderen liberalen Parteien Europas rechts der Mitte positioniert sind. Diese Positionierung der deutschen FDP wurde häufig damit begründet, dass sie bei der Koalitionsbildung in Deutschland bis 1998 eine Schlüsselrolle spielte. Denn ohne sie konnten weder die CDU/CSU noch die SPD regieren. Die FDP wurde somit zur „Königsmacherin" und konnte sich den Koalitionspartner aussuchen – genau dies ist die Rolle der Medianpartei im policy-möglichen Koalitionsmodell.

Das wohl größte Problem aller hier besprochenen Koalitionsmodelle besteht jedoch darin, dass sie diverse minimale Gewinnkoalitionen vorhersagen. Axelrods (1970: 165–87) Modell der minimal verbundenen Gewinnkoalition ist das einzige, welches auch übergroße Koalitionen prognostizieren kann. Die Vorhersage minimaler Gewinnkoalitionen hingegen steht im Widerspruch zur Tatsache, dass in der politischen Realität recht häufig übergroße Regierungskoalitionen und Minderheitsregierungen zustande kommen. Keman und Müller-Rommel (2012: 9) z. B. klassifizieren nur ein Drittel der Regierungen in 26 europäischen parlamentarischen Demokratien zwischen 1990 und 2008 als minimale Gewinnkoalitionen. 27 Prozent werden als Minderheitsregierung und 26 Prozent als übergroße Koalitionsregierungen klassifiziert. Einparteienmehrheitsregierungen machen 11 Prozent aus. Dabei bestehen große Unterschiede zwischen den west- und osteuropäischen Ländern. In Westeuropa dominiert die übergroße Koalitionsregierung (28 Prozent) vor der minimalen Gewinnkoalition (27 Prozent) und auch die Einparteienmehrheitsregierung ist häufig anzutreffen (17 Prozent). In Osteuropa ist dagegen die minimale Gewinnkoalition der häufigste Regierungstyp (35 Prozent), gefolgt von der Mehrparteienminderheitsregierung (23 Prozent) und der übergroßen Koalitionsregierung (19 Prozent). Einparteienmehrheitsregierungen sind in osteuropäischen Demokratien nur in vier Prozent der Fälle anzutreffen. Da Minderheits- und übergroße Koalitionsregierungen häufig in der politischen Realität anzutreffen sind, befassen wir uns in den folgenden beiden Abschnitten mit der Entstehung dieser

Regierungsformen. Dabei spielen sowohl strategische Überlegungen als auch institutionelle Faktoren eine entscheidende Rolle.

Minderheitsregierungen

Die Entstehung von Minderheitsregierungen lässt sich unter Beibehaltung der Grundannahme von rationalen, einflussmaximierenden Parteien erklären, wenn wir die Zeitperspektive von Parteien berücksichtigen. Schließlich impliziert die genannte Grundannahme nicht, dass eine Partei zu jedem Zeitpunkt danach strebt, in der Regierung vertreten zu sein (Laver & Shofield, 1990). Es kann durchaus sein, dass sich eine Partei bewusst gegen eine ihr angebotene Regierungsmitgliedschaft entscheidet. Ein potentieller Grund ist z. B., dass sie sich von der Oppositionsrolle einen Stimmenzuwachs bei den nächsten Wahlen und damit auch eine bessere Ausgangsposition für die Beteiligung an einer Regierungskoalition zu diesem späteren Zeitpunkt verspricht. Sind die Zeitperspektive und die damit verbundenen strategischen Überlegungen für einige Parteien von Bedeutung, so erhöht dies die Wahrscheinlichkeit, dass eine Minderheitsregierung entsteht (Strøm, 1990: 44–47).

Neben solchen strategischen Überlegungen der Parteien können, wie weiter oben bereits angesprochen, auch institutionelle Faktoren zur Bildung von Minderheitsregierungen beitragen. So erhöhen z. B. der negative Parlamentarismus und insbesondere die Abwesenheit einer formellen parlamentarischen Amtseinsetzung der Regierung die Wahrscheinlichkeit, dass eine Minderheitsregierung entsteht. Beide Faktoren erlauben eine implizite Tolerierung einer Minderheitsregierung durch die Parlamentsmehrheit.

Eine weitere Bedingung, die zugunsten von Minderheitsregierungen auf Bundesebene sowie von Koalitionsregierungen mit sehr knappen Mehrheiten wirkt, ist das konstruktive Misstrauensvotum. Einerseits unterstützt dieses die Bildung von Minderheitsregierungen, weil ein erfolgreiches konstruktives Misstrauensvotum die Unterstützung des Gegenkandidaten durch eine Mehrheit der Abgeordneten verlangt. Andererseits kann das konstruktive Misstrauensvotum im Falle einer zerstrittenen Opposition auch helfen, eine Minderheitsregierung an der Macht zu halten. Neben Deutschland, das zwar bisher keine Minderheitsregierungen auf Bundesebene aufwies, aber mit Blick auf die politische Instabilität in der Weimarer Republik als erstes europäisches Land ein konstruktives Misstrauensvotum einführte, kennen in Westeuropa vor allem Spanien, Belgien und Ungarn diese regierungsstabilisierende Institution.

Eine ähnliche Wirkung entfaltet auch ein Verfassungsartikel in Frankreichs fünfter Republik (seit 1958). Dieser sieht vor, dass die Regierung jede Abstimmung über eine Gesetzesvorlage auch mit der Vertrauensfrage verknüpfen kann und dass das Gesetz als beschlossen gilt, wenn nicht eine absolute Mehrheit der Nationalversammlung dagegen stimmt. Diese Regel erlaubt Minderheitsregierungen, trotz fehlender parlamentarischer Mehrheit ihr Regierungsprogramm umzusetzen. Dieser Umstand wiederum erhöht den Anreiz zur Bildung einer Minderheitsregierung.

Eine weitere Rahmenbedingung, die zugunsten von Minderheitsregierungen wirkt, ist schließlich die Stärke der parlamentarischen Kommissionen (Ausschüsse). Mächtige Kommissionen üben einen großen Einfluss auf den Gesetzgebungsprozess aus und erlauben es damit den Parteien, die Politik auch aus der Opposition heraus zu beeinflussen. Damit verringert sich mit zunehmendem Einfluss der Opposition in Kommissionen der Anreiz, Regierungsmitglied zu werden. Dies kann die Bildung von Minderheitsregierungen ebenfalls begünstigen.

Übergroße Koalitionsregierungen

Auch wenn wir die Annahme rationaler, einflussmaximierender Parteien beibehalten, gibt es strategische Gründe für die Bildung übergroßer Koalitionen (Riker, 1962: 88). Ein Grund dafür sind unvollständige Informationen. Parteien besitzen in Koalitionsverhandlungen lediglich unvollständige Information über die Loyalität der Koalitionspartner und/oder einiger Abgeordneter dieser Parteien. Aus diesem Grund können zusätzliche Parteien als eine Art Versicherung gegen Treuebruch einzelner Abgeordneter oder ganzer Parteien in die Koalition aufgenommen werden.

Ein weiterer Grund ist, dass jeder Koalitionspartner im Prinzip gerne möchte, dass das Regierungsprogramm genau seinen Interessen entspricht. Dies ist am ehesten gewährleistet, wenn die anderen Regierungsparteien gemäß unserer vereinfachenden Links-Rechts-Positionierung etwa zu gleichen Teilen rechts und links der eigenen Position liegen. Beschließen B und C in Abbildung 12.1, zusammen eine Koalition zu bilden, so bevorzugt B die Koalition ABC, da B die Mittelposition innehat, während C aus dem gleichen Grund die Koalition BCD bevorzugt. In dieser Situation kann im Sinne eines Kompromisses die Koalition ABCD zustande kommen (vgl. auch Laver & Shofield, 1990; Laver & Shepsle, 1996).

Strategische Überlegungen in Zeiten interner oder externer Bedrohung sind ebenfalls ein wichtiger Grund, weshalb Parteien bisweilen entscheiden eine übergroße Koalition zu bilden. In Kriegszeiten bilden sich besonders häufig übergroße Koalitionen, wie wir bereits im Fall von Churchills Kriegskabinett während des Zweiten Weltkrieges gesehen haben. Ähnliches gilt für interne Krisen, die durch den Aufstieg von Antisystemparteien oder Bewegungen und/oder durch schwerwiegende Meinungsunterschiede zwischen systemkonformen Parteien in heterogenen Gesellschaften ausgelöst werden können.

Übergroße Koalitionen können nicht nur aus strategischen Gründen zustande kommen, sondern auch aufgrund bestimmter institutionalisierter Strukturen. Ein gutes Beispiel ist die belgische Verfassung. Diese schreibt vor, dass die beiden Landessprachen zu gleichen Teilen in der Regierung vertreten sein müssen. Diese Regelung führt meist zu übergroßen Koalitionen, da z. B. die Aufnahme der flämischen Sozialisten in die Regierungskoalition zum sprachlichen Ausgleich auch die Aufnahme der wallonischen (frankophonen) Sozialisten erfordert, auch wenn diese zur Sicherung der Parlamentsmehrheit nicht benötigt werden. Weitere Beispiele sind die Erfordernis einer Zweidrittelmehrheit für Verfassungsänderungen oder Mehrheitserfordernisse für die Verabschiedung von Gesetzen. In Belgien erfordern z. B. bestimmte Gesetzesänderungen nicht nur eine Zweidrittelmehrheit im Parlament, sondern auch absolute Mehrheiten innerhalb der Vertretungen der beiden Landessprachen. Strebt eine Partei im belgischen Parlament also eine solche Gesetzesänderung an, so ist es ratsam, eine breit abgestützte Regierung statt lediglich eine minimale Gewinnkoalition zu bilden.

Auch ein stark ausgebautes direktdemokratisches Instrumentarium fördert die Entstehung übergroßer Koalitionen. Die direkte Demokratie ist der wichtigste Grund, weshalb in der Schweiz alle großen und damit referendumsfähigen Parteien in der Regierung vertreten sind. Denn wäre eine dieser Parteien von der Regierung ausgeschlossen, hätte sie eine starke Motivation und wäre auch dazu in der Lage, die Gesetzgebung mittels Referenden stark zu behindern oder sogar zu lähmen. Die Instrumente der direkten Demokratie generieren somit für die großen Parteien einen Anreiz, eine übergroße Koalition zu bilden, um sich vor Referenden zu schützen und sich so zumindest einen gewissen politischen Handlungsspielraum zu sichern. Dies zeigt sich am eindrucksvollsten bei der Regierungsbildung der 26 Schweizer Kantone, deren Regierungsmitglieder mittels Mehrheitswahl direkt vom Volk gewählt werden und über stark ausgebaute direktdemokratische Institutionen verfügen. Geht man davon aus, dass Parteien ihren Einfluss zu maximieren versuchen, so würde man erwarten, dass die wählerstärkste Partei oder Parteienkoalition exakt so viele Kandidaten ins Rennen schickt wie Regierungssitze zu vergeben sind, um im Anschluss an die Wahl allein die Regierung zu stellen. Das Mehrheitswahlrecht sollte ferner dafür sorgen, dass eine oder maximal zwei Parteien in der Regierung vertreten sind. In der Praxis sind fast alle kantonalen Exekutiven Koalitionsregierungen mit mehr als zwei unterschiedlichen Parteien, die selten mehr Kandidaten aufstellen als ihnen stimmenanteilsmäßig zustehen. Ein Grund für die übergroßen kantonalen Regierungskoalitionen ist eben das stark ausgebaute direktdemokratische Instrumentarium, denn würde eine ausreichend wählerstarke Partei von der Regierung ausgeschlossen werden, so könnte diese den Regierungsbetrieb durch Initiativen und Referenden blockieren. Dies würde den Einfluss der in der Regierung verbleibenden Parteien stark reduzieren. Es ist somit innerhalb der gegebenen Rahmenbedingungen im Eigeninteresse der wählerstärksten Partei oder Parteienkoalition, alle relevanten politischen Parteien an der Regierung zu beteiligen, wenn sie ihren politischen Einfluss maximieren will.

12.2.2 Politische Handlungskapazität von Regierungen

Nachdem wir uns vorher mit der Entstehung von Regierungen befasst haben, wenden wir uns nun möglichen Konsequenzen unterschiedlicher Regierungsformen zu. Die politische Handlungskapazität von Regierungen, auf die wir uns hier konzentrieren, ist in diesem Kontext gleichbedeutend mit Handlungsfähigkeit und politischem Einfluss. Sie hängt einerseits von ihrer institutionell geprägten Stellung gegenüber Parteien, Parlament und anderen politischen Akteuren, andererseits aber auch von ihrer Beschaffenheit selbst ab.

Politische Parteien spielen eine zentrale Rolle bei der Strukturierung von Wahlen. Welchen Einfluss haben aber die Parteien auf ihre Kandidaten, nachdem diese gewählt und im Amt sind? Die Forschung hat vor allem drei Kontrollmechanismen identifiziert (Rose, 1976; Katz, 1986; Blondel & Cotta, 2000), von denen zwei ex-ante- und einer ex-post-Anwendung finden. Erstens werden Kandidaten durch Parteiprogramme verpflichtet, nach ihrer Wahl die Ziele der Partei zu verfolgen. Die Wirkung dieses Instruments ist in parlamentarischen Einparteienmehrheitsregierungen (z. B. Großbritannien) in der Regel stärker als in Systemen mit großen Koalitionen und Kollegialregierungen (z. B. Schweiz). Zweitens verwenden Parteien sehr viel Zeit und Energie auf die Rekrutierung von Kandidaten für Regierungsämter, welche die Wertvorstellungen und Ziele der Partei internalisiert haben. Drittens können Parteien vor allem über das Parlament die Tätigkeit der Regierung kontinuierlich beaufsichtigen und je nach institutioneller Struktur des politischen Systems steuern und sanktionieren. Die empirische Forschung hat sich intensiv mit dem Einfluss von Parteien auf Regierungen und dem Einfluss von Regierungen auf Parteien befasst (z. B. Blondel & Cotta, 2000; McDonald & Budge, 2005; Poguntke & Webb, 2005). Viele dieser Studien konstatieren einen Trend der Präsidentialisierung im Sinne eines Einflussgewinns der Regierung gegenüber den Parteien sowie einer stärkeren Betonung von Führungspersönlichkeiten in Parteien und der Regierung, unabhängig vom Regierungssystem.

Wie im ersten Teil des Kapitels mehrfach angedeutet, hängt die politische Handlungskapazität (Einfluss) der Regierung auch von ihrem Verhältnis zum Parlament ab. Dieses Verhältnis ist einerseits von den institutionellen Strukturen, andererseits aber auch von der Zusammensetzung der Regierung beeinflusst.

Bei präsidentiellen Systemen wird meist angenommen, dass die politische Handlungskapazität der Regierung in Situationen unterschiedlicher ideologischer Ausrichtung des Präsidenten und der Parlamentsmehrheit („divided government“ oder „cohabitation“) geringer ist, als wenn die gleiche Partei den Präsidenten stellt und im Parlament die Mehrheit besitzt. Die empirische Forschung konnte diese Hypothese bisher jedoch nicht bestätigen (z. B. Shugart & Carey, 1992; Cheibub, 2007). Einerseits haben Präsidenten in zahlreichen Ländern die Möglichkeit, Gesetze ohne Parlamentszustimmung zu erlassen (sogenannte Dekrete), andererseits versuchen Präsidenten, in solchen Situationen Koalitionen zu bilden, indem sie führende Mitglieder aus anderen Parteien in ihr Kabinett berufen und sich so deren Unterstützung im Parlament sichern.

In Bezug auf parlamentarische Systeme befasst sich die Forschung vorwiegend mit Unterschieden zwischen Mehrheits- und Minderheitsregierungen sowie zwischen Ein- und Mehrparteienregierungen (Koalitionen). Die politische Handlungskapazität, die abhängige Variable, wird dabei meist im Sinne der Regierungsstabilität konzipiert. Abbildung 12.2 zeigt, dass deutliche und damit erklärungsbedürftige Unterschiede zwischen einzelnen Ländern bzw. Typen von Regierungssystemen beobachtbar sind.

	Einparteienmehrheitsregierungen	Einparteienminderheitsregierungen	Minimale Gewinnkoalitionen	Minderheitskoalitionen	Übergroße Koalitionen	*Insgesamt*
Regierungstyp in %	37,1	11,4	24,7	5,8	21,0	100
Kriterium I: Änderung der parteipolitischen Zusammensetzung der Regierung						
Anzahl der Regierungen	45	38	71	52	91	297
Durchschnittl. Regierungsdauer in Jahren	8,01	2,24	3,28	1,01	2,07	3,09
Kriterium II: Änderung der Koalitionsform, Wechsel des Premierministers, Neueinsetzung der Regierung nach Parlamentswahlen						
Anzahl Regierungen	142	76	107	59	120	504
Durchschnittl. Regierungsdauer in Jahren	3,00	1,64	2,41	0,91	1,71	2,12

Abbildung 12.2: Regierungstyp und Regierungsdauer

Quelle: Basierend auf Lijphart (1999: 98, 137). Lesehilfe: Die prozentualen Angaben beziehen sich auf 32, die übrigen Angaben auf 31 etablierte Demokratien zwischen 1945–1996. Die Zahl der Regierungen ist deutlich größer als die Zahl der Staaten, weil Regierungen im genannten Zeitraum recht häufig neu gebildet bzw. umgebildet wurden.

Unabhängig vom verwendeten Kriterium zur Messung der Regierungsdauer sind Einparteienmehrheitsregierungen die langlebigsten unter den in Abbildung 12.2 erwähnten Regierungstypen. Auf sie folgen die minimalen Gewinnkoalitionen, deren Regierungsdauer kürzer ist. Letztere wiederum sind im Vergleich zu den übrigen Regierungstypen erheblich stabiler. Danach folgen übergroße Koalitionen, die typischerweise in Systemen mit stark proportionalem Wahlsystem (z. B. den Niederlanden, Finnland) oder Konkordanzdemokratien (z. B. der Schweiz) vorkommen, sowie Einparteienminderheitsregierungen, deren Anteil in skandinavischen Ländern besonders hoch ist. Die beiden letztgenannten Regierungstypen bieten die Möglichkeit, viele Akteure am Entscheidungsprozess zu beteiligen. Der Grund dafür ist, dass diese die Unterstützung anderer Parteien bei Mehrheitsentscheidungen im Parlament benötigen. Sie unterscheiden sich einzig in der Art und Weise, wie diese Akteure in den Entscheidungsprozess einbezogen werden. Ihre Überlebensdauer unterscheidet sich auf den ersten Blick nur geringfügig. Während übergroße Koalitionen diese Akteure vollständig an der Regierung beteiligen, müssen Einparteienminderheitsregierungen von Fall zu Fall Unterstützung bei den Oppositionsparteien suchen. Am instabilsten sind Minderheitskoalitionen, die im Durchschnitt nur ein Jahr lang im Amt sind. Dieser Regierungstyp ist in westlichen parlamentarischen Demokratien sehr selten zu finden.

Neuere empirische Untersuchungen (Müller & Strøm, 2000; Thies, 2001; Timmermans, 2003; Cheibub et al., 2004; Martin & Vanberg, 2004; Timmermans, 2006; Strøm et al., 2007) bestätigen diese früheren Befunde weitgehend. Im Zeitraum 1945–2002 besaß in parlamentarischen Systemen in 43 Prozent der Fälle eine Partei die Mehrheit, in präsidentiellen Systemen waren es 56 Prozent. In parlamentarischen Systemen ohne absolute Mehrheit einer Partei wurden in ca. 54 Prozent der Fälle Mehrheitskoalitionen und in ca. 46 Prozent der Fälle Minderheitsregierungen gebildet. In präsidentiellen Systemen sind die entsprechenden Werte 22 und 78 Prozent (Cheibub et al., 2004). Minderheitsregierungen sind also sehr häufig anzutreffen. Die Daten zur Dauer (Stabilität) dieser Regierungen zeigen hingegen, dass Mehrheitsregierungen langlebiger sind. Aus Gründen, die wir weiter oben diskutiert haben, existieren jedoch erhebliche Unterschiede zwischen Staaten. Schließlich lässt sich beobachten, dass Einparteienregierungen nicht langlebiger sind als Koalitionsregierungen. Insgesamt zeigt die empirische Forschung, dass gemessen an der Langlebigkeit der Regierung Einparteienmehrheitsregierungen die größten politischen Handlungskapazitäten aufweisen (Müller & Strøm, 2000; Müller-Rommel et al., 2004; Danzer, 2007).

12.3 Theorien der öffentlichen Verwaltung

Der moderne Staat kann ohne wirksame und effiziente öffentliche Verwaltung den Ansprüchen seiner Bürger kaum gerecht werden. Ihre Angestellten bzw. Beamten bereiten in Zusammenarbeit mit der Regierung und den zuständigen Parlamentsausschüssen Gesetze vor und setzen sie um und durch. Sie fungieren zu einem gewissen Grad auch als institutionelles Gedächtnis des Staates. Wir haben weiter oben in diesem Kapitel allerdings auch schon festgestellt, dass sich mit zunehmender Bedeutung der Verwaltung im politischen System eines Staates gewisse Probleme ergeben. Diese Probleme und mögliche Lösungen dafür stehen im Zentrum der Bürokratietheorie – demjenigen Zweig der Politikwissenschaft, der sich analytisch mit der Verwaltung beschäftigt.

12.3.1 Bürokratietheorie

Max Weber (1976 [1922]) war einer der ersten Wissenschaftler, der sich systematisch mit der Entstehung und dem Verhalten der staatlichen Verwaltung beschäftigte. Er wird heute gemeinhin als Begründer der Bürokratietheorie betrachtet. Aus seiner Sicht repräsentiert die öffentliche Verwaltung einen bestimmten Herrschaftstyp, dessen Entstehung und charakteristische Struktur erklärungsbedürftig ist.

Weber geht von zwei Prämissen aus: Die erste besagt, dass jede Form sozialer Ordnung die Ausübung von Herrschaft erfordert. Unter Herrschaft versteht er die Möglichkeit, für einen Befehl bestimmten Inhaltes bei bestimmten Personen Gehorsam zu erzielen. Damit wird klar, dass Herrschaftsbeziehungen in der Regel sozial ungleiche Beziehungen und somit eng mit dem Begriff der Macht verbunden sind. In der Folge unterscheidet er zwischen dem traditionellen (d. h. auf Tradition basierenden), charismatischen (d. h. auf besonderen Eigenschaften beruhenden) und rationalen (d. h. auf der Legalität einer bestimmten Ordnung beruhenden) Herrschaftstypus. Die zweite Prämisse ist, dass sich in modernen Gesellschaften infolge von Rationalisierungsprozessen die jeweils effizienteste Herrschaftsform durchsetzt. Jede soziale Ordnung wählt für sich demnach die am besten geeignete Herrschaftsform.

Basierend auf diesen beiden Prämissen und mit Blick auf den modernen Rechtsstaat (Abschnitt 13.1.1 in Kapitel 13) folgert Weber, dass es sich bei der Bürokratie als rational-legaler Herrschaftstypus um die rationalste und effizienteste Form der Herrschaftsausübung handelt. Sie ist die rationalste Form, weil sie innerhalb des modernen Rechtsstaates universell einsetzbar und technisch effizient ist, vor staatlicher Willkür schützt und damit die Handlungssicherheit aller Beteiligten erhöht. Sie ist zudem im Vergleich zur traditionellen und charismatischen Herrschaftsform besonders stabil, weil sie nicht von der Fähigkeit und Leistung einer einzelnen Person abhängt. Sie ist ferner die effizienteste Herrschaftsform, weil sie hinsichtlich der folgenden Merkmale besser abschneidet als die historisch gesehen bereits früher schon etablierten traditionellen und charismatischen Herrschaftsformen: Präzision, Geschwindigkeit, Eindeutigkeit, Stetigkeit, Aktenkundigkeit, Diskretion, Gleichförmigkeit der Aufgaben, Erfüllung und Berechenbarkeit.

Dem Bürokratiebegriff Webers liegt die bereits weiter oben angesprochene Annahme des politisch neutralen Beamten zugrunde. Weber nimmt dabei an, dass der Beherrschte gehorchen will und der Herrschende ihn wirksam kontrollieren kann. Der Administrator in Webers Theorie steht somit hauptberuflich in den Diensten der Regierung und erfüllt in treuer Ergebenheit die Anweisungen, die ihm die Regierung erteilt. Dafür erhält er ein meist positions- und altersgebundenes Gehalt sowie die Aussicht auf eine gesicherte Beamtenlaufbahn und staatliche Pension.

Diese Annahmen und Argumente, die einer Idealisierung der preußischen Verwaltung gleichkommen, sind insbesondere seit den 1970er Jahren stark hinterfragt worden. Die Bürokratietheorie von William A. Niskanen (1971), die einen wichtigen Schritt in diesem Prozess darstellt, geht von anderen Annahmen hinsichtlich der Zielsetzungen von Staatsbeamten aus als Weber und gelangt dadurch zu anderen Schlussfolgerungen. Im Gegensatz zu Weber (1976 [1922]) betrachtet Niskanen (1971) den Beamten nicht als politisch neutral und absolut gehorsam, sondern schreibt ihm eigene Interessen zu. Demnach sind Beamte primär an der Erhöhung ihres eigenen Nutzens interessiert. Der Nutzen eines Beamten, dessen Entscheidungen für die Leistungsfähigkeit der öffentlichen Verwaltung maßgeblich sind, setzt sich aus vier sich teilweise überschneidenden und voneinander abhängigen Faktoren zusammen (vgl. auch Downs, 1967). Diese umfassen:

- das eigene Gehalt,
- das Ansehen, das Beamte bei ihrem Klientel und in der Öffentlichkeit genießen,
- die Konfliktfreiheit und Annehmlichkeiten im eigenen Leben,
- der Umfang der ihnen zur Verfügung stehenden Güter, die als indirektes Einkommen betrachtet werden können (z. B. ein schönes Büro, Dienstwagen, Dienstreisen).

Gemäß Niskanen (1971) sind diese vier Faktoren auf die Größe des einem Beamten bzw. seiner Verwaltungseinheit zur Verfügung stehenden Budgets zurückführen. Das persönliche Einkommen wächst aufgrund der hierarchischen Lohnstruktur öffentlicher Verwaltungen in der Regel mit der Zahl der unterstellten Mitarbeiter und diese wiederum mit dem verfügbaren Budget der Verwaltungseinheit. Die Anerkennung und das Prestige nehmen ebenfalls mit steigendem Etat einer Verwaltungsstelle meist zu. Auch die Forderungen der Klientel lassen sich mit einem größeren Budget leichter befriedigen, was den betroffenen Staatsbeamten ein ruhiges, konfliktfreies und angenehmes Leben beschert. Schließlich nehmen mit steigendem Budget meist auch die zur eigenen Verfügung stehenden Güter zu, sei es durch automatische Zuordnung (z. B. wenn sich die Anzahl und Ausstattung der Dienstwagen nach der Größe des Amtes richtet) oder sei es, weil sich die Ausgaben mit zunehmender Größe immer weniger durch Außenstehende (z. B. die Regierung und das Parlament) kontrollieren lassen.

Leitende Staatsbeamte sind daher grundsätzlich an der Maximierung des Budgets ihrer Verwaltungseinheit interessiert. Drei Einschränkungen können diesem Streben jedoch entgegenwirken:

1. Ökonomische bzw. finanzielle Einschränkungen, denn der Staatshaushalt lässt sich nicht beliebig schnell und weit ausdehnen.
2. Administrative Einschränkungen, wie etwa Vorschriften zu Verwaltungsabläufen, die staatliche Bedienstete bei ihrer Tätigkeit einhalten müssen.
3. Politische Einschränkungen, denn Konflikte mit der Regierung, dem Parlament oder mächtigen Interessengruppen können die Stellung des betroffenen Staatsbeamten gefährden.

Leitende Beamte können allerdings auch davon ausgehen, dass die Regierung auf sie angewiesen ist, und dass sie von ihr infolge mangelnder Information nur beschränkt kontrolliert werden können. Auch das Parlament und dessen Aufsichtskommissionen üben keine absolute Kontrolle über die Verwaltung aus, denn auch sie verfügen lediglich über unvollständige Information und sind zudem politisch/ideologisch und organisatorisch fragmentiert, was kollektives Handeln (Abschnitt 9.1.3 in Kapitel 9) und wirksame Dienstaufsicht erschweren.

Das Verhalten der öffentlichen Verwaltung ist zudem durch ihre monopolartige Stellung gegenüber der Regierung und dem Parlament geprägt. Die Verwaltung ist meist die einzige Anbieterin des jeweils nachgefragten Gutes (z. B. eines Gesetzesentwurfs zur Reduktion des CO_2-Ausstoßes zu möglichst geringen volkswirtschaftlichen Kosten) oder einer speziellen Dienstleistung (z. B. Umsetzung des Straßenverkehrsgesetzes durch die Straßenverkehrsämter und die Verkehrspolizei). Leitende Beamte können somit als „Optionsfixierer“ auftreten und eine bestimmte Menge eines Gutes zu einem bestimmten „Preis“ in Form budgetärer Kosten anbieten. Politiker, die aufgrund mangelnden Fachwissens nicht ausfindig machen können, was diese Leistung tatsächlich wert ist, haben nur die Möglichkeit das Angebot der Verwaltung zu akzeptieren oder abzulehnen. Wenn sie rational handeln, werden sie dem Angebot immer dann zustimmen, wenn der geforderte Preis ihre Zahlungsbereitschaft nicht übersteigt. Dieses Kalkül antizipieren leitende Beamte und verlangen in der Regel denjenigen Preis, den die Regierung oder das Parlament zu zahlen bereit scheint. Als rationale Nutzenmaximierer werden sie den Preis allerdings auch nicht unter der (vermuteten) Zahlungsbereitschaft von Regierung und Parlament ansetzen. Das Optimum aus Sicht der Staatsbeamten liegt somit dort, wo der Preis genau der Zahlungsbereitschaft entspricht. Wie hoch die Zahlungsbereitschaft der Regierung oder des Parlamentes ist, ist jedoch den leitenden Beamten nicht genau bekannt. Diese Unsicherheit führt dazu, dass die Preise in der Regel unter der Zahlungsbereitschaft liegen. Meist liegen sie jedoch höher als der Preis für das äquivalente Produkt auf einem freien Markt (wenn es einen solchen gibt), da leitende Beamte eng mit der Regierung und dem Parlament zusammenarbeiten und somit die Zahlungsbereitschaft der Akteure relativ genau einschätzen können.

Diese Logik bewirkt, dass die Produkte und Dienstleistungen der öffentlichen Verwaltung in der Regel zu überhöhten Preisen angeboten, d. h. zu teuer produziert, werden. Hinzu kommt, dass leitende Beamte ihre Leistungen oft nicht nur zu höchstmöglichen Preisen, sondern auch eine möglichst große Menge dieser Leistungen zu diesem Preis verkaufen wollen, um ihr Budget zu maximieren. Sie werden deshalb oft auch mehr und qualitativ bessere Produkte und Dienstleistungen anbieten als auf einem freien Markt nachgefragt würden. Produkte und Dienstleistungen öffentlicher Verwaltungen werden also aus Sicht der Bürokratietheorie Niskanens häufig nicht nur zu teuer produziert, sondern es werden oft auch zu viele Güter angeboten.

12.1 Das Prinzipal-Agent-Modell

Die Beziehung zwischen Regierung und Verwaltung in Niskanens (1971) Bürokratiemodell lässt sich auf sehr allgemeiner Ebene betrachten. Mitte der 1980er Jahre wurde das sogenannte Prinzipal-Agent-Modell (*principal agent model*) entwickelt. Der Prinzipal wird darin als Auftraggeber verstanden, der einen Agenten engagiert, um ihm eine bestimmte Tätigkeit, die er selbst nicht ausführen kann oder will, zu übertragen. Beispiele solcher sozialen Beziehungen sind etwa diejenige zwischen einem Regierungsmitglied und einem leitenden Beamten, zwischen dem Aktienbesitzer und dem Aufsichtsrat einer Firma, oder zwischen Patient und Arzt. In all diesen Fällen überträgt der Prinzipal gewisse Handlungs- und Entscheidungsrechte dem Agenten. Für eine gewisse Entschädigung verspricht der Agent, seine Fähigkeiten und sein Wissen zur Erfüllung des Auftrages einzusetzen. Diese soziale Beziehung entspricht somit einer Tauschbeziehung, in die beide Akteure freiwillig eintreten. Der Agent erwartet eine bestimmte Entschädigung für seine Dienstleistungen; der Prinzipal möchte, dass seine Wünsche erfüllt werden.

Diese soziale Beziehung weist besondere Charakteristika auf. So handelt es sich auf der einen Seite um eine Autoritätsbeziehung, da der Prinzipal jederzeit das Recht hat, die transferierten Rechte wieder zurückzufordern und den Agenten zu bestrafen (z. B. durch Entlassung oder Kürzung des Lohns), wenn er sich nicht an die Vereinbarung hält. Der Agent hingegen besitzt in der Regel keine Sanktionsmechanismen gegenüber dem Prinzipal. Der Prinzipal ist jedoch auch vom Agenten abhängig, denn der Agent besitzt in den meisten Fällen einen Informationsvorsprung gegenüber dem Prinzipal, der sich mit der Schwierigkeit konfrontiert sieht, die Leistung des Agenten richtig einzuschätzen und Fehlverhalten aufzudecken.

Die Forschung zum Prinzipal-Agent-Modell befasst sich vorwiegend mit dem zuletzt genannten Abhängigkeitsproblem. Der Prinzipal stößt vor allem auf zwei Schwierigkeiten, wenn er die Leistung des Agenten bewerten will.

Das erste Problem tritt immer dann auf, wenn der Prinzipal nicht in der Lage ist die Leistungen des Agenten nach objektiven Kriterien zu beurteilen. Dieses Problem ist ein zentrales Thema in der Bürokratietheorie Niskanens (1971). Der Agent ist sich dieses Problems bewusst und versucht folglich, Informationen zu seinen Gunsten darzustellen bzw. zu verzerren. Im Prinzipal-Agent-Modell wird dieses Verhalten als „shirking" (übersetzbar als „sich seinen Pflichten entziehen") bezeichnet. Dabei wird meist zwischen „leisure-shirking" (der Beamte arbeitet weniger als er sollte), „dissent-shirking" (Abweichung von den Wünschen des Prinzipals aufgrund anderer Präferenzen) und „political sabotage" (aktive Unterminierung von Zielen des Prinzipals) unterschieden. Das Problem insgesamt wird als „ex-post-Opportunismus" bezeichnet, weil es nach der Verpflichtung des Agenten auftritt.

Die zweite Schwierigkeit des Prinzipals tritt vor der Einstellung des Agenten auf. Der Prinzipal steht hier vor dem Problem, die Qualität des Agenten nicht genau zu kennen. Er ist somit auf dessen Angaben zum Zeitpunkt vor und bei der Anstellung angewiesen. Theoretisch besteht somit die Möglichkeit, dass der Prinzipal einen Agenten engagiert, der den verlangten Anforderungen nicht gewachsen ist oder von den Interessen des Prinzipals abweichende Ziele verfolgt. Der Prinzipal kann versuchen, dieses Problem vorgängig durch die „geschickte" Festsetzung des Lohnes zu verhindern. Setzt er den Lohn jedoch zu niedrig an, werden die besten Agenten dieses Angebot nicht attraktiv finden. Erhöht er den Lohn, so besteht die Gefahr, dass sich Personen bewerben, deren Qualität eigentlich geringer ist, als man vor dem Hintergrund der Lohnhöhe erwarten könnte. Dieses Problem wird als „falsche Selektion" („adverse selection") oder „ex ante-Opportunismus" bezeichnet, weil es vor der Anstellung des Agenten auftritt.

Zur Vermeidung oder Entschärfung der genannten Probleme werden in der Verwaltungsliteratur drei Lösungsansätze diskutiert:

1. Konkurrenz zwischen Verwaltungseinheiten. Mehr Wettbewerb zwischen Verwaltungseinheiten um Aufträge der Regierung nimmt den leitenden Beamten ihre Monopolstellung. Dadurch können überhöhte Preise vermieden und Dienstleistungen der Verwaltung effizienter erbracht werden. Ob solche Effizienzgewinne größer sind als die Kosten der Schaffung konkurrierender Verwaltungseinheiten, ist eine empirische Frage und ist daher fallspezifisch zu beantworten.

2. Leistungsgebundene finanzielle Anreize. Der Prinzipal kann versuchen mittels leistungsgebundener finanzieller Anreize das Handeln des Agenten seinen Wünschen anzunähern. Im Idealfall, in dem ein leicht messbares Kriterium die Interessen des Prinzipals vollständig erfasst, können die Interessen der beiden Akteure durch Kopplung des Lohnes an dieses Kriterium in Einklang gebracht werden. In der

Realität sind die Interessen des Prinzipals jedoch oft vielschichtig oder es besteht kein einfaches, nicht manipulierbares Kriterium, mit dem das Erreichen der Ziele des Prinzipals gemessen werden kann.

3. Verwendung der Reputation und der Ideologie des Agenten als Signal seiner Qualität und Loyalität. Während sich die ersten beiden Lösungsansätze auf die Anreize des Agenten beziehen, setzt der dritte Lösungsansatz einen Schritt früher ein, nämlich bei der Wahl des Agenten. Dieser Ansatz geht davon aus, dass der Prinzipal nicht völlig informationslos einen Agenten wählen muss, sondern die Reputation und/oder die Parteiideologie des Agenten als Signal seiner Qualität, Leistungsfähigkeit und Loyalität verwenden kann. Der Prinzipal kann somit das Problem der „falschen Selektion" zumindest teilweise vermindern. Die Anreize des Agenten zum ex-post-Opportunismus bleiben davon jedoch unberührt.

12.3.2 Empirische Evidenz zur Bürokratietheorie

Der Historiker C. N. Parkinson (1955) liefert besonders anschauliche Beispiele für Verwaltungseinheiten, die trotz geringer werdender Aufgaben nicht nur überleben, sondern sogar wachsen. Abbildung 12.3 illustriert dieses auch als „Parkinsons Gesetz" bekannte Phänomen anhand von Zahlen zur britischen Marine und Kolonialverwaltung.

Entwicklung des britischen Marineministeriums 1914–1928				
Jahr	Großschlachtschiffe im Dienst	Marineangehörige im Dienst	Werftbeamte	Beamte der Admiralität
1914	62	146.000	3.249	2.000
1928	20	100.000	4.558	3.569
Differenz in %	-67,76	-31,5	40,28	78,45
Entwicklung der Kolonialverwaltung 1935–1954				
Jahr	Beamte	Zunahme in %		
1935	372	---		
1939	450	20,97		
1943	817	81,56		
1947	1.139	39,41		
1954	1.661	45,83		

Abbildung 12.3: Evidenz zu Parkinsons Gesetz

Quelle: Parkinson (1955): Parkinson's Law.

Der obere Tabellenabschnitt zeigt, dass die Zahl der Werftmitarbeiter und Beamten der Admiralität zwischen 1914 und 1928 stark zunahm, obwohl die zu bewältigende Arbeit in Form der Wartung von Kriegsschiffen und der Verwaltung von Marineangehörigen stark abnahm. Ähnliches zeigt der untere Tabellenabschnitt. Obwohl die Zahl und Größe britischer Kolonien zwischen 1945 und 1954 rückläufig war, nahm die Zahl der Beamten der britischen Kolonialverwaltung zu. Diese beiden Beispiele illustrieren die aus Niskanens Theorie resultierende Hypothese, dass fehlender Wettbewerbsdruck zwischen Einheiten der öffentlichen Verwaltung zu einem Missverhältnis von Funktionen und Verwaltungsaufwand führen kann.

Natürlich ist es gut möglich, dass die Beispiele in Abbildung 12.3 reine Scheinkorrelationen darstellen. Zahlreiche empirische Studien, die über reine Illustrationen hinausgehen, liefern deshalb systematische Vergleiche der Kosten und Produktivität bei der Herstellung von Gütern und Dienstleistungen durch private und öffentliche Anbieter.

Einige dieser Studien zeigen, dass private Anbieter Produkte und Dienstleistungen effizienter anbieten können als die öffentliche Verwaltung (einen guten Überblick bietet Mueller, 2003: 374–79). Eine Studie von Pommerehne (1976) zu den Durchschnittskosten der Müllabfuhr ist ein Beispiel. Er analysiert Daten zur Müllabfuhr in den 103 größten Schweizer Städten im Jahre 1970. Die Analyse zeigt, dass die Kosten pro Mülleinheit in Städten mit öffentlicher Müllabfuhr im Durchschnitt 15 Prozent höher ausfallen als in Städten mit privater Müllabfuhr.

Eine Studie jüngeren Datums zur Profitabilität von Firmen mit unterschiedlichen Besitzverhältnissen kommt zu einem ähnlichen Schluss. Gugler (1998) vergleicht die Profitabilität von 94 österreichischen Firmen zwischen 1975 und 1994. Seine Studie konstatiert, dass Staatsbetriebe eine deutlich geringere Profitabilität aufweisen als Firmen, die Banken, Familien oder privaten Kapitalgebern gehören. Mangelnder Wettbewerb und die erwähnten Informations- und Kontrollprobleme der Politik gegenüber der Verwaltung scheinen somit durchaus die in Niskanens Modell vorhergesagten Wirkungen zu entfalten.

Es sei jedoch angemerkt, dass Niskanens Theorie nur sehr begrenzt empirisch testbar ist. Dies insbesondere, weil viele Leistungen von öffentlichen Verwaltungen auf dem privaten Markt nicht oder nur in anderer Qualität angeboten werden können (z. B. Polizei, Strafvollzug, Währungsstabilität, Einbürgerungsverfahren, Sozialhilfe, Umweltschutz) (siehe z. B. Blais & Dion, 1991). Deshalb sind vergleichende Studien zur ökonomischen Effizienz von inhaltlich gleichen oder ähnlichen Leistungen, die durch den Staat bzw. die Privatwirtschaft erbracht werden, schwierig und oft unmöglich.

Auch wenn sich diverse empirische Studien darauf konzentrieren Schwachstellen in öffentlichen Verwaltungen offen zu legen, sollten wir also das Kind nicht mit dem Bad ausschütten. Der empirische Nachweis, dass einige öffentliche Dienstleistungen unter bestimmten Bedingungen von privaten Firmen billiger und/oder in besserer Qualität angeboten werden, kann schon aus rein wissenschaftlicher Sicht nicht zum Schluss führen, alle öffentlichen Verwaltungen seien ineffizient und quasi Parkinson'sche budgetäre Selbstläufer. Und selbst wenn Ineffizienzen in der Verwaltung häufig beobachtbar sind, sind diese Probleme bisweilen nicht primär von der Verwaltung selbst, sondern von der Regierung verursacht. Ein Beispiel unter vielen sind aus ökonomischer Sicht fragwürdige Entscheidungen bei der Vergabe öffentlicher Aufträge (z. B. im Verteidigungsbereich), die von Parlament und Regierung häufig für politische Ziele (z. B. Stimmengewinne im Wahlkreis) instrumentalisiert werden. Für das Phänomen überdimensionierter öffentlicher Verwaltungen, das durchaus vorkommt, sind letztlich also die vom Volk gewählten Politiker verantwortlich.

Ungeachtet dieser Probleme spielen öffentliche Verwaltungen in allen politischen Systemen eine außerordentlich wichtige Rolle. Wie in diesem Kapitel bereits mehrfach erwähnt, ist wirksames und effizientes politisches Handeln ohne wirksame und effiziente öffentliche Verwaltungen praktisch undenkbar. Genau in diesem Kontext kann die politikwissenschaftliche Forschung durch kritische Diagnosen Probleme sichtbarer machen und mögliche Lösungen skizzieren. Einige Mechanismen zur Kontrolle der Verwaltung durch die Regierung und das Parlament haben wir bereits oben angesprochen. Mit zwei spezifischen Kontrollmechanismen, denen wir uns nun noch kurz zuwenden, haben sich Politikwissenschaftler besonders intensiv befasst.

Erstens können leitende Posten in der Verwaltung aufgrund politischer Kriterien besetzt werden. Der Vorteil ist, dass damit die politischen Präferenzen der Verwaltung und der Regierung sowie des Parlamentes besser in Einklang gebracht und damit auf unterschiedlichen politischen Interessen beruhende Prinzipal-Agent-Probleme (siehe Kasten 12.1) vermieden werden können. Einige Staaten, insbesondere die USA, praktizieren diesen Ansatz sehr explizit, indem nach den Präsidentschaftswahlen jeweils Tausende von Verwaltungsämtern mit politischen Sympathisanten des neuen Präsidenten neu besetzt werden. In anderen Staaten, u. a. auch in den drei deutschsprachigen Ländern, kommt dieser Ansatz implizit zur Anwendung. Dies, indem bei der Besetzung hoher Verwaltungsposten die Parteizugehörigkeit meist eine wichtige Rolle spielt. Der größte Nachteil dieser Praxis ist, dass die Verwaltung dadurch stärker politisiert wird und sich von Webers meritokratisch geprägten Verwaltungsmodell entfernt. Darunter kann die Effizienz der Verwaltung leiden. Ob die genannten Vorteile die Nachteile überwiegen, lässt sich mit den verfügbaren empirischen Belegen bisher nicht schlüssig beantworten und ist wohl sehr kontextspezifisch (siehe z. B. Suleiman, 2003; Page & Wright, 2007).

Der zweite Kontrollmechanismus wird meist als New Public Management (NPM) bezeichnet. Dieser Ansatz wurde in den 1980er Jahren zuerst in den USA, dann in anderen angelsächsischen Ländern und in der Folge auch in den meisten europäischen Ländern eingeführt. Er versucht, möglichst präzise Leistungskriterien und Leistungsbeurteilungen in der öffentlichen Verwaltung zu etablieren und Führungspositionen auch für Quereinsteiger zu öffnen. Zudem strebt er danach, die Anstellungsbedingungen insgesamt näher an den privaten Markt anzugleichen und einen stärkeren Wettbewerb zwischen Leistungsanbietern aus unterschiedlichen Verwaltungseinheiten und zwischen diesen und privaten Anbietern zu ermöglichen. In vielen Bereichen hat die Einführung des NPM durchaus zu einer Verbesserung der Leistungen öffentlicher Verwaltungen beigetragen. Kritiker bemerken jedoch, dass der NPM-Ansatz auch zu einer stärkeren politischen Kontrolle bzw. Politisierung der Verwaltung geführt habe (Peters & Pierre, 2001; Suleiman, 2003; Strøm et al., 2007).

12.3.3 Qualität der Verwaltung

Neben der vorher diskutierten Frage, ob und wie bestimmte Dienstleistungen von öffentlichen Verwaltungen effizient erbracht werden können, hat sich die Politikwissenschaft auch mit deren Qualität insgesamt befasst. Im Vordergrund stehen dabei Versuche, diese Qualität zu messen und zwischen Ländern zu vergleichen. Der prominenteste Versuch dieser Art ist ein Index der Weltbank, der die Wirksamkeit von Regierungen und Verwaltungen misst. Er erfasst vor allem mittels Befragungen von Experten und „Kunden“ die Qualität von Dienstleistungen der Verwaltung sowie die Unabhängigkeit der Verwaltung von politischem Einfluss, die Qualität der Politikformulierung und -umsetzung und einiges mehr (Kaufmann et al., 2010). Er erlaubt zwar keine klare Unterscheidung der Qualität von Regierung und Verwaltung. Wenn wir aber annehmen, dass die Qualität von Regierung und Verwaltung stark korrelieren, ist dieser Index durchaus sinnvoll. Eine weitere Schwachstelle ist, dass die Berechnungsmethoden nicht für alle Jahre die gleichen sind. Dies bedeutet, dass Ländervergleiche zu einem bestimmten Zeitpunkt zuverlässiger sind als Analysen von Veränderungen im Zeitverlauf.

Der Index erfasst über 200 Länder. Sein Mittelwert beträgt 0, seine Extremwerte -2,5 und +2,5. Höhere Werte bedeuten höhere Qualität. Mit Werten von 1,9 für die Schweiz und Österreich sowie 1,6 für Deutschland im Jahr 2010 liegen die drei deutschsprachigen Länder recht nahe beieinander (Kaufmann et al., 2010). Auch die übrigen Staaten Westeuropas und die angelsächsischen Demokratien schneiden gut ab, wobei in Westeuropa ein starkes Nord-Süd-Gefälle beobachtbar ist. Andere Demokratien, wie z. B. Israel, Japan und Indien sowie die jungen Demokratien Lateinamerikas und Mittel- und Osteuropas, weisen noch einen erheblichen Aufholbedarf auf. Die Tatsache, dass sich die Qualität von Verwaltungen von Land zu Land stark unterscheidet, belegt, dass Verwaltungen durchaus wirksam und effizient sein können, wenn Regierungen und Parlamente eine qualitativ hochwertige Verwaltung wollen und zu diesem Zweck auch die geeigneten Kontrollinstrumente einsetzen. Ähnliche Befunde ergeben sich aufgrund von Daten, die Teorell et al. (2011) erhoben haben.

Eine spezifische und besonders problematische Quelle von Qualitätsproblemen in Verwaltungen ist die **Korruption**. Mit diesem Phänomen beschäftigen wir uns abschließend. Es umfasst Tatbestände wie Bestechung, Bestechlichkeit, unrechtmäßige Vorteilsnahme und Vorteilsgewährung. Auch wenn Korruption bei weitem nicht nur ein Problem in öffentlichen Verwaltungen ist, sondern beispielsweise auch in Regierungen oder der Justiz vorkommt, konzentriert sich der überwiegende Teil der politikwissenschaftlichen Forschung zur Korruption auf die Verwaltung. Die Korruptionsgefahr in der Verwaltung ergibt sich aus den weiter oben bereits diskutierten Informations- und Kontrollproblemen der Politik gegenüber der Verwaltung.

12.2 Das Ausmaß an Korruption: Messen, was nicht gemessen werden möchte

Korruption spielt sich meist hinter verschlossenen Türen ab. Selbst in Staaten, die als besonders korrupt gelten, lässt sich Korruption nicht direkt beobachten. Für den empirisch-analytischen Politikwissenschaftler stellt sich somit die Frage, wie das Ausmaß an Korruption valide und zuverlässig (reliabel) gemessen werden kann. In den vergangenen zehn Jahren wurden zahlreiche Korruptionsmaße entwickelt. Diese lassen sich zwei Kategorien zuordnen: subjektive und erfahrungsbasierte Maße der Korruption.

Subjektive Maße:

Subjektive Korruptionsindizes, wie etwa der Corruption Perception Index (CPI) von Transparency International oder das Korruptionsrating von Kaufmann bzw. der Weltbank, aggregieren Informationen aus zahlreichen Quellen. Letztere umfassen Risikoanalysen von Investmentbanken und Unternehmensberatern sowie Umfragen bei internationalen und nationalen Unternehmen, Experten und der Bevölkerung eines Landes (http://www.transparency.org/research/cpi/overview und http://go.worldbank.org/EAAD9A0GA0, Stand 2015). Durch Aggregation von Informationen aus unterschiedlichen Quellen zu einer Skala von 1 (sehr korrupt) bis 10 (am wenigsten korrupt) wird versucht, systematische Wahrnehmungsverzerrungen zu minimieren. Der CPI wird seit 1995 jährlich erstellt. Für das Jahr 2011 wurden den drei deutschsprachigen Ländern sehr ähnliche Werte bescheinigt (Deutschland: 8; Österreich: 7,8; Schweiz: 8,8). Das von der Weltbank entwickelte Korruptionsmaß liegt in Zweijahresabständen für den Zeitraum 1996 bis 2002 und danach jährlich vor. Auch diesen Werten zufolge gehören Deutschland (1,70), Österreich (1,64) und die Schweiz (2,06) in 2010 zu den weniger korrupten Ländern. Das Korruptionsmaß der Weltbank umfasst eine Skala von -2,5 (sehr korrupt) bis +2,5 (am wenigsten korrupt).

Die Anzahl erfasster Staaten hat in beiden Indizes über die Zeit zugenommen. Obwohl beide Maße auf unterschiedlichen Aggregationsverfahren und Quellen beruhen, korrelieren sie sehr stark miteinander. Ihr Vorteil gegenüber allen anderen Messgrößen der Korruption ist, dass sie für viele Länder und einen längeren Zeitraum verfügbar sind. Der gewichtigste Nachteil liegt in der Subjektivität. Befragte aus unterschiedlichen Ländern und Kulturen können beispielsweise unterschiedliche Vorstellungen davon haben, welches Korruptionsniveau normal oder schwerwiegend ist. Dies stellt die Vergleichbarkeit der Daten in Frage. Ein weiterer Nachteil ist, dass keiner der beiden Indizes für Zeitreihenanalysen verwendet werden sollte, denn die Methode zur Berechnung des CPI wurde über die Zeit mehrfach geändert und bei beiden Indizes variieren die verwendeten Quellen über die Zeit. Aufgrund der großen Zahl erfasster Länder und Jahre werden jedoch der CPI und der Index der Weltbank in der empirischen Korruptionsforschung am häufigsten verwendet.

Erfahrungsbasierte Maße:

Auch die erfahrungsbasierten Korruptionsmaße wie z. B. das Global Corruption Barometer (GCB) von Transparency International und der World Business Environment Survey (WBES) der Weltbank, basieren auf Umfragen. Im Gegensatz zu den subjektiven Maßen werden die Befragten jedoch nicht um ihre persönliche Einschätzung zum Korruptionsausmaß befragt, sondern zu ihrer persönlichen Erfahrung mit Korruption in den vergangenen zwölf Monaten. Privathaushalte werden z. B. gefragt, ob ein Haushaltsmitglied im vergangenen Jahr Schmiergeld gezahlt hat und Geschäftsleute werden gefragt, ob es in ihrer Branche üblich sei, solche Zahlungen zu tätigen, um bürokratische Abläufe zu beschleunigen. Beide Indizes weisen eine deutlich geringere räumliche und zeitliche Verfügbarkeit auf als die subjektiven Messgrößen. Das GCB ist seit 2003 jährlich für rund 100 Staaten verfügbar und der WBES für 80 Länder für den Zeitraum 1999/2000. Die Korrelation dieser beiden Korruptionsmaße mit den subjektiven Indizes ist relativ hoch (0,6 bis 0,8). Dies deutet darauf hin, dass auch die subjektiven Indizes einen beachtlichen Teil der Korruption erfassen.

Neben den bisher genannten Ansätzen zur Messung von Korruption haben insbesondere Ökonomen auch eine ganze Reihe von Verfahren entwickelt, mit denen sich Korruption mittels statistischer Schätzverfahren ermitteln lässt, die auf Sekundärdaten beruhen (z. B. Golden & Picci, 2005; Lüchinger et al., 2005). Die meisten Messgrößen dieser Art sind mit einem großen Analyseaufwand verbunden. Sie korrelieren meist stark mit den oben diskutierten subjektiven und erfahrungsbasierten Korruptionsmaßen (Dreher & Schneider, 2010).

Die empirische Korruptionsforschung ist ein relativ junges Forschungsgebiet der Politikwissenschaft. Erst vor rund einem Jahrzehnt begann Transparency International, einen Korruptionsindex zu entwickeln und zu veröffentlichen. Dies geschah nicht zuletzt in der Hoffnung, korrupte Regierungen dadurch zu Reformen zu bewegen. Empirische Studien haben seither gezeigt, dass hoch entwickelte und etablierte liberale Demokratien, die eine freie Presse, einen hohen Frauenanteil in Parlament und Regierung sowie eine offene Volkswirtschaft aufweisen, deutlich weniger von Korruptionsproblemen betroffen sind. Staaten mit einem hohen Ölexportanteil, einer sehr strengen Gewerberegulierung und unberechenbarer Inflation sind hingegen korrupter (Treisman, 2007 a, 2000; Olken & Pande, 2011; einige aktuelle Studien zu weiteren Determinanten der Korruption siehe Andersen et al., 2011; Bhattacharyya & Hodler, 2010; Dahlström et al., 2012).

Die meisten der soeben erwähnten Zusammenhänge (Korrelationen) lassen sich auf zwei Hauptursachen zurückführen: Die Durchsetzung geltenden Rechts und kulturelle Normen. Wird geltendes Recht nicht durchgesetzt, öffnet dies Spielräume für Korruption. Korrupte Politiker und Beamte brauchen sich unter solchen Umständen weniger vor einer Strafverfolgung zu fürchten. Ferner kann basierend auf kulturellen Ansätzen zur Erklärung der Demokratisierung argumentiert werden, dass gewisse Kulturen toleranter gegenüber Korruption seien als andere. Eine isolierte empirische Betrachtung der beiden Ursachen ist jedoch äußerst schwierig, denn dort, wo Korruption eher toleriert wird, ist gleichzeitig die Rechtsdurchsetzung meistens schwächer. Es bleibt deshalb unklar, ob letztlich kulturelle Faktoren oder schwache Gesetze für die Korruption verantwortlich sind.

Eine besonders innovative Lösung für das letztgenannte analytische Problem haben Frisman und Miguel (2006) gefunden. Sie untersuchen den Effekt kultureller Normen und der Rechtsdurchsetzung im Kontext von Parkbußen, die bei den Vereinten Nationen in New York stationierte Diplomaten zwischen 1997 und 2005 erhielten. Bis November 2002 schützte ihre Immunität diese Diplomaten vor Strafzetteln wegen falschen Parkens. Es ist zu vermuten, dass bis zu diesem Zeitpunkt das Parkverhalten eher durch kulturelle Normen als durch finanzielle Erwägungen (Risiko eines Bußgeldes) bestimmt war. Seit November 2002 besitzt die New Yorker Polizei jedoch das Recht, die Nummernschilder falsch geparkter Diplomatenfahrzeuge zu konfiszieren und erst nach Bezahlung des Bußgeldes wieder herauszugeben. Diese veränderte Praxis der Polizei erlaubte es den beiden Forschern, den Zusammenhang zwischen dem Parkverhalten der Diplomaten und der Strafbewährtheit von Verboten zu untersuchen.

Frisman und Miguel (2006) haben bei der Auswertung dieser Daten für den Zeitraum November 1997 bis November 2002 einen deutlichen Zusammenhang zwischen der Anzahl der Strafzettel für Falschparken pro Diplomat und dem Korruptionsindex von Transparency International festgestellt. Diplomaten aus Staaten mit einem hohen Korruptionsniveau, z. B. Angola, Nigeria oder Kamerun, erhielten rund 44 (Kamerun) bis 83 (Angola) Strafzettel pro Diplomat. Diplomaten aus Staaten mit einem deutlich geringeren Korruptionsniveau hingegen, wie etwa Deutschland, Österreich, die Schweiz oder die skandinavischen Staaten, erhielten im gleichen Zeitraum zwischen 3 (Österreich) und 0 (Dänemark, Norwegen und Schweden) Strafzetteln. Dieses Resultat deutet darauf hin, dass Korruption auch kulturell bedingt ist. Die Datenanalyse zeigt ferner, dass mit der Umsetzung der neuen polizeilichen Praxis seit November 2002 eine drastische Abnahme der Parkvergehen bei allen Ländervertretungen beobachtbar ist. Der vormalige Spitzenreiter unter den Parksündern, Angola, erhielt beispielsweise zwischen November 2002 und November 2005 nur noch 1,7 Strafzettel pro Diplomat. Die Diplomaten Norwegens und Schwedens erhielten nach wie vor keine Strafzettel für falsches Parken. Letztere Befunde zeigen, dass auch das Ausmaß, in dem bestehendes Recht durchgesetzt wird, einen wichtigen Einfluss auf die Korruption hat. Überdies zeigen die Resultate dieser Studie, dass kulturell bedingtes, gesetzeswidriges Verhalten durchaus durch die konsequente Umsetzung von Recht verändert werden kann.

12.4 Fazit

In diesem Kapitel haben wir uns mit der Regierung und der Verwaltung, zwei der wichtigsten Institutionen im zentralen politischen Entscheidungssystem befasst. Wir haben festgestellt, dass große und aus Sicht der Politikwissenschaft interessante und erklärungsbedürftige Unterschiede zwischen Staaten beobachtbar sind – dies insbesondere zwischen präsidentiellen und parlamentarischen Systemen. Im analytischen Teil des Kapitels standen die Koalitionsbildung in parlamentarischen Systemen sowie die politische Kapazität und Stabilität von Regierungen im Zentrum des Interesses.

Bei der Betrachtung der Verwaltung haben wir das Modell Webers demjenigen von Niskanen gegenübergestellt. Letzteres argumentiert, dass Verwaltungen eigene Interessen verfolgen können, die nicht zwangsläufig mit den Interessen der Regierung und/oder des Parlamentes übereinstimmen. Solche Divergenzen können Probleme verursachen, z. B. Missverhältnisse zwischen Aufgaben der Verwaltung und Verwaltungskosten sowie Korruption. Solche Probleme stellen die große Bedeutung der öffentlichen Verwaltung für ein gutes Funktionieren des Staatswesens keineswegs in Frage. Sie zeigen jedoch, dass die Verwaltung in politikwissenschaftlichen Analysen als eigenständiger Akteur und nicht als bloßes Anhängsel der Regierung behandelt werden muss.

Im folgenden Kapitel wenden wir uns einer weiteren wichtigen Institution des zentralen politischen Entscheidungssystems zu, nämlich der Judikative und insbesondere der Verfassungsgerichtsbarkeit.

Literaturempfehlungen

Informationen zur Regierung und Verwaltung in Deutschland, Österreich und der Schweiz finden sich in den folgenden Werken:

Schmidt, Manfred G. (2011): Das Politische System Deutschlands. Institutionen, Willensbildung und Politikfelde. München: C.H. Beck.

Dachs, Herbert et al. (Hrsg.) (2005): Politik in Österreich. Das Handbuch. Wien: Manz'sche Verlags- und Universitätsbuchhandlung.

Knoepfel, Peter et al. (Hrsg.) (2014): Handbuch der Schweizer Politik – Manuel de la Politique Suisse. Zürich: NZZ Verlag.

Zum Thema Regierungen und Regierungstypen:

Blondel, Jean & Müller-Rommel, Ferdinand (Hrsg.) (1997): Cabinets in Western Europe. London: Palgrave.

Blondel, Jean & Müller-Rommel, Ferdinand (Hrsg.) (2001): Cabinets in Eastern Europe. London: Palgrave.

Lijphart, Arend (2012): Patterns of Democracy. New Haven: Yale University Press.

Keman, Hans & Müller-Rommel, Ferdinand (Hrsg.) (2014): Party Government in the New Europe. London: Routledge.

Einen guten Überblick über Koalitionstheorien und das Verhältnis zwischen Regierung und Parlament bieten:

Laver, Michael (1998): „Models of Government Formation." In: Annual Review of Political Science (1): 1–25.

Müller, Wolfgang C. & Strøm, Kaare (Hrsg.) (2003): Coalition Governments in Western Europe. Oxford: Oxford University Press.

Strøm, Kaare & Müller, Wolfgang C. & Bergmann, Torbjörn (Hrsg.) (2006): Delegation and Accountability in Parliamentary Democracies. Oxford: Oxford University Press.

Die Klassiker zur Bürokratietheorie sind:

Downs, Anthony (1967): Inside Bureaucracy. Boston: Little Brown.

Niskanen, William A. Jr. (1971): Bureaucracy and Representative Government. Chicago: Aldine.

Weber, Max. (1976 [1922]): Wirtschaft und Gesellschaft: Grundriss der Verstehenden Soziologie. Tübingen: J.C.B. Mohr. (2002) 5. Auflage Mohr Siebeck

Einen guten Überblick zur Anwendung von Prinzipal-Agent-Modellen in der Politikwissenschaft gibt:

Miller, Gary J. (2005): „The Political Evolution of Principal-Agent Models." In: Annual Review of Political Science (8): 203–225.

Ein unterhaltsamer Filmklassiker, in dem der Agent (Chefbeamter) den Prinzipal (Minister) mit allen nur denkbaren Tricks steuert (statt umgekehrt) ist:

Yes (Prime) Minister: http://www.yes-minister.com/index.html.

Zur Qualität von Regierungen und Verwaltungen empfehlen wir:

Holmberg, Sören & Rothstein, Bo (Hrsg.) (2014): Good Government – The Relevance of Political Science. Cheltenham, Camberley: Edward Elgar Publishing.

Rothstein, Bo (2011): The Quality of Government. Corruption, Social Trust and Inequality in International Perspective. Chicago: University of Chicago Press.

Treisman, Daniel (2007): „What Have We Learned About the Causes of Corruption From Ten Years of Cross-National Empirical Research?" In: Annual Review of Political Science 10: 211–244.

13. Die Judikative

Die richterliche Gewalt (Judikative) ist neben dem Parlament und der Regierung die dritte Staatsgewalt im zentralen, politischen Entscheidungssystem des liberalen, demokratischen Verfassungsstaates. Ihre primäre Funktion liegt, wie diejenige der Exekutive (d. h. der Regierung und Verwaltung), im Bereich der Rechtsanwendung. Im Unterschied zur Exekutive befasst sich die Judikative jedoch nicht mit dem Rechtsvollzug, sondern mit der Rechtsprechung. Sie interpretiert das bestehende Recht und trifft Entscheidungen in Rechtsstreitigkeiten.

Weder die Verfassung noch andere Gesetze und Verordnungen eines Staates können alle möglichen Fragen und Probleme der Gesellschaft abschließend regeln. Sie sind immer unvollständig und bis zu einem gewissen Grad interpretationsbedürftig. Gerichte besitzen deshalb bei der Auslegung des Rechts einen Ermessensspielraum, innerhalb dessen sie die Politik beeinflussen können. Richterliche Entscheidungsprozesse und ihre Ergebnisse innerhalb dieses Ermessensspielraums werden in der politikwissenschaftlichen Literatur als „judicial politics" bezeichnet.

Die Politikwissenschaft interessiert sich vor allem für Fragen der Judikative, die mit der Verfassung zusammenhängen. Der Grund ist, dass die Verfassung in praktisch allen modernen Staaten das Rückgrat der rechtlichen Grundordnung bildet. Dies bedeutet, dass alle anderen staatlichen Hoheitsakte den in der Verfassung festgehaltenen Normen untergeordnet sind. Verfassungen weisen meist einen besonders hohen Abstraktionsgrad und damit auch besonders große Ermessensspielräume auf. Neben der Verfassungsgerichtsbarkeit befasst sich ein großer Teil der politikwissenschaftlichen Forschung auch mit der Frage, weshalb Staaten Macht an die Judikative delegieren, welche unterschiedlichen Formen dabei existieren und welche Unterschiede sich im Ausmaß der delegierten Macht systematisch messen und erklären lassen.

Wir behandeln die Judikative in vier Abschnitten. Zum Einstieg greifen wir die Thematik auf, die wir bereits in Kapitel 5 diskutiert haben, nämlich die Prinzipien der Demokratie und Rechtsstaatlichkeit, und bringen die Judikative und Verfassung damit in Verbindung. Im zweiten Abschnitt betrachten wir zwei Grundmodelle der Verfassungsgerichtsbarkeit: Das Trennungsmodell (auch „constitutional court"-Modell genannt) und das Einheitsmodell (auch „constitutional judicial review"-Modell genannt). Danach beschreiben wir die Grundzüge der Verfassungsgerichtsbarkeit in den drei deutschsprachigen Ländern und der Europäischen Union. Der vierte Abschnitt befasst sich zuerst auf konzeptueller Ebene mit der Frage der Machtdelegation an die Judikative. Danach diskutieren wir, wie der politische Einfluss von Verfassungsgerichten gemessen werden kann. Abschließend behandeln wir die Frage, wie sich Unterschiede in der Stärke der Verfassungsgerichtsbarkeit im Ländervergleich erklären lassen. Dabei befassen wir uns auch mit dem Europäischen Gerichtshof (EuGH).

13.1 Rechtsstaat, Demokratie, Verfassung und Judikative

Zum Einstieg befassen wir uns mit dem Verhältnis zwischen Rechtsstaat, Demokratie, Verfassung und Judikative. Rechtsstaatlichkeit und Demokratie hängen eng zusammen, stehen jedoch auch in einem gewissen Spannungsverhältnis zueinander. Selbst innerhalb etablierter Demokratien werden die beiden Prinzipien unterschiedlich stark gewichtet, wie wir im Vergleich von Deutschland und der Schweiz sehen werden. Praktisch alle demokratischen Rechtsstaaten von heute besitzen eine Verfassung, die vor allem die politische Organisation und territoriale Gliederung eines Staates regelt sowie den Bürgern und Staatsorganen Rechte und Pflichten zuweist. Moderne Demokratien unterscheiden sich allerdings stark in Bezug auf die Rolle der Judikative bei der Anwendung bzw. Umsetzung verfassungsrechtlicher Normen.

13.1.1 Rechtsstaat und Demokratie

Wie in Kapitel 5 besprochen, ist die Rechtsstaatlichkeit ein fundamentales Merkmal liberaler, demokratischer Verfassungsstaaten. In einem Rechtsstaat steht niemand, auch nicht die Staatsgewalt oder die politischen Entscheidungsträger, über dem Gesetz (Legalitätsprinzip). Der moderne Rechtsstaat umfasst formelle und materielle Elemente und wird als materieller Rechtsstaat bezeichnet.

Die formellen Elemente des Rechtsstaates umfassen bestimmte Prozesse und Institutionen. Gesetze, die auf dem vorgeschriebenen Weg (d. h. durch übergeordnete Gesetze bzw. durch den in der Verfassung bestimmten Weg) zustande gekommen sind, gelten im rein formellen Rechtsstaat als rechtmäßig. Da ein rein formelles Rechtsverständnis unerwünschte Konsequenzen haben kann – z. B. die Rassengesetze im Dritten Reich, die auf formell korrekte Weise entstanden sind – weisen alle modernen Demokratien auch materielle Elemente auf. Zu den wichtigsten materiellen Elementen des modernen Rechtsstaates zählen die Grundrechte. Grundrechte sind fundamentale Rechte des Einzelnen oder einer sozialen Gruppe gegenüber dem Staat sowie gegenüber anderen Menschen oder Organisationen.

Innerhalb der Kategorie der Grundrechte wird in der Regel zwischen Menschen- und Bürgerrechten unterschieden. Menschenrechte stehen jeder Person aufgrund ihres Menschseins zu und sind daher unabhängig von der Staatsangehörigkeit. Zu den Menschenrechten zählen heute etwa das Recht auf Leben und körperliche Unversehrtheit, die Meinungsfreiheit, die Religionsfreiheit, der Schutz vor Rassendiskriminierung und die Gleichberechtigung von Mann und Frau. Inwiefern auch soziale und wirtschaftliche Grundrechte, z. B. ein Recht auf medizinische Behandlung bei Krankheit oder ein Recht auf Arbeit, zu den Menschenrechten gehören, ist in den meisten modernen Demokratien umstritten (Richter, 2007; Ishay, 2008). Im Gegensatz zu den Menschenrechten sind die Bürgerrechte an die Staatsangehörigkeit einer Person gebunden und stehen nur den Bürgern des jeweiligen Staates zu. Zu den Bürgerrechten gehören z. B. die meisten politischen Rechte, wie etwa das Stimm- und Wahlrecht.

Der Rechtsstaat ist eng mit dem politischen Ordnungsprinzip der Demokratie verknüpft – beide dienen der Beschränkung der Staatsmacht. Dennoch stehen die beiden in einem Spannungsverhältnis zueinander.

Im Extremfall, in dem die Demokratie in einem rein formellen Sinn als uneingeschränkte Gültigkeit des Mehrheitsprinzips verstanden wird, können Rechtsstaat und Demokratie sogar in einem Widerspruch zueinander stehen. Z.B. könnte die Mehrheit der Stimmberechtigten in einer nach konventionellen, demokratischen Prinzipien organisierten Volksabstimmung beschließen, vermögende Personen, die einer Minderheitsreligion angehören, zu enteignen und ihnen die politischen Rechte abzuerkennen. Alle liberalen, demokratischen Rechtsstaaten beugen solchen Praktiken und damit einer Diktatur der Mehrheit vor. Sie setzen zu diesem Zweck sowohl institutionelle als auch materielle Instrumente ein. Institutionelle Mittel umfassen z. B. Regelungen, die Verfassungsänderungen nur bei großen Mehrheiten in der Legislative und bei Volksabstimmungen zulassen. Materielle Mittel umfassen vor allem in der Verfassung festgelegte Rechte von Minderheiten sowie Menschen- und Bürgerrechte.

Umgekehrt kann ein Staat auch das Prinzip der Rechtsstaatlichkeit zulasten des Demokratieprinzips maximieren. Wenn er dies tut, bleiben jedoch kaum noch Spielräume für demokratische Mehrheitsentscheidungen. Die Judikative hätte in einem solchen System immer das letzte Wort.

Innerhalb gewisser Grenzen, die alle modernen Demokratien anerkennen (insbesondere zwingendes Völkerrecht), können Staaten jedoch unterschiedliche Gewichtungen der Prinzipien der Demokratie (Mehrheitsprinzip) und der Rechtsstaatlichkeit (Legalitätsprinzip) praktizieren. Deutschland und die Schweiz sind interessante Beispiele dafür (Schreyer & Schwarzmeier, 2005; Haller et al., 2008). Beide Staaten sind liberale, demokratische Rechtsstaaten mit einer Verfassung. Deutschland gewichtet jedoch das Prinzip des Rechtsstaates im Vergleich zur Schweiz stärker als dasjenige der Demokratie.

Als Folge der politischen Krise in der Weimarer Republik (1919–1933), die im Nationalsozialismus (1933–1945) mündete, wurde die Bundesrepublik Deutschland 1949 als strikt repräsentative Demokratie gestaltet. Diese Staatsform gewährt der Bevölkerung auf Bundesebene nur sehr beschränkte Beteiligungsrechte, nämlich das Wahlrecht für eine der beiden Kammern der Legislative, den Bundestag. Hingegen existiert in Deutschland eine sehr starke Verfassungs- und Verwaltungsgerichtsbarkeit. Das rechtsstaatliche Prinzip wird somit in Deutschland auf der Bundesebene stärker gewichtet als das demokratische Prinzip. Dem Bundesverfassungsgericht wird ein starker Einfluss auf die Politik zugeschrieben (mehr dazu in Abschnitt 13.3). Empirische Studien zeigen, dass das deutsche Bundesverfassungsgericht insbesondere seit den 1990er Jahren dem Gesetzgeber zunehmend detaillierte Vorgaben macht. So forderte es z. B. im Familienurteil vom 10. November 1998 vom Gesetzgeber genau bezifferte Freibeträge für Kinder, ein erhöhtes Kindergeld und für Beamte mit kinderreicher Familie eine höhere Besoldung. Dem Parlament und der Regierung wurde zur Anpassung der Gesetzgebung eine Frist bis zum 1. Januar 2000 eingeräumt, ansonsten würden die Festlegungen des Urteils gelten (BVerfG, 2 BvR 1057/91 vom 10.11.1996, Beschlusspunkt 5).

Die starke Stellung des deutschen Bundesverfassungsgerichts beeinflusst das Verhalten der Legislative. Im Bundestag unterlegene Minderheiten tragen ihre Anliegen häufig zum Verfassungsgericht und überführen damit einen verlorenen politischen Konflikt in ein verfassungsgerichtliches Verfahren. Ein Beispiel für dieses „Abschieben nach Karlsruhe“ (den Sitz des Bundesverfassungsgerichts) ist das Verfahren von 1994 zu den Auslandseinsätzen der Bundeswehr. Parlamentsmehrheiten hingegen verfolgen bisweilen ein „Warten auf Karlsruhe“, nämlich dann, wenn sie sich vor einer kontroversen Entscheidung fürchten – das bereits genannte Familienurteil von 1998 ist ein solches Beispiel.

Im Gegensatz zu Deutschland wird in der Schweiz das demokratische Prinzip stärker gewichtet als das rechtsstaatliche Prinzip. Neben dem Wahlrecht stehen der Bevölkerung insbesondere durch die direkte Demokratie weitreichende Mitspracherechte in der Sachpolitik zu. Hingegen besitzt das Schweizer Bundesgericht nicht die Kompetenz, Gesetze des Bundes oder Änderungen der Verfassung für ungültig zu erklären oder dem Parlament bei der Gesetzgebung inhaltliche Vorschriften zu machen. Bezeichnenderweise besitzt nur das Schweizer Parlament, nicht aber das Bundesgericht oder die Regierung, die Möglichkeit eine Initiative für ungültig zu erklären und dem

Volk nicht zur Abstimmung vorzulegen; und auch dieses Recht ist stark eingeschränkt und kommt äußerst selten zur Anwendung. Seit dessen Einführung 1891 wurden lediglich vier der 325 zustande gekommenen Volksinitiativen für ungültig erklärt (Stand: Juli 2015).

Exemplarisch zeigte sich diese starke Betonung des Demokratieprinzips bei der Initiative zur lebenslangen Verwahrung (in der Terminologie der Initianten) sogenannter nicht therapierbarer, extrem gefährlicher Sexual- und Gewaltstraftäter. Diese Initiative, die 2003 eingereicht wurde, sieht eine lebenslange Verwahrung der genannten Kategorie von Straftätern bei äußerst beschränkten Möglichkeiten einer Revision vor. Insbesondere die weitgehende Verweigerung der Überprüfung und Revision eines Urteils ist nach Meinung der meisten Straf- und Staatsrechtsexperten nicht mit der von der Schweiz ratifizierten Europäischen Menschenrechtskonvention (EMRK) vereinbar. Damit stellte sich die Frage, ob die Initiative gültig ist. Das Parlament gewichtete das Demokratieprinzip jedoch höher als das rechtsstaatliche Prinzip und erklärte die Initiative für gültig – wohl nicht zuletzt aus wahltaktischen Gründen, denn dies geschah nur vier Monate vor den Parlamentswahlen im Herbst 2003. Im Februar 2004 wurde die Initiative vom Volk mit 62 Prozent der Stimmen und einer Mehrheit der Kantone angenommen.

Damit war das Parlament verpflichtet, den vom Volk angenommenen Verfassungsartikel im schweizerischen Strafgesetz umzusetzen. Diese Umsetzung erwies sich deshalb als schwierig, weil die Initianten mit einer erneuten Initiative drohten, sollte der angenommene Verfassungsartikel nicht wortgetreu umgesetzt werden. Eine im Jahr 2008 in Kraft getretene Revision des Strafgesetzbuches sieht nun vor, dass eine Fachkommission auf Gesuch hin oder von Amtes wegen prüft, ob neue wissenschaftliche Erkenntnisse erwarten lassen, dass ein verwahrter Täter so behandelt werden kann, dass er für die Öffentlichkeit keine Gefahr mehr darstellt. Zudem kann die lebenslange Verwahrung nur für im Gesetz abschließend aufgeführte Taten mit besonders schweren Folgen für das/die Opfer verhängt werden. Eine bedingte Entlassung ohne vorgängige Behandlung ist möglich, wenn der Täter aufgrund hohen Alters, schwerer Krankheit oder bestimmten anderen Gründen ungefährlich ist. Die erste Anwendung des Gesetzesartikels erfolgte im Oktober 2010. Inwiefern Urteile auf Grundlage dieses Verfassungsartikels auch vor dem Europäischen Menschengerichtshof, der letzten Instanz in solchen Fragen, aufrechterhalten werden können, ist derzeit noch offen.

Ähnliche Probleme ergaben sich auch mit der am 29. November 2009 vom Volk angenommenen Initiative gegen den Bau von Minaretten und der am 27. November 2010 angenommenen Initiative zur Ausschaffung krimineller Immigranten. Kasten 13.1 zeigt ferner, dass bei Einbürgerungsentscheiden in der Schweiz ähnliche Probleme auftreten können.

13.1 Einbürgerungen in der Schweiz

Der Kultfilm „Die Schweizermacher" (1978, von Rolf Lyssy) – der bisher erfolgreichste Schweizer Film aller Zeiten – befasst sich mit Einbürgerungen in der Schweiz. In sehr scharfsinniger und satirischer Weise zeigt er, wie kleinkarierte, spießige Bürokraten, die sogenannten Schweizermacher, von einbürgerungswilligen Ausländern verlangen, schweizerischer als die meisten Schweizer zu sein und sie mit allen verfügbaren Mitteln des Rechtsstaates und der öffentlichen Verwaltung (und noch ein wenig mehr) schikanieren. Einen wichtigen Aspekt der Problematik behandelt der Film allerdings nicht, nämlich den des Spannungsfeldes zwischen Demokratie und Rechtsstaat.

Im Gegensatz zu vielen anderen Staaten wird in der Schweiz das Bürgerrecht nicht durch den Bund, sondern durch eine Gemeinde bzw. Stadt (in der Praxis der Wohnort der Antragstellerin) verliehen. In Großstädten der Schweiz (in einer solchen spielt der Film) werden Anträge auf Einbürgerung durch die Stadtverwaltung und/ oder Stadtregierung bzw. das Parlament begutachtet und entschieden. Einbürgerungen in kleineren politischen Einheiten (Gemeinden) wurden bis Mitte 2003 hingegen häufig mittels einer Abstimmung durch die ortsansässigen Gemeindebürger beurteilt. In diesem Kontext stellt sich weniger das Problem der Beamtenwillkür, sondern vor allem das Problem der Vereinbarkeit von Grundrechten und Prozeduren des formellen Rechtsstaates.

Als Antwort auf eine staatsrechtliche Beschwerde entschied das Schweizer Bundesgericht am 9. Juli 2003, dass Urnenabstimmungen über Einbürgerungen rechtlich gebundene Entscheide sind, die dem verfassungsrechtlichen Begründungsgebot (Art. 29 BV) widersprechen, da sie nicht begründet werden können. Die Begründung des Bundesgerichts für sein Urteil war somit weitgehend prozedural und vermied (bewusst oder unbewusst) das eigentliche Problem, nämlich die systematische Diskriminierung bestimmter Personenkreise bei Einbürgerungen.

Politikwissenschaftliche Studien belegen empirisch, dass Einbürgerungen via Urnenabstimmungen eine überdurchschnittlich hohe Ablehnungsquote aufweisen und tatsächlich einer systematischen Diskriminierung von gewissen Staatsangehörigen Vorschub leisten. Helbling und Kriesi (2004) zeigen anhand von Daten aus einer Umfrage in 207 Schweizer Gemeinden, dass sich die Ablehnungsquote von Einbürgerungsgesuchen je nach Einbürgerungsverfahren stark unterscheidet und bei Urnenabstimmungen besonders hoch ist. Sie führen dieses Resultat insbesondere darauf zurück, dass es bei Einbürgerungsverfahren mit anonymer Abstimmung politischen Akteuren mit einem restriktiven Staatsbürgerverständnis besonders leicht fällt, die Entscheidungsträger (Stimmbürger) von ihrer Meinung zu überzeugen.

Hainmueller und Hangartner (2012) untersuchen die Ursachen negativer Einbürgerungsentscheide anhand von Individualdaten zu 2.429 Personen, die zwischen 1970 und 2003 ein Einbürgerungsgesuch stellten. Ihre Analyse zeigt, dass Gesuchstellende aus der Türkei und dem ehemaligen Jugoslawien unabhängig von ihren individuellen Eigenschaften (z. B. Alter, Geschlecht, Sprachkenntnis, Integrationsniveau, Ausbildung und Einkommen) eine rund 40 Prozent höhere Ablehnungsquote aufweisen als vergleichbare Gesuchstellende aus westeuropäischen Staaten (z. B. Frankreich, Deutschland oder Österreich). Die Ergebnisse zeigen ferner, dass das Ausmaß der Diskriminierung über die Zeit und mit dem Ausmaß an Xenophobie in einer Gemeinde variiert. Gemeinden mit einem höheren Ja-Stimmenanteil zum Referendum gegen das neue Ausländergesetz im Jahr 1982 weisen eine höhere Diskriminierungsrate bei Einbürgerungsentscheiden auf als ansonsten ähnliche Gemeinden mit einem geringeren Ja-Stimmenanteil. Das Ausmaß der Diskriminierung gegenüber Gesuchstellenden aus dem ehemaligen Jugoslawien und der Türkei nahm in den 1990er Jahren stark zu, während die Diskriminierung gegenüber Gesuchstellenden aus südeuropäischen Staaten (z. B. Italien, Spanien) seit 1970 kontinuierlich abgenommen hat.

Das Urteil des Bundesgerichts vom 9. Juli 2003 löste in rechtskonservativen Kreisen Entrüstung aus und führte zu einer von der Schweizerischen Volkspartei (SVP) organisierten Volksinitiative für „demokratische Einbürgerungen". Diese Initiative sah vor, dass jede Gemeinde der Schweiz in ihrer Gemeindeordnung eigenständig festlegen kann, welches Organ mittels welcher Prozedur das Gemeindebürgerrecht verleiht. Gemäß Initiativtext sollte der Entscheid dieses Organs endgültig sein. Die Initiative wurde vom Parlament im Jahr 2007 (erneut kurz vor den National- und Ständeratswahlen) für gültig erklärt. Im Gegensatz zur Verwahrungsinitiative und Minarett-Initiative (siehe Abschnitt 13.1.1) lehnten die Stimmbürger die Einbürgerungsinitiative im Juni 2008 jedoch mit einem Nein-Stimmenanteil von über 63 Prozent ab. Wäre die Initiative angenommen worden, so hätte sich das demokratische Mehrheitsprinzip erneut gegenüber dem Prinzip des Rechtsstaates und der Grundrechte durchgesetzt. Ob dieser Volksentscheid die Einbürgerungschancen erhöht hat, so die Befürchtung rechts-konservativer Kreise, lässt sich derzeit noch nicht abschätzen.

13.1.2 Verfassung und Judikative

Im vorhergehenden Abschnitt wurden Beispiele genannt, bei denen ein nationales Verfassungs- bzw. Bundesgericht ein Urteil fällte, das sich auf die Verfassung bezog. Bevor wir uns den Details der Verfassungsgerichtsbarkeit zuwenden, beschäftigen wir uns in diesem Abschnitt kurz mit dem Phänomen der Verfassung und setzen sie in Bezug zur Judikative.

Verfassungen enthalten Meta-Normen, d. h. Prinzipien, Normen und Regeln, die festlegen, wie alle anderen rechtlichen Normen und Regeln produziert, angewendet, durchgesetzt und interpretiert werden müssen (Stone-Sweet, 2000). Sie legen auch die territoriale, institutionelle und verfahrensbezogene Ausgestaltung des Staatswesens fest. Verfassungen sind somit die ultimative, formelle Quelle staatlicher Autorität. Sie begründen staatliche Autorität, dienen gleichzeitig jedoch auch der Gewaltenteilung und Machtbegrenzung; einerseits, indem sie den unterschiedlichen staatlichen Organen (Legislative, Exekutive, Judikative) bestimmte Aufgaben und Kompetenzen zuordnen und andererseits, indem sie, wie weiter oben diskutiert, fundamentale Rechte von Einzelpersonen und Personengruppen gegenüber dem Staat sowie gegenüber anderen Personen und Gruppen festlegen (Friedrich, 1950; Rosenfeld, 1994). Im Rest dieses Abschnittes beleuchten wir nun die Verfassungen der drei deutschsprachigen Länder sowie die verfassungsähnlichen Rechtsgrundlagen der EU.

Deutschland

Das Grundgesetz der Bundesrepublik Deutschland ist de facto die Verfassung des deutschen Staates. Der Name Grundgesetz stammt daher, dass der Parlamentarische Rat davon ausging, dass das Dokument einen vorläufigen Charakter habe, weil die damalige sowjetische Besatzungszone (in der Folge die Deutsche Demokratische Republik

(DDR)) nicht mit von der Partie war. Der Name Grundgesetz wurde jedoch auch nach der Deutschen Wiedervereinigung am 3. Oktober 1990 beibehalten. Das Grundgesetz wurde am 8. Mai 1949 vom Parlamentarischen Rat, einer verfassungsgebenden Versammlung, durch Mehrheitsbeschluss angenommen. Der Entwurf wurde am 12. Mai 1949 von den Militärgouverneuren der britischen, französischen und amerikanischen Besatzungszonen akzeptiert. Für die Inkraftsetzung war die Annahme durch die Volksvertretungen in zwei Dritteln der deutschen Länder, in denen das Grundgesetz vorerst gelten sollte, notwendig (eine Volksabstimmung war nicht vorgesehen). Der bayerische Landtag lehnte zwar das Grundgesetz ab, willigte aber ein, es in Bayern für verbindlich zu erklären, falls es zwei Drittel der Bundesländer ratifizierten. Dies geschah denn auch.

Das Grundgesetz wurde seit 1949 nur punktuell geändert. Dies insbesondere auch deshalb, weil die im Grundgesetz festgelegten Grundrechte in ihrem Wesensgehalt nicht angetastet werden dürfen. Zwischen 1949 und 2012 wurde das Grundgesetz (durch Zustimmung von Bundestag und Bundesrat) rund 60 Mal geändert, wobei jedoch nur wenige Änderungen weitreichender Natur waren. Wichtige Änderungen erfolgten beispielsweise im Zusammenhang mit der Wiedereinführung der Wehrpflicht und Schaffung der Bundeswehr (1956), der sogenannten Notstandsverfassung (1968, diese regelt staatliche Kompetenzen im Ausnahmezustand, Verteidigungsfall, Spannungsfall und Katastrophenfall), der Europäischen Union (1992), der Wiedervereinigung (1994) und der Föderalismusreform (2009).

Österreich

Die österreichische Bundesverfassung besteht im Gegensatz zu den Verfassungen Deutschlands und der Schweiz nicht aus einem einheitlichen Verfassungsdokument. Sie setzt sich zusammen aus der Gesamtheit aller Verfassungsgesetze und -bestimmungen des Bundesrechtes, insbesondere dem Bundesverfassungsgesetz (B-VG), dem Staatsgrundgesetz über die allgemeinen Rechte der Staatsbürger (StGG) sowie der Europäischen Menschenrechtskonvention (EMRK). Das B-VG wurde 1920 von einer konstituierenden Nationalversammlung beschlossen, die zuvor in den ersten demokratischen Wahlen Österreichs gewählt worden war und trat im selben Jahr in Kraft. Aufgrund divergierender Interessen der zuständigen politischen Entscheidungsträger wurden einige wichtige Fragen ausgeklammert, insbesondere im Bereich der Grundrechte und der Kompetenzverteilung zwischen Bund und Ländern. Um diese Lücken im B-VG zu füllen, wurden viele Gesetze aus der österreichisch-ungarischen Monarchie ins demokratische Zeitalter übernommen, allem voran das StGG von 1867. In der Zeit des Austrofaschismus wurde die Bundesverfassung der Ersten Republik 1934 durch die Maiverfassung des Dollfuß-Regimes ersetzt. Nach dem Anschluss an das Deutsche Reich wurde die Dollfuß-Verfassung übernommen.

Kurz vor Ende des Zweiten Weltkrieges veröffentlichten drei politische Parteien (SPÖ, ÖVP und die Kommunistische Partei Österreichs, KPÖ) eine Unabhängigkeitserklärung, welche die Wiederherstellung der Republik Österreich nach der Verfassung von 1920 verlangte. Bald darauf wurden das B-VG und weitere Gesetze aus der Zeit vor 1934 wieder in Kraft gesetzt. Seither wurde das B-VG rund 100 Mal geändert. Eine Gesamtänderung, welche eine Zweidrittelmehrheit im Parlament und eine Volksabstimmung erfordert, erfolgte allerdings nur ein Mal, nämlich im Kontext des Beitritts Österreichs zur EU (1995).

Die Grundrechte werden zum größten Teil nicht im B-VG selbst geregelt, sondern im StGG von 1867. Nach diversen Änderungen seit 1920 entsprechen diese Grundrechte heute auch den in den Verfassungen Deutschlands und der Schweiz festgelegten Grundrechten. Zudem besitzt die Europäische Menschenrechtskonvention, welcher Österreich 1958 beitrat, in Österreich Verfassungsrang und ist unmittelbar anwendbar. Weitere Grundrechte wurden auch in einzelnen Gesetzen geregelt, z. B. der Datenschutz und das Recht auf Zivildienst.

Schweiz

Die heutige Verfassung der Schweiz basiert auf der Verfassung von 1848, welche die Transformation des Staatenbundes zum Bundesstaat besiegelte. Die Verfassung von 1848 ist stark von der Verfassung der USA sowie den Ideen der Französischen Revolution beeinflusst. Sie wurde 1866 teilweise und 1874 umfassend revidiert. Diese Revisionen waren mit einem Ausbau der Bundeskompetenzen und der Volksrechte (insbesondere Einführung des Referendums auf Bundesebene) verbunden. 1891 wurde das Initiativrecht auf Teilrevision der Bundesverfassung eingeführt. Initiativen erfordern die Unterschriften von 100.000 stimmberechtigten Personen. Sie verlangen den Erlass, die Änderung oder Aufhebung einzelner Bestimmungen der Bundesverfassung und erwirken eine Abstimmung von Volk und Ständen (Kantonen) über den betreffenden Vorschlag.

Die letzte Totalrevision der schweizerischen Verfassung wurde in den 1990er Jahren durchgeführt. Die revidierte Bundesverfassung von 2000 ersetzt diejenige von 1874. Diese Totalrevision lässt sich weitgehend als „Nachführung“ und „Aufräumarbeit“ bezeichnen. Einerseits wurde (noch) nicht geschriebenes Verfassungsrecht kodifiziert, vor allem solches, das aus der Rechtsprechung des Bundesgerichts entstanden war. So wurden u. a. einige Grundrechte neu in die Verfassung aufgenommen. Andererseits wurden nicht auf die Verfassungsebene gehörende Bestimmungen (z. B. das Kuriosum des Absinth-Verbotes) entfernt und die Verfassung insgesamt kohärenter gestaltet. Dieser jüngste Revisionsbedarf stammt vor allem daher, dass die Schweizer Verfassung sehr viel leichter punktuell geändert werden kann als die Verfassungen Deutschlands oder der USA. Teilrevisionen der Verfassung sind jederzeit möglich, sowohl auf dem parlamentarischen Weg als auch durch Initiativen; vorausgesetzt diese werden von einer Mehrheit des Volkes und der Kantone getragen. Inhaltlich ist die Abänderbarkeit insofern begrenzt als dass zwingendes Völkerrecht (z. B. Menschenrechte) nicht verletzt werden darf, wobei jedoch in der Praxis ein erhebliches Spannungsfeld zwischen direkter Demokratie und gewissen grundrechtsrelevanten Themen bestehen bleibt (siehe Abschnitt 13.1.1).

Europäische Union

Die Europäische Union besitzt kein einheitliches Verfassungsdokument. Die Formen, Funktionen und Kompetenzen bzw. Verpflichtungen der Organe der EU (allen voran diejenigen der Kommission, des Rates, des Parlamentes und des EuGH) sind in mehreren Verträgen festgelegt, die zwischen den Mitgliedstaaten seit 1957 geschlossen wurden (siehe Kapitel 14.5). Dazu gehören insbesondere der EU-, der EG- und der Euroatom-Vertrag. Hinzu kommen viele Gesetze und Verordnungen, die von den Gemeinschaftsorganen erlassen wurden. Im Jahr 2003 arbeitete ein Europäischer Konvent einen Entwurf für einen Vertrag über eine Verfassung für Europa aus. Er sollte damit den bestehenden Rechtsgrundlagen, die in ihrer Gesamtheit durchaus die Wesenszüge einer Verfassung aufweisen, ein einheitlicheres Gesicht geben und auch die Institutionen der EU angesichts der Erweiterung auf 27 Mitglieder effizienter und demokratischer gestalten. Dieser völkerrechtliche Vertrag wurde 2004 von den Staats- und Regierungschefs der EU-Mitgliedstaaten unterzeichnet. Da aber nicht alle EU-Mitgliedstaaten den Vertrag ratifizierten (u. a. scheiterte er in Frankreich und den Niederlanden in Referendumsabstimmungen), trat er nie in Kraft. Als Ersatz schlossen die europäischen Staats- und Regierungschefs 2007 den Vertrag von Lissabon ab, welcher wesentliche Elemente des Verfassungsvertrags enthält und am 1. Dezember 2009 in Kraft trat.

Neben einer Verfassung besitzen heute alle modernen demokratischen Rechtsstaaten ein oberstes Gericht, das über die Einhaltung verfassungsrechtlicher Bestimmungen wacht und in Rechtsstreitigkeiten zwischen staatlichen Organen und zwischen privaten oder juristischen Personen und dem Staat auf der Grundlage der Verfassung entscheidet. Dieses Gericht besitzt ein hohes Ausmaß an Autonomie gegenüber anderen politischen Machtträgern.

Die Kombination einer geschriebenen Verfassung, welche die Grundrechte beinhaltet und eines Gerichts zum Schutz dieser Rechte entwickelte sich schrittweise seit der ersten Bundesverfassung der USA von 1787 und der Bill of Rights von 1791 und wurde nach dem Zweiten Weltkrieg zum Grundmodell moderner demokratischer Rechtsstaaten. In der politikwissenschaftlichen Forschung wird diese institutionelle Kombination als neuer Konstitutionalismus (Shapiro & Stone, 1994) bezeichnet.

13.2 Organisation der Verfassungsgerichtsbarkeit

Wie oben erwähnt, enthält die Verfassung eines Staates die obersten Rechtsnormen, denen alle anderen Normen und Regeln (Gesetze und Verordnungen) untergeordnet sind. Alle untergeordneten Rechtsakte und deren Anwendung dürfen somit nicht gegen die in der Verfassung verankerten Normen verstoßen. Dieses Prinzip wirft die Frage auf, wer die Verfassungskonformität des untergeordneten Rechts prüft und die Interpretationshoheit in Bezug auf die Verfassung innehat. In liberalen demokratischen Rechtsstaaten wird diese Funktion durch die Institution der Verfassungsgerichtsbarkeit wahrgenommen. Aufgabe der Verfassungsgerichtsbarkeit ist es, in gerichtlichen Verfahren die Übereinstimmung staatlichen und privaten Handelns mit verfassungsrechtlichen Grundlagen zu überprüfen.

13.2.1 Zwei Grundmodelle der Verfassungsgerichtsbarkeit

Weltweit lassen sich zwei Grundmodelle der Verfassungsgerichtsbarkeit unterscheiden. Im ersten Modell, oft als „constitutional court", „European Model" oder Trennungsmodell bezeichnet, wird die Funktion der Verfassungsgerichtsbarkeit von einem besonderen Gericht, dem sogenannten Verfassungsgericht, ausgeübt. Beispiele sind das deutsche Bundesverfassungsgericht und der österreichische Verfassungsgerichtshof. Im zweiten Modell, oft als „constitutional judicial review", „American Model" oder Einheitsmodell bezeichnet, ist das oberste, ordentliche Gericht neben der Beurteilung zivil-, straf- und verwaltungsrechtlicher Fragen auch für verfassungsrechtliche Angelegenheiten zuständig. Beispiele sind der Supreme Court in den USA und der Corte Suprema de Justicia in Chile.

Abbildung 13.1 zeigt die regionale Verteilung der beiden Modelle. Sie illustriert, dass das Trennungsmodell in mehr Staaten zur Anwendung kommt als das Einheitsmodell. Die Gründe dafür liegen primär in der Kolonialgeschichte sowie in geopolitischen Einflusssphären. So folgen z. B. die meisten afrikanischen Staaten dem europäischen Modell des Verfassungsgerichts und die karibischen Staaten dem amerikanischen Modell des obersten Gerichtshofs. Auch wenn es sich bei den Gerichten im Einheitsmodell nicht um Verfassungsgerichte im engen, juristischen Sinne handelt, verwenden wir im Folgenden auch für diese obersten Gerichte mit verfassungsgerichtlicher Kompetenz den Begriff Verfassungsgericht.

	Modell 1 Verfassungsgericht	Modell 2 Oberstes Gericht	Mischformen	Keine Verfassungsgerichtsbarkeit
Europa	31	5	4	2
Afrika	29	12	7	3
Naher Osten	5	2	3	1
Asien/Südostasien	13	18	13	0
Nordamerika	0	2	0	0
Zentralamerika	3	3	3	0
Südamerika	4	3	5	0
Karibik	0	8	1	0
Total	85	53	36	6

Abbildung 13.1: Regionale Verteilung der beiden Grundmodelle der Verfassungsgerichtsbarkeit

Quelle: Basierend auf Stone-Sweet (2008: 222)

Die beiden eben erwähnten Grundmodelle der Verfassungsgerichtsbarkeit lassen sich mit zwei fundamentalen, funktionalen Charakteristika in Verbindung bringen, nämlich dem der selbstständigen und dem der unselbstständigen Verfassungsgerichtsbarkeit (Haller et al., 2008: 283–89).

Eine *selbstständige* Verfassungsgerichtsbarkeit liegt dann vor, wenn ein staatlicher Erlass (z. B. ein Gesetz) ohne Zusammenhang mit einem konkreten Anwendungsfall durch ein Gericht auf seine Verfassungskonformität geprüft werden kann. Beim urteilenden Gericht handelt es sich in der Regel um ein speziell zu diesem Zweck geschaffenes Verfassungsgericht, das innerhalb der nationalen Gerichtsorganisation eine besondere Stellung einnimmt. Das Verfahren konzentriert sich direkt auf einen bestimmten Rechtssatz und nicht auf einen daraus hervorgegangen Anwendungsakt. Das Anfechtungsobjekt ist somit der Rechtserlass selbst. Wird der Erlass für verfassungswidrig erklärt, so darf er nicht oder nur teilweise in Kraft gesetzt werden (präventive Normenkontrolle). Falls der Rechtserlass bereits in Kraft ist, muss er aufgehoben werden (repressive Normenkontrolle). Beispiele für eine solche selbstständige Verfassungsgerichtsbarkeit sind die Judikative Frankreichs, Deutschlands und Österreichs.

Eine *unselbstständige* Verfassungsgerichtsbarkeit besteht dann, wenn ein Rechtssatz anlässlich der Anfechtung eines darauf gestützten konkreten Einzelaktes (z. B. eine Verfügung oder ein Urteil) durch ein Gericht auf seine Verfassungskonformität hin überprüft werden kann. Je nach System existieren eine oder mehrere Beurteilungsinstanzen. In einem konzentrierten System ist ein einziges Gericht – in der Regel ein besonderes Verfassungsgericht – befugt, Erlasse auf ihre Vereinbarkeit mit der Verfassung zu überprüfen und im Falle einer Verfassungswidrigkeit nicht anzuwenden oder für nichtig zu erklären. Andere Gerichte können das Verfassungsgericht anrufen und in konkreten Fällen die Frage der Verfassungskonformität entscheidungsrelevanter Normen vorlegen. In einem diffusen System hingegen sind alle Gerichte berechtigt oder sogar verpflichtet, die Vereinbarkeit von Rechtsnormen mit der Verfassung zu überprüfen und verfassungswidrigen Normen die Anwendung zu versagen. Verfassungswidrige Normen werden jedoch nicht formell aufgehoben, sondern nur im konkret zu beurteilenden Fall nicht angewendet. Faktisch wirkt die Nichtanwendung im Einzelfall für künftige analoge Fälle jedoch ähnlich wie eine formelle Aufhebung. Das Verfahren richtet sich bei der unselbstständigen Verfassungsgerichtsbarkeit gegen einen konkreten Rechtsanwendungsakt und nicht direkt gegen den in diesem Zusammenhang angewendeten Erlass. Beispiele unselbstständiger Verfassungsgerichtsbarkeit sind die USA und – soweit kantonales Recht oder Verordnungen des Bundesrates betroffen sind – die Schweiz.

In der Praxis ist nicht nur die Organisationsform der Verfassungsgerichtsbarkeit von großer Bedeutung, sondern auch die richterliche Unabhängigkeit. Letztere verlangt, dass die Gerichte in Bezug auf ihre Rechtsprechungsfunktion nur an das Recht gebunden und damit unparteiisch im Verhältnis zu anderen Staatsorganen, gesellschaftlichen Akteuren aller Art und den Prozessparteien sein müssen (Eichenberger, 1960). Die richterliche Unabhängigkeit wird vor allem durch Unvereinbarkeitsbestimmungen, spezifische Wahlmodi für Richter und Regelungen zur Amtsdauer sichergestellt. Unvereinbar im Sinne der personellen Gewaltenteilung ist z. B. die Mitgliedschaft eines Verfassungsrichters in der Legislative oder Exekutive (sowohl Regierung als auch Verwaltung). Die Wahlmodi für Richter am Verfassungsgericht unterscheiden sich von Land zu Land. In einigen Staaten werden die höchsten Richter bzw. Verfassungsrichter vom Parlament gewählt (z. B. in der Schweiz, Deutschland und Österreich). In anderen Staaten werden sie in einem gemischten Verfahren von der Exekutive vorgeschlagen und bedürfen der Bestätigung durch das Parlament (z. B. in den USA) oder durch einen obersten Rat des Richterstandes (z. B. in Italien). Die Beschaffenheit solcher Wahlverfahren ist politisch bedeutsam; wer die Richter des Verfassungsgerichts oder obersten Gerichts wählt, kann dadurch indirekt Einfluss auf zukünftige Entscheidungen des Gerichts ausüben, da den Richtern bei der Rechtsauslegung ein gewisser Interpretationsspielraum bleibt. Besonders deutlich wird dies in den USA, wo mögliche Neuernennungen von Mitgliedern des Supreme Court bereits im Präsidentschaftswahlkampf ein wichtiges Thema sind. Ein weiteres Instrument zur Stärkung der Unabhängigkeit von Richtern ist die Amtsdauer. Im Vergleich zu Parlament und Regierung werden Verfassungsrichter meist für deutlich längere Amtszeiten (z. B. zwölf Jahre in Deutschland und in den USA sogar auf Lebenszeit) gewählt. In einigen Staaten ist eine Wiederwahl ausgeschlossen (z. B. in Deutschland, Italien, Frankreich). Letztere Regelung erhöht die Unabhängigkeit der Richter, weil sie ihnen die Möglichkeit nimmt durch strategisches Verhalten (z. B. Rechtsprechung zugunsten von Regierung und Parlament) die eigene Wiederwahl zu beeinflussen.

13.2.2 Verfassungsgerichtsbarkeit in Deutschland, Österreich, der Schweiz und der Europäischen Union

Das deutsche Bundesverfassungsgericht

Das deutsche Bundesverfassungsgericht mit Sitz in Karlsruhe ist in zwei Senate mit je acht vollamtlichen Richtern und unterschiedlichen Zuständigkeitsbereichen gegliedert. Der erste Senat wird gemeinhin als Grundrechtssenat bezeichnet und ist zuständig für Normenkontrolle und Verfassungsbeschwerden im Grundrechtsbereich. Der zweite Senat wird als Staatsrechtssenat bezeichnet und befasst sich mit staatsrechtlichen Beschwerden aller Art sowie Verfassungsbeschwerden gegen Behörden und Gerichte. Die 16 Mitglieder der beiden Senate des Verfassungsgerichts werden je zur Hälfte durch Bundesrat und Bundestag ernannt. Während im Bundesrat eine direkte Wahl mit Zweidrittelmehrheit stattfindet, erfolgt die Wahl im Bundestag indirekt durch einen gemäß den parteipolitischen Mehrheitsverhältnissen im Bundestag zusammengestellten zwölfköpfigen Richterwahlausschuss mit Zweidrittelmehrheit. Verfassungsrichter kann werden, wer das 40. Lebensjahr beendet hat und die Befähigung zum Richteramt gemäß deutschem Richtergesetz erfüllt. Die Amtszeit beträgt maximal 12 Jahre und endet spätestens mit dem 68. Lebensjahr. Eine Wiederwahl ist ausgeschlossen.

In den vergangenen Jahren wurde das Bundesverfassungsgericht pro Jahr in rund 5.000 bis 6.000 Fällen angerufen (Bundesverfassungsgericht, 1999–2011). Der Zuständigkeitsbereich des Verfassungsgerichts ist sehr umfangreich und umfasst vier Funktionen: Kontrolle des Gesetzgebers (Verfassungsgerichtsbarkeit im engeren Sinne), Kontrolle von Behörden und Gerichten, Entscheidungen zu Verfassungsstreitigkeiten zwischen staatlichen Organen (z. B. Kompetenzstreitigkeiten) sowie Entscheidungen zu Beschwerden im Wahlprüfungsverfahren des Deutschen Bundestags, zu Parteiverboten, zur Verwirkung von Grundrechten und zu Anklagen gegen den Bundespräsident oder gegen Mitglieder der Bundes- und Landesgerichte. Das deutsche System entspricht somit dem Typus der selbstständigen, konzentrierten Verfassungsgerichtsbarkeit.

Der österreichische Verfassungsgerichtshof

Der österreichische Verfassungsgerichtshof mit Sitz in Wien umfasst 14 Verfassungsrichter und sechs Ersatzrichter. Der Bundespräsident ernennt die Mitglieder und Ersatzmitglieder des Gerichtshofs, während die Bundesregierung das Vorschlagsrecht für die Position des Präsidenten sowie des Vizepräsidenten des Gerichtshofs innehat. Darüber hinaus nominiert die Bundesregierung sechs Verfassungsrichter und drei Ersatzmitglieder. Die übrigen sechs Mitglieder und drei Ersatzmitglieder werden teils vom Nationalrat (erste Kammer des Parlamentes), teils vom Bundesrat (zweite Kammer des Parlamentes) vorgeschlagen. Wählbar sind Personen, die über eine juristische Ausbildung verfügen und mindestens zehn Jahre lang einen Beruf ausgeübt haben, für den der Abschluss des Studiums der Rechtswissenschaften vorgeschrieben ist. Ihre Tätigkeit ist nebenamtlich und ein Wiederwahlmodus ist nicht vorgesehen. Stattdessen endet die Amtszeit spätestens im Alter von 70 Jahren. Vorher können die Mitglieder nur aus eigenem Willen zurücktreten oder durch eine Entscheidung des Verfassungsgerichtshofs selbst abgesetzt werden.

Der Verfassungsgerichtshof tagt nicht permanent, sondern meist vier Mal pro Jahr für jeweils drei Wochen. In den letzten Jahren wurden pro Jahr rund 3.000 bis 4.000 Fälle an den Verfassungsgerichtshof herangetragen (Verfassungsgerichthof, 2002–2012). Der umfangreiche Zuständigkeitsbereich des österreichischen Verfassungsgerichtshofs umfasst vier Funktionen: Kontrolle des Gesetzgebers (Verfassungsgerichtsbarkeit im engeren Sinne), Kontrolle von Behörden und Gerichten, Entscheidungen in Verfassungsstreitigkeiten zwischen staatlichen Organen (z. B. Kompetenzstreitigkeiten) sowie Entscheidungen bei Beschwerden im Zusammenhang mit Wahlprüfungen, Verletzungen des Völkerrechts und Anklagen gegen die obersten Staatsorgane. Wie in Deutschland entspricht das österreichische System dem Typus einer selbstständigen und konzentrierten Verfassungsgerichtsbarkeit.

Das Schweizer Bundesgericht

Im Vergleich zu Deutschland und Österreich ist die Struktur des schweizerischen Bundesgerichts etwas komplizierter. Dieses hat seinen Sitz in Lausanne und ist in sieben Hauptabteilungen gegliedert: zwei zivilrechtliche, zwei öffentlich-rechtliche, eine strafrechtliche und zwei sozialrechtliche Abteilungen. Obwohl der Hauptsitz des Bundesgerichts in Lausanne ist, sind die beiden sozialrechtlichen Abteilungen in Luzern angesiedelt. Die 38 Bundesrichter werden auf Vorschlag der politischen Parteien durch die Vereinigte Bundesversammlung (das Plenum von National- und Ständerat, also beider Parlamentskammern) für sechs Jahre mit der Möglichkeit der Wiederwahl bis zum vollendeten 67. Lebensjahr gewählt. Die Nominierungs- und Wahlprozedur ist von einem informellen Parteienproporz geprägt. Letzteres bedeutet, dass die politischen Parteien „ihre“ Kandidierenden ungefähr nach Wähleranteilen ins Bundesgericht befördern können. Gemäß Bundesverfassung sind ferner die vier Landessprachen sowie die Landesregionen bei der Wahl angemessen zu berücksichtigen. Wählbar sind alle Stimmberechtigten der Schweiz. Formell werden weder ein Wohnsitz in der Schweiz zum Zeitpunkt der Wahl noch eine juristische Ausbildung verlangt. In der Praxis werden jedoch nur erfahrene Juristen in dieses Amt gewählt.

Pro Jahr gehen beim Bundesgericht zwischen 5.000 und 7.000 neue Fälle ein (Bundesgericht, 2001–2011). Im Gegensatz zu Deutschland und Österreich ist, wie weiter oben schon erwähnt, das schweizerische Bundesgericht nicht als Verfassungsgericht konzipiert, sondern als oberstes Gericht für zivil-, straf-, verwaltungs- und verfassungsrechtliche Beschwerden. Es beurteilt Beschwerden in Bezug auf eine Verletzung verfassungsmäßiger Rechte, Gemeindeautonomie und andere Garantien der Kantone, Staatsverträge, Verträge der Kantone und öffentlich-rechtliche Streitigkeiten zwischen Bund und Kantonen oder zwischen Kantonen. Maßgebendes Recht zur Beurteilung solcher Streitigkeiten sind laut Bundesverfassung das Völkerrecht und die Bundesgesetze. Folglich sind Bundesgesetze und Initiativen von einer Überprüfung auf ihre Verfassungskonformität ausgenommen. Letztlich ist damit das Bundesgericht auch dazu gezwungen Bundesgesetze anzuwenden, die es selbst als im Widerspruch zur Verfassung stehend betrachtet. Die Schweiz besitzt also kein Verfassungsgericht im eigentlichen Sinne und lässt sich somit auch nicht eindeutig einem der in Abschnitt 13.2.1 vorgestellten Modelle der Verfassungsgerichtsbarkeit zuordnen.

Das Spannungsverhältnis zwischen Demokratie und Rechtsstaatlichkeit (siehe Abschnitt 13.1.1 und Kasten 13.2) sowie Rügen des Europäischen Gerichtshofes für Menschenrechte in Straßburg haben jedoch dazu geführt, dass die Rechtskommission des Nationalrats im Februar 2011 einen weitreichenden Vorschlag machte: Sie schlug vor, die schweizerische Bundesverfassung dahingehend zu ändern, dass das Bundesgericht Bundesgesetze basierend auf einem konkreten Anwendungsfall auf ihre Verfassungsmäßigkeit prüfen könnte. Im September 2011 stimmte der Bundesrat diesem Vorschlag zu, woraufhin er im National- und Ständerat diskutiert wurde. Während der

Nationalrat dem Vorschlag der nationalrätlichen Rechtskommission folgte, entschied der Ständerat in Juni 2012 den Vorschlag an den Nationalrat zu verweisen, wo derzeit über dessen Ausgang noch nicht entschieden ist (Bundesversammlung, 2012). Würde dieser Vorschlag angenommen, so erhielte die Schweiz eine unselbstständige, konzentrierte Verfassungsgerichtsbarkeit.

Der Europäische Gerichtshof (EuGH)

Der EuGH wurde 1952 gegründet. Zunächst war er nur für Streitigkeiten im Rahmen der Europäischen Gemeinschaft für Kohle und Stahl (EGKS) zuständig. Seit der Gründung der Europäischen Wirtschaftsgemeinschaft (EWG) und der Europäischen Atomgemeinschaft (EURATOM) im Jahr 1957 ist er als oberstes Gericht der Europäischen Union befugt, Rechtsstreitigkeiten zwischen EU-Mitgliedstaaten, EU-Organen, Unternehmen und Privatpersonen zu entscheiden. Der Sitz des EuGH ist in Luxemburg. Er umfasst eine Person pro Mitgliedstaat mit dem Ziel, dass alle 28 nationalen Rechtsordnungen im EuGH vertreten sind. Richter des EuGH müssen eine Qualifikation aufweisen, die für das höchste Gericht im jeweiligen Land nötig wäre oder eine „anerkannt hervorragende Befähigung" besitzen. Sie werden von den Regierungen der EU-Mitgliedstaaten für sechs Jahre ernannt. Eine Wiederwahl ist möglich. Alle drei Jahre wird die Hälfte der Gerichtsmitglieder neu ernannt. Der EuGH umfasst zudem acht sogenannte Generalanwälte. Ihre Aufgabe ist es, öffentlich Schlussanträge zu stellen und zu begründen. Zwischen 1953 und 2011 wurden beim EuGH rund 18.100 Klagen eingereicht (EuGH, 2011).

Der EuGH besteht aus drei Gerichten. Das erste und älteste Gericht ist der Gerichtshof, welcher je nach Bedeutung und Komplexität eines Falles mit drei, fünf, dreizehn oder sogar allen Gerichtsmitgliedern zusammentritt. Das zweite Gericht ist das sogenannte „Gericht erster Instanz", welches 1989 zur Entlastung des Gerichtshofs eingerichtet wurde. Es ist insbesondere für Klagen von Privatpersonen, Unternehmen und bestimmten Organisationen sowie für das Wettbewerbsrecht zuständig. Dieses Gericht umfasst ebenfalls ein Mitglied pro Mitgliedstaat. Das dritte und jüngste Gericht ist das 2005 geschaffene Gericht für den öffentlichen Dienst der Europäischen Union. Es entscheidet in Streitsachen zwischen der EU und ihren Angestellten und besteht aus sieben Gerichtsmitgliedern.

Die häufigsten Fälle, mit denen sich der Gerichtshof befasst, sind Vorabentscheidungsersuche, Vertragsverletzungsklagen, Nichtigkeitsklagen, Untätigkeitsklagen und Schadensersatzklagen. Vorabentscheidungsersuche sind Fälle, in denen ein nationales Gericht den EuGH um Rat bei der Auslegung und Gültigkeit von EU-Recht ersucht und der EuGH einen solchen Rat erteilt. Dieser Rat des EuGH hat meist großes Gewicht, weil seine Missachtung auf nationaler Ebene (im betreffenden oder einem ähnlichen Gerichtsfall in irgendeinem EU-Land) umgehend zur Berufung gegen das nationale Gerichtsurteil beim EuGH und voraussichtlich zu einer Revision des erstinstanzlichen Urteils führen würde. Vertragsverletzungsklagen sind Klagen der Kommission oder eines EU-Mitgliedstaates gegen einen (anderen) Mitgliedstaat in Fällen, in denen angenommen wird, dass der beklagte Staat EU-Recht verletzt. Nichtigkeitsklagen sind Fälle, in denen ein Mitgliedstaat, der Rat, die Kommission, das Europäische Parlament oder auch eine Privatperson einen bestimmten Rechtsakt der EU als rechtswidrig erachtet und seine Annullierung fordert. Untätigkeitsklagen sind Fälle, in denen Mitgliedstaaten, Gemeinschaftsorgane, Einzelpersonen oder Unternehmen das Europäische Parlament, den Rat oder die Kommission aufgrund einer vermuteten Vernachlässigung ihrer gesetzlichen Pflichten anklagen. Schadensersatzklagen sind Fälle, in denen Privatpersonen oder Unternehmen Kompensation für einen durch die Tätigkeit oder Untätigkeit der EU und ihrer Angestellten erlittenen Schaden fordern.

13.3 Politischer Einfluss der Verfassungsgerichtsbarkeit

Vor dem Hintergrund dieses zweiten Kapitelabschnittes stellt sich die Frage, ob sich die institutionellen Unterschiede in der Verfassungsgerichtsbarkeit auch im politischen Einfluss des Verfassungsgerichts niederschlagen. Dieser Frage gehen wir hier im dritten Teil des Kapitels nach. Dabei gehen wir in drei Schritten vor. Erstens müssen wir uns auf konzeptueller Ebene mit dem Aspekt der Machtdelegation an die Judikative auseinandersetzen. Zweitens ist zu klären, wie der politische Einfluss von Verfassungsgerichten, der durch diese Machtdelegation zustande kommt, gemessen werden kann. Drittens müssen wir versuchen, Unterschiede in der Stärke der Verfassungsgerichtsbarkeit im Ländervergleich zu erklären.

13.3.1 Konzeptuelle Überlegungen zum Einfluss des Verfassungsgerichts auf die Politik

Auch wenn sich die obersten Richter ausschließlich am Recht zu orientieren und unparteiisch zu urteilen haben, ist die Annahme, dass sie dies immer tun, vielleicht doch etwas zu naiv. Politikwissenschaftliche Theorien zu Verfassungsgerichten betrachten sie denn auch als eigenständige und strategisch handelnde Akteure im politischen Prozess. Verfassungsgerichte besitzen, so die Grundannahme, eigene Interessen und politische Präferenzen, die sie wie andere politische Akteure auch unter den gegebenen politischen und rechtlichen Rahmenbedingungen verfolgen. Verfassungen werden in diesem Kontext als „unvollständige Verträge" (Milgrom & Roberts, 1992) betrachtet, die in einem dynamischen Prozess der Rechtsetzung und Rechtsprechung formell und informell weiterentwickelt werden.

Um die Frage nach dem politischen Einfluss von Verfassungsgerichten zu behandeln, betrachten wir im Folgenden das Zusammenspiel der am Gesetzgebungsprozess beteiligten Akteure in unterschiedlichen politischen Systemen. Wie wir in den vorangegangenen Kapiteln gesehen haben, handelt es sich dabei typischerweise um das Parlament und die Regierung. Um auf der konzeptuellen Ebene zu analysieren, wie das Verfassungsgericht die Handlungsfreiheit der beiden anderen Akteure einschränken kann, verwenden wir sogenannte räumliche Modelle („spatial models"). Zweidimensionale Varianten solcher Modelle haben Sie bereits im Zusammenhang mit dem Vetospieleransatz in Kapitel 5.4 und dem Zusammenwirken von zwei Parlamentskammern in Kapitel 11.5 kennengelernt.

Im nachfolgenden Modell nehmen wir an, dass alle am Gesetzgebungsprozess beteiligten Akteure rational und einheitlich handeln. Dies bedeutet, dass wir für jede Institution annehmen, dass sie jeweils mit nur einer Stimme spricht, auch wenn sich ein nationales Parlament in der Realität natürlich aus vielen Abgeordneten sowie mehreren Parteien und Fraktionen mit unterschiedlichen politischen Interessen zusammensetzt. Zur Vereinfachung nehmen wir außerdem an, dass sich die beteiligten Akteure nur in einer Dimension unterscheiden (z. B. der Links-Rechts-Dimension) und auf dieser Skala für jede politische Entscheidung einen sogenannten Idealpunkt besitzen. Stellen Sie sich beispielsweise vor, dass im Parlament linke Parteien die Mehrheit besitzen und diese 30 Prozent des Staatshaushaltes für Sozialausgaben einsetzen wollen. Auf der anderen Seite möchte die konservativere Regierung für diesen Zweck nur 20 Prozent einsetzen.

Grafisch gesehen ist damit der Idealpunkt des Parlamentes links vom Idealpunkt der Regierung angesiedelt. Je stärker sich diese Präferenzen unterscheiden, desto weiter werden die Idealpunkte der beiden Akteure auseinander liegen. In der technischen Sprache solcher formaler Modelle ausgedrückt, bedeuten diese Annahmen, dass die Akteure symmetrische und eingipflige Präferenzen in einem eindimensionalen politischen Raum besitzen. Jeder Akteur besitzt genau einen Idealpunkt und zieht in jedem Fall Punkte, die näher bei seinem Idealpunkt liegen, denjenigen Punkten vor, die weiter von seinem Idealpunkt entfernt liegen (Beispiele solcher Modelle finden sich in Weingast, 1996; Vanberg, 2001; Tsebelis, 2002; Ferejohn et al., 2004).

Betrachten wir zuerst ein politisches System, in welchem neben dem Verfassungsgericht nur ein einziger anderer Akteur (z. B. das Parlament) auf den Gesetzgebungsprozess Einfluss nehmen kann. Dieses Beispiel entspricht etwa einem parlamentarischen System mit einer Einparteienmehrheitsregierung. Abbildung 13.2 stellt diese Situation grafisch dar. Die Position des Verfassungsgerichts im politischen Raum ist mit J, jene des Parlamentes mit P und diejenige des gesetzgeberischen Ausgangspunktes (dem sogenannten Status quo) mit SQ bezeichnet. Es sei ferner angenommen, dass die Kosten einer parlamentarischen Gesetzesänderung so hoch sind, dass das Parlament von sich aus kein Interesse hat die Lage des Status quo zu verändern; d. h. nur im Falle einer Verschlechterung der Gesetzeslage aus Sicht des Parlamentes hat es Anlass gesetzgeberisch tätig zu werden. Die Interaktion der beiden Akteure ist wie folgt strukturiert. Das Verfassungsgericht kann als erstes durch ein Urteil die Position von SQ im politischen Raum zu seinen Gunsten verändern. Das Parlament wiederum kann danach auf eine allfällige Veränderung der Gesetzeslage, die durch das Urteil des Verfassungsgerichts herbeigeführt wurde, reagieren, woraufhin die Interaktion der beiden Akteure im Modell beendet ist.

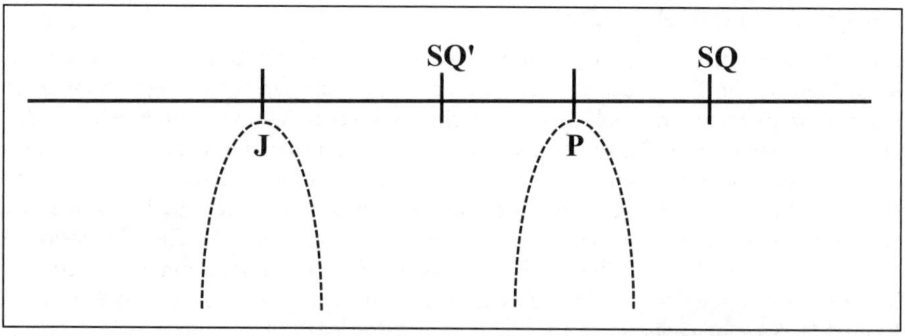

Abbildung 13.2: Räumliches Modell zum Einfluss von Verfassungsgericht und Parlament

Wäre es dem Parlament nicht gestattet auf die Entscheidung des Verfassungsgerichts zu reagieren, so wäre das Verfassungsgericht in der Lage seinen Idealpunkt J durchzusetzen, weil es das letzte Wort hätte. In der Realität besitzt das Parlament jedoch meist die Möglichkeit auf eine Entscheidung des Verfassungsgerichts zu reagieren. Entscheidet sich das Verfassungsgericht für die Position J, so wird das Parlament darauf reagieren (z. B. durch das Erlassen eines neuen Gesetzes) und dafür sorgen, dass Punkt P implementiert wird. Der Grund dafür ist, dass J in Abbildung 13.2 verglichen mit SQ weiter von P entfernt liegt. Dies bedeutet, dass das Parlament verglichen mit dem Status quo durch die Entscheidung des Verfassungsgerichts zugunsten von J schlechter gestellt wird, womit es einen Anreiz zur Reaktion hat. Weil die Interaktion zwischen Parlament und Verfassungsgericht nach der Entscheidung des Parlamentes endet (zumindest in unserem einfachen Modell) und somit das Verfassungsgericht nicht mehr auf die Entscheidung des Parlamentes reagieren kann, ist es gezwungen die Präferenzen des Parlamentes und die Lage des Staus quo in seiner Entscheidung zu berücksichtigen. Dies engt den gesetzgeberischen Handlungsspielraum des Verfassungsgerichts ein. Es kann sich in seiner Entscheidung bis zu dem an Position P gespiegelten Punkt SQ (in Abbildung 13.2 mit SQ' gekennzeichneten Punkt) nach links bewegen. Das Parlament ist in diesem Fall indifferent zwischen SQ und SQ', denn die beiden liegen genau gleich weit entfernt von P, was den Nutzen des Parlamentes aufgrund seiner eingipfligen, symmetrischen Präferenzen nicht verändert. Würde das Verfassungsgericht jedoch einen Punkt links von SQ' wählen, so würde es das Parlament schlechter stellen, was diesem wiederum Anlass gäbe die Gesetzeslage nach P zu verschieben. Wie groß der Handlungsspielraum des Verfassungsgerichts ist, hängt allgemein ausgedrückt von der Position SQs relativ zu den Idealpunkten von P und J ab und wie hoch die Hürden im Parlament sind, um eine Entscheidung des Verfassungsgerichts zu modifizieren. Ist zur Veränderung der Gesetzeslage z. B. nur die Anpassung eines Gesetzes oder einer Verordnung notwendig, die mit einfacher Mehrheit beschlossen werden kann, so ist der politische Einfluss des Verfassungsgerichts geringer, als wenn dafür eine Änderung der Verfassung notwendig ist, die eine Zweidrittelmehrheit im Parlament und eine Volksabstimmung erfordert.

Betrachten wir nun ein System, in welchem neben dem Verfassungsgericht zwei weitere Akteure (in unserem Beispiel Parlament und Regierung) mit unterschiedlichen politischen Präferenzen nur gemeinsam, aber nicht individuell, gesetzgeberisch tätig werden können. Dieses System entspricht z. B. einem präsidentiellen System, in dem der Präsident via seines Vetos Gesetzesänderungen verhindern kann und nicht derjenigen Partei angehört, welche die Mehrheit der Abgeordneten des Parlamentes stellt. Gleiches gilt auch für ein parlamentarisches Zweikammersystem mit ideologisch unterschiedlichen Mehrheiten, in dem beide Parlamentskammern einer Gesetzesänderung zustimmen müssen. Abbildung 13.3 stellt diese Situation analog zu Abbildung 13.2 dar. Zusätzlich zu J (die Idealposition des Verfassungsgerichts), P (die Idealposition des Parlamentes) und SQ (der Status quo) bezeichnet R die Idealposition der Regierung. Analog zum vorherigen Modell nehmen wir an, dass die gesetzgeberischen Kosten so hoch sind, dass Regierung und Parlament von sich aus keinen Anreiz haben die Rechtslage zu verändern. Die Interaktion der Akteure ist wie folgt strukturiert. Wie im vorherigen Modell kann das Verfassungsgericht als erstes durch sein Urteil die gesetzgeberische Lage verändern. Nach der Entscheidung des Verfassungsgerichts können Parlament und Regierung darauf reagieren. Können sie sich auf eine alternative Gesetzgebung einigen, so tritt diese in Kraft. Können sie sich jedoch nicht einigen, so wird die vom Verfassungsgericht getroffene Rechtspraxis eingeführt. Danach endet die Interaktion der Akteure in diesem Modell.

In der in Abbildung 13.2 dargestellten Situation war es dem Verfassungsgericht nicht möglich, seine meist präferierte Position J zu erreichen. Die Position von P beschränkte den gesetzgeberischen Aktivismus des Verfassungsgerichts auf Punkte zwischen SQ und SQ'. Da nun jedoch neben dem Parlament auch die Regierung einer Änderung der Gesetzeslage zustimmen muss, erhöht sich der Handlungsspielraum des Verfassungsgerichts. Das Verfassungsgericht kann jeden im grau schattierten Bereich des „politischen Raumes" liegenden Punkt wählen. Der Grund dafür ist, dass nur Punkte außerhalb des grauen Bereiches sowohl die Regierung als auch das Parlament schlechter stellen würden. In dem in Abbildung 13.3 dargestellten Fall kann das Verfassungsgericht sogar seinen Idealpunkt J wählen.

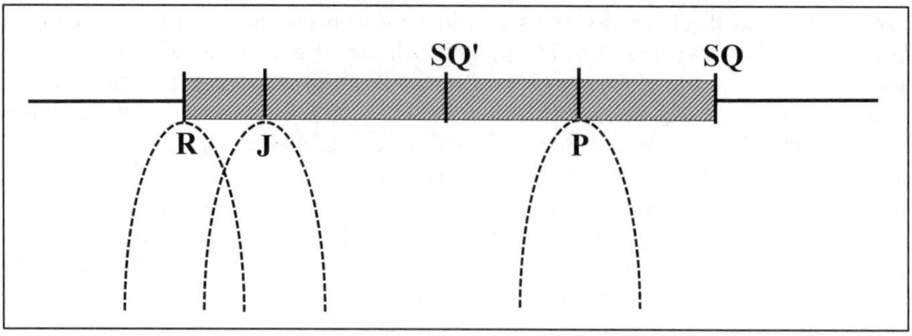

Abbildung 13.3: Räumliches Modell mit Verfassungsgericht, Parlament und Regierung

Was passiert jedoch, wenn in Abbildung 13.3 J links von R oder rechts von P liegt? Liegt J links von R, kann das Verfassungsgericht nicht mehr seinen Idealpunkt erreichen, sondern wird nun den Idealpunkt der Regierung wählen, da dieser innerhalb des grau schattierten Bereichs seinem Idealpunkt am nächsten kommt. Etwas komplizierter ist es, wenn J rechts von P positioniert ist. Auch in diesem Fall kann das Verfassungsgericht seinen Idealpunkt nicht mehr erreichen. Nun hängt das Verhalten des Verfassungsgerichts jedoch zusätzlich von seiner Position relativ zu SQ und P ab. Liegt der Idealpunkt des Verfassungsgerichts näher bei P als bei SQ, so wird das Verfassungsgericht P wählen. Der Grund dafür ist, dass P näher bei J liegt als SQ und somit dem Idealpunkt des Verfassungsgerichts (und in diesem Fall auch dem Parlament und der Regierung) näher kommt. Zudem untergräbt diese Entscheidung des Verfassungsgerichts die Möglichkeit für Regierung und Parlament sich auf eine alternative Position zu einigen, da alle anderen Punkte das Parlament schlechter stellen, weshalb es alle Änderungsvorschläge der Regierung ablehnen wird. Liegt der Idealpunkt des Verfassungsgerichts jedoch näher bei SQ als P, so hat es keinen Anreiz die Rechtslage zu verändern. Der Grund dafür ist, dass jede Veränderung der Gesetzeslage entweder das Verfassungsgericht oder Parlament und Regierung schlechter stellt. Eine Veränderung der Rechtslage zugunsten des Verfassungsgerichts gibt Parlament und Regierung Anlass zur Anpassung der Gesetzgebung. Unabhängig davon welcher der beiden letzteren Akteure das Initiativrecht zur Änderung eines Gesetzes besitzt, resultiert daraus eine benachteiligte Position des Verfassungsgerichts im Vergleich zum Status quo. Daraus folgt, dass das Verfassungsgericht mit seinem Urteil die Position des Status quo stärken wird. Dies verhindert aufgrund unserer Annahme zu den Gesetzgebungskosten, dass Parlament und Regierung gesetzgeberisch aktiv werden, womit der Status quo erhalten bleibt.

Aus der obigen Diskussion lässt sich schließen, dass das Verfassungsgericht mehr politischen Einfluss besitzt, wenn mehr politische Akteure mit unterschiedlichen Präferenzen am Gesetzgebungsprozess beteiligt sind. Diese Schlussfolgerung ist allerdings mit Vorsicht zu betrachten, denn politische Entscheidungsträger in Parlament und Regierung haben natürlich kein Interesse daran, vom Verfassungsgericht gegeneinander ausgespielt und damit von diesem dominiert zu werden.

In der Realität wirken zudem mehrere Faktoren dem Einfluss des Verfassungsgerichts entgegen. Erstens, sind die Kompetenzen des Verfassungsgerichts je nach Land unterschiedlich ausgestaltet. Wie weiter oben diskutiert, unterscheiden sich demokratische Staaten in ihrer relativen Gewichtung des Rechtsstaats- und Demokratieprinzips (z. B. Deutschland und die Schweiz). In Staaten, welche das Demokratieprinzip stärker betonen, besitzt das Verfassungsgericht weniger Möglichkeiten, sich gegen die Interessen von Parlament und Regierung oder wie im Falle der Schweiz (direkte Demokratie) gegen den Willen des Volkes durchzusetzen. Zweitens, werden die Handlungsspielräume des Verfassungsgerichts von der Verfassung selbst begrenzt. Insbesondere bei den Grundrechten sowie fundamentalen Strukturprinzipien des Staates (z. B. Föderalismus) sind Verfassungen meist so formuliert, dass die Interpretationsspielräume der Verfassungsrichter sehr begrenzt sind. Drittens, werden die höchsten Richter in den meisten Ländern mittels Prozeduren in ihr Amt befördert, an denen Regierung und Parlament entscheidend mitwirken. In den meisten Fällen liegt deshalb der Idealpunkt des Verfassungsgerichts irgendwo zwischen denjenigen der Regierung und des Parlamentes. Der Einfluss des Verfassungsgerichts ist somit vorwiegend moderierend und nicht revolutionär. Moderierend bedeutet, dass Urteile des Verfassungsgerichts vor allem die Position eines Akteurs gegenüber dem anderen stärken bzw. Kompromisse zwischen den beiden Akteuren herbeiführen. Ein überdurchschnittlich großer Einfluss kann sich dem Verfassungsgericht allerdings dann eröffnen, wenn neue Themen auf die politische Agenda kommen (z. B. gleichgeschlechtliche Ehe, Sterbehilfe), zu denen Parlament und Regierung noch keine klar definierte Position bezogen haben, sich aus politischen Gründen nicht festlegen wollen oder stark divergierende Präferenzen aufweisen. In solchen Fällen kann auch das Wahlverfahren seine hemmende Wirkung in Bezug auf die politischen Präferenzen der höchsten Richter verlieren, da deren Einstellung zu diesen Fragen zum Zeitpunkt der Richterwahl unklar und/oder von geringem Interesse war.

13.3.2 Wie lässt sich der Einfluss des Verfassungsgerichts messen?

Bevor wir uns im Bezug auf die im vorhergehenden Abschnitt besprochenen Modelle und Argumente empirischen Untersuchungen zur Erklärung des politischen Einflusses von Verfassungsgerichten zuwenden, behandeln wir in diesem Kapitelabschnitt die Frage, wie der politische Einfluss der Verfassungsgerichtsbarkeit gemessen werden kann.

Die Mehrheit der empirischen Studien zum politischen Einfluss von Verfassungsgerichten arbeitet mit qualitativen Methoden und befasst sich mit einzelnen Staaten oder vergleicht wenige Staaten miteinander (Stone-Sweet, 2000; z. B. Ginsburg, 2003; Hirschl, 2004; Sieder et al., 2005). Zwischenstaatliche Unterschiede in der Stärke des politischen Einflusses von Verfassungsgerichten lassen sich allerdings auch quantitativ erfassen, was die Anwendung statistischer Verfahren ermöglicht. In diesem Teil des Kapitels behandeln wir vier solche Messgrößen. Zur Veranschaulichung vergleichen wir damit die Stärke der weiter oben bereits beschriebenen Verfassungsgerichtsbarkeit Deutschlands, Österreichs und der Schweiz. Diese Messgrößen sind quantitativ, beruhen allerdings weitgehend auf qualitativen Einschätzungen. Nachfolgend stellen wir vier derartige quantitative Indikatoren zum Einfluss der Verfassungsgerichtsbarkeit vor.

1. Lijphart (1999: 225–28) hat ein Messkonzept zum politischen Einfluss der Verfassungsgerichtsbarkeit entwickelt und dazu Daten für 36 Demokratien erhoben. Die Konstruktion seines Index basiert auf zwei Unterscheidungen. Zuerst unterscheidet

er Demokratien danach, ob sie ein formelles Verfassungsgericht aufweisen. In einem zweiten Schritt bewertet er innerhalb der Gruppe der Länder, die ein Verfassungsgericht aufweisen, das Ausmaß der richterlichen Aktivität und ordnet jedes Land einer von drei Kategorien zu. Daraus resultiert ein Index, dessen Werte von 1 (kein Verfassungsgericht) bis 4 (Verfassungsgericht mit starker richterlicher Aktivität) reichen.

2. Ähnlich geht Alivizatos (1995: 567–78) vor, der ebenfalls ein vierstufiges Maß zur Stärke des verfassungsrichterlichen Einflusses auf die Politik entwickelt und für 18 westeuropäische Demokratien Daten erhoben hat. Die Konstruktion seines Index beruht ebenfalls auf zwei Unterscheidungen. Analog zu Lijphart wird im ersten Schritt gefragt, ob ein Staat ein aus der normalen Gerichtsordnung hervorgehobenes Verfassungsgericht (konzentriertes System) besitzt oder nicht (dezentralisiertes System). Im zweiten Schritt stuft er die Verfassungsrichter anhand länderspezifischer Fallstudien als „politisch aktiv" (d. h. stark am rechtschöpfenden Aspekt der Rechtsanwendung interessiert) oder „nicht politisch aktiv" ein. Länder mit einem Verfassungsgericht und „politisch aktiven" Richtern erhalten den Wert 4, Länder mit einem eigenen Verfassungsgericht und „politisch inaktiven" Richtern den Wert 3, Länder ohne ein eigenes Verfassungsgericht aber mit „politisch aktiven" Richtern den Wert 2 und Länder ohne Verfassungsgericht und „politisch inaktiven" Richtern den Wert 1.

3. Cooter und Ginsburg (1996: 300–04) schlagen zwei unterschiedliche Maße zur Bestimmung der Größe des politischen Spielraums von Verfassungsrichtern vor. Ihr erstes Maß, welches den politischen Einfluss der Judikative in 14 Demokratien misst, basiert auf einer Expertenbefragung. In dieser wurden Länderexperten anhand eines schriftlichen Fragebogens gebeten das Ausmaß der politikwirksamen Aktivität der Verfassungsgerichte oder höchsten Appellationsgerichte von Staaten anhand einer fünfstufigen Skala zu beurteilen. Ein Wert von 5 bedeutet, dass ein Verfassungsgericht als besonders „wagemutig", ein Wert von 1, dass es als besonders „risikoscheu" eingeschätzt wird. Anschließend berechnen die Autoren den Durchschnitt aller Experteneinschätzungen eines Landes, für das mindestens drei Bewertungen vorliegen. Dem von ihnen vorgeschlagenen zweiten Maß liegen zwei empirische Beobachtungen zu Grunde. Erstens ist seit dem Ende der 1980er Jahre in allen westlichen Demokratien eine rechtliche Entwicklung hin zu einem konsumentenfreundlicheren Haftpflichtrecht beobachtbar. Zweitens lässt sich beobachten, dass „wagemutige" Gerichte im Bereich des Zivil- und Haftpflichtrechts eher dazu neigen proaktiver zu entscheiden als risikoscheue Gerichte. Der Index von Cooter und Ginsburg erfasst deshalb, wie stark die Rolle der Gerichte in einem Land bei der Entwicklung eines konsumentenfreundlicheren Haftpflichtrechts war. Sie unterscheiden dabei drei Stufen der gerichtlichen Aktivität. Die Gerichte in einem Staat können von sich aus und ohne Mandat der Legislative anhand ihrer Rechtsprechungspraxis eine Verschärfung des Haftpflichtrechts vornehmen (Stufe 3). Sie können die Beweislast von der Klägerin (z. B. Konsumentin) zur Beklagten (z. B. Produzentin) verschieben (Stufe 2), oder schließlich inaktiv bleiben (Stufe 1). Letzteres impliziert, dass die Entwicklung hin zu einem konsumentenfreundlicheren Haftpflichtgesetz allein von der Legislative ausgeht. 20 Demokratien wurde auf diese Weise ein Wert zwischen 1 und 3 zugeordnet. Ein höherer Wert bezeichnet einen stärkeren richterlichen Einfluss.

4. Schließlich bietet auch der Demokratiebarometer des NCCR Democracy der Universität Zürich (Bühlmann et al., 2011) zwei Maße zur Stärke der Verfassungsgerichtsbarkeit in 30 Demokratien zwischen 1990 und 2007, wobei die beiden Indices keine temporale Varianz aufweisen. Der erste Indikator stammt von La Porta et al. (2003) und misst das Ausmaß an Verfassungsgerichtsbarkeit. Der ordinal skalierte Index nimmt entweder den Wert 0, 1 oder 2 an. 0 bedeutet, dass in dem Land keinem Gericht die Verfassungsgerichtsbarkeit zusteht. 1 weist darauf hin, dass in einem Staat einige Rechtsnormen von der Verfassungsgerichtsbarkeit ausgeschlossen sind und 2, dass alle Gesetze durch Richter auf ihre Verfassungskonformität hin geprüft werden können. Der zweite Indikator misst die politische Macht des Verfassungsgerichts und wurde aus zahlreichen, unterschiedlichen Quellen zusammengestellt (u. a. Rhyne, 1978; Brinke & Deml, 2002; Kritzer, 2002; LaPorta et al., 2003; Kneipp, 2008). Auch dieser Index ist ordinal skaliert und verläuft zwischen 0 und 2. Der Wert 0 bedeutet, dass in einem Staat die Gesetzgebung ausschließlich und abschließend Sache des Parlamentes ist. 1 wurde Ländern zugewiesen, in denen einige Gesetze einer Verfassungsgerichtsbarkeit unterstehen und/oder die Verfassungsgerichtsbarkeit höchst selten zur Anwendung kommt. 2 bedeutet, dass die Gerichte und/oder das Verfassungsgericht hinsichtlich der Gültigkeit aller Gesetze das letzte Wort haben. Mittels additiver Kombination der beiden Indices lässt sich ein vierstufiger ordinaler Index zum politischen Einfluss des Verfassungsgerichts erstellen.

Abbildung 13.4 zeigt die für Deutschland, Österreich und die Schweiz verfügbaren Daten der eben besprochenen Indikatoren. Zum Vergleich enthält die Abbildung auch die Werte für England, dem in der Literatur eine besonders schwache Verfassungsgerichtsbarkeit nachgesagt wird, und die Werte für die USA, denen eine besonders starke Verfassungsgerichtsbarkeit bescheinigt wird. Leere Zellen in Abbildung 13.4 bedeuten, dass für dieses Land und diesen Indikator keine Daten zur Verfügung stehen.

	Lijphart 1999	Alivizatos 1995	Cooter/ Ginsburg 1996 Experten-befragung	Cooter/ Ginsburg 1996 Haftpflicht-recht	NCCR Demokratiebarometer 1990–2007 Kombination
Deutschland	4	4	3.46	2	4
Österreich	3	3	-	2	2
Schweiz	1	2	-	-	0
England	1	2	2.1	1	0
USA	4	-	4.42	3	3

Abbildung 13.4: Quantitative Messgrößen für die Stärke der Verfassungsgerichtsbarkeit

Diese Daten bestätigen weitgehend das Bild, das sich aus der qualitativen Diskussion der Verfassungsgerichtsbarkeit in Deutschland, Österreich und der Schweiz in Abschnitt 13.2.2 ergibt. Die fünf Indices korrelieren sehr hoch miteinander, was darauf hinweist, dass sie trotz unterschiedlicher Konzeptualisierung sehr ähnliche Phänomene messen. Im Vergleich der deutschsprachigen Länder weist Deutschland die stärkste Verfassungsgerichtsbarkeit auf, gefolgt von Österreich mit einer mittelstarken Verfassungsgerichtsbarkeit und der Schweiz mit einer nicht existenten und dementsprechend schwachen Verfassungsgerichtsbarkeit. Deutschland weist ähnliche Werte auf wie die

USA, während die Schweiz Großbritannien ähnelt, was bis zur Schaffung des Supreme Court of the United Kingdom durch das Verfassungsreformgesetz von 2005 ebenfalls keine Verfassungsgerichtsbarkeit besaß. Die ähnlichen Werte Deutschlands und der USA sind besonders interessant, da sie darauf hindeuten, dass die Stärke der Verfassungsgerichtsbarkeit nicht durch dessen Organisationsform determiniert ist. Sowohl ein selbstständiges, konzentriertes System wie in Deutschland, als auch ein unselbstständiges, diffuses System wie dasjenige der USA kann zu einer starken Verfassungsgerichtsbarkeit führen.

13.3.3 Empirische Forschung zur Stärke der Verfassungsgerichtsbarkeit

Nachdem wir uns in Abschnitt 13.3.1 mit theoretischen Argumenten und in Abschnitt 13.3.2 mit Fragen der Messung des politischen Einflusses von Verfassungsgerichten auseinandergesetzt haben, wenden wir uns in diesem letzten Teil des Abschnittes 13.3 der empirischen Forschung zu. Diese versucht die Stärke der Verfassungsgerichtsbarkeit zu erklären. Grundsätzlich lässt sich feststellen, dass das Auftreten unabhängiger, politisch einflussreicher Verfassungsgerichte stark mit dem Demokratiegrad von Staaten korreliert. Da dieser Zusammenhang offensichtlich ist und wenig überrascht, hat sich die Politikwissenschaft vor allem mit Unterschieden innerhalb der Gruppe moderner, demokratischer Rechtsstaaten auseinandergesetzt.

Fallstudien zu einzelnen Staaten

Die theoretischen Argumente, die wir weiter oben kennengelernt haben, wurden in zahlreichen empirischen Fallstudien und in einigen größeren Ländervergleichen untersucht. In den USA lässt sich beispielsweise der politische Einfluss des Supreme Court weitgehend durch die parteipolitische Fragmentierung bzw. Kohäsion von Regierung und Parlament erklären. Chavez et al. (2003) und De Figueiredo und Tiller (1996) zeigen etwa, dass ein parteipolitisch geeinter Kongress und Präsident den politischen Einfluss des Supreme Court reduzieren, wie dies vom räumlichen Modell in Abschnitt 13.3.1 prognostiziert wird. Für die Fragmentierungsthese sprechen auch die empirischen Befunde von Laryczower et al. (2002 a). Sie zeigen am Beispiel des präsidentiellen Systems Argentiniens, dass zwischen 1983–1989, als Präsident Alfonsins Partei im Senat in der Minderheit war, das Verfassungsgericht politisch einflussreicher war als in den vorhergehenden Präsidentschaften Perons und Menems, die beide über eine solide Mehrheit im Kongress verfügten.

Die empirische Evidenz für Europa zeigt in eine ähnliche Richtung, ist jedoch weniger eindeutig. Stone-Sweet (1992, 2000) z. B. konstatiert, dass der Handlungsspielraum des Conseil Constitutionel und der höchsten französischen Appellationsgerichte in der Zeit der Kohabitation deutlich größer war, als wenn der Präsident über eine solide Mehrheit im Parlament verfügte. Vanbergs (2004) Untersuchungen liefern Hinweise darauf, dass die deutsche Regierung eher dazu neigt, in Antizipation eines negativen Urteils des Bundesverfassungsgerichts ein Gesetz entsprechend anzupassen, wenn ihre eigentlichen Präferenzen bei der Wählerschaft unpopulärer sind als diejenigen des Gerichts.

Vergleichende Studien

In empirischen Studien, die mehrere Länder miteinander vergleichen, haben sich vor allem drei Erklärungsfaktoren als wichtig erwiesen: (1) der Fragmentierungsgrad politischer Systeme, (2) die vertikale Gewaltenteilung und (3) die Rigidität der Verfassung.

Fragmentierungsgrad: In fragmentierten politischen Systemen – d. h. Systeme, in denen der Einfluss auf die Gesetzgebung auf relativ viele Akteure verteilt ist – ist das Verfassungsgericht eher in der Lage, Gesetze und die Verfassung innerhalb des rechtlichen Rahmens gemäß seinen Präferenzen auszulegen. Dies ist insbesondere dann der Fall, wenn die Regierung und das Parlament den rechtlichen Handlungsspielraum des Gerichts nur mit langem Vorlauf und unter großen Mühen einschränken können (z. B. durch neue Gesetze, Änderungen der Verfassung oder Ernennung „loyaler“ Richter). Diese Effekte wirken in vielen Fällen bereits ex ante: Der Gesetzgeber hat ein Interesse daran, die Verfassungswidrigkeit eines neuen Gesetzes auszuschließen, ehe sie die mit seiner Inkraftsetzung verbundenen Kosten auf sich nimmt. Deshalb erhält das Verfassungsgericht oft in einer frühen Phase des Gesetzgebungsprozesses die Möglichkeit, sich zu einem Vorhaben zu äußern und damit politischen Einfluss auszuüben. Somit ist der politische Einfluss des Verfassungsgerichts in institutionell fragmentierten Systemen und bei starker ideologischer Heterogenität der am Gesetzgebungsprozess beteiligten Akteure in der Regel stärker (Cooter & Ginsburg, 1996: 297; Tsebelis, 2002: 165–86, 234–35). Dieser Befund deckt sich mit der Schlussfolgerung der in Abschnitt 13.3.1 diskutierten räumlichen Modelle.

Vertikale Gewaltenteilung: Föderalistisch organisierte politische Systeme besitzen oft Zweikammerparlamente. In solchen Systemen müssen meist beide Kammern einem Gesetz zustimmen, bevor es in Kraft treten kann. Dieses Erfordernis erhöht die institutionelle Fragmentierung des politischen Systems und damit auch den politischen Einfluss des Verfassungsgerichts. Die vertikale Gewaltenteilung führt gleichzeitig auch zu einem weiteren Effekt, der unabhängig von der Fragmentierung auftritt. Da in räumlich dezentralisierten Staaten Verfassungsgerichte meist auch für die Schlichtung von Streitigkeiten zwischen Gliedstaaten und zwischen Gliedstaaten und dem Bundesstaat zuständig sind, ist ihnen ein weiterer politisch relevanter Entscheidungsbereich zugewiesen, der den Verfassungsgerichten zentralistischer Einheitsstaaten verwehrt bleibt (Alivizatos, 1995: 581; Tsebelis, 2002: 234). Föderalistisch organisierte Staaten weisen daher in der Regel politisch einflussreichere Verfassungsgerichte auf als Einheitsstaaten. Einige Studien bezeichnen eine starke, unabhängige Verfassungsgerichtsbarkeit gar als notwendige Bedingung für einen gut funktionierenden Föderalismus (Bednar et al., 2001). Die Schweiz ist eine der ganz wenigen Ausnahmen, was mindestens zum Teil mit der starken Priorisierung der direkten Demokratie und damit auch des Mehrheitsprinzips gegenüber dem Rechtsstaatsprinzip zusammenhängt.

Rigidität der Verfassung: Gemäß Lijphart (1999) steht die Rigidität der Verfassung – diese bezeichnet, wie schwierig es ist, eine Verfassungsrevision durchzuführen – in einem positiven Zusammenhang mit der Stärke des politischen Einflusses der Verfassungsgerichtsbarkeit: Staaten mit einer rigideren Verfassung weisen politisch einflussreichere Verfassungsgerichte auf. Besäße ein Land gleichzeitig ein politisch unabhängiges und einflussreiches Verfassungsgericht und eine völlig flexible Verfassung (z. B. eine Verfassung, die jederzeit durch einen einfachen Mehrheitsbeschluss des Parlamentes geändert werden kann), so könnte die Parlamentsmehrheit praktisch jede Entscheidung des Verfassungsgerichts aushebeln. Ähnliches gilt im umgekehrten Fall: Wäre die Verfassung äußerst rigide, aber nicht durch eine unabhängige und politisch einflussreiche Verfassungsgerichtsbarkeit geschützt, so könnte die Parlamentsmehrheit die Verfassung stets so interpretieren, dass ein von ihr angestrebtes Gesetz nicht in Konflikt mit der Verfassung geriete. In beiden Fällen wäre die Rechtsstaatlichkeit durch eine Diktatur der Parlamentsmehrheit gefährdet.

Die drei soeben diskutierten Faktoren erklären einen beträchtlichen Teil der im Ländervergleich beobachtbaren Unterschiede im politischen Einfluss der Verfassungsgerichtsbarkeit. Andere Faktoren, wie etwa Unterschiede in der Rechtskultur (z. B. dem angelsächsischem Fallrecht („common law"), das auf Präzedenzfällen basiert vs. dem in Kontinentaleuropa vorherrschenden römischen Recht („civil law"), das primär auf kodifizierten Gesetzen beruht) und in der rechtsphilosophischen Tradition von Staaten (z. B. Kants Rechtspositivismus vs. Rousseaus demokratische Rechtsdoktrin) sind zwar ebenfalls von Bedeutung, haben jedoch im Vergleich zu den drei hier diskutierten Variablen ein geringeres Erklärungspotential (Alivizatos, 1995: 578–80). Dieser Befund bedeutet natürlich nicht, dass Unterschiede in der Rechtskultur und -philosophie bedeutungslos sind. Denn sie haben großen Einfluss auf die Formen, Prozeduren und Inhalte der Rechtsprechung. In diesem Abschnitt haben wir uns aber auf die Diskussion derjenigen Faktoren beschränkt, die den politischen Einfluss der Verfassungsgerichtsbarkeit im Gesetzgebungsprozess wohl am besten erklären.

Regionale Besonderheiten sollten bei Ländervergleichen dieser Art natürlich auch berücksichtigt werden. Im Falle Europas erachtet z. B. Alivizatos (1995: 583–84) das Auftreten einer parlamentarischen Krise in der Vergangenheit und die Mitgliedschaft in der Europäischen Union (EU) als wichtige Bestimmungsgründe besonders unabhängiger und politisch einflussreicher Verfassungsgerichte. Staaten, die in ihrer Geschichte parlamentarische Krisen und/oder Verfassungskrisen erlebten (z. B. die Weimarer Republik in Deutschland (1919–1933) und die IV. Republik in Frankreich (1946–1958)), neigen eher dazu, den parlamentarischen Einfluss zugunsten einer starken Verfassungsgerichtsbarkeit zu beschränken. Zudem weisen Mitgliedstaaten der EU tendenziell eine politisch einflussreichere Verfassungsgerichtsbarkeit auf als andere Staaten. Der Grund ist, dass die starke Durchdringung nationalen Rechts durch europäisches Recht die Stellung der Gerichte im politischen Prozess gestärkt hat. Um diesen letzten Punkt besser zu verstehen, betrachten wir im letzten Teil dieses Abschnittes den Europäischen Gerichtshof etwas genauer.

Politischer Einfluss des Europäischen Gerichtshofs (EuGH)

Im europäischen Integrationsprozess spielt der EuGH eine sehr aktive und bedeutende Rolle. Obwohl der starke politische Einfluss des EuGH in den ursprünglichen Verträgen zur Konstituierung der heutigen EU nicht eingeplant war, hat der EuGH im Laufe der Zeit de facto ein System der selbstständigen, konzentrierten Verfassungsgerichtsbarkeit geschaffen (Hix & Høyland, 2011: 75–99). Die EU besitzt zwar (noch) keine einheitliche Verfassung, doch die Gesamtheit der internationalen Verträge, auf denen sie beruht, kann ähnlich wie im Falle Österreichs oder Großbritanniens, die ebenfalls kein einheitliches Verfassungsdokument besitzen, durchaus als Verfassung betrachtet werden. Die Interpretation des EU-Rechts durch den EuGH sowie dessen Rechtsprechung haben wesentlich zur Vertiefung und Festigung des Integrationsprozesses der EU beigetragen. Entscheidungen des EuGH haben z. B. bewirkt, dass auf nationaler Ebene ein direkt durch jede Bürgerin einklagbarer Rechtsschutz durch EU-Recht existiert (Fall van Gend v. Loos, 26/62) und dass das EU-Recht dem nationalen Recht übergeordnet ist (Fall Costa v. ENEL, 6/64, ECR 585). Eine besonders starke Wirkung auf die Entwicklung des europäischen Binnenmarktes hat das Cassis de Dijon-Urteil von 1978 (Fall 120/78, ECR 837) gehabt. Dieses bis heute gültige Prinzip verlangt die wechselseitige Anerkennung von für den nationalen Markt zugelassenen Produkten innerhalb der ganzen EU. Produkte, die in einem Mitgliedstaat verkauft werden dürfen, sind in allen anderen Mitgliedstaaten ebenfalls zum Verkauf zugelassen. Ein einziges vom EuGH erlassenes Urteil hat damit zur Beseitigung einer Vielzahl technischer und regulatorischer Handelshemmnisse zwischen EU-Mitgliedstaaten geführt.

Rechts- und Politikwissenschaftler haben sich eingehend mit der Erklärung des großen politischen Einflusses des EuGH befasst. Fünf Erklärungsansätze stehen dabei im Vordergrund.

Rechtlicher Formalismus und Kultur

Die Rechtswissenschaft hat versucht den integrativen Einfluss des EuGH aus der internen Logik des Rechts und des Gesetzgebungsprozesses heraus zu erklären. Die Kernaussage dieser Erklärung ist, dass der rechtliche Prozess von der politischen Sphäre getrennt ist und der EuGH lediglich rechtswissenschaftlich korrekt das EU-Recht interpretiert hat. Der EuGH habe somit ausschließlich die politischen Entscheidungen der anderen EU-Organe ausgelegt und im konkreten Einzelfall angewendet. Die daraus entstandene integrative Wirkung muss somit bereits in einer Art integrativen Logik im EU-Recht enthalten gewesen sein (Burley & Mattli, 1993). Die nationalen Unterschiede in der Akzeptanz der EuGH-Doktrin des europäischen Rechts führt diese Erklärung auf die unterschiedlichen rechtlichen Kulturen in den Mitgliedstaaten zurück (z. B. Cappelletti et al., 1986). Dieser Erklärungsansatz greift in zweifacher Hinsicht zu kurz. Erstens können keinesfalls alle Entscheidungen des EuGH als strikt aus den Verträgen folgende logische Weiterentwicklungen des europäischen Rechts interpretiert werden. Wäre z. B. ein föderalistisches Rechtssystem mit der Priorisierung von EU-Recht gegenüber nationalem Recht tatsächlich vorgesehen gewesen, so hätten die Gründungsverträge der EU (bzw. ihrer Vorgängerin, der Europäischen Gemeinschaften, EG) eine Vorzugsklausel beinhalten müssen, wie dies in Verfassungen föderaler Staaten üblich ist. Zweitens unterschätzt dieser Ansatz die institutionellen Interessen von Gerichten und die individuellen Präferenzen der Gerichtsmitglieder innerhalb bestimmter Politikbereiche.

Strategisches Verhalten des EuGH

Dieser Erklärungsansatz betrachtet den EuGH als strategisch handelnden, politischen Akteur, der bestimmte institutionelle Interessen und politische Präferenzen besitzt, die er verteidigt und durchzusetzen versucht. Seine politischen Präferenzen (eine Vertiefung der politischen und wirtschaftlichen Integration Europas) und sein institutionelles Interesse an einer Stärkung seiner Position gegenüber anderen EU-Institutionen verfolgt der EuGH durch die Förderung der europäischen Integration bei jeder sich bietenden Gelegenheit. Er verfolgt dieses Ziel mit verschiedenen Mitteln: (1) Dem Ausbau der „Verfassungsgerichtsbarkeit" gegenüber Entscheidungen der Kommission, des Rates und des Parlamentes. (2) Der Schaffung einer eigenen Jurisdiktion durch eine klare Teilung der Kompetenzen zwischen EU- und nationalem Recht. (3) Einer aktiven rechtsschöpferischen Rolle in Politikbereichen, in welchen die Gesetzeslage der EU vage, unvollständig oder nicht existent ist. Mit Blick auf die weiter oben diskutierten räumlichen Modelle lässt sich hier zudem beifügen, dass der EuGH seine Interessen und Präferenzen ohne großen Widerstand durchsetzen konnte, weil es sich bei der EU um ein politisch stark fragmentiertes Entscheidungssystem handelt. In diesem System wird der Gesetzgebungsprozess durch drei kollektive Akteure – den Rat (bestehend aus Regierungsmitgliedern der heute 27 Mitgliedstaaten), die Kommission und das EU-Parlament – kontrolliert, die in den meisten relevanten Politikbereichen einer EU-Gesetzesvorlage gemeinsam zustimmen müssen (Stein, 1981; Rasmussen, 1986). Obschon dieser Erklärungsansatz den großen Einfluss des EuGH insgesamt gut erklärt, lässt er offen, weshalb sich der Wille oder die Fähigkeit des EuGH, der Integrationsdynamik starke Impulse zu geben, nicht in allen Politikbereichen und zu allen Zeitpunkten gleichförmig entwickelt hat.

Strategisches Verhalten nationaler Gerichte

Auch dieser Erklärungsansatz betrachtet Gerichte als strategisch handelnde, politische Akteure. Er sieht die Ursache für die Stärke des EuGH nicht beim EuGH selbst, sondern vor allem beim strategischen Verhalten nationaler Gerichte. Das Hauptargument hier ist, dass die Ursache für den integrativen Effekt des EU-Rechts in den institutionellen Interessen der nationalen Verfassungsgerichte begründet liege. Die direkte fallspezifische Anwendbarkeit des EU-Rechts in nationalen Gerichtsverfahren und die Überordnung des EU-Rechts über nationales Recht stärke die Judikative gegenüber Regierung und Parlament. Insbesondere ermöglicht die direkte Anwendbarkeit von EU-Recht den nationalen Gerichten, den EuGH zu faktisch verbindlichen, vorgelagerten Empfehlungen anzurufen und damit den nationalen und europäischen Gesetzgebungsprozess zu beeinflussen (Volcansek, 1986; Weiler, 1994). Weiter argumentiert dieser Erklärungsansatz, dass ein wichtiger Effekt von unterschiedlichen institutionellen Anreizen ausgehe, die „tiefer" und „höher" gestellte nationale Gerichte gegenüber dem EU-Recht besitzen. Richter an hierarchisch tiefer angesiedelten Gerichten (z. B. auf Länderebene in Deutschland) wenden EU-Recht an, um ihren Einfluss zu steigern, während nationale Verfassungsgerichte mit der Durchdringung nationalen Rechts durch EU-Recht ihre dominante Stellung im nationalen Rechtssystem eher gefährdet sehen. Weil nun Gerichte auf allen Ebenen der nationalen Rechtsordnung bei der Anwendung von EU-Recht vom EuGH faktisch verbindliche, vorgelagerte Empfehlungen verlangen können, versuchen „tiefer" angesiedelte Gerichte, das ihnen übergeordnete Verfassungsgericht gegen den EuGH auszuspielen. Diese Anreize auf nationaler Ebene haben bewirkt, dass der EuGH seinen Einfluss ausbauen konnte (Alter, 1996, 1998). Auch wenn dieser Ansatz insgesamt eine interessante Erklärung liefert, lässt er doch offen, weshalb nationale Gerichte bisweilen unterschiedlich gegenüber der vom EuGH entwickelten Rechtsdoktrin reagiert haben. Neuere Forschungsarbeiten, die auf diesem Erklärungsansatz beruhen, berücksichtigen deshalb unterschiedliche politische und institutionelle Rahmenbedingungen auf nationaler Ebene (Mattli & Slaughter, 1998 a, 1998 b) sowie den Einfluss der nationalen öffentlichen Meinung zur EU (Alter, 2000, 2001, 2009).

Transnationales Interesse privater Akteure

Dieser Erklärungsansatz führt die integrative Wirkung des EuGH auf den Einfluss privater, organisierter Interessen zurück. Durch das vom EuGH geschaffene Prinzip der direkten Anwendbarkeit des EU-Rechts in nationalen Gerichten haben EU-Bürger sowie Interessengruppen und Firmen bereits früh ein starkes Interesse am EU-Recht entwickelt. Dank der zahlreichen Einflusskanäle auf das EU-Recht und den EuGH sowohl auf lokaler, nationaler und europäischer Ebene sind nach Meinung der Vertreter dieses Erklärungsansatzes die Kosten einer Klage recht gering. Dieser Umstand erlaube vielen, auch relativ schwach organisierten Interessengruppen einen gewissen Einfluss auf die Entwicklung des EU-Rechts in diversen Bereichen. Beispiele sind der Einfluss von Frauenbewegungen, Gewerkschaften und Konsumentenverbänden auf die Entwicklung des EU-Rechts im Bereich der Gleichberechtigung, des Arbeitsrechts und des Konsumentenschutzes (Pollack, 1997).

Stone-Sweet und Brunell (1998 a, 1998 b) argumentieren, dass insbesondere internationalen Handel treibende Firmen sehr aktive Prozessführer im EU-Rechtssystem seien. Sie behaupten, dass diese Akteursgruppe aufgrund ihres starken Interesses am freien Handel mit Gütern und Dienstleistungen für die Entwicklung des EU-Rechtssystems hin zu mehr wirtschaftlicher Integration verantwortlich sei. Weiler (1994) weist auf die dominante Rolle der gesellschaftlichen Eliten im europäischen Integrationsprozess hin, die aufgrund ihrer vergleichsweise hohen wirtschaftlichen und sozialen Verflechtung ein Interesse an einer stärkeren wirtschaftlichen und politischen Integration Europas haben. Kritiker dieses Ansatzes argumentieren hingegen, er überschätze den Einfluss von Interessengruppen, Firmen, politischen Eliten und des EuGH und unterschätze die Fähigkeit der EU-Mitgliedstaaten, den Handlungsspielraum der supranationalen Organe der EU zu begrenzen.

Strategisches Verhalten nationaler Regierungen

Dieser Ansatz argumentiert, die Konstitutionalisierung und Integration Europas sei eine bewusst gewählte Strategie der nationalen Regierungen. Die Regierungen der Mitgliedstaaten hätten dem EuGH, den nationalen Gerichten und den privaten Interessengruppen implizit gestattet, die rechtliche Integration Europas voranzutreiben, da es in ihrem eigenen politischen und wirtschaftlichen Interesse sei. Sollte der EuGH jedoch eine Entscheidung fällen, die den Interessen der Regierungen widerspricht, so könnten diese als Vertreterin souveräner Staaten diese Entscheidung einfach ignorieren oder ihn gemeinsam mit den anderen Mitgliedstaaten durch eine entsprechende Anpassung der europäischen Verträge aushebeln.

Solche Interessenskollisionen zwischen nationalen Regierungen und dem EuGH sind in der Realität jedoch höchst selten. Dieser Umstand bedeutet nicht, dass einer der beiden Akteure gegenüber dem jeweils anderen machtlos ist. Einerseits kann sich der EuGH bei seinen Entscheidungen darum bemühen, die Interessen der Mitgliedstaaten nicht allzu sehr zu verletzen. Andererseits können Regierungen Urteile des EuGH akzeptieren, die allenfalls ihren kurzfristigen, aber nicht ihren langfristigen Interessen widersprechen. Letztere Situation kann z. B. dann eintreten, wenn die aus einem Urteil des EuGH erwachsenden Kosten für einen kleinen Teil der Industrie eines Landes zwar hoch sind, der potentielle Nutzen für die gesamte Volkswirtschaft jedoch ebenfalls groß ist (Garrett & Weingast, 1993; Garrett, 1995).

Die Kritik an diesem Erklärungsansatz entspricht dem Gegenteil der Kritik am vorher diskutierten transnationalen Ansatz: Sie postuliert, dass ersterer den EU-Institutionen zu wenig Autonomie und ein zu geringes Maß an Durchsetzungsvermögen gegenüber den Mitgliedstaaten beimesse. Zudem zeigen empirische Studien, dass der EuGH recht häufig kostspielige Entscheidungen gegen den Willen nationaler Regierungen getroffen hat (Mattli & Slaughter, 1995). Allerdings stellen diese Studien auch fest, dass die Handlungsfreiheit des EuGH begrenzt ist, insbesondere dann, wenn einem großen Wähleranteil in einem Land oder einer großen Zahl von Mitgliedstaaten durch ein Urteil des EuGH hohe Kosten aufgebürdet würden (Pollack, 2003).

Trotz der in diesem letzten Teil des Kapitels zum Ausdruck gekommenen Vielfalt von sich teilweise widersprechenden Erklärungen ist sich die politikwissenschaftliche Forschung weitgehend einig, dass der EuGH im europäischen Integrationsprozess eine sehr wichtige Rolle im Sinne einer selbstständigen, konzentrierten Verfassungsgerichtsbarkeit spielt. Dass sich dieser Sachverhalt nicht durch ein einfaches Modell erklären lässt, hängt mit den vielen politischen Akteuren und Entscheidungsebenen zusammen, die diese Entwicklung geprägt haben. Wenn die einzelnen Erklärungsansätze den einen oder anderen Faktor (z. B. transnationale Akteure, strategische Interessen von Regierungen) betonen, geschieht dies meist aufgrund forschungstaktischer Überlegungen, d. h. dem Interesse der Forschenden, die Effekte bestimmter Erklärungsfaktoren vertieft zu untersuchen. Die gegenwärtige Forschung in diesem Bereich versucht denn auch theoretische Modelle zu entwickeln, welche die Erklärungsfaktoren mehrerer Ansätze zusammenführen und ihre relative Bedeutung untersuchen. Parallel dazu sind empirische Untersuchungen gefragt, welche die kausalen Effekte der unterschiedlichen Faktoren schätzen und so ihre relative Bedeutung eruieren können.

13.4 Fazit

Mit diesem Kapitel schließen wir denjenigen Teil des Buches ab, der sich mit den drei wichtigsten Institutionen des zentralen politischen Entscheidungssystems befasst. Die Judikative spielt in modernen Demokratien eine sehr wichtige Rolle. Sie interpretiert das existierende Recht, wendet es an und entwickelt es durch die Rechtsprechung weiter. Insbesondere durch die Verfassungsgerichtsbarkeit, auf die wir uns in diesem Kapitel konzentriert haben, übt die Judikative damit auch einen beträchtlichen politischen Einfluss aus.

Die Beschreibung der Verfassungsgerichtsbarkeit in Deutschland, Österreich und der Schweiz hat gezeigt, dass die drei Staaten Rechtsstaatlichkeit und Demokratie unterschiedlich stark gewichten und deshalb die Bedeutung der Verfassungsgerichtsbarkeit im Ländervergleich variiert. Die Verfassungsgerichtsbarkeit ist in der Schweiz insgesamt sehr schwach, in Deutschland und Österreich hingegen stark. Die Politikwissenschaft befasst sich intensiv mit Fragen zum Einfluss von Verfassungsgerichten im politischen Prozess. Sie hat gezeigt, dass sich die Stärke der Verfassungsgerichtsbarkeit qualitativ und quantitativ messen lässt und dass Unterschiede zwischen Staaten und auch auf der Ebene der EU systematisch und theoriegeleitet erklärt werden können.

Wir verlassen nun den Rahmen des einzelnen politischen Systems und des Vergleichs nationaler politischer Systeme und wenden uns in den zwei verbleibenden Kapiteln dieses Buches der internationalen und globalen Ebene zu.

Literaturempfehlungen

Zur Funktion und Struktur der Verfassungsgerichtsbarkeit in Deutschland, Österreich, der Schweiz und der Europäischen Union:

Plöhn, Jürgen (2013): „Bundesverfassungsgericht." In: *Andersen, Uwe & Woyke, Wichard* (Hrsg.): Handwörterbuch des Politischen Systems der Bundesrepublik Deutschland. Wiesbaden: VS Verlag.

Noll, Alfred J. & Welan, Manfred (1997): „Verfassungsgerichtsbarkeit." In: *Dachs, Herbert, Gerlich, Peter & Gottweis, Herbert* (Hrsg.): Handbuch des Politischen Systems Österreichs: Die Zweite Republik. Wien: Manz'sche Verlags- und Universitätsbuchhandlung, 162–172.

Rothmayr, Christine & Varone, Frédéric (2014): „Institutionen: Justiz." In: Knoepfel, Peter et al. (Hrsg.): Handbuch der Schweizer Politik. Zürich: NZZ Verlag. 219–242.

Thiele, Alexander (2014): Europäisches Prozessrecht. Verfahrensrecht vor dem EuGH. Ein Studienbuch. München: C.H. Beck.

Craig, Paul & De Burca, Grainne (2011): EU Law: Text, Cases and Materials. Oxford: Oxford University Press.

Einen guten Überblick zum Stand der politikwissenschaftlichen Forschung rund um den Themenbereich „Demokratie, gerichtliche Unabhängigkeit und Rechtsstaatlichkeit" bietet der folgende Artikel:

Helmke, Gretchen & Frances Rosenbluth (2009): „Regimes and the Rule of Law: Judicial Independence in Comparative Perspective." In: Annual Review of Political Science 12: 345–366.

Zum politischen Einfluss der Verfassungsgerichtsbarkeit auf nationaler Ebene:

Stone-Sweet, Alec (2000): Governing With Judges: Constitutional Politics in Western Europe. Oxford: Oxford University Press.

Tate, Neal C. & Vallinder, Torbjörn, (Hrsg.) (1995): The Global Expansion of Judicial Power. New York: New York University Press.

Epp, Charles (1998): The Rights Revolution: Lawyers, Activists, and Supreme Courts in Comparative Perspective. Chicago: University of Chicago Press.

Hirschl, Ran (2007): Towards Juristocracy: The Origins and Consequences of the New Constitutionalism. Cambridge: Harvard University Press.

Zum politischen Einfluss des Europäischen Gerichtshofs:

Stone-Sweet, Alec (2004): The Judicial Construction of Europe. Oxford: Oxford University Press.

Alter, Karen (2009): The European Court's Political Power: Selected Essays. Oxford: Oxford University Press.

14. Internationale Beziehungen

Nachdem wir uns in den vorhergehenden Kapiteln vor allem mit politischen Akteuren, Institutionen und Prozessen innerhalb von Staaten beschäftigt haben, betrachten wir in diesem Kapitel die Beziehungen zwischen Staaten. Sehr allgemein formuliert kann die internationale (d. h. zwischenstaatliche) Politik beschrieben werden als „Gesamtheit aller Interaktionen, die auf die autoritative Verteilung von Werten jenseits staatlicher Grenzen gerichtet sind" (Schimmelfennig, 2008: 6). Dabei kann es um materielle (z. B. Land, Wasserressourcen, Steuererträge, Zölle, Allokation von CO_2-Emissionsrechte) oder nichtmaterielle Werte (z. B. Menschenrechte) sowie um die unmittelbare Verteilung von Werten oder die Etablierung von Regeln zur Verteilung von Werten in der Zukunft gehen. Werte können sowohl in kooperativer (z. B. durch internationale Verträge) als auch in nichtkooperativer Weise (z. B. durch Wirtschaftssanktionen oder Kriege) Weise verteilt werden.

Die Forschung im Fachbereich Internationale Beziehungen (IB) beschäftigt sich hauptsächlich mit Fragen der politisch motivierten Gewalt (v. a. Kriege) und ihren Ursachen, internationaler Kooperation und Institutionen (z. B. im Welthandel und Weltwährungssystem, im Umweltschutz, in der Rüstungskontrolle und bei den Menschenrechten) sowie Phänomenen der regionalen politischen und ökonomischen Integration (Hellmann et al., 2003; Russett et al., 2009). Dabei interessiert sie sich sowohl für die Beschreibung und Erklärung des „außen"-politischen Verhaltens von Staaten und ihren Handlungsträgern als auch für die Beschreibung und Erklärung der Beziehungen zwischen Staaten. Zusätzlich zum Verhalten staatlicher Akteure ist auch das Verhalten nichtstaatlicher Akteure wie Nichtregierungsorganisationen (NGOs), Firmen und internationale Organisationen (IOs) von Interesse.

Im folgenden ersten Abschnitt skizzieren wir kurz die Entstehung des modernen internationalen Systems und dessen Grundstruktur. Dieses System zeichnet sich durch souveräne Territorialstaaten und die Abwesenheit einer den Staaten übergeordneten, zentralisierten Kompetenz zur Regelsetzung und -durchsetzung aus. Diese anarchische Grundstruktur des internationalen Systems im Gegensatz zur hierarchischen Grundstruktur im Inneren der Staaten stellt besondere Herausforderungen an die Politik, die wir in diesem Abschnitt ebenfalls beleuchten. Im zweiten Abschnitt behandeln wir die wichtigsten theoretischen Denkschulen der IB: Liberalismus, Realismus, Marxismus und Konstruktivismus. Diese Denkschulen bieten einen generellen Orientierungsrahmen, der den Blick auf bestimmte Phänomene der internationalen Politik lenkt. Schließlich befassen wir uns in drei weiteren Abschnitten des Kapitels mit politischer Gewalt und ihren Ursachen, internationaler Kooperation und Institutionen und der europäischen Integration.

14.1 Grundstrukturen des internationalen Systems

14.1.1 Staatliche Souveränität und Anarchie

Die Grundstrukturen des neuzeitlichen internationalen Systems sind mit dem modernen Staatensystem entstanden (siehe Abschnitt 1.3.4 in Kapitel 1). Zum Ende des Mittelalters entwickelte sich in Europa eine immer stärkere Fokussierung politischer Autorität auf klar definierte geografische Räume (Territorien). Diese Entwicklung wurde im Westfälischen Frieden von 1648, der den 30-jährigen Krieg beendete, vertraglich (völkerrechtlich) untermauert. Dieser Krieg war im Wesentlichen ein religiös motivierter Konflikt zwischen dem Protestantismus und der katholischen Gegenreformation. Im Westfälischen Frieden verpflichteten sich die mächtigsten europäischen Staaten, die uneingeschränkte politische Autorität von Herrschern bzw. dem Souverän innerhalb ihres jeweiligen Staatsgebietes anzuerkennen.

Damit war auch das internationale System explizit neu strukturiert. Die wichtigsten Einheiten in diesem System waren und sind bis heute die einzelnen Staaten. Diese definieren sich zum einen durch klar gegeneinander abgegrenzte Territorien. Zum anderen beansprucht die Staatsführung die exklusive politische Autorität, für die Bevölkerung ihres Landes verbindliche Entscheidungen zu treffen, Regeln zu setzen, Kompetenzen zu verteilen (die sogenannte Kompetenz-Kompetenz) und Entscheidungen und Regeln notfalls mit Gewalt durchzusetzen (staatliches Gewaltmonopol). Dieser exklusive, territorial definierte Herrschaftsanspruch wird als Souveränität bezeichnet.

Schrittweise wurden das durch den Westfälischen Frieden geschaffene Souveränitätsprinzip und die daraus entstandene politische Ordnung Europas zum weltweiten Ordnungsprinzip in der internationalen Politik. So wurden z. B. die Kolonialgebiete der europäischen Staaten in Form von neuen Territorialstaaten in die Unabhängigkeit entlassen. Gleichermaßen führten Sezessionen (Loslösung einzelner Landesteile aus einem bestehenden Staat) und das Auseinanderbrechen einiger Staaten seit 1991 zu weiteren Territorialstaaten. Jüngste Beispiele sind der Kosovo und der Südsudan. Die Zahl der souveränen Staaten liegt heute bei rund 200.

Für das internationale System bedeutet die Souveränität der einzelnen Staaten, dass keine den Staaten übergeordnete Autorität existiert, welche die Kompetenz und Macht zur Regelsetzung und -durchsetzung besitzt. Während das politische System im Inneren des einzelnen Staates hierarchisch strukturiert ist, besitzt das internationale System damit einen „anarchischen" Charakter. Im Gegensatz zum alltäglichen Sprachgebrauch bedeutet der Begriff der Anarchie hier nicht, dass das internationale System chaotisch oder von einem regellosen, „atomisierten" Machtgefüge geprägt ist. Vielmehr beschreibt der Begriff Anarchie eine bestimmte Form der Verteilung von politisch relevanten Kompetenzen und Macht (Waltz, 1979).

Aufgrund der Souveränität der Staaten können verbindliche Entscheidungen und Regeln – abgesehen von ganz wenigen Ausnahmen (siehe dazu Abschnitt 14.1.2) – nicht von einer den Staaten übergeordneten Instanz getroffen bzw. erlassen und durchgesetzt werden, sondern erfordern die freiwillige Partizipation der einzelnen Staaten. Während die Koordination des politischen Handelns innerhalb des Staates vorwiegend vertikal erfolgt, ist sie im internationalen System damit weitgehend horizontal und erfolgt mittels Verhandlungs-, Argumentations- und Zwangsmacht (Schimmelfennig, 2008: 9).

14.1.2 Relativierung des Souveränitätsprinzips und der Anarchie

Das Grundprinzip des Westfälischen Staatensystems wird in der politischen Realität durch die Tatsache relativiert, dass einige Grundeinheiten dieses Systems vorwiegend auf dem Papier dem Modell des souveränen Territorialstaates entsprechen. Beispiele sind Somalia, der Sudan und der Südsudan, Irak oder Afghanistan, in denen die Regierung nur Teile des Staatsterritoriums tatsächlich kontrolliert und dort das Gewaltmonopol besitzt. Man spricht in diesen Fällen von Quasi-Staaten oder gescheiterten Staaten (Jackson, 1990). Diese Bezeichnung impliziert, dass die betreffenden Herrschaftsformen nicht als Alternative zum Westfälischen Modell gesehen werden, sondern eher als Sanierungsfälle, denen die Staatenwelt beträchtliche Aufmerksamkeit und Hilfe zukommen lässt.

Ebenfalls zu relativieren ist der formal-juristische Anspruch aller Staaten auf „souveräne Gleichheit", wie er u. a. in der Charta der Vereinten Nationen (UNO) festgehalten ist. Dieser Anspruch besagt in seiner absoluten Form, dass jeder Staat das Recht hat, auf seinem Territorium zu schalten und zu walten wie es ihm beliebt und nach seinem Gutdünken internationalen Abkommen beizutreten oder nicht. Die realen Verhältnisse in der internationalen Politik decken sich mit einem solchen Anspruch aus zwei Gründen nur begrenzt.

Erstens haben sich seit 1648 und insbesondere seit Ende des Zweiten Weltkrieges einige völkerrechtliche Normen entwickelt, die für alle Staaten gelten, einschließlich für Staaten, die diese Normen nicht explizit vertraglich akzeptiert haben. Diese Rechtsnormen werden als *ius cogens* (lat.: zwingendes Recht) bezeichnet. Beispiele sind das Verbot der Sklaverei, fundamentale Menschenrechte sowie gewisse Normen des humanitären Völkerrechts (z. B. Regeln zum Schutz der Zivilbevölkerung in Kriegen). Zweitens ist das internationale System kein machtfreier Raum. Mächtige Staaten können andere Staaten mit ökonomischen oder militärischen Mitteln gegen ihren Willen zu bestimmten Verhaltensweisen zwingen und tun dies auch oft.

Diese zwei Relativierungen der souveränen Gleichheit lassen sich am Beispiel der sogenannten humanitären Interventionen illustrieren. So bombardierte das Nordatlantische Verteidigungsbündnis (NATO) im Jahr 1999 ohne Mandat des Sicherheitsrates der UNO Serbien, um es zum Rückzug aus dem Kosovo zu zwingen und damit Menschenrechtsverletzungen durch das Milosevic-Regime zu beenden. Danach wurde der Kosovo von einer UNO-Schutztruppe besetzt und mutierte damit von einem Teil des serbischen Territoriums zu einem Protektorat der UNO und anschließend der EU. In diesem Fall wurde Serbien also das Recht aberkannt, auf seinem Territorium bestimmte politische Ziele zu verwirklichen, die das *ius cogens* verletzten. Die politische Führung Serbiens wurde durch militärische Machtmittel gezwungen, die Kontrolle über einen Teil seines bisherigen Territoriums aufzugeben.

Ähnlich wie das Ordnungsprinzip der Souveränität ist auch das Merkmal der Anarchie Gegenstand politikwissenschaftlicher Debatten. Dass Staaten die wichtigsten Akteure im internationalen System sind und auf absehbare Zeit bleiben werden, ist in der Forschung weitgehend unbestritten. Das Ende des Kalten Krieges und die damit einhergehenden grenzüberschreitenden ökonomischen und sozialen Integrationsprozesse (oft als Globalisierung bezeichnet) haben jedoch zu einer gewissen „Aufweichung" dieser Grundstruktur geführt (Rosenau, 2006). Wirtschaftsbeziehungen, die nationale Grenzen überschreiten, werden in zunehmendem Maße von privaten Firmen geprägt. Nichtregierungsorganisationen (NGOs, oft auch als Zivilgesellschaft bezeichnet) und internationale Organisationen (IOs) beeinflussen das Verhalten von Regierungen und Firmen über staatliche Grenzen hinweg. In einigen, bisher allerdings noch eher seltenen Fällen, treten Staaten Kompetenzen an supranationale Organisationen ab. Das wichtigste Beispiel ist die Europäische Union, in der z. B. im Rahmen der Währungsunion die meisten Mitgliedstaaten sehr wichtige, bis dahin souveräne, nationale Entscheidungsbefugnisse an die Europäische Zentralbank übertragen haben. Auch das UNO-System der kollektiven Sicherheit kann in gewisser Weise als supranationales System interpretiert werden, denn alle UNO-Mitglieder sind an die Entscheidungen des Sicherheitsrates, der 15 Staaten umfasst, gebunden. Dieser kann auch gegen den

Willen eines Staates (allerdings nicht gegen den Willen der fünf Großmächte, die das Vetorecht besitzen: China, Frankreich, Großbritannien, Russland und die USA) wirtschaftliche, militärische und andere Maßnahmen veranlassen.

Immer häufiger befassen sich Forscher der IB daher auch mit internationalen und supranationalen Organisationen, NGOs und multinationalen Firmen. In diesem Kontext wird oft von transnationalen Beziehungen gesprochen, in bewusster Abgrenzung zu „intergouvernementalen“ oder „internationalen“ Beziehungen.

Ein wichtiger Grund, weshalb nichtstaatliche Akteure in der internationalen Politik meist weniger einflussreich sind als Staaten, ist ihr Mangel an Ressourcen. Während Staaten bzw. Regierungen ihre Aktivitäten mit Steuergeldern finanzieren können, ist es nichtstaatlichen Akteuren nur sehr beschränkt möglich, aus einer Gesellschaft Ressourcen zu extrahieren. Diese Fähigkeit zur Ressourcenextraktion und -verteilung ist nicht nur eine Frage von Geld, Personal, Technik und Wissen, sondern auch eine Frage von Loyalitäten und Legitimität. In fast allen einigermaßen funktionierenden Staaten der Welt richten sich diese weitgehend auf nationalstaatliche Handlungsträger. Die Forschung befasst sich in jüngerer Zeit jedoch auch mit der Frage, wann nichtstaatliche Akteure zur Lösung grenzüberschreitender Probleme beitragen oder diese in bestimmten Fällen auch verschärfen können.

Abstrakt formuliert haben die soeben diskutierten Relativierungen einerseits zu einer gewissen „Anarchisierung“ der innerstaatlichen Politik beigetragen (z. B. die innerstaatliche und internationale Marktliberalisierung im Zeichen der Globalisierung sowie Probleme der „failed states“), andererseits aber auch zu einer „Hierarchisierung“ der internationalen Beziehungen (z. B. durch den UNO-Sicherheitsrat, die europäische Integration oder humanitäre Interventionen).

14.1.3 Herausforderungen

Die anarchische Struktur des internationalen Systems in Kombination mit immer häufiger auftretenden grenzüberschreitenden Problemen stellen außenpolitische Entscheidungsträger und damit die internationale Politik insgesamt vor immense Herausforderungen, die wir in diesem Abschnitt kurz beleuchten. Wir illustrieren damit, dass die anarchische Struktur des internationalen Systems diese Probleme mit verursacht und ihre Lösung erschwert. Gleichzeitig umschreiben wir die wichtigsten Themen, mit denen sich die IB-Forschung befasst.

Sicherheit

Im internationalen System existiert kein Gewaltmonopol. Deshalb müssen Staaten die Sicherheit ihrer Bevölkerung vor Gewaltakten anderer Staaten oder nichtstaatlicher Akteure selbst gewährleisten. Dies kann durch eigenständige Maßnahmen (v. a. Militär, Polizei und Grenzschutz) und/oder durch Abkommen mit anderen Staaten (z. B. im Rahmen einer Militärallianz oder anderer Formen der Beistandsverpflichtung) erfolgen. Diese Erfordernis der Selbsthilfe kann jedoch auch zu „negativen Nebeneffekten“ wie Rüstungswettläufen und anderen sicherheitspolitischen Risiken führen, wie z. B. im Vorfeld der beiden Weltkriege sowie im Kalten Krieg. Die Hauptursache für diese Nebeneffekte liegt darin, dass die vermeintlich defensiv orientierte Aufrüstung oder Allianzbildung eines Staates von anderen Staaten als offensiv und damit bedrohlich wahrgenommen und mit Aufrüstung und anderen sicherheitspolitischen Maßnahmen beantwortet wird. Das gegenseitige „Hochschaukeln“ (z. B. in Form von Rüstungswettläufen) geht einerseits zulasten der gesellschaftlichen Wohlfahrt, andererseits erhöht es das Risiko eines Kriegsausbruchs. Im Falle eines Krieges steigert es auch das menschliche und ökonomische Schadenspotential. Die zentralen Herausforderungen der internationalen Politik bestehen darin, Rüstungswettläufe und andere Kriegsursachen zu reduzieren oder zu beseitigen, ausgebrochene Kriege in ihrem Ausmaß zu begrenzen und zu beenden sowie vom Krieg zerstörte Gesellschaften bzw. Staaten wieder aufzubauen.

Neben den traditionellen zwischenstaatlichen Sicherheitsrisiken ist die grenzüberschreitende nichtstaatliche Gewalt – vor allem in Form der organisierten Kriminalität und des Terrorismus – in jüngerer Zeit zu einer wichtigen neuen Herausforderung im Bereich der Sicherheitspolitik geworden. Die durch die Globalisierung gesunkenen Transport- und Kommunikationskosten sowie die durch Massenmedien verstärkt sichtbar gewordene Ungleichheit der Lebenschancen und Lebensqualität in armen und reichen Ländern haben dieser Entwicklung Auftrieb gegeben. Die zentrale Herausforderung für die internationale Politik besteht darin, die grenzüberschreitende Gewalt durch Prävention und Repression einzudämmen. Hinzu kommen weitere Herausforderungen, wie etwa der Schutz vor oder die Bekämpfung von grenzüberschreitenden Krankheiten, deren Verbreitung durch zunehmende internationale Mobilität ebenfalls begünstigt wird.

Wohlstand

Armut und existenzielle Not, die den betroffenen Menschen die Befriedigung von Grundbedürfnissen unmöglich machen und der Chancengleichheit im Wege stehen, sind in sehr vielen Staaten ein akutes Problem. Diese Ungleichheiten sind eine wichtige Ursache für grenzüberschreitende Phänomene wie Kriege, Terrorismus, organisierte Kriminalität und Migration. Nicht nur arme, sondern auch reiche Länder stehen vor enormen Herausforderungen. So beispielsweise in der Entwicklungszusammenarbeit, der humanitären Hilfe, der Sicherheitspolitik und der Einwanderungspolitik.

Die territorialstaatliche Organisation des internationalen Systems geht mit einer, je nach Land und Weltregion, mehr oder weniger stark ausgeprägten Abgrenzung der Märkte entlang nationaler Grenzen einher. Diese Fragmentierung der Märkte und der damit verbundene Protektionismus (Schutz einheimischer Produzenten gegenüber ausländischer Konkurrenz) verhindern potentielle wirtschaftliche Wohlstandsgewinne durch Effizienzsteigerungen. Letztere können aus dem verstärkten internationalen Handel mit Waren und Dienstleistungen sowie der Mobilität der Arbeitnehmerschaft (also einer Reduktion der Marktfragmentierung, d. h. Liberalisierung) resultieren. Die internationale Marktliberalisierung birgt das Potential, die Produktivität und die Wertschöpfung zu steigern, Arbeitsplätze zu schaffen sowie den Konsumenten ein reichhaltigeres und billigeres Angebot an Waren und Dienstleistungen verfügbar zu machen. Die Liberalisierung grenzüberschreitender Wirtschafts- und Finanzbeziehungen, wie sie etwa im Rahmen der Welthandelsorganisation (WTO) und der EU erfolgt, erweist sich in diesem Kontext als eine wichtige Herausforderung der internationalen Politik.

Die Liberalisierung der Märkte kann aber auch zu unerwünschten Nebenerscheinungen führen, die es durch internationale Zusammenarbeit zu reduzieren gilt. Zu diesen Problemen, die oft als Marktversagen bezeichnet werden, gehören die Übernutzung natürlicher Ressourcen (z. B. der Atmosphäre und des Wassers) sowie die Zunahme von Währungs- und Finanzmarktkrisen. In diesen und anderen Bereichen sind politische Maßnahmen gefragt, die letztlich eine sozial, ökologisch und ökonomisch nachhaltige Entwicklung ermöglichen.

Freiheit

Bei diesem Wert geht es im weitesten Sinne um die Selbstbestimmungschancen von Individuen im privaten Bereich, im Erwerbsleben und in der Politik. Die territorialstaatliche Souveränität findet ihren Ausdruck auch darin, dass die Freiheiten und Rechte von Menschen je nach Staat unterschiedlich bewertet, gefördert oder beeinträchtigt werden. Die zentrale Herausforderung der internationalen Politik besteht darin, einen zwischenstaatlichen Konsens über grundlegende und universal gültige Menschenrechte zu finden und diese Rechte durchzusetzen, insbesondere auch in armen und politisch instabilen Ländern, Kriegsgebieten und autoritär regierten Staaten. Komplexe Fragen stellen sich auch bei der Bestimmung von Freiheiten und Rechten von Personen, die in dem Staat, in dem sie sich aufhalten, kein Bürgerrecht besitzen. Dazu gehören Fragen des Asylrechts, Einwanderungsrechts, Auslieferungsrechts und der Familienzusammenführung.

Viele der genannten Herausforderungen sind auf der internationalen Ebene schwer zu meistern, da die anarchische Struktur des internationalen Systems die Konsensfindung und die Durchsetzung allgemein verbindlicher Regeln, falls sie zustande kommen, erschwert. So bewirken z. B. kulturelle und religiöse Unterschiede, Unterschiede des sozioökonomischen Entwicklungsstandes und Unterschiede des politischen Systems große Interessenkonflikte bei internationalen Verhandlungen in Menschenrechts-, Umwelt- oder Handelsfragen. Dies wiederum führt häufig entweder zu einer Einigung auf den kleinsten gemeinsamen Nenner oder zu einer unvollständigen Umsetzung vereinbarter Maßnahmen in Staaten, die einem Abkommen nur widerwillig zugestimmt haben.

14.2 Theoretische Grundperspektiven

Wir wenden uns nun der Frage zu, wie die Politikwissenschaft die oben angesprochenen Probleme und Bedingungen für eine erfolgreiche Bewältigung der damit verbundenen Herausforderungen zu beschreiben und erklären versucht. Die IB-Forschung ist, wie andere Bereiche der Politikwissenschaft auch, durch einen starken Theorienpluralismus geprägt. Die meisten theoretischen Argumente und die damit verbundenen Annahmen und Hypothesen in der IB-Forschung lassen sich jedoch einer bestimmten theoretischen Grundperspektive zuordnen.

Bis Mitte der 1990er Jahre dominierten vor allem drei Grundperspektiven bzw. Denkschulen (Liberalismus, Realismus, Marxismus) die IB-Forschung. Diese erläutern in sehr allgemeiner Weise, welchen Akteuren im internationalen System eine besondere Bedeutung zukommt, wie sich die Grundstruktur des internationalen Systems beschreiben lässt und wie die Interaktion von Staaten im internationalen System grundsätzlich beschaffen ist. Sie helfen uns, das internationale System sehr allgemein zu charakterisieren.

Liberalismus

Er kann als die (chronologisch gesehen) erste IB-Denkschule bezeichnet werden. Diese entstand kurz nach dem Ersten Weltkrieg als Antwort auf das Unvermögen der Staatenwelt, diesen Krieg zu verhindern oder einzudämmen. Der Liberalismus, in frühen

Beiträgen bisweilen auch Idealismus genannt, geht davon aus, dass internationale Kooperation oft gegenseitig gewinnbringend ist und dass internationale Organisationen/Institutionen bei der Konfliktlösung eine wichtige Rolle spielen (Mitrany, 1943). In den 1970er Jahren entstand der neoliberale Institutionalismus – nicht zu verwechseln mit dem in politischen Alltagsdebatten auf die Privatisierung und Liberalisierung hin orientierten Neoliberalismus. Dieser übernahm einige Annahmen des weiter unten diskutierten Realismus, u. a. die zentrale Rolle des Staates, das Problem der Anarchie im internationalen System sowie die Annahme, dass politische Akteure weitgehend rational handeln. Dies jedoch in abgeschwächter Form. Die wichtigsten Prämissen des Liberalismus, dass internationale Kooperation häufig möglich ist, internationale Organisationen eine wichtige Rolle spielen und Demokratie und Freihandel das friedliche Zusammenleben der Völker fördern, blieben jedoch erhalten. Hinzu kam ein stärkeres Augenmerk auf nichtstaatliche Akteure und deren Rolle in der internationalen Politik.

Seit den 1970er Jahren interessiert sich die liberale Denkschule vor allem dafür, wann und wie grenzüberschreitende Kooperation zwischen Staaten und auch zwischen nichtstaatlichen Akteuren zustande kommt. Sie geht auch der Frage nach, ob und weshalb durch solche Zusammenarbeiten entstandene internationale (von Staaten getragene) oder transnationale (von Staaten und nichtstaatlichen Akteuren oder vor allem von letzteren getragene) Institutionen wirksam sind. Wirksamkeit wird dabei vor allem im Sinne des Einflusses auf das Verhalten von Staaten und die Problemlösung definiert. Einer der „Klassiker" dieser Denkschule ist das Buch „Power and Interdependence" von Robert Keohane und Joseph Nye (1977).

Realismus

Diese Denkschule entstand aus einer gewissen Gegenreaktion auf den Liberalismus, den gescheiterten Völkerbund (1920–1946) und den Zweiten Weltkrieg. Der Realismus nimmt an, dass das Streben nach Macht in der Natur des Menschen liegt und somit auch Staaten ihre Macht zu maximieren versuchen (Morgenthau, 1948). Das Streben nach Macht im internationalen System bewirkt, dass internationale Organisationen und Kooperation selten und vorwiegend schwach sind. Der Neorealismus hat diese Annahmen seit den 1970er Jahren systematisch weiter entwickelt und stärker auf empirisch testbare kausale Hypothesen hin ausgerichtet. Er postuliert, dass Staaten ihre Sicherheit (und nicht ihre Macht per se) zu maximieren versuchen und dieses Streben nach Sicherheit von der Struktur des internationalen Systems geprägt ist, insbesondere von der Anarchie.

Wie oben erwähnt bedeutet Anarchie, dass keine dem Staat übergeordnete Autorität existiert, die Konflikte lösen und Vereinbarungen notfalls mit Zwangsmaßnahmen durchsetzen kann. Politische Entscheidungsträger verfolgen in diesem Selbsthilfesystem deshalb ihre eigennützigen Sicherheitsinteressen und versuchen, durch politischen Druck und notfalls durch ökonomische und militärische Zwangsmittel, ihre Interessen durchzusetzen. Internationale Institutionen sind kaum mehr als eine „Begleitmusik" der internationalen Politik und ändern sich quasi wie die Fahne im Wind, sobald sich die Machtverhältnisse und staatlichen Interessen im internationalen System ändern. Einer der Klassiker der neorealistischen Denkschule, oft auch struktureller Realismus genannt, ist das Buch „Theory of International Politics" von Kenneth Waltz (1979).

Marxismus

Die marxistische Theorie argumentiert, dass ökonomische bzw. materielle Bedingungen das Verhalten von Staaten und anderen Akteuren im internationalen System prägen. Internationale Beziehungen sind das Ergebnis der kapitalistischen Produktionsweise und dem daraus resultierenden Kampf der Klassen. Internationale Kooperation oder Konflikte liegen also weniger im Verhalten von Staaten, sondern eher in der Situation und im Verhalten von ökonomischen Klassen (z. B. Kapitalbesitzer versus Arbeiter) begründet. Das internationale System wird als integriertes kapitalistisches System gesehen, in dem politisch-ökonomische Eliten und die von ihnen dominierten Staaten die Akkumulation von Kapital verfolgen. In der Funktionsweise des kapitalistischen Systems und vor allem in seinen Verteilungskonflikten liegen somit auch Kriegsursachen begründet. Neben der Kriegsursachenforschung hat sich die marxistische Grundperspektive auch stark mit dem sozioökonomischen Entwicklungsgefälle im internationalen System befasst. Die Dependenztheorie, die marxistische Wurzeln hat, besagt, dass die Industrieländer die Entwicklungsländer in das kapitalistische Weltwirtschaftssystem zu integrieren versuchen, um sie auszubeuten und in ein Abhängigkeitsverhältnis zu bringen. Einer der Klassiker dieser Denkschule ist das Buch „The Capitalist World-Economy" von Immanuel Wallerstein (1979). Abbildung 14.1 fasst die wichtigsten Annahmen und Aussagen der drei soeben diskutierten Grundperspektiven zusammen.

	Realismus	Liberalismus	Marxismus
Subkategorien	*Neorealismus*	*Liberaler Internationalismus* *Neoliberaler Institutionalismus* *Transnationalismus*	*Neomarxismus* *Sozialismus* *Sozialistischer Internationalismus*
Wichtigste Akteure	Staaten; andere Akteure erhalten (stark eingeschränkte) Macht und Einfluss v. a. durch Staaten.	Territorialstaaten; internationale Organisationen, nichtstaatliche Akteure (NGOs, multinationale Unternehmen); Staaten sind jedoch die zentralen Akteure.	Staaten und nichtstaatliche Akteure; deren Einfluss ist von ihrer Klassenzugehörigkeit geprägt.
Grundstruktur des internationalen Systems	Anarchisches Selbsthilfesystem; Ordnung und Stabilität hängen von der Machtverteilung im internationalen System ab.	Teilweise anarchisch; Macht und internationale Normen/Institutionen spielen je nach Politikbereich eine unterschiedlich starke Rolle.	Teilweise anarchisch; transnationale, klassenbasierte Hierarchie; Dominanz und Ausbeutung der Entwicklungsländer durch die Industrieländer.
Charakter der Interaktionen im internationalen System	Kooperation, wenn es den kurzfristigen Interessen der Staaten entspricht; ansonsten kompetitiv bis konfliktiv; internationale Institutionen/Organisationen sind weitgehend „Begleitmusik" und entfalten keine eigenständige Wirkung auf das Verhalten von Staaten.	Teilweise kompetitiv oder konfliktiv, teilweise jedoch auch kooperativ, je nach Politikbereich unterschiedlich; internationale Institutionen/Organisationen können mitunter bei der Problemlösung eine wichtige Rolle spielen.	Kompetitiv und ausbeuterisch, besonders im Nord-Süd-Kontext.

Abbildung 14.1: Denkschulen der Internationalen Beziehungen

Die Theorien des Liberalismus, Realismus und Marxismus spielen in der IB-Forschung weiterhin eine gewisse Rolle als allgemeine Orientierungsmuster, die zur Formulierung bestimmter Forschungsfragen und Aussagen motivieren (Russett et al., 2010). Der Liberalismus lenkt unsere Aufmerksamkeit u. a. auf die Einflüsse von innerstaatlichen Strukturen und Prozessen auf die internationale Politik. Der Realismus lässt uns v. a. auf das Verhalten von Staaten und auf Phänomene von Macht, Konflikten und Kriegen blicken. Der Marxismus legt den Schwerpunkt auf innerstaatliche und internationale Wirtschaftsfaktoren und damit verbundene Verteilungskonflikte. Abbildung 14.2 illustriert diese Schwerpunkte; sie zeigt einige Beispiele für Hypothesen, die sich jeweils in einer der drei Denkschulen verorten lassen.

Denkschule	Hypothese
Liberalismus	Demokratien, die ihren Außenhandel stärker liberalisieren, weisen stärkere soziale Absicherungssysteme auf, da die Wählerschaft eine größere Risikoabsicherung verlangt.
Liberalismus	Wirtschaftliche und soziale Interdependenzen zwischen Staaten reduzieren die Wahrscheinlichkeit von bewaffneten Konflikten.
Realismus	Bipolare internationale Systeme sind stabiler (weniger Krisen und Kriege) als multipolare internationale Systeme.
Realismus	Internationale Probleme können wirksamer gelöst werden, wenn eine Hegemonialmacht vorhanden ist, die eine Lösung des betreffenden Problems vorantreibt.
Marxismus	Je mehr die Märkte von Entwicklungsländern mit denjenigen von Industrieländern verflochten sind, desto stärker ist/bleibt das Wohlstandsgefälle.
Marxismus	Ausländische Direktinvestitionen in Entwicklungsländern haben negative Effekte auf die nachhaltige Entwicklung in diesen Ländern.

Abbildung 14.2: Denkschulen und Hypothesen (Beispiele)

Seit Mitte der 1990er hat sich die IB-Forschung zunehmend von expliziten Bezügen auf die drei genannten Perspektiven entfernt, da sich konkrete politische Sachverhalte mit sehr breit angelegten theoretischen Perspektiven letztlich nicht im Detail erklären lassen konnten. An ihre Stelle sind v. a. zwei theoretische Perspektiven getreten: der Rational-Choice-Ansatz und der Konstruktivismus. Erstere haben wir bereits in anderen Kapiteln in verschiedenen Anwendungsbeispielen behandelt (siehe z. B. Kasten 6.4) und befassen uns deshalb an dieser Stelle noch mit dem Konstruktivismus. Der „Vormarsch“ dieser beiden Perspektiven lässt sich u. a. damit erklären, dass sie sowohl Grundannahmen zum Funktionieren des internationalen Systems als auch konkrete Vorgehensweisen für die Theoriebildung anbieten.

Konstruktivismus

Die Grundannahme des Konstruktivismus lautet, dass die politische Wirklichkeit durch kommunikative und physische Interaktionen zwischen staatlichen und nichtstaatlichen Akteuren „konstruiert“ wird. Die Erforschung der Wirkungsmacht von Ideen und Normen (beispielsweise Menschenrechte, Demokratie, Marktwirtschaft, Gleichberechtigung der Geschlechter) hat sich zum wichtigsten Betätigungsfeld des Konstruktivismus entwickelt (siehe Kasten 14.1). Dabei spielt die Analyse von Diskursen und Kommunikationsprozessen eine wichtige Rolle. Einer der Klassiker des Konstruktivismus in der IB-Forschung ist das Buch „Social Theory of International Politics“ von Alexander Wendt (1999).

Viele Konstruktivisten sehen sich auch als Kritiker wichtiger Annahmen der drei zuvor erwähnten traditionellen Denkschulen sowie des Rational-Choice-Ansatzes, dessen wichtigste Annahme (politische Akteure versuchen ihren Nutzen zu maximieren) auch von den drei traditionellen Perspektiven vertreten wird. Ihre Kritik richtet sich vor allem auf Fragen der Ontologie und Epistemologie.

Bei der Ontologie, ursprünglich eine Teildisziplin der Philosophie, geht es um die Klärung der Grundstrukturen und Grundannahmen des Seienden. In der IB-Forschung stellt sich z. B. die Frage, ob das internationale System wirklich a priori aufgrund seiner Struktur (souveräne Territorialstaaten) anarchisch sei oder ob es vor allem über den politischen Diskurs, sozusagen als selbsterfüllende Prophezeiung im Sinne einer Projektion des Denkens über die Sprache in die Realität, anarchisch geworden sei. Vertreter des Konstruktivismus behaupten, die Anarchie im internationalen System liege nicht in der Grundstruktur des Systems souveräner Territorialstaaten begründet, wie dies der Liberalismus und Realismus annehmen. Vielmehr sei sie von den Staaten selbst anarchisch gemacht worden und kann deshalb auch wieder in die Gegenrichtung (hin zu einem hierarchischen System) verändert werden (Wendt, 1992). Die Epistemologie (Erkenntnistheorie) befasst sich damit, wie theoretische und empirische Erkenntnisse bei bestimmten Formen der Beweisführung erworben werden und als sicher bezeichnet werden können.

In beiden Punkten, Ontologie und Epistemologie, vertritt der Konstruktivismus eine Gegenposition zum Rational-Choice-Paradigma. Der Konstruktivismus interessiert sich vor allem für die Entstehung und Auswirkungen politischer Ideen und Diskurse. Seine Theoriebildung und empirische Forschung beruht weitgehend auf dem hermeneutischen Ansatz (siehe Kapitel 1.4.1), der interpretierend und nicht kausal-erklärend vorgeht (z. B. Price, 1998; Tannenwald, 1999). Der Rational-Choice-Ansatz hingegen basiert auf dem methodologischen Individualismus, der politische Prozesse und Strukturen letztlich aus den materiellen Interessen nutzenmaximierender Akteure und ihrer Interaktion heraus erklärt. Ihre Verfahren der Theoriebildung und empirischen Analyse folgen dem Muster der empirisch-analytischen Forschung (Biersteker & Weber, 1996; Finnemore, 1996; Wendt, 1999; Checkel, 2004; Schwellnus, 2006).

Die verbleibenden Abschnitte dieses Kapitels befassen sich nun mit Forschungsfragen und Befunden aus drei wichtigen Bereichen der IB-Forschung: Politische Gewalt, internationale Kooperation und Institutionen sowie europäische Integration.

14.3 Politische Gewalt

Das Phänomen des Krieges stellt ein bedeutendes Forschungsgebiet in der Politikwissenschaft dar. Dessen enge Beziehung zur Politik spiegelt sich u. a. in dem berühmten Diktum des Generals und Militärtheoretikers Carl von Clausewitz, der Krieg sei eine Fortsetzung der Politik mit anderen Mitteln, wider. Wie Abbildung 14.3 zeigt, kann politische Gewalt allerdings verschiedene Formen annehmen (vgl. Vasquez, 2000; Daase, 2003; Münkler, 2004).

Ziel \ Akteure	Staat	Nichtstaatliche
Staat	Zwischenstaatlicher Krieg Friedenserzwingende Maßnahmen oder humanitäre Interventionen	Bürgerkrieg Guerillakrieg Revolutionen Terrorismus Sezessionskrieg
Nichtstaatliche Akteure	Menschenrechtsverletzungen Kriegsverbrechen Staatlich geförderter Terrorismus	Pogrome Terrorismus

***Abbildung 14.3:** Formen der politischen Gewalt*

Wir konzentrieren uns in diesem Abschnitt exemplarisch auf eine spezifische Form der politischen Gewalt, den zwischenstaatlichen Krieg, und gehen zwei Fragen nach: (1) Lassen sich generelle Entwicklungen in Bezug auf die Häufigkeit und das Ausmaß von Kriegen im internationalen System erkennen? (2) Weshalb entscheiden sich politische Akteure manchmal für Krieg anstelle von gewaltloser Konfliktlösung?

14.3.1 Häufigkeit und Ausmaß von Kriegen

Kriege werden meist im Sinne weitreichender, organisierter Gewalt zwischen politisch geprägten Gruppen definiert (Münkler, 2004). Sie sind in der Geschichte der Menschheit ein immer wiederkehrendes Phänomen; ihre Häufigkeit und ihr Ausmaß variieren jedoch stark. Vor Beginn des 20. Jahrhunderts kam es im Durchschnitt jedes Jahrzehnt einmal zu einem Krieg zwischen Großmächten. Die Anzahl solcher Kriege ist im 20. Jahrhundert auf drei gesunken; der Zweite Weltkrieg war der bisher letzte Krieg dieser Art. Im selben Zeitraum wuchs allerdings die Häufigkeit von Kriegen zwischen mittleren und kleinen Staaten, von Kriegen außerhalb Europas und von (innerstaatlichen) Bürgerkriegen. Seit dem Zweiten Weltkrieg finden die meisten Kriege zwischen Staaten und nichtstaatlichen Akteuren in Entwicklungsländern statt. Solche Kriege dauern oft länger als rein zwischenstaatliche Kriege (Vasquez, 2000; Harbom & Wallensteen, 2007). Das Ausmaß von Kriegen scheint insgesamt einem Potenzierungsgesetz zu folgen, d. h. es treten ähnlich wie bei Erdbeben sehr viele kleine (gemessen an den Opferzahlen), einige mittelgroße und wenige große Kriege auf (Cederman, 2003). Abbildung 14.4 zeigt die Häufigkeit von vier Kriegstypen seit 1946.

Ähnlich wie die Kriege selbst haben sich auch die von Politikwissenschaftlern bearbeiteten Fragestellungen im Bereich der Konfliktforschung im Laufe der Zeit verändert. In den ersten Jahrzehnten des Nuklearzeitalters dominierten Fragen der strategischen Stabilität des atomaren Abschreckungssystems. Der Zerfall der Sowjetunion rückte die Frage in den Vordergrund, ob uni- oder multipolare Systeme stabiler oder instabiler (d. h. krisen- und kriegsanfälliger) seien als bipolare Systeme (Deutsch & Singer, 1964 vs.; Waltz, 1964. Zur neusten Forschung hierzu, siehe Special Issue World Politics 61(1), 2009).

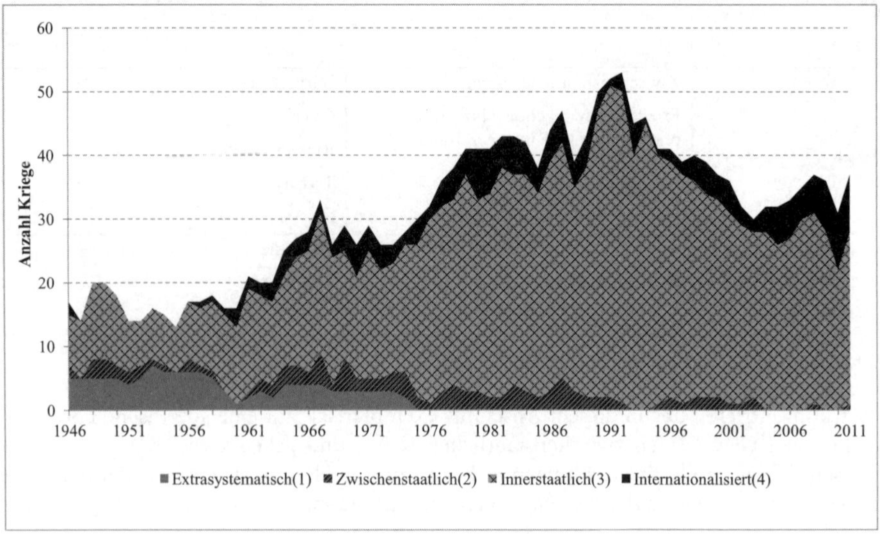

Abbildung 14.4: Kriegstypen

Quelle: UCDP/PRIO Armed Conflict Dataset (Themnér & Wallensteen, 2012).

(1) Kriege zwischen einem Staat und einem nichtstaatlichen Akteur außerhalb des Territoriums des Staates. (2) Kriege zwischen einzelnen Staaten. (3) Kriege, die innerhalb des Territoriums eines Staates stattfinden. (4) Kriege zwischen einem Staat und einer oder mehreren innerstaatlichen Oppositionsgruppe(n) mit Beteiligung anderer Staaten zugunsten einer oder beider Konfliktparteien.

Das Aufflammen vieler Bürgerkriege nach 1990/91 verschob die Aufmerksamkeit von internationalen Kriegen und Kriegen zwischen Großmächten zu innerstaatlichen bzw. ethnonationalistischen Kriegen (vgl. Fearon & Laitin, 2003; Collier & Hoeffler, 2004; Cederman & Girardin, 2007; Cederman et al., 2011). So stellt sich beispielsweise die Frage, weshalb Großmachtkriege im Vergleich zu Bürgerkriegen an Bedeutung verloren haben und weshalb innerstaatliche Kriege oft länger dauern als zwischenstaatliche Kriege. Gleichermaßen stieg das Interesse an der Frage, wie Kriege beendet (Goemans, 2000) und wie kriegsversehrte Gesellschaften stabilisiert und wieder aufgebaut werden können (Paris, 2004; Flores & Nooruddin, 2009). Damit verbunden sind Fragen der Demokratisierung und Staatenbildung (Jarstad & Sisk, 2008; Flores & Nooruddin, 2012). Ebenfalls an Bedeutung gewonnen haben Fragen nach den Bedingungen für die Vermeidung von Bürgerkriegen (Cheibub & Limongi, 2002; Horowitz, 2004; Lijphart, 2004). Innerstaatliche Ursachen internationaler Kriege werden seit den 1990er Jahren stärker betont. Damit sind zwischenstaatliche gegenüber systemischen Erklärungen in den Vordergrund gerückt.

Schließlich haben die zunehmende Verwischung der Grenzen zwischen internationalen und innerstaatlichen Kriegen sowie das Phänomen des weltweiten Terrorismus die Frage aufgeworfen, wie sich ein Krieg überhaupt definieren lässt (Daase, 2003). Insbesondere seit den Terroranschlägen vom 11. September 2001 in den USA sowie der Ausweitung terroristischer Aktivitäten im Kontext der Kriege in Afghanistan und dem Irak hat die Anzahl theoretischer und empirischer Studien zum Terrorismus stark zugenommen (Pape, 2005; Hoffman, 2006; Bueno de Mesquita, 2008; Berman, 2009).

Auch methodisch ist die Forschung zu Kriegen in jüngerer Zeit reichhaltiger geworden. Neben qualitativen Fallstudien zu einzelnen Kriegen und spieltheoretischen Ansätzen in der Theorieentwicklung wurden große Datensätze erstellt, die mit statistischen Verfahren ausgewertet werden können. Hinzu kommen Computersimulationen, mit denen Forscher die Entstehung und den Verlauf von Kriegen nachzubilden versuchen.

Viele Hypothesen der Kriegsursachenforschung, von denen wir einige im folgenden Abschnitt beleuchten werden, lassen sich mit statistischen Verfahren testen. Zu diesem Zweck wurden in den letzten zwei Jahrzehnten umfangreiche Datensätze erstellt. Die bekanntesten Daten zu internationalen und innerstaatlichen Kriegen wurden von Forschern der Universität Uppsala und des Peace Research Institute Oslo (http://www.prio.org/Data/Armed-Conflict/) sowie des Correlates of War Projektes (http://www.correlatesofwar.org/) erhoben. Im deutschsprachigen Raum sind insbesondere die Datenbank KOSIMO (Konflikt-Simulations-Modell, http://krisen-und-konflikte.de/s/chronik.htm) und die Datenbank der Arbeitsgemeinschaft Kriegsursachenforschung (AKUF, *http://www.sozialwiss.uni-hamburg.de/publish/Ipw/Akuf/*) zu erwähnen. Die zwei erstgenannten Datensätze sind aufgrund der Stringenz der Datenkodierung für statistische Analysen gut geeignet. Die beiden letztgenannten Datensätze enthalten mehr qualitative Informationen.

14.3.2 Kriegsursachen

Während die in den Medien diskutierten Kriegsursachen meist unmittelbare Auslöser in spezifischen Fällen benennen (z. B. Grenzstreitigkeiten), richtet sich das Interesse der politikwissenschaftlichen Forschung auf fundamentale Ursachen und die Erarbeitung generalisierbarer Aussagen. Wir diskutieren nun exemplarisch einige Argumente, die aus der realistischen und der liberalen Denkschule stammen.

Krieg aus Sicht des Realismus: Anarchie, Polarität und Macht

Der Realismus betrachtet die Machtverteilung im internationalen System als mögliche Ursache von Kriegen. Als Ausgangspunkt für realistische Argumente dient das Strukturmerkmal der Anarchie im internationalen System. Während die Anarchie aus Sicht des Realismus eine Konstante des internationalen Systems ist und somit auch die Varianz der Kriegshäufigkeit und des Ausmaßes von Kriegen nicht erklären kann, ist sie der Grund für das sogenannte Sicherheitsdilemma. Letzteres besagt, dass das Streben eines einzelnen Staates nach Sicherheit durch (Auf-)Rüstung letztlich zu weniger Sicherheit für alle Staaten führen kann. In einem anarchischen Umfeld versucht sich jeder Staat vor dem schlimmsten Fall, einem militärischen Angriff durch andere Staaten, zu schützen. Wenn Staat A dies tut, interpretiert Staat B dies jedoch häufig als erhöhte Bedrohung, da er nicht sicher sein kann, ob diese Aufrüstung defensiver oder offensiver Natur ist. Deshalb rüstet Staat B auch auf, was wiederum einen Rüstungsschub in Staat A bewirkt, etc. Dieses Argument der so genannten „defensiven Realisten" besagt somit, dass es zu Kriegen kommt, weil alle Staaten möglichst sicher sein wollen (Sicherheitsdilemma). Die „offensiven Realisten" behaupten hingegen, dass es zu Kriegen kommt, weil alle Staaten nach Macht streben und es dadurch bisweilen zu Störungen des Mächtegleichgewichts kommt, die dann in Kriegen münden (Schimmelfennig, 2010: 78–81; Brown et al., 1995; Jervis, 1998).

Während das Strukturmerkmal der Anarchie keine Varianz aufweist und somit empirisch keine Erklärungskraft besitzt, kann sich ein weiteres, aus Sicht des Realismus wichtiges Merkmal des internationalen Systems – die Polarität – über die Zeit und zwischen geografischen Regionen verändern und die Kriegswahrscheinlichkeit beeinflussen. Die realistische Denkschule argumentiert, dass bipolare Systeme stabiler, also weniger krisen- oder kriegsanfällig seien als multipolare Systeme (Waltz, 1964, 1979; Mearsheimer, 1990). Unter bipolar wird ein internationales System verstanden, das von zwei Großmächten dominiert wird (so z. B. die USA und die UdSSR zur Zeit des Kalten Krieges). In bipolaren Systemen, so das Argument der Realisten, hätten beide Seiten ein gemeinsames Interesse an einem globalen Gleichgewicht und Stabilität und beide hätten die Kapazitäten, um dieses Ziel zu erreichen. Bei nur zwei Polen bestünde zudem eine geringere Gefahr von Fehlkalkulationen bezüglich Kapazitäten und Absichten des Gegners. In Krisensituationen sei die Eskalation hin zu einem Krieg deshalb leichter zu kontrollieren und zu verhindern. Hinzu kommt, dass periphere Staaten nicht in der Lage seien, das System zu destabilisieren.

Deutsch und Singer (1964), die der liberalen Denkschule zuzurechnen sind, behaupten hingegen, dass multipolare Systeme stabiler seien. In solchen Systemen sei das Ergebnis eines Konfliktes oder Krieges unsicherer und Staaten seien deshalb vorsichtiger. Konfliktlinien seien vielfältiger und würden auch innerhalb von Polen auftreten. Dadurch seien die Gräben zwischen den Polen und die Intensität und Dauerhaftigkeit der Konflikte weniger stark ausgeprägt. Schließlich würden aufgrund wechselnder Allianzen Rüstungswettläufe langsamer voranschreiten (siehe dazu auch Sonderausgabe von *World Politics* 61(1) 2009).

In jüngerer Zeit haben sich Vertreter der realistischen Denkschule vor allem auf Widersprüche zwischen zwei weiteren wichtigen Argumenten des Realismus konzentriert, die eng mit dem oben erwähnten Konzept der Polarität zusammenhängen, nämlich Widersprüche zwischen der Theorie des Mächtegleichgewichts und der Theorie der Machttransition („power transition"). Die Theorie des Mächtegleichgewichts besagt, dass bei einem starken Machtzuwachs eines Staates und damit auch einer wachsenden Bedrohung durch diesen Staat andere Staaten sich gegen diesen verbünden (Bildung von Allianzen). Solche Machtverschiebungen und der folgende Korrekturmechanismus führen oft zu Konflikten bis hin zum Krieg (Morgenthau, 1948; Waltz, 1979; Walt, 1987). Gemäß der Theorie der Machttransition ist die Wahrscheinlichkeit eines großen Krieges hingegen am höchsten, wenn eine Führungsmacht, die sich im Niedergang befindet, durch eine aufsteigende Macht überholt wird. Der Grund liegt in der Destabilisierung der internationalen politischen und ökonomischen Strukturen und Institutionen, die von der Führungsmacht einst geschaffen wurden und nun vom aufsteigenden Rivalen zum eigenen Vorteil umgestaltet oder aufgelöst werden (Organski, 1958; Organski & Kugler, 1980). Hier zeigt sich ein Widerspruch. Die Theorie des Mächtegleichgewichts behauptet, dass die Konzentration von Macht destabilisierend wirke und hegemoniale (unipolare) Systeme selten seien. Die Theorie der Machttransition argumentiert hingegen, dass hegemoniale Systeme recht häufig auftreten und kriegsverhindernd wirken, dass aber vor allem Übergangsphasen riskant seien. Die Forschung hat gezeigt, dass sich die zwei Theorien kombinieren lassen (Powell, 1999: Kapitel 3–5). So scheint die Wahrscheinlichkeit großer Kriege dann am höchsten, wenn die Macht im internationalen System stark verteilt ist und dann die Machtkonzentration zunimmt. Viele der großen Kriege, u. a. die zwei Weltkriege und die napoleonischen Kriege, entsprechen diesem Muster (Brown et al., 1995; Jervis, 1998; Russett et al., 2009).

Insgesamt ist die empirische Bilanz realistischer Theorien des Krieges bislang eher dürftig. Die zentralen Hypothesen der realistischen Denkschule – dass bipolare Systeme stabiler seien als multipolare, dass die Existenz von Atomwaffen das Kriegsrisiko reduziere, dass Rüstungswettläufe zu Kriegen führten und dass Hegemoniezyklen mit Kriegen verbunden seien – sind in der empirischen Forschung umstritten geblieben (Russett et al., 2009).

Krieg aus Sicht des Liberalismus: Die friedensstiftende Wirkung von Freihandel und Demokratie

Die liberale Denkschule interessiert sich weit weniger für die von den Realisten betonte internationale Systemebene, sondern mehr für die Auswirkungen innerstaatlicher Variablen auf die Entstehung politischer Gewalt. Gleichzeitig ist sie optimistischer, was die Möglichkeiten der Kriegsvermeidung betrifft. Von Immanuel Kants „Theorie des Ewigen Friedens" inspiriert, argumentiert die liberale Denkschule, dass wirtschaftliche Verflechtungen (Integration), Demokratie sowie internationales Recht und internationale Institutionen (das sogenannte „Kantianische Dreieck") den Frieden fördern (Russett & O'Neal, 2001). Wir beschränken uns hier auf die ersten beiden Erklärungsfaktoren, während der Aspekt der internationalen Kooperation im Abschnitt 14.6 diskutiert wird.

Eine Reihe von theoretischen Argumenten führt zur Hypothese, dass wirtschaftliche Integration in Form von Freihandel und liberalisierten Finanzmärkten (wirtschaftliche Globalisierung) zur Vermeidung von Kriegen beiträgt (Bussmann et al., 2005; Gartzke, 2007 b). Erstens führen intensivere Wirtschaftsbeziehungen zwischen Staaten zu höheren Opportunitätskosten in kriegerischen Auseinandersetzungen zwischen diesen Staaten (eine Art ökonomisches Abschreckungsargument). Zweitens führen sie zu mehr innerstaatlichem Wohlstand und damit zu einer Minderung von sozialen Problemen, die ansonsten zur Konstruktion von ausländischen Sündenböcken, Protektionismus oder zu anderen Verhaltensweisen führen würden, die internationale Konflikte fördern. Drittens stärken intensivere Wirtschaftsbeziehungen politisch organisierte Gruppen, die von einer liberalen Außenwirtschaft profitieren. Diese Gruppen haben kein Interesse an Kriegen, weil sie dabei ökonomisch nur verlieren würden. Viertens fördert die liberale Außenwirtschaft soziale Kontakte, Kommunikation sowie das Verständnis für andere Länder und Kulturen. Damit reduziert sie das Risiko von Fehlwahrnehmungen und Feindseligkeiten. Eine Erweiterung dieses Arguments besagt, dass Freihandel die Demokratie positiv beeinflusst, und dass Letztere wiederum den Frieden fördert.

Realistische und marxistische Theoretiker haben die liberale Hypothese „Freihandel=Frieden" stark kritisiert. Sie behaupten z. B., dass selbst bei Handelsbeziehungen, die symmetrisch sind, Regierungen unterschiedlich empfindlich gegenüber Störungen des Außenhandels seien und dass asymmetrische Interdependenzen (unterschiedliche gegenseitige Abhängigkeiten) ein erhebliches Konfliktpotential bergen (Mearsheimer, 1994; Liberman, 1996). Dies sei vor allem dann der Fall, wenn Staaten sich mehr um relative als um absolute Gewinne kümmerten und ökonomische Asymmetrien als politisches Druckmittel angewendet würden. Wenn sich Staaten mehr an absoluten Gewinnen orientieren und eine Zusammenarbeit z. B. einen Nutzen im Wert von 100 Geld- oder Machteinheiten erzeugen kann, werden sie auch dann kooperieren (und einen Konflikt vermeiden), wenn der eine Staat 70 und der andere 30 Nutzeneinheiten erhält. Wenn sich Staaten jedoch mehr um relative Gewinne kümmern, werden sie um die Verteilung der Kooperationsgewinne streiten. Wenn sich Staaten auf ihren relativen Nutzen konzentrieren, ist somit die Konfliktwahrscheinlichkeit höher. Realisten und Marxisten nehmen an, dass sich Staaten vor allem an relativen Gewinnen orientieren, während der Liberalismus davon ausgeht, dass absolute Gewinne im Vordergrund stehen.

Empirische Analysen konnten diese Debatte zwischen der liberalen Denkschule und ihren Kritikern bisher nicht entscheiden. Freihandel und Frieden korrelieren zwar miteinander. Unklarheit besteht jedoch insbesondere darüber, inwiefern Freihandel den Frieden oder Frieden den Freihandel fördert, und inwiefern andere Faktoren wie z. B. Demokratie, gesellschaftliche Wertesysteme oder die Existenz eines liberalen Hegemons gleichzeitig die Kriegswahrscheinlichkeit reduzieren und den Freihandel fördern. Aufgrund dieser komplexen, wechselseitigen Effekte konnte die Forschung die Richtung und Stärke der kausalen Effekte bisher noch nicht befriedigend ausdifferenzieren. Somit steht der Kausalmechanismus dieser Hypothese weiterhin auf unsicheren Füßen (Gartzke, 2007 b).

Eine weitere wichtige Hypothese der liberalen Denkschule befasst sich mit dem sogenannten „demokratischen Frieden“. Sie besagt, dass Demokratien weniger häufig gegeneinander Krieg führen als andere Paare politischer Systemtypen (sogenannte Dyaden: Demokratie–Autokratie; Autokratie–Autokratie). Empirisch konnte diese Korrelation in vielen Studien nachgewiesen werden und sie ist heute weitgehend akzeptiert, zumal in diesen Studien der Effekt anderer Einflüsse auf die Kriegswahrscheinlichkeit (z. B. geografische Distanz, Handelsverflechtung und Hegemonie) kontrolliert wird. Seit den 1990er Jahren konzentriert sich die Forschung zum demokratischen Frieden daher vor allem auf vier Fragen, die auf den Kausalmechanismus hinter dieser Korrelation abzielen (Brown et al., 1996; Bueno de Mesquita et al., 1999; Cederman, 2001; Debs & Goemans, 2010; Tomz & Weeks, 2012).

Erstens, welcher Mechanismus lässt beidseitig demokratische Dyaden friedfertiger werden als andere Dyaden? Zweitens, wie lässt sich erklären, dass Demokratien per se nicht friedfertiger sind als Autokratien (monadische Hypothese)? Drittens, weshalb stehen Demokratien in Kriegen, an denen mehr als zwei Staaten beteiligt sind, nur ganz selten in gegnerischen Lagern? Viertens, weshalb gewinnen Demokratien die meisten Kriege, weisen geringere Opferzahlen auf und engagieren sich stärker in friedlichen Konfliktlösungsversuchen? Wir gehen an dieser Stelle exemplarisch vor allem auf die erste und zweite Frage näher ein. In der Fachliteratur werden insbesondere drei Kausalmechanismen für den demokratischen Frieden genannt (Bueno de Mesquita & Lalman, 1992; Bueno de Mesquita et al., 2003; Geis, 2001; Risse-Kappen, 1995). Die folgenden Erläuterungen dazu zeigen auch exemplarisch, wie von der liberalen Denkschule ausgehende Argumente mit Hilfe des konstruktivistischen und des Rational-Choice-Ansatzes weiterentwickelt werden können.

Konstruktivistischer Erklärungsansatz

Demokratien sind grundsätzlich einer Kultur der friedlichen Streitbeilegung und des begrenzten politischen Wettbewerbs verbunden. Diese Kultur, die vorwiegend anderen Demokratien gegenüber praktiziert wird, spiegelt sich in einer gemeinsamen Identität und einer Abgrenzung gegen kulturell andersartige politische Systeme, also Autokratien, wider. Wie sich unschwer erkennen lässt, folgt diese Argumentation einer konstruktivistischen Logik, welche die Wirkungsmacht von Ideen, Normen und Identitäten betont. Umfrageexperimente von Tomz und Weeks (2012) deuten darauf hin, dass das genannte Identitätsargument empirisch durchaus plausibel ist. Im Vordergrund steht hier die Ontologie des „homo sociologicus“, während die zwei folgenden Argumente einer rationalistischen Logik folgen – diese Logik des „homo oeconomicus" liegt dem Rational-Choice-Ansatz zugrunde (Risse-Kappen, 1995).

Institutioneller Erklärungsansatz

In Demokratien müssen weit höhere politische Hürden überwunden werden bis eine Entscheidung zum Krieg gefällt werden kann. Der Grund liegt in der Machtteilung zwischen den drei Staatsgewalten, der Bürgerschaft und der Presse. Diese Hürden führen dazu, dass demokratische Regierungen es schwieriger finden einen Krieg zu beginnen. Die empirische Forschung hat denn auch gezeigt, dass demokratische Regierungen, wenn sie einen Krieg verlieren, häufiger von der Macht entfernt werden als Regierungen in Autokratien (Bueno de Mesquita et al., 1999; Debs & Goemans, 2010).

Transparenz und Vermeidung von Fehlwahrnehmungen und Fehlkalkülen

Demokratien weisen eine stärkere und transparentere politische Öffentlichkeit auf. In Konflikten zwischen Demokratien ist es deshalb für jede der beiden Demokratien besser ersichtlich, wie die Interessen und Absichten des Gegners beschaffen sind und sich entwickeln. Fehlwahrnehmungen und politische Fehlkalküle in Bezug auf die Interessen und die Standfestigkeit des Gegners, die Krisen und Kriege verursachen können, sind somit unwahrscheinlicher (Fearon, 1994; Schultz, 1998; Ramsay, 2004; Tomz, 2007 a).

Wir konzentrieren uns an dieser Stelle exemplarisch auf den zweiten Kausalmechanismus. Insbesondere Bueno de Mesquita et al. (1999; 2003) haben mit spieltheoretischen Analysen mehr theoretische Klarheit in den empirischen Befund gebracht, dass Demokratien sehr selten gegeneinander, jedoch vergleichsweise häufig gegen Autokratien Kriege führen und diese häufig gewinnen (vgl. Reiter & Stam III, 1998). Die Spieltheorie ist eine formale (mathematische) Methode, die der deduktiven Entwicklung von Theorien dient und in der modernen Politikwissenschaft recht häufig eingesetzt wird.

Die Erklärungsmodelle von Bueno de Mesquita et al. beginnen mit der Annahme, dass Politiker rationale Nutzenmaximierer und primär an ihrem eigenen politischen Überleben interessiert sind (Wiederwahl, Machterhalt). Dieses Überleben hängt in Ländern, in denen die Unterstützung großer Bevölkerungsteile erforderlich ist – dies sind vor allem Demokratien – stärker von erfolgreichen politischen Aktivitäten ab, die Nutzen für eine breite Bevölkerungsschicht bewirken (öffentliche Güter). In Autokratien hingegen ist das politische (und bisweilen auch tatsächliche) Überleben von Herrschern vor allem von der erfolgreichen Bedienung ihrer im Vergleich zu Demokratien zahlenmäßig kleineren Gefolgschaft mit spezifischen materiellen Vorteilen (privaten Gütern) abhängig.

Bueno de Mesquita et al. folgern daraus, dass Entscheidungsträger in Demokratien stärker darauf angewiesen sind, Kriege zu gewinnen – wobei hier angenommen wird, dass der Sieg in einem Krieg der breiten Öffentlichkeit zugutekommt bzw. eine Niederlage eher der breiten Öffentlichkeit schadet, während in Autokratien lediglich die Elite von Siegen und Niederlagen in einem Krieg tangiert wird.

Diese Annahme, dass ein Sieg im Krieg einem öffentlichen Gut gleichkommt, lässt sich durchaus hinterfragen und wurde auch stark kritisiert (u. a. Debs & Goemans, 2010). Wenn wir sie aber dennoch akzeptieren, folgt daraus, dass demokratische Regierungen, die sich für einen Krieg entschieden haben, viele Ressourcen investieren, um diesen Krieg zu gewinnen und einen Krieg auch erst dann beginnen, wenn die Chancen auf einen Sieg relativ gut stehen. Da Demokratien voneinander wissen, dass der jeweils andere genauso handelt und deshalb die eigenen Gewinnchancen sinken, führt dies zu weniger Kriegen in demokratischen Dyaden. Der demokratische Frieden wird folglich damit erklärt, dass ein Krieg zwischen zwei Demokratien für beide Seiten sehr kostspielig wäre und dass bei einer Niederlage auch die innenpolitischen Kosten sehr hoch ausfallen würden. Autokratien investieren dagegen weniger Ressourcen in die Kriegsführung, weil sie mehr Ressourcen zur Bedienung ihrer Gefolgschaft benötigen und beginnen einen Krieg auch dann, wenn die Chancen auf einen Sieg nicht sonderlich hoch sind. Weil das Gewinnen eines Krieges auch innenpolitische Gewinne erzeugen kann (vor allem dann, wenn die eigenen Verluste gering sind), führen Demokratien daher vergleichsweise häufig Kriege gegen schwächere Autokratien, während sie die hohen Kosten eines Krieges gegen eine gut gerüstete Demokratie abschrecken. Aus ähnlichen Gründen wenden mächtige Demokratien bisweilen auch (beschränkte) Gewalt gegen sehr viel schwächere Demokratien an, wobei das Zielland dann meistens sehr schnell kapituliert und es nur ganz selten zu einem größeren Krieg kommt.

Kasten 14.1 illustriert die Vorgehensweise der Spieltheorie anhand einer anderen Studie von Bueno de Mesquita und Lalman (1992). Diese zeigt, weshalb Krisen zwischen demokratischen Staatenpaaren weniger häufig zum Krieg führen als Krisen zwischen Staatenpaaren mit einem demokratischen und einem autokratischen Staat. Wie die oben diskutierte Theorie prognostiziert auch die im Kasten 14.1 erläuterte Theorie eine geringere Kriegswahrscheinlichkeit zwischen Demokratien. Sie identifiziert jedoch einen anderen kausalen Mechanismus. Die oben diskutierte Theorie geht vom politischen Entscheidungsträger und seinem Bestreben um Machterhaltung aus. Die im Kasten 14.1 besprochene Theorie basiert auf unterschiedlichen Präferenzen der einzelnen Staaten.

14.1 Der demokratische Frieden aus spieltheoretischer Sicht

Die Spieltheorie hilft uns, die im Haupttext präsentierten Argumente zum zweiten (institutionellen) Wirkungsmechanismus des demokratischen Friedens etwas systematischer zu formulieren und zu analysieren. In der hier besprochenen Studie von Bueno de Mesquita und Lalman (1992) werden unterschiedlichen politischen Systemen (Demokratien, Autokratien) unterschiedliche Präferenzen zugeschrieben. In der Folge wird dann die Interaktion von zwei Staaten mit diesen Präferenzen untersucht. Die wichtigsten Annahmen in Bezug auf die Präferenzen sind, dass demokratische Entscheidungsträger der internationalen Gewaltanwendung grundsätzlich stärker abgeneigt sind und dass die innenpolitischen Kosten von Kriegen in Demokratien höher sind.

Die beiden in diesem Kasten in Abbildungen 14.5 und 14.6 grafisch dargestellten Entscheidungsbäume (in der Spieltheorie wird von Spielbäumen gesprochen) beschreiben in sehr abstrakter und vereinfachender Weise zwei Situationen: Abbildung 14.5 stellt eine Krise zwischen zwei Demokratien, Abbildung 14.6 eine Krise zwischen einer Demokratie und einer Autokratie (vereinfacht als Diktatur bezeichnet) dar.

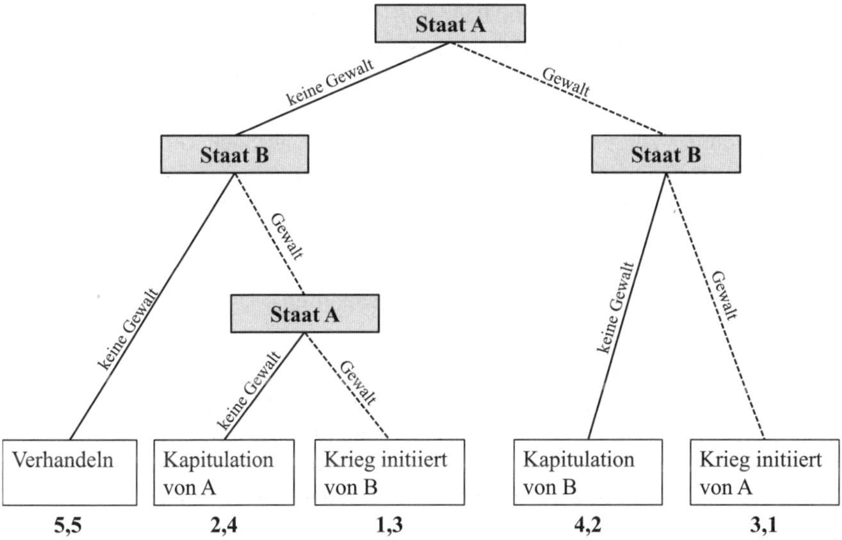

Abbildung 14.5: Spielbaum – Krise zwischen Demokratien

Quelle: Darstellung basiert auf Bueno de Mesquita & Lalman (1992).

Inhaltlicher Ausgangspunkt ist eine Krise zwischen zwei Staaten, die sich jeweils zwischen Gewaltanwendung und Nichtgewaltanwendung entscheiden müssen. Die Akteure (Staat A und Staat B) entscheiden nacheinander. In jedem grau hinterlegten Kasten muss jeweils ein Akteur eine Entscheidung treffen. Jeder Teil des Spielbaumes, der mit einem grauen Rechteck beginnt, ist ein sogenanntes Teilspiel. Die weißen Rechtecke am Ende des Spielbaumes geben den jeweiligen Spielausgang wieder. Darunter sind die „Payoffs" aufgeführt, also der Nutzen, der jeweils für beide Akteure aus einer bestimmten Kombination von Entscheidungen am Ende des Spiels entsteht. Die erste Zahl bezeichnet den Nutzen von Staat A, die zweite den Nutzen von Staat B. Der Nutzen, den ein Staat erzielen kann, variiert zwischen 1 (Minimum) und 5 (Maximum).

Zur Abbildung 14.5: Betrachten wir zunächst die möglichen Ergebnisse der individuellen Entscheidungen der beiden Staaten und beginnen mit dem linken Ast des Spielbaumes. Entscheidet sich Staat A dafür, keine Gewalt anzuwenden und Staat B ebenso, dann müssen beide Staaten weiter verhandeln und vermeiden damit einen Krieg. Entscheidet sich Staat B hingegen dafür, Gewalt anzuwenden, dann kann Staat A wiederum zwischen Gewaltanwendung und keiner Gewaltanwendung wählen. Entscheidet sich Staat A dafür, keine Gewalt anzuwenden, kommt dies einer Kapitulation von A gleich. Wählt A in der letzten Phase jedoch die Gewaltanwendung, ergibt sich ein von B initiierter Krieg. Betrachten wir nun den rechten Ast des Entscheidungsbaumes. Entscheidet sich Staat A im ersten Schritt dazu, Gewalt anzuwenden und wählt Staat B danach ebenfalls Gewaltanwendung, entsteht ein von A initiierter Krieg. Wenn B jedoch nachgibt (keine Gewalt anwendet), führt dies zur Kapitulation von B.

Wenn wir wissen, wie Staat A und B jedes dieser fünf möglichen Ergebnisse bewerten, und wenn wir annehmen, dass jeder Staat das Nutzenkalkül des anderen Staates kennt und weiß, dass der andere dies weiß, und dieser Staat wiederum weiß, dass sein Gegenspieler weiß, dass er dies weiß usw. („Common Knowledge"-Annahme), können wir mit Hilfe eines sogenannten Gleichgewichtskonzeptes prognostizieren, wie die Krise enden wird. Das Ziel der spieltheoretischen Analyse besteht somit darin, eine Entscheidungssituation systematisch darzustellen (entweder graphisch, wie in unserem Fall, oder mittels mathematischer Gleichungen), und zu analysieren, ob und unter welchen Bedingungen die modellierte Interaktion zu einem bestimmten Ergebnis führt (einem sogenannten Gleichgewicht).

Basierend auf den bereits formulierten Annahmen gehen wir von folgender Präferenzordnung des Staates A (einer Demokratie) aus: Verhandeln (Nutzen = 5) ist besser als die Kapitulation von B (Nutzen = 4). Beides ist besser als ein von A initiierter Krieg (Nutzen = 3). Dieser ist besser als eine Kapitulation von A (Nutzen = 2). Und Kapitulation wiederum ist besser als ein von B initiierter Krieg (Nutzen = 1). Das heißt, Staat A bevorzugt die genannten Ergebnisse in der genannten Reihenfolge. Staat A favorisiert also Verhandeln, wohingegen ihm ein von B initiierter Krieg am meisten zuwider ist. Da sich in dem Spiel zwei Demokratien gegenüberstehen, nehmen wir an, dass die Nutzenstruktur von Staat B derjenigen von Staat A entspricht.

Diese Nutzenstruktur spiegelt die Vorstellung wider, dass Demokratien besonders stark an einer Beilegung der Krise durch Verhandlungen (A und B erhalten beide den Nutzen 5) interessiert sind. Falls der Krieg unvermeidbar scheint, bevorzugen sie ihn selbst zu initiieren und nicht passiv auf den Angriff des anderen Staates zu warten (Nutzen = 3). Wenn sie jedoch bereits in der Defensive sind, bevorzugen sie Kapitulation gegenüber Krieg (Nutzen = 2). Wenn die politische Führung nicht primär darauf aus ist, den Gegner in die Knie zu zwingen, wird die Kapitulation des Gegners (Nutzen = 4) besser sein als ein von A oder B initiierter Krieg. Die kooperative Lösung wird aber immer noch bevorzugt.

Mit Hilfe der sogenannten Rückwärtsinduktion lässt sich analysieren, wie die Krise in diesem abstrakten und natürlich stark vereinfachten Beispiel ausgehen wird. Dieses Verfahren hilft uns dabei, das sogenannte teilspielperfekte Nash-Gleichgewicht ausfindig zu machen. Das Gleichgewichtskonzept der Teilspielperfektheit („subgame perfection") fordert, dass jeder Spieler in jedem Teilspiel (in dem er eine Wahl treffen muss) jene Handlung wählt, die seinen eigenen Nutzen maximiert – immer vor dem Hintergrund der Entscheidungen des anderen, der sich ja ebenso verhält.

Die Anwendung der Rückwärtsinduktion funktioniert wie folgt. Man beginnt mit dem letzten Teilspiel. Dieses startet in dem dargestellten Spiel dort, wo sich Staat A zum zweiten Mal zwischen der Anwendung und Nichtanwendung von Gewalt entscheiden muss. Verzichtet er auf die Anwendung von Gewalt, kommt diese Entscheidung einer Kapitulation gleich und er erhält einen Nutzen von 2. Entscheidet er sich für Gewaltanwendung resultiert ein von B initiierter Krieg und Staat A hat den Nutzen 1, das von ihm am wenigsten gewünschte Ergebnis. In diesem Teilspiel sollte sich Staat A also für die Nichtanwendung von Gewalt entscheiden, da er einen Nutzen von 2 einem Nutzen von 1 vorzieht.

Gehen wir nun in der linken Hälfte des Spielbaumes ein Teilspiel weiter zurück. Hier muss sich Staat B nach der ursprünglichen Entscheidung von Staat A, keine Gewalt anzuwenden, zwischen der Anwendung von Gewalt und dem Verzicht auf Gewalt entscheiden. Staat B weiß in dieser Situation jedoch, dass sich Staat A für einen Gewaltverzicht entscheiden wird, wenn es zum letzten Teilspiel kommen sollte. Staat B hat also die Wahl zwischen der Nichtanwendung von Gewalt (das Ergebnis ist Verhandlung und bringt ihm einen Nutzen von 5) und Gewaltanwendung. Entscheidet er sich für Gewalt, dann bringt ihm dies 4 Nutzenpunkte, weil Staat A sich in diesem Fall gegen Gewaltanwendung entscheiden wird. Da die Nichtanwendung von Gewalt einen Nutzen von 5 verspricht, die Anwendung von Gewalt jedoch nur einen Nutzen von 4, wird Staat B sich in diesem Teilspiel gegen Gewaltanwendung entscheiden. Für beide Staaten resultiert aus Verhandlungen in diesem Teilspiel ein Nutzen von 5.

Nun müssen wir die rechte Hälfte des Spielbaumes betrachten, also den Teil des Baumes, der mit der Gewaltanwendung durch Staat A initiiert wird. Widmen wir uns erneut dem letzten Teilspiel. Hier muss sich Staat B zwischen Anwendung und Nichtanwendung von Gewalt entscheiden. Da er für eine friedvolle Handlung 2 Nutzenpunkte erhält und nur einen Nutzen von 1, wenn er Gewalt anwendet, wird er sich für die Nichtanwendung von Gewalt entscheiden. Für Staat A ergäbe dies einen Nutzen von 4 in diesem Teilspiel.

Nachdem nun klar ist, welches Ergebnis sich einstellt, wenn Staat A ganz zu Beginn des Spiels Gewalt anwendet und welches Ergebnis sich einstellt, wenn er dies nicht tut, muss man nur noch herausfinden, welche dieser beiden Handlungen für A den größeren Nutzen bringt. Wendet er Gewalt an, erhält er einen Nutzen von 4. Tut er dies nicht, erhält er 5 Nutzenpunkte. Staat A wird sich deshalb gleich zu Beginn des Spiels gegen Gewaltanwendung entscheiden. Das teilspielperfekte Nash-Gleichgewicht lautet also: (keine Gewalt/keine Gewalt).

Wir wenden uns nun Abbildung 14.6 zu, die eine Krise zwischen einer Demokratie und einer Diktatur beschreibt. Der einzige Unterschied zwischen beiden Spielbäumen liegt in der Präferenzordnung des autokratischen Staates. Da die innenpolitischen Kosten der Kriegsführung in Diktaturen geringer sind als in Demokratien, unterscheidet sich diese von der Präferenzordnung eines demokratischen Staates und führt daher zu anderen Payoffs.

Wir gehen von folgender Präferenzordnung der Diktatur aus: Eine Kapitulation der Demokratie (Nutzen = 5) ist das beste Ergebnis für eine Diktatur und ist insbesondere besser als ein Verhandlungsergebnis (Nutzen = 4). Verhandeln ist besser als ein von der Diktatur initiierter Krieg (Nutzen = 3). Letzterer ist besser als ein von der Demokratie initiierter Krieg (Nutzen = 2) und dies wiederum ist besser als eine Kapitulation der Diktatur (Nutzen = 1). Für die Diktatur ist es attraktiver, einen von der Demokratie initiierten Krieg zu führen (Nutzen = 2) als zu kapitulieren (Nutzen = 1). Es ist ebenfalls attraktiver für die Diktatur, zu versuchen, den Gegner in die Knie zu zwingen (Nutzen = 5), als zu verhandeln (Nutzen = 4). Die Demokratie hingegen behält ihre bereits in Abbildung 14.5 beschriebene Präferenzordnung bei: Verhandeln ist besser als eine Kapitulation der Diktatur. Letzteres ist besser als ein von der Demokratie initiierter Krieg und dies wiederum ist besser als eine Kapitulation der Demokratie. Schließlich ist die Kapitulation der Demokratie besser als ein von der Diktatur initiierter Krieg.

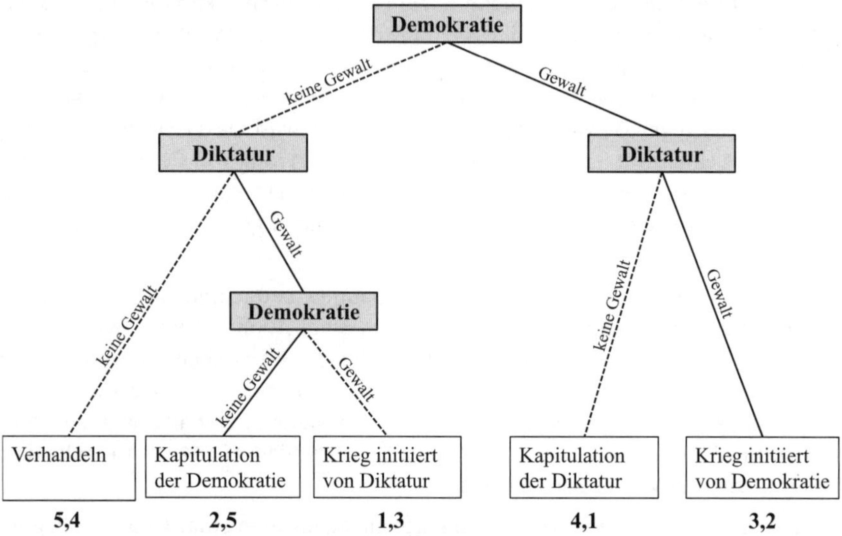

Abbildung 14.6: Spielbaum – Krise zwischen einer Demokratie und einer Diktatur

Quelle: Darstellung basiert auf Bueno de Mesquita & Lalman (1992).

Abbildung 14.6 stellt diese Situation dar und wir gehen wiederum von rationalen Nutzenmaximierern aus. Das teilspielperfekte Gleichgewicht finden wir erneut durch Anwendung der Rückwärtsinduktion. Dies führt uns zu der Prognose (dem teilspielperfekten Nash-Gleichgewicht), dass die Demokratie Gewalt anwenden wird und diese Entscheidung von der Diktatur mit Gewalt beantwortet werden wird, es also zu einem von der Demokratie initiierten Krieg kommt. Dieses Ergebnis bringt für die Demokratie den Nutzen 3, da sich die Diktatur im rechten unteren Teilspiel ebenfalls für Gewaltanwendung entscheiden wird.

Wenn sich die Demokratie gegen Gewaltanwendung entscheiden würde, würde die Diktatur mit Gewalt antworten und die Demokratie würde daraufhin kapitulieren und 2 Nutzenpunkte erhalten. Weder der Nutzen 3 noch der Nutzen 2 ist für die Demokratie insgesamt optimal, doch 3 Punkte sind besser als 2. Deshalb wird sich die Demokratie für das geringere Übel, den „präventiven Krieg“ entscheiden. Die Analyse zeigt damit, dass Demokratien in diesem Modell empfindlicher auf Kriegsdrohungen reagieren und gleichzeitig eher dazu neigen, vorbeugende Schläge gegen potentielle Aggressoren zu führen.

Zusammengefasst geben diese Überlegungen Hinweise dazu, weshalb Krisen zwischen Demokratien weniger häufig zum Krieg führen als Krisen zwischen einer Demokratie und einer Diktatur. Empirische Untersuchungen haben diese Hypothese des „demokratischen Friedens“ gestützt.

14.4 Internationale Kooperation und Institutionen

Auch wenn sie die Berichterstattung der Massenmedien stark prägen, sind Kriege zwischen Staaten seltene Ereignisse. Kooperative Interaktionen zwischen Staaten oder zwischen Staaten und nichtstaatlichen Akteuren sind weitaus häufiger. So ist das internationale System insbesondere seit dem Zweiten Weltkrieg immer stärker durch Tausende von internationalen Verträgen und Organisationen geprägt, sodass es nur noch begrenzt als anarchisch bezeichnet werden kann. Zur Illustration zeigt Abbildung 14.7 die kumulierte Zahl der internationalen Organisationen seit 1909.

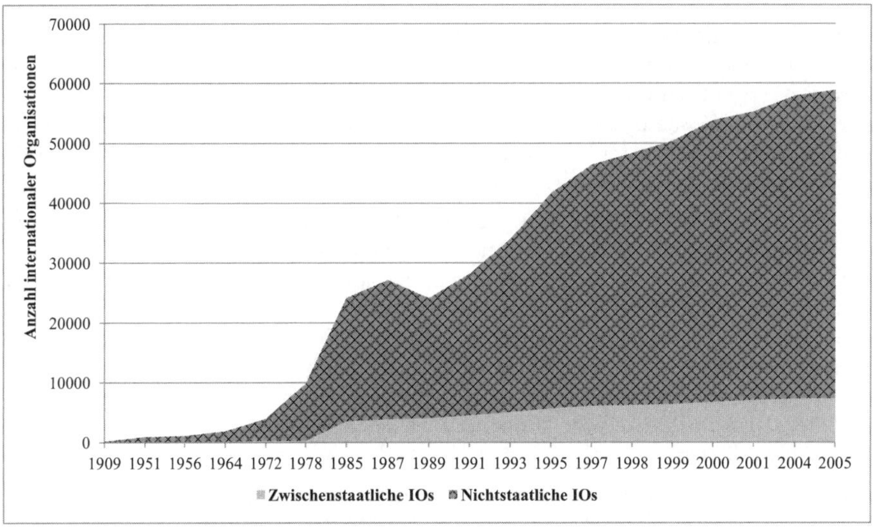

Abbildung 14.7: Anzahl internationaler Organisationen 1909–2005

Quelle : Union of International Associations (2012)

Die politikwissenschaftliche Forschung konzentriert sich auf ein breites Spektrum von Fragen zur internationalen Kooperation. Im Zentrum stehen vor allem die folgenden: Wann und weshalb gelingt es Staaten internationale Verträge und/oder Organisationen zu etablieren? Unter welchen Bedingungen verhalten sich Staaten kooperativ z. B. in Bezug auf die Teilnahme an Verhandlungen, Zustimmung zu bzw. Ratifikation von Verträgen, Beitritt zu internationalen Organisationen und Umsetzung internationaler Verpflichtungen? Wie lässt sich die Wirksamkeit internationaler Zusammenarbeit messen? Welche Formen der internationalen Zusammenarbeit kommen unter welchen Bedingungen zustande und welche Formen der internationalen Problemlösung sind wirksamer? Inwiefern und unter welchen Bedingungen kann transnationale Kooperation,

d. h. grenzüberschreitende Kooperation, an der nichtstaatliche Akteure beteiligt sind, zur Lösung internationaler Probleme beitragen? Aus Platzgründen können wir die genannten Fragestellungen in diesem Kapitel nur sehr selektiv ansprechen. Wir beginnen mit einer generellen Betrachtung der Kooperationsmöglichkeiten aus Sicht der Denkschulen des Realismus und des Liberalismus (neoliberalen Institutionalismus). Danach wenden wir uns spezifischeren Erfolgsbedingungen der internationalen Zusammenarbeit zu und tun dies vor allem aus empirischer Sicht.

14.4.1 Möglichkeiten und Grenzen wirksamer internationaler Kooperation

Die Forschung zu den Möglichkeiten und Grenzen internationaler Kooperation allgemein und in Bezug auf spezifische Politikfelder wurde von den 1960er bis Mitte der 1990er Jahre sehr stark von konkurrierenden Annahmen und Argumenten des Realismus und des neoliberalen Institutionalismus, die wir bereits kennengelernt haben, geprägt (Keohane & Nye, 1977; Keohane, 1984; Oye, 1986; Zürn, 1992; Hasenclever et al., 1997; Simmons & Martin, 2002). Seit Mitte der 1990er Jahre sind diese Gegensätze in den Hintergrund getreten und Politikwissenschaftler integrieren meist Annahmen und Hypothesen aus beiden Denkschulen bei Beschreibungen und Erklärungen internationaler Zusammenarbeit. Wie oben diskutiert tun sie dies meist auf der Basis des Rational-Choice-Ansatzes oder konstruktivistischer Paradigmen. Wir befassen uns in diesem Abschnitt mit gegensätzlichen Argumenten zu den Möglichkeiten und Grenzen internationaler Zusammenarbeit, die sich aus den zwei genannten traditionellen Denkschulen ableiten lassen. Im folgenden Abschnitt gehen wir dann konkreter auf die Erfolgsbedingungen internationaler Kooperation ein.

Die realistische Denkschule ist bezüglich der Möglichkeiten internationaler Kooperation pessimistisch. Sie geht von der Annahme eines anarchischen internationalen Systems und von starken Anreizen zur Nichteinhaltung internationaler Abkommen aus. Das bekannteste theoretische Konzept, welches diesem Pessimismus zugrunde liegt, ist das sogenannte Gefangenendilemma. Dieses beschreibt Situationen, in denen die Zusammenarbeit für zwei Staaten optimal wäre, jedoch sehr schwierig zu erreichen ist, da beide Partner aus Angst, dass der andere nicht kooperiert und die eigene Kooperationsbereitschaft ausnutzt, nicht kooperieren. Das Gefangenendilemma wird in Kasten 14.2 näher erläutert.

14.2 Handelsliberalisierung als sequentielles Gefangenendilemma

Wir erläutern in diesem Kasten das Gefangenendilemma, welches Schwierigkeiten bei der internationalen Zusammenarbeit in abstrakter Weise anhand der Situationsstruktur benennt. Wir tun dies mit Hilfe eines Beispiels aus dem Bereich der internationalen Handelspolitik. Der Name Gefangenendilemma stammt daher, dass dieses spieltheoretische Konzept erstmals anhand der Situationslogik beim Verhör von zwei Gefangenen dargestellt wurde (was wir hier aufgrund unseres Interesses an internationalen Kooperationsfragen jedoch nicht tun) (siehe Diekmann, 2009).

Zwei Staaten A und B müssen sich entscheiden, ob sie ihre Waren- und Dienstleistungsmärkte für den jeweils anderen Staat öffnen. Beide haben in dieser starken Vereinfachung einer realen Entscheidungssituation zwei Möglichkeiten: Liberalisieren oder nicht liberalisieren. Diese Handlungsoptionen sind in der Abbildung 14.8 dargestellt. Daraus resultieren vier mögliche Ergebnisse. Wir nehmen an, dass beide Staaten ihren Nutzen maximieren wollen. Wir betrachten jeden Staat als einen einheitlichen Akteur und ignorieren, was sich im Inneren des Staates abspielt. Der Nutzen, den ein Staat durch die Kooperation erzielen kann, reicht von 1 (Minimum) bis 4 (Maximum). Der Nutzen von Staat A ist als erste Zahl unterhalb jedes Endpunktes im Spiel (Quadrate) aufgeführt, der Nutzen von Staat B als zweite Zahl. Die Darstellungsweise entspricht derjenigen der Abbildungen 14.5 und 14.6 in Kasten 14.1. Wie in Kasten 14.1 ist auch hier die Interaktion sequentiell modelliert. D.h. ein Akteur entscheidet, danach entscheidet der andere Akteur, danach wiederum der erstere, usw.

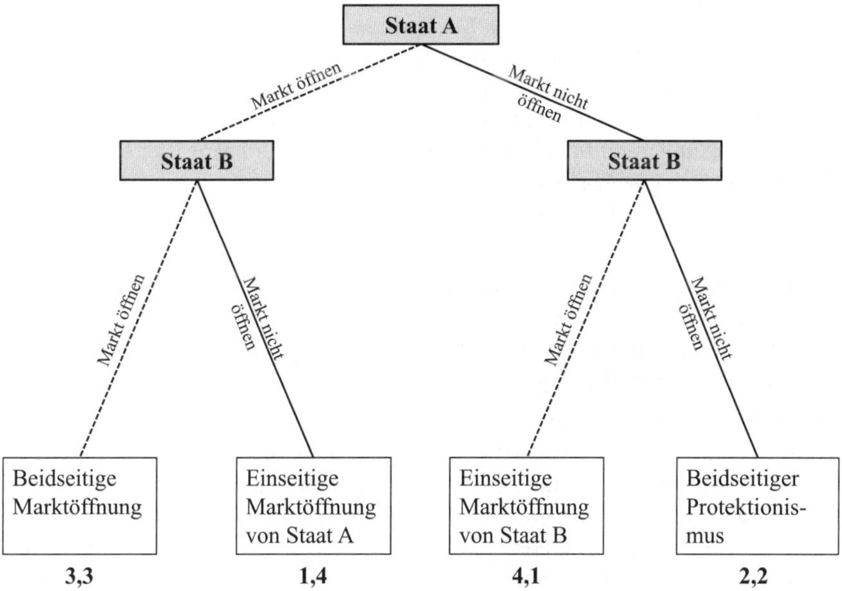

Abbildung 14.8: Handelsliberalisierung als Gefangenendilemma

Wir nehmen nun an, dass es aus Sicht des einzelnen Staates (Entscheidungsträgers) am besten ist, den eigenen Markt gegenüber dem anderen Staat geschlossen zu halten, jedoch eine Marktöffnung des anderen Staates zu erwirken, da dies die eigenen Exporte fördert und die Handelsbilanz (Exporte minus Importe) verbessert (Nutzen = 4). Am unvorteilhaftesten ist das Gegenteil: Den eigenen Markt zu öffnen, während der andere Staat keine Marktöffnung vornimmt (Nutzen = 1). Am zweitschlechtesten positioniert sich ein Staat, wenn beide ihren Markt geschlossen halten und damit beidseitiger Protektionismus vorherrscht (Nutzen = 2). Am zweitbesten ist es, wenn beide Staaten ihre Märkte öffnen (Nutzen = 3).

Diese Annahmen stimmen mit der konventionellen Lehrmeinung der modernen Ökonomie nur begrenzt überein, da nach dieser Meinung auch eine einseitige Marktöffnung für den Liberalisierer gewinnbringend sein kann. In der realen Politik kommt es jedoch nur sehr selten zu einseitigen Marktöffnungen. Die Reziprozität hingegen spielt in der internationalen Handelspolitik eine große Rolle.

Ähnlich wie in Kasten 14.1 können wir auch im Spiel, das in Abbildung 14.8 dargestellt ist, durch Rückwärtsinduktion ein teilspielperfektes Gleichgewicht ermitteln. Im linken Ast des Spielbaums wird sich Staat B im letzten Teilspiel gegen eine Marktöffnung entscheiden, weil er damit den Nutzen 4 (statt 3 bei Marktöffnung) erzielen kann. Im rechten Ast des Spielbaums wird sich Staat B im letzten Teilspiel ebenfalls gegen eine Marktöffnung entscheiden, weil er damit den Nutzen 2 (statt 1 bei Marktöffnung) erzielt. Staat A antizipiert die Entscheidung von Staat B im letzten Teilspiel, wenn er sich für Marktöffnung (linker Ast) oder Protektionismus (rechter Ast) entscheiden muss. Staat A wird sich in dieser Situation gegen eine Marktöffnung entscheiden, weil daraus ein Nutzen von 2 bei beidseitigem Protektionismus resultiert. Würde Staat A den Markt öffnen, würde Staat B mit Protektionismus antworten und Staat A erhielte lediglich den Nutzen 1. Gegenseitiger Protektionismus ist somit das teilspielperfekte Nash-Gleichgewicht in diesem Spiel. Dieses Gleichgewicht ist sehr robust, weil keiner der beiden Staaten einen Anreiz hat, seinen Markt unilateral zu öffnen. Protektionismus ist für beide Staaten eine strikt dominante Strategie: Egal wie der andere Staat entscheidet, verspricht der Protektionismus für jeden der beiden Staaten den größeren Gewinn als die Marktöffnung.

Diese Situation wird meist als Dilemma bezeichnet, weil der beidseitige Nutzen von 3 für die beiden Staaten kollektiv am besten wäre, jedoch aus individuell rationalen Handlungsmotiven ein beidseitiger Nutzen von 2 resultiert. Das individuelle Streben nach dem größtmöglichen Eigennutzen steht somit der Maximierung des kollektiven Nutzens im Wege.

In der Sicherheitspolitik, z. B. bei der Abrüstung, ist die Logik des Gefangenendilemmas noch häufiger anzutreffen als in der Außenhandelspolitik. Hier wird in der Literatur meist von einem Sicherheitsdilemma gesprochen (Herz, 1951; Glaser, 1997; Booth & Wheeler, 2007). Im Prinzip würden die meisten Staaten, insbesondere diejenigen, deren Armee keine wichtige Ordnungs- oder Unterdrückungsfunktion im Staatsinneren ausübt, sondern ausschließlich dem Schutz gegen Außen dient, von einer allgemeinen Abrüstung stark profitieren (so könnten z. B. die Steuern reduziert und damit das Wirtschaftswachstum und die Beschäftigung gefördert werden). Staaten fürchten sich jedoch davor, dass andere Staaten oder nichtstaatliche Akteure deren Kooperationsbereitschaft ausnutzen.

Aus der Sicht des Realismus lässt sich die Logik des Gefangenendilemmas und damit der nichtkooperative Zustand nur dann überwinden, wenn mächtige Staaten im internationalen System (am besten eine Hegemonialmacht) die Kooperation gezielt fördern. Vor allem, wenn es um die Herstellung kollektiver Güter auf internationaler Ebene geht, ist aus Sicht des Realismus ein Hegemon erforderlich (Theorie hegemonialer Stabilität) (siehe u. a. Kindleberger, 1973; Gilpin, 1987; Mearsheimer, 2001). Internationale Kollektivgüter sind Güter, von deren Nutzung nichtkooperierende Staaten nicht oder nur unter hohen Kosten ausgeschlossen werden können. Beispiele sind die Stabilität des globalen Währungssystems, ein offenes Welthandelssystem, die Bekämpfung der Piraterie auf den Weltmeeren und globale Bemühungen zur Reduktion der Treibhausgasemissionen. Da jeder Staat von diesen Gütern profitieren kann, auch wenn er sich an ihrer Herstellung nicht beteiligt, besteht ein starker Anreiz zum Trittbrettfahren .

Um diesem Problem entgegenzuwirken, kann der Hegemon selektive Anreize setzen. Er kann einseitige Vorleistungen erbringen und so andere Staaten zur Kooperation motivieren. Oder er kann diese unter Druck setzen, zur Herstellung und Bewahrung des kollektiven Guts beizutragen und Trittbrettfahrer bestrafen. Folglich postulieren Vertreter des Realismus, dass beobachtbare Phänomene der internationalen Kooperation im Wesentlichen ein Spiegelbild der existierenden Machtverhältnisse im internationalen System seien. In Bereichen, in denen eine Großmacht oder ein Hegemon starkes Interesse an einer wirksamen internationalen Zusammenarbeit habe, sei diese auch möglich (Krasner, 1982 b; Oye, 1986). Beispiele sind die vor allem durch die USA vorangetriebene Stabilisierung des Weltwährungssystems durch am Gold und US-Dollar fixierte Wechselkurse (1946–1973) und die Liberalisierung der internationalen Warenmärkte in der Zeit nach dem Zweiten Weltkrieg. In Politikbereichen, in denen keine Großmacht oder kein Hegemon die Zusammenarbeit vorantreibt, ist internationale Kooperation hingegen sehr schwierig zu erreichen und findet meist, wenn überhaupt, auf dem kleinsten gemeinsamen Nenner statt. Letzteres bedeutet, dass der am wenigsten kooperationswillige Staat innerhalb einer Staatengruppe, die eine Zusammenarbeit anstrebt, das Ergebnis der Bemühungen bestimmt.

Weil internationale Kooperation aus Sicht des Realismus sehr stark von den Interessen und Kapazitäten mächtiger Staaten abhängt, führen Veränderungen der Machtverhältnisse und Interessen solcher Staaten allerdings auch zu Veränderungen in der internationalen Zusammenarbeit. Wenn z. B. ein Hegemon, der eine bestimmte Form der internationalen Kooperation unterstützt, an Macht verliert, leidet darunter auch die zwischenstaatliche Zusammenarbeit. An diesem Punkt hat die Forschung liberalinstitutionalistischer Prägung eingehakt und wichtige Gegenargumente entwickelt. Ihre Argumente konzentrieren sich auf die Entstehungs- und Fortbestehungsbedingungen internationaler Institutionen sowie deren Wirksamkeit. Internationale Institutionen, häufig auch internationale Regime genannt, sind Systeme von Prinzipien, Normen, Regeln und Entscheidungsprozeduren, die das Verhalten und die Erwartungen der beteiligten Staaten koordinieren (Krasner, 1982 b; Oye, 1986). Die internationalen Institutionen für den Welthandel bestehen z. B. aus vielen bilateralen und multilateralen Verträgen, formellen und informellen Regeln und Entscheidungsprozeduren sowie der WTO, die ihren Sitz in Genf hat. Letztere dient als Verhandlungsplattform für weiterführende Abkommen oder die Revision bestehender Abkommen sowie als Struktur zur Beilegung von Streitigkeiten. Weiter hat sie die Aufgabe, die Umsetzung der handelsrechtlichen Verpflichtungen der WTO-Mitglieder zu analysieren und zu überwachen.

Neoliberale Institutionalisten haben einerseits darauf hingewiesen, dass wirksame internationale Kooperation in vielen Politikbereichen auch ohne Hegemon bzw. ohne die Kooperation forcierender Großmächte stattfindet – von bilateraler Zusammenarbeit im Umweltschutz bis hin zur Rüstungskontrolle und Fiskalpolitik (Keohane, 1984; Oye, 1986; Bernauer, 2000; Simmons & Martin, 2002). Andererseits haben sie aufgezeigt, dass insbesondere seit Mitte der 1970er Jahre wichtige globale Institutionen wie z. B. das Allgemeine Zoll- und Handelsabkommen GATT (heute WTO) und die Bretton Woods-Institutionen (Weltbank, Internationaler Währungsfonds) trotz Schwächung der USA durch den verlorenen Vietnamkrieg und die Erdölkrise weiterhin stabil blieben.

In seinem Buch „After Hegemony" führt Robert Keohane (1984) diese Beobachtungen auf die Funktionslogik internationaler Institutionen zurück. Basierend auf Erkenntnissen der experimentellen Spieltheorie, insbesondere dem Werk des Politikwissenschaftlers Robert Axelrod (1984), lässt sich erstens feststellen, dass internationale Kooperation auch unter Bedingungen des Gefangenendilemmas ohne Hegemon möglich ist, wenn die Kooperation in kleinen Schritten vonstattengeht, Staaten in einem Tit for Tat-Modus (strikte Reziprozität) operieren und ein gegenseitiger Informationsaustausch stattfindet. Da Staaten in der Realität meist in diversen Politikbereichen miteinander verhandeln und Interaktionen auch im gleichen Politikfeld über die Zeit hinweg in mehreren oder vielen „Runden" ablaufen, erklären die Resultate von Axelrod, weshalb auch in sehr sensiblen Bereichen (z. B. Abrüstung), wirksame Kooperation bisweilen zustande kommt. Zweitens stellt Keohane basierend auf der Theorie des kollektiven Handelns (siehe Abschnitt 9.1.3 in Kapitel 9) dar, dass Kooperation in kleineren Gruppen einfacher ist. Dies erklärt die häufig beobachtbare Kooperation auf bilateraler Ebene oder innerhalb kleinerer Staatengruppen (z. B. in Europa). Schließlich argumentiert er, dass viele internationale Kooperationsbemühungen kollektive Güter produzieren, von deren Nutzen nichtkooperierende Akteure ausgeschlossen werden können (sogenannte Klubgüter). Beispiele sind die NATO und die Europäische Union. Bei Klubgütern ist das Trittbrettfahrerproblem geringer und Kooperation somit einfacher zu erreichen.

Internationale Institutionen spielen in diesem Kontext eine wichtige Rolle. Staaten können mit dem Beitritt zu Verträgen und internationalen Organisationen signalisieren, dass sie sich an bestimmte internationale Rechtsnormen halten wollen. Damit wirken internationale Institutionen dem im Gefangenendilemma zentralen Problem des Misstrauens gegenüber anderen Akteuren entgegen. Sie helfen den Staaten aus dem Gefangenendilemma „auszubrechen" und Kooperationsprozesse in kleinen Schritten unter Bedingungen von Reziprozität in relativ kostengünstiger Weise zu organisieren. Sie erlauben auch häufig, die Zusammenarbeit auf niedrigem Niveau (kleinster gemeinsamer Nenner) zu starten und danach in Verhandlungen graduell durch reziproke Verpflichtungen zu vertiefen. Des Weiteren stellen internationale Organisationen die Verhandlungsinfrastruktur bereit und ermöglichen damit die Anwendung von Prozeduren, die in vorhergehenden Verhandlungsrunden entwickelt wurden (z. B. zur Streitschlichtung). Darüber hinaus liefern sie Analysen zur Umsetzung der Verpflichtungen und unterstützen die Staaten beim Überwachen der Vertragseinhaltung und der Sanktionierung von Fehlverhalten. Internationale Institutionen tragen somit zur Konvergenz und Stabilisierung der Erwartungen der Staaten in Bezug auf bestimmte Verhaltensnormen bei – man könnte bisweilen gar von einer Sozialisation sprechen.

Die bisher in diesem Abschnitt diskutierten Argumente liefern einen generellen Orientierungsrahmen, lassen jedoch die Frage offen, unter welchen spezifischen Bedingungen wirksame internationale Zusammenarbeit in bestimmten Politikbereichen möglich ist. Die empirische Forschung zu dieser Frage seit den 1980er Jahren hat gezeigt, dass die Wirksamkeit internationaler Institutionen sehr stark zwischen Politikbereichen, Staatengruppen und über die Zeit hinweg variiert. Es gilt somit zu analysieren, wie die Wirksamkeit internationaler Kooperation gemessen werden kann und weshalb bestimmte Institutionen mehr oder weniger wirksam sind (Bernauer, 1995; Hasenclever et al., 1997). Der folgende Abschnitt befasst sich mit diesem Thema.

14.4.2 Erfolgsbedingungen internationaler Kooperation

Viele Studien zu den Erfolgsbedingungen internationaler Kooperation oder Institutionen erklären diese aus der Situationsstruktur heraus (Zürn, 1992; Mitchell & Keilbach, 2001). Situationsstrukturen benennen die Zahl der für eine erfolgreiche Zusammenarbeit relevanten Akteure, ihre Interessen sowie die Rahmenbedingungen der Interaktion (siehe Kasten 14.1 und 14.2). Damit lassen sich insbesondere Unterschiede in der Erfolgsrate kooperativer Bemühungen zwischen einzelnen Politikbereichen erklären. Z.B. wird die globale Klimapolitik stark von der Logik des Gefangenendilemmas und dem Trittbrettfahrerproblem bei kollektiven Gütern geprägt (Barrett, 2003). Schnelle Erfolge sind damit unwahrscheinlich. Hingegen sind die Kooperationschancen bei der Handelsliberalisierung zwischen Kanada, Mexiko und den USA im Rahmen des Nordamerikanischen Freihandelsabkommens (NAFTA) deutlich besser. Da nur drei Staaten beteiligt sind und diese ähnliche Interessen an einer Handelsliberalisierung aufweisen, ist insbesondere das Trittbrettfahrerproblem viel geringer als bei der Klimapolitik.

Situationsstrukturen lassen sich nicht nur statisch (zu einem bestimmten Zeitpunkt) beschreiben, sondern auch dynamisch (als Veränderungen über Zeit) analysieren. Einige Studien konzentrieren sich z. B. auf die Frage, wie sich die Anreize zur Kooperation als Funktion der Anzahl bereits kooperierender Staaten in spezifischen Politikbereichen verändern (Bernauer, 2000). Bei dieser Betrachtungsweise erweist sich z. B. die Zusammenarbeit bei der Bekämpfung der Geldwäscherei und der Steuerhinterziehung als schwierig, weil mit steigender Zahl kooperierender Staaten die Gewinne für „offshore“-Geschäfte in diesen Bereichen steigen können (Bernauer, 2000; Genschel, 2002). In anderen Politikbereichen wiederum, z. B. der internationalen Bankenregulierung, wird es aus ökonomischen Gründen immer unattraktiver abseits zu stehen, je mehr Staaten dem Regulierungssystem beitreten. Die Gründe liegen darin, dass Staaten mit strikter Bankenregulierung Banken aus Staaten mit schwacher Regulierung, die auf ihrem Gebiet operieren möchten, keine Lizenzen erteilen und potentielle Kunden vor Geschäften mit Banken, die einer schwachen staatlichen Aufsicht unterliegen, zurückschrecken (Bernauer, 2000).

Erklärungsmodelle, welche die Situationsstruktur als wichtigste Determinante der Kooperationschancen betrachten, helfen uns zu verstehen, weshalb die internationale Zusammenarbeit in manchen Fällen stark und wirksam, in anderen hingegen schwach bis inexistent ist. Sie liefern allerdings keine Erklärung für die Interessen der Akteure, sondern betrachten diese als vorgegeben (exogen). Und sie blenden innerstaatliche Variablen (z. B. Effekte unterschiedlicher Regierungssysteme) weitgehend aus. Zudem haben solche Modelle mit einem wichtigen empirischen Problem zu kämpfen: Sie bleiben meist auf Fallstudien zu einzelnen internationalen Institutionen oder auf Vergleiche zwischen wenigen Institutionen beschränkt, weil die empirische Erfassung von Situationsstrukturen sehr zeitintensiv und eine Quantifizierung der Informationen schwierig ist (Breitmeier et al., 2006).

Insbesondere die liberalinstitutionalistische Denkschule hat sich seit den 1990er Jahren aus diesen Gründen von der Analyseebene des internationalen Systems und der Untersuchung von Situationsstrukturen und deren Implikationen stark in Richtung von Ländervergleichen und Vergleichen von Länderpaaren (Dyaden) bewegt (siehe Abschnitt 14.4.2). Dieser Trend hat zu einem Zusammenwachsen der Teildisziplinen der Vergleichenden Politikwissenschaft und der Internationalen Beziehungen beigetragen.

Die meisten Studien dieser Art bauen auf dem Rational-Choice-Ansatz auf. Wir illustrieren diese Forschungsrichtung anhand eines Beispiels.

Seit den 1960er Jahren wurden in diversen multilateralen Institutionen Bemühungen zur Förderung ausländischer Direktinvestitionen und zum Schutz von Gastländern gegenüber ausländischen Investoren unternommen, z. B. in der UNO, der OECD und dem GATT bzw. der WTO. Diese Bemühungen mündeten meist in einen Schlagabtausch zwischen Entwicklungs- und Industrieländern und endeten, wenn überhaupt, in Regelungen auf dem kleinsten gemeinsamen Nenner. Diese Schwierigkeiten haben dazu geführt, dass die betroffenen Staaten nach bilateralen Lösungen gesucht haben und die internationale Zusammenarbeit nun vor allem im Rahmen bilateraler Investitionsabkommen stattfindet. Letztere weisen typischerweise ausländischen Investoren bestimmte Rechte zu, z. B. Schutz gegen Enteignung, Vertragssicherheit und einen Anspruch auf Streitschlichtungsverfahren.

Elkins, Guzman und Simmons (2006) befassen sich mit solchen bilateralen Investitionsabkommen. Im Zentrum steht die Frage, weshalb sich diese Kooperationsform über die Zeit hinweg weltweit stark verbreitet hat. In der Literatur wird für dieses Phänomen häufig der Begriff Politikdiffusion verwendet. Die drei Autoren postulieren, dass verschiedene Diffusionsmechanismen für die beobachtbare Entwicklung verantwortlich sein können. Diese Mechanismen umfassen vor allem den ökonomischen Wettbewerb, Lernprozesse, Nachahmung und Zwang. Die empirische Analyse untersucht bilaterale Investitionsabkommen zwischen 1960 und 2000. Konkret erklärt sie die Wahrscheinlichkeit, dass zwei Länder (eine Dyade) ein solches Abkommen miteinander abschließen. Die Resultate zeigen, dass der Vormarsch bilateraler Investitionsabkommen vor allem mit Wettbewerbsfaktoren begründet werden kann. Potentielle Zielländer von ausländischen Direktinvestitionen, vor allem Entwicklungsländer, schließen dann bilaterale Investitionsabkommen ab, wenn dies auch Staaten tun, mit denen sie in einem wirtschaftlichen Konkurrenzverhältnis stehen. Die Diffusion solcher Abkommen lässt sich somit vor allem im Sinne eines Wettbewerbs zwischen Entwicklungsländern um ausländische Direktinvestitionen begreifen.

14.5 Europäische Integration

Abschließend befassen wir uns mit einem Beispiel internationaler Kooperation und Institutionen, das durch außergewöhnlich intensive Kooperation gekennzeichnet ist: dem europäischen Integrationsprozess. Der europäische Integrationsprozess ist ein weltweit einzigartiger Versuch, die anarchische Struktur des internationalen Systems und die damit verbundenen Probleme zu überwinden. Ein Krieg zwischen Mitgliedstaaten der Europäischen Union ist heute praktisch undenkbar. Die EU-Länder haben weitreichende Kompetenzen, insbesondere in der Handels- und Währungspolitik an supranationale, also den Staaten übergeordnete, Organe delegiert. Zu diesen supranationalen Organen gehören beispielsweise die Europäische Kommission, das Europäische Parlament sowie der Europäische Gerichtshof. Abgesehen von Nordamerika existiert kein geografischer Raum dieser Größe, in dem ein vergleichbares Wohlstandsniveau und ähnlich stark ausgeprägte individuelle Freiheiten erreicht wurden. Und all dies in lediglich 60 Jahren. Der EU fehlen zwar wichtige Attribute eines Staates, z. B. das Gewaltmonopol, die Steuerhoheit und die Verschuldungs- und Währungskrise im EU-Raum lässt Zweifel an der Überlebensfähigkeit des Euro aufkommen. Dennoch: Die EU hat ein internationales System in Europa geschaffen, das auf dem Kontinuum zwischen Anarchie und Hierarchie viel näher bei letzterem liegt als irgendeine andere Form der grenzüberschreitenden politischen Zusammenarbeit (Hix & Høyland, 2011). Die wichtigsten Entwicklungsschritte der EU sind in Abbildung 14.9 zusammengefasst.

1951	Gründung der Europäischen Gemeinschaft für Kohle und Stahl
1957	Römische Verträge: Gründung der Europäischen Wirtschaftsgemeinschaft und der Europäischen Atomenergieagentur (6 Mitglieder: Belgien, BRD, Frankreich, Italien, Luxemburg, Niederlande
1973	Beitritt Dänemarks, Großbritanniens und Irlands
1979	Erste Direktwahl zum Europäischen Parlament
1981	Beitritt Griechenlands
1985	Schengener Abkommen (Abbau der Grenzkontrollen)
1986	Schaffung des europäischen Binnenmarktes (freier Verkehr von Waren, Personen, Dienstleistungen und Kapital) Beitritt Portugals und Spaniens
1992	Vertrag von Maastricht: Wirtschafts- und Währungsunion, Gemeinsame Außen- und Sicherheitspolitik, innen- und rechtspolitische Kooperation
1995	Beitritt Finnlands, Österreichs und Schwedens
1996	Vertrag von Amsterdam (u. a. Erweiterung der Befugnisse des Europäischen Parlamentes)
1999	Einführung des Euro, 2002 auch als Bargeld
2000	Vertrag von Nizza (u. a. Ausweitung der Bereiche, in denen im Europäischen Rat und Ministerrat mit qualifizierter Mehrheit entschieden wird)
2004	Erweiterung um 10 neue Mitglieder: Estland, Lettland, Litauen, Malta, Polen, Tschechien, Slowenien, Slowakei, Ungarn und Zypern
2007	Beitritt Bulgariens und Rumäniens Vertrag von Lissabon (EU-Grundlagen bzw. Reformvertrag, ersetzt den abgelehnten Vertrag über eine Verfassung von Europa)

Abbildung 14.9: Entwicklungsschritte der EU

Viele politikwissenschaftliche Studien haben untersucht, wie Unterschiede im Ausmaß der Integration zwischen Politikbereichen (z. B. Außenhandels- vs. Asylpolitik) und Staaten (geografische Ausdehnung der EU) sowie die Integrationstiefe in bestimmten Politikbereichen im Zeitverlauf erklärt werden können. Politische Integration wird dabei verstanden als „Prozess, in dem politische Kompetenzen von der nationalstaatlichen auf die internationale Ebene übertragen und damit der exklusiven Souveränität des Staates entzogen werden" (Schimmelfennig, 2008: 302).

Aus den weiter oben diskutierten Denkschulen der IB heraus hat die Forschung hauptsächlich zwei Theorien zur Erklärung der Integrationsdynamik der EU entwickelt, die als Intergouvernementalismus und Supranationalismus bezeichnet werden (Bieling & Lerch, 2005). Wir wenden uns nun diesen Theorien zu und befassen uns danach exemplarisch mit dem neben der EU-Osterweiterung wohl wichtigsten Integrationsschritt der EU seit Ende des Kalten Krieges, der Schaffung der Währungsunion.

14.5.1 Integrationstheorien

Intergouvernementalismus

Die Theorie des Intergouvernementalismus betrachtet die Nationalstaaten als treibende Kraft der europäischen Integration. Dabei lassen sich zwei Varianten dieser Theorie unterscheiden.

Realistischer Intergouvernementalismus

Dieser Ansatz basiert auf den Annahmen des Realismus und argumentiert, dass die europäische Integrationsdynamik vorwiegend von Macht und Interessenpolitik geprägt ist und von den einzelnen EU-Staaten stark kontrolliert wird. Er geht davon aus, dass die Integration weitgehend auf den Wirtschaftsbereich beschränkt ist (und bleiben wird), weil Staaten nicht bereit sind, zentrale Kompetenzen und ihre Souveränität aus der Hand zu geben. Einer der Hauptvertreter dieser Theorierichtung ist Stanley Hoffmann (1966).

Liberaler (institutionalistischer) Intergouvernementalismus

Dieser Ansatz räumt zwar ein, dass Macht und Interessen der Staaten für den Integrationsprozess wichtig sind, erweitert diese Erklärung jedoch um die Analyse des Einflusses innerstaatlicher Interessengruppen. Die EU wird vor allem als wirtschaftspolitisches Integrationsvorhaben betrachtet. Dementsprechend richtet sich die Analyse vorwiegend auf den durch innerstaatliche Institutionen moderierten Einfluss wirtschaftlicher Interessengruppen, die meist nach Sektoren organisiert sind (z. B. Bauernverbände). Somit kann die Präferenz für mehr Integration zwischen Ländern und Sektoren variieren. Im Zentrum stehen nicht geopolitische oder machtpolitische Ziele von Staaten, wie dies der Realismus annimmt, sondern der ökonomische Eigennutzen. Gegensätzliche nationale Interessen, die durch unterschiedliche innenpolitische Triebkräfte zustande kommen, treffen auf der zwischenstaatlichen Ebene aufeinander. Die Regierungen der Mitgliedstaaten müssen dann entscheiden, in welchen Politikbereichen die Integration vertieft oder um welche neuen Staaten die EU erweitert werden soll. Das Verhandlungsergebnis wird von den Machtverhältnissen zwischen den beteiligten Staaten bestimmt. Die Machtverhältnisse wiederum hängen davon ab, welche politikbereichspezifischen (und nicht wie beim Realismus angenommen die allgemeinen) Machtressourcen und Abhängigkeiten die einzelnen Länder aufweisen und wie stark sie auf ein bestimmtes Verhandlungsergebnis angewiesen sind. Ähnlich wie der Realismus geht auch der liberale Institutionalismus davon aus, dass Vertiefungen oder Erweiterungen der Integration nur mit der Unterstützung der großen und finanzstarken EU-Staaten zustande kommen (vor allem Deutschland, Frankreich, Großbritannien). Einer der Hauptbegründer dieser Theorierichtung ist Andrew Moravcsik (1993, 1998).

Supranationalismus

Diese Theorie argumentiert, dass die Integrationsdynamik in Teilen durch die Macht und Interessen der Staaten bestimmt ist, in Teilen jedoch auch einer Eigendynamik unterliegt, die außerhalb der direkten Kontrolle der Staaten liegt. Dieser Eigendynamik schenkt der Supranationalismus sein besonderes Augenmerk. Die meisten Erklärungsversuche dieser Art folgen einer transaktionalistischen, funktionalistischen oder konstruktivistischen Logik.

Das transaktionalistische Argument besagt, dass soziale und wirtschaftliche Interaktionen zwischen den Bevölkerungen einzelner Länder über die nationalen Grenzen hinweg zu stärkerer politischer Integration führen, sei es durch die Entwicklung einer kollektiven Identität im Sinne eines europäischen Demos oder durch materielle Nutzen, die sich aus solchen Interaktionen ergeben. Der wichtigste Begründer dieser Theorie ist Karl Deutsch (1957). Eine neuere Variante, die mit dem Transaktionalismus verwandt ist, argumentiert, dass sich aufgrund vorhergehender Integrationsprozesse grenzüberschreitende soziale und politische Netzwerke von Personen und Organisationen herausbilden, welche die Integration „jenseits" der Staaten vorantreiben (Stone-Sweet & Sandholtz, 1997).

Das funktionalistische Argument (häufig auch als Neofunktionalismus bezeichnet), dessen wichtigster Begründer Ernst Haas (1968) ist, behauptet, dass Integrationsschritte in einem Politikbereich sogenannte „Spill-over"-Effekte erzeugen können. D.h., Integrationsfortschritte in einem Politikbereich setzen politische Entscheidungsträger unter Druck, in einem benachbarten Politikbereich die Integration ebenfalls voranzutreiben. Wenn also die EU bestimmte Funktionen in einem Politikbereich übernimmt, kann dies die Notwendigkeit verstärken in einem anderen Politikbereich neue Funktionen zu übernehmen, da ansonsten mit negativen Nebeneffekten oder nicht realisierten Zusatznutzen zu rechnen ist – deshalb der Begriff „funktionalistisch". Wenn z. B. durch das Schengener Abkommen die Grenzkontrollen reduziert werden, um den Personen- und Warenverkehr zwischen den EU-Staaten zu erleichtern, erfordert dies eine stärkere Zusammenarbeit bei der Bekämpfung der organisierten Kriminalität. Ansonsten könnte die grenzüberschreitende Kriminalität von den reduzierten Grenzkontrollen ebenfalls profitieren und den Nutzen dieser Maßnahme untergraben.

„Spill-over"-Effekte können nicht nur zwischen Politikbereichen wirksam werden, sondern auch geografisch. So haben die EU-Beitritte der meisten Länder der Europäischen Freihandelsassoziation (EFTA) zur EU die Schweiz seit Mitte der 1990er Jahre unter starken Druck gesetzt, sich der EU weiter anzunähern. Funktionalistische Argumente thematisieren häufig auch die Rolle der EU-Kommission, des Europäischen Gerichtshofs und des Europäischen Parlamentes und betrachten diese als Motoren der Integration. Sie nehmen dabei in der Regel an, dass diese drei Organe der EU aufgrund von ideologischen und eigennützigen Motivationen ein starkes Interesse an der Übertragung von Kompetenzen auf die supranationale Ebene haben.

Konstruktivistische Erklärungen haben erst in neuerer Zeit in die europäische Integrationsforschung Einzug gehalten. Sie befassen sich vor allem mit der Wirkungsmacht von Ideen, Normen und Identitäten (Wiener, 1998; Christiansen et al., 2001; Elkins et al., 2006; Schwellnus, 2006). Wirkungsmechanismen dieser Art können beispielsweise im Sinne supranationaler und transnationaler Sozialisationsprozesse verstanden werden, die zu einer Verlagerung von Loyalitäten und Identitäten auf eine höhere politische Ebene führen (einer „Europäisierung"). Dadurch können sie die Integration erleichtern, indem sie die normativen Fundamente des supranationalen Regierens stärken (Schimmelfennig, 2001; 2008: 312). Forschungsarbeiten dieser Art haben z. B. den Einfluss liberaldemokratischer Normen und kollektiver Identitäten auf EU-Entscheidungen zur Osterweiterung sowie das Verhalten der osteuropäischen Staaten in dieser Frage untersucht. Die Resultate zeigen, dass sowohl das Verhalten der damaligen EU-Mitglieder bzw. der supranationalen Organe der EU als auch das Verhalten der Beitrittskandidaten von normen- und legitimitätsbezogenen und nicht nur von rationalen Kosten-Nutzen-Kalkülen beeinflusst war (z. B. Schimmelfennig, 2001).

Allen drei Varianten des Supranationalismus ist gemeinsam, dass sie Wirkungsmechanismen in den Vordergrund stellen, die zu Integrationsschritten führen, welche die Mitgliedstaaten nicht beabsichtigt oder ursprünglich zum Teil auch gar nicht gewollt hatten. Rückgängig machen lassen sich aus der Eigendynamik heraus entstandene Integrationsschübe jedoch selten, und dann nur unter hohen Kosten. Supranationalistische Theorien sehen den Integrationsprozess dennoch nicht als Automatismus, sondern als Zusammenwirken von konventionellen zwischenstaatlichen Verhandlungen und Entscheidungen sowie einer je nach Politikbereich unterschiedlich stark ausgeprägten Eigendynamik. Wir befassen uns nun näher mit der Währungsunion, anhand derer sich die in diesem Abschnitt vorgestellten Theorien verdeutlichen lassen.

14.5.2 Die Europäische Währungsunion

Einer der spektakulärsten Integrationsschritte in Europa ist die Schaffung einer gemeinsamen Währung – des Euro – der 1999 als Buchwährung und 2002 auch als Bargeld eingeführt wurde. Diese Entwicklung ist aus Sicht der Politikwissenschaft spektakulär, weil sie im Bereich der internationalen Währungspolitik ein anarchisches in ein hierarchisches System transformiert hat. Das Recht, eine eigene Währung in Umlauf zu bringen und mittels Maßnahmen der Zentralbank wie die Festlegung der Leitzinsen zu beeinflussen, gehört zu den fundamentalen Kompetenzen souveräner Territorialstaaten. Da die Geldmenge, Zinsen und Inflationsraten eng zusammenhängen, haben geldpolitische Entscheidungen eine enorme Bedeutung für die nationale Wirtschaftsleistung und Beschäftigung. Z. B. senken Zentralbanken bei einer Rezession der Wirtschaft in der Regel die Zinsen, um die Investitionstätigkeit und den Konsum anzukurbeln und somit die Wirtschaft und den Arbeitsmarkt zu stimulieren. Da Geld- und Währungspolitik eng miteinander verknüpft sind, bedeutet eine gemeinsame Währung in einem stark integrierten Wirtschaftsraum wie der EU jedoch, dass die Länder auch ihre geldpolitische Autonomie aufgeben müssen. Die nationalen Zentralbanken in der Eurozone können seit der Einführung des Euro daher keine nationale Geldpolitik mehr machen, sondern geldpolitische Entscheide werden gemeinsam im Zentralbankrat der Europäischen Zentralbank (EZB) getroffen. Dass sich die Regierungen der EU-Staaten entschieden haben, ihre Souveränität im Bereich der Geld- und Währungspolitik aufzugeben und diese Kompetenz in die Hände einer von den Staaten unabhängigen Europäischen Zentralbank (EZB) zu legen, ist erstaunlich.

Die Europäische Währungsunion (EWU) war in den Gründungsverträgen der EU, insbesondere den Römischen Verträgen von 1957, nicht vorgesehen, sondern wurde erst 1970 im sogenannten Werner-Bericht vorgeschlagen. Die Wechselkurse waren zu dieser Zeit auch in Europa im Rahmen des Bretton Woods-Systems gegenüber dem US-Dollar und dem Gold fixiert. Dieses System der fixierten Wechselkurse geriet Anfang der 1970er Jahre in eine Krise. Sozusagen als Ersatz schufen die damals sechs EG-Staaten ein eigenes System fixierter Wechselkurse. Dieses System wurde 1972 eingeführt und bis zu seiner Überführung in die EWU mehrmals reformiert (zu Beginn hieß das System „Währungsschlange", ab 1979 Europäisches Währungssystem). Im Maastrichter Vertrag wurde die EWU formell beschlossen und 1999 eingeführt.

Die EU-Mitgliedschaft berechtigt bzw. verpflichtet nicht automatisch zur EWU-Mitgliedschaft. Nur bei Erfüllung bestimmter wirtschaftlicher Kriterien (den sogenannten

Maastricht-Kriterien), die sich v. a. auf die Staatsverschuldung und die Inflationsrate beziehen, konnte bzw. kann ein EU-Mitglied EWU-Mitglied werden. Dänemark, Großbritannien und Schweden, welche die Maastricht-Kriterien eigentlich erfüllt hätten, traten der EWU allerdings nicht bei, da sie diesen Integrationsschritt nicht vollziehen wollten. Griechenland andererseits übernahm die neue Währung verspätet, nachdem es (allerdings mit Hilfe falscher Informationen zu seinen Staatsausgaben und Schulden) die Maastricht-Kriterien erfüllt hatte. Von den neuen EU-Mitgliedern befinden sich bisher Slowenien, die Slowakei, Malta und Zypern in der Eurozone. 18 von gegenwärtig 28 EU-Mitgliedstaaten haben somit den Euro übernommen. Neue EU-Mitglieder sind verpflichtet, langfristig den Euro einzuführen, sobald sie die Kriterien dafür erfüllen.

Viele Ökonomen begegneten dem Projekt der EWU mit Skepsis, weil sie die Gesamtheit der EU-Länder nicht als optimalen Währungsraum betrachteten (Grauwe & Vanhaverbeke, 1993; McKinnon, 1999). Wenn sich die Wirtschaftsleistung im Zeitverlauf in den einzelnen EU-Ländern nicht gleichförmig entwickelt, Staaten ihre Konjunktur nicht mehr über ihre nationale Geldpolitik beeinflussen können und die Arbeitnehmerschaft geografisch wenig mobil ist, bleibt den Staaten bei einer gemeinsamen Währung nur noch die Fiskalpolitik als Instrument der Konjunktursteuerung. Letzteres bedeutet, dass EWU-Mitglieder die Konjunktur in ihrem Land praktisch nur noch über eine Veränderung der Staatsausgaben beeinflussen können.

Mangelnde Fiskaldisziplin kann jedoch einen Einfluss auf die gemeinsame Währung haben und sich potentiell negativ auf alle Länder des Euroraumes auswirken, z. B. indem eine Expansion der Staatsausgaben die Inflation erhöht und den Außenwert des Euros reduziert. Die EZB kann durch ihre Geldpolitik die Wirtschaft im Euroraum als Ganzes beeinflussen, nicht jedoch spezifisch die Wirtschaft in einzelnen Staaten. Um Fiskalpraktiken einzelner Staaten, die dem Euro und damit allen Euro-Staaten schaden könnten, vorzubeugen, wurde 1997 der Stabilitäts- und Wachstumspakt eingeführt. Dieser versuchte die Einhaltung der Maastricht-Kriterien zu erwirken. Er begrenzt u. a. die Neuverschuldung der Euro-Länder auf maximal drei Prozent des BIP und sieht Strafen bei Verletzung dieser Regel vor.

Diese institutionellen Strukturen zur Sicherung der Fiskaldisziplin und der Stabilität des Euro haben sich mittlerweile leider als „Schönwetter-Konstruktion“ erwiesen. Einige EU-Mitgliedstaaten wurden aufgrund eher großzügiger Interpretationen der Maastricht-Kriterien in die EWU aufgenommen. Zudem bedeutete die gemeinsame Geldpolitik, dass die realen Zinsen für manche Länder (wie zum Beispiel Deutschland) in den ersten Jahren der Währungsunion angesichts der Wirtschaftslage zu hoch, für andere Länder, wie zum Beispiel Griechenland, Italien, Irland, Portugal oder Spanien, jedoch zu niedrig waren. In letzteren Staaten führten die niedrigen Zinsen zu einem Boom, da die tatsächlich bezahlten Zinsen für Staatsanleihen sowie die Zinsen, die von privaten Akteuren aus diesen Ländern für Kredite bezahlt wurden, unter dem Zinsniveau lagen, das aufgrund der „wahren“ Risiken und der Wirtschaftslage eigentlich erforderlich gewesen wäre. Die Folge davon waren große Fehlinvestitionen. Diese manifestierten sich in Immobilienblasen, z. B. in Irland und Spanien, unnötigen Infrastrukturprojekten, z. B. in Italien, Spanien und Portugal, und einem überdimensionierten, ineffizienten öffentlichen Sektor wie z. B. in Griechenland und Italien. Die durch die EWU-Mitgliedschaft verbesserten Konditionen für Kredite wurden dagegen weniger dazu genutzt, ihre wirtschaftliche Wettbewerbsfähigkeit zu stärken und damit letztlich das Wohlstandsgefälle in der EU nachhaltig zu reduzieren.

Die zu tiefen Zinsen für öffentliche und private Schulden in einigen EU-Mitgliedsländern (allen voran Griechenland, Irland, Italien, Portugal und Spanien) beruhten unter anderem auch auf der Annahme der Finanzmärkte, es bestünde eine implizite Kollektivhaftung aller Euro-Staaten für die Schulden der einzelnen Euro-Staaten. Ein Staatsbankrott sei deshalb de facto ausgeschlossen. Die globale Finanzkrise, welche 2007 in den USA begann, ließ diese Illusion im Euroraum platzen. Viele private Schuldner in wirtschaftlich schwachen Euro-Ländern konnten ihre Kredite nicht mehr bedienen, weil sie sich aufgrund des durch die allgemeine Finanzmarktkrise ausgelösten „credit crunch" im globalen Bankensystem nicht mehr mit billigen Krediten versorgen konnten. Dies wiederum brachte die Banken in mehreren EU-Ländern in Not und erforderte die (vorläufige) Rettung großer systemrelevanter Banken durch den Staat.

Solche Rettungsmaßnahmen führten zu großen Defiziten in den Staatshaushalten der betroffenen Staaten. Gleichzeitig stiegen die Zinsen, welche die Krisenstaaten für Staatsanleihen bezahlen mussten, drastisch an, weil ein Staatsbankrott plötzlich keine Unmöglichkeit mehr war. Ein Staatsbankrott von Griechenland konnte nur mit massiven Finanzhilfen durch die anderen EU-Staaten und den IWF (vorläufig) knapp verhindert werden. Irland, Portugal, Spanien und einige kleinere Euro-Länder erhielten ebenfalls groß angelegte Finanzhilfen. Zudem kauft die EZB in großem Umfang Staatsanleihen einiger notleidender Euro-Länder und hat die Leitzinsen auf ein präzedenzloses Niveau gesenkt. Trotz zahlreicher Maßnahmen, wie beispielsweise einer Reform des Stabilitäts- und Wachstumspaktes und der Einführung einer europäischen Bankenunion bleibt allerdings immer noch unklar, ob langfristig ein „Flächenbrand" verhindert und ein Ausscheiden Griechenlands und möglicherweise auch anderer Krisenstaaten aus dem Euro verhindert werden kann.

Wie lässt sich die Integrationsdynamik in der EU-Währungspolitik aus Sicht der oben dargelegten Theorien erklären? Da die soeben diskutierte Eurokrise sehr jungen Datums und noch voll im Gange ist, liegen dazu noch wenige politikwissenschaftliche Studien vor. Der Rest dieses Kapitels befasst sich deshalb vornehmlich mit der Entstehung der EWU. Wir ordnen zur Illustration einige wichtige Argumente aus der Forschung zur EWU intergouvernementalistischen bzw. supranationalistischen Theorien zu. Diese Ausführungen illustrieren auch, dass keine der Theorien für sich alleine eine umfassende Erklärung der Ereignisse liefert, sondern dass sich die einzelnen Erklärungen vielmehr ergänzen. Der Intergouvernementalismus argumentiert vorwiegend mit Machtverteilungen und ökonomisch begründeten Interessen. Der Supranationalismus betont die Wirkungsmacht von Interdependenzen, funktionalen Notwendigkeiten, wirtschaftspolitischen Ideen sowie transnationalen Netzwerken (Cameron, 1995; Moravcsik, 1998; McNamara, 1999; Schimmelfennig, 2008).

Realistischer Intergouvernementalismus

Das Zustandekommen der EWU wird von dieser Theorie vor allem im Sinne einer Gleichgewichtspolitik gegenüber Deutschland erklärt. Nachdem die Mitgliedstaaten im Europäischen Währungssystem (EWS – dem Vorläufer der EWU) bereits seit längerem ihre geldpolitische Autonomie de facto an die Deutsche Bundesbank abgetreten hatten (die D-Mark fungierte als Leitwährung im EWS), erhielten sie durch die EWU ein deutlich stärker ausgebautes, formelles Mitwirkungsrecht an geldpolitischen Entscheidungen. Dadurch wurde der Einfluss Deutschlands auf die Geldpolitik in Europa eingeschränkt. Weshalb Deutschland dieser „Entmachtung" (falls es denn eine war) zustimmte, kann diese Theorie nicht erklären. Eine mögliche Erklärung lautet, dass Deutschland seine Zustimmung gab, weil es ein starkes Interesse an der Zustimmung der europäischen Staaten und insbesondere Frankreichs zur deutschen Wiedervereinigung hatte. Allerdings ist diese Begründung nicht plausibel, denn die wichtigsten Entscheidungen zur EWU waren bereits gefällt, als die DDR zusammenbrach (Sandholtz, 1993; siehe auch Schimmelfennig, 2008: 318–20). Der liberale Intergouvernementalismus bietet eine plausiblere Antwort auf diese Frage.

Liberaler Intergouvernementalismus

Diese Theorie sieht die Schaffung der EWU vor allem in den währungspolitischen Präferenzen wichtiger Interessengruppen (vor allem der Industrie) sowie der Zentralbanken und Regierungen, insbesondere derjenigen Frankreichs und Deutschlands, begründet. Frankreich und Deutschland sind deshalb wichtig, weil ihre Währungen im EWS am meisten Gewicht besaßen. Die Präferenzen dieser Akteure konvergierten in den 1980er Jahren auf der Linie der antiinflationär ausgerichteten Position Deutschlands. Da Frankreich stärker an der EWU interessiert war als Deutschland, das wenig Interesse an einer Veränderung des Status quo hatte, wurde die EWU im Wesentlichen nach deutschen Vorgaben gestaltet (unabhängige Zentralbank, Primat der Geldwertstabilität). Deutschland verlor somit durch die EWU an Entscheidungsmacht, allerdings ohne dass es beim Primat der Geldwertstabilität Abstriche machen musste. Das Interesse der Industrie an Währungsstabilität und der EWU beruhte vor allem auf der Tatsache, dass die Verflechtungen der Waren-, Dienstleistungs- und Kapitalmärkte im vergangenen Jahrzehnt enorm zugenommen hatten und die EWU eine starke Senkung der Transaktionskosten sowie eine Beseitigung von Wechselkursrisiken versprach (Moravcsik, 1998; Frieden, 2002).

Supranationalismus, Transaktionalismus, Funktionalismus

Während der liberale Intergouvernementalismus die Interessen mächtiger Staaten und nationaler Interessengruppen ins Zentrum der Analyse stellt, beleuchtet der Transaktionalismus grenzüberschreitende Akteure und Prozesse. Er interessiert sich dabei besonders für transgouvernementale Netzwerkgremien, wie z. B. den Ausschuss der Zentralbankgouverneure, den Währungsausschuss der EG oder den Delors-Ausschuss. In diesen Ausschüssen trafen sich regelmäßig Vertreter der Zentralbanken, der EU-Kommission sowie Experten. Diese regelmäßigen Treffen, die zum Teil ohne Regierungsvertreter vonstattengingen, trugen zur Herausbildung eines Konsenses entlang antiinflationärer Linien bei. Funktionalistische Erklärungen der EWU gehen vor allem vom Binnenmarkt aus, der in den 1980er Jahren umgesetzt wurde. Damit verbunden war auch eine Liberalisierung des Kapitalverkehrs. Im Zeichen wachsender Interdependenzen im Handel und Finanzmarkt wurde die Volatilität der Wechselkurse insbesondere von stark import- oder exportabhängigen Industrien und ihren Regierungen als zunehmend nachteilig empfunden. In diesem Sinne war die EWU die Antwort auf einen „Spill over"-Effekt, der von der Entscheidung zur Liberalisierung des Binnenmarktes ausging (Cameron, 1995).

Supranationalismus, Konstruktivismus

Diese Theorien erklären die Konvergenz der nationalen Verhandlungspositionen und damit die Schaffung der EWU durch die Herausbildung eines neoliberalen und monetaristischen Konsenses, der das keynesianische Paradigma der antizyklischen Wirtschaftspolitik ablöste. Dieser Konsens führte aufgrund der gestrafften Geldpolitik und Ausgabendisziplin in wichtigen europäischen Staaten, insbesondere Deutschland und Frankreich, zu einer allgemeinen Senkung der Inflationsraten und einer Stabilisierung des EWS. Dieser Trend ermöglichte den Schritt zur EWU, indem er die Erwartungen in Richtung einer Vertiefung der Währungspolitik kanalisierte. Das Abseitsstehen von Großbritannien und Dänemark lässt sich nicht ausschließlich mit materiellen Interessen (z. B. Inflationsraten) begründen, sondern beruht vor allem auf der allgemein stärkeren EU-Skepsis in diesen Staaten (McNamara, 1999; Schimmelfennig, 2008: 324).

14.6 Fazit

Die Forschung zu den Internationalen Beziehungen (IB) beschäftigt sich mit den Grundstrukturen des internationalen politischen Systems, insbesondere dem Problem der Anarchie, und untersucht die Bedingungen, unter denen sich nationale Grenzen überschreitende Herausforderungen bewältigen lassen. Wir haben in diesem Kapitel die wichtigsten Denkschulen der IB-Forschung kennengelernt und einen kurzen Einblick in drei wichtige Forschungsgebiete gewonnen, in denen diese Denkschulen einen theoretischen Orientierungsrahmen und einen Ausgangspunkt für die Formulierung von Hypothesen sowie empirischen Untersuchungen dazu bieten.

Das nun folgende letzte Kapitel des Buches behandelt das Phänomen der Globalisierung und beleuchtet ihre Ursachen und Konsequenzen. Während die konventionelle IB-Forschung letztlich die anarchische Grundstruktur des internationalen Systems und damit auch die territorial konzipierte Souveränität der Staaten als Herausforderung oder Problem betrachtet, stellt die Forschung zur Globalisierung u. a. die Frage, ob diese die staatlichen Handlungskapazitäten unterminiert und damit auch internationale Zusammenarbeit zur Lösung grenzüberschreitender Probleme erschwert oder gar unmöglich macht. Herausforderungen dieser Art werden somit vorwiegend als Konsequenz transnationaler statt internationaler Beziehungen gesehen. Hiermit stellt sich auch die Frage, inwiefern durch die Globalisierung möglicherweise reduzierte staatliche Handlungsspielräume durch internationale und supranationale Kooperation wieder hergestellt werden können.

Literaturempfehlungen

Allgemeine Einführungswerke:

Schimmelfennig, Frank (2015): Internationale Politik. Paderborn: Schöningh, UTB.

Russett, Bruce, Starr, Harvey & Kinsella, David (2013): World Politics: The Menu for Choice. Boston: Wadsworth.

Wenger, Andreas & Zimmermann, Doron (2003): International Relations: From the Cold War to the Globalized World. Boulder: Lynne Rienner. (Dieses Buch bietet eine historische Übersicht über die internationale Politik.)

Frieden, Jeffry, David Lake, and Kenneth Schult. (2010): World Politics. Interests, Interactions, Institutions. New York: W.W. Norton & Company.

Die in diesem Kapitel genannten Denkschulen der IB sind in den Büchern von Schimmelfennig (2008) und Russett et al. (2010) ausführlich beschrieben. Prägnant vertreten sind diese Denkschulen beispielsweise in folgenden Werken:

Institutionalismus: *Keohane, Robert O.* (1984): After Hegemony: Cooperation and Discord in the World Political Economy. Princeton: Princeton University Press.

Realismus: *Waltz, Kenneth N.* (1979): Theory of International Politics. New York: Random House; *Morgenthau, Hans* (1948): Politics Among Nations: The Struggle for Power and Peace. New York: Alfred A. Knopf.

Marxismus: *Wallerstein, Immanuel M.* (2004): World-Systems Analysis: An Introduction. Durham: Duke University Press; *Altvater, Elmar* (2011): Das Ende des Kapitalismus, wie wir ihn kennen: Eine radikale Kapitalismuskritik. Münster: Westfälisches Dampfboot.

Konstruktivismus: *Schimmelfennig, Frank* (1995): Debatten zwischen Staaten: Eine Argumentationstheorie internationaler Systemkonflikte. Opladen: Leske & Budrich; *Wendt, Alexander* (1999): Social Theory of International Politics. Cambridge: Cambridge University Press.

Rational-Choice-Ansatz: *Bueno de Mesquita, Bruce* (2013): Principles of International Politics. Washington D.C.: CQ Press.

Kriegsursachen:

Vasquez, John A. (2012): What Do We Know About War? Lanham: Rowman & Littlefield.

Bueno de Mesquita, Bruce & Lalman, David (1992): War and Reason. New Haven: Yale University Press.

Kalyvas, Stathis N. (2006): The Logic of Violence in Civil War. Cambridge: Cambridge University Press.

Weinstein, Jeremy M. (2007): Inside rebellion: the politics of insurgent violence. Cambridge: Cambridge University Press.

Slantchev, Branislav L. (2012): Military Threats. The Costs of Coercion and the Price of Peace. Cambridge: Cambridge University Press.

Der Klassiker zum demokratischen Frieden:

Russett, Bruce & O'Neal, John R. (2001): Triangulating Peace: Democracy, Interdependence and International Organizations. New York: W. W. Norton.

Empirie und Theoriedebatte zum demokratischen Frieden im 20. Jahrhundert:

Huth, Paul K. & Allee, Todd L. (2002): The Democratic Peace and Territorial Conflict in the 20th Century. Cambridge: Cambridge University Press.

Internationale Kooperation und Institutionen:

Keohane, Robert & Nye, Joseph (1977): Power and Interdependence: World Politics in Transition. New York: Harper Collins.

Hasenclever, Andreas, Mayer, Peter & Rittberger, Volker (1997): Theories of International Regimes. Cambridge: Cambridge University Press.

Barrett, Scott (2007): Why Cooperate? The Incentive to Supply Global Public Goods. Oxford: Oxford University Press.

Zürn, Michael (1992): Interessen und Institutionen in der internationalen Politik: Grundlegung und Anwendungen des situationsstrukturellen Ansatzes. Opladen: Leske & Budrich.

Europäische Integration:

Hix, Simon & Høyland, Bjørn (2011): The Political System of the European Union. Basingstoke: Palgrave Macmillan;

Wessels, Wolfgang (2008): Das Politische System der Europäischen Union. Wiesbaden: VS-Verlag.

Eine gut verständliche, nicht technische Einführung in die Spieltheorie bietet:

Diekmann, Andreas (2009): Spieltheorie: Einführung, Beispiele, Experimente. Reinbek: Rowohlt.

Eine Lektüre mit mehr technischen Ausführungen zur Spieltheorie bietet:

Osborne, Martin J. (2003): An Introduction to Game Theory. Oxford: Oxford University Press.

15. Ursachen und Auswirkungen der Globalisierung

Während sich Kapitel 14 mit den Beziehungen zwischen Staaten im engeren Sinne befasst hat, beschäftigen wir uns im letzten Kapitel dieses Buches mit den Beziehungen zwischen Staaten und ihrem globalen Umfeld allgemein. Diese Thematik wird sowohl in der breiteren Öffentlichkeit als auch in der Fachliteratur seit rund 20 Jahren gemeinhin als Globalisierung bezeichnet. Globalisierung lässt sich als ein Prozess der Verdichtung von ökonomischen, sozialen und politischen Beziehungen über Landesgrenzen hinweg und damit als Integrationsprozess in Richtung einer Weltgesellschaft und eines Weltmarktes verstehen (Beck, 1997; Bernauer, 2000). Wir befassen uns in diesem Kapitel mit drei Fragen: Wie lässt sich das Phänomen der Globalisierung beschreiben? Welches sind die Triebkräfte der Globalisierung? Was sind ihre Konsequenzen?

Die Globalisierung ist ein äußerst facettenreiches Phänomen und deshalb existieren auch viele Möglichkeiten, dieses zu charakterisieren bzw. zu messen. Wir beginnen mit einer Betrachtung der Globalisierung auf konzeptueller Ebene und diskutieren dann einige empirische Messgrößen.

Die Triebkräfte der Globalisierung sind auf drei Analyseebenen greifbar. Sie umfassen Faktoren, die auf globaler Ebene und auf sehr breiter Front auf alle Staaten einwirken (z. B. sinkende Transport- und Kommunikationskosten durch technologische Innovationen); Faktoren, die im Staatsinneren angesiedelt sind (z. B. die Beschaffenheit politischer Institutionen, das Einkommensniveau, die Größe eines Staates); und schließlich Faktoren, die in Interdependenzen zwischen Staaten und in zwischenstaatlichem Handeln begründet sind (z. B. international vereinbarte Liberalisierungsschritte, internationaler Standortwettbewerb). Um diese Einflüsse zu illustrieren, befassen wir uns exemplarisch mit der Frage, wie sich innerstaatliche und internationale Faktoren auf die außenwirtschaftliche Liberalisierungspolitik von Staaten auswirken.

Die Auswirkungen der Globalisierung können in sehr vielen gesellschaftlichen Bereichen beobachtet und erklärt werden. So lassen sich z. B. Auswirkungen auf inner- und zwischenstaatliche Konflikte, auf die Handlungs- und Problemlösungsfähigkeit von Staaten allgemein oder in bestimmten Politikbereichen sowie auf innerstaatliche Entscheidungsprozesse untersuchen. Im letzten Teil des Kapitels werden Sie daher sehen, dass die Forschung zu diesen Themen zu einem Zusammenwachsen der Bereiche Vergleichende Politikwissenschaft und Internationale Beziehungen beigetragen hat.

15.1 Wie lässt sich die Globalisierung definieren und messen?

Auswertungen von Begriffshäufigkeiten in den Printmedien zeigen, dass das Wort Globalisierung seit ca. 1992 in aller Munde ist (Bernauer, 2000). Politikwissenschaftler und politische Praktiker sind sich jedoch nur begrenzt einig, was genau unter Globalisierung zu verstehen ist. Diese Unschärfe des Begriffs Globalisierung darf allerdings nicht als Schwäche der politikwissenschaftlichen Forschung ausgelegt werden. Denn die Globalisierung ist ein äußerst komplexer Prozess und unterschiedliche Definitionen und Messversuche, die es sehr wohl gibt, lenken unseren Blick auf unterschiedliche Aspekte dieses Phänomens.

Viele Studien zur Globalisierung verwenden eher breite Definitionen dieses Phänomens (z. B. Beck, 1997; Scholte, 2005). Hier wird die Globalisierung meist als gesellschaftlicher und kultureller Prozess verstanden. Die Globalisierung wird begriffen als materielle, aber auch als subjektiv konstruierte Lebenswelt, in der sich Bezugsräume von Menschen ausdehnen und gleichzeitig verdichten. Globalisierung ist aus dieser Sicht ein Prozess, bei dem geografische Eingrenzungen durch soziale und kulturelle Bezugsrahmen schwächer werden und sich Menschen zunehmend bewusst sind, dass diese Eingrenzungen schwinden. Ereignisse und Strukturveränderungen in einem Teil der Welt haben deshalb in wachsendem Maße Auswirkungen auf entferntere Teile der Welt. Damit einher geht eine Bedeutungsänderung von Territorialität, die der politischen Organisationsform des Staates zugrunde liegt (vgl. Abschnitt 1.3.3 in Kapitel 1). Zürn (1998: 236–37) spricht in diesem Kontext von „sozialer Denationalisierung“.

In der Politischen Ökonomie, einem Forschungsgebiet an der Schnittstelle von Politik- und Wirtschaftswissenschaft, wird der Globalisierungsbegriff hingegen meist enger gefasst. Globalisierungsprozesse werden hier im Sinne einer zunehmenden Ausdehnung und Intensität ökonomischer Austauschbeziehungen über nationale Grenzen hinweg betrachtet (Bernauer, 2000; Garrett, 2000). Im Prinzip steht am Anfang dieser Entwicklung eine stark binnenwirtschaftlich orientierte internationale Wirtschaft. Am Ende steht der vollständig globalisierte oder integrierte Weltmarkt (auch wenn dies nicht der Realität entspricht). Im erstgenannten Zustand dominiert die binnenwirtschaftliche Aktivität. Die grenzüberschreitenden Transaktionen finden zwischen klar unterscheidbaren Wirtschaftsräumen statt, die durch staatliche Grenzen geprägt sind. Im Zustand des Weltmarktes hingegen haben nationale Grenzen keine Auswirkungen mehr auf die Ströme von Waren, Dienstleistungen, Kapital, Technologie, Wissen und Menschen. Multinationale Unternehmen werden im Weltmarkt zu transnationalen Unternehmen, die nur noch sehr schwache bis gar keine Bindungen mehr an den ursprünglichen Heimatstaat aufweisen. Ihre Wertschöpfungsketten sowie damit verbundene ausländische Direktinvestitionen orientieren sich nur noch an wirtschaftlichen Effizienzkriterien. Finanzmärkte z. B. entsprechen dann dem Typus des vollständig globalisierten und integrierten Weltmarktes, wenn vollständige Kapitalmobilität existiert und ähnliche oder identische Preise (z. B. Zinsen für bestimmte Kreditformen) für die gleichen Güter zum gleichen Zeitpunkt an unterschiedlichen Orten bezahlt werden.

Die Vor- und Nachteile breiter oder enger gefasster Umschreibungen bzw. Definitionen von Globalisierung hängen in erster Linie davon ab, welche Aspekte des Phänomens untersucht werden sollen. Wenn wir beispielsweise die Auswirkungen der Globalisierung auf die Arbeitsplatzsicherheit in OECD-Staaten untersuchen, ist eine breit angelegte Definition der Globalisierung wenig zweckmäßig. Die Analyse wird sich in diesem Fall vorzugsweise auf Daten zur Offenheit von nationalen oder sektorspezifischen Märkten gegenüber dem Weltmarkt (Wettbewerbsdruck; erklärende Variable) und Arbeitsplatzsicherheit (z. B. gemessen anhand von Arbeitslosenzahlen oder individuellen Wahrnehmungen; abhängige Variable) konzentrieren.

Wenn wir hingegen untersuchen möchten, ob die Globalisierung bei der Wählerschaft Ängste verursacht und ob diese Ängste Wahlentscheidungen zugunsten linker oder rechter Parteien bewirken, kann eine breitere Definition von Globalisierung (z. B. als ökonomisches und kulturelles Phänomen) durchaus sinnvoll sein. Dies vor allem, wenn wir annehmen, dass solche Ängste sowohl auf der Furcht vor einem Verlust der kulturellen Identität als auch auf der Furcht vor höheren Risiken im Arbeitsmarkt beruhen.

Abbildung 15.1 bietet einen selektiven Überblick über verschiedene Messgrößen, die in der empirisch-analytischen Literatur zum Thema Globalisierung häufig verwendet werden. Wir konzentrieren uns auf Messgrößen, für die Daten zu vielen Staaten und längeren Zeiträumen verfügbar sind und die sich deshalb für breit angelegte vergleichende Studien gut eignen.

Konzept: Wirtschaftliche Globalisierung	Mögliche Variablen/Indikatoren
Grenzüberschreitende Waren- und Dienstleistungsströme	Außenhandelsquote: Exporte und Importe als Anteil am Bruttoinlandsprodukt eines Landes
Grenzüberschreitende Direktinvestitionen (Investitionen, die eine Kontrolle über ein Unternehmen implizieren)	Direktinvestitionsquote: Aus dem betreffenden Land hinaus oder in das Land hinein fließende oder kumulierte (insgesamt existierende) ausländische Direktinvestitionen als Anteil am Bruttoinlandsprodukt
Grenzüberschreitende Portfolioinvestitionen (z. B. Kredite, Investitionen in Wertschriften)	Portfolioinvestitionsquote: Portfolioinvestitionen aus dem Ausland oder ins Ausland fließende Portfolioinvestitionen als Anteil am Bruttoinlandsprodukt
Staatliche Handelshemmnisse	Beschränkungen gegenüber ausländischen Anbietern von Waren und Dienstleistungen: Zölle, Steuern, Mengenbegrenzungen (Quoten, Kontingente), Lizenzierungsverfahren, technische Vorschriften etc.; zur Vereinfachung wird dieses Konzept manchmal auch mittels der Höhe der Ein- und Ausfuhrzölle gemessen
Staatliche Maßnahmen zur Beschränkung des grenzüberschreitenden Kapitalverkehrs	Mengenmäßige Beschränkungen der Ein- oder Ausfuhr von Geld und Wertschriften, Steuern auf Importen oder Exporten von Kapital, Meldepflichten
Konzept: Soziale Globalisierung	
Kommunikation mit Personen im Ausland	Anteil der Telefongespräche und Briefe ins und aus dem Ausland an den gesamten Telefongesprächen bzw. Briefen eines Landes
Nutzung neuer Technologien der globalen Informationsverbreitung	Anteil der Internet-Benutzer an der Gesamtbevölkerung
Zugang zu ausländischen Informationsquellen	Import ausländischer Zeitungen und Zahl der Fernsehgeräte pro Kopf der Bevölkerung
Kontakt mit Personen aus anderen Ländern/Kulturen	Anteil der Einwohner eines Landes mit einer anderen Staatsbürgerschaft, Zahl der Touristen als Anteil an der Gesamtbevölkerung, Auslandreisen pro Kopf der Bevölkerung
Durchdringung des nationalen Marktes mit ausländischen Dienstleistern, die eine bestimmte kulinarische Kultur oder andere Kulturform vertreten	Zahl der McDonald's Restaurants pro Kopf der Bevölkerung
Konzept: Politische Globalisierung	
Engagement eines Landes im internationalen System	Mitgliedschaften in internationalen Organisationen und Verträgen, Mitwirken in friedenserhaltenden Operationen der UNO, Anteil der Ausgaben für Entwicklungszusammenarbeit am BIP
Präsenz politischer Akteure aus dem Ausland	Zahl der ausländischen Botschaften und der Aktivität ausländischer Akteure der Zivilgesellschaft (z. B. NGOs, Wirtschaftsverbände)

Abbildung 15.1: Messgrößen für Globalisierung

Wie Sie vermutlich schon gemerkt haben, werden die in Abbildung 15.1 aufgeführten Messgrößen primär auf der Ebene des einzelnen Staates pro Jahr erfasst. Abbildung 15.2 zeigt zur Illustration für einen Zeitraum von rund 50 Jahren die Außenhandelsquoten der drei deutschsprachigen Länder sowie zum Vergleich die von drei weiteren Staaten: Frankreich und Großbritannien, den neben Deutschland größten nationalen Wirtschaftsräumen Europas, sowie den USA, der größten nationalen Wirtschaftsmacht der Welt. Mit diesem Indikator werden grenzüberschreitende Güterströme, also Exporte und Importe, als Anteil am Bruttoinlandsprodukt gemessen. Dieser erfasst, wie stark ein Wirtschaftsraum nach „innen" oder „außen" orientiert ist. Je höher die Außenhandelsquote eines Staates ist, desto „globalisierter" ist er in wirtschaftlicher Hinsicht. Abbildung 15.2 zeigt, dass die Außenhandelsquoten der meisten Staaten im Verlauf der letzten Jahrzehnte gestiegen sind, zum Teil jedoch mit starken Fluktuationen.

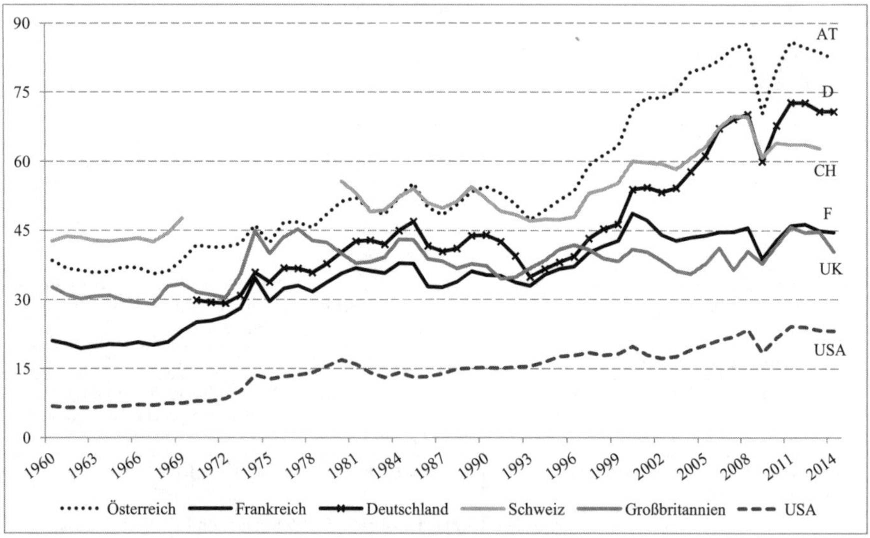

Abbildung 15.2: Außenhandelsquoten ausgewählter Länder 1960–2014

Quelle: Weltbank (2015)

Auch in Bezug auf die geografische Verteilung der Handelsströme sind große Unterschiede beobachtbar: Selbst wenn z. B. die Außenhandelsquote von Deutschland seit 1965 stark gestiegen ist, hat sich dieses Land nicht gleichförmig gegenüber allen anderen Staaten geöffnet. So ist der Handel mit europäischen Staaten z. B. deutlich schneller gewachsen als der Handel mit anderen Weltregionen. Zur Beschreibung und Erklärung solcher Unterschiede werden vor allem dyadische Messgrößen für den Außenhandel verwendet. Sie erfassen die Handelsbeziehungen bzw. Außenhandelsquoten zwischen einzelnen Staatenpaaren. Und schließlich lassen sich Messgrößen für einzelne Staaten auch zu Indikatoren für größere Ländergruppen (oder sogar alle Länder der Welt) zusammenfassen. Damit kann z. B. erfasst werden, wie sich die Offenheit des Welthandelssystems gemessen als durchschnittliche Außenhandelsquote über die Zeit hinweg entwickelt hat.

Die Tatsache, dass bestimmte Indikatoren für die Globalisierung auf unterschiedlichen Analyseebenen (einzelner Staat, Länderpaare, Ländergruppen oder Welt) erfassbar sind, zeigt, dass das Phänomen Globalisierung vielschichtig ist. So können wir durchaus von der Globalisierung eines territorialstaatlich identifizierbaren Wirtschaftsraumes – d. h. eines Staates – sprechen, insbesondere im Bezug darauf, wie offen dieser Raum nach außen ist (zur Weltwirtschaft oder gegenüber spezifischen anderen Staaten). Wenn wir hingegen die Globalisierung als Phänomen verstehen, das für die Weltwirtschaft als Ganzes von Interesse ist, richtet sich unsere Aufmerksamkeit auf die höchste Aggregationsebene (z. B. die Offenheit des globalen Finanzsystems über die Zeit hinweg).

Je nach Zweck einer Analyse kann es, wie weiter oben bereits angesprochen, interessant sein, die Globalisierung in einem breiteren Sinne zu messen. Abbildung 15.3 illustriert dies mit Zeitreihendaten eines solchen Messversuchs für die drei deutschsprachigen Länder sowie Frankreich, Großbritannien und die USA. Dieser Globalisierungsindex der ETH Zürich Konjunkturforschungsstelle (KOF) (*http://globalization.kof.ethz.ch/*) basiert auf über 20 einzelnen Indikatoren zu wirtschaftlichen, sozialen und politischen Aspekten der Globalisierung, die gewichtet in den Index einfließen. Einige dieser Indikatoren sind in der Abbildung 15.1 aufgeführt.

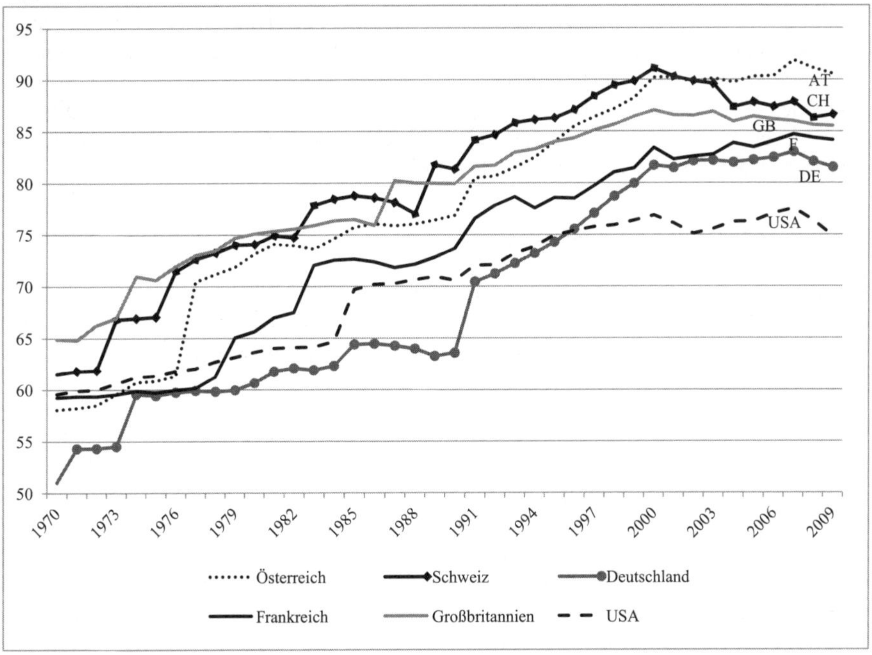

Abbildung 15.3: Globalisierungsgrad ausgewählter Länder gemäß KOF-Globalisierungsindex

Quelle: Dreher (2008); Daten (Stand: 2012).

Sowohl die spezifischeren als auch die breiter angelegten Messgrößen zeigen deutlich, dass die Globalisierung der meisten Länder über die Zeit hinweg zwar tendenziell zugenommen hat, dass diese Öffnungsprozesse jedoch häufig nicht linear verlaufen und erhebliche Unterschiede zwischen Ländern auftreten. Öffnungsprozesse sind offensichtlich geografisch ungleichmäßig verteilt und der gegenwärtige Zustand, sowohl auf der Ebene des einzelnen Staates als auch regional oder global, ist noch weit vom Typus des Weltmarktes oder der Weltgesellschaft entfernt. Die Globalisierung erweist sich somit bis heute zwar als eine weltumspannende, nicht jedoch als flächendeckende Erscheinung. Vor allem die wirtschaftliche Globalisierung konzentriert sich stark auf den OECD-Raum, einige Transformationsländer (ehemalige kommunistische Staaten) und *emerging markets* (z. B. China, Indien, Brasilien, Thailand). Der Rest der Welt, vor allem Afrika südlich der Sahara, hinkt diesem Trend deutlich hinterher.

Empirische Beobachtungen dieser Art eröffnen ein breites Spektrum von Fragen, mit denen sich die Politikwissenschaft seit Anfang der 1990er Jahre auseinandersetzt (Sørensen, 2001; Held & McGrew, 2002). In den weiteren Teilen dieses Kapitels befassen wir uns mit einigen dieser Fragen, die im Zentrum dieser Forschungsbemühungen stehen. Aus Platzgründen müssen wir jedoch stark selektiv vorgehen und beschränken uns auf Fragen zu den Ursachen und Konsequenzen der wirtschaftlichen Globalisierung sowie der empirisch-analytischen Forschung dazu. Andere ebenfalls wichtige Fragen müssen wir ausklammern. Beispiele solcher Fragen sind: Unter welchen Bedingungen führt mehr wirtschaftliche Offenheit auch zu einer kosmopolitischeren Identität von Individuen? Welche Faktoren beeinflussen zeitliche und geografische Verteilungen von Migrationsströmen? Welche Gesellschaften sind besser in der Lage Immigranten wirtschaftlich und sozial nachhaltig zu integrieren? Wie beeinflussen neue Kommunikationsmöglichkeiten (z. B. Mobiltelefonie, Internet) und die globale Präsenz von Massenmedien den Verlauf von Bürgerkriegen? Inwiefern beeinflussen zunehmend globalisierte Netzwerke von zivilgesellschaftlichen Akteuren (z. B. Umwelt-NGOs) internationale Verhandlungsprozesse und deren Ergebnisse?

15.2 Ursachen der Globalisierung

Die Triebkräfte der Globalisierung sind sehr vielschichtig. Wir beleuchten zunächst die historische Entwicklung der Globalisierung und konzentrieren uns dann auf einen konkreten Aspekt, nämlich auf die Frage, wie sich außenwirtschaftliche Liberalisierungsprozesse erklären lassen.

15.2.1 Historische Entwicklung

Bereits der Hellenismus, das Römische Reich, das Reich der Parther, die Han-Dynastie, das sogenannte goldene Zeitalter des Islam und das Reich der Mongolen lassen sich im Sinne von Öffnungs- bzw. Integrationsprozessen interpretieren – wobei sich diese zwar über große geografische Räume erstreckten, aber nicht weltumspannend waren. D. h., in diesen Epochen und Reichen gab es relativ große geografische Gebiete, in denen eine Verdichtung der sozialen und ökonomischen Austauschbeziehungen stattfand. Die Globalisierung im neuzeitlichen, weltumspannenden Sinn begann allerdings erst im 16. Jahrhundert und ging von Portugal und Spanien und etwas später von Frankreich und England aus. Sie führte erstmals in der Geschichte der Menschheit zu intensiveren Austauschbeziehungen zwischen Europa, Amerika, Asien und Afrika. In einigen Fällen verliefen diese Austauschbeziehungen auch aus heutiger Sicht durchaus friedlich und fair, in vielen Fällen allerdings auch in Form von gewaltsamer Landnahme und Ausbeutung (Kolonialisierung) (Waters, 1995; Hirst & Thompson, 1996). Im Kontext der Kolonialisierung entstand im 17. Jahrhundert auch eine privatwirtschaftliche Komponente der Globalisierung. Dies in Form der damals gegründeten British East India Company, Dutch East India Company und Portugese East India Company. Auch wenn diese Unternehmen noch sehr stark von ihren Heimatstaaten kontrolliert wurden, können sie als Vorläufer der heutigen multinationalen Konzerne betrachtet werden.

Im 18. Jahrhundert stieg das British Empire zum größten Reich in der Geschichte der Menschheit auf und behielt diese Stellung bis zum Anfang des 20. Jahrhunderts. In der Literatur wird insbesondere das 19. Jahrhundert häufig als das erste Zeitalter der Globalisierung im modernen Sinne bezeichnet. Großbritannien kontrollierte aufgrund seiner überlegenen Seestreitkräfte die wichtigsten Handelsrouten und unterhielt weltumspannende Handelsbeziehungen mit den britischen Kolonien sowie anderen Staaten und deren Kolonien. Das britische Pfund war, ähnlich wie heute der US-Dollar oder der Euro, die Währung, in der die meisten grenzüberschreitenden Wirtschaftstransaktionen abgewickelt wurden. Im Zeichen der Pax Britannica fand eine enorme Expansion des Welthandels und der Investitionen statt und die letzten „weißen Flecken" auf der Landkarte, insbesondere südlich der Sahara und im Pazifikraum, wurden in das Weltwirtschaftssystem eingebunden.

Dieses erste Zeitalter der Globalisierung kam 1914 mit dem Beginn des Ersten Weltkrieges zu einem abrupten Ende. Es folgten die Jahre der Großen Depression (1920er und 1930er Jahre) sowie des Zweiten Weltkrieges, die von wirtschaftlichem Isolationismus und Nationalismus geprägt waren. Erst ab 1946 begannen sich die internationalen Handels- und Finanzbeziehungen zu erholen. Dieser Prozess der erneuten Öffnung der Märkte, vor allem zwischen den Wirtschaftsräumen der westlichen Demokratien, wurde sehr bewusst und gezielt von den USA gefördert und mittels internationaler Institutionen abgesichert, vor allem mit Hilfe der Vorläuferinstitution der heutigen OECD, der Welthandelsinstitution (GATT, später WTO), der Bretton Woods-Organisationen (Internationaler Währungsfonds und Weltbank) sowie der Vereinten Nationen. Die wichtigste Motivation für diese politisch herbeigeführte Marktöffnung lässt sich mit der Denkschule des Liberalismus (siehe Kapitel 14.2) identifizieren. Diese argumentiert, dass offene Märkte zu mehr Wohlstand und Demokratie führen, und dass die Wahrscheinlichkeit von Kriegen zwischen wohlhabenden und demokratischen Staaten sehr gering ist. Aus dieser Perspektive können die Bemühungen zur Marktliberalisierung und stärkerer wirtschaftlicher Integration – auch im Kontext der heutigen EU – nach dem Zweiten Weltkrieg als Ausdruck politischer Bemühungen zur Kriegsprävention und damit als Friedenspolitik verstanden werden.

Dieses zweite Zeitalter der Globalisierung im Zeichen der Pax Americana blieb bis zum Ende des Kalten Krieges (1991) im Wesentlichen auf die Gruppe der westlichen Demokratien sowie einige mit ihnen verbundene Staaten beschränkt. In diesem politischen und wirtschaftlichen Raum wurden im Rahmen globaler und regionaler Institutionen Zölle, nichttarifäre Handelshemmnisse, Kapitalverkehrsbeschränkungen, Investitionshindernisse und andere Marktbeschränkungen schrittweise reduziert. Das Ende des Kalten Krieges ging einher mit einer rasanten Marktöffnung in den meisten ehemals sozialistischen Staaten sowie mit zusätzlichen Liberalisierungsschüben in anderen Ländern.

Trotz diverser Krisen (z. B. die Erdölkrise von 1973/74) sowie starken Verschiebungen der internationalen Machtverhältnisse vom bipolaren System im Kalten Krieg zu einem System mit mehreren wirtschaftlichen Großmächten (v. a. USA, EU, Japan, China, Indien, Brasilien und Russland) sind große Rückschläge im wirtschaftlichen Globalisierungsprozess bisher ausgeblieben. Ein wichtiger Grund dafür, den wir in Kapitel 14.4 besprochen haben, ist die Wirksamkeit internationaler Institutionen auch unter posthegemonialen Bedingungen(Keohane, 1984; Beck, 1997; Garrett, 2000; Zürn, 2002).

Die 2007 ausgebrochene globale Finanzmarktkrise, die inzwischen vor allem in Europa und den USA mit einer massiven Verschuldungskrise einhergeht, hat zu einer starken Abkühlung der Konjunktur in fast allen großen Märkten der Welt geführt. Angesichts dieser Krise sind weitere wirtschaftliche Liberalisierungsschritte, z. B. im Rahmen der Doha-Runde der WTO, in absehbarer Zeit unwahrscheinlich geworden. Ob sie sogar zu einem Rückbau bereits erfolgter Marktöffnungen bzw. einer Schwächung der institutionellen Strukturen zur Absicherung der Globalisierung führen wird, ist momentan noch offen.

15.2.2 Triebkräfte der Globalisierung

Welches sind die Ursachen der Globalisierung? Im Prinzip lassen sich drei Gruppen von Triebkräften unterscheiden(Hirst & Thompson, 1996; Bernauer, 2000; Garrett, 2000).

Die erste fundamentale Triebkraft der Globalisierung liegt in technologischen Innovationen und der damit einhergehenden Reduktion von Transport- und Kommunikationskosten. Ohne Fernseher, Radio und Internet könnten wir beispielsweise ausländische Kulturprodukte nur beschränkt konsumieren. Ohne weltweite Computernetzwerke wäre der moderne globale Finanzmarkt undenkbar. Sinkende Transportkosten erleichtern den grenzüberschreitenden Handel und das Reisen unmittelbar. Die Globalisierung allein durch diese technologischen Triebkräfte erklären zu wollen, wäre jedoch aus zwei Gründen problematisch.

Erstens wirken diese Faktoren in ähnlicher Weise auf alle Staaten ein. Sie können somit zwar zur Erklärung der Globalisierungsdynamik im gesamten internationalen System über die Zeit hinweg beitragen und z. B. die tendenziell steigende durchschnittliche Außenhandelsquote in der Weltwirtschaft erklären. Wie die Diskussion von Messgrößen für die wirtschaftliche Globalisierung gezeigt hat, existieren jedoch sehr große Unterschiede zwischen Staaten, die einer Erklärung bedürfen. Faktoren, die auf alle Staaten gleich einwirken, können jedoch kaum zur Erklärung der enormen Unterschiede zwischen den Staaten beitragen (Garrett, 2000).

Zweitens besteht ein komplexes analytisches Problem, nämlich dasjenige der sogenannten Simultanität. Technologische Innovation fördert die Globalisierung, aber die Globalisierung fördert auch die technologische Innovation, z. B. indem sie aufgrund größerer potentieller Absatzmärkte stärkere Anreize zu Investitionen in Forschung und Entwicklung bewirkt und die weltweite Verbreitung neuer Technologien forciert. Beide Variablen, technologische Innovation und Globalisierung, sind also endogen zueinander, d. h., sie werden beide von der jeweils anderen Variable kausal beeinflusst. Diese gleichzeitigen, wechselseitigen Effekte zwischen den zwei Variablen sind analytisch schwer trennbar. Ähnliches gilt für eine andere Erklärungsvariable der Globalisierung, die ebenfalls sehr häufig genannt wird: Das Ende des Kalten Krieges, von dem angenommen wird, dass es zu einem gleichzeitigen Vormarsch der Demokratie und der wirtschaftlichen Liberalisierung geführt habe. Auch hier ist ein kausaler Einfluss in der entgegengesetzten Richtung ebenso plausibel.

Die enorme Bedeutung technologischen Fortschrittes für die Globalisierung ist in der Politikwissenschaft unbestritten. Dennoch interessieren sich Politikwissenschaftler aus den erwähnten Gründen vor allem für zwei weitere Erklärungsfaktoren: Erstens die Charakteristika einzelner Staaten und zweitens die Beschaffenheit der Beziehungen zwischen Staaten. Diese Faktoren können in komplexer Weise mit dem technologischen Wandel zusammenwirken und so wirtschaftliche Globalisierungsprozesse beschleunigen oder verlangsamen. Im Zentrum der politikwissenschaftlichen Forschung stehen daher Erklärungen von Unterschieden zwischen Ländern oder Ländergruppen, insbesondere in Bezug auf die Bedingungen, unter denen sich Staaten mehr oder weniger in den Weltmarkt integrieren.

Viele Studien haben sich mit der Frage befasst, ob außenwirtschaftliche Liberalisierungsprozesse von verallgemeinerbaren Trends geprägt sind. Sie haben gezeigt, dass empirisch gehaltvolle Erklärungsmodelle der Außenwirtschaftsliberalisierung sowohl innerstaatliche als auch internationale Determinanten berücksichtigen müssen.

Eine insbesondere in der frühen Literatur zur Globalisierung stark propagierte Hypothese war, dass die Globalisierung mit einem steigenden, allgemeinen Wettbewerbsdruck einhergehe, dem sich Staaten kaum entziehen könnten. Letztlich würde sie deshalb die Wirtschaftspolitik von Staaten in eine ähnliche Richtung treiben und damit eine Konvergenz bewirken. Kritiker dieser These wenden ein, dass sich nationale Wirtschaftspolitiken nicht wie „Fahnen im Wind“ an einem allseits als optimal bewerteten globalen Maßstab ausrichten, sondern historisch gewachsen und von vielfältigen innerstaatlichen Einflüssen (Institutionen) geprägt sind. Dies führt zur Gegenhypothese, dass trotz Globalisierung die Wirtschaftspolitik im internationalen Vergleich aufgrund innerstaatlicher „Rigiditäten“ von starker Heterogenität geprägt ist(Berger & Dore, 1996; Bernauer, 2000).

Studien jüngeren Datums kommen vorwiegend zum Ergebnis, dass die letztere Hypothese von der Empirie besser gestützt wird. Ein gutes Beispiel ist eine Studie von Martin und Schneider (2006), die in Kasten 15.1 diskutiert wird.

15.1 Konvergenz oder Pfadabhängigkeit?

Martin und Schneider (2006) untersuchen drei Erklärungsmuster für die Liberalisierung im Handels- und Finanzbereich im Zeitraum 1978–2002: Pfadabhängigkeit, Konvergenz und regulativer Wettbewerb. Pfadabhängigkeit bedeutet, dass sich staatliche Institutionen wie große Schiffe verhalten. Selbst wenn unvermittelt neue Kräfte auf sie einwirken, ändern sie ihren einmal eingeschlagenen Kurs nur sehr langsam – z. B. weil es schwierig ist, in demokratischen Verfahren den innenpolitischen Konsens für eine außenwirtschaftliche Kursänderung zu erzielen. Wie außenwirtschaftlich offen ein Staat am Anfang der Untersuchungsperiode ist, bestimmt somit weitgehend, wie offen er am Schluss des Untersuchungszeitraums ist. Konvergenz bedeutet, dass Staaten ihr Liberalisierungsniveau über die Zeit hinweg einander angleichen. Martin und Schneider argumentieren, dass diese Konvergenz in Richtung einer liberaleren Außenwirtschaft erfolgt, wobei offen gelassen wird, welche Triebkräfte die Konvergenz verursachen. Das Erklärungsmuster des regulativen Wettbewerbs besagt, dass liberale Vorreiterstaaten mehr Investitionen anlocken und damit die anderen Staaten im internationalen Standortwettbewerb unter Druck setzen, ebenfalls zu liberalisieren (Cerny, 2000). Der regulative Wettbewerb kann sich auch darin äußern, dass Staaten, die zu Beginn der Untersuchungsperiode wenig offen sind, im Laufe der Zeit versuchen, die liberaleren Staaten durch eine noch stärkere Liberalisierung zu überbieten.

Die empirische Analyse von Martin und Schneider (2006) basiert auf einem Datensatz, der rund 100 Länder über 20 Jahre erfasst. Während viele Analysen mit dieser Fragestellung die abhängige Variable im Sinne von Handels- und Finanzströmen definieren, konzipieren Martin und Schneider ihre abhängige Variable im Sinne von regulativen Hindernissen im Außenhandel und Kapitalverkehr.

Abbildung 15.4 zeigt, dass die Standardabweichung (ein statistisches Maß für die Heterogenität; größere Werte zeigen größere Unterschiede an) zwischen den Staaten im Bereich der Handels- und Kapitalmarkt-Restriktionen eher zu- als abgenommen hat. Damit kann die Konvergenzhypothese verworfen werden, denn diese sagt eine Angleichung solcher Restriktionen voraus. Die empirische Evidenz spricht also eher für die Heterogenitätshypothese.

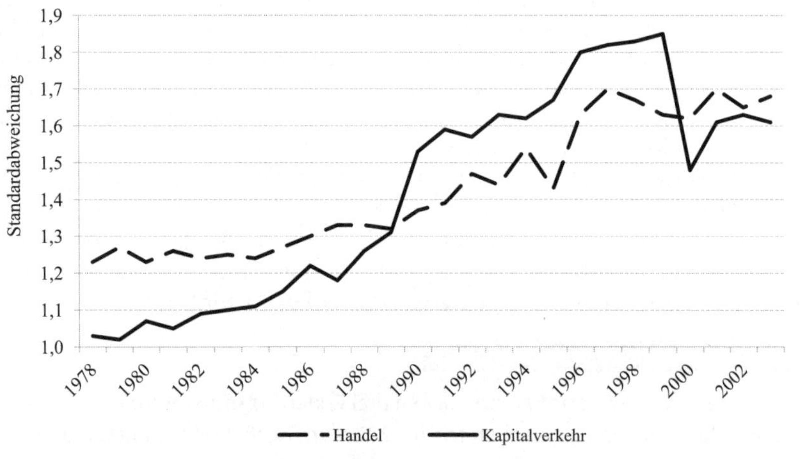

Abbildung 15.4: Heterogenität regulativer Hindernisse im Handel und Kapitalverkehr

Datenquelle: Martin und Schneider (2006). Der Datensatz umfasst 110 Länder im Zeitraum 1978–2003. Gemessen werden regulative Hindernisse im Handel und im Kapitalverkehr.

In ihrer Analyse kommen Martin und Schneider zum Schluss, dass die Pfadabhängigkeit dominiert. Die bereits 1978 recht offenen OECD-Länder haben ihre Außenwirtschaft weiter liberalisiert. Die anderen Staaten haben dies im Untersuchungszeitraum zwar ebenfalls getan, die Heterogenität (also das Gegenteil von Konvergenz) ist jedoch gestiegen. Staaten, die Ende der 1970er Jahre eine abgeschottete Wirtschaft gegenüber dem Ausland aufwiesen, reduzierten ihre außenwirtschaftlichen Barrieren zwar mehr als die zu Beginn des Untersuchungszeitraums offeneren Staaten. Dieser Effekt war jedoch nicht groß genug, um in der Gruppe aller vom Datensatz erfassten Staaten eine Konvergenz zu bewirken. So stieg z. B. zwischen 1978 und 1999 die Standardabweichung der Nicht-OECD-Staaten bei den Handelsrestriktionen um 51 Prozent, während sie bei den OECD-Staaten um 47 Prozent sank.

Die Globalisierung scheint also zumindest in den zwei zentralen Bereichen der Außenwirtschaft, die hier untersucht werden, sehr uneinheitlich zu verlaufen. Eine gewisse Konvergenz hin zu mehr Offenheit ist nur bei den OECD-Ländern feststellbar. Regulativer Wettbewerb im engeren Sinne ist nur bei den Restriktionen im Finanzmarkt, und auch dort in sehr beschränktem Ausmaß, beobachtbar. Nichtsdestotrotz verhalten sich Staaten hinsichtlich ihrer außenwirtschaftlichen Öffnung strategisch, indem sie sich in ihren Entscheidungen von Referenzstaaten beeinflussen lassen, wobei letztere liberal oder restriktiv sein können. Ein einheitlicher, die Liberalisierung fördernder Effekt geht vor allem von internationalen Institutionen aus.

Die Dominanz der Pfadabhängigkeit – der Hauptbefund von Martin und Schneider (siehe Kasten 15.1) und anderer Autoren – erscheint auf den ersten Blick aus theoretischer Sicht nur mäßig interessant, zumal wir daraus nicht direkt entnehmen können, welche Kräfte nun die Globalisierung vorantreiben. Dieser erste Eindruck trügt jedoch. Der genannte Befund zeigt nämlich implizit, dass die wirtschaftliche Globalisierung trotz dramatischer technologischer Innovationen stark von staatlichem Handeln gesteuert wird. Die außenwirtschaftliche Öffnung, die hier anhand regulativer Hemmnisse und nicht anhand wirtschaftlicher Transaktionen gemessen wird, verläuft insgesamt recht langsam und sprunghaft, und Rückschläge und Stagnationsphasen sind durchaus möglich. Die genannten empirischen Befunde zeigen zudem, dass Triebkräfte und Bremsmechanismen sowohl im Staatsinneren als auch auf der internationalen Ebene (interdependentes Verhalten der Staaten) liegen können. Kasten 15.2 vertieft die Frage des interdependenten Verhaltens (u. a. auch im Sinne des regulativen Wettbewerbs) und seinen Implikationen für die wirtschaftliche Globalisierung.

15.2 Liberalisierung als Politikdiffusion

Die politikwissenschaftliche Forschung hat sich in jüngerer Zeit auch auf die Ausdifferenzierung unterschiedlicher internationaler Effekte auf die außenwirtschaftliche Liberalisierung konzentriert und dabei spezifische Mechanismen der Politikdiffusion ins Zentrum der Analyse gestellt (Braun & Gilardi, 2006). Der Begriff der Politikdiffusion bezeichnet in unserem Kontext die Verbreitung bestimmter außenwirtschaftlicher Verhaltensweisen im internationalen System (räumlich und zeitlich). Ausgehend von der Annahme, dass die Liberalisierungspolitik von Staaten nicht nur von innenpolitischen Faktoren, sondern auch von zwischenstaatlichen, strategischen Kalkülen abhängt, werden die gegenseitigen Einflüsse von Staaten aufeinander explizit analysiert. Eine Studie von Simmons und Elkins (2004) ist ein gutes Beispiel dafür. Die beiden Autoren identifizieren mehrere internationale Einflussmechanismen und formulieren dazu folgende Hypothesen:

Hypothese 1: Die Liberalisierungspolitik eines Staates wird vom Verhalten seiner wichtigsten ökonomischen Konkurrenten im gleichen Politikbereich beeinflusst. Diese Hypothese betont Nutzenerwartungen. Liberalisierungsschritte im Land A bewirken Standortvorteile gegenüber dem Konkurrenten. Je stärker die ökonomischen Akteure aus Land A mit den ökonomischen Akteuren aus Land B konkurrieren, desto größer ist der Anreiz von Land B, der Liberalisierungspolitik von A zu folgen. Im Wesentlichen geht es hier um das weiter oben bereits diskutierte Argument des regulativen Wettbewerbs. Eine Konvergenz des Verhaltens aller Staaten wird nicht erwartet, sondern nur eine Konvergenz zwischen Staaten, die miteinander in starkem Wettbewerb stehen.

Hypothese 2: Je stärker die Liberalisierung im internationalen System insgesamt ist, desto stärker ist der Anreiz zur Liberalisierung im einzelnen Staat. Diese Hypothese benennt einen normativen Anreiz, der vom Verhalten anderer Staaten ausgeht. Je mehr Staaten eine Liberalisierungspolitik verfolgen, desto mehr wird eine solche Politik als normativer Konsens der Staatenwelt begriffen, dem sich Politiker in einzelnen Ländern nicht entziehen können.

Hypothese 3: Staaten werden von der Liberalisierungspolitik derjenigen Staaten beeinflusst, welche die größten wirtschaftlichen Erfolge aufweisen können. Diese Hypothese betont Informationsflüsse und Lerneffekte. Viele Studien belegen, dass Politiker Popularitätsgewinne erzielen können, wenn es der Wirtschaft gut oder besser geht. Sie haben deshalb einen Anreiz der Politik derjenigen Länder zu folgen, die wirtschaftlich erfolgreich sind, auch wenn wirtschaftspolitische Rezepte nicht immer eins zu eins von einem Land auf das andere übertragbar sind.

Hypothese 4: Staaten werden von der Liberalisierungspolitik derjenigen Staaten beeinflusst, mit denen mehr Möglichkeiten zum Informationsaustausch bestehen. Diese Hypothese richtet das Augenmerk auf Lerneffekte im engeren Sinn. Wenn mehr Kommunikationsmöglichkeiten bestehen, tauschen die betreffenden Politiker mehr wirtschaftspolitische Informationen aus und lernen voneinander. Dadurch gleichen sich Wirtschaftspolitiken des einen Landes an diejenigen des anderen Landes an, wobei die Effekte einseitig oder gegenseitig verlaufen können.

Hypothese 5: Staaten werden von der Liberalisierungspolitik derjenigen Staaten beeinflusst, mit denen sie kulturelle Gemeinsamkeiten aufweisen. Wenn Staaten ihre Wirtschaftspolitik formulieren und umsetzen, orientieren sie sich tendenziell an Staaten, denen sie sich aus kulturellen Gründen (Sprache, Religion, Ideologie usw.) am meisten verbunden fühlen.

Die empirische Analyse dieser Hypothesen konzentriert sich auf die Erklärung der außenwirtschaftlichen Offenheit im Handels- und Finanzbereich. Simmons und Elkins (2004) untersuchen bis zu 182 Länder (je nach Datenverfügbarkeit variiert die Zahl) im Zeitraum 1967–1996. Ihre Resultate zeigen, dass Veränderungen in der Außenwirtschaftspolitik (von Protektionismus zu Offenheit, und auch umgekehrt) nicht nur von innenpolitischen Faktoren beeinflusst werden, sondern auch vom Verhalten anderer Staaten. Dabei gehen die wichtigsten Effekte vom Verhalten derjenigen Staaten aus, mit denen ein Staat in einem stärkeren wirtschaftlichen Konkurrenzverhältnis steht (Hypothese 1) und mit denen mehr soziokulturelle Gemeinsamkeiten existieren (Hypothese 5). Hypothesen 2–4 lassen sich hingegen in dieser Studie empirisch nicht bestätigen.

Quantitative Studien, wie z. B. die in diesem Abschnitt bisher diskutierten, liefern verallgemeinerbare Erkenntnisse, sind jedoch häufig nicht in der Lage, die Auswirkungen von innerstaatlichen und internationalen Faktoren auf außenwirtschaftliche Öffnungsprozesse im Sinne von kausalen Wirkungsketten detailliert nachzuzeichnen. Dazu sind qualitative Fallstudien besser geeignet. Ein gutes Beispiel dafür ist eine Studie von Volker Schneider (2001 a), welche die Transformation des Telekommunikationssektors im Zeitraum 1800–2000 analysiert. Schneider untersucht, welche Entwicklungspfade dieser Sektor in den USA, Großbritannien, Japan, Deutschland, Frankreich und Italien durchlaufen hat. Unterschiedliche politische Strukturmerkmale der einzelnen Staaten sowie internationale Einflüsse (z. B. Konkurrenz- und Lerneffekte) haben in diesem Fall in komplexer Weise zusammengewirkt, zu unterschiedlichen Transformationsprozessen geführt, letztlich jedoch Konvergenz hin zu einem neuen Ordnungsmodell bewirkt.

15.3 Auswirkungen der Globalisierung

Die Auswirkungen der Globalisierung sind ebenso facettenreich wie die Globalisierung selbst. So lassen sich z. B. die Auswirkungen der außenwirtschaftlichen Liberalisierung auf makroökonomischer Ebene untersuchen, u. a. die Effekte auf das Wirtschaftswachstum, die Einkommensverteilung, Beschäftigung und Währungsstabilität sowie das Entwicklungsgefälle im internationalen System. Ähnliches gilt für die natürliche Umwelt (Ökologie), Menschenrechte und viele andere gesellschaftliche Phänomene.

Wir müssen uns hier auf einige zentrale Betätigungsfelder der politikwissenschaftlichen Forschung in diesem Themenbereich beschränken. Zu diesem Zweck knüpfen wir zum einen an die Theorie des demokratischen Friedens (siehe Abschnitt 14.3.2 in Kapitel 14) an und gehen der Frage nach, ob die wirtschaftliche Globalisierung zur Vermeidung politischer Gewalt im internationalen System beitragen kann. Zweitens befassen wir uns mit der Frage, inwiefern die Globalisierung staatliche Handlungskapazitäten beeinflusst, allgemein und in Bezug auf spezifische Politikfelder wie z. B. die Sozial- und Umweltpolitik. Drittens diskutieren wir, wie sich die Globalisierung auf innenpolitische Entscheidungsprozesse (*politics*, z. B. das Wahlverhalten) auswirkt.

15.3.1 Reduziert die wirtschaftliche Globalisierung die Wahrscheinlichkeit von Kriegen?

Die Hypothese, dass intensivere Wirtschaftsbeziehungen zwischen Staaten bzw. ihren Wirtschaftsräumen Kriege unwahrscheinlicher machen, ist so alt wie die liberale Denkschule der Internationalen Beziehungen (Kapitel 14.2). Hinter dieser Hypothese vom „liberalen Frieden" stehen vor allem zwei kausale Argumente (Russett & Oneal, 2001; Schneider et al., 2003). Erstens steigen mit der Intensität der grenzüberschreitenden Wirtschaftsbeziehungen die Opportunitätskosten eines Krieges; d. h., der wirtschaftliche Schaden, den ein Krieg durch die Störung oder gar Unterbrechung der Wirtschaftsbeziehungen verursachen würde, nimmt zu und schreckt Staaten von der Kriegsführung ab. Zweitens sind Waren-, Finanz- und Personenströme auch Transportkanäle für Informationen und soziale Normen. Staaten, die intensivere Wirtschaftsbeziehungen miteinander pflegen, wissen mehr voneinander. Dies vermindert das Risiko von Kriegen, die durch Fehleinschätzungen der Kapazitäten und Absichten anderer Staaten entstehen können. Zusätzlich können intensivere Wirtschaftsbeziehungen zur Konvergenz bestimmter Wertvorstellungen führen, z. B. der Grundhaltung, dass Konflikte auf friedlichem Wege durch Verhandlungen oder internationale Streitschlichtungsverfahren ausgetragen werden sollten.

Vergleichbar mit der Hypothese vom demokratischen Frieden kann auch die Hypothese vom liberalen Frieden in zwei Varianten getestet werden. Die monadische Variante besagt, dass Staaten, die ganz allgemein wirtschaftlich enger mit dem Ausland verflochten sind, weniger häufig in zwischenstaatliche Kriege verwickelt werden. Die dyadische Variante behauptet, dass Staatenpaare, die engere Wirtschaftsbeziehungen miteinander pflegen, weniger häufig gegeneinander Krieg führen. Die empirische Forschung liefert interessante Erkenntnisse zu beiden Varianten.

Ähnlich wie in der Forschung zum demokratischen Frieden haben empirische Analysen der Hypothese des liberalen Friedens gezeigt, dass wirtschaftlich offenere Staaten nur bedingt friedfertigeren Umgang mit anderen Staaten pflegen. Eine Studie von Schneider und Schulze (2006), die im Kasten 15.3 besprochen wird, ist ein gutes Beispiel für Untersuchungen dieser Art.

15.3 Wirtschaftliche Offenheit und Kriegsvermeidung

Schneider und Schulze (2006) formulieren die Hypothese, dass von der wirtschaftlichen Globalisierung und der Demokratie generell eine pazifizierende Wirkung ausgehe, dass dieser Effekt jedoch durch innerstaatliche Variablen bedingt sei. Unter den innerstaatlichen Faktoren spielt insbesondere die Bedeutung des Militärs bzw. des Verteidigungssektors eine wichtige Rolle. Regierungen handeln, so die Annahme des Erklärungsmodells, opportunistisch und wägen den innenpolitischen Nutzen (z. B. Popularitätsgewinne) durch militärische Aktionen im Ausland gegen Globalisierungsgewinne ab. Vereinfacht ausgedrückt: Regierungen kalkulieren, ob sie eher durch Globalisierungsgewinne oder durch Krieg, oder durch eine Kombination von beidem, innenpolitisch mehr punkten können. Regierungen, die sich stark auf den Militärsektor stützen und einer schwächeren demokratischen Kontrolle unterliegen, haben aus diesen Gründen vermutlich einen stärkeren Anreiz sich, trotz außenwirtschaftlicher Offenheit und damit verbundenen Globalisierungsgewinnen, militärisch aggressiv zu verhalten.

Diese Argumentation wird mit Daten zu rund 120 Staaten im Zeitraum 1950–1992 empirisch geprüft. Die Resultate zeigen, dass Staaten, die im Außenhandel offener sind, etwas (aber nicht sehr viel) weniger zur Anwendung von militärischer Gewalt in großem Ausmaß gegenüber anderen Staaten neigen. Militärische Gewaltanwendung in kleinerem Ausmaß wird durch Offenheit im Außenhandel jedoch nicht reduziert. Die Bedeutung des Militärsektors hingegen hat einen unabhängigen, positiven Effekt auf die Kriegswahrscheinlichkeit. Diese statistischen Befunde werden von den Autoren durch mehrere qualitative Fallstudien untermauert. Diese verdeutlichen, weshalb die Offenheit im Außenhandel nur eine geringe friedensfördernde Wirkung erzeugt. Insbesondere befassen sich die Fallstudien der beiden Autoren mit einzelnen Staaten, die eine recht offene Außenwirtschaft aufweisen, jedoch wiederholt in internationale Kriegshandlungen verwickelt waren. Beispiele sind Chile und die Türkei, in denen das Militär eine starke Rolle spielt.

Die monadischen Effekte der außenwirtschaftlichen Liberalisierung erweisen sich, wie soeben aufgezeigt, als vielschichtig und entsprechen nur sehr begrenzt den Erwartungen der liberalen Denkschule der Internationalen Beziehungen. Es bleibt nun zu fragen, ob die dyadischen Effekte stärker in der erwarteten Richtung wirken. Mehrere Studien stützen die dyadische Variante des liberalen Friedens (z. B. Bliss & Russett, 1998; Gartzke, 2007a). Ein gutes Beispiel dafür ist eine Analyse von Dorussen und Ward (2010), die wir im Kasten 15.4 zusammenfassen. Die beiden Autoren zeigen, dass die Einbettung von Staaten in internationale Netzwerke von Handelsbeziehungen, die weit über die einzelne Dyade hinausreichen, einen kriegsvermeidenden Effekt hat, der in der gleichen Größenordnung liegt wie der Effekt der Demokratie.

15.4 Pazifierende Wirkung außenwirtschaftlicher Netzwerke

Ward und Dorussen (2010) kritisieren, dass die Hypothese, die Globalisierung trage zur Kriegsvermeidung bei, bislang vor allem durch eine rein ökonomische Logik motiviert worden sei. Wie im Haupttext erwähnt, wird angenommen, dass Krieg gegenseitig profitable Wirtschaftsbeziehungen (zer-)stören kann und enge Handels- und Finanzbeziehungen deshalb vor kriegerischen Handlungen abschrecken. Ward und Dorussen (2010) hingegen greifen zurück auf klassische liberale Denker wie Grotius, Kant, Cobden und Montesquieu und argumentieren, dass die Frieden fördernde Wirkung des Freihandels nicht nur im Sinne von rein materiellen Kosten-Nutzen-Kalkülen betrachtet werden kann. Sie betonen, dass Freihandel mehr Kommunikation, stärkere soziale Beziehungsnetze zwischen den Bevölkerungen von Staaten, „zivilisiertes" Verhalten und kosmopolitische Identitäten erzeugen und damit die Kriegswahrscheinlichkeit reduzieren.

Das Forschungsdesign von Ward und Dorussen (2010) ist dyadisch angelegt. Sie argumentieren, dass nicht nur die Außenhandelsabhängigkeit gegenüber dem jeweils anderen Staat in einer Dyade wichtig ist, sondern auch die Einbettung in das globale Handelssystem insgesamt. Basierend auf Handelsdaten für den Zeitraum 1948–2000 generieren die beiden Autoren Messgrößen für die Einbindung von Staatenpaaren in Netzwerke von internationalen Handelsbeziehungen, die weit über die einzelne Dyade hinausreichen können. Handelsströme werden dabei als Kommunikationskanäle betrachtet. Wenn sich zwei Staaten in Handelsnetzwerken mit z. T. identischen Handelspartnern bewegen und damit mehr Möglichkeiten zur direkten (via ihre bilateralen Handelsbeziehungen) oder indirekten (wenn beide mit demselben Drittstaat Handel treiben) Kommunikation haben, sinkt die Kriegswahrscheinlichkeit zwischen diesen beiden Staaten.

Die empirischen Resultate der Studie zeigen, dass aus bilateralen Handelsbeziehungen entstandene Kommunikationsströme einen stärkeren negativen Effekt auf die Kriegswahrscheinlichkeit haben als Kommunikationsströme, welche in größeren Netzwerken des Welthandels eingebettet sind. Letztere Wirkung erweist sich als ähnlich stark wie diejenigen der Demokratie. Die Studie von Ward und Dorussen (2010) liefert somit überzeugende Belege zugunsten der Hypothese, dass internationale Wirtschaftsbeziehungen zur Kriegsvermeidung beitragen können.

15.3.2 Auswirkungen der Globalisierung auf staatliches Handeln und die staatliche Handlungsfähigkeit

Ein großer Teil der politikwissenschaftlichen Forschung zu den Auswirkungen der Globalisierung befasst sich mit deren Auswirkungen auf staatliches Handeln bzw. die staatliche Handlungsfähigkeit, sowohl im allgemeinen Sinne als auch in spezifischen Politikbereichen insbesondere der Fiskal-, Arbeitsmarkt-, Sozial- und Umweltpolitik (Frieden, 1991). Zwei sich widersprechende Hypothesen stehen dabei häufig im Vordergrund, die „Effizienzhypothese“ und die „Kompensationshypothese“(Cameron, 1978; Katzenstein, 1985; Berger & Dore, 1996; Rodrik, 1998; Bernauer, 2000; Mosley, 2000; Burgoon, 2001). Beide Hypothesen gehen davon aus, dass die Globalisierung sowohl Gewinner als auch Verlierer hervorbringt. Sie liefern jedoch sehr unterschiedliche Prognosen dazu, wie der Staat darauf reagiert.

Effizienzhypothese. Vertreter der Effizienzhypothese (z. B. Ohmae, 1990; Strange, 1996) argumentieren, dass die zunehmende Offenheit der Märkte den Standortwettbewerb verstärkt, weil sie es Produzenten, institutionellen und privaten Anleger sowie anderen Wirtschaftsakteuren erlaubt, ihre Aktivitäten an die geografischen Standorte zu verlagern, die den höchsten Profit versprechen. Die Attraktivität eines Standortes kann durch diverse Rahmenbedingungen beeinflusst werden, z. B. eine niedrige Inflation, ein hohes Wirtschaftswachstum, eine effiziente öffentliche Verwaltung, Rechtssicherheit, eine tiefe Steuerlast und einen flexiblen Arbeitsmarkt. Dieser Standortwettbewerb, so die Effizienzhypothese, führt zu einem starken Druck auf die Staaten, ihren jeweiligen Wirtschaftsraum für internationale Investoren attraktiv zu gestalten und der Logik der ökonomischen Effizienz zu folgen.

Die wirtschaftliche Globalisierung führe dadurch zu einer Konvergenz staatlicher Politiken (policies), deren Ergebnis sich mit „mehr Markt“ und „weniger Staat“ beschreiben lässt (siehe dazu auch den vorhergehenden Abschnitt 15.2.2 zu den Triebkräften der Globalisierung). Die Effizienzhypothese prognostiziert somit, dass die Globalisierung zu einer Konvergenz der Steuern, Sozialausgaben und Umweltstandards auf tieferem Niveau führt, im Extremfall sogar zu einem Wettlauf nach unten („race to the bottom“). Staaten verlieren im Zuge dieser Veränderungen an Handlungsfähigkeit. Dies impliziert auch, dass der Staat weder willens noch fähig ist, die Verlierer der Globalisierung zu schützen.

Kompensationshypothese. Gleich wie die Effizienzhypothese geht auch die Kompensationshypothese davon aus, dass die Globalisierung Auswirkungen auf die Verteilung von Arbeitsmarktchancen und Einkommen in einer Gesellschaft hat. Auch wenn sie insgesamt wohlfahrtssteigernd wirkt, gibt es Gewinner und Verlierer. Anders als die Effizienzhypothese nimmt die Kompensationshypothese aber an, dass Staaten durchaus handlungsfähig bleiben. Sie besitzen auch im Zeitalter der Globalisierung Möglichkeiten, wirksame politische Instrumente zur Beschleunigung oder Verlangsamung der Marktöffnung bzw. Einschränkung des wirtschaftlichen Wettbewerbs einzusetzen.

Basierend auf diesen Annahmen befasst sich die in der Forschung am häufigsten auftauchende Version der Kompensationshypothese mit der Staatstätigkeit im Allgemeinen und der Sozialpolitik im Besonderen. Ihre Vertreter argumentieren, dass Staaten, die ihre Wirtschaft stärker öffnen, den häufig damit verbundenen wirtschaftlichen Strukturwandel durch Kompensationszahlungen an die Globalisierungsverlierer abfedern. Damit schützen bzw. kompensieren sie die Verlierer und „erkaufen“ sich so deren Zustimmung. Vereinfacht gesagt, hängt die Popularität von Politikern (und damit auch ihre politischen Überlebenschancen) davon ab, wie die aus der Marktöffnung resultierenden Wohlstandsgewinne im Staat verteilt werden. Politiker, die an einer Marktöffnung interessiert sind, haben deshalb einen Anreiz, negative Konsequenzen der Marktöffnung abzufedern. Kompensationen zugunsten von Globalisierungsverlierern können sehr explizit sein (z. B. Direktzahlungen des Schweizer Staates an die Bauern als Kompensation für den Abbau von Importrestriktionen für ausländische Agrargüter) oder auch als allgemeine soziale Sicherheitsnetze konzipiert sein (z. B. ein Ausbau der Sozialhilfe und Umschulungsprogramme für Arbeitslose).

Die Kompensationshypothese argumentiert folglich, dass die wirtschaftliche Öffnung von Staaten eher zu „mehr Staat“ führt, zumindest in bestimmten Bereichen. Die Kompensationshypothese widerspricht somit der Effizienzhypothese, welche eine Konvergenz hin zu weniger Staat prognostiziert.

Staaten können natürlich nicht nur mittels finanzieller Kompensation von Globalisierungsverlierern auf die Globalisierung antworten. Vielmehr stehen ihnen auch viele andere Politikinstrumente zur Verfügung. Politikwissenschaftler interessieren sich in diesem Zusammenhang vor allem für staatliche Regulierungsbemühungen auf nationaler und internationaler Ebene. Solche Bemühungen zielen in der Regel darauf ab, die Reichweite von Marktmechanismen zu beschränken bzw. Effekte der Globalisierung, die als schädlich bewertet werden, zu reduzieren oder zu verhindern. Ein Beispiel sind Vorschriften für die Versorgung ländlicher Gebiete mit Telekommunikationsdienstleistungen. Solche Vorschriften werden häufig als „flankierende“ Maßnahme bei der Liberalisierung der Telekommärkte eingesetzt. Weitere Beispiele sind international vereinbarte Regeln für das Eigenkapital von Banken und Bemühungen zur Bekämpfung der Geldwäscherei und Steuerhinterziehung.

Ähnlich wie bei der Kompensationshypothese wird auch in der Forschung zur staatlichen Regulierungstätigkeit nicht erwartet, dass die Globalisierung notwendigerweise zu Konvergenz in Richtung mehr Markt führe. Im Zentrum des Interesses steht vielmehr die Frage, unter welchen Bedingungen Staaten individuell oder durch internationale Kooperation wirksame regulative Maßnahmen ergreifen können. Damit liefert diese Forschung auch Antworten auf die Frage nach der Handlungsfähigkeit des Staates im Zeichen der Globalisierung.

Politische Debatten zu den Auswirkungen der Globalisierung sind meist stark ideologisch eingefärbt. So erachten z. B. wirtschaftsliberale Politiker sowie Regierungen in Ländern mit eher geringer Steuerbelastung ein gewisses Maß an Steuerwettbewerb zwischen Staaten für sinnvoll. Dies zwinge den Staat dazu, die steuerliche Belastung seiner Bevölkerung und Firmen in ökonomisch sinnvollen Grenzen zu halten und seine Leistungen für die Gesellschaft effizient zu gestalten. Linke Politiker sowie Regierungen in Staaten mit hoher Steuerbelastung sprechen hingegen von „schädlichem Steuerwettbewerb“. Sie gehen davon aus, dass fiskalische Maßnahmen kein legitimes Mittel seien, um im internationalen Standortwettbewerb ausländische Firmen und Investoren ins Land zu holen. Die empirisch-analytische Politikwissenschaft hält sich von solchen ideologischen Diskussionen größtenteils fern und versucht, die auch in politischen Debatten häufig vorgebrachten Behauptungen empirisch zu durchleuchten. Sie hat dabei eine Reihe von interessanten Resultaten hervorgebracht, die wir nun überblickshaft betrachten.

Diverse Studien (z.B. Garrett, 1998; Rodrik, 1998; Iversen & Cusack, 2000)haben die Effekte der wirtschaftlichen Offenheit auf die Staatsquote untersucht. Letztere misst die Staatsausgaben als Anteil am Bruttoinlandsprodukt (BIP). Solche Analysen liefern erste Hinweise auf die Plausibilität der Effizienz- bzw. Kompensationshypothese. Denn sie misst zumindest in grober Form die Fähigkeit und den Willen von Staaten, Ressourcen aus der jeweiligen Bevölkerung einzuziehen und auszugeben. Auch wenn Staaten mit höheren Staatsquoten nicht unbedingt handlungsfähiger sein müssen (ein gutes Beispiel ist die ehemalige Sowjetunion in den 1980er Jahren), lässt sich ein enger Zusammenhang von Staatsquoten und Handlungsfähigkeit bzw. Handlungswille (ganz nach dem Motto „Geld regiert die Welt") kaum verneinen.

In ein konkretes Forschungsdesign übersetzt, lässt sich nun argumentieren, dass die Effizienzhypothese für außenwirtschaftlich offenere Staaten eine geringere Staatsquote prognostiziert. Die Kompensationshypothese hingegen lässt für solche Staaten eine höhere Staatsquote oder zumindest keine geringere Staatsquote erwarten. Letzterer (Null-)Effekt ist beispielsweise dann möglich, wenn eine stärkere Kompensation der Globalisierungsverlierer durch Einsparungen bei anderen Staatsausgaben (z. B. beim Militär) letztlich einen budgetneutralen Gesamteffekt erzeugt oder wenn die Kompensation bzw. soziale Risikoabsicherung über regulative Maßnahmen (z. B. Kündigungsschutz, staatliche Festlegung von Mindestlöhnen) erfolgt.

Die Resultate empirischer Studien stützen weitgehend die Kompensationshypothese. Die kausalen Mechanismen, die dieser Hypothese zugrunde liegen, sind jedoch umstritten geblieben und neue Studien deuten darauf hin, dass auch der postulierte Effekt in jüngerer Zeit empirisch verschwindet (Busemeyer, 2009).

Viele Untersuchungen weisen einen positiven Effekt der Außenhandelsquote auf die Staatsquote nach: Staaten, die mehr Außenhandel betreiben, weisen höhere Staatsausgaben auf. Der Effekt der Offenheit des Finanzsektors von Staaten auf die Staatsausgaben zeigt in die gleiche Richtung, ist jedoch deutlich schwächer. Studien zu staatlichen Steuereinnahmen sowie Sozialausgaben als abhängige Variablen ergeben sehr ähnliche Resultate(z.B. Garrett, 1998; Rodrik, 1998; Iversen & Cusack, 2000).

Kritiker solcher Studien weisen allerdings darauf hin, dass die außenwirtschaftliche Offenheit nicht die primäre Ursache für den Ausbau der Staatstätigkeit sein müsse. Genauso gut könne dieser Effekt vom allgemeinen technologischen Wandel verursacht sein. Dieser beschleunige den wirtschaftlichen Strukturwandel und damit auch die Nachfrage nach staatlichen Kompensationsleistungen zugunsten der Verlierer(z.B. Garrett, 1998; Rodrik, 1998; Bernauer, 2000; Burgoon, 2001; Iversen & Soskice, 2001; Avelino et al., 2005). In Bezug auf die Kompensationshypothese im engeren Sinn argumentieren einige Studien, dass mehr Außenhandel die wirtschaftliche Unsicherheit nicht unbedingt erhöhe, und dass die De-Industrialisierung im Arbeitsmarkt weit mehr Risiken für die Arbeitnehmer erzeugt habe als die Globalisierung. Anhand von Daten zu den OECD-Staaten zeigen beispielsweise Iversen und Cusack (2000), Down (2007) und Kim (2007), dass die Stärke der De-Industrialisierung mit der Größe des Wohlfahrtsstaates korreliert, dass jedoch die konkrete Ausgestaltung staatlicher Maßnahmen in diesem Bereich von der politischen Orientierung (Parteizusammensetzung) der Regierung beeinflusst wird.

Ob nun der in den meisten Industrieländern beobachtbare starke Ausbau des Wohlfahrtsstaates seit den 1960er Jahren auf die De-Industrialisierung, die Globalisierung oder beides (die beiden Prozesse können sich durchaus gegenseitig beeinflussen) zurückzuführen ist, bleibt Gegenstand weiterer Forschungsbemühungen. Dessen ungeachtet können wir jedoch folgern, dass verfügbare empirische Belege eher zugunsten der Kompensations- als der Effizienzhypothese ausfallen. Dies zumindest was die Staatsausgaben im Allgemeinen und die Ausgaben für soziale Wohlfahrt im Besonderen betrifft, auch wenn die Evidenz für diesen Zusammenhang in jüngster Zeit schwächer geworden ist (Busemeyer, 2009). Gegen die Effizienzhypothese spricht auch, dass Unterschiede zwischen Staaten in Bezug auf die Ausgestaltung von sozialen Absicherungssystemen im Verlauf der Zeit nicht abgenommen haben. Diese fortbestehende Heterogenität spricht klar gegen die Effizienzhypothese.

Hinzu kommen Resultate von Studien, die mit Individualdaten arbeiten (z. B. Walter, 2010). Diese zeigen, dass sich auf der Ebene des Individuums bzw. des Wählers empirische Evidenz zugunsten des von der Kompensationshypothese postulierten kausalen Mechanismus finden lässt: Personen, die einem höheren Globalisierungsrisiko ausgesetzt sind bzw. zu den Globalisierungsverlierern gehören, fordern eher staatliche Maßnahmen zur Risikoabsicherung oder Kompensation, und sie wählen eher Parteien, welche solche Maßnahmen (z. B. einen stärkeren Sozialstaat) anbieten.

Statistische Vergleiche staatlicher Einnahmen und Ausgaben zwischen vielen Ländern und über viele Jahre liefern ein erkenntnisreiches Gesamtbild. Detaillierte Fallstudien sind allerdings besser geeignet um herauszufinden, wie die kausalen Mechanismen, die von den globalen Märkten auf die Staaten einwirken, im Einzelnen die gesellschaftliche Nachfrage nach Staatsleistungen und die auf diese Nachfrage ausgerichteten staatlichen Antworten erzeugen (Lawrence & Slaughter, 1993; Iversen & Cusack, 2000). Dabei muss allerdings eine geringere Verallgemeinerbarkeit der Resultate in Kauf genommen werden. Die Untersuchung einzelner Politikbereiche ist auch deshalb wichtig, weil wie oben bereits angesprochen, staatliche Maßnahmen zur Risikobegrenzung und Kompensation sich nicht notwendigerweise in höheren Ausgaben für den gesamten Sozialstaat oder einem größeren Staatshaushalt allgemein manifestieren.

Die politikwissenschaftliche Literatur bietet eine kaum überschaubare Fülle an Fallstudien dieser Art. Im Zentrum dieser Analysen steht meist die Frage, wann und wie Staaten auf weltwirtschaftliche Integrationsprozesse in bestimmten Politikbereichen reagieren und diese Prozesse mitgestalten.

Ganz allgemein lässt sich feststellen, dass die meisten Fallstudien Resultate erzeugen, die der Effizienzhypothese – zumindest in der extremen Form des „race to the bottom“ – widersprechen. Steven Vogel (1998; siehe auch Iversen & Cusack, 2000; Down, 2007; Kim, 2007) bringt dieses Gesamtbild in seinem Buch mit dem vielsagenden Titel „Freer Markets, More Rules“ auf den Punkt. Er zeigt, dass Liberalisierungsprozesse in Industriestaaten sehr häufig von stärkeren staatlichen Interventionen zur Marktbeschränkung oder zur Schaffung und Ausgestaltung von Märkten begleitet sind.

Am besten lässt sich dieser Befund anhand von Extremfällen, d. h. Politikbereichen, die einem besonders starken Druck der Weltmärkte ausgesetzt sind, verdeutlichen. Gute Beispiele sind die Fiskalpolitik und der Finanzsektor, in denen die Globalisierung in Form hoher Kapitalmobilität ganz besonders ausgeprägt ist. Viele Studien zeigen, dass selbst in diesen Bereichen von einer Entmachtung des Staates keine Rede sein kann. Im Fiskalbereich ist beispielsweise eine gewisse Verlagerung der Steuerlasten von mobileren (z. B. international tätigen Firmen) zu immobileren Akteuren (z. B. Konsumenten) feststellbar. Viele Beispiele wirksamer innerstaatlicher Reformen der Fiskalpolitik sowie internationale Bemühungen in diesem Bereich machen jedoch deutlich, dass ein Wettlauf nach unten empirisch nicht beobachtbar ist (Vogel, 1998).

Dieser generelle Befund gilt auch mit Blick auf die gegenwärtige Finanzmarkt-, Verschuldungs- und Wirtschaftskrise – der schwersten seit Jahrzehnten (also auch ein Extremfall). Ihre Wurzeln liegen teilweise in der ungenügenden staatlichen Aufsicht über die Finanzmärkte besonders in Europa, aber vorwiegend in der fehlgeleiteten Fiskalpolitik einiger Staaten begründet. Massive staatliche Eingriffe in die Märkte zur Krisenbewältigung, die seit 2007 auf breiter Front erfolgen, machen deutlich, dass letztlich nur Staaten in der Lage sind, die für die Lösung der gegenwärtigen Probleme nötigen Finanz- und Zwangsmittel zu mobilisieren und einzusetzen. Hier ergeben sich interessante neue Fragen an der Schnittstelle zwischen Innen- und Außenpolitik, zu denen die politikwissenschaftliche Forschung erst am Entstehen ist. In Kasten 15.5 diskutieren wir die Resultate einer Studie in diesem Forschungsfeld.

15.5 Wer zahlt für den Weg aus der Eurokrise?

In einer Finanzmarkt- und Verschuldungskrise wie derjenigen in Europa im zweiten Jahrzehnt des 21. Jahrhunderts gibt es immer viele Schuldige: Diejenigen, die leichtfertig Schulden gemacht haben, Kreditgeber, welche die Risiken der Kreditvergabe schlecht eingeschätzt haben, institutionelle und private Anleger, die sich im Handel mit Wertpapieren verspekuliert haben, und staatliche Aufsichtsbehörden, die entstehende Risiken (willentlich oder aus Unfähigkeit) gar nicht oder zu spät wahrgenommen und es dann aus mehr oder weniger legitimen Gründen versäumt haben, zu intervenieren. Damit ist a priori auch nicht klar, wer letztlich die Krise lösen und dafür bezahlen sollte.

Wie sieht der von den Euro-Ländern verfolgte Lösungsansatz aus? Momentan besteht er aus drei wesentlichen Komponenten. Erstens sollen die Schuldnerländer (allen voran Griechenland, Irland, Italien, Portugal und Spanien) mit drastischen Sparmaßnahmen ihre Staatshaushalte sanieren. Zweitens stellen die reicheren bzw. weniger verschuldeten EU-Staaten (allen voran Deutschland) neue Kredite zur Verfügung und verzichten gemeinsam mit privaten Gläubigern auf die Rückzahlung eines Teils der Schulden, die diese Länder haben. Drittens kauft die EZB (unter umstrittenen rechtlichen Rahmenbedingungen) Staatsanleihen der Krisenländer, um die Marktzinsen für deren Staatsanleihen nicht in unbezahlbare Höhen wachsen zu lassen.

Für die Schuldnerländer birgt der Sparkurs hohe wirtschaftliche und politische Risiken; im Extremfall drohen ein Kollaps der Wirtschaft und schwere politische Unruhen. Auf Seiten der Kreditgeber sind die politischen Risiken für die Regierungen ebenfalls beträchtlich: Umfragen zeigen, dass z. B. in Frankreich und Deutschland nur rund einer von drei Wählenden die Finanzhilfen für hochverschuldete EU-Staaten unterstützt. Die Regierungen müssen somit um ihre Wiederwahl fürchten.

Eine Studie von Bechtel, Hainmueller und Margalit (2012) widmet sich der Frage, warum Bürger sich für oder gegen EU-Finanzhilfen für überschuldete Staaten aussprechen. Die Studie untersucht die Determinanten der öffentlichen Meinung zur Finanzhilfe in Deutschland, das einen großen Teil der Hilfskredite für die Krisenländer finanziert. Das theoretische Argument konzentriert sich auf drei Arten von Erklärungsfaktoren: persönliche wirtschaftliche Lage, soziale Werthaltungen sowie die politische Positionierung der Bürger. Die Auswertung der Daten aus Online- und Telefonbefragungen zeigt, dass vor allem soziale Werthaltungen wie Altruismus und eine kosmopolitische Einstellung der Befragten bestimmen, ob jemand eher für oder gegen die EU-Finanzhilfe ist. Bürger mit einer altruistischen und kosmopolitischen Grundhaltung sind eher bereit Finanzhilfen für andere EU-Staaten zu befürworten. Einschätzungen der Kosten der Finanzhilfe für Deutschland als Ganzes spielen überdies eine wichtigere Rolle als mögliche Kosten für die Befragten selbst (sogenannte soziotropische Interessen überwiegen gegenüber egotropischen Interessen). Bezüglich der ideologischen Unterschiede sind Anhänger der Zentrumsparteien stärker dafür, überschuldeten Euro-Staaten zu helfen als Anhänger extremer Parteien am Rande des ideologischen Spektrums.

Die Literatur zur nationalen und internationalen Umweltpolitik liefert ähnliche Resultate wie die Literatur zur Sozial- und Wirtschaftspolitik. Viele Studien zeigen, dass nationale Umweltpolitiken nur sehr begrenzt auf eine ähnliche Stringenz oder auf ähnliche Formen hin konvergieren, und dass in Fällen von Konvergenz eher eine Angleichung auf höherem Niveau, d. h. eine stärkere Staatsintervention, beobachtbar ist. Internationale Konvergenzbewegungen, insofern sie überhaupt auftreten, sind meist von expliziten internationalen Harmonisierungsbemühungen und kaum von regulativem Wettbewerb getrieben(Bernauer, 2000; Basinger & Hallerberg, 2004; Ganghof, 2005).

Selbst in Extremfällen, wie z. B. in der Hochseeschifffahrt, einer der am stärksten globalisierten Industrien, lässt sich nur ein sehr begrenzter Effekt des regulativen Wettbewerbs nachweisen. Reedereien können ihre Schiffe fast nach Belieben in irgendeinem Land der Welt registrieren. Diese Tatsache – unter dem Begriff der „flags of convenience" geläufig – macht insbesondere Umweltstandards und den Arbeitnehmerschutz auf Hochseeschiffen aufgrund des starken Kostendrucks anfällig für einen Wettlauf nach unten. Für die Registrierung von Hochseeschiffen werden in der Regel Gebühren verlangt, wodurch besonders für kleinere und ärmere Staaten eine attraktive Einnahmequelle entsteht. In Bezug auf den Umwelt- und Arbeitnehmerschutz ist der Registrarstaat wichtig, weil seine Gesetze für das betreffende Schiff gelten. Dieser Sachverhalt birgt ein Risiko, denn in diesem globalen Markt von Anbietern (Staaten, die Einnahmen generieren möchten) und Nachfragern (Reedereien, die ihre Kosten minimieren möchten) kann es zu einem regulativen Wettbewerb kommen, in dem Registrarstaaten durch einen Abbau von Vorschriften für die Hochseeschifffahrt um Kunden kämpfen.

Analysen dieses Politikbereichs (Vogel, 1995; Bernauer & Caduff, 2004; Holzinger et al., 2008)haben jedoch gezeigt, dass statt eines Wettlaufs nach unten eher ein Wettbewerb „um die Mitte" aufgetreten ist. Internationale Organisationen, die reichen Handelsnationen sowie nichtstaatliche Akteure setzen der Schwächung von arbeitsrechtlichen- und Umweltstandards auf Hochseeschiffen enge Grenzen. Die „Mitte" entsteht dadurch, dass Staaten mit schwachen Standards durch Kontrollen in Häfen, Handelsbeschränkungen oder Aktionen von NGOs gezwungen werden, ihre Standards zu verstärken, während die traditionellen (reichen) Handelsnationen im Rahmen von sogenannten internationalen oder Sekundärregistraturen für Hochseeschiffe ihre Standards etwas abgeschwächt haben.

15.3.3 Auswirkungen auf die Innenpolitik

Neben der Forschung zur Effizienz- und Kompensationshypothese, die sich vor allem auf Politiken und Politikbereiche (policies) konzentriert, haben sich Politikwissenschaftler auch mit den Auswirkungen der Globalisierung auf innerstaatliche Institutionen und Mechanismen (politics) befasst. Diese Forschung beschäftigt sich vor allem mit den Effekten der Globalisierung auf das Verhältnis zwischen Wählerschaft und dem Staat (DeSombre, 2006). Erstens untersucht sie, inwiefern von der Globalisierung bewirkte Unsicherheiten im Arbeitsmarkt politische Ansichten und das Wahlverhalten beeinflussen. Eine wichtige Frage in diesem Kontext ist, ob erhöhte Arbeitsmarktrisiken eher den linken oder rechten Parteien Zulauf verschaffen, und ob sie den Vormarsch von Anti-Establishment-Parteien begünstigen. Zweitens interessiert sie sich dafür, ob die Stimmberechtigten in außenwirtschaftlich offeneren Staaten ihren Politikern für einen schlechten Wirtschaftsverlauf eher (oder weniger) bestrafen. Diese Frage ist auch von normativer Bedeutung, da Wahlen das wichtigste politische Verfahren zur Bewertung von Politikern und zur Herstellung von Verantwortlichkeit und Legitimität sind. Drittens interessiert sich die Forschung für die Frage, ob die Globalisierung zu einem Machtverlust traditionell dominanter Parteien führt.

Effekte auf politische Präferenzen und Wahlverhalten

Seit den 1980er Jahren haben sich Politikwissenschaftler mit den Auswirkungen der wirtschaftlichen Öffnung auf die politischen Präferenzen bestimmter gesellschaftlicher Gruppen befasst. Rogowski (1989), Hiscox (2002) und Kriesi et al. (2006) haben beispielsweise die Auswirkungen der Globalisierung auf politische *cleavages* (siehe Abschnitt 8.2.3 in Kapitel 8) zwischen verschiedenen sozioökonomischen Gruppen, Interessengruppen und politischen Parteien untersucht. Die meisten Arbeiten dieser Art interessieren sich vor allem für politische Präferenzen bezüglich Außenhandel und Globalisierung. Einige Studien richten ihre Aufmerksamkeit jedoch auch auf das Wahlverhalten im engeren Sinn(Rogowski, 1989; Mughan & Lacy, 2002 a; Walter, 2010; Margalit, 2011). Dabei steht die Beziehung zwischen Globalisierung, Unsicherheit im Arbeitsmarkt und Wahlverhalten im Vordergrund.

Einige empirische Studien(z.B. Kriesi et al., 2006; Walter, 2010) haben nachgewiesen, dass die Globalisierung und insbesondere ausländische Direktinvestitionen die Unsicherheit auf dem Arbeitsmarkt im Sinne von mehr Varianz der Löhne und Arbeitslosigkeit verstärken kann. Damit ist die Kritik an der Kompensationshypothese (z.B. Scheve & Slaughter, 2004; Ha, 2008)in den Hintergrund getreten, zumal gezeigt werden kann, dass stärkere Unsicherheit im Erwerbsleben Auswirkungen auf die Interessen und das individuelle Wahlverhalten hat (Iversen & Soskice, 2001). Verschiedene Analysen haben zudem gezeigt, dass erhöhte Risiken im Arbeitsmarkt Wahlentscheidungen beeinflussen, z. B. indem sie tendenziell linken Parteien sowie Anti-Establishment-Parteien Auftrieb verleihen (Iversen & Cusack, 2000).

Ob durch höhere Arbeitsmarktrisiken bzw. Arbeitslosigkeit verunsicherte Wählende eher nach links oder rechts abwandern, scheint jedoch von mehreren Randbedingungen abzuhängen, z. B. davon, welches der beiden politischen Lager zum Zeitpunkt der Wahl die Regierung innehat(Kitschelt & McGann, 1997; Mughan & Lacy, 2002 b; Walter, 2009), ob eine Person arbeitslos ist oder einer Gewerkschaft angehört und wie hoch eine Person ihre eigene Arbeitsplatzsicherheit einschätzt (Kwon, 2006). Walter (2010) zeigt weiterhin, dass Globalisierungsverlierer einen stärkeren Wohlfahrtsstaat befürworten und eher links wählen.

Effekte auf politische Verantwortlichkeiten

Wahlforscher sind sich weitgehend einig, dass in politischen Systemen mit klar identifizierbaren Verantwortlichkeiten (vor allem im Westminster Modell, vgl. Abschnitt 5.2.1 in Kapitel 5), die Wählerschaft die Regierung für einen schlechten Verlauf der Wirtschaft in der Regel bestraft (Walter, 2010). Mehrere Studien haben sich damit befasst, ob eine stärkere Öffnung der Wirtschaft es den Wählenden schwerer macht, aus dem Wirtschaftsverlauf die Leistung ihrer nationalen Politiker abzuleiten und sie dementsprechend am Wahltag zu belohnen oder zu bestrafen (Powell & Whitten, 1993). Falls die Globalisierung tatsächlich zur „Vernebelung" politischer Verantwortlichkeiten beitrüge, wäre dies ein Indiz dafür, dass sie den Legitimierungswert von Wahlen negativ beeinflusst. Einige empirische Studien(Duch & Stevenson, 2007; Hellwig & Samuels, 2007; Kayser, 2007; Duch & Stevenson, 2008) deuten auf einen solchen Effekt hin. Sie zeigen, dass Politiker in wirtschaftlich offeneren Ländern bei Wahlen weniger häufig für einen schlechten Wirtschaftsverlauf bestraft werden (Duch & Stevenson, 2010; Fernandez-Albertos, 2006; Hellwig, 2001). Die wirtschaftliche Öffnung beeinflusst damit das Wahlverhalten, indem sie den Einfluss der Wirtschaftslage auf die Bewertung der Regierung durch die Wählerschaft moderiert.

Niedergang traditionell dominanter Parteien

Manche Autoren vermuten einen Zusammenhang zwischen der Globalisierung und dem Auftreten von Anti-Establishment-Parteien. Daraus(z.B. Kitschelt & McGann, 1997; Kriesi et al., 2005; Kriesi et al., 2006) hat sich die Frage ergeben, ob die Globalisierung zum Niedergang traditionell dominanter Parteien führe und welches die Implikationen für die Qualität der Demokratie seien.

Einige Studien haben gezeigt, dass die Öffnung der Wirtschaft in der Tat mit einem Niedergang traditionell dominanter Parteien einhergehen kann. Beispiele sind die Christdemokraten in Italien, die liberaldemokratische Partei (LDP) in Japan und die Partei der institutionellen Revolution (PRI) in Mexiko (z. B. Hellwig, 2001). Fallstudien zu Ländern und Parteien, einschließlich den genannten, haben gezeigt, dass die wirtschaftliche Öffnung mit Umverteilungseffekten einhergeht und traditionelle Beziehungen zwischen dominanten Parteien und ihrer Anhängerschaft aufbrechen kann. In einigen Fällen (z. B. in Italien) bewirkte die außenwirtschaftliche Liberalisierung den Niedergang von durch Patronage und Korruption geprägten Beziehungen.

Während einige der oben genannten Effekte aus normativer Sicht durchaus kritisch bewertet werden können (z. B. die mögliche Beeinträchtigung der Legitimierungsfunktion von Wahlen), lassen sich bei den in diesem Abschnitt diskutierten Effekten auch gewisse Vorteile für die Qualität der Demokratie erkennen.

15.3.4 Transnationalisierung politischer Steuerungsmechanismen

Wie in den vorhergehenden Abschnitten dargestellt, hat die politikwissenschaftliche Forschung die Behauptung von der Entmachtung des souveränen Territorialstaates als Folge der Globalisierung (Kayser, 2007) weitgehend widerlegt (z. B. Ohmae, 1990; Strange, 1996). Aus finanzieller und regulativer Sicht sind die meisten Staaten handlungsfähig geblieben. Krisen staatlicher Institutionen, wie sie sich z. B. in Quasi-Staaten oder gescheiterten Staaten (siehe Abschnitt 1.3.5 in Kapitel 1) manifestieren, haben nur wenig mit der Globalisierung zu tun, sondern vor allem mit massiven politischen Missständen im Staatsinneren. Ähnliches gilt für die gegenwärtige Finanzmarkt- und Verschuldungskrise, auch wenn die Globalisierung der Finanzmärkte natürlich impliziert, dass nicht nachhaltige Fiskalpraktiken von Staaten (z. B. Intransparenz staatlicher Ausgaben, Staatsverschuldung) in einigen Fällen schneller und härter sanktioniert werden als dies in einem geschlossenen Finanzsystem der Fall wäre. Gleichermaßen liefert die empirische Forschung kaum einen Grund zur Annahme, der Markt oder nichtstaatliche Akteure wären nun in der Lage, eigenständig wirksame Lösungen für wichtige gesellschaftliche Probleme innerstaatlicher oder grenzüberschreitender Natur zu erzeugen.

Diese Feststellungen bedeuten nicht, dass die Globalisierung für die Politik als Ganzes irrelevant ist. Wie vorher dargelegt, hat die Forschung vielmehr gezeigt, dass die Globalisierung sehr wohl substantielle Auswirkungen auf politische Interessen, Strukturen und Prozesse im innerstaatlichen und internationalen Bereich hat. Abschließend befassen wir uns mit Auswirkungen auf grenzüberschreitende politische Steuerungsmechanismen.

Nicht nur die Zahl der Staaten im internationalen System hat stark zugenommen, sondern auch die Zahl nichtstaatlicher Akteure und internationaler Organisationen, die sich an politischen Entscheidungsprozessen innerhalb und außerhalb der einzelnen Staaten beteiligen. Die Folgen sind eine „Pluralisierung" von Entscheidungsebenen (lokal bis global) und politischen Akteuren sowie damit verbunden die Herausbildung von neuen Formen der politischen Problemlösung.

Die politikwissenschaftliche Forschung zur Globalisierung hat sich mit der Beschreibung und Erklärung politischer Steuerungsmechanismen bzw. Problemlösungsversuchen befasst, die von traditionellen zwischenstaatlichen (internationalen) Mustern abweichen. Solche Steuerungsmechanismen werden häufig mit Begriffen wie z. B. „vernetzte Politik", „globale Politiknetzwerke", „komplexer Multilateralismus" oder „politische Transnationalisierung" versehen(z.B. Wade, 1996; Weiss, 1998; Zürn, 1998; Bernauer, 2000; Drezner, 2001; Willke, 2006).

Die traditionelle, d. h. internationale, Form der Lösung grenzüberschreitender Probleme besteht darin, dass sich zwei oder mehr Staaten im Rahmen internationaler Verhandlungen auf bestimmte Maßnahmen – oft in Form eines völkerrechtlich verpflichtenden Vertrages – einigen und diese dann in ihren jeweiligen Ländern umsetzen. Transnationale politische Steuerungsstrukturen hingegen beinhalten ein hohes Ausmaß an Interaktionen zwischen staatlichen und nichtstaatlichen Akteuren sowie internationalen und supranationalen Organisationen auf verschiedenen politischen Ebenen. Die daraus entstehenden politischen Steuerungsmechanismen reichen oft weit über einen konventionellen internationalen Vertrag hinaus. Z. B. im Bereich der Menschenrechtspolitik können solche Steuerungsmechanismen mehrere regionale und globale Verträge, Organisationen, deren Zuständigkeiten sich teilweise überlappen, internationale Gerichte sowie private Problemlösungsmechanismen und privat-öffentliche Partnerschaften (z. B. den Global Compact der Vereinten Nationen) umfassen. Solche Formen des transnationalen Regierens werden häufig auch als „multi level governance" bezeichnet (Becker & John, 2007; Benz & Dose, 2010).

Neben vielen vorwiegend deskriptiven Studien, die neue Formen des Regierens im internationalen System beschreiben und kategorisieren, haben Politikwissenschaftler auch interessante Erkenntnisse zur Frage geliefert, ob und wann grenzüberschreitende bzw. globale Probleme wirksam gelöst werden können. Empirische Studien zur internationalen Finanzmarktregulierung, zum Umweltschutz, zur Regulierung des Internets, zur Menschenrechtspolitik und vielen anderen Bereichen zeigen deutlich, dass Staaten nach wie vor eine zentrale Rolle bei der Aushandlung und Umsetzung politischer Steuerungsmechanismen spielen (Beck, 2002; Grande et al., 2006).

Je nach Sachverhalt und insbesondere bei Steuerungsmechanismen, deren Umsetzung sehr komplex ist und einen hohen innerstaatlichen Legitimierungsbedarf erzeugen, haben nichtstaatliche Akteure (NGOs, Wirtschaftsverbände) und internationale Organisationen stark an Bedeutung gewonnen. Die Einbindung nichtstaatlicher Akteure und internationaler Organisationen kann einerseits im Sinne einer funktionalen Erfordernis für wirksame politische Problemlösung betrachtet werden, zusätzlich aber auch als Versuch, Legitimationsprobleme beim „Regieren jenseits des Nationalstaates" zu mindern(Arenhövel, 2003; Grande, 2006; Schirm, 2006; Russett et al., 2009; Dingwerth et al., 2011). Der Einbezug nichtstaatlicher Akteure in transnationales Regieren hat somit eine technokratische und eine partizipatorische bzw. legitimatorische Komponente. Grande et al. (2006) (2006; siehe auch Risse et al., 1999; Zürn, 2002; Slaughter, 2004; Börzel & Risse, 2005)stellen z. B. fest, dass die Internetregulierung aufgrund der Vielfalt der beteiligten Akteure der diffusen funktionalen Reichweite der Regulierungen sowie unterschiedlicher Handlungsarenen einem System der „organisierten Anarchie" gleichkommt. Hingegen entsprechen transnationale Bemühungen zur Regulierung der Verrechnungspreise innerhalb multinationaler Konzerne (ein beliebtes Mittel der Steueroptimierung in transnationalen Konzernen) eher dem Muster eines „intergouvernementalen Netzwerkes", in dem Staaten den Entscheidungs- und Umsetzungsprozess klar dominieren.

Insgesamt kommen die meisten Studien zum Schluss, dass die Globalisierung in vielen Politikbereichen komplexere, transnationale Problemlösungsmechanismen bewirkt hat, und dass diese den konventionellen zwischenstaatlichen Mechanismen in Bezug auf Wirksamkeit, Effizienz und Legitimität in nichts nachstehen. Welche Form der Arbeitsteilung zwischen Staaten, nichtstaatlichen Akteuren und internationalen Organisationen wann und weshalb wirksam, effizient und legitim ist, lässt sich wohl nur problemspezifisch erforschen und beantworten.

Die nach wie vor wichtigen Vorteile des souveränen Territorialstaates sind ein privilegierter Zugang zu Finanzierungsmöglichkeiten über sein Steuer- und Geldmonopol, die Fähigkeit, Maßnahmen systematisch zu planen und umzusetzen (Kompetenz zur Rechtsetzung, Justiz, Gewaltmonopol, staatliche Verwaltung) und seine Legitimationskraft (Wahlen, Rechtsstaat). Nichtstaatliche Akteure können, meist auf spezifische Sachbereiche begrenzt, wichtiges Fachwissen, Überwachungskapazitäten, gesellschaftlichen Druck auf Opponenten bei einer Problemlösung sowie mehr Transparenz und Repräsentanz (und dadurch Legitimität) in transnationale politische Steuerungsmechanismen einbringen. Die Stärken internationaler Organisationen liegen – mit starken Unterschieden zwischen einzelnen Organisationen – vor allem im Bereich des Fachwissens, der Förderung politischer Netzwerkbildung, der Bereitstellung von Infrastruktur für internationale und transnationale Verhandlungen sowie der Überwachungskapazitäten. In diesem Kontext stellen sich viele interessante Fragen, welche die Politikwissenschaft noch über Jahre beschäftigen werden; z. B.: Unter welchen Bedingungen werden nichtstaatliche Akteure in welcher Form und mit welchen Implikationen in Bezug auf Wirksamkeit, Effizienz und Legitimität in transnationale Problemlösungsmechanismen eingebunden? Oder die folgende Frage: Wie verändern sich die Außenpolitik von Staaten sowie die damit verbundenen öffentlichen Verwaltungen und Entscheidungsprozesse in Regierung und Parlament als Folge der zunehmenden Transnationalisierung der Politik?

15.4 Fazit

Zusammenfassend lässt sich festhalten, dass das Ausmaß der Globalisierung in den vergangenen Jahrzehnten stark zugenommen hat. Diese Entwicklung ist allerdings je nach Dimension, auf der sie empirisch erfasst wird, und je nach Land und Weltregion unterschiedlich stark. Die OECD-Länder sind zumindest bisher die Motoren dieses Prozesses, während einige Entwicklungsländer, insbesondere in Afrika, abseits der Globalisierungsdynamik verharren. Obschon wir von einer vollständig integrierten bzw. globalisierten Weltgesellschaft und Weltwirtschaft noch weit entfernt sind, schreiten in den meisten Ländern Öffnungsprozesse gegen Außen in hohem Tempo voran. Diese Öffnung hat enorme Wohlstandsgewinne erzeugt und wird solche auch weiterhin bewirken. Sie birgt jedoch auch erhebliches Konfliktpotential auf lokaler bis globaler Ebene, zumal die Globalisierungsgewinne sehr ungleich verteilt sein können und oft auch sind. Die gegenwärtige Finanz- und Wirtschaftskrise zeigt auch, dass Rückschläge ohne weiteres möglich sind.

Wir haben uns in diesem Kapitel mit drei Aspekten der politikwissenschaftlichen Forschung zur Globalisierung befasst: Erstens, wie sich dieses Phänomen definieren und messen lässt; zweitens, welches die Triebkräfte der Globalisierung sind; und drittens, welche Konsequenzen die Globalisierung hat. Aus Platzgründen konnten wir lediglich einige, aus Sicht der Autoren dieses Buches jedoch fundamentale, Forschungsfragen benennen und exemplarisch einige theoretische Argumente und empirische Befunde dazu diskutieren. Wir sind jedoch sicher, dass Sie im weiteren Verlauf Ihres Studiums und in Ihrer beruflichen Karriere dem Phänomen der Globalisierung noch sehr häufig begegnen und, von den in diesem Kapitel behandelten Fragen hoffentlich inspiriert, auf zusätzliche Fragen stoßen und Antworten auf diese suchen werden.

Eine der Konsequenzen der Globalisierung ist auch, dass die vormals getrennten Teildisziplinen der Vergleichenden Politikwissenschaft, Internationalen Beziehungen und Politischen Ökonomie in den vergangenen zwei Jahrzehnten stark zusammengewachsen sind. Wie Sie sicher gemerkt haben, hat uns das Thema der Globalisierung erlaubt, eine ganze Reihe von Fragen, die bereits in vorhergehenden Kapiteln behandelt wurden, unter neuen Blickwinkeln noch einmal aufzugreifen. Insofern erweist sich die Globalisierung als sinnvolles Thema, um dieses Lehrbuch an diesem Punkt abzuschließen.

Literaturempfehlungen

Zur Entwicklung und den Ursachen der Globalisierung:

Oatley, Thomas H. (2015): International Political Economy: Interests and Institutions in the Global Economy. New York: Routledge.

Frieden, Jeffry (2007): Global Capitalism. Its Fall and Rise in the Twentieth Century. New York: W.W. Norton.

Garrett, Geoffrey (2000): „The Causes of Globalization." In: Comparative Political Studies 33(6–7): 941–991.

Osterhammel, Jürgen & Petersson, Niels P. (2003): Geschichte der Globalisierung. Dimensionen, Prozesse, Epochen. München: C.H. Beck Verlag.

Scherrer, Christoph & Kunze, Caren (2011): Globalisierung. Stuttgart: UTB Verlag.

Zu den Konsequenzen der Globalisierung:

Schirm, Stefan (Hrsg.) (2006): Globalisierung: Forschungsstand und Perspektiven. Baden-Baden: Nomos.

Leibfried, Stephan & Zürn, Michael (2006): Transformation des Staates. Frankfurt a.M.: Suhrkamp.

Grande, Edgar et al. (2008): West European Politics in the Age of Globalization. Cambridge: Cambridge University Press.

Schneider, Gerald, Barbieri, Katherine & Gleditsch, Nils Petter (Hrsg.) (2003): Globalisation and Armed Conflict. Lanham: Rowman & Littlefield.

Kahler, Miles & Lake, David (2003): Governance in a Global Economy. Political Authority in Transition. Princeton: Princeton University Press.

Bernauer, Thomas (2000): Staaten im Weltmarkt. Opladen: Leske & Budrich. (Kostenlos erhältlich unter: www.ib.ethz.ch – Publications).

Einen umfassenden wirtschaftshistorischen Überblick zur monetären europäischen Integration bis hin zur aktuellen Eurokrise bietet:

James, Harold (2012): Making the European Monetary Union. Boston: Harvard University Press.

Bibliografie

ACEMOGLU D., JOHNSON, S., ROBINSON, J.A. & YARED, P. 2008. Income and Democracy. *The American Economic Review,* 98, 808–842.

ACHEN C.H. 2006. Institutional Realism and Bargaining Models. In: THOMSON R., STOKMAN, F.N., ACHEN, C.H. & KÖNIG, T. (eds.). *The European Union Decides,* Cambridge: Cambridge University Press.

ACHEN C.H. & BARTELS, L. 2004. *Blind Retrospection. Electoral Responses to Drought, Flu, and Shark Attacks,* Working Paper 199/2004, Princeton University.

ALESINA A. 1987. Macroeconomic Policy in a Two-Party System as a Repeated Game. *The Quarterly Journal of Economics,* 102, 651–678.

ALESINA A. 1988. Macroeconomics and Politics. In: FISCHER S. (ed.). *NBER Macroeconomics Annual,* Cambridge: National Bureau of Economic Research.

ALESINA A., COHEN, G.D. & ROUBINI, N. 1999. *Political Cycles and the Macroeconomy,* Cambridge, MA: MIT Press.

ALIVIZATOS N. 1995. Judges as Veto Players. In: DÖRING H. (ed.). *Parliaments and Majority Rule in Western Europe,* New York: St. Martin's Press.

ALTER K.J. 1996. The European Court's Political Power. *West European Politics,* 19, 458–487.

ALTER K.J. 1998. Explaining National Court Acceptance of European Court Jurisprudence. A Critical Evaluation of Theories of Legal Integration. In: SLAUGHTER A.M., STONESWEET, A. & WEILER, J.H.H. (eds.). *The European Court and National Courts – Doctrine and Jurisprudence. Legal Change in Its Social Context,* Oxford: Hart.

ALTER K.J. 2000. The European Union's Legal System and Domestic Policy. Spillover or Backlash? *International Organization,* 54, 489–518.

ALTER K.J. 2001. *Establishing the Supremacy of European Law. The Making of an International Rule of Law in Europe,* Oxford: Oxford University Press.

ALTER K.J. 2009. *The European Court's Political Power. Selected Essays,* Oxford: Oxford University Press.

ALTVATER E. 2005. *Das Ende des Kapitalismus, wie wir ihn kennen. Eine radikale Kapitalismuskritik,* Münster: Westfälisches Dampfboot.

ALVAREZ M., CHEIBUB, J.A., LIMONGI, F. & PRZEWORSKI, A. 1996. Classifying Political Regimes. *Studies in Comparative International Development,* 31, 3–36.

AMERICAN POLITICAL SCIENCE REVIEW. 2006. *Special Issue. Centennial Volume,* Washington, D.C.

ANDERSEN T.B., BENTZEN, J., DALGAARD, C.J. & SELAYA, P. 2011. Does the Internet Reduce Corruption? Evidence from U.S. States and across Countries. *World Bank Economic Review,* 25, 387–417.

ANDEWEG R. 1997. Collegiality and Collectivity. Cabinets, Cabinet Committees and Cabinet Ministers. In: PATRICK W., BAKEVITS, H. & RHODES, R.A.W. (eds.). *The Hollow Crown. Countervailing Trends in Core Executives,* London: Macmillan.

ANGRIST J.D. & PISCHKE, J.S. 2009. *Mostly Harmless Econometrics. An Empiricist's Companion,* Princeton: Princeton University Press.

ANSELL B.W. 2010. *From the Ballot to the Blackboard. The Redistributive Political Economy of Education,* Cambridge, MA: Cambridge University Press.

ARENDT H. 1951. *The Origins of Totalitarianism,* New York: Harcourt Brace.

ARENHÖVEL M. 2003. *Globales Regieren. Neubeschreibungen der Demokratie in der Weltgesellschaft,* Frankfurt a.M.: Campus Verlag.

ARMINGEON K. 2002 a. Arbeitsbeziehungen. In: NOHLEN D. & SCHULTZE, R.O. (eds.). *Lexikon der Politikwissenschaft. Theorien, Methoden, Begriffe,* München: C.H. Beck.

ARMINGEON K. 2003. Parteien, Verbände, soziale Bewegungen. In: MÜNKLER H. (ed.). *Grundkurs Politikwissenschaft,* Reinbek: Rowohlt.

ARMINGEON K., WEISSTANNER, D., ENGLER, S., POTOLIDIS, P., GERBER, M. & LEIMGRUBER, P. 2011. *Comparative Political Dataset 1960–2009,* Institut für Politikwissenschaft, Universität Bern.

AVDAGIC S., RHODES, M. & VISSER, J. 2011. *Social Pacts in Europe. Emergence, Evolution, and Institutionalization,* Oxford: Oxford University Press.

AVELINO G., BROWN, D.S. & HUNTER, W. 2005. The Effects of Capital Mobility, Trade Openness, and Democracy on Social Spending in Latin America, 1980–1999. *American Journal of Political Science,* 49, 625–641.

AXELROD R. 1970. *Conflict of Interest. A Theory of Divergent Goals with Applications to Politics,* Chicago: Markham.

AXELROD R. 1984. *The Evolution of Cooperation,* New York: Basic Books.

BÄCHTIGER A. 2013. Deliberation, Discourse, and the Study of Legislatures. In: MARTIN S., SAALFELD, M. & STRØM, K. (eds.). *The Oxford Handbook of Legislative Studies,* Oxford: Oxford University Press.

BAERNS B. 1985. *Öffentlichkeitsarbeit oder Journalismus? Zum Einfluss im Mediensystem,* Köln: Wissenschaft und Politik.

BANASZAK L.A. 1996. *Why Movements Succeed or Fail. Opportunity, Culture, and the Struggle for Woman Suffrage,* Princeton: Princeton University Press.

BARRETT S. 2003. *Environment and Statecraft. The Strategy of Environmental Treaty-Making,* New York: Oxford University Press.

BARRO R.J. 1996. Democracy and Growth. *Journal of Economic Growth,* 1, 1–27.

BARTH H. & DONSBACH, W. 1992. Aktivität und Passivität von Journalisten gegenüber Public Relations. *Publizistik,* 2, 151–196.

BASINGER S.J. & HALLERBERG, M. 2004. Remodeling the Competition for Capital. How Domestic Politics Erases the Race to the Bottom. *American Political Science Review,* 98, 261–276.

BAUM M.A. & LAKE, D.A. 2003. The Political Economy of Growth. Democracy and Human Capital. *American Journal of Political Science,* 47, 333–347.

BAUMGARTNER F.R., BERRY, J.M., HOJNACKI, M., KIMBALL, D.C. & LEECH, B. 2009. *Lobbying and Policy Change. Who Wins, Who Loses, and Why,* Chicago: University of Chicago Press.

BAUMGARTNER F.R. & LEECH, B.L. 1998. *Basic Interests. The Importance of Groups in Politics and Political Science,* Princeton: Princeton University Press.

BAUMGARTNER F.R. & LEECH, B.L. 2001. Interest Niches and Policy Bandwagons. Patterns of Interest Group Involvement in National Politics. *The Journal of Politics,* 63, 1191–1213.

BECHTEL M.M., HAINMUELLER, J. & MARGALIT, Y.M. 2012. *Sharing the Pain. Explaining Public Opinion Towards International Financial Bailouts,* MIT Political Science Department Research Paper No. 2012–5.

BECK U. 1997. *Was ist Globalisierung?* Frankfurt a.M.: Suhrkamp.

BECK U. 2002. *Macht und Gegenmacht im globalen Zeitalter,* Frankfurt a.M.: Suhrkamp.

BECKER M. & JOHN, S. 2007. *Globalisierung und Global Governance,* Stuttgart: UTB Verlag.

BEDNAR J., ESKRIDGE, W.N.J. & FEREJOHN, J. 2001. A Political Theory of Federalism. In: FEREJOHN J., RILEY, J. & RAKOVE, J.N. (eds.). *Constitutional Culture and Democratic Rule,* New York: Cambridge University Press.

BENDEL P. 1996. *Parteiensysteme in Zentralamerika. Typologien und Erklärungsfaktoren,* Opladen: Leske & Budrich.

BENOIT K. & LAVER, M. 2006. *Party Policy in Modern Democracies,* London: Routledge.

BENZ A. 2008. *Der moderne Staat. Grundlagen der politologischen Analyse,* München: Oldenbourg.

BENZ A. & DOSE, N. 2010. *Governance – Regieren in komplexen Regelsystemen. Eine Einführung,* Wiesbaden: VS Verlag.

BERGER S. & DORE, R. (eds.). 1996. *National Diversity and Global Capitalism,* Ithaca: Cornell University Press.

BERGGREN N., JORDAHL, H. & POUTVAARA, P. 2010. The Looks of a Winner. Beauty and Electoral Success. *Journal of Public Economics,* 94, 8–15.

BERGMAN T. 1993. Constitutional Design and Government Formation. The Expected Consequences of Negative Parliamentarism. *Scandinavian Political Studies,* 16, 285–304.

BERMAN E. 2009. *Radical Religious and Violent. The New Economics of Terrorism,* Massachusetts: MIT Press.

BERMAN S. 1997. Civil Society and the Collapse of the Weimar Republic. *World Politics,* 49, 401–429.

BERNAUER T. 1995. The Effect of International Environmental Institutions. How We Might

Learn More. *International Organization,* 49, 351–377.

BERNAUER T. 2000. *Staaten im Weltmarkt. Zur Handlungsfähigkeit von Staaten trotz wirtschaftlicher Globalisierung,* Opladen: Leske & Budrich; frei verfügbar unter http://www.ib.ethz.ch/docs/index.

BERNAUER T. 2003. *Genes, Trade and Regulation. The Seeds of Conflict in Food Biotechnology,* Princeton: Princeton University Press.

BERNAUER T. & CADUFF, L. 2004. In Whose Interest? Pressure Group Politics, Economic Competition and Environmental Regulation. *Journal of Public Policy,* 24, 99–126.

BERRY J.M. & WILCOX, C. 2006. *The Interest Group Society,* New York: Longman.

BESLEY T. & BURGESS, R. 2002. The Political Economy of Government Responsiveness. Theory and Evidence from India. *The Quarterly Journal of Economics,* 117, 1415–1451.

BHATTACHARYYA S. & HODLER, R. 2010. Natural Resources, Democracy and Corruption. *European Economic Review,* 54, 608–621.

BIELING H.J. & LERCH, M. (eds.). 2005. *Theorien der europäischen Integration,* Wiesbaden: VS Verlag.

BIERSTEKER T.J. & WEBER, C. 1996. *State Sovereignty as Social Construct,* Cambridge: Cambridge University Press.

BINDER S.A. 1999. The Dynamics of Legislative Gridlock, 1947–96. *American Political Science Review,* 93, 519–533.

BLAIS A. 2006. What Affects Voter Tutnout? *Annual Review of Political Science,* 9, 111–125.

BLAIS A. & CARTY, R.K. 2006. Does Proportional Representation Foster Voter Turnout? *European Journal of Political Research,* 18, 167–181.

BLAIS A. & DION, S. 1991. *The Budget-Maximizing Bureaucrat. Appraisals and Evidence,* Pittsburgh: University of Pittsburgh Press.

BLAIS A. & DOBRZYNSKA, A. 1998. Turnout in Electoral Democracies. *European Journal of Political Research,* 33, 239–261.

BLAIS A. & MASSICOTTE, L. 2002. Electoral Systems. In: LEDUC L., NIEMI, R.G. & NORRIS, P. (eds.). *Comparing Democracies 2. New Challenges in the Study of Elections and Voting,* London: Sage.

BLAYDES L. & KAYSER, M.A. 2011. Counting Calories. Democracy and Distribution in the Developing World. *International Studies Quarterly,* 55, 887–908.

BLEEK W. 2001. *Geschichte der Politikwissenschaft in Deutschland,* München: C.H. Beck.

BLISS H. & RUSSETT, B. 1998. Democratic Trading Partners. The Liberal Connection, 1962–1989. *The Journal of Politics,* 60, 1126–1147.

BLONDEL J. 1968. Party Systems and Patterns of Government in Western Democracies. *Canadian Journal of Political Science,* 1, 180–203.

BLONDEL J. & COTTA, M. 2000. *The Nature of Party Government,* Houndmills: Palgrave.

BLUM R., BÜRGIS, P., CHRISTEN, U., EISENEGGER, M., ETTINGER, P., GISLER, A., HAUSER, L., HEYWORTH, F., IMHOF, K., KAMBER, E., OETIKER, S., PORLEZZA, C., RUSSMOHL, S., SCHRANZ, M., UDRIS, L., WILCZEK, B., ZANICHELLI, M. & ZIELMANN, S. 2011. *Jahrbuch Qualität der Medien 2011,* Zürich: Forschungsbereich Öffentlichkeit und Gesellschaft, Universität Zürich.

BOBBIO N. 2006. *Rechts und Links. Gründe und Bedeutungen einer politischen Unterscheidung,* Berlin: Wagenbach.

BOEHMKE F.J. 2005. *The Indirect Effect of Direct Legislation. How Institutions Shape Interest Group Systems,* Columbus: Ohio State University Press.

BOGUMIL J. & JANN, W. 2005. *Verwaltung und Verwaltungswissenschaft in Deutschland. Einführung in die Verwaltungswissenschaft,* Wiesbaden: VS Verlag.

BOIX C. 2011. Democracy, Development, and the International System. *American Political Science Review,* 105, 809–828.

BOIX C. & STOKES, S.C. 2003. Endogenous Democratization. *World Politics,* 55, 517–549.

BONFADELLI H. 1994. *Die Wissenskluft-Perspektive. Massenmedien und gesellschaftliche Information,* Konstanz: UVK Medien.

BONFADELLI H. 2005. Was ist öffentliche Kommunikation? Grundbegriffe und Modelle. In: BONFADELLI H., JARREN, O. & SIEGERT, G. (eds.). *Einführung in die Publizistikwissenschaft,* Bern: Haupt.

BONFADELLI H. & WIRTH, W. 2005. Medienwirkungsforschung. In: BONFADELLI H., JARREN, O. & SIEGERT, G. (eds.). *Einführung in die Publizistikwissenschaft,* Bern: Haupt.

BOOTH K. & WHEELER, N. 2007. *Security Dilemma. Fear, Cooperation, and Trust in World Politics,* Basingstoke: Palgrave Macmillan.

BORNSCHIER S. 2009. Cleavage Politics in Old and New Democracies. *Living Reviews in Democracy,* 1.

BÖRZEL T. & RISSE, T. 2005. Public-Private Partnerships. Effective and Legitimate Tools of International Governance. In: GRANDE E. & PAULY, L.W. (eds.). *Complex Sovereignty. Reconstituting Political Authority in the Twenty-First Century,* Toronto: University of Toronto Press.

BÖRZEL T.A., HOFMANN, T., PANKE, D. & SPRUNGK, C. 2010. Obstinate and Inefficient. Why Member States Do Not Comply with European Law. *Comparative Political Studies,* 43, 1363–1390.

BRAND K.W., BÜSSER, D. & RUCHT, D. 1986. *Aufbruch in eine andere Gesellschaft. Neue soziale Bewegungen in der Bundesrepublik,* Frankfurt a.M.: Campus Verlag.

BRAUN D. & GILARDI, F. 2006. Taking 'Galton's Problem' Seriously. Towards a Theory of Policy Diffusion. *Journal of Theoretical Politics,* 18, 298–322.

BREITMEIER H., YOUNG, O.R. & ZÜRN, M. 2006. *Analyzing International Environmental Regimes. From Case Study to Database,* Cambridge: MIT Press.

BREMER H. & LANGE-VESTER, A. (eds.). 2006. *Soziale Milieus und der Wandel der Sozialstruktur. Die gesellschaftlichen Herausforderungen und die Strategien der sozialen Gruppen*, Wiesbaden: VS Verlag.

BREUER S. 1998. *Der Staat. Entstehung, Typen, Organisationsstadien*, Reinbek: Rowohlt.

BREUILLY J. 1993. *Nationalism and the State*, Manchester: Manchester University Press.

BRINKE D.T. & DEML, H.M. 2002. *Judges in the Service of the State?* Aachen: Shaker Verlag.

BROWN D.S. & HUNTER, W. 2004. Democracy and Human Capital Formation. Education Spending in Latin America, 1980 to 1997. *Comparative Political Studies*, 37, 842–864.

BROWN M.E., LYNN-JONES, S.M. & MILLER, S.E. (eds.). 1995. *The Perils of Anarchy. Contemporary Realism and International Security*, Cambridge: MIT Press.

BROWN M.E., LYNN-JONES, S.M. & MILLER, S.E. 1996. *Debating the Democratic Peace*, Cambridge: MIT Press.

BUDGE I., KLINGEMANN, H.D., VOLKENS, A., BARA, J. & TANENBAUM, E. 2001. *Mapping Policy Preferences. Estimates for Parties, Electors and Governments, 1945–1998*, Oxford: Oxford University Press.

BUDGE I. & LAVER, M. 1993. The Policy Basis of Government Colaitions. A Comparative Investigation. *British Journal of Political Science*, 23, 499–519.

BUDGE I. & MCDONALD, M.D. 2012. Party Government and Parliamentary Democracy in the New Europe. In: KEMAN H. & MÜLLER-ROMMEL, F. (eds.). *Party Government in the New Europe*, London: Routledge.

BUENO DE MESQUITA B. 2009. *Principles of International Politics. People's Power, Preferences and Perceptions*, Washington, D.C.: CQ Press.

BUENO DE MESQUITA B. & LALMAN, D. 1992. *War and Reason. Domestic and International Imperatives*, New Haven: Yale University Press.

BUENO DE MESQUITA B., MORROW, J.D., SIVERSON, R.M. & SMITH, A. 1999. An Institutional Explanation of the Democratic Peace. *The American Political Science Review*, 93, 791–807.

BUENO DE MESQUITA B., SMITH, A., SIVERSON, R.M. & MORROW, J.D. 2003. *The Logic of Political Survival*, Cambridge: MIT Press.

BUENO DE MESQUITA E. 2008. The Political Economy of Terrorism. A Selective Overview of Recent Work. *The Political Economist*, 10, 1–12.

BÜHLMANN M., MERKEL, W., MÜLLER, L. & WESSEL, B. 2011. The Democracy Barometer. A New Instrument to Measure the Quality of Democracy and its Potential for Comparative Research. *European Political Science* [Advance Online Publication].

BUNCE V. 2000. Comparative Democratization. Big and Bounded Generalizations. *Comparative Political Studies*, 33, 703–734.

BUNDESAMT FÜR STATISTIK. 2015. *Angenommene und verworfene Abstimmungsvorlagen, nach Typ* [Online]. Available: http://www.bfs.admin.ch/bfs/portal/de/index/themen/17/03/blank/key/eidg__volksinitiativen.html [Accessed: 22.7.2015].

BUNDESGERICHT. 2001–2011. *Geschäftsberichte* [Online]. Available: http://www.bger.ch/

index/federal/federal-inherit-template/federal-publikationen/federal-pub-geschaeftsbericht.htm [Accessed: 22.6.2012].

BUNDESVERFASSUNGSGERICHT. 1999–2011. *Jahresstatistiken* [Online]. Available: http://www.bundesverfassungsgericht.de/organisation.html [Accessed: 22.6.2012].

BUNDESVERSAMMLUNG. 2012. *05.445 – Parlamentarische Initiative* [Online]. Available: http://www.parlament.ch/d/suche/seiten/geschaefte.aspx?gesch_id=20050445 [Accessed: 23.6.2012].

BURGOON B. 2001. Globalization and Welfare Compensation. Disentangling the Ties That Bind. *International Organization*, 55, 509–551.

BURKHART S. 2005. Parteipolitikverflechtung. Über den Einfluss der Bundespolitik auf Landtagswahlentscheidungen von 1976 bis 2000. *Politische Vierteljahresschrift*, 46, 14–38.

BÜRKLIN W. & KLEIN, M. 1998. *Wahlen und Wählerverhalten. Eine Einführung*, Opladen: Leske & Budrich.

BURLEY A.M. & MATTLI, W. 1993. Europe Before the Court. A Political Theory of Legal Integration. *International Organization*, 47, 41–76.

BUSEMEYER M. 2009. From Myth to Reality. Globalization and Public Spending in OECD Countries Revisited. *European Journal of Political Research*, 48, 455–482.

BUSSMANN M., SCHNEIDER, G. & WIESEHOMEIER, N. 2005. Foreign Economic Liberalization and Peace. The Case of Sub-Saharan Africa. *European Journal of International Relations*, 11, 551–579.

BYTZEK E., GSCHWEND, T., HUBER, S., LINHART, E. & MEFFERT, M.F. 2012. Koalitionssignale und ihre Wirkungen auf Wahlentscheidungen. In: SCHMITT-BECK R. (ed.). *Wählen in Deutschland*, PVS Sonderheft 45, Baden-Baden: Nomos Verlag.

CAMERON C.M. 2000. *Veto Bargaining. Presidents and the Politics of Negative Power*, Cambridge: Cambridge University Press.

CAMERON D.R. 1978. The Expansion of the Public Economy. *American Political Science Review*, 72, 1243–1261.

CAMERON D.R. 1995. Transnational Relations and the Development of European Economic and Monetary Union. In: RISSE-KAPPEN T. (ed.). *Bringing Transnational Relations Back In. Non-State Actors, Domestic Structures and International Institutions*, Cambridge: Cambridge University Press.

CAMPBELL A. 1960. *The American Voter*, New York: Wiley.

CAMPBELL A., GURIN, G. & MILLER, W.E. 1954. *The Voter Decides*, Evanston: Peterson and Company.

CAPPELLETTI M., SECCOMBE, M. & WEILER, J.H.H. 1986. *Integration Through Law*, Volume 1 und 2, Berlin: De Gruyter.

CARAMANI D. 2004. *The Nationalization of Politics. The Formation of National Electorates and Party Systems in Western Europe*, Cambridge: Cambridge University Press.

CARROLL R. & COX, G.W. 2007. The Logic of Gamson's Law. Pre-Election Coalitions and Portfolio Allocation. *American Journal of Political Science*, 51, 300–313.

CASTLES F.G. 1999. Decentralization and the Post-War Political Economy. *European Journal of Political Research*, 36, 27–53.

CEDERMAN L.E. 2001. Back to Kant. Reinterpreting the Democratic Peace as a Macrohistorical Learning Process. *American Political Science Review*, 95, 15–31.

CEDERMAN L.E. 2003. Modeling the Size of Wars. From Billiard Balls to Sandpiles. *American Political Science Review*, 97, 135–150.

CEDERMAN L.E. & GIRARDIN, L. 2007. Beyond Fractionalization. Mapping Ethnicity onto Nationalist Insurgencies. *American Political Science Review*, 101, 173–185.

CEDERMAN L.E., WEIDMANN, N.B. & GLEDITSCH, K.S. 2011. Horizontal Inequalities and Ethnonationalist Civil War. A Global Comparison. *American Political Science Review*, 105, 478–495.

CERNY P. 2000. Political Globalization and the Competition State. In: STUBBS R. & UNDERHILL, G.R. (eds.). *Political Economy and the Changing Global Order*, 2nd ed., Oxford: Oxford University Press.

CHALMERS A.F. 2001. *Wege der Wissenschaft. Einführung in die Wissenschaftstheorie,* Berlin: Springer.

CHAVEZ R.B., FEREJOHN, J. & WEINGAST, B. 2003. A Theory of the Politically Independent Judiciary. *Annual Meeting of the American Political Science Association,* August, Philadelphia.

CHECKEL J. 2004. Social Constructivisms in Global and European Politics. *Review of International Studies,* 30, 229–244.

CHEIBUB J.A. 2006. Presidentialism, Electoral Identifiability, and Budget Balances in Democratic Systems. *American Political Science Review,* 100, 353–368.

CHEIBUB J.A. 2007. *Presidentialism, Parliamentarism and Democracy,* Cambridge: Cambridge University Press.

CHEIBUB J.A, GANDHI, J. & VREELAND, J. 2010. Democracy and Dictatorship Revisited. *Public Choice,* 143, 67–101.

CHEIBUB J.A. & LIMONGI, F. 2002. Democratic Institutions and Regime Survival. Parliamentary and Presidential Democracies Reconsidered. *Annual Review of Political Science,* 5, 151–179.

CHEIBUB J.A., PRZEWORSKI, A. & SAIEGH, S. 2004. Government Coalitions and Legislative Success under Presidentialism and Parliamentarism. *British Journal of Political Science,* 34, 565–587.

CHHIBBER P. & NOORUDDIN, I. 2004. Do Party Systems Count? The Number of Parties and Government Performance in the Indian States. *Comparative Political Studies,* 37, 152–187.

CHRISTIANSEN T., JOERGENSEN, K.E. & WIENER, A. (eds.). 2001. *The Social Construction of Europe,* London: Sage.

CICERO M.T., 2011. *Über den Staat.* Stuttgart: Philipp Reclam

COLLIER D. & ADCOCK, R. 1999. Democracy and Dichotomies. A Pragmatic Approach to Choices about Concepts. *Annual Review of Political Science,* 2, 537–565.

COLLIER P. & HOEFFLER, A. 2004. Greed and Grievance in Civil War. *Oxford Economic Papers,* 56, 563–595.

COOTER R.D. & GINSBURG, T. 1996. Comparative Judicial Discretion. An Empirical Test of Economic Models. *International Review of Law and Economics,* 16, 295–313.

CORRELATES OF WAR PROJECT (COW). 2015. *COW Datasets,* Correlates of War Project.

COX G.W. 1997. *Making Votes Count. Strategic Coordination in the World's Electoral Systems,* Cambridge: Cambridge University Press.

COX G.W. & KATZ, J.N. 2002. *Elbridge Gerry's Salamander. The Electoral Consequences of the Reapportionment Revolution,* Cambridge: Cambridge University Press.

COX G.W. & MCCUBBINS, M.D. 2005. *Setting the Agenda. Responsible Party Government in the U.S. House of Representatives,* Cambridge: Cambridge University Press.

COX R. 2001. The Social Construction of an Imperative. Why Welfare Reform Happened in Denmark and the Netherlands but Not in Germany. *World Politics,* 53, 463–498.

CRAWFORD J.R. 2006. *The Creation of States in International Law,* Oxford: Clarendon.

CRISTIANSEN T. & DOBBELS, M. 2012. Comitology and delegated acts after Lisbon: How the European Parliament lost the implementation game. *European Integration online Papers,* 16.

CUKIERMAN A. & MELTZER, A.H. 1986. A Theory of Ambiguity, Credibility, and Inflation under Discretion and Asymmetric Information. *Econometrica,* 54, 1099–1128.

DAALDER H. (ed.). 1987. *Party Systems in Denmark, Austria, Switzerland, the Netherlands and Belgium,* London: Pinter.

DAALDER H. 1991. *Paths towards State Formation in Europe. Democratization, Bureaucratization and Politicization,* Working Paper No. 20/1991, Madrid Instituto Juan March de Estudios e Investigaciones.

DAASE C. 2003. Krieg und politische Gewalt. Konzeptionelle Innovation und theoretischer Fortschritt. In: HELLMANN G., WOLF, K.D. & ZÜRN, M. (eds.). *Die neuen internationalen Beziehungen. Forschungsstand und Perspektiven in Deutschland,* Weltpolitik im 21. Jahrhundert, Band 10, Baden-Baden: Nomos.

DACHS H. 2006. Grünalternative Parteien. In: DACHS H., GERLICH, P. & GOTTWEIS, H.E.A. (eds.). *Politik in Österreich. Das Handbuch,* Wien: Manz'sche Verlags- und Universitätsbuchhandlung.

DAHL R.A. 1971. *Polyarchy,* New Haven: Yale University Press.

DAHL R.A. 1961. *Who Governs?* New Haven: Yale University Press.

DAHL R.A. (ed.). 1966. *Political Oppositions in Western Democracies,* New Haven: Yale University Press.

DAHLSTRÖM C., LAPUENTE, V. & TEORELL, J. 2012. The Merit of Meritocratization. Politics, Bureaucracy, and the Institutional Deterrents of Corruption. *Political Research Quarterly,* 65, 656–668.

DALTON R.J. & WATTENBERG, M.P. 2002. *Parties Without Partisans. Political Change in Advanced Industrial Democracies,* Oxford: Oxford University Press.

DANZER M. 2007. *Regime Characteristics, and Government Attributes as Causes of Government Stability in Central Eastern Europe,* Working Paper, Universität Mannheim.

DE FIGUEIREDO J.M. & TILLER, E.H. 1996. Congressional Control of the Courts. A Theoretical and Empirical Analysis of Expansion of the Federal Judiciary. *Journal of Law and Economics,* 29, 435–462.

DE TOCQUEVILLE A. 1985 [1835]. *Über die Demokratie in Amerika,* Ditzingen: Reclam.

DEBS A. & GOEMANS, H. 2010. Regime Types, the Fate of Leaders, and War. *American Political Science Review,* 104, 430–445.

DEBUS M. 2012. Sozialstrukturelle und einstellungsbasierte Determinanten des Wahlverhaltens und ihr Einfluss bei Bundestagswahlen im Zeitverlauf. Westdeutschland 1976–2009. In: SCHMITT-BECK R. (ed.). *Wählen in Deutschland,* PVS Sonderheft 45, Baden-Baden: Nomos Verlag.

DEMOCRACY CFROD. 2009. *Direct Democracy Databases,* Geneva: University of Geneva.

DESOMBRE E. 2006. *Flagging Standards. Globalization and Environmental, Safety, and Labor Regulations at Sea,* Cambridge: MIT Press.

DEUTSCH K.W., BURRELL, S.A. & KANN, R.A. 1957. *Political Community and the North Atlantic Area. International Organization in the Light of Historical Experience,* Princeton: Princeton University Press.

DEUTSCH K.W. & SINGER, D.J. 1964. Multipolar Power Systems and International Stability. *World Politics,* 16, 390–406.

DIAMOND L. 1999. *Developing Democracy. Toward Consolidation,* Baltimore: Johns Hopkins University Press.

DIEKMANN A. 2007. *Empirische Sozialforschung. Grundlagen, Methoden, Anwendungen,* Reinbek: Rowohlt.

DIEKMANN A. 2009. *Spieltheorie. Einführung, Beispiele, Experimente,* Reinbek: Rowohlt.

DINGWERTH K., BLAUBERGER, M. & SCHNEIDER, C. 2011. *Postnationale Demokratie. Eine Einführung am Beispiel von EU, WTO und UNO,* Wiesbaden: VS Verlag.

DJANKOV S., MCLIESH, C., NENOVA, T. & SCHLEIFER, A. 2003. Who Owns the Media? *Journal of Law and Economics,* 46, 341–381.

DODD L.C. 1976. *Coalitions in Parliamentary Government,* Princeton: Princeton University Press.

DONGES P. & IMHOF, K. 2005. Öffentlichkeit im Wandel. In: BONFADELLI H., JARREN, O. & SIEGERT, G. (eds.). *Einführung in die Publizistikwissenschaft,* Bern: Haupt.

DONGES P. & JARREN, O. 2005. Politische Kommunikation. Akteure und Prozesse. In: BONFADELLI H., JARREN, O. & SIEGERT, G. (eds.). *Einführung in die Publizistikwissenschaft,* Bern: Haupt.

DÖRING H. 1995 a. Institutions and Policies. Why We Need Cross-National Analysis. In: DÖRING H. (ed.). *Parliaments and Majority Rule in Western Europe,* New York: St. Martin's Press.

DÖRING H. 1995 b. *Parliaments and Majority Rule in Western Europe,* New York: St Martin's Press.

DÖRING H. & HALLERBERG, M. 2004. *Patterns of Parliamentary Behavior,* Aldershot: Ashgate.

DOWN I. 2007. Trade Openness, Country Size and Economic Viability. The Compensation Hypothesis Revisited. *Business and Politics,* 9, Article 3.

DOWNS A. 1957. *Ökonomische Theorie der Demokratie,* Tübingen: Mohr.

DOWNS A. 1967. *Inside Bureaucracy,* Boston: Little Brown.

DRAZEN A. 2000. The Political Business Cycle after 25 Years. *NBER. Macroeconomics Annual,* 15.

DREHER A. 2008. *Measuring Globalisation. Gauging its Consequences,* New York: Springer.

DREHER A. & SCHNEIDER, F. 2010. Corruption and the Shadow Economy. An Empirical Analysis. *Public Choice,* 144, 215–238.

DREIER H. 2009. Deutschland. In: HANS-BREDOW-INSTITUT (ed.). *Internationales Handbuch Medien,* Baden-Baden: Nomos.

DREZNER D.W. 2001. Globalization and Policy Convergence. *International Studies Review,* 3, 53–78.

DRUCKMAN J.N., GREEN, D.P., KUKLINSKI, J.H. & LUPIA, A. 2011. *Cambridge Handbook of Experimental Political Science,* Cambridge: Cambridge University Press.

DRYZEK J. 2012. Global Civil Society. The Progress of Post-Westphalian Politics. *Annual Review of Political Science,* 15, 101–119.

DUCH R.M. & STEVENSON, R. 2007. Context and the Economic Vote. A Multilevel Analysis. *Political Analysis,* 13, 387–409.

DUCH R.M. & STEVENSON, R. 2008. *The Economic Vote. How Political and Economic Institutions Condition Election Results,* Cambridge, MA: Cambridge University Press.

DUCH R.M. & STEVENSON, R. 2010.) The Global Economy, Competency, and the Economic Vote. *Journal of Politics,* 72,105–123.

DUNLEAVY P. & RHODES, R.A.W. 1990. Core Executive Studies in Britain. *Public Administration,* 68, 3–28.

DURANTE R. & KNIGHT, B. 2012. Partisan Control, Media Bias, and Viewer Responses. Evidence from Berlusconi's Italy. *Journal of the European Economic Association,* 10, 451–481.

DUVERGER M. 1959. *Die politischen Parteien,* Tübingen: Mohr.

EASTER G.M. 1997. Preference for Presidentialism. Postcommunist Regime Change in Russia and the NIS. *World Politics,* 49, 184–211.

EATON K. 2000. Parliamentarism versus Presidentialism in the Policy Arena. *Comparative Politics,* 32, 355–376.

EBBINGHAUS B. & VISSER, J. 1999. When Institutions Matter. Union Growth and Decline in Western Europe, 1950–1995. *European Sociological Review,* 15, 135–158.

ECONOMIST. 2011. Special Report. Democracy in California. *The Economist.*

EICHENBERGER K. 1960. *Die richterliche Unabhängigkeit als staatsrechtliches Problem,* Bern: Stämpfli.

EICHENGREEN B. 2008. *Globalizing Capital. A History of the International Monetary System,* Princeton: Princeton University Press.

EICHHORN W. 1996. *Agenda-Setting-Prozesse. Eine theoretische Analyse individueller und gesellschaftlicher Themenstrukturierung,* München: Reinhard Fischer.

ELGIE R. 2004. Semi-Presidentialism. Concepts, Consequences and Contesting Explanations. *Political Studies Review,* 2, 314–330.

ELKINS Z., GUZMAN, A.T. & SIMMONS, B.A. 2006. Competing for Capital. The Diffusion of Bilateral Investment Treaties, 1960–2000. *International Organization,* 60, 811–846.

ENIKOLOPOV R., PETROVA, M. & ZHURAVSKAYA, E. 2011. Media and Political Persuasion. Evidence from Russia. *American Economic Review,* 101, 3253–3285.

EPSTEIN B. 2003. The Decline of the Women's Movement. In: GOODWIN J. & JASPER, J.M. (eds.). *The Social Movements Reader. Cases and Concepts,* Malden: Blackwell.

ESAIASSON P. & HOLMBERG, S. 1996. *Representation from Above. Members of Parliament and Representative Democracy in Sweden,* Dartmouth: Aldershot.

ESPING-ANDERSEN G. 2002. *Why We Need a New Welfare State,* Oxford: Oxford University Press.

ESPING-ANDERSEN G. & VAN KERSBERGEN, K. 1992. Contemporary Research on Social Democracy. *Annual Review of Sociology,* 18, 187–208.

ESPOSITO J.L. & VOLL, J.O. 1996. *Islam and Democracy,* New York: Oxford University Press.

EUGH. 2011. *Jahresbericht 2011. Rechtsprechungsstatistiken des Gerichtshofs* [Online]. Available: http://curia.europa.eu/jcms/upload/docs/application/pdf/2012–06/ra2011_statistiques_cour_de.pdf [Accessed: 22.6.2012].

EVANS P.B., RÜSCHEMEYER, D. & SKOCPOL, T. 1985. *Bringing the State Back In,* Cambridge: Cambridge University Press.

EYTHÓRSSON G. & JAHN, D. 2009. Das politische System Islands. In: ISMAYR W. (ed.). *Die politischen Systeme Westeuropas,* 4th ed., Wiesbaden: VS Verlag.

FAAS T. & HUBER, S. 2010. Experimente in der Politikwissenschaft. Vom Mauerblümchen zum Mainstream. *Politische Vierteljahresschrift,* 51, 721–749.

FALLETI T. 2005. A Sequential Theory of Decentralization. Latin American Cases in Comparative Perspective. *American Political Science Review,* 99, 327–346.

FALTER J.W. & SCHOEN, H. (eds.). 2005. *Handbuch Wahlforschung,* Wiesbaden: VS Verlag.

FARRELL D.M. 2001. *Electoral Systems. A Comparative Introduction,* Basingstoke: Palgrave Macmillan.

FEARON J.D. 1994. Domestic Political Audiences and the Escalation of International Disputes. *American Political Science Review,* 88, 577–592.

FEARON J.D. & LAITIN, D.D. 2003. Ethnicity, Insurgency, and Civil War. *American Political Science Review,* 97, 75–90.

FELD L.P. & KIRCHGÄSSNER, G. 2001. Does Direct Democracy Reduce Public Debt? Evidence from Swiss Municipalities. *Public Choice,* 109, 347–370.

FELD L.P. & SAVOIZ, M.R. 1997. Direct Democracy Matters for Economic Performance. An Empirical Investigation. *Kyklos,* 50, 507–538.

FELD L.P., SCHALTEGGER, C.A. & SCHNELLENBACH, J. 2005. *On Government Centralization and Fiscal Referendums. A Theoretical Model and Evidence from Switzerland,* CREMA Working Paper Series, 2005–18.

FENG Y. 2003. *Democracy, Governance, and Economic Performance. Theory and Evidence,* Cambridge: MIT Press.

FEREJOHN J., ROSENBLUTH, F. & SHIPAN, C. 2004. *Comparative Judicial Politics,* Leitner Working Paper 08/2005, Yale University.

FERNANDEZ-ALBERTOS J. 2006. Does Internationalization Blur Responsibility? Economic Voting and Economic Openness in 15 European Countries. *West European Politics,* 29, 28–46.

FESTINGER L. 1957. *A Theory of Cognitive Dissonance,* Evanston: Row, Peterson and Company.

FILIPPOV M., ORDESHOOK, P.C. & SHVETSOVA, O. 2004. *Designing Federalism. A Theory of Self-Sustainable Federal Institutions,* Cambridge: Cambridge University Press.

FINNEMORE M. 1996. *National Interests in International Society,* New York: Cornell University Press.

FISH M.S. 2002. Islam and Authoritarianism. *World Politics,* 55, 4–37.

FLORES T.E. & NOORUDDIN, I. 2009. Democracy under the Gun. Understanding Post-Conflict Economic Recovery. *Journal of Conflict Resolution,* 53, 3–29.

FLORES T.E. & NOORUDDIN, I. 2012. The Effect of Elections on Postconflict Peace and Reconstruction. *The Journal of Politics,* 74, 558–570.

FOLLESDAL A. & HIX, S. 2006. Why There is a Democratic Deficit in the EU. A Response to Majone and Moravcsik. *Journal of Common Market Studies,* 44, 533–562.

FOLTIN R. 2004. *Und wir bewegen uns doch. Soziale Bewegungen in Österreich,* Wien: Edition Grundrisse.

FRANTZ E. & EZROW, N. 2011. *The Politics of Dictatorship. Institutions and Outcomes in Authoritarian Regimes,* Boulder: Lynne Rienner.

FRANZESE R.J. 2002. Electoral and Partisan Cycles in Economic Policies and Outcomes. *Annual Review of Political Science,* 5, 369–421.

FRANZMANN S. & KAISER, A. 2006. Locating Political Parties in Policy Space. A Reanalysis of Party Manifesto Data. *Party Politics,* 12, 163–188.

FREEDOM HOUSE. 2007. *Freedom in the World,* Washington, D.C.: Freedom House.

FREITAG M. & VATTER, A. 2000. Direkte Demokratie, Konkordanz und Wirtschaftsleistung. Ein Vergleich der Schweizer Kantone. *Schweizerische Zeitschrift für Volkswirtschaft und Statistik,* 136, 579–606.

FREY B.S. & KIRCHGÄSSNER, G. 2002. *Demokratische Wirtschaftspolitik. Theorie und Anwendung,* München: Franz Vahlen.

FREY B.S. & STUTZER, A. 2000. Happiness, Economy and Institutions. *The Economic Journal,* 110, 918–938.

FRIEDEN J.A. 1991. Invested Interests. The Politics of National Economic Policies in a World of Global Finance. *International Organization,* 45, 425–451.

FRIEDEN J.A. 2002. Real Sources of European Currency Policy. Sectoral Interests and European Monetary Integration. *International Organization,* 56, 831–860.

FRIEDMAN M. 1962. *Capitalism and Freedom,* Chicago: University of Chicago Press.

FRIEDRICH C.J. 1950. *Constitutional Government and Democracy. Theory and Practice in Europe and America,* Boston: Ginn and Company.

FRISMAN R. & MIGUEL, E. 2006. Corruption, Norms, and Legal Enforcement. Evidence From Diplomatic Parking Tickets. *Journal of Political Economy,* 115, 1020–1048.

FRYE T. 1997. A Politics of Institutional Choice. Post-Communist Presidencies. *Comparative Political Studies,* 30, 523–552.

FU V.K., WINSHIP, C. & MARE, R.D. 2009. Sample Selection Bias Models. In: HARDY M. & BRYMAN, A. (eds.). *The Handbook of Data Analysis,* London: Sage Publications.

FUCHS D. & KÜHNEL, S. 1994. Wählen als rationales Handeln. Anmerkungen zum Nutzen des Rational-Choice-Ansatzes in der empirischen Wahlforschung. In: KLINGEMANN H.D. & KAASE, M. (eds.). *Wahlen und Wähler. Analysen aus Anlass der Bundestagswahl 1990*, Opladen: Westdeutscher Verlag.

FUND FOR PEACE. 2014. *Fragile States Index.*

FURNISS N. 1974. The Practical Significance of Decentralization. *The Journal of Politics*, 36, 958–982.

GABEL M.J. & HUBER, J.D. 2000. Putting Parties in Their Place. Inferring Party Left-Right Ideological Positions from Party Manifesto Data. *American Journal of Political Science*, 44, 94–103.

GALLAGHER M. 1991. Proportionality, Disproportionality and Electoral Systems. *Electoral Studies*, 10, 33–51.

GALLAGHER M. 1992. Comparing Proportional Representation Electoral Systems. Quotas, Thresholds, Paradoxes and Majorities. *British Journal of Political Science*, 22, 469–496.

GALLAGHER M., LAVER, M. & MAIR, P. 2005. *Representative Government in Modern Europe. Institutions, Parties and Governments*, New York: MacGraw-Hill.

GAMSON W. 1961. A Theory of Coalition Formation. *American Sociological Review*, 26, 373–382.

GANDHI J. 2008. *Political Institutions under Dictatorship*, Cambridge, MA: Cambridge University Press.

GANGHOF S. 2005. Konditionale Konvergenz. Ideen, Institutionen und Standortwettbewerb in der Steuerpolitik von EU- und OECD-Ländern. *Zeitschrift für Internationale Beziehungen*, 12, 7–40.

GARMAN C., HAGGARD, S. & WILLIS, E. 2001. Fiscal Decentralization. A Political Theory with Latin American Cases. *World Politics*, 53, 205–236.

GARRETT G. 1995. The Politics of Legal Integration in the European Union. *International Organization*, 49, 171–181.

GARRETT G. 1998. Global Markets and National Politics. Collision Course or Virtuous Circle? *International Organization*, 52, 787–824.

GARRETT G. 2000. The Causes of Globalization. *Comparative Political Studies*, 33, 941–991.

GARRETT G. & WEINGAST, B.R. 1993. Ideas, Interests and Institutions. Constructing the European Community's Internal Market. In: GOLDSTEIN J. & KEOHANE, R.O. (eds.). *Ideas and Foreign Policy. Beliefs, Institutions and Political Change*, Ithaca: Cornell University Press.

GARTZKE E. 2007 a. The Capitalist Peace. *American Journal of Political Science*, 51, 166–191.

GASIOROWSKI M.J. 2000. Democracy and Macroeconomic Performance in Underdeveloped Countries. An Empirical Analysis. *Comparative Political Studies*, 33, 319–349.

GEDDES B. 1999. What Do We Know About Democratization After Twenty Years? *Annual Review of Political Science*, 2, 115–144.

GEDDES B. 2003. *Paradigms and Sand Castles. Theory Building and Research Design in Comparative Politics*, Ann Arbor: University of Michigan Press.

GEIS A. 2001. Diagnose: Doppelbefund — Ursache: ungeklärt? Die Kontroversen um den „demokratischen Frieden". *Politische Vierteljahresschrift*, 42, 282–298.

GELLNER E. 2006. *Nations and Nationalism*, Malden: Blackwell.

GENSCHEL P. 2002. *Steuerwettbewerb und Steuerharmonisierung in der Europäischen Union*, Frankfurt a.M.: Campus.

GILPIN R. 1987. *The Political Economy of International Relations*, Princeton: Princeton University Press.

GINSBURG T. 2003. *Judicial Review in New Democracies. Constitutional Courts in Asian Cases,* Cambridge: Cambridge University Press.

GLASER C.L. 1997. The Security Dilemma Revisited. *World Politics,* 50, 171–201.

GLUCHOWSKI P. 1987. Lebensstile und Wandel der Wählerschaft in der Bundesrepublik Deutschland. *Aus Politik und Zeitgeschichte,* B, 18–32.

GOEMANS H. 2000. *War and Punishment. The Cause of War Termination and the First World War,* Princeton: Princeton University Press.

GOERTZ G. 2006. *Social Science Concepts. A User's Guide,* Princeton: Princeton University Press.

GÖHLER G. & ZEUNER, B. 1991. *Kontinuitäten und Brüche in der deutschen Politikwissenschaft,* Baden-Baden: Nomos.

GOLDEN M.A. & PICCI, L. 2005. Proposal for a New Measure of Corruption, Illustrated with Italian Data. *Economics & Politics,* 17, 37–75.

GOLDER M. 2005. Democratic Electoral Systems around the World. *Electoral Studies,* 24, 103–121.

GOSNELL H.F. 1926. An Experiment in the Stimulation of Voting. *The American Political Science Review,* 20, 869–874.

GOUREVITCH P. 1986. *Politics in Hard Times. Comparative Responses to International Economic Crisis,* Ithaca: Cornell University Press.

GRANDE E. 2006. Cosmopolitan Political Science. *The British Journal of Sociology,* 57, 87–111.

GRANDE E., KÖNIG, M., PFISTER, P. & STERZEL, P. 2006. Politische Transnationalisierung. Die Zukunft des Nationalstaats – Transnationale Politikregime im Vergleich. In: SCHIRM S.A. (ed.). *Globalisierung. Forschungsstand und Perspektiven,* Baden-Baden: Nomos.

GRAUWE P.D. & VANHAVERBEKE, W. 1993. Is Europe an Optimum Currency Area? Evidence from Regional Data. In: MASSON P.R. & TAYLOR, M.P. (eds.). *Policy Issues in the Operation of Currency Unions,* Cambridge: Cambridge University Press.

GREEN D.P. & GERBER, A.S. 2008. *Get Out the Vote. How to Increase Voter Turnout,* Washington, D.C.: Brookings Institution Press.

GRIMMER K. 2004. *Öffentliche Verwaltung in Deutschland. Grundlagen, Funktionen, Reformen. Eine problemorientierte Einführung,* Wiesbaden: VS Verlag.

GROFMAN B. & LIJPHART, A. 1994. *Electoral Laws and Their Political Consequences,* New York: Agatha Press.

GROSS A. 2002. Eine Idee macht ihren Weg. Die Schweiz und die zunehmende Verbreitung

der direkten Demokratie. *Neue Zürcher Zeitung.*

GROSSENBACHER R. 1989. *Die Medienmacher. Eine empirische Untersuchung zur Beziehung zwischen Public Relations und Medien in der Schweiz,* Solothurn: Vogt-Schild.

GRUNER E. 1956. *Die Wirtschaftsverbände in der Demokratie. Vom Wachstum der Wirtschaftsorganisationen im schweizerischen Staat,* Erlenbach: Eugen Rentsch.

GRUNER E. 1959. Der Einbau der organisierten Interessen in den Staat. *Schweizerische Zeitschrift für Volkswirtschaft und Statistik,* 95, 59–79.

GUGGENBERGER B. 1984. An den Grenzen der Mehrheitsdemokratie. In: GUGGENBERGER B. & OFFE, C. (eds.). *An den Grenzen der Mehrheitsdemokratie. Politik und Soziologie der Mehrheitsregel,* Wiesbaden: Westdeutscher Verlag.

GUGLER K. 1998. Corporate Ownership Structure in Austria. *Empirica,* 25, 285–307.

HA E. 2008. Globalization, Veto Players, and Welfare Spending. *Comparative Political Studies,* 41, 783–813.

HAAN J.D. & STURM, J.E. 1994. Political and Institutional Determinants of Fiscal Policy in the European Community. *Public Choice,* 80, 157–172.

HAAS E.B. 1968. *The Uniting of Europe. Political, Social, and Economic Forces, 1950–1957,* Stanford: Stanford University Press.

HAGGARD S. 1990. *Pathways from the Periphery. The Politics of Growth in the Newly Industrializing Countries,* Ithaca: Cornell University Press.

HAINMUELLER J. & HANGARTNER, D. 2012. Who Gets a Swiss Passport? A Natural Experiment in Immigrant Discrimination. *American Political Science Review,* forthcoming.

HAINMUELLER J. & HISCOX, M.J. 2006. Learning to Love Globalization. Education and Individual Attitudes toward International Trade. *International Organization,* 60, 469–498.

HALL P. & SOSKICE, D. (eds.). 2001. *Varieties of Capitalism. The Institutional Foundations of Comparative Advantage,* Oxford: Oxford University Press.

HALL R.L. & DEARDORFF, A.V. 2006. Lobbying as Legislative Subsidy. *American Political Science Review,* 100, 69–84.

HALLER W., KÖLZ, A. & GÄCHTER, T. 2008. *Allgemeines Staatsrecht,* Basel: Helbing & Lichtenhahn.

HALTERN U. 2005. Das Janusgesicht der Unionsbürgerschaft. *Swiss Political Science Review,* 11, 87–117.

HARBOM L. & WALLENSTEEN, P. 2007. Armed Conflict, 1989–2006. *Journal of Peace Research,* 44, 623–634.

HARFST P. 2007. *Wahlsystemwandel in Mittelosteuropa. Strategisches Design einer politischen Institution,* Wiesbaden: VS Verlag.

HARTMANN J. 2003. *Geschichte der Politikwissenschaft. Grundzüge der Fachentwicklung in den USA und in Europa,* Opladen: Leske & Budrich.

HASENCLEVER A., MAYER, P. & RITTBERGER, V. 1997. *Theories of International Regimes,* Cambridge: Cambridge University Press.

HÄUSERMANN S. 2010. *The Politics of Welfare State Reform in Continental Europe. Modernization in Hard Times,* Cambridge: Cambridge University Press.

HEFNER R.W. 2000. *Civil Islam. Muslims and democratization in Indonesia,* Princeton: Princeton University Press.

HELBLING M. & KRIESI, H. 2004. Staatsbürgerverständnis und politische Mobilisierung. Einbürgerungen in Schweizer Gemeinden. *Swiss Political Science Review,* 10, 33–58.

HELD D. & MCGREW, A. 2002. *Globalization/Anti-Globalization,* Cambridge: Polity Press.

HELLMANN G., WOLF, K.D. & ZÜRN, M. (eds.). 2003. *Die neuen internationalen Beziehungen. Forschungsstand und Perspektiven in Deutschland,* Baden-Baden: Nomos.

HELLWIG T. 2001. Interdependence, Government Constraints, and Economic Voting. *The Journal of Politics,* 63, 1141–1162.

HELLWIG T. & SAMUELS, D. 2007. Voting in Open Economies. *Comparative Political Studies,* 40, 283–306.

HELMS L. 1999. *Parteien und Fraktionen. Ein internationaler Vergleich,* Opladen: Leske & Budrich.

HELMS L. 2002. *Politische Opposition. Theorie und Praxis in westlichen Regierungssystemen,* Wiesbaden: VS Verlag.

HEMPEL C. 1966. *Philosophy of Natural Science,* Englewood Cliffs: Prentice-Hall.

HERZ J.H. 1951. *Political Realism and Political Idealism,* Chicago: University of Chicago Press.

HIRSCHL R. 2004. *Towards Juristocracy. The Origins and Consequences of the New Constitutionalism,* Cambridge: Harvard University Press.

HIRST P. & THOMPSON, G. 1996. *Globalization in Question. The International Economy and Possibilities of Governance,* Cambridge: Polity Press.

HISCOX M.J. 2002. *International Trade and Political Conflict. Commerce, Coalitions, and Mobility,* Princeton: Princeton University Press.

HIX S. 2005. *The Political System of the European Union,* Houndmills: Palgrave Macmillan.

HIX S. & HØYLAND, B. 2011. *The Political System of the European Union,* Basingstoke: Palgrave Macmillan.

HIX S. & MARSH, M. 2007. Punishment or Protest? Understanding European Parliament Elections. *The Journal of Politics,* 69, 495–510.

HIX S., NOURY, A. & ROLAND, G. 2007. *Democratic Politics in the European Parliament,* Cambridge: Cambridge University Press.

HIX S. & RAUNIO, T. 2003. Fifty Years on: Research on the European Parliament. *Journal of Common Market Studies,* 41,191–202.

HOBE S. & KIMMINICH, O. 2008. *Einführung in das Völkerrecht,* Tübingen: Francke.

HOFFERBERT R.I. & KLINGEMANN, H.D. 1990. The Policy Impact of Party Programmes and Government Declarations in the Federal Republic of Germany. *European Journal of Political Research,* 18, 277–304.

HOFFMAN B. 2006. *Inside Terrorism,* New York: Columbia University Press.

HOFFMANN S. 1966. Obstinate or Obsolete? The Fate of the Nation-State and the Case of Western Europe. *Daedalus,* 95, 862–915.

HOJNACKI M., KIMBALL, D.C., BAUMGARTNER, F.R., BERRY, J.M. & LEECH, B. 2012. Studying Organizational Advocacy and Influence. Reexamining Interest Group Research. *Annual Review of Political Science,* 15, 379–399.

HOLTMANN E. 1994. *Politik-Lexikon,* München: Oldenbourg.

HOLZINGER K., KNILL, C. & SOMMERER, T. 2008. Environmental Policy Convergence. The Impact of International Harmonization, Transnational Communication, and Regulatory Competition. *International Organization,* 62, 553–587.

HOOGHE L. 2001. *The European Commission and the Integration of Europe. Images of Governance,* Cambridge: Cambridge University Press.

HOOGHE L., BAKKER, R., BRIGEVICH, A., DE VRIES, C., EDWARDS, E., MARKS, G., ROVNY, J., STEENBERGEN, M. & VADUCHOVA, M. 2010 a. Measurement Validity and Party Positioning. Chapel Hill Expert Surveys of 2002 and 2006. *European Journal of Political Research,* 42, 684–703.

HOOGHE L., MARKS, G. & SCHAKEL, A.H. 2010 b. *The Rise of Regional Authority. A Comparative Study of 42 Democracies (1950–2006),* London: Routledge.

HOROWITZ D.D. 2004. The Alternative Vote and Interethnic Moderation. A Reply to Fraenkel and Grofman. *Public Choice,* 121, 507–517.

HOTELLING H. 1929. Stability in Competition. *The Economic Journal,* 39, 41–57.

HOVLAND C.I., JANIS, I.L. & KELLEY, H.H. 1953. *Communication and Persuasion,* New Haven: Yale University Press.

HUG S. & SCHULZ, T. 2007. Left-Right Positions of Political Parties in Switzerland. *Party Politics,* 13, 305–330.

HUG S. & TSEBELIS, G. 2002. Veto Players and Referendums around the World. *Journal of Theoretical Politics,* 14, 465–515.

HUNTINGTON S.P. 1993. The Clash of Civilizations? *Foreign Affairs,* 72, 22–49.

HUNTINGTON S.P. 1996. *The Clash of Civilizations and the Remaking of World Order,* New York: Simon & Schuster.

HUNTINGTON, S.P. 1991. *The Third Wave. Democratization in the Late Twentieth Century,* Norman: University of Oklahoma Press.

HUTTER S. & GIUGNI, M. 2009. Protest Politics in a Changing Political Context. Switzerland, 1975–2005. *Swiss Political Science Review,* 15, 427–461.

HYDE S.D. 2011. Catch Us If You Can. Election Monitoring and International Norm Diffusion. *American Journal of Political Science,* 55, 356–369.

IMHOF K. 2006. Mediengesellschaft und Medialisierung. *Medien und Kommunikationswissenschaft,* 2006, 191–215.

INGLEHART R. 1977. *The Silent Revolution. Changing Values and Political Styles among Western Publics,* Princeton: Princeton University Press.

INGLEHART R. 1997. *Modernization and Postmodernization. Cultural, Economic and Political Change in 43 Societies,* Princeton: Princeton University Press.

INGLEHART R. 2003. How Solid is Mass Support for Democracy – And How Can We Measure It? *PS: Political Science and Politics,* 36, 51–57.

ISHAY M.R. 2008. *The History of Human Rights. From Ancient Times to the Globalization Era,* Berkeley: University of California Press.

ISMAYR W. 1997. Das politische System Deutschlands. In: ISMAYR W. (ed.). *Die politischen Systeme Westeuropas,* Opladen: Leske & Budrich.

ISMAYR W. 2008. Gesetzgebung in den Staaten der Europäischen Union im Vergleich. In: ISMAYR W. (ed.). *Gesetzgebung in Westeuropa. EU-Staaten und Europäische Union,* Wiesbaden: VS Verlag.

IVERSEN T. & CUSACK, T.R. 2000. The Causes of Welfare State Expansion. Deindustrialization or Globalization? *World Politics,* 52, 313–349.

IVERSEN T. & SOSKICE, D. 2001. An Asset Theory of Social Policy Preferences. *American Political Science Review,* 95, 875–893.

JACKSON R.H. 1990. *Quasi-States. Sovereignty, International Relations and the Third World,* Cambridge: Cambridge University Press.

JAHN D. 1999. Der Einfluss von Cleavage-Strukturen auf die Standpunkte der skandinavischen Parteien über den Beitritt zur Europäischen Union. *Politische Vierteljahresschrift,* 40, 565–590.

JAHN D. 2009. Dimensions of Government Decision-Making Structures in OECD Countries, *ECPR-Workshop Session,* April, Lisbon.

JAHN D. 2010. The Veto Player Approach in Macro-Comparative Politics. In: KÖNIG T., TSEBELIS, G. & DEBUS, M. (eds.). *Reform Processes and Policy Change. Veto Players and Decision-Making in Modern Democracies,* Berlin: Springer Publisher.

JAHN D. 2011. Conceptualizing Left and Right in Comparative Politics. Towards a Deductive Approach. *Party Politics,* 17, 745–765.

JAHN D. 2012 a. Dimensions of Government Decision-Making Structures in European OECD Countries. In: KEMAN H. & MÜLLER-ROMMEL, F. (eds.). *Party Government in the New Europe,* London: Routledge.

JAHN D. 2013. *Einführung in die vergleichende Politikwissenschaft,* Wiesbaden: Springer VS.

JAHN D. 2014. Changing of the guard: trends in corporatist arrangements in 42 highly industrialized societies from 1960 to 2010. *Socio-Economic Review*

JAHN, D. 2016. *Environmental Performane ond Politics in Highly Globalized and Industrialized Democracies: The Agenda Setting Power Approach in Comparative Politics.* Cambridge: Cambridge University Press.

JAHN D., BEHM, T., DÜPONT, N. & OBERST, C. 2014. *PIP – Parties, Institutions & Preferences. Left-Right Party Scores.* PIP Collection [Version 2014–09] Chair of Comparative Politics, University of Greifswald.

JAHN D. & HENN, M. 2000. The 'New' Rhetoric of New Labour in Comparative Perspective. A Three-Country Discourse Analysis. *West European Politics,* 23, 24–46.

JAHN D. & OBERST, C. 2012. Ideological Party Cohesion in Macro-Comparative Politics. The Nordic Social Democratic Parties from a Comparative Perspective. *Scandinavian Political Studies,* 35, 222–245.

JAHN D. & STORSVED, A.S. 1995. Legitimacy through Referendum? The Nearly Successful Domino-Strategy of the EU Referendums in Austria, Finland, Sweden and Norway. *West European Politics,* 18, 18–37.

JAMAL A.A. 2009. *Barriers to Democracy. The Other Side of Social Capital in Palestine and the Arab World,* Princeton: Princeton University Press.

JARREN O. & DONGES, P. 2006. *Politische Kommunikation in der Mediengesellschaft. Eine Einführung,* Wiesbaden: VS Verlag.

JARSTAD A.K. & SISK, T.D. 2008. *From War to Democracy. Dilemmas of Peacebuilding,* Cambridge: Cambridge University Press.

JERVIS R. 1998. Realism in the Study of World Politics. *International Organization,* 52, 971–991.

KARATNYCKY A. 2002. Muslim Countries and the Democracy Gap. *Journal of Democracy,* 13, 99–112.

KARL T.L. 1997. *The Paradox of Plenty. Oil Booms and Petro-States,* Berkeley: University of California Press.

KARLHOFER F. 2001. Österreich. Zwischen Korporatismus und Zivilgesellschaft. In: REUTTER W. & RÜTTERS, P. (eds.). *Verbände und Verbandssysteme in Westeuropa,* Opladen: Leske & Budrich.

KARMASIN M. 1996. *Journalismus. Beruf ohne Moral? Journalistisches Berufshandeln in Österreich,* Wien: Linde.

KATZ R.S. 1986. Party Government. A Rationalistic Conception. In: WILDENMANN R. & CASTLES, F.G. (eds.). *Visions and Realities of Party Government,* Berlin: De Gruyter.

KATZ R.S. & CROTTY, W.J. 2006. *Handbook of Party Politics,* London: Sage.

KATZENSTEIN P. 1985. *Small States in World Markets. Industrial Policy in Europe,* Ithaca: Cornell University Press.

KAUFMANN D., KRAAY, A. & MASTRUZZI, M. 2010. *The Worldwide Governance Indicators. Methodology and Analytical Issues,* World Bank Policy Research Working Paper No. 5430.

KAYSER M. 2007. How Domestic is Domestic Politics? Globalization and Elections. *Annual Review of Political Science,* 10, 314–362.

KAYSER M.A. & WLEZIEN, C. 2011. Performance Pressure. Patterns of Partisanship and the Economic Vote. *European Journal of Political Research,* 50, 365–394.

KECK M.E. & SIKKINK, K. 1998. *Activists Beyond Borders. Advocacy Networks in International Politics,* Ithaca: Cornell University Press.

KEDOURIE E. 1994. *Democracy and the Arab Political Culture,* London: Frank Cass.

KEMAN H. & AÏT MALLOUK, M. 2002. Democratic Institutions, Governance and Political Performance. In: KEMAN H. (ed.). *Comparative Democratic Politics. A Guide to Contemporary Theory and Research,* London: Sage.

KEMAN H. & MÜLLER-ROMMEL, F. 2012. *Party Government in the New Europe,* London: Routledge.

KENWORTHY L. 2003. Quantitative Indicators of Corporatism. *International Journal of Sociology,* 33, 10–44.

KEOHANE R.O. 1984. *After Hegemony. Cooperation and Discord in the World Political Economy,* Princeton: Princeton University Press.

KEOHANE R.O. & NYE, J.S. 1977. *Power and Interdependence,* Boston: Little, Brown and Company.

KERCHNER B. 2006. Diskursanalyse in der Politikwissenschaft. Ein Forschungsüberblick. In: KERCHNER B. & SCHNEIDER, S. (eds.). *Foucault. Diskursanalyse der Politik,* Wiesbaden: VS Verlag.

KIM S.Y. 2007. Openness, External Risk, and Volatility. Implications for the Compensation Hypothesis. *International Organization,* 61, 181–216.

KINDLEBERGER C. 1973. An Explanation of the 1929 Depression. In: KINDLEBERGER C. (ed.). *The World in Depression, 1929–39,* Berkeley: University of California Press.

KING G., KEOHANE, R.O. & VERBA, S. 1994. *Designing Social Inquiry,* Princeton: Princeton University Press.

KIRCHHEIMER O. 1965. Der Wandel des westeuropäischen Parteiensystems. *Politische Vierteljahresschrift,* 6, 20–41.

KITSCHELT H. 1986. Political Opportunity Structures and Political Protest. Anti-Nuclear Movements in Four Democracies. *British Journal of Political Science,* 1, 57–85.

KITSCHELT H. 1994. *The Transformation of European Social Democracy,* Cambridge: Cambridge University Press.

KITSCHELT H. & MCGANN, A.J. 1997. *The Radical Right in Western Europe. A Comparative Analysis,* Ann Arbor: University of Michigan Press.

KLINGEMANN H.D. 2009. *The Comparative Study of Electoral Systems,* Oxford: Oxford University Press.

KLINGEMANN H.D., VOLKENS, A., BARA, J.L., BUDGE, I. & MCDONALD, M.D. 2006. *Mapping Policy Preferences II. Estimates for Parties, Electors, and Governments, 1990–2003,* Oxford: Oxford University Press.

KLÖTI U., KNOEPFEL, P., KRIESI, H., LINDER, W. & PAPADOUPOULOS, Y. (eds.). 2006. *Handbuch der Schweizer Politik – Manuel de la politique suisse,* Zürich: NZZ Verlag.

KNEIPP S. 2008. Verfassungsgerichtsbarkeit im Vergleich. In: GABRIEL O.W. & KROPP, S. (eds.). *Die EU-Staaten im Vergleich. Strukturen, Prozesse, Politikinhalte,* Wiesbaden: VS Verlag.

KÖLZ A. 1992. *Neuere schweizerische Verfassungsgeschichte. Ihre Grundlinien vom Ende der Alten Eidgenossenschaft bis 1848,* Band I, Bern: Stämpfli.

KÖLZ A. 2004. *Neuere schweizerische Verfassungsgeschichte. Ihre Grundlinien in Bund und Kantonen seit 1848,* Band II, Bern: Stämpfli.

KORNHAUSER W. 2008 [1959]. *The Politics of Mass Society,* Glencoe: The Free Press.

KRAMER H. 2004. *Demokratie und Kritik. 40 Jahre Politikwissenschaft in Österreich,* Frankfurt a.M.: Lang.

KRASNER S.D. 1982. Regimes and the Limits of Realism. Regimes as Autonomous Variables. *International Organization,* 36, 497–510.

KREBIEL K. 1998. *Pivotal Politics. A Theory of U.S. Lawmaking,* Chicago: University of Chicago Press.

KREPPEL A. 2008. Legislatures. In: CARAMANI D. (ed.). *Comparative Politics,* Oxford: Oxford University Press.

KRIESI H. 1995. Bewegungen auf der Linken, Bewegungen auf der Rechten. Die Mobilisierung von zwei neuen Typen von sozialen Bewegungen in ihrem politischen Kontext. *Schweizerische Zeitschrift für Politikwissenschaft,* 1, 1–46.

KRIESI H. & BOCHSLER, D. 2012. *Varieties of democracy,* NCCR Democracy, [Manuscript].

KRIESI H., GRANDE, E., LACHAT, R., DOLEZAL, M., BORNSCHIER, S. & FREY, T. 2006. Globalization and the Transformation of the National Political Space. Six European Countries Compared. *European Journal of Political Research,* 45, 921–956.

KRIESI H., GRANDEL, E., LACHAT, R., DOLEZAL, M., BORNSCHIER, S. & FREY, T. 2008. *West European Politics in the Age of Globalization,* Cambridge: Cambridge University Press.

KRIESI H., KOOPMANS, R., DUYVENDAK, J.W. & GIUGNI, M.G. (eds.). 1995. *New Social Movements in Western Europe. A Comparative Analysis,* Minneapolis: University of Minnesota Press.

KRIESI H. & LACHAT, R. 2004. *Globalization and the Transformation of National Political Space. Switzerland and France Compared,* CIS Working Paper, Universität Zürich.

KRIESI H., LACHAT, R., SELB, P., BORNSCHIER, S. & HELBLING, M. 2005. *Der Aufstieg der SVP. Acht Kantone im Vergleich,* Zürich: NZZ Libro.

KRIESI H. & SCIARINI, P. 2003. Auswirkungen von Sachpräferenzen auf die Wahlentscheidung. In: SCIARINI P., HARDMEIER, S. & VATTER, A. (eds.). *Schweizer Wahlen 1999. Swiss Electoral Studies,* Band 6, Bern: Haupt.

KRITZER H.M. 2002. *Legal Systems of the World. A Political, Social, and Cultural Encyclopedia,* Santa Barbara, Calif.: ABC-CLIO.

KROH M. 2012. Die abnehmende Bedeutung des Elternhauses. Intergenerationale Übertragung von Parteibindungen in Deutschland 1984 bis 2010. In: SCHMITT-BECK R. (ed.). *Wählen in Deutschland,* PVS Sonderheft 45, Baden-Baden: Nomos Verlag.

KUHN T.S. 1962. *The Structure of Scientific Revolutions,* Chicago: University of Chicago Press.

KÜNZLER M. 2005. *Das schweizerische Mediensystem im Wandel. Herausforderungen, Chancen, Zukunftsperspektiven,* Bern: Haupt.

KURIAN G.T. (ed.). 1998. *World Encyclopedia of Parliaments and Legislatures,* Washington, D.C.: Congressional Quarterly.

KURT R. 2004. *Hermeneutik. Eine sozialwissenschaftliche Einführung,* Stuttgart: UTB.

KWON H.Y. 2006. Globalization, Assessment of Employment Situation, and Vote Choice, *Annual Meeting of the American Political Science Association,* August, Philadelphia.

LAKE D.A. & BAUM, M.A. 2001. The Invisible Hand of Democracy. Political Control and the Provision of Public Services. *Comparative Political Studies,* 34, 587–621.

LAPORTA R., LOPEZ-DE-SILANES, F., POP-ELECHES, C. & SHLEIFER, A. 2003. Judicial Checks and Balances. *Journal of Political Economy,* 112(2), 445–470.

LAUFER H. & MÜNCH, U. 2000. Bundesrat. In: ANDERSEN U. & WOYKE, W. (eds.). *Handwörterbuch des politischen Systems der Bundesrepublik Deutschland,* Opladen: Leske & Budrich.

LAVER M. & BUDGE, I. 1992. *Party Policy and Governmen Coalitions.* Houndmills: The MacMillan Press

LAVER M. & HUNT, W.B. 1992. *Policy and Party Competition,* New York: Routledge.

LAVER M. & SHEPSLE, K.A. 1996. *Making and Breaking Governments. Cabinets and Legislatures in Parliamentary Democracies,* Cambridge: Cambridge University Press.

LAVER M. & SHOFIELD, N. 1990. *Multiparty Government. The Politics of Coalition in Europe,* Oxford: Oxford University Press.

LAWRENCE R.Z. & SLAUGHTER, M. 1993. International Trade and American Wages in the 1980 s. Giant Sucking Sound or Small Hicup? In: BAILY M.N. & WINSTON, C. (eds.). *Brookings Papers on Economic Activity. Microeconomics 2,* Washington, D.C.: Brookings Institution Press.

LAWSON C., LENZ, G.S., BAKER, A. & MYERS, M. 2010. Looking Like a Winner. Candidate Appearance and Electoral Success in New Democracies. *World Politics,* 62, 561–593.

LAZARSFELD P.F., BERELSON, B. & GAUDET, H. 1944. *The People's Choice. How the Voter Makes Up His Mind in a Presidential Campaign,* New York.

LAZARSFELD P.F., BERELSON, B. & GAUDET, H. 1969. *Wahlen und Wähler. Soziologie des Wahlverhaltens,* Neuwied: Luchterhand.

LEDUC L. 2002. Referendums and Initiatives. The Politics of Direct Democracy. In: LEDUC L., NIEMI, R.G. & NORRIS, P. (eds.). *Comparing Democracies 2. New Challenges in the Study of Elections and Voting,* London: Sage.

LEHMBRUCH G. 1977. Liberal Corporatism and Party Government. *Comparative Political Studies,* 10, 91–126.

LEHNER F. & WIDMAIER, U. 2002. *Vergleichende Regierungslehre,* Opladen: Leske & Budrich.

LEISERSON M. 1970. Coalition Government in Japan. In: GROENNINGS S., KELLEY, E.W. & LEISERSON, M. (eds.). *The Study of Coalition Behavior. Theoretical Perspectives and Cases from Four Continents,* New York: Holt, Rinehart and Winston.

LEPSZY N. 2003. Das politische System der Niederlande. In: ISMAYR W. (ed.). *Die politischen Systeme Westeuropas,* 3rd ed., Opladen: Leske & Budrich.

LEVITSKY S. & WAY, L.A. 2010. *Competitive Authoritarianism. Hybrid Regimes after the Cold War,* Cambridge, MA: Cambridge University Press.

LIBERMAN P. 1996. Trading with the Enemy. Security and Relative Economic Gains. *International Security,* 21, 147–175.

LIJPHART A. 1977. *Democracy in Plural Societies,* New Haven: Yale University Press.

LIJPHART A. 1984. *Democracies. Patterns of Majoritarian and Consensus Government in Twenty-One Countries,* New Haven: Yale University Press.

LIJPHART A. 1994. *Electoral Systems and Party Systems. A Study of Twenty-Seven Democracies, 1945–1990,* Oxford: Oxford University Press.

LIJPHART A. 1999. *Patterns of Democracy. Government Forms and Performance in Thirty-*

Six Countries, New Haven: Yale University Press.

LIJPHART A. 2004. Constitutional Design for Divided Societies. *Journal of Democracy,* 15, 96–109.

LIJPHART A. 2008. *Thinking about Democracy. Power Sharing and Majority Rule in Theory and Practice,* London: Routledge.

LIJPHART A. 2012. *Patterns of Democracy. Government Forms and Performance in Thirty-*

Six Countries, New Haven: Yale University Press.

LINDBLOOM C.E. 1977. *Politics and Markets. The World's Political-Economic Systems,* New York: Basic Books.

LINDER W. 2005. *Schweizerische Demokratie. Institutionen, Prozesse, Perspektiven,* Bern: Haupt.

LINDER W. 2009. Das politische System der Schweiz. In: ISMAYR W. (ed.). *Die politischen Systeme Westeuropas,* 4th ed., Wiesbaden: VS Verlag.

LINZ J. 1990 a. The Perils of Presidentialism. *Journal of Democracy,* 1, 51–69.

LINZ J. 1990 b. The Virtues of Parliamentarism. *Journal of Democracy,* 1, 84–91.

LINZ J. 1994. Presidential or Parliamentary Democracy. Does It Make a Difference? In: LINZ J. & VALENZUELA, A. (eds.). *The Failure of Presidential Democracy,* Baltimore: Johns Hopkins University Press.

LIPSET S.M. 1959. Some Social Requisites of Democracy. Economic Development and Political Legitimacy. *American Political Science Review,* 53, 245–259.

LIPSET S.M. & ROKKAN, S. 1967. Cleavage Structures, Party Systems and Voter Alignments. An Introduction. In: LIPSET S.M. & ROKKAN, S. (eds.). *Party Systems and Voter Alignments. Cross-National Perspective,* New York: Free Press.

LOHMANN S. 1993. A Signaling Model of Informative and Manipulative Political Action. *American Political Science Review,* 87, 319–333.

LÖSCHE P. 1993. *Kleine Geschichte der deutschen Parteien,* Stuttgart: Kohlhammer.

LÜCHINGER S., MEIER, S. & STUTZER, A. 2005. *Rents in the Public Bureaucracy. Measurement and Causes,* Working Paper No. 269, Institut für Empirische Wirtschaftsforschung, Universität Zürich.

LUCHT J. 2011. *Publizistische Versorgung. Jahrbuch Qualität der Medien.* Zürich Forschungsbereich Öffentlichkeit und Gesellschaft, Universität Zürich.

LUTHER K.R. 2006. Die Freiheitliche Partei Österreichs (FPÖ) und das Bündnis Zukunft Österreich (BZÖ). In: DACHS H. & GERLICH, P.E.A. (eds.). *Politik in Österreich. Das Handbuch,* Wien: Manz'sche Verlags- und Universitätsbuchhandlung.

LUTZ G. 2010. The Electoral Success of Beauties and Beasts. *Swiss Political Science Review,* 16, 457–480.

MAGALONI B. & KRICHELI, R. 2010. Political Order and One-Party Rule. *Annual Review of Political Science,* 13, 123–143.

MAHONEY C. & BAUMGARTNER, F.R. 2008. Converging Perspectives on Interest-Group Research in Europe and America. *West European Politics,* 31, 1251–1271.

MAINWARING S. 1993. Presidentialism, Multipartism, and Democracy. The Difficult Combination. *Comparative Political Studies,* 26, 198–228.

MAINWARING S. & SCULLY, T.R. (eds.). 1995. *Building Democratic Institutions. Party Systems in Latin America,* Stanford: Stanford University Press.

MAINWARING S. & SHUGART, M.S. 1997. Juan Linz, Presidentialism, and Democracy. A Critical Appraisal. *Comparative Politics,* 29, 449–471.

MAIR P. 2001. Searching for the Position of Political Actors. A Review of Aproaches and a Critical Evaluation of Expert Surveys. In: LAVER M. (ed.). *Estimating the Policy Positions of Political Actors,* London: Routledge.

MALIANK D. & TIERNY, M.J. 2009. Do Foreign Publics Really Care About IO Approval? Paper prepared for *PEIO Meeting.*

MARCINKOWSKI F. 2005. Die Medialisierbarkeit politischer Institutionen. In: RÖSSLER P. & KROTZ, F. (eds.). *Mythen der Mediengesellschaft,* Konstanz: UVK.

MARGALIT Y.M. 2011. Costly Jobs. Trade-related Layoffs, Government Compensation, and Voting in U.S. Elections. *American Political Science Review,* 105, 166–188.

MARR M., WYSS, V., BLUM, R. & BONFADELLI, H. 2001. *Journalisten der Schweiz. Eigenschaften, Einstellungen, Einflüsse,* Konstanz: UVK Verlagsgesellschaft.

MARSHALL M.G., JAGGERS, K. & GURR, T.R. 2011. *Polity IV Project. Political Regime Characteristics and Transitions, 1800–2010* [Online]. Available: http://www.systemicpeace.org/inscr/inscr.htm.

MARTIN C. & SCHNEIDER, G. 2006. Pfadabhängigkeit, Konvergenz oder regulativer Wettbewerb. Determinanten der Außenwirtschaftsliberalisierung, 1978–2002. *Politische Vierteljahresschrift – Sonderheft Transfer, Diffusion und Konvergenz von Politiken,* 38, 449–69.

MARTIN L. & VANBERG, G. 2004. Policing the Bargain. Coalition Government and Parliamentary Scrutiny. *American Journal of Political Science,* 48, 13–27.

MATTLI W. & SLAUGHTER, A.M. 1995. Law and Politics in the European Union. A Reply to Garrett. *International Organization,* 49, 183–190.

MATTLI W. & SLAUGHTER, A.M. 1998 a. The Role of National Courts in the Process of European Integration. Accounting for Judicial Preferences and Constraints. In: SLAUGHTER A.M., STONE-SWEET, A. & WEILER, J.H.H. (eds.). *The European Court and National Courts – Doctrine and Jurisprudence. Legal Change in Its Social Context,* Oxford: Hart.

MATTLI W. & SLAUGHTER, A.M. 1998 b. Revisiting the European Court of Justice. *International Organization,* 52, 177–209.

MATTSON I. & STRØM, K. 1995. Parliamentary Committees. In: DÖRING H. (ed.). *Parliaments and Majority Rule in Western Europe,* New York: St. Martin's Press.

MATTSON I. & STRØM, K. 2004. Committee Effects on Legislation. In: DÖRING H. & HALLERBERG, M. (eds.). *Patterns of Parliamentary Behavior. Passage of Legislation Across Western Europe,* Aldershot: Ashgate.

MAYNTZ R. 1985. *Soziologie der öffentlichen Verwaltung,* Heidelberg: UTB.

MCADAM D. 1982. *Political Process and the Development of Black Insurgency 1930–1970,* Chicago: University of Chicago Press.

MCCOMBS M. & SHAW, D.L. 1972. The Agenda-Setting Function of Mass Media. *Public Opinion Quarterly,* 36, 176–187.

MCDONALD M.D. & BUDGE, I. 2005. *Elections, Parties, Democracy,* Oxford: Oxford University Press.

MCKINNON R. 1999. Mundell, the Euro and Optimum Currency Areas. In: COURCHENE T.J. (ed.). *Money, Markets and Mobility,* Ontario: John Deutsch Institute for the Study of Economic Policy.

MCMILLAN J. & ZOIDO, P. 2004. How to Subvert Democracy. Montesinos in Peru. *Journal of Economic Perspectives,* 18, 69–92.

MCNAMARA K.R. 1999. Consensus and Constraint. Ideas and Capital Mobility in European Monetary Integration. *Journal of Common Market Studies,* 37, 455–476.

MEARSHEIMER J.J. 1990. Back to the Future. Instability in Europe after the Cold War. *International Security,* 15, 5–56.

MEARSHEIMER J.J. 1994. The False Promise of International Institutions. *International Security,* 19, 5–49.

MEARSHEIMER J.J. 2001. *The Tragedy of Great Power Politics,* New York: W.W. Norton.

MEIER W.A. 2009. Schweiz. In: HANS-BREDOW-INSTITUT (ed.). *Internationales Handbuch Medien,* Baden-Baden: Nomos.

MELISCHEK G., SEETHALER, J. & SKODACSEK, K. 2005. Der österreichische Zeitungsmarkt 2004. Hoch konzentriert Strukturen, Marktpotenziale, Anbieterkonzentration. *Media Perspektiven,* 243–252.

MELTZER A.H. & RICHARD, S.F. 1981. A Rational Theory of the Size of Government. *The Journal of Political Economy,* 89, 914–927.

MERKEL W., PUHLE, H.J., CROISSANT, A., EICHER, C. & THIERRY, P. 2003. *Defekte Demokratien. Theorien und Probleme,* Opladen: Leske & Budrich.

MEYER D.S. & TARROW, S. (eds.). 1998. *The Social Movement Society. Contentious Politics for a New Century,* Lanham: Rowman & Littlefield.

MEYER K., RIZZO, H. & ALI, Y. 1998. Islam and the Extension of Citizenship Rights to Women in Kuwait. *Journal of the Scientific Study of Religion,* 37, 131–144.

MICHELS R. 1911. *Zur Soziologie des Parteiwesens in der modernen Demokratie. Untersuchungen über die oligarchischen Tendenzen des Gruppenlebens,* Leipzig: Werner Klinkhardt.

MILGROM P. & ROBERTS, J. 1992. *Economics, Organization and Management,* Englewood Cliffs: Prentice-Hall.

MINTZEL A. 1993. Die CSU in Bayern als Forschungsobjekt – Entwicklung, Stand, Defizite und Perspektiven der CSU-Forschung. In: STÖSS R. & NIEDERMAYER, O. (eds.). *Stand und Perspektiven der Parteienforschung in Deutschland,* Wiesbaden: Westdeutscher Verlag.

MITCHELL R. & BERNAUER, T. 1998. Empirical Research on International Environmental Policy. Designing Qualitative Case Studies. *Journal of Environment and Development,* 7, 4–31.

MITCHELL R.B. & KEILBACH, P.M. 2001. Situation Structure and Institutional Design. Reciprocity, Coercion, and Exchange. *International Organization,* 55, 891–917.

MITRANY D. 1943. *A Working Peace System. An Argument for the Functional Development of International Organization,* London: Royal Institute of International Affairs.

MITTAG J. 2006. *Politische Parteien und europäische Integration,* Essen: Klartext Verlagsgesellschaft.

MITTAG J. & STEUWER, J. 2010. *Politische Parteien in der EU,* Wien: Facultas.

MOLINA O. & RHODES, M. 2002. Corporatism. The Past, Present, and Future of a Concept. *Annual Review of Political Science,* 5, 305–331.

MOORE B. 1993 [1966]. *Social Origins of Dictatorship and Democracy. Lord and Peasant in the Making of the Modern World,* Boston: Beacon Press.

MORAVCSIK A. 1993. Preferences and Power in the European Community. A Liberal Intergovernmentalist Approach. *Journal of Common Market Studies,* 31, 473–524.

MORAVCSIK A. 1998. *The Choice for Europe. Social Purpose and State Power from Messina to Maastricht,* Ithaca: Cornell University Press.

MORAVCSIK A. 2002. In Defense of the 'Democratic Deficit'. Reassessing Legitimacy in the European Union. *Journal of Common Market Studies,* 40, 603–624.

MORGENTHAU H. 1948. *Politics Among Nations. The Struggle for Power and Peace,* New York: Alfred A. Knopf.

MORTON R.B. & WILLIAMS, K.C. 2010. *Experimental Political Science and the Study of Causality. From Nature to the Lab,* Cambridge: Cambridge University Press.

MOSLEY L. 2000. Room to Move. International Financial Markets and National Welfare States. *International Organization,* 54, 737–773.

MUELLER D. 2003. *Public Choice III,* Cambridge: Cambridge University Press.

MUGHAN A. & LACY, D. 2002 a. Economic Performance, Job Insecurity and Electoral Choice. *British Journal of Political Science,* 32, 513–533.

MÜLLER W. & KLEIN, M. 2012. Die Klassenbasis in den Parteipräferenzen des deutschen Wählers. Erosion oder Wandel. In: SCHMITT-BECK R. (ed.). *Wählen in Deutschland,* PVS Sonderheft 45, Baden-Baden: Nomos Verlag.

MÜLLER W.C. 1997. Das Parteiensystem. In: DACHS H., GERLICH, P., GOTTWEIS, H., HORNER, F., KRAMER, H., LAUBER, V., MÜLLER, W.C. & TALOS, E. (eds.). *Handbuch des politischen Systems Österreichs. Die zweite Republik 1918 – 1933,* 3rd ed., Wien: Manz'sche Verlags- und Universitätsbuchhandlung.

MÜLLER W.C. 2000. Political Parties in Parliamentary Democracies. Making Delegation and Accountability Work. *European Journal of Political Research,* 37, 309–333.

MÜLLER W.C. 2006. Parteiensystem. Rahmenbedingungen, Format und Mechanik des Parteienwettbewerbs. In: DACHS H. & GERLICH, P.E.A. (eds.). *Politik in Österreich. Das Handbuch,* Wien: Manzsche Verlags- und Universitätsbuchhandlung.

MÜLLER W.C. & STRØM, K. (eds.). 2000. *Coalition Governments in Western Europe,* Oxford: Oxford University Press.

MÜLLER-ROMMEL F., FETTELSCHLOSS, K. & HARFST, P. 2004. Party Government in Central Eastern European Countries. A Data Collection (1990–2003). *European Journal of Political Research,* 43, 869–893.

MUNCK G.L. & VERKUILEN, J. 2002. Conceptualizing and Measuring Democracy. Evaluating Alternative Indices. *Comparative Political Studies,* 35, 5–34.

MÜNKLER H. 2004. *Die Neuen Kriege,* Reinbeck: Rowolth.

NETO O.A. & COX, G.W. 1997. Electoral Institutions, Cleavage Structures, and the Number of Parties. *American Journal of Political Science,* 41, 149–174.

NEUMANN S. (ed.). 1956. *Modern Political Parties. Approaches to Comparative Politics,* Chicago: University of Chicago Press.

NEUMAYER E. 2003. Are Left-Wing Party Strength and Corporatism Good for the Environment? Evidence from Panel Analysis of Air Pollution in OECD Countries. *Ecological Economics,* 45, 203–220.

NISKANEN W.A.J. 1971. *Bureaucracy and Representative Government,* Chicago: Aldine.

NOHLEN D. 2009. *Wahlrecht und Parteiensystem. Zur Theorie und Empirie der Wahlsysteme,* Opladen: UTB.

NORDHAUS W.D. 1975. The Political Business Cycle. *Review of Economic Studies,* 42, 169–190.

NORDSIECK W. 2012. Parties and Elections in Europe [Online]. Accessible: http://www.parties-and-elections.eu/ [Accessed: 07/02/2012].

NORRIS P. 2002. Campaign Communications. In: LEDUC L., NIEMI, R.G. & NORRIS, P. (eds.). *Comparing Democracies 2. New Challenges in the Study of Elections and Voting,* London: Sage.

NORRIS P. 2004. *Electoral Engineering. Voting Rules and Political Behavior,* Cambridge: Cambridge University Press.

NORRIS P. 2005. *Radical Right. Voters and Parties in the Electoral Market,* Cambridge: Cambridge University Press.

NORRIS P. & INGLEHART, R. 2001. Cultural Obstacles to Equal Representation. *Journal of Democracy,* 12, 126–140.

NOWNES A.J. & CIGLER, A.J. 1995. Public Interest Groups and the Road to Survival. *Polity,* 27, 379–404.

O'NEIL K. 2005. *Decentralizing the State. Elections, Parties and Local Power in the Andes,* Cambridge: Cambridge University Press.

OATES W. 1999. Fiscal Federalism. *Journal of Economic Literature,* 37, 1120–1149.

OBERREUTER H. 2000. Bundestag. In: ANDERSEN U. & WOYKE, W. (eds.). *Handwörterbuch des politischen Systems der Bundesrepublik Deutschlands,* Opladen: Leske & Budrich.

OFFE C. 1972. Politische Herrschaft und Klassenstrukturen. Zur Analyse spätkapitalistischer Gesellschaftssysteme. In: KRESS G. & SENGHAAS, D. (eds.). *Politikwissenschaft, eine Einführung in ihre Probleme,* Frankfurt a.M.: Fischer.

OFFE C. 1981. The Attribution of Public Status to Interest Groups. Observations on the West German Case. In: BERGER S.D. (ed.). *Organizing Interests in Western Europe. Pluralism, Corporatism, and the Transformation of Politics,* Cambridge: Cambridge University Press.

OFFE C. & WIESENTHAL, H. 1980. The Logics of Collective Action. Theoretical Notes on Social Class and Organizational Form. *Political Power and Social Theory,* 1, 67–115.

OHMAE K. 1990. *The Borderless World. Power and Strategy in the Interlinked Economy,* New York: Harper Business.

OLKEN B.A. & PANDE, R. 2011. *Corruption in Developing Countries,* NBER Working Paper.

OLSON M. 1965. *The Logic of Collective Action. Public Goods and the Theory of Groups,* Cambridge: Harvard University Press.

OLSON M. 1982. *The Rise and Decline of Nations,* New Haven: Yale University Press.

OLSON M. 1993. Dictatorship, Democracy, and Development. *American Political Science Review,* 87, 567–576.

ORGANIZATION FOR ECONOMIC CO-OPERATION AND DEVELOPMENT. 2012a. *Employment Protection Annual Time Series Data 1985–2008* [Online]. Available: http://www.oecd.org/employment/employmentpoliciesanddata/onlineoecdemploymentdatabase.htm [Accessed: 07/05/2012].

ORGANIZATION FOR ECONOMIC CO-OPERATION AND DEVELOPMENT. 2012b. *OECD Countries. Producer Support Estimate Database* [Online]. Available: http://stats.oecd.org/Index.aspx?QueryId=31587 [Accessed: 07/05/2012].

ORGANSKI A.F.K. 1958. *World Politics,* New York: Knopf.

ORGANSKI A.F.K. & KUGLER, J. 1980. *The War Ledger,* Chicago: University of Chicago Press.

ÖSTERREICHISCHE AUFLAGENKONTROLLE. 2012. *Auflagenliste Jahresschnitt 2011* [Online]. Wien: Österreichische Auflagenkontrolle (ÖAK).

OYE K. (ed.). 1986. *Cooperation under Anarchy,* Princeton: Princeton University Press.

PAGE E. & WRIGHT, V. (eds.). 2007. *From the Active to the Enabling State,* New York: Palgrave Macmillan.

PANEBIANCO A. 1988. *Political Parties. Organization and Power,* Cambridge: Cambridge University Press.

PAPE R.A. 2005. *Dying to Win. The Strategic Logic of Suicide Terrorism,* New York: Random House.

PAPPI F.U. & BRANDENBURG, J. 2012. Die Politikvorschläge der Bundestagsparteien aus Wählersicht. Zur Konstruierbarkeit von Politikräumen für das deutsche Fünfparteiensystem. In: SCHMITT-BECK R. (ed.). *Wählen in Deutschland,* PVS Sonderheft 45, Baden-Baden: Nomos Verlag.

PAPPI F.U. & SHIKANO, S. 2007. *Wahl- und Wählerforschung,* Baden-Baden: Nomos.

PARIS R. 2004. *At War's End. Building Peace after Civil Conflict,* Cambridge: Cambridge University Press.

PARK J.H. & JENSEN, N. 2007. Electoral Competition and Agricultural Support in OECD Countries. *American Journal of Political Science,* 51, 314–329.

PARKINSON C.N. 1955. Parkinson's Law. *The Economist.*

PATZELT W.J. 2007. *Einführung in die Politikwissenschaft. Grundriss des Faches und studiumbegleitende Orientierung,* Passau: Wissenschaftsverlag R. Rothe.

PAULI-BALLEIS G. 1987. *Polit-PR. Strategische Öffentlichkeitsarbeit politischer Parteien. Zur Praxis der CSU,* Zirndorf: Pauli-Balleis.

PAYNE M.J., ZOVATTO, D.G., CARRILLO FLÓREZ, F. & ALLAMAND ZAVALA, A. 2002. *Democracies in Development. Politics and Reform in Latin America,* Washington, D.C.: Inter-American Development Bank and International Institute for Democracy and Electoral Assistance.

PELINKA A. 2004. *Grundzüge der Politikwissenschaft,* Wien: Böhlau.

PELINKA A. 2008. Gesetzgebung im politischen System Österreichs. In: ISMAYR W. (ed.). *Gesetzgebung in Westeuropa. EU-Staaten und Europäische Union,* Wiesbaden: VS Verlag.

PELINKA A. 2009. Das politische System Österreichs. In: ISMAYR W. (ed.). *Die politische Systeme Westeuropas,* Wiesbaden: VS Verlag.

PELINKA A. & ROSENBERGER, S. 2007. *Österreichische Politik. Grundlagen, Strukturen, Trends,* Wien: Facultas.

PELTZMAN S. 1998. *Political Participation and Government Regulation,* Chicago: University of Chicago Press.

PERSSON T., ROLAND, G. & TABELLINI, G. 1997. Separation of Powers and Political Accountability. *Quarterly Journal of Economics,* 112, 1163–1202.

PERSSON T. & TABELLINI, G. 2000. *Political Economics. Explaining Economic Policy,* Cambridge: MIT Press.

PERSSON T. & TABELLINI, G. 2003. *The Economic Effects of Constitutions,* Cambridge, MA: MIT Press.

PETERS B.G. & PIERRE, J. (eds.). 2001. *Politicians, Bureaucrats, and Administrative Reform,* London: Routledge.

PIAZZA J.A. 2010. Terrorism and Party Systems in the States of India. *Security Studies,* 19, 99–123.

PLASSER F. 1997. Massenmedien und Politikvermittlung. In: DACHS H., GERLICH, P., GOTTWEIS, H., HORNER, F., KRAMER, H., LAUBER, V., MÜLLER, W.C. & TALOS, E. (eds.). *Handbuch des politischen System Österreichs. Die zweite Republik,* Wien: Manz'-sche Verlags- und Universitätsbuchhandlung.

PLÜMPER T. 2003. *Effizient Schreiben,* München: Oldenbourg.

POGGI G. 1978. *The Development of the Modern State. A Sociological Introduction,* Stanford: Stanford University Press.

POGUNTKE T. 2000. *Parteiorganisation im Wandel. Gesellschaftliche Verankerung und organisatorische Anpassung im europäischen Vergleich,* Wiesbaden: Westdeutscher Verlag.

POGUNTKE T. & WEBB, P. (eds.). 2005. *Presidentialization of Politics,* Oxford: Oxford University Press.

POLLACK M.A. 1997. Representing Diffuse Interests in EC Policy-Making. *Journal of European Public Policy,* 4, 572–590.

POLLACK M.A. 2003. *The Engines of Integration. Delegation, Agency, and Agency Setting in the European Union,* Oxford: Oxford University Press.

POLLITT C. & BOUCHAERT, G. 2011. *Public Management Reform. A Comparative Analysis. New Public Management, Governance, and the Neo-Weberian State,* Oxford: Oxford University Press.

POLSBY N.W. 1960. *Community Power and Political Theory,* New Haven: Yale University Press.

POMMEREHNE W.W. 1976. Private versus öffentliche Müllabfuhr. Ein theoretischer und empirischer Vergleich. *Finanzarchiv,* 35, 272–294.

POOLE K.T. 2005. *Spatial Models of Parliamentary Voting,* Cambridge: Cambridge University Press.

POPPER K. 1935. *Logik der Forschung,* Wien: Springer.

POWELL G.B. 2000. *Elections as Instruments of Democracy. Majoritarian and Proportional Visions,* New Haven: Yale University Press.

POWELL G.B. & WHITTEN, G.D. 1993. A Cross-National Analysis of Economic Voting. Taking Account of the Political Context. *American Journal of Political Science,* 37, 391–414.

POWELL G.B. 1982. *Contemporary Democracies. Participation, Stability and Violence,* Cambridge, MA: Harvard University Press.

POWELL G.B.J. 1986. Extremist Parties and Political Turmoil. Two Puzzles. *American Journal of Political Science,* 30, 357–378.

POWELL R. 1999. *In the Shadow of Power. States and Strategies in International Politics,* Princeton: Princeton University Press.

PRICE R. 1998. Reversing the Gun Sights. Transnational Civil Society Targets Land Mines. *International Organization,* 52, 613–644.

PRUD'HOMME R. 1995. The Dangers of Decentralization. *The World Bank Research Observer,* 10, 201–220.

PRZEWORSKI A. 1991. *Democracy and the Market*, Cambridge: Cambridge University Press.

PRZEWORSKI A. 1999. Minimalist Conception of Democracy. A Defense. In: SHAPIRO I. & HACKER-CORDON, C. (eds.). *Democracy's Value*, Cambridge: Cambridge University Press.

PRZEWORSKI A. & LIMONGI, F. 1997. Modernization. Theories and Facts. *World Politics*, 49, 155–183.

PRZEWORSKI A. & TEUNE, H. 1982. *The Logic of Comparative Social Inquiry*, Malabar: Krieger.

PUTNAM R.D. 1973. The Political Attitudes of Senior Civil Servants in Western Europe. *British Journal of Political Science*, 3, 257–290.

PUTNAM R.D. 1988. Diplomacy and Domestic Politics. The Logic of Two-Level Games. *International Organization*, 42, 427–460.

PUTNAM R.D. 2000. *Bowling Alone. The Collapse and Revival of American Community*, New York: Simon & Schuster.

QUERUBIN P. & SNYDER, J.M. 2011. *The Control of Politicians in Normal Times of Crisis. Wealth Accumulation by U.S. Congressmen, 1850–1880.* NBER Working Paper No. 17634.

RAE D.W. 1967. *The Political Consequences of Electoral Laws*, New Haven: Yale University Press.

RAMSAY K.W. 2004. Politics at the Water's Edge. Crisis Bargaining and Electoral Competition. *Journal of Conflict Resolution*, 48, 459–486.

RASCH B.E. & TSEBELIS, G. 2011. *The Role of Governments in Legislative Agenda-Setting*, London: Routledge.

RASMUSSEN H. 1986. *On Law and Policy in the European Court of Justice*, Dordrecht: Martinus Nijhoff.

RATHGEB J. 1999. Medienlandschaft Schweiz. In: BONFADELLI H. & HÄTTENSCHWILER, W. (eds.). *Einführung in die Publizistikwissenschaft. Eine Textsammlung*, Zürich: Institut für Publizistikwissenschaft und Medienforschung.

REIF K. & Schmitt, H. 1980. Nine second-order national elections – A conceptual framework fort he analysis of European election results. *European Journal of Political Research*, 8, 3–44.

REILY B. & REYNOLDS, A. 1999. *Electoral Systems and Conflict in Divided Societies*, Washington, D.C.: National Academy Press.

REINHARD W. 2007. *Geschichte des modernen Staates. Von den Anfängen bis zur Gegenwart*, München: C.H. Beck.

REITER D. & STAM III, A.C. 1998. Democracy, War Initiation, and Victory. *American Political Science Review*, 92, 377–389.

RENTSCH H., FLÜCKIGER, S., HELD, T., HEINIGER, Y. & STRAUBHAAR, T. 2004. *Ökonomik der Reform. Wege zu mehr Wachstum in der Schweiz*, Zürich: Orell Füssli Verlag.

REUTTER W. 2001. Deutschland. In: REUTTER W. & RÜTTERS, P. (eds.). *Verbände und Verbandssysteme in Westeuropa*, Opladen: Leske & Budrich.

RHINOW R. 1986. Funktionen und Probleme der politischen Parteien in der Schweiz. *Recht*, 4, 105–119.

RHYNE C.S. 1978. *Law and Judicial Systems of Nations*, Washington: World Peace through Law Center.

RICHTER C. 2007. *Aspekte der universellen Geltung der Menschenrechte und der Herausbildung von Völkergewohnheitsrecht*, München: Herbert Utz.

RIKER W.H. 1962. *The Theory of Political Coalitions*, New Haven: Yale University Press.

RIKER W.H. 1975. Federalism. In: GREENSTEIN F.I. & POLSBY, N.W. (eds.). *Handbook of Political Science 5. Governmental Institutions and Processes*, San Francisco: Freeman.

RIKER W.H. 1982. The Two-Party System and Duverger's Law. An Essay on the History of Political Science. *American Political Science Review,* 76, 753–766.

RIKER W.H. & ORDESHOOK, P.C. 1968. A Theory of the Calculus of Voting. *American Political Science Review,* 62, 25–42.

RISSE T. 2011. *Governance without a State? Policies and Politics in Areas of Limited Statehood,* New York: Columbia University Press.

RISSE T., ROPP, S.C. & SIKKINK, K. (eds.). 1999. *The Power of Human Rights. International Norms and Domestic Change,* Cambridge: Cambridge University Press.

RISSE-KAPPEN T. 1995. Democratic Peace – Warlike Democracies? A Social Constructivist Interpretation of the Liberal Argument. *European Journal of International Relations,* 1, 491–517.

ROBINSON G.E. 1997. Can Islamists be Democrats? The Case of Jordan. *Middle East Journal,* 51, 373–387.

RODDEN J. 2002. The Dilemma of Fiscal Federalism. Grants and Fiscal Performance around the World. *American Journal of Political Science,* 46, 670–687.

RODDEN J. & WIBBELS, E. 2002. Beyond the Fiction of Federalism. Macroeconomic Management in Multi-Tiered Systems. *World Politics,* 54, 494–531.

RODRIK D. 1998. Why Do More Open Economies Have Bigger Governments. *Journal of Political Economy,* 106, 997–1032.

ROGERS J.R. 2005. The Impact of Divided Government on Legislative Production. *Public Choice,* 123, 217–233.

ROGOFF K. & SIBERT, A. 1988. Elections and Macroeconomic Policy Cycles. *Review of Economic Studies,* 55, 1–16.

ROGOWSKI R. 1989. *Commerce and Coalitions. How Trade Affects Domestic Political Alignments,* Princeton: Princeton University Press.

ROKKAN S., FLORA, P., KUHNLE, S. & URWIN, D.W. 1999. *State Formation, Nation-Building, and Mass Politics in Europe. The Theory of Stein Rokkan. Based on His Collected Works,* Oxford: Oxford University Press.

ROSE R. 1976. *Managing Presidential Objectives,* New York: Free Press.

ROSE R. 2000. *Encyclopedia of Elections,* London: Macmillan.

ROSENAU J.N. 2006. *The Study of World Politics, Volume 1. Theoretical and Methodological Challenges,* New York: Routledge.

ROSENFELD M. 1994. *Constitutionalism, Identity, Difference, and Legitimacy. Theoretical Perspectives,* Durham: Duke University Press.

ROSKIN M.G., CORD, R.L., MEDEIROS, J.A. & JONES, W.S. 1997. *Political Science. An Introduction,* Upper Saddle River: Prentice Hall.

ROSS M. 2006. Is Democracy Good for the Poor? *American Journal of Political Science,* 50, 860–874.

ROSSTEUTSCHER S. 2012. Die konfessionell-religiöse Konfliktlinie zwischen Säkularisierung und Mobilisierung. In: SCHMITT-BECK R. (ed.). *Wählen in Deutschland,* PVS Sonderheft 45, Baden-Baden: Nomos Verlag.

ROTH R. & RUCHT, D. 2005. *Handbuch soziale Bewegungen in Deutschland seit 1949,* Frankfurt a.M.: Campus.

RÖTTGER U. 2005. Public Relations. In: BONFADELLI H., JARREN, O. & SIEGERT, G. (eds.). *Einführung in die Publizistikwissenschaft,* Bern: Haupt.

ROUBINI N. & SACHS, J.D. 1989. Political and Economic Determinants of Budget Deficits in the Industrial Democracies. *European Economic Review,* 33, 903–938.

RUCHT D. (ed.). 2001. *Protest in der Bundesrepublik Deutschland,* Frankfurt a.M.: Campus.

RUCHT D. 2003. *Berlin, 1. Mai 2002. Politische Demonstrationsrituale,* Wiesbaden: VS Verlag.

RUDRA N. & HAGGARD, S. 2005. Globalization, Democracy, and Effective Welfare Spending in the Developing World. *Comparative Political Studies,* 38, 1015–1149.

RUDZIO W. 1996. *Das politische System der Bundesrepublik Deutschland,* Opladen: Leske & Budrich.

RUESCHEMEYER D., STEPHENS, E. & STEPHENS, J. 1992. *Capitalist Development and Democracy,* Chicago: Chicago University Press.

RULOFF D. 2003. Politikwissenschaft in Zürich. Rückblick und Ausblick. In: SERDÜLT U. & KLÖTI, U. (eds.). *Politik im Fokus. Festschrift für Ulrich Klöti,* Zürich: NZZ Verlag.

RUSSETT B. & ONEAL, J.R. 2001. *Triangulating Peace. Democracy, Interdependence, and International Organizations,* New York: W.W. Norton.

RUSSETT B., STARR, H. & KINSELLA, D. 2009. *World Politics. The Menu for Choice,* Boston: Wadsworth.

RUSSETT B., STARR, H. & KINSELLA, D. 2010. *World Politics. The Menu for Choice,* Boston: Wadsworth.

RUSSETT B.M. & O'NEAL, J.R. 2001. *Triangulating Peace. Democracy, Interdependence. and International Organizations,* New York: W.W. Norton.

SAKAMOTO T. 2001. Effects of Government Characteristics on Fiscal Deficits in 18 OECD Countries, 1961–1994. *Comparative Political Studies,* 34, 527–554.

SANDHOLTZ W. 1993. Chosing Union. Monetary Politics and Maastricht. *International Organization,* 47, 1–39.

SANDLER T. 1992. *Collective Action. Theory and Applications,* Ann Arbor: University of Michigan Press.

SARCINELLI U. 2009. *Politische Kommunikation in Deutschland. Zur Politikvermittlung im demokratischen System,* Wiesbaden: VS Verlag.

SARTORI G. 1976. *Parties and Party Systems. A Framework for Analysis,* Cambridge: Cambridge University Press.

SARTORI G. 1997. *Demokratietheorie,* Darmstadt: Primus.

SCHARPF F.W. 1999. *Governing in Europe. Effective and Democratic?* Oxford: Oxford University Press.

SCHARPF F.W. & SCHMIDT, V.A. (eds.) 2000. *Welfare and Work in the Open Economy,* Volume 2, Oxford: Oxford University Press.

SCHATTSCHNEIDER E. 1960. *The Semisovereign People. A Realist's View of Democracy in America,* Hinsdale: Dryden.

SCHATZ H. 2000. Massenmedien. In: ANDERSEN U. & WOYKE, W. (eds.). *Handwörterbuch des politischen Systems der Bundesrepublik Deutschlands,* Opladen: Leske & Budrich.

SCHEDLER K. & PROELLER, I. 2006. *New Public Management,* Bern: Haupt.

SCHEVE K. & SLAUGHTER, M. 2004. Economic Insecurity and the Globalization of Production. *American Journal of Political Science,* 48, 662–674.

SCHIMMELFENNIG F. 2001. The Community Trap. Liberal Norms, Rhetorical Action, and the Eastern Enlargement of the European Union. *International Organization,* 55, 47–80.

SCHIMMELFENNIG F. 2008. *Internationale Politik,* Paderborn: UTB.

SCHIRM S. (ed.). 2006. *Globalisierung. Forschungsstand und Perspektiven,* Baden-Baden: Nomos.

SCHLOZMAN K.L., VERBA, S. & BRADY, H.E. 2012 [1946]. *The Unheavenly Chorus. Unequal Political Voice and the Broken Promise of American Democracy,* Princeton: Princeton University Press.

SCHMIDT M.G. 2007. *Das politische System Deutschlands. Institutionen, Willensbildung und Politikfelder,* München: C.H. Beck.

SCHMIDT M.G. 2008. *Demokratietheorien. Eine Einführung,* Wiesbaden: VS Verlag.

SCHMIDT M.G. & OSTHEIM, T. 2007. Die Lehre von der Parteiendifferenz. In: SCHMIDT M.G., OSTHEIM, T., SIEGEL, N.A. & ZOHLNHÖFER, R. (eds.). *Der Wohlfahrtsstaat. Eine Einführung in den historischen und internationalen Vergleich,* Wiesbaden: VS Verlag.

SCHMITT H. 1987. *Neue Politik in alten Parteien. Zum Verhältnis von Gesellschaft und Parteien in der Bundesrepublik,* Opladen: Westdeutscher Verlag.

SCHMITT-BECK R. 2012. *Wählen in Deutschland,* PVS Sonderheft 45, Baden-Baden: Nomos Verlag.

SCHMITT-BECK R., PARTHEYMÜLLER, J. & FAAS, T. 2012. Einflüsse politischer Gesprächspartner auf Parteipräferenzen. Zur "sozialen Logik" des politischen Verhaltens bei der Bundestagswahl 2009. In: SCHMITT-BECK R. (ed.). *Wählen in Deutschland,* PVS Sonderheft 45, Baden-Baden: Nomos Verlag.

SCHMITT-BECK R. & PFETSCH, B. 1994. Politische Akteure und die Medien der Massenkommunikation. Zur Generierung von Öffentlichkeit in Wahlkämpfen. *Kölner Zeitschrift für Soziologie und Sozialpsychologie,* 34, 106–138.

SCHMITTER P.C. 1974. Still the Century of Corporatism? *Review of Politics,* 36, 85–131.

SCHNEIDER F. 1986. *Der Einfluss von Interessengruppen auf die Wirtschaftspolitik,* Bern: Haupt.

SCHNEIDER F. & WAGNER, A.F. 2000. *Shocks, Corporatism, and Economic Growth in the European Union,* Working Paper, Universität Linz.

SCHNEIDER G., BARBIERI, K. & GLEDITSCH, N.P. (eds.) 2003. *Globalization and Armed Conflict,* Lanham: Rowman & Littlefield.

SCHNEIDER G. & SCHULZE, G.G. 2006. *Trade and Armed Conflict. The Domestic Foundations of Commercial Liberalism,* Working Paper, Universität Konstanz.

SCHNEIDER G. & WIESEHOMEIER, N. 2008. Rules that Matter. Political Institutions and the Diversity-Conflict Nexus. *Journal of Peace Research,* 45, 183–203.

SCHNEIDER V. 2001. *Die Transformation der Telekommunikation. Vom Staatsmonopol zum globalen Markt (1800–2000),* Frankfurt: Campus.

SCHNELL R., HILL, P.B. & ESSER, E. 2008. *Methoden der empirischen Sozialforschung,* München: Oldenbourg.

SCHOLTE J.A. 2005. *Globalization. A Critical Introduction,* New York: Palgrave Macmillan.

SCHÖNBACH K. 1992. Einige Gedanken zu Public Relations und Agenda-Setting. In: AVENARIUS H. & ARMBRECHT, W. (eds.). *Ist Public Relation eine Wissenschaft? Eine Einführung,* Wiesbaden: Westdeutscher Verlag.

SCHRAM S.F. 2006. *Making Political Science Matter. Debating Knowledge, Research, and Method,* New York: New York University Press.

SCHREYER B. & SCHWARZMEIER, M. 2005. *Grundkurs Politikwissenschaft. Studium der politischen Systeme. Eine studienorientierte Einführung,* Wiesbaden: VS Verlag.

SCHUBERT K. & KLEIN, M. 2011. *Das Politiklexikon,* Bonn: Dietz.

SCHULTZ K.A. 1998. Domestic Opposition and Signaling in International Crises. *American Political Science Review,* 92, 829–844.

SCHUMPETER J.A. 1993 [1942]. *Kapitalismus, Sozialismus und Demokratie,* Opladen: Leske & Budrich.

SCHÜTTEMEYER S.S. & STURM, R. 1992. Wozu Zweite Kammern? Zur Repräsentation und Funktionalität zweiter Kammern in westlichen Demokratien. *Zeitschrift für Parlamentsfragen,* 23, 517–536.

SCHWEDA C. & OPHERDEN, R. 1995. *Journalismus und Public Relations. Grenzziehung im System lokaler politischer Kommunikation,* Wiesbaden: Deutscher Universitäts-Verlag.

SCHWEIZERISCHE BUNDESKANZLEI. 2015. *Volksinitiativen: Übersicht in Zahlen.* [Online]. Available: https://www.admin.ch/ch/d//pore/vi/vis_2_2_5_9.html [Accessed: 22.7.2015]

SCHWELLNUS G. 2006. Sozialkonstruktivismus. In: BIELING H.J. & LERCH, M. (eds.). *Theorien der europäischen Integration,* Wiesbaden: VS Verlag.

SCRUGGS L. 2003. *Sustaining Abundance: Environmental Performance in Industrial Democracies.* Cambridge: Cambridge University Press.

SEBALDT M. & STRASSNE, A. 2004. *Verbände in der Bundesrepublik Deutschland. Eine Einführung,* Wiesbaden: VS Verlag.

SEN A. 2000. *Ökonomie für den Menschen,* München: Hansen.

SHAPIRO D. 2007. *Is the Welfare State Justified?* Cambridge: Cambridge University Press.

SHAPIRO M. & STONE, A. 1994. The New Constitutional Politics of Europe. *Comparative Political Studies,* 26, 397–420.

SHARMA K.C. 2011. *The Role of the House of Chiefs (Ntlo ya Dikyosi) in Botswana,* Calgary: Calgary University Press.

SHEPSLE K.A. & BONCHEK, M.S. 1997. *Analyzing Politics. Rationality, Behavior, and Institutions,* New York: W.W. Norton.

SHIVELY W.P. 1995. *Power & Choice. An Introduction to Political Science,* New York: McGraw-Hill.

SHUGART M.S. & CAREY, J.M. 1992. *Presidents and Assemblies. Constitutional Design and Electoral Dynamics,* Cambridge: Cambridge University Press.

SIAROFF A. 2003. Spurious Majorities, Electoral Systems and Electoral System Change. *Commonwealth & Comparative Politics,* 41, 143–160.

SIEDER R., SCHJOLDEN, L. & ANGELL, A. 2005. *The Judicialization of Politics in Latin America,* New York: Palgrave Macmillan.

SIEGERT G., MEIER, W.A. & TRAPPEL, J. 2005. Auswirkungen der Ökonomisierung der Medien und Inhalte. In: BONFADELLI H., JARREN, O. & SIEGERT, G. (eds.). *Einführung in die Publizistikwissenschaft,* Bern: Haupt.

SIMMONS B.A. & ELKINS, Z. 2004. The Globalization of Liberalization. Policy Diffusion in the International Political Economy. *American Political Science Review,* 98, 171–189.

SIMMONS B.A. & MARTIN, L.L. 2002. International Organizations and Institutions. In: RISSE T., CARLSNAES, W. & SIMMONS, B.A. (eds.). *Handbook of International Relations,* London: Sage.

SKOCPOL T. 1979. *States and Social Revolution. A Comparative Analysis of France, Russia and China,* Cambridge: Cambridge University Press.

SKOCPOL T. 2003. *Diminished Democracy. From Membership to Management in American Civic Life,* Norman: University of Oklahoma Press.

SLAUGHTER, A.M. 2004. *A New World Order,* Princeton: Princeton University Press.

SNOW D.A., SOULE, S.A. & KRIESI, H. (eds.). 2004. *The Blackwell Companion to Social Movements,* Oxford: Blackwell.

SØRENSEN G. 2001. *Changes in Statehood. The Transformation of International Relations,* New York: Palgrave Macmillan.

SPRUYT H. 1994. *The Sovereign State and Its Competitors. An Analysis of Systems Change,* Princeton: Princeton University Press.

STAAB J. 1990. *Nachrichtenwert-Theorie. Formale Struktur und empirischer Gehalt,* Freiburg i.B.: Verlag Karl Alber.

STASAVAGE D. 2005. Democracy and Education Spending in Africa. *American Journal of Political Science,* 49, 343–358.

STEFFANI W. 1983. Zur Unterscheidung parlamentarischer und präsidentieller Regierungssysteme. *Zeitschrift für Parlamentsfragen,* 14, 390–401.

STEIN E. 1981. Lawyers, Judges and the Making of Transnational Constitution. *American Journal of International Law,* 75, 80–103.

STEINBRECHER M. & STEINER, N. 2012. Wirtschaft und Wahlverhalten in Westdeutschland zwischen 1977 und 2007. Wer sind die ökonomischen Wähler? In: SCHMITT-BECK R. (ed.). *Wählen in Deutschland,* PVS Sonderheft 45, Baden-Baden: Nomos Verlag.

STEINMAURER T. 2009. Österreich. In: HANS-BREDOW-INSTITUT (ed.). *Internationales Handbuch Medien,* Baden-Baden: Nomos.

STEPAN A. & SKACH, C. 2001. Constitutional Frameworks and Democratic Consolidation. Parliamentarism vs. Presidentialism. In: STEPAN A. (ed.). *Arguing Comparative Politics,* Oxford: Oxford University Press.

STEPAN A. 2000. Religion, Democracy, and the "Twin Tolerations". *Journal of Democracy,* 11, 37–57.

STEWART P. 2007. Failed States and Global Security. Empirical Questions and Policy Dilemmas. *International Studies Review,* 9, 644–662.

STIGLER G.J. 1971. The Theory of Economic Regulation. *The Bell Journal of Economics and Management Science,* 2, 3–21.

STONE-SWEET A. 1992. *The Birth of Judicial Politics in France. The Constitutional Council in Comparative Perspective,* Oxford: Oxford University Press.

STONE-SWEET A. 2000. *Governing with Judges. Constitutional Politics in Europe,* New York: Oxford University Press.

STONE-SWEET A. 2008. Constitutions and Judicial Power. In: CARAMANI D. (ed.). *Comparative Politics,* Oxford: Oxford University Press.

STONE-SWEET A. & BRUNELL, T.L. 1998 a. Constructing a Supranational Constitution. Dispute Resolution and Governance in the European Community. *American Political Science Review,* 92, 63–81.

STONE-SWEET A. & BRUNELL, T.L. 1998 b. The European Court and National Courts. A Statistical Analysis of Preliminary References, 1961–1995. *Journal of European Public Policy,* 5, 66–97.

STONE-SWEET A. & SANDHOLTZ, W. 1997. European Integration and Supranational Governance. *Journal of European Public Policy,* 4, 297–317.

STRANGE S. 1996. *The Retreat of the State. The Diffusion of Power in the World Economy,* Cambridge: Cambridge University Press.

STREECK W. 1981. *Gewerkschaftliche Organisationsprobleme in der sozialstaatlichen Demokratie,* Bodenheim: Athenaeum.

STREECK W. 1999. *Korporatismus in Deutschland. Zwischen Nationalstaat und Europäischer Union,* Frankfurt a.M.: Campus.

STRØM K. 1990. *Minority Government and Majority Rule,* Cambridge: Cambridge University Press.

STRØM K. 2000. Delegation and Accountability in Parliamentary Democracies. *European Journal of Political Research,* 37, 261–289.

STRØM K., MÜLLER, W.C. & BERGMAN, T. (eds.). 2007. *Delegation and Accountability in Parliamentary Democracies,* Oxford: Oxford University Press.

STRØM K., MÜLLER, W.C. & BERGMAN, T. (eds.). 2008. *Cabinets and Coalition Bargaining. The Democratic Life Cycle in Western Europe,* Oxford: Oxford University Press.

STUTZER A. & FREY, B.S. 2000. Stärkere Volksrechte – Zufriedenere Bürger. Eine mikroökonometrische Untersuchung für die Schweiz. *Swiss Political Science Review*, 6, 1–30.

SULEIMAN E. 2003. *Dismantling Democratic States*, Princeton: Princeton University Press.

SVOLIK M.W. 2012. *Politics of Authoritarian Rule*, Cambridge, MA: Cambridge University Press.

SWANK D. 2001. Political Institutions and Welfare State Restructuring. In: PIERSON P. (ed.). *The New Politics of the Welfare State*, New York: Oxford University Press.

TAAGEPERA R. 2009. *Making Social Science more Scientific. The Need for Predictive Models*, Oxford: Oxford University Press.

TAAGEPERA R. & RECCHIA, S.P. 2002. The Size of Second Chambers and European Assemblies. *European Journal of Political Research*, 41, 165–185.

TAAGEPERA R. & SHUGART, M. 1989. *Seats and Votes. The Effects and Determinants of Electoral Systems*, New Haven: Yale University Press.

TANNENWALD N. 1999. The Nuclear Taboo. The United States and the Normative Basis of Nuclear Non-Use. *International Organization*, 53, 433–468.

TARROW S.G. 1998. *Power in Movement. Social Movements and Contentious Politics*, Cambridge: Cambridge University Press.

TARROW S.G. 2005. *The New Transnational Activism*, Cambridge: Cambridge University Press.

TEORELL J., CHARRON, N., SAMANI, M., HOLMBERG, S. & ROTHSTEIN, B. 2011. *The Quality of Government Dataset*, 11th ed., University of Gothenburg: The Quality of Government Institute.

TEORELL J., HOLMBERG, S. & ROTHSTEIN, B. 2007. *The Quality of Government Dataset*, Version 1 July 07, University of Gothenburg: The Quality of Government Institute.

TESSLER M. 2002. Islam and Democracy in the Middle East. The Impact of Religious Orientations on Attitudes Toward Democracy in Four Arab Countries. *Comparative Politics*, 34, 337–354.

TESSLER M. 2011. *Public Opinion in the Middle East. Survey Research and the Political Orientations of Ordinary Citizens*, Bloomington: Indiana University Press.

TESSLER M. & GAO, E. 2009. Democracy and the Political Culture Orientations of Ordinary Citizens. A Typology for the Arab World and Beyond. *International Social Science Journal*, 59, 197–207.

THELEN K. 2012. Varieties of Capitalism. Trajectories of Liberalization and the New Politics of Social Solidarity. *Annual Review of Political Science*, 15, 137–159.

THEMNÉR L. & WALLENSTEEN, P. 2012. *UCDP/PRIO Armed Conflict Dataset, v. 4-2012, 1946–2011*, Uppsala Conflict Data Program, Peace Research Institute Oslo.

THERIAULT S.M. 2008. *Party Polarization in Congress*, Cambridge: Cambridge University Press.

THIES M.F. 2001. Keeping Tabs on Partners. The Logic of Delegation in Coalition Governments. *American Journal of Political Science*, 45, 580–598.

THOMSON R. 2008. National Actors in International Organizations. The Case of the European Commission. *Comparative Political Studies*, 41, 169–192.

THOMSON R., STOKMAN, F.N., ACHEN, C.H. & KÖNIG, T. 2006. *The European Union Decides*, Cambridge: Cambridge University Press.

THÖNEN S. 2009. *Zentralisierung der bedarfsabhängigen Sozialleistungen. Vor- und Nachteile der föderalen Aufgabenteilung – mögliche Zentralisierungsmodelle*, Universität Bern.

THURNER P.W., MAUERER, I. & BINDER, M. 2012. Parteienspezifisches Issue-Voting bei den Bundestagswahlen 2002 bis 2009. In: SCHNITT-BECK R. (ed.). *Wählen in Deutschland*, PVS Sonderheft 45, Baden-Baden: Nomos Verlag.

TICHENOR P., DONOHUE, G. & OLIEN, C. 1970. Mass Media Flow and Differential Growth in Knowledge. *Public Opinion Quarterly*, 34, 159–170.

TIEMANN G. 2006. *Wahlsysteme, Parteiensysteme und politische Repräsentation in Osteuropa*, Wiesbaden: VS Verlag.

TILLY C. 1975. *The Formation of National States in Western Europe*, Princeton: Princeton University Press.

TILLY C. 1985. War Making and State Making as Organized Crime. In: EVANS P.B., RÜ-SCHEMEYER, D. & SKOCPOL, T. (eds.). *Bringing the State Back In*, Cambridge: Cambridge University Press.

TILLY C. 1992. *Coercion, Capital, and European States, AD 990–1992*, Oxford: Blackwell.

TIMMERMANS A.I. 2003. *High Politics in the Low Countries*, Aldershot: Ashgate.

TIMMERMANS A.I. 2006. Standing Apart and Sitting Together. Enforcing Coalition Agreements in Multiparty Systems. *European Journal of Political Research*, 45, 263–283.

TÖLLER A.E. 2002. *Komitologie. Theoretische Bedeutung und praktische Funktionsweise von Durchführungsausschüssen der Europäischen Union am Beispiel der Umweltpolitik*, Opladen: Leske & Budrich.

TOMZ M. 2007 a. Domestic Audience Costs in International Relations. An Experimental Approach. *International Organization*, 61, 821–840.

TOMZ M. 2007 b. *Reputation and International Cooperation. Sovereign Debt across Three Centuries*, Princeton: Princeton University Press.

TOMZ M. & WEEKS, J.L. 2012. *An Experimental Investigation of the Democratic Peace*. Paper prepared for the ECPR General Conference, Reykjavik.

TONSGAARD O. 1992. A Theoretical Model of Referendum Behavior. In: GUNDELACH P. & SIUNE, K. (eds.). *From Voters to Participants*, Aarhus: Institute for Political Science, University of Aarhus.

TRAXLER F. 2001. Die Metamorphosen des Korporatismus. Vom klassischen zum schlanken Muster. *Politische Vierteljahresschrift*, 42, 590–623.

TREISMAN D. 2000. The Causes of Corruption. A Cross-National Study. *Journal of Public Economics*, 76, 399–457.

TREISMAN D. 2007 a. What Have We Learned About the Causes of Corruption From Ten Years of Cross-National Empirical Research? *Annual Review of Political Science*, 10, 211–244.

TREISMAN D. 2007 b. *The Architecture of Government. Rethinking Political Decentralization*, Cambridge: Cambridge University Press.

TSEBELIS G. 1995. Decision Making in Political Systems. Veto Players in Presidentialism, Parliamentarism, Multicameralism and Multpartyism. *British Journal of Political Science*, 25, 289–325.

TSEBELIS G. 1999. Veto Players and Law Production in Parliamentary Democracies. An Empirical Analysis. *American Political Science Review*, 93, 591–608.

TSEBELIS G. 2002. *Veto Players. How Political Institutions Work*, Princeton: Princeton University Press.

TSEBELIS G. & MONEY, J. 1997. *Bicamerialism*, Cambridge: Cambridge University Press.

UCAKAR K. 2006. Sozialdemokratische Partei Österreichs. In: DACHS H. & GERLICH, P.E.A. (eds.). *Politik in Österreich. Das Handbuch*, Wien: Manz'sche Verlags- und Universitätsbuchhandlung.

ULLRICH H. 2009. Das politische System Italiens. In: ISMAYR W. (ed.). *Die politischen Systeme Westeuropas*, 4th ed., Wiesbaden: VS Verlag.

UNION OF INTERNATIONAL ASSOCIATIONS. 2012. *Yearbook of International Organizations. Statistics, Visualizations and Patterns,* Volume 5, [Online]. Available: http://www.uia.be/stats [Accessed: 15.8.2012].

VANBERG G. 2001. Legislative-Judicial Relations. A Game-Theoretical Approach to Constitutional Review. *American Journal of Political Science,* 45, 346–361.

VANHANEN T. 2000. A New Dataset for Measuring Democracy, 1810–1998. *Journal of Peace Research,* 37, 252–265.

VASQUEZ J.A. (ed.). 2000. *What Do We Know About War?* Lanham: Rowman & Littlefield.

VATTER A. 2008. *Direkte Demokratie in der Schweiz. Entwicklungen, Debatten und Wirkungen,* Working Paper, Universität Zürich.

VERFASSUNGSGERICHTSHOF. 2002–2012. *Tätigkeitsberichte* [Online]. Available: http://

www.vfgh.at/cms/vfgh-site/vfgh/taetigkeit.html [Accessed: 22.6.2012].

VESTER M., VON OERTZEN, P., GEILING, H., HERMANN, T. & MÜLLER, D. 2001. *Soziale Milieus im gesellschaftlichen Strukturwandel. Zwischen Integration und Ausgrenzung,* Frankfurt a.M.: Suhrkamp.

VISCUSI W.K. 2007. Regulation of Health, Safety, and Environmental Risks. In: POLINSKY M. & SHAVELL, S. (eds.). *Handbook of Law and Economics,* Amsterdam: North-Holland.

VISCUSI W.K., HARRINGTON, J.E. & VERNON, J.M. 2005. *Economics of Regulation and Antitrust,* Massachusetts: MIT Press.

VISSER J. 2004. Patterns and Variations in European Industrial Relations. In: EUROPEAN COMMISSION (ed.). *Industrial Relations in Europe 2004,* Brussels: European Commission.

VISSER J. 2011. *Database on Institutional Characteristics of Trade Unions, Wage Setting, State Intervention and Social Pacts in 34 Countries between 1960 and 2010,* 3rd ed., Amsterdam Institute for Advanced Labour Studies, University of Amsterdam.

VOGEL A. 2012. Publikumszeitschriften 2012. Kaum Anteilsverschiebungen im rückläufigen Markt. *Media Perspektiven,* Köln: Wissenschaftliches Institut für Presseforschung und Medienberatung (WIP).

VOGEL D. 1995. *Trading Up. Consumer and Environmental Regulation in a Global Economy,* Cambridge: Harvard University Press.

VOGEL S.K. 1998. *Freer Markets, More Rules. Regulatory Reform in Advanced Industrial Countries,* Ithaca: Cornell University Press.

VOLCANSEK M.L. 1986. *Judicial Politics in Europe. An Impact Analysis,* New York: Peter Lang.

VOLKERINK B. & DE HAAN, J. 2001. Fragmented Government Effects on Fiscal Policy. New Evidence. *Public Choice,* 109, 221–242.

VON ALEMANN U. 1987. *Organisierte Interessen in der Bundesrepublik Deutschland,* Opladen: Leske & Budrich.

VON ALEMANN U. & WESSELS, B. 1997. *Verbände in vergleichender Perspektive,* Berlin: Edition Sigma.

VON BEYME K. 1984. *Parteien in den westlichen Demokratien,* München: Piper.

VON BEYME K. 2000. *Parteien im Wandel. Von den Volksparteien zu den professionalisierten Wählerparteien,* Wiesbaden: Westdeutscher Verlag.

WADE R. 1996. Globalization and Its Limits. Reports of the Death of the National Economy are Greatly Exaggerated. In: BERGER S. & DORE, R. (eds.). *National Diversity and Global Capitalism,* Ithaca: Cornell University Press.

WAGNER A. & WESSELS, B. 2012. Kanzlerkandidaten. Wie beeinflussen sie die Wahlentscheidung? In: SCHNITT-BECK R. (ed.). *Wählen in Deutschland,* PVS Sonderheft 45, Baden-Baden: Nomos Verlag.

WALKER J.L. 1991. *Mobilizing Interest Groups in America,* Ann Arbor: University of Michigan Press.

WALLERSTEIN I. 1979. *The Capitalist World-Economy,* Cambridge: Cambridge University Press.

WALT S.M. 1987. *The Origins of Alliances,* New York: Cornell University Press.

WALTER S. 2009. *Globalization and the Welfare State. Testing the Microfoundation of the Compensation Hypothesis,* Working Paper, Harvard University.

WALTER S. 2010. Globalization and the Welfare State. Testing the Microfoundations of the Compensation Hypothesis. *International Studies Quarterly,* 54, 403–426.

WALTZ K.N. 1964. The Stability of a Bipolar World. *Daedalus,* 93, 881–909.

WALTZ K.N. 1979. *Theory of International Politics,* Reading: Addison-Wesley.

WARD H. & DORUSSEN, H. 2010. Trade Links and the Kantian Peace. A Network-Theoretic Approach to Communication, Inter-Cultural Understanding, and Conflict. *Journal of Peace Research,* 47, 29–42.

WARE A. 2006. *Political Parties and Party Systems,* Oxford: Oxford University Press.

WARWICK P. 2006. *Policy Horizons and Parliamentary Government,* Basingstoke: Palgrave Macmillan.

WATERS M. 1995. *Globalization,* London: Routledge.

WATTS R.L. 1998. Federalism, Federal Political Systems, and Federations. *Annual Review of Political Science,* 1, 117–37.

WEBER M. 1976 [1922]. *Wirtschaft und Gesellschaft. Grundriss der verstehenden Soziologie,* Tübingen: J.C.B. Mohr.

WEBER M. 2000 [1905]. *Die protestantische Ethik und der «Geist» des Kapitalismus,* Weinheim: Beltz Athenäum Verlag.

WEHNER J. 2010. Cabinet Structure and Fiscal Policy Outcomes. *European Journal of Political Research,* 49, 631–653.

WEILER J.H.H. 1994. A Quiet Revolution. The European Court of Justice and Its Interlocutors. *Comparative Political Studies,* 26, 510–534.

WEINGAST B.R. 1996. Political Institutions. Rational Choice Perspectives. In: GOODIN R.E. & KLINGEMAN, H.D. (eds.). *A New Handbook of Political Science,* Oxford: Oxford University Press.

WEISCHENBERG S., MALIK, M. & SCHOLL, A.S. 2006. *Die Souffleure der Mediengesellschaft. Report über die Journalisten in Deutschland,* Konstanz: UVK Verlagsgesellschaft.

WEISS L. 1998. *The Myth of the Powerless State,* Ithaca: Cornell University Press.

WELAN M. 1975. Vom Proporz zum Konkurrenzmodell. Wandlungen der Opposition in Österreich. In: OBERREUTER H. (ed.). *Parlamentarische Opposition. Ein internationaler Vergleich,* Hamburg: Hoffmann und Campe.

WELDON S.L. 2011. *When Protest Makes Policy,* Ann Arbor: The University of Michigan Press.

WELTBANK. 2015. *World Development Indicators* [Online]. Available: http://data.worldbank.org/data-catalog/world-development-indicators [Accessed: 27.7.2015].

WENDT A. 1992. Anarchy is What States Make of It. The Social Construction of Power Politics. *International Organization,* 46, 391–425.

WENDT A. 1999. *Social Theory of International Politics,* Cambridge: Cambridge University Press.

WERNET A. 2006. *Einführung in die Interpretationstechnik der objektiven Hermeneutik,* Wiesbaden: VS Verlag.

WERZ N. 2005. *Lateinamerika. Eine Einführung,* Baden-Baden: Nomos.

WESSELS W. 2008. Gesetzgebung in der Europäischen Union. In: ISMAYR W. (ed.). *Gesetzgebung in Westeuropa. EU-Staaten und Europäische Union,* Wiesbaden: VS Verlag.

WIBBELS E. 2000. Federalism and the Politics of Macroeconomic Policy and Performance. *American Journal of Political Science,* 44, 687–702.

WIBBELS E. 2006. Madison in Baghdad? Decentralization and Federalism in Comparative Perspective. *Annual Review of Political Science,* 9, 165–188.

WIENER A. 1998. The Embedded Acquis Communitaire. Transmission Belt and Prism of New Governance. *European Law Journal,* 4, 294–315.

WILLKE H. 2006. *Global Governance,* Bielefeld: Transcript Verlag.

WILSON J.Q. 1974. *Political Organizations,* New York: Basic Books.

WONKA A. 2008. Decision-Making Systems in the European Commission. Partisan, National or Sectoral? *Journal of Public Policy,* 15, 1145–1163.

WOOLCOCK M. 2010. The Rise and Routinization of Social Capital, 1988–2008. *Annual Review of Political Science,* 13, 469–487.

WOYKE W. (ed.). 2007. *Handwörterbuch Internationale Politik,* Stuttgart: UTB.

WRIGHT J. 2008. Do Authoritarian Institutions Constrain? How Legislatures Affect Economic Growth and Investment. *American Journal of Political Science,* 52, 322–343.

WYSS V., PÜHRINGER, K. & MEIER, W.A. 2005. Journalismusforschung. In: BONFADELLI H., JARREN, O. & SIEGERT, G. (eds.). *Einführung in die Publizistikwissenschaft,* Bern: Haupt.

ZÜRN M. 1992. *Interessen und Institutionen in der internationalen Politik. Grundlegung und Anwendungen des situationsstrukturellen Ansatzes,* Opladen: Leske & Budrich.

ZÜRN M. 1998. *Regieren jenseits des Nationalstaates. Globalisierung und Denationalisierung als Chance,* Frankfurt a.M.: Suhrkamp.

ZÜRN M. 2002. From Interdependence to Globalization. In: RISSE T., CARLSNAES, W. & SIMMONS, B.A. (eds.). *Handbook of International Relations,* London: Sage.

Autorenverzeichnis

Prof. Dr. Thomas Bernauer ist Ordinarius für Politikwissenschaft und Direktor des Instituts für Wissenschaft, Technologie und Politik (ISTP) an der ETH Zürich (Schweiz). Seine Forschungsschwerpunkte sind Internationale Politische Ökonomie und Umweltpolitik.

Prof. Dr. Detlef Jahn ist Ordinarius für Vergleichende Regierungslehre an der Universität Greifswald (Deutschland). Seine Forschungsschwerpunkte sind vergleichende Umwelt- und Sozialpolitik, Parteien, Regierungen und Politikdiffusion.

Dr. Patrick M. Kuhn ist Assistenzprofessor für Vergleichende Politikwissenschaft an der University of Durham (Großbritannien). Seine Forschungsschwerpunkte sind Vergleichende Politische Ökonomie und politische Gewalt.

Prof. Dr. Stefanie Walter ist Ordinaria für Internationale Beziehungen und Politische Ökonomie an der Universität Zürich (Schweiz). Ihre Forschungsschwerpunkte sind Internationale und Vergleichende Politische Ökonomie.

Stichwortverzeichnis

STUDIENKURS POLITIKWISSENSCHAFT

Lehrbuchreihe für Studierende der Politikwissenschaft an Universitäten und Hochschulen